LA CRISIS DE DEUDA SOBERANA EN LA EUROZONA (2010-2015)

JUAN CALVO VÉRGEZ
Universidad de Extremadura

LA CRISIS DE DEUDA SOBERANA EN LA EUROZONA (2010-2015)

UEX
F&I
fiscalitas & iuris

JUNTA DE EXTREMADURA
Consejería de Economía e Infraestructuras

Unión Europea
Fondo Europeo de Desarrollo Regional
"Una manera de hacer Europa"

DYKINSON

La edición de la presente Monografía ha sido financiada a través de las Ayudas al Grupo de Investigación de la Universidad de Extremadura *Fiscalitas & Iuris* (GR15040)

Editorial DYKINSON, S.L. Meléndez Valdés, 61 - 28015 Madrid
Teléfono (+34) 91 544 28 46 - (+34) 91 544 28 69
e-mail: info@dykinson.com
http://www.dykinson.es
http://www.dykinson.com

ISBN: 978-84-9148-146-1
Depósito Legal: M-7303-2017

Maquetación:
Germán Balaguer - german.balaguer@gmail.com

A la memoria de la economista y
jurista Gloria Begué, modelo de rigor
científico, sencillez y modestia

ÍNDICE

ABREVIATURAS

AIB	Allied Irish Bank
AIReF	Autoridad Independiente de Responsabilidad Fiscal
BCE	Banco Central Europeo
BdE	Banco de España
BEI	Banco Europeo de Inversiones
BIS	Bank for International Settlements
BOE	Boletín Oficial del Estado
BoI	Bank Of Ireland
BRRD	Bank Recovery and Resolution Directive
CAC	Cláusulas de Acción Colectiva
CC.AA.	Comunidades Autónomas
CDS	Credit Default Swaps
CE.	Constitución Española
CES	Contribución Extraordinaria de Solidaridad (Portugal)
CNMV	Comisión Nacional del Mercado de Valores
CPFF.	Consejo de Política Fiscal y Financiera
CSO.	Oficina Central de Estadísticas de Irlanda
DGAEP..	Dirección de la Administración y del Empleo Público de Portugal
EBS.	Electricity Supply Board (Ireland)
EFSF..	Facilidad Europea de Estabilidad Financiera
ELA.	Emergency Liquidity Assistance
ÉNFIA.	Impuesto Uniforme de Bienes Inmuebles (Grecia)

ERSE	Entidad Reguladora de los Servicios Energéticos (Portugal)
FADE	Fondo de Amortización del Déficit Eléctrico
FED.	Reserva Federal Norteamericana
FFPP	Fondo para la Financiación del Pago a Proveedores
FGD.	Fondo de Garantía de Depósitos
FIEM.	Fondo para la Internacionalización de la Empresa
FLA	Fondo de Liquidez Autonómico
FMI	Fondo Monetario Internacional
FROB	Fondo de Reestructuración Ordenada Bancaria
HFA	Agencia de Financiación de la Vivienda (Irlanda)
HFSF	Hellenic Financial Stability Fund
ICO	Instituto de Crédito Oficial
IDW	Institut der Wirtschaftsprüfer in Deutschland
IGCP	Instituto de Gestión de Tesorería y de la Deuda Pública (Portugal)
INE	Instituto Nacional de Estadística
IPC	Índice de Precios al Consumo
IPCA	Índice de Precios de Consumo Armonizado
IRPF	Impuesto sobre la Renta de las Personas Físicas
ISDA	International Swaps and Derivatives Association
IVA	Impuesto sobre el Valor Añadido
LOFCA	Ley Orgánica de Financiación de las Comunidades Autónomas
LTRO	Long-Term Refinancing Operation
MEDE	Mecanismo Europeo de Estabilidad
MoU	*Memorandum of Understanding*
MUR	Mecanismo Único de Resolución
NAMA	National Asset Management Agency (Ireland)
NTMA	Agencia Nacional de Gestión del Tesoro (Irlanda)
OAEE	Fondo de Seguros de los Autónomos Griegos
Ob. cit	Obra citada
OCDE	Organización para la Cooperación y el Desarrollo Económico
OMT	Outright Monetary Transactions
PEC	Pacto de Estabilidad y Crecimiento
PDE	Protocolo de Déficit Excesivo

PDMA	Public Debt Management Agency
PIB	Producto Interior Bruto
PMI	Índice compuesto de gestores de compras
QE	Quantitative Easing
ROA	Rentabilidad sobre activos totales medios
TC	Tribunal Constitucional
TIPS	Treasury Inflation Protected Securities
TJUE	Tribunal de Justicia de la Unión Europea
UE.	Unión Europea
USC	Universal Social Charge (Ireland)

I. LA CRISIS DE DEUDA SOBERANA EN GRECIA

1. LA APROBACIÓN DEL RESCATE A GRECIA EN 2010 Y SUS CONSECUENCIAS EN EL CONJUNTO DE LA ECONOMÍA HELENA

Como es sabido Grecia vivió una expansión desconocida durante los años del 'boom' crediticio que le llevó a acumular una deuda pública de 300.000 millones de euros a finales de 2009, más del 120% del Producto Interior Bruto (PIB). A ello se sumó una elevadísima deuda privada, resultado igualmente de la expansión crediticia auspiciada por el Banco Central Europeo (BCE). Los *Credit Default Swaps* (CDS), seguros contra impagos de deuda pública y privada de sus bonos, estaban disparados por encima de los 200 puntos básicos en los primeros meses de 2009. Dentro de la Unión Europea (UE) fue Alemania el país que más presionó para que el país fuera rescatado. Los bancos germanos eran los mayores perjudicados por la deuda griega, ya que estaban expuestos en unos 200.000 millones de euros a la crisis del país heleno, que necesitaba recaudar 53.000 millones de euros para refinanciar la deuda existente y reducir su déficit público.

A principios de 2010 el Gobierno heleno anunció medidas especiales para acelerar la recuperación económica y la reducción del déficit público a menos del 3% del PIB en tres años, de acuerdo con el Pacto de Estabilidad y Crecimiento (PEC). La Comisión Europea aprobó el Plan de Austeridad griego, pero le recomendó recortar los salarios. Grecia acató las directrices de Bruselas y en marzo de 2010 aprobaba otro duro plan de ajuste para ahorrar 4.800 millones de euros, gracias a recortes en el gasto público y a un aumento de impuestos. El Impuesto sobre el Valor Añadido (IVA) subió hasta el 21% y los pluses de los funcionarios se redujeron un 30%.

El descontento de la población se plasmó en una serie de revueltas populares y manifestaciones que incluyeron la convocatoria de varias huelgas generales. El país prácticamente estuvo paralizado varios meses. Sin embargo, y pese a los planes de ajuste, la Comisión Europea temía lo peor y los Ministros de Economía y Finanzas de la Zona Euro diseñaron urgentemente un mecanismo que les permitiese ayudar financieramente a Grecia si fuera necesario. El rescate fue solicitado oficialmente por el Gobierno griego el 23 de abril de 2010, si bien Alemania condicionó su aportación a la aprobación por parte del Fondo Monetario Internacional (FMI) de un nuevo plan de ajuste más estricto para el país helénico.

Con fecha 2 de mayo de 2010 se aprobó el primer rescate a Grecia, concretándose el mismo en una ayuda de 110.000 millones de euros, el equivalente a algo más de un tercio de la deuda pendiente que tenía el país heleno. El FMI aportó 30.000 millones de euros de esa cantidad y el resto de la ayuda corrió a cargo de la Eurozona. Durante los siete primeros meses tras el rescate Grecia logró reducir su déficit público un 40% gracias al plan de ajuste fiscal. Sin embargo el paro continuaba subiendo hasta el 12%[1]. El crecimiento económico también estaba atascado, con una contracción del Producto Interior Bruto del 1,5%.

Por aquel entonces se había diseñado ya el cuarto tramo de la ayuda al país, si bien el FMI y la UE consideraban que, aunque Grecia había realizado progresos, aún tenía muchas reformas pendientes. Entre las exigencias de ambas instituciones figuraba la privatización de empresas públicas por valor de 50.000 millones de euros para saldar su deuda. Los observadores

[1] Tal y como tendremos ocasión de analizar con posterioridad durante el mes de marzo de 2012 Grecia alcanzaría la mayor tasa de paro de su historia. Ya con anterioridad, durante el mes de diciembre de 2011 la tasa de desempleo alcanzaba al 21% de la población activa, lo que representaba una décima más que en octubre del citado año. De acuerdo con los datos facilitados por la Oficina de Estadísticas griega (Elstat), la tasa de paro aumentó en 6,2 puntos respecto al 14,8% de diciembre de 2010, lo que supuso superar el millón de parados. Téngase presente que en Grecia había 3,9 millones de trabajadores en diciembre de 2011 frente a los 4,2 millones de 2010, mientras que el número de parados se elevó de 733.000 a 1,03 millones de personas. La Oficina Estadística griega también apuntó que el número de mujeres desempleadas (25,3%) era más elevado que el de hombres (17,7%). Por grupos de edad los jóvenes de entre 15 y 24 años registraban la tasa más elevada de paro (51,1%).

del FMI consideraban que si Grecia seguía estrictamente el plan de reformas fijado la recuperación podría empezar a producirse a finales de 2011. Las exportaciones estaban aumentando, la inflación subyacente permanecía baja y la caída de los costes laborales unitarios habría de impulsar una mejora de la competitividad.

Debido al tamaño que alcanzaron los desequilibrios existentes en el país heleno en el ámbito de las finanzas públicas, el Gobierno optó por la introducción de modificaciones sustanciales en el sistema tributario, en aras de tratar de restaurar una situación presupuestaria sostenible. Así, por ejemplo, se previó la adopción de un conjunto de medidas fiscales adicionales en el marco de un programa económico y financiero diseñado a tres años y que el Gobierno heleno se comprometió a activar como respuesta al Plan de Rescate aprobado.

Tal y como se ha señalado con anterioridad con fecha 2 de mayo de 2010 el Eurogrupo activó el primer Plan de rescate a Grecia, dotado con una suma de 110.000 millones de euros. El acuerdo al que llegaron los Ministros de Economía y Finanzas de la UE fue la fijación de un montante de ayuda internacional que sería concedida a Grecia para el período 2010-2012 por una suma de 110.000 millones de euros, de los cuales 80.000 millones corresponderían a la Zona Euro y el resto sería aportado por el FMI. A cambio Grecia debía poner en marcha un plan de austeridad y recortar drásticamente el gasto público para llegar al déficit exigido por sus socios y por el FMI.

Concretamente las reformas previstas en Grecia debían aumentar los ingresos en un equivalente al 4% del PIB en 2013. En la parte de gastos se esperaba que con el ahorro se alcanzase el equivalente de 7 puntos porcentuales del PIB, estimándose así que el déficit en relación al PIB disminuyese por debajo del valor de referencia del 3% para el 2014 en comparación con el 13,6% estimado en 2009.

Por otra parte, y ante la posibilidad de tener que acometer una eventual reestructuración de la deuda griega, una de las alternativas planteadas fue adoptar la llamada "Iniciativa de Viena". Con esta denominación se aludía al programa de apoyo para los bancos en crisis de los países del Centro y el Este de Europa aprobado en 2008. El citado Plan incluía un gran paquete de ayudas de la UE y el Banco Mundial. A cambio los bancos europeos se comprometieron a mantener su exposición a los países del Este, a recapitalizar sus filiales y a prorrogar los plazos de pago si fuera necesario. Esto constituiría una restructuración encubierta de la deuda griega que tanto el FMI como la UE descartaron, ante las consecuencias que tendría tanto para la Eurozona como para la propia economía helena, abogándose más bien por la adopción de un acuerdo voluntario que no impusiese descuentos a los titulares de bonos.

2. EL INICIO DE LAS MEDIDAS DE AUSTERIDAD EN 2011 Y LAS PROGRESIVAS BAJADAS DE *RATING* DE LAS AGENCIAS DE CALIFICACIÓN. LA CONCESIÓN DEL SEGUNDO RESCATE A GRECIA

Debido a los diversos problemas que asolaban al país heleno así como al debate suscitado en torno a una hipotética salida del euro por parte del citado Estado Grecia aumentó a 9 de mayo de 2011 un 26% el interés que pagaba sobre su deuda y el contagio llegó a España, que aumentó su prima de riesgo hasta los 216 puntos. Concretamente Grecia incrementó hasta el 24,5% el interés exigido por sus bonos a dos años, a pesar de que al inicio de dicha sesión había llegado a exigir un 26%. En el caso de su deuda a cinco años el interés ascendió al 17,2%.

De un tiempo a esta parte la crisis de deuda pública existente en el país heleno no había hecho más que agravarse. La rentabilidad de los bonos helenos a 10 años desde el anuncio del Programa de ayuda se duplicó hasta el 15,5%. Otra prueba de las dificultades por las que atravesaba Grecia era que a finales de abril de 2011 los inversores requerían un interés del 26,3% en los bonos a dos años. Esto dificultaba que el país pudiera plantearse volver a financiarse en los mercados, como tenía previsto hacer en 2012. En 2010 la *ratio* de deuda sobre el PIB alcanzó el 140% y, según las previsiones de la Comisión Europea, a lo largo del 2011 crecería hasta el 156%.

La Comisión Europea y el Banco Central Europeo habían insistido en descartar la reestructuración de la deuda griega por considerar tendría efectos "devastadores" para la estabilidad de la Eurozona. Entre las opciones que se estudiaron figuraban una nueva asistencia a Grecia del Fondo de rescate. La horquilla que se barajaba era de entre 25.000 y 30.000 millones de euros. Con carácter adicional podrían adoptarse medidas para relajar las tensiones como, por ejemplo, alargar los plazos de devolución y suavizar el calendario del ajuste, al objeto de situar el déficit público por debajo del 3% del PIB en 2016, en vez de en 2014. Dicho déficit marcaba en 2010 el 10,5% del PIB.[2]

La Comisión Europea se vio obligada a desmentir los rumores de que la Unión Europea estaba estudiando pedir a la banca y a las compañías de seguros que participasen en un segundo plan de rescate de Grecia, objeto de debate por aquel entonces ante la imposibilidad de que el país heleno pudiera volver a los mercados financieros en 2012. *A priori* el citado Plan consistiría en que las entidades financieras comunitarias, incluyendo las griegas, prorrogasen el plazo de devolución de los préstamos concedidos a Atenas e incluso que comprasen los bonos griegos emitidos durante el periodo que dure el segundo rescate.

A nuestro juicio el hecho de que sólo un año después del rescate a Grecia volviera a hablarse del país heleno terminó poniendo de relieve que el primer Plan de rescate fue un fracaso rotundo y que las duras condiciones que se le impusieron le impidieron salir de la difícil situación en la que se encontraba. De hecho el interés por los bonos griegos, lejos de rebajar su precio, no paró de subir, al no existir confianza en que pueda captar financiación a un precio razonable.

Grecia debía privatizar rápidamente activos por valor de 50.000 millones de euros para que su deuda pública a medio y largo plazo resultase sostenible. La posibilidad de articular una reestructuración de su deuda pasaba necesariamente por pedir a los bancos europeos que extendiesen los plazos de vencimiento de la deuda griega para dar a Atenas más tiempo para pagar y reclamarles que comprasen nuevos bonos. Con carácter adicional Grecia quedaba obligada a avalar con bienes públicos los créditos del segundo Plan de rescate preparado ya al efecto, que podía ascender a 60.000 millones de euros, los cuales habrían de sumarse a los 110.000 del primer programa de asistencia financiera. El Gobierno griego tenía como meta reducir en 2011 el déficit fiscal al 7,5% y, de forma gradual, rebajarlo a menos del 3% del PIB para 2014, desde el 10,5% con el que acabó 2010.

---

2 De acuerdo con las previsiones de la Comisión el déficit público griego se situaría en el 9,5% en 2011, por encima del 7,6 % pactado, mientras que la deuda aumentaría hasta alcanzar el 157,7% del PIB en 2011 y el 166,1% en 2012.

Durante la tercera semana del mes de mayo de 2011 la Agencia de Calificación Crediticia *Fitch* degradó la nota concedida a la deuda de Grecia debido al incremento de los riesgos que amenazaban una hipotética reestructuración de su deuda. Concretamente la citada Agencia rebajó en tres escalones el *rating* de Grecia hasta B+ desde el BB- que había establecido en su anterior revisión, alegando los desafíos que afrontaba el país heleno en la aplicación de reformas fiscales y estructurales radicales necesarias para asegurar la solvencia del Estado. De conformidad con lo declarado por la citada Agencia dicha nota se debía a que los riesgos habían aumentado a medida que el país debía adoptar nuevas medidas de austeridad con el fin de cumplir con sus objetivos de déficit. En su opinión un mayor énfasis en la privatización aumentaba el riesgo de que los pagos de las ayudas de la Unión Europea y el Fondo Monetario Internacional se pudieran retrasar, siendo necesaria la adopción de nuevas medidas de austeridad fiscal para cumplir el objetivo de déficit del 7,5% del PIB previsto para 2011 ante el incremento de los riesgos políticos y para la implementación de dicho programa.

Dicha calificación 'B+' incorporaba además la previsión de que la UE y el FMI aportasen una nueva cantidad sustancial de dinero y de que los bonos soberanos griegos no se viesen sujetos a una "reestructuración suave", que implicaría un *rating* equivalente a un *default* (impago). En opinión de la Agencia *Fitch* si se ampliase el plazo del vencimiento de la deuda existente se consideraría un impago que tendría su reflejo en la nota concedida, pudiendo ser dicho *rating* griego objeto de una nueva rebaja si no se concretase un nuevo programa creíble por parte del FMI y la UE, lo que podría arrastraría la nota de solvencia de Grecia a la categoría 'CCC', que implicaría un muy elevado riesgo de impago. Todo ello sin perjuicio del efecto negativo que tendría la exigencia de que el sector privado compartiese los costes derivados de un segundo rescate, ya que dañaría a la credibilidad de los compromisos políticos referentes al rescate de Portugal, Irlanda y Grecia. De producirse, la estabilidad financiera quedaría afectada.

Inicialmente los países de la Eurozona sopesaron aplazar la participación en el segundo rescate de Grecia de los bancos privados, a los que Alemania quería exigir que aceptaran un retraso en el pago de la deuda griega[3]. El Eurogrupo pretendía así sortear la oposición del BCE y lograr un

[3] Téngase presente además a este respecto que el Tribunal Constitucional alemán aprobó por aquel entonces la participación de Alemania en los rescates financieros europeos, rechazando

acuerdo de mínimos rápido que evitase la quiebra del país. La UE y el Fondo Monetario Internacional ultimaron los preparativos del segundo rescate de Grecia –que debía sumarse a los 110.000 millones de euros del anterior plan de asistencia– cuyo importe podía oscilar entre 30.000 y 60.000 millones de euros, dependiendo de si cubriese sólo el año 2012 o también las necesidades de financiación de 2013. El acuerdo era urgente debido a que el FMI ya había avisado de que denegaría el siguiente tramo de ayuda del primer rescate (3.300 millones de euros de un total de 12.000 millones, que debían pagarse a finales de junio de 2012) si no tuviese garantías de que Grecia seguiría siendo solvente durante los próximos 12 meses.

Como condición necesaria para activar el segundo rescate la UE exigió a Grecia nuevas medidas de ajuste fiscal así como que acelerase su plan de privatizaciones, cuya puesta en marcha estaría en manos de una Agencia independiente, para recaudar al menos 50.000 millones de euros. El principal punto de desacuerdo pendiente era el relativo al papel de la UE y el FMI

así las más de 50 querellas presentadas por diferentes políticos y por varios reconocidos constitucionalistas contra el Gobierno germano. No obstante el fallo adoptado por la Corte de *Karlsruhe* exigió que el Parlamento alemán tuviese mayor poder de decisión en futuros rescates. Con carácter general los demandantes sostenían que la participación alemana en la ayuda a Grecia lesionaba la potestad que, según la Constitución, tiene el Parlamento sobre el presupuesto nacional, estimando además que la ayuda a Grecia, en particular, y el plan del rescate del euro, en general, lesionaban un principio del Derecho europeo según el cual los estados de la UE no pueden asumir deudas de otros Estados miembros. Asimismo se defendía que la compra de títulos de deuda soberana por parte del Banco Central Europeo violaba la prohibición de que el BCE financie a los Estados. Así las cosas los demandantes alegaban que el plan para el rescate del euro y las ayudas a Grecia atentaban tanto contra la Constitución alemana como contra los Tratados de la Unión Europea, ya que las ayudas violaban el derecho fundamental de los ciudadanos a participar en la legitimación democrática de esas medidas. En resumen, a juicio del Alto Tribunal alemán no podía producirse un automatismo en los pagos que socavase los derechos de los diputados y los paquetes de ayudas que resultasen aprobados debían quedar claramente definidos para que los parlamentarios tengan posibilidades de controlarlos e incluso de rechazarlos. De este modo los jueces del Tribunal Constitucional germano consideraron que el primer plan de rescate del Euro cumplió todos los criterios constitucionales y que el Gobierno federal mantuvo su capacidad de decisión soberana en el seno de la Unión Europea. No obstante, y al margen del fallo del Tribunal Constitucional alemán, quedó por determinar hasta qué punto la Comisión Presupuestaria del Parlamento germano podía hacer más lenta la toma de decisiones y la libertad de actuación del Fondo de Rescate, condición indispensable para que su tarea fuese efectiva en los mercados. En definitiva, se estimaba por el intérprete supremo de la Constitución germana que la política monetaria no podía ni debía resolver los problemas de solvencia de los Estados y los bancos, al tratarse de una cuestión que debía ser decidida por los parlamentos nacionales.

en la constitución de dicha Agencia de privatizaciones. La UE exigía estar representada en dicha Agencia e incluso tener poder de veto. Con carácter adicional exigió que cualquier decisión estuviese protegida por ley y que no pudiera ser revocada por otro Gobierno.

Al margen de este nuevo ajuste fiscal los países de la UE, liderados por Alemania y la Comisión Europea, se habían planteado exigir a los bancos que participasen en el segundo rescate de Grecia para que no toda la carga recayese sobre los contribuyentes. Se trataría de una "reestructuración suave" de la deuda griega, o de una "reprogramación" de los vencimientos de los bonos griegos para dar más tiempo a Atenas a pagar, sin aplicar ninguna quita. Sin embargo esta idea chocó con el rechazo frontal del Banco Central Europeo, que avisó de que la reestructuración de la deuda griega no sólo tendría graves consecuencias para el país –entre ellas una profunda recesión o dificultades del sector bancario para financiarse–, sino que provocaría efectos de contagio al resto de países de la Eurozona. Debido a ello los países de la Zona Euro se inclinaban por ultimar un acuerdo de mínimos sobre el segundo rescate de Grecia que permitiese al FMI desbloquear el siguiente tramo de las ayudas. Y la decisión sobre cómo forzar la participación del sector privado se adoptaría más adelante, una vez que se resolviesen las diferencias entre Alemania y el BCE.

A la vista de esta situación, y dentro del contexto de la crisis de deuda pública que azotaba a la Zona Euro, a los países que sufrían en mayor medida el embate de los mercados no les quedaba más remedio que agudizar el ingenio y buscar nuevas soluciones para atajar el déficit estatal que sufrían. Limitar la cilindrada de coches oficiales, ampliar los horarios de monumentos turísticos o gravar la mitad de todas las pagas de Navidad constituían ejemplos del alcance de las distintas medidas de austeridad implementadas en los distintos planes.

Sin lugar a dudas Grecia fue el país que manifestó una mayor inventiva a la hora de acometer la adopción de medidas de austeridad, debido a lo prolongado de la inestabilidad económica y política sufridas así como a los dos rescates recibidos en 2010 y 2011. Como medidas que escapaban a la ortodoxia austera recomendadas desde instituciones internacionales (Fondo Monetario Internacional y Banco Mundial) y europeas, en Grecia se optó por desvirtuar el concepto de salario mínimo para la franja de edad joven (15-25), adoptándose además diversas medidas que permitían contratar jóvenes con un sueldo de 592 euros (un 80% del salario mínimo, que es 740 euros).[4]

Al mismo tiempo se aprobó un 'impuesto solidario' de entre un 1% y un 4% aplicable a las rentas más altas, así como tasas a bienes de lujo tales como coches de alta cilindrada, piscinas y yates. Igualmente se propuso fusionar colegios, comisarías y hospitales para hacer más eficiente el sistema de servicios públicos. Grecia vio además oportunidades en el filón del turismo y, por ello, en mayo de 2011 se ampliaron los horarios de visita a sus monumentos más emblemáticos.

Por otro lado determinados sectores económicos sufrieron aumentos de impuestos, iniciándose desregularizaciones en los que estaban más protegidos. Este fue el caso, por ejemplo, de las licencias de taxi, que se abarataron, produciéndose así una liberalización del sector que fue fuertemente criticada. Asimismo se llevaron a cabo importantes privatizaciones a través de las cuales el Gobierno griego pretendía recaudar 5.000 millones de euros. Las más significativas fueron la venta del Monopolio de Loterías y Apuestas del Estado (OPAP)[5], la empresa de gestión de agua de Salónica (segunda ciudad del país) y las empresas que realizan el mantenimiento de los puertos de Pireo y Salónica. Incluso se llegó a plantear la posibilidad de privatizar el sistema de recaudación fiscal vigente en Grecia con el objetivo de atajar la falta de transparencia y la excesiva burocratización del sistema.

A principios del mes de junio de 2011 se conocía la existencia de acuerdo para la aprobación de un nuevo Plan de rescate que tuviese como objetivos reducir gastos del Estado y aumentar sus ingresos en unos 78.000 millones de euros hasta 2015, entre recortes y privatizaciones. El objetivo era que el déficit existente por aquel entonces, del 10,5% del PIB, cayese hasta el 3 % dentro de tres años. La respuesta positiva de los inspectores de la UE y del FMI supuso, no ya sólo el desbloqueo de los 12.000 millones de euros de un nuevo tramo del crédito ya acordado, sino que podría abrir la puerta a otra financiación extra de 60.000 millones de euros. Con ese dinero se pretendía cubrir gastos adicionales de Grecia para el periodo 2012 y

---

[4] Téngase presente que en Grecia el desempleo juvenil llegó a situarse en 2011 en un 43% para los trabajadores de entre 15 y 24 años, incrementándose un 12,2% respecto a la tasa registrada en 2010.

[5] Concretamente con la venta del 33% del Organismo de Apuestas del Estado en acciones el Ejecutivo griego ingresó unos 652 millones de euros.

2013, ya que el país heleno no podría acudir a los mercados a refinanciarse debido a los intereses prohibitivos que exigen al país.

El nuevo Plan de Ayuda implementado se concretaba en 70.000 millones de euros en concepto de nuevos créditos a cambio de una reducción del gasto y aumentos fiscales del Gobierno heleno que ayudarían a recaudar 6.400 millones de euros y de su compromiso de acelerar las privatizaciones. No obstante dicho Plan podría alcanzar los 85.000 millones de euros hasta 2014. De esa cantidad, 40.000 millones procederían de la Eurozona y del Fondo Monetario Internacional, 20.000 millones, de inversores privados que comprarían bonos griegos y otros 25.000 millones de un amplio programa de privatizaciones de empresas y activos nacionales. El Gobierno griego quedaba, además, a la espera de la entrega de un quinto tramo de ayuda externa de 12.000 millones de euros previsto para el 15 de julio de 2011, indispensable para que Grecia cumpla con sus obligaciones más inmediatas.

El citado plan financiero de Grecia a medio plazo recortaría además su déficit presupuestario por debajo del 1% del PIB hasta el 2015. Los países acreedores del Estado griego presionaron para tener un mayor control del proceso de privatizaciones con la finalidad de garantizar que Grecia no continuara posponiendo su plan de ajuste fiscal. Su mayor frustración tenía no obstante su origen en la legislación de la UE, que dejaba la política presupuestaria y económica en manos de los gobiernos nacionales.

En todo caso desde la Unión Europea se estuvieron buscando fórmulas para que el sector privado participase en el rescate, tal vez a través de un canje de bonos. La implicación del sector privado podría alcanzar los 30.000 millones de euros, dejando la nueva asistencia oficial en 60.000 millones de euros. Con carácter adicional el nuevo rescate preveía que la propia Grecia proporcionase cerca de 30.000 millones de dólares de lo recaudado en la privatización de activos estatales, con lo cual la cifra total del nuevo paquete podía alcanzar los 120.000 millones de euros.[6]

De acuerdo con el Informe elaborado a principios del mes de junio de 2011 por el FMI, el BCE y la UE, la estrategia de financiación a adoptar para

---

[6] Recuérdese que, como ya se ha indicado, Grecia firmó un acuerdo inicial de rescate de 110.000 millones de euros con la UE y el FMI en mayo de 2010. Durante el mes de julio de 2011 debía recibir un tramo de unos 12.000 millones de euros procedente de esos préstamos, dejando 45.000 millones de euros de ese rescate inicial sin desembolsarse. Dichos préstamos serían entregados con el tiempo junto con el nuevo rescate.

Grecia habría de ser revisada, especialmente teniendo en cuenta la lejanía de Grecia de regresar a los mercados en el año 2012. De conformidad con lo señalado en el citado Informe había que adelantar algunas de las reformas propuestas como, por ejemplo, la relativa a la privatización del 34% de la lotería, que tendría que realizarse durante el 2011 en lugar de en el 2012, como inicialmente estaba previsto. Asimismo se señaló en dicho Informe que los costes de financiación para el país heleno resultaban "prohibitivos", lo que imposibilitaría que Grecia retornase a los mercados como fijaba en su programa, en 2012. Y ello debido a que los objetivos de déficit para el citado país estarían en riesgo, resultando la recesión más larga y profunda de lo previsto inicialmente. Concretamente en dicho Informe se apuntaba que en 2011 el déficit público heleno superaría el 10% del PIB, calculándose una contracción de la economía del 3,8% en 20911 y del 0,6% durante el 2012.

A la luz de esta situación el interés de los bonos a diez años del país heleno superó el 16,5% con fecha 9 de junio de 2011. A tres años este porcentaje se situó por encima del 26%, desde el 23% de jornadas anteriores. En el mercado de derivados los *Credit Default Swaps* marcaron nuevos récords en 1.520 puntos básicos, lo que supuso que el coste de asegurar 10 millones de euros de deuda griega a cinco años se encareciese hasta los 1,52 millones de euros. Las dudas sobre el segundo rescate de Grecia acentuaron de paso la incertidumbre sobre la situación financiera de los otros dos países rescatados. El interés exigido a los bonos a diez años de Portugal (país igualmente "rescatado") escaló hasta marcar un nuevo máximo desde la introducción del euro, en el 10,9%. Los récords se repitieron en sus *CDS*, en 720 puntos básicos.

Por su parte Irlanda (el tercer país periférico objeto de un rescate total) tampoco logró hacer frente al rebrote de las alarmas de los mercados. Sus *CDS* escalaron hasta marcar con fecha 9 de junio de 2011 (fecha en la que el BCE acordó el mantenimiento de los tipos de interés) récords en 693 puntos básicos. Así las cosas el coste de asegurar 10 millones de euros de deuda irlandesa a cinco años se encarecía hasta los 693.000 euros. El efecto contagio provocó además un paso más en el deterioro que acumulaba la deuda pública española. El riesgo país se apuntaló hasta alcanzar los 243 puntos básicos.

Durante la tercera semana del mes de junio de 2011 los Jefes de Estado y de Gobierno de los por aquel entonces Veintisiete países de la Unión Europea prometieron a Grecia un segundo rescate que ascendería a alrededor de 100.000 millones de euros si su Parlamento aprobaba finalmente el plan de ajuste y privatizaciones pactado con la UE y el Fondo Monetario Internacional. Una votación positiva permitiría, además, desbloquear en julio de 2011 la ayuda de emergencia de 12.000 millones de euros que el Gobierno de Atenas necesitaba para no suspender pagos. El plan global de reformas pactado con la Comisión, el Banco Central Europeo y el FMI, y la adopción por parte del Parlamento griego de las leyes clave sobre la estrategia fiscal y las privatizaciones debían finalizar de manera urgente, sirviendo ello de base para fijar los principales parámetros de un nuevo programa apoyado conjuntamente por sus socios europeos y el FMI, en línea con las prácticas actuales y permitiendo un desembolso a tiempo para cubrir las necesidades de financiación de Grecia.

Este segundo rescate se financiaría con fondos tanto públicos como privados. En este sentido los jefes de Estado y de Gobierno de los por aquel entonces Veintisiete miembros de la UE reclamaron la participación de la banca privada en forma de una renovación informal y voluntaria de los bonos griegos que venciesen para lograr una reducción sustancial de la aportación pública, evitando al mismo tiempo un "impago selectivo". Dicho segundo Plan de rescate constituía una de las condiciones exigidas por el FMI para desbloquear su parte (3.300 millones de euros) de la ayuda de emergencia para julio de 2011 de manera que, si el Parlamento griego aprobaba el Plan diseñado al efecto, los Ministros de Economía de la Eurozona desbloquearían los 12.000 millones de euros a los que se aludía con anterioridad.

Por otro lado los jefes de Estado de los Veintisiete respaldaron la propuesta de la Comisión de facilitar asistencia técnica al Gobierno de Atenas para acelerar el pago de 1.000 millones de euros de los fondos estructurales que correspondían a Grecia. La Unión Europea aumentaría además al 85% la tasa de cofinanciación comunitaria de los programas financiados con fondos estructurales en Grecia a fin de incrementar su impacto en la deprimida economía de ese país. Incluso se apuntó que la UE estaba dispuesta a facilitar la entrega de financiación para facilitar la capacidad técnica de gestión de los programas. Esta gestión resultaba, a nuestro juicio, necesaria, ya que en el marco presupuestario 2007-2013 Grecia disponía de 20.000 millones de euros de los fondos estructurales y hasta la fecha solo había empleado una cuarta parte.

Sin lugar a dudas el debate acometido para la aprobación de un segundo rescate de Grecia en la Eurozona evidenció las diferencias existentes entre los socios comunitarios, que no se pusieron de acuerdo en cómo concretar la participación de capital privado en este nuevo plan. Por su parte los inversores temían que Europa les obligase a participar en el programa de ayuda, tal y como defendía Alemania, lo que contribuyó a incrementar su presión sobre la deuda pública de los países periféricos.

Grecia necesitaba cubrir cerca de 4.000 millones de euros entre el 15 y el 22 de julio de 2011 por vencimiento de deuda y se enfrentaba a unos 3.000 millones de euros en letras. Su mayor examen se produjo con fecha 20 de agosto de 2011, cuando tuvo que afrontar el vencimiento de 6.600 millones en bonos.

Desde nuestro punto de vista debían cumplirse dos condiciones previas a la realización del citado desembolso. En primer lugar, la aprobación por parte del Parlamento griego, tanto del programa asociado a la ayuda como del hecho de que el Gobierno avanzase en la definición del plan de rescate a largo plazo, tal y como solicitaba el Fondo Monetario Internacional. Y, en segundo término, definir con una mayor concreción el papel del sector privado en un segundo programa de ayuda.

Precisamente a resultas de esta situación a mediados del mes de junio de 2011 se acordó la introducción de una modificación en el Fondo Facilidad Europea de Estabilidad Financiera (*European Financial Stability Facility*, EFSF) destinado a socorrer a países de la bancarrota a partir de mediados de 2013, con la finalidad de evitar dañar a aquellos países que ya fueron objeto de un programa de ayuda de la UE y del FMI (Portugal, Grecia e Irlanda). Como es sabido este Fondo sustituyó al aprobado en mayo de 2010, constituyendo una medida temporal destinada a evitar el contagio de la crisis griega a otros países, siendo su objetivo dotar a la Zona Euro de un instrumento de apoyo similar al Fondo Monetario Internacional que sea propio y permanente.

Pues bien esta modificación operada afectó a la integración del sector privado en el caso de que se concediesen ayudas a dichos países mediante este nuevo instrumento. En el supuesto de que tuviera que ser empleado para ayudar a los países que ya habían sido objeto de un rescate el Fondo Permanente no contaría con un *status* preferencial de cobro frente a otros acreedores para facilitar que estos países puedan volver cuanto antes a financiarse normalmente en el mercado. La activación del Fondo para ayudar a un determinado país se acordaría de común acuerdo si resultase indispensable para preservar la estabilidad financiera de la Zona Euro en su conjunto. La ayuda se otorgaría principalmente sobre la forma de préstamos bajo estrictas condiciones, en el marco de un programa de ajuste macroeconómico y sobre la base de un riguroso análisis de la viabilidad de la deuda del país conducida por la Comisión Europea y el FMI, en colaboración con el BCE. El citado Fondo también podría comprar obligaciones de un Estado miembro que tuviese problemas graves de financiación en el mercado primario, con el objetivo de optimizar la eficacia del apoyo acordado.

De este modo se reforzó el Fondo de Rescate de 700.000 millones de euros, incrementándose la capacidad de préstamo del tramo intergubernamental del citado Fondo para que alcanzase los 440.000 millones de euros desde los 250.000 millones inicialmente disponibles. A tal efecto cada Estado habría de incrementar los avales que aportaba. Nada se señaló, sin embargo, acerca de la necesidad de ampliar los usos del mecanismo para que pudieran comprarse bonos en el mercado secundario de los países con problemas de deuda o proporcionar garantías de financiación. Sí que se acordó, por el contrario, que el Fondo de Rescate comprase bonos en el mercado primario, reduciéndose el tipo de interés que cobrará por sus préstamos.

A priori dos eran las opciones que se barajaban. En primer lugar, que los bancos no se deshicieran de los bonos griegos aunque se ampliase su vencimiento. Y, en segundo término, que dichos bancos se comprometieran a seguir comprando deuda helena una vez que hubieran vencido los plazos de sus actuales inversiones. De cualquier manera debía tratarse de una implicación voluntaria, ya que no existía ningún tipo de base legal para que la participación en este segundo rescate fuese obligatoria hasta que entrara en vigor en 2012 el Fondo de Rescate permanente, esto es, el Mecanismo Europeo de Estabilidad (MEDE).

Tras las entidades griegas, el BCE (con algo menos de 70.000 millones en deuda soberana griega) y los bancos franceses, los alemanes eran los cuartos acreedores de Grecia. Según datos del *Bundesbank* ofrecidos en el mes de mayo de 2011 las entidades alemanas tenían unos 18.000 millones de euros en deuda soberana helena. En esta cantidad se incluían más de 8.000 millones del *KfW-Bank*, banco público que se emplea para los créditos destinados a ayudar a Grecia los cuales, según el criterio expuesto por la Federación de la Banca alemana, no habían de contarse como exposición. Por su parte los seguros alemanes calcularon en menos de 6.000 millones la exposición que tenían en deuda griega.

La participación del sector privado debía diseñarse de forma que no fuese interpretada por los mercados o por las Agencias de *rating* como un impago. Pero faltaba por concretar las modalidades técnicas y determinar cuál sería el importe de la participación de los bancos. Alemania insistía en que la contribución del sector privado debía ser sustancial para que todo el peso del rescate no recayese en los contribuyentes. Pero dio marcha atrás en su enfrentamiento con el Banco Central Europeo y abandonó su pretensión de aplazar siete años el pago de la deuda griega en manos de tenedores privados mediante un canje de bonos. En todo caso resultaba necesario que los llamados países periféricos cumpliesen con los compromisos en los programas de ajuste, incluidas las reformas estructurales que condujesen a economías más abiertas. Debían introducirse nuevas reformas en el sistema bancario, desarrollar aun más los mercados de capital y lograr una mayor integración económica y financiera.

A cambio del plan de reformas que debía ser acometido por el Gobierno griego el Consejo Europeo autorizaría la transferencia de los 12.000 millones de euros previstos, como quinto tramo de la ayuda de 110.000 millones de euros acordados en su día para el Estado heleno dentro del primer rescate. El plan de privatizaciones y de consolidación fiscal ascendía a un total de unos 78.000 millones de euros. Sólo de esta manera se pondría en marcha el segundo plan de apoyo a la economía griega, con la participación voluntaria del sector privado.

Finalmente la banca europea se resignó a participar en el rescate de Grecia, debiendo entrar a clarificarse la contribución "sustancial" de bancos franceses, alemanes y griegos, además de fondos de pensiones holandeses o aseguradoras americanas. Los privados se comprometieron a volver a comprar deuda griega en cuanto venciesen sus bonos en lugar de quedarse con el dinero. Ello suponía entre 25.000 y 30.000 millones de euros, que, unidos a los créditos de los gobiernos de la moneda única y del Fondo Monetario Internacional, sumaban otros 100.000 millones para Grecia hasta 2014 (téngase presente que en 2010 el primer paquete de ayudas fue de 110.000). A diferencia de los rescates de Irlanda y Portugal, en este caso no hubo dinero procedente de la Comisión Europea, ya que determinados Estados como Reino Unido no quisieron que se utilizase más el presupuesto comunitario.

El citado Plan de Rescate necesitaba, en cualquier caso, la aprobación del Parlamento griego, que tenía que aceptar el nuevo programa de privatizaciones, reformas y subidas de impuestos exigido por la UE y el FMI. De conformidad con los cálculos efectuados por el Consejo Europeo, en el supuesto de que Grecia aceptase íntegramente el programa de ajustes y reformas podría tener un superávit presupuestario del 6% del PIB en 2014. La Comisión Europea, por su parte, esperaba que la economía helena volviese a crecer a partir de 2012.

A priori los bancos más expuestos a la deuda helena, los franceses[7] y alemanes, manifestaron finalmente su disposición a contribuir al segundo rescate de Grecia. Tal y como se ha señalado la Eurozona deseaba que la banca contribuyese a la resolución de la crisis aportando unos 25.000 millones de euros al segundo Plan de asistencia financiera para Grecia, que podría ascender a 110.000 millones de euros. Pues bien, Francia propuso a sus socios europeos un nuevo plan de salvamento de Grecia que contemplaba la participación del sector bancario pero que reducía el grado de implicación de las entidades financieras. Concretamente el citado plan, aunque asumía la participación del sector bancario, reducía el porcentaje de la implicación de las entidades financieras, que se haría en forma de préstamos a 30 años.

A la luz de la propuesta francesa bancos y aseguradoras tenedores de deuda griega habrían de reinvertir el 70% –y no el 100% como se había planteado inicialmente– del dinero cuando esos préstamos llegasen a su vencimiento. El 50% de dichos capitales se pondrían en nuevos créditos a 30 años y el 20% restante en títulos de deuda de "cupón cero", es decir, cuyos intereses no se fuesen cobrando conforme se generasen, sino al vencimiento. En cuanto al tipo de interés, sería por una parte equivalente al que Grecia tenía que pagar a los organismos públicos que habían garantizado su salvamento y, por otra, variable, indexado sobre un indicador de la economía griega como el Producto Interior Bruto. Se trataría así de evitar el carácter obligatorio para los bancos del sistema planteado hasta la fecha,

---

[7] En efecto, los bancos franceses se encontraban entre los principales acreedores de Grecia, con *BNP Paribas* como uno de los grandes tenedores, con 5.000 millones de euros a finales de 2010.

que implicaba que las entidades financieras tuviesen que reinvertir en deuda griega el 100% del dinero cuando esos préstamos venciesen.

Por tanto los bancos franceses presentaron un plan según el cual el sector financiero se comprometería a reinvertir el 70% de la deuda griega que vencía entre mediados de 2011 y mediados de 2014. El 50% de los ingresos se destinaría a comprar nuevos bonos griegos con vencimiento a 30 años, mientras que el 20% restante se invertiría en un fondo de bonos de alta calidad como aval para garantizar el pago después de los 30 años. Dado que Alemania se había negado a dar garantías para esos nuevos préstamos a los que los bancos se verían abocados, el riesgo existente era que las Agencias de Calificación considerasen que no se trataba de un proceso voluntario, y por tanto, declarasen a Grecia en suspensión de pagos.

Por su parte la banca alemana mostró igualmente su predisposición a contribuir al rescate griego, si bien reclamaron de los por aquel entonces Veintisiete países miembros de la UE el ofrecimiento de mayores incentivos tales como, por ejemplo, la obtención de garantías sobre la deuda griega[8]. El compromiso adquirido por el sector financiero alemán ascendió a unos 3.200 millones de euros, de los 10.000 millones de euros de deuda pública griega en poder de la banca y las aseguradoras alemanas. Téngase presente que las instituciones financieras privadas germanas poseían en total unos 10.000 millones de euros en bonos públicos griegos, si bien el 55% de estos tenían un período de vencimiento más allá de 2020.[9]

Con fecha 30 de junio de 2011 el Parlamento heleno aprobó finalmente un nuevo paquete de austeridad que incluía 28.400 millones de euros en medidas de ahorro y subidas de impuestos, además de la recaudación de

[8] Concretamente la exposición de los bancos privados alemanes frente a Grecia quedó cifrada entre 10.000 y 20.000 millones de euros. *Commerzbank* era el mayor acreedor privado alemán de Grecia, con obligaciones por valor de 2.900 millones de euros en su cartera, seguido de *Deutsche Bank*, con 1.600 millones y la aseguradora *Allianz,* con 1.300 millones.

[9] A este respecto en el mes de julio de 2011 se conoció que los bancos y aseguradoras alemanas tendrían que realizar provisiones en los resultados del segundo trimestre de 2011 para reflejar rebajas en el valor de los bonos griegos que tuviesen en cartera, afectando dichas provisiones al conjunto de los bonos en la cartera bancaria. El organismo de auditores alemán (*Institut der Wirtschaftsprüfer in Deutschland*, IDW) llegó a esta conclusión porque, en su opinión, resultaba difícil imaginar una solución para Grecia que no implicase una participación de los inversores privados. Recuérdese a este respecto que los bancos alemanes tenían en total una exposición de 23.000 millones de euros en deuda griega, mientras que las aseguradoras tenían 3.000 millones de euros.

unos 50.000 millones de euros mediante privatizaciones. Con la aprobación del citado plan de ajuste hasta 2015 el Gobierno logró desbloquear los 12.000 millones de euros correspondientes al quinto tramo del préstamo del Fondo Monetario Internacional y de la Unión Europea, sin el cual Atenas no hubiera podido afrontar sus pagos el próximo mes.

Las principales medidas adoptadas fueron las siguientes. En primer lugar, y por lo que a la consolidación fiscal se refiere, se acordó recortar los gastos del Estado en unos 14.300 millones de euros y recaudar otros 14.100 millones hasta 2015, con el fin de situar el déficit por debajo del 3% del PIB en ese año. El Estado griego impondría un "impuesto solidario" entre el 1 y el 4% a las rentas más altas. Para ministros, parlamentarios y otros cargos públicos con ingresos importantes el Impuesto sería del 5%. Se incrementaban en 300 euros anuales los impuestos a profesionales que trabajasen por cuenta propia, como abogados, fontaneros o taxistas. Se reducía el mínimo exento de tasación de los 12.000 a los 8.000 euros, si bien quedaban excluidos los trabajadores de menos de 30 años y los pensionistas, creándose además un Impuesto inmobiliario especial para los propietarios de bienes de más de 200.000 euros.

Por otro lado se incrementaron los impuestos sobre bienes de lujo como yates, piscinas y coches de alta cilindrada, contemplándose la posibilidad de legalizar inmuebles construidos fuera de la ley tras el pago de penalizaciones y eliminándose un gran número de exenciones fiscales. El IVA para bares y restaurantes pasó del 13 al 23% y se reforzó la lucha contra la evasión fiscal y el trabajo informal.

En materia de gasto público el Gobierno heleno pretendía suprimir 150.000 empleos públicos, el 25% del total, para lo cual no se prolongarían los contratos temporales y sólo se sustituiría a una de cada diez funcionarios que se jubilasen. Los salarios, recortados una media del 12% el año pasado, volverían a ser reducidos, si bien se desconocía en qué cuantía. Con carácter adicional se acordó suprimir diversas prestaciones sociales con la finalidad de ahorrar 4.000 millones de euros hasta 2015. Asimismo se dispuso recortar 500 millones de euros durante el 2011 en concepto de subvenciones y otros 855 millones de euros hasta 2015 con la fusión de escuelas, hospitales o cuarteles de la policía, acordándose una reducción del gasto sanitario hasta 2015 de 2.100 millones de euros mediante la racionalización de las prescripciones y con fármacos más baratos.

Por primera vez en tres décadas se acordó recortar el gasto militar, el más alto porcentualmente de los países europeos de la OTAN con cerca del 4% del PIB. En total se recortarían 1.200 millones de euros hasta 2015 y se cancelarían pedidos de armamento por 830 millones de euros. Se dispuso además la reducción de las inversiones públicas en 850 millones de euros.

Por último el Gobierno heleno acordó recaudar unos 5.000 millones de euros con la venta del Monopolio de apuestas y loterías OPAP, de la empresa de gestión de aguas de Salónica y de las empresas de gestión portuarias del Pireo y Salónica. Entre 2012 y 2015 el Estado pretendía ingresar además otros 45.000 millones de euros con la privatización de la empresa de gestión del agua de Atenas, de refinerías, empresas eléctricas, esto es, el *ATEbank* (especializado en el sector agrícola) así como la gestión de puertos, aeropuertos, autopistas, derechos de explotación de minas y bienes muebles e inmuebles estatales.

En resumen, el Plan de ajuste aprobado por el Gobierno griego recogió nuevas subidas de impuestos y más recortes en el gasto público y en los salarios de los funcionarios, encontrándose con el rechazo frontal de la población griega. Como se ha indicado, la aprobación del citado Plan había sido la condición impuesta por la 'troika' comunitaria para desbloquear la ayuda de emergencia de 12.000 millones de euros que Atenas necesitaba para no suspender pagos. Con carácter adicional los Veintisiete habían prometido a Grecia, si el Parlamento otorgaba su visto bueno al programa, un nuevo rescate de 100.000 millones de euros para hacer frente a las necesidades de financiación del país hasta 2014.

El segundo paquete de ayuda a Grecia se situaba así en 109.000 millones de euros cubriendo, no ya sólo las necesidades presupuestarias del Ejecutivo, sino también la recapitalización sustancial de bancos, contribuyendo a mejorar la viabilidad de la deuda de forma sustancial. La participación del sector privado en el rescate heleno, unos 135.000 millones ente 2011 y 2020, se traducirían en la pérdida neta del 21% para el sector privado. Por su parte la contribución del sector privado contribuiría a reducir deuda griega un 12%.

Con fecha 8 de julio de 2011 el FMI aprobó el desembolso de 3.200 millones de euros para Grecia, con lo que la ayuda del organismo multilateral al país europeo ascendía ya a 17.400 millones de euros, habiéndose solicitado al país heleno a cambio una rápida y enérgica aplicación del programa de ajuste, con el apoyo continuo de los socios europeos y la participación del sector privado. Este acuerdo crediticio de tres años con Grecia aprobado el 9 de mayo de 2010 formaba parte del paquete de rescate conjunto con la Unión Europea por valor de 110.000 millones de euros.

Como ya se ha señalado Grecia aprobó una estrategia a medio plazo destinada a definir las medidas para reducir el déficit general del gobierno por debajo del 3% del PIB para 2014. Dentro de esta estrategia a la que nos referimos destacaba, por ejemplo, el objetivo de vender activos estatales por valor de 50.000 millones de euros para 2014, en relación con lo cual podría resultar conveniente establecer una agencia de privatización independiente que ayudase a lograr una implementación transparente.

Desde el BCE se apuntó la necesidad de asumir un compromiso a resultas del cual se evitase cualquier impago selectivo o evento de crédito que desencadenara los seguros contra el impago de la deuda. En todo caso quedaban pendientes de resolver cuestiones tales como la exploración de las distintas modalidades de financiación del nuevo programa multianual, los pasos para reducir el coste del servicio de la deuda y las medidas susceptibles de ser adoptadas para mejorar la sostenibilidad de la deuda pública de Grecia. Todo ello sin perjuicio de la determinación de la forma en la que debía contribuir la banca privada. En definitiva, resultaba necesario adoptar un conjunto de medidas destinadas a mejorar la capacidad de reacción a los riesgos sistémicos, incluyendo la flexibilidad en el campo de actuación del Fondo Europeo de Estabilidad Financiera, lo que permitiría recomprar la deuda griega que llegase a su fecha de vencimiento, así como facilitar nuevos préstamos con tipos de interés bonificados y otras medidas colaterales.

Ciertamente una alternativa frente a la anterior actuación era que se reconociese *de facto* la suspensión de pagos del país heleno y que la UE y los bancos acreedores asumiesen la pérdida, que podría suponer la mitad de la deuda. Es decir, el Fondo de Rescate Europeo tendría que comprar la deuda griega y convertirse en su único acreedor con una quita del 50%. Y Grecia, si prosiguiese haciendo los ajustes y reduciendo su gasto público, podría pagar su deuda. Todo ello sin perjuicio de la posibilidad igualmente existente en virtud de la cual la UE optase por poner en circulación eurobonos, aceptando y respaldando Alemania y Francia dicha emisión, que supondría cambiar parte de la deuda de los países periféricos a cambio de que ellos renunciasen a su soberanía fiscal. Sin embargo el Tratado de Funcionamiento de la UE prohíbe la emisión de bonos europeos.

A priori los máximos beneficiados de una iniciativa de esta clase serían los países periféricos, principal blanco de la desconfianza de los inversores, que podrían ver cómo se diluye la aversión al riesgo con los otros países de la zona[10]. Ahora bien el giro hacia una política fiscal comunitaria podía constituir igualmente una respuesta firme hacia unos mercados especialmente recelosos con el euro. Además ello conllevaría igualmente contrapartidas para países más rigurosos y mejor tratados por los mercados como Alemania.

Por otra parte la creación de un Tesoro comunitario podía reducir claramente los costes de financiación de la Eurozona y supondría un mayor incentivo para no sobrepasar el límite de endeudamiento público del 60% del PIB fijado en el Pacto de Estabilidad y Crecimiento. El Parlamento Europeo también señaló que aumentaría la liquidez en el mercado de deuda. Ello no tendría por qué perjudicar a los Estados más cumplidores, contribuyendo a encarecer su endeudamiento. El Tesoro europeo se podría encargar de conseguir financiación y luego distribuirla a los países (según el histórico del coste de cada uno), con precios diferenciados. Asimismo podría facilitar rescate de bancos en apuros (como se hizo en Estados Unidos), limitando las suspicacias de que lleven subvenciones encubiertas.

La creación de una Agencia Europea de emisión de bonos podía representar el siguiente paso lógico tras la mayor intervención en el mercado de deuda del Banco Central Europeo. No obstante la creación de los eurobonos requeriría que se limitase a la financiación de proyectos específicos, a no ser que se adoptase un cambio importante en la construcción de la política común con unas transferencias en la soberanía que implicarían cambios en el Tratado de Funcionamiento de la Unión Europea y largos debates.

Muy probablemente sería necesaria la emisión de algún tipo de bono de la Eurozona basado en el Fondo Europeo de Estabilidad Financiera, de conformidad con el cual los costes de financiación del citado Fondo lograran reducirse, debiendo dotar a este vehículo de mayor flexibilidad

---

[10] Téngase presente que los países periféricos debían ajustar su déficit hasta un nivel sostenible al objeto de que pudieran implementar sus reformas, pero para ello necesitaban vivir al margen de la incertidumbre de los mercados y de las rentabilidades exigidas.

y permitiendo entre otras cosas que se use para recomprar bonos griegos y reducir así la carga de deuda del país. Si no se actuase con decisión la supervivencia del bloque podría estar en peligro.

Los Fondos del mecanismo de rescate de la Zona Euro podrían utilizarse por los miembros del bloque para recomprar sus propios bonos. De acuerdo con los instrumentos del Fondo Europeo de Estabilidad Financiera cabría la posibilidad de que un Estado obtuviese dinero y después lo utilizase para recomprar, normalmente con descuento significativo, una parte de su deuda. Recuérdese que inicialmente Alemania se opuso a la idea de utilizar los fondos del Mecanismo de rescate para comprar bonos en el mercado secundario. En este sentido, de un tiempo a esta parte el BCE había venido solicitando que se capacitase al Fondo de Rescate para comprar deuda en el mercado, lo que permitiría a la entidad emisora librarse de esa tarea que no le corresponde y que podría dañar su credibilidad en cada ocasión en la que se viese obligada a intervenir. De acuerdo con los instrumentos del EFSF, y desde un punto de vista estrictamente teórico, resultaba posible que un Estado obtuviese fondos que destinase posteriormente a recomprar, generalmente con un descuento significativo, parte de su deuda.

Ciertamente, y con motivo del recrudecimiento experimentado por la crisis económica, la idea de la emisión de bonos soberanos de la Unión Europea fue cobrando fuerza hasta convertirse en una posible solución al problema de deuda de los países de la Eurozona. En líneas generales se estimaba que si los países de la Unión Europea tienen una moneda única podrían igualmente emitir una deuda conjunta. Tal y como se ha señalado, *a priori* dicha emisión podría resultar beneficiosa para todos los países periféricos de cuya solvencia se dudaba, entre ellos España, muy castigada por aquel entonces en los mercados. Nuestro país, junto con Grecia, Portugal, Italia e Irlanda, con problemas para financiarse y cuyo crecimiento estaba muy limitado, podrían financiarse de manera mucho más barata gracias a los países del Norte. Desde el Gobierno alemán, sin embargo, se argumentaba que con la adopción de dicha medida no se atacaría el problema del endeudamiento, si no que se facilitaría aún más la creación de deuda.

A nuestro juicio, en cambio, Alemania podría ser uno de los Estados más beneficiados por la adopción de la citada medida, debido a su fuerte actividad industrial exportadora. Y ello sin perjuicio de que, con carácter previo, pudiera adoptarse una medida intermedia como, por ejemplo, la consistente en que el Fondo Europeo de Estabilidad Financiera comprase deuda, opción a la que Alemania igualmente se había venido negado sistemáticamente.

Inicialmente se estimó que la emisión de este tipo de bonos no sería especialmente beneficiosa para el país germano, ya que le costaría unos 2.500 millones de euros la implantación de los eurobonos sólo el primer año. Otro de los posibles inconvenientes sería que la prima de riesgo de Alemania subiese, lo contrario de lo que sucedería con la española e italiana (las grandes castigadas), que podrían pagar mucho menos al fin para financiar su deuda. A ello se ha de sumar el hecho de que, por aquel entonces, el Fondo Europeo de Estabilidad Financiera ya podía emitir deuda garantizada por sus miembros.

Ciertamente nada aseguraba que el tipo al que se emitieran los eurobonos fuese a ser la media de los países que lo respaldan. Y, si bien en principio cabría pensar que con los eurobonos la deuda total de Europa empezaría a reducirse, también podría suceder que la dinámica de los periféricos se contagiase al resto y que la deuda total empezara a aumentar. Todo ello unido a la desconfianza que mostraban los inversores hacia la Zona Euro.

Desde nuestro punto de vista resultaba necesario que, con carácter previo a la emisión de los eurobonos, se acordase la integración fiscal de todos sus países miembros. Y es que, si bien existe una norma monetaria única para todos los países de la Eurozona, cada Gobierno gestiona sus propias cuentas. En este sentido el principal problema podría ser que la Unión monetaria trasladase a los mercados de capitales una idea distorsionada del riesgo. Así las cosas los Gobiernos de aquellos países irresponsables podrían aprovechar esta situación para endeudarse y evitar practicar los ajustes necesarios. De hecho la existencia del euro ha conducido a igualar las primas de riesgo en Europa, a pesar de que, en realidad, las mismas deberían haber sido distintas en función de la situación fiscal de cada país.

¿Cuál sería la principal razón de ser de la creación de una Agencia Europea de Deuda? Ciertamente las violentas presiones ejercidas por los mercados especialmente sobre algunos países (caso de España e Italia), con unos incrementos nunca vistos del coste de financiación que, en fechas pasadas, reavivaron el debate sobre la conveniencia de crear un Tesoro único europeo que mitigue los efectos derivados de estos ataques.

En un primer momento la propuesta apuntada de creación de un eurobono se concretaba en el hecho de que financiaría hasta el 50% de las emisiones de los Estados miembros, si bien podría llegar al 100% en determinados casos. Como ya hemos señalado, en principio los máximos beneficiados de una iniciativa de esta clase serían los países periféricos, principal blanco de la desconfianza de los inversores, que podrían ver cómo se diluye la aversión al riesgo con los otros países de la zona. Ahora bien ello podría provocar igualmente el surgimiento de contrapartidas para países más rigurosos y mejor tratados por los mercados como Alemania, ya que podría vincularse a una mayor austeridad para los menos cumplidores.

Asimismo podría reducir claramente los costes de financiación de la Eurozona y, como ya se ha apuntado, supondría un mayor incentivo para no sobrepasar el límite de endeudamiento público del 60% del PIB que establece el Pacto de Estabilidad y Crecimiento, incrementándose la liquidez en el mercado de deuda. Además no tendría por qué perjudicar a los más cumplidores. El Tesoro europeo se podría encargar de conseguir financiación y luego distribuirla a los países (según el histórico del coste de cada uno), con precios diferenciados. Con carácter adicional podría contribuir a facilitar el rescate de bancos en apuros (como se hizo en Estados Unidos), limitando las suspicacias de que se llevasen subvenciones encubiertas. Se trataría, por tanto, de una medida adicional que habría de sumarse a la mayor intervención en el mercado de deuda del Banco Central Europeo, siendo el objetivo último la creación del Tesoro europeo como tal.

Ahora bien debe reconocerse que una política monetaria común funciona mejor con una política fiscal común, exigiéndose a tal efecto la creación de una autoridad supranacional poderosa. Por otro lado sería necesario hacer converger modelos económicos tan diferentes como puedan ser el alemán, basado en las exportaciones, y el irlandés, que creció al calor del 'boom' inmobiliario. Así las cosas podría ser más urgente definir un modelo fiscal para todos los países. Igualmente sería necesario que el eurobono se limitase a la financiación de proyectos específicos o a un cambio importante en la construcción de la política común, con unas transferencias en la soberanía que implicarían cambios en el Tratado de la Unión y largos debates.

En todo caso estimamos que constituye una condición necesaria para la puesta en marcha de esta medida que se alcance la consolidación fiscal, ya que la existencia de estos eurobonos podría exigir mayor rectitud presupuestaria a los países menos cumplidores, lo que sería una contrapartida para los más recelosos como Alemania. Por otro lado habría que determinar qué porcentaje de los ingresos por impuestos irían a parar a esa Caja Única común, así como los mecanismos de control existentes. Y ello debido a que el eurobono podría requerir su limitación a la financiación de proyectos específicos o un cambio importante en la construcción de la política común, con unas transferencias en la soberanía que implicarían cambios en el Tratado y largos debates.

A priori desde la Comisión Europea se argumentaba, a la hora de defender la implantación de los eurobonos, que éstos habrían de diseñarse de forma que premiasen a aquellos que cumplan sus objetivos fiscales y disuadan a los incumplidores, tratándose en definitiva de unos "bonos de estabilidad".[11]

[11] A este respecto se ha de precisar además que, con fecha 14 de octubre de 2011, se conoció que la Comisión Europea aprobaría un proyecto piloto de creación de "eurobonos" para la financiación de infraestructuras de telecomunicaciones, transportes y energía. La iniciativa, denominada "Proyecto eurobonos Europa 2020", habría de servir para facilitar la financiación de las redes transeuropeas, a la vez que daría un nuevo impulso a la economía europea en plena crisis, por la sequía del crédito a las empresas y la precariedad financiera de los países, que impide destinar grandes recursos a nuevas inversiones. Se trataría concretamente de un proyecto piloto a desarrollar en dos años (2012 y 2013), de manera que si sus resultados fuesen convincentes se podría implementar el modelo definitivo dentro del marco presupuestario 2014-2020. Bruselas aseguró a este respecto que la UE se enfrenta a unas necesidades importantes de inversiones en infraestructuras, tanto para las redes de transporte y energía como de las tecnologías de la comunicación, dentro del plan de desarrollo Europa 2020. Según sus estimaciones más recientes el desarrollo de la agenda digital de banda ancha y ultrarrápida requeriría de unas inversiones estimadas entre 180.000 y 273.000 millones de euros, y las inversiones en infraestructuras de transporte y energía se estimarían en unos 700.000 millones de euros. A este respecto se ha de señalar que, mientras que los Estados gastan de media el 1% del PIB en inversiones en infraestructuras, la incorporación del sector privado en esas operaciones podría facilitar su desarrollo dentro de un marco de operaciones de "colaboración público-privada". Así las cosas se trataría del desarrollo de proyectos con una perspectiva de rentabilidad a largo plazo. En cualquier caso dicho proyecto no sería ni de la UE ni de los Estados miembros, tratándose por el contrario de una operación de endeudamiento privado de una empresa, que constituiría un mecanismo entre la Comisión Europea y el Banco Europeo de Inversiones (BEI), *Connecting Europe Facility*, para la emisión de bonos, *Europe 2020 Project Bond*. Además se preveía que otras instituciones financieras pudieran participar asumiendo parte del riesgo. En definitiva, la aprobación de este instrumento serviría para que las entidades privadas pudieran promover el desarrollo de esas infraestructuras, quedando avalada la operación por el presupuesto comunitario, con un techo en su participación. Entre otras ventajas, dicha iniciativa podría contribuir a mejorar la calificación de la deuda de las empresas que participan en esos proyectos y a facilitar la participación de los inversores institucionales. El

Volviendo a nuestro análisis de la evolución de la deuda pública griega con fecha 13 de julio de 2011 la Agencia de Calificación Crediticia *Fitch* rebajó el *rating* de Grecia a 'CCC' desde 'B+', lo que situó al país a un paso de la quiebra, según su escala de calificaciones. La citada Agencia justificó esta rebaja por la falta de un nuevo y completo programa de rescate, sumado a la incertidumbre sobre la participación de los inversores privados". Dicha Agencia consideró que Grecia necesitaba más ayuda para poder llevar a cabo su ajuste fiscal, desconfiando del programa de ajuste presentado al efecto por el país heleno, al menos en lo que respecta a su plan de privatizaciones con el que esperaba recaudar hasta 50.000 millones de aquí a finales de 2014. En su opinión la privatización y la participación privada harían difícil la financiación del déficit de Grecia en el futuro, máxime si se tiene en cuenta la existencia de una desinversión prevista para 2011 de 5.000 millones de euros para llevar a cabo el programa completo.[12]

Banco Europeo de Inversiones sería un socio privilegiado en este proyecto, ya que sus servicios se ocuparían del análisis de los proyectos, según sus propios estándares y procedimientos, incluida la política de riesgo crediticio. Sería quien decidiese la incorporación de proyectos. Además, apoyaría la definición de la estructura financiera de los proyectos. Y establecería los precios base, la metodología de riesgo, el plan de financiación y la calidad de los sponsors. En resumen, se trataría del lanzamiento de unos eurobonos destinados al fortalecimiento de las inversiones en las redes de transeuropeas de telecomunicaciones, energía y transporte. Desde la Comisión se estimó que se trataría de una salida de urgencia para tratar de reanimar a la maltrecha economía europea y que, por otro lado, no agravaría el endeudamiento masivo europeo. Además, presentaba una vertiente de apertura, ya que constituiría una manera de seguir los consejos de la Administración americana y del Banco Mundial, que temían que el remedio a la enfermedad, la consolidación presupuestaria, terminara dañando gravemente a la economía europea.

[12] Los analistas de la Agencia de Calificación *Fitch* consideraban que el riesgo de impago por parte de Grecia era real, ya que el país heleno era incapaz de financiarse por sí mismo y desde la UE no se había logrado aún encontrar un modo para aliviar la situación. La citada Agencia estimaba que Grecia podía quedarse sin fondos en 2012 si la UE no aprobaba pronto un segundo rescate. Otro factor de riesgo era la implicación del sector privado, una participación que aún no estaba clara y que desde la Agencia consideraba que se estaba retrasando demasiado. Además *Ficth* veía insuficientes los 30.000 millones de euros que se preveía aportasen los particulares, por lo que sería necesaria una mayor inversión por parte de los países de la Zona Euro. Sus previsiones apuntaban a que las necesidades de financiación de Grecia ascendían a 170.000 millones de euros hasta 2014. En la misma línea se manifestó el FMI para quien, además de los 110.000 millones del primer rescate, el Gobierno griego necesitaría otros 71.000 millones de euros adicionales de la UE, así como unos 33.000 millones provenientes del sector privado para poder incorporarse de nuevo a los mercados en 2014. De este modo aún faltarían 20.000 millones de euros para que las cuentas cuadrasen.

Desde nuestro punto de vista la implicación del sector privado resultaba clave para valorar la situación de los países de la Zona Euro según las agencias de calificación de riesgos, cuyas notas habían jugado un papel desestabilizador durante la crisis. La posibilidad de cualquier forma de participación del sector privado en el alivio de la deuda sería negativa para los tenedores de deuda soberana. Éste era un factor clave para las Agencias de Calificación a la hora de calificar la deuda soberana en la Zona Euro.

Inicialmente se suponía que las medidas de austeridad de Grecia tenían que calmar a los mercados financieros, al solucionar de inmediato el problema existente (el impago de Grecia). Como ya hemos analizado la UE y el FMI acordaron inyectar 12.000 millones de euros a Grecia, lo que la mantendría a flote otros tres meses. Sin embargo también se esperaba que la UE acordase un segundo paquete de rescate por importe de 115.000 millones de euros que garantizase que Atenas pudiera seguir pagando su deuda hasta mediados de 2014, no habiéndose alcanzado en un primer momento un acuerdo entre los países de la Eurozona.

Alemania pretendía que los tenedores de bonos privados compartiesen parte de los costes del nuevo rescate de Grecia, tal vez hasta 30.000 millones de euros. Pero todo movimiento que obligase a los acreedores a percibir menos de lo que les prometió Atenas constituía, por definición, un impago, y los mercados temían que un impago sentase un precedente para el resto de la Eurozona. Fue precisamente ese temor el que elevó los costes de financiación de la deuda en España e Italia. Ello obligó a Alemania a iniciar negociaciones con los grandes bancos para hallar un medio de que retrasasen el cobro de gran parte de sus bonos.

Sucede no obstante que, tal y como pusieron de manifiesto las Agencias de *Rating*, incluso un retraso voluntario en el cobro supondría un impago, aunque selectivo. De este modo desde la Zona Euro se trató de convencer a los bonistas de que cambiasen sus actuales participaciones por nuevos bonos con un vencimiento más largo. Y, a pesar de que el Gobierno alemán estimaba que un impago selectivo podía contenerse, ya que previsiblemente sería breve (siendo poco probable, además, que activase el seguro de los bonistas frente a la mora), desde el BCE la opinión mantenida era diversa. Una vez que los por aquel entonces Veintisiete decidiesen un impago, selectivo o no, para Grecia, ¿qué les impediría llegar a la misma conclusión para otros bonos periféricos? Sin lugar a dudas, éste era uno de los principales motivos de que los bonos españoles e italianos se desplomasen.

Dada esta situación Alemania varió su posición y se mostró favorable a reabrir el debate sobre el uso del Fondo de rescate de la Eurozona para comprar bonos en el mercado abierto, así como a bajar los tipos de interés sobre los créditos de rescate. Y, en este sentido, debe reconocerse que la compra y retirada de bonos griegos podía reducir el volumen global de deuda de Grecia y conseguir que los tenedores de bonos aceptasen de forma voluntaria menos por su inversión.

Por otro lado la implantación de un gravamen a las transacciones financieras fue contemplada como una alternativa de cara a la articulación del segundo plan de rescate para Grecia, consistiendo las otras dos alternativas planteadas en recomprar deuda griega implicando al sector privado (alternativa que corría el riesgo de ser tachada de impago selectivo por las Agencias de *rating*) y en utilizar el Fondo de Rescate para comprar deuda de Grecia en el mercado secundario (donde por aquel entonces cotizaba con un descuento significativo). Finalmente, sin embargo, la posibilidad consistente en aplicar una tasa al sector bancario como vía para articular el segundo rescate heleno fue abandonada.

Inicialmente la adopción de la citada alternativa fue planteada como una de las fórmulas de conseguir una aportación sustancial de las instituciones financieras sin que fuese considerado como un impago por las agencias de *rating*. La propuesta contemplaba gravar con un 0,0025% el total de los activos de los bancos de la Zona Euro. Sin embargo Alemania no veía viable esta alternativa debido a su difícil implantación, mostrándose en cambio más partidaria de que los bancos canjeasen sus bonos que vencían a corto plazo por otros con vencimiento a 30 años, para lo que se les daría algún tipo de incentivo. Esta opción comportaría un impago selectivo de Grecia, según las agencias de *rating*. Debido a ello los Estados debían trabajar también en cómo recapitalizar a los bancos que poseyesen deuda helena y en cómo dotarles de garantías para poder seguir acudiendo a las ventanas de liquidez del BCE, ya que la institución había advertido que no aceptaría como colateral una deuda que fuese considerada como impago por parte de las calificadoras.

Ciertamente la implantación de un gravamen a las operaciones financieras se presentaba como una posibilidad para implicar al sector privado en el segundo rescate heleno. Ello podría arrojar 30.000 millones de euros a lo largo de tres años y podría satisfacer las demandas de países como Alemania, Holanda y Finlandia, a través de las cuales se reclamaba que los acreedores privados contribuyesen de manera "sustancial" al nuevo plan de ayuda a Grecia, calculado en unos 110.000 millones de euros[13]. Asimismo podría contribuir a evitar que la participación de bancos, aseguradoras y fondos de pensiones desembocase en una calificación de impago parcial o total de la deuda griega, a lo que se oponían frontalmente el BCE y países como España.

La implantación de dicho gravamen podía contribuir, además, a consolidar el principio de una implicación del sector privado. Incluso podría resultar justificada la ampliación al sector de las aseguradoras, ya que se recaudarían 30.000 millones de euros en un plazo de tres años, cantidad suficiente para cubrir el plan de rescate a Grecia. La clave estaría en cómo gestionar esos fondos. *A priori* la solución ideal sería utilizar ese dinero para proporcionar una garantía para la Facilidad Europea de Estabilidad Financiera. De ese modo no solo quedaría demostrado que la tasa se utiliza para absorber las pérdidas potenciales de la deuda soberana, sino que se incrementaría la capacidad de conceder préstamos del Fondo Europeo de Estabilidad Financiera. Asimismo ampliaría el margen de maniobra de la institución, permitiendo la recompra de bonos y la recapitalización de los bancos. Desde el sector bancario se argumentó, sin embargo, que dicha medida, además de penalizar a aquellos bancos que no tuviesen exposición a la deuda griega, podría contribuir a debilitar los balances de los bancos, en un momento en el que los reguladores les exigen más reservas de capital. A nuestro juicio aquello que los bancos perdiesen con el pago de este impuesto podrían no obstante terminar recuperándolo con creces con el abaratamiento de los costes de financiación cuando se disipasen los temores de los mercados.

El nuevo Plan de reestructuración de la deuda griega fijaba en el 3,5% el interés de los nuevos préstamos concedidos. Asimismo se prorrogó el vencimiento de la deuda griega hasta un plazo de 15 años desde los 7,5 años

---

[13] Finalmente en relación con esta cuestión relativa a la exigencia de garantías por parte de determinados Estados se acordó que aquellos países que así lo deseasen pudieran pedir por su cuenta garantías adicionales a Grecia para participar en su segundo rescate, si bien el precio habría de ser adecuado.

en los que estaba fijado hasta el momento. Entre las conclusiones a las que se llegó se encontraban, además, la adopción de unas nuevas directrices destinadas a regular la implicación de la banca en estas ayudas mediante tres vías: la recompra de deuda griega, la renovación o el canje.

De acuerdo con el Borrador elaborado por el Eurogrupo se permitiría que el Fondo de Rescate comprase deuda de los países en los mercados secundarios para aliviar las presiones de los inversores sobre ellos, en línea con las actuaciones llevadas a cabo por aquel entonces por el Banco Central Europeo. A fecha de julio de 2011 el EFSF estaba dotado con 440.000 millones de aportaciones directas de los socios de la moneda única, aunque una pequeña parte ya había sido desembolsado para los rescates a Irlanda y Portugal. Y los préstamos ya concedidos a Grecia (110.000 millones euros hasta 2012) no estaban incluidos dentro de dicho Fondo, habiendo sido desembolsados como créditos bilaterales. Téngase presente además que las necesidades griegas de financiación hasta mediados del 2014 llegaban a los 173.000 millones de euros, de los que las privatizaciones del país cubrirían 28.000 millones y el resto del primer paquete entregaría otros 57.000 millones de euros. La Zona Euro, el Fondo Monetario Internacional y el sector privado deberían entonces financiar los restantes 88.000 millones de euros. Los inversores privados contaban con unos 150.000 millones de euros en bonos griegos.

Pues bien, según el citado Borrador conformado por el Eurogrupo Grecia y el resto de países rescatados pagarían menos por estos préstamos y tendrían más tiempo para devolverlos, barajándose al respecto rebajar el tipo de interés al 3,5% y alargar el plazo a 15 años frente al 4,5% y siete años y medio de vencimiento que estaba dispuesto por aquel entonces, practicándose así un ajuste del 22%. Esta mejora de las condiciones se aplicaría no sólo a Grecia, sino también a Portugal e Irlanda. Precisamente este último país había mostrado ya su disposición a participar en la Directiva de armonización de impuestos, lo que implicaría concesiones en su bajo tributo de sociedades.

De este modo se pretendía proporcionar préstamos del EFSF a tasas equivalentes a los de la facilidad de balanza de pagos (en torno al 3,5% por aquel entonces) sin ir por debajo de los costes de financiación del citado Fondo. Ello iría acompañado además de la aplicación de un mecanismo destinado a asegurar unos incentivos apropiados para implementar el programa, incluyendo acuerdos de garantías en aquellos casos en que fuese apropiado. El EFSF podría proporcionar líneas de crédito como precaución a los países de la Zona Euro, incluyendo aquellos que no se encontrasen en los programas de rescate de la UE y del FMI.

Además de poder comprar deuda griega en los mercados secundarios, el Borrador preveía autorizar la concesión de líneas de crédito preventivas a los países de la Eurozona que no hubiesen sido rescatados pero cuya deuda estuviese siendo atacada por los mercados, tal y como sucedió con Italia o España. Asimismo serviría para recapitalizar bancos. Ello permitiría frenar el contagio al poder actuar antes de que el aumento del coste de financiación obligara a estos países a pedir un rescate completo. Y dicha actuación se vería complementada con la adopción de un mecanismo que asegurase unos incentivos apropiados para implementar el programa, incluyendo acuerdos de garantías en aquellos casos en que fuese apropiado.

Por lo que respecta a la participación de la banca privada en un segundo paquete de rescate para Grecia, se estudió la posibilidad de que los bancos acreedores renovasen la deuda que tuviesen de Grecia por nuevos bonos con vencimiento a más largo plazo. Siendo ese el caso los países de la Zona Euro habrían de reforzar la capacidad del Fondo para recapitalizar a las entidades griegas, ya que entre ellas acumulaban más del 60% de la deuda pública de su país. Adicionalmente se podría otorgar una garantía a esa deuda para que las entidades pudieran seguir presentando como aval esos activos ante el Banco Central Europeo a cambio de liquidez.

En resumen, tras el acuerdo alcanzado en el Eurogrupo con fecha 21 de julio de 2011 la banca acreedora de Grecia aportaría hasta 49.000 de los 158.000 millones de euros del segundo rescate griego, de los que 37.000 millones serían "voluntarios" y 12.600 millones se inyectarían mediante la recompra de deuda en los mercados. Por su parte los bancos y aseguradoras acreedoras anunciaron su compromiso para refinanciar un total de 135.000 millones de la deuda griega hasta 2020, de los que 54.000 millones pertenecerían al periodo entre 2011 y 2014, aceptando así participar en un programa voluntario de cambio de bonos y en un plan de recompra de deuda diseñado por el Gobierno griego. La Eurozona y el Fondo Monetario Internacional prestarían por su parte 109.000 millones de euros a Grecia. Además las condiciones serían mejores para Grecia y otros países rescatados, ya que el plazo para devolver las ayudas se ampliaba de 7,5 a 15 años, descendiendo los intereses del 4,5% al 3,5%.

El acuerdo alcanzado en el seno del Eurogrupo permitía además al Fondo Europeo de Estabilidad Financiera, dotado por aquel entonces con 750.000 millones de euros, la compra de bonos soberanos en el mercado secundario, medida ésta que, con anterioridad, sólo había realizado el Banco Central Europeo con la finalidad de aliviar las tensiones sobre los países en problemas tales como Portugal, Irlanda, Italia, España o la propia Grecia. La ayuda concedida al país heleno en 2010, 110.000 millones de euros, no estaba incluida en aquel Fondo, constituido *a posteriori*, sino que fue aprobada como préstamos bilaterales por cada socio europeo. Con carácter adicional se acordó que el EFSF pudiera conceder "créditos preventivos" y recapitalizar a los bancos de socios de la Eurozona que presentasen dificultades, aunque no hubiesen sido rescatados, como Grecia, Irlanda o Portugal.

Se acordó así un segundo rescate para Grecia que habría de sumarse a los 110.000 millones de euros pactados por la Eurozona y el Fondo Monetario Internacional en 2010, a los que ya hemos tenido ocasión de referirnos. El monto del nuevo programa de ayudas ascendía a un total de 158.000 millones de euros. De ellos, 49.000 millones los aportarían los bancos acreedores y 109.000 millones la Eurozona y el FMI. En segundo término, se extendieron los plazos de devolución de los préstamos de la Eurozona y el Fondo Monetario Internacional desde los 7,5 años anteriores hasta un mínimo de 15 años, acordándose de manera paralela una reducción del tipo de interés de los préstamos hasta alrededor del 3,5%, si bien nunca serían inferiores al precio satisfecho el fondo de rescate para recaudar ese dinero.

Como ya se ha señalado, a resultas del acuerdo alcanzando se estableció que la banca sería partícipe de este nuevo programa de ayudas. Concretamente, de los 49.000 millones de euros que aportarían los acreedores 12.600 millones de euros serían mediante recompra de bonos y 37.000 millones de euros se corresponderían con la llamada participación "voluntaria", contemplándose en ese último caso actuaciones tales como un canje de los actuales bonos por otros con diferentes condiciones, la extensión de los plazos de vencimiento de los bonos actuales y recompras de la deuda que poseen los bancos.[14]

---

[14] En efecto, la Eurozona y el Fondo Monetario Internacional prestarían 109.000 millones de euros a Grecia mientras que, por otro lado, las entidades financieras aportarían 49.600

Especial relevancia adquirió la medida consistente en ampliar la flexibilidad del Fondo de Rescate a través de los siguientes mecanismos. En primer lugar, mediante préstamos preventivos o anti contagio a países de la Zona Euro, al objeto de cubrir necesidades puntuales o ayudar a recapitalizar los bancos, para calmar así el nerviosismo de los mercados ante el contagio. No quedó claro, sin embargo, si el EFSF tendría autorización para realizar las recompras o si se prestaría el dinero a Grecia para que efectuase las operaciones. Sin embargo, la capacidad del citado Fondo de comprar bonos en el mercado secundario sería muy limitada y estaría controlada por el BCE. Una alternativa planteada a este respecto era la adopción de un programa de intercambio de bonos que animaría a los tenedores de deuda griega que venciese en los próximos ocho años a cambiarla por nuevos bonos con un vencimiento a treinta años.

En segundo término, mediante la recapitalización de los bancos de la Zona Euro a través de préstamos a sus respectivos Gobiernos con la finalidad de tratar de ayudar a la banca que tuviese que ampliar su capital en el hipotético caso de que las Agencias de *Rating* considerasen que la adopción este programa implicara un impago parcial de Grecia. Y, por último, mediante la intervención en el mercado secundario con la compra de deuda de países del Euro siempre que, tras un análisis llevado a cabo por el BCE, se reconociese la existencia de "circunstancias excepcionales" y bajo la aprobación unánime de todos los Estados miembros del Fondo.

Para finalizar, se acordó hacer extensiva la rebaja de tipos de interés y el alargamiento de los plazos de vencimiento a Irlanda y Portugal, requiriéndose al Gobierno irlandés para la adopción de una armonización de sus actuales impuestos (especialmente el de Sociedades) y una reducción de la dependencia a las Agencias de *rating* externas.

Con fecha 27 de julio de 2011 la Agencia de Calificación Crediticia *Standard & Poor's* bajó dos escalones, de 'CCC' a 'CC' con perspectiva

---

millones entre 2011 y 2014. Con este compromiso la banca privada refinanciaría el 90% de la deuda griega en sus manos. Así, su participación estaría compuesta de una contribución neta de 37.000 millones de euros y 12.600 millones de euros para la recompra o canje de deuda en vigor, lo que hacía un total de 49.600 millones de euros, hasta 2014. No obstante, el compromiso del sector privado hasta 2019 alcanzaba una participación de 106.000 millones de euros. A este respecto se ha de recordar que las Agencias de Calificación de Riesgos ya avisaron en su día de que cualquier reestructuración de la deuda, también la denominada como "selectiva", sería definida como un *default*.

negativa, la nota de la deuda griega, hallándose además el tamaño del segundo paquete de rescate al país heleno aún en el aire. *S&P* concluyó que la propuesta de reestructuración de la deuda del Gobierno griego equivaldría a un *default* selectivo. La rebaja de la calificación helena se produjo días después de la de la Agencia *Moody's*. Por su parte la Agencia de Calificación *Fitch*, al día siguiente del acuerdo alcanzado por el Eurogrupo, avisó de que actuaría en esta dirección. En definitiva, se preveía que el acuerdo alcanzado por el Eurogrupo probablemente implicase pérdidas para los inversores privados, destacándose además que el acuerdo del canje de deuda lo que conseguiría sería dar más tiempo al Ejecutivo griego para poner en marcha las reformas y el programa de consolidación fiscal. Esta solución se interpretó como la consecuencia de aquella situación en la que se halla un prestatario en dificultades que no paga su deuda a tiempo y en su totalidad. A su juicio las posibilidades que ofrecía el pacto de canje de bonos con una quita o por un vencimiento mayor parecían desfavorables para los inversores privados, subrayándose además que los intereses acordados para los nuevos bonos estaban por debajo de lo que se negociaba en el mercado secundario, ofreciéndose un valor para los bonos griegos por debajo de la promesa de los títulos originales. En opinión de *S&P* la compra de nuevos bonos no suponía un *default* selectivo pero sí la compra con posteriores descuentos, tal y como se produjo con el pacto, lo que justificaba el recorte.

Por otro lado, a pesar de que la Eurozona esperaba que el Fondo Europeo de Estabilidad Financiera adquiriese pronto sus nuevas propiedades para comprar bonos de los países con tensiones en el mercado secundario, Alemania rechazaba dar 'carta blanca' para que el fondo de rescate comprase bonos en el mercado secundario.

A principios del mes de septiembre de 2011 Grecia se hallaba negociando un acuerdo con los inversores para renegociar y renovar voluntariamente 135.000 millones de euros de deuda pública. El objetivo del país heleno era alcanzar el 90% de acuerdo entre los inversores. Además Grecia se encontraba también negociando con el FMI, la UE y el BCE el desembolso del segundo tramo del plan de rescate, valorado en 8.000 millones de euros. Este desembolso estaba condicionado a que el país hiciera ciertas reformas estructurales y alcanzara objetivos de reducción de déficit, si bien estas condiciones no se habían cumplido.

Tras la reunión celebrada por los Ministros del ECOFIN (destinada a debatir la aplicación práctica de los acuerdos alcanzados por el Eurogrupo el 21 de julio de 2011) el 3 de octubre de 2011 se acordaron las garantías adicionales que los países de la Zona Euro podrían exigir a Grecia para participar en el segundo rescate. Estas garantías, abiertas a cualquier país que las exigiese, conllevarían una serie de contraprestaciones, entre las cuales destacaba la relativa al hecho de que el país que las solicitase habría de aportar su contribución al Fondo permanente de rescate de una sola vez. Y, en caso de impago, dichas garantías quedarían congeladas hasta que venciesen los préstamos del Fondo de rescate, es decir, hasta un máximo de 30 años.

En todo caso por aquel entonces estaba ya claro que Grecia no podría cumplir el objetivo de déficit en 2011, lo que afectaba a las conversaciones mantenidas entre la UE y el FMI en torno a la concreción del alcance del segundo rescate, perdiendo la Bolsa de Atenas un 4%, desplomándose sus bancos un 8% y disparándose la caída en el precio el interés exigido al bono a dos años hasta el 48%. Y ello debido a que el Ejecutivo del país heleno estimó que su déficit presupuestario de 2011 sería de entre un 8,1% y un 8,2% del PIB, por lo que incumpliría su objetivo del 7,6% fijado al efecto. El Gobierno heleno empeoró así sus previsiones de déficit y creía que alcanzaría el 8,2% del PIB en 2011 frente al objetivo del 7,6% marcado por la Unión Europea, el BCE y el FMI. A esto había que añadir la existencia de una deuda pública disparada, que llegaría en 2012 al 172% del PIB. La marcha de la economía no mejoraba y las expectativas eran malas. Las cifras del Gobierno griego apuntaban a que el PIB heleno caería un 5,3% en 2011 frente al 3,8% previsto inicialmente.

La economía griega iba a seguir estando deprimida por varios motivos. De una parte, los exigentes planes de ajuste estaban teniendo su impacto en la demanda interna del país; y, de otra, la desaceleración del conjunto de la Zona Euro en el segundo trimestre de 2011 sólo creció un 0,2%, tampoco contribuía a su recuperación.

Como ya se ha señalado el Parlamento griego aprobó a finales de junio de 2011 un nuevo plan de austeridad para conseguir el quinto tramo de la ayuda (12.000 millones) y salvar al país de la quiebra. Este nuevo paquete de austeridad suponía un ajuste de 28.400 millones entre en medidas de ahorro y subidas de impuestos, además de la recaudación de unos 50.000 millones gracias a privatizaciones hasta 2015. Sin embargo la puesta en marcha de estas medidas no resultó demasiado fructífera. De este modo, si ya la consecución del quinto tramo de ayuda para Grecia en julio de 2011 fue muy complicada y exigió al Estado heleno la adopción de grandes esfuerzos, apenas dos meses después volvía a estar prácticamente en las mismas circunstancias. El país no cumplía con los requisitos, lo que dificultaba el éxito del segundo rescate.

La desconfianza hacia el país heleno se recrudecía en un contexto, además, especialmente desfavorable para el conjunto de los mercados financieros. Las alertas de impago provocaron otra desbandada de los inversores, lo que se tradujo en severos castigos tanto en su deuda pública como en su deuda privada. La huida de los inversores disparó la rentabilidad exigida al bono griego a dos años al 48%. A diez años el interés superó el 18%, 1.600 puntos básicos por encima del *bund* alemán. En el mercado de derivados, los *Credit Default Swaps* de Grecia se elevaron por encima de los 2.200 puntos básicos, lo que supuso que el coste de asegurar la deuda pública griega a cinco años se encareciese hasta los 2,2 millones de euros.

Dada esta situación a mediados del mes de septiembre de 2011 Grecia sólo disponía de liquidez para pagar salarios y pensiones hasta octubre de 2011, lo que hacía urgente que se desbloquease el sexto tramo del rescate de 110.000 millones aprobado en mayo de 2010. Sin embargo el Fondo Monetario Internacional y Alemania, entre otros, no estaban dispuestos a liberar más dinero a menos que Grecia cumpliese con sus compromisos de déficit. En dicha fecha el Gobierno heleno había aprobado una medida desesperada destinada a obtener 2.000 millones de euros con una subida de impuestos a la propiedad inmobiliaria. La suspensión de pagos del país podría conducir a su abandono de la Eurozona.

Tal y como ya se ha señalado con anterioridad Grecia se había comprometido a reducir su déficit presupuestario del 14,5% del PIB a menos del 3% para el año 2014 y a tener superávit primario el 2012. Para que el país pudiera mantener sus compromisos necesitaba obtener en torno a 2.000 millones de euros, motivo por el cual aprobó la aplicación de una tasa especial sobre la propiedad inmobiliaria mediante el cobro adicional de una media de cuatro euros por metro cuadrado, si bien la cuantía de dicha tasa oscilaría dependiendo del nivel adquisitivo de cada propietario: desde 50 céntimos en las comunidades más pobres hasta 10 euros en las zonas más adineradas.

Con carácter adicional el Gobierno griego dispuso que el recorte de las pensiones fuese del 20% para aquellos que tuviesen ingresos superiores a 1.200 euros al mes, planteándose además reducir aún más los pagos para los ex empleados públicos que se jubilaron antes de los 55 años. Otra de las medidas anunciadas fue la prórroga hasta 2014 del impuesto que ya se fijó sobre todos los inmuebles, que en principio terminaba en 2012.

Todo ello en la línea de cumplir las reformas estructurales previstas al efecto así como un programa de privatizaciones destinado a recaudar unos 78.000 millones de euros hasta 2015. A cambio, los socios europeos habían acordado con fecha 21 de julio de 2011 otorgar a Grecia un segundo rescate de 160.000 millones de euros, junto con el Fondo Monetario Internacional, de los cuales 49.000 millones provendrían de los bancos acreedores.

Ciertamente, en el supuesto de que Grecia suspendiese pagos y se produjese su salida de la Zona Euro, si los inversores sospechasen que los demás países periféricos también podían abandonar en el futuro el euro como única moneda de recuperarse vía devaluaciones, exigirían aún más interés para financiar a países como España o Italia.

Con carácter general se planteaban dos opciones de quiebras para el país heleno en el supuesto de que éste incurriese en *default*: la selectiva o la total. En el primer caso, dejaría pagar parte de sus deudas. Y, de acuerdo con la segunda de las opciones existentes, Grecia dejaría de lado todas sus obligaciones para comenzar de cero. *A priori* cabría la posibilidad de estimar que el impago sería selectivo, si bien cabría igualmente la opción de que Grecia no siguiese dentro del euro. En este sentido su salida podía resulta positiva tanto para la Unión Monetaria como para el propio país griego, que podría entonces aplicar su propia política monetaria devaluando su moneda para impulsar su economía. Ahora bien debe reconocerse igualmente que el mantenimiento del euro interesaba mucho a los países centrales, especialmente a Alemania. Y todo ello sin perjuicio de que, en el supuesto de que Grecia incurriese en *default*, el contagio pudiera terminar extendiéndose a países como España o Italia. Incluso aun más graves serían las consecuencias negativas de esta quiebra sobre países como Alemania y Francia, cuyos bancos pasaban por ser los principales tenedores de deuda griega, motivo por el cual tendrían que hacer frente a pérdidas millonarias.

Recapitulando, tal y como se ha señalado, cuando fueron acordadas las condiciones del primer rescate, en mayo de 2010, Grecia se comprometió a seguir un estricto calendario de saneamiento de sus cuentas públicas. Así, en 2011 debía cerrar con un déficit no superior al 7,6% de su PIB (equivalente a unos 17.000 millones) y en 2012 la cifra debía estar por debajo del 6,9%. En juego estaba el sexto tramo de este primer rescate. El importe total acordado en 2010 ascendió a 110.000 millones, de los que 80.000 millones de euros fueron aportados por los países del euro y 30.000 millones de euros por el FMI. Sin embargo, el dinero no se prestó de golpe, sino que se fueron dando por tramos conforme había garantías de que Grecia estuviese haciendo sus deberes. Así, el préstamo que Grecia debía recibir en octubre de 2011 debía alcanzar los 8.000 millones de euros. Con anterioridad ya se habían proporcionado créditos por valor de 65.000 millones.

En el supuesto de que finalmente no se recibiese dicho tramo de la ayuda Grecia no sería capaz de hacer frente a algunos de sus pagos más inmediatos, caso por ejemplo de las nóminas de los funcionarios o de las pensiones públicas, ya que el propio Ejecutivo heleno reconoció que sólo tenía liquidez para pagar las nóminas correspondientes al mes de octubre de 2011.

La economía griega se hallaba inmersa en una espiral de recesión y aumento de su deuda pública muy peligrosa. Su economía caía y no era capaz de generar tantos recursos como para compensar todos sus gastos (la mayoría de ellos financieros, es decir, intereses de su deuda acumulada). Por eso, además de necesitar el préstamo, el país debía reducir sus gastos como sea. Desde mayo de 2010, cuando se aprobó el primer rescate, el Gobierno heleno había efectuado cinco duros ajustes del gasto. Entre otras medidas, se había recortado la cifra de ayuntamientos, elevándose el IVA en tres ocasiones, eliminándose pagas extras en los funcionarios públicos, recortándose miles de funcionarios, rebajándose las pensiones e iniciándose un ambicioso programa de privatizaciones de empresas.

El FMI reclamaba que en 2011 se despidiese a 20.000 funcionarios, si bien la cifra podía aumentar hasta los 100.000 en los próximos tres años y medio, con lo que se reduciría la estructura pública a la mitad de la existente. A tal efecto Grecia anunció que enviaría a 30.000 de dichos funcionarios a la 'reserva', donde cobrarían sólo el 60% de su sueldo durante un año y después serían despedidos. Además resultaba muy importante que el país pudiera llevar a cabo con éxito las privatizaciones, ya que sólo con ellas pretendía recaudar 78.000 millones hasta 2015.

En todo caso el segundo paquete de ayuda no entraría en funcionamiento hasta que se terminara el dinero del primer rescate, es decir, a finales de 2012. Esta segunda ayuda financiera se aprobó porque la Zona Euro constató que, una vez finalizada esta primera ayuda, Grecia no iba a ser capaz todavía de financiarse por su cuenta en el mercado. Tal y como se ha señalado este segundo rescate consistía igualmente en préstamos bilaterales concedidos por los socios del Euro (a excepción de Portugal e Irlanda, que no participaron al tratarse de países también países rescatados) y el FMI. La cifra oficial alcanzaba los 109.000 millones de euros. Pero en esta ocasión existía una participación del sector privado (básicamente bancos) que aportarían otros 50.000 millones hasta finales de 2014. Concretamente, y siempre bajo la condición de que se tratase una participación "voluntaria" (una argucia técnica para evitar que las Agencias de Calificación crediticia lo consideraran como un impago), la gran parte de los bancos acreedores accedería a canjear los bonos que tuviese de Grecia por otros con vencimientos a más largo plazo e intereses más bajos que los del mercado. Ello suponía aceptar una pérdidas de aproximadamente el 21% del valor de esa deuda que por aquel entonces tenían.

A principios del mes de octubre de 2011 el Gobierno heleno reconoció, durante una reunión extraordinaria celebrada al efecto, que incumpliría sus metas de déficit fiscal del 2011 y 2012 fijadas por la Unión Europea y el Fondo Monetario Internacional. Según las cifras facilitadas por el Ministerio de Finanzas heleno el déficit presupuestario llegaría al 8,5% del Producto Interior Bruto en 2011, por encima del objetivo de un 7,6%. Y, durante el ejercicio 2012, el saldo negativo se situaría en un 6,8% del PIB, mientras que la meta era del 6,5%. El Ministerio de Finanzas griego también apuntó que la contracción de la economía sería mayor de lo calculado, ascendiendo al 5,5% del PIB en 2011 en vez del 3,8% previsto. Para 2012 la contracción se situaría previsiblemente en un 2%.

De este modo Grecia esperaba que el déficit de su Presupuesto para 2011 alcanzase un 8,5% del PIB, muy lejos de la meta del 7,6% establecida por sus prestamistas internacionales. El Borrador del citado Presupuesto preveía que el déficit bajase al 6,8% del PIB en 2012, por encima del objetivo de 6,5% exigido en el rescate que salvó a Atenas de la bancarrota. Dicho escenario complicaba que las autoridades comunitarias desbloqueasen el nuevo paquete de rescate.[15]

En dicha sesión extraordinaria para ultimar las medidas de ajuste el Gobierno griego también aprobó unas medidas adicionales de austeridad por un importe de 6.600 millones de euros entre 2011 y 2012, dentro de las cuales se situaba la relativa al envío a la 'reserva' a 30.000 de 900.000 funcionarios públicos con la perspectiva de ser despedidos dentro de un año y recortar así gastos en el Sector público.[16]

3. PRINCIPALES RASGOS CONFIGURADORES DE LA QUITA EFECTUADA SOBRE LA DEUDA GRIEGA. LA ACTIVACIÓN DE LAS LLAMADAS CLÁUSULAS DE ACCIÓN COLECTIVA

Con motivo de la cumbre del Eurogrupo celebrada en Bruselas el 26 de octubre de 2011 se acordó un recorte del 50% de la deuda griega en manos privadas así como la recapitalización de los bancos con 106.000 millones de euros y la potenciación del Fondo Europeo de Estabilidad Financiera para que su capacidad de intervención alcanzase hasta un billón de euros. La citada quita, que la banca debía aceptar de manera voluntaria, aumentó así desde el 21% pactado inicialmente hasta el 50%, con lo que su aportación al rescate rondaría los 100.000 millones de euros. Esta opción era necesaria para que Grecia pudiera llegar a 2020 con un saldo vivo de deuda del 120%

[15] En definitiva, el Proyecto de Presupuestos Generales del Estado para 2012 presentado por el Gobierno heleno reflejaba que la deuda pública griega sería en dicho ejercicio del 172,7% del Producto Interior Bruto, es decir, unos 381.200 millones de euros, y que la contracción de la economía sería del 5,5% del PIB en 2011. Dichos Presupuestos contemplaban además medidas adicionales de austeridad para los años 2011 y 2012 de 7.110 millones de euros, de los cuales unos 2.110 millones se recaudarían durante lo que restase de 2011. El agujero presupuestario para dicho ejercicio era de unos 4.300 millones de euros, que equivalían al 2% del PIB. La tasa del paro se esperaba que alcanzase en 2011 el 15,2% y que se disparara al 16,4% en 2012, mientras que la inflación estaba previsto que se situase en el 3% durante el 2011 y en el 2 % el próximo ejercicio 2012.

[16] Asimismo dentro del conjunto de medidas adoptadas destacaba, igualmente, la aplicación de un gravamen especial sobre bienes inmuebles, una reducción del umbral mínimo a partir del cual se debería pagar el Impuesto sobre la Renta y una tasa solidaria especial que debía pagarse en los años 2011 y 2012. Todo ello al margen del recorte efectuado en las pensiones de empleados públicos y de la eliminación de casi todos los complementos que los funcionarios cobraban hasta la fecha a parte de sus salarios.

del PIB. Con carácter adicional los socios del euro aumentarían su contribución al rescate griego en 30.000 millones de euros más. De este modo la aportación pública (a través del Fondo de rescate) sería en total de 139.000 millones y la privada de 100.000 millones. En suma, 239.000 millones de euros para tratar de poner punto final al problema griego.

Sin embargo el Gobierno griego terminaría celebrando un referéndum sobre la adopción de los acuerdos alcanzados por los líderes europeos en Bruselas. Por otra parte los países de la Zona Euro, teniendo en cuenta las tensiones del mercado de deuda, estuvieron considerando abandonar la participación del sector privado en el Fondo de rescate permanente que, inicialmente, debía en vigor en 2013. A tal efecto se llevaron a cabo una serie de discusiones como parte de negociaciones más amplias sobre el cambio del Tratado de la UE para introducir normas más estrictas fiscalmente, entendido ello como una precondición para una posterior integración más profunda entre los países de la Zona Euro. A tal efecto se esperaba que los bancos comerciales y las compañías de seguros tuviesen una quita en sus bonos soberanos griegos como parte del segundo paquete de rescate. Sin embargo las cláusulas relativas a la participación del sector privado en los estatutos del Mecanismo de Estabilidad Europea podrían ser retiradas.

La principal preocupación existente se centraba en el hecho de que, al obligar al sector privado a asumir las pérdidas si un país tiene que reestructurar su deuda, se podría estar socavando la confianza de los mercados de bonos soberanos de la Zona Euro. Y, en el supuesto de que las cláusulas sobre participación del sector privado se retirasen, el sentimiento del mercado podría mejorar.

Con fecha 30 de noviembre de 2011 se anunció la aprobación por parte de los Ministros del ECOFIN del sexto tramo de ayudas a Grecia, por 8.000 millones de euros, de los cuales la UE aportaría 5.800 millones (7.300 millones de dólares), mientras que el resto procedería del Fondo Monetario Internacional. Y ello tras el compromiso escrito asumido por el líder de la oposición conservadora griega de apoyar los nuevos planes de ajuste del Gobierno heleno. Apenas unos días después, el 5 de diciembre de 2011, el FMI aprobó el sexto tramo de ayuda a Grecia, de 2.200 millones de euros, que formaba parte del paquete de rescate conjunto con la Unión Europea acordado en 2010 de 30.000 millones de euros. Estos nuevos fondos venían así a sumarse a los 8.000 millones de euros aprobados en octubre de 2011 por el Eurogrupo, después de que la Comisión Europea, el FMI y el Banco Central Europeo dieran el visto bueno a los planes de ajuste y el programa de reformas estructurales de Atenas. Con este nuevo desembolso el FMI había concedido préstamos a Grecia por un valor de 20.300 millones de euros, como parte del primer paquete de ayuda de 110.000 millones que luego resultó insuficiente ante los problemas financieros de Grecia.[17]

Ya durante la segunda semana de diciembre de 2011 se conoció que Grecia tenía muy complicado alcanzar el objetivo de déficit para 2011, fijado en el 9,1%, debido a la reducción de ingresos del 3% respecto a 2010 que provocó la recesión económica. Además, los gastos del Estado se incrementaron un 6,2%, por lo que el déficit acumulado en los 11 primeros meses del 2011 fue de 20.500 millones de euros, lo que representaba un 5,1% más que en el mismo periodo de 2010. Con estos datos resultaba muy difícil que se cumpliese el objetivo del déficit del 9,1%, un objetivo que ya se ha había revisado respecto al inicial del 7,6% y que podría acercarse al dato de 2010, situado en el 10,6%.

En líneas generales los acreedores privados reiteraban su compromiso de llegar a un acuerdo de canje voluntario de la deuda de Grecia y alentaban a todas las partes implicadas en la negociación a trabajar para la consecución del resultado deseado. En este sentido la UE pretendía que la quita fuese voluntaria para evitar que se desencadenasen los seguros por impago de la deuda (*Credit Default Swaps*).

Con motivo de la reunión del ECOFIN celebrada en Bruselas el 24 de enero de 2012 los Ministros de Economía y Finanzas de la Eurozona rechazaron la propuesta de los inversores privados en bonos griegos para reestructurar la deuda del país heleno. El punto de discordia principal era el cupón que habrían de pagar los nuevos títulos a largo plazo, que se canjearían por los actuales, los cuales tenían un vencimiento más próximo. De conformidad con lo acordado en la citada reunión el interés tendría que situarse por debajo del 3,5 % antes de 2020, por debajo de los niveles de más del 4 % que esperaban lograr los acreedores para los bonos a 30 años. Por lo que respecta a la condonación del 50% de la deuda nominal de Grecia, la misma debía llevar al cumplimiento del objetivo de déficit del 120% del

[17] Recuérdese por otra parte que, como ya se ha señalado, Grecia también se beneficiaba del compromiso adquirido en la cumbre de la UE de octubre de 2011 por parte de la banca privada de una quita voluntaria del 50% sobre su deuda soberana.

PIB en 2020 y basarse en un acuerdo voluntario, que traería aparejado una ayuda de 130.000 millones de euros. El cupón o interés debía situarse por tanto por debajo del 3,5% hasta 2020, siendo en consecuencia inferior al 4% que esperaban lograr los acreedores, con el fin de poder reducir la deuda del 160% del PIB al 120% en 2020.

En resumen, el acuerdo adoptado debía basarse en los términos y condiciones fijados con fecha 26 de octubre de 2011 sobre la participación privada en el marco del segundo rescate griego, que ascendería a 130.0000 millones de euros y que establecía una participación voluntaria de la banca para lograr una condonación del 50% de la deuda (100.000 millones de euros). Los acreedores privados no lograban limar las diferencias que les separaban tanto de la posición del Gobierno de Grecia como de la que mantenían las instituciones internacionales. Uno de los puntos de conflicto era el cupón que debería ofrecer el país heleno en el nuevo bono a largo plazo programado para reestructurar la deuda. La banca no aceptaba menos de un 4%, mientras Grecia no ofrecía más de un 3,5%. Con carácter adicional los acreedores privados reclamaban que el BCE aceptase, como ellos, severas pérdidas en su cartera de bonos griegos. Y ello argumentando que si la quita que tendría que asumir el sector privado (la banca) en la deuda griega fuese insuficiente, los inversores públicos tendrían que participar en la negociación. Sin embargo el BCE rechazaba esta posibilidad argumentando que las pérdidas económicas derivadas de dicha situación pondrían en peligro la viabilidad sus medidas anticrisis, entre ellas, el programa de compra de bonos periféricos, centrado en deuda tanto de Italia como de España.[18]

Los acreedores privados estaban dispuestos a aceptar un cupón inferior al 4% para los nuevos bonos de Grecia, resultantes de la reestructuración de la deuda. Se atisbaba así la posibilidad de alcanzar un acuerdo que evitase un *default* desordenado. Este giro en las negociaciones abría la puerta a un inminente acuerdo ya que, hasta la fecha, Grecia se negaba a aceptar un cupón de más de un 3,5%. El bloqueo en las conversaciones se agravó una vez que el BCE rechazó las presiones para que asumiera también pérdidas en su cartera de bonos griegos. Con carácter general el BCE compró bonos

[18] Téngase presente a este respecto que el BCE contaba con una cartera de 40.000 millones de euros en bonos griegos, después de las compras realizadas en 2010 para evitar la quiebra 'desordenada' del país heleno. Y las previsiones del Banco Central Europeo pasaban por obtener una rentabilidad superior al 7% con dichos bonos, siempre y cuando Grecia no incurriese en default.

griegos en 2010 ante la amenaza inminente de quiebra, y también compró deuda portuguesa e irlandesa antes de extender el programa de compras en agosto de 2011 para incluir la deuda de España e Italia, con lo que adquirió un total de 220.000 millones para mantener al euro en coordinación con 17 bancos nacionales.

Tal y como se ha señalado a finales del mes de enero de 2012 los acreedores privados y el Gobierno negociaban un recorte de más de 100.000 millones de euros y esperaban reparar el problema de solvencia griega ofreciendo sus bonos como parte del acuerdo. Sin embargo el BCE no quería tomar partido en una reestructuración voluntaria, ya que ello violaría uno de los principios de la institución, justificando legalmente sus compras como una manera de mantener el tipo de interés, tratando posteriormente de evitar que se devaluasen sus bonos griegos.

La situación de Grecia seguía siendo extremadamente delicada, a pesar de que se habían acordado dos planes de ayuda para tratar de salvar al país de la quiebra. El problema era que Grecia no cumplía con las exigencias que le imponían estos programas. De hecho la UE y el FMI se negaban a darle el siguiente tramo de ayuda (todavía encuadrado dentro del primer rescate) ante la falta de ajuste y la incapacidad del país heleno para pactar con los acreedores privados su participación en el segundo rescate soportando una quita de entre el 65-70%. En este sentido existía una falta de acuerdo acerca de cuál sería el cupón en el canje de bonos.

La cuestión principal era que Grecia no estaba ajustando sustancialmente sus cuentas. Su déficit, que alcanzó en 2009 su máximo en el 15,8% del PIB, había ido cayendo, pero no lo suficiente. Desde que el país fue intervenido había incumplido un año tras otro el Programa de Estabilidad: en 2010 el agujero fiscal llegó al 10,6% y en 2011 podía superar el 9%. Con carácter adicional la previsión del FMI para 2012 aseguraba que el déficit heleno volvería a subir en lugar de corregirse.

El país seguía también incrementando su deuda, que en 2011 llegó a alcanzar el 166% del PIB y que en 2012 superaría el 189%. Para Grecia el ajuste se había vuelto muy complejo en un contexto de profunda recesión. Hay que recordar además que su economía se contrajo en 2011 un 5,5%. Esta situación no distaba demasiado de la que el 11 de febrero de 2010 hizo saltar las alarmas y llevó a la Unión Europea a abrir la puerta al primer rescate de un país de la Zona Euro. Desde entonces, como hemos tenido ocasión de analizar, se sucedieron distintos paquetes de medidas tales como la reducción de las pensiones, el retraso de la edad de jubilación o diversas privatizaciones, entre otras. Todo ello en mitad de un gran descontento social y político. Aun así las autoridades europeas y el FMI reclamaban un mayor compromiso y le exigían al país más reformas para poder completar el primer plan de ayuda 110.000 millones de euros) y activar el segundo (130.000 millones).

Ciertamente el programa de austeridad griego había causado una mella mucho más profunda de lo esperado en la economía doméstica. Cuando se anunció el programa por primera vez el pronóstico de la Unión Europa y del FMI era de una bajada del 5,6% de la demanda interna en 2010 y del 5,9% en 2011, si bien terminó cayendo un 7% y un 9% respectivamente, acrecentando de este modo la crisis griega. En cambio la demanda interna portuguesa se mantuvo algo mejor de lo esperado durante los primeros seis meses del programa, a pesar de lo cual la Comisión Europea, junto con el FMI, rebajaron ya los pronósticos de la demanda interior portuguesa para este año.

Los esfuerzos de Grecia y Portugal para sacar a su país del problema mediante las exportaciones también se vieron obstaculizados por la imposibilidad de depreciar su moneda a un ritmo mayor que la de sus vecinos. Los déficits por cuenta corriente de Grecia y Portugal estaban estimados en el 9,9% y el 7,6% de su PIB respectivamente, muy lejos aún del superávit considerado necesario para poder pagar sus deudas. Grecia tenía no obstante un nivel de deuda mayor que Portugal, con un 159% del PIB a finales del tercer trimestre de 2011, en contraste con el 110% portugués. Sin embargo la deuda del sector privado portugués era superior.

Con fecha 7 de febrero de 2012 el Gobierno de Atenas y el FMI, el Banco Central Europeo y la Comisión Europea llegaron a un principio de acuerdo sobre los recortes exigidos para que el país heleno recibiese un nuevo préstamo internacional. Se trataba concretamente de la aprobación de un nuevo paquete de medidas adicionales de ahorro exigido para que Grecia obtuviese un nuevo crédito de, al menos, 130.000 millones de euros, que evitase su bancarrota. Dichas medidas se concretaban en una rebaja de entre el 20 y el 25% del salario mínimo (actualmente 751 euros brutos), recortes del 20% de las pensiones por encima de 1.000 euros y una disminución sustancial de los complementos que superasen los 150 euros en todas las pensiones. Además se preveían los despidos de 15.000 funcionarios y de personal con contratos no fijos, drásticos recortes de los salarios en las empresas públicas y privatización inmediata de éstas, liberalización de las profesiones "cerradas" (como taxistas o notarios) y abolición de los convenios colectivos.

La 'troika' comunitaria ya había advertido de que, si no se ratificaban estas medidas, no habría un nuevo préstamo de 130.000 millones de euros y tampoco permitiría que se procediese con la quita de la deuda pactada entre Grecia y los bancos privados. Y ello teniendo presente que sin préstamo y sin quita Grecia se encaminaba hacia la bancarrota el 20 de marzo de 2012, cuando debía desembolsar 14.400 millones de euros en vencimientos de deuda, de los que por aquel entonces carecía.

El BCE aceptó participar en el segundo rescate heleno, lo que permitiría reducir la carga de la deuda helena y allanar el camino para finalizar el segundo plan de ayuda de la UE y el Fondo Monetario Internacional. La autoridad monetaria europea tenía en su balance alrededor de 50.000 millones de euros de bonos griegos que compró desde mayo de 2010 en un intento fallido por estabilizar la deuda helena a precio de mercado pero con fuertes descuentos respecto a su valor nominal. Pues bien el BCE estaba dispuesto a canjear estos bonos griegos por otros del fondo de rescate de la UE. Concretamente se apuntaba que el BCE estaría dispuesto a renunciar a las ganancias que obtendría si Grecia le devolviese el 100% de los bonos que tenía en cartera, ya que la institución había comprado la mayoría de estos bonos con un gran descuento en el mercado.

A diferencia de los acreedores privados el BCE no asumiría ninguna pérdida, pero sí renunciaría a los potenciales beneficios de mantenerlos hasta su vencimiento. A su vez, el Fondo de Rescate revendería los bonos a Grecia al mismo precio que pagó al BCE. Esta concesión del BCE podía reducir la deuda helena en 11.000 millones de euros, lo que ayudaría a cubrir la brecha detectada en el segundo rescate a Atenas que preparaban la UE y el FMI. En todo caso dicho canje se produciría siempre y cuando se cerrase el acuerdo entre los partidos de la coalición de Gobierno griego y la 'troika' comunitaria.

Tal y como se ha indicado el empeoramiento de la situación económica había provocado que el coste de reducir la deuda griega del 160% al 120%

del PIB en 2020 –el objetivo pactado por los líderes europeos– aumentase en entre 10.000 y 15.000 millones adicionales que se podrían cubrir con la contribución del BCE. En todo caso, de cara a la concesión del nuevo préstamo la troika comunitaria exigía la reducción del gasto público durante 2012 en un 1,5% del PIB (unos 3.300 millones de euros), de los que aproximadamente un tercio serían en gasto sanitario; otros 300 millones de euros se reducirían en gastos de Defensa y unos 500 millones de euros en el gasto de organismos públicos. Además se exigía la reducción de los salarios más altos en las empresas públicas y su inmediata privatización.

El Gobierno griego ya había accedido a reducir 15.000 puestos de trabajo en el Sector público, dentro de un recorte de 150.000 empleos públicos hasta 2015. El aspecto más polémico era, sin embargo, la reforma laboral, que incluía una rebaja de entre el 20 y el 25% del salario mínimo de 751 euros, el recorte del 20% de las pensiones por encima de 1.000 euros y una disminución sustancial de los complementos salariales que superen los 150 euros. Tanto los sindicatos como la patronal y la mayoría de la ciudadanía griega se oponían a estas medidas puesto que, tras dos años de recortes, el paro se había duplicado hasta el 20% y la capacidad adquisitiva de los trabajadores se había visto severamente reducida (los salarios cayeron entre un 20 y un 30%, mientras los precios –a causa de la elevación de los impuestos indirectos y factores monetarios ligados al euro– se elevaron un 10%). Como consecuencia de la adopción de dichas medidas unos 60.000 negocios cerraron, de ahí la oposición de parte de los empresarios a mayores recortes salariales. Con carácter adicional la bajada de los salarios provocó una reducción de las contribuciones a las diversas cajas de la Seguridad Social, haciendo aún más insostenible el sistema de pensiones.

Los acreedores europeos y el FMI criticaron los retrasos de Grecia a la hora de aplicar las reformas aprobadas, entre ellas un plan de privatizaciones por valor de 50.000 millones de euros. En todo caso parecía claro que la quita se articularía a través de una reestructuración de la deuda griega en manos de bancos privados y fondos de inversión, que poseían 206.000 millones de euros en títulos, de los 360.000 millones que adeudaba Grecia. Mediante la sustitución de dichos bonos por títulos depreciados se condonarían 100.000 millones a Grecia permitiendo que, hasta 2020, la deuda griega pasase de suponer el 160% del PIB al 120%, un nivel difícilmente sostenible. En cuanto al acuerdo con los acreedores privados, dicho acuerdo estaba prácticamente cerrado, si bien dadas las malas perspectivas económicas para los próximos años se había pedido que el Banco Central Europeo, el mayor tenedor de deuda helena con 50.000 millones, también participase en la quita[19]. Los bancos griegos, que guardaban grandes volúmenes de deuda nacional, necesitarían 40.000 millones de euros para reponerse después de un canje de deuda que les ocasionaría pérdidas de, al menos, el 50%, por lo que parte del nuevo préstamo a Grecia se utilizaría para la recapitalización bancaria.

De cualquier manera el punto más conflictivo para el logro de un acuerdo se centraba en la reforma laboral, que habría de incluir una rebaja de entre el 20 y el 25% del salario mínimo de 751 euros, así como el recorte del 20% de las pensiones por encima de 1.000 euros y una disminución sustancial de los complementos salariales que superen los 150 euros.

Con fecha 9 de febrero de 2012 se anunció un acuerdo al que llegaron las fuerzas políticas helenas, tras haberse encontrado una nueva partida de ahorro por valor de 300 millones euros procedente de ajustes previstos en el sistema de pensiones a un mayor recorte en el Ministerio de Defensa, la cantidad que quedaba pendiente después de que los principales partidos políticos del país se opusieran a recortar las pensiones.

La parte cerrada del citado acuerdo incluía, como se ha señalado, la adopción de polémicas medidas sobre la reducción de los salarios y el gasto público, principalmente en el sistema sanitario. Dentro del Sector público se reducirían 15.000 empleos públicos en 2012 como parte de un plan para eliminar 150.000 empleos públicos hasta 2015. El salario mínimo sería reducido un 22% hasta los 585 euros mensuales brutos y para los jóvenes de menos de 25 años, un 32%, para quedar en 527 euros. De esta forma Grecia cumpliría las exigencias de sus socios comunitarios y del Fondo Monetario Internacional para continuar recibiendo ayuda y evitar así la bancarrota del país en marzo en 2012.

A pesar de ello el Eurogrupo decidió retrasar la aprobación definitiva del nuevo programa de asistencia financiera siempre y cuando Grecia facilitase la certeza a sus socios europeos de que tomaría las medidas necesarias para

---

[19] En efecto, el BCE era el inversor particular con más bonos griegos en su cartera. Al haber comprado estos títulos a precio de mercado (es decir, a un valor más bajo que el de la emisión) obtendría beneficios si esperase a su vencimiento, porque Grecia habría de devolver el importe de la emisión, que rondaría los 55.000 millones de euros. En otras palabras, el BCE compró por 40.000 millones deuda valorada en dicho importe de 55.000 millones de euros.

recuperar la sostenibilidad de sus cuentas públicas. Concretamente se exigió al Parlamento griego que ratificase el acuerdo logrado por sus líderes políticos y que se pusiesen en marcha de inmediato los ajustes prometidos, que alcanzaban los 3.300 millones de euros para 2012, no descartándose además la creación de una cuenta bloqueada para asegurar que Grecia pague su deuda. Asimismo se incluiría una asistencia técnica para supervisar el programa y asegurar que el país estuviese en condiciones de cumplir con lo prometido. También se necesitaba cerrar el acuerdo con los acreedores privados, que debía integrarse como un paquete conjunto dentro del programa de ayuda.

Desde el Eurogrupo se reclamaba que Grecia identificase ajustes adicionales por valor de 325 millones de euros para 2012. Dicha suma procedía del recorte que la 'troika' de la UE y el FMI había reclamado a las pensiones más bajas y que los líderes políticos habían rechazado. Además el Eurogrupo solicitó a la Comisión que presentase nuevas propuestas para reforzar la vigilancia sobre Grecia y controlar mejor que las autoridades helenas cumpliesen lo prometido[20]. Si Grecia no daba esos pasos necesarios el Eurogrupo no desbloquearía el segundo rescate y, tal y como se ha señalado con anterioridad, el país podría verse abocado a la quiebra, ya que en marzo de 2012 debía afrontar vencimientos por importe de 14.000 millones de euros.[21]

El Parlamento griego aceptó los recortes exigidos por la Unión Europea, el Banco Central Europeo y el Fondo Monetario Internacional a cambio de su segundo rescate valorado en 130.000 millones de euros. El nuevo

---

[20] Recuérdese que dichas promesas se concretaban en una reducción de 15.000 empleos públicos en 2012, dentro de un plan para llegar hasta una reducción total de 150.000 puestos de trabajo hasta 2015. El salario mínimo sería reducido un 22%, hasta los 585 euros mensuales brutos, y para los jóvenes de menos de 25 años, un 32%, para quedar en 527 euros. Otra de las medidas pactadas era que no habría aumentos salariales, ni el sector privado ni el estatal, hasta que el paro no descendiese por debajo del 10%. Asimismo se buscaba introducir una mayor racionalización en el gasto social, sobre todo en lo relativo a las pensiones y a los gastos de sanidad. Otro objetivo era la reestructuraron de las operaciones del Gobierno y la reforma del sistema impositivo.

[21] Tal y como se ha precisado, el segundo paquete de ayuda a Grecia constaba de préstamos oficiales (a cargo de los socios del euro y del FMI) de 130.000 millones de euros y de una participación voluntaria de la banca que, a través de una quita del 70%, reduciría la deuda del país en 100.000 millones de euros. El objetivo seguía siendo el mismo: que Grecia volviese a la sostenibilidad de su deuda en 2020 con un nivel de deuda del 120% del PIB, frente al 160% actual.

ajuste fue aprobado con una cómoda mayoría de 200 votos a favor y 74 en contra. Se aprobó así un recorte de 3.300 millones de euros en salarios, pensiones y empleos públicos sólo para 2012. No obstante el nuevo plan de austeridad incluía la condonación de 100.000 millones de euros de la deuda en manos privadas, el plan de recapitalización bancaria y el resto de medidas de ajuste para los próximos años que la troika comunitaria exigía a cambio del crédito.

Unos días más tarde, durante la segunda semana del mes de febrero de 2012, el Gobierno heleno lograba salvar el último obstáculo para recibir el segundo paquete de rescate, al decidir en qué ahorraría los 325 millones de euros que quedaban por definir del recorte total de 3.300 millones de euros negociado con la troika comunitaria. El Gobierno de coalición griego y la troika comunitaria integrada por el Banco Central Europeo, la Comisión Europea y el FMI acordaban recortar aún más las pensiones, además de reducir el gasto en Defensa y en los medicamentos de la Sanidad pública. Concretamente se extraerían 75 millones de euros de las jubilaciones, mientras que 100 millones de euros serían recortados del presupuesto de Defensa y otros 100 millones se ahorrarían por adelantar de octubre a julio de 2012 los recortes del gasto público. Con carácter adicional se preveía recortar 50 millones de euros más en gastos farmacéuticos.

Paralelamente, y por lo que interesa al objeto de nuestro análisis, los Bancos Centrales del Eurosistema, el Banco Central Europeo y las entidades monetarias nacionales procedieron a canjear la deuda soberana griega en sus carteras por nuevos bonos a su valor nominal. Tanto el BCE como los bancos centrales nacionales preveían lograr un beneficio con este canje de bonos, ya que cambiaban la deuda por un valor de unos 50.000 millones de euros a su precio de emisión originario y no al precio al que la compraron en el mercado, que era un 20 o un 25% menor. De este modo las ganancias se obtendrían al cambiar los 50.000 millones de euros en bonos griegos a su precio de emisión original y no al precio al que el BCE los compró en el mercado, entre un 20% y un 25% inferior. No obstante desde el BCE también se contemplaba la posibilidad de permitir que los bonos griegos que poseían los Bancos centrales de la Zona Euro quedasen sujetos a las mismas amortizaciones que asumirían los acreedores privados. De ser así, asumirían una quita del 70% para los cerca de 20.000 millones de euros que tenían en deuda helena, que con el descuento quedarían en unos 14.000 millones de euros. Esos 20.000 millones serían independientes de los 40.000 millones en deuda helena que tenía el BCE en su haber.

A priori el hecho de que los Bancos centrales de la Zona euro asumiesen pérdidas con sus bonos griegos suponía dinero inmediato para Grecia y representaba una nueva contribución del BCE al rescate del país. Téngase presente que el regulador también había participado con entre 12.000 y 15.000 millones procedentes de las ganancias obtenidas con las compras de bonos y que estaban a disposición del país heleno. Así las cosas una contribución mayor por parte el BCE y los Bancos centrales que dependían de él ayudaría a acelerar el interminable acuerdo sobre la deuda de Grecia y reduciría el nivel de endeudamiento hasta el 129% del PIB, cerca del objetivo de 120% marcado por el Eurogrupo, a tiempo para que los países de la Eurozona pudieran aprobar el segundo rescate de 130.000 millones de euros. Asimismo, el hecho de que el BCE aceptase una quita en, al menos, algunos de los bonos griegos que poseían los bancos centrales nacionales, también podía ayudar a disipar las preocupaciones de los titulares de deuda ante la posibilidad de que el BCE hubiese llegado a un acuerdo para proteger a su programa de compra de las pérdidas griegas.

Con carácter general se preveía que los Bancos centrales de los países socios del euro asumiesen la quita de Grecia de la deuda con los bonos griegos que tuviesen en su cartera, cerca de 20.000 millones de euros. Al margen de estos bonos se encontraban los cerca de 40.000 millones que tenía el BCE debido a su programa de recompra de activos. Estos bonos podrían canjearse por bonos del Fondo de Rescate. Como el canje se realizaría al 100% del valor de los bonos y el BCE los había comprado con descuento, la institución obtendría un beneficio, que podría ser redistribuido a los Estados miembros. Una vez repartido, se barajaba la opción de repercutir ese beneficio en las cuentas públicas griegas. En todo caso el BCE participaría en el segundo rescate a Grecia para cubrir la cantidad que faltaba. A diferencia de los acreedores privados, no asumiría pérdidas sobre los 50.000 millones de euros de deuda griega que tenía en su balance, pero sí que renunciaría a los posibles beneficios que lograría en el supuesto de mantener los bonos hasta su vencimiento, ya que los compró con fuertes descuentos, repartiéndolos entre los países de la Eurozona, que a su vez, los trasladarían a Grecia. Ello reduciría en alrededor de 11.000 millones la carga de la deuda helena.

Grecia necesitaba una ayuda de 136.000 millones de euros por parte de la Unión Europea y el Fondo Monetario Internacional teniendo en cuenta los 34.000 millones que quedaban pendientes del primer pago, lo que suponía 6.000 millones más de lo que los líderes europeos acordaron el pasado mes de octubre de 2011.

Finalmente con fecha 20 de febrero de 2012 los Ministros de Finanzas de la Eurozona llegaron a un acuerdo para desbloquear el segundo rescate de Grecia, dándose así luz verde al desembolso de 130.000 millones de euros procedentes del Fondo de rescate de la Zona Euro y del Fondo Monetario Internacional que recibiría Grecia en distintos tramos hasta finales de 2014. Dicho dinero se depositaría en una cuenta bloqueada a la que el Gobierno heleno sólo podría acceder cuando se constatasen los progresos en el programa de ajustes impuesto como condición a la ayuda.

Para supervisar ese proceso la troika comunitaria enviaría a una misión permanente a Atenas que se encargaría de auditar en tiempo real cada decisión que adoptase el Ejecutivo heleno[22]. Por su parte Grecia se comprometió a incluir en su legislación nacional el concepto de "absoluta prioridad" del pago de sus compromisos de deuda. Al margen de los fondos oficiales, la participación privada en este segundo programa de ayuda resultó más alta de lo inicialmente acordado. La rebaja del valor de los bonos griegos que poseían sería del 53,5%, frente al 50% previsto. De este modo Grecia reducía el saldo vivo de su deuda en unos 107.000 millones de euros. En suma, la quita que asumían los acreedores privados (bancos, fondos de inversión, etcétera) se elevaba hasta el 75%, ya que tras el canje de bonos los nuevos títulos tendrían un interés medio más bajo. En concreto, pagarían un cupón medio anual del 2% hasta 2015; del 3% entre 2015 y 2020; y del 3,5% a partir de dicho año. Los acreedores privados de Grecia tendrían pues que asumir una quita del 53,5% del valor nominal de los bonos helenos en sus carteras.[23]

---

[22] En efecto, la Comisión Europea reforzaría el grupo de trabajo para Grecia mediante una presencia mejorada y permanente sobre el terreno con el fin de mejorar su capacidad a la hora de prestar y coordinar la asistencia técnica.

[23] No obstante este porcentaje del 53% al que aludimos se aplicaría sobre el valor nominal de los bonos, a pesar de lo cual la pérdida real que asumirían los bonistas (que tomaba en consideración los intereses que finalmente cobrarían comparados con los anteriores) dejaba la cifra en un 70%. Es más, se alcanzaba un acuerdo con el sector privado, con una quita sobre el nominal del 53,5% según el previsto, a lo que habría que añadir el aplazamiento de plazos

Concretamente el canje de bonos que se iniciaría con fecha 8 de marzo de 2012 establecía unos tipos del 2% entre 2012 y 2014, del 3% ente 2015 y 2020 y del 4,3% desde este último año hasta 2042. La mayor participación de los acreedores privados contribuiría a rebajar la deuda griega del 160% del PIB al 120,5% en 2020, cinco décimas por encima de lo que estaba previsto.

La Eurozona también decidió rebajar los intereses que cobraba a Grecia por los préstamos bilaterales concedidos desde 2010 a 150 puntos básicos por encima del Euribor frente a los 200 que había para los primeros tres años y los 300 posteriores. Los Bancos nacionales participarían en la reestructuración de la deuda helena si lograban beneficios por el canje de sus bonos griegos, lo que permitiría reducir la deuda griega en un 1,8% del PIB y rebajar las necesidades financieras en 1.400 millones de euros.

El tercer gran pilar del rescate lo constituía la intervención del BCE, que renunciaba a los potenciales beneficios del programa de compra de deuda helena que inició en mayo de 2011. Como ya se ha indicado el Eurobanco tenía 40.000 millones de euros en bonos griegos, pero su valor real a vencimiento ascendía a unos 55.000 millones de euros. A través de esta herramienta la institución monetaria transferiría esta cantidad restante a los Estados miembros de la Zona Euro que, a su vez, lo aportarían al programa de ayuda.

El beneficio que obtuviese el BCE de la venta o el canje de bonos griegos sería entregado a los bancos nacionales y el beneficio que registrasen las entidades nacionales se destinaría a los países de la zona euro. El BCE podría entregar los beneficios obtenidos en el canje de bonos griegos a los bancos centrales nacionales, que los emplearían (junto con sus propios posibles beneficios futuros en sus tenencias de deuda griega) para ayudar a Grecia a reducir su deuda. Con carácter adicional el supervisor comunitario repartiría los beneficios que recibiese sobre bonos griegos entre los bancos nacionales. Éstos podrían hacer después lo que deseasen (dada su condición independiente), si bien podrían entregar el dinero a Grecia. El BCE disponía en aquella fecha de 40.000 millones de euros en bonos griegos con un valor a su vencimiento de 55.000 millones.

---

y la revisión de cupones a un tipo medio del 3,65% hasta 2020 que llevaba a asumir a los inversores privados una pérdida real del 75% en términos de valor actual neto.

Por último determinados Estados miembros se comprometieron a efectuar una aportación adicional renunciando a los beneficios que generaba el programa de compra de bonos de los bancos centrales. Con carácter adicional el conjunto de los Estados acordó rebajar el interés de los préstamos a Grecia con carácter retroactivo hasta el nivel de 150 puntos básicos. De este modo, con la aportación de fondos públicos y privados la Zona Euro esperaba que Grecia alcanzase un nivel de endeudamiento sostenible en 2020 con un ratio de deuda respecto al PIB del 120,5%. Para ello el país heleno tendría que intensificar los ajustes en los próximos años de acuerdo con el calendario fijado por la UE. Concretamente, y entre otras medidas, Grecia debía despedir a más empleados públicos, acometer profundas reformas estructurales y llevar a cabo un programa de privatizaciones para ahorrar 50.000 millones de euros de aquí a 2015.

Por lo que a España se refiere, al Estado español le correspondía algo menos del 12% de los 130.000 millones de euros, al ser éste el peso de España dejando fuera a los países rescatados (la propia Grecia, Portugal e Irlanda). No obstante esta contribución no sería íntegramente desembolsada por las arcas públicas, ya que se haría en forma de aval. En cualquier caso el Estado español estaba asumiendo un riesgo, ya que si Grecia no cumplía con sus compromisos de pago el responsable subsidiario lo serían sus socios comunitarios, que entonces sí tendrían que abonar esa cantidad. La participación del Banco de España se articularía en forma de renuncia a las rentabilidades futuras que fueran a recibir por la deuda griega que tuvieran en sus carteras. Tal y como se ha señalado cada banco central nacional calcularía el valor de esas rentas futuras y las transferiría a Grecia.

Adviértase en consecuencia que apenas se acababa de desbloquear el segundo rescate de Grecia ya se empezaba a valorar la realización de una inyección adicional (50.000 millones de euros entre 2015 y 2020). Así quedaba recogido en el Informe elaborado por el Eurogrupo con fecha 20 de diciembre de 2012, en el que se dudaba de la capacidad del país para reducir la deuda hasta el límite fijado por las autoridades rescatadoras, a saber, el 120,5% del PIB en 2020. Tal y como se afirmaba en el citado documento, situándose en el peor de los escenarios, si Atenas no avanzaba con las reformas económicas y de ahorro para hacer su economía más competitiva, no podría conseguir el objetivo[24]. En todo caso la segunda inyección económica aprobada en el seno de la Eurozona por un importe de 130.000 millones llegaba hasta 2014. A partir de entonces, y con las nulas capacidades de Grecia para crecer, las autoridades temían que volviera a necesitar más dinero.

Las cifras para llegar al objetivo de una ratio deuda/PIB del 120% en 2020 solo cuadraban si Grecia volvía al crecimiento cero en 2013 y empezaba a crecer por encima del 2% en 2014. Toda la deuda que se emitiese desde la fecha de la aprobación de este segundo rescate tendría un orden de prelación menor que la anterior. Ello significaba que en el caso (no improbable) de impago griego, los tenedores actuales de deuda (UE y FMI principalmente) tendrían prioridad, lo que disuadiría a cualquier inversor racional de comprar deuda griega sin un considerable descuento.

Destacaba además el hecho de que el plan aprobado presumiese que el 95% de los bonistas iba a aceptar el acuerdo. En el caso de que dicho acuerdo no se alcanzase y Grecia aplicase una Cláusula de Acción Colectiva (lo que transformaría el "acuerdo de reestructuración de deuda voluntario" en un "impago involuntario") aumentaría el riesgo de default desordenado.[25]

---

[24] En dicho Informe se aseveraba además que las necesidades de financiación de Grecia durante el segundo rescate (que concluía en 2014) ascenderían a 170.000 millones de euros si no se tomaban medidas adicionales para reducir su deuda. Y es que, si bien inicialmente estaban previstos 130.000 millones de euros, más 100.000 millones procedentes de la condonación de la mitad de la deuda por parte de los acreedores privados para reducir junto con el programa de ajustes la deuda griega del 160% del PIB al 120% en 2020, en dicho Informe se aludía a un porcentaje del 129% o incluso más elevado si no se adoptaban medidas para corregir el desvío. Dado que por aquel entonces quedaban unos 34.000 millones de euros del primer rescate, la ayuda para alcanzar los 170.000 millones ascenderían a 136.000 millones de euros. El citado Informe se basaba además en un escenario a la baja para sugerir que la deuda griega podría bajar más lentamente de lo esperado, hasta sólo 160% del PIB en 2020, muy por encima del 120% establecidos por los socios internacionales. En dicho caso Grecia necesitaría unos 245.000 millones de euros en ayudas. De este modo la recapitalización de la banca griega, que hubiera costado 30.000 millones de euros, se situaría en 50.000 millones con los cálculos de la "troika" y el plan de privatizaciones (que inicialmente debía aportar 50.000 millones de euros) se retrasaría cinco años y solamente sumaría 30.000 millones a finales de la década.

[25] El Gobierno heleno pretendía que también el sector oficial, es decir, los tenedores de deuda pública (caso del Banco Central Europeo y de otros bancos nacionales) ampliasen su participación en la quita. Y, a tal efecto, se pretendía la aprobación a corto plazo de una ley que obligase a los acreedores privados a participar en la quita. Se trataba de una legislación sobre las Cláusulas de Acción Colectiva (CAC), que permitirían obligar a los tenedores de deuda que se negasen a acogerse al canje de bonos a hacerlo, siempre y cuando hubiese una mayoría

El cierre definitivo del acuerdo quedó condicionado a que Grecia cumpliese antes de la finalización del mes de febrero de 2012 una serie de acciones previas en "gastos estructurales" en sanidad, fiscalidad, pensiones, así como la mejora de la viabilidad de las estadísticas, la regulación y la supervisión financiera y la reforma laboral, entre otras, que permitirán un ahorro de 325 millones de euros anuales más. A cambio de la inyección dineraria solicitada Atenas tenía que ceder parte de su soberanía y aceptar una supervisión permanente sobre el terreno de la troika comunitaria, aunque no tendría derecho de veto sobre el gasto. La aprobación del rescate también suponía que tuviese que crear una cuenta bloqueada para dar prioridad al pago de la deuda. En este sentido Grecia ingresaría un monto correspondiente al pago de la deuda de los próximos tres meses en una cuenta especial de su banco agente bajo vigilancia de la CE, el BCE y el FMI.[26]

que lo aceptase. Y es que el Proyecto de Ley sobre la quita redactado incluía un mecanismo de Cláusulas de Acción Colectiva que permitiría obligar a los tenedores de la deuda helena a acogerse a la quita si hay una mayoría de acreedores que apoyasen la reestructuración. Este proceso, denominado oficialmente Participación del Sector Privado (PSI) y pactado con el Eurogrupo junto al préstamo de 130.000 millones de euros, significaba la condonación de unos 107.000 millones de euros, es decir, el 53,5% del monto de los bonos tenidos por grandes bancos privados y fondos de inversión. Dichos bonos serían sustituidos por nuevos títulos griegos por un valor del 30,5% de los actuales, de 20 años de vencimiento a contar desde 2023, más otros con un valor del 15% emitidos por el Mecanismo Europeo de Estabilidad Financiera, con vencimiento a dos años. El interés sería variable. La legislación sobre la quita incluía así el mecanismo de Cláusulas de Acción Colectiva que permitiría obligar a los tenedores de la deuda helena a acogerse a la quita si existiese una mayoría de acreedores que apoya la reestructuración. Una vez la mitad de los tenedores (por monto de deuda) aceptasen acogerse a la quita, se daría por comenzado el proceso. En el supuesto de que se estimase necesario forzar a los bonistas minoritarios, se deberían activar las CAC, aunque se necesitaría el acuerdo previo de dos tercios de los tenedores. Grecia esperaba por tanto que los bonistas aceptasen una quita de 100.000 millones de euros de deuda en un *swap* voluntario. Sin embargo, en un intento por garantizar que el *swap* se completase, introdujo Cláusulas de Acción Colectiva a sus bonos. Por su parte el Banco Central Europeo firmó un acuerdo con Grecia según el cual sus bonos se excluían de estas cláusulas y no asumirían pérdidas. A diferencia de lo que sucede con el FMI, que inyecta nuevos fondos para ayudar a un país en apuros dando por hecho que su deuda tiene una calificación superior a otros bonos, el BCE se limitaba en el presente caso a comprar en el mercado secundario, anunciando después que no asumiría pérdidas. Dado que el supervisor comunitario tenía unos 45.000 millones de euros de deuda griega, los inversores del sector privado tenían que asumir más pérdidas para que las cifras cuadrasen. En todo caso las Agencias de Calificación ya habían anunciado que el uso de estas cláusulas sería considerado un "impago" que activaría los seguros de impago crediticio.

[26] A este respecto con fecha 28 de febrero de 2012 el Parlamento heleno aprobó las disposiciones de ley que preveían recortes adicionales por valor de 3.200 millones de euros, incluidas bajadas en las pensiones y la reducción del salario mínimo.

Ciertamente Grecia presentaba una deuda enorme en comparación con el tamaño de su PIB. Y, en el supuesto de que se optase por reducir su deuda pero ello conllevase también una disminución del PIB, el problema no quedaría resuelto. Con carácter general el crecimiento económico de un país se presenta como un dato fundamental, ya que si el PIB no crece el reto de reducir la deuda se presenta complicado, pudiendo quedar abocada la economía hacia situaciones de recesión.

El acuerdo al que se llegó no era satisfactorio para los bonistas, ya que los tenedores de bonos tendrían que pasar a pérdidas más de la mitad de su inversión, aceptar bajos cupones y seguir expuestos al riesgo griego. No obstante concurrían algunos atenuantes. Grecia pediría a los inversores que canjeasen cada 100 euros de bonos actuales por 31,50 euros en nueva deuda griega con vencimientos de entre 11 y 30 años y 15 euros en pagarés de la Facilidad Europea de Estabilidad Financiera con un vencimiento de hasta dos años. Si todos los inversores ofreciesen la totalidad de sus bonos, la reducción del 53,5% en el valor nominal rebajaría la deuda de Grecia en 110.000 millones de euros y dejaría a los inversores con unos 65.000 millones en bonos griegos y 30.000 millones de euros en pagarés del EFSF.

Grecia conseguiría así bajos tipos de interés, ya que la nueva deuda tendría cupones del 2% a tres años, que aumentarían al 3% en los siguientes cinco años y posteriormente al 4,3%, frente a un cupón promedio ponderado del 5% sobre sus actuales bonos. Sin embargo, la fuerte reducción del valor nominal y los bajos cupones implicaban pérdidas sobre el valor neto actual mayores de lo previsto para los inversores, cercanas al 70%.

Con carácter general los pagarés del EFSF representaban un importante incentivo para los acreedores, ya que seguramente habrían de entregarse en efectivo, constituyendo casi un tercio del conjunto de condiciones ofertadas. De este modo, a pesar de que los inversores continuasen estando expuestos al riesgo griego, los bajos cupones y los esfuerzos por obligar a Grecia a dar prioridad a los pagos de la deuda podrían llegar a mitigar los riesgos.

Los inversores también recibirían valores referenciados al PIB griego cuyo pago dependería del crecimiento que se registrase según ciertos objetivos que no se dieron a conocer. Los nuevos bonos se regirían por la legislación inglesa, lo que daba a los inversores una mayor protección. Ahora bien, a pesar de la adopción de este conjunto de incentivos Grecia introducía

Cláusulas de Acción colectiva a los bonos para asegurar que el intercambio se acabara completando, siendo bastante probable que los bancos griegos e internacionales aceptaran las condiciones, dadas las consecuencias que tendrían que asumir si el plan de rescate fracasara.

Desde nuestro punto de vista el éxito de este segundo rescate dependía de que Grecia completase el canje de deuda con los tenedores de bonos privados, así como de que crease una cuenta de garantía bloqueada para aislar el capital necesario para el pago de los intereses y de que cumpliese los compromisos de reforma pendientes, entre ellos una rebaja del salario mínimo. El rescate también tenía que aprobarse en varios parlamentos, incluidos los de Alemania, Finlandia y Holanda.

Durante la última semana del mes de febrero de 2012 Grecia lanzó la oferta oficial para el canje de bonos estatales, que preveía la quita de 107.000 millones de euros de sus bonos en manos de bancos y otros inversores privados, algo más de una cuarta parte de su abultada deuda de 360.000 millones, más del 160% del Producto Interior Bruto. Repárese en el hecho de que el acuerdo alcanzado sólo reduciría la deuda de Grecia al 120,5% del PIB en 2020, un nivel que podría resultar insostenible. El citado acuerdo preveía además que la economía se expandiese un 1% en 2013, después de contraerse un 7% en 2011. Esa previsión dependía de que Grecia llevase a cabo reformas estructurales para mejorar la competitividad.

Dada esta situación se suscitaba el tenor de que el acuerdo alcanzado no constituyese el último rescate, así como de que la carga de una futura reducción de la deuda recayese sobre los contribuyentes de la Eurozona. Inicialmente las contribuciones del sector oficial se limitaban a la renuncia del Banco Central Europeo a los beneficios sobre sus bonos griegos y a la rebaja de los gobiernos de la Eurozona de los tipos sobre sus préstamos a Grecia. En efecto el BCE ya no aceptaba bonos griegos como colateral para financiar a la banca, debido a que la calificación de Grecia había bajado hasta el *default* selectivo tras la reestructuración de su deuda, esto es, tras tomar en consideración el rating de la deuda helena a resultas de la involucración del sector privado en la reestructuración de dicha deuda.[27]

---

[27] Recuérdese que, tal y como se ha indicado, los bonistas privados habían tenido que aceptar una quita del 53% sobre los bonos griegos en su cartera, que en términos reales suponía una pérdidas del 70% sobre el valor inicial de dichos títulos.

A mayor abundamiento con fecha 28 de febrero de 2012 la Agencia de Calificación Crediticia *Standard & Poor's* procedió a rebajar la nota a largo plazo de Grecia a *default* selectivo, después que el Gobierno heleno modificara las reglas que regulan cierta parte de su deuda soberana. Se trataba así de la segunda Agencia calificadora en realizarla después que el país anunciase un plan de canje de bonos para aliviar su carga de deuda[28]. Dicha bajada estuvo motivada por la ya analizada inserción retroactiva efectuada por el Gobierno griego de Cláusulas de Acción Colectiva. A juicio de la Agencia dicha inserción con carácter retroactivo de las CAC, a resultas de la cual resultaba obligatorio para los inversores asumir pérdidas que no fueron firmadas en el instante de configurar la oferta, constituía la introducción de una modificación en los términos originales de la deuda y hacía del canje una reestructuración dificultosa de deuda. De este modo la deuda a corto plazo, que también se vio afectada, quedó situada en 'C' con perspectiva negativa, o lo que es lo mismo, a un solo paso de la suspensión de pagos y al borde de la bancarrota.[29]

Ciertamente el hecho de que los bonos griegos en manos del BCE no hubiesen sufrido la misma quita que el resto de deuda de los bonistas privados alteraba las condiciones normales de los acreedores y provocaba que los bonistas privados quedasen situados en un segundo plano frente al BCE. En todo caso la decisión adoptada por el BCE afectaba especialmente a los propios bancos griegos, al ser los que más deuda pública de su propio país acumulaban, y que hasta entonces presentaban al BCE como garantía para solicitar créditos.

A principios del mes de marzo de 2012, y mediante reunión del ECOFIN, se reconoció la existencia de avances por parte del Gobierno heleno

[28] Téngase presente que, apenas unos días antes, la Agencia de Calificación *Fitch* había rebajado la calificación crediticia a largo plazo de Grecia a su más baja nota por encima de 'default' como resultado del plan de canje de bonos.

[29] Con posterioridad, con fecha 2 de marzo de 2012, sería la Agencia de Calificación *Moody's* la encargada de rebajar la calificación crediticia de Grecia al nivel más bajo, de 'Ca' a 'C', debido a la puesta en marcha, ese mismo día, de la reestructuración de la deuda pública, que daría lugar a unas pérdidas de más del 70% para los inversores. En efecto Grecia lanzaría en dicha fecha el canje de bonos, a resultas del cual los tenedores de deuda aceptaban pérdidas de un 53,5% del valor nominal de sus tenencias griegas, con pérdidas reales estimadas en cerca de un 74%. En opinión de la citada Agencia de Calificación Grecia se enfrentaba aún alto riesgo de impago, siendo poco probable que fuese capaz de vender bonos a inversionistas privados una vez que el paquete de rescate se agotase.

en las materias de consolidación fiscal, Administración tributaria, reforma de las pensiones, regulación y supervisión del sector financiero, así como en las reformas estructurales para fomentar el crecimiento. Ahora bien, al margen de las medidas pendientes, debía completarse también el canje de bonos entre el Gobierno griego y el sector privado.[30]

En dicha fecha la Asociación Internacional de Derivados (*International Swaps and Derivatives Association*, ISDA) resolvió que el programa de rescate a Grecia, incluyendo la quita voluntaria que asumían los inversores privados, no constituía un evento crediticio, estimando en consecuencia que no debía activase el cobro de los *Credit Default Swaps* destinados a cubrir a los inversores frente a un posible impago. El volumen de deuda griega asegurado con estos CDS se situó en torno a los 51.000 millones de euros si bien, al tratarse de una quita voluntaria, sólo tendría que activarse la parte contratada por inversores que no fuesen a participar en el rescate. En cualquier caso el ISDA estimaba que no se daban las circunstancias de mercado para activar estos seguros.

Analizaba concretamente el citado Comité, de una parte, si había tenido lugar una reestructuración del crédito y si los tenedores de deuda que se rige por la legislación griega estaban amparados por el Banco Central Europeo para que pudieran saltar las cláusulas de los CDS. Recuérdese que, como ya se ha indicado, el BCE había intercambiado sus bonos griegos por nueva deuda que no estaría sujeta a Cláusulas de Acción Colectiva y que podría utilizarse para imponer la reestructuración, lo que libraba a la entidad de asumir pérdidas.

Ciertamente de acuerdo con la documentación de los CDS la inserción de cláusulas de acción colectiva en algunos bonos griegos no activaría el cobro. Y, si bien como se ha señalado determinadas Agencias de Calificación como *Standard & Poors* habían colocado a Grecia en un *default* selectivo las definiciones de los *rating* no tienen por qué coincidir necesa-

[30] Recuérdese que la aprobación del segundo rescate griego incluía 30.000 millones de euros en incentivos para alentar la participación del sector privado, 35.000 millones en garantías para que el BCE volviera a aceptar bonos griegos, permitiendo la recapitalización de la banca helena y aportando otros 5.500 millones de euros para el pago de intereses sobre bonos. En dicho canje los acreedores privados recibirían, además de los nuevos bonos griegos, un 15% en títulos emitidos por el EFSF. Quedaba así pendiente la aprobación del intercambio de bonos con el sector privado, que asumiría una quita del 53,5% sobre su valor nominal, equivalente a una condonación de unos 107.000 millones de euros.

riamente con la documentación de los CDS. A ello se ha de añadir además la circunstancia de que, a dicha fecha, Grecia no había activado todavía sus Cláusulas de Acción Colectiva para imponer la reestructuración a todos los bonistas privados, procediéndose a efectuar una reducción del importe de la deuda pendiente y a modificar los tipos de interés podría activar el cobro de los CDS.

Tal y como se ha señalado con anterioridad, los inversores privados, con 206.000 millones de euros en bonos griegos, tenían hasta el día 8 de marzo de 2012 para decidir si participaban o no en la operación de cambio donde los bonos se canjearían por un paquete de bonos y dinero líquido que podría reducir la deuda griega en unos 100.000 millones de euros. Grecia debía lograr la participación del 75% de los obligacionistas para evitar que el acuerdo se viese obligado a demorarse a través de las CAC que el Gobierno introdujo con efecto retroactivo en los bonos griegos. Si participaba menos del 66%, incluso dichas Cláusulas de Acción Colectiva podrían invalidarse, lo que desbarataría el acuerdo completamente. En caso de no alcanzarse un acuerdo con el sector privado el *default* griego podía llegar a suponer pérdidas sustanciales para el Banco Central Europeo, que era el principal acreedor del país heleno con una exposición estimada a la deuda griega de 177.000 millones de euros.

A priori los inversores privados contaban con 206.000 millones de euros de bonos griegos que ser repartían de la siguiente manera: 70.000 millones estaban en manos de los fondos de inversión, de pensiones y *hedge funds*; 50.000 millones los tenían los bancos griegos; 40.000 millones de euros procedían de otros bancos europeos; 30.000 millones de euros procedían de fondos de la Seguridad Social de Grecia; y 15.000 millones de euros pertenecían a las aseguradoras europeas.

En el supuesto de que los inversores privados aceptasen el canje propuesto por Grecia dichos inversores participarían en el segundo rescate del país heleno soportando una quita del 53,5%. Es decir, por cada 100 euros de los antiguos bonos, los inversores recibirían 31,5 euros en nuevos títulos griegos y 15 euros en títulos del EFSF con un vencimiento de dos años, lo que permitiría reducir la deuda helena en unos 100.000 millones de euros. Los nuevos bonos tendrían vencimientos de entre 11 a 30 años, venciendo de 2023 hasta 2042. Adicionalmente los cupones que se pagarían según los vencimientos serían los siguientes: un 2% anual hasta 2015; un 3% de 2016 a 2020; un 3,65% hasta 2021; y un 4,3% de 2022 a 2042.

Aquellos inversores que participasen en el intercambio tendrían además títulos vinculados al PIB que les darían derecho a un pago anual de hasta el 1% del valor nominal de los nuevos bonos a partir de 2015 si el PIB de Grecia superase un determinado umbral. Como ya se ha señalado los nuevos bonos se regirían en virtud del Derecho inglés y tendrían el mismo rango que los títulos del Sector público. Asimismo, al hallarse vinculados al PIB, se podría obtener una rentabilidad superior al cupón previsto si la economía creciese por encima de un determinado umbral. Y, finalmente, como una parte del canje era en títulos del EFSF que vencían en dos años, se trataba de una manera de hacer parte de esos títulos líquidos con anterioridad.[31]

El Gobierno heleno pretendía que la participación fuese cuanta mayor mejor. Inicialmente la intención existente era continuar con el programa de participación privada si, al menos, se canjease el 90% de la cantidad nominal de los bonos. En el supuesto de que no se alcanzase dicha cuota pero la participación fuese superior al 75%, Grecia consultaría con sus acreedores del Sector público, la Unión Europea, el Fondo Monetario Internacional y el Banco Central Europeo si se aceptase la oferta de intercambio y se pudiera seguir adelante con el canje. Las dificultades podían llegar, no obstante, si no se lograse ese 75%, ya que en este último caso (es decir, si la participación en el canje de deuda fuese menos del 75% y no se lograse tampoco el umbral necesario para la activación de las CAC) Grecia podría abandonar el acuerdo.[32]

Tal y como ya se ha indicado, si se produjese la activación de las Cláusulas de Acción Colectiva previstas para forzar el canje si la aceptación de los acreedores resultase menor del 75%, la principal consecuencia sería la producción de un "evento de crédito" (requisito legal) que activaría el

---

[31] El canje de bonos constituía una precondición para la puesta en marcha del segundo rescate a Grecia por valor de 130.000 millones de euros.

[32] Recuérdese que, con fecha de 23 de febrero de 2012, tuvo lugar la aprobación del sistema de Cláusulas de Acción Colectiva, a través del cual se permitía ejecutar a la fuerza el intercambio de los inversores, siempre y cuando se cumpliesen ciertas condiciones, a saber: que se hubiesen canjeado el 50% del saldo vivo de los bonos griegos y que los inversores equivalentes a dos terceras partes de ese 50% diesen su consentimiento para activar dichas Cláusulas de Acción Colectiva. Estas Cláusulas fueron introducidas en Grecia con carácter retroactivo para 177.000 millones de euros en bonos que se regían por la ley griega ya que, como se ha señalado, el resto quedaban sujetas al Derecho británico.

pago de los CDS. Las citadas Cláusulas de Acción Colectiva introducidas retroactivamente en los bonos solo podían aplicarse a los bonos emitidos bajo la ley griega (el 86% del total, esto es, unos 177.000 millones). Así las cosas, si los bonistas con un 66,7% de títulos emitidos bajo la ley griega aceptaban participar (118.000 millones de euros) Grecia podía activar los CAC y forzar a todos los inversores sujetos a la ley helena a participar, lo que elevaría automáticamente la aceptación a 177.000 millones de euros. No obstante el riesgo de activar el CAC era que las Agencias de Calificación interpretasen la operación como un impago efectivo, algo que llevaría a la activación de los CDS, seguros con los que los inversores que compraron deuda griega se protegieron ante un posible *default*.

Si el canje de deuda fuese inferior al 75% y no se lograse el umbral necesario para activar las CAC existía el riesgo de que Grecia abandonase el acuerdo. Y sin el pacto con los acreedores privados por la quita la troika comunitaria no daría el visto bueno para desbloquear el segundo rescate, ya que el acuerdo con los tenedores constituía una condición indispensable para recibir la ayuda.

A principios del mes de marzo de 2012 el BCE anunció que volvía a aceptar los bonos griegos como garantía de colateral en sus subastas de liquidez, tras haber recibido el respaldo del Fondo Europeo de Recate. En esa misma fecha Grecia logró finalmente el acuerdo del 95,7% de los tenedores privados de bonos griegos para avanzar en la quita de deuda, cifra necesaria para optar a negociar con la troika comunitaria las condiciones del segundo rescate del país. Los tenedores privados de 152.000 millones de euros en deuda griega (el 85,8%), de los 177.000 millones de euros bajo soberanía helena aceptaron la quita de forma voluntaria. A ellos había que sumar los poseedores del resto de deuda inscritos en leyes diferentes a la griega, que enviaron el "consentimiento" para proceder a la reestructuración de sus títulos[33]. Según los cálculos de la Public Debt Management Agency (PDMA), la suma de estos dos tipos de bonos llegaría a los 197.000 millones de euros, es decir el 95,7% de los 206.000 millones de euros en deuda a reestructurar.[34]

[33] Fuente: dato facilitados por la Autoridad de Gestión de la Deuda Pública (PDMA), 9 de marzo de 2012.

[34] Tal y como se ha venido poniendo de manifiesto Grecia tenía 206.000 millones de euros de deuda en manos de inversores privados y 144.000 millones en carteras de organismos e instituciones públicas. Pero a su vez, dentro de la cartera privada de deuda, había 177.000

Con estos números, el Gobierno griego no tenía obstáculo alguno para iniciar el proceso de quita, ya que necesitaba la aceptación del 66,7% del volumen de deuda, así como tampoco para activar el uso de las Cláusulas de Acción Colectiva, para las que se necesitaba el visto bueno de los tenedores del 75% de deuda. Como se ha indicado las CAC obligarían a los poseedores de bonos reacios a someterse a la quita de forma voluntaria a participar en ella, si bien afectaría de forma exclusiva a los 177.000 millones de euros bajo soberanía griega.

Mediante la realización de la citada operación de canje los acreedores privados asumirían pérdidas reales de casi el 75% sobre los bonos helenos. El objetivo era reducir la deuda griega desde alrededor del 160% del PIB al 120,5% en 2020[35]. Una vez realizado el cálculo de cuántos acreedores se sumasen a la quita, el Gobierno griego debía consultar con sus socios europeos si aplicaba las CAC. *A priori* esta operación implicaba el riesgo de que fuese interpretada como un impago efectivo por parte de las Agencias de Calificación de riesgo, lo que activaría los seguros CDS que diversos inversores contrataron para proteger sus bonos ante un posible impago griego.

A resultas de lo anterior con fecha 9 de marzo de 2012 el Eurogrupo aprobó autorizar el desembolso de un primer tramo de 35.000 millones de euros del segundo rescate que se destinaría a compensar a los acreedores privados que hubiesen aceptado condonar parte de la deuda helena, al estimarse que concurrían las condiciones necesarias para lanzar los procedimientos nacionales requeridos para la aprobación final de la contribución de la Eurozona a financiar el segundo programa de ajuste griego.

Por su parte la Asociación Internacional de Permutas y Derivados determinó que ha habido un *credit event* o evento de crédito con respecto a

millones de títulos sometidos a la ley griega y 29.000 millones regidos por legislación internacional.

[35] Destaca especialmente el dato de que, al día siguiente de anunciarse el acuerdo alcanzado por el Gobierno heleno con los bonistas, esto es, con fecha 9 de marzo de 2012, el nuevo bono con vencimiento en febrero del año 2042 cotizase a un 20% de su valor nominal, lo que suponía una quita del 80%. En el caso del bono con vencimiento en 2032, su cotización implicaba un 'descuento' del 76%-79% (Fuente: www.reuters.com, consultada el 8 de marzo de 2012). Estos niveles de quita reflejaban que el mercado no tenía fe en que Grecia fuese capaz de pagar sus deudas, incluso aplazando la deuda a 20 y 30 años. El canje de la deuda griega suponía asumir pérdidas del 53,5%, entregar un 31,5% del importe de los bonos 'antiguos' en estos bonos a largo plazo y de nueva emisión, y recibir el 15% restante en deuda del Fondo europeo de Rescate.

la deuda griega, lo que implicaba un impago de facto. Ello significaba que debían activarse los seguros de impago de deuda (CDS), que en el caso de Grecia ascendían a unos 3.200 millones de dólares (2.420 millones de euros). Concretamente el Comité de Determinaciones de ISDA, encargada de supervisar el mercado de derivados financieros, acordó "por unanimidad" que había existido un *credit event* con respecto a la reestructuración de la deuda griega. Como se ha indicado, ello suponía en la práctica que la decisión de Grecia de activar las Cláusulas de Acción Colectiva para obligar a sumarse al proceso de reestructuración de su deuda a aquellos acreedores que no se hubiesen comprometido de forma voluntaria implicaba *de facto* un impago.[36]

En todo caso el pago no era inmediato y la cantidad exacta de dinero a abonar debía determinarse a través de un proceso de subasta. Recuérdese que, como ya se ha precisado, con fecha de 1 de marzo de 2012 el Comité de ISDA decidió por unanimidad que el canje de la deuda pactado con el Gobierno de Atenas no suponía aún un *credit event*, con lo que no se ejecutó el pago de los seguros griegos.

Igualmente la Agencia de Calificación Crediticia *Moody`s* consideró como una quiebra de facto la quita de la deuda griega, si bien ello no modificaba la calificación sobre la deuda soberana del país, que continuaba siendo de "C", es decir, la mínima. La citada Agencia de Evaluación del Riesgo Crediticio constató que, a pesar del éxito de la quita, según su definición había habido una quiebra efectiva, ya que el canje de deuda supondría una disminución de los ingresos para los bonistas y tenía el efecto de permitir a Grecia evitar el pago por quiebra en el futuro. Concretamente la Agencia calificó la operación como un "canje con trastorno", lo que equivalía a una quiebra del canje de la deuda. No obstante, ello no modificaba la calificación crediticia sobre la deuda soberana griega, que estaba ya en la categoría mínima y sin perspectivas de mejorar.

Moody's constataba así que la aceptación de la condonación suponía para los bonistas una pérdida de al menos el 70% del valor actual de las obligaciones. La Agencia añadió que introduciría en su registro estadístico la declaración de quiebra efectiva del canje de la deuda griega cuando éste

[36] Concretamente el Comité de la ISDA emitió su dictamen después de que un agente del mercado planteara la cuestión de si Grecia había sufrido un *credit event* para ejecutar el pago de los seguros contra impago asociados a la deuda griega.

concluyese, lo que estaba previsto que ocurriese el 23 de marzo en el caso de los bonos bajo soberanía de otros países.[37]

A priori la activación de las Cláusulas de Acción Colectiva elevaban la cifra de deuda griega en manos de los bonistas a 197.000 millones de euros, el 96% del total, activando probablemente el cobro de los contratos de cobertura contra impago. Grecia debería obtener su segundo rescate, y alejarse la amenaza que había representado para los mercados globales. Sin embargo determinados tenedores de bonos decidieron no acogerse a la oferta. Los 25.000 millones de euros bajo soberanía griega pendientes de pago serían barridos por Cláusulas de Acción Colectiva. Y unos 9.000 millones de euros de bonos bajo soberanía internacional y de bonos adquiridos por empresas estatales (donde los inversores podían tener posiciones más fuertes) decidieron no participar en la quita.

Grecia amplió la propuesta para estos bonos hasta el 23 de marzo de 2012 y advirtió que después de ella no habría ya más ofertas. Así las cosas la posibilidad de un impago directo sobre estos bonos continuaba existiendo, ya que habían dejado de suponer un riesgo sistémico. Resultaba poco probable, además, que los gobiernos de la Eurozona aportasen más dinero de los contribuyentes para pagar a los tenedores de bonos privados.

Los bonistas tendrían que defender entonces sus opciones en los tribunales. Por su parte los inversores participantes no podrían relajarse por completo todavía. Recibirían un 15% de su inversión en títulos emitidos por el Fondo Europeo de Estabilidad Financiera y un 31,5% en nuevos bonos helenos, más un incentivo vinculado al crecimiento del PIB griego. Sin embargo los nuevos bonos cotizaban a entre 20 y 25 céntimos de euro

---

[37] Dicha actuación de *Moody's* se sumaba así a la de la Agencia de Calificación *Fitch* que, como ya se ha señalado, anunció con fecha 9 de marzo de 2012 que rebajaba de nuevo la deuda griega hasta situarla en el nivel de "impago selectivo", como consecuencia del anuncio de que se procedería a la quita de buena parte de la deuda del país. La citada Agencia confirmaba con esta degradación sus advertencias de que el canje de bonos griegos por otros de menor valor constituía una situación de impago, ya que esa operación suponía que los títulos de deuda perdían un 74% de su valor. Con posterioridad, sin embargo, la citada Agencia *Fitch* retiraría el default selectivo de los bonos helenos tras el canje realizado mejorándolo en seis escalones, a diferencia de lo que sucedió con la Agencia *Standard & Poor's*, que mantuvo el impago selectivo hasta que se concluyese el canje de los bonos que no se regían por la ley griega, que representaban el 14%.

con fecha 9 de marzo de 2012, lo que sugería que los inversores no creían que la deuda griega fuese más sostenible ahora.

Aún así la inmensa mayoría de la deuda griega estaba en manos de tenedores oficiales, lo que hacía que un futuro impago representase un mayor quebradero de cabeza para los gobiernos de la Eurozona que para los mercados. Y las necesidades de financiación de Grecia se habían reducido marcadamente, gracias al bajo cupón sobre los nuevos bonos –de sólo el 2% hasta 2015 y del 3% hasta 2020, subiendo posteriormente– y al recorte de los tipos de interés y la ampliación del vencimiento sobre los préstamos oficiales. Dada esta situación cabía plantearse si el éxito del canje podía servir de modelo para futuras reestructuraciones soberanas.

Recapitulando, con fecha 9 de marzo de 2012 la ISDA (Asociación internacional de Derivados y Swaps) decidió que la forma en que se había realizado la reestructuración de la deuda griega era suficiente para que los tenedores de los seguros de crédito emitidos sobre la deuda helena pudieran ejercer el derecho de cobro. La decisión adoptada presentaba una especial relevancia, ya que existían cerca de 3.200 millones de dólares en seguros activos sobre deuda griega. Parte de estos seguros pertenecían a fondos de inversión y *hedge funds*, quienes venían argumentando que la quita de la deuda debía ser considerada como causa suficiente para activar el cobro de los seguros.

A juicio de la ISDA tanto la decisión del Gobierno griego de poner en marcha las cláusulas de acción colectiva para forzar a los inversores privados a acogerse al canje de deuda de forma obligatoria como el propio canje propuesto y la forma de ejecutarlo eran razones suficientes.

Desde nuestro punto de vista el hecho de que se pusiesen en marcha estos seguros de crédito generaba cierta polémica. Téngase presente de entrada que el mercado de CDS no tiene el mismo nivel de regulación y trasparencia que el de otros mercados de derivados, lo que ha motivado el surgimiento de diversos recelos tanto desde la propia Comunidad Europea como desde determinados reguladores[38]. A ello se ha de sumar además el hecho de que el mercado de CDS no goza de la liquidez de otros merca-

[38] En este sentido a lo largo de estos últimos tiempos ha venido defendiéndose incorporar los CDS a plataformas en mercados organizados con el fin de facilitar su supervisión, negociación y liquidación. Así, por ejemplo, se ha planteado la posibilidad de evitar la negociación en CDS si no se posee el activo subyacente (bono del gobierno o empresa que se quiere proteger).

dos, no siendo la fijación de precios tan transparente como sería deseable. Movimientos en el mercado de CDS habían venido provocado fuertes fluctuaciones en los mercados de renta variable y renta fija.

De cara a la activación de los citados seguros ha de existir una certeza jurídica acerca de su validez. Toda ejecución de unos CDS lleva consigo el inicio de un proceso de liquidación de los contratos que determinará quién los ha emitido y qué niveles de pérdida soportarán sobre los mismos. Por otro lado toda inversión en deuda que pretenda llevarse a cabo ha de tener presente la existencia de la posibilidad de cubrir todo o parte del riesgo existente.

4. CONSECUENCIAS DERIVADAS DE LA APROBACIÓN DEL SEGUNDO RESCATE A GRECIA: LA IMPLEMENTACIÓN DE NUEVAS MEDIDAS DE AUSTERIDAD Y LA RECAPITALIZACIÓN DE SUS ENTIDADES FINANCIERAS

Con fecha 13 de marzo de 2012 el Eurogrupo aprobó finalmente el segundo rescate a Grecia, si bien la formalización del paquete de 130.000 millones de euros dependía finalmente de que se produjese la ratificación a nivel nacional. El nuevo rescate, que ascendía a 130.000 millones de euros (si bien quedaban todavía 34.400 millones de euros del primer rescate aprobado en mayo de 2010) aportaría financiación a Grecia hasta 2014. Ciertamente el Eurogrupo había valorado positivamente el éxito de la operación del canje de bonos entre el Gobierno griego y los acreedores privados para condonar la mitad de la deuda helena en sus manos estimando además que el país heleno podría bajar su deuda del actual 160 % del PIB al 117 % en 2020, por debajo del 120,5 % previsto inicialmente.

En todo caso los Ministros de Finanzas de la Unión Europea aprobaron mantener la fecha de 2014 para que Grecia disminuyese su déficit por debajo del 3% al término del segundo programa de rescate, si bien ajustaron los objetivos anuales y el calendario a seguir por Atenas para lograr esta meta. El ECOFIN exigió a Grecia un déficit primario –excluyendo los pagos de intereses– no superior al 1 % del PIB en 2012 y unos superávit primarios de al menos el 1,8% del PIB en 2013 y del 4,5 % en 2014. En opinión del ECOFIN, tras el canje de bonos acordado entre el Gobierno griego y los acreedores privados dichos objetivos resultaban consistentes con los objetivos generales del déficit del 7,3% del PIB en 2012, del 4,7% en 2013 y del 2,2% del PIB.

La Zona Euro formalizó el segundo rescate a Grecia y autorizó el desembolso de un primer paquete de 39.400 millones de euros, que sería entregada en varios tramos. Los Estados miembros de la Zona del Euro autorizaron así al Fondo Europeo de Estabilidad Financiera a liberar un primer importe de 39.400 millones de euros.

Como ya hemos tenido ocasión de precisar el segundo rescate griego ascendía a 130.000 millones de euros. Y, tras el exitoso canje de bonos entre el Gobierno griego y los acreedores privados, se estimaba que Grecia podría bajar su deuda del 160% al 117% de su PIB en 2020, por debajo del 120,5% previsto inicialmente por los socios internacionales, según los cálculos efectuados por la Comisión Europea, el Fondo Monetario Internacional y el Banco Central Europeo.

Por lo que respecta a la aportación del FMI en el nuevo rescate heleno el citado Fondo aprobó la concesión de un préstamo de 28.000 millones de euros (36.000 millones de dólares) para Grecia, como parte de los planes de rescate al país heleno, que incluía un desembolso inmediato de 1.650 millones de euros (2.150 millones de dólares). La ejecución de los préstamos se realizaría en cuatro años a través de un instrumento denominado "Servicio Ampliado del Fondo" (EFF, en inglés), que tiene un período de reembolso más flexible y dilatado en el tiempo que los Acuerdos *Stand-By* o SBA del primer plan de rescate. A través de la aplicación del citado instrumento se pretendía apoyar los ajustes en el contexto de necesidades en la balanza de pagos a largo plazo del país heleno.[39]

A principios del mes de abril de 2012 el Gobierno heleno ampliaba el plazo límite para completar la quita de parte de su deuda por la oposición a participar en ella de una minoría de tenedores de bonos griegos emitidos

---

[39] Este nuevo préstamo venía a cancelar el de 30.000 millones comprometido por el FMI en mayo de 2010 para el primer plan de rescate griego de 110.000 millones de euros del propio FMI, de Banco Central Europeo y de la Comisión Europea, de los que quedaban por desembolsar aproximadamente 10.000 millones de euros que pasaron a quedar incluidos en este nuevo programa. Asimismo el nuevo préstamo sumaba la aportación del Fondo al segundo plan de rescate griego de la troika comunitaria por importe de 130.000 millones de euros que el FMI detalló una vez se sumaron los acreedores privados de la deuda griega a la quita propuesta por Atenas.

bajo ley extranjera, extendiendo el periodo del fin de plazo de su oferta hasta el 20 de abril de 2012. Esta era la segunda vez que Grecia tenía que posponer el plazo ante la negativa de los bonistas a deshacerse voluntariamente de parte de su deuda[40]. El proceso de reestructuración de la deuda soberana griega en manos de acreedores privados concluiría a finales del mes de abril de 2012 con una aceptación del 96,9%, equivalente a 199.000 millones de euros.

Con fecha 2 de mayo de 2012 la Agencia de Calificación *Standard & Poor's* retiró el *rating* de 'default selectivo' a Grecia y lo mejoró hasta 'CCC' como consecuencia de la reestructuración de su deuda, fruto a su vez del rescate europeo. Se estimaba así por parte de la citada Agencia que, con motivo de la ejecución del canje de su deuda, se habían aliviado las presiones de financiación a corto plazo, procediéndose asimismo a implementar una estrategia de reducción significativa del déficit en el contexto del acuerdo con el FMI y con la Unión Europea.

Por otra parte tras los resultados de las elecciones griegas celebrados con fecha 6 de mayo de 2012 se planteó la posibilidad de que la UE pudiera gestionar una salida de Grecia, al igual que se hizo con la reestructuración de la deuda. Pero este aspecto resultaba, a nuestro juicio, muy discutible, ya que una eventual salida del euro expondría a los gobiernos de la Eurozona a pérdidas en sus préstamos. Y los mercados no lograrían mantenerse impasibles ante dicha situación.

---

[40] Recuérdese que, como ya se ha señalado con anterioridad, el citado plan de la quita, denominado oficialmente Participación del Sector Privado suponía la sustitución de parte de los bonos griegos por otros a algo menos de la mitad de su valor, al objeto de que la deuda helena fuese más sostenible. En total se reestructuraban 206.000 millones de los más de 360.000 millones de euros a los que ascendía la deuda griega. El proceso se articuló a través de dos fases. Al amparo de una primera, los bonos emitidos bajo soberanía griega, que suponían 177.000 millones de euros; y, a resultas de una segunda fase, unos 29.000 millones de euros en títulos helenos bajo legislación británica, estadounidense, japonesa, francesa y suiza, así como una parte más pequeña en títulos emitidos por empresas estatales griegas. Los 177.000 millones de euros ya fueron en su día canjeados por los bonos depreciados, al haber finalizado el plazo el 8 de marzo de 2012. Un 85% de esos tenedores de bonos aceptaron acogerse a la quita de forma voluntaria y el resto fue también obligado a participar en el canje a través de la activación de las Cláusulas de Acción Colectiva. Sin embargo, en el caso de los bonos bajo legislación extranjera, el Gobierno griego no tenía potestad para utilizar las CAC, lo que explicaba que decidiese otorgar más tiempo para que el número de participantes fuese mayor.

A pesar de ello la Eurozona decidió aprobar la entrega del siguiente tramo de ayuda a Grecia, de 5.200 millones de euros. Debe precisarse al respecto que si el país heleno no lograba el citado ingreso, se hubiese enfrentado a una situación de tensión para el pago de los salarios de los empleados públicos, así como al pago de 435 millones de euros de unos vencimientos de deuda con fecha de 15 de mayo de 2012.

El BCE decidió suspender de forma temporal las operaciones monetarias con varios bancos griegos, resultando concretamente afectadas aquellas entidades que participaron de forma privada en el canje de deuda griega y que se quedaron sin capital. La intención del supervisor era que, una vez que el proceso de recapitalización culminase, los bancos afectados recuperasen el acceso a las operaciones de financiamiento estándar *Eurosystem*. En todo caso, el hecho de que existiesen varias entidades financieras griegas que estaban operando con un capital social negativo impulsó al BCE a no proporcionar liquidez a dichas entidades.

El regulador europeo retomaría previsiblemente las operaciones una vez que se pusiese en marcha la nueva ronda de capital del fondo de rescate, esto es, tan pronto como se articulase la futura inyección de liquidez que, *a priori*, habría de recibir Grecia del Fondo Europeo de Estabilidad Financiera, la cual podría llegar a los 18.000 millones de euros. Ello permitiría al BCE retomar las operaciones monetarias con dichas entidades. Esta decisión adoptada por el BCE respondía, además, a los escasos avances de Grecia en el desarrollo de sus planes de recapitalización de la banca, a pesar de que el país heleno recibía mensualmente 25.000 millones de euros del EFSF destinados precisamente a este fin. Así, por ejemplo, la suma que la banca helena había recibido del BCE a finales de enero de 2012 ascendía a 73.000 millones de euros.[41]

Durante la segunda quincena del mes de mayo de 2012 la Agencia de Calificación *Fitch* rebajó también la calificación crediticia a largo plazo de Grecia de B- a CCC por el elevado riesgo de que el país pudiera salir de la Zona del Euro. Y es que la citada Agencia consideraba "probable" una salida de la Unión Monetaria si de las elecciones del 17 de junio de 2012 no salía un Gobierno con un mandato para continuar con el programa de

---

[41] A modo de comparación, basta precisar que la deuda de los bancos que operan en España con el Banco Central Europeo alcanzó los 263.535 millones de euros en abril de 2012, lo que suponía un alza de casi el 16% sobre el máximo histórico del mes anterior.

ajustes del FMI y la UE. Ello podría terminar provocando un impago generalizado en el sector privado, así como en las obligaciones soberanas denominadas en euros.[42]

Al amparo de dicha situación, y con motivo de la Cumbre del Eurogrupo a celebrar en Bruselas el 23 de mayo de 2012, se solicitó al conjunto de los Jefes de Gobierno de la Zona Euro que preparasen planes de contingencia ante la posibilidad de que Grecia abandonase la Eurozona. En dichos planes habrían de reflejarse los costes potenciales que tendrían que asumir los países de la Zona Euro en caso de que Grecia abandonase la moneda única, previéndose igualmente la celebración de reuniones para decidir el montante del apoyo económico que recibiría Grecia de la UE y del Fondo Monetario Internacional en caso de que dicha salida llegara finalmente a materializarse al no lograr el país heleno la suficiente mayoría parlamentaria para implementar con determinación las reformas fiscales y estructurales a las que se comprometió en el marco del segundo rescate. Asimismo debía debatirse en la citada Eurocumbre la posibilidad de utilizar los llamados Fondos estructurales del bloque para apuntalar la debilitada economía del país heleno, inicialmente previstos con la finalidad de ayudar a los países más pobres del bloque y que se desarrollaran en consonancia con el resto.

A finales del mes de mayo de 2012 Grecia iniciaba el proceso de recapitalización de sus cuatro mayores bancos privados con un avance de algo más de 18.000 millones de euros que permitiría a las entidades financieras volver a optar a la liquidez del BCE. El citado proceso habría de realizarse a través del Fondo Helénico de Estabilidad Financiera (*Hellenic Financial*

[42] En el hipotético caso de que el nuevo Gobierno griego salido de las elecciones del mes de junio de 2012 decidiese incumplir los acuerdos alcanzados con la troika comunitaria y no aprobase ajustes adicionales por valor de 12.000 millones de euros, a resultas de dicho incumplimiento el país heleno no recibiría el próximo desembolso previsto del segundo rescate de 174.000 millones de euros acordado. Dada la ausencia de liquidez procedente del rescate Grecia dejaría de tener liquidez suficiente para hacer frente al pago de los sueldos de los funcionarios y las pensiones en euros. Los pagos podrían tener que realizarse entonces mediante el empleo de "pagarés" o, en su caso, mediante el acuñamiento de una nueva moneda, la cual se devaluaría de inmediato frente al euro. Por otro lado, y a resultas del incumplimiento por parte del país heleno de sus compromisos, la banca griega dejaría de percibir unos 23.000 millones de euros necesarios para recapitalizar sus balances. En consecuencia el BCE podría considerar insolventes a los bancos helenos limitando enormemente sus posibilidades de financiación. A ello habría de añadirse, además, la retirada de depósitos en euros por parte de los depositantes y el más que posible cierre de la financiación por parte del BCE.

Stability Fund, HFSF) que, a su vez, habría de enviar bonos del Fondo Europeo de Estabilidad Financiera por valor de unos 18.000 millones de euros, así como a *National Bank* (6.900 millones), *Piraeus* (5.000 millones), *Eurobank* (4.300 millones) y *Alphabank* (1.900 millones).

A través de esta inyección los bancos griegos –que sufrieron cuantiosas pérdidas de valor debido al proceso de reestructuración de la deuda helena llevado a cabo en marzo de 2012– podrían volver a solicitar financiación directa del BCE, que previamente había denegado peticiones de estos cuatro grandes bancos, pudiendo así utilizar los bonos del MEDE como garantía o canjearlos en los mercados. Así las cosas los bancos griegos podrían contrarrestar la masiva retirada de fondos producida en fechas pasadas.

De conformidad con el acuerdo alcanzado los cuatro bancos privados griegos anteriormente citados llevarían a cabo una ampliación de capital en los mercados privados, que habrían de cubrir al menos el 10% del valor de esas ampliaciones. Siendo ello así el HFSF cubriría el resto de las necesidades de capital y recibiría a cambio acciones sin derecho a voto. En caso de que el capital privado no lograse alcanzar el 10% de lo solicitado, entonces el HFSF cubriría la totalidad del coste, tomando también la gestión del banco.

Por aquel entonces la troika comunitaria había exigido unas duras condiciones a Grecia para conceder más préstamos que permitiesen pagar sus gastos corrientes. Entre otras medidas, le obligaba a reducir su déficit, subir impuestos y a que sus ciudadanos pagasen también los impuestos que habían evadido. Con ello la troika quería evitar seguir financiando indefinidamente, y a fondo perdido, los gastos de los griegos. Entre los impuestos no recaudados estaba el impuesto sobre la vivienda. Para su cobro el Gobierno griego había subido las tarifas eléctricas con la amenaza de cortar la electricidad en caso de impago, lo que generó un movimiento de rebelión popular.

A la finalización del mes de mayo de 2012 los cuatro principales bancos griegos recibieron los 18.000 millones de euros a los que se aludía con anterioridad del Fondo Europeo de Estabilidad Financiera para su recapitalización. Las entidades finalmente rescatadas por la Unión Europea fueron el *Banco Nacional de Grecia*, que recibió 7.430 millones, *Eurobank* (3.970 millones) *Banco del Pireo* (4.700 millones) y *Alpha Bank* (1.900 millones).

Como ya se ha señalado estas ayudas se llevarían a cabo en forma de deuda pública a través del HFSF, creado en su día para canalizar los fondos del programa de rescate de Grecia al objeto de recapitalizar sus bancos en problemas. En este sentido, los citados 18.000 millones de euros formaban parte de un paquete de 25.000 millones de euros que el EFSF entregó en abril de 2012 al Fondo Helénico de Estabilidad Financiera en forma de deuda soberana, destinados a la recapitalización de los bancos helenos tras las pérdidas de 28.000 millones de euros registradas en marzo de 2012 por la operación de reestructuración de la deuda griega.

A través de esta inyección los citados bancos griegos podían volver a solicitar financiación directa del BCE, pudiendo utilizar a tal efecto los bonos del EFSF como garantía o canjearlos en los mercados. A resultas del acuerdo alcanzado las citadas entidades financieras llevarían a cabo una ampliación de capital en los mercados privados que habría de cubrir al menos el 10% del valor de esas ampliaciones. Por su parte el HFSF cubriría el resto de las necesidades de capital y recibiría a cambio acciones sin derecho a voto. Y, en el supuesto de que el capital privado no lograse alcanzar el 10% de lo solicitado, el HFSF cubriría la totalidad del coste, incluida la gestión del banco. En todo caso existía el compromiso de que en un plazo de cuatro o cinco años las acciones en manos del HFSF serían vendidas al sector privado griego a precio preferente.

La Agencia de Evaluación de riesgos *Moody's* rebajó con fecha 2 de junio de 2012 a Caa2[43] el techo de la máxima calificación que puede tener cualquier emisor de deuda interna en Grecia, justificando dicha decisión por el riesgo de una eventual salida del euro del país heleno, siendo por aquel entonces la máxima nota de cualquier título griego de B1', aplicable sólo a 'algunos bonos garantizados'. Desde la citada Agencia se estimaba que la eventual salida de Grecia de la Eurozona se traduciría en grandes pérdidas para los inversores por el cambio de denominación de los títulos de deuda pública y privada emitidos bajo ley griega y conllevaría una distorsión grave del sistema bancario del país y perturbaciones agudas en la economía real. Dicha perturbación podría implicar, además, pérdidas adicionales para los

---

[43] Ha de precisarse a este respecto que dicha calificación de Caa2 efectuada por *Moody's* indicaba títulos de baja calidad, sujetos a peligro con respecto al cobro de capital e intereses, hallándose dos escalones por encima de los denominados 'basura', que la referida Agencia identifica con la C.

tenedores de títulos de deuda emitidos por entidades griegas, independientemente de la ley que los gobierne.

Recapitulando en Grecia, entre los años 2010 y 2011, el sector público se redujo en 200.000 funcionarios, entre jubilaciones no cubiertas y despidos de empleados públicos con contratos temporales. Con carácter adicional se pretendía suprimir otros 150.000 empleos públicos hasta finales de 2015. Sólo en 2012 estaba previsto el despido de 15.000 funcionarios. Asimismo se recortaron un 20% las pensiones de más de 1.200 euros y hasta 40% en el caso de los jubilados con menos de 55 años. Por otro lado se retrasó la edad de jubilación a los 65 años de forma generalizada (con anterioridad las mujeres se jubilaban a los 60, resultando en el Sector público la edad indiferente, siendo suficiente haber cotizado 37 años) y el periodo de cotización para acceder a la pensión completa pasó a ser de 40 años, frente a los 35 años que se exigían anteriormente. Con carácter adicional el importe de la pensión paso a representar el 64% del sueldo, frente al 80% anterior, siendo calculado en función de la medida del salario de toda la vida laboral y no del último recibido.

Dentro del marco impositivo el IVA se elevó en dos ocasiones en el país heleno dentro del mismo ejercicio (4 puntos en total) hasta el 23%. Asimismo se incrementaron en 10 puntos los Impuestos Especiales sobre Tabaco, Alcohol y Combustibles, procediéndose a la creación de un nuevo impuesto para la propiedad inmobiliaria. Por último la indemnización por despido se redujo un 50% y se eliminaron los convenios colectivos. Esta última medida provocó un descenso medio del 20% en los salarios del sector privado.

A finales del mes de junio de 2012 el nuevo Ejecutivo griego anunció que solicitaría ampliar al menos en dos años, es decir, hasta 2016, el plazo acordado con la troika comunitaria en febrero de ese año para cumplir con el plan de reformas y ajustes fiscales. Además de una prórroga de los plazos, el nuevo Ejecutivo preveía solicitar a los socios europeos otras modificaciones del Pacto de Austeridad acordado con la Unión Europea y el FMI. Así, por ejemplo, esperaba poder dejar en suspenso las reducciones de los salarios mínimos y de las pensiones de jubilación, previstas inicialmente para junio de 2012. Y ello sin perjuicio de tratar de mejorar el funcionamiento del Sector público fusionando servicios no rentables y trasladando a sus funcionarios a otros cargos. Asimismo se tratarían de restablecer los acuerdos salariales colectivos, evitando nuevos recortes de sueldos y pensiones, aumentando el ingreso mínimo anual sin impuestos y reduciendo el número de funcionarios sin proceder a despidos. Y se preveía extender el pago de los beneficios por desempleo de uno a dos años, ofreciéndose asignaciones a los trabajadores autónomos sin empleo. Téngase presente no obstante que la mayor parte de las medidas incluidas en dicho pacto habían sido exigidas por la troika como condiciones *sine qua non* para el pago de la gigantesca ayuda necesaria.

Grecia solicitó a la UE y al Fondo Monetario Internacional la entrega de un crédito puente de 3.100 millones de euros con el que cubrir un bono con vencimiento en agosto cuyo titular era el Banco Central Europeo. Dicha suma sería entregada a cuenta de una partida de 31.000 millones de euros que constituirían parte del paquete de rescate de 130.000 millones de euros, cuya entrega estaba prevista para septiembre de 2012. En principio, esos 31.000 millones debían desembolsarse ya en agosto de 2012. Sin embargo la entrega se retrasó finalmente a septiembre de 2012, lo que hacía necesaria la solicitud de dicho crédito puente para poder amortizar el bono del BCE. En todo caso la aprobación del nuevo tramo dependía del parecer de los técnicos de la Unión Europea y del FMI, que debían evaluar el grado de cumplimiento de los compromisos adquiridos por Grecia a cambio de la ayuda financiera.

Con fecha 20 de julio de 2012 el BCE anunció que iba a dejar de aceptar como garantía en sus operaciones de refinanciación instrumentos de deuda emitidos o garantizados por Grecia, señalando que dichos instrumentos de deuda serían inelegibles como garantía en las operaciones de política monetaria del Eurosistema. Así las cosas los bancos de Grecia habrían de abastecer sus necesidades de liquidez a través del Banco Central de Grecia mediante la llamada asistencia de emergencia de liquidez.

Por su parte el Banco Europeo de Inversiones acordó reanudar la financiación a Grecia y conceder al país un préstamo de 1.440 millones de euros, que entregaría en diversos tramos desde el próximo otoño hasta 2015. Una parte de dicha suma sería destinada a un fondo de garantías para financiar a pequeñas empresas y el resto se usaría para obras de infraestructuras importantes. Ya en su día, a principios de 2012, con la finalidad de facilitar estos préstamos, la Comisión Europea aceptó desbloquear 1.500 millones de euros de los fondos del Marco de Referencia de la Estrategia Nacional, que servirían al BEI como garantía para acordar los créditos a Grecia. Inicialmente el BEI había rechazado ceder los préstamos, debido a que exigía introducir una cláusula que obligaba a Grecia devolver el préstamo en euros en el caso que el país saliera de la Eurozona. El primer tramo de esos préstamos, de 600 millones euros, sería entregado hasta enero de 2013, percibiéndose un segundo tramo por importe de 400 millones en 2013 y distribuyéndose un tercer tramo por importe de 440 millones de euros entre enero de 2014 y diciembre de 2015. Además de las inversiones en energía, el BEI preveía financiar cuatro autopistas de concesión, cuya construcción permanecía bloqueada desde finales de 2010 por falta de fondos.

A nuestro juicio el BCE había evitado la quiebra de Grecia a través de la articulación de diversas acciones consistentes, tal y como se ha apuntado con anterioridad, en préstamos de emergencia nacionales suministrados al Banco de Grecia, aumentándose así la cuantía límite de dichos préstamos a corto plazo que el supervisor griego podría aceptar a modo de créditos de emergencia.[44]

El método empleado en el presente caso para financiar al Gobierno heleno fue un proceso indirecto consistente en elevar de 3.000 a 7.000 millones de euros el volumen máximo de bonos a corto plazo –que maduran en menos de un año– que el Banco de Grecia puede aceptar como garantías colaterales para conceder créditos a la banca privada. De este modo Grecia podría emitir nueva deuda a uno, tres o seis meses para financiarse hasta que se concretase el próximo tramo de su rescate. Por su parte los bancos podrían comprar estos bonos soberanos a corto plazo y, acto seguido, depositarlos en el Banco Central heleno como respaldo para obtener nuevos créditos. Todo ello teniendo presente que, tal y como se ha precisado con anterioridad, el propio BCE ya no aceptaba la deuda griega como colateral[45]. En definitiva, el BCE dio el visto bueno a que el Banco de Grecia elevase de 3.500 a 7.000 millones la cantidad de euros en bonos susceptibles de

[44] Hasta dicha fecha el Banco Central heleno solo podía aceptar obligaciones de deuda a corto plazo, las denominadas *T-Bills*, hasta un importe que no podía exceder los 3.000 millones de euros. Sin embargo, el BCE decidió incrementar dicho límite hasta los 7.000 millones de euros. De este modo el Gobierno heleno pudo acceder a 4.000 millones de euros adicionales, lo que mantenía la economía helena a flote hasta que la troika comunitaria conformada por el BCE, la Comisión Europea y el Fondo Monetario Internacional, concediesen el siguiente tramo de la ayuda correspondiente al segundo rescate a Grecia.

[45] Téngase presente no obstante que, en el supuesto de que Grecia se declarase finalmente en quiebra, el Banco de Grecia no podría devolver al resto de bancos centrales del Eurosistema los préstamos solicitados para las líneas de crédito concedidas a las instituciones financieras privadas.

ser usados por los bancos locales como garantía para lograr inyecciones de liquidez del fondo de emergencia del Banco Central heleno.[46]

Con fecha 7 de agosto de 2012 el Tesoro griego logró colocar 812,5 millones de euros en letras con vencimiento a seis meses, a un interés del 4,68%, dentro de su plan para financiar a corto plazo los pagos que debía efectuar por aquellas fechas. El interés satisfecho fue ligeramente menor al de la anterior subasta del 10 de julio de 2012 (4,70%), aunque también lo fue la demanda, que superó en 2,06 veces la cantidad inicialmente ofrecida de 625 millones de euros (por una cobertura de 2,16 veces en julio).[47]

A pesar de ello a finales del citado mes de agosto de 2012 se supo que Grecia necesitaba 20.000 millones de euros extra para compensar un menor recorte del déficit en 2013 y 2014. El Ejecutivo heleno pretendía obtener dicha cifra sin la ayuda de sus socios europeos, a través de un préstamo ya existente del FMI, así como mediante emisiones de deuda y obteniendo un hipotético retraso (del 2016 al 2020) en el inicio de los pagos asociados al primer préstamo que recibió de la UE y del FMI. A tal efecto el Tesoro griego había colocado ya apenas unos días antes (con fecha 14 de agosto de 2012) un total de 4.062,5 millones de euros en letras a tres meses en lo que constituía la mayor emisión de deuda a corto plazo llevada a cabo desde que se materializase el segundo rescate en marzo de 2012. El objetivo de esta colocación era hacer frente a un vencimiento de deuda clave: el 20 de agosto de 2012 tenía que hacer frente al pago de una deuda de 3.200 millones de euros en manos del BCE. Y, al objeto de asegurarse el éxito de la subasta, Grecia tuvo que pagar un 4,43% por sus letras a tres meses.

---

[46] En este sentido se ha de precisar que la mayoría de los compradores de las subastas mensuales del Estado griego eran los propios bancos helenos, por lo que todo el sistema financiero griego se hallaba en una espiral de autofinanciación en la que el Gobierno emitía títulos para financiar los vencimientos de bonos que poseían los bancos de su país, que, a su vez, compraban deuda al Estado para utilizarla como garantía de liquidez. Y, dado que Grecia llevaba fuera de los mercados de venta de deuda a largo plazo más de dos años, se servía de estas emisiones en corto (letras a seis y a tres meses) para financiar los pagos más urgentes.

[47] Recuérdese a este respecto que Grecia llevaba fuera de los mercados de venta de deuda a largo plazo más de dos años, por lo que utilizaba estas emisiones en corto (letras a seis meses ofrecidas cada segundo martes de mes y letras a tres meses emitidas cada tercer martes) para financiar los pagos más urgentes. De hecho el país heleno había dejado de emitir incluso Letras del Tesoro a un año después de que tras la última subasta –celebrada en abril de 2010– tuviese que pagar intereses cercanos al 5%. En el caso de los bonos, Grecia dejó de emitir en 2009 títulos a tres años, que llegaron a pagarse a un 4,3 % de interés, siendo abandonados en 2010 tanto los bonos a 5 años como los de 10 años tras superar éstos intereses del 6 %.

Los intentos del Gobierno griego de lograr un aplazamiento del reembolso de esa deuda o bien un adelanto de un nuevo tramo de 31.000 millones de euros correspondientes al segundo paquete de rescate fueron sistemáticamente rechazados por sus socios europeos, ya que el desembolso del dinero del rescate únicamente sería transferido una vez que la troika comunitaria entregase su informe sobre los avances del país y diese el visto bueno a los nuevos recortes para 2013 y 2014 que ultimaba el Gobierno griego.

Desde el BCE se puso de manifiesto que no resultaba posible aumentar el plazo de vencimiento de los bonos ni reducir los intereses, ya que ambas opciones representaban una forma de condonación de la deuda y, consecuentemente, una financiación directa del Estado griego, en contra de lo que permiten los Estatutos del supervisor único. En efecto, el supervisor (tenedor de unos 40.000 millones de euros en bonos soberanos griegos) tampoco podía sumarse a esta nueva quita para acreedores institucionales, debido a que sus estatutos le prohibían financiar a Estados. A cambio, se ofreció a renunciar a los beneficios que pudiese obtener con la deuda helena que poseía, ya que adquirió los bonos a un precio de mercado muy inferior al nominal.

La troika comunitaria proponía, a través de un nuevo informe elaborado sobre el país heleno, la adopción de una nueva quita de la deuda helena, en esta ocasión dirigida a los acreedores institucionales. De este modo, tras la adopción de una primera quita en la que participaron los acreedores privados (principalmente bancos) de forma voluntaria, esta nueva propuesta abogaba por lograr que, por vez primera, los Estados europeos tenedores de bonos soberanos helenos aceptaran perder dinero de sus contribuyentes.

Como no podía ser de otra manera esta posibilidad contó con la oposición frontal de Estados como Alemania, que se negaban a perder parte del dinero que prestaron a Grecia como medida extraordinaria de apoyo. Por su parte los acreedores institucionales (que no eran otros que los Estados europeos) no podían actuar en este sentido debido a la prohibición impuesta por la legislación comunitaria en materia presupuestaria, defendiéndose en cambio el desarrollo de un programa de recompra de deuda en el que Grecia, mediante nuevos créditos, recomprase bonos antiguos a su actual precio de mercado, esto es, más barato.

Dada esta situación una alternativa que se planteaba era aquella en virtud de la cual Grecia solicitase fondos al Mecanismo Europeo de Estabilidad a un tipo de interés ventajoso, empleando ese dinero para recomprar deuda, que cotizaría con amplio descuento. El resultado neto de esa operación supondría un recorte de los intereses y alargamiento de los plazos.

Las previsiones macroeconómicas existentes por aquel entonces se centraban en que la economía helena se contraería un 4,5 % en 2013 (sexto año consecutivo de recesión), elevándose el porcentaje de deuda al 189% del PIB, según las previsiones incluidas en los Presupuestos de Grecia para 2013. En términos absolutos la deuda del Estado griego alcanzaría los 346.200 millones de euros a finales de 2013, cifra ligeramente menor que la que existía al final de 2011 (355.657 millones de euros), si bien la contracción del PIB determinó que su sostenibilidad fuese cada vez menor: si en 2011 la deuda suponía un 170,6% del PIB, a finales de 2012 se incrementó al 175,6% del PIB y al 189,1% en 2013.

Los Presupuestos Generales del Estado de Grecia para 2013 incluían además un empeoramiento en la previsión del déficit público. Inicialmente, en el primer borrador elaborado al efecto por el Ejecutivo heleno se predecía un déficit fiscal del 4,2%. Finalmente, sin embargo, el Proyecto presentado incluyó un 5,2% de desviación entre los ingresos y gastos del Estado en 2013. Aún así, se fijaba un 0,4% de superávit primario, es decir, antes del pago de los intereses y servicios de la deuda.

Con fecha 12 de noviembre de 2012 el Eurogrupo concedió a Grecia una moratoria de dos años adicionales para que acometiese los ajustes necesarios al objeto de reducir su déficit, tal y como había solicitado el Gobierno heleno, permitiendo además que los bancos griegos pudieran participar en futuras subastas y "refinanciar" las letras del Tesoro. De este modo se aprobaba la concesión de una prórroga de dos años para alcanzar su superávit estructural del 4,5% del PIB (de 2014 a 2016).[48]

En todo caso, y debido a los vencimientos de 5.000 millones de euros existentes a fecha 16 de noviembre de 2012, el Tesoro heleno se vio obligado a lanzar al mercado deuda a corto plazo, a uno y tres meses, logrando

[48] Ello costaría a las arcas del Eurogrupo unos 18.000 millones de euros en necesidades extra de financiación que, sumados a los 15.000 millones de euros de más que ya se necesitaban, hacían una factura final próxima a los 33.000 millones de euros (Fuente: *Diario Expansión*, www.expansión.com, consultada el 13 de noviembre de 2012).

adjudicar 2.762 millones de euros de letras a 12 meses y otros 1.300 millones en títulos a tres meses, abonando un 3,95% de interés a un mes y un 4,2% a tres meses. El importe total alcanzó así los 4.062 millones de euros, por debajo aún de los 5.000 millones de euros de deuda que vencían con fecha 16 de diciembre. Ello obligaba al Ejecutivo heleno a celebrar una nueva subasta para captar los cerca de 1.000 millones de euros que restaban para evitar el impago. Finalmente con fecha 15 de noviembre de 2012 el Tesoro heleno logró emitir los 937 millones restantes para reunir estos 5.000 millones y evitar así el impago. Por la vía de urgencia se emitieron 637 millones a un mes y 300 millones de euros a tres meses.

Con carácter general el principal objetivo que perseguía el Eurogrupo se concretaba en situar la *ratio* deuda/PIB de Grecia en el 120% en 2020. Para lograrlo eran varias las opciones existentes. En primer lugar, acordar una quita de deuda griega, opción defendida por el FMI[49], si bien planteaba el inconveniente de contribuir a relajar las presiones sobre Grecia para que cumpliese sus promesas, pudiendo enviar una señal equivocada a otros países endeudados. En segundo término, acordar una reducción de intereses y extensión de los vencimientos a través de la cual se redujesen los intereses que pagaba Grecia por su deuda, prorrogándose en el tiempo la fecha en la que Atenas debía devolver el principal. El FMI estaba a favor, pero algunos Gobiernos de la Eurozona recelaban.

Una tercera posibilidad era la devolución de plusvalías por parte del BCE. El BCE contaba con deuda griega por un valor de 57.000 millones de euros, buena parte de ella comprada con fuertes descuentos. Así las cosas cabía pensar que si Grecia devolvía el 100% del principal al BCE éste obtendría unas plusvalías de entre 12.000 y 15.000 millones de euros. Una de las opciones existentes al respecto era que el BCE decidiese devolver esas plusvalías a Grecia, bien directamente, bien transfiriendo los beneficios a los Estados (dueños en última instancia del BCE) y que éstos compensasen en última instancia a Atenas.

En relación con la opción consistente en la recapitalización directa de la banca griega, dicha opción se concretaba en quitar los 50.000 millones que Grecia había utilizado para recapitalizar su banca de las espaldas de sus

[49] Concretamente el FMI defendía que la deuda debía ser sostenible para que un país tuviese derecho a recibir financiación, no debiendo ser objeto de modificación el objetivo, del 120% del PIB en 2020.

contribuyentes y traspasarlas al Mecanismo Europeo de Estabilidad a través de una recapitalización directa de éste con efecto retroactivo. Igualmente se contemplaba la posibilidad de efectuar una recompra de deuda griega con un préstamo del MEDE en virtud de la cual Grecia podría pedir un préstamo al Mecanismo Europeo de Estabilidad con un tipo de interés ventajoso y comprar su propia deuda en el mercado (que cotiza con descuento). El resultado neto de la operación sería una reducción de la carga de la deuda. El riesgo existente se concretaba no obstante en el hecho de que Grecia tuviese que invocar las ya conocidas Cláusulas de Acción Colectiva para forzar a los bonistas a acudir a la recompra. Finalmente la última alternativa posible era retrasar el objetivo de la *ratio* 120% de deuda/PIB a 2022.

Ciertamente una de las opciones más debatidas fue la anteriormente apuntada consistente en autorizar a Grecia a recomprar hasta 40.000 millones de euros de deuda en manos de los inversores privados, permitiendo al país heleno su recompra con un importante descuento sobre su valor. A tal efecto el país heleno podría solicitar fondos al Mecanismo Europeo de Estabilidad a un bajo tipo de interés, con los que podría luego recomprar los títulos en el mercado. Sin embargo los inversores privados podrían no aceptar voluntariamente esta oferta.[50]

Con fecha 27 de noviembre de 2012 los Ministros de Economía y Finanzas de la Eurozona alcanzaron un acuerdo que se concretaba en una renuncia por parte del BCE a los beneficios del programa de recompra de bonos (valorados en unos 11.000 millones de euros), que serían transferidos a los Bancos centrales de cada país quienes, a su vez, los transferirían a Grecia. Concretamente se alcanzó un compromiso para que el BCE traspasase a una cuenta del Tesoro griego una cantidad equivalente a los beneficios que obtendría con la cartera de deuda helena que poseía.

---

[50] Tal y como se ha apuntado con anterioridad, las otras opciones existentes eran: ofrecer una moratoria de diez años en los intereses que Grecia paga por los 130.000 millones de euros que tomó prestado del Fondo de Rescate de la Eurozona (lo que podría ahorrar al gobierno heleno unos 44.000 millones); reducir el tipo de interés de los préstamos bilaterales que los países del euro hicieron a Grecia en 2010 (pasando del 1,5% al 0,25%); que el BCE renunciase a cerca de 15.000 millones de euros de plusvalías que obtendría si Grecia le devolviese el 100% de los 57.000 millones que tiene en bonos griegos (opción finalmente adoptada); y la recapitalización directa de la banca griega con el MEDE, lo que liberaría a Grecia de cerca de 50.000 millones de euros.

Con carácter adicional los Estados miembros de la Eurozona se comprometían a reducir los tipos de interés de los préstamos bilaterales a Grecia de 150 puntos a 50 puntos básicos, ofreciendo una moratoria de 10 años en el pago de intereses al Fondo de Rescate temporal. De este modo se reducía en 100 puntos básicos (desde los 150 actuales hasta 50) los intereses que cobraban los países del euro a Grecia por los préstamos bilaterales del primer rescate, si bien aquellos Estados que se hallasen bajo un programa de rescate completo (caso de Irlanda y de Portugal) no estaban obligados a participar.[51]

A ello había que sumar, además, la concesión de un retraso de 10 años en la fecha de vencimiento de los préstamos bilaterales y de los concedidos por el EFSF. De este modo se extendían los vencimientos de los préstamos bilaterales a Grecia (primer rescate) en 15 años y se retrasaba el pago de intereses del segundo rescate durante 10 años. Asimismo el Eurogrupo acordó recortar en 10 puntos básicos las comisiones que Grecia paga al Fondo de rescate temporal.

Por otro lado desde el Eurogrupo se propondría una recompra de bonos de los inversores privados, la cual se situaría en torno a un 35% del valor nominal de los títulos. Se alcanzó así el compromiso de estudiar una posible

---

51 En el caso concreto de España, dado que solo contaba con un programa de rescate para su banca, se concluyó que sí debía reducir los intereses que cobraba a Grecia. Concretamente España contribuiría con al menos 3.550 millones de euros hasta 2020 al paquete de medidas para hacer sostenible la deuda griega. Dicho cálculo incluiría el recorte en intereses bilaterales, la renuncia a los beneficios del BCE con su cartera de deuda griega y moratoria del pago de intereses al Fondo de Rescate. Y, en el supuesto de que se incluyesen los 10.000 millones que el MEDE podría prestar a Grecia, la factura se incrementaría en otros 1.300 millones. España contaba con una exposición de 25.000 millones de euros a la deuda griega, bien vía préstamos bilaterales, contribución a los fondos de rescate y deuda en manos del BCE. Por lo tanto, cualquier medida para reestructurar la carga de la deuda griega iba a tener un impacto en las cuentas españolas. En relación con el recorte de intereses en préstamos bilaterales y renuncia a beneficios del BCE, España podría dejar de percibir por el recorte de intereses del 1,5% a 0,5% en los préstamos bilaterales que se concedieron a Grecia en 2010 así como por la renuncia a los beneficios del programa de recompra de deuda del BCE que la institución transferiría a los Estados un total de 1.700 millones de euros. El paquete de medidas preveía además prorrogar el pago de unos 13.500 millones de euros en intereses a los fondos de rescate. España participa en esos fondos de rescate al 12,75%. Y, aunque los intereses de los programas iban a financiar sus costes operativos, ello constituían ingresos que dejaría de recibir una institución de la que España formase parte. De este modo, si el Fondo necesitara recursos extra para su operativa, España debería abonar su parte proporcional. Dicha moratoria se incluía como coste en el que incurrían los países de la Eurozona.

operación de recompra de bonos por parte de Grecia en virtud de la cual el país heleno quedase autorizado a comprar su propia deuda que por aquel entonces estaba en manos de inversores privados (unos 61.000 millones de euros) a un precio muy inferior al que fue emitido[52]. En la práctica ello suponía obligar a los acreedores privados a asumir una nueva quita, que podría ser de hasta el 65%. De este modo se evitaba una quita de la deuda griega en manos de los Gobiernos de la Eurozona (la cual ascendía a un total de 127.000 millones de euros), tal y como habían solicitado el Fondo Monetario Internacional y también el BCE. El objetivo último del acuerdo alcanzado no era otro que reducir en 40.000 millones de euros la carga de la deuda griega en 2020, para que ésta se redujese a su vez hasta el 124% del PIB heleno. Ello suponía una relajación del objetivo inicial, que se había fijado en el 120% del PIB. Para 2022 el Eurogrupo esperaba que la *ratio* deuda-PIB estuviese sustancialmente por debajo del 110%.

En todo caso el presente acuerdo quedaba pendiente de su aprobación por determinados parlamentos nacionales (caso del alemán, el holandés y el finlandés). Ello posibilitaría que Grecia recibiese en diciembre de 2012 10.600 millones de euros para financiar sus gastos operativos y 23.800 millones de euros para recapitalizar sus bancos. Los 9.300 millones de euros restantes serían desembolsados en tres subtramos durante el primer trimestre de 2013, una vez que el Gobierno heleno implementase una serie de reformas incluidas en el Memorando de Entendimiento, dentro de las cuales se situaba la relativa a la reforma fiscal.

A nuestro juicio el éxito de la aprobación de este nuevo programa dependía de que Grecia retornase el crecimiento, así como de que el país heleno tuviese un superávit sostenible del presupuesto primario antes del pago de los intereses y de que se pusiese en marcha el plan de privatizaciones.

El Eurogrupo preveía que el Fondo Europeo de Estabilización Financiera concediese a Grecia un máximo de 10.000 millones de euros en bonos de la institución. El país heleno ofrecería esos títulos del EFSF a los inversores privados a cambio de sus propios bonos. Una vez definido el precio de canje, los inversores recibirían bonos del EFSF por el valor nominal de sus

[52] Concretamente de cara a la articulación de dicha recompra Grecia fijó los precios mínimo y máximo en el 32,1% y el 34,1% del valor nominal de la deuda, siendo precios más altos son para la deuda a corto plazo y los más bajos para la deuda a largo plazo. Dichos precios eran aproximadamente 4-6 puntos porcentuales mayores que los que esperaba el mercado.

bonos menos el descuento aplicado y otra serie de bonos por un montante que compensase el interés que dejan de cobrar.[53]

En el hipotético supuesto de que la recompra de bonos fallase las dos únicas alternativas existentes serían forzar a los inversores para que acudiesen a la conversión de sus títulos por segunda vez (recuérdese que ya en su día, a principios de 2012, los bonistas privados sufrieron pérdidas 'voluntarias' del 70% de su inversión en deuda griega) o bien que los países de la Eurozona asumiesen una parte mayor de la reducción de deuda.

En el caso concreto de España, el Ejecutivo español renunciaba a cobrar 1.700 millones de euros en intereses y plusvalías de dos tipos de ayudas, a saber, los préstamos bilaterales que concedió a Grecia en 2010 y el programa de recompra de deuda del BCE. En relación con la reducción de comisiones, moratoria en el pago de intereses y vencimientos del préstamo del EFSF a Grecia, donde España contribuía al 12,75% (lo que significaba cerca de 14.100 millones de euros que el EFSF dejaría de cobrar hasta 2020, de los cuales a España le correspondería su parte proporcional, es decir, 1.850 millones de euros) una parte de dicho importe (unos 1.700 millones de euros) debía ser abonada por Grecia a partir de 2020. Y, respecto del préstamo de 10.000 millones de euros del EFSF para la recompra de bonos, el Ejecutivo español avalaba el 12,75% de dicha cantidad, lo que suponía cerca de 1.300 millones de euros más de exposición al riesgo de impago de Grecia. En el supuesto de que Grecia no abonase al EFSF esos 10.000 millones de euros, los responsables de devolver el principal y los intereses a los bonistas serían los socios de la Eurozona, a excepción de los países bajo un programa.

La recompra de deuda de Grecia atrajo ofertas por un total de 31.800 millones de euros, quedándose a un paso de cumplir el objetivo. A pesar

[53] Grecia podía gastar hasta 10.000 millones de euros, de los cuales unos 500 millones se destinarían al pago de los intereses devengados. A un precio del 34%, los 9.500 millones de euros restantes otorgarían al país heleno la capacidad para recomprar deuda con un valor nominal de 28.000 millones de euros, lo que reduciría su deuda en 18.000 millones de euros. Y si a dicha cantidad se le sumaba el dinero que se ahorraría por no tener que pagar intereses por esta cantidad, la operación reduciría la deuda de Grecia en una proporción equivalente a un 10% de su PIB en 2020 (Fuente: www.nomura.com, consultada el 3 de diciembre de 2012). Recuérdese además a este respecto que dos terceras partes de los 327.000 millones de deuda helena se hallaban en manos de la Eurozona (incluyendo el BCE) y del FMI, por lo que éste pedía una contribución fuerte del Sector público.

de ello el precio pagado por los bonos no era suficiente para reducir la carga de la deuda al 124% del PIB en 2020. El precio promedio fue de 33,5 céntimos de euro, ligeramente por encima de lo esperado. En todo caso la celebración de dicha operación habría de permitir reducir la deuda sobre PIB de Grecia unos 9,5 puntos porcentuales, por debajo de los 11 puntos previstos inicialmente. Dichas cifras se traducirían en que la deuda griega descendería a alrededor de 126,6% en 2020, un nivel superior al acordado inicialmente con la 'troika' comunitaria (124%).

5. UN ATISBO DE RECUPERACIÓN EN 2014 A LA LUZ DE LA MEJORA EXPERIMENTADA POR EL MERCADO DE DEUDA SOBERANA

Con fecha 19 de diciembre de 2012 el Consejo de Gobierno del BCE decidió aceptar nuevamente títulos de deuda griegos como garantía en las operaciones de refinanciación de la entidad monetaria. Y ello a resultas de la valoración positiva efectuada por la Comisión Europea, el BCE y el Fondo Monetario Internacional de los progresos hechos por Grecia. Se estimaba así que el conjunto de instrumentos de deuda negociables emitidos o garantizados por el país heleno que cumpliesen los criterios de idoneidad constituirían de nuevo garantía admisible para las operaciones de crédito del Eurosistema.

Posteriormente, a principios del mes de enero de 2013, el FMI acordó el desbloqueo de 3.240 millones de euros dentro del plan de rescate a Grecia tras completar la revisión del desarrollo del programa de reformas del Gobierno heleno. Y ello como parte del nuevo mecanismo aprobado en marzo de 2012 conocido como Servicio Ampliado del Fondo que tendría un período de reembolso más flexible y dilatado en el tiempo que los denominados Acuerdos *Stand-By* o SBA del primer plan de rescate. Con este nuevo desembolso la cifra de dinero desbloqueada dentro del citado programa para Grecia por parte del FMI alcanzaba ya los 4.860 millones de euros.[54]

[54] Recuérdese a este respecto que la cifra global del citado Programa en el que participaban el FMI, la Comisión Europea y el Banco Central Europeo era de 172.000 millones de euros para ayudar a Grecia a reducir el peso de la deuda pública respecto al Producto Interior Bruto en los próximos cuatro años.

Con fecha 5 de febrero de 2013 el Tesoro heleno colocó en una nueva subasta un total de 812,5 millones de euros en letras con vencimiento a seis meses, por encima del máximo previsto, a un interés ligeramente más bajo que en la última emisión similar. Concretamente el Tesoro griego colocó 812,5 millones de euros en deuda a 26 semanas, por encima del objetivo previsto de 625 millones de euros, con un descenso del interés desde el 4,30% del 8 de enero al 4,27%. La demanda ascendió a 1.053 millones de euros, lo que situó el *ratio* de cobertura en las 1,68 veces, por encima de las 1,62 veces de la anterior operación similar, en la que colocó 1.625 millones de euros.

Ciertamente a la luz del conjunto de datos macroeconómicos existentes en 2012 cabía concluir que Grecia estaba cumpliendo sus objetivos fiscales por primera vez desde que recibió el rescate de 2010. Esta tendencia se debía principalmente a los recortes producidos en el gasto. Así, el déficit presupuestario de 2012 llegó a 15.700 millones de euros, un 8,1% del PIB, frente al objetivo de 16.300 millones de euros fijado al efecto. El déficit primario se quedó en el 1,8% del PIB, también mejorando las expectativas. Por su parte el gasto primario existente en enero de 2013 descendió un 19% en comparación con el de enero de 2012, bajando un 8,6% en 2012, frente al objetivo del 7,7%. A resultas de lo anterior se registró un superávit primario de 398 millones en enero de 2013, frente a un déficit previsto de 413 millones de euros. Ahora bien, a pesar del optimismo que desprendían dichas cifras, los datos procedentes de los ingresos no eran tan alentadores. Y es que los ingresos se quedaron por debajo de lo esperado debido a la caída de la recaudación del IVA.

A mediados del mes de abril de 2013 Grecia alcanzó un acuerdo con la troika (Comisión Europea, Banco Central Europeo y Fondo Monetario Internacional) en virtud del cual el Estado heleno recibiría el desembolso de 2.800 millones de euros que se hallaban pendientes de pago desde marzo de 2013, más otros 6.000 millones de euros correspondientes a la financiación del segundo trimestre del citado ejercicio. A pesar de la exigencia de la troika comunitaria de acometer un recorte en la plantilla de funcionarios de 15.000 personas para 2013, finalmente el Gobierno heleno se comprometió a despedir a un total de 4.000 empleados públicos durante 2013 y otros 11.000 en 2014[55]. Dichas bajas se intentarían cubrir

[55] Fuente: *Diario El País* (www.elpais.com, consultado el 15 de abril de 2013).

con prejubilaciones y con la restricción de contrato de los trabajadores con problemas de conducta, pasando además otros 25.000 funcionarios a una reserva. Por lo que respecta al ámbito de la consolidación fiscal, el acuerdo alcanzado contemplaba la unificación de la tasa extraordinaria a la vivienda con el resto de impuestos inmobiliarios, reduciéndose el monto resultante en un 15% y ofreciéndose facilidades a los pagos atrasados con el Estado. Igualmente se acordó mejorar la lucha contra la evasión fiscal, así como los medios de recaudación existentes, otorgando una mayor autonomía a la Hacienda griega.

Con posterioridad el Parlamento griego aprobó un nuevo paquete de recortes previamente acordado con la troika y que le permitiría obtener el próximo tramo del rescate financiero, incluyéndose dentro de dichas medidas una ley que permitiría el despido de 15.000 funcionarios hasta 2014. Estos nuevos recortes habían sido acordados con los representantes de la troika (Banco Central Europeo, Comisión Europea, Fondo Monetario) a cambio de que se desbloqueasen 2.800 millones de euros pendientes de pago desde marzo de 2013 y otros 6.000 millones más correspondientes al segundo trimestre de dicho ejercicio. *A priori* se preveía que dichos despidos fuesen sustituidos con nuevas contrataciones, concretándose además aquellos en la salida de funcionarios que tuviesen abiertos expedientes disciplinarios, jubilaciones anticipadas y eliminación de puestos provocada por fusiones de las instituciones públicas.

Al margen de estos datos lo cierto era que, desde el punto de vista fiscal, Grecia había acometido importantes esfuerzos. El país registró superávit presupuestario primario antes del pago de intereses en el primer trimestre de 2013. Las previsiones de la Comisión apuntaban a que el equilibrio presupuestario estructural tendría un superávit del 2% del PIB en 2013, frente al déficit del 14,8% de 2009, lo que suponía un cambio sustancial. El coste de los intereses se vio drásticamente reducido por la reestructuración de la deuda.

A priori, con un vencimiento de 2.200 millones de euros en agosto de 2013 y sin el consabido acceso al mercado de deuda a largo plazo, a Grecia solo le quedaba tratar de emitir letras a corto plazo, con la finalidad de evitar caer en *default.* En este sentido el Gobierno heleno se había comprometido a emprender acciones correctivas para garantizar el cumplimiento de los objetivos fiscales para 2013-2014 y conseguir un equilibrio primario.

Dichas actuaciones incluían la adopción de diversas medidas orientadas a tener un mayor control sobre los gastos excesivos en el sector sanitario, reformas en los impuestos sobre los ingresos y la propiedad y en los códigos de procedimiento fiscal y un refuerzo de la autonomía y eficiencia de los ingresos de la Administración. Asimismo se alcanzó el compromiso de adoptar diversas medidas orientadas a enderezar las reformas de la Administración Pública, dentro de las cuales se situaban las relativas a completar los planes de personal para finales de año, incluir a los funcionarios en el plan de movilidad y redistribución y cumplir los objetivos acordados para las "salidas obligatorias" de trabajadores.

Dada esta situación el Eurogrupo acordó fraccionar los pagos que debía recibir el país heleno, de manera que en dicho mes de julio recibiría 4.000 millones de euros (2.500 millones de los Fondos de Rescate de la zona euro y 1.500 millones de los bancos centrales nacionales), 1.800 millones del Fondo Monetario Internacional en agosto de 2013 y 1.000 millones en octubre de dicho año (500 millones de los países del euro y 500 millones de los bancos centrales).

El Parlamento griego aprobó además a mediados del mes de julio de 2013 por mayoría absoluta el nuevo paquete de medidas exigidas por la troika (Comisión Europea, Banco Central Europeo y Fondo Monetario Internacional) para continuar desembolsando fondos destinados a la financiación del heleno. De acuerdo con el nuevo paquete de medidas aprobado un total de 4.000 funcionarios serían despedidos en 2013 y 11.000 más en 2014. Asimismo 25.000 empleados públicos, la mitad de ellos antes de septiembre de 2013, habrían de entrar en 2013 en el esquema de movilidad laboral por el que cobrarían un 75 % de su salario base durante un periodo de 8 meses, al final del cual se decidiría si son recolocados o despedidos definitivamente.

En virtud de lo establecido en otro apartado de la normativa aprobada se adoptarían diversas medidas de ahorro respecto a la Administración municipal, a la que se le quitarían competencias en beneficio de la autoridad central. Asimismo fue objeto de aprobación un nuevo Código Fiscal destinado a aumentar la base imponible de los distintos impuestos y a racionalizar la imposición a las empresas. En dicho Código se preveía además la elevación de los impuestos a los "productos de lujo", con el objetivo de hacer frente a la reducción del IVA de la restauración igualmente aprobada. Y es que se acordó la reducción del 23 al 13% del IVA del sector de la restauración con la finalidad de incrementar la recaudación y reducir la evasión fiscal.

Con fecha 24 de julio de 2013 la Eurozona dio luz verde al desembolso de un tramo de 2.500 millones de euros en ayudas a Grecia, a condición de que el país heleno aprobase de manera inmediata la última medida de una serie de acciones previas exigidas relativas a la adopción de pasos importantes en las áreas de política fiscal, reforma fiscal, reforma de la Administración pública, privatizaciones y reestructuración del sector financiero. En todo caso hasta que Grecia no alcanzase un superávit primario y cumpliese el programa de ajuste previsto en el Memorando firmado con la troika, verificándose además los datos sobre el déficit y la deuda del país heleno, no se planteaba la concesión de nuevas ayudas financieras a Grecia.

Recapitulando, tal y como hemos tenido ocasión de analizar a lo largo del presente Epígrafe en mayo de 2010 el programa de rescate de Grecia proyectaba un crecimiento del 1,1% en 2012, previéndose además que la inversión aumentase también un 1,1% en 2013. Asimismo se preveía que la tasa de desempleo pasase del 9,5% en 2009 a un máximo del 15,2% en 2012, reduciéndose en 2013 hasta 14,8% gracias a un incremento del empleo del 0,8%. Sin embargo, durante el tercer trimestre de 2013 la tasa de desempleo alcanzó el 27,1%, cayendo la inflación un 1,0% y existiendo un riesgo evidente de deflación. Y ello debido a que la economía helena se había contraído cerca de un 20% desde 2010 y la inversión caía un 47%, si bien su desplome rozaba el 60% si se tomaba como referencia los datos de 2008.

A pesar de los diversos desembolsos efectuados por la troika por un importe de 210.200 millones de euros, a los que había que sumar además una quita de 200.000 millones de euros en deuda de tenedores privados y una operación coercitiva de recompra de deuda, la relación entre recursos, esfuerzos y resultados era negativa. No obstante ha de precisarse que su recaudación se incrementó desde el 38,3% hasta el 43,9% del PIB en 2012, lográndose además recortar el gasto (excluido el apoyo a la banca) y aplicándose unos ajustes a resultas de los cuales los costes laborales unitarios caían a un ritmo superior al 6% y los salarios descendían un 10,1% interanual en el primer trimestre de 2013.

Durante todo este período Grecia había sido objeto de dos Programas de rescate por un montante global de 240.000 millones de euros, suscitándose el seno del Eurogrupo la necesidad de acometer un tercer programa scate que implique una nueva reducción de la deuda del país heleno s las quitas aplicadas al sector privado. No obstante, y tal y como se ha señalado con anterioridad, ello requeriría el compromiso de Grecia de aplicar medidas adicionales que incluirían reducciones de los tipos de interés en los préstamos otorgados al Gobierno heleno y la cofinanciación de los fondos estructurales, siendo necesario a tal efecto alcanzar un superávit primario y aplicar dichas condiciones.

Durante el segundo trimestre de 2013 el PIB de Grecia caía un 3,8% por el desplome del consumo, si bien el retroceso era significativamente menor que en el periodo precedente. La economía griega registraba así en el segundo trimestre de 2013 una caída interanual del PIB del 3,8%, frente a la contracción anualizada del 5,6% en los tres primeros meses del ejercicio[56].

Entre los factores que explicaban la relativa desaceleración de la caída se encontraban un descenso del 6,3% del consumo, frente al retroceso del 8,7% interanual del primer trimestre de 2013. El déficit comercial griego se redujo un 75,7%, después de que las exportaciones aumentaran un 0,9% respecto al año pasado, mientras que las importaciones bajaron un 11,8%.

Durante los primeros siete meses del ejercicio 2013 el superávit primario fue de 2.600 millones de euros, en comparación con 325 millones en el mismo periodo de 2012. Asimismo en el segundo trimestre de 2013 el PIB se redujo un 3,8% en lugar del 4,6% previsto inicialmente, lo que servía para constatar la citada desaceleración de la recesión.

A principios del mes de octubre de 2013 el Gobierno heleno presentó su Borrador de Presupuestos Generales del Estado para 2014. En dicho Borrador se preveía para el citado ejercicio un ligero crecimiento económico pese a que se mantendría la senda de la austeridad y de los recortes a través de más impuestos y menos gasto público. El gasto primario –que excluye el pago de intereses de la deuda– se contraería en 3.200 millones de euros hasta 41.400 millones de euros, mientras que los ingresos se incrementarían en 1.500 millones de euros hasta un total de 45.100 millones euros, a través básicamente de un aumento del Impuesto sobre la Renta y de los Impues-

[56] Fuente: ELSTAT, www.statistics.gr (consultada el 6 de septiembre de 2013). Ciertamente el citado dato representaba una notable mejoría respecto a la primera estimación proporcionada por la citada Oficina Estadística en agosto de 2013, cuando calculaba la contracción del PIB griego en el 4,6%.

tos sobre la propiedad. Los mayores recortes de gastos se efectuarían en la Seguridad Social y en la asistencia sanitaria (-2.200 millones de euros), con ahorros en salarios y pensiones de alrededor de 500 millones de euros.

A resultas de este conjunto de datos macroeconómicos se esperaba que el superávit primario –excluido el pago de los intereses– alcanzase los 2.800 millones de euros, lo que equivaldría a un 1,5% del PIB, tras unos 300 millones previstos para 2013. Al mismo tiempo el Ejecutivo griego calculaba que el déficit público se situase por debajo del 3%, previéndose a tal efecto un ligero crecimiento del 0,6% tras seis años consecutivos de recesión.

Las finanzas públicas helenas comenzaban pues a estabilizarse a la luz de la consecución del citado superávit primario o del hecho derivado de que, tras la reestructuración de deuda operada, Grecia pagase por su deuda pública una cantidad próxima al 3% del PIB, menos que cualquier otro país periférico. Ello posibilitaba empezar a reducir su *ratio* de deuda pública sobre el PIB. Con carácter adicional su déficit por cuenta corriente pasaba de un -15% sobre el PIB en el año 2008 a un resultado próximo al 0% sobre el PIB en el año 2013.

Dentro de este conjunto de datos positivos destaca precisamente el relativo a que se preveía finalizar el ejercicio 2014 con un crecimiento próximo al 0,6%, lo que podría facilitar el regreso de Grecia a los mercados durante la segunda mitad del citado año. De hecho a fecha 10 de octubre de 2013 la rentabilidad de la deuda pública helena había caído del 11,9 al 9,28% durante el transcurso de dicho ejercicio. Y, con fecha 15 de octubre de 2013, el Tesoro heleno logró bajar del umbral del 4% la rentabilidad de sus letras a tres meses, con una demanda que estuvo cerca de duplicar la oferta. Grecia regresaba así al mercado en busca de financiación y, al objeto de colocar 1.625 millones de euros en letras a tres meses, tuvo que pagar un interés del 3,95%. Dicho porcentaje se situaba ligeramente por debajo del 4,02% previo. Las peticiones estuvieron cerca de duplicar la oferta. La *ratio* de cobertura se situó en 1,89 veces, en línea con las 1,9 veces de la anterior subasta.

El Banco Europeo de Inversiones firmó a mediados del mes de noviembre de 2013 un acuerdo con el Gobierno de Grecia para destinar 550 millones de euros a financiar autopistas, infraestructuras locales y, por primera vez, dotar de liquidez a las pymes griegas con el fin de que creen empleo juvenil. De la citada cifra de 550 millones de euros, un total de 350 millones se invertirían en la construcción de 239 kilómetros de nuevas autopistas y en mejorar otros 434 kilómetros de carreteras ya existentes. Las pymes de los sectores de la industria, el comercio y los servicios recibirían otros 150 millones de euros para financiar proyectos dirigidos a crear empleo juvenil. Y los 50 millones restantes quedarían en manos de la Administración Local, dedicándose a los sectores del transporte, el turismo, la educación y la cultura, además de emplearse en la rehabilitación de edificios públicos y la protección del medio ambiente. Posteriormente, durante la tercera semana del mes de noviembre de 2013, el Ejecutivo griego presentaría un programa de ahorro de 1.300 millones de euros en el que no se incluirían recortes salariales o de pensiones generalizados, sino que estaría basado en medidas de ahorro de carácter estructural.

Finalmente con fecha 30 de noviembre de 2013 la Agencia internacional de Calificación de riesgo *Moody's* elevó la nota de la deuda estatal de Grecia de la categoría C a la Caa3 y dio un pronóstico estable a la economía del país. De este modo el país heleno abandonaba la calificación C, la más baja que otorga la citada Agencia, después de que le fuera otorgada en mayo de 2012, procediendo a escalar dos niveles, si bien se mantenía todavía en el margen de "bono basura", con riesgo de crédito muy alto. Las razones de la citada elevación crediticia se justificaban en la significativa consolidación fiscal operada a través del programa de reajuste estructural del país marcado por la troika comunitaria, así como por la mejora en las perspectivas económicas a medio plazo gracias a la cíclica recuperación de la economía y la reducción de la carga de intereses del Gobierno. *Moody's* preveía que el Gobierno de Grecia alcanzara o incluso superase el objetivo marcado por la troika de reducir su déficit y que incluso lo reduciría más de lo previsto en 2014, si bien mantuvo las previsiones a corto plazo para el país en la categoría *Not Prime*, de manera que ni siquiera llegaba a la capacidad aceptable de reembolsar las obligaciones a corto plazo.

Por su parte el Parlamento griego aprobaba durante la primera semana de diciembre de 2013 los Presupuestos Generales del Estado de 2014, a pesar de no contar con el plácet de la troika y hallarse pendientes de la aprobación de diversos proyectos normativos. Ciertamente los Presupuestos para 2014 se aprobaban en un marco macroeconómico caracterizado por la existencia de superávit primario[57], así como por la reducción de la evasión fiscal y del déficit comercial y la estabilización del desempleo[58]. Sin embargo la aprobación de los citados Presupuestos no había tomado en consideración circunstancias tales como los costes del nuevo Impuesto único sobre bienes inmuebles, ni tampoco la nueva Ley sobre el levantamiento de la moratoria a las ejecuciones hipotecarias[59]. Ambas cuestiones debían ser tratadas con carácter previo a que la troika comunitaria diese su visto bueno al desembolso del siguiente tramo del rescate y al pago de 1.000 millones de euros.

Los citados Presupuestos Generales del Estado para 2014 contemplaban una mayor reducción del gasto (de 44.800 millones de euros a 41.900 millones) y un aumento de los ingresos, pasando de 47.300 millones a 49.600 millones de euros. Ambas previsiones tenían la finalidad de hacer frente a una situación en la que el gasto y las inversiones públicas continuaban en declive, siendo progresivamente incrementada la carga fiscal. Dichos Presupuestos habían sido elaborados sobre la base de un escenario en virtud del cual la economía crecería en 2014 un 0,6 %, frente a un retroceso del 4 % en 2013.

---

57 Grecia registró en 2013 superávit primario –excluyendo los intereses del pago de la deuda– de casi 700 millones de euros. Tomándose en cuenta las deudas del país el déficit fue de 5.350 millones de euros, lo que representaba casi una tercera parte de los 15.680 millones de euros que tuvo de déficit en 2012.

58 En este ámbito con fecha 11 de diciembre de 2013 se conoció que la tasa de paro de Grecia había alcanzado durante el mes de septiembre de 2013 el 27,4%, una décima por encima del nivel observado en agosto de ese mismo año y muy por encima del 26% correspondiente a septiembre de 2012. La cifra de desempleados sumaba en septiembre de 2013 un total de 1,37 millones, lo que suponía un aumento de 14.023 personas respecto a agosto de 2013 y de 77.161 desde el 2012. No obstante el número de ocupados alcanzó los 3,63 millones, lo que implicaba una caída de 54.128 empleados en un año, si bien suponía un aumento de 5.397 ocupados respecto al mes anterior. En el caso de las mujeres, el desempleo alcanzó en septiembre de 2013 una tasa del 31,4%, frente al 30,2% de 2012. Por su parte el paro masculino subió al 24,5% desde el 22,9% de septiembre de 2012. En cuanto al paro por edades, la tasa de desempleo entre los jóvenes griegos se situó en septiembre de 2013 en el 51,9%, frente al 56,9% del 2012, si bien muy por encima del 22,2% de septiembre de 2008. Por su parte los griegos de entre 25 y 34 años en situación de desempleo registraron un fuerte aumento, hasta una tasa del 36,8%, frente al 34,5% de hace un año y el 10,3% de septiembre de 2008 (Fuente: Elstat, www.statistics.gr, consultada el 11 de diciembre de 2013).

59 En relación con este último texto normativo había sido formulada una Enmienda al amparo de la cual se preveía una prórroga de un año a las ejecuciones hipotecarias de primeras viviendas con un valor objetivo inferior a los 200.000 euros.

A pesar de esta baja forma de la economía griega, a finales de diciembre de 2013 Grecia presentaba un excedente comercial. El turismo, su principal exportación, había subido un 12% en 2013 gracias a la bajada de los precios por la caída de los salarios en un sector muy dependiente de la mano de obra. El paro masivo y la reducción salarial provocaron que Grecia importase mucho menos que antes. En 2014 el Gobierno presentaría igualmente un excedente primario. Por otro lado los recortes del gasto público permitieron que en los once primeros meses de 2013 el gasto estatal bajase a 50.000 millones, frente a 58.000 millones de euros en el mismo periodo de 2012. Y, a pesar de que Grecia no ingresaría lo suficiente con los impuestos para pagar los intereses de sus deudas, sí que acumulaba liquidez suficiente como para cubrir sus gastos de gestión diaria.

No obstante desde la troika comunitaria se estimaba la existencia de un agujero fiscal de entre 1.000 y 1.500 millones de euros para 2014 y de entre 2.000 y 3.000 millones para 2015, que dificultaba la activación del desembolso de los tramos del segundo rescate para finales de febrero o inicios de marzo de 2014, dentro de los cuales se situaba además una partida de 1.000 millones de euros correspondientes al verano de 2013. Y, dado que la deuda griega rozaba a mediados de enero de 2014 el 170% del PIB, y teniendo presente además que Atenas afrontaba en 2014 vencimientos de hasta 30.000 millones de euros, el objetivo de que Grecia volviera a financiarse por sí misma en 2014 resultaba difícilmente alcanzable. Recuérdese además que Grecia había sufrido una caída del PIB del 25%, adeudando un montante global de 320.000 millones de euros. La mitad de dicha deuda se concentraba en letras a corto plazo. El resto se lo debía a la Zona Euro (40%) y al FMI (10%).

Ya a principios de 2014 los socios de la Eurozona (a excepción de los países rescatados) habían rebajado al Tesoro heleno los tipos de interés de los préstamos bilaterales, habiendo procedido además el MEDE a prolongar los plazos de reembolso y procediendo además los Bancos centrales de la Eurozona a ingresar a Atenas los beneficios que obtienen con los bonos griegos que compraron. Incluso, como hemos tenido ocasión de precisar, el Eurogrupo había autorizado al Gobierno griego a recomprar parte de su deuda para ir reduciéndola, existiendo asimismo el compromiso por parte de la Eurozona de mejorar las condiciones de sus préstamos a partir de junio de 2014 y a facilitar la absorción de los 24.000 millones de euros en fondos estructurales que Grecia tiene disponibles.

Lo cierto es que este conjunto de líneas de actuación podían resultar insuficientes, planteándose a tal efecto otras medidas tales como la cancelación de cualquier tipo de reembolso hasta que Grecia no alcanzase determinados niveles de crecimiento o ciertos ratios de PIB/deuda, exonerando así al Ejecutivo heleno, al menos de manera temporal, del cumplimiento de sus obligaciones financieras con sus socios.

La situación existente a enero de 2014 se caracterizaba por una caída del PIB del 25%, un paro del 26% y unos préstamos a devolver por un montante global de 240.000 millones de euros (25.00 millones de euros correspondientes a España). A ello había que sumar además el dato de que Grecia tenía unos vencimientos de deuda en mayo de 2014 por valor de 11.000 millones de euros y la circunstancia de que el FMI no había dado más ayuda al país desde el pasado mes de julio de 2013, teniendo pendientes de desembolsar 3.800 millones de euros.[60]

Dada esta situación el Ejecutivo heleno reclamaba a sus socios otra rebaja de los tipos de interés en los préstamos bilaterales y multilaterales, así como una prolongación en los plazos de reembolso (que en algunos tramos llegaban a 45 años) y una mayor fluidez en la transferencia de los fondos estructurales de la UE.

De cualquier manera por aquel entonces Grecia no tenía problemas para financiar su gasto corriente al haber alcanzado una situación de superávit primario en 2013. Sin embargo, el país heleno se enfrentaba a importantes vencimientos de deuda en mayo de 2014. Y, tal y como se ha venido poniendo de manifiesto, Grecia tenía pendientes de recibir del segundo rescate 10.100 millones de euros. En este sentido el importe del siguiente tramo y los plazos de pago dependían del resultado de las negociaciones con la troika.

En todo caso, al objeto de que el Eurogrupo desbloquease los tramos del rescate correspondientes al último trimestre de 2013 y al primero de

[60] Con carácter adicional Grecia logró reducir en 2013 un 11% su déficit comercial respecto al año anterior (Fuente: *Diario El Economista*, www.eleconomista.es, consultada el 7 de febrero de 2013). El monto total de exportaciones griegas fue de 27.530 millones de euros en 2013, un 0,2% menos que en el año precedente. Por su parte las importaciones sumaron 46.865 millones de euros, un 5% menos que en el periodo anterior. Y la balanza comercial griega arrojó un saldo negativo de 19.335 millones de euros, lo que mostraba la dependencia del país mediterráneo de la importación de productos.

2014 (ascendiendo la parte europea de dicho tramo a 8.800 millones de euros, a los que se sumaban 5.300 millones de euros del FMI), cantidad que Grecia necesitaba recibir antes de mayo de 2014 para hacer frente a un vencimiento de bonos por valor de 10.000 millones de euros, la troika exigía nuevas reducciones salariales y la liberalización completa de los despidos. Con carácter adicional se solicitaba el cumplimiento de una serie de recomendaciones hechas por la Organización para la Cooperación y el Desarrollo Económico (OCDE) para mejorar la competitividad en Grecia, que incluían reformas estructurales como la liberalización de mercados de productos y servicios.

Finalmente con fecha 18 de marzo de 2014 el BCE y el FMI alcanzaron un acuerdo con el Ejecutivo heleno destinado a permitir el desembolso de los tramos del rescate correspondientes al último trimestre de 2013 y al primero de 2014 y al amparo del cual se destinaría parte del superávit primario obtenido por Grecia en 2013 (el cual ascendía a unos 3.000 millones de euros) para beneficio de los más desfavorecidos por la actual crisis económica. No obstante el Ejecutivo heleno se comprometió a destinar otra parte significativa del citado superávit primario al abono de los intereses de de la deuda, así como a destinar un total de 20 millones de euros en ayudas a los "sin techo", a incrementar las devoluciones de impuestos de Hacienda hasta los 2.800 millones de euros frente a los 1.800 millones de euros inicialmente previstos y a reducir un 3,9% las contribuciones patronales a la Seguridad Social, al objeto de ayudar a las empresas a crear puestos de trabajo y ofrecer incrementos de salarios.

Debe señalarse además que, después de seis años de contracción, la Comisión Europea pronosticaba para 2014 un crecimiento del 0,6%. Asimismo, y por vez primera en casi cinco años y medio, el índice griego de gestoras de compra superaba en enero de 2014 la referencia de 50 y en febrero del citado ejercicio alcanzaba 51,3 puntos. Los indicadores de confianza económica de Grecia se situaban a mediados de marzo de 2014 en el nivel más alto desde septiembre de 2008. Y varias entidades financieras griegas habían procedido a realizar nuevas ampliaciones de capital. Así, por ejemplo, el Banco *Piraeus* tenía previsto captar 1750 millones de euros[61].

[61] Concretamente, y por lo que respecta a la ampliación de capital acometida por la citada entidad, debido a la fuerte demanda existente, la rentabilidad de los bonos de *Piraeus* Bank se situó en marzo de 2014 en el 5,12%, muy por debajo del 5,5% que se calculó en un principio.

La Agencia de Calificación crediticia *Standard & Poor's* confirmó, a mediados del mes de marzo de 2014, la nota de solvencia 'B-' de la deuda a largo plazo de Grecia con una perspectiva estable, de manera que continuaba manteniendo a la deuda pública helena en el ámbito de las denominadas inversiones altamente especulativas ("bono basura"). Concretamente, y a pesar de reconocer que la economía griega se estaba equilibrando de manera gradual como consecuencia de la mejoría de las exportaciones de servicios y la "notable" consolidación fiscal (con la consiguiente mejora de su competitividad y de su capacidad institucional) *S&P* pronosticaba que Grecia cumpliría en 2014 su séptimo año consecutivo en recesión, con una contracción del PIB del 0,3%, si bien volvería a crecer en 2015 (+1,9%), 2016 (+2,3%) y 2017 (+2,7%).

No obstante el PIB de Grecia se contrajo un 0,9% durante el primer trimestre de 2014 respecto al mismo periodo de 2013[62]. Dicha cifra venía a representar el vigésimo tercer mes consecutivo de recesión económica en el país heleno, si bien se trataba al mismo tiempo de la segunda menor cifra desde que el PIB heleno entró en terreno negativo en el tercer trimestre de 2008. Como seguramente se recordará en el primer trimestre de 2013 el PIB cayó un 6% en comparación con el periodo anterior. Y en el último trimestre del ejercicio 2013 el PIB se redujo un 2,3% en comparación con el mismo periodo de 2012. De conformidad con los datos facilitados por la Elstat, durante el periodo de enero a marzo de 2014 el PIB de Grecia alcanzó los 36.934 millones de euros, casi 350 millones menos que en el primer trimestre de 2013. El consumo experimentó un ligero incremento (0,8%), mientras que la formación bruta de capital fijo se redujo un 7,9% en comparación con los tres primeros meses del ejercicio 2013. Por su parte el

---

Los bonos aumentaron además en el llamado "mercado gris" (a través del cual se otorga a la deuda una apreciación previa de un precio antes de su cotización oficial) provocando una caída de la rentabilidad hasta el 4,75%. Tal y como señaló BARLEY, R., "Investors Bank on Greek Bonds" (www.europe.wsj.com, consultada el 19 de marzo de 2014) dicha cifra resultaba muy baja teniendo en cuenta que se trataba de un banco con calificación CCC; no obstante precisó el citado autor que *"Es difícil encontrar una rentabilidad similar de bonos en euros a tres años, en parte por el bajo nivel de los tipos y el repunte de los mercados crediticios. Sin duda no está disponible en el mercado de deuda pública: el Bund alemán con vencimiento en abril de 2017 ofrece solamente un 0,23%. Incluso en el mercado de deuda corporativa, escasean los bonos con vencimientos cortos que ofrezcan una rentabilidad superior al 5%".*

[62] Fuente: Oficina de Estadística Griega Elstat (consultada a través de www.cincodias.com, 7 de junio de 2014).

comercio exterior experimentó un cierto incremento al aumentar un 5,4% las exportaciones y un 2,2% las importaciones.

A partir del mes de mayo de 2015 Grecia se enfrentaría a un déficit de financiación por valor de unos 12.600 millones de euros. En cuanto al porcentaje de deuda pública, después de haber alcanzado un máximo de 174% del PIB el 2014, se esperaba que la deuda empezara a descender hasta el 128% del PIB el 2020 y al 117% del PIB el 2022, logrando anualmente un superávit primario que habría de exceder del 4% del PIB.

En todo caso a principios del mes de agosto de 2014 la Agencia de Calificación de Riesgos *Moody´s* decidió subir dos escalones la calificación de Grecia, si bien mantuvo el bono griego en el llamado "bono basura" con riesgo muy alto[63]. Dicha decisión se debía, a juicio de la citada Agencia, a la existencia de una mejora significativa de la situación fiscal de Grecia y al mantenimiento del compromiso de ajuste fiscal por parte del Ejecutivo heleno. La citada Agencia estimaba que el porcentaje de deuda pública respecto del PIB podría empezar a disminuir en 2015 tras alcanzar su máximo en 2014. Asimismo se apuntaba la existencia de una mejora de las perspectivas de la economía griega a medio plazo gracias a la recuperación cíclica de la economía, a los progresos en la aplicación de las reformas estructurales y al reequilibrio económico.

En esta línea de mejora durante el segundo trimestre de 2014 la economía griega experimentó una caída del PIB de dos décimas respecto al mismo periodo del año anterior, lo que suponía su mejor dato desde el tercer trimestre de 2008[64]. Este descenso del PIB observado en el segundo trimestre de 2014 representaba una desaceleración en la caída de la actividad económica en Grecia, que acumulaba así un total de 24 meses consecutivos en recesión. Dicho descenso de dos décimas contrastaba además con el 1,1% que cayó en los tres primeros meses del ejercicio 2014, constituyendo el mejor dato de la economía helena desde que se contrajera una décima en el tercer trimestre de 2008.

---

[63] Recuérdese que, tal y como hemos tenido ocasión de analizar, a finales de noviembre de 2013 la citada Agencia de calificación crediticia mejoró la nota griega de C a Caa3, otorgando un pronóstico estable para la economía del país.

[64] Fuente: Oficina Estadística de Grecia (Elstat), www.statistics.gr (consultada el 13 de agosto de 2014). La citada Agencia procedió además a revisar desde el 0,9% al 1,1% la caída del PIB en el primer trimestre de2014 debido a la incorporación de nuevas estadísticas y a la actualización de los datos trimestrales del Gobierno global.

Durante el segundo trimestre de 2014 la tasa de desempleo alcanzó en Grecia el 26,6%, lo que suponía un ligero descenso desde el 27,8% registrado en el primer trimestre del citado ejercicio[65]. Destacaba no obstante el elevado nivel de paro de larga duración, ya que el 74,4% de los desempleados llevaba sin trabajo más 12 meses. Por sexos, el promedio de desempleo en el segundo trimestre de 2014 fue mayor entre las mujeres (30,4%) que entre los hombres (23,5%), mientras que entre los jóvenes los más afectados fueron los griegos de entre 15 y 24 años, con un paro del 47,1% entre los hombres y un 57,5% entre las mujeres. Y, según el nivel de estudios, la tasa de desempleo más alta se situó entre las personas que no habían completado los estudios primarios (43,3%) y las más bajas entre las personas con estudios superiores (13,4%).

En definitiva, durante todo este período de tiempo la economía griega había mostrado algunos signos positivos. Tras 18 trimestres de contracción entre 2009 y 2013, su PIB real había registrado varios trimestres de expansión, alcanzando su presupuesto primario (excluyendo pago de intereses) un importante equilibrio, condición necesaria para la estabilización de su deuda pública. Y, por lo que interesa al objeto de nuestro estudio, la rentabilidad a vencimiento de su bono a diez años llegó a reducirse desde el 8,5% en diciembre de 2013 al 5,6% en septiembre de 2014. Por otra parte hasta el mes de septiembre de 2014 Grecia había recaudado un total de 4.500 millones de euros por los mercados internacionales a través de la emisión de bonos del Estado a tres y cinco años, mientras que también había intercambiado letras del Tesoro con un valor nominal de 1.500 millones con bonos de tasa fija de duración de tres y cinco años.

A mediados del mes de octubre de 2014 la rentabilidad del bono griego a diez años terminó cerrando por encima del 7% por primera vez desde marzo de 2014, lo que suponía que se ha disparado un 25% desde el mes de septiembre del citado ejercicio, cuando su interés se situaba en el entorno del 5,5%. Así las cosas hasta mediados del mes de octubre de 2014 la rentabilidad del bono griego se había reducido más de un 16%, ya que comenzó el año en el 8,4%. Y, apenas un día después, con fecha 15 de octubre de 2014 la rentabilidad del bono a diez años de Grecia registraba su mayor subida desde 2012, llegándose a disparar el interés 55 puntos básicos, hasta

---

[65] Fuente: Oficina Estadística de Grecia (Elstat), www.statistics.gr (consultada el 18 de septiembre de 2014).

alcanzar el 7,86%. El temor a una salida, antes de lo previsto, del plan de rescate, en medio de un escenario de incertidumbre marcado por un posible adelanto electoral en el país heleno, disparó las alertas financieras sobre Grecia alcanzando la prima de riesgo con respecto al bono alemán a diez años los 709 puntos básicos. Al día siguiente (16 de octubre de 2014) la rentabilidad del bono griego a diez años se había disparado un punto porcentual en apenas un día, al pasar del 7,8% al 8,8%, elevándose nuevamente la prima de riesgo de manera significativa hasta alcanzar los 810 puntos básicos. En definitiva la rentabilidad a diez años había aumentado hasta el 8,8% desde el 5,5% de mediados de septiembre de 2014, incrementándose además los rendimientos a tres años hasta el 7,4% desde el 4%.

Lo cierto es, sin embargo, que dicha inquietud no se llegó a reflejar en la subasta realizada por el Tesoro heleno con fecha 15 de octubre de 2014, y a través de la cual fueron colocados un total de 812,5 millones de euros en letras a tres meses a un tipo de interés del 1,70 %. En el presente caso la demanda existente fue de 1.552 millones de euros, lo que superó en 2,48 veces los 625 millones de la oferta inicial.

6. EL INICIO DE UN NUEVO PROCESO DE INESTABILIDAD DE LA DEUDA PÚBLICA GRIEGA TRAS LA FINALIZACIÓN DEL SEGUNDO RESCATE FINANCIERO Y LAS PROPUESTAS DEL NUEVO EJECUTIVO HELENO RELATIVAS AL CANJE DE DEUDA

Tal y como hemos tenido ocasión de analizar a lo largo del presente Epígrafe desde el año 2010 Grecia había sido objeto de dos rescates por un valor total de 240.000 millones de euros de la UE y del FMI. Y ello a resultas de una situación en virtud de la cual el país heleno había perdido el 25% de su PIB desde 2009, llegando a superar su deuda pública el 170% del PIB con un volumen total de 300.000 millones de euros y situándose la tasa de desempleo sigue en el entorno del 25%[66]. El programa de ayuda

[66] Recuérdese que en 2009 la tasa de paro en Grecia rondaba el 9,5%, una cifra que entonces ya se consideraba récord. Sin embargo en 2014 el paro llegó al 25,5%, bajando, eso sí, del 27,2% que marcó durante el tercer trimestre de 2013. Por su parte el índice de paro juvenil superaba el 50%, con recortes drásticos en sueldos y gasto estatal. Oficialmente el número de desempleados superaba los 1,3 millones, mientras entre los jóvenes de 15 a 24 años llegaba al 49,5% (56,6% en mujeres). El 66% de los desocupados eran de larga duración (más de

implementado por la UE vencía a finales de 2014, mientras que la ayuda del FMI expiraba durante el primer trimestre de 2015. A pesar de que inicialmente el Ejecutivo heleno abogaba por una "salida limpia" del programa de asistencia financiera de la UE y del Fondo Monetario Internacional, finalmente se estimó conveniente adoptar medidas de acompañamiento, las cuales podrían consistir en una línea de crédito preventiva, la cual habría de ser previamente acordada por el Eurogrupo. A tal efecto una de las alternativas existentes era recurrir a la reserva de 11.400 millones de euros que continuaban en el Fondo de Estabilidad Financiera del Estado Heleno, los cuales habían sido dotados como un colchón para la recapitalización de la banca griega. Dichos fondos no necesitarían una nueva aprobación por parte de los Estados miembros, dado que ya fueron autorizados.

Ciertamente durante el transcurso del ejercicio 2014 la confianza de los inversores en Grecia había mejorado, comenzando su economía a crecer tras seis años de profunda recesión. Sin embargo Grecia seguía arrastrando serios problemas que debía superar tales como la elevada deuda que acumulaban los bancos o el desequilibrio existente en sus cuentas públicas, pese al avance alcanzado en la consolidación fiscal.

Con fecha 6 de noviembre de 2014 el Eurogrupo acordó conceder a Grecia una línea de crédito preventiva con el fin de mantener la confianza de los mercados, dada la existencia de una "brecha presupuestaria" para 2015 cifrada por la troika comunitaria en una cifra de entre 2.600 y 3.600 millones de euros. Y ello a pesar de que desde el Ejecutivo heleno se sostenía que el conjunto de las necesidades presupuestarias de 2015 se hallaban

dos años) y alrededor de 2.500.000 personas carecían de Seguridad Social. Téngase presente además que durante el mes de octubre de 2014 el Índice de Precios al Consumo (IPC) de Grecia registró un retroceso interanual del 1,7%, nueve décimas más que la caída del 0,8% del mes anterior, lo que extendía a 20 meses el periodo de deflación en el país heleno (Fuente: Oficina Estadística de Grecia, Elstat, www.statistics.gr, consultada el 10 de noviembre de 2014). El descenso de los precios se registró principalmente en la vivienda (-5,4%), educación (-3,1%) y la categoría que engloba al resto de bienes y servicios (-2,2%), mientras que otras como ocio y cultura, ropa y calzado, salud, equipamiento para el hogar y comida y bebidas no alcohólicas también registraron descensos mayores al 1%. En cambio la única subida de precios se observó en bebidas alcohólicas y tabaco, que crecieron un 2%, mientras que los precios de la categoría de comunicación se mantuvieron planos. En comparación con el mes de septiembre de 2014 los precios registraron una disminución del 0,9%, en contraste con el incremento del 2,1% de septiembre de 2014 con respecto a agosto del citado año. Por su parte, el indicador de precios armonizado de Grecia caía en octubre de 2014 un 1,8% con respecto a octubre de 2013, siete décimas más que en septiembre de dicho año, cuando disminuyó un 1,1%.

ya cubiertas. *A priori* existía la posibilidad de prolongar la línea de rescate hasta 2015 ante la imposibilidad de llegar a un acuerdo con la troika sobre la revisión del programa de ajuste. Dicha prórroga podría evitar además la pérdida de un total de 1.800 millones de euros procedentes del Fondo Europeo de Estabilidad Financiera, que expiraban el 31 de diciembre de 2014.

En efecto, el eventual otorgamiento de una prórroga provisional del rescate podría permitir el desembolso a Grecia del último tramo de 1.800 millones a principios de 2015, concediéndose además la troika un mayor margen para finalizar los trabajos sobre la línea de crédito preventiva. Piénsese además que Grecia afrontaba en 2015 vencimientos por un total de 20.000 millones de euros. Y el tipo de interés de sus emisiones a corto plazo podría llegar a dispararse si no contase con el respaldo de la Zona Euro. En este sentido la prórroga técnica del rescate podría permitir mantener la calma y evitar un nuevo descalabro en las primas de riesgo, máxime dada la inestabilidad que amenazaba nuevamente a los mercados financieros y que alcanzó su punto álgido durante la primera semana de diciembre de 2014, cuando la bolsa griega cayó con fuerza, hundiéndose por ejemplo el 9 de diciembre de 2014 el índice ASE de la Bolsa de Atenas un 12,8%, en lo que constituía su mayor caída diaria desde diciembre de 1987.

En definitiva, sin prórroga el rescate concluiría pero Grecia se quedaría sin recibir el último tramo del mismo por importe de 1.800 millones de euros que la troika se negaba a liberar por falta de avances en las reformas y los ajustes exigidos, debiendo renunciar además a los 11.000 millones de euros que tenía asignados para la recapitalización de la banca los cuales pretendían destinarse, al menos en parte, a financiar una nueva línea de crédito tras la conclusión del rescate.

Otra posible alternativa era acometer una nueva reestructuración de la deuda griega que permitiera al país griego alcanzar una situación de superávit al amparo de la cual podrían llegar a existir posibilidades de crecimiento, acometiéndose inversiones en infraestructuras y elevándose los salarios. Con una inyección de demanda, la economía podría empezar a crecer.

Por lo que respecta a una eventual decisión unilateral susceptible de ser adoptada por el futuro Ejecutivo heleno y consistente en el impago de la deuda contraída, resultaba claro que la misma implicaría el cese de las ayudas de los organismos internacionales, situando al Estado griego en una situación de iliquidez y haciendo difícil el pago de los servicios esenciales. Con carácter adicional las entidades financieras dejarían de tener acceso a las líneas de financiación del BCE, colapsando y dejando sin ahorro a sus depositantes y bonistas. Dicha decisión unilateral conllevaría además, necesariamente, la salida del euro, lo que perjudicaría notablemente a las importaciones del país heleno.[67]

Con fecha 29 de diciembre de 2014 y tras la convocatoria de elecciones generales por el Gobierno heleno el FMI decidió suspender las negociaciones que debían conducir a la realización de un nuevo desembolso de la ayuda financiera destinada a reequilibrar la economía griega. A tal efecto desde el FMI se había valorado además que Grecia no necesitaba asistencia financiera inmediata, al haberse pactado ya a finales del mes de mayo de 2014 el quinto tramo de la ayuda financiera que el citado Fondo aprobó conceder a Grecia en marzo de 2012. Este último desembolso había ascendido a un total de 3.410 millones de euros, lo que elevaba el total movilizado hasta dicha fecha por el citado organismo a 11.580 millones de euros[68].

Por el contrario el BCE continuaba proporcionando liquidez a los bancos griegos aceptando como colateral bonos soberanos griegos, ayudando por tanto a éstos a exonerarles de los requisitos de avales para acceder a la financiación. Recuérdese a este respecto que, con efectos desde el año 2010, el BCE había venido aceptando deuda pública griega y valores respaldados por el Estado heleno como garantía en sus operaciones de refinanciación con la condición de que Grecia cumpliese con las medidas de austeridad y las reformas acordadas en sus acuerdos pactados a cambio de la ayuda financiera internacional. En este sentido ha de reconocerse que,

---

[67] Véase en este sentido SÁNCHEZ QUIÑONES, J., “Grecia: me enfado y no respiro”, *Diario Expansión,* www.expansion.com (consultada el 19 de diciembre de 2014).

[68] Téngase presente además que la Eurozona había concedido a Grecia una extensión del segundo rescate hasta finales de febrero de 2015, procediendo además a prorrogar por espacio de dos meses la disponibilidad de los bonos de la Facilidad Europea de Estabilidad Financiera en la reserva del Fondo de Estabilidad Financiera del Estado Helénico utilizada para recapitalizar a la banca helena. Concretamente en 2013 el Gobierno transfirió un total de 6.200 millones de euros (a través del Fondo de Estabilidad Financiera) para la rehabilitación de los bancos, y otros 14.700 millones de euros para la recapitalización de cuatro bancos sistémicos. Dicha finalización a principios de 2015 de la revisión del rescate heleno constituía no obstante una condición previa, no ya solo para el desembolso final del segundo rescate heleno, sino también para la concesión de cualquier ayuda adicional en forma de una línea de crédito con condiciones reforzadas que el Eurogrupo pudiera conceder a Grecia.

en el supuesto de que se plantease cualquier duda sobre el pago de esos bonos, podría resultar muy difícil seguir aceptando ese colateral, a pesar de la implementación del *Emergency Liquidity Assistance* (ELA), esto es, el programa de Asistencia de Liquidez de Emergencia[69], y de la provisión de liquidez del Programa *Target 2*[70].

En este sentido con fecha 8 de enero de 2015 el supervisor comunitario comunicó que el acceso de los bancos griegos a su financiación más allá del mes de febrero de 2015 dependía de que el Estado heleno completase con éxito la revisión final del rescate y alcanzara un acuerdo sobre un plan posterior con los prestamistas de la UE y el FMI. De acuerdo con lo declarado por el BCE en su Comunicado de dicha fecha *"La continuación de la exención está basada en la extensión técnica del programa europeo de estabilidad financiera hasta finales de febrero de 2015 y la existencia de un programa del Fondo Monetario Internacional"*. De este modo se supeditaba cualquier eventual apoyo de liquidez al sistema financiero griego a que el nuevo Gobierno llegara a un acuerdo con la troika allí donde el anterior fue incapaz de culminar las negociaciones.[71]

---

[69] Como es sabido este mecanismo de provisión urgente de liquidez se articula en aquellos casos en los que una determinada entidad financiera de la Eurozona no posee activos con el *rating* mínimo exigido, o bien su los bonos soberanos de su propio país han dejado de ser aptos como garantía o colateral. En dicho caso la citada entidad ha de recurrir a su propio banco central en busca de financiación extraordinaria quien, a su vez, obtiene la liquidez del mecanismo *Emergency Liquidity Assistance,* permitiéndose así que los bancos de la Zona euro se financien a través de su propio banco central en circunstancias excepcionales. En todo caso el BCE únicamente puede proporcionar liquidez a través de este mecanismo a entidades con problemas temporales de liquidez pero solventes, previéndose a tal efecto en los propios Estatutos del Sistema Europeo de Bancos Centrales y del Banco Central Europeo que el Consejo de Gobierno del supervisor pueda limitar las operaciones de ELA si considera que interfieren en los objetivos y tareas del Eurosistema o bien si considera que el riesgo existente resulta excesivo. Ahora bien recibir fondos a través de la línea ELA del BCE contra diversos tipos de garantías constituye una modalidad más cara de financiación y requiere además la autorización del BCE, aunque las entidades pueden verse forzadas a recurrir a ella si no cuentan con colateral suficiente aceptable que ofrecer al Banco central.

[70] En este sentido tras la finalización del mes de noviembre de 2014 la financiación a los bancos griegos por parte del BCE había crecido un 2,3% hasta alcanzar los 44.850 millones de euros.

[71] Ello era así a pesar de que desde el Banco Nacional de Grecia se había solicitado al BCE la aprobación de una línea de financiación interna de emergencia para ponerla a disposición de los bancos privados griegos, en caso de que fuera necesario, al objeto de proteger a las entidades nacionales de las posibles consecuencias de los comicios adelantados que iban a producirse en el país heleno.

A resultas de dicha decisión del FMI apenas un día después en el mercado de deuda el interés del bono griego a 10 años escalaba hasta el 9,5%, situándose en máximos de septiembre de 2013. Por su parte la prima de riesgo helena superaba los 900 puntos. A ello había que sumar además que, de acuerdo con las previsiones de la Comisión Europea, el endeudamiento heleno ascendería a finales de 2015 a un 175,5% del PIB. Y ello a pesar de haber aplicado ya una quita del 70% a los tenedores privados de bonos, a resultas de la cual la mayor parte de la tenencia de los bonos soberanos helenos corresponde a organismos internacionales y al propio Banco Central Europeo[72]. De hecho casi el 70% de dicha deuda corresponde a préstamos realizados por dichas instituciones internacionales.

---

[72] De acuerdo con datos facilitados por el Banco Internacional de Pagos (*Bank for International Settlements*, BIS) correspondientes a finales de junio de 2014 la exposición de la banca de todos los países a la deuda griega (tanto directa, mediante tenencia de deuda pública, financiera y corporativa, como indirecta, mediante derivados y otras garantías) ascendía a 79.096 millones de dólares. De esta cantidad la banca europea acaparaba un total de 56.288 millones de dólares (el 71%), si bien más de la mitad de ese volumen correspondía a las entidades germanas, las cuales concentraban un total de 31.279 millones de dólares (alrededor de 26.300 millones de euros), es decir, el 39,5% de la exposición bancaria total a Grecia y el 55,5% del riesgo de la banca europea en el país heleno. Si bien la mayor parte de esa suma no se hallaba en manos de los grandes bancos, sino de los participados precisamente por el Estado, la banca alemana era la más expuesta de la Eurozona a un impago o una reestructuración de la deuda griega o a los efectos de una desordenada salida del país de la Europa del euro. Por otra parte desde el mes de junio de 2010 la banca alemana sólo había reducido su exposición a la deuda helena en un 15%, lo que suponía un recorte de 5.600 millones de dólares desde la fecha en la que Grecia solicitó su primer rescate. De media, la exposición total de los bancos a la deuda griega se había reducido un 55% desde 2010. En el caso de la banca europea, el descenso era del 60%. En los casos concretos relativos a la banca francesa, austriaca, belga, irlandesa o portuguesa, los recortes superaban el 90%, con la italiana como principal exponente. Según el BIS, las entidades financieras italianas habían cancelado totalmente su exposición a Grecia, cuando a mediados de 2010 se situaba en los 5.347 millones de dólares. Por su parte las entidades británicas habían elevado su exposición en un 22% desde 2010, hasta los 14.715 millones de dólares; las suizas, en un 69%, hasta los 4.071 millones; y las estadounidenses, en un 144%, hasta los 18.309 millones de dólares. Por el contrario en el caso español las entidades financieras de nuestro país habían reducido su riesgo en la deuda helena en un 53%. Mientras que a mediados de 2010 era de 925 millones de dólares a la finalización del mes de junio de 2014 se limitaba a 431 millones de dólares (Fuente: *Diario El Confidencial*, wwe.elconfidencial.com, consultada el 7 de enero de 2015). En el caso específico del Tesoro español, éste contaba a la finalización de 2014 con una exposición a la deuda griega de 26.000 millones de euros, lo que implicaría un gasto anual por intereses de 800 millones de euros (Fuente: *Diario El Mundo*, www.elmundo.es, consultada el 7 de enero de 2015).

Si bien ya durante el ejercicio 2008 su deuda pública llegó a los 233.000 millones de euros (112,9% del PIB) durante el tercer trimestre de 2014 fue de 321.700 millones (177,7%)[73]. Durante el ejercicio 2015, y de acuerdo con las previsiones contenidas en la Ley de Presupuestos Generales del Estado para el citado ejercicio, el Estado pagaría intereses por importe de 5.900 millones, en lugar de 5.700 millones en 2014 y 6.000 millones en 2013.

Su deuda exterior neta (Posición de Inversión Internacional) superaba ampliamente el 90% del PIB[74]. El déficit de su balanza comercial (saldo entre compras y ventas al exterior) representaba el 10% del PIB. Su balanza de pagos (incorporando todos los flujos monetarios) suponía un déficit del 2,8%. Y el desplome de su actividad económica disparaba su déficit fiscal por encima del 11% del PIB. Por otro lado el hecho de que el PIB nominal

[73] A finales del ejercicio 2014 la deuda griega equivalía por tanto al 175% del PIB del país, lo que suponía la tasa más elevada de la Zona Euro. No obstante el coste de los intereses resultaba bajo y el vencimiento de casi la mitad del pasivo era de 30 años. Con carácter general Grecia destinaba el equivalente al 4,3% de su PIB a pagar los intereses de su deuda, algo menos que Portugal (5%) pero mucho más que Alemania (1,9%), Francia (2,2%) o España (3,3%). De los más de 300.000 millones de euros de deuda, unos 141.800 millones correspondían al Fondo Europeo de Rescate (predecesor del actual Mecanismo Europeo de Estabilidad). A la hora de estimar el riesgo asumido por cada país ha de tenerse presente que el citado Fondo emitió bonos para financiarse y prestar a los Estados rescatados, de manera que los países de la Eurozona no concedieron créditos, sino que avalaron esa emisión de deuda. Dado que España tenía una contribución del 12,7% en el citado Mecanismo, se podía calcular que su riesgo con Grecia sumaba más de 18.000 millones en garantías. Los acreedores mayoritarios de Grecia eran la Eurozona (con el 60% de la cuenta), el Fondo Monetario Internacional (prestamista del 10% de la suma) y el Banco Central Europeo (con un 6%). Dentro de la Zona Euro Alemania, con el 29%, y Francia, con el 21%, eran los principales acreedores. Con carácter general el segundo rescate a Grecia vencía en 2054 con 10 años de gracia sin pagar intereses, los cuales eran de un punto básico (0,01 puntos porcentuales) superiores sobre el coste medio del propio fondo (de un 0,2%). Por lo que respecta al primer rescate articulado en el año 2010, recuérdese que el mismo se realizó básicamente con préstamos bilaterales, hallándose pendientes de devolver a la finalización de 2014 unos 53.000 millones de ellos, que vencían entre 2020 y 2041, pagándose un interés medio punto porcentual sobre el Euribor. España comprometió unos 6.600 millones de euros, con lo que su exposición total al país se elevaba a unos 25.000 millones. En total, el 60% de toda la deuda se hallaba en manos de socios del euro (Fuente: *Diario El País,* www.elpais.com, consultada el 27 de enero de 2015).

[74] Téngase presente además a este respecto que el PIB per cápita de 2013 ascendió al entorno de los 12.500 euros, retrocediendo a los niveles de 2001 y registrando pérdidas de 5.020 euros frente a 2008 (17.374 euros), que fue el primer año en que la economía del país estuvo en recesión. Por su parte el PIB de 2013 se consolidó en los 182.400 millones de euros, según datos oficiales de Grecia (185.893 millones según Eurostat) mientras que en 2012 dicha cifra se situaba en 194.200 millones de euros.

griego cayese con fuerza en 2012, 2013 y 2014, motivaba que la *ratio* de endeudamiento continuara subiendo desde el 140% tras la quita en 2012, hasta el 176%.

Los únicos datos positivos existentes se concretaban en el hecho de que, después de 24 trimestres consecutivos de contracción, el PIB griego creció el 1,7% entre julio y septiembre de 2014[75]. Por su parte el desequilibrio presupuestario de Grecia se situaba a finales de 2014 en el 1,4%, pudiendo incluso llegar a acreditar la existencia de superávit primario sin tener en cuenta el pago de los intereses por el servicio de la deuda pública, así como en la previsión de que el país heleno liderase en términos de PIB la tasa de crecimiento para 2015, con un 2,9%. Por otra parte Grecia dedicaría aproximadamente el 4% del PIB en 2015 al pago de intereses[76] (menos que Irlanda, Portugal o Italia), gracias a las concesiones de sus acreedores comunitarios, previéndose un crecimiento del 3% para 2015 y un superávit primario del 4,1%.

Tras los resultados de las elecciones griegas celebradas el 25 de enero de 2015 la situación de incertidumbre existente resultaba notoria. *A priori* la primera prolongación de la parte europea de rescate expiraba el 28 de febrero de 2015, de manera que el 1 de marzo del citado año ya no habría ninguna red de seguridad para Grecia, salvo la del Fondo Monetario Internacional, cuya ayuda continuaría hasta finales del primer trimestre de 2016.

A pesar de ello resultaba innegable que los bancos griegos estaban sufriendo una fuga de depósitos mayor incluso que la que vivieron las entidades durante la crisis de deuda europea en 2012, lo que ponía en riesgo

---

[75] Finalmente, y una vez cerrado el ejercicio 2014, Grecia terminó creciendo un 0,8% en 2014 (Fuente: Elstat, www.statistics.gr, consultada el 13 de marzo de 2015). En términos de volumen el Producto Interior Bruto de Grecia fue de 186.500 millones de euros en 2014, frente a los 185.100 millones de euros de 2013. A lo largo del ejercicio 2014 Grecia encadenó dos periodos de crecimiento a partir del segundo trimestre del citado ejercicio, durante el cual logró un ligero aumento interanual del 0,4%. Esta tendencia continuó en el tercer trimestre de 2014 con un aumento del 1,7% en comparación con el mismo periodo de 2013. Así las cosas a lo largo del cuarto trimestre de 2014 el PIB griego registró un incremento real del 1,3% respecto al mismo periodo de 2013.

[76] En este sentido se ha de precisar que durante el mes de marzo de 2015 Grecia tenía que devolver un préstamo del FMI de 1.420 millones de euros y pagar 800 millones de euros en intereses, mientras que durante los meses de julio y agosto de 2015 el Tesoro heleno debía abonar unos 6.700 millones por bonos que vencían y que se hallaban básicamente en manos del Banco Central Europeo.

la liquidez del sistema. Así, si bien ya en diciembre de 2014 se habían retirado depósitos por importe de 3.000 millones de euros, durante el mes de enero de 2015 dicha cifra se elevaba hasta los 11.000 millones de euros. Y ello a resultas del temor existente a la aplicación de un impuesto sobre los depósitos y al ejercicio de férreos controles de capital.

Dentro del ámbito del mercado de deuda pública los bonos a 10 años habían pasado del 9,4% al 10,4% en una sola jornada y el rendimiento de la deuda que vencía en julio de 2017 había pasado del 10,9% al que cotizaba el 23 de enero de 2015 a superar el 16% tras la celebración de las elecciones generales el 25 de enero de dicho año. Por su parte a los bonos griegos con vencimiento a 10 años se les exigía ya en los mercados secundarios un rendimiento anual más de 10 puntos porcentuales superior al de los alemanes –10,754% frente a 0,35%–.

El nuevo Ejecutivo heleno salido de las elecciones del 25 de enero de 2014 se fijó, como principales objetivos, que aquellos contribuyentes que tuviesen deudas con la Administración tributaria no destinaran más del 30% de sus ingresos anuales a pagarlas, prometiéndose además la paralización o suspensión de los procesos judiciales contra quienes demuestren no tener ningún ingreso. Asimismo se pretendía ofrecer financiación en condiciones especiales para las empresas muy endeudadas, con el fin de garantizar el mantenimiento de su actividad y los puestos de trabajo, devolviendo el salario mínimo de Grecia a los 751 euros en que se encontraba antes de los programas de ajuste implementados por la troika y recuperando igualmente y fortaleciendo la capacidad de negociación de los trabajadores, reinstaurando, entre otras medidas, los convenios colectivos (eliminados en Grecia en 2012) e impidiendo los despidos masivos realizados en el pasado.

Otras de las principales reformas proyectadas por el nuevo Ejecutivo heleno eran las relativas a la creación de 300.000 puestos de trabajo tanto en el sector público[77] como en el privado o la aplicación de un nuevo impuesto

[77] Dentro del sector público las previsiones del nuevo Ejecutivo pasaban concretamente por presentar al Parlamento una Ley de reforma administrativa que, entre otras cuestiones, previese la posibilidad, siempre voluntaria, de cambiar a funcionarios a diferentes puestos en función de las necesidades de los Ministerios. Asimismo dicha Ley regularía la readmisión en sus puestos de trabajo del conjunto de los trabajadores del Sector público cuyos despidos fueron declarados inconstitucionales por los tribunales. Concretamente se trataba de un total de 3.928 empleados entre limpiadoras ministeriales, profesores de secundaria, guardias escolares y médicos del sistema público de salud, que correspondían al 1 % del total de empleados públicos

gradual a las residencias de lujo que no sean primera vivienda, protegiendo además a las primeras viviendas de los procesos de subasta e intensificando la lucha contra la evasión fiscal incrementando de forma inmediata el control de las empresas que tributan fuera del país. Con carácter adicional se preveía garantizar el suministro gratuito de luz eléctrico, de vivienda y de atención sanitaria a las personas más necesitadas y una paralización inmediata de todo proceso de privatización de las eléctricas, al ser consideradas estas últimas capital nacional y no poder venderse. Asimismo el nuevo Gobierno heleno anunció una gran reforma del sistema tributario, la reconstitución de la cadena pública de televisión y la reivindicación de las reparaciones de guerra por Alemania.

Estas pretensiones del nuevo Ejecutivo griego contrastaban sin embargo con los deseos de acreedores tales como Alemania, quien pretendía que Grecia alcanzara un superávit presupuestario primario, antes del pago de intereses, de un 3% del PIB en 2015 y 4,5% en 2016, así como que cerrase el déficit restante en el Presupuesto de 2015, para alcanzar el objetivo acordado. Alemania pretendía además que Grecia se adhiriese a un acuerdo para recortar 150.000 puestos en la Administración Pública, que implementase una reforma de las pensiones que estableciera una estrecha relación entre cotizaciones y prestaciones, que mantuviese el salario mínimo reducido y que hiciese un uso más amplio de la negociación salarial descentralizada.

En todo caso, y por lo que interesa al objeto de nuestro estudio, una de las principales propuestas planteadas a la Eurozona por el nuevo Ejecutivo griego era la relativa a la introducción de una limitación a los altos objetivos establecidos para los superávits primarios de los próximos años así como la vinculación del pago de la deuda pública al crecimiento anual de la economía griega, de modo que el pasivo se financiase por el crecimiento y no a través de los Presupuestos. De este modo Grecia no pagaría los bonos que venciesen[78] si no se lograse el objetivo de crecimiento del PIB,

---

eliminados en los últimos años. Baste señalar a este respecto que durante los cinco años de crisis el número de funcionarios se redujo en Grecia en 350.000, la mayoría de ellos debido a las jubilaciones. Así, de los 930.000 empleados a principios de 2010 se pasó a 570.000 a finales de 2014.

[78] A este respecto se ha de tener presente que con fecha 6 de febrero de 2015 vencían bonos griegos por valor de más de 1.000 millones de euros, habiéndose fijado apenas unos días después (con fecha 13 de febrero de 2015) la obligación de refinanciar bonos por importe de 1.400 millones de euros.

procediéndose entonces a congelar la deuda, cuyo pago se trasladaría a lo largo del tiempo.

Concretamente desde el nuevo Ejecutivo heleno se pretendía intercambiar la deuda exterior griega por un nuevo tipo de bonos ligados al crecimiento, manteniéndose además el compromiso relativo a la existencia de un permanente superávit presupuestario (sin contar el pago de los intereses de deuda) y de acometer la lucha contra la evasión fiscal. Se pretendía así canjear la deuda pública griega por unos bonos indexados al crecimiento económico nominal que reemplazarían a los préstamos de rescate europeos, de conformidad con los cuales Grecia únicamente pagaría en el supuesto de que su economía alcanzase un determinado avance del PIB, así como por unos bonos de "perpetuos", sin fecha de amortización, y que reemplazarían a los bonos griegos en manos del BCE.

Asimismo el Ejecutivo heleno propuso al supervisor comunitario obtener un total de 10.000 millones de euros mediante la emisión de letras del Tesoro a corto plazo a modo de "financiación puente" durante un plazo de tres meses, hasta que se acordaran las medidas definitivas con los socios de la Eurozona. Con carácter adicional el Ejecutivo heleno pretendía solicitar al Banco Central Europeo y a los bancos centrales de la Eurozona la devolución de un total de 1.900 millones de euros procedentes de los beneficios de los bonos helenos y una ampliación del techo máximo para emitir letras del Tesoro, al objeto de poder afrontar posibles problemas de liquidez. A tal efecto se demandaba al BCE que ampliara el límite de emisión de letras del Tesoro, fijado por aquel entonces en 15.000 millones de euros. Todo ello con la finalidad, como ya se ha señalado, de acordar un "crédito puente" que asegurara sus necesidades de liquidez hasta lograr un acuerdo definitivo con los socios de la UE. Sin embargo el BCE rechazaba cualquier actuación orientada hacia la reestructuración de la cartera de títulos de deuda griega en su poder (téngase presente que los Tratados europeos impiden que el BCE acepte reestructuraciones de bonos de Estados Miembros), limitando sus posibles actuaciones a facilitar el acceso de los bancos griegos solventes a diversas líneas de préstamos a través del Programa de Provisión Urgente de Liquidez.

Por su parte la Comisión Europea barajaba como posibles alternativas un alivio de la deuda a través de la ampliación de plazos de amortización de los préstamos[79] y una pequeña reducción de intereses fruto de un acuerdo del Eurogrupo[80]. Todo ello sin pérdidas para los acreedores, al objeto de otorgar a Grecia un cierto margen para poder cumplir con parte de su programa social.

Finalmente con fecha 4 de febrero de 2015 el BCE adoptaba la decisión de dejar de aceptar la deuda pública de Grecia como garantía para los bancos que acuden a las ventanas de liquidez del supervisor para financiarse y, por ende, para financiar a corto plazo a su Gobierno mediante la compra de Letras del Tesoro. La citada medida afectaba a un total de 3.500 millones de euros de deuda soberana y 25.000 millones de deuda emitida por los bancos pero avalada por los Gobiernos, entrando en vigor el 12 de febrero de 2015.

En consecuencia el BCE eliminaba la excepción que afectaba a los instrumentos de deuda cotizados emitidos o garantizados por Grecia, la cual permitía que estos instrumentos fueran usados en las operaciones de política monetaria del Eurosistema a pesar de que no cumpliesen con los requisitos mínimos de calidad crediticia, siendo empleados aquellos como colateral. Téngase presente que, hasta dicha fecha, la deuda pública griega solamente podía usarse como colateral si Grecia estaba dentro del Programa de rescate acordado, ya que en caso contrario la calificación de "bono basura" correspondiente a su deuda soberana no permitiría usarla para este fin.

De este modo el BCE dejaba de aceptar títulos con rating de baja calidad al objeto de que la banca griega pudiera descontarlos en el BCE y obtener así liquidez. No obstante, y en relación con la línea ELA, se acordó incrementar hasta 60.000 millones de euros (cantidad que posteriormente sería objeto de varias elevaciones[81]) la cantidad que

[79] En este sentido se ha de señalar que, por lo que respecta al importe procedente del MEDE (142.000 millones), el principal no se empezaba a pagar hasta 2023, con una media de amortización que ya era de 32 años. Y, en cuanto a los préstamos bilaterales (que ascendían a un total de 52.900 millones de euros), la amortización estaba prevista durante 22 años a partir de 2020.

[80] Ahora bien, dado que el Fondo de rescate únicamente cobraba la comisión del préstamo, la adopción de una rebaja en el interés sería a pérdidas y obligaría a una derrama entre los socios del euro. Por lo que respecta a los préstamos bilaterales, el recargo era de 150 puntos sobre el Euribor a tres meses.

[81] En efecto, con posterioridad dicha cifra se elevaría hasta 65.000 millones de euros, debido en buena medida al hecho de que las entidades financieras griegas habían solicitado ya más de 57.600 millones de euros, incrementándose por tanto en 3.300 millones adicionales y, en un segundo momento, hasta los 69.000 millones de euros. Así lo acordó el BCE en su reunión de

los bancos griegos pueden pedir en préstamos de urgencia a través del Banco de Grecia[82].

Únicamente quedaban abiertas para la banca griega las líneas de financiación de emergencia, más caras y restrictivas que las que suelen utilizar los bancos de la Eurozona, como ya se ha señalado[83]. En efecto las necesidades financieras de los bancos griegos únicamente podrían ser satisfechas por su Banco central nacional mediante la asistencia de liquidez de emergencia, teniendo en cuenta las reglas del Eurosistema, siendo aquel el encargado de administrar dichas líneas de emergencia, si bien a través de una decisión adoptada cada quince días por mayoría de dos tercios del

---

5 de marzo de 2015, precisándose además en dicha reunión la imposibilidad de incluir deuda pública helena en su Programa de *Quantitative Easing* (QE) de compra de deuda soberana, debido a que el Eurosistema ya tenía un 33% de la deuda griega. Con carácter adicional a resultas de dicha reunión del Consejo del BCE se hizo público que, a dicha fecha, el supervisor había prestado un total de 100.000 millones de euros a los bancos griegos, llegando además a duplicar los préstamos, al pasar de 50.000 a 100.000 millones de euros durante los meses de enero y febrero de 2015. De este modo los préstamos concedidos a Grecia equivalían ya a principios del mes de marzo de 2015 al 68% del PIB griego, lo que constituía la proporción más alta en la Eurozona. Posteriormente con fecha 19 de marzo de 2015 la citada cifra correspondiente a la línea ELA pasaba a ser de 69.800 millones de euros. Con fecha 25 de marzo de 2015 la cifra se elevó por encima de los 71.000 millones de euros, mientras que el 9 de abril de 2015 el BCE incrementó en 1.200 millones de euros el tope de esta línea de liquidez de emergencia de la que podían hacer uso los bancos griegos a través de su correspondiente Banco central nacional.

[82] No obstante la progresiva retirada de dinero en grandes volúmenes que por aquel entonces se estaba produciendo colocaba al sistema griego financiero en una situación muy difícil. Véase a este respecto DAVIES, P. J., "Greek Banks Aren't Sitting Too Comfortably", www.europe.wsj.com (consultada el 9 de febrero de 2015), quien ponía de manifiesto lo siguiente: *"Los bancos griegos atesoraban 71.000 millones de euros en bonos de todo tipo y 227.000 millones en préstamos a finales de diciembre de 2014. De estas carteras de bonos, 12.400 millones de euros son deuda del Estado griega (...) Todavía pueden seguir empleándose para obtener liquidez de emergencia, más cara, a través del Banco de Grecia. Otro tramo de casi 42.000 millones de euros son bonos garantizados por el Gobierno (...) que tampoco pueden utilizarse ya en el BCE, aunque sí para la financiación de emergencia. Esto deja sólo 17.000 millones en bonos que aún podrían ser aptos para el BCE si su calidad crediticia es lo suficientemente buena (...) El Banco de Grecia ya ha ofrecido liquidez de emergencia por valor de 60.000 millones de euros desde el anuncio del BCE, lo que deja únicamente 68.000 millones de euros para cubrir más necesidades de financiación"*.

[83] Téngase presente que dicha herramienta presenta una tasa de interés del 1,55% sobre el dinero prestado, frente al 0,05% exigido en la financiación del BCE. De cualquier manera, en el hipotético caso de que dicha herramienta fuese retirada por el supervisor la principal consecuencia podría ser la imposición por parte del Banco de Grecia de controles de capital para evitar la fuga de capitales y la introducción por parte de las entidades financieras de límites a la retirada de dinero.

Consejo de Gobierno del BCE la citada asistencia de liquidez de emergencia podría ser cerrada en cualquier momento. Téngase presente que dicha financiación debía quedar sometida periódicamente a la autorización del resto de miembros del banco central. Ni que decir tiene que, al eliminarse la posibilidad de acudir con bonos soberanos al BCE, la demanda de renta fija pública por parte de los bancos locales se resentiría gravemente, afectando a la financiación del Estado.

Por otro lado con fecha 7 de febrero de 2015 la Agencia de Calificación de Riesgos *Standard & Poor's* decidía rebajar en un escalón la nota del país, dejando así el *rating* de Grecia en B- con perspectiva negativa. Y ello en atención al hecho de que las restricciones de liquidez padecidas por los bancos griegos reducía el margen de acción del nuevo Gobierno heleno para alcanzar un nuevo acuerdo con los acreedores sobre su programa financiero, existiendo el riesgo de que Grecia no recibiese el tramo final de ayuda de 1.800 millones de euros, no pudiendo optar además a una mayor relajación de los términos de préstamo de la Eurozona. Con carácter adicional la citada Agencia de Calificación de Riesgos estimaba que la incertidumbre existente sobre un acuerdo con los socios de la Eurozona podría aumentar el temor a más fugas de depósitos y a mayores caídas de la inversión en el país[84], pudiendo llegar a producirse restricciones de capital, pérdidas de acceso a la financiación de último recurso e incluso una eventual salida del euro.

Con motivo de la reunión del Eurogrupo celebrada el 11 de febrero de 2015 se planteó la posibilidad de conceder a Grecia una prórroga "técnica" del rescate actual en virtud de la cual el país heleno renunciaría al último tramo del rescate (1.800 millones de euros) e incluso a la parte correspondiente al Fondo Monetario Internacional (de un total de 16.000 millones de euros hasta marzo de 2016) a cambio de percibir un importe de 1.900 millones de euros procedentes del beneficio que habían obtenido los bancos

[84] Baste señalar a este respecto por ejemplo que, con fecha 6 de febrero de 2015 la Bolsa de Atenas bajó un 2%. Apenas tres días después, en la sesión del 9 de febrero de 2015, las caídas alcanzaron el 4,75%. El índice de referencia se alejó de los 800 puntos, arrastrado por las pérdidas de los bancos. La mayor fuga afectaba a la deuda pública griega, donde las ventas dispararon más de 100 puntos básicos la rentabilidad exigida al bono a dos años, llegando a superar el interés el 21%, un nivel insostenible de financiación. A más largo plazo, a diez años, las desinversiones producidas elevaron la rentabilidad de la deuda por encima del 11%. El resultado final de este conjunto de actuaciones no era otro que una escalada en la prima de riesgo por encima de los 1.000 puntos básicos.

centrales de la Eurozona con la compra de bonos griegos y de poder utilizar el remanente de 11.000 millones de euros reservado por el Fondo de Rescate para la recapitalización de la banca griega[85]. Con carácter adicional se estimaba que la consecución de dicho acuerdo podría permitir que el BCE volviese a admitir los bonos griegos como colaterales.

Las pretensiones del Eurogrupo pasaban por lograr que Grecia solicitase una prórroga del programa en vigor, respetando las condiciones pactadas y accediendo a negociar una mejora en las condiciones del préstamo en vigor, comprometiéndose además a cerrar otro paquete de ayuda financiera en la misma línea que los dos anteriores. Como contrapartida el nuevo programa que se adoptase podría contener condiciones menos exhaustivas[86], pudiendo incluir además determinadas modificaciones en la composición de la troika comunitaria.

Sin embargo Grecia proponía, al objeto de poder financiarse en el corto plazo, la emisión de un total de 8.000 millones de euros más en Letras del Tesoro y recibir del MEDE 1.800 millones de euros de los 3.600 millones pendientes de pago, a pesar de que su desembolso se encontraba condicionado al cumplimiento del Programa en vigor. Con carácter adicional el nuevo Ejecutivo heleno pretendía reducir a la mitad el objetivo de superávit fiscal primario marcado por el Programa en vigor para 2015 (del 3% al 1,5%). Con carácter adicional, y pensando en el medio plazo, Grecia proponía la adopción de un programa de reformas que respetase el 70% del Programa en vigor modificando el 30% restante por un plan alternativo pactado con la OCDE. Y, por último, a largo plazo se defendía el canje de buena parte de la deuda pública que se hallaba en vigor con los socios europeos por bonos ligados al crecimiento del PIB al amparo de los cuales se pagarían más intereses en un contexto de crecimiento sólido y viceversa[87].

---

[85] Dicho remanente de 11.000 millones de euros procedía de aquellas sumas que quedaron de reserva de la recapitalización de los bancos para facilitar liquidez a aquellas entidades que no logran recuperar deudas morosas.

[86] Así, por ejemplo, se apuntaba la posibilidad de que la Eurozona permitiese ejecutar el programa electoral de salvación nacional diseñado por el Ejecutivo heleno (con una dotación de 2.000 millones de euros para las familias más pobres), permitiendo además rebajar el objetivo de consolidación presupuestaria a la mitad, hasta un superávit fiscal del 1% o 2%.

[87] Refiriéndose a los pros y contras derivados de la emisión de estos bonos afirma MATELLÁN, A., "Las trampas del bono griego ligado al PIB", *Diario El Economista,* www.eleconomista.es (consultada el 19 de febrero de 2015) que *"Su ventaja principal radica en que alivian la presión sobre el coste financiero de los Gobiernos en momentos adversos. Así,*

7. CLAVES DEL CONFLICTO SUSCITADO ENTRE GRECIA Y EL EUROGRUPO PARA LA APROBACIÓN DE UN TERCER PLAN DE RESCATE

Desde nuestro punto de vista las principales líneas de entendimiento existentes en el conflicto suscitado entre Grecia y el Eurogrupo se concretaban en el hecho de que la Eurozona estuviese dispuesta a relajar las exigencias de superávit primario (fijadas en el 3% para 2015 y en el 4,5% para 2016[88]) a cambio de que Grecia continuara con las reformas y las privatizaciones, comprometiéndose a mantener más de dos terceras partes de las exigencias de la troika y recibiendo ayuda de sus socios comunitarios en la mejora de la recaudación fiscal y en la lucha contra la corrupción.

Así las cosas Grecia debía garantizar la consecución de superávits fiscales primarios (antes del pago de intereses) adecuados a las nuevas circunstancias económicas existentes, pudiendo introducir mejoras de justicia social si bien comprometiéndose a avanzar en la lucha contra la corrupción y el fraude fiscal[89] y adoptando nuevos esfuerzos en política fiscal, priva-

---

amortiguan el círculo vicioso originado en el pago de intereses crecientes cuando más caen los ingresos. En consecuencia, contribuyen a evitar una política fiscal procíclica, la cual ha causado problemas en la eurozona, aunque más por su inoportunidad y diseño equivocado que por su mera existencia. Por eso mismo, también impiden la explosión de la deuda sobre PIB hasta niveles insostenibles a largo plazo. En suma, reducen la variabilidad de las cifras macroeconómicas"; ahora bien, tal y como precisa este autor *"El bono ligado al PIB es en realidad una forma de transferir el riesgo de los emisores –Gobiernos– a los inversores (...) Y no son los inversores quienes deben aceptarlo, sino el sector público europeo, la UE y el BCE, puesto que poseen la mayoría de la deuda helena y la capacidad de realizar un canje".*

88 Con carácter general este superávit primario del 4,5% estaba dirigido a reducir la deuda pública por debajo de un umbral del 124% del PIB en 2020. No obstante al inicio de 2015 Grecia debía al Fondo de Rescate un total de 142.000 millones de euros, con una tasa de interés de la 2,5%.

89 Debe precisarse no obstante a este respecto que, durante el ejercicio 2013, los ingresos públicos representaron en Grecia el 45,8% del PIB, por encima de Alemania y siete puntos de PIB más que España. Por su parte durante el ejercicio 2012 los ingresos tributarios de Grecia representaron el 33,7% del PIB, 1,2 puntos más que España (Fuente: Eurostat, http://ec.europa.eu/eurostat/documents), situándose la causa fundamental de dicha diferencia en la fiscalidad que soportan las rentas del trabajo, superior a la española, mientras que la que grava tanto el capital como el consumo es sustancialmente parecida. Dentro de la imposición indirecta, y de acuerdo con los datos recogidos en el Informe de la Comisión *Taxation trends in the European Union* correspondiente a 2014 (consultado en http://ec.europa.eu/taxation_customs/taxation/gen_info/economic_analysis/tax_structures/index_en.htm)los ingresos derivados del consumo representaron el 12,7% del PIB, muy por encima del 10,7% recaudado por España.

tizaciones y reforma laboral, del sistema financiero y de las pensiones. En este sentido, y como primeras medidas previstas por el Ejecutivo heleno, se situaban las relativas a la prohibición de los desahucios de la primera vivienda y a la ampliación del círculo de contribuyentes que se podrían acoger al pago a plazos de sus deudas con Hacienda.

Los principales puntos conflictivos objeto del desacuerdo existente por aquel entonces entre el Eurogrupo y el Gobierno griego se concretaban en los siguientes. En primer lugar, el diseño de la reforma laboral realizado, que propugnaba una flexibilización del mercado laboral, una rebaja del salario mínimo y la dilución de la negociación colectiva, circunstancias que, a juicio del Ejecutivo griego, no resultaban adecuadas teniendo presente la situación económica griega, proponiéndose a tal efecto aumentar la protección de los trabajadores. En segundo término las privatizaciones previstas por importe de hasta 50.000 millones hasta 2016, en relación con las cuales Grecia defendía retrasar el horizonte temporal y ralentizar el procedimiento. En tercer lugar, los planes diseñados en su día para reducir el tamaño del Sector público, ya que el Ejecutivo heleno defendía recontratar a 3.500 empleados despedidos y detener los planes que había en marcha para seguir reduciendo el número de empleados público. Y, por último, la fiscalidad, ya que el Gobierno heleno pretendía aumentar el número de personas exentas de pagar IRPF (especialmente con los ingresos más bajos), así como evitar subidas de IVA y eliminar el Impuesto sobre Bienes Inmuebles, sustituyéndolo por otro sobre el Patrimonio.

Al margen de este conjunto de cuestiones se situaba la relativa al destino que debía otorgarse a los 10.900 millones de euros destinados a recapitalizar la banca, respecto de los cuales Grecia estimaba que su destino habría de ser la creación de un banco malo y de un banco público.

Con fecha 18 de febrero de 2015 Grecia formalizó la solicitud de una ampliación de su Programa de Rescate de hasta seis meses, prolongando así su programa de crédito como fórmula de compromiso que le permitiese acceder posteriormente a un tercer Programa de Ayuda. Con carácter adicional la citada solicitud aludía a cuestiones tales como la asunción por parte

---

De este modo, mientras que durante el ejercicio 2012 España ocupó el puesto número 19 de la Unión Europea en cuanto a recaudación, Grecia se situó en el puesto 17. Y, en el ámbito de la imposición que grava la propiedad (Impuesto sobre el Patrimonio) Grecia ocupaba el puesto número 7, inmediatamente detrás de España.

del país heleno de un compromiso para estabilizar la posición fiscal con "superávits fiscales apropiados", garantizando la sostenibilidad de la deuda y fijando unas metas fiscales para 2015 que tomaran en consideración la situación económica[90]; la no adopción de acciones unilaterales que pusieran en peligro las metas fiscales, la recuperación económica y la estabilidad financiera; la petición al BCE de que volviera a aceptar como colateral deuda pública helena a cambio de la concesión de inyecciones de liquidez a las entidades financieras griegas; la celebración de un nuevo "Contrato de Recuperación y Crecimiento" acordado conjuntamente con el Eurogrupo y con el FMI; y la activación de las disposiciones acordadas por el Eurogrupo en noviembre de 2012 relativas a "futuras medidas de asistencia de la deuda" permitiéndose la ampliación de los plazos de pago así como una rebaja (siquiera mínima) de intereses, permaneciendo en todo caso invariable el nominal de la deuda. Sin embargo dicha solicitud fue rechazada por Alemania, al estimar que la solicitud de dicho "crédito puente" no iba ligada al cumplimiento de las condiciones asociadas al rescate.

A resultas de una nueva reunión celebrada entre el Gobierno griego y el Eurogrupo con fecha 20 de febrero de 2015 se acordó prorrogar por espacio de cuatro meses el segundo Programa de Rescate de Grecia, que expiraba el 28 de febrero de dicho año, siempre y cuando el Ejecutivo heleno presentara antes del 23 de febrero un listado de reformas.

A priori dicha prórroga posibilitaba que Grecia pudiera acceder a los siguientes desembolsos programados en el Plan de Rescate, a saber, préstamo de 1.800 millones de euros correspondientes al último tramo del Fondo de

[90] Dicha situación económica venía motivada por la caída del PIB griego durante el último trimestre de 2014, así como por la huida de capitales y por el desplome de los ingresos. Respecto de la fuga de depósitos baste señalar que, según datos facilitados por el Banco de Grecia con fecha 26 de febrero de 2015, los depósitos en los bancos griegos se redujeron durante el mes de enero de 2015 en 12.200 millones de euros, quedando en su nivel más bajo desde 2012. Con posterioridad, a fecha 26 de marzo de 2015, el Banco de Grecia volvería a informar de que, con efectos desde el mes de diciembre de 2014, el valor total de la retirada de depósitos ascendió a 23.829 millones de euros, totalizando así a finales de febrero de 2015 los depósitos de empresas y hogares en los bancos griegos 140.468 millones de euros, frente a 148.042 millones de euros un mes antes. La mayor parte de las retiradas (más de 5.000 millones de euros) se hizo de depósitos de particulares, que al terminar febrero de 2015 sumaban un valor de 120.110 millones de euros, frente a 125.465 millones de euros al final de enero del citado ejercicio. Por su parte los depósitos a plazo, que en enero de 2015 sumaban 72.933 millones de euros, se situaban en 68.800 millones de euros en febrero de dicho año (Fuente: *Diario Expansión,* www.expansion.com, consultada el 26 de marzo de 2015).

Rescate, pago de 1.900 millones de euros a cuenta del beneficio del BCE con la compra de bonos griegos, un tramo de 3.500 millones de euros procedentes del FMI y 10.900 millones en bonos del primer Fondo de Rescate europeo para recapitalizar la banca griega. Con carácter adicional el BCE reactivaría la excepción que permite admitir a la deuda griega entre las garantías válidas para que sus bancos obtengan liquidez en las operaciones ordinarias de financiación de la institución.

Ahora bien todo ello requeriría una autorización *ad hoc* del Eurogrupo condicionada al compromiso del Ejecutivo heleno de no adoptar ninguna medida ni cambio unilateral que pudiera afectar negativamente a los objetivos fiscales, a la recuperación económica o a la estabilidad financiera, según el análisis de las instituciones (lo que impedía, por ejemplo, aprobar normativa alguna que pudiera llegar a revertir la reforma del mercado laboral y su paquete de medidas sociales[91]), así como de cumplir el conjunto de las obligaciones financieras con todos sus acreedores de forma completa y puntual (lo que imposibilitaba *de facto* para aplicar una quita o canjear la deuda antigua por bonos ligados al PIB). Con carácter adicional Grecia debía garantizar superávits fiscales primarios apropiados o las ganancias financieras necesarias para asegurar la sostenibilidad de la deuda. A cambio desde el Eurogrupo se procedería a aliviar la carga de la deuda griega siempre y cuando se completara con éxito el Programa de Rescate y Grecia tuviera superávit fiscal primario. A tal efecto, esto es, de cara a definir el superávit fiscal primario para 2015 (inicialmente fijado en el 3%), se tomarían en consideración las circunstancias económicas de dicho ejercicio, de manera que dicho porcentaje de superávit primario podía quedar fijado finalmente en el 1,5%.

Durante la última semana del mes de febrero de 2015 el Ejecutivo heleno presentó un listado de reformas reclamadas desde el seno de la Comisión al objeto de certificar la prórroga del segundo Programa de Rescate a Grecia, cuyo vencimiento tenía lugar, como ya se ha señalado, el 28 de febrero del citado mes. *A priori* dicha lista debía recoger, a grandes rasgos, las líneas generales del denominado "Programa de Salónica" presentado en su día por el grupo político del nuevo Ejecutivo heleno durante el desarrollo de la

[91] Téngase presente que la reforma laboral promovida por el anterior Ejecutivo heleno propugnaba una flexibilización del mercado laboral, así como una rebaja del salario mínimo y la dilución de la negociación colectiva.

campaña electoral. Dicho Programa incluía la adopción de un conjunto de medidas destinadas a combatir la situación de "crisis humanitaria" existente en Grecia, entre ellas facilitar luz gratuita y cupones de alimentos para 300.000 hogares que vivían por debajo del umbral de la pobreza, el acceso a la sanidad pública gratuita para todos los ciudadanos y la reintroducción de la paga extraordinaria a aquellas pensiones inferiores a los 700 euros. Asimismo debían incluirse un conjunto de medidas destinadas a aumentar la recaudación fiscal y perseguir el fraude y la corrupción. Todo ello con el objetivo último de lograr la liberación de los fondos que todavía quedaban pendientes del segundo rescate heleno, siempre y cuando Grecia aplicase de manera efectiva las reformas previstas en dicha lista.

En esta línea el contenido final de la lista elaborada por el Gobierno heleno se concretó en objetivos tales como la reducción del gasto administrativo (que suponía el 56% del total[92]), la ampliación de las penas para la evasión masiva[93], la no paralización de los desahucios (si bien se tratarían de evitar, en coordinación con el conjunto de las entidades financieras, los correspondientes a la primera vivienda[94]), la no paralización de aquellas privatizaciones que ya se hubiesen llevado a cabo y el mantenimiento de las que ya se encontrasen en funcionamiento, el no recorte de las pensiones (procediendo a reformar el sistema de contribuciones y su reparto para

---

[92] Concretamente se aludía en este ámbito a la necesidad de acometer un mayor control y contención del gasto en todas las áreas de la Administración Pública, mejorando su eficiencia en sectores tales como educación, defensa, transporte, Gobiernos locales o prestaciones sociales. Este mayor control de gasto se aplicaría también a la sanidad pública, si bien manteniendo el principio del acceso universal a la salud.

[93] En este punto del Documento el Ejecutivo griego se comprometía a ampliar la definición de fraude y evasión fiscal y a "desmantelar la inmunidad fiscal" de la que gozan algunos colectivos. Con carácter adicional se asumía el compromiso de dotar de personal necesario a la Hacienda griega y mejorar sus sistemas informáticos y tecnológicos para realizar su función. Asimismo se anunciaba la puesta en marcha de un Plan Nacional contra la Corrupción y una revisión del gasto público en todas sus partidas, entre las que se hallaban específicamente "educación, defensa, transporte, gobierno municipal" y "beneficios sociales".

[94] Acerca de esta cuestión se aludía en el Documento elaborado por el Ejecutivo heleno a la necesidad de "calibrar" sistemas de anualidades que ayuden a discriminar eficientemente entre quiebra estratégica, falta de pago e incapacidad para pagar, permitiéndose con ello diferenciar entre aquellas personas y empresas que optan por el incumplimiento estratégico de los pagos (los llamados "morosos estratégicos") y las que verdaderamente no pueden hacer frente a sus deudas.

garantizar su sostenibilidad[95]) y la no subida del IVA (si bien en este punto se preveía la eliminación de determinadas excepciones de no tributación y de ciertos "descuentos no razonables" al objeto de incrementar la recaudación, sacando del tipo reducido del Impuesto a determinados productos[96]). En materia de Seguridad Social se perseguiría "consolidar" los fondos de pensiones, con el objetivo de lograr la consecución de ahorro mediante la implantación de incentivos para declarar el trabajo efectivo y luchar así contra el fraude a la Seguridad Social. Asimismo se abogaba por recuperar los convenios colectivos y ampliar las posibilidades de ofrecer trabajos temporales a los desempleados de larga duración.

Otras de las medidas a las que se aludía en el documento presentado por el Ejecutivo heleno eran las relativas a la reducción del número de Ministerios (de 16 a 10), la lucha contra el contrabando de tabaco y gasolina, la drástica limitación en el número de asesores, la imposición de un límite máximo para los préstamos de los partidos políticos y la reforma regulatoria de los medios de comunicación con la finalidad de cobrar la concesión de frecuencias radioeléctricas a las televisiones y radios y clausurar aquellos que operan a pérdidas con fuentes de financiación desconocidas. El documento presentado por el Ejecutivo heleno al Eurogrupo con fecha 24 de febrero de 2015 preveía además la subida, en un futuro, del salario mínimo, si bien previa consulta con las instituciones europeas e internacionales, y siempre y cuando ello no perjudicara a la competitividad y a la creación de empleo.

Este conjunto de medidas debía cristalizar en varios Proyectos de Ley, dentro de los cuales destacaba el relativo al pago de deudas a Hacienda y a los fondos de pensiones (a través del cual pretendía ampliarse el rango de personas susceptibles de acogerse al desembolso en 100 tramos del dinero debido, por ejemplo, en impuestos o en la factura de la luz), el cual debía

---

[95] En este punto el conjunto de medidas recogidas en el Documento elaborado por el Gobierno heleno pasaban por la consecución de un vínculo más estrecho" entre las contribuciones a las pensiones y los derechos de los pensionistas, anunciándose además la adopción de un conjunto de medidas destinadas a frenar las prejubilaciones en determinados sectores como banca y el sector público y la aplicación de un mecanismo de renta garantizada para que a los trabajadores de entre 50 y 65 años les compense seguir en activo.

[96] Con carácter adicional en materia de fiscalidad se preveía modificar la tributación de las inversiones y el régimen fiscal de los impuestos colectivos, quedando recogidas este conjunto de medidas en un código de impuestos.

incluir además una reforma del sistema tributario, la activación del Consejo Fiscal heleno (autoridad independiente destinada a coordinar al conjunto de los inspectores de Hacienda, así como a supervisar la aplicación de la legislación fiscal, ayudando al Ejecutivo a evitar el déficit primario y con competencias en materia de previsiones económicas y de aplicación de los programas y metas fiscales) y la creación de un nuevo organismo dirigido a elaborar auditorías fiscales.

Otras medidas igualmente previstas por el Gobierno heleno eran las relativas a: la modificación de la legislación relativa a los retrasos en los pagos de deuda; la implementación de un nuevo plan para emitir licencias por un período de cinco años a empresas de apuestas *online*; la reducción del volumen de trámites administrativos existentes mediante la aprobación de una legislación destinada a prohibir a la Administración pedir a los individuos documentos que ya obren en manos del Estado; el fomento del clima empresarial a través de mejoras en la calidad de los servicios públicos; la fijación de un objetivo de techo de gasto presupuestario mediante la aprobación de una ley orgánica; y la adopción de un conjunto de medidas destinadas a paliar la crisis humanitaria consistentes en el suministro de luz gratuita, ayuda a la vivienda y cupones alimentarios para los más pobres.

Tras la aceptación por parte del Eurogrupo, del BCE y del FMI del conjunto de medidas propuestas por el Ejecutivo heleno varios Parlamentos nacionales procedieron a aprobar la prórroga de ayudas a Grecia por espacio de cuatro meses. Así, por ejemplo, el *Bundestag* alemán aprobó la prórroga en su sesión del 27 de febrero de 2015.

En todo caso, y a pesar del acuerdo alcanzado, la situación de la deuda pública griega no terminaba de mejorar. Así, por ejemplo, con fecha 4 de marzo de 2015 la Agencia de Gestión de la Deuda Pública pagó un interés del 2,97% para colocar letras a seis meses, lo que representaba el rendimiento más alto desde el 3,02% que desembolsó en abril de 2014. Se trataba además de la cuarta subasta consecutiva en la que el Tesoro griego tenía que abonar un interés mayor, tras el 2,15% de diciembre de 2014 desde el 2% de noviembre del citado ejercicio y el 2,3% y el 2,75% de enero y febrero de 2015, respectivamente. Y ello a pesar de que, en la subasta del 4 de marzo de 2015, la Agencia de Gestión de la Deuda Pública griega trató de apurar al máximo la operación, logrando captar un total de 1.137,5 millones de euros, provenientes de una demanda total de 1.138 millones de euros[97].

Ciertamente Grecia estaba ya alcanzado el techo fijado al efecto en cuanto al límite de emisión de letras del Tesoro (15.000 millones de euros), motivo por el cual debía incrementar sus ingresos procedentes de los impuestos (caso de los ingresos procedentes de la sexta y última cuota del Impuesto sobre la Propiedad y los ingresos de las declaraciones periódicas del IVA) así como de las cotizaciones sociales, máxime teniendo en cuenta además que la reserva del Fondo de Estabilidad Financiera existente por importe de 3.000 millones de euros ya había sido utilizada para cubrir otras necesidades financieras.

Por lo que a los datos fiscales se refiere baste señalar por ejemplo que, a lo largo del mes de enero de 2015, Grecia ingresó un total de 3.460 millones de euros (un 24% menos que en 2014), debiendo hacer frente a unos gastos por importe de 3.300 millones (un 14,3% menos que en 2014). Los siguientes datos facilitados, correspondientes ya a los dos primeros meses de enero y febrero de 2015, arrojaban una recaudación de 7.298 millones de euros, lo que representaba un 13,8% menos de lo que esperaba obtener la Hacienda helena.

Durante la última semana del mes de febrero de 2015 Grecia devolvió un tramo al Mecanismo Europeo de Estabilización Financiera, debiendo afrontar además a lo largo del mes de marzo del citado ejercicio el pago de 1.600 millones al FMI así como unos importantes desembolsos hasta finales de junio del citado año. El Tesoro heleno debía además refinanciar unos 3.200 millones de euros en vencimiento de deuda emitida. Y, durante los meses de julio y agosto de 2015, debían producirse devoluciones al BCE

[97] En este sentido se ha de precisar que, a lo largo de las tres subastas de deuda pública celebradas durante el mes de febrero y principios de marzo de 2015, la demanda alcanzada fue débil, situándose la *ratio* de cobertura, que mide las peticiones totales de los inversores en relación al importe colocado realmente en 1,3 veces en las tres ocasiones, lo que representaba su nivel mínimo de casi 9 años desde el mes de julio de 2006. Con carácter adicional el coste derivado de las citadas colocaciones se encareció de manera notable. Así, con motivo de la emisión de Letras a seis meses celebrada en noviembre de 2014 se obtuvo un interés del 2% (noviembre 2014. Con posterioridad, durante la subasta celebrada en enero de 2014 se alcanzó un interés del 2,30%. Y, a resultas de la subasta celebrada el 5 de marzo de 2015, se escaló hasta el 2,97%. Sin lugar a dudas ello representaba un encarecimiento de los costes de financiación del 50% en apenas cuatro meses.

(entre ellas, las consistentes en el abono de intereses de bonos de Estado en manos del supervisor) por un importe global de 6.500 millones de euros. Como contrapartida se habían logrado obtener 555 millones de euros del Fondo Helénico de Estabilidad Financiera procedentes de la recapitalización de los principales bancos del país en 2012.

Por otra parte con motivo de la reunión del Consejo del BCE celebrada el 5 de marzo de 2015 el supervisor acordó, respecto a los colaterales, no volver a aceptarlos en las subastas de liquidez hasta que no concurriesen las condiciones adecuadas. Asimismo el BCE rechazó la posibilidad de aumentar el techo para emitir a corto plazo títulos de deuda soberana (*T-Bills*), que posteriormente serían trasladados por las entidades financieras al BCE. Y ello a pesar de que el Ejecutivo griego contemplaba esta medida como un mecanismo que le permitiría la obtención de recursos inmediatos hasta que se produjese el desembolso del último tramo del Programa de ayuda europeo.

Grecia comenzó a aprobar el conjunto de medidas comunicadas a la Comisión el 18 de marzo de 2015. Dentro de las primeras medidas aprobadas se encontraba: la concesión de vales de comida a unos 300.000 hogares empobrecidos hasta final de 2015, los cuales podrían canjearse en tiendas o cadenas que colaborasen con el Gobierno heleno en la implementación de dicho programa (del cual quedarían excluidas aquellas personas que ya recibiesen ayuda de cualquier otra institución); facilitar el acceso al sistema sanitario a quienes estuviesen sin empleo desde hace más de doce meses; proveer de electricidad gratuita a 150.000 hogares en graves problemas económicos hasta 2016, previéndose además que aquellas familias a las que les hubiesen cortado la electricidad por no pagar no tendrían que retribuir dinero alguno ahora para volver a ser conectadas, disponiéndose a tal efecto el aplazamiento de la deuda; proveer ayudas al alquiler de entre 70 y 220 euros al mes, exentas de impuestos y entregadas directamente al propietario, hasta finales de diciembre de 2015, tratándose de familias con hijos menores de edad y que vivan en las ciudades[98]; creación de una Secretaría General

[98] En efecto, el Programa Gubernamental griego de lucha contra la pobreza estaba destinado a un total de 153.000 familias que podrían solicitar ayudas al alquiler, a la luz y a alimentos. Con carácter general tienen derecho a este Programa todas aquellas personas que no reciban ayudas de otras iniciativas europeas ni regionales. Concretamente, estaba previsto que a la ayuda a la vivienda pudieran acogerse 30.000 personas, que obtendrían entre 70 y 220 euros al mes. Los solicitantes podrían pedir asimismo 300 kilovatios de electricidad gratuita por

destinada a combatir la corrupción en el país; y aprobación de una "amnistía fiscal" en virtud de la cual todos aquellos contribuyentes que tuvieran deudas pendientes con Hacienda o con los fondos de la Seguridad Social tendrían la posibilidad de ahorrarse multas o intereses por los impagos siempre y cuando retribuyesen ese dinero antes del 27 de marzo de 2015[99].

Con fecha 20 de marzo de 2015, y tras haber lanzado unos días antes el Organismo de Gestión de la Deuda Pública una emisión de títulos a tres meses a resultas de la cual se colocaron un total de 1.300 millones de euros en letras del Tesoro a tres meses a un interés del 2,70%, la Comisión Europea y el Consejo Europeo acordaron la concesión de una ayuda de emergencia para Grecia procedente de fondos europeos no utilizados del Presupuesto Comunitario por valor de 2.000 millones de euros destinada, no a incrementar las arcas del Tesoro griego, sino a apoyar solidariamente los esfuerzos de crecimiento y la cohesión social en Grecia y, más precisamente, a paliar la crisis humanitaria que sufría el país.

---

mes y una tarjeta bancaria que podría ser utilizada solo para la compra de alimentos, siendo recargada por el Ejecutivo al inicio de cada mes. Pueden optar por dicha iniciativa aquellos contribuyentes que durante el año 2014 hubiesen declarado a Hacienda unos ingresos anuales inferiores a los 2.400 euros para un hogar de una sola persona y de 6.000 euros anuales para una familia a partir de cuatro hijos. En el caso de la ayuda al alquiler, el valor de la propiedad inmobiliaria no debe sobrepasar los 90.000 euros tratándose de una vivienda de una persona, ni de 200.000 euros en caso de una familia. Se ha de precisar por otra parte en relación con la fiscalidad inmobiliaria que, hasta el año 2008, los griegos no tenían que pagar impuestos por sus propiedades inmobiliarias. A partir de ahí, los distintos Gobiernos fueron introduciendo impuestos a la vivienda, llegando a extender a todas las propiedades inmobiliarias urbanas y agrícolas. Desde el inicio de la crisis hasta 2013 (que entró en vigor la última extensión del gravamen) el Impuesto sobre los Bienes Inmobiliarios se ha disparado en un 700%.

[99] En relación con el alcance de esta medida baste señalar que, durante el primer día de entrada en vigor de la misma, el Estado griego logró ingresar entre 30 y 35 millones de euros por parte de un total de 140.000 deudores. Con posterioridad, a la finalización de la última semana del mes de marzo de 2015 el Estado griego recaudó algo más de 147 millones de euros del pago de deudas a Hacienda procedentes de un total de 151.124 contribuyentes que se acogieron a la amnistía fiscal durante los siete días de su vigencia. El mayor número de contribuyentes –algo más de 100.000– que se acogieron a esta medida voluntaria eran individuos que tenían pequeñas deudas de hasta 1.000 euros. Del grupo de personas con deudas que superaban el millón de euros tan solo seis aprovecharon esta oferta que eximía de sanciones y del pago de intereses a todos los que se acogieran a ella en el plazo previsto. Estas seis personas pagaron un total de 9,1 millones de euros. El mayor volumen de recaudación, un total de 28,3 millones de euros, provino de las 15.457 personas privadas y jurídicas que formaban una franja con deudas de entre 1.000 y 3.000 euros (Fuente: *Diario El Economista,* www.eleconomista.es, consultada el 1 de abril de 2015).

Apenas unos días después el BCE limitaba la exposición de la banca griega a la deuda soberana del país, al facilitar instrucciones a los mayores bancos griegos para que se abstuvieran de incrementar su exposición a la deuda pública de Grecia. Dicha restricción venía así a sumarse al anterior límite de 3.500 millones de euros establecido por el supervisor respecto a la deuda a corto plazo susceptible de ser utilizada por los bancos griegos para financiarse a través de los programas de emergencia del BCE. Sin lugar a dudas dicha restricción venía a dificultad las posibilidades de Ejecutivo heleno de refinanciar sus vencimientos con la emisión de nueva deuda a corto plazo, especialmente teniendo en cuenta la disminución de la demanda extranjera. Téngase presente además que, como ya se ha señalado, la troika comunitaria había impuesto un límite de emisión de deuda a corto plazo de 15.000 millones de euros.

Dada esta situación a la finalización del mes de marzo de 2015 el Eurogrupo mantenía bloqueado el último tramo del rescate griego (1.800 millones de euros) y la entrega de los beneficios derivados del programa de compra de deuda griega (unos 1.900 millones de euros en 2014) a la espera de que la troika validara el Programa de ajustes, reformas y privatizaciones presentado por Grecia. A mediados del mes de abril de 2015 Grecia afrontaba ya un vencimiento de 446,7 millones con el Fondo Monetario Internacional, debiendo además renovar o pagar 1.400 millones de euros en letras del Tesoro con la finalidad de financiar su gasto corriente y, apenas unos días después, otros 1.000 millones de euros en letras del Tesoro. En total Grecia debía hacer frente solo en el mes de abril de 2015 a un total de 650 millones de euros en obligaciones exteriores (450 millones al FMI y otros 200 millones en pagos de intereses de la deuda), debiendo sustituir además 2.400 millones de euros en Letras del Tesoro que vencían durante el citado mes.[100]

Ante esta situación con fecha 1 de abril de 2015 el Ejecutivo heleno remitió a la troika un nuevo listado de reformas destinadas a intensificar la lucha contra el fraude y la evasión fiscal. Así, por ejemplo, el Gobierno heleno preveía ingresar unos 875 millones de euros mediante la auditoría de transferencias bancarias al extranjero, y otros 600 millones a través de

[100] Téngase presente además que Grecia no había recibido el montante de 7.200 millones de euros que quedaba pendiente del segundo rescate ni los más de 1.900 millones que correspondían a los beneficios por los bonos mantenidos con el BCE.

un nuevo sistema de lotería del IVA destinado a impulsar el pago del citado Impuesto y reducir el fraude. Con carácter adicional se preveía recaudar un mínimo de 50 millones de euros en un tributo sobre los anuncios televisivos, 20 millones introduciendo un impuesto sobre objetos de lujo, 350 millones sacando a concurso las licencias de emisión para las televisiones privadas y cerca de 125 millones de euros vendiendo licencias para las compañías de apuestas *on line*. En cambio no se incluían otras cuestiones tales como una revisión del sistema de pensiones heleno o una mayor liberalización del mercado laboral.

El nuevo listado de reformas remitido el 1 de abril de 2015 contemplaba un gasto de 1.100 millones de euros para 2015, cifra respecto de la cual más de la mitad iría sufragar el abono de una paga adicional para los pensionistas con bajos ingresos. Asimismo se proponía suspender la denominada "cláusula de déficit cero", cuyo mantenimiento obligaría a efectuar más recortes en las pensiones del Estado, y adoptar un aumento progresivo del salario mínimo, procediendo a reforzar la negociación colectiva.

En definitiva, el nuevo listado de medidas presentado por Grecia incluía, entre otras, la lucha contra el fraude en el IVA, cambios en los tipos impositivos del IRPF, recuperación de dinero negro en el extranjero, pago de deudas a Hacienda a plazos, subida del impuesto de lujo o la introducción de un impuesto a la publicidad en televisión.

Una de las medidas normativas más significativas propuestas por el Gobierno heleno era la relativa a la redacción de un Proyecto de Ley destinado a proteger las primeras viviendas de los desahucios, a través del cual se pretendía prohibir la ejecución de las hipotecas de las primeras viviendas valoradas en menos de 300.000 euros cuyos dueños tuviesen unos ingresos anuales de menos de 50.000 euros. Con carácter adicional dichos dueños habrían de tener un patrimonio de menos de 500.000 euros, de los cuales no podrían estar en cuentas bancarias en líquido más de 30.000 euros. Se adoptaban por tanto unas condiciones mucho más amplias que las de la anterior Ley antidesahucios.

Sin embargo dicho Proyecto de Ley no contaba con el visto bueno del BCE, para quien la referida amplitud del criterio propuesto para poder acogerse iba más allá de la protección de los deudores vulnerables y con ingresos bajos, pudiendo llegar a generar un riesgo moral y conducir a bancarrotas (impagos) estratégicas así como a socavar la cultura del pago y el futuro crecimiento de los préstamos. En efecto en opinión del supervisor el citado Proyecto de Ley ampliaba significativamente los criterios de selección en cuanto al valor de la propiedad protegida, los ingresos anuales, el valor mobiliario e inmobiliario y la cantidad depositada en bancos, no resultando en consecuencia sostenible su aplicación teniendo en cuenta el índice de impago de préstamos de los bancos griegos. A juicio del BCE las prohibiciones contenidas en el Proyecto de Ley podrían terminar incentivando a los deudores que no necesitaran realmente una protección a no cumplir con sus obligaciones o a reducirlas significativamente, a pesar de que contaran con medios para cumplirlas.

Volviendo a nuestro análisis de la deuda pública helena con fecha 15 de abril de 2015 el Tesoro griego lanzó una emisión de letras a 3 meses al 2,7% de interés logrando captar un total de 812 millones de euros. En líneas generales la demanda de dicha emisión se mantuvo estable, llegando a superar las peticiones efectuadas la oferta en 1,3 veces, y sin cambios respecto a la ratio de cobertura registrada en la subasta precedente. En cuanto al coste de financiación, tampoco varió respecto a la subasta precedente, repitiendo como se ha señalado el interés medio de sus letras a tres meses en el 2,7%. Ciertamente dicho porcentaje contrastaba con las tasas negativas de rentabilidad que por aquel entonces se habían generalizado en las deudas a corto plazo de otros países de la Eurozona, incluido España.

Apenas un día después el interés de los bonos griegos a diez años superaba el 13% y aquellos con vencimiento en cinco años pasaban de un tipo del 17% a otro del 20%, retornando así a unos porcentajes propios de los momentos más intensos de la crisis de deuda soberana. Los porcentajes de interés se elevaban todavía más en la deuda pública a dos años, al alcanzar un tipo del 27%. La "oleada" de ventas producidas agravaba además la curva invertida de la deuda griega, si bien como se ha señalado dichas ventas no se limitaban a los títulos a corto plazo, los más expuestos a un riesgo inminente de impago. El resultado de dicha situación de inestabilidad no era otro que una nueva escalada de la prima de riesgo de Grecia al borde de los 1.300 puntos básicos.

Con fecha 20 de abril de 2015 el Ejecutivo griego aprobaba un Decreto por el que obligaba a todas las entidades de carácter público y a los Ayuntamientos a ceder todas sus reservas al Banco Central de Grecia, dada la necesidad urgente de financiación del Ejecutivo y su incapacidad para generar liquidez o cerrar un acuerdo que le permitiese obtener financiación de sus socios comunitarios. A través de la aprobación del citado Decreto el Gobierno griego esperaba cubrir necesidades del Estado por un importe cercano a 3.000 millones de euros, los cuales se desagregaban de la siguiente manera: 1.100 millones de euros para el pago de salarios públicos a finales de abril de 2015; 850 millones en pensiones; 200 millones para el pago de intereses de la deuda; y 746 millones que debía abonar a mediados de mayo de 2015 al FMI. Esta transferencia efectuada desde los organismos públicos resultaba obligatoria y se extendía a las arcas de los Ayuntamientos.

Dicho Decreto regulaba concretamente unas operaciones de recompra (repos) que permitían al Estado griego pedir prestado fondos a organismos públicos por un periodo máximo de 15 días, procediéndose por parte de las empresas estatales a transferir los fondos al Banco de Grecia y siendo posteriormente devueltos por el Estado al interés vigente de la entidad griega (un 2,5%) frente al 1% aplicable por aquel entonces en el ámbito de la banca comercial. Del ámbito de aplicación del citado Decreto quedaban no obstante explícitamente excluidos los fondos de pensiones y las empresas estatales que necesitaran sus reservas en efectivo para pagos inmediatos. Sin embargo apenas unos días después el conjunto de los Entes Locales de Grecia aprobaban una resolución por la que se negaban a desembolsar fondo alguno por lo menos hasta que existiera una decisión oficial adoptada en una Asamblea formal. No obstante con fecha 25 de abril de 2015 funcionarios de Gobiernos locales llegaban a un acuerdo con el Ejecutivo griego para implementar la citada medida tras recibir garantías acerca del carácter temporal de dicha medida de emergencia, la cual habría de convertirse además en opcional transcurrido un determinado plazo.

Uno de los principales focos de conflicto existentes entre el Ejecutivo griego y la troika comunitaria venía motivado por la negativa del primero a recortar las pensiones o los salarios de los funcionarios, así como a introducir nuevos impuestos o nuevas ventas de bienes públicos, introduciendo así reformas de calado en materia laboral[101] y de pensiones. Mientras desde

[101] Y ello a pesar de que a principios del mes de mayo de 2015 se conocía que la tasa de paro en Grecia había descendido durante el mes de febrero del citado año hasta el 25,4%, lo que suponía dos décimas menos en comparación con el 25,6% de enero del citado año y su nivel más bajo desde julio de 2012 (25,3%) (Fuente: Elstat, www.statistics.gr, consultada el 7 de mayo de 2015). Dicho dato era 1,8 puntos porcentuales inferior al 27,2% registrado en febrero

la Comisión Europea se defendía el mantenimiento del salario mínimo así como condicionar el gasto en pensiones a los ingresos del sistema, subir el IVA y acelerar el proceso de privatizaciones, el Gobierno griego pretendía subir el salario mínimo, reintroducir una paga extra en las pensiones, mantener el IVA, ralentizar las privatizaciones y reestructurar la deuda de los ciudadanos griegos con las entidades financieras. La necesidad de alcanzar un acuerdo en estos y otros puntos apremiaba, ya que a finales de abril de 2015 Grecia debía afrontar el pago de salarios públicos y pensiones por un importe de 1.700 millones y el 1 de mayo del citado ejercicio la devolución de un préstamo al FMI por valor de 200 millones de euros, sobre el que pesaba la posibilidad de impago. Con carácter adicional, como ya se ha indicado, el 12 de mayo de 2015 Grecia debía abonar otros 780 millones de euros al FMI.

Por otra parte una de las medidas que el Ejecutivo griego planeaba implantar era la relativa a permitir a sus contribuyentes declarar los depósitos mantenidos ocultos al Fisco en el extranjero sin aplicarles ninguna sanción y sometiendo estos ahorros a un gravamen con descuento, con el objetivo de que el afloramiento de dichas sumas monetarias aliviara en parte las necesidades de liquidez del país. De acuerdo con el Proyecto de Ley redactado al efecto por el Ejecutivo los depósitos declarados serían gravados a un tipo de entre el 15% y el 20% cuando, de otro modo, aquellos depositantes que hubiese evadido sus obligaciones fiscales se arriesgarían, en caso de ser descubiertos por la Hacienda Pública griega, a tener que hacer frente a un gravamen del 46% y al pago de una multa por importe de hasta el 46% del dinero defraudado.

de 2014 y se alejaba de su máximo histórico registrado en julio y septiembre de 2013, cuando se situó en el 27,9%. Concretamente el número de empleados en Grecia era de 3,55 millones de personas, en comparación con los 3,49 millones del mismo mes de 2014, mientras que el número de parados se situaba en los 1,21 millones, en comparación con los 1,30 millones de febrero del año anterior. El número de griegos con empleo se incrementó un 1,6% en febrero de 2015 en comparación con el mismo mes del año anterior y un 0,2% en relación a enero. Por su parte, el número de personas desempleadas descendió un 7,5% en un año y bajo un 1,2% en comparativa intermensual. Otros datos desagregados destacables eran el relativo al número de mujeres desempleadas (29,1%), más elevado que el de hombres (22,4%), si bien en ambos casos resultaba inferior al del mismo mes de 2014, cuando se situó en el 30,7% y el 24,4%, respectivamente. Por grupos de edad, los jóvenes de entre 15 y 24 años volvían a registrar la tasa más elevada de paro (50,1%), cuando durante el año anterior el porcentaje de jóvenes sin empleo era del 56,4%.

Durante la primera semana del mes de mayo de 2015 Grecia presentó un nuevo paquete de medidas a la Comisión Europea por valor de 2.600 millones de euros, dentro de las cuales destacaban las relativas a: la aplicación de un impuesto especial del 5% en los hoteles de cinco estrellas y del 3% en restaurantes y clubes en Mykonos, Santorini y otras grandes islas del mar Egeo a cambio de mantener el tipo reducido del IVA vigente en estas islas; la introducción de la obligación de pagar con tarjeta todos los pagos superiores a los 70 euros en las islas del mar Egeo con poblaciones superiores a 4.100 personas; la recuperación de dinero de los depósitos en el extranjero mediante una amnistía fiscal; la reducción del número de contrataciones previstas en el Sector público, a excepción de las relativas al sector sanitario y la educación; y el retraso hasta el 2016 de la abolición del Impuesto sobre Bienes Inmuebles (ENFIA), manteniendo su aplicación únicamente para aquellas propiedades con un valor superior a los 300.000 euros.

La recontratación de funcionarios públicos sería finalmente aprobada con fecha 7 de mayo de 2015, concretándose en un total de 3.900 funcionarios que habían sido despedidos o derivados a un régimen de prejubilación, debido a las reformas administrativas impuestas con motivo de los rescates por los acreedores internacionales. Si bien inicialmente el Borrador del Proyecto de Ley presentado en abril de 2015 preveía unas 15.000 contrataciones de funcionarios, dicha cifra se redujo posteriormente a 11.660 para terminar limitándose a 3.900, dado que los fondos presupuestados ya no eran suficientes para sostener el plan inicial.

A pesar de este conjunto de medidas y de otras implementadas al efecto durante el primer trimestre de 2015 la economía griega se contrajo un 0,2% respecto al cuarto trimestre de 2014[102]. Ciertamente el país heleno ya había registrado datos negativos en el último trimestre de 2014, cuando se contrajo un 0,4% respecto al anterior. De este modo Grecia encadenaba dos trimestres de descenso, después de que en el tercer trimestre de 2014 el PIB creciese un 1,6% en comparación con el mismo periodo de 2013 y un 0,7% respecto al trimestre precedente. No obstante, y en comparación con el primer trimestre de 2014, el PIB se había incrementado un 0,3% durante el primer trimestre de 2015.

[102] Fuente: Elstat, www.statistics.gr (consultada el 13 de mayo de 2015).

Volviendo nuevamente a la cuestión relativa a las dotaciones del fondo de emergencia diseñado por el BCE para los bancos helenos con fecha 12 de mayo de 2015 el supervisor procedió nuevamente a ampliar la provisión urgente de liquidez en 1.100 millones de euros, hasta situarse en un total de 80.000 millones de euros. En todo caso Grecia continuaba dependiendo de la consecución de un acuerdo con el Eurogrupo para poder recibir los 7.200 millones de euros pendientes del segundo rescate, cuya prórroga de cuatro meses, acordada en febrero de 2015, expiraba a finales de junio del citado ejercicio. La consecución de dicho acuerdo podía facilitar además que el BCE elevara el techo de emisión de letras del Tesoro, situado por aquel entonces en 15.000 millones de euros.

Mientras tanto el Tesoro griego tenía que financiarse con emisiones de letras como la celebrada el 13 de mayo de 2015, a tres meses, y en relación con la cual logró emitir un total de 1.137 millones de euros. No obstante en el mercado secundario el bono griego a diez años cotizaba por debajo del 11%%, mientras que la prima de riesgo se situaba en 1.008 puntos básicos.

La Comisión Europea exigía a Grecia aprobar un paquete de medidas por un total de 5.000 millones de euros para cubrir la brecha financiera prevista para los ejercicios 2015 y 2016. De cara a lograr dicha cuantía Grecia habría de reformar el sistema del IVA aplicable en el citado país y sustituir los tres tipos vigentes (23%, 13% y 6,5%) por dos, a saber, uno del 18% (que se limitaría al 15 % en los pagos con tarjeta) y uno reducido del 5%. Asimismo se exigiría incrementar el Impuesto de Solidaridad, introducido al firmar el primer rescate, para todos los ingresos superiores a los 30.000 euros, y mantener el Impuesto sobre la Vivienda o ÉNFIA. Con posterioridad Grecia habría de revisar la cuestión de las pensiones complementarias (ante la exigencia por parte de la Comisión de la introducción de una cláusula de déficit cero de estas cajas en el marco de un amplio diálogo sobre la sostenibilidad del sistema de pensiones) y, dentro del mercado laboral, el debate sobre los convenios colectivos.

No obstante, y a pesar de los esfuerzos desarrollados para alcanzar un acuerdo, al inicio de la tercera semana de mayo de 2015 los inversores huían de nuevo de la deuda pública griega como respuesta a los temores de un próximo impago, situándose la prima de riesgo de Grecia por encima de la barrera de los 1.000 puntos básicos (fruto de las ventas de su bono a diez años) y disparándose la rentabilidad del bono griego a dos años por encima del 24%, lo que daba lugar a unos niveles de financiación insostenibles. El interés de su bono a cinco años superaba el 16%, y el 11% en el caso de la deuda a diez años.

En relación con el IVA los planes del Ejecutivo griego pasaban sin embargo por aplicar a partir de septiembre de 2015 dos tipos únicos para el citado Impuesto del 18% y el 9,5% (siendo de aplicación este último a alimentos, medicinas y periódicos), los cuales se verían reducidos al 15% y al 6,5% en el supuesto de que los pagos se efectuaran con tarjeta de crédito o débito. Dichos tipos de gravamen vendrían a sustituir a los tipos del 23%, 13% y el 6,5%. Con carácter adicional se incentivaría el pago con tarjeta al objeto de tratar de reducir el elevado fraude existente en el cobro del IVA.

Tal y como hemos tenido ocasión de analizar con anterioridad, desde finales de 2014 el BCE había venido evitando el bloqueo de los depósitos bancarios gracias a la liquidez proporcionada a través de los préstamos de emergencia (ELA), los cuales tienen como destinatarios entidades financieras con problemas de liquidez, pero no de solvencia. Sin embargo en caso de que llegara a producirse el eventual impago de uno de los vencimientos de los préstamos con el FMI o con los socios europeos que el Ejecutivo griego tenía pendiente, ello conduciría al *rating* de Grecia al nivel de impago o *default*, arrastrando así a la calificación de los bancos griegos. Ello incidiría además sobre la venta de deuda pública y el aumento de costes de financiación. El BCE se vería entonces obligado a dejar de suministrar liquidez de emergencia, produciéndose el establecimiento de limitaciones a las retiradas de efectivos de los bancos e incluso a la pérdida de parte de los depósitos[103]. Lo cierto es, sin embargo, que no se había producido in-

[103] Acerca de esta cuestión se ha de tener presente que la salida de depósitos privados sufrida por los bancos griegos en los cuatro primeros meses de 2015 alcanzaba los 28.162 millones de euros (Fuente: https://www.ecb.europa.eu/ecb/html/index.es.html, consultada el 29 de mayo de 2015). Dicha cifra equivalía al 15% del Producto Interior Bruto estimado para Grecia en 2014 por el Fondo Monetario Internacional. Durante el mes de abril de 2015 la fuga de depósitos de familias y empresas se aceleró hasta alcanzar los 5.678 millones de euros, frente a los 2.481 millones de marzo de 2015, aunque por debajo de los 7.843 millones de euros del mes de febrero y los 12.160 millones de euros correspondientes al mes de enero de 2015. Tras el citado descenso del mes de abril de 2015, los depósitos privados acumulaban ocho meses consecutivos a la baja, lo que había reducido el dinero depositado por familias y empresas en bancos del país heleno a un total de 139.364 millones de euros, el dato más bajo desde enero de 2005. Durante esos ocho meses de descensos, los depósitos del sector privado se redujeron en 33.638 millones de euros, una cifra equivalente al 18% del PIB griego de 2014.

cremento alguno en la línea especial de emergencia, no habiendo solicitado además el Banco de Grecia que se aumentara la línea de emergencia por encima del techo de 80.200 millones de euros fijado al efecto.

A finales del citado mes de mayo de 2015 el Ejecutivo griego anunciaba la redacción de un borrador a través del cual supuestamente se plasmaría un principio de acuerdo alcanzado con la Comisión y que contendría, como principales puntos, los relativos a un menor superávit primario, una reforma del IVA, un paquete de crecimiento y un acuerdo para aliviar la deuda pública a largo plazo. En cuanto a las pensiones, se preveía adoptar una revisión del sistema, limitando las jubilaciones anticipadas y disponiéndose la unificación de los fondos de pensiones[104]. De este modo el borrador a través del cual se pretendía plasmar el principio de acuerdo alcanzado no preveía recortes de salarios ni pensiones (si bien preveía limitar las prejubilaciones y unificar los fondos de las pensiones) así como tampoco quitas de deuda a largo plazo[105]. No obstante sí que incluía una solución de medio plazo sobre la deuda del país heleno, un menor superávit primario[106], una reforma del IVA[107] y la adopción de un paquete de medidas destinadas a impulsar el crecimiento. Con carácter adicional se reformaría el sistema de subsidios para reducir las jubilaciones anticipadas en el país (sin prejuicio

[104] En relación con esta cuestión las pretensiones de las instituciones comunitarias pasaban por acometer una reforma de las pensiones y del sistema de la Seguridad Social para reducir entre un 0,25 y un 0,5% del PIB el coste anual del sistema en 2015 y hasta un 1% en 2016. Concretamente la Eurozona reclamaba a Grecia un nuevo recorte de pensiones de 3.000 millones de euros en 18 meses.

[105] No obstante la reforma del mercado laboral propuesta por la Comisión sí que contemplaba lanzar una consulta para revisar el sistema de EREs, el derecho de huelga y la negociación colectiva, aplicando las mejores prácticas a nivel europeo.

[106] Téngase presente a este respecto que desde la Comisión Europea se demandaba, al menos, un superávit primario del 1% para 2015 y una subida escalonada hasta el 3,5% en 2018, mientras que Grecia aspiraba a alcanzar un superávit de entre el 0,5% y el 0,8% en 2015 y del 1,5% en 2016. Con posterioridad un nuevo Borrador presentado por el Gobierno de Grecia el 9 de junio de 2015 cifraba el objetivo de superávit primario en el 0,75 % del PIB para 2015 y en el 1,75% para 2016.

[107] En este punto, mientras que desde el Eurogrupo se demandaba un incremento del IVA en servicios y bienes tan sensibles como la electricidad y los medicamentos, Grecia descartaba recortes de pensiones inmediatos y proponía mantener el IVA máximo en el 23%, rebajando no obstante del 13% al 11% el de bienes y servicios como agua, alimentos, electricidad. En definitiva, el Ejecutivo heleno defendía el mantenimiento de un sistema de tres tipos distintos (6%, 11% y 23%), si bien con una gran cantidad de productos gravados a los tipos reducidos y superreducido.

a los derechos adquiridos por los griegos) y se consolidaría el sistema de Seguridad Social.

En relación con la estructura fiscal el Eurogrupo demandaba solventar diversas lagunas legales existentes en el ámbito de la evasión fiscal así como incrementar el Impuesto sobre Sociedades, abolir subvenciones al combustible de calefacción y al diésel agrícola, revisar el gasto social para ahorrar medio punto de PIB y utilizar dicho flujo monetario para aplicar gradualmente una renta básica. Todo ello además de establecer una Agencia Tributaria independiente que analice la situación de los grandes deudores fiscales (aquellos con deudas superiores al millón de euros) y que verifique su capacidad de pago contribuyendo a forzar el mismo.

Por otra parte dentro de dicho Borrador destacaba igualmente la presentación de una propuesta destinada a la reestructuración de la deuda pública griega (cifrada por aquel entonces en el 180% del PIB) al 93% en 2020 y al 60% en 2030. Dicha reestructuración se proyectaría del siguiente modo: 27.000 millones de euros en bonos al BCE; 20.000 millones de euros al FMI; 53.000 millones de euros en préstamos bilaterales al resto de países de la Eurozona; y 144.000 millones de euros al Fondo de Rescate Europeo.

Concretamente, en relación con el BCE el Borrador proponía que el Mecanismo Europeo de Estabilidad prestara directamente 27.000 millones de euros a Grecia, que los utilizaría para cancelar los bonos en posesión del Banco Central Europeo. Al pasar a deber al MEDE en lugar de al BCE, Grecia conseguiría un doble beneficio, a saber: pagaría intereses más bajos que los previstos para los bonos en manos del Banco Central Europeo y, además, el nuevo préstamo vencería más tarde[108].

Respecto de la devolución de la deuda griega al Fondo Monetario Internacional, el Ejecutivo proponía que se abonase inmediatamente el 45% (9.000 millones de euros de un total de 19.960 millones de euros) utilizando los beneficios de los bonos helenos en manos del sistema monetario europeo, los cuales provienen precisamente de los bonos que ostenta el BCE y de los que ya se acordó que se devolvieran a Grecia. Con carácter adicional se defendía la transformación de los préstamos bilaterales con sus socios

---

[108] Cabe recordar además a este respecto que en julio y en agosto de 2015 vencían bonos en manos del BCE por un valor total de 6.790 millones de euros que presumiblemente Grecia no podría devolver.

europeos correspondientes al primer rescate en bonos perpetuos o bonos cuyo interés fuese ligado a la evolución del PIB heleno, si bien también se proponía un interés anual del 2-2,5%. Ello posibilitaría ampliar los vencimientos del primer rescate a Grecia (ya reestructurado con anterioridad), reconociéndose además de manera implícita que Grecia nunca devolverá completamente estos fondos.

Finalmente el Borrador presentado por el Ejecutivo griego proponía una quita del 50% del préstamo contratado con la Facilidad Europea de Estabilidad Financiera por un valor de 144.000 millones de euros, y el alza del tipo de interés del 2,5% al 5%. De este modo se lograría una reducción nominal de su deuda, mientras el coste para los acreedores sería mínimo gracias a la multiplicación por dos del tipo de interés para los 72.000 millones de euros que el país heleno devolvería tras el vencimiento del préstamo, continuando además abonando anualmente la misma cantidad.

En definitiva, los principales puntos de la nueva propuesta formulada por el Ejecutivo heleno se concretaban en los siguientes: acuerdo sobre superávit primarios más bajos; reestructuración de la deuda pública; protección de los salarios reales y de las pensiones, que habían sufrido continuos recortes durante los cinco años de la austeridad; redistribución de los ingresos en beneficio de la mayoría social; restauración de la negociación colectiva y reajuste de las relaciones laborales; y aprobación de un fuerte programa de inversión que cree un shock positivo a la economía real.

A lo largo del mes de junio de 2015 Grecia debía afrontar un total de cuatro pagos al FMI por un importe global de 1.600 millones de euros, habiendo otorgado autorización el citado organismo internacional para que dichos pagos se agrupasen en uno solo. Dicha posibilidad sería finalmente aceptada por el Ejecutivo heleno, que habría de abonar un total de 1.600 millones de euros a finales de junio de 2015. En otro caso perdería de inmediato su derecho a seguir recibiendo préstamos del FMI de manera que, tras un mes de mora, el citado Fondo declararía oficial el impago, lo que podría desencadenar las cláusulas de pago inmediato en otros bonos griegos y condenar al país a la quiebra. La primera de dichas cuotas (de un importe cercano a los 300 millones de euros) vencía el 5 de junio. Por su parte la última de ellas debía abonarse el 19 de junio. Urgía en consecuencia la necesidad de alcanzar un acuerdo siquiera parcial que posibilitara, al menos, liberar parte de los 1.900 millones de euros de beneficio obtenidos por los Bancos centrales de la zona euro con la compra de deuda griega.

Desde finales de 2014 hasta principios de 2015 las negociaciones entabladas por el Ejecutivo heleno con los miembros de la UE habían posibilitado lograr diversos avances en cuestiones tales como el IVA, la creación de una Agencia tributaria independiente, la reforma de la Administración o el tratamiento de los créditos morosos. Asimismo se entablaron negociaciones en relación con otras cuestiones tales como, por ejemplo, la reforma de las pensiones.

Con motivo de la reunión del Consejo del BCE celebrada el 3 de junio de 2015 el supervisor dejó claro que no permitiría a Grecia aumentar la emisión de letras si no alcanzase un acuerdo relativo a la prórroga del rescate, así como que no se aumentarían los descuentos en los créditos ELA, ya que ello asfixiaría a la banca griega, que se estaba financiando con estos créditos, aportando como colateral deuda del Tesoro heleno. De este modo el supervisor continuaría aceptando sin descuento los colaterales (activos que sirven como garantía) de los principales banco griegos, pese a los crecientes problemas de solvencia de las entidades financieras. Ciertamente la adopción de una eventual restricción de estos créditos "asfixiaría" notablemente a los bancos griegos los cuales, desde que el BCE dejó de aceptar los bonos griegos para las operaciones de refinanciación, únicamente accedían a la liquidez a través de la línea ELA. En todo caso el BCE acordó elevar hasta los 80.700 millones de euros el límite de la asistencia de liquidez de emergencia para los bancos griegos a través del Banco de Grecia. Con carácter adicional del BCE precisó que habría que tener en cuenta el estado de la economía griega a la hora de fijar los objetivos de déficit primario.

Quedaba claro en consecuencia que para que el supervisor levantara los límites a la emisión de deuda a corto plazo de Grecia (readmitiendo la deuda griega como colateral en las operaciones ordinarias del BCE y suavizando los límites de letras griegas en las operaciones extraordinarias) era condición necesaria alcanzar una valoración exitosa de la revisión del segundo programa de rescate[109].

[109] A pesar de ello con fecha 10 de junio de 2015 el BCE volvía nuevamente a elevar en 2.300 millones de euros el límite de la Asistencia de Liquidez de Emergencia a la que los bancos griegos pueden acceder a través del Banco de Grecia, reiterando además que continuaría aceptando sin descuento los colaterales de los principales bancos griegos. Como contrapartida

Con motivo de las negociaciones desarrolladas en el seno de la Cumbre del G-7 celebrada en Alemania durante la segunda semana de junio de 2015 las líneas básicas de la propuesta del Eurogrupo estaban claras: recorte drástico del ajuste fiscal al 1% del PIB de superávit primario para 2015, el cual aumentaría un punto porcentual anualmente hasta quedarse en el 3,5% en 2018; aplicación de tipo reducido del IVA del 11% para comida, medicina y hoteles, y un de tipo general 23% para el resto de productos; introducción de un ajuste del 0,5% en pensiones, lo que implicaría recortar los complementos a los pensionistas con menos ingresos; mantenimiento de las reformas de la negociación colectiva dentro del mercado laboral; y no subida del sueldo mínimo. En cambio el Ejecutivo griego descartaba recortar las prestaciones a los pensionistas con menos recursos, así como la subida del IVA a las medicinas un 5%, defendiendo además: la restauración de la negociación colectiva; la fijación de un objetivo fiscal aún más bajo del 0,6% para 2015; la aprobación de un paquete de medidas para recuperar el crecimiento; y la aprobación de una quita a su deuda que la redujese al 93% del PIB en 2020 procedente del 180%. De cualquier manera el objetivo último de Grecia no era otro que obtener una extensión de su Programa de rescate hasta finales de marzo de 2016, la cual fuese acompañada, además, de una operación en la que el MEDE asumiese los bonos helenos en manos del Banco Central Europeo, que vencían en julio y agosto de 2015.

En el *interin* de esta situación con fecha 10 de junio de 2015 Grecia lograba emitir casi 3.000 millones de euros en deuda a corto plazo a un coste idéntico al de la anterior subasta, pudiendo así refinanciar los vencimientos de su deuda a tres y seis meses. El importe adjudicado ascendió finalmente a 2.925 millones de euros, lo que aliviaba momentáneamente sus necesidades financieras. A pesar del temor existente a una escasez de peticiones, Grecia pudo colocar 1.625 millones de euros en letras a 6 meses con un leve margen de demanda. Las peticiones efectuadas superaron 1,3 veces la oferta, en línea con la anterior emisión. A tres meses el Tesoro heleno colocó un total de 1.300 millones de euros, también con una *ratio* de cobertura de

---

en esa misma fecha la Agencia de Calificación de Riesgos *Standard & Poor's* rebajaba la nota crediticia de Grecia a CCC desde CCC+, otorgándole perspectiva negativa debido al deterioro de las condiciones de liquidez del país, que podrían abocarlo al impago de sus obligaciones con los acreedores. No obstante precisó la citada Agencia que sus calificaciones podrían estabilizarse en el nivel anterior (CCC+) en el supuesto de que el país alcanzara un pacto con sus socios que satisficiese tanto las prioridades políticas de Grecia como las de los países acreedores.

1,3 veces. Por lo que respecta a los costes de financiación obtenidos, para emitir sus letras a 3 meses Grecia tuvo que ofrecer un interés del 2,70%, mientras que la rentabilidad en las letras a seis meses se estabilizó en el entorno del 2,97%.

A pesar de ello se ha de volver a recordar que, a fecha 30 de junio de 2015, Grecia afrontaba vencimientos de pago con el FMI por importe de 1.500 millones de euros[110]. Y en julio y agosto del citado ejercicio, vencimientos con el BCE por un total de 6.700 millones de euros. Debido a ello resultaba imprescindible que el Eurogrupo autorizase la liberación de la parte del rescate que quedaba pendiente dado que, sin contar al FMI (16.000 millones en total), quedaban 1.800 millones de euros en préstamos de la Zona Euro y 10.900 millones de euros previstos para la recapitalización de la banca, además de 1.900 millones de beneficios de los Bancos Centrales.

Con fecha 15 de junio de 2015 la Comisión Europea hizo públicos los principales puntos de desacuerdo en sus negociaciones mantenidas con el Gobierno heleno. Dichos puntos se concretaban en los siguientes: ajuste fiscal (en relación con el cual las instituciones comunitarias reclamaban un superávit del 1% en el ejercicio 2015, del 2% en 2016 y del 3,5 en 2018, lo que representaba un importante reajuste desde el 3% inicial previsto para el 2015 en el Memorando de Entendimiento[111]); adopción de medidas importantes en asuntos fiscales y creación de una Agencia independiente para gestionar y recaudar tributos; adopción de esfuerzos para la estabilidad del sistema financiero, incidiendo en la mora; aprobación de reformas estructurales en el ámbito del mercado laboral (fomentando que los salarios se ajusten a la productividad y competitividad del país) y en los criterios relativos a la apertura a los negocios; y modernización del sector público.

De este modo las instituciones comunitarias defendían un reajuste del 1% del PIB anual, lo que se traducía en unos 1.800 millones de euros de financiación. Por su parte Grecia rechazaba la introducción de cualquier

[110] *A priori* el eventual impago al FMI podría determinar la activación de las cláusulas de seguridad de los bonos emitidos por el MEDE, lo que obligaría a amortizar por adelantado los bonos y podría causar pérdidas a los avalistas del citado organismo, entre ellos España.

[111] Por el contrario el Ejecutivo griego, amparándose en la existencia de una contracción del PIB superior al 25%, demandaba la introducción de un recorte del superávit primario, de manera que los porcentajes serían del 0,75% en 2015, del 1,75% en 2016 y del 2,5% en 2017. A partir del ejercicio 2018 el porcentaje de superávit primario propuesto sería el mismo que el fijado por el Eurogrupo, es decir, el 3,5%.

reajuste en 2015, proponiendo un reajuste de 71 millones de euros en 2016, lo que representaba un 0,04% del PIB. Y, si bien el Ejecutivo griego aceptaba la propuesta de las instituciones comunitarias en lo referente al objetivo del superávit primario (que excluía el pago de intereses de la deuda) fijado en el 1% para 2015, en el 2% para 2016 y en el 3,5% para 2017, en lo referente a los tipos de IVA la propuesta griega ofrecía la aplicación de tres tipos impositivos del 6%, 13% y el 23%, en lugar de dos del 11% y 23% que proponía el Eurogrupo.

Como contrapartida el Gobierno heleno planteaba la consecución de un ahorro de 200 millones de euros mediante recortes en el Presupuesto de Defensa así como cobrar a las empresas con ganancias de más de un millón de euros anuales derivadas de la aplicación de un impuesto extraordinario de un 12% y de un incremento del tipo de gravamen del Impuesto sobre Sociedades, que pasaría del 26% al 29%, y con el que se preveía recaudar 450 millones de euros. Otras medidas propuestas eran las relativas a un incremento del Impuesto de Solidaridad que permitiría la recaudación de 220 millones de euros en 2015 y de 250 millones en 2016 y la aplicación de impuestos sobre la publicidad en la televisión, auditorías a los bancos, tasas a los juegos de azar y lucha contra el contrabando de combustible, entre otras medidas. Dicha reestructuración posibilitaría recuperar el acceso a los mercados y el inicio de los reembolsos a la UE hacia el 2020. En relación con la cuestión relativa a la reestructuración de la deuda Grecia reclamaba que el acuerdo incluyese una reestructuración de su deuda, que alcanzaba el 180% de su PIB (alargar vencimientos y reducir tipos de interés, como mínimo, y, como máximo, quitas).

Sin embargo desde la Eurozona se descartaba la inclusión de esa cuestión en el acuerdo a alcanzar. Respecto del sistema de pensiones los acreedores reclamaban una racionalización que permitiese ahorrar un 1% del PIB al año (1.800 millones de euros) a través de la eliminación de incentivos perniciosos a las prejubilaciones o retrasando la edad de jubilación[112]. Por lo que a la modernización del mercado laboral se refiere, la misma habría de efectuarse, de acuerdo con las exigencias de los países de la Eurozona, sobre

[112] Ciertamente un dato significativo a este respecto es el relativo a que Grecia destina el 17,5% del PIB al pago de las pensiones, más que cualquier otro país de la UE, según las estadísticas de Eurostat correspondientes a 2012. Y los salarios y las pensiones juntos representaban el 80% del gasto primario del Estado antes de los intereses de la deuda.

la base de criterios de competitividad, productividad y nivel de desempleo. Finalmente, respecto del sector público, desde las instituciones comunitarias se reclamaba que las tablas salariales de los funcionarios se modernizaran y se ajustasen en función de las responsabilidades y habilidades de cada uno, sin incrementar la masa salarial y reduciendo pagos en especie.

Desde el seno del BCE se barajaban alternativas tales como prolongar las fechas de vencimiento de los bonos, la cual en principio resultaba rechazada por el supervisor al considerarla incompatible con sus Estatutos (que impiden financiar a los Estados), a no ser que el Tribunal de Justicia de la Unión Europea (TJUE) respaldase sus programas de compras de deuda. Otras alternativas existentes pasaban por pagar los bonos con parte del remanente del rescate reservado para la recapitalización de la banca griega (un total de 10.900 millones de euros). Al margen de las citadas alternativas continuaba abierta la posibilidad de incrementar la Línea de Liquidez de Emergencia[113].

En todo el caso desde el BCE se advertía acerca del riesgo de que la constante fuga de depósitos existente pudiera terminar conduciendo hacia la implantación de mecanismos de control de capitales.[114]

Por otra parte conviene no olvidar los 27.000 millones de euros en bonos que poseía el BCE (a resultas de los cuales se habían establecido reembolsos de 3.500 millones de euros en julio y 3.200 millones de euros en agosto, ambos de 2015, los cuales no podrían efectuarse con préstamos del mercado) procedentes de la reestructuración de la deuda acometida en 2012, de la que el BCE fue excluido mediante un plan de canje de bonos (swap) con la finalidad de evitar vulnerar sus Estatutos a través de su participación en operaciones de financiación monetaria al Estado griego.

---

[113] En este sentido con fecha 19 de junio de 2015 el Consejo de Gobierno del BCE acordaba nuevamente elevar la Línea de Liquidez de Emergencia para la banca helena en unos 1.800 millones de euros al objeto de cubrir sus necesidades urgentes de financiación y las crecientes fugas de depósitos acaecidas por aquel entonces. La petición formulada por las entidades financieras griegas a través de su Banco central ascendía a 3.000 millones de euros. Ya un día antes el BCE había aumentado en 1.100 millones de euros la provisión urgente de liquidez para los bancos griegos, hasta un máximo de 84.100 millones de euros. Dichos incrementos de la línea ELA se sucederían asimismo a lo largo de los días posteriores.

[114] Piénsese a este respecto que, desde diciembre de 2014 y hasta junio de 2015, las salidas de depósitos desde los bancos helenos alcanzaban la cifra de 38.000 millones de euros (Fuente: *Diario Expansión,* www.expansion.com, consultada el 19 de junio de 2015).

A ello se ha de sumar además que, tal y como precisaba DAVIES[115] la responsabilidad de Grecia en el *Target* 2 (sistema de pagos de la UE que cubre, no ya solo la fuga de capital sino también, y por lo que interesa en el presente caso, el resultado neto de todas las transferencias entre Grecia y la Eurozona) se duplicó en 98.700 millones de euros desde finales de 2014 a abril de 2015, hasta que la huida de capitales se acentuó. Pues bien dado el nivel de deuda excesivo existente (el cual, además adolece de fecha de reembolso, de manera Grecia solo incurriría en impago si dejara de abonar los intereses), produciéndose dicho impago el país heleno quedaría excluido del citado sistema *Target 2,* lo que dificultaría enormemente el comercio fronterizo. Tal y como precisa el citado autor *"los intereses del préstamo son la tasa principal de refinanciación del BCE, que al 0,05% representa una cuota anual por debajo de los 50 millones de euros para mantener el movimiento de las exportaciones y las importaciones después de la salida de Grecia".*

En el marco de esta situación de incertidumbre a mediados del mes de junio de 2015 Grecia empezaba a aplicar su Programa de vivienda gratuita, transporte, alimentación y reinserción laboral (denominado "Vivienda y Reintegración" y con un coste total de 9,25 millones de euros durante un año) para un total de 1.073 personas sin techo de todo el país. Dicho Programa constaba de una ayuda anual de 5.000 euros destinada a financiar una vivienda, con gastos corrientes, adquisición de muebles y reparaciones incluidos, así como para alimentación y transporte, previéndose además la concesión de una ayuda de reintegración social, con un coste de 11.000 euros, que consistía en asistencia laboral para encontrar trabajo u orientación de profesionales para crear una empresa.

Con carácter adicional se trabajaba en la aprobación de un Borrador de ley destinado a rebajar o excluir de algunos impuestos a aquellas personas con rentas más bajas o que trabajen de forma irregular, de conformidad con el cual quienes tuviesen como única fuente de ingresos alquileres, intereses de depósitos o dividendos que no sobrepasen los 9.545 euros anuales pagarían unos impuestos reducidos, equivalentes a los de los jubilados. Y los agricultores quedarían exentos de pagar impuestos sobre sus terrenos,

---

[115] DAVIES, P. J., "El sistema bancario europeo no se vería directamente afectado por una posible salida de Grecia", www.europe.wsj.com (consultada el 18 de junio de 2015).

siempre que los cultivasen ellos mismos o los cediesen a otro profesional sin cobrar alquiler.

Ciertamente se ha de reconocer que Grecia fue capaz de minorar su *ratio* de déficit público sobre el PIB desde un 15,6% de 2009 hasta el 2,5% en 2014. Con carácter adicional las expectativas de crecimiento para 2015, 2016 y 2017 eran las mayores de la Eurozona: 2,9%, 3,7%, 3,5%, experimentando la tasa de desempleo una reducción importante desde el 24,5% de 2014, previéndose que la misma se situara en el 17,1% en 2017. Por su parte las cuentas públicas se acercarían al equilibrio, con un superávit primario superior al 3% del PIB. Sin embargo finalmente dichas expectativas no terminaron de materializarse.

Dentro del cuadro de subastas implementado por el Tesoro heleno, tras la celebración de la subasta del 17 de junio de 2015 Grecia logró emitir un total de 1.300 millones de euros en letras a tres meses al 2,7% de interés, consiguiendo así renovar un nuevo vencimiento de deuda con una subasta de resultados muy similares a los de las anteriores emisiones, a pesar del repunte de las alertas de impago. Al igual que sucedió con la rentabilidad, la demanda se mantuvo estable, llegando a superar las peticiones la oferta 1,3 veces.

Una de las principales exigencias de la Comisión que Grecia rechazaba asumir era la relativa a la rebaja de las pensiones más bajas. Desde el Ejecutivo griego se abogaba por reducir el gasto en pensiones apenas un 0,5% del PIB, en lugar del 1% propuesto por las instituciones comunitarias. Como contrapartida se apuntaba la posibilidad de que el Gobierno griego acometiese la eliminación de determinadas exenciones de impuestos, aplicadas a las rentas del trabajo y del capital, así como a las ventas minoristas o el combustible. Ello podría posibilitar mantener en gran medida las pensiones haciendo un ajuste mucho más leve en ellas que no afectase a las rentas más limitadas. Asimismo se debatía la posibilidad de que Grecia, manteniendo los tres tipos que aplicaba en el ámbito del IVA (el 6,5%, el 13% y el 23%), modificase el tipo aplicable a determinados alimentos u hoteles con la finalidad de aumentar los ingresos fiscales. De este modo diversos productos subirían al tipo general del 23% (el cual resultaría igualmente aplicable en las islas) si bien para energía y alimentación básica el IVA que se aplicaría sería del 13% (nuevo tipo intermedio que sustituiría al 11%), mientras que solo a medicinas y libros se le aplicaría el 6%. Otras posibles reformas susceptibles de ser ofrecidas por el Gobierno griego eran las relativas a una subida de impuestos a las grandes empresas y la eliminación de las subvenciones a los carburantes. Y respecto de las pensiones se apuntaba la opción de que el Gobierno griego eliminara las jubilaciones anticipadas a partir del 2016, reduciendo además las pensiones complementarias más elevadas de determinados funcionarios.

Ya en la propuesta remitida con fecha 21 de junio de 2015 por el Gobierno griego al Eurogrupo se admitía los porcentajes de superávit primario impuestos por las instituciones comunitarias, esto es, un 1% en 2015, un 2% en 2016, el 3% en 2017 y el 3,5% en 2018. Dentro del contenido de dicha nueva propuesta destacaba además un recorte inicial reducido (de apenas el 0,37% del PIB) para 2015, que ascendería a más del 1% en 2016 y en 2017[116]. En 2025 la edad de jubilación sería de 67 años (frente a los 62 años de retiro anticipado recogidos en la Propuesta precedente) con fuertes penalizaciones (de hasta el 16%) para quienes se jubilasen antes. Asimismo el nuevo paquete de medidas presentado ante la UE incluía aumentar todas las contribuciones al sistema de Seguridad Social, la eliminación gradual y a partir de 2018 del subsidio para los jubilados (EKAS), el cual sería reemplazado por pensiones en 2020[117], la creación de un nuevo impuesto del 12% para los beneficios de las empresas a partir de medio millón de euros (con el que se esperaba recaudar más de 900 millones de euros durante el propio ejercicio 2015), una subida del tipo de gravamen del IS del 26% al 29% y un incremento del 4 al 5% de las contribuciones de los trabajadores al sistema de salud (seguro de enfermedad) para las pensiones regulares y del 0% a un 5% en las pensiones suplementarias. A ello debía sumarse además una reducción del gasto militar (200 millones en 2016), la creación de un impuesto a la televisión con el que recaudarían 100 millones anuales y la aplicación de una tasa de lujo para los yates privados.

[116] Concretamente mientras que en su Propuesta anterior Grecia ofrecía ahorros en su sistema de pensiones de 71 millones de euros en 2015 (0,04% del PIB) y de 138 millones en 2016 (0,08% del PIB), muy por debajo de los objetivos de las instituciones comunitarias (0,25%-0,5% del PIB en 2015 y 1% anual a partir de entonces), la nueva Propuesta elevaba dicha cifra a 660 millones en 2015, 1.860 millones de euros en 2016 y casi 2.000 millones en 2017 (0,37%, 1,05% y 1,1% del PIB, respectivamente).

[117] En efecto, a partir de 2018 y 2020 el Gobierno heleno se comprometía a retirar gradualmente un "complemento solidario" que oscilaba entre los 57 euros y los 230 euros al mes, sustituyéndolo por un marco apropiado que ofreciese apoyo específico a los jubilados que lo necesitaran.

Por su parte desde el seno de las instituciones comunitarias se defendía la adopción de mayores recortes en pensiones (no aceptándose que el Gobierno griego se limitara a aumentar los ingresos del sistema de pensiones a través del incremento de las cotizaciones a la seguridad social) así como la consecución de un ahorro global del 1% del PIB y un mayor aumento del IVA, que se vería compensado con menores subidas en el Impuesto sobre Sociedades. Concretamente se reclamaba que se llevara la edad de jubilación hasta los 67 años (o a los 62 a condición de que hubiese al menos 40 años de cotizaciones) en 2022, salvo para algunas profesiones de riesgo y las madres con hijos con necesidades especiales. Y, en relación con el ámbito del IVA, se reclamaba que los hoteles, los restaurantes y los servicios de catering fuesen gravados al 23% y que desapareciesen las exenciones del 30% para las islas del Egeo, aceptándose en cambio que la energía continuara en el 13% y que libros, teatros y medicinas se integrasen en el tipo superreducido del 6%. Con carácter adicional el Eurogrupo defendía que únicamente llevan un IVA reducido del 13% los alimentos sin procesar (excluyéndose en consecuencia la leche, el aceite o el queso), mientras que desde el Ejecutivo griego se defendía la aplicación del citado IVA reducido a los "alimentos básicos".

Adviértase sin embargo a este respecto que la adopción de medidas tales como la subida del IVA, el incremento del Impuesto sobre Sociedades y el aumento de las contribuciones empresariales a la Seguridad Social constituían medidas que penalizaban el crecimiento económico, máxime si se tiene presente que, con carácter general, el nivel de déficit público se mide a través de la *ratio* déficit público sobre el PIB. En este sentido la reducción del déficit público propuesta por Grecia se fundamentaba esencialmente en aumento de los ingresos y no en reducción de gastos, siendo dicho aumento de la presión impositiva soportado por las familias y las empresas griegas y no por el propio Estado.

Sentadas las bases de un eventual acuerdo con las instituciones comunitarias en atención a las condiciones ofertadas por el Gobierno heleno en la última Propuesta anteriormente indicada quedaba no obstante pendiente perfilar determinadas cuestiones del futuro acuerdo tales como las relativas a la ampliación del Presupuesto del rescate (del que, a junio de 2015, quedaban menos de 15.000 millones de euros, sin contar la aportación del FMI), la ampliación de los plazos de amortización en los préstamos del

EFSF (130.900 millones) y la rebaja de los tipos de interés en los préstamos bilaterales (52.900 millones).

En todo caso la consecución de dicho acuerdo habría de posibilitar que Grecia recibiese al menos parte del remanente del segundo rescate que se encontraba pendiente para hacer frente a sus vencimientos con el FMI (1.500 millones de euros a la finalización de junio de 2015) y con el BCE (7.200 millones entre julio y agosto de 2015), así como que el BCE accediera a elevar el volumen de letras del Tesoro griego que podría comprar la banca griega (situado por aquel entonces en 15.000 millones de euros), facilitando así la financiación a corto plazo del Estado heleno.

Con fecha 26 de junio de 2015, esto es, a cinco días de la expiración del segundo rescate concedido al país heleno, las instituciones comunitarias propusieron a Grecia una extensión de cinco meses del segundo programa de asistencia financiera, asegurando así que el Estado griego pudiera hacer frente a sus obligaciones financieras con el FMI y el BCE hasta noviembre de 2015. Téngase presente a este respecto que, en el hipotético caso de que Grecia alcanzara un acuerdo con el Eurogrupo, podría contar con unos de 12.000 millones de euros, desglosados de la siguiente manera: 1.800 millones de euros procedentes del Fondo de rescate de la Eurozona; otros 1.800 millones de los beneficios de los bonos griegos; y unos 8.700 millones de euros de la reserva de la Eurozona para la recapitalización de la banca griega. A dicha cifra habría que sumar además unos 3.500 millones de euros que desembolsaría el FMI. En otro caso, esto es, si se produjera un eventual impago al FMI, ello obligaría al Fondo de Rescate de la UE a considerar la posibilidad de reclamar un pago acelerado del préstamo. Por su parte el BCE habría de revisar su provisión de liquidez a la banca griega, dado que la solvencia de los bancos helenos se hallaba condicionada a los activos respaldados o avalados por el Estado griego. Y, tal y como ya se ha precisado, el BCE dejaría de admitir como colateral la deuda soberana sin calificación crediticia de Grecia.

Dada esta situación con fecha 27 de junio de 2015 el Gobierno heleno decidía convocar un referéndum relativo a la aceptación de la última propuesta de las instituciones comunitarias[118], consistente en inyectar una nueva

---

[118] Concretamente la pregunta objeto del citado referéndum constaba de dos párrafos. El primer párrafo planteaba si debía ser aceptado el borrador de acuerdo que presentaron la Comisión Europea, el Banco Central Europeo y el Fondo Monetario Internacional en el

ayuda financiera por importe de 15.500 millones de euros así como permitir una mayor flexibilidad en el proceso de reducción del déficit público a cambio de aceptar la introducción de restricciones adicionales en materia de pensiones por un importe de unos 8.000 millones de euros (alrededor del 4,4% del PIB), IVA y mercado laboral[119].

Por su parte el Eurogrupo rechazó la prórroga del rescate de Grecia más allá del 30 de junio de 2015, procediendo a planificar el conjunto de medidas que habrían de adoptarse para salvaguardar la estabilidad financiera de la Eurozona ante una inminente salida del país heleno del euro. A pesar de ello con fecha 28 de junio de 2015 el BCE decidía mantener la línea de Asistencia de Liquidez de Emergencia facilitada a los bancos de Grecia adoptada en su día con la finalidad de hacer frente a las importantes fugas de depósitos producidas, que a finales de junio de 2015 ascendían ya a casi 40.000 millones de euros desde el mes de diciembre de 2014. Tal y como se ha precisado a lo largo del presente trabajo, si bien la citada Liquidez de Emergencia a un Estado miembro no se hallaba supeditada a que estuviese vigente un programa de rescate, sí que dependía de la solvencia de sus entidades financieras. El mantenimiento de la asistencia financiera a través de la línea ELA evitaba, al menos de manera transitoria, la imposición por parte

Eurogrupo del 25 de junio, compuesto de dos documentos que sumaban su propuesta común. Por su parte el segundo párrafo de la pregunta especificaba de qué documentos se trataba y los títulos que llevaban, tanto en griego como en su versión original en inglés. Se trataba concretamente del texto sobre las medidas para completar el Programa vigente y de un documento con un análisis sobre la sostenibilidad de la deuda.

[119] La convocatoria del citado referéndum sería recurrida ante el Tribunal Supremo Administrativo griego, el cual, con fecha 3 de julio de 2015, resolvía desestimar el recurso de inconstitucionalidad presentado por dos ciudadanos que argumentaban que la consulta planteada por el Gobierno sobre la propuesta de acuerdo presentada por los acreedores comunitarios afectaba a temas fiscales, lo que en principio no permite la Constitución helena. En efecto los demandantes habían justificado su recurso con el argumento de que los documentos de las tres instituciones sobre los cuales debían pronunciarse los ciudadanos tenían un carácter exclusivamente financiero, defendiendo además que la pregunta en cuestión no había sido formulada claramente, resultando compleja y hallándose cargada de términos técnicos que a la mayoría de los ciudadanos les resulta imposible entender. Por último los querellantes, además de criticar la complejidad de la pregunta formulada, subrayaban que el tiempo de una semana resultaba escaso, desde la convocatoria del referéndum hasta su celebración, para que el ciudadano pudiera informarse sobre su objetivo. En todo caso el Tribunal, reunido con fecha 3 de julio en sesión plenaria de urgencia, acordó que no podía pronunciarse sobre la constitucionalidad de decisiones gubernamentales de tal naturaleza como la convocatoria de un referéndum.

del Banco Central de Grecia de controles de capital destinados a limitar la retirada de efectivo o las transferencias.

Ahora bien a pesar de que el BCE decidía mantener en 89.000 millones de euros los préstamos de emergencia para los bancos griegos, acordaba igualmente, *mutatis mutandis,* no inyectar más liquidez de urgencia al sector financiero heleno, abocando así a las entidades financieras griegas a la implantación de controles de capitales que habrían de impedir la retirada de fondos de las citadas entidades, así como al cierre temporal de sus sucursales[120]. En efecto, la decisión del BCE de "congelar" el umbral de la línea ELA dejaba al Banco de Grecia sin margen para socorrer a los bancos griegos en caso de que tuvieran que afrontar una probable retirada masiva de fondos. A tal efecto con fecha 28 de junio de 2015 el Gobierno griego anunciaba la implantación de un control de capitales (el cual sería prorrogado sucesivamente) y de un límite a las retiradas diarias de efectivo en cajeros automáticos, así como el cierre de las entidades bancarias hasta el 6 de julio de 2015[121]. Por su parte el conjunto de las entidades financieras helenas preparaban planes de contingencia ante el temor de que el sistema se viese abocado al colapso financiero.

Con fecha 30 de junio de 2015, y como era previsible, Grecia no hizo efectivo el pago de los 1.600 millones de euros adeudados al FMI. Dicho impago no implicaba un *default* técnico inmediato ya que, al igual que sucede con la mayor parte de los bonos, se establece un periodo de gracia de 30 días para devolver el dinero. A ello se ha de sumar además el dato de que el FMI tiene status de "acreedor oficial" (no privado) para las Agencias de *Rating*, y un impago a un acreedor oficial no constituye un motivo para rebajar la calificación a impago selectivo ('SD'), con independencia de que represente un factor negativo de cara a efectuar cualquier eventual análisis[122].

[120] Con carácter adicional el BCE decidía no aumentar el descuento o *haircut* que aplica a la valoración de la deuda griega.

[121] No obstante resultaba posible efectuar pagos con tarjetas dentro del país así como transacciones bancarias domésticas a través de los servicios online de las entidades, pudiéndose realizar además los desembolsos con tarjetas de prepago con el límite que tuviesen antes del establecimiento de las restricciones.

[122] A pesar de ello con fecha 29 de junio de 2015 la Agencia de Calificación de Riesgos *Standard & Poor's* recortó la calificación soberana de Grecia a CCC- desde CCC, colocándola un escalón por encima del nivel designado como extremadamente especulativo.

En el supuesto de que, en un plazo de 12 meses posteriores al impago, Grecia continuara sin resolver su situación de mora frente al FMI, el Consejo Ejecutivo del citado organismo podría considerar una declaración de inelegibilidad contra Grecia. Y, persistiendo la citada situación de impago más allá del referido período de 12 meses, el Directorio Ejecutivo del FMI podrá declarar que el país "no coopera" en los esfuerzos por eliminar su mora, lo que podría desencadenar una suspensión de la asistencia técnica, seguido de una suspensión del derecho de voto y, en última instancia, de su expulsión del citado organismo.

De cualquier manera el impago de Grecia al FMI conducía a la pérdida de una línea de crédito de 16.000 millones de euros disponible hasta marzo de 2016, la cual debía sumarse al vencimiento de la prórroga del rescate, que privaba al país heleno de acceder a otros 12.700 millones de euros. Grecia mantenía además una deuda con el Fondo Europeo de Rescate de 130.900 millones de euros. Finalmente Grecia únicamente podría recibir financiación adicional por parte del FMI si antes solucionara su situación de mora, en virtud de la cual el FMI no podría participar en un nuevo rescate al país heleno.

Paralelamente a dicho impago, sin embargo, el Gobierno griego, propuso a las instituciones comunitarias un acuerdo de dos años con el Mecanismo Europeo de Estabilidad destinado a cubrir plenamente sus necesidades financieras y con una reestructuración de la deuda paralela.

Finalmente con fecha 1 de julio de 2015 el Gobierno heleno aceptaba en su práctica totalidad el conjunto de condiciones y ajustes exigidos por las instituciones comunitarias en las negociaciones desarrolladas durante los días precedentes. Dicha aceptación se producía una vez que había expirado el segundo Programa de rescate concedido a Grecia y tras el vencimiento del plazo para devolver 1.600 millones de euros al FMI, habiendo perdido en consecuencia el país heleno el derecho a acceder a 16.000 millones de euros en financiación y a la capacidad de seguir recibiendo fondos del FMI hasta que resarciese el impago.

Así las cosas Grecia aceptaba la propuesta del Eurogrupo relativa a la reforma de las pensiones, solicitaba que los cambios para retrasar la edad de jubilación a los 67 años empezaran en octubre. Respecto del IVA se aceptaban las exigencias impuestas en materia de elevación de tipos (así como la relativa al incremento gradual del pago adelantado del IVA hasta el 100%), si bien se solicitaba que se permitiese el mantenimiento de la ventaja fiscal del que disfrutaban las islas, la cual se concretaba en un descuento del 30%. En todo caso el IVA subiría a un tipo único del 23% salvo uno reducido del 13% para unos pocos productos básicos y otro superreducido del 6% para las medicinas y otros productos.

En relación con el mercado laboral el conjunto de reformas impuestas se implementarían a partir de otoño de 2017. Dentro del ámbito de las medidas fiscales se aceptaba la eliminación de las ayudas fiscales a los agricultores, pero de forma gradual (hasta 2017), posponiéndose el recorte de 400 millones en gasto militar a 2017 (en 2016 sería de 200 millones). Y, en cuanto a las pensiones, se aceptaba la reforma diseñada al efecto relativa a la eliminación de las prejubilaciones y al recorte de pensiones, si bien la implementación se retrasaría a octubre de 2015, desapareciendo además el complemento EKAS sobre las pensiones en 2019. No obstante Grecia solicitaba evitar su impacto inmediato sobre el 20% de las pensiones más bajas.

Desde el Eurogrupo, sin embargo, se descartaba la posibilidad de celebrar cualquier tipo de negociación con carácter previo al referéndum convocado por el Gobierno heleno para el 5 de julio de 2015, el cual finalizó con un "triunfo" de los detractores de la propuesta relativa a alcanzar un acuerdo con los acreedores[123]. A pesar de este nuevo contratiempo con fecha 6 de julio de 2015 el BCE decidía mantener la Asistencia de Liquidez de Emergencia a los bancos griegos en el nivel acordado el 26 de junio de 2015[124], precisando además que el Consejo de Gobierno del supervisor estaba decidido a usar todos los instrumentos que estuviesen en su mano para garantizar la estabilidad en la Eurozona. Con carácter adicional, el BCE acordaba introducir un "ajuste" del valor que concede a las garantías que acepta a cambio de proveer dicha liquidez recortando a la baja el valor de los activos depositados en bancos griegos que acepta como garantía de los préstamos concedidos a dichas entidades. En efecto el BCE endurecía las condiciones para que los bancos griegos se financien a través de la ELA. Recuérdese que dichas garantías confieren el acceso a mayor financiación

---

[123] A resultas de la celebración del citado referéndum el "no" a la propuesta de acuerdo de los acreedores alcanzó el 61,3% de los votos, frente al 38,7% del "sí".

[124] Esta provisión de liquidez de emergencia resulta no obstante más cara que la que ofrece el BCE en sus operaciones de refinanciación ordinarias, con un coste del 1,55%, interés que los bancos griegos pagan al Banco de Grecia, en vez del 0,05% al que prestaba el BCE.

cuanto mayor es su calidad. Y al contrario, cuanto menor es su calidad (debido a su mayor riesgo) el BCE las valora menos, procediendo a aplicar un descuento o *haircut* mayor y otorgando menos financiación a cambio.

Pues bien, el BCE optó por ajustar aún más los descuentos sobre el colateral para la ELA, al estimar que las garantías ofrecidas por los bancos griegos (deuda pública helena) habían descendido de calidad, concediéndose en consecuencia menos financiación a cambio de esos colaterales[125]. En opinión del supervisor la provisión de ELA en condiciones excesivamente generosas podría incrementar el riesgo moral en el lado de las instituciones financieras o las autoridades responsables, pudiendo llegar además a interferir en la unidad de la política monetaria o en la implementación de la misma y afectar a la independencia financiera del Banco central nacional en cuestión, violando la prohibición de financiación monetaria[126]. Con carácter adicional estimó el BCE que las contrapartes receptoras de liquidez de emergencia frecuentemente carecen de activos de garantía válidos, existiendo dudas sobre su solvencia financiera al no poder tomar parte en las operaciones de política monetaria y que los riesgos residuales asociados al ELA tienden a ser más altos que aquellos de las operaciones regulares de política monetaria. Todo ello sin perjuicio de reconocer que no resulta posible mitigar en su totalidad determinados riesgos residuales relacionados con los colaterales en caso de d*efault* de una contraparte, tal y como podría suceder en el caso del país heleno.

Desde nuestro punto de vista la postura del BCE no admitía discusión alguna. Téngase presente que la regulación del Programa de Liquidez de Emergencia dispone que se proveerá esta liquidez a una entidad financiera, o grupo de entidades solventes que estén atravesando problemas temporales de liquidez, lo que significa que el BCE no puede financiar a entidades que considere que no son solventes, pudiendo emplearse a tal efecto otros

[125] Se ha de precisar además a este respecto que, con fecha 20 de julio de 2015, finalizaba el plazo otorgado por el BCE a Grecia para pagar la deuda pública en el balance del propio supervisor, cuyo eventual impago podría terminar por minar el colateral que los bancos habían prometido para obtener la financiación e implicaría pérdidas sobre los activos de los bancos.

[126] Cabe recordar que es el Banco Central Nacional griego el que corre con el riesgo de impago, pudiendo aceptar como garantía activos de escasa calidad y pudiendo únicamente otorgar financiación a bancos solventes que estén atravesando un problema temporal de mera liquidez. Y ello a pesar de que el art. 14.4 de los Estatutos del BCE permite que su Consejo de Gobierno sujete la concesión de ELA a su autorización cuando, como sucede en el presente caso, pueda interferir con las funciones del Eurosistema.

mecanismos tales como recapitalizaciones (en mercado o con ayudas públicas) o pasar las pérdidas a sus acreedores (*bail-in*). De cualquier manera, siendo los bancos griegos insolventes, el BCE habría de actuar a través del Mecanismo Único de Resolución (MUR) con el fin de sanear o, en su caso, liquidar las entidades insolventes.

Durante la primera semana del mes de julio de 2015 Grecia solicitó formalmente al MEDE un tercer rescate financiero por un importe próximo a los 53.500 millones de euros consistente en un préstamo de tres años de duración destinado a cumplir con las obligaciones de la deuda y asegurar la estabilidad financiera del país a cambio de acometer una reforma fiscal y de las pensiones destinada a la sostenibilidad fiscal, la estabilidad financiera y el crecimiento económico a largo plazo. Grecia preparaba un paquete de reformas (el cual recibiría además el respaldo del Parlamento griego tras la votación celebrada el 11 de julio de 2015) valorado en 12.000 millones de euros a implementarse en los próximos dos años, como contrapartida del tercer rescate.

Dichas reformas se concretarían en una subida fiscal concretada en el IVA, que pasaría del 10 al 13% para los bienes de lujo, del 13 al 23% para restaurantes, transportes y servicios sanitarios y del 6,5 al 13% para hoteles. En efecto, se proponía la aplicación de un IVA del 6,5 % para medicamentos, libros y teatro, un 13% para alimentos básicos y frescos, hoteles, energía y agua y un 23% para el resto, incluidos los restaurantes, a los que se aplicaba el 13%. Las islas del mar Egeo continuarían teniendo un descuento del 30% sobre las tarifas del IVA.

Por su parte el tipo de gravamen del Impuesto sobre Sociedades se elevaría dos puntos desde el 26%. Se proponía así una subida del 26% al 28% del impuesto empresarial y del el impuesto de lujo, que aumentaría del 10% al 13%. Y, como medida de apoyo a las pymes y los autónomos, se proponía elevar de 10.000 a 25.000 euros el umbral de ingresos exentos del IVA. En cambio Grecia mantendría las exenciones fiscales de las que gozaban algunas islas griegas y que los acreedores internacionales pretendían eliminar. Por lo que respecta a la materia de las pensiones Grecia mantendría su concesión de adelantar a octubre el plan escalonado de eliminar las prejubilaciones, comprometiéndose así a eliminar el suplemento EKAS a las pensiones antes de 2020. De acuerdo con el plan escalonado previsto para la eliminación de las prejubilaciones por cada año que una persona se jubilara antes de los 62 años, sufriría una penalización del 16% (del 6% actual). Con carácter adicional las pensiones experimentarían un aumento en la contribución a la Sanidad del 4 al 6%, y además de modo retroactivo, a partir de enero de 2015. En las pensiones complementarias se aplicaría un aumento de la contribución de los trabajadores del 3 al 3,5%. Y, tal y como se ha apuntado, se retiraría el EKAS, proponiéndose equilibrar las cotizaciones de todos los fondos de pensiones sobre la base de IKA (el mayor fondo de pensiones griego), lo que supondría triplicar la contribución de los agricultores. Finalmente Grecia se comprometía a conseguir un superávit primario del 1% del PIB en 2015 y del 2% y el 3% en los años siguientes.

Recapitulando, el nuevo Plan presentado por el Ejecutivo griego a los acreedores internacionales durante la segunda semana del mes de julio de 2015 presentaba los siguientes aspectos configuradores. En materia presupuestaria el objetivo del 3,5% de superávit primario se mantenía, con los consabidos objetivos del 1%, 2% y 3% para 2015, 2016 y 2017. En el ámbito del IVA se asumía la propuesta del Eurogrupo, con un tipo para la hostelería del 13% resultando gravadas las comidas procesadas de primera necesidad (como leche) al 23%. El nuevo Plan sí que incluía mantener el IVA reducido para las islas más remotas, previéndose empezar a subirlo en las islas más grandes y turísticas. Con carácter adicional se preveían medidas compensatorias (y fiscalmente neutras) para los ciudadanos más necesitados. La reducción del gasto militar sería de 100 millones en 2015 y 200 millones en 2016. La subida del Impuesto sobre el Lujo para los yates (del 10% al 13%) afectaba a los de más de cinco metros (10 en el plan de junio). Como medidas de carácter compensatorio en caso de existencia de desvíos en el Presupuesto se preveía aumentar la fiscalidad de las rentas derivadas de alquileres y subir otro punto el Impuesto sobre Sociedades (que ya pasaba del 26% al 28%), hasta el 29%. En el ámbito de las pensiones la puesta en marcha de la reforma de pensiones se contemplaba desde octubre de 2015 en aspectos tales como la eliminación del complemento a pensiones bajas o la subida de la edad de jubilación[127]. El nuevo Plan introducía un

[127] En el ámbito de las pensiones se preveía aplicar la cláusula de "déficit cero" a las pensiones suplementarias, lo que conduciría a una reducción automática de estas prestaciones de entre el 30% y el 70%. Asimismo debía aplicarse el modelo de cálculo de la pensión mínima previsto en el primer rescate de Grecia, en 2010, de conformidad con el cual la pensión mínima garantizada por el Estado, fijada en 360 euros hasta el final de 2015, habría de ajustarse a la evolución del PIB y del IPC, lo que podría conducir a la reducción automática de las pensiones.

programa de movilidad para racionalizar la cobertura de puestos vacantes, añadiendo además que se tomarían medidas para acabar con los atascos en la Justicia así como medidas orientadas a la supervisión de entidades públicas empresariales, Entidades Locales, inversiones público-privadas, procesos de control en las autoridades fiscales y aduanas.

El nuevo Programa incluía un plan para combatir la evasión fiscal, verificando las transacciones bancarias, un mecanismo voluntario para aflorar rentas o patrimonio (sin amnistía fiscal) y pedir datos a la UE sobre activos de ciudadanos griegos, entre otras medidas. En el marco del mercado laboral se aprobaría una nueva normativa sobre convenios colectivos a finales de 2015. Finalmente respecto del mercado de bienes y servicios se aplicarían las recomendaciones de la OCDE en los mercados de autobuses turísticos, licencias de camión y otros, analizándose la competencia en comercio al por mayor, construcción, comercio electrónico y medios de comunicación y excluyéndose dentro de la liberalización de servicios (ingenieros, notarios, alquileres) a los ferries. Asimismo se diseñaría una ventanilla única para las obligaciones de información de las empresas, manteniéndose la obligación de privatizar la empresa de red eléctrica, si bien se admitía un plan alternativo para desligar esta empresa de la empresa nacional de electricidad.

Sin embargo desde las instituciones comunitarias se desconfiaba de esta nueva propuesta helena. De acuerdo con los cálculos efectuados por la troika (Comisión Europea, BCE y FMI) Grecia necesitaba 90.200 millones de euros hasta 2018, de los que solo podría aportar 8.500 millones mediante superávits primarios y privatizaciones[128]. El resto debería venir de ayuda externa. Y, teniendo en cuenta que quedaban 16.000 millones de euros por desembolsar por parte del FMI, la UE habría de aportar unos 66.000 millones de euros. Una parte podría salir de los beneficios del BCE y de los Bancos Centrales nacionales con la compra de bonos griegos, unos 7.700 millones de euros. Sin embargo el resto, unos 58.000 millones de

[128] Concretamente el desglose de las necesidades de financiación de Grecia hasta 2018 preveía casi 36.000 millones en amortización de deuda, 18.000 millones en intereses, 7.000 millones para pagos atrasados, 4.500 millones para establecer una reserva financiera y 25.000 millones de euros para la recapitalización de la banca. Dicha factura de casi 90.000 millones se podría no obstante rebajar con los ingresos del plan de privatizaciones (2.500 millones) y con el superávit fiscal previsto (6.000 millones), lo que dejaría un agujero de 82.000 millones a cubrir por los acreedores.

euros, tendrían que proceder de un tercer rescate del Mecanismo Europeo de Estabilidad[129].

En consecuencia desde las instituciones comunitarias se reclamaba al Estado griego nuevos compromisos en aspectos tales como la liberalización de mercados, el mercado laboral, las privatizaciones, la reforma del Estado y el Presupuesto en defensa.

Con fecha 13 de julio de 2015 se alcanzaba un principio de acuerdo que permitía negociar la concesión de un tercer Programa de ayuda. Dicho acuerdo incidía sobre materias tales como pensiones, IVA, mercado laboral, liberalizaciones, privatizaciones, etc., bajo el asesoramiento y el visto bueno de la instituciones comunitarias (Comisión Europea, BCE y FMI). Todo ello con la finalidad de iniciar las negociaciones formales destinadas a obtener un tercer rescate del Mecanismo Europeo de Estabilidad que podría superar los 80.000 millones de euros y que cubriría las necesidades de financiación griegas hasta mediados de 2018. A pesar de ello el BCE optó en dicha fecha por mantener el tope máximo que los bancos griegos podían pedir prestado a través de la línea ELA, obligando así al Estado griego a mantener los controles de capital implantados apenas dos semanas antes.

De acuerdo con un primer bloque del acuerdo alcanzado se produciría la aprobación, antes del 15 de julio de 2015, de la reforma del IVA reclamada por los acreedores, así como de una serie de medidas destinadas a mejorar la sostenibilidad a largo plazo del sistema de pensiones, acometiéndose además la transposición de la directiva de rescates bancarios. Antes de dicha fecha Grecia habría de aprobar una reforma del IVA y otra del sistema de pensiones, además de asegurar en otro de ellos la independencia de la oficina de estadísticas del país (ELSTAT) y uno último que evidenciara

---

[129] Los Estatutos reguladores del MEDE contemplaban una vía de urgencia que permitiría aprobar el rescate con un 85% de los votos. No obstante para activar este proceso el BCE y la Comisión Europea debían advertir primero que estuviese en riesgo la estabilidad financiera europea. El reparto de los votos dependía de las aportaciones al MEDE, lo que otorgaba un derecho de veto *de facto* a los tres países más grandes, a saber, Alemania (26,9%), Francia (20,2%) e Italia (17,8%). En cambio los países pequeños, como Finlandia (1,8%) o Eslovaquia (0,8%), contaban con mayores dificultades para formar una minoría de bloqueo (15,01%), especialmente si no obtuviesen el apoyo algún país grande (España tenía el 11,8%) o mediano (Holanda ostentaba el 5,8%). En todo caso parecía complicado que pudiera terminar recurriéndose a dicho sistema de aprobación excepcional, dado que Alemania (que por sí sola disponía de votos suficientes para bloquear) también se resistía al acuerdo.

compromisos en materia de consolidación fiscal y que incluiría que el Consejo Fiscal estuviese completamente operativo para cuando se firmara el rescate y la introducción de reguladores automáticos del gasto ante posibles desviaciones del déficit.

El segundo bloque del acuerdo alcanzado contemplaba la adopción de un conjunto de medidas destinadas a compensar el fuerte deterioro económico y fiscal del país durante los últimos tiempos, incluyéndose además la reforma completa de las pensiones, la de los mercados de productos, la del mercado energético, la reforma laboral y la del sector financiero. Con carácter adicional el Gobierno griego habría de enmendar o compensar las leyes aprobadas desde febrero de 2015 que contravenían el acuerdo del Eurogrupo del 20 de febrero de 2015. En todo caso antes del 22 de julio de 2015 Grecia debía de adoptar el Código de Procedimiento Civil con el que agilizar los procesos judiciales y reducir costes, además de transponer plenamente la Directiva europea sobre Resolución Bancaria, al objeto de reforzar su sector financiero tomando decisiones decisivas sobre los préstamos morosos y medidas para reforzar la gobernanza y el control de las instituciones financieras. La misión primordial era eliminar cualquier interferencia política en su gestión.

Y, dentro de un tercer bloque, se incluían una serie de medidas adicionales tales como una ampliación del programa de privatizaciones que incluyese la creación de un fondo con 50.000 millones de euros en activos que se irían privatizando eventualmente y que se usaría para amortizar deuda, así como una reforma de la Administración Pública, una normalización de los trabajos de supervisión que la troika realiza en Atenas y el compromiso de consultar con las instituciones cualquier borrador legislativo que fuese relevante para el Programa antes de someterlo a consulta pública o enviarlo al Parlamento.

Desde nuestro punto de vista dentro de este conjunto de exigencias destacaba la relativa a la creación del citado Fondo fiduciario de 50.000 millones de euros en activos públicos para contribuir a la amortización de la deuda griega. A través de dicho fondo (radicado en Grecia y gestionado por las autoridades griegas, siendo no obstante supervisado por las instituciones europeas relevantes) se produciría el depósito de bienes griegos, si bien con un control externo e independiente y gestionado por las autoridades griegas, bajo la supervisión de las instituciones europeas. Grecia debía pues traspasar activos disponibles para su venta a dicho Fondo, incluyéndose aquí el paquete de empresas públicas valoradas en unos 50.000 millones de euros que ya habían sido incluidos en el segundo rescate, y de los que solo se obtuvieron unos 3.000 millones de euros. *A priori* la privatización de esos bienes se destinará a pagar el nuevo préstamo. La recaudación del citado fondo tendría que destinarse a amortización de deuda, lo que en la práctica reduciría el coste de un tercer rescate que puede dispararse hasta los 90.000 millones de euros[130]. De este modo los ingresos de dicho fondo, que funcionaría bajo supervisión europea, se usarían para redimir al menos en parte la deuda en la que hubiese incurrido el MEDE. Los activos del Fondo se venderán mientras estén vigentes los préstamos de la Eurozona.

De los 50.000 millones de euros de dicho fondo (bajo gestión europea) con activos la mitad del mismo, unos 25.000 millones de euros, se usarían para la recapitalización de los bancos[131]. Un cuarto, 12.500 millones, para deuda. Y el otro 25% (otros 12.500 millones de euros) para inversiones productivas. En efecto, el 50% del citado fondo fiduciario se destinaría a devolver el dinero prestado por la Eurozona para recapitalizar los bancos griegos; un 25% para inversiones; y el otro 25% para reducir la deuda del Gobierno.[132]

[130] Y ello a pesar de que Grecia era el país de la UE que más había reducido su deuda entre el cuarto trimestre de 2014 y el primer trimestre de 2015, período durante el cual redujo su deuda pública sobre PIB en unos 8 puntos porcentuales. A pesar de ello al cierre del primer trimestre de 2015 Grecia se mantenía como el país más endeudado en relación al tamaño de su economía, con una *ratio* del 168,8% del PIB, por delante del 135,1% de Italia y el 129,6% de Portugal. El endeudamiento del país heleno era del 168,8% al cierre del primer trimestre de 2015, equivalente a 301.527 millones de euros, lo que suponía un ajuste de 15.567 millones en tres meses o el 8,1% del PIB, mientras que en 12 meses la reducción fue de 5,5 puntos porcentuales.

[131] Se ha de recordar no obstante a este respecto que, en cumplimiento de las reglas Basilea III, un total de 9.000 millones de euros (o el 40% del capital de los cuatro principales bancos griegos) debía ser sustituido en los próximos años, al estar compuesto por activos fiscales de baja calidad. De este modo los bancos sólo tenían provisiones de deuda incobrable de entre la mitad y dos tercios de su exposición. A mayor abundamiento a la finalización del primer trimestre de 2015 los principales bancos griegos todavía tenían 34.000 millones de euros de préstamos de mala calidad, hallándose algunos de estos créditos asociados a propiedades o maquinaria que podría ser embargada para mitigar las pérdidas. Así las cosas quedaba por determinar hasta dónde habrían de soportar accionistas, inversores y depositantes el peso del rescate, dado el deterioro sufrido por los bancos griegos. Véase en este sentido DAVIES, P. J., "Greek Bank Buffer Looks Pretty Thin", www.europe.wsj.com, (consultada el 14 de julio de 2015), para quien *"El colchón servirá de ayuda, pero, más que una solución a la situación, servirá para absorber el impacto de forma momentánea. Los bancos necesitan que sea la recuperación económica la que detenga la sangría, y pronto"*.

[132] Las necesidades de financiación de Grecia eran innegables, especialmente teniendo presente su abultada deuda pública. A juicio del FMI dichas necesidades de financiación brutas

El objetivo perseguido al efecto era que el Fondo generara 50.000 millones en 30 años gracias al valor de sus activos, teniendo su sede en Atenas y siendo supervisado plenamente por la Comisión Europea. Dicho Fondo habría de acoger todos los bienes susceptibles de ser privatizados hasta 2045 como empresas del Estado, así como infraestructuras públicas (puertos, aeropuertos, puertos deportivos) y activos inmobiliarios. Con carácter adicional se contemplaba la posibilidad de que los recursos naturales (explotaciones mineras e hidrocarburos) se incorporaran también a este depósito de garantía.

De la citada suma de 50.000 millones de euros que habría de producir el Fondo, el 50% serían usados como garantía bancaria, repartiéndose el resto entre el desarrollo económico del país (25%) y el pago de la deuda a los acreedores (25%). La recaudación del Fondo tendría que destinarse a la amortización de deuda, lo que en la práctica reduciría el coste de un tercer rescate. En todo caso la citada cifra de 50.000 millones de euros habría de sumarse a los 35.000 millones de euros que ya prometió la Comisión Europea. No se trataba de dinero nuevo, sino del monto de los fondos estructurales y recursos existentes que se podrían movilizar, con mucha flexibilidad, para Grecia.

En función de la participación española en el Mecanismo Europeo de Estabilidad[133], ascendiendo el tercer rescate a Grecia a un montante próximo a unos 86.000 millones de euros, España debía comprometer unos 10.148 millones de euros en garantías. De dicho montante global próximo a los 86.000 millones de euros, Grecia debía destinar una parte a cubrir los pagos de deuda que el país heleno tenía hasta 2018 y que ascendían (sin contar las letras del Tesoro refinanciables por la banca local) a aproximadamente 28.900 millones de euros de vencimientos y 7.600 millones de euros en pago de intereses (con un total de 36.500 millones de euros por ambos conceptos). Por otro lado, Grecia emplearía otros 25.000 millones en recapitalizar su banca, y otros 12.500 millones para estimular inversiones. El resto del

anuales medidas en relación al PIB habrían de situarse por debajo del 15% para garantizar la sostenibilidad. En cambio desde la Comisión Europea se defendía que, debido al impacto que había sufrido la economía helena por los controles de capital y el cierre de los bancos, dichas necesidades de financiación para el periodo 2015-2030 aumentarán por encima del 15%.

[133] Téngase presente que España contaba con una participación en el MEDE del 11,8227%, lo que le convertía en el cuarto máximo accionista del Fondo de Rescate europeo por detrás de Alemania (26,9616%), Francia (20,2471%) e Italia (17,7917%).

montante del rescate –en torno a 11.000 millones de euros– servirían para otros conceptos como, por ejemplo, el pago de atrasos o la recomposición de depósitos del Gobierno.

De cualquier manera, de cara a articular la nueva financiación que habría de recibir el Ejecutivo heleno (Grecia tenía obligaciones de pago por unos 12.000 millones de euros y de 26.600 millones en el segundo semestre de 2015) existían diversas vías: préstamos del EFSF o del Mecanismo Europeo de Estabilidad; utilización de los beneficios generados por la compra de bonos griegos por parte del BCE (que sumaban unos 3.600 millones de euros en 2014 y 2015[134]); o concesión de préstamos bilaterales a Grecia que podrían estar respaldados por activos helenos, o incluso por los beneficios de los bonos.

Como primer paso la Comisión Europea propuso la concesión inmediata de un crédito puente de 7.000 millones de euros para un plazo máximo de tres meses, sujeto al cumplimiento de diferentes condiciones y que se articularía a través del Mecanismo Europeo de Estabilidad Financiera. Dicho Programa habría de proporcionar financiación puente que permitiera a Grecia afrontar sus obligaciones financieras más urgentes hasta que empezara a recibir asistencia financiera del Mecanismo Europeo de Estabilización Financiera. De este modo Grecia podría efectuar el pago de los casi 3.500 millones de euros adeudados al BCE y evitar así un impago que podría obligar al BCE a cortar definitivamente los flujos financieros. Ahora bien la concesión de dicho préstamo requería la autorización de los 28 socios de la UE, al efectuarse con cargo al Presupuesto común, si bien las decisiones en el EFSF se toman por mayoría cualificada, lo que implicaba la inexistencia de una minoría de bloqueo para congelar el desembolso de dinero. Por otra parte su activación no requería del visto bueno del Parlamento Europeo. La devolución de dicho préstamo se articularía a través del MEDE cuando fuese acordado el tercer programa de asistencia.

---

[134] Los bonos griegos habían experimentado a la finalización del mes de agosto de 2015 un importante repunte, llegando a subir un 8%, a pesar de que en julio del citado ejercicio cayeron más del 40%. En cambio los bonos a dos años continuaban ofreciendo una rentabilidad por debajo del 10%, Véase en este sentido BARLEY, R., "Rebuilding Bonds With Greece's New Bailout", www.europe.wsj.com (consultada el 18 de agosto de 2015), quien apuntaba que *"La curva de rentabilidad griega sigue estando ligeramente invertida, con la rentabilidad a corto plazo por encima de los rendimientos a largo plazo, un indicio de que la desconfianza continúa".*

Como ya hemos puesto de manifiesto, de cara al cumplimiento del conjunto de condiciones impuestas por los acreedores internacionales a Grecia el primer paquete de medidas se concretaba en la subida del IVA, el recorte de las pensiones (reforma para congelar las pensiones complementarias), el blindaje de la independencia jurídica de la Agencia Estadística griega (ELSTAT), así como en la creación de un Consejo Fiscal independiente y en la adopción de un conjunto de mecanismos "casi automáticos" para el recorte del gasto público en caso de desviaciones sobre los objetivos de estabilidad. Pues bien dichas medidas fueron aprobadas por ampliar mayoría por el Parlamento griego el 16 de julio de 2015.

A raíz del acuerdo alcanzado con los acreedores internacionales y del inicio del proceso de aprobación en el Parlamento griego del conjunto de reformas acordadas, parecía claro que el BCE ampliaría la Línea de Liquidez de Emergencia al país griego, tal y como así se acordó en su reunión de 16 de julio de 2015, incrementándose aquella en un total de 900 millones de euros adicionales a la semana, hasta los 89.900 millones de euros, con la finalidad de financiar a los bancos solventes que ofrecen activos de garantía y de posibilitar que el Gobierno griego hiciese frente el 20 de julio de 2015 a la devolución de un total de 3.500 millones de euros (más 700 de intereses) al BCE así como al pago de un total de 1.500 millones de euros al FMI, en mora desde el 30 de junio. No obstante dicha decisión, adoptada a resultas de una petición efectuada por el Banco Nacional de Grecia, no se adoptó por unanimidad.

Con carácter adicional el BCE respaldó una eventual reestructuración de la deuda griega, dejando abierta la puerta a la compra de deuda helena a través del QE, siempre y cuando se constate el cumplimiento de las condiciones fijadas para la implementación del tercer rescate. Y ello teniendo presente que la exposición del Eurosistema a Grecia era por aquel entonces de 130.000 millones de euros, mientras que los depósitos en el país heleno sumaban un total de 120.000 millones de euros.

Paralelamente a la citada decisión del BCE de ampliar la línea ELA a Grecia[135], y en esa misma fecha, el Eurogrupo acordaba autorizar el apoyo de estabilidad del MEDE a Grecia durante tres años, una vez que se cumpliesen los procedimientos nacionales relevantes y fuese aprobado por el

---

[135] Dicha decisión tendría su continuación en sucesivas fechas a través de las cuales se incrementaría nuevamente la línea de liquidez: 900 millones de euros el 22 de julio de 2015.

Consejo de Gobernadores del MEDE. Con carácter general las "garantías" para cubrir los riesgos que asumirían aquellos países que no pertenecen al euro si se produjese un impago de Grecia en la devolución del préstamo quedarían cubiertas con los beneficios obtenidos por el BCE con las operaciones con deuda griega.

Por su parte las entidades financieras griegas retomaban la actividad la semana del 20 de julio de 2015, al objeto de permitir determinadas operaciones en ventanilla como el pago de cuotas y créditos de todo tipo (por ejemplo deudas al Estado) a empresas públicas, a los fondos de pensiones estatales o a seguros privados. Si bien el acceso a efectivo a través de los cajeros automáticos continuaba siendo de 60 euros diarios, se permitía la retirada acumulativa de 420 euros por semana, posibilitándose además que los ciudadanos griegos tuviesen acceso a sus depósitos a plazos y a las cajas fuertes, pudiendo cobrar cheques, incluidos los que vencieron durante el periodo de clausura de las entidades. En todo caso las operaciones realizadas hacia el extranjero continuaban siendo muy limitadas, permitiéndose no obstante a los padres que tuviesen hijos estudiando fuera mandarles hasta 5.000 euros por trimestre y a aquellos que debieran abonar gastos médicos disponer de hasta 2.000 euros.

En dicha semana del 20 de julio de 2015 entraban en vigor además los cambios producidos en los tipos de gravamen del IVA, a resultas de los cuales los medicamentos, los libros y el teatro se situaban en una tarifa superreducida del 6 %, mientras que a los alimentos, los hoteles, la energía y el agua se les aplicaría el 13% y el 23% al resto de servicios, incluida la restauración. Únicamente se posponía la aplicación de las nuevas tarifas en las islas (las cuales que gozaban de reducciones de hasta un 30% en los tipos) hasta el cierre de la temporada a principios de octubre de 2015.

Por su parte el segundo paquete de medidas que el Ejecutivo griego se comprometió a adoptar (dentro del cual se situaban, por ejemplo, la reforma del Código Civil y la incorporación a la legislación griega de la Directiva europea BRRD (*Bank Recovery and Resolution Directive*[136]), relativa al

---

[136] Como es sabido la citada Directiva (plenamente aplicable a partir del 1 de enero de 2016) se estructura sobre los siguientes pilares: la prevención; la intervención temprana; y, en último término, la resolución de las entidades que provoquen inestabilidad. A tal efecto prevé dicha Directiva dentro del marco europeo la creación de 'bancos puente' que permitan agilizar la liquidación de activos, disponiéndose a tal efecto que los acreedores de los bancos sufran

saneamiento de los bancos y que garantiza los depósitos bancarios hasta 100.000 euros en caso de quita) fue debatida en el Parlamento el 22 de julio de 2015.

8. LA ARTICULACIÓN DEL TERCER PLAN DE RESCATE APROBADO POR LAS INSTITUCIONES COMUNITARIAS Y EL GOBIERNO GRIEGO

Con fecha 11 de agosto de 2015 el Gobierno griego alcanzó un principio de acuerdo con las instituciones comunitarias relativo a las líneas maestras que habrían de presidir el tercer rescate del país heleno. Con carácter general el Proyecto de Ley aprobado al efecto (el cual debía ser votado en el Parlamento griego para y ser aprobado por el Eurogrupo para, con posterioridad, ser votado en varios Parlamentos nacionales de diversos Estados de la UE) incluía tanto el programa de rescate en sentido estricto como la adopción de un primer paquete de medidas previas necesarias para obtener el primer desembolso. Todo ello con el objetivo de poder percibir antes del 20 de agosto un primer desembolso con el que poder hacer frente a los pagos que en dicha fecha debían efectuarse al BCE por un importe de 3.400 millones de euros.

En relación con la cuestión relativa a los objetivos presupuestarios se convino en el citado Proyecto de Ley que Grecia no hubiera de tomar medidas adicionales para compensar el desvío en los objetivos de superávit primario que se preveían debido al fuerte retroceso económico registrado al efecto. Se ha de recordar a este respecto que, de cara al ejercicio 2015,

---

quitas o se conviertan en accionistas si, llegada la resolución, no existe una solución mejor dentro de las detalladas en la Directiva BRRD. Ya inicialmente el texto de la presente Directiva aprobado por el Parlamento Europeo y la Comisión Europea en 2014 estableció una jerarquía de acreedores destinada a liberar a los contribuyentes y depositantes con menos ingresos, evitando que estos carguen con el precio de un rescate. En primer lugar han de asumir una quita los accionistas, los tenedores de deuda *junior* y *senior* y los depositantes con importes superiores a 100.000 euros. En segundo término, los depósitos de particulares y pymes por encima de 100.000 euros han de absorber pérdidas si los accionistas y acreedores del primer grupo hubiesen sufrido pérdidas del 100%. Finalmente, se establece el uso de fondos europeos y/o inyecciones de dinero público en casos excepcionales de crisis sistémicas o inestabilidad financiera, siempre que los accionistas y acreedores hayan asumido previamente al menos el 8% del total de los pasivos de la entidad, el ratio mínimo de pasivos "bailinables" establecido en la Directiva.

Grecia y las instituciones internacionales (Comisión Europea, Banco Central Europeo, Fondo Monetario Internacional y Mecanismo Europeo de Estabilidad) habían acordado que, en lugar de un superávit primario de un 1% del PIB, tan solo fuese necesario un déficit primario del 0,5%. Respecto del ejercicio 2016 se previó un superávit primario del 0,5 %; para 2017, del 1,75 %; y, finalmente, para 2018, del 3,5%, esto es, el objetivo que se había fijado inicialmente. Pues bien, de acuerdo con el acuerdo alcanzado en 2015 el Memorándum permitiría un déficit del 0,25%, mientras que en 2016 el superávit tendría que alcanzar el 0,5%, el 1,75% en 2017 y el 3,5% en 2018.

Con carácter adicional el Proyecto de Ley diseñado contemplaba un compromiso en cuanto al tratamiento que habría de otorgarse a los créditos morosos de los bancos, así como el formato jurídico que habría de presentar el nuevo Fondo de privatizaciones, al que ya hemos tenido ocasión de referirnos. Dicho Fondo habría de acoger todos los bienes susceptibles de ser privatizados hasta 2045 como empresas del Estado, infraestructuras públicas y activos inmobiliarios. A tal efecto se alcanzó un principio de acuerdo para que dicho Fondo (al que habrían de transferirse activos públicos por valor de 50.000 millones de euros) no se basara en la venta de activos, sino en otras fórmulas destinadas a su rentabilización (alquiler o concesiones, por ejemplo) durante un plazo de 30 años.

Otras cuestiones objeto de regulación en el Proyecto de Ley eran las relativas a la introducción de modificaciones en el Impuesto sobre Bienes Inmuebles, la liberalización plena del sector energético en 2018 así como la de algunas profesiones como ingenieros o notarios, la modificación de la fiscalidad de los agricultores en varias fases (que, como ya se ha apuntado, gozaban tanto de reducciones en el Impuesto sobre la Renta como en el del Gasóleo[137]), el fin de las exenciones fiscales para las islas a finales de 2016 y el rediseño del programa de privatizaciones. Se preveía acometer una subida en tres puntos porcentuales (hasta el 29%) del Impuesto sobre la Renta de autónomos y empresas, así como un incremento progresivo, del 55% actual hasta el 100% de su pago anticipado[138]. Se eliminarían muchos

[137] Dicho incremento pasaba por elevar el Impuesto sobre la Renta de los agricultores del 13% a 26%, pasando además del 27,5% al 55% el pago anticipado del citado gravamen.

[138] Téngase presente a este respecto que, por lo que al Fondo de Seguros de los Autónomos Griegos (OAEE), este presentaba un déficit de 216 millones de euros que ponía en peligro el pago de las pensiones. Con carácter general el citado Fondo contaba con 850.000 asegurados, teniendo cada mes que pagar unas 370.000 pensiones. Para realizar este pago se necesitan 275

de los límites de imposición para salarios y pensiones (introduciendo una reestructuración del régimen aplicable con el objetivo de lograr un ahorro anual del 0,5% del PIB) y el sistema de jubilaciones sería objeto de una reforma profunda que habría de traducirse en una reducción de los retiros anticipados y retraso de la edad de jubilación general hasta los 67 en casi todas las profesiones. Asimismo se contemplaba la modificación de la Ley sobre la devolución de las deudas a Hacienda y a la Seguridad Social en 100 plazos (con la inclusión de nuevos criterios más diferenciados respecto al número de cuotas).

El nuevo Memorandum de Entendimiento elaborado al efecto contemplaba una primera fase de "acciones prioritarias" destinadas a abolir gradualmente la devolución del impuesto del diésel a los agricultores y lanzar una amplia revisión del Estado del bienestar. A lo largo de una segunda etapa de reformas Grecia se comprometía a reducir de forma permanente el techo de gasto militar en 100 millones de euros en 2015 y en 400 millones en 2016, procediendo además a extinguir los privilegios de la industria naviera así como a mejorar la elección de receptores de subsidios a la calefacción, de manera que se redujese a la mitad el gasto en esta política social, destinada a las personas en riesgo de exclusión social. Grecia se comprometía además a aprobar otros ajustes estructurales equivalentes al 0,75% del PIB, con efecto en 2017, y de un 0,25% adicional, con efecto en 2018. En el supuesto de que Grecia obtuviese por la implantación de dichas medidas más ahorros de los

millones de euros. A tal efecto al objeto de poder hacer frente a las necesidades mensuales el OAEE calculó unos 150 millones de euros que provendrían de las cotizaciones de sus asegurados, mientras que la parte restante se cubriría por una subvención del Estado. Pero esta subvención es limitada. Para el ejercicio 2015 el Presupuesto del Estado había previsto una subvención de 834 millones de euros para el fondo de seguros de los autónomos. Sin embargo hasta el mes de octubre de 2015 el OAEE ya había cobrado los 800 millones de esta cantidad, con que sólo quedan 34 millones para los meses de noviembre y diciembre de 2015. El citado Fondo se hallaba por tanto en una situación en la que contaba con unas reservas de 334 millones de euros (con la subvención incluida) para pagar unos 550 millones de euros en pensiones para los dos últimos meses del año, lo que representaba un déficit de 216 millones de euros en total. Con carácter general los autónomos en Grecia cotizan cómo mínimo unos 450 euros de manera bimensual, independientemente de si mantienen actividad o no. No obstante, con una tasa de desempleo situada en el 26% muchos de los autónomos cumplen varios meses sin actividad, lo que les obliga a posponer las cotizaciones, perjudicando así a las cuentas del fondo. Por otro lado se ha de tener presente que hasta el año 2013 todos los fondos de pensiones públicos en Grecia se obligaban a depositarlo en sus reservas a una cuenta del Banco de Grecia. No obstante en el año 2012 dicha cuenta sufrió una quita del 53%, perdiendo unos 14.000 millones de euros.

previstos habría de depositar un 30% de ese remanente en una cuenta para la reducción de la deuda y destinar otro 30% a pagar atrasos del Gobierno. Como medida presupuestaria principal se acometería una primera fase de reforma de las pensiones profundizando en la sostenibilidad del sistema con la finalidad de limitar y desincentivar las prejubilaciones y aumentar gradualmente de la edad de jubilación a los 67 años.

El segundo pilar de medidas del Memorándum, de naturaleza tributaria, se centraba en eliminar la retención fiscal transfronteriza, clarificar que los descuentos del IVA de las islas serían totalmente eliminados a finales de 2016, acometer la extensión del gravamen del 30% de los ingresos brutos del juego y subir el IRPF de las rentas menores de 12.000 euros del 11% al 15% y el de las rentas superiores al 35%, desde el 33%[139]. Con carácter adicional se exigía introducir una nueva Ley criminal sobre evasión fiscal y fraude y establecer sanciones a los incumplidores, contemplándose la aprobación de un plan antifraude.

Dentro del conjunto de reformas de la Administración Pública se encontraban, además de las relativas a la mejora en la recaudación de impuestos y de deuda de la Seguridad Social, la implementación de sendos planes estratégicos de refuerzo administrativo y legislativo, fortaleciéndose la independencia de los funcionarios dedicados a la recaudación de impuestos con el establecimiento de una Agencia autónoma de recaudación que habría de estar completamente operativa en junio de 2016. Antes de noviembre de 2015 el Ejecutivo griego habría de presentar una ley para adaptar los plazos de pago en operaciones comerciales a la Directiva contra la Morosidad (60 días en el sector privado y 30 en el público[140]), así como una ley que introduzca un incremento selectivo de las tasas judiciales y un plan estructural para acelerar el trabajo de los jueces y mejorar la eficiencia.

Por lo que respecta al conjunto de medidas previstas para aminorar el gasto sanitario se situaban el restablecimiento de la prescripción de ge-

---

[139] No obstante, y como contrapartida, se preveía un aumento a 12.000 euros anuales del ingreso mínimo exento de impuestos, ya que tradicionalmente se ha venido sometiendo a gravamen a partir del primer euro.

[140] A principios del mes de septiembre de 2015 las deudas morosas alcanzaban ya los 84.000 millones de euros (cerca de 45% del PIB) y constituían una seria amenaza para el sistema bancario. A tal efecto los acreedores exigían desde hace años el levantamiento de la protección de la primera vivienda, especialmente teniendo presente que las hipotecas morosas sumaban ya 23.000 millones de euros.

néricos y la reducción del precio de todos los medicamentos sin patente, publicándose antes de octubre de 2015 un boletín de precios para reducir los precios farmacéuticos y limitando los precios de los *tests* de diagnóstico de enfermedades.

Por último, dentro del sector de la educación se contemplaban cuestiones tales como el número de alumnos por aula y las horas trabajadas por los profesores, las cuales habrían de alinearse con los criterios fijados por la OCDE antes de 2018.

A la luz de este tercer rescate Grecia esperaba obtener en un primer desembolso de 24.000 millones de euros, de los que 10.000 millones de euros se destinarían a la recapitalización de la banca, 7.200 millones a devolver el crédito puente obtenido de los socios de la Eurozona en julio de 2015 y otros 5.000 millones al pago de vencimientos al FMI y al BCE, en agosto y septiembre del citado ejercicio, respectivamente.

Con fecha 3 de agosto de 2015, y tras permanecer un mes cerrada, la Bolsa de Atenas retomaba sus actividades con la mayor caída de la historia, más de un 23%. Por su parte los bancos alcanzaban el límite diario de pérdidas, un 30%. El citado descalabro se producía a pesar de las limitaciones impuestas a los inversores, en virtud de las cuales, mientras que los extranjeros podían emitir órdenes de compra y de venta sin ningún límite, los nacionales tenían derecho sólo a comprar acciones con dinero transferido de cuentas bancarias desde el extranjero o de reservas en efectivo, no pudiendo en cambio recurrir a sus depósitos bancarios. Así las cosas el índice ASE se desplomó durante la citada sesión un 16,23% al cierre de la misma, si bien durante los primeros minutos de la jornada llegó a caer hasta un 22,88%. Un descenso histórico que representaba el mayor de toda la serie moderna desde 1985. En total, el Estado perdió en dicha sesión del 3 de agosto de 2015 3.000 millones de euros, lo que supuso un 27% de todo su patrimonio en la Bolsa de Atenas, centrándose los principales descensos de sus participaciones en el sector bancario. Dicho descenso dejó el precio de la cartera pública cotizada en 8.100 millones de euros, frente a los más de 11.000 millones que tenía hasta el cierre de la Bolsa de Atenas el 26 de junio de 2015.

Apenas unos días después, con fecha 14 de agosto de 2015 el Eurogrupo procedía a la aprobación del tercer rescate a Grecia por un importe de hasta

86.000 millones de euros. De dicha cifra el MEDE habría de aprobar un tramo inicial por importe de 26.000 millones de euros, de los cuales 10.000 millones de euros se destinarían a la recapitalización de bancos griegos afectados por la agitación económica y a la imposición de controles de capital y otros 13.000 millones de euros para cumplir con el pago de deuda en vencimiento.

Al margen del MEDE (que, lógicamente, sería la institución sobre la que pesaría el grueso del tercer rescate a Grecia) los Estados que más aportarían en función del peso de sus economías eran Alemania (con unos 17.000 millones, un 27% del total), Francia (con unos 13.000 millones, el 20%), Italia (11.000 millones, poco más del 17%), España (unos 7.000 millones, casi un 12% del total) y Holanda (con aproximadamente el 6% del total de la liquidez del Mede). El resto de países de la Eurozona aportarían aproximadamente unos 14.000 millones de euros.

Paralelamente el BCE acordaba rebajar la liquidez a la que los bancos griegos tenían acceso a través del Mecanismo de Créditos de Emergencia a resultas de una petición efectuada por el Banco de Grecia, quien estimó que había mejorado el nivel de liquidez del sistema bancario heleno, situándose así su acceso a los préstamos de emergencia en 89.700 millones de euros frente a los 91.000 millones anteriores. A ello contribuyó además el hecho de que durante el mes de agosto de 2015 se produjera un retorno a los bancos griegos de dinero procedente de depósitos por una suma de entre 400 y 450 millones de euros. Ello debía conducir a una progresiva normalización de la situación del sistema bancario griego. Permanecían no obstante los controles de capital que dificultaban el desarrollo de la economía helena[141].

---

[141] Y ello a pesar de que, a finales del mes de septiembre de 2015, el Ejecutivo griego acordó relajar los controles de capital vigentes en el país desde junio de 2015 y permitir más transferencias de dinero al extranjero, así como la apertura de nuevas cuentas bancarias. Las transferencias al extranjero podrían ser de hasta 500 euros al mes por individuo y habrían de hacerse a través de remesas bancarias y postales. Con la finalidad de incentivar la vuelta del dinero en cuentas extranjeras a Grecia, la cantidad transferida a depósitos nacionales podría ser de nuevo transferida, en parte o en su totalidad, al exterior, permitiéndose además la retirada inmediata de hasta un 10% de la cantidad transferida desde el extranjero, incluso si el monto sobrepasase los 420 euros, que constituía el límite máximo de retirada de efectivo a la semana. Asimismo los jóvenes que empezasen sus estudios, los que participaran en el programa universitario Erasmus y los que comenzaran su servicio militar podrían abrir nuevas cuentas bancarias. En todo caso a aquellos ciudadanos que tuviesen depósitos a plazo se les permitía cancelarlos antes de su vencimiento y retirar hasta 1.800 euros al mes si la cantidad se

Desde nuestro punto de vista el éxito de la implementación de este tercer rescate a Grecia y el conjunto de medidas previstas en relación con el mismo únicamente se alcanzaría en el supuesto de que las mismas permitiesen al sector privado exportar más y crecer. A cambio, los acreedores de Grecia debían prepararse para garantizar la sostenibilidad de la deuda y unos objetivos realistas de excedente primario que posibilitaran el retorno a la inversión por parte del país griego[142]. Sin embargo a ello no contribuía la inestabilidad política existente, jalonada con una nueva dimisión del primer ministro griego con fecha 20 de agosto de 2015 y la convocatoria de unas nuevas elecciones generales.

La percepción del primer tramo de este tercer rescate fue aprobada durante la tercera semana del mes de agosto por el Consejo de Gobernadores del Fondo de Rescate Permanente de la Eurozona, el Mecanismo Europeo de Estabilidad, por un importe de 26.000 millones de euros. Dicho pago quedaba dividido en un tramo de 10.000 millones de euros que serían transferidos a una cuenta especial del MEDE en Luxemburgo para la recapitalización y liquidación de bancos, y en otro de 13.000 millones de euros que Grecia recibiría con la finalidad de cubrir un vencimiento de 3.400 millones con el BCE correspondientes, como ya se ha señalado, al rendimiento de los bonos helenos y a intereses. Otros 3.000 millones de

destinara a contribuir a los gastos familiares u obtener la totalidad de su dinero si lo requieren para comprar bienes inmobiliarios. La retirada de efectivo a través de los cajeros automáticos seguía no obstante estando restringida a 60 euros diarios o a 420 euros semanales si la extracción se efectuara de una vez.

[142] En este sentido se ha de precisar que durante los siete primeros meses del ejercicio 2015 Grecia registró un superávit primario de 3.712 millones de euros, por encima del objetivo de 2.988 millones, a pesar de la importante reducción de los ingresos cifrada en 4.097 millones de euros. En cambio durante el mismo periodo de 2014 el superávit primario se situó en los 2.279 millones de euros. Dicho resultado se debía, en buena medida, a la reducción drástica del gasto del Estado que alcanzó los 27.714 millones de euros, 4.417 millones menos de lo previsto en los Presupuestos generales. En el marco de la reducción de gastos diseñada al efecto las inversiones públicas alcanzaron durante el citado período de ejercicio 2015 los 1.198 millones de euros, menos de la mitad de los 2.570 millones de euros presupuestados. Esta reducción del gasto público se debió a los cambios en la programación del gasto a causa de la situación de liquidez del país heleno. Los ingresos ordinarios alcanzaron los 24.839 millones de euros, en comparación con los 28.936 millones previstos. Los ingresos provenientes de fondos europeos para financiar inversiones públicas fueron de 1.766 millones de euros, 122 millones más de los previstos para 2015. Y el déficit del presupuesto del Estado se situó en los 840 millones de euros, sensiblemente inferior al objetivo de 1.375 millones de euros.

euros se desembolsarían posteriormente en uno u dos tramos, quedando sujetos a la implementación de medidas claves.

Sin lugar a dudas una de las principales cuestiones que el Gobierno griego saliente dejaba pendiente era la relativa a acometer una fusión gradual de todos los fondos de Seguridad Social en uno solo para todos los afiliados al sistema hasta 2017. Dicha unificación debía suponer la introducción de un nuevo y único modo de cálculo tanto de las contribuciones como del nivel de las pensiones, que implicaría su reducción. Mientras que, al amparo del sistema vigente por aquel entonces, las personas que se jubilaron después del 1 de enero de 2015 cobraban una parte de su pensión correspondiente al tiempo que estuvieron aseguradas hasta el 31 de diciembre de 2010 de acuerdo con las disposiciones legales de su Fondo (lo que representaba una cantidad próxima al 70% de la tasa de reemplazo, o superior en el supuesto de que llevase más de 35 años cotizando), así como una segunda parte correspondiente al tiempo que estuvieron aseguradas después del 1 de enero de 2011 en base de sus cotizaciones, de acuerdo con la reforma proyectada se aplicaría la concesión de la pensión en base a las cotizaciones de toda la vida laboral del trabajador (en vez de los "cinco mejores años") y con tasas de reemplazo bastante más bajas, incluso para los que consolidaron sus derechos a la pensión antes de 2011. Y ello con la finalidad de eliminar los regímenes especiales que continuaban aplicándose, simplificándose así la forma de adjudicación de las pensiones y ahorrando recursos para el sistema de Seguridad Social.

Tal y como hemos tenido ocasión de analizar el Memorándum de Entendimiento del tercer rescate griego conmina al país heleno a obtener superávits primarios del 0,5% en 2016, del 1,75% en 2017 y del 3,5% en 2018. Ciertamente el PIB de Grecia creció en el segundo trimestre de 2015 un 0,9% respecto al trimestre anterior, siendo dicha tasa 8 décimas mayor que la del primer trimestre de 2015, que fue del 0,1%. La variación interanual del PIB fue del 1,6%, 10 décimas mayor que la del primer trimestre de 2015, que fue del 0,6%. Ahora bien el incremento del segundo trimestre de 2015 se debió, en gran parte, a la gran cantidad de movimientos anticipatorios de los griegos que barruntaban la restricción de capitales. Al amparo de esta situación Grecia necesita crecer más de un 5% para poder pagar la deuda contraída con los acreedores institucionales (Banco Central Europeo[143] y

143 Precisamente el BCE desvelaría a finales del mes de octubre de 2015, tras analizar la situación de las cuatro principales entidades bancarias griegas, que su "agujero" rondaba los

14.400 millones de euros en el peor de los escenarios posibles diseñados, que incluía caídas del PIB de más del 3% en 2015 y 2016, así como un fuerte repunte de la morosidad. Y en 4.400 millones en el escenario base –con una recesión menos severa, del 2,3% en 2015 y el 1,3% en 2016–, tras unas pruebas de estrés que volvían a poner de manifiesto que Grecia y sus bancos necesitaban más dinero. De la citada cantidad de 14.400 millones de euros 4.400 millones se destinarían por tanto a cumplir los requisitos derivados de los test de estrés, mientras que los 10.000 millones restantes se destinarían a cubrir posibles circunstancias adversas. Los colchones de capital de la banca griega estaban ya por debajo de los 28.000 millones en septiembre de 2015 (sin contabilizar provisiones) y las necesidades de capital en el escenario estresado ascendían a más del 8% del PIB griego. El BCE había identificado la necesidad de acometer "ajustes significativos" por el deterioro de la situación económica en Grecia, el aumento de la morosidad y los problemas de liquidez en el sistema financiero helénico, exigiéndose a los cuatro grandes bancos un capital de máxima calidad del 8% en el peor de los escenarios, y del 9,5% en el escenario base. Y ello teniendo presente que la evaluación del BCE simulaba dos tipos de escenario hasta 2017, el llamado "base", donde la economía griega seguía las expectativas estimadas, así como una situación de "estrés" en el caso de que Grecia se viera expuesta a dificultades adicionales. Una vez realizadas las citadas pruebas los cuatro grandes bancos griegos dispusieron de un plazo de cinco días para presentar su plan para cubrir las necesidades de capital. Con posterioridad se iniciaría el proceso de la recapitalización dentro del programa de ajuste, que habría de ser completado antes de la finalización del ejercicio 2015. *A priori* cubrir las necesidades de capital a través de una ampliación de capital se traducirá en la creación de reservas de capital en dichas entidades que mejorarían la capacidad de recuperación de sus balances y también su capacidad de hacer frente a posibles turbulencias macroeconómicas. Desde nuestro punto de vista el hecho de que dichas entidades sometidas a las pruebas de resistencia suspendiesen las pruebas y necesitaran de una recapitalización se debía principalmente al deterioro del entorno macroeconómico de Grecia, que provocó un aumento en el volumen de los créditos bancarios en mora, alcanzando la morosidad total de la banca los 107.000 millones de euros, cifra que suponía el 52% del total de los préstamos. Por otra parte, y al margen de estas pruebas de estrés a través de las cuales se llevó a cabo una simulación de situaciones extremas a la que se sometieron los bancos griegos, el Banco Central Europeo anunció unas previsiones relativas a la economía helena para lo que quedaba de 2015 y para el ejercicio 2016 estimando a tal efecto que, según el escenario adverso, la recesión en Grecia ascendería al 3,3% en 2015 y al 3,9% en 2016, mientras que se produciría un ligero aumento del PIB en un 0,3% en el 2017, escalando la tasa de paro hasta el 28%. En todo caso tras la aprobación de la Ley de Recapitalización de las entidades bancarias el 31 de octubre de 2015 por el Parlamento heleno se otorgó al Fondo Helénico de Estabilidad Financiera un papel más activo en los bancos que hayan sido capitalizados con ayuda de este fondo de rescate. Con carácter general el citado Fondo público se compone de una parte de capital y tres partes de bonos contingentes convertibles (CoCos), lo que en el caso del Banco Nacional de Grecia significa unos 500 millones de euros de capital y 1.500 millones de Co-Cos. La citada Ley prevé que el FHEF tenga un representante en el Consejo de Administración de cada uno de los bancos que haya contribuido a recapitalizar. Este representante tendrá derecho a pedir la convocatoria del Consejo de Administración y de la Asamblea General de accionistas y será necesario contar con su visto bueno para el nombramiento del director gerente, encargado de la gestión económica. Con carácter adicional contará con un derecho de veto sobre una serie de decisiones, como la distribución de dividendos, el pago de sobresueldos a los ejecutivos, la

Fondo Monetario Internacional) y los socios del euro. Entre ellos concentran el 80% de los adeudos públicos del país[144].

Con fecha 17 de octubre de 2015 el Parlamento griego conformado a resultas del proceso electoral desarrollado en fechas precedentes aprobó el primer gran paquete de reformas de la nueva legislatura necesario al objeto de poder obtener un nuevo tramo del tercer rescate y punto de partida para una serie de medidas fiscales y cambios estructurales. Dicho paquete de medidas, cuya aprobación constituía un requisito para obtener 2.000 millones del rescate de 86.000 millones de euros, contenía una docena de reglamentos acordados con los acreedores que básicamente apuntaban a mejorar los ingresos del Estado, aumentar la edad de jubilación y luchar contra la evasión fiscal. Así, por ejemplo, entre las iniciativas aprobadas figuraba un aumento de los intereses, del 3 % al 5%, para los ciudadanos que se acogiesen a la posibilidad de devolver a plazos sus deudas al Estado.

En el marco de la lucha contra el fraude fiscal se introducían penas de cárcel de un mínimo de 2 años para cantidades no declaradas del IVA que superaran los 50.000 euros, y de más de 100.000 euros en el Impuesto sobre la Renta, con la posibilidad añadida de embargar la mitad de los depósitos bancarios para casos de evasión que superasen los 150.000 euros. En cuanto a la edad de jubilación, la nueva regulación aprobada contempla el aumento progresivo hasta los 67 años como regla general, y hasta los 62 años para todas las personas que hubiesen trabajado 40 años. En cambio finalmente no fue aprobada la regulación que preveía aumentar en dos puntos porcentuales la tasación de las rentas de alquileres.

Quedaba no obstante pendiente la aprobación de un segundo paquete de reformas del que dependía el desbloqueo de un montante global de 1.000

---

estrategia del banco o la gestión de los activos y de los pasivos. Dicha Ley estipula asimismo que el precio de las acciones a disposición de los inversores privados no pueda ser inferior al precio de las acciones que recibirá el FHEF a cambio de su contribución al aumento de capital del banco.

144 A este respecto con fecha 26 de septiembre de 2015 la Agencia de Calificación de Solvencia *Moody's* confirmó la nota de los bonos griegos en Caa3 si bien cambió a "estable" la perspectiva, tomando en consideración a tal efecto la aprobación del tercer Programa de Rescate en vista de la situación política del país, que mejoró levemente, para que el nuevo Gobierno recién salido de las urnas por aquel entonces pudiera llevar a cabo las reformas necesarias. No obstante dicha calificación que *Moody's* otorgó mostraba todavía un alto nivel de riesgo dada la debilidad de las instituciones griegas.

millones de euros y dentro del cual se situaban cuestiones tales como la gestión de la cartera de créditos morosos de los bancos, la posibilidad de proceder a ejecuciones hipotecarias, la eliminación gradual de los privilegios fiscales de los agricultores o la fusión de todas las cajas de pensiones.

Por otra parte durante la primera semana del mes de octubre de 2015 el nuevo Ejecutivo griego presentó el Proyecto de Ley de Presupuestos Generales del Estado para 2016, que contemplaba como principal escenario la finalización del ejercicio 2015 con una recesión del 2,3% y la previsión de un retroceso del 1,2% en 2016. Con carácter adicional se estimaba que el resultado del Presupuesto del Estado para 2015 originase un déficit primario de 418 millones de euros (el 0,24% del PIB), mientras que para 2016 se pronosticaba un superávit primario de 894 millones de euros (el 0,5% del PIB). En cuanto a la proyección sobre el desempleo, resultaba previsible que pasara del 25,4% al 25,8% en 2016.

Dentro del conjunto de recortes que a dicha fecha quedaban pendientes de adoptar por un importe global de 1.851millones de euros destacaban los relativos a gastos militares (que se reducirían en unos 400 millones de euros), pensiones públicas (que resultarían minorados en 281 millones de euros) o Seguridad Social en relación con diversas intervenciones para introducir un nuevo sistema de cálculo de pensiones (987,3 millones de euros). Como contrapartida el citado Proyecto de Ley de Presupuestos contemplaba la adopción de medidas que habrían de significar la obtención de ingresos por un importe de 2.494 millones de euros, procedentes en su mayor parte del a subida del IVA (incrementado con efectos desde el 1 de octubre de 2015 hasta el 13% en siete de las principales islas turísticas) o el pago adelantado del Impuesto sobre la Renta, que ascendería al 100% en lugar del anterior 50% aplicado.

Destacaba además la presentación por parte del Ministerio de Finanzas griego de un Proyecto de Ley que preveía la utilización obligatoria de tarjetas de débito y de crédito en todas las transacciones de los funcionarios y de los pensionistas públicos, quienes se verían obligados a cobrar una buena parte de su salario o pensión a través de las tarjetas y el resto, en efectivo.

A través de la regulación recogida en el citado Proyecto de Ley se preveía imponer un límite aún más estricto a la cantidad de efectivo que estas personas pueden sacar de los cajeros automáticos, controlándose así a efectos fiscales el flujo de dinero obtenido. Piénsese a este respecto que, con carácter mensual, el Estado y los fondos de pensiones abonan unos 2.600 millones de euros en salarios y pensiones, lo que representa alrededor de 30.000 millones de euros en base anual. Dicha cantidad se abona en las cuentas bancarias de los beneficiarios, de las cuales se pueden sacar hasta 420 euros por semana, como máximo. Ahora bien en la medida en que dicho efectivo se emplee para la compra de bienes o servicios para los que no se emiten facturas o tiquets de compra el Fisco pierde una buena parte del IVA susceptible de gravar las citadas operaciones. De acuerdo con lo establecido al efecto en el citado Proyecto de Ley todas aquellas empresas que se creen a partir de enero de 2016 deberán realizar todas sus operaciones económicas mediante tarjetas de débito o crédito, independientemente del valor de las transacciones. Con carácter adicional, y una vez entrara en vigor la citada regulación, se preveía su ampliación al objeto de incluir a ciertas categorías de profesionales como médicos, abogados, fontaneros, electricistas y firmas de servicios.

Por lo que respecta a la cuestión relativa a la fijación del umbral límite para la protección de la vivienda habitual, mientras que las instituciones europeas insistían en modificar la legislación vigente por aquel entonces que ponía bajo protección la primera (o única) residencia del prestatario dejándola fuera de un posible procedimiento de subasta independientemente de su valor o la renta anual del prestatario, el Gobierno griego proponía proteger la residencia habitual cuando la misma tuviese un valor objetivo hasta 200.000 euros y cuando el prestatario declarara ingresos anuales de hasta 35.000 euros. Dicha propuesta cubría alrededor del 73% de los préstamos hipotecarios en cuestión. En cambio las instituciones comunitarias proponían que el valor de la residencia, para que fuera protegida, no pudiera ser superior de 120.000 euros, mientras que la renta anual del prestatario no superara los 8.180 euros o los 14.000 en el caso de una familia[145].

Durante la última semana del mes de octubre de 2015 el Eurogrupo decidió posponer la llegada de nuevos fondos a Grecia ante el retraso producido en los distintos ajustes y reformas susceptibles de llevarse a cabo, dentro

[145] La divergencia existente en este punto entre las dos partes había contribuido a bloquear el desembolso de 2.000 millones de euros del nuevo rescate, que debían haber sido abonados a principios de octubre de 2015. El Gobierno griego calculaba que de los 32.000 millones de euros que sustituían las deudas de las hipotecas en Grecia, sólo unos 8.000-10.000 realmente se podrían recaudar y únicamente 1.500 millones hasta finales de 2015.

de los que destacaban desacuerdos sobre el IVA en la educación privada, los desahucios de primeras residencias o una nueva regulación en el sector farmacéutico. Ni que decir tiene que la recepción de dichos fondos resultaba esencial para propiciar la reestructuración de la deuda griega.

Por otra parte durante el citado mes de octubre de 2015 el IPC de Grecia registraba un retroceso interanual del 0,9%, frente a la caída del 1,7% observada en el mes anterior, lo que extendía ya a un total de 32 meses consecutivos el periodo de deflación en el país heleno[146]. Concretamente durante el citado mes de octubre de 2015 los sectores relativos a transportes (-5,7%), vivienda (-4,6%) y bienes y servicios variados (-3,5%) registraron los mayores descensos interanuales de precios. En cambio el incremento interanual de precios más significativo durante el citado mes de octubre de 2015 correspondió a alimentos y bebidas no alcohólicas (+3,1%), alcohol y tabaco (+2,2%) y hoteles, cafés y restaurantes (+1,9%). El dato mensual de inflación en Grecia experimentaba así en octubre de 2015 una bajada del 0,1%, frente al alza del 1,8% en el mes de septiembre del citado ejercicio. Por su parte, el dato de inflación armonizada registraba durante dicho mes de octubre de 2015 un descenso interanual del 0,1%, frente a la caída de ocho décimas de septiembre, ampliando a 32 meses consecutivos las bajadas de precios.

Con fecha 17 de noviembre de 2015 Grecia y las instituciones acreedoras (Comisión Europea, Mecanismo Europeo de Estabilidad, Banco Central Europeo y Fondo Monetario Internacional) alcanzaron un acuerdo relativo al cumplimiento de un listado de requisitos necesarios para poder obtener un subtramo de 2.000 millones de euros y 10.000 millones de euros para la banca helena. Dentro del referido listado de requisitos sobresalía el referente a las ejecuciones hipotecarias, en relación con el cual finalmente se acordó la asunción de un modelo que solo ofrecía protección absoluta del desahucio a los propietarios de vivienda con los ingresos más bajos, que constituyen en torno al 25 % de la cartera total de hipotecas morosas. Dicho grupo, al que pertenecen personas con ingresos anuales brutos de 8.180 euros en el caso de solteros, de 13.917 euros para los casados sin hijos y de 20.639 euros con familias con dos hijos, obtendrían un subsidio para poder hacer frente a sus obligaciones bancarias. Por su parte a los hipotecarios con ingresos de entre 13.906 euros (solteros) y 35.086 (casados con dos hijos) se les aplicaría un

[146] Fuente: ELSTAT, www.statistics.gr (consultada el 6 de septiembre de 2013).

modelo de pago a plazos de obligado cumplimiento si quieren evitar perder su vivienda. Con todo, el modelo de consenso alcanzado lograba proteger del desahucio al 60% de las hipotecas, a pesar de que el objetivo inicial del Gobierno era el 72%.

El acuerdo alcanzado facultaba además al MEDE para tomar decisiones "caso por caso" sobre la transferencia al Fondo de Estabilidad Financiera del Estado Helénico de los fondos necesarios para la recapitalización del sector bancario griego del total de 10.000 millones de euros reservados para este fin, tomando en consideración las decisiones sobre ayudas de Estado que harían falta para recapitalizar a la banca. A tal efecto con fecha 8 de diciembre de 2015 el MEDE acordó el desembolso de 2.710 euros para la recapitalización del Banco Nacional de Grecia, que ya con carácter previo había cubierto 1.500 millones de esta cantidad a través de inversores privados y 120 millones gracias a los resultados positivos del tercer trimestre de 2015, procediendo a efectuar además un canje voluntario de acciones por capital. De esta forma el Banco Nacional de Grecia reunía suficiente capital para cubrir el déficit identificado por el BCE en un escenario base (no adverso), procediendo el Fondo de Estabilidad Financiera del Estado Heleno a cubrir los restantes 2.710 millones de euros.

Asimismo en esta línea de mejora el BCE procedió a aceptar la petición del Banco de Grecia de reducir en 300 millones de euros la liquidez de emergencia que puede conceder a las entidades del país heleno a través del ELA, que bajaba así a un máximo de 85.700 millones de euros. Dicha reducción de 300 millones de euros hasta el 3 de diciembre de 2015 reflejaba una mejora en la situación de liquidez de los bancos griegos debido a la reducción de la incertidumbre y a la estabilización del flujo de depósitos del sector privado. Dicha decisión reflejaba así la estabilización del flujo de los depósitos correspondientes al sector privado. Con carácter adicional dicha bajada suponía la continuación de la anterior reducción de techo cuando se situó en 900 millones el máximo crédito a solicitar por los bancos del mecanismo de provisión de liquidez. A ello debía sumarse además el hecho de que la banca griega había dejado de recibir créditos de emergencia desde mediados de febrero de 2015, cuando el Banco Central Europeo se negó a admitir deuda helena como garantía de financiación.

Por lo que respecta a la cuestión relativa a la recapitalización de las entidades financieras helenas, tal y como se ha precisado con anterioridad los resultados de las pruebas efectuadas a finales del mes de octubre de 2015 por el BCE fueron relativamente positivos. Debido a ello el BCE (que esperaba que los bancos pudieran capitalizar por sus propios medios las necesidades básicas, de modo que tan solo 10.000 millones de euros procediesen del Programa de rescate) acordó rebajar durante la primera semana del mes de noviembre de 2015, a petición del Banco de Grecia, en 900 millones de euros el techo de créditos que pueden solicitar los bancos griegos a través del ELA[147]. En efecto, a la vista de la reducción de las necesidades de este tipo de préstamos el máximo de créditos de los que pueden disponer los bancos helenos se redujo hasta 86.000 millones de euros hasta el 18 de noviembre de 2015.

Tal y como se ha señalado esta reducción reflejaba la mejora de la liquidez de los bancos griegos, acompañada de un descenso de la incertidumbre y de la estabilización del flujo de depósitos en el sector privado. A nuestro juicio se trataba de una señal positiva que venía a poner de manifiesto la progresiva normalización de la situación del sistema bancario, tras el acuerdo para el tercer rescate alcanzado entre el Gobierno y las instituciones acreedoras en julio de 2015.

A principios del mes de noviembre de 2015 Grecia había recibido ya 13.000 millones de euros con cargo al tercer rescate, destinados, sobre todo, a saldar sus deudas con el BCE y sus atrasos con el FMI. No obstante el Ejecutivo heleno aspiraba a utilizar los 10.000 millones de euros asignados para la recapitalización de la banca (si bien el BCE había cifrado las necesidades de este última en un montante global de 14.000 millones de euros), así como a recibir antes de que finalizase 2015 otros 3.000 millones de euros en dos tramos.

---

[147] Ya con anterioridad, con fecha 22 de octubre de 2015, el BCE había reducido en 1.000 millones de euros el máximo de créditos que podían solicitar las entidades financieras del ELA. No obstante durante el mes de octubre de 2015 los depósitos disminuyeron en 589 millones de euros, llegando a los 121.080 millones de euros. De este modo, y tras dos meses consecutivos en los que los depósitos iban en aumento, en el mes de octubre de 2015 se interrumpió esta buena racha. La mayor caída se produjo en los depósitos de personas físicas, que alcanzó en octubre de 2015 los 453 millones de euros, estabilizándose en un total de 101.230 millones de euros. A resultas de estos datos a dicha fecha (octubre de 2015) el endeudamiento total de la banca helena mediante la ELA ascendía a un total de 119.380 millones de euros, mientras que la base de depósitos apenas superaba los 121.000 millones de euros. De estos 119.380 millones, 82.780 millones procedían del Mecanismo de Liquidez de Emergencia y otros 36.600 millones fueron aportados directamente por el Banco Central Europeo.

Sin embargo eran varias las cuestiones que quedaban pendientes de desarrollar por parte del Ejecutivo griego al objeto de lograr el desbloqueo de los fondos comunitarios: una subida del IVA de la educación privada al 23% ; una nueva Ley que facilitara los desahucios de primeras viviendas[148]; y una normativa menos laxa con los retrasos en el pago de impuestos, ya que la regulación aplicable por aquel entonces posibilitaba que los morosos con Hacienda pagaran los importes adeudados en un total de 100 plazos, reclamando a tal efecto los acreedores comunitarios que si uno de dichos individuos falla un pago pueda ser expulsado del programa sin tener que conceder un período de gracia, tal y como defendía el Ejecutivo griego.

Asimismo quedaba pendiente la aprobación de una rebaja de las pensiones y de otras reformas de gran calado destinadas a liberar 1.000 millones de euros más y activar la recapitalización bancaria con fondos europeos. Ello posibilitaría acometer la consecución del fin último, que no sería otro que la reestructuración de la deuda pública griega. En efecto, cuanto más ambicioso resultase ser el ajuste a las pensiones mayor sería la perspectiva de estabilidad financiera desde la que poder abordar la cuestión relativa a la reestructuración de la deuda en función del crecimiento.

Durante la primera semana del mes de diciembre de 2015 fueron finalmente aprobados los Presupuestos Generales del Estado de Grecia para 2016. Con carácter general dichos Presupuestos preveían el ingreso de un total de 5.700 millones de euros adicionales a través de subidas de impuestos, gravámenes, cotizaciones y recortes en las prestaciones sociales. Asimismo se preveía la consecución de ahorros de diversos tipos por un importe total de 2.532 millones de euros, por ejemplo, en el gasto militar o en el sistema de pensiones, pretendiéndose elevar los ingresos en 3.201

[148] Tal y como ya se ha puesto de manifiesto desde las instituciones comunitarias se abogaba por endurecer la llamada Ley para proteger las primeras viviendas al objeto de favorecer los desahucios de primeras viviendas, de manera que la misma sólo proteja a aquellas viviendas cuyo valor sea inferior a 120.000 euros. En cambio el Gobierno griego pretendía elevar dicho umbral hasta los 200.000 euros para evitar un desplome de los precios que podría llegar a producirse en el supuesto de que se multiplicasen los desahucios. Téngase presente que por aquel entonces la normativa griega aplicable liberaba de los desahucios a aquellas familias que cobrasen menos de 35.000 euros y con casas valoradas en 200.000 euros o menos, lo que protegía aproximadamente al 70% de la población. En cambio la troika y el Eurogrupo estimaban que dicha regulación incentivaba a muchos hipotecados a dejar de pagar, pretendiendo limitar la protección a aquellos en situación de pobreza (con un techo de 24.000 euros de ingreso familiar) y con viviendas valoradas en 120.000 euros o menos.

millones de euros, a través de diversas subidas de impuestos. En total, los Presupuestos Generales del Estado de Grecia para 2016 preveían un gasto de 55.664 millones de euros (83 millones de euros más que en 2015) y unos ingresos de 53.091 millones de euros (436 millones más que en 2015).

Por lo que respecta a la cuestión relativa al ahorro en las pensiones, a la cual hemos tenido ocasión de referirnos en diversas ocasiones a lo largo del presente Epígrafe, dicho ahorro se preveía instrumentar a través de reducciones de las prestaciones y subidas de las cotizaciones, habiendo alcanzado Grecia el compromiso ante sus acreedores de recortar en las pensiones entre 2015 y 2016 un 1% de su PIB, lo que se traduciría en un ahorro de 1.400 millones de euros[149]. Concretamente los Presupuestos rebajaban la factura de las pensiones en 1.800 millones de euros y otros 500 millones de euros en defensa. En definitiva, en 2016 Grecia pretendía ingresar unos 5.700 millones de euros adicionales a través de subidas de impuestos, gravámenes y cotizaciones y recortes en las prestaciones sociales.

En relación con los controles de capital impuestos a las transacciones financieras efectuadas en Bolsa durante la segunda semana del mes de diciembre de 2015 el Ejecutivo griego aprobó el levantamiento de dichos controles de capital, con la finalidad de que los ciudadanos griegos pudieran utilizar el dinero de sus cuentas bancarias para comprar acciones, bonos u otros productos financieros, al margen de que dichas compras pudieran continuar realizándose igualmente mediante transferencias de dinero desde

---

[149] En materia de pensiones la pretensión del Ejecutivo griego pasaba por la introducción de una pensión nacional garantizada así como por el establecimiento de una normativa idéntica en materia de cotizaciones y beneficios. La pensión nacional ascendería al 60% de la renta intermedia en Grecia, constituyendo la base de cálculo para las nuevas pensiones, siendo financiada directamente de los impuestos y no de las cotizaciones a los fondos de pensiones y abonándose a todos los asegurados que tengan como mínimo 15 años de cotización, sin criterios de ingresos. En cambio desde las instituciones comunitarias se abogaba por subir a 20 en vez de 15 el mínimo de años requeridos de cotización y por establecer ciertos criterios de ingresos para los beneficiados, especialmente para las personas que se jubilen antes de los 67 años (o los 62 años con 40 años de cotización). En otro punto de discrepancia, la troika insistía en fusionar todos los fondos de pensiones en uno solo y en establecer una pensión máxima de 1.800 euros independientemente de las cotizaciones acumuladas. Cabe recordar asimismo a este respecto que el Gobierno griego ya había llegado a un acuerdo con los organismos patronales para aumentar un 0,5% las contribuciones a los fondos de seguros, mientras que se preveía otro aumento también del 0,5% por parte de los empleados. Está previsto que en este punto el Gobierno griego llegue a un acuerdo con las instituciones comunitarias a lo largo del primer trimestre de 2016.

el extranjero o con pagos en efectivo y a diferencia de lo que sucedía respecto de los inversores extranjeros, que podían realizar transacciones en la Bolsa de Atenas sin ningún impedimento.

Finalmente a mediados del mes de diciembre de 2015 el Parlamento griego aprobaba un nuevo paquete de medidas acordadas con los acreedores a cambio del desembolso de 1.000 millones de euros del rescate. Dentro del conjunto de medidas aprobadas se incluían las relativas a la privatización parcial de la compañía de distribución de electricidad, la nueva tabla salarial de los funcionarios y la creación de un fondo de privatizaciones, que sería supervisado conjuntamente por Grecia y sus acreedores. Asimismo se aprobó la espinosa cuestión relativa a la venta de los créditos morosos en poder de la banca helena a fondos privados, en su mayoría en manos extranjeras. No obstante solo se incluían los préstamos impagados de empresas con una plantilla superior a 250 empleados y una facturación de más de 50 millones de euros al año, así como de viviendas secundarias. Quedaban fuera en consecuencia, al menos de manera temporal, los créditos no devueltos de las pymes así como los créditos de consumo o de las viviendas habituales que no están bajo protección contra el desahucio[150]. Con posterioridad y ya durante la segunda semana del mes de diciembre de 2015, el Ejecutivo griego aprobaba la primera gran privatización de las nueve acordadas con los acreedores, a resultas de la cual un total de 14 aeropuertos regionales en Grecia pasaban oficialmente a manos privadas, previéndose con la adopción de dicha medida obtener unos ingresos acumulativos superiores a los

[150] Con carácter adicional, y dentro del conjunto de medidas aprobadas, se acordó autorizar a la Hacienda de Grecia para realizar incautaciones electrónicas en los depósitos bancarios de aquellas personas físicas que tuvieran deudas por un importe superior a los 70.000 euros. El proceso de incautación se articularía a lo largo de varias fases. En un primer momento las autoridades electrónicas del Estado (y, concretamente, la Dirección de Gobierno Electrónico, que se somete a la Secretaría de Ingresos Públicos del Ministerio de Finanzas) elaboraría una lista computarizada que reflejaría las deudas pendientes de más de 70.000 euros, procediendo a comunicarla a los bancos donde las personas en cuestión mantienen cuentas. En esta lista electrónica no se incorporarían las deudas que fueron regularizadas mediante pago diferido, aplazamiento u otra resolución judicial. A continuación, los bancos se encargarían de verificar la información del cliente y comprometer la cantidad que correspondería a la deuda de las cuentas bancarias, de acuerdo con las limitaciones impuestas por las restricciones en el movimiento de capitales. Finalmente, los datos de las personas individuales que dispusieran al mismo tiempo de deudas superiores a 70.000 euros y depósitos bancarios que cubriesen la cantidad de su deuda se comunicarían por las autoridades electrónicas del Ministerio de Finanzas a Hacienda, con el fin de llevar a cabo la incautación.

10.000 millones de euros y unos beneficios fiscales y sociales por importe de 4.600 millones de euros.

La adopción de este conjunto de medidas posibilitó que, durante la tercera semana del mes de diciembre de 2015, la Junta de Gobernadores del MEDE aprobara el desembolso de 1.000 millones de euros del tercer y último tramo del tercer rescate a Grecia, al haber comprobado que el Gobierno heleno había completado una segunda ronda de reformas. Dicha cantidad sería empleada por el Ejecutivo griego para el pago de deuda así como para financiar sus Presupuestos y apoyar los proyectos cofinanciados con fondos estructurales de la Unión Europea.

Y, como primer dato positivo en mucho tiempo, el IPC de Grecia correspondiente al mes de diciembre de 2015 volvía a presentar una tasa de variación positiva en Grecia tras 33 meses sin hacerlo, subiendo los precios un 0,4% respecto al mes anterior. El mayor incremento de la inflación se había producido dentro de los alimentos y las bebidas no alcohólicas, con aumentos del 2,7% intermensual. Los precios también subieron un 2,5% en hostelería, mientras que en los hidrocarburos cayó un 3,8%. No obstante analizando los datos en términos interanuales el país seguía presentando una caída del IPC del 0,2%[151].

Durante el cuarto trimestre de 2015 el PIB griego registraría un crecimiento del 0,1% con respecto a los tres trimestres precedentes. En comparación con el cuarto trimestre de 2014, el PIB se redujo no obstante un 0,8%[152]. Y, a la finalización del ejercicio 2015, la economía griega se contraía un 0,2% en comparación con el año precedente[153]. En términos absolutos, el PIB heleno sumó en 2015 un total de 185.100 millones de euros, frente a los 185.500 millones del año precedente.

Ya dentro del ejercicio 2016, con fecha 8 de mayo el Parlamento griego aprobaría un nuevo paquete normativo que incluía la reforma de las pensiones así como la de los impuestos directos y de los indirectos, las cuales permitirían economizar hasta un total de 5.400 millones de euros anuales con los que conseguir en 2018 un superávit primario del 3,5 % del PIB.

---

151 Fuente: Elstat, www.statistics.gr (consultada el 13 de enero de 2016).

152 Fuente: Elstat, www.statistics.gr (consultada el 4 de marzo de 2016).

153 Fuente: Elstat, www.statistics.gr (consultada el 4 de marzo de 2016).

Por su parte desde el Eurogrupo se ofrecía, no ya sólo una prolongación de los plazos de amortización, la concesión de períodos de carencia más largos, la rebaja de los tipos de interés en los préstamos bilaterales (55.000 millones) y la renuncia de los Bancos Centrales, sino también la posibilidad de vincular la amortización del rescate a la evolución de la economía griega, ya fuese en forma de moratoria en caso de débil coyuntura (de manera que Grecia dejara de amortizar) o bien pagando menos si el país heleno no lograra cierto crecimiento.

Concretamente el objetivo del Eurogrupo era transferir a Grecia el equivalente a los beneficios obtenidos por los Bancos Centrales nacionales y del BCE al comprar deuda griega. En este sentido solo entre agosto de 2015 y julio de 2018 la citada cifra ascendería a 7.700 millones de euros, que serían abonados al final del programa de rescate, en 2018. Y ello a resultas de los programas de compra directa de activos del BCE (SMP) y de las adquisiciones de deuda griega efectuada por los Bancos centrales nacionales, catalogadas bajo el acrónimo ANFA.

La citada reestructuración diseñada por las instituciones europeas descartaba finalmente una quita, terminantemente prohibida por Alemania, y no tendría coste para el contribuyente europeo. A pesar de ello incluía medidas destinadas a rebajar paulatinamente el peso de una deuda que ascendía ya al 180% del PIB. Así las cosas dicho plan incluía una extensión de los plazos de devolución de cinco años que podía alargarse más de 10 años en el escenario más favorable para Atenas. El plazo medio se ampliaba así de los 32,5 años actuales a no menos de 37,5 años. Con carácter adicional las instituciones europeas ofrecían reducir los tipos de interés a un máximo del 2%. Y replanteaba el plan de amortización para que Grecia pagara por la deuda un máximo del 1% de su PIB al año. El esquema diseñado incluía igualmente devolver a Grecia los 8.000 millones acumulados en beneficios procedentes de las operaciones realizadas con bonos griegos, ofreciendo la posibilidad de que Grecia pagara al FMI con los recursos no usados en el tercer programa (86.000 millones hasta finales de 2018).

En definitiva, la Eurozona se comprometía a reajustar los pagos pendientes para no provocar problemas de liquidez y que los vencimientos que existiesen durante el programa (hasta 2018) no fuesen excesivos anualmente. En este sentido se estudiaba que el pago de tramos y vencimientos no superara entre el 15 y 20% del PIB de Grecia al año. A medio plazo, se comprometían a estudiar nuevos periodos de gracia en el pago de intereses y vencimientos más amplios, pero tan sólo a partir de 2018 y una vez se hubiese cumplido con todas las medidas y el objetivo fiscal del rescate. Finalmente, se estudiaría si Grecia necesitaba a largo plazo nuevas medidas para garantizar la sostenibilidad de su deuda, pero sólo al final del programa de ayuda.

Todo ello condicionado al cumplimiento de los objetivos de superávit primario por parte de Grecia así como a la aprobación de una reforma del sistema de pensiones que permitiese ahorrar dos puntos porcentuales de PIB en 2019, de un nuevo paquete de subidas de impuestos y de un mecanismo automático para recortar gasto o aumentar los ingresos en el caso de que corra riesgo el cumplimiento de los objetivos fiscales.

En definitiva Grecia (cuyo PIB se contrajo un 0,4% durante el primer trimestre de 2016) debía aceptar una serie de recortes automáticamente en todas las partidas tan pronto como no cumpliese con el objetivo fiscal anual acordado como parte del programa (superávit primario de 1% del PIB este año, del 2% en 2017 y del 3,5% en 2018), quedando obligada además a considerar en el plan de contingencia nuevas medidas por el lado de los ingresos, es decir, vía impuestos. Y, en este sentido, la oferta efectuada por el Eurogrupo pasaba por acordar una relajación de las condiciones de repago de la deuda ampliando los plazos para su devolución y limitando los intereses al 2% y la amortización anual a un 1% del PIB.

Grecia se había comprometido a conseguir un superávit primario del 3,5% del PIB cada año desde el 2018 y en adelante. No obstante, tras la reunión con el Eurogrupo celebrada durante la primera semana del mes de mayo de 2016 se acordó que, existiendo evidencias objetivas de que hubiese una desviación de dicho objetivo, Grecia habría de adoptar una vez al año medidas excepcionales de corrección financiera entendidas como un mecanismo de emergencia para volver a la ruta de los objetivos del superávit. La adopción de dichas medidas habría de incluir una reducción de los costes laborales en el sector público, así como la introducción de recortes en pensiones públicas, la abolición de organismos estatales, la adopción de una restrictiva política de contratación y, en su caso, la introducción de nuevos impuestos.

Durante la segunda semana del mes de mayo de 2016 el Ejecutivo griego aprobó un nuevo paquete de reformas que incluía una subida de los impuestos indirectos (incluido el IVA, que se incrementaba un punto porcentual, hasta quedar en el 24%), además de incrementar las tasas sobre la gasolina, el alcohol y el tabaco y el Impuesto inmobiliario (ENFIA[154]), así como la liberalización de la venta de créditos morosos a fondos de inversión y la configuración de un mecanismo de recorte automático del Presupuesto en caso de que el Gobierno no cumpla los objetivos de superávit acordados con los acreedores, que debería llegar hasta el 3,5% en 2018[155]. Asimismo se establecía un nuevo fondo de privatizaciones destinado a facilitar la venta de bienes públicos y a mejorar la gestión y explotación de los restantes.

La introducción de dichas reformas debía ser suficiente para que los acreedores desembolsaran un total de 11.000 millones de euros en nuevos créditos a Grecia, siempre y cuando el país superara las pruebas de su actual programa de rescate. Buena parte de dicho préstamo iría dirigido a pagar otros préstamos anteriores en los que Grecia estaba en mora, así como a financiar el servicio habitual de la deuda (intereses incluidos). Así, entre otros, el nuevo préstamo se utilizaría para cubrir un vencimiento de 2.300 millones que el país adeudaba al Banco Central Europeo. Ello habría de posibilitar además que Grecia negociara con sus acreedores un alivio parcial de su deuda por importe de 321.000 millones de euros en obligaciones.

Tras la reunión del Eurogrupo celebrada el 24 de mayo de 2016 se alcanzó el acuerdo de que el MEDE procediese a la realización de un desembolso por importe de 10.300 millones de euros. Con carácter general el paquete aprobado sobre el alivio de la carga de la deuda de Grecia incluía medidas tales como la extensión de vencimientos, la limitación de las necesidades de financiación netas del país y la transferencia a Grecia de los beneficios obtenidos por los Bancos centrales al comprar su deuda. La aprobación de dichas medidas posibilitaba que el FMI participase en el tercer rescate griego aprobado ya en su día en julio de 2015, si bien su participación

[154] Concretamente las previsiones existentes a este respecto pasaban por crear un nuevo impuesto a las propiedades inmobiliarias que se añadiría al actual sistema de unificación denominado Impuesto Uniforme de Bienes Inmuebles (ENFIA), reduciendo el umbral de exención impositiva de 300.000 a 200.000 euros. Dicho Impuesto a la propiedad crecería, en muchos casos, hasta un 30% respecto a 2015, debido a que la contribución básica se incrementaría entre el 23 y el 25% independientemente de si el valor objetivo de las propiedades es objeto de reducción.

[155] Dicho mecanismo obligaba al Gobierno griego a llevar a cabo una revisión anual del déficit. Y en el supuesto de que éste se desviara a la baja más del 0,25% habría de recortar en el Presupuesto una cantidad equivalente.

definitiva quedaba condicionada a que el paquete de medidas acordado por los ministros de Finanzas se cuantificara y resultara lo suficientemente ambicioso como para que la deuda griega cumpliese los criterios del FMI para ser considerada sostenible.

El paquete de medidas pactado por el Eurogrupo se estructuraba en tres ámbitos, a saber, corto, medio y largo plazo. Dentro del corto plazo, destinado a lograr una optimización técnica, los principales objetivos perseguidos se concretaban en los siguientes: suavizar el perfil de los pagos de Grecia al fondo de rescate temporal; reducir el riesgo de cambios en los tipos de interés; y eliminar una subida prevista en el margen del tipo de interés en 2017.

Respecto del ámbito del medio plazo, que contemplaba pagos directos y el llamado *reprofiling*, las medidas previstas eran: eliminar una subida prevista en el margen del tipo de interés en 2017; acometer una transferencia de los beneficios del BCE por la compra de la deuda griega (unos 2.000 millones de 2014 y reactivación de pagos en 2017); aprobar una devolución anticipada del préstamo del rescate griego con recursos no utilizados del mismo Programa; y la adopción de medidas de *reprofiling* de la deuda como extender los vencimientos medios ponderados y limitar y retrasar el pago de intereses.

Finalmente el ámbito del largo plazo, referido a la adopción de medidas de contingencia, preveía: la implementación de un mecanismo de contingencia sobre la deuda que se activaría si un escenario más adverso del previsto truncara las previsiones y no permitiera cumplir con el criterio de limitar las necesidades brutas de financiación. En efecto, a largo plazo el Eurogrupo se comprometía a activar un "mecanismo de contingencia" de alivio de la deuda que se pondría en marcha en caso de que las necesidades de financiación de Grecia rebasasen un umbral equivalente al 20% del PIB del país. No obstante la aplicación del citado mecanismo dependería de la evolución del crecimiento de Grecia y podría incluir un nuevo calendario de reembolso de los préstamos así como un techo en los tipos de interés y un aplazamiento del pago de intereses. La activación de dicho mecanismo requeriría un voto por unanimidad en el Eurogrupo y quedaría supeditado a que Grecia cumpla con las medidas que se le exijan en el marco del Pacto de Estabilidad.

De este modo se acordó la participación del FMI en el tercer Programa de Rescate, siempre y cuando la cuestión relativa a la sostenibilidad de la deuda griega sea abordada en 2018 con referencia a un escenario sobre las necesidades netas de financiación (GFN, en sus siglas en inglés) en virtud del cual dichas necesidades netas permanezcan por debajo del 15% del PIB a medio plazo tras la finalización del Programa y por debajo del 20% más adelante[156]. En lugar de tratar de reducir el *ratio* de deuda sobre el PIB (que, como es sabido, supera el 175%) se abordarían las necesidades anuales para que los pagos de intereses y las emisiones no supongan más de esos topes, que se consideran sostenibles, facilitándose el acceso a los mercados para reemplazar con el tiempo la deuda financiada de forma pública por otra privada y suavizar el perfil de los vencimientos alargando plazos y flexibilizando las condiciones en función de los inciertos crecimientos de la economía y posibles subidas en los tipos de interés. Con carácter adicional se acordó que el grueso de la sostenibilidad se aborde no de forma inmediata, como siempre ha deseado, sino en 2018.

Grecia recibía por tanto los beneficios procedentes de las operaciones de los Bancos centrales con su deuda (unos 8.000 millones de euros), contemplándose además la posibilidad de activar plazos más holgados vinculados a evitar que Grecia nunca pague más que el 15% de su PIB anual en el servicio de la deuda, siempre y cuando el país heleno cumpla sus metas fiscales. Asimismo el país heleno contaría con unos plazos más cómodos para el reembolso de 130.000 millones de euros correspondientes a los dos primeros rescates, pero sin variar su plazo medio de madurez (32,5 años), así como tampoco el objetivo de superávit primario del 3,5% del PIB que Grecia ha de alcanzar en 2018.

En suma, de lo que se trataba era de suavizar el perfil de vencimiento del antiguo Fondo Europeo de Estabilidad Financiera, que ya participó en

[156] Téngase presente no obstante a este respecto que, tal y como precisa GROS, D., "FMI, vete a casa", *Diario El Economista,* www.eleconomista.es (consultada el 19 de junio de 2016), el FMI cobra una tasa de interés de hasta el 3,9% en comparación con los prestamistas europeos, quienes cobran una tasa que está levemente por encima del 1%, en promedio, debido en buena medida a que tiene un recargo de hasta 300 puntos básicos sobre sus propios costos de financiación, en comparación con menos de 50 puntos básicos de los prestamistas europeos. Los préstamos del FMI deberán ser reembolsados en los siguientes 5 a 7 años, en promedio, en comparación con un período máximo de 50 años en el caso de la financiación europea; tal y como precisa este autor *"El FMI supone que sus préstamos serán sustituidos por préstamos al sector privado a tasas de interés aún más altas (más del 6 por ciento). Esto haría que la deuda de Grecia entre en un proceso de bola de nieve, ya que es muy poco probable que el crecimiento de su PIB alcance tal tasa en el futuro previsible".*

el primer Programa de ayuda a Grecia, introduciendo además mejoras técnicas para reducir el riesgo de subida de tipos pero sin que cueste dinero a los acreedores. Destacaba a este respecto la ausencia de quitas nominales, existiendo en cambio plazos más largos de devolución y tipos de interés algo más bajos. En efecto, no se contemplaba quita alguna, sino sólo una vinculación del coste de la deuda a la evolución del PIB griego y otras medidas que se estructurarían a corto, medio y largo plazo. El nuevo acuerdo alcanzado se apoyaba en el impulso del superávit primario (saldo positivo en la diferencia entre lo que ingresa un Estado y lo que gasta sin tener en cuenta el coste del pago de intereses de la deuda de un país) a partir de 2018, momento en que se volverían a analizar las finanzas griegas y los esfuerzos llevados a cabo por el país.

Por otra parte, y paralelamente a la adopción de dicho acuerdo, el Gobierno griego tenía previsto eliminar los controles de capital introducidos en junio de 2015 después de que entre noviembre de 2014 y junio de 2015 los depósitos en las entidades financieras se redujeran en 42.000 millones de euros, de los que 30.000 millones de euros salieron del país. Tal y como se analizó entre las medidas adoptadas entonces se aprobó el cierre de sucursales y la limitación de la retirada del efectivo a 60 euros. De un tiempo a esta parte el Ejecutivo heleno había venido valorando la posibilidad de eliminar dichos controles de capital relativos a movimientos de dinero nuevo que incluiría todo aquel que volviera al sistema bancario griego, ya se tratase de depósitos que se encontrasen en el extranjero o de efectivo utilizado por las empresas de importación. Y ello con el objetivo de impulsar la confianza en la banca local y mejorar la liquidez[157]. Ahora bien la adopción de dicha decisión requería que, con carácter previo, el BCE reinstaurase la excepción para los bonos griegos y que éstos volvieran a ser aceptados, pese a no tener grado de inversión, como colateral a la hora de financiarse en la institución monetaria europea.

Continuando esta senda de reformas aprobadas a principios del mes de junio de 2016 el Parlamento griego aprobaría un nuevo paquete de medidas destinadas a recibir un nuevo tramo de 7.500 millones de euros del Plan

---

[157] En este sentido se ha de precisar que dichas restricciones habían ido progresivamente levantándose especialmente en lo referido a las transacciones con el extranjero, que inicialmente estaban limitadas a 500 euros. También se levantaron los controles para operar en bolsa desde el país.

de rescate en el que, como ya se ha analizado, participan las instituciones europeas y el Fondo Monetario Internacional. En el presente caso el conjunto de reformas aprobadas incluían una revisión progresiva del sistema de pensiones hasta 2020 y la venta de entre una cuarta y una quinta parte del operador energético ADMIE.

Este conjunto de medidas implementadas por el Gobierno griego recibiría con fecha 10 de junio de 2016 el visto bueno del Eurogrupo, lo que posibilitaba el desembolso de un total de 7.500 millones de euros que formaban parte del segundo tramo del Programa de ajuste de la economía helena, que ascendía a su vez a un total de 10.300 millones de euros.

De cualquier manera, de cara a acometer la evaluación del tercer rescate las instituciones comunitarias reclaman una reforma profunda del mercado de trabajo que habría de incluir la bajada del salario mínimo y la reducción del derecho de huelga. En efecto, los acreedores reclaman una bajada del salario mínimo en 2017 hasta los 586 euros y la limitación de las primas por antigüedad. La fijación de este suelo salarial sería decretada por el Gobierno y en su decisión los sindicatos no podrían negociar y tendrían un mero papel consultivo. Asimismo los acreedores reclaman a Grecia la eliminación de las pagas extra para los nuevos contratados y que se suprima definitivamente la negociación colectiva sectorial, es decir, que las condiciones de trabajo se negocien en cada empresa. También se sugiere un aumento del límite de puestos de trabajo que se pueden recortar por ley con un ERE del 5 al 10%, y que resulte más fácil despedir a los liberados sindicales. Todo dentro del marco de una reforma profunda del derecho de huelga, haciendo más compleja la aprobación de los paros y proporcionando a las empresas nuevos mecanismos para su "bloqueo".

II. LA CRISIS DE DEUDA SOBERANA EN PORTUGAL

1. RADIOGRAFÍA DE LA CRISIS DE DEUDA PÚBLICA LUSA EN 2011: DE LA COMPRA DE BONOS SOBERANOS POR EL BCE AL POSTERIOR RESCATE FINANCIERO

En Portugal el déficit público alcanzó en 2010 el 9,1% del PIB, frente al 8,6% que preveía el Instituto luso de estadística (si bien inicialmente se habló ya de un 9,1%). Por su parte el nivel de deuda de Portugal en dicha fecha era del 93% del PIB. A finales del citado ejercicio la Agencia de Calificación de Riesgos *Moody`s* advirtió acerca de una eventual rebaja del *rating* de Portugal en uno o dos escalones, colocando la nota de solvencia del país luso, por aquel entonces situada en 'A1', en vigilancia para una posible revisión a la baja que, de producirse, sería de uno o dos escalones, lo que permitiría a Portugal conservar su *rating* dentro de la categoría de deuda de "calidad buena". La citada Agencia calificadora justificó esta decisión en las incertidumbres existentes sobre la "vitalidad económica a largo plazo", que se verían exacerbadas por el impacto de los planes de austeridad del Gobierno luso. Igualmente se tomaron en consideración al respecto las preocupaciones existentes respecto a la capacidad de Portugal de acceder a los mercados de capitales a precios sostenibles, así como sobre el impacto en los parámetros de deuda pública de un mayor apoyo del Gobierno luso al sector bancario, lo que podría ser necesario para que las entidades accediesen al mercado privado de capitales. Se estimó así que el probable deterioro en la asequibilidad de la deuda a medio plazo y las preocupaciones respecto a la capacidad del país de soportar el proceso de consolidación fiscal y desapalancamiento en el sector privado pudieran apuntar que sus perspectivas no fuesen consecuentes con una nota A1.

Con fecha 10 de febrero de 2011 los intereses que penalizan los títulos lusos a diez años se situaron en el mercado secundario al 7,63%, lo que representó el mayor coste de financiación del Tesoro portugués desde su entrada en el euro, reactivándose así los temores sobre la posibilidad de un rescate de Portugal y situándose el diferencial respecto al *bund* alemán hasta los 420 puntos básicos. A resultas de ello el Banco Central Europeo se vio obligado a intervenir para sostener la emisión de bonos, procediendo a comprar deuda lusa, después de que suspendiera la compra de bonos portugueses durante parte del mes de enero de 2011 manteniéndose congelada la inversión efectuada desde el inicio de la puesta en marcha de dicho programa en los 76.500 millones de euros.

Dicha elevada penalización sobre los bonos portugueses reflejaba las dudas de los inversores acerca del estado de sus finanzas, a pesar de los intentos del Gobierno de Portugal por transmitir señales de confianza a los mercados a través de las duras medidas de ajuste aprobadas en los Presupuestos Generales del Estado de 2011. Dichas adquisiciones terminaron enfriando la prima de riesgo de Portugal desde los 440 hasta los 411 puntos básicos. En efecto, si bien la rentabilidad del bono a diez años volvió a rozar sus máximos históricos, por encima del 7,4%, a más corto plazo (concretamente a un año) el interés alcanzado se quedó a un paso del 4% y superó el 5,5% a tres años.

Ciertamente, sobrepasando la penalización de su deuda soberana la barrera psicológica del 7% el país entraba en riesgo de tener que solicitar el rescate de la Unión Europea y del Fondo Monetario Internacional. La propia Comisión Europea solicitó además la aprobación de un plan global para hacer frente a la crisis de deuda soberana existente en la Eurozona al objeto de reforzar el por aquel entonces vigente Fondo Europeo de Estabilidad Financiera en un montante de 750.000 millones de euros. Y ello a pesar del conjunto de medidas adoptadas por el Gobierno portugués con la finalidad de restablecer una mayor confianza de los mercados en la economía portuguesa, existiendo además el compromiso por parte del citado Gobierno de rebajar para 2011 el déficit público del 7,3% al 4,6%.[158]

[158] A este respecto se ha de señalar que los ingresos vía impuestos recibidos por el Estado portugués durante el mes de enero de 2011 crecieron un 15,7% respecto al mismo mes del

Durante la segunda semana del mes de enero de 2011 el Tesoro portugués logró no obstante colocar deuda a 10 años por debajo del 7% de interés, procediendo el 80% de la demanda del exterior. De este modo la primera emisión de bonos de 2011 de Portugal concluyó con un resultado alentador. El país luso colocó 600 millones de euros a diez años a un interés del 6,71%, por debajo de la anteriormente citada barrera psicológica del 7%, y por debajo además del que reflejaba el mercado secundario. El 80% de la demanda procedía de inversores extranjeros. Así las cosas Portugal pudo colocar 1.250 millones de euros en bonos con vencimiento en 2014 y 2020. En el caso de los títulos a más corto plazo, cuatro años, el importe adjudicado fue de 650 millones de euros, repuntando la rentabilidad media desde el 4,041% previo hasta el 5,39%.[159]

Por lo que respecta a la emisión de bonos a diez años, Portugal logró colocar 599 millones de euros a diez años con un interés medio del 6,71%, por debajo de este nivel del 7%, ligeramente inferior al 6,8% de la anterior emisión de estos títulos, y por debajo también de la rentabilidad con la que cotizaba en el mercado secundario (6,93%). Dicho porcentaje superó el 7,2% en el mercado secundario. La prima de riesgo del Estado luso consolidó su mejora una vez conocidos los resultados de esta subasta y se situó justo por debajo de los 400 puntos básicos. De paso, ayudó a mantener la remontada del euro por encima de los 1,30 dólares y amplió la tregua al resto de deudas periféricas.

Portugal había iniciado el ejercicio 2011 con la entrada en vigor de fuertes medidas de ajuste, entre ellas un aumento generalizado de impuestos, la rebaja salarial a los funcionarios y la caída de la inversión pública. El país luso acudió al mercado para financiarse, entre otras fechas, el 7 de febrero

---

año anterior, lo que teóricamente debía ayudarle a conseguir su objetivo de rebajar el déficit público.

[159] Portugal preveía unas necesidades de financiación en torno a los 20.000 millones de euros en 2011, por lo que la presión sobre su deuda soberana continuaba existiendo, con intereses que todavía se aproximaban demasiado del 7%. Pero el Gobierno de Lisboa estaba dispuesto a resistir y a seguir financiándose en los mercados durante todo el tiempo que le fuese posible, para probar que sus medidas de contención aprobadas en los Presupuestos Generales –aumento del IVA al 23% y recortes salariales, entre otros– servían para cumplir el objetivo de reducir el déficit público al 4,6% durante el año 2011. Con fecha de 11 de enero de 2011 el Banco de Portugal revisó a la baja las previsiones de crecimiento para 2011, previendo una recesión del 1,3% del PIB luso frente al crecimiento cero previsto en su Boletín publicado otoño de 2010. Aún así, el Ejecutivo luso preveía un crecimiento del 0,2% para 2011.

de 2011, cuando vendió 3.500 millones de euros en obligaciones del Tesoro a cinco años a través de una emisión sindicada con varios bancos en la que logró un interés del 6,4%, un poco más alto que el tipo al que cotizaban estos mismos títulos en el mercado secundario.

A pesar de ello a mediados del mes de febrero de 2011 el BCE tuvo que volver a comprar deuda lusa, en concreto bonos de Portugal a corto plazo. Dicha intervención contribuyó a frenar los nuevos máximos históricos que alcanzaba el interés del bono portugués a cinco años, por encima del 7,24%. Las compras del BCE aliviaron dicho porcentaje hasta el 7,1%. Y ello a pesar de las medidas de ajuste adoptadas por el Gobierno portugués, las cuales se unieron al recorte del salario de los funcionarios y a una subida generalizada de impuestos, incluyendo además un gravamen especial a las pensiones, una reducción de costes en el sistema de salud y en la educación y recortes de programas de asistencia social. Según el Gobierno portugués, el objetivo del plan adoptado era reducir el déficit público del 7,3% del PIB hasta el 4,6% en 2011 y evitar así recurrir a la ayuda financiera externa. Se trataba de un recorte adicional del 0,8% del PIB.

En la subasta de deuda pública celebrada el 16 de marzo de 2011 el Tesoro portugués colocó 1.000 millones en deuda a 12 meses con una rentabilidad del 4,331%, casi 30 puntos básicos más que en la subasta anterior, tras la rebaja de calificación de la Agencia de Calificación Crediticia *Moody's* a la que nos hemos referido con anterioridad. El Tesoro portugués tuvo que elevar el coste de su financiación en su primera subasta tras la rebaja de la calificación por parte de *Moody's* y entre rumores de rescate, cumpliéndose con el objetivo de captar 1.000 millones en deuda a doce años, si bien para ello tuvo que elevar la rentabilidad hasta el 4,331% frente al 4,057% de la subasta anterior. La *ratio* de cobertura fue de 2,2 veces (3,1 en la anterior subasta). A resultas de lo anterior la rentabilidad del bono a diez años luso subió hasta el 7,44% y el diferencial con el *bund* alemán se situó en el entorno de los 430 puntos básicos. Con fecha 23 de marzo de 2011 el diferencial de las obligaciones del tesoro a cinco años subió a 7 puntos base hasta alcanzar el 8,05%, un nuevo récord desde la entrada del país en el euro en 2002, mientras que los intereses a 10 años escalaban cinco puntos base, hasta el 7,54%, nivel en el que Grecia e Irlanda fueron rescatados. Y ello a pesar del Plan de Austeridad presentado por el Gobierno portugués (el cuarto en el plazo de un año) que, como ya se ha puesto de manifiesto, persiguió el objetivo de rebajar el déficit público hasta el 2% en 2013 a través de recortes en los salarios de los funcionarios, congelación de las pensiones y ahorro en las inversiones públicas, la educación y la sanidad. A ello se ha de añadir además la existencia de un aumento del IVA al 23% y recortes salariales para la función pública de entre el 5 y el 10% para sueldos superiores a 1.500 euros.[160]

En este marco de progresiva escalada de los intereses de la deuda lusa la Agencia de Calificación de Riesgos *Standard & Poors* llevó a cabo a finales del mes de marzo de 2011 un nuevo recorte de *ratings* en los países de la periferia europea al bajar la nota crediticia de la deuda pública de Portugal hasta el 'BBB-', desde el 'BBB', lo que supuso quedar en un escalón por encima del bono basura. Por su parte, el *rating* de Grecia fue recortado hasta el 'BB-', desde 'BB+'. En ambos casos *S&P* los dejó con 'perspectiva negativa'. La citada Agencia señaló que la rebaja de nota de Portugal se debía al potencial de que la endeudada nación tuviese que subordinar su deuda con el fin de pedir un rescate a la Unión Europea. Se estimaba así que la reestructuración de la deuda podía llegar a representar una condición de acceso a los fondos del Mecanismo Europeo de Estabilidad y de que la deuda pública *senior* quedase subordinada a los préstamos del citado Mecanismo.[161]

A principios del mes de abril de 2011 el bono de Portugal a cinco años superaba la barrera del 10%, por encima del interés exigido a Irlanda antes de su rescate. La huida de los inversores se tradujo en nuevo avances en el interés de los bonos portugueses. La situación más dramática la refle-

[160] Como seguramente se recordará el Presupuesto de Portugal para el año 2010 ya contenía una serie de disposiciones fiscales en respuesta a la crisis, las cuales fueron posteriormente complementadas mediante la adopción de un paquete de medidas fiscales en el mes de mayo de 2010. El objetivo de dichas medidas no fue otro que acelerar la consolidación fiscal en el sentido de las líneas proyectadas en el Programa de Estabilidad y Crecimiento, que fue el nombre que adoptó el programa de ajuste del gobierno portugués. Se esperaba a este respecto que el impacto global del paquete de austeridad fuese del 1,2 del PIB en 2010 y del 2,2% en el 2011, en coherencia con los nuevos objetivos establecidos por el Gobierno luso para el déficit, a saber, recortarlo hasta el 7,3% del PIB en 2010 del anterior 8,3% y hasta el 6,6% para el 2011 en vez del 6,65%, situándolo así en el 2,8% en el 2013, por debajo del umbral del 3% fijado en el Pacto de Estabilidad y Crecimiento.

[161] La Agencia de Calificación *Fitch* también procedió a rebajar la nota del país luso al 'A-', mientras que *Moody's* ya lo había hecho con fecha de 16 de marzo de 2011, cuando recortó la nota al A3 en la víspera de que el Estado portugués subastara entre 750 y 1.000 millones de euros en obligaciones del Tesoro nacional.

jaron sus bonos a cinco años, cuya rentabilidad llegó a superar la barrera del 10%. También se acercaron a este nivel los títulos a un plazo inferior, a tres años (9,70%), mientras que a diez años se afianzó en zona de máximos, por encima del 8,83%. La prima de riesgo se amplió así hasta los 545 puntos básicos. En el mercado de derivados los *Credit Default Swaps* se encarecieron hasta los 590 puntos básicos, lo que supuso que el coste de asegurar 10 millones de euros de deuda portuguesa a cinco años se elevara hasta los 590.000 euros. Ni siquiera en el caso de Irlanda, durante el mes de noviembre de 2010, cuando se cerraba el acuerdo para su rescate financiero, los inversores habían exigido más de un 10% de interés a su deuda pública. La situación se repitió con los CDS. Los de Portugal superaron los niveles actuales de los seguros de impago de Irlanda.[162]

Sin lugar a dudas uno de los principales problemas que ha debido afrontar Portugal a lo largo de estos últimos tiempos ha sido el relativo a la falta de productividad de su economía, que ha registrado crecimientos muy débiles a lo largo de la última década[163]. Portugal no sufrió la llamada "crisis del ladrillo" porque, a diferencia de lo que sucedió en España, no hubo un 'boom inmobiliario'. Los bancos, menos expuestos que los de otros países, tampoco se vieron tan afectados por la crisis financiera mundial. Pero Portugal, con un crecimiento tan débil y muy dependiente de la economía española y de las exportaciones, acabó sucumbiendo a la crisis y en 2009 registró una contracción de su economía del 2,9%. En términos de déficit público, después de una primera legislatura socialista basada en la contención y austeridad, en 2008, el Gobierno portugués anunció que habían conseguido reducir el elevado déficit heredado del anterior gobierno conservador hasta el 2,9% permitido por la Comisión Europea. Sin embargo la crisis global disparó las cuentas públicas hasta un déficit del 9,3% del PIB en 2009.

---

[162] A ello se ha de añadir, además, el dato de que la Agencia de Calificación *Moody's* rebajó, con fecha de 5 de abril de 2011, el *rating* de Portugal de 'A3' a 'Baa1', dejando abierta la puerta a nuevos recortes, al mantener su perspectiva en 'negativa'. La decisión de *Moody's* se produjo apenas tres semanas después de que la citada Agencia recortara en dos peldaños la calificación de Portugal, entonces de 'A1' a 'A3'.

[163] Concretamente Portugal presentaba en 2010 los siguientes datos macroeconómicos: Población: 10,6 millones; PIB per cápita: 94 (media europea en 100); Paro: 11%; Crecimiento PIB en 2010: +1,3%; Coste de financiación a largo plazo: 7,34% (Fuente: Eurostat, febrero 2011); Déficit del Estado: 9,3%; Deuda pública: 76,1% del PIB (Fuente: Eurostat, 2009); Coste del rescate: unos 80.000 millones de euros.

Desde nuestro punto de vista el principal problema de Portugal para tener que acabar recurriendo a la ayuda financiera internacional fue su incapacidad para reducir el elevado déficit, a pesar de que en un año el Gobierno de Lisboa llegó a aplicar hasta tres planes de ajuste y se disponía a aprobar el cuarto. Pero los intereses sobre su deuda estaban cada vez más elevados (alcanzaron el 10% para el plazo a 5 años y el 8,5% para el plazo a 10 años), habiendo decidido además las agencias de calificación crediticia rebajar el *rating* de Portugal hasta el último nivel de la escala de inversión y optando los bancos lusos por dejar de prestar dinero al Estado para no poner en peligro la financiación de la economía portuguesa.

Ante estas circunstancias el Ejecutivo portugués terminó optando por solicitar el rescate financiero. Portugal recibiría un total de 80.000 millones de euros durante los próximos tres años a cambio de implementar un riguroso plan de ajuste que incluía la privatización de empresas públicas y las reformas laborales para facilitar el despido. Además el Gobierno luso tendría que comprometerse, de una vez por todas, a reducir drásticamente el gasto público.

El cuarto Plan de Estabilidad y Crecimiento (PEC IV) rechazado por el Parlamento portugués en marzo de 2011 constituyó el punto de referencia que sirvió de base para la aprobación del nuevo paquete de austeridad. En dicho Plan se incluía ya la rebaja de un 5% para las pensiones superiores a 1.500 euros mensuales, una medida que desde el 1 de enero de 2011 se aplicó a los sueldos de mismo valor de los funcionarios públicos, que podían perder también las pagas extraordinarias. Debe precisarse además que a lo largo de 2010 el Gobierno luso ya había implementado el conjunto de medidas de austeridad recomendadas por la Comisión Europea y por el FMI, similares a las aplicadas en Grecia e Irlanda después de ser rescatados, con el objetivo de evitar a toda costa la ayuda. A tal efecto se elevó el IVA del 21 al 23% y se incrementó un 1% el IRS, esto es, el impuesto sobre la renta de las personas físicas portugués.

Con fecha 6 de abril de 2011 el Gobierno portugués anunciaba su decisión de solicitar el rescate a la Unión Europea. Portugal se convirtió así en el tercer país de la Eurozona que necesitaba asistencia financiera, después de Grecia (que recibió 110.000 millones de euros) e Irlanda (85.000 millones). Pese a que los líderes europeos habían retrasado por aquel entonces el refuerzo del tramo intergubernamental del Fondo de Rescate, se estimó que existían fondos suficientes para ayudar a Portugal. Concretamente de los 250.000 millones disponibles efectivamente sólo se usaron 17.700 millones para Irlanda, procediendo el resto del FMI, de las garantías del presupuesto de la UE y de ayudas de Reino Unido, Dinamarca y Suecia. Así las cosas tras asistir a Irlanda quedaban todavía 232.000 millones de euros para ayudar a Portugal.

Téngase presente además a este respecto que, con intereses derivados de la emisión de deuda pública próximos al 10% en el plazo a 5 meses – muy por encima del 7% existente en octubre de 2010– era insostenible que Portugal se siguiera financiando en los mercados. Los bancos portugueses decidieron dejar de prestar dinero al Estado portugués, instando al Gobierno a pedir la ayuda con carácter de urgencia. La presión de los bancos se produjo después de que las Agencias de calificación hubiesen procedido sucesivamente a rebajar la calificación de la deuda soberana lusa. Algo que no pasó desapercibido para los socios europeos, algunos de los cuales presionaron al Ejecutivo en funciones para que aceptase la ayuda de la UE.

Con carácter general el plan de ajuste de Portugal debía construirse sobre tres pilares. Primero, un ambicioso recorte presupuestario para asegurar la sostenibilidad de las finanzas pública, persiguiéndose alcanzar un déficit público del 4,6% del PIB en 2011, del 3% en 2012 y del 2% en 2013. Segundo, unas reformas para eliminar las rigideces, corregir los desequilibrios macroeconómicos e incluir un programa de privatizaciones. Por último, debían adoptarse las medidas necesarias para asegurar la liquidez y la solvencia del sector financiero.

Inicialmente las cifras manejadas eran de 75.000 millones de euros de ayuda. De dicha cantidad, 50.000 millones los asumiría la UE (siendo un 12%, avalado por España) y el resto el FMI. Una vez solicitada oficialmente la ayuda, Portugal debía negociar con los expertos de la Comisión Europea, el BCE y el FMI un programa de ajuste fiscal y reformas, convirtiéndose así en el tercer país de la Eurozona en recibir asistencia financiera después de Grecia (que recibió un total de 110.000 millones de euros) e Irlanda (85.000 millones de euros). Y, a pesar de que, como ya se ha señalado, los líderes europeos decidieron inicialmente retrasar el refuerzo del tramo intergubernamental del Fondo Europeo de Estabilidad Financiera, las cantidades existentes por aquel entonces parecían suficientes para acometer la ayuda.

Piénsese que de los 250.000 millones de euros disponibles únicamente se usaron un total de 17.700 millones para Irlanda.

La UE cifró en 80.000 millones el coste del rescate de Portugal durante tres años a cambio de que el Gobierno luso procediera a privatizar empresas públicas, facilitase el despido y redujese drásticamente el gasto público. Portugal tenía que aceptar un programa más duro que el que rechazó su Parlamento en marzo de 2011. Los recortes del 0,8% del PIB extra para 2011 que proponía el Gobierno luso fueron tomados como punto de partida. *A priori* a España le correspondía avalar alrededor de 5.000 millones de euros del rescate a Portugal. Se trataba, en cualquier caso, de garantías para la emisión de bonos que sólo se cobrarían en una situación extrema. Esto se unía a los cerca de 2.600 millones que España aportó para Irlanda y a los casi 10.000 para Grecia (en este último caso de préstamos desembolsados).

El pacto alcanzado por la troika comunitaria con Portugal incluía recortes de las prestaciones sociales, aumento de impuestos así como un endurecimiento de los derechos laborales, obligando al Estado luso a situar su déficit público en el 5,9% del PIB en 2011, en el 4,5% en 2012 y en el 3% en 2013. El programa de rescate luso no sería efectivo hasta que recibiese la aprobación final de los Ministros de Finanzas europeos, debiendo entrar a determinarse el tipo de interés de los préstamos. El principal escollo a la aprobación se encontraba en Finlandia, donde el apoyo al rescate de Portugal no era seguro debido a la oposición que enarbolaban varias de las principales fuerzas políticas del país, reforzadas tras las últimas elecciones, si bien desde la Comisión Europea se insistió en que Finlandia debía participar en el rescate.

Dentro del ámbito de la deuda pública el Gobierno luso logró colocar bonos y letras hasta mediados de marzo de 2011, con más o menos soltura, si bien hubo de pagar precios desorbitados. Ello le otorgó cierto margen de cara a los siguientes vencimientos que debía afrontar en abril de 2011 por importe de 4.300 millones de euros, sobre un total de 9.300 millones para todo el ejercicio. El Estado luso necesitaba emitir aproximadamente algo más de 1.000 millones en bonos y otros 1.000 millones en letras al mes. Sin embargo las rentabilidades de deuda lusa tanto a corto como a largo plazo alcanzaron niveles que no se habían visto en toda la historia del euro. Por ejemplo, con fecha 23 de marzo de 2011 el bono portugués a diez años superaba el 7,6% y la situación para la deuda a más corto plazo, a cinco años, todavía era más alarmante, puesto que su rentabilidad se situaba ya por encima del 8%. En este fatídico escenario el apoyo del Banco Central Europeo resultó fundamental dentro de su programa de compra de deuda soberana que puso en marcha en mayo del año 2010, habiéndose adquirido títulos lusos por importe de más de 20.000 millones.

Fruto de las medidas de austeridad adoptadas por el Gobierno portugués el Estado luso alcanzó un superávit en sus cuentas públicas de 836 millones de euros entre enero y febrero de 2011, lejos de los 232 millones de euros de déficit que registró en el mismo período de 2010. Se trató de un dato positivo de cara al cumplimiento del objetivo consistente en reducir el déficit público hasta el 4,6% del PIB en 2011 y despejar así las dudas sobre su situación económica. Las cifras reseñadas mostraron una significativa reducción del déficit del Estado luso durante los dos primeros meses de 2011, el cual cayó en casi un 70% hasta situarse en los 375 millones de euros, gracias a un incremento del 11,1% de sus ingresos vía impuestos y a una disminución de sus gastos del 3%. Estas pérdidas fueron compensadas por el superávit conseguido tanto por las empresas públicas autónomas (+732,7 millones de euros, un 22% más) como por la Seguridad Social (+479 millones de euros, lo que reflejó un aumento del 17%).

En todo caso tras el rechazo del Parlamento portugués al cuarto Plan de Austeridad del Gobierno con fecha de 23 de marzo de 2011 y la posterior dimisión de su Primer Ministro, se fijó la fecha del 11 de abril de 2011 (es decir, cuando Portugal tenía que emitir deuda para devolver 4.500 millones de euros a sus acreedores) como posible fecha máxima para acometer un eventual plan de rescate, máxime teniendo en cuenta que Portugal tenía que devolver 4.500 millones de euros en abril y otros 4.900 en junio de 2011.

El Estado luso pagaría a principios de abril de 2011 casi el 8% de interés para colocar sus bonos de deuda, un nivel prohibitivo. Portugal quería evitar la aplicación de un Plan de rescate que incluyese préstamos de los socios del euro, de la Comisión Europea y del FMI por un importe de 80.000 ó 100.000 millones para retirarse unos años del mercado a cambio de un estricto plan de recortes plurianual dirigido por la UE y el FMI. Sin embargo de un tiempo a esta parte la Zona Euro venía reformando su plan de rescate para que las condiciones aplicables fuesen más suaves y se pudiera comprar deuda pública directamente al Estado en apuros, una fórmula menos traumática. No obstante Finlandia bloqueó la adopción del acuerdo debido a sus elecciones del 17 de abril de 2011[164]. La ampliación de la Facilidad Europea de Estabilidad Financiera y la posterior aprobación del Mecanismo Europeo de Estabilidad, que entraría en vigor en 2013, fueron cuestiones que quedaron aparcadas para el mes de junio de 2011.

Portugal ha sido pues otro de los países periféricos con más dificultades económicas, padeciendo una grave crisis de deuda pública. Con fecha 9 de mayo de 2011 el porcentaje exigido por el país luso por sus títulos a dos años osciló entre el 11,5% y el 11,6% por sus bonos a dos, tres y cinco años. El efecto contagio también se acusó en España, que volvió a generar dudas en los mercados al ser considerado otro país 'problemático', afectado a su deuda.[165]

El país vecino evidenciaba la tensión existente en el mercado de los derivados, situándose sus CDS en los 533 puntos frente a los 481 de noviembre de 2010. Es cierto, no obstante, que este indicador refleja más el impacto a corto plazo que la prima de riesgo, la cual alcanzaba con fecha 25 de marzo de 2011 los 445 puntos, a pesar de que llegó a alcanzar los 470 en determinados momentos. A mayor abundamiento el rendimiento de los bonos portugueses a diez años se situó, en la citada fecha, por encima del 8% por primera vez desde la introducción del euro. De este modo la rentabilidad de los bonos portugueses a diez años escalaba hasta el 8,071%, mientras la prima de riesgo respecto a los bonos alemanes subía a 489 puntos básicos. En plazos de vencimiento más breves, el rendimiento de los bonos a cinco

---

[164] Finalmente, con fecha de 25 de mayo de 2011 el Parlamento de Finlandia aprobó su participación en el rescate de 78.000 millones para Portugal. 137 parlamentarios votaron a favor de la contribución de del país al plan de ayuda luso mientras que 49 votaron en contra y 7 se abstuvieron.

[165] Tal y como hemos tenido ocasión de analizar en el Capítulo de la presente obra relativo a la crisis de deuda soberana en Grecia ya durante el mes de marzo de 2011 se había acordado ampliar el plazo de devolución de la ayuda griega a 7,5 años, bajando el tipo de interés exigido del 5,5% al 4,5%. Por aquel entonces Grecia ya había recibido cuatro tramos de ayuda por un valor de 53.000 millones de euros. Por lo que respecta a Irlanda, otro de los periféricos de la Zona Euro, la rentabilidad de su deuda a un año alcanzó el 10,1%, la de cinco años al 12,1% y la de ocho años el 11,1%. En España el mercado de deuda se mantuvo por aquel entonces sin grandes sobresaltos. La rentabilidad del bono a 10 años alcanzó el 5,3% con fecha de 10 de mayo de 2011, mientras que la del *bund* alemán, el que se toma como referencia para calcular el diferencial, alcanzó el 3,13%, su nivel más bajo de las últimas siete semanas. Por tanto, el riesgo país aumentó a 227 puntos básicos.

años subía al 8,524%, mientras que el de la deuda a tres años alcanzaba el 7,793% y los bonos a dos años subían al 6,954%.[166]

A principios del mes de mayo de 2011 la penalización de la deuda lusa cayó abruptamente después de que el Gobierno de Portugal anunciase el día anterior el rescate financiero para el país tasado en 78.000 millones de euros para los próximos tres años[167]. Concretamente los títulos a tres años bajaban en el mercado secundario 48,7 puntos base, hasta los 10,856% de interés, mientras que las de diez años se contraían 14,3 puntos base, hasta los 9,433%. La caída en las tasas de interés fue más acentuada en los de corto plazo. El coste de asegurar la deuda soberana portuguesa contra el impago también experimentó una significativa bajada. Los CDS portugueses a 5 años caían 25 puntos básicos a 620 puntos básicos. Ello significaba que el coste de asegurar 10 millones de euros de deuda portuguesa bajaba a 620.000 euros. El Tesoro portugués continuó efectuando emisiones de deuda desde que el país solicitó ayuda a primeros de abril de 2011 con intereses muy altos.

Durante la segunda quincena del citado mes de mayo de 2011 los Ministros de Economía de la Zona Euro aprobaron el paquete de préstamo de 78.000 millones de euros para Portugal y pidieron a los bancos europeos (sobre todo españoles) que continuaran comprando deuda lusa. La UE aportaría al rescate 52.000 millones de euros, entre los 26.000 de la Comisión Europea y los 26.000 de los Estados no rescatados de la Zona Euro, mientras que la aportación del Fondo Monetario Internacional se cifraba en otros 26.000 millones de euros.

España avalaría entre 4.500 y 5.000 millones de euros del rescate. En principio no se trataba de un préstamo, sino de garantizar las emisiones

---

166 En cambio la deuda española resistió por aquel entonces las tensiones derivadas de la crisis en Portugal y la prima de riesgo se mantuvo en 193 puntos básicos, aunque el rendimiento de los bonos a diez años subió al 5,203%. En el caso de los bonos griegos, la prima de riesgo alcanzaba los 947 puntos básicos y un rendimiento del 12,655%, mientras que en el caso de la deuda irlandesa el diferencial se amplió a 691 puntos básicos y la rentabilidad se situaba en el 10,181%.

167 En efecto, con fecha 3 de mayo de 2011 el Gobierno portugués alcanzó un acuerdo definitivo para el rescate financiero de su país, aprobándose la concesión de un paquete, a tres años, de 78.000 millones de euros. Además de reducciones del déficit, la aprobación del citado Plan implicaba recortar únicamente las pensiones más altas, superiores a 1.500 euros, manteniéndose las previsiones de elevar el salario mínimo.

del EFSF. De los 78.000 millones de euros que conformaban el préstamo, 52.000 millones correspondían a los europeos (26.000 millones avalados por el presupuesto comunitario y 26.000 avalados por los Estados miembros) y 26.000 millones al Fondo Monetario Internacional. Al Estado español le correspondía garantizar el 12,7% del tramo intergubernamental, es decir, 3.276 millones de euros.

A cambio de recibir la ayuda el Gobierno portugués tenía que cumplir un duro programa de recortes del gasto, privatizaciones y reformas del mercado laboral que sería controlado trimestralmente por la Comisión Europea, el Banco Central Europeo y el FMI mediante la aplicación de un criterio *quid pro quo*. Cada pago se aprobaría a cambio de medidas concretas para recortar el déficit público por debajo del 3% en 2013 (desde el 9,1% existente a la fecha de aprobación del rescate) durante los tres años que, en teoría, duraría el programa. Con carácter adicional el Estado portugués asumía la obligación de negociar con los grandes bancos europeos (sobre todo españoles) para que mantuviesen su exposición a la deuda lusa, continuando con la compra de letras o bien no procediendo a su venta. Finlandia había exigido este requisito para aprobar el rescate en el que finalmente terminó participando de una manera marginal, pero que inicialmente amenazó con bloquear.

En definitiva, Portugal se convertía en el tercer país de la Eurozona en recibir asistencia financiera tras Grecia (110.000 millones de euros) e Irlanda (85.000 millones). Tal y como se ha señalado de los 78.000 millones de euros concedidos 52.000 millones correspondían a la Comisión Europea y a los 14 Estados no rescatados y 26.000 al FMI, que cobraría un tipo de interés por su tramo de entre el 4,25% y el 5,25%. El precio que cobraría la UE se situaba por encima del 5,5%.

Las autoridades portuguesas se comprometieron a animar a los inversores privados a mantener su exposición global de forma voluntaria. Se trataba de que los bancos participasen también en el rescate, aunque fuese voluntariamente, tal y como había exigido Finlandia. Como contrapartida de la ayuda Portugal se comprometía a aplicar un "duro" programa de ajuste para rebajar el déficit público hasta el 5,9% del PIB en 2011, 4,5% en 2012 y 3% en 2013.

El Plan a seguir por el Gobierno luso incluía la congelación del sueldo de los funcionarios hasta 2013, la reducción de las pensiones más altas y de las prestaciones por desempleo, recortes en sanidad y educación, disminución del número de ayuntamientos, paralización de grandes obras públicas y privatización de empresas como las energéticas EDP y REN o la aerolínea TAP. Este ajuste provocaría, además, una contracción económica del 2,2% en 2011 y del 1,8% en 2012, mientras que la tasa de paro se dispararía hasta el 13%. Pese a ello, el nivel de deuda pública seguiría aumentando hasta el 107% del PIB, según las previsiones de la Comisión Europea. El rescate de Portugal incluía además un paquete de 12.000 millones de euros para recapitalizar el sector bancario. La UE y el FMI querían que los bancos portugueses alcanzasen un nivel de capital básico del 9% a finales de 2011 y del 10% en 2012.

Durante la segunda quincena del mes de mayo de 2011 los Ministros del ECOFIN alcanzaron un acuerdo destinado a reforzar la capacidad de préstamo del Fondo Europeo de Estabilidad Financiera hasta los 440.000 millones de euros efectivos. La diferencia resultante cubriría las elevadas garantías que tenían que ofrecer los Gobiernos para conseguir dinero en los mercados al menor precio posible. Los 14 Estados no rescatados tendrían que multiplicar sus avales por 1,6. Así, España pasaba a respaldar préstamos con cerca de 52.352 millones de euros hasta los 83.764 millones de euros. Este dinero, de momento, representaba sólo un aval y no se desembolsaría más que en caso de impago del Estado rescatado. Grecia, por ejemplo, no recibió préstamos de este Fondo, sino préstamos bilaterales directos de los socios. Portugal, por su parte, recibió a principios del mes de junio de 2011 el primer tramo de ayuda financiera de la Unión Europea –6.500 millones de euros concedidos a través del Mecanismo Europeo de Estabilidad Financiera– con el fin de que el Estado luso pudiera hacer frente a sus obligaciones de pago en el mes de junio de 2011, cuando el país celebraba elecciones legislativas. Concretamente de la citada cantidad 1.750 millones de euros procedieron de la UE y otros 4.750 millones de euros vinieron a sumarse a los 6.100 millones que ya había recibido el país luso del FMI.

A pesar de ello por aquel entonces la deuda lusa a 10 años cotizaba por primera vez por encima del 11% de interés. Así, por ejemplo, con fecha 17 de junio de 2011 los inversores exigieron una rentabilidad del 11,02% para comprar dichos bonos, por encima del 10,87% que pedían en la jornada anterior y cada vez más lejos de la tasa a la que cotizaban las obligaciones alemanas, utilizadas habitualmente como referencia y que se situaron en dicha fecha en torno al 2,9%. La evolución de la deuda lusa mostraba así el aumento constante de la presión de los mercados sobre Portugal, ya que los títulos con vencimiento a diez años sobrepasaron por primera vez el 7% de interés en enero de 2011, el 8% a finales de marzo de ese mismo año, el 9% a mediados de abril y el 10% a principios de junio de 2011.

¿Qué consecuencias cabía extraer de dichos datos? Sencillamente que la petición de rescate realizada por Portugal en abril de 2011 a la que se ha aludido con anterioridad no lograba aliviar la presión existente, a pesar de que estaba prevista una inyección de 78.000 millones de euros en los próximos tres años, de los cuáles 12.600 millones fueron ingresados ya en las arcas lusas. El notable incremento de los intereses existente se debió, en buena medida, a la incertidumbre que despertó en los mercados la crisis griega, con el país heleno necesitado de un segundo plan de rescate –el primero, de 110.000 millones de euros, se consideró insuficiente– para evitar la bancarrota. De hecho, los títulos griegos a diez años también batieron un nuevo récord con fecha 17 de junio de 2011, alcanzando un interés del 18,9%.

Dada esta situación con fecha 5 de julio de 2011 la Agencia de Calificación Crediticia *Moody's* rebajó la calificación de la deuda portuguesa nada menos que en cuatro peldaños, hasta el grado de bono basura Ba2. La citada rebaja constituyó un serio revés para Portugal y vino a complicar la ya difícil labor a la que se enfrentaba el nuevo Ejecutivo portugués. A pesar de que el país vecino estaba haciendo grandes esfuerzos por reducir su déficit presupuestario del 9,1%, así como por impulsar el crecimiento a largo plazo y por controlar el desapalancamiento de su sector privado (con una deuda más de 2,6 veces superior al PIB) dicha rebaja de *rating* supuso un duro golpe para Portugal, que luchaba por frenar el déficit presupuestario, por estimular el crecimiento a largo plazo y por gestionar el desapalancamiento de un sector privado cuya deuda excedía en 2,6 veces el PIB.

Dicha rebaja complicó pues la ya de por sí difícil labor que afrontaba el nuevo Gobierno luso. La Agencia de Calificación *Moody's* argumentó que los esfuerzos de Europa para que los titulares de bonos del sector privado compartiesen la carga en Grecia disuadirían a los inversores y reducirían la capacidad de Portugal para recuperar el acceso al mercado en 2013. Asimismo la citada Agencia manifestó sus dudas de que Portugal pudiera reducir su déficit al 3% en 2013, afirmando que incluso las previsiones conservadoras de que su economía se contraería un 2,2% en 2011 y un 1,8% en 2012 eran excesivamente optimistas. Ello conllevaba el riesgo de que la deuda no se estabilizase en torno al 115% del PIB en 2013 y planteaba dudas acerca de su sostenibilidad.

La primera transacción del Fondo de Rescate Permanente efectuada a mediados de septiembre de 2011 consistió en un bono de referencia con vencimiento a 10 años en septiembre de 2021. Los fondos serían levantados a través del citado Mecanismo Europeo de Estabilidad Financiera, soportado por el presupuesto comunitario. Las emisiones del citado Fondo serían coordinadas con el Fondo Europeo de Estabilidad Financiera para asegurar una menor tensión en los mercados. Juntos el Fondo de Rescate Permanente y el Fondo Europeo de Estabilidad Financiera levantarían de 10.000 a 13.000 millones de euros en financiación para Irlanda y Portugal en 2011.

Como contrapartida la Unión Europea y el Fondo Monetario Internacional solicitaron a Portugal la aprobación de nuevos recortes para 2012. En efecto con el objetivo de reducir el déficit al 4,5% del Producto Interior Bruto durante el 2012 ambos organismos pidieron a Portugal que ahorrase un 0,6% del PIB, lo que representaba unos 1.000 millones de euros. Y ello a pesar de que el desvío en las cuentas públicas en 2011 rondó el 1,3% del PIB, circunstancia que obligó al Gobierno portugués a adoptar medidas adicionales para cumplir con el tope del 5,9% previsto para 2011.

Dentro del conjunto de medidas requeridas se situaba la aprobación de un impuesto en la paga de Navidad o la anticipación del aumento del IVA en la electricidad y en la luz. Todo ello con la finalidad de reducir en un 20% el sector empresarial público luso mediante la extinción de organismos, fusiones y privatizaciones, así como la aceleración la privatización de empresas públicas y la puesta en marcha de una "flexibilización" del mercado laboral. Asimismo se congelarían los salarios de los funcionarios hasta 2014, después de haber sido recortados a comienzos de 2011, y se reduciría un 2% anual el número de empleados públicos. Sin embargo la mayoría de estas iniciativas fueron de carácter extraordinario, no teniendo efecto en 2012. En todo caso los objetivos de déficit continuaban siendo los mismos, a saber, el 5,9% en 2011, el 4,5% en 2012 y el 3% en 2013.

Otra de las recomendaciones efectuadas por la Comisión Europea, el Banco Central Europeo y el Fondo Monetario Internacional fue la consistente en incrementar sus exportaciones para acelerar la contracción del déficit de la balanza comercial. Entre septiembre y noviembre de 2011 el saldo negativo de la balanza comercial lusa se situó en 3.109,9 millones de euros, frente a los 5.133,3 millones del mismo trimestre de 2010. Destacaba además la diferencia existente entre el salario medio portugués (cerca de 15.000 euros brutos anuales) y el mínimo (unos 7.000), una de las menores de Europa[168].

El Ejecutivo portugués dispuso además a mediados del mes de octubre de 2011 que los jubilados y funcionarios públicos con salarios por encima de los mil euros mensuales no percibiesen pagas extras de Navidad y vacaciones en 2012 para que Portugal pudiera cumplir su objetivo de reducción del déficit público al 4,6% en 2012, tal y como exigía el programa de ayuda externa que, para 2011, fijó la cifra en el 5,9%. Así quedó recogido en el Proyecto de Ley de Presupuestos Generales del Estado para 2012 aprobado por el Consejo de Ministros portugués. Todo ello con el objetivo último de aumentar la competitividad de Portugal, con una recesión prevista para 2012 próxima al 2%.

Asimismo en dicho Proyecto de Ley de Presupuestos Generales del Estado para 2012 elaborado por el Gobierno portugués se preveía una subida del IVA en varios productos y servicios (del 13% al 23%), una reducción de las deducciones fiscales y una caída en las transferencias de los fondos estatales para los Municipios y las Regiones Autónomas. Todo ello sin perjuicio de confirmar la aplicación de una reducción próxima al 8% en el presupuesto en Educación y Sanidad para 2012, así como un aumento del 4% en la factura de la luz y una subida del Impuesto sobre los vehículos (7,6 al 12,4%).

Recapitulando, el objetivo del Programa de ayuda otorgado a Portugal era reducir el déficit fiscal desde casi el 10% de 2010 al 3% en 2013. Ello contrataba, sin embargo, con una tasa de desempleo que había pasado del 9 a casi el 13% en un año y con una cantidad ingente de quiebras e impagos que habían diezmado el tejido empresarial luso. A la fuerte restricción del crédito existente se había sumado, además, el efecto de la subida de todos

---

[168] Recuérdese a este respecto que, como ya se ha indicado, el déficit fiscal de Portugal en 2010 fue del 9,8% de su PIB, el cual habría de reducirse una tercera parte, hasta el 3%, en los próximos tres años, con el objetivo de cumplir con las exigencias de la troika comunitaria a cambio de seguir recibiendo el préstamo de 78.000 millones hasta 2013.

los impuestos, desde el IVA a la renta de las personas y las empresas, así como los recortes aplicados al Sector público. La compra de combustibles, los peajes, las ventas del pequeño comercio y de las grandes superficies, los restaurantes o el turismo mostraban caídas constantes reflejadas en unos indicadores de consumo y confianza que las autoridades portuguesas situaban en mínimos de hace más de dos décadas.

A principios del mes de noviembre de 2011 Portugal presentaba una deuda que sobrepasaba los 178.000 millones de euros, superando así por primera vez en la historia el valor de su Producto Interior Bruto, que rondaba los 173.000 millones. La evolución de ese *ratio* a lo largo de los últimos cinco años reflejaba un crecimiento proporcional del 50% desde 2007, cuando la deuda pública equivalía al 68% del PIB. Según las estimaciones del Gobierno luso, Portugal cerraría el 2011 con dicho indicador en el 100,3% y seguiría creciendo al año siguiente, previsiblemente hasta superar el 105%[169]. Dicha situación amenazaba con dificultar el objetivo de Portugal de reducir su déficit público en más de tres puntos, hasta el 5,9%, tal y como ya estaba previsto.

Sin embargo durante la segunda semana de diciembre de 2011 se conocía que el déficit público de Portugal no sobrepasaría el 4,5% del PIB luso, cuando estaba previsto terminar el ejercicio 2011 en el 5,9%. De esta forma, Portugal mejoraba las cifras acordadas con la Unión Europea y el Fondo Monetario Internacional en el mes de mayo de 2011 a cambio de su rescate financiero. Por aquel entonces las autoridades lusas se comprometieron a bajar el déficit en 3,9 puntos porcentuales, desde el 9,8% con el que cerró en 2010 hasta el 5,9% (equivalente a unos 10.000 millones de euros). Sin embargo las cifras manejadas a mediados de diciembre de 2011 por el Ejecutivo portugués reflejaban una caída de al menos 5,3 puntos porcentuales, un 25% más de lo estimado en mayo. En este marco el pacto alcanzado con la banca el 30 de noviembre de 2011 representó una inyección de 6.000 millones de euros para las arcas del Estado, lo que permitía rebajar el déficit más de lo previsto pese a que cerca de 2.000 millones se

[169] Baste recordar a este respecto que la media de los por aquel entonces 27 países de la Unión Europea rondaba el 80%, con Grecia a la cabeza, ya que algunos cálculos estimaban que en 2012 su deuda pública representaría el 170% de su PIB. Y, a menor PIB, mayor sería el peso de la deuda pública en la economía.

destinarían al pago de deudas contraídas por la Administración Pública con las entidades financieras.

2. LA EVOLUCIÓN DE LA DEUDA PÚBLICA PORTUGUESA EN 2012 A LA LUZ DEL CONJUNTO DE AJUSTES PRESUPUESTARIOS ADOPTADOS POR EL EJECUTIVO LUSO

Con fecha 24 de enero de 2012, y ante el temor de que pudiera producirse un segundo rescate a Portugal, el interés exigido en el mercado secundario a los bonos a diez años del país luso se disparó en niveles inéditos, por encima del 14%. La prima de riesgo superaba así los 1.200 puntos básicos. Una rentabilidad aún mayor exigía el mercado a los bonos a más corto plazo. Este porcentaje alcanzaba el 19% en los títulos a tres años. El mercado de derivados deparaba además nuevos máximos en sus *Credit Default Swaps*, al borde de los 1.300 puntos básicos, lo que suponía, por ejemplo, que el coste de asegurar 10 millones de euros de deuda portuguesa a cinco años se encarecía hasta los 1,3 millones de euros.

Lo cierto es que, a pesar de esta situación, la economía lusa logró recortar su déficit en 2011, incluso superando las expectativas. En el citado ejercicio 2011 se logró reducirlo hasta el 4%-4,5% del PIB desde el 9,8% del 2010. Dichasituación contrastaba con la planteada en el ejercicio 2010, en el que apenas se logró ajustar tres décimas su déficit (el máximo se tocó en 2009 con el 10,1%).

El primer semestre de 2011 fue muy convulso en la vida política portuguesa. La falta de apoyo a los planes de austeridad presentados por el Ejecutivo luso desembocaron en la dimisión de su Primer Ministro a finales de marzo de dicho año. Ya como primer ministro en funciones, José Sócrates pidió la activación de un rescate de la UE el 6 de abril de 2011 (el tercero tras el de Grecia e Irlanda). Y en junio de ese año el conservador Pedro Passos Coelho ganó las elecciones y formó un nuevo Gobierno encargado de liderar los recortes.

El impacto de la austeridad provocó que la economía lusa volviera a la recesión. Las previsiones existentes apuntaban a que el PIB se contraería un 1,9% en 2011 y caería hasta el 3% en 2012. A esta recesión se sumaba, además, la existencia de un nivel de endeudamiento público que seguía aumentando (en 2011 superó el 100% del PIB) y la necesidad de pagar intereses muy altos para poder financiarse (la prima de riesgo superó incluso los 1.500 puntos). Los títulos a diez años alcanzaron durante la primera semana del mes de febrero de 2012 una rentabilidad del 17% –una tasa inédita desde la entrada en vigor del euro–, más del doble que en enero de 2011, cuando se comenzó a especular sobre su rescate tras sobrepasar el 7%. A cinco y dos años, las obligaciones portuguesas cotizaron por encima del 22% y el 21%, respectivamente.[170]

Ante esta situación, los rumores sobre la necesidad de un segundo plan de ayuda crecieron por momentos. Los inversores y las autoridades comenzaban a mostrar su preocupación de que Portugal no fuese capaz de volver a financiarse en los mercados de manera autónoma a partir de 2013 (hasta entonces sus necesidades estaban cubiertas con el rescate). Otra posibilidad que ya no descartaba el mercado era que, al igual que ocurrió en Grecia, la situación desembocase en una quita de la deuda lusa.

En nuestra opinión, el problema clave ante el que se enfrentaba Portugal (al igual que sucedía en Grecia) era su reducido sector exportador, lo que provocó que sus economías fuesen particularmente sensibles a fuertes recortes en el déficit público. Los inversores tenían sus dudas hasta el punto de que, como ya se ha señalado, los tipos de interés de los primeros bonos a diez años habían subido. En efecto, hallándose por debajo del 10% en mayo de 2011 (cuando se acordó el plan de rescate) subieron hasta el 14%, nivel que denotaba preocupación sobre la posibilidad de bancarrota.

Sin embargo, a diferencia de Grecia, Portugal había sido elogiada por su estricta obediencia a los requerimientos del programa de rescate. Los responsables portugueses afirmaban que su ambicioso programa de "reformas estructurales" tales como suavizar las normas de contratación y despido de los trabajadores harían que se tratase de una economía más competitiva. No obstante dichos programas debían implantarse de manera compacta.

El paquete de ayuda negociado en mayo 2011 con los Gobiernos pertenecientes a la Zona Euro y con el Fondo Monetario Internacional presuponía que para septiembre de 2013 Portugal habría podido recaudar 10.000

[170] Las tensiones existentes fueron además en aumento desde que, con fecha 13 de enero de 2012, la Agencia de Calificación Crediticia *Standard & Poor's* bajara el rating de la deuda pública lusa a bono basura.

millones de euros procedentes de fondos para su deuda a largo plazo. No obstante los líderes de la Eurozona dejaron abierta la posibilidad de extender el programa de rescate para Portugal si los mercados financieros no se calmasen hacia la segunda mitad de 2013, y siempre y cuando el programa continuara según lo planeado.

Así las cosas la solución de los problemas de Portugal se presentaba difícil debido a un aspecto que tenía en común con Grecia: el papel que desarrollarían las exportaciones en la economía de ambos países era muy reducido. Las exportaciones de Grecia representaban el 25% de su PIB y el 35% del PIB portugués. Se trataba de unas cifras muy distintas, por ejemplo, a las de Irlanda, donde sus exportaciones suponían el 100% de su PIB. Por otro lado el nivel de exportación relativamente bajo de Portugal y Grecia conllevaba un mayor impacto de las medidas de austeridad en la economía, ya que éstas eran incapaces de aumentar sus exportaciones a un nivel suficientemente elevado como para que pudieran compensar el daño de dichas medidas.

Con fecha 15 de febrero de 2012 Portugal logró colocar con gran éxito de demanda 3.000 millones de euros, el mayor importe emitido desde que en el 2011 solicitara su rescate. De este modo, después de elevar hasta en dos ocasiones sus objetivos de emisión, Portugal logró colocar los 3.000 millones de euros que se había marcado como meta, alcanzando la emisión de mayor cuantía de todas las realizadas por el país luso desde que en 2011 solicitara su rescate.

El resultado de la citada emisión, además, dejaba otras cifras esperanzadoras, tanto respecto al coste como respecto a la demanda. La rentabilidad media de las letras a tres meses bajó desde el 4,068% de la anterior subasta hasta el 3,845%. En los títulos a seis meses el interés bajó del 4,463% al 4,332%. Las peticiones superaron la oferta 10,3 veces en las letras a tres meses, 2,5 veces en el caso de los títulos a seis meses, y 2 veces en los vencimientos a 12 meses.

A mediados del mes de marzo de 2012 la rentabilidad de los bonos portugueses a cinco años se mantenía fija en torno al 16%, el nivel en el que operaba la deuda griega en abril de 2011[171]. Portugal contaba además con un bono de 9.700 millones de euros que vencía en septiembre de 2013 y que

[171] Fuente: *Wall Street Journal,* www.europe.wsj.com (consultada el 20 de marzo de 2012).

no estaba cubierto por el rescate de 78.000 millones de euros de Portugal. Al amparo de esta situación el Tesoro portugués se planteó vender letras del Tesoro a 18 meses a finales de 2012. Sin embargo el país luso debía empezar a emitir bonos con anterioridad a septiembre de 2013. Y, a tal efecto, la recesión existente en Portugal podía llegar a dificultar que los inversores pudieran evaluar la sostenibilidad de la deuda del país luso probablemente hasta finales de 2012, siendo necesarios entre 25.000 y 30.000 millones de euros más para financiarse hasta 2015.

A priori, en el supuesto de que la UE alcanzase un nuevo acuerdo de financiación con Portugal los efectos podrían resultar beneficiosos para ambas partes. El principal efecto sería, sin lugar a dudas, el anticipo de su regreso al mercado, contribuyendo a tranquilizar así a los inversores. Y, por lo que a la Eurozona se refiere, si se decidiese financiar a Portugal otros dos años podían terminar evitándose situaciones de reestructuración de la deuda como la vivida en Grecia y que, al afectar de manera perjudicial al mercado de bonos, podía terminar conduciendo a situaciones de recesión más prolongadas en la Eurozona.

Lo cierto es que, a pesar de estos temores, con fecha 21 de marzo de 2012 Portugal logró captar en el mercado otros 2.000 millones de euros pagando unos intereses que, en el caso de las letras a 4 meses, se vieron reducidos casi a la mitad: desde el 3,845% hasta el 2,168%. De este modo el coste de emisión se redujo a sus niveles más bajos en más de un año. En su conjunto el país vecino logró captar en el mercado casi 2.000 millones de euros. En las letras a cuatro meses, el interés se desinfló desde el 3,845% hasta el 2,168%. Y, por lo que respecta a las letras a un año, la rentabilidad media se redujo desde el 4,943% de la anterior subasta hasta el 3,652%. Dicho porcentaje duplicaba sin embargo con creces el interés medio del 1,418% registrado en las letras a 12 meses emitidas justo el día anterior (20 de marzo de 2012) por el Tesoro español.

A principios del mes de abril de 2012 el Comité Ejecutivo del FMI completó la tercera revisión del programa de ayuda acordado para Portugal y decidió permitir el desembolso inmediato del siguiente tramo del rescate, cuyo importe ascendía a 5.170 millones de euros. Esta cantidad desembolsada por el FMI correspondía al tercer tramo de su aportación de 27.630 millones de euros al rescate de 78.000 millones de euros acordado por las autoridades portuguesas con la Unión Europea, el Banco Central Europeo y el propio Fondo Monetario Internacional. Esta última aportación del Fondo elevaba hasta 18.560 millones de euros la financiación entregada por el FMI al rescate.[172]

¿Cuáles eran por aquel entonces las consecuencias del rescate financiero decretado en abril de 2011? ¿Había contribuido la ayuda financiera a mejorar las cifras macroeconómicas de Portugal? A nuestro juicio los 78.000 millones de euros concedidos por la Unión Europea y el Fondo Monetario Internacional contribuyeron a garantizar la estabilidad financiera del país. Ahora bien dicha inyección económica no posibilitó revitalizar su economía.

A lo largo de todo este período perdieron su puesto de trabajo más de 100.000 portugueses, habiéndose contraído su PIB un 1,6% y desplomándose tanto el gasto como la inversión pública. La recesión contribuyó a que la deuda pública del país luso superase ya incluso el valor total de su economía, sobrepasando así los 180.000 millones de euros. La ayuda externa permitió al país contar con financiación para cumplir con sus compromisos y evitar el riesgo de impago, si bien no logró reducir la presión de los mercados, con sus títulos a 10 años cotizando en el entorno del 12%, cinco puntos más que hace un año.

El préstamo concedido por la troika comunitaria llevaba, como contrapartida, la adopción de un vasto programa de ajustes que el Gobierno luso aplicó con firmeza. Entre las medidas de austeridad adoptadas, a las que ya hemos tenido ocasión de referirnos, destacó el incremento de la carga fiscal ejecutado a través de un aumento del IVA que contribuyó a encarecer la prestación de servicios tales como la luz y el gas así como la compra de alimentos. Por su parte el precio del transporte público se incrementó un 15% de media y funcionarios y pensionistas perdieron parte de sus pagas extra.

Con carácter general se redujo la plantilla del Sector público gracias a las jubilaciones (en 2011 20.000 menos), planteándose en 2012 despidos con 20 días por año trabajado con un límite de doce mensuales. Además, como ya se ha señalado, los funcionarios lusos que cobraban más de 1.000 euros al mes vieron como desaparecía su paga extra de Navidad y la de verano y el cobro de los festivos trabajados, unas medidas que supusieron

---

172 Recuérdese a este respecto que la ayuda total que debía entregar el Fondo a Portugal superaba en un 2.306% su cuota en el FMI.

un recorte del 20% en su sueldo. Los pensionistas, al igual que sucedió con los funcionarios, vieron desaparecer las dos pagas extras. Por otro lado se suspendió hasta el 2014 la posibilidad de solicitar la jubilación anticipada con 55 años y 30 años cotizados.

En materia impositiva, el hecho de que se incrementase el IVA hasta el 23% aplicando el tipo general a productos que hasta entonces se regían por un tipo reducido provocó, por ejemplo, que el IVA de la luz y gas pasase del 6% al 23%. Asimismo se elevó la fiscalidad de las rentas más altas y de las empresas con beneficios.

Por lo que respecta al ámbito laboral el Gobierno luso acometió una rebaja del período para recibir la prestación a un máximo de dos años y dos meses, cuando con anterioridad el tope estaba en tres años. Y, en el marco de la reforma del mercado laboral, se redujo el número de festivos (cuatro menos), descendiendo la cantidad pagada por cada hora extraordinaria a la mitad. A ello se ha de sumar un recorte de la indemnización por despido de 30 a 20 días por año trabajado para los nuevos contratos con un límite de 12 mensualidades.

Todo ello contribuyó indudablemente a penalizar el consumo privado, considerado fundamental para regresar a la senda del crecimiento, a lo que también contribuyó el aumento del coste del petróleo[173]. Como aspecto positivo debe argumentarse en cambio el incremento de sus exportaciones, lo que ayudó a reducir su déficit comercial, considerado como uno de sus principales problemas.

A pesar de ello se ha de precisar que, durante la primera semana del mes de abril de 2012 Portugal completó con éxito una importante subasta de deuda pública al colocar 1.000 millones de euros en letras a 18 meses –el plazo más largo subastado desde hace un año– a un interés del 4,53 por ciento y otros 500 millones en títulos a seis meses a cambio de una rentabilidad del 2,9 por ciento.

Con posterioridad, a comienzos del mes de junio de 2012 Portugal superaría el cuarto examen trimestral de la troika comunitaria (Comisión

[173] Con carácter general se trataba de precios similares o incluso superiores al de otros países europeos, pese a que el salario medio en Portugal rondaba los 17.000 euros anuales, significativamente inferior al de la mayoría de socios comunitarios, lo que también contribuyó a agravar las ya de por sí elevadas diferencias sociales en el país.

Europea, Fondo Monetario Internacional y Banco Central Europeo), motivo por el cual se recomendaba la entrega al país luso de otro tramo (en el presente caso por importe de 4.000 millones de euros) del rescate financiero que obtuvo en abril de 2011. Se estimaba así que Portugal cumplía tanto los criterios cuantitativos como los estructurales según los requisitos exigidos por el rescate de 78.000 millones de euros otorgados en 2011, y que obligaron a adoptar al país vecino duras medidas de austeridad y reformas económicas, laborales e institucionales.

En dicha fecha el Gobierno portugués anunció además que inyectaría 6.600 millones de euros en los tres mayores bancos del país (*Banco Commercial Portugues*, Banco BPI y *Caixa Geral de Depósitos*) al objeto de que dichas entidades pudieran cumplir los requisitos de capital fijados por la Autoridad Bancaria Europea alcanzando además el país vecino un mayor rigor presupuestario, convirtiéndose con ello en el último país de la Eurozona en destinar fondos de rescate internacionales a un sector financiero infracapitalizado.[174]

A resultas de este conjunto de datos puede afirmarse que Portugal logró mejores resultados de lo esperado tras su plan de rescate. La economía se contrajo sólo un 0,1% en el primer trimestre de 2012 y recuperó su equilibrio. Las exportaciones crecieron un 11,6% en el primer trimestre de 2012 con respecto al año anterior. El país luso logró adaptar sus exportaciones, reduciendo la proporción de productos de bajo valor añadido, y sus destinos e intentando sacar provecho de sus enlaces con Latinoamérica y África, donde el crecimiento podía ser más fuerte en los próximos años. El déficit

---

[174] Concretamente BCP ampliaba capital por un importe de 500 millones de euros a la que podían acudir los actuales accionistas. De no completarse el importe, el gobierno suscribiría lo necesario hasta completar los 500 millones. La dilución para los accionistas resultaba significativa (dilución del 60% en el caso de asumir el Estado los 500 millones). Con carácter adicional el Estado inyectaría 3.000 millones de euros en Cocos, bonos convertibles contingentes, con un vencimiento de 5 años y un tipo de interés entre el 7% y el 9,3%. En el caso de que los Cocos se convirtiesen definitivamente en acciones la dilución para los accionistas actuales alcanzaría el 82%. BPI por su parte recibiría 1.300 millones en Cocos con condiciones similares a las de BCP y ampliaría capital por 200 millones de euros, asumiéndose por parte del Ejecutivo luso la totalidad de la ampliación de capital. Una vez efectuada ésta la entidad situaría su ratio de capital en el 12%. Por otro lado debe recordarse a este respecto que el programa de rescate para Portugal acordado en 2011 por la UE y el Fondo Monetario Internacional, con un valor de 78.000 millones de euros, reservaba 12.000 millones para ayudar a sus bancos.

por cuenta corriente del país vecino se redujo mucho más rápido de lo previsto, hallándose cerca del equilibrio. Los depósitos bancarios aumentaron en 2011 y se mantuvieron estables en 2012.

Las privatizaciones recaudaron un total de 3.300 millones de euros, cerca del 60% del objetivo total, y se reformaron áreas delicadas como el código laboral, reduciendo las indemnizaciones por despido y otorgando una mayor capacidad a las firmas para trasladar a los trabajadores, lo que permitió una mayor flexibilidad laboral.

El propio FMI se encargó de certificar los progresos de Portugal en las reformas económicas y el ajuste fiscal llevado a cabo por el Ejecutivo luso tras liberar el quinto tramo de la ayuda (por valor de 1.480 millones de euros) de su programa de ayuda financiera al país. Recuérdese que, a cambio de dichas reformas y ajustes, la troika formada por el FMI, la Comisión Europea y el Banco Central Europeo había acordado ya en mayo de 2011 conceder a Portugal una ayuda financiera de 78.000 millones de euros que entregaría en varios tramos. Pues bien con dicho nuevo desembolso Portugal ya había recibido 21.130 millones de euros de la parte correspondiente al FMI de 29.270 millones de euros en tres años.

Asimismo a comienzos del mes de octubre de 2012 tanto el Eurogrupo como el propio ECOFIN estimaron igualmente que Portugal había hecho los ajustes necesarios para acordar una modificación de las condiciones vinculadas al rescate y con vistas del próximo desembolso de la ayuda financiera, adoptándose así unas recomendaciones revisadas sobre las medidas que el país luso tendría que tomar para reducir su déficit por debajo del 3 % del PIB en 2014. Estas recomendaciones actualizadas relajaban los objetivos de déficit para 2012 y 2013. Así Portugal ya no tendría que bajar al 4,5% del PIB en 2012, sino al 5%. En 2013 tendría que reducir el déficit al 4,5% del PIB y en 2014 habría de alcanzar el 2,5%.

Las previsiones efectuadas por el FMI en aquel momento hablaban de una contracción de la economía lusa un 3% en 2012 y un 1% en 2013. El colapso de la demanda nacional existente se había traducido en una caída de los ingresos del Estado, lo que colocaba fuera de alcance los objetivos fiscales originales fijados al efecto. Tal y como se ha señalado con anterioridad el principal objetivo a lograr era que el déficit se redujese al 4,5% del PIB en 2013 y por debajo del 3% en 2014, un año después de lo previsto inicialmente. La deuda gubernamental tocaría techo en torno al 124% del PIB en 2014, siguiendo los cálculos del FMI (muy por encima de los datos de 2007, antes de la crisis, del 68,4%). Sin embargo, y como contrapartida, sus exportaciones aumentaron un 9,6% entre enero y agosto de 2012, mientras que las importaciones cayeron un 4,3%. Las exportaciones a destinos fuera de la Unión Europea experimentaron un fuerte repunte, lo que contribuyó a evitar una caída más drástica. El déficit por cuenta corriente pasó de superar el 10% del PIB a prácticamente alcanzar un equilibrio. Y, en materia de deuda pública, el país vecino retomó sus actividades para poder financiarse en los mercados intercambiando bonos con vencimientos en 2013 por nueva deuda con fecha hasta 2015.

Ciertamente Portugal llevaba dos años fuera de los mercados financieros, salvo alguna emisión de letras a plazos inferiores a 12 meses (a la que se hizo referencia con anterioridad) colocada con gran demanda por parte de los inversores. Sin embargo debe reconocerse que la evolución de su deuda confirmaba las mejores expectativas sobre el país, cotizando a principios de diciembre de 2012 al 7,45%, muy cerca de los mínimos desde principios de 2011. Y, por lo que a las letras a dos años se refiere, tras llegar a cotizar al 18% (lo que representaba un tipo propio de situaciones de quiebra técnica) se hallaba a principios del mes de diciembre en el 3,40%, no muy lejos de los tipos a dos años de los bonos españoles, que se situaban en el 2,8%.

3. RÉGIMEN DE LA DEUDA PÚBLICA PORTUGUESA EN 2013: EL INICIO DE LA RECUPERACIÓN

Con fecha 17 de enero de 2013 el FMI acordó el desbloqueo de 838,8 millones de euros (1.100 millones de dólares) correspondientes al sexto tramo de su aportación al programa de ayuda a Portugal, que sumaba ya 22.160 millones de euros (29.000 millones de dólares). Se estimaba así que la revisión de la ejecución de las reformas llevadas a cabo por el país luso permitía el desbloqueo del nuevo tramo, dentro del compromiso del Fondo en el programa conjunto con la Comisión Europea y el Banco Central Europeo por valor de 78.000 millones de euros (103.000 millones de dólares).[175]

[175] Recuérdese a este respecto que la participación del FMI en este programa a tres años era de unos 27.510 millones de euros (unos 35.000 millones de dólares).

El Tesoro portugués lanzó su primera emisión de bonos desde el rescate financiero del que fue objeto el país luso en 2011 el 23 de enero de 2013. En dicha emisión el interés exigido al bono a diez años cotizó por debajo del 6%, no muy lejos del 5,1% de los bonos españoles, colocándose bonos a cinco años con el respaldo de la demanda y superando las peticiones los 8.000 millones de euros. En el mercado secundario el interés de la deuda a cinco años cotizó justo por debajo del 5%.

A mediados del mes de marzo de 2013 la troika comunitaria autorizaba la flexibilización de los objetivos de reducción del déficit de Portugal, así como prolongar durante un año el plazo para llevar a cabo una reforma del Estado que permitiese ahorrar 4.000 millones de euros. Ello posibilitaba que Portugal pudiese recibir un nuevo tramo del rescate por valor de 2.000 millones de euros, con lo que ya habría ingresado casi el 90% del total del préstamo que le fue concedido en mayo de 2011. Sin embargo, tras la decisión adoptada por el Tribunal Constitucional portugués con fecha 5 de abril de 2013 de invalidar algunas de las medidas de austeridad adoptadas por el Ejecutivo luso a las que nos hemos referido con anterioridad (cuyo importe se cifraba en unos 1.300 millones de euros)[176] se hacía necesario articular un recorte adicional de gastos por dicha suma, en torno al 0,8% del PIB, planteándose la posibilidad de acometer dichos recortes a través de reducciones del gasto en educación, sanidad y Seguridad Social[177]. Todo

[176] Con carácter general han sido varios los pronunciamientos del TC luso que han invalidado las diversas medidas adoptadas por el Ejecutivo portugués destinadas a embridar el déficit público. Hasta un total de cuatro Sentencias han invalidado en los últimos dos años recortes del gasto público por valor de varios miles de millones de euros. Inicialmente el Tribunal rechazó en julio de 2012 la supresión de las pagas extra en la función pública, aunque la decisión solo se aplicó al año siguiente. Mayor repercusión tendría el revés derivado de la Sentencia dictada en abril de 2013, cuando se invalidaron cuatro normas del Presupuesto de 2013 que representaban 1.300 millones de euros de recortes en los salarios de pensionistas y funcionarios. Dicho fallo puso en suspenso la liberación de los fondos del rescate y obligó a los técnicos de la troika incluso a tener que volver a comprobar las alternativas del Gobierno que garantizaran el objetivo del déficit del 4% previsto para el ejercicio 2014. Un tercera Sentencia dictada en agosto de 2013 ilegalizó el régimen de movilidad de los trabajadores públicos con el que el Ejecutivo esperaba ahorrar 900 millones de euros mediante el despido de aquellos que considerara excedentarios y que llevaran en el paro más de doce meses. Finalmente la Sentencia dictada en septiembre de 2013 anuló un conjunto de disposiciones que facilitaban el despido y que formaban parte de la reforma laboral, uno de los ajustes clave del programa del Gobierno y la troika comunitaria.

[177] Concretamente dichos recortes podían articularse del siguiente modo: 600 millones de euros en Sanidad, Educación, Seguridad Social y servicios públicos y otros 600 millones

ello al objeto de lograr los 2.000 millones de euros correspondientes al siguiente tramo del rescate.

A pesar de ello, y tal y como precisó BARLEY[178], Portugal continuaba estando más cerca de Irlanda que de Grecia en cuanto a la aceptación de reformas difíciles, al haber logrado contener un déficit por cuenta corriente cercano al 10% del PIB y aumentar las exportaciones. Y, a resultas de ello, concluía el citado autor que *"Si Portugal puede recortar el gasto, una medida imprescindible para conseguir una relajación de los términos del préstamo de su rescate, cualquier descenso posterior de los bonos equivaldría a una oportunidad de compra"*.

En este sentido, durante la primera quincena del mes de abril de 2013 el Eurogrupo acordaba extender en siete años los plazos de devolución de los préstamos concedidos a Portugal, así como también a Irlanda. La extensión de dicho plazo representaba un espaldarazo para Portugal en la amortización del crédito de 78.000 millones de euros que recibió en el rescate de la Unión Europea y del Fondo Monetario Internacional.

Dentro del conjunto de medidas restrictivas al que se ha aludido con anterioridad con fecha 3 de mayo de 2013 el Ejecutivo portugués acordó prescindir de 30.000 funcionarios, así como recortar el sistema de pensiones, retrasando un año la jubilación –a 66– y ampliando, de 35 a 40, las horas semanales de trabajo en la Administración. Dicha ampliación del horario laboral de los funcionarios, de 35 a 40 horas semanales, venía a equiparar al sector público con el de la empresa privada, contribuyendo a

---

con recortes del gasto de funcionamiento de la Administración a través del establecimiento de una prohibición de todo nuevo pago en el Sector público no autorizado expresamente por el Ministerio de Finanzas. En definitiva, los recortes se traducirían en mayores ahorros en salarios de la función pública y cambios en la Seguridad Social consistentes en retrasar la edad de jubilación o gravar las pensiones con contribuciones al sistema. Finalmente con fecha 18 de abril de 2013 el Ejecutivo luso anunció unos recortes en todos los servicios públicos por importe de 800 millones de euros y ahorros por otros 500 millones más para cumplir sus objetivos de déficit y con la Sentencia del Tribunal Constitucional que anuló otras medidas de austeridad. Dichos recortes, que equivalían a un 0,5 % del PIB, habrían de permitir al país recibir un nuevo tramo de su rescate financiero de un total de 78.000 millones de euros y tener más tiempo para devolver los préstamos a la UE y al FMI.

[178] BARLEY, R., "Portugal no da argumentos para que cunda el pánico", www.europe.wsj.com (consultada el 9 de abril de 2013). Tal y como apunta el citado autor, y como ya hemos tenido ocasión de precisar, el déficit presupuestario, según los cálculos del programa de rescate, cayó al 4,9% del PIB en 2012 frente al 10,2% registrado en 2009.

generar grandes ahorros en personal y en pago de horas extraordinarias. Por su parte el sistema de pensiones experimentaría, entre otras reformas, la relativa a la aplicación de un carga fiscal especial a los pensionistas para hacerlo menos gravoso. Y, si bien con carácter general la edad general de jubilación con todos los derechos retributivos se retrasaba a los 66 años, se mantenía legalmente en 65 años con una penalización en las prestaciones. En cambio en las Fuerzas Armadas y en los Cuerpos de Seguridad no se permitiría el retiro antes de los 58 años. Finalmente dentro de la Administración se reducirían estructuras y gastos corrientes, creándose nuevos sistemas de cualificación, contratación y suplementos salariales y prescindiéndose de 30.000 del cerca de medio millón de empleados públicos que tenía Portugal por aquel entonces.

A ello se ha de sumar, además, el hecho anteriormente subrayado de que Portugal había logrado emitir deuda a diez años por primera vez desde el rescate de 2011. En efecto el país luso había logrado colocar 3.000 millones de euros con órdenes superiores a los 9.000 millones de euros, a pesar de ofrecer una escasa prima, y pese al papel colocado que hay en el mercado. La rentabilidad de los bonos lusos a diez años cayó por debajo del 5,5%, aproximadamente siete puntos porcentuales en un año. Para Portugal, dicho beneficio le permitió cubrir sus necesidades de financiación para 2013, recuperando el acceso a los mercados. A través de dicha emisión Portugal seguía el mismo camino que Irlanda que, con fecha 13 de marzo de 2013, también había colocado obligaciones a diez años –a un interés del 4,15 %– por primera vez desde que solicitó la ayuda de la UE y el FMI, a finales de 2010.

Continuando con nuestro análisis del régimen de emisiones de deuda pública lusa en 2013 con fecha 19 de junio del citado año Portugal acometía una nueva emisión de deuda a corto plazo a través de la cual pretendía colocar entre 1.250 y 1.500 millones de euros en bonos a seis y 18 meses. Portugal regresaba así al mercado con una emisión de hasta 1.500 millones de euros mediante la cual se esperaba continuar con la marcada tendencia a la baja registrada en la anterior subasta, cuando vendió 1.750 millones de euros a cambio de las menores tasas de interés desde que el país vecino solicitó el rescate financiero. Especialmente relevante resultaba la emisión a 18 meses, dado que Portugal se preparaba para regresar al mercado de deuda a largo plazo (mercado de obligaciones). Durante fechas pasadas la estrategia adoptada por el Tesoro luso había sido la de ir colocando títulos a un plazo cada vez mayor de forma progresiva para probar la reacción de los inversores. A tal efecto durante el 2012 amplió el vencimiento máximo de su deuda a corto plazo, que pasó de 12 a 18 meses, procediendo a colocar obligaciones a este plazo hasta en cinco ocasiones. Los resultados de dichas operaciones reflejaron un notable alivio de la presión que ejercían los mercados sobre Portugal, ya que si en abril de 2013 los bonos se vendieron a cambio de un interés superior al 4,5%, en marzo de dicho ejercicio los inversores apenas exigieron un 1,5%.

Con carácter adicional el Tesoro luso también lanzó exitosamente dos operaciones con títulos a largo plazo (a dos y diez años), aunque no de forma directa, sino a través de bancos sindicados, con la finalidad de reducir riesgos. En dicha colocación Portugal pagó un interés del 5,6% por las obligaciones a diez años y del 4,9% por las de dos años, tasas consideradas altas pero esperanzadoras por los analistas. Recuérdese a este respecto que fue la elevada rentabilidad exigida por los inversores para comprar deuda soberana de Portugal lo que terminó encareciendo de forma insostenible su acceso a la financiación y condujo a las autoridades lusas a solicitar el rescate a la UE y al FMI. El préstamo finalmente otorgado, por importe de 78.000 millones de euros, concedido a un interés de entre el 3 y el 4% por los organismos internacionales, expiraba en 2014 y Portugal ya había recibido más del 80% del total.

A principios del mes de julio de 2013 la rentabilidad de la deuda gubernamental portuguesa a 10 años había subido 0,9 puntos porcentuales hasta situarse en el 7,3%, su nivel más alto desde noviembre de 2012. Dado este nuevo síntoma de debilidad de la economía portuguesa se contemplaba la posibilidad de que el Estado luso buscase una relajación de los objetivos fiscales, ya moderados en la última revisión del programa de rescate europeo.[179]

[179] Véase en este sentido THOMAS, H., “Portugal: In Need of Support”, www.europe.wsj.com (consultada el 4 de junio de 2013)”, para quien *“Es probable que una reestructuración de la deuda dejase a otro país europeo fuera de los mercados en el futuro inmediato. Las pérdidas causadas a los bancos de Portugal podrían provocar más problemas. Teniendo en cuenta los progresos de Portugal, la prolongación de la ayuda oficial podría parecer la opción menos perjudicial para los atribulados líderes de Europa”.*

Portugal había logrado reducir entre diciembre de 2012 y junio de 2013 en un 1,6% el número de funcionarios públicos, hasta los 574.946, acercándose así al 2% de recorte anual exigido a cambio del rescate concedido por la troika. Según los datos de la Dirección de la Administración y del Empleo Público (DGAEP) abandonaron la Administración 9.282 empleados. Comparado con diciembre de 2011, cuando se contabilizaban 611.801 funcionarios, la contracción durante los últimos 18 meses resultaba mayor, ya que la caída se situaba en el 6% (36.855 puestos trabajo).[180]

El último gran recorte presupuestario acordado tuvo lugar con fecha 13 de septiembre de 2013, al acordarse por el Ejecutivo luso aprobó una reducción del 10% de las pensiones de los funcionarios que recibían más de 600 euros al mes, así como una reducción de hasta un 60% del sueldo de los trabajadores públicos que se considerasen "excedentarios". A través de dicho recorte de las prestaciones se pretendía disminuir el déficit del sistema de pensiones de los funcionarios lusos en 1.100 millones de euros, equivalente a una rebaja de cerca del 25% que afectaría a los casi 600.000 funcionarios que tiene el país.

A dicho recorte habría de sumarse, además, el previsto en el Proyecto de Ley de Presupuestos Generales del Estado para 2014, de conformidad con el cual se planeaba reducir entre el 2,5% y el 12% los sueldos de los funcionarios con ingresos superiores a los 600 euros mensuales. Concretamente se planteaba un recorte gradual del 2,5% para los funcionarios que cobrasen 600 euros, el cual subiría de manera gradual hasta alcanzar una penalización del 12% para sueldos de 2.000 euros o más. La medida suponía además ampliar el rango de alcance del recorte en vigor desde 2011, por el que se aplicaba un reducción del 3,5% a aquellos funcionarios con salarios de entre 1.500 a 2.000 euros al mes.[181]

[180] Dentro de los distintos sectores de la Administración lusa, que por aquel entonces empleaba a cerca del 10% de la población activa, la Administración central, con cerca del 74,5% de los funcionarios públicos, fue la que perdió más trabajadores, en torno al 1,8% frente a diciembre de 2012 y el 6,6% en relación al mismo mes de 2011. Sin embargo los datos de la DGAEP mostraban que la reducción de trabajadores con contrato temporal en la Administración estaba muy lejos de cumplirse. Así, entre diciembre de 2012 y junio de 2013 cayeron el 6,2% de los contratados (hasta los 68.633), frente al 50% anual marcado como meta por el Gobierno luso.

[181] Téngase presente que, por encima de los 2.000 euros mensuales, penalizados al 3,5%, a los funcionarios lusos se les aplicaba hasta la presentación del citado Proyecto de Ley de Presupuestos Generales del Estado para 2014 un recorte del 16%.

Ahora bien en el mes de agosto de 2013 el Tribunal Constitucional portugués dictó una Sentencia por la que se declaraba inconstitucional la normativa que facilitaba la salida de funcionarios. A pesar de que la Ley inicialmente aprobada preveía despedir –con indemnización– a los funcionarios considerados "excedentarios" si durante un año no lograban encontrar otro puesto dentro de la Administración, previéndose en otro caso su inclusión en una "lista de espera" pero sin recibir remuneración, a juicio del Alto Tribunal portugués la citada Ley violaba "la garantía de seguridad en el empleo" y el "principio de proporcionalidad".

En todo caso al amparo de la nueva normativa aprobada por el Ejecutivo luso en el Proyecto de Ley de Presupuestos Generales del Estado para 2014 se disponía un recorte superior del salario a estos trabajadores públicos incluidos en dicho programa de "recolocación", llegando a alcanzar un 40% durante el primer año y un 60% a partir de entonces, si bien los afectados podrían complementar su sueldo con otro trabajo en el sector privado. En principio estos recortes garantizarían que el conjunto de los afectados recibiesen una cantidad superior al salario mínimo nacional, establecido en Portugal en 485 euros.[182]

Con motivo de una revisión periódica efectuada por la troika comunitaria a principios del mes de octubre de 2013 Portugal recibió una valoración positiva de la Comisión Europea y del Fondo Monetario Internacional, habiendo sido calificada su deuda como sostenible. Portugal pretendía fijar un objetivo de déficit presupuestario más flexible para 2014, del 4,5% del PIB, si bien la revisión efectuada mantuvo el objetivo previo del 4%. El Informe elaborado al respecto preveía además que la economía sufriese una contracción del 1,8% frente a la previsión anterior del 2,3%, cifrándose por vez primera desde el estallido de la crisis el crecimiento para el 2014 en el 0,8%.

[182] Recuérdese a este respecto que "adelgazar" la plantilla de funcionarios, junto con la reforma del sistema de pensiones y el aligeramiento de la plantilla de trabajadores públicos (que representan cerca de un 13% de la población activa lusa) constituían parte de las medidas ideadas por el Ejecutivo para reducir los costes estatales y garantizar la sostenibilidad de las cuentas públicas. En este sentido, y de acuerdo con lo dispuesto en el Proyecto de Ley de Presupuestos Generales del Estado para 2014, los recortes salariales se aplicarían en sueldos a partir de 1.500 euros mensuales pero en 2014 afectarían a quienes ganasen a partir de 600 euros brutos, con el objetivo de reducir el gasto público.

Con fecha 1 de noviembre de 2013 el Parlamento luso otorgó su visto bueno a los Presupuestos para 2014 en su fase inicial, los cuales contemplaban diversas medidas dirigidas a conseguir un ahorro en las cuentas públicas de 3.900 millones de euros tales como rebajas en el salario y las pensiones de los trabajadores públicos, así como una elevada presión fiscal al no aliviar la subida de impuestos aprobada para 2013, que se mantendría durante el ejercicio 2014.

En todo caso Portugal esperaba poder volver a los mercados en junio de 2014, para lo cual resultaba necesario bajar el déficit al 4% en 2013, a pesar de la existencia de un porcentaje de deuda del 131,4%. A ello podían contribuir datos como, por ejemplo, la existencia de superávit en cuenta corriente del segundo trimestre de 2013 y el hecho de que las exportaciones representasen el 40,5% del PIB frente al 32,4% de 2008, produciéndose además una contención de costes laborales.

En base a ello el Ejecutivo luso aspiraba a reducir la presión fiscal para las empresas desde el 30% existente por aquel entonces hasta el entorno del 19% en 2014, al objeto de convertir su IS en uno de los más competitivos de la Zona Euro. Las exportaciones pasaron del 29% al 41%. El desempleo, que alcanzó en el primer trimestre de 2013 su cota máxima (17,7%), se ralentizó, situándose en una trayectoria de reducción al alcanzar el 15,6%. Y, a resultas del desarrollo de un profundo plan de ajuste en el Sector público, se recortaron un total de 4.700 millones de euros a través de la reducción del empleo público y de una reforma de las pensiones. En todo caso, y pese a las tasas positivas de los últimos dos trimestres de 2013, el PIB portugués seguía en números rojos al cierre del citado ejercicio. Y las previsiones para 2014 situaban el crecimiento en el 0,8%.

Con fecha 20 de noviembre de 2013 Portugal completó su programa de financiación a corto plazo de 2013 con una subasta en la que logró rebajar el interés de las letras a 12 meses al 1,49%, ajustándose a su objetivo máximo al colocar 1.000 millones de euros en letras a tres y doce meses. El margen de demanda fue amplio, con unas peticiones que sumaron más de 2.300 millones de euros. Al igual que otros países periféricos como Italia y España, Portugal aprovechó la rebaja de tipos del BCE para abaratar sus costes de financiación. El interés medio de las letras a 3 meses bajó del 1,15% previo al 1,07%, y la rentabilidad media de los títulos a un año cayó del 1,61% al 1,49%. Dicho porcentaje duplicó el 0,678% pagado con fecha

19 de noviembre de 2013 por el Tesoro español, en una subasta en la que logró nuevos mínimos históricos en los costes de financiación a un año. De cualquier manera, como se ha señalado, con dicha emisión Portugal completaba la totalidad de sus necesidades de financiación a corto plazo previstas para 2013.[183]

El Tesoro luso tenía previsto recuperar su calendario de emisiones de deuda a largo plazo (con vencimiento superior a dos años) a partir de enero de 2014, un requisito indispensable para cerrar con éxito su programa de rescate. Inicialmente se preveía la emisión de deuda de forma "sindicada", es decir, a través de entidades financieras y no directamente por el Tesoro luso. Tal y como se ha señalado a lo largo del presente trabajo Portugal ya realizó una operación de este tipo durante el mes de enero de 2013, si bien el aumento de la presión sobre sus obligaciones en el mercado secundario –donde se compran y venden títulos adquiridos en subasta pública– le llevó a no repetir esta experiencia desde entonces. Pues bien el Tesoro luso esperaba poder colocar de forma regular su deuda a largo plazo a cambio de intereses sostenibles, una condición imprescindible para no precisar de un segundo rescate, teniendo presente que en junio de 2014 el Estado portugués dejaría de recibir los fondos procedentes del préstamo que le concedió la UE y el Fondo Monetario Internacional.

Ahora bien, pesar de que la presión sobre sus obligaciones se había relajado de forma notable en los últimos meses, todavía existían dudas sobre sus posibilidades de evitar necesitar de más ayuda internacional. Y,

[183] Con carácter adicional, y con la finalidad de aplazar sus compromisos de pago, el Tesoro luso aprobó con fecha 2 de diciembre de 2013 un canje de deuda con vencimiento en 2014 y 2015 por bonos a más largo plazo, a tres y cuatro años. De este modo buscaba aprovecharse la existencia de un entorno más favorable en las rentabilidades de la renta fija para alargar la vida media de su deuda. Al amparo de dicho canje el Tesoro luso ofreció a los titulares de su deuda un canje que títulos con vencimiento en 2014 y 2015 por bonos a más largo plazo, con vencimiento en 2017 y en 2018. De esta forma Portugal buscaba aliviar los compromisos de pago pendientes para el ejercicio. Finalmente con fecha 3 de diciembre de 2013 se logró completar el segundo canje de deuda desde que se produjese el rescate financiero del país en el año 2011, siendo amortizados un total de 837 millones de euros en deuda con vencimiento en junio de 2014 y cupón del 4,37%, así como otros 1.639 millones de euros en deuda con vencimiento en octubre de 2014 y cupón del 3,6%, y 4.164 millones en bonos con vencimiento en octubre de 2015 y cupón del 3,35%. Dichos títulos fueron canjeados por bonos a más largo plazo, concretamente por títulos con vencimiento en octubre de 2017 y cupón del 4,35% y por bonos con vencimiento en junio de 2018 y cupón del 4,45%. Con este canje se lograban aliviar los compromisos de pago para 2014 y 2015 asumidos por el Tesoro luso.

precisamente con el propósito de reducir la presión existente para lograr financiación destinada a afrontar el pago de deuda a largo plazo que vencía ya en 2014 y 2015, el Tesoro luso había llevado a cabo una operación para ofrecer a los inversores la posibilidad de intercambiar estos títulos por otros con plazo a 2017 y 2018, aunque a cambio de un interés más alto del pactado originalmente. De esta forma Portugal logró aplazar el vencimiento de obligaciones por valor de 6.600 millones de euros, lo que reducía sus necesidades financieras para los ejercicios 2014 y 2015.

Con fecha 26 de noviembre de 2013 el Parlamento luso aprobaba los Presupuestos Generales para 2014, que incluían un nuevo recorte en el sueldo de todo funcionario con rendimientos superiores a 675 euros. Apenas unos días después se conocía, a través de datos publicados por el Instituto Nacional de Estadística portugués, que el PIB luso había crecido un 0,2% en el segundo trimestre del 2013, lo que permitía al país salir de la recesión técnica en la que se encontraba desde hace dos años y medio. Los datos divulgados por el INE no alteraban sin embargo los avanzados a mediados de noviembre de 2013, explicándose debido a la reducción "menos acentuada" del consumo interno. Y es que, a pesar de haber registrado crecimiento en el primer y segundo trimestre de 2013, en términos interanuales la economía lusa seguía en números rojos, previéndose por el Ejecutivo cerrar 2013 con una caída del PIB del 1,8%.

El déficit de las Administraciones Públicas de Portugal había alcanzado en los nueve primeros meses de 2013 los 6.929 millones de euros, lo que suponía el 5,9% del Producto Interior Bruto, el esto es, objetivo acordado con la Comisión Europea para el conjunto de todo el ejercicio. Según los datos publicados por el Instituto Nacional de Estadística portugués, que se calcula con los mismos parámetros que utiliza la Comisión Europea, el déficit luso hasta septiembre de 2013 era inferior al 6,1% del PIB registrado en el mismo periodo de 2012. En concreto, los ingresos aumentaron en Portugal en los nueve primeros meses del 2013 un 4,9%, hasta los 51.229 millones de euros, lo que logró compensar la subida del 3,5% de los gastos, hasta los 58.395 millones de euros. Dentro de la partida de ingresos, los derivados de impuestos sobre la riqueza y los ingresos aumentaron un 21,7% y los procedentes de las contribuciones sociales un 1,9%. Por el contrario, los procedentes de impuestos a producción e importaciones bajaron un 2,3%. Respecto a los gastos, aumentaron un 3,1%

de las retribuciones a los trabajadores y un 4,2% los correspondientes a los beneficios sociales. Por su parte, la partida destinada al pago de intereses de la deuda aumentó un 3%.

Tanto el Ejecutivo como los organismos internacionales confiaban en que el país volviera a presentar cifras positivas ya en 2014, cuando esperaban que registrase una subida cercana al 0,8%. Y ello sobre la base de la existencia de datos positivos a los que ya se ha aludido con anterioridad tales como la emisión de bonos realizada en el mes de enero de 2013 a cinco años por un importe de 2.500 millones de euros o la emisión realizada en mayo de 2013 de otros 3.000 millones de euros en deuda a 10 años. Ambas operaciones registraron una fuerte demanda. Con posterioridad, sin embargo, los rendimientos derivados de las emisiones a 10 años volvieron a dispararse por encima de 7%, para terminar cayendo 5,95%, dato superior en todo caso al 3,45% del bono equivalente de Irlanda. En todo caso a lo largo del ejercicio 2013 la deuda lusa ha rentado un 8,3%, situándose dicha cifra por detrás de los rendimientos del 11,4% para España y del 10,9% para Irlanda.

El Ejecutivo portugués preveía una subida de los precios durante 2014 del entorno del 1%, ligeramente mayor a la registrada en 2013, lo que esperaba que generase alguna mejora de la rentabilidad para los empresarios. No obstante este moderado incremento de los precios no impediría una mínima recuperación del consumo privado, que tras desplomarse durante los últimos años –debido a las severas medidas de austeridad aprobadas en el país– podría volver a crecer un ligero 0,1 %, de acuerdo con las estimaciones oficiales.

Igualmente estaba previsto que aumentase la inversión, cerca de un 1,2%, gracias a unas condiciones de financiación más favorables. El gasto público, sin embargo, seguiría cayendo, calculándose a este respecto desde el Ejecutivo luso un retroceso en 2014 de un 2,8% como resultado de continuar con el proceso de ajuste iniciado en 2011, cuando las autoridades lusas se comprometieron con la UE y el Fondo Monetario Internacional a aplicar un duro plan de recortes a cambio de su rescate financiero.

Portugal preveía cerrar 2013 con una tasa de inflación de cerca del 0,6%, lejos del 2,7% registrada en 2012. Para el ejercicio 2014 una de las mayores subidas de precio sería la de la luz, que se incrementaría en un 2,8% a partir de enero, de acuerdo con la Entidad Reguladora de los Servicios Energéticos (ERSE). El país, que terminaría 2013 por tercer año consecutivo en recesión, regresaría no obstante según los pronósticos oficiales a la senda del crecimiento ya en 2014, con una subida del PIB del 0,8%. Sin embargo, las previsiones eran menos optimistas respecto al empleo y apuntaban a que la tasa de desempleo rondase el 17,7%.

De cualquier manera la demanda interna parecía haberse estabilizado, habiendo crecido las exportaciones[184] y produciéndose una caída del desempleo. Y, a pesar de que a fecha diciembre de 2013 su deuda pública rondaba el 130% del PIB, los indicadores existentes auguraban la posibilidad de que en 2014 pudiera mantenerse la demanda de deuda portuguesa, lo que podría hacer innecesaria la concesión de una nueva ayuda financiera en el seno de la Eurozona. A ello se ha de sumar además el dato de que el déficit presupuestario de Portugal, excluidos los costes de la recapitalización bancaria, se situó en el 4,5% del PIB en 2013, por debajo de Irlanda y España.

De cara al ejercicio 2014 el Tesoro portugués fue autorizado a emitir hasta 15.000 millones de euros en deuda soberana a largo plazo, lo que triplicaba el límite del montante permitido en 2013. Y ello en tanto en cuanto el Ejecutivo luso autorizó con fecha 6 de enero de 2014 al Instituto de Gestión de Tesorería y de la Deuda Pública (IGCP) la emisión de las diferentes líneas de créditos. La Resolución aprobada permitía ofrecer al mercado hasta un límite de 20.000 millones de euros en billetes del tesoro (deuda a corto plazo), por debajo de los 25.000 del ejercicio 2013. En otras líneas, se mantenía el montante máximo de 3.000 millones de euros en certificados de ahorro y se aumentaba el límite de deuda para "necesidades transitorias de tesorería" hasta los 40.000 millones de euros, 10.000 más que en 2013. El aumento del límite para la subasta de deuda a largo plazo se justificaba con el objetivo de lograr una vuelta plena a los mercados a partir de junio de 2014, coincidiendo con el fin del programa de ajustes. Téngase presente que, desde que se solicitó rescate en abril de 2011, el Estado luso había subastado mayoritariamente deuda a corto plazo, obteniendo el resto de

[184] A este respecto se ha de señalar que, durante el ejercicio 2013, sus exportaciones crecieron un 5,2%. Y, a pesar de que dichas exportaciones representaban un nivel relativamente bajo del PIB (el 40%), dicha cuota se había visto incrementada desde el 30% en 2008.

financiación a partir del préstamo de 78.000 millones de euros concedido por la UE y el Fondo Monetario Internacional.

4. ANÁLISIS DE LA EVOLUCIÓN DE LA DEUDA PÚBLICA LUSA EN 2014: LA VUELTA A LOS MERCADOS DE DEUDA A LARGO PLAZO Y EL FIN DEL RESCATE FINANCIERO

El 9 de enero de 2014 Portugal volvió a los mercados de deuda a largo plazo por primera vez desde hacía ocho meses, con una emisión de 3.250 millones de euros a cinco años y el 4,6%. Los resultados de la operación superaron las expectativas previstas, al mejorar los intereses de la anterior emisión del mismo plazo en enero de 2013. Dicha operación, gestionada a través de seis entidades bancarias, constituía la tercera de deuda a largo plazo desde la petición del préstamo internacional. La emisión aprovechó la confianza de los inversores en un marco de caída sostenida de los intereses de la deuda en todos sus plazos.

Tal y como se ha señalado, el Tesoro luso lograba colocar 3.250 millones de euros en títulos a cinco años a cambio de una tasa de interés del 4,65%, una rentabilidad notablemente inferior a la exigida por los inversores en la anterior subasta de similares características realizada antes del rescate, en febrero de 2011, cuando se situaba en el 6,4%. De este modo el Tesoro luso aprovechaba la voracidad de los inversores en busca de activos con rentabilidad para emitir bonos a 5 años, alejando con ello el riesgo de un nuevo rescate al país luso una vez que finalizase en marzo de 2014 el que se hallaba en curso.

Apenas dos semanas después, con fecha 21 de enero de 2014 el Tesoro luso efectuó una nueva subasta a resultas de la cual la rentabilidad del bono luso a 10 años se situó en el 4,96%. Era la primera vez que conseguía bajar del 5% desde 2010. El bono portugués empezó el ejercicio 2014 en el 6,13%.

A la luz de este conjunto de datos resultaba evidente que la búsqueda de rentabilidad de los inversores había permitido a Portugal aprovechar la ventana de oportunidad y colocar bonos a cinco años por 3.000 millones de euros, con una elevada demanda insatisfecha. El tipo de interés del bono a diez años había caído más de un punto porcentual desde principios de 2014, llegando incluso a cotizar por debajo del 5%. Durante el peor momento de la crisis del euro alcanzó en cambio niveles del 17%.

A priori, y teniendo presente que, a pesar de que Portugal tenía todavía pendiente de recibir casi 8.000 millones de euros de su rescate, el Tesoro luso disponía de liquidez, sus necesidades de emisión mínimas para el ejercicio 2014 eran de casi 5.000 millones de euros. El problema de financiación se podría plantear en 2015 ya que, tal y como precisó SÁNCHEZ QUIÑONES[185], en 2015, una vez finalizadas las ayudas del rescate, Portugal debería ser capaz de emitir por importe de más de 16.000 millones de euros, cantidad equivalente a un 10% de su PIB.

En esta línea positiva de caída de tipos de interés de la deuda pública, así como de crecimiento económico[186] y de reducción de la prima de riesgo, Portugal logró colocar durante la segunda semana de enero de 2014 700 millones de euros en letras a 12 meses al 1,6%. En todo caso dicha mejora de la deuda pública lusa debía traducirse en una mejora de la economía, concretada en una reducción del déficit público y una confirmación de retorno al crecimiento económico, alcanzándose mayores niveles de empleo y

---

[185] SÁNCHEZ QUIÑONES, J., "Para mejoras la de Portugal", *Diario Expansión,* www.expansion.com (consultada el 24 de enero de 2014).

[186] Téngase presente que Portugal registró un crecimiento del 0,5% en el cuarto trimestre de 2013, lo que representaba su tercer trimestre consecutivo de expansión, gracias a la demanda interna y al repunte de las exportaciones. La economía lusa creció un 1,6% interanual en el cuarto trimestre de 2013, el mejor dato de la Eurozona, con un crecimiento intertrimestral del 0,5%, solo superado por el 0,8% que creció Holanda. El país luso había abandonado la recesión más larga de sus últimos 25 años en el segundo trimestre de 2013. Por lo que respecta a la mejora experimentada en el consumo interno la venta de coches experimentó un incremento del 11,5% en el mes de enero de 2014 y el consumo de electricidad creció después de dos años consecutivos de caída. En cuanto a la tasa de paro de Portugal, ésta se situaba en el 15,4% en enero de 2014, frente al 17,6% que registraba en enero de 2013. Portugal registraba además en diciembre de 2013 el primer superávit comercial es dos décadas, con las exportaciones suponiendo ya el 41% del PIB (eran el 28% en 2008). Como contrapartida su déficit comercial –la diferencia entre sus exportaciones y sus importaciones– representaba uno de los principales problemas estructurales de Portugal, con dificultades históricas para lograr un crecimiento sostenible. Se hacía necesario construir un modelo de exportaciones sostenible. En este sentido debía reconocerse que el incremento de la demanda interna registrado en 2013 contribuyó en mayor medida que las exportaciones a salir de la recesión técnica, al igual que sucedió con la mejora económica derivada del incremento de los ingresos por turismo. Se hacían pues necesarias mayores reducciones de los costes en el sector exportador, incluyendo los no laborales, con el objetivo de impulsar la competitividad en el país.

crecimiento de los beneficios empresariales. Un mayor empleo generaría un incremento del consumo, facilitándose la inversión y la mejora del empleo.

El conjunto de datos existentes eran positivos. Así, a fecha 28 de febrero de 2014 la deuda pública lusa había subido un 7,7%. *A priori* a partir de junio de 2014 Portugal no recibiría más fondos del préstamo internacional de 78.000 millones de euros que le fue concedido en 2011 a cambio de un severo programa de ajustes aplicado desde entonces. Sin embargo las previsiones existentes eran que el control de la UE y del Fondo Monetario Internacional sólo desapareciese a partir de 2035 cuando, previsiblemente, el país luso hubiese devuelto ya el 75% del préstamo.

El PIB de Portugal había crecido un 0,6% en el cuarto trimestre de 2013, lo que suponía una leve mejora respecto al 0,5% de la primera estimación publicada por el Instituto Nacional de Estadística de Portugal y al 0,3% registrado en el tercer trimestre de 2013. En comparativa interanual, el PIB de Portugal había aumentado un 1,7% en los tres últimos meses de 2013, una décima más de los previsto inicialmente, lo que contrastaba con el descenso del 0,9% registrado en el tercer trimestre del citado ejercicio. Dicha evolución reflejaba principalmente el repunte de la demanda doméstica, que realizó una contribución positiva de un punto porcentual al PIB interanual, en contraste con los 1,5 puntos que restó en el trimestre anterior. Por su parte la contribución de la demanda neta externa se elevó desde las seis décimas del periodo comprendido entre julio y septiembre de 2013 hasta los 1,5 puntos porcentuales, debido principalmente a la aceleración de las exportaciones de bienes y servicios. En cambio se mantuvo sin cambio el descenso del 1,4% registrado por el PIB de Portugal en el conjunto de 2013, con una caída inferior al 3,2% de 2012, gracias a un contribución menos negativa de la demanda doméstica.

Sin lugar a dudas una de las principales cuestiones susceptibles de llegar a plantearse una vez que Portugal finalizase su programa de ayuda financiera era si el Ejecutivo luso acudiría a la red de seguridad del Mecanismo Europeo de Estabilidad y cuáles serían las condiciones que, en su caso, impondría a tal efecto la Eurozona. Teniendo presente que durante el último trimestre de 2013 la economía de Portugal creció a una tasa anualizada del 1,6%, la más rápida de la Eurozona, previéndose para 2014 que la economía lusa se expandiese un 1,2% tras mejorar sus perspectivas 0,4 puntos porcentuales en tres meses y conociéndose además que las exportaciones habían crecido un 24% desde 2008[187] con una mejora en todos los sectores (siendo impulsadas por cerca de 400 iniciativas estructurales distintas que contribuyeron a eliminar obstáculos para el crecimiento) y que se había producido una caída de la tasa de desempleo dos puntos porcentuales desde su máximo a cerca del 15%, la consecución para 2014 del objetivo del déficit presupuestario del 4% parecía asequible.

De este modo, a pesar de que la deuda neta del Estado –excluyendo las reservas de efectivo– había alcanzado el 120% del PIB en 2013, la rentabilidad de los bonos del Estado portugueses experimentaba una fuerte caída, situándose por ejemplo durante la última semana del mes de marzo de 2014 el rendimiento a 10 años por debajo del 4%, lo que no sucedía desde 2008.

Como contrapartida a lo anterior destacaba el alto nivel de endeudamiento de su sector privado, que ascendía al 224% del PIB a finales de 2013, produciéndose además una importante contracción del crédito, que descendió al 7,4% a finales de febrero de 2014. Y, a pesar de que el Banco de Portugal confiaba en que los exportadores hubiesen asegurado su financiación, las condiciones para las concesiones de préstamos a los hogares y a las empresas de ámbito nacional continuaban siendo duras. A ello había que sumar el hecho de que, tal y como precisó NIXON[188] *"Uno de los problemas es que los bancos se siguen desapalancando para fortalecer su capital y sus posiciones de liquidez. Aunque los bancos cumplen los requisitos de capital mínimos, algunos están desviando beneficios que podrían utilizarse para dar nuevos créditos con los que devolver los caros bonos convertibles contingentes proporcionados por el Gobierno durante la crisis, que todavía suponen una cuota significativa de su base de capital. Parte de la financiación de los bancos portugueses sigue dependiendo del BCE, lo que genera más presiones para continuar reduciendo la deuda".*

---

187 Concretamente las exportaciones suponían el 41% del PIB, frente al 28% en 2008, habiendo contribuido a transformar un déficit por cuenta corriente próximo al 10% del PIB en 2008 en superávit, el primero en dos décadas.

188 NIXON, S., "¿Necesitará Portugal una red de seguridad una vez salga de la crisis?", *Diario Expansión* (www.expansion.com, consultada el 1 de abril de 2014); tal y como precisó el citado autor *"Teniendo en cuenta esta debilidad constante, sorprende que ningún banco portugués haya emitido capital en el último año. En cambio, dos bancos griegos recaudaron la semana pasada 3.000 millones de euros de capital nuevo a niveles cercanos al valor en libros".*

Con fecha 11 de abril de 2014 la Agencia de Calificación de Riesgos *Fitch* procedió a revisar desde "negativa" a "positiva" la perspectiva del rating 'BB+' de Portugal, lo que situaba al país luso a punto de salir de la categoría de especulación. Y ello teniendo presente, en primer lugar, los progresos efectuados por Portugal de cara a reducir su déficit presupuestario en 2013, que bajó al 4,9% superando el objetivo del 5,5% marcado por en el programa de rescate, habiendo crecido además la economía lusa durante los tres últimos meses de 2013 por tercer trimestre consecutivo.

En este contexto *Fitch* revisó su previsión de crecimiento parapara Portugal desde el 0,2% al 1,3% en 2014 y desde el 1% al 1,5% en 2015, subrayando que las condiciones financieras de Portugal habían mejorado "significativamente" desde la anterior revisión del *rating* en octubre de 2013, habiendo recuperado el país el acceso a los mercados y hallándose pendientes las autoridades lusas de decidir si optarían por una salida "limpia" del rescate o si, por el contrario, solicitarían una línea de crédito precautorio[189]. A juicio de la citada Agencia, a pesar de haberse producido una mejora de las condiciones financieras, sería beneficioso que Portugal asegurara esta línea de crédito para protegerse de posibles riesgos a la baja[190], no tratándose en todo caso de una decisión clave para el *rating* del país luso.

Por otra parte la citada Agencia fundamentaba su cambio de perspectiva en el cumplimiento por parte de las autoridades lusas del Programa impuesto por la troika a pesar de la existencia de determinados obstáculos tales como los recientes pronunciamientos adoptados por el TC, estimándose además que la estrategia política de las autoridades lusas había contribuido a hacer frente a algunas debilidades claves de la economía portuguesa, especialmente las rigideces del mercado laboral, las ineficiencias de las empresas públicas y el déficit fiscal estructural. En todo caso precisaba *Fitch* que, si bien las perspectivas de crecimiento a medio plazo habían mejorado, continuaban siendo débiles, al hallarse el conjunto de los distintos sectores

[189] Por su parte el Banco de Portugal estimaba un crecimiento anual del PIB en el conjunto del año 2014 del 1,1%. En cambio la Comisión Europea apuntaba a un 0,8% y el FMI cifraba la tasa de crecimiento en un 1,2%.

[190] Concretamente estos riesgos se concretarían en el hecho de que Portugal presentaba elevadas necesidades de financiación en los próximos años, pudiendo llegar a verse afectada negativamente la situación económica del país por decisiones futuras del Tribunal Constitucional. Estimaba además *Fitch* que la condicionalidad impuesta a cambio de una línea de crédito incrementaría la confianza en la capacidad del país para tomar medidas.

de la economía muy endeudados, siendo la tasa de desempleo elevada. Debido a ello se mantenía el *rating* de Portugal en un escalón inferior al de otras grandes economías de la Eurozona, dados los riesgos a la solvencia que implicaban su ajuste financiero y económico.

Con fecha 22 de abril de 2014, y con los intereses de la deuda a diez años en el mercado secundario bajo mínimos (se hallaban por aquel entonces en el 3,7%) Portugal debía hacer frente al último examen de la troika comunitaria antes de la finalización del rescate financiero. Inicialmente la evaluación de su programa de reformas se producía sin que se hubiesen concretado los planes de austeridad pendientes. Debido a ello desde las instituciones comunitarias se hacía necesario entrar a comprobar los progresos de las medidas ejecutadas, las cuales se centraban básicamente en una reforma del sistema de pensiones así como en nuevas revisiones de la legislación laboral y de las subvenciones al sector eléctrico y en la aprobación de un plan de rescisión de los funcionarios menos cualificados.

En materia laboral el Ejecutivo portugués debía entrar a especificar a sus acreedores los detalles de dos de las medidas más criticadas por sindicatos y oposición, a saber: cambios en las reglas de la caducidad de los convenios colectivos, que podrían determinar su eliminación; y la introducción de una rebaja de las indemnizaciones por despidos sin causa justificada. Asimismo debían justificarse los avances alcanzados en la reforma del sistema de pensiones a largo plazo, que debía sustituir a la figura impositiva de la Contribución Extraordinaria de Solidaridad (CES), aplicada durante el programa del rescate a las jubilaciones a partir de 1.000 euros mensuales.

Apenas dos días después, con fecha 24 de abril de 2014, el Tesoro luso celebraba su primera subasta de obligaciones a 10 años desde el año 2011[191], pagando el menor interés en nueve años. En concreto, fueron colocados un total de 750 millones de euros en obligaciones a diez años, con una rentabilidad media del 3,57%, el más bajo desde 2005.[192]

[191] En efecto téngase presente que con anterioridad el Tesoro luso había recurrido a colocaciones privadas para buscar liquidez, las cuales fueron llevadas a cabo con el respaldo de bancos colocadores.

[192] Acerca del éxito de dicha subasta véase BARLEY, R., "Portugal Can Go It Alone", www.europe.wsj.com (consultada el 24 de abril de 2014), para quien *"Los bonos portugueses han evolucionado mucho mejor que los irlandeses desde mediados de 2013: el diferencial de rentabilidad entre los bonos a diez años de los dos países se ha reducido a sólo 0,8 puntos porcentuales frente a los casi cuatro puntos de julio".*

Finalmente con fecha 17 de mayo de 2014 se produjo la salida oficial y "limpia" de Portugal del Programa de rescate financiero de 78.000 millones de euros, de tres años de duración, pactado con el Fondo Monetario Internacional, el Banco Central Europeo y la Comisión Europea[193]. Ahora bien, a pesar de que ya por aquel entonces el FMI había elevado sus previsiones para el crecimiento de la economía portuguesa en 2014 situándolas en el 1,2%, habiéndose reducido además el déficit fiscal a la mitad (en torno al 4,9% del PIB) y realizándose una exitosa primera emisión de bonos tras el rescate, lo cierto es que la tasa de paro se encontraba situada por encima del 15%, habiendo caído además los salarios de los funcionarios más de un 10%, y situándose el porcentaje de deuda pública del país en el 129% del PIB, frente al 93% que registraba al inicio de la implementación del Programa. Con carácter adicional durante el primer trimestre de 2014 la economía portuguesa sufrió una caída del 0,7%, a pesar de haber registrado cifras positivas durante los nueve meses anteriores. Y ello sin perjuicio de reconocer que el sector financiero se había estabilizado y reforzado y que el conjunto de las reformas estructurales acometidas en los diversos sectores de la economía lusa habían comenzado a elevar la competitividad de Portugal y eliminar los obstáculos a la inversión y la creación de empleo.

Por otra parte las Administraciones Central, Regional y Local así como la Seguridad Social de Portugal habían registrado entre enero y abril de 2014 un saldo negativo de 2.257 millones de euros, 287 millones mejor que el del mismo periodo de 2013, aunque entre marzo y abril se triplicó. Los ingresos públicos subieron el 2,3% en los cuatro primeros meses de 2014 frente al mismo periodo de 2013 (especialmente vía fiscal, el 5%) mientras que el gasto total se incrementó el 0,9% en el mismo periodo. No obstante entre marzo y abril de 2014 el déficit del sector público luso se agravó notablemente hasta triplicarse, pasando de los 846,1 a los 2.257,6 millones de euros[194].

A pesar de la finalización del Programa de rescate financiero concedido a Portugal a principios del mes de junio de 2014 la Unión Europea y el

[193] Recuérdese que, tal y como ya se ha puesto de manifiesto a lo largo del presente trabajo, del total de 78.000 millones de euros de ayuda financiera concedida a Portugal, 52.000 millones de euros fueron aportados por la UE, mientras que los otros 26.000 procedieron del FMI. La implementación del citado Programa incluyó también una partida de 12.000 millones de euros destinados a hacer frente a eventuales necesidades de capitalización de la banca.

[194] Fuente: *Diario El Economista*, www.eleconomista.es (consultada el 22 de mayo de 2014).

Fondo Monetario Internacional habían suspendido el pago del último tramo correspondiente a dicho Plan (que ascendía a un total de 2.600 millones de euros) después de que el Tribunal Supremo luso declarara inconstitucionales una serie de medidas de austeridad. En efecto, como ya hemos tenido ocasión de analizar con fecha 31 de mayo de 2014 el Alto Tribunal luso declaró inconstitucionales tres de los cuatro recortes salariales aprobados para el Sector público (relativos al salario de los funcionarios, a las pensiones y a las prestaciones por desempleo y enfermedad) así como las pensiones en el año 2013, valorados en unos 1.200 millones de euros. Dicha decisión generaba un déficit fiscal de alrededor de 700 millones de euros en 2014. En cambio el Alto Tribunal respaldó la suspensión de los complementos de las jubilaciones en las compañías estatales que presenten déficit.

Al amparo de esta situación con fecha 12 de junio de 2014 el Ejecutivo luso anunció que volvía a introducir un recorte de entre el 3,5 y el 10% en los salarios públicos superiores a 1.500 euros como medida para compensar uno de los ajustes anulados por el veto del Tribunal Constitucional, además de renunciar al último tramo de ayuda del rescate. Tal y como hemos tenido ocasión de analizar dicha medida ya estuvo en vigor en Portugal durante los ejercicios 2011, 2012 y 2013, si bien fue sustituida en 2014 con rebajas similares pero dirigidas a una base de funcionarios más amplia, a todos aquellos con sueldos mensuales que sobrepasaran los 675 euros.

Durante la segunda semana del mes de junio de 2014 el Tesoro luso realizó su primera subasta a diez años tras salir del rescate financiero, la cual sirvió para vender un total de 975 millones de euros a cambio de un interés del 3,25%, lo que representaba la tasa más baja registrada en una emisión de títulos a este plazo desde 2005.

Por otra parte con fecha 27 de julio de 2014 la Agencia de Calificación de Riesgos *Moody's* acordaba subir la nota de la deuda soberana de Portugal en un grado, lo que la dejaba a la deuda pública lusa a sólo un escalón de abandonar la consideración de "bono basura" tres años después de caer a ese nivel. De este modo el *rating* de la deuda pública portuguesa pasaba de "Ba2" a "Ba1", el mejor de los tres niveles definidos como "inversiones no recomendadas" y a un peldaño de "Baa3", que marca la salida del "bono basura". A ello había contribuido, ciertamente, la posición de liquidez en la que se hallaba el Estado luso gracias a su acceso a los mercados de deuda tras cerrar en mayo de 2014 su rescate financiero.

A principios del mes de agosto de 2014, y con motivo del rescate financiero de la entidad financiera *Banco Espirito Santo* acordado por el Gobierno luso con la Comisión Europea, se dispuso que el peso central de dicha ayuda financiera recayese en el Fondo de Resolución Bancario portugués (*Fundo de Resoluçao*) el cual, sin embargo, no contaba todavía con recursos propios suficientes, motivo por el cual el Estado luso tendría que recurrir al programa de ayuda financiera de la troika que incluía una línea de 12.000 millones de euros destinados a la recapitalización de la banca, de la que todavía había disponibles más de 6.000 millones de euros. Y ello a pesar de que desde el Ejecutivo luso se defendía que los fondos del programa de ayuda financiera serían reembolsados a través de la venta de la nueva entidad (denominada *Novo Banco*, y que quedaba integrada por los créditos sin riesgo y los activos de buena calidad) y de las contribuciones del sistema bancario y financiero al Fondo de Resolución.

A mediados del citado mes de agosto de 2014 la economía lusa cumplía además un total de seis meses consecutivos en deflación al registrar en julio del citado ejercicio una caída interanual de los precios del 0,87%, frente al descenso del 0,42% experimentado el mes anterior[195]. Sin tener en cuenta el impacto de los precios de la energía y de los alimentos frescos la inflación subyacente de Portugal registraba por aquel entonces una caída interanual del 0,4%, correspondiendo las mayores presiones inflacionistas a los precios de alimentos y bebidas no alcohólicas, por delante de la ropa y el calzado, mientras que las principales subidas de precios se observaban en la vivienda y los suministros para el hogar. Por su parte la inflación armonizada registraba en julio de 2014 un descenso interanual de siete décimas, tras haber caído un 0,2% en junio del citado año, lo que ampliaba a seis meses la deflación lusa.

Con fecha 21 de agosto de 2014 el Tesoro luso, tres meses después de que el país pusiera punto y final a los tres años del programa de asistencia financiera diseñado por la troika comunitaria, colocó el máximo del importe previsto (1.000 millones de euros) a una tasa media del 0,216%, lo que representaba el nivel más bajo desde que se crearon los títulos a corto plazo en 2003. Concretamente la citada emisión se gestó con dos líneas de

---

[195] Fuente: www.ine.pt (consultada el 12 de agosto de 2014).

letras a doce y tres meses, lográndose rebajar en ambos casos a la mitad los intereses de la subasta anterior.[196]

Los títulos a un año abarcaron la mayor parte de la demanda (800 millones de euros) y se fijaron a una tasa del 0,21% frente al 0,45% de la anterior emisión. Los restantes 200 millones de euros se vendieron a tres meses y a un interés del 0,097%, casi la mitad del 0,18% alcanzado en junio de 2014, cuando se realizó la anterior emisión en este plazo. También en el presente caso la demanda mostró el apetito de los inversores, que doblaron la oferta en el caso de las letras del plazo más largo (1,79 veces) y la triplicaron en el vencimiento más inmediato (3,35 veces). El éxito también se vio beneficiado por una rebaja del importe de emisión previsto, que inicialmente colocó el máximo en 1.250 millones de euros, siendo posteriormente rebajado por el Tesoro luso a 1.000 millones de euros.

Sin lugar a dudas a este resultado positivo de la citada subasta contribuyó el aumento del 0,6% del PIB portugués experimentado durante el segundo trimestre de 2014 después de una contracción de igual valor en los tres primeros meses de los años. Con carácter adicional el resultado positivo de la citada subasta avaló la estrategia de financiación del Tesoro portugués con vistas a 2015, después de haber asegurado los fondos del erario público luso para 2014.

Apenas una semana después el Tesoro portugués cerraba con éxito la venta de títulos por valor de 3.500 millones de euros a quince años, a una tasa por debajo del 4%, en lo que constituía la primera emisión de este plazo desde 2008. Con posterioridad, con fecha 26 de noviembre de 2014, el Tesoro Público luso recurría nuevamente a un canje de deuda destinado a prorrogar los pagos[197], procediendo a reactivar bonos con vencimiento en 2021 y 2023 para canjearlos por títulos que debía pagar a más corto plazo, en 2015 y 2016. Y ello con la finalidad de aprovechar la tendencia de mínimos históricos que por aquel entonces registraba la renta fija pública europea al objeto de tratar de favorecer el desarrollo de una nueva reestructuración de la deuda portuguesa y, por ende, suavizar las obligaciones de

196 La anterior ocasión en la que el Tesoro luso vendió deuda a largo plazo fue el 2 de julio de 2014, con motivo de la celebración de una subasta inusual en dólares que logró colocar 4.500 millones de dólares a una tasa del 3,65%.

197 El anterior canje efectuado por el Tesoro luso databa de diciembre de 2013, efectuándose por aquel entonces por un importe próximo entonces a los 6.650 millones de euros.

pago existentes con vistas a los dos próximos ejercicios, cifradas en cerca de un 30% de los 141.000 millones de euros de deuda pública lusa.

El buen momento por el que atravesaba la deuda pública lusa volvía a quedar puesto de manifiesto cuando, con fecha 27 de noviembre de 2014, se alcanzaban nuevos mínimos en los costes de su deuda, situándose la rentabilidad del bono luso a diez años por debajo del nivel del 3%. Finalmente el déficit público luso a la conclusión del ejercicio 2014 se situó en el 7,2% y no en el 4,5% inicial tras incluir el coste del rescate de Banco Espírito Santo.

5. EL INICIO DE LA RECUPERACIÓN EN 2015 Y LA CONSECUCIÓN DE RENTABILIDADES NEGATIVAS EN LOS MERCADOS DE DEUDA PÚBLICA

Ya durante el ejercicio 2015 con fecha 10 de febrero el Ejecutivo luso solicitó a sus acreedores en la Unión Europea que le autorizasen un reembolso anticipado de un total de 14.000 millones de euros de los Fondos de rescate entregados por el Fondo Monetario Internacional en un plazo de hasta dos años y medio. Y ello en tanto en cuanto el FMI otorgó a Portugal un tercio de los préstamos bajo un programa de rescate que el país luso aceptó en el 2011 y del que, como se ha analizado, salió a finales de 2014.

Dicho reembolso anticipado al FMI sería finalmente autorizado por el Eurogrupo con fecha 17 de febrero de 2015, de manera que el Estado luso podría devolver el citado importe de 14.000 millones de euros en un plazo de 30 meses. No obstante el FMI habría de seguir participando en las misiones semestrales de vigilancia llevadas a cabo desde que Portugal salió del rescate. A resultas de dicha devolución anticipada el Estado luso se ahorraría unos 200 millones de euros en intereses (7% a 10 años). En una primera etapa, durante el mes de marzo de 2015, Portugal procedería a la devolución de un montante global de 6.000 millones de euros como parte de su nuevo programa de devolución de la deuda, con la finalidad de lograr que los intereses fuesen más bajos y que los plazos de devolución resultaran más flexibles.

Con fecha 20 de marzo de 2015 la Agencia de Calificación de Riesgos *Standard & Poor's* confirmó el *rating* 'BB' de Portugal y mejoró de 'estable' a 'positiva' su perspectiva debido a la recuperación gradual registrada por la economía lusa. Valoraba así la citada Agencia la existencia de una recuperación gradual de las perspectivas de crecimiento real y nominal de Portugal, además del compromiso del Ejecutivo luso con la consolidación de las finanzas públicas en el medio plazo", explica. De acuerdo con las previsiones de la Agencia la economía portuguesa crecería de media alrededor de un 1,8% anual durante el periodo 2015-2016, lo que suponía dos décimas más en comparación con lo que la Agencia preveía la anterior ocasión en la que revisó el *rating* de Portugal (noviembre de 2014). A su juicio la recuperación económica de Portugal se fortalecería entre 2015 y 2017 gracias al impulso de la inversión doméstica, que repuntó hasta el 15% del PIB, si bien continuaba lejos del 23% que registró en 2008. Otros factores que, en opinión de la Agencia, contribuirían a afianzar la recuperación eran la gradual mejora del mercado laboral de Portugal (cuya tasa de desempleo bajó del 17,5% de enero de 2013 al 13,3% en enero de 2015) y el aumento de los ingresos disponibles.

Ciertamente a la finalización del primer trimestre de 2015 el PIB de Portugal se había incrementado un 0,4%, con un índice de crecimiento anual de hasta el 1,5%. Sin embargo la recuperación económica del país luso estaba impulsada especialmente por el gasto del consumo y un repunte cíclico de la inversión, no por las exportaciones. A ello había que añadir que las cifras del paro continuaban subiendo y que el índice deuda sobre PIB del país había escalado hasta el 130%, hallándose un 70% en manos extranjeras[198]. Y, a la finalización del mes de junio de 2015, los rendimientos de bonos portugueses a diez años habían vuelto a subir al 2,7%, del 1,6% que alcanzaron a principios de 2015.

Con posterioridad, a la finalización del mes de septiembre de 2015 el déficit público de Portugal se situaba provisionalmente en el 2,7% del PIB, ya sin el impacto derivado del rescate bancario de 4.900 millones de euros que se asumió en el Presupuesto de 2014.

Por otra parte el fenómeno de las rentabilidades negativas en los mercados de deuda pública se planteó asimismo en el mercado de la deuda pública lusa, al lograr el Tesoro luso con fecha 18 de noviembre de 2015 colocar un total de 1.500 millones de euros en letras con vencimiento a 6 y 12 meses por las que ofreció intereses negativos en las dos referencias.

---

[198] Fuente: Eurostat (http://ec.europa.eu/eurostat), consultada el 28 de junio de 2015.

Concretamente la Agencia de Gestión de la Tesorería y la Deuda Pública colocó un total de 1.100 millones de euros en deuda con vencimiento a doce meses por la que por vez primera ofreció una rentabilidad negativa, después de que el interés medio se situara en el -0,006%, frente al +0,051% de la subasta precedente, acaecida en septiembre de 2015. Asimismo el Tesoro luso vendió 400 millones de euros en letras con vencimiento a seis meses por las que ofreció un interés medio ponderado del -0,018%, frente al 0,006% abonado en la anterior subasta similar, celebrada igualmente durante el citado mes de septiembre de 2015[199]. Cabe recordar no obstante a este respecto que Portugal ya había logrado colocar letras a seis meses con rentabilidad negativa durante el mes de mayo de 2015, cuando vendió 300 millones de euros a un interés medio del -0,002%.

6. REFLEXIONES FINALES

Desde el inicio de la crisis de deuda soberana en 2011 Portugal se ha visto obligado a adoptar diversas medidas de ajuste, dentro de las cuales destacan las relativas a la congelación del salario de los funcionarios y reducción de su número, la introducción de recortes en la subvenciones estatales, la reducción del sueldo de los altos cargos en un 5%, el aumento de la presión fiscal[200], la introducción de un impuesto especial sobre salarios

---

[199] Por lo que respecta a la demanda correspondiente a ambas emisiones la subasta de letras a seis meses contó con una *ratio* de cobertura de 2,7, lo que implicaba que las peticiones de este tipo de papel casi triplicaron la oferta, mientras que en el caso de la deuda a doce meses la *ratio* se situó en 2,2.

[200] Téngase presente a este respecto que con fecha 30 de abril de 2014 el Ejecutivo luso anunció que aumentaría el IVA del 23% al 23,25% así como la contribución de los trabajadores a la Seguridad Social del 11% al 11,2% al objeto de destinar íntegramente los aumentos obtenidos a financiar el nuevo sistema de pensiones. Dicha reforma se encuadraba en el marco de la Estrategia Presupuestaria diseñada por el Gobierno luso para el período 2015-2018, destinada a prolongar la austeridad y el rigor presupuestario más allá del programa de ayuda externa, que expiraba el 18 de mayo de 2014. Asimismo se anunció la sustitución con efectos desde 2015 de la Contribución Extraordinaria de Solidaridad (CES), tasa extraordinaria del 3,5% que abonan los pensionistas lusos a partir de los mil euros. A cambio de dicha eliminación las jubilaciones entre mil y dos mil euros pagarían una tasa del 2%. Y a partir de los dos mil euros el impuesto aumentaría hasta el 3,5%. Las medidas relativas a la aplicación de una reducción de entre el 3,5 y el 10% en los salarios públicos superiores a 1.500 euros así como a la adopción de un plan definitivo de reducción de las pensiones llamado "contribución de sostenibilidad" (consistente en un impuesto a largo plazo establecido a través de varios rangos, del 2% a aquellas pensiones de entre 1.000 y 2.000 euros y susceptible de alcanzar el 3,5% hasta los

y grandes compañías, la privatización de bienes públicos y la reducción del gasto social y militar.

Tal y como hemos tenido ocasión de analizar a lo largo del presente Capítulo de nuestra obra, a partir del ejercicio 2013 la economía lusa ha evidenciado signos favorables de recuperación. Dentro del ámbito estrictamente tributario se ha de reconocer la trascendencia adquirida desde la perspectiva de la recaudación tributaria por el aumento de los Impuestos sobre el trabajo, IVA e Impuestos Especiales sobre las pensiones, que son los que más impacto han tenido sobre el aumento de la recaudación fiscal. En cambio ha de plantearse en qué medida la bajada del Impuesto sobre el rendimiento de las empresas ha tenido el impacto deseado en el aumento de creación de nuevas empresas, producción y valor, como hubiese sido conveniente.

En resumen, el déficit público de Portugal en 2015 fue del 4,4% sobre el PIB, siendo su deuda pública la tercera más alta de toda la Unión Europea, al representar ya un 130% sobre el PIB, sólo por detrás de Italia (132%) y de Grecia (177%). De cara al ejercicio 2016 Portugal se había comprometido con la Comisión Europea a cerrar el mismo con un déficit público del 2,2% del PIB.

3.500 euros), las cuales habrían de sustituir a partir de 2015 a los anteriores recortes adoptados fueron objeto de fiscalización por el Tribunal Constitucional portugués, en aras de garantizar el necesario respeto a los principios de protección de la confianza y de igualdad. A tal efecto con fecha 14 de agosto de 2014 el TC portugués resolvió que dichas rebajas salariales debían cesar en 2016, calificando además de inconstitucional la aplicación de una tasa permanente a los pensionistas y obligando al Ejecutivo luso a tener que aplicar nuevos ajustes por valor de más de 500 millones de euros al año. Concretamente el Alto Tribunal luso vetaba los recortes permanentes en pensiones y, si bien aprobaba los recortes salariales a los funcionarios para 2014 y 2015, los rechazaba entre 2016 y 2018, forzando así al Gobierno a nuevas medidas de ahorro para cumplir con los objetivos de déficit fijados por la Unión Europea. A la luz del fallo del TC, los trabajadores públicos tendrían una reducción de entre el 3,5 y el 10% en los salarios superiores a 1.500 euros mensuales, pero solo hasta el año 2016. Por el contrario la normativa diseñada por el Ejecutivo luso relativa a las pensiones no entraría finalmente en vigor debido a la vulneración que la misma representaba del principio de protección de confianza. Recuérdese que, tal y como ya se ha señalado, al amparo de dicha normativa tenía lugar la creación de una "contribución de sostenibilidad" que sustituía a una tasa de solidaridad temporal más onerosa. Esta nueva contribución establecía una tasa en varios rangos que iban desde el 2% a aquellas pensiones que cobraban entre 1.000 y 2.000 euros al mes y hasta el 3,5% en las de hasta 3.500 euros.

Desde nuestro punto de vista la recuperación económica resulta constatable. En líneas generales la evolución de las exportaciones se ha situado en la línea de la tasa de crecimiento, al igual que ha sucedido con las importaciones. Y, al margen del incremento del PIB, se ha de destacar que la tasa de desempleo pasó del 16% de 2013 al 13,8% a finales de 2014, situándose a la finalización del primer trimestre de 2015 en el 12,4% y a la conclusión del mes de abril de 2016 en el 12,1%.

Queda no obstante pendiente acometer actuaciones tales como la bajada de costes directos de producción, la reforma del mercado de la energía, que sigue penalizando principalmente a la producción industrial y la reforma de las pensiones, al objeto de alcanzar una sustentabilidad en base a un crecimiento económico. Todo ello con la finalidad última de ganar en competitividad y productividad, mejorándose los índices de productividad y creación de valor e incrementándose la eficiencia del sector público sobre la base de criterios de transformación, modernización e innovación.

Con fecha 29 de abril de 2016 la Agencia de Rating canadiense DBRS procedió a evaluar la solvencia de Portugal. *A priori* existían posibilidades reales de que la deuda pública del país perdiera el 'grado de inversión' (BBB-), una calificación que solo mantenía la citada Agencia y que posibilitaba que el BCE mantuviese los bonos portugueses como elegibles para sus compras. En caso de pérdida de dicha condición el BCE habría de apartar a Portugal de su Programa de compra de bonos, con el consiguiente perjuicio sobre la financiación del país, pudiendo originar además efectos colaterales de calado, ya que la deuda lusa representaba el 80% de la exposición a bonos soberanos de los bancos portugueses. Así las cosas en el supuesto de que Portugal perdiese el escalón BBB- podría no lograr financiarse en los mercados a un coste razonable, pudiendo quedar obligado a pedir ayuda para financiar sus partidas de gasto. Piénsese que gracias a las compras de deuda del BCE el bono portugués a 10 años presentaba un interés inferior al 3% en los seis meses precedentes al mes de abril de 2016. Lo cierto es que, por aquel entonces, el incremento de la rentabilidad de la deuda pública lusa suponía ya una preocupación para refinanciar los pasivos del citado país. El crecimiento económico se había ralentizado en los últimos trimestres, mientras que la tasa de paro llevaba tres trimestres consecutivos sin caer del 12,3%.

Finalmente la citada Agencia confirmó su nota 'BBB bajo' de la deuda soberana a largo plazo de Portugal con una perspectiva 'estable', alejando así el riesgo de que la única Agencia de Calificación de Riesgos que mantenía a los bonos portugueses dentro del grado de inversión retirase su confianza a la deuda lusa, lo que habría impedido a Portugal seguir beneficiándose de las compras del Banco Central Europeo. No obstante la citada Agencia advirtió de que, a pesar de que la perspectiva estable reflejaba la recuperación económica en curso, los riesgos para el crecimiento podrían intensificarse por la incertidumbre política, la reversión de reformas estructurales y la volatilidad financiera en la UE. Y ello teniendo especialmente presente que, como ya se ha señalado, la *ratio* de deuda pública portuguesa cerró 2015 en el 129% del PIB, lo que limitaba la flexibilidad de las cuentas lusas y hacía al país vulnerable ante sacudidas exteriores, siendo necesario acometer un ajuste fiscal adicional.

III. LA CRISIS DE DEUDA SOBERANA EN IRLANDA

1. INTRODUCCIÓN

En Irlanda la composición sectorial de su economía, muy centrada en la construcción y en la banca, favoreció que el impacto de la crisis se dejara notar de una manera sensible desde el principio. Y, en este sentido, circunstancias tales como el estallido de la burbuja inmobiliaria o la propia crisis financiera provocaron el surgimiento de importantes desequilibrios presupuestarios en las finanzas públicas, las cuales pasaron en el citado país de un superávit del 0,2% en 2007 a un déficit público del 7,1% en 2008, el más elevado del conjunto de la UE. Dicha situación obligó al Gobierno irlandés a actuar rápidamente con la finalidad de tratar de estabilizar su situación presupuestaria.

Así, ya en el mes de octubre de 2008 el Ejecutivo irlandés presentó sus primeras medidas de ajuste incluidas en sus Presupuestos para 2009, a través de las cuales pretendía ahorrar hasta 2.000 millones de euros, las cuales se mostraron insuficientes para detener el rápido y progresivo deterioro de su finanzas públicas, siendo con posterioridad endurecidas durante los meses de febrero y de mayo de 2009, a través de la adopción de nuevos paquetes de ahorro de 2.000 y 3.800 millones de euros respectivamente. Lo cierto es que, a pesar de ello, en diciembre de 2009, y con un déficit público que alcanzaba el 14,1%, Irlanda presentó unos presupuestos para 2010 con nuevas medidas de ahorro presupuestario por un importe de 4.000 millones de euros.

En noviembre de 2010 Irlanda tuvo que ser rescatada por la Unión Europea y el Fondo Monetario Internacional por sus problemas económicos, apenas unos meses después de que lo hiciera Grecia. Sin embargo, sus historias son muy diferentes. El gran problema de Irlanda fue que el colapso del sector inmobiliario desembocó en una grave crisis financiera. Ya durante el mes de septiembre de 2010 el Ejecutivo irlandés tuvo que inyectar un total de 50.000 millones de euros para salvar a sus bancos, una medida que supuso que su déficit público se disparara hasta el 32% del PIB. Estos hechos fueron el detonante de una nueva etapa convulsa en los mercados, ya que a finales de noviembre de dicho año el país se veía abocado a solicitar una ayuda de 85.000 millones.

Uno de los compromisos exigidos al respecto fue, por aquel entonces, la revisión de las necesidades de capital de todas las entidades bancarias. Irlanda había alcanzado un déficit público del 32% en 2010 debido, en buena medida, al plan de rescate del sector bancario, anunciando la adopción de diversos ajustes presupuestarios para los próximos cuatro años por un importe total de 15.000 millones de euros (concretamente 6.000 millones en 2011). Dichas medidas de ajuste presupuestario comprendidas en los referidos paquetes tenían el objetivo prioritario de restablecer el equilibrio presupuestario, habiéndose enfocado tanto al recorte de los gastos como al aumento de la recaudación a través de los impuestos.

2. CONSECUENCIAS DEL INICIO DEL PROGRAMA DE ASISTENCIA FINANCIERA: LA BAJADA DEL RATING DE LA DEUDA PÚBLICA IRLANDESA Y LOS AJUSTES PRESUPUESTARIOS IMPLEMENTADOS POR EL EJECUTIVO IRLANDÉS EN 2011

Con fecha 15 de abril de 2011 la Agencia de Calificación Crediticia *Moody's* rebajó dos niveles la nota de la deuda soberana irlandesa desde 'Baa1' hasta 'Baa3', permaneciendo la perspectiva negativa. Y ello sobre la base de su débil crecimiento, así como de la fragilidad financiera del país y de la incertidumbre creada por las pruebas de solvencia exigidas por el nuevo Mecanismo Europeo de Estabilización. A juicio de la citada Agencia de Calificación el programa de austeridad que puso en marcha el Ejecutivo irlandés estaba debilitando la demanda interna (con un recorte de 15.000 millones de euros en el gasto público en los próximos cinco años), lo que pasaría factura en el crecimiento del país y, por tanto, en la reducción del déficit. Con carácter adicional se refirió la citada Agencia a los posibles efectos negativos sobre esta economía de la subida de tipos de interés acordada por aquel entonces por el BCE.

Esta decisión contrastaba, sin embargo, con la adoptada por la Agencia de Calificación Crediticia *Fitch,* que anunció que decidía mantener el *rating* de la deuda soberana de Irlanda en 'BBB+', con perspectiva negativa, tras dar por finalizado el proceso de revisión, fundamentando su decisión en la credibilidad de las pruebas de resistencia a la banca irlandesa y en sus resultados. En opinión de esta última Agencia los resultados de los *tests* de estrés presentados por el Banco Central Europeo el 31 de marzo de 2011 respecto del conjunto de entidades financieras europeas[201] ofrecían una evaluación creíble de las necesidades de capital adicional que habrían de necesitar los bancos para absorber unas pérdidas crediticias potencialmente más elevadas, si bien advirtió la citada Agencia que todavía era demasiado pronto para juzgar si estas inyecciones de capital estabilizarían las posiciones de financiación de los bancos.

Por su parte con fecha 12 de julio de 2011 la Agencia de Calificación Crediticia *Moody's* procedió a rebajar el *rating* de Irlanda a bono basura, estimando además que el citado país podría necesitar un rescate financiero, al requerir rondas adicionales de financiación. De acuerdo con la calificación otorgada por la citada Agencia el *rating* de Irlanda pasaba de Baa3 a Ba1. Dicha Agencia advertía así de que Irlanda podría necesitar rondas adicionales de financiación por parte de la Unión Europea antes de poder volver a los mercados internacionales de capital. Por esta razón decidió recortar el *rating* del país en un escalón, desde Baa3 a Ba1, manteniendo además su perspectiva negativa. Ni que decir tiene que la principal consecuencia directa de una rebaja de *rating* hasta los niveles de bono basura es el incremento de los costes de financiación.

El principal motivo que impulsó dicha rebaja fue la creciente probabilidad de que la participación de los inversores pudiera ser requerida como una condición previa para futuras rondas de financiación oficial de cualquier tipo para Irlanda. A través de dicho anuncio la citada Agencia de Calificación hizo caso omiso a las advertencias de los principales líderes

---

[201] Acerca del alcance de estas pruebas de estrés nos remitimos a nuestro trabajo "Las llamadas 'pruebas de estrés' a la Banca Europea y su proceso de recapitalización diseñado por el Eurogrupo", *Revista de Derecho Bancario y Bursátil,* núm. 127, 2012.

de la Unión Europea, muy críticos de un tiempo a esta parte con la labor de estas instituciones. Desde la propia Comisión se llegó incluso a apuntar la posibilidad de que estos organismos no pudieran calificar la deuda pública de los países de la UE que se beneficien de los planes de rescate.

A pesar de ello desde la UE se certificaron los progresos realizados por las autoridades irlandesas para mantener el rumbo fijado en su Programa de rescate, que ascendía a un total de 85.000 millones de euros, dentro de los cuales destacaba el crecimiento positivo de la economía nacional durante 2011 y la estabilización del PIB "real" durante el primer trimestre de dicho año. Igualmente se constataron los progresos alcanzados para reestructurar el sistema bancario irlandés, que constituyó uno de los focos de la grave crisis económica que sufría el país desde 2008, y convertirlo en un sector "saludable" y acorde con el tamaño de la economía nacional[202].

Irlanda debía aplicar duras medidas de ajuste encaminadas a ahorrar un total de 3.600 millones de euros durante 2012, de manera que pudiera reducir su déficit público por debajo del 10% del PIB, meta que, según la Comisión, se cumpliría durante 2011, habiéndose comprometido el Gobierno irlandés a reducir el déficit público hasta el 3% del PIB en 2015 así como a incentivar la creación de empleo, trabajando con los agentes sociales para desarrollar planes de reforma y cerrar acuerdos sobre salarios en sectores donde el desempleo tiende a ser alto.

---

[202] En este sentido con fecha de 15 de julio de 2011 la Comisión Europea decidió autorizar al Estado irlandés a realizar inyecciones de liquidez a la sociedad resultante de la fusión entre *Allied Irish Bank* (AIB) y la entidad *Electricity Supply Board* (EBS). El importe de la ayuda pública ascendió a 13.100 millones de euros. El Ejecutivo comunitario explicó en un comunicado que el apoyo público resultaba necesario para incrementar los ratios de solvencia del banco, permitirle resistir las situaciones de presión y preservar la estabilidad de los mercados financieros irlandeses. No obstante la decisión final sobre la recapitalización de la entidad debía tomase en función del plan de restructuración que el gobierno de Dublín debía presentar a Bruselas. Para obtener el visto bueno de la Comisión el citado plan debía garantizar la viabilidad a largo plazo de la entidad, una adecuada participación de los accionistas en los costes y medidas para limitar las distorsiones de la competencia derivadas del apoyo público. Según los análisis realizados por Banco Central irlandés, las necesidades de AIB ascendían a 13.300 millones de euros y las de EBS suponían 1.500 millones de euros. No obstante para la entidad fusionada se consideraba que dichas necesidades eran de 13.200 millones de euros en total. Asimismo durante la segunda quincena del mes de julio de 2011 la Comisión Europea aprobaba de forma temporal la inyección de 5.350 millones de euros a *Bank of Ireland*. Esta entidad, junto con AIB, constituye en la actualidad uno de los bancos principales del sistema financiero irlandés.

A tal efecto a principios del mes de septiembre de 2011 la Comisión Europea confirmó que el Estado irlandés había efectuado importantes progresos para volver a experimentar un gradual crecimiento económico cumpliendo con las condiciones de su rescate. Ello fue manifestado al hilo de la tercera revisión que realizó la Comisión sobre el estado del programa de ayuda de la Unión Europea y del Fondo Monetario Internacional concedido al Estado irlandés cuantificado, como se ha indicado anteriormente, en 85.000 millones de euros. De conformidad con el Informe elaborado por la Comisión el Gobierno de Dublín había efectuado "importantes progresos" en las áreas de "consolidación fiscal, refuerzo del sector financiero doméstico y reformas estructurales" encaminadas a mejorar el crecimiento económico. La Comisión estimó que el PIB irlandés crecería en 2011 un 0,6%, mientras que en 2012 lo hará en un 1,9%. No obstante la Comisión previó que el consumo privado caería un 2,4% a la finalización de 2011, a pesar de que en sus anteriores pronósticos situaba esta cifra en el 1,9%. Asimismo estimó la Comisión que Irlanda sería capaz reducir de su déficit público por debajo del 10,5% del Producto Interior Bruto en 2011, lo que permitiría al Ejecutivo irlandés continuar aplicando medidas de ajuste encaminadas a ahorrar 3.600 millones de euros en 2012 mediante la aplicación de un "plan de consolidación" trienal cuyo objetivo sería reducir el déficit público hasta el 3% del PIB en 2015. Por último subrayó la Comisión los avances logrados para reestructurar el sistema bancario irlandés, origen de la grave crisis económica que sufría el país desde 2008, con el fin de convertirlo en un sector saludable y acorde con el tamaño de la economía nacional.

Gracias a la fortaleza de sus exportaciones el crecimiento económico de Irlanda durante el primer semestre de 2011 fue mayor de lo esperado, si bien ya por aquél entonces se preveía una ligera contracción de la demanda interna, razón por la que, junto a esos otros factores, el pronóstico de crecimiento del PIB para 2011 y 2012 se situaba en torno al 1%. A pesar de ello el Ejecutivo irlandés continuó comprometido con su programa de consolidación fiscal, cuyo principal objetivo se centraba reducir el déficit público por debajo del 3% del PIB en 2015. En esta línea, en el Proyecto de Presupuestos Generales del Estado presentado por el Ejecutivo irlandés para 2012 se incluían medidas de ajuste encaminadas a no superar un déficit del 8,6%. De este modo se trataba de alcanzar un equilibrio destinado a que los imperativos de reducción de deuda no repercutiesen negativamente sobre las políticas de creación de empleo[203] y crecimiento. Ello permitiría recibir una nueva inyección de capital del fondo de ayuda a través del desembolso por parte de la UE de 4.200 millones de euros y de otros 3.800 millones de euros procedentes del FMI.

Debe precisarse no obstante que el Gobierno irlandés incurrió en un error a la hora de proceder a la contabilización de su deuda, lo que ocasionó que la deuda pública irlandesa hubiese bajado un 2,3% del PIB. Concretamente el problema se originó cuando una transacción entre la Agencia Nacional de Gestión del Tesoro (NTMA) y la Agencia de Financiación de la Vivienda (HFA) se contabilizó por partida doble. En todo caso, y tal y como se ha apuntado con anterioridad, durante el mes de diciembre de 2011 el Ejecutivo irlandés procedió a presentar el Proyecto de Presupuestos Generales del Estado para 2012, el cual contemplaba medidas de ajuste encaminadas a ahorrar un total de 3.600 millones de euros durante dicho año con la finalidad de reducir su déficit público hasta el 8,6% del PIB. Igualmente en el citado Proyecto de Ley presentado se preveía que 1.500 millones de euros fuesen a parar a las arcas del Estado a través de impuestos adicionales, mientras que los 2.100 millones restantes se obtendrían de una severa reducción del gasto público, pese a que el Gobierno había prometido no modificar el régimen fiscal ni los subsidios sociales.

Ya a principios del mes de noviembre de 2011 el Ejecutivo irlandés había adoptado la decisión de introducir nuevas medidas de ajuste encaminadas a ahorrar 3.800 millones de euros durante el ejercicio 2012, 200 millones más de lo previsto, para reducir su déficit público hasta el 8,6% del PIB. El objetivo final de dichas medidas de ajuste no era otro que lograr reducir entre 2012 y 2015 el déficit público hasta el 3% de su Producto Interior Bruto y ahorrar 12.400 millones de euros. Este objetivo quedaba además incluido en las condiciones del rescate económico diseñado para Irlanda por parte de la Unión Europea y del Fondo Monetario Internacional, cuantificado como ya se ha señalado en 85.000 millones de euros.

Tal y como se ha señalado con anterioridad el programa de ayuda a Irlanda obligaba al Gobierno del citado país a introducir medidas de ajuste

[203] Concretamente en relación con el empleo el Ejecutivo irlandés diseñó una estrategia destinada a reducir el paro a través de la firma de acuerdos con la patronal y sindicatos sobre escalas salariales por sectores, además de otras iniciativas para mejorar la formación de la fuerza laboral.

encaminadas a ahorrar, al menos, 3.600 millones de euros durante el ejercicio 2012. Pues bien esta nueva "hoja de ruta" preveía que 1.600 millones de euros fuesen a parar a las arcas del Estado a través de medidas fiscales, mientras que los 2.200 millones restantes se obtendrían de una severa reducción del gasto público. El Gobierno irlandés estimaba así que su PIB crecería durante 2012 un 1,6%, lo que representaba un 0,9% menos, debido, sobre todo, al declive de la relación comercial con sus socios tradicionales, como el Reino Unido.

Ciertamente la economía irlandesa presentaba una gran dependencia de las exportaciones, las cuales se hallaban en riesgo por la ralentización de la economía europea. El 40% de las exportaciones tenía como destino la Eurozona y el 20% Reino Unido. Debido a ello Irlanda había recortado sus previsiones de crecimiento para 2012 del 2,5% al 1,6%. Ahora bien el éxito de dicha previsión dependía de que las exportaciones netas creciesen un 2,5%. Dada dicha situación el Ejecutivo irlandés continuó debatiendo los Presupuestos Generales del Estado para 2012, a través de los cuales se preveía introducir un ajuste de 3.800 millones de euros de recortes de gastos y subidas de impuestos, frente a los 3.600 millones previstos en abril de 2011.

A resultas de lo anterior con fecha 5 de diciembre de 2011 el Gobierno irlandés anunció la introducción de un Plan de austeridad encaminado a ahorrar durante el año 2012 un total de 1.400 millones de euros con recortes sociales. A esta suma habría que añadir, además, otros 755 millones de euros que el Gobierno de Dublín se proponía recortar del gasto en infraestructuras. El objetivo último perseguido con la aprobación del citado Plan no era otro que alcanzar un equilibrio que permitiese a Irlanda ahorrar un total de 3.800 millones de euros en 2012 para reducir su déficit público hasta el 8,6% del Producto Interior Bruto. Téngase presente que, a largo plazo, el programa de ayuda de la UE y el FMI obligaba al Gobierno irlandés a aplicar un plan de austeridad que permitiese reducir el déficit público hasta el 3% del PIB en 2015.

De acuerdo con las previsiones recogidas en dicho Plan aprobado la factura salarial del Sector público se rebajaría durante 2012 en 400 millones de euros, dentro de la primera fase de un amplio Plan que preveía eliminar hasta 23.500 puestos de funcionarios en los próximos cuatro años para generar un ahorro total de 2.500 millones de euros. Entre los sectores más afectados por los recortes destacaban la sanidad, la educación y la protección social que, en conjunto, verían sus presupuestos reducidos en algo más de 1.000 millones de euros. En total, el Gobierno irlandés acometería el gasto público durante 2012 con un Presupuesto de 55.800 millones de euros. Por contra, el Ejecutivo irlandés no modificaba las pensiones estatales ni la cantidad que reciben los parados cada semana, cuya base se situaba en torno a los 180 euros. Y tampoco rebajaba la paga que recibe cada familia, independientemente de sus ingresos, por cada primer y segundo hijo. No obstante a partir de los siguientes hijos el importe de la ayuda estatal se reduciría proporcionalmente, constituyendo ésta una medida con la que el Estado esperaba ahorrar unos 43 millones de euros anuales.

Asimismo el Gobierno irlandés anunció en dicha fecha la introducción de impuestos adicionales encaminados a aumentar en 1.600 millones de euros los ingresos del Estado durante 2012. El objetivo último perseguido no era otro que alcanzar un equilibrio que permitiese ahorrar la suma anteriormente indicada de 3.800 millones de euros en 2012 destinada a reducir su déficit público hasta el 8,6% del PIB en 2012. Téngase presente que, a largo plazo, el programa de ayuda de la UE y el FMI obligaba al Gobierno irlandés a aplicar un plan de austeridad que permitiese reducir el déficit público hasta el 3% del PIB en 2015. Y, a pesar de que los Impuestos sobre la Renta se mantuvieron intactos, se dispuso un aumento del IVA del 21 al 22%. Otros ingresos procedieron de la aplicación de nuevas tasas sobre la emisión de gases, circulación de vehículos o vivienda.

En resumen, Irlanda estaba desarrollando un plan de ajuste fiscal serio, habiendo adoptado una reforma integral del ámbito financiero que le condujo a obtener el visto de bueno del FMI, BCE y UE en cada una de sus inspecciones y, por ende, a recibir sin problemas los diferentes tramos de ayuda.

Las cifras macroeconómicas también respaldaban su gestión. El Gobierno irlandés había logrado reducir el déficit fiscal en un año hasta el 10,1% del PIB, previéndose que para el ejercicio 2012 dicho déficit bajase hasta el 8,6%. Con carácter adicional su economía logró crecer en la primera parte de 2011 y las previsiones apuntaban a que lo haría igualmente en el conjunto del citado año (1,1%). No obstante estaba todavía por ver si lograría esquivar el frenazo económico que había azotado toda la Eurozona. De hecho, en el tercer trimestre de 2011 el PIB irlandés se contrajo un 1,9%, representando dicha recaída un obstáculo para la realización de los ajustes.

Con carácter adicional otra sombra se cernía sobre Irlanda. Y es que si en Portugal se llegase a aplicar también una quita de la deuda como la aprobada en Grecia por aquel entonces, quizás el Ejecutivo irlandés podría haberse planteado implementar una actuación idéntica. De esta forma los ciudadanos dejarían de soportar ellos solos el difícil ajuste al que el país se había venido enfrentando tras el rescate de los bancos. Lo cierto es que su deuda ya había superado el 100% del PIB en 2011 y se esperaba que siguiese creciendo en 2012 (115,4%).

3. LA VUELTA DE LA DEUDA PÚBLICA IRLANDESA A LOS MERCADOS EN 2012 A LA LUZ DE LOS DISTINTOS PLANES DE AJUSTE EJECUTADOS POR EL EJECUTIVO IRLANDÉS

Durante la segunda semana del mes de febrero de 2012 el Gobierno irlandés presentó un ambicioso plan de creación de empleo encaminado a generar un total de 100.000 nuevos puestos de trabajo hasta 2016 y 100.000 más hasta 2020. El llamado "Plan de Acción de Empleo 2012" pretendía ayudar a la industria de este país a aumentar sus exportaciones, garantizar vías de crédito para las pequeñas y medianas empresas, mejorar la competitividad y atraer inversiones extranjeras.

De acuerdo con el proceso de reestructuración del sistema financiero nacional los dos grandes bancos públicos, *Bank of Ireland* y *Allied Irish Banks*, quedaban obligados a cumplir cada año con unos objetivos de crédito con negocios sostenibles. Ambas entidades debían ser capaces de ofrecer créditos a pequeñas y medianas empresas por un valor de 3.500 millones de euros durante 2012 y de 4.000 millones durante 2013. Por otro lado el Gobierno irlandés manifestó que no tenía intención alguna de elevar el tipo de gravamen de su Impuesto sobre Sociedades, a pesar de que varios países de la Unión Europea consideraban que su imposición del 12,5% generaba una competencia desleal. A mayor abundamiento se optó por extender hasta 2014 la exención de pagar el citado impuesto corporativo ofrecida a las compañías que se estableciesen en Irlanda a partir de este año.

Asimismo el Gobierno irlandés acometió la creación de un Fondo de Desarrollo de Capital, dotado con 150 millones de euros, para apoyar a aquellas empresas de pequeño y mediano tamaño que tuviesen potencial para crear empleo pero que encontrasen dificultades para acceder a créditos. Para aquellas compañías cuyas necesidades de capital no superasen los 25.000 euros el Ejecutivo crearía además un programa de microcréditos que tendría a su disposición 10 millones de euros cada año durante 10 años y al que contribuiría parcialmente el Banco Europeo de Inversión.

Dentro de las metas marcadas por el Gobierno irlandés para comienzos de 2012 destacaba la relativa a la aplicación de la primera fase de los Presupuestos Generales del Estado aprobados para el citado ejercicio, con unas cuentas encaminadas a ahorrar un total de 3.800 millones de euros y a reducir su déficit público hasta el 8,6% del PIB en un contexto de crecimiento del 1,3%. Otras cuestiones que debían ser abordadas eran las relativas a la reestructuración del sistema bancario nacional y la venta de bienes estatales.

El Ejecutivo irlandés contaba además con el respaldo de la ciudadanía. Con fecha 1 de junio de 2012 se conoció que Irlanda había aprobado en referéndum el Tratado de la Unión Europea de Estabilidad Presupuestaria por una mayoría del 60,3% de los votos. Los votos negativos alcanzaron el 39,7% en la citada consulta, mientas que la participación se situó en torno al 50,6%, casi nueve puntos menos que en el referéndum celebrado en el 2009, cuando el pueblo irlandés ratificó el Tratado de Lisboa. La mayoría del electorado irlandés decidió apoyar al Gobierno en tiempos de grave crisis económica y aceptar la mayor austeridad que plantea el nuevo pacto europeo.[204]

Recapitulando, en Irlanda su PIB experimentó una contracción superior al 8% desde niveles de 2007, frente al 5% por ejemplo de España. Su déficit público apuntaba al 7,5% en 2013, frente al 6% previsto por la Comisión Europea para España. Y se preveía que su tasa de paro se situase varios puntos por encima de la media europea en los próximos años aunque, eso sí, más de diez puntos por debajo de los índices exhibidos por España. Asimismo la deuda del Estado irlandés seguiría creciendo en 2013 hasta alcanzar el 122,5% del PIB frente al por aquel entonces 92,7% de España, para quien la Comisión pronosticaba un ascenso al 97,1% en 2014. Por otro lado en Irlanda se había reducido el número de empleados públicos en un total de 37.500 puestos desde el año 2008, así como las pensiones de los nuevos

[204] Concretamente el citado Tratado comunitario solo fue rechazado en cinco de las 43 circunscripciones irlandesas, dos en el condado noroccidental de Donegal, muy castigado por la crisis, y en tres distritos de Dublín, con una fuerte presencia de clase trabajadora.

jubilados un 10%, procediéndose además a la supresión de deducciones fiscales y aprobándose la elevación de la edad de jubilación a los 66 años en 2014, los 67 en 2021 y los 68 en 2028.

De cualquier manera, al margen de los datos anteriores, lo cierto es que Irlanda creció en 2011 y 2012. Dicho crecimiento, según previsiones de la Comisión Europea, se prolongaría además en 2013 y 2014, con una previsión de aumento del 2,2% en el PIB para 2014, lo que implicaría encadenar cuatro años seguidos de crecimiento. Este crecimiento se explicaba en parte por los bajos tipos de interés y la gradual mejora de su financiación. En materia fiscal la subida fiscal más importante fue, como ya se ha señalado, la del IVA, que se aplicó de manera progresiva, elevándose el tipo general del Impuesto del 21 al 22% en 2013, con un incremento posterior al 23% en 2014. En materia del mercado laboral no hubo grandes novedades, dado que su mercado de trabajo ya presentaba una cierta flexibilidad.

Con fecha 5 de julio de 2012, y por vez primera desde que se acordó el rescate financiero, Irlanda colocó deuda en los mercados. Los títulos ofertados fueron los de más corto plazo, 3 meses. Y, con la finalidad de lograr la colocación de 500 millones de euros, tuvo que ofrecer un 1,8% de rentabilidad. De este modo el objeto de la emisión era la deuda a más corto plazo, letras a 3 meses, reduciéndose el importe máximo previsto de adjudicación a 500 millones de euros. En todo caso la emisión alcanzó un resultado satisfactorio, al lograrse colocar los 500 millones de euros previstos con un notable margen de demanda. Las peticiones efectuadas superaron 2,8 veces la oferta, si bien para ello el Tesoro irlandés tuvo que ofrecer una rentabilidad elevada para letras a un plazo tan corto, 3 meses, concretamente un 1,8%.

Durante la segunda quincena del mes de septiembre de 2012 la Comisión aprobó el desembolso de un nuevo tramo de ayuda de 1.000 millones de euros para Irlanda, tras la séptima revisión del programa de asistencia financiera de la Unión Europea y del Fondo Monetario Internacional por parte de la troika comunitaria. A dicho importe habrían de sumarse además un total de 900 millones de euros de la aportación que correspondía al FMI y en torno a 700 millones de euros procedentes de préstamos bilaterales con el Reino Unido, Suecia y Dinamarca. Dicho tramo de ayuda elevaba la financiación desembolsada por parte de la UE a Irlanda a 36.600 millones de euros desde el inicio del programa en 2010. De dicho importe, 33.800

millones de euros procedían del Mecanismo Europeo de Estabilidad y del Fondo Europeo de Estabilidad Financiera de la Zona Euro, y 2.800 millones de euros de préstamos bilaterales.

4. LA FINALIZACIÓN DEL PROGRAMA DE ASISTENCIA FINANCIERA Y LA RECUPERACIÓN DE LA SOBERANÍA ECONÓMICA DE IRLANDA EN 2013

Sin lugar a dudas uno de los principales factores que posibilitó la salida de Irlanda en 2013 del Programa de asistencia financiera implementado por la troika comunitaria fue la decisión adoptada por el BCE durante la primera semana del ejercicio 2013 de acceder a la petición del Gobierno irlandés de reestructurar la deuda bancaria del país, de modo que se aliviase la factura que debía abonar el Estado por el rescate concedido en 2010 por la Comisión Europea y el FMI. El primer paso de esta actuación lo constituiría el inicio de la liquidación definitiva del *Anglo Irish Bank*. De este modo se aceptaría por parte del Banco Central Europeo la reestructuración del préstamo concedido hace tres años al Ejecutivo con la finalidad de salvar la citada entidad financiera.[205]

A pesar de que inicialmente el BCE se había mostrado reacio a permutar los pagarés por bonos del Estado al estimar que dicha operación podría contravenir la normativa del Tratado de Funcionamiento de la UE que impide al supervisor financiar directamente a los Gobiernos, desde el Ejecutivo irlandés se solicitaba acudir al mecanismo de la recapitalización directa con el objetivo de tratar de separar la deuda bancaria de la soberana, con el consiguiente efecto positivo para cumplir con los objetivos de déficit marcados en su programa de ayuda. Finalmente el BCE accedió a aliviar la aportación del Estado al saneamiento del sistema financiero.

---

[205] Ya en su día el BCE había concedido un préstamo por importe de 31.000 millones de euros a través de la emisión de los llamados Documentos de Reconocimiento de Deuda (I Owe You, IOU), los cuales constituían unos pagarés usados por el Ejecutivo irlandés para recapitalizar ambas entidades, si bien el Ejecutivo quedaba obligado a pagar cada año, hasta 2023, un interés del 8%. Con fecha 31 de marzo de 2013 el Gobierno irlandés debía hacer frente a unos de esos pagos anuales, que ascendía a 3.100 millones de euros, motivo por el cual se había propuesto al BCE canjear los pagarés con deuda del Estado a largo plazo, cuyo vencimiento oscilaría entre los 25 y 40 años.

Dado que la *National Asset Management Agency* (NAMA, por sus siglas en inglés) constituía una institución del Estado irlandés y que el BCE no podía financiarla directamente (con independencia de que el Tesoro irlandés careciese de liquidez el supervisor comunitario tenía prohibido por los Tratados comunitarios aceptar bonos directamente de los Estados) Irlanda reemplazaría 28.000 millones de euros en pagarés emitidos para recapitalizar el *Anglo Irish Bank* por bonos a largo plazo, con un vencimiento medio de 34 años, lo que supondría un alivio en el calendario de pagos de Irlanda, que debía finalizar la devolución de las ayudas en 2058. Se alcanzaba así un canje de títulos a corto plazo con un alto interés por otros a más largo plazo y con un interés significativamente menor, situándose el interés ligeramente por encima del 3%, frente al 8% que conllevaban los pagarés. De este modo el importe total de créditos (unos 20.000 millones de euros) pasarían al NAMA, y un pagaré que vencía el 31 de marzo por valor de 28.000 millones de euros se cambiaría por un bono a 30 años al 3% y con varios años de carencia.

Sin lugar a dudas se trataba de un acuerdo de consecuencias muy beneficiosas para Irlanda ya que, al permitirse la extensión de la deuda y la rebaja del tipo de interés a pagar, el Estado irlandés lograba reducir el coste neto de financiación a la vez que disminuía el impacto en las cuentas públicas. La principal consecuencia derivada de lo anterior no fue otra que la consecución de un mayor ahorro que debía posibilitar reducir su déficit anual. Se trataba, además, de un paso más en la consecución del objetivo de la vuelta a los mercados. Téngase presente que Irlanda no emitía deuda a largo plazo en varios años, por lo que el saldo vivo de su deuda en el mercado era cada vez menor, contribuyendo ello a incrementar la demanda de sus bonos y, por ende, los recursos disponibles del BCE.

Con fecha 25 de febrero de 2013 el Ejecutivo irlandés anunció la configuración de un nuevo marco salarial para los funcionarios con el que se preveía ahorrar unos 1.000 millones de euros a través de la imposición de reducciones y congelaciones de emolumentos hasta 2016. Dicho plan trienal, que entraba en vigor el 1 de julio de 2013, también obligaría a los trabajadores del Sector público a aumentar su jornada laboral, al tiempo que reduciría las pagas adicionales por horas extraordinarias trabajadas.

Al amparo del citado Plan el Ejecutivo irlandés congelaría durante tres años todos los salarios que superasen los 65.000 euros anuales, después de reducirlos de "manera escalonada". Así, para aquellos salarios que oscilaran entre los 65.000 y 80.000 euros anuales la rebaja sería del 5,5%, mientras que para los que se situasen entre los 80.000 y 150.000 euros anuales sería del 8%. Entre los 150.000 y los 185.000 euros anuales el recorte sería del 9%, mientras que para los funcionarios que superaran esa última cifra la rebaja sería del 10%. Por su parte a aquellos trabajadores que no superasen los 35.000 euros anuales se les congelaría su salario una sola vez durante tres meses hasta 2016, mientras que a aquellos que ganasen entre 35.000 y 65.000 euros se les congelaría dos veces durante tres meses.

Por otro lado a resultas de la aprobación del citado Plan se obligaba a los funcionarios que trabajasen menos de 35 horas semanales a cumplir un mínimo de 37 horas, al tiempo que los empleados que trabajasen entre 35 y 38 horas habrían de cubrir 39 horas semanales. La reducción de los salarios del funcionariado irlandés constituía una de las demandas efectuadas por la troika de inspectores que supervisaba la marcha del rescate solicitado por este país en 2010 a la Unión Europea y el FMI, cuantificado como ya se ha precisado en 85.000 millones de euros.

Con fecha 13 de marzo de 2013, y por vez primera desde la formalización del rescate financiero de 2010, el Tesoro irlandés acudía a los mercados de deuda para la emisión de deuda a largo plazo (diez años). El conjunto de peticiones efectuadas se elevaron por encima de los 12.000 millones de euros. Dicha cifra superaba así ampliamente el objetivo inicial de Irlanda de colocar entre 2.000 y 3.000 millones de euros en bonos con vencimiento en marzo de 2023. El precio de dicha emisión bajó hasta los 240 puntos básicos por encima del índice de referencia para las emisiones de renta fija o *midswap*, en lugar de los 250 puntos barajados inicialmente. La demanda alcanzó más de 12.000 millones de euros en pocas horas por un papel con una rentabilidad inferior a la de España e Italia. El nuevo bono irlandés, que recaudaría un total de 5.000 millones de euros, suponía la primera emisión a 10 años del Tesoro irlandés desde agosto de 2010, justo antes de que el país solicitase su inclusión en el programa de asistencia financiera. Con una rentabilidad en torno al 4,15% Irlanda ni siquiera pagaba una prima sobre su deuda actual para financiarse.

Por su parte el Eurogrupo acordaba a mediados del mes de abril de 2013 extender en siete años los plazos de devolución de los préstamos concedidos a Irlanda, así como a Portugal. La extensión de dicho plazo representaba un espaldarazo para el Ejecutivo irlandés en la amortización del crédito de 85.000 millones de euros recibido a resultas del rescate efectuado por la Unión Europea y el Fondo Monetario Internacional.

Dentro del conjunto de medidas de ajuste implementadas en 2013 por el Ejecutivo irlandés destacaba la aprobación, durante la segunda quincena del mes de abril del citado año, de un Decreto de reforma hipotecaria en virtud del cual se acordaba la inclusión en los procesos concursales personales de la deuda hipotecaria (a diferencia de lo que sucede, por ejemplo, en España), procediendo el Servicio Irlandés de Insolvencias a definir los estándares aceptables de bienestar que habrían de determinar qué gastos son imprescindibles para un hogar en concurso. De este modo, a cambio de la renegociación y las quitas en las hipotecas el consumo familiar estaría racionado. En la mayor parte de los casos los hipotecados tendrían que renunciar a los seguros médicos privados y sus coches, salvo que no tuviesen acceso al transporte público.[206]

Cabe recordar a este respecto que, por aquel entonces, los impagos de las hipotecas eran mayores en Irlanda que en España. En el citado país irlandés el 12% del total de las hipotecas firmadas, unas 120.000, presentaban retrasos de tres meses o más en los pagos, como consecuencia de la crisis económica, del aumento del paro y de la bajada de los salarios. Otras 100.000 hipotecas habían sido renegociadas, a pesar de lo cual no se han producido apenas desahucios. En total, y a fecha de abril de 2013, unas 400.000 hipotecas incluían deudas superiores al valor del inmueble que las respaldase.[207]

Después de haber cerrado el ejercicio 2012 con un crecimiento del 0,9% del PIB, Irlanda confiaba en volver a crecer un 1,3% en 2013, cuando tenía previsto aplicar un programa de ajuste encaminado a ahorrar 3.500 millones de euros a través de recortes del gasto público y de nuevos impuestos. Por su parte el Banco Central Irlandés (ICB), que logró unos beneficios de 1.400

[206] Con carácter general los estándares de vida resultan relevantes de cara a la renegociación con la banca de las hipotecas morosas, ya que definen los criterios para la bancarrota personal. De un tiempo a esta parte el Banco Central de Irlanda había procedido a presionar a la banca para renegociar las hipotecas antes de que los clientes se acogiesen a dicha bancarrota. Cada banco habría de cumplir de forma trimestral unos determinados objetivos de saneamiento de su cartera hipotecaria de cara a 2014, proponiendo acuerdos "sostenibles" con sus hipotecados y eliminándose las trabas legales que impedían la ejecución de desahucios de primera vivienda.

[207] Fuente: *Diario Cinco Días*, www.cincodias.com (consultada el 19 de abril de 2013).

millones de euros en 2012, anunció que entregaría al Gobierno en concepto de dividendos 1.100 millones de euros en 2013, los cuales se sumarían a los 10.000 millones de euros que tenía previsto captar en los mercados para afrontar sus necesidades de financiación al margen de la ayuda del fondo del rescate.[208]

A mediados del mes de junio de 2013 el Directorio Ejecutivo del FMI completó la aprobación de un nuevo tramo del programa de rescate con la Unión Europea a Irlanda por valor de 85.000 millones de euros (113.000 millones de dólares) en el que, hasta dicha fecha, la institución multilateral había aportado 20.830 millones de euros (27.910 millones de dólares). Con este nuevo desembolso el FMI ya había aportado la mayor parte del total pactado en 2010 de 23.550 millones de euros (29.700 millones de dólares). Concretamente en el presente caso eran liberados un total de 950 millones de euros procedentes de un nuevo tramo del rescate. Y ello a pesar de que, si bien las perspectivas fiscales del Estado irlandés resultaban acordes con los objetivos marcados para reducir el déficit a un 3% del PIB en 2015, se esperaba que la deuda pública alcanzase el tope de 123 % en 2013 y la tasa de desempleo alcanzase el 13,7%.

A pesar de ello el PIB irlandés había caído un 0,6% en el primer trimestre de 2013 con respecto a los tres meses anteriores. Ello representaba un frenazo a las expectativas de aumento de la producción del 0,3%. Las revisiones de los trimestres anteriores arrojaban que el PIB irlandés se expandió solo un 0,2% en 2012, frente al cálculo anterior del 0,9%. Lo cierto es sin embargo que, a pesar de ello, las condiciones del mercado de bonos no sufrieron un fuerte deterioro, ya que la rentabilidad de la deuda irlandesa continuaba siendo baja. Concretamente los bonos a 10 años rentaban un 4,06%, y el margen irlandés sobre Alemania sólo se vio ampliado ligeramente desde principios de mayo de 2013. Con carácter adicional Irlanda

---

[208] Recuérdese además que el ICB y el BCE llegaron en febrero de 2013 a un acuerdo sobre la reestructuración de la deuda bancaria del *Anglo Irish Bank* al objeto de fijar una reducción "significativa" de 28.000 millones de euros contraída por el Estado para salvar esa entidad al comienzo de la crisis en 2008. A tal efecto se estimaba que si la reducción de la deuda del *Anglo Irissh Bank* pudiera destinarse a rebajar el déficit público el PIB irlandés podría crecer en 2013 y 2014 un 1,3 y un 2,4%, respectivamente, mientras que entre 2015 y 2016 podría llegar hasta el 2,8% (Fuente: *Diario Expansión,* www.expansion.com, consultada el 2 de mayo de 2013).

ya había recaudado el 75% de su objetivo de financiación (10.000 millones de euros) para 3013.

Con fecha 20 de septiembre de 2013 la Agencia de Calificación de Riesgos *Moody's* decidió mejorar el *rating* de Irlanda de "negativo" a "estable", dejándose no obstante una calificación Ba1 de "bono basura". Y ello como consecuencia del proceso de estabilización y de reducción de la deuda al 119,5% del PIB en 2014 desde el 123,3% en 2013. Si bien la citada Agencia no preveía que dicho crecimiento alcanzase los niveles anteriores a la crisis, podría resultar suficiente para mejorar la dinámica de la deuda. Asimismo se reconocía por parte de dicha Agencia de Calificación que el riesgo de que Irlanda perdiese de nuevo el acceso a los mercados financieros era mucho más bajo, tras emitir bonos durante el último año y haber cubierto su objetivo de financiación para 2014.

El Proyecto de Ley de Presupuestos Generales del Estado para 2014 presentado por el Ejecutivo contemplaba la creación de nuevos impuestos y recortes por valor de 2.500 millones de euros, aunque con un déficit público del 4,8%, muy por debajo del objetivo fijado, del 5,1%. Y ello teniendo presente que, con fecha 5 de octubre de 2013, el FMI aprobó que el Gobierno de Irlanda aminorase el ritmo de los recortes para 2014 (que tenían que alcanzar los 3.100 millones de euros), sugiriéndose que podría no ser necesario solicitar un segundo rescate para abaratar la financiación. En efecto, en su Informe de dicha fecha el FMI autorizó a Irlanda para que mantuviese su objetivo de recortar 5.100 millones de euros en los próximos dos años pero que mitigase el ritmo de las políticas de austeridad en 2013 para reanimar la economía irlandesa.

El citado Proyecto de Presupuestos Generales del Estado para 2014 pretendía alcanzar un ahorro de 3.100 millones de euros, de los que 2.500 millones corresponderían a recortes del gasto público y subidas de impuestos, entre las que se encontraba la aplicación de una nueva tasa a los bancos con la que se esperaba recaudar unos 150 millones de euros anuales en el periodo entre 2014 y 2016. En cambio no se contemplaba elevar el IVA del turismo y la hostelería, rebajado hace dos años al 9% desde el 13,5%.

A pesar de ello la falta de crédito existente "estrangulaba" la actividad económica y acentuaba los impagos de créditos hipotecarios, si bien la tasa de desempleo continuaba con su descenso, habiendo encadenado desde inicios de 2012 una bajada desde el 15% al 13,7%. De acuerdo con el Informe del FMI de octubre de 2013, casi seis de cada diez irlandeses en el paro llevaban más de un año sin trabajo[209]. Por su parte la confianza de los consumidores continuaba en niveles bajos, habiéndose ralentizado el crecimiento de las exportaciones y ascendiendo el porcentaje de deuda pública hasta el 123% del PIB a finales de 2013. Para 2014 estaba previsto que la deuda pública de Irlanda fuese de 3,5 veces sus ingresos fiscales. La deuda de las familias sería el 200% de su renta disponible.

Las previsiones del Ejecutivo irlandés pasaban por una expansión del PIB que pasaría del 0,2% en 2013 al 2% en 2014, mientras que se preveía que la *ratio* de deuda pública cerrase 2014 en el 120% del PIB, para situarse en el 118,4% en 2015 y el 114,6% en 2016. En este sentido el Proyecto de Presupuestos Generales del Estado para 2014 presentado por el Ejecutivo irlandés tenía como principal objetivo ahorrar 2.500 millones de euros a través de una nueva batería de impuestos y reducciones en el gasto público al objeto de reducir su déficit público hasta el 4,8% del PIB en 2014 y llegar al objetivo del 3% marcado en el rescate para 2015.

Finalmente con fecha 7 de noviembre de 2013 Irlanda recuperó la soberanía económica tras aprobar el examen de la troika, dejando así atrás el programa de rescate de 85.000 millones de euros que había solicitado tres años a la UE, al conceder los prestamistas el visto bueno a los Presupuestos Generales del Estado para 2014. A pesar de ello el Ejecutivo irlandés sopesaba la posibilidad de solicitar ayuda financiera adicional para hacer frente a posibles imprevistos en su readquirida independencia financiera, dados los 500.000 millones de euros de los que por aquel entonces disponía el MEDE para ayudar a todos los países europeos en tiempos de crisis, independientemente de cualquier asistencia adicional. Formalmente Irlanda abandonaría su programa de ayuda el 15 de diciembre de 2013 y regresaría definitivamente a los mercados de deuda en 2014, donde ya se financiaba a intereses razonables desde julio de 2012.

Desde su regreso a los mercados en julio de 2012 Irlanda había logrado financiación alternativa al programa de ayuda a unos intereses razonables, lo que le permitió acumular una reserva de unos 25.000 millones de euros

---

[209] Por otra parte la tasa de paro se situaba en el 13%. Y, si bien la población activa había caído un 5% desde que comenzó la crisis, un 25% de los ocupados trabajaba en empleos a tiempo parcial.

para hacer frente a imprevistos, cantidad que en principio habría de ser suficiente para cubrir el conjunto de las necesidades económicas del país hasta principios de 2015.

En este sentido el *Bank Of Ireland* (BoI), primera entidad privada irlandesa, procedió a emitir acciones por un valor de 580 millones de euros para iniciar la devolución de los 1.800 millones de euros que el Ejecutivo irlandés invirtió en su rescate en 2009 a través de la compra de preferentes. Con los ingresos procedentes de dicha captación de capital el BoI preveía reducir del 15% al 14 % la participación en la entidad del Estado irlandés, que inyectó un total de 4.800 millones de euros en 2009 con la finalidad de evitar su bancarrota. En efecto el BoI se comprometió a adquirir las acciones preferentes del Ejecutivo irlandés a un precio de 1 euro cada una antes de marzo de 2014, fecha a partir de la cual se encarecerían un 25%, 450 millones de euros más. El resto de los 1.800 millones de euros que debía la entidad al Estado se obtendría a través de una emisión de deuda para inversores privados.

Sin lugar a dudas dicha actuación representaba un paso más en la recuperación financiera del país y, por ende, en su regreso definitivo a los mercados de deuda para obtener financiación alternativa a los fondos de ayuda internacional, una vez que, con fecha 15 de diciembre de 2013, abandonase oficialmente el rescate solicitado en 2010 a la Unión Europea y al Fondo Monetario Internacional por un importe de 85.000 millones de euros. A tal efecto la Comisión Europea autorizó el desembolso de un último tramo de ayuda de 800 millones de euros para Irlanda una vez concluida su revisión final del programa de asistencia. Una vez desembolsados estos fondos, aportados por el Mecanismo Europeo de Estabilización Financiera, únicamente restaba ya el pago de 600 millones más por parte del FMI para que Irlanda concluyese definitivamente el programa de rescate y recuperara la soberanía sobre su economía. Dicha salida de Irlanda contaba ya además el visto bueno del Eurogrupo, que con fecha 9 de diciembre de 2013 autorizó un último tramo de 1.400 millones de euros a través del Fondo Europeo de Estabilidad Financiera y dio por concluida su participación en el rescate.

En todo caso, y con independencia de la finalización del programa de asistencia financiera (la cual vendría acompañada además por el rechazo del Ejecutivo irlandés a la concesión de una línea de crédito internacional por valor de 10.000 millones de euros[210]) los Presupuestos Generales del Estado aprobados para 2014 preveían subidas de impuestos y recortes del gasto público valorados en 2.500 millones de euros, con la finalidad de reducir su déficit público hasta el 4,8% del PIB en 2014 y llegar al objetivo del 3% marcado en el rescate para el año siguiente. El déficit público se situaba aún en el 7,5% y la deuda pública se acercaba ya al 125%. Asimismo se preveía que la tasa de paro, situada a principios de diciembre de 2013 en el 12,6%, continuara cayendo, situándose el porcentaje de crecimiento en 2014 en el 1,75%. Y no se preveía que retomase un ritmo de expansión del Producto Interior Bruto sostenido hasta 2018, con una muy lenta recuperación por delante.

Con la deuda pública situada en torno al 124% del PIB la Comisión Europea rebajaba una décima las previsiones de crecimiento para Irlanda hasta el 1,1% del PIB en 2014, mientras que el Banco Central de Irlanda la mantenía alrededor del 2% del PIB. A pesar de ello el principal objetivo de Irlanda para 2014 era la consecución de un superávit presupuestario que implicaría que se ingresase más por recaudación que lo dedicado al gasto público menos los intereses sobre la deuda nacional. A tal efecto tuvo lugar la aprobación del Plan de acción 2014-2020, a través del cual se contenía una Estrategia de Crecimiento que preveía un Presupuesto más de ajustes, valorados en unos 2.000 millones, antes de que el restablecimiento de las finanzas públicas deje de basarse en recortes para pasar a emplear el crecimiento como principal arma contra el déficit. La meta se mantenía en el 3% para 2015, instante en el que se preveía que el ajuste fiscal alcanzara el 20% del PIB. Con carácter adicional para el año 2020 se preveía recuperar los 331.000 puestos de trabajo destruidos por la crisis financiera e inmobiliaria.

La previsión del Ministerio de Finanzas irlandés para finales de 2013 era la de alcanzar un crecimiento del 0,2%, una décima menos incluso de lo que estimaba el FMI. A partir de entonces dicho porcentaje habría de crecer hasta un 2% en 2014 y por encima de los tres puntos a partir de 2017. Todo ello se terminaría traduciendo, al final de la presente década, en un déficit

[210] Concretamente el rechazo de dicha línea de crédito adicional fue justificado por el Ejecutivo irlandés argumentando que el Estado había acumulado reservas por un importe de unos 21.000 millones de euros que le permitían afrontar cualquier eventual problema de financiación hasta bien entrado 2015, argumentando además que si hubieran optado por la línea de crédito habrían tenido que decidir dentro de un año su renovación o su cancelación sin, probablemente, tener que haber hecho uso de ella.

prácticamente cero y en una deuda pública que caería del pico del 124 al 94% cuando concluya el período de referencia.

5. LA EVOLUCIÓN DE LAS EMISIONES DE DEUDA PÚBLICA IRLANDESA EN 2014

Con fecha 7 de enero de 2014 el Tesoro irlandés celebró su primera emisión de bonos desde que a finales de 2013 abandonara su programa de rescate. Pues bien dicha subasta generó una avalancha de peticiones. Así la demanda existente superó los 14.000 millones de euros. El rotundo respaldo de los inversores se trasladó además al mercado secundario, lográndose recaudar un total de 3.750 millones de euros a un interés del 3,54 % con una emisión de bonos de deuda con vencimiento en 2024, la primera a largo plazo desde 2010. A resultas de la celebración de dicha subasta el interés exigido al bono a diez años se enfrió al 3,2%, lo que motivó que la prima de riesgo bajase hasta el entorno de los 130 puntos básicos, alcanzando así sus mínimos desde la primavera del año 2010. Dicha espectacular demanda posibilitó además que el precio de los nuevos bonos a diez años lanzados por el Tesoro irlandés al mercado se enfriaran por debajo de lo previsto inicialmente, hasta el entorno de los 145 puntos básicos por encima del índice de referencia para las emisiones de renta fija o *midswap*.

En este entorno positivo con fecha 17 de enero de 2014 la Agencia de Calificación Crediticia *Moody's* decidió subir un escalón la nota de solvencia de la deuda soberana de Irlanda colocándola en Baa3, que representa el primer escalón de inversiones consideradas solventes, por encima del tramo de bono basura, otorgándole además perspectiva positiva[211]. Dicha decisión fue argumentaba por la citada Agencia en atención a la aceleración del crecimiento económico de Irlanda y a la salida del citado país del plan internacional de ayuda, corroborada además por el hecho de que Irlanda hubiese sido capaz de cerrar un plan de préstamos y de elaborar un plan económico a siete años destinado a reducir el paro hasta el 8% en 2020, desde el 12,5% y a alcanzar el equilibrio en las cuentas públicas durante el 2018.[212]

---

[211] Con carácter adicional la citada Agencia elevó la calificación de la deuda de la Agencia Nacional de Gestión de Activos de Irlanda de Ba1 a Baa3, con perspectiva positiva.

[212] Téngase presente a este respecto que la deuda pública de la República de Irlanda alcanzó en septiembre de 2013 los 204.700 millones de euros, lo que representaba un 124,8 % del PIB y un 7,7 % más que en ese mismo mes del año 2012.

Al amparo de esta situación podía afirmarse que los progresos de Irlanda eran innegables, ya que la economía irlandesa había consolidado la recuperación económica en el último trimestre de 2013 con un aumento del 1,5%, favorecido por el robustecimiento del sector de la construcción y de la producción industrial, al tiempo que la tasa de paro continuaba descendiendo, hasta el 12,4% en diciembre de 2013, lo que representaba solo tres décimas por encima de la media en la Unión Europea.

Por otra parte el PNB de Irlanda (indicador que excluye la actividad de las multinacionales) había crecido un 3,4% en los últimos tres meses de 2013 y un 0,2% en el conjunto del citado año. Así, frente al 3,3% de caída de la producción industrial, vinculada al fin de las patentes, ámbitos como la construcción (que aumentó un 10,6%) o la agricultura (que lo hizo en un 6,9%) mejoraron notablemente. Y, a pesar de que el consumo individual (que representa hasta dos tercios de la demanda doméstica) cayó un 1,1%, Irlanda se encontraba ya en una dinámica de creación de empleo. De hecho durante el ejercicio 2013 el número de puestos de trabajo aumentó en 60.000 y el crecimiento del mercado laboral fue de un 3,3% en términos anuales.

Sin embargo, y a pesar de lo anterior y de las previsiones existentes, la economía de Irlanda había experimentado durante el cuatro trimestre del 2013 una contracción del 2,3% respecto a los tres meses anteriores, cuando había registrado un incremento del PIB del 2,1%. Ciertamente se trataba de un dato que contrastaba con las previsiones de los mercados, que esperaban un nuevo incremento del PIB en los tres últimos meses del citado ejercicio. La contribución más negativa al dato del PIB del cuarto trimestre de 2013 fue la del sector industrial, donde la actividad cayó un 4,7%, mientras que la agricultura y la pesca aumentaron un 5,4% y otros servicios un 0,5%. Por lo que a los gastos se refiere se produjo un “sustancial descenso” en las exportaciones netas (-10,5%), debido principalmente a unas mayores importaciones. El gasto de los consumidores cayó seis décimas y la inversión en capital subió un 3,1%. De este modo en el conjunto del ejercicio 2013 la economía irlandesa se contrajo tres décimas, en contraste con el crecimiento del 0,2% registrado en 2012, lastrado por el descenso del 3,3% de la actividad industrial y del 1,1% del gasto de los consumidores.

Por otra parte la inflación interanual se había situado en febrero de 2014 en el -0,1%, lo que representaba la primera vez desde julio de 2010 en la que los precios caían en comparación con el mismo mes del año anterior[213]. De este modo, y respecto al mes anterior, los precios subieron en el segundo mes de 2014 cinco décimas, cuando en febrero de 2013 habían registrado un incremento del 0,8% respecto a enero.

En todo caso la mejora económica de Irlanda resultaba notable. Así, a principios del mes de septiembre de 2014 Irlanda poseía acceso a financiación barata, siendo la rentabilidad de los bonos a 10 años de sólo un 1,70%. A pesar de ser su tasa de desempleo elevada (del 11,2%), dicha tasa había caído por debajo de la media de la Eurozona desde el 15,1% a comienzos de 2012. El índice compuesto de gestores de compras de Irlanda marcó un máximo de 14 años en agosto de 2014 de 61,8. Y, teniendo presente que los ingresos fiscales estaban aumentando, era probable que el déficit fiscal irlandés cayese por debajo del 4% del PIB en 2014, frente al objetivo del 4,8%. El crecimiento irlandés en relación al PIB era volátil, pero repuntó un 2,7% en el primer trimestre de 2014.[214]

Al amparo de esta situación el Banco Central irlandés contemplaba la posibilidad de disponer, al objeto de evitar el surgimiento de una nueva burbuja inmobiliaria[215], que los préstamos hipotecarios concedidos por las entidades financieras quedaran vinculados únicamente al valor de la vivienda, así como a los ingresos de los posibles hipotecados. Concretamente se abogaba por que la banca sólo financiase hasta el 80% del precio de la vivienda, limitándose además el acceso al crédito a los clientes que pidan más de tres o cuatro veces el cómputo de sus ingresos. Dichas medidas vendrían así a sumarse a otras ya adoptadas como, por ejemplo, obligar a

---

[213] Concretamente se produjo un descenso de los precios de las comunicaciones (-4%), mobiliario y equipamiento del hogar (-3,6%), ropa y calzado (-3,4%) y transportes (-2%). Por el contrario, subieron en educación (+4,6%), en bebidas alcohólicas y tabaco (+3,3%) y la partida que agrupa otros bienes y servicios (+3,2%).

[214] Véase en este sentido BARLEY, R., "Ireland's Economy Returns to the Core of Europe", www.europe.wsj.com (consultada el 12 de septiembre de 2014).

[215] Téngase presente a este respecto que el precio de la vivienda en Irlanda subió un 0,4 por ciento en diciembre de 2014 respecto a noviembre del citado ejercicio, mientras que el aumento durante 2014 alcanzaba el 16,3%. Concretamente en Dublín el precio de la vivienda subió un 0,2% en el mes de diciembre de 2014 y un 22,5 por ciento en el año, encareciéndose las casas un 0,3% en el mes y un 22,5% en el año, mientras que el precio de los apartamentos cayó un 1% en el mes, pero subió un 21% en el año. Por su parte en el resto del país el precio de la vivienda subió un 0,7% en el mes y un 10,2% en el año, mientras que las casas fuera de la capital se encarecieron un 0,5 y un 10,1%, respectivamente.

las entidades financieras a negociar con los clientes en dificultades un plan de pago sostenible a largo plazo[216].

Por lo que respecta al ámbito de las emisiones de deuda a principios del mes de noviembre de 2014, y por vez primera desde el año 2009, la NTMA lanzaba una emisión de deuda sindicada logrando colocar un total de 3.750 millones de euros en deuda a 15 años al interés más bajo de su historia para este vencimiento Se trataba concretamente de 3.750 millones de euros en deuda con vencimiento en mayo de 2030 a un interés del 2,487%. El libro de pedidos abierto para dicha emisión recogía el interés de más de 250 inversores, incluidos gestores de fondos, aseguradoras, fondos de pensiones o bancos, entre otros, llegando a alcanzar la oferta la cifra de 8.400 millones de euros. El tipo de interés alcanzado se situó en el 2,49%, lo que representaba el umbral mínimo jamás registrado en Irlanda por este tipo de bonos.

Apenas unos días después, con fecha 20 de noviembre de 2014, y a resultas de una nueva subasta promovida por la Agencia Nacional de Gestión de los Activos del Tesoro, se recibirían ofertas por un valor total de 1.875 millones de euros, es decir, en torno a 3,75 veces la cantidad que había salido a promoción.

Como colofón a la recuperación de Irlanda baste señalar que, durante el ejercicio 2014, Irlanda experimentó un fuerte crecimiento del 4,8% de su PIB. Dicho dato relativo al crecimiento del PIB en 2014 contrastaba con el relativo a un crecimiento del 0,2% registrado en 2013 y con la caída del PIB de tres décimas de 2012, constituyendo el mejor dato desde el inicio de la crisis financiera y de deuda pública.

Durante el cuarto trimestre del ejercicio 2014 la economía irlandesa creció sólo dos décimas respecto a los tres meses anteriores, cuando había registrado un incremento del PIB del 0,4%[217]. Dicho dato correspondiente al último trimestre de 2014 confirmaba no obstante la desaceleración progresiva de la economía irlandesa, ya que en el primer trimestre del citado ejercicio el PIB aumentó un 2,3% y en el segundo trimestre un 1,2%. Con carácter general la contribución más positiva al dato del PIB de 2014 fue

---

[216] A principios del ejercicio 2013 había en Irlanda un total de 94.500 hipotecas con pagos atrasados por más de 90 días y 23.500 durante más de 720 días (Fuente: *Diario El Economista,* www.eleconomista.es, consultada el 7 de octubre de 2014).

[217] Fuente: Oficina Central de Estadísticas de Irlanda (CSO), www.cso.ie (consultada el 12 de marzo de 2015).

la de la agricultura, donde la actividad aumentó un 10%. Asimismo, el sector de la distribución, el transporte, el *software* y las comunicaciones creció un 8%, mientras que el de otros servicios subió un 3,4%. Asimismo, la industria registró un crecimiento general durante el ejercicio 2014 del 1,5%, impulsado en gran medida por el repunte del 6,9% de la actividad de la construcción. Por su parte, el sector público y defensa crecieron un 1,1%. Dentro del Capítulo de gastos destacaba el fuerte incremento del 11,3% experimentado por la formación de capital en 2014, mientras que el gasto personal, que representa aproximadamente el 60% de la demanda doméstica, subió un 1,1% y el gasto público subió una décima. Finalmente las importaciones registraron un incremento del 13,2% en el conjunto del 2014, superando la subida del 12,6% de las exportaciones. Así las cosas Irlanda finalizó su ejercicio 2014 con un déficit público del 3,9%, situándose la deuda pública por encima del 100% del PIB.

6. LA CONSOLIDACIÓN DE LA RECUPERACIÓN Y LA VUELTA A LAS ALTAS TASAS DE CRECIMIENTO ECONÓMICO EN 2015

Ya durante el ejercicio 2015, y como prueba irrefutable de la considerable mejora experimentada por la economía irlandesa, el déficit público se situó en el 2,1%, notablemente por debajo del 2,7% que se había marcado de objetivo para 2015. Con carácter adicional durante el primer trimestre del citado ejercicio el PIB de Irlanda creció un 7,2% interanual y un 6,7% en el segundo trimestre de dicho ejercicio. Y la tasa de paso cayó hasta el 8,9% tras haber tocado el 15% en 2012.

El Índice compuesto de gestores de compras (PMI) se situaba en 60,2, muy por encima del punto de equilibrio de 50. En noviembre de 2015 el sector servicios comunicó el ritmo de contratación más rápido desde que se empezó a realizar la encuesta PMI en mayo de 2000.

A la finalización del mes de octubre de 2015 el PIB irlandés crecía a un ritmo cercano al 6% habiéndose reducido la deuda pública desde el 120% del PIB, alcanzado en 2012, hasta el 100% actual. Por otra parte de cara al citado ejercicio 2016 estaba previsto que el gravamen denominado Tasa Social Universal (*Universal Social Charge*, USC) bajase al 1% (1,5% anterior) para los salarios que no superasen los 13.000 euros. Téngase presente que durante el ejercicio 2015 dicha tasa 'super-reducida' se aplicó para los sueldos inferiores a los 12.012 euros. Esta medida beneficiaría a unos 42.500 trabajadores. La siguiente banda del USC pasaría del 3,5% al 3% para los salarios comprendidos entre los 13.000 y los 18.668 euros, y del 7% al 5,5% para los que superaran los 18.668 euros.

La Ley de Presupuestos Generales del Estado para 2016 presentado por el Ejecutivo irlandés contempla, por primera vez en años, una importante bajada de los impuestos y un aumento significativo del gasto público. Dentro de las rebajas fiscales destaca la posible reducción para algunas empresas del Impuesto de Sociedades al 6,25%, tipo reducido que solo se aplicaría para los beneficios derivados de las patentes y la propiedad intelectual. Como es sabido Irlanda ya contaba con uno de los Impuestos de Sociedades más bajos del mundo, concretamente del 12,5%. Pues bien, al amparo de la citada reforma el citado tipo de gravamen sería más bajo para las empresas tecnológicas o farmacéuticas que obtengan gran parte de sus ingresos de la propiedad intelectual y las patentes, siguiendo así el modelo de países como Reino Unido, Luxemburgo y Holanda, que ya tienen establecidos unos gravámenes inferiores al tipo general para la propiedad intelectual[218].

Recapitulando, a pesar de que, a resulta de la crisis financiera, el PIB de Irlanda cayó más de un 11% en 2008 y 2009, a la finalización del ejercicio 2015 el PIB de Irlanda creció un 7,8% gracias, en parte, a un marcado repunte de la actividad económica en el último trimestre del ejercicio. Este fuerte crecimiento ha permitido, por ejemplo, reducir su deuda en dos años desde el 125% sobre el PIB hasta el 99,4% en el tercer trimestre de 2015. El PIB de Irlanda creció un 2,7% durante el último trimestre de 2015, frente al 1,5% registrado entre julio y septiembre de ese año. Por su parte el Producto Nacional Bruto (que excluye las aportaciones de las multinacionales) creció un 5,7% en 2015. El valor añadido de la industria irlandesa aumentó un 13,7% durante el citado ejercicio, mientras que el sector manufacturero lo hizo en un 14,2%. La actividad de la construcción y del mercado inmobiliario experimentó un crecimiento del 8,8%, seguida por el aumento del 6,4% del transporte, distribución, *software* y comunicaciones. Por contra, el

[218] Ya con anterioridad los Presupuestos Generales del Estado de Irlanda correspondientes al ejercicio 2015 fijaron como principal objetivo situar el déficit público por debajo del 3% del PIB, lo que motivó que el Gobierno irlandés acometiera la práctica de un ajuste valorado en 2.000 millones de euros.

volumen de actividad económica de la Administración Pública y de defensa cayó un 2,6% en 2015. Y el consumo privado creció un 3,5% en 2015[219].

En suma, Irlanda superó su objetivo de déficit presupuestario por quinto año consecutivo. Dicha circunstancia terminaría motivando por ejemplo que, a mediados del mes de marzo de 2016, la Agencia de Calificación Crediticia DBRS acordase en un escalón el *rating* de emisor a largo plazo de Irlanda, hasta 'A (Alto)' frente al anterior 'A', como consecuencia de su fuerte recuperación económica y de los progresos realizados hacia la reducción de su déficit fiscal, situando dicho *ratio* en perspectiva 'estable'.

A pesar de que inicialmente se informó de que Irlanda había crecido un 7,8% en 2015, finalmente dicha cifra fue revisada hasta un 26,3%, una cifra récord que no se correspondía con la realidad económica del país y que estaba propiciada por "factores" circunstanciales[220]. Dichas nuevas cifras reflejaban una subida del 102% en las exportaciones netas y las actividades de una compañía de alquiler de aviones que domicilió su multimillonario balance de cuentas en Irlanda durante 2015. Con carácter adicional un número considerable de multinacionales, sobre todo del sector tecnológico, movió a la isla parte de sus activos, entre otros por motivos relacionados con las patentes, para aprovechar los beneficios fiscales que ofrece Irlanda. A resultas de lo anterior el PNB irlandés, que excluye las aportaciones de las multinacionales, aumentó un 18,7% en 2015 respecto a 2014.

Todos los sectores de la economía irlandesa experimentaron una expansión en 2015, con la industria, que incluye la construcción, a la cabeza, gracias a un crecimiento del 87%. Las exportaciones aumentaron un 34,4% respecto a 2014 y la importaciones lo hicieron en un 21,7%, mientras que el consumo doméstico y el gasto público subieron un 4,5 y un 1,1%, respectivamente.

Ya dentro del ejercicio 2016, durante el primer trimestre el PIB de Irlanda se contrajo un 2,1% respecto a los últimos tres meses de 2015, mientras que el PNB creció un 1,3% en ese periodo. El Índice compuesto de gestores de compras del país se mantuvo en 60,7 en marzo de 2016, lo que representaba un progreso constante y sólido en una economía que creció a un 7,8%

[219] Fuente: Oficina Central de Estadísticas de Irlanda (CSO), www.cso.ie (consultada el 10 de marzo de 2016).

[220] Fuente: Oficina Central de Estadísticas de Irlanda (CSO), www.cso.ie (consultada el 12 de julio de 2016).

en 2015. Ello contribuyó a reducir la deuda de Irlanda como proporción del PIB a menos del 100%, desde el 120% en 2013. Asimismo fue objeto de reducción la tasa de paro por debajo de la media de la Eurozona. A la finalización del mes de abril de 2016 la tasa de desempleo en Irlanda fue de sólo un 8,4%, menos de la mitad de su máximo, acumulando una caída de 0,6 puntos porcentuales sólo en 2016. Ello devolvía el paro irlandés a niveles vistos por última vez a finales de 2008, antes del estallido de la crisis de la Eurozona.

Al abrigo de esta situación con fecha 14 de abril de 2016 Irlanda vendió un total de 750 millones de euros de bonos a 10 años con una rentabilidad más baja que la última vez que acudió al mercado, dos semanas antes de la finalización del mes de febrero de 2016, que arrojaron un resultado inconcluyente. La rentabilidad en dicha subasta de mediados de abril de 2016 fue de sólo el 0,82%, frente al 1% de febrero de 2016, tal y como mostraban los datos de la Agencia Nacional de Gestión del Tesoro. La subasta tuvo una demanda 2,4 veces superior a la oferta, por encima de las 1,8 veces de febrero de 2016. A dicha emisión de deuda había que sumar además la lanzada a principios del mes de mayo de 2016, consistente en una emisión de bonos a cien años a un tipo del 2,35%.

IV. LA CRISIS DE LA DEUDA PÚBLICA ESPAÑOLA

1. EL PUNTO DE PARTIDA. LA SITUACIÓN DE LA DEUDA PÚBLICA A FINALES DE 2010

1.A. Análisis de las calificaciones crediticias otorgadas por las principales agencias de rating

Como es sabido a lo largo de estos últimos años el Gobierno español ha venido mostrándose reacio a que se congelen los fondos estructurales de cohesión para los países con déficits elevados. Se pretendía así abortar la medida propuesta en su día por la Comisión Europea con la finalidad de endurecer el PEC y evitar que las crisis de deuda soberana iniciadas en otros países contagiasen a la deuda española, rechazándose así la posibilidad de que el endurecimiento de las sanciones terminara afectando a ambas partidas (fondos estructurales y fondos de cohesión). Ha de recordarse que nuestro país ha sido tradicionalmente, dentro de la Unión Europea, el mayor beneficiario de fondos estructurales, solo detrás de Polonia. En este sentido el Gobierno español propuso como medidas de "castigo" alternativas para los Estados incumplidores la imposición de sanciones económicas en forma de multas.

Con fecha 30 de septiembre de 2010 la Agencia de Calificación Crediticia *Moody's* procedió a rebajar la calificación de la deuda de España por su lenta recuperación, bajando así un nivel la nota sobre la deuda y el Fondo de Reestructuración Ordenada Bancaria (FROB). De este modo dicha calificación pasó del máximo AAA a Aa1, con perspectiva estable. La razón de ser de esta rebaja se debió, de conformidad con lo declarado por la citada Agencia, a la debilidad de las perspectivas de crecimiento económico existentes en nuestro país, dado que la recuperación de los sectores de la construcción e inmobiliario se preveía que tardase aun varios años. Igualmente se aludió dentro de estas argumentaciones al considerable deterioro de la fortaleza financiera de España y al deterioro fiscal producido, muy pronunciado en opinión de *Moody's* respecto a otras economías cuyo *rating* o calificación era de AAA, el máximo que otorga la Agencia, y al elevado déficit y endeudamiento existente en nuestro país lo que, unido a los elevados intereses ofrecidos por su deuda, podría determinar el surgimiento de una cierta vulnerabilidad frente a futuros episodios de volatilidad en los mercados.

Moody's estimó un crecimiento del PIB español de sólo el 1% anual, inferior al de otras economías del entorno, que habrían de crecer igualmente con lentitud pero en mayor medida, hasta el 2% el Reino Unido, entre el 1,5% y el 2% Alemania y un 1,5% Francia. A juicio de la citada Agencia de calificación la baja productividad española y su falta de competitividad constituían los principales retos a los que debía hacer frente la Administración española. A pesar de la reforma laboral acometida por aquel entonces en nuestro país estimó *Moody's* que los costes laborales continuaban muy altos, resultando la flexibilidad del mercado de trabajo mayor que la de otros países que conservaban la máxima calificación, al igual que sucedía con la deuda externa y con el déficit.

Dentro de los factores que, a juicio de *Moody's*, dificultaban la recuperación económica, se situaba la "elasticidad" de las importaciones españolas y el ajuste del sector inmobiliario, donde quedaban aún muchas viviendas sin vender y donde además, desde nuestro punto de vista, aún no se había producido un verdadero ajuste de precios. No obstante a través de su informe reconoció la Agencia que los resultados de los *tests* de estrés efectuados a los bancos en julio de 2010 pusieron de manifiesto que el Gobierno español actuó de manera correcta en el proceso de reestructuración del sector bancario, de manera que las entidades financieras podrían hacer frente a sus necesidades de capital sin tener que acudir a las ayudas públicas.

En relación con el deterioro fiscal producido en nuestro país señaló *Moody's* en su Informe de septiembre de 2010 que, dado que la Administración española pretendía reducir el déficit en un entorno de "moderado" crecimiento económico (hasta un 6% para el año 2011) al objeto de poder alcanzar los objetivos fiscales fijados, una posterior reducción del déficit exigiría una nueva reforma del gasto público. Y, precisamente en atención a esta determinación del Gobierno español de reducir el déficit fiscal, la Agencia optó por rebajar la calificación de España sólo un grado y mantener la perspectiva estable, valorándose además de manera positiva el control del gasto impuesto por el Estado a las Comunidades Autónomas (CC.AA.). Finalmente, y refiriéndose a la crisis de deuda actualmente existente, subrayó *Moody's* en su Informe que los elevados vencimientos a los que debía de hacer frente la Administración española en fechas posteriores la colocaban en una situación vulnerable frente a futuras crisis financieras.

Por su parte a mediados del mes de diciembre de 2010 la citada Agencia Internacional de Calificación de Riesgo *Moody's* facilitó un nuevo Informe entre sus clientes de todo el mundo en el que se ponían de manifiesto, entre otros datos, que el Estado español tendría que pedir a los mercados 175.000 millones en 2011, cifra a la que habría que sumar además otros 30.000 millones de las Comunidades Autónomas, añadiéndose además que nuestro modelo de financiación regional no era sostenible y que la banca española podría llegar a necesitar miles de millones de capitalización (unos 90.000 millones, aproximadamente) en 2011[221]. Ello excedería de las cantidades fijadas al efecto en el FROB.

En el citado Informe se otorgó al Gobierno español un plazo que finalizaba el 15 de marzo de 2011 para acometer actuaciones tales como el ajuste de las pensiones y la descentralización de la negociación colectiva, pieza clave de la reforma laboral, entre otras medidas. En caso contrario la citada Agencia anunció que bajaría ya a una simple doble A la calificación de

[221] Precisamente a este respecto con fecha 17 de diciembre de 2010 se conoció, a través del Banco de España (BdE), que la deuda de las Comunidades Autónomas se vio incrementada en 2.800 millones en solo tres meses, ascendiendo el volumen de deuda pública española en el tercer trimestre del citado año hasta 611.198 millones de euros, desde los 599.835 millones de junio y los 560.622 millones con que se cerró el año 2009. Esta deuda se desglosaba en 467.348 millones de euros del Gobierno central, casi 9.000 millones más en los últimos tres meses. En el caso de las Comunidades Autónomas, su deuda se había visto incrementada en 2.800 millones de euros, hasta los 107.624 millones, mientras que en los Ayuntamientos se había reducido, al pasar de 36.521 a 36.226 millones de euros. De este modo la deuda de los Entes Regionales se disparó un 27,3% desde el mismo periodo de 2010. Con este incremento global, el *ratio* entre la deuda y el PIB había pasado en nueve meses del 53,2% al 57,7%. Había subido 2,5 puntos en el Gobierno central, al 44,1%; 1,9 puntos en las Regiones, al 10,2%, y apenas una décima en los Entes Locales, al 3,4%.

España, lo que la alejaría cada vez más de la triple A que ostentaba antes de la crisis y que garantizaba una financiación barata a la economía española. Por otro lado en el citado Informe quedó puesto en tela de juicio el acuerdo alcanzado en su día por el Gobierno con las Comunidades Autónomas para introducir más transparencia en los datos de las cuentas públicas (datos trimestrales de ejecución presupuestaria), que habrían de ser facilitados por aquéllas a la luz de los límites del control del Ejecutivo existentes sobre las cuentas de las Comunidades Autónomas.

Por su parte la Agencia de Calificación *Standard & Poor's*, en un Informe emitido con fecha 2 de diciembre de 2010, señaló que los *ratings* de la deuda de gobiernos y bancos europeos iban a estar sometidos a una fuerte presión en 2011, figurando entre las entidades que más dudas podían llegar a experimentar sobre su solvencia las cajas de ahorros. A juicio de la citada Agencia uno de los factores que más podía llegar a pesar sobre los *ratings* de emisores soberanos y financieros era la continua inseguridad de los participantes en el mercado sobre la capacidad de varios gobiernos de fijar sus desequilibrios fiscales. Y ello a resultas del aumento paralelo forzado durante las semanas previas a la emisión del citado Informe por los inversores de las primas de riesgo de gobiernos y bancos en nuestro país y en otros países de la periferia europea.[222]

1.B. Resultados de las subastas del tesoro efectuadas en diciembre de 2010

Con fecha 2 de diciembre de 2010 el Tesoro procedió a colocar una emisión de 2.468,04 millones de euros en bonos a tres años con una rentabilidad

[222] Ni que decir tiene que ambos sectores se encuentran fuertemente interconectados ya que, mientras que los Gobiernos apoyan al sector financiero con diversas ayudas las entidades, por su parte, tienen buena parte de sus activos invertidos en bonos públicos. Pues bien, dada esta interacción uno de los principales riesgos susceptible de llegar a producirse es el relativo a la creación por parte de los reguladores europeos de un régimen por el que los inversores asuman pérdidas en caso de reestructuración de la deuda de algún país. Según los cálculos efectuados por *Standard & Poor's* en el citado Informe, los Gobiernos europeos podían necesitar financiación por importe de 10 billones de euros entre 2011 y 2015. Y, en igual período, los bancos requerirán 2 billones de euros. Asimismo se estimaba que las empresas europeas podían necesitar en torno a los cuatro billones de euros. Todos estos requerimientos de financiación podían llegar a provocar, a juicio de la citada Agencia, una gran volatilidad en las primas de riesgo y fluctuaciones en la demanda de los inversores.

del 3,797%. A pesar de esta actuación los mercados calificaron la operación como exitosa, máxime si se tiene en cuenta que en el mercado secundario cotizaban al 4% apenas 10 minutos antes de conocerse el resultado de la subasta. Adicionalmente la demanda respondió con fuerza a la realización de la operación, ya que las peticiones alcanzaron los 5.599 millones de euros, procediendo en buena medida de inversores extranjeros. Ello provocó una renovación por parte de los mercados de su confianza en la deuda española, igualmente a plazos superiores. De hecho el interés del bono español a diez años se situó con fecha 2 de diciembre de 2010 en el 5,2%, continuando el "riesgo país" sus recortes hasta situarse en los 226 puntos básicos.

A finales de noviembre y principios de diciembre de 2010 el Tesoro procedió a rebajar sus objetivos respecto de la citada subasta celebrada el 2 de diciembre de 2010 hasta los 2.750 millones de euros, disparándose así el interés ofrecido y situándose éste claramente por debajo de la rentabilidad reflejada por el mercado secundario. Por otro lado, y ante las presiones sufridas por la deuda de nuestro país en fechas pasadas, el Gobierno optó por reducir las emisiones de deuda en lo que restaba de 2010, señalándose además la previsión de reducir igualmente las emisiones para 2011 de 45.000 a 30.000 millones de euros.[223]

Con fecha 16 de diciembre de 2010 el Estado español terminó pagando un 18% más por las obligaciones a 10 años y un 31% más por las de 15 años, lo que representó una rentabilidad superior al 5%. Con motivo de la subasta celebrada en dicha fecha el Tesoro colocó 1.782,47 millones de euros en obligaciones a 10 años con un interés marginal del 5,485% (un 18% más que la anterior emisión), y 618,67 millones en obligaciones a 15 años con una rentabilidad del 5,968%, lo que representó un 31% más. En total, el Tesoro Público adjudicó 2.401 millones de euros en obligaciones a 10 y 15 años, subiendo el interés de ambas emisiones al mayor nivel desde 1997. El objetivo de colocación era de entre 2.500 millones y 3.000 millones de euros, a pesar de lo cual el Tesoro sólo adjudicó 2.400 millones.[224]

---

[223] Fuente: *Diario Expansión*, 3 de diciembre de 2010, pág. 17.

[224] La anterior subasta en obligaciones a 10 años se había cerrado a un tipo de interés del 4,632%, un 11% más que la anterior emisión. En el caso de las obligaciones a 15 años, la anterior subasta se había efectuado el 21 de octubre de 2010. En ella el Tesoro logró adjudicar 2.909,50 millones de euros de los 4.185,11 millones solicitados, con una rentabilidad del 4,552%, cuatro décimas inferior a la de la subasta anterior (Fuente: *Diario El Mundo*, www.elmundo.es, 16 de diciembre de 2010).

En cambio apenas cinco días después, el 21 de diciembre de 2010, el Tesoro colocaba sin problemas un total de 3.000 millones en deuda, bajando el interés. Dicha colocación de los citados 3.000 millones de euros se produjo en letras a tres meses, reduciéndose su interés marginal dos centésimas respecto a la anterior subasta de esta denominación. El Tesoro colocó igualmente 876,66 millones de euros en letras a seis meses, aunque en esta última emisión tuvo que subir su rendimiento hasta el 2,65% desde el 2,26% anterior. El Tesoro había establecido una meta de colocación de entre 3.000 y 4.000 millones de euros, al reducir gradualmente los montos previstos en las últimas subastas ante el alza de las tasas en el mercado secundario, en medio de un clima de temor a la deuda soberana de los países de la periferia de la Zona Euro, entre ellos España. En letras a tres meses, la tesorería estatal adjudicó 3.000 millones de euros frente a una demanda de 6.424,44 millones, con una tasa marginal del 1,848% frente al 1,870% de la anterior emisión del 23 de noviembre. Y, a seis meses, colocó 876,66 millones de euros pese a una demanda de 4.512,66 millones, con un rendimiento del 2,650 por ciento frente al 2,260 por ciento de la emisión precedente, también del 23 de noviembre.

Para finalizar con fecha 30 de diciembre de 2010 el Tesoro Público anunció su estrategia de financiación para 2011. Igualmente se ofrecieron los datos globales correspondientes a 2010, a la luz de los cuales el Estado se endeudó en 14.700 millones de euros menos de lo previsto en su estrategia de financiación, a resultas del hecho de que las medidas de austeridad fiscal implantadas por el Gobierno a mediados de 2010 con la finalidad de tratar de consolidar el ajuste de las cuentas públicas dieron lugar a unas menores necesidades. En total el volumen de deuda en circulación creció en 62.100 millones de euros, frente a los 76.800 millones de euros inicialmente previstos.

Para el año 2011 se preveía continuar con esta tendencia, de manera que el volumen de deuda neta (descontados los vencimientos) creciese en otros 47.200 millones de euros, lo que supondría la necesidad más baja desde 2007. A esta cifra se llegaba por la suma del déficit de caja del Estado para el ejercicio 2011 (44.036 millones de euros) más la variación de activos financieros prevista para dicho ejercicio (que ascendía a 420 millones de euros). A dichas cantidades había que añadir, además, los 3.588 millones de euros derivados del pago del préstamo efectuado a Grecia, a realizar en el 2011. Con ello el importe de deuda total ascendería a 588.000 millones de euros, ligeramente por encima del 55% del PIB.

En resumen, la deuda neta aumentó durante el 2010 en 62.100 millones de euros, lo que suponía un 19% menos de lo estimado por el Tesoro, debido a las medidas de ajuste fiscal, creciendo en otros 47.200 millones de euros en 2011. En términos brutos (esto es, sin descontar vencimientos) el Gobierno debía colocar en 2011 93.800 millones de euros entre bonos y obligaciones, en un momento en el que no parecía mejorar la confianza de los inversores. De hecho el llamado "riesgo país" permanecía en niveles históricamente altos en la Era Euro, situándose en torno a 250 puntos básicos, si bien debe precisarse que durante el 2011, y a diferencia de ejercicios anteriores, no había vencimientos de bonos y obligaciones en el mes de enero. En cambio, sí que existían tres meses de compromisos en abril, julio y octubre, lo que coincidía con períodos en los que se producían ingresos significativos en las arcas del Estado. A esta circunstancia debía sumarse además que, como novedad, el anuncio trimestral de las referencias a subastar pasó a ser mensual, al objeto de poder adaptar las emisiones a las preferencias del mercado.

Dada esta situación la deuda española aparecía en el citado Informe entre las diez con mayor riesgo a nivel mundial, esto es, en el *top ten* de los bonos con mayor riesgo de impago a nivel mundial, según el 'Informe trimestral de riesgo soberano' elaborado por la consultora CMA con fecha de 7 de enero de 2011. La percepción de los mercados sobre los bonos españoles había empeorado notablemente y había hecho que protagonizasen una vertiginosa escalada en este *ranking* y se situasen incluso por delante de países como Irak o Islandia.[225]

[225] La citada Consultora, tomando como referencia los CDS, calculó la probabilidad de que los países no pudieran hacer frente a las obligaciones de pago en el periodo establecido. El Informe elaborado aseguró que la probabilidad de impago de la deuda española era del 26,7%, lo que la situó en séptimo lugar, frente al puesto 21 que ocupaba en el tercer trimestre o el 34 de hace un año. Además el *rating* de España había rebajado un peldaño más en el cuarto trimestre hasta bb–, si se tiene en cuenta también el comportamiento de los CDS, adentrándose así aún más en la calificación de bono basura que ostentaba la deuda española desde junio de dicho año, según esta firma. De conformidad con lo señalado en el citado Informe el aumento de riesgo de *default* en España, tal y como marcan los CDS, hacía que la calificación del país pasase de 'a' en el primer trimestre a 'bb' en el segundo y tercer trimestre y que cerrase el año en bb-. La deuda pública española se encontraba en lo que coloquialmente se conoce como bono basura. Este *rating* ponía a España al mismo nivel de otros países como Hungría, Dubai o

Por otra parte dentro del mercado primario durante el ejercicio 2010 se produjo un cambio de tendencia respecto a los dos años anteriores, de modo que la emisión neta se redujo un 45% y alcanzó los 64.147 millones de euros, frente a los 116.881 millones de 2009. Esta situación se produjo como consecuencia del descenso de la necesidad de endeudamiento del Estado por las medidas de consolidación fiscal puestas en marcha por el Ejecutivo central. Con carácter adicional la cifra de emisión neta fue en torno a un 18% menor al volumen previsto. Los inversores extranjeros fueron ganando peso en la financiación de la deuda española, habiendo asumido más de la mitad de las nuevas emisiones y poseyendo ya, por primera vez, más del 50% del saldo vivo de la deuda española. Según se desprendía de la citada Memoria del Mercado de Deuda Pública correspondiente al año 2010, los inversores no residentes eran propietarios a la finalización del ejercicio 2010 del 54,7% del saldo de estos instrumentos, lo que significaba que su participación había aumentado durante ese año en 8,6 puntos porcentuales. El resto del saldo se distribuyó en participaciones similares entre las otras instituciones financieras (14,2 %), las Administraciones Públicas (13,6 %) y el sistema crediticio (13,2 %); por último, las empresas no financieras y las familias mantenían en su poder el 4,2 % del saldo.

Irak. Aunque todavía lejos de Grecia, con los que tantas veces se ha comparado a la economía española en los últimos tiempos, al que se le atribuyó una calificación ccc. Se afirmó igualmente en el citado Informe que España fue el segundo país con peor trayectoria de sus CDS en el cuarto trimestre de 2010. Concretamente los CDS de los bonos a cinco años habrían pasado de una media de 229,1 puntos en el tercer trimestre a 347,7 puntos en el cuarto, lo que suponía un aumento del 51,8%. Una escalada sólo superada por Bélgica (70,4%). El Informe de CMA constató, por otro lado, la creciente incertidumbre existente respecto a la deuda soberana de los países de la periferia del euro, puesto que entre los diez países con mayor riesgo aparecían, además de España, Grecia (que lideraba el ranking) e Irlanda en tercera posición, seguido de Portugal, mientras que Italia se sitúa ya en decimosegundo lugar. El resto de países con mayor probabilidad de *default* fueron Venezuela (que mejoró una posición y apareció en segundo lugar del listado), Argentina (que mejoró dos puestos y se situó quinta), seguida de Ucrania, mientras que Dubai, Hungría e Irak cerraron las diez primeras posiciones. Por el contrario, Noruega, Finlandia y Suecia repitieron un trimestre más como los emisores de deuda considerados más seguros por el mercado, ya que sus probabilidades de *default* fueron del 2,1% en el caso de Noruega, y del 3% para los dos países escandinavos de la UE. Por su parte EEUU se situó como el quinto emisor de deuda más seguro del mundo, con una probabilidad de impago del 3,6%, cuatro posiciones mejor que tres meses antes, mientras que Alemania sufrió el impacto de las dudas asociadas al coste de los rescates de sus socios y empeoró cuatro puestos, hasta el noveno lugar, con una probabilidad de impago del 5,2%.

Con carácter general durante el ejercicio 2010 la emisión neta de deuda del Estado se concentró en la captación de fondos mediante bonos y obligaciones del Estado por importes de 26.737 millones de euros y 33.831 millones, respectivamente. La emisión neta de letras se cifró solamente en 3.579 millones de euros, lo que favoreció que la vida media del saldo de deuda del Estado se alargara muy ligeramente hasta 6,3 años al concluir 2010, frente a los 6,2 años de 2009.

Echando la vista atrás, ya entre 1999 (año de la creación del euro) y 2007 los diferenciales de rentabilidad de los países de la Zona Euro se mantuvieron en niveles reducidos y estables. En cambio, con efectos desde el 2007 se disparó la volatilidad. Concretamente, tras el estallido de la crisis de las *subprime* en la primera parte de 2008 comenzaron las turbulencias, sobre todo en los plazos largos. En el caso concreto de la deuda española a diez años el diferencial respecto a la referencia alemana equivalente pasó de 8 puntos básicos a finales de 2007 a 40 puntos a mediados de marzo de 2008. Con la quiebra del banco *Lehman Brothers* en septiembre de 2008 el escenario cambió nuevamente. El diferencial de las obligaciones españolas a diez años llegó a alcanzar valores cercanos a los 130 puntos básicos en febrero de 2009. Y en enero de dicho año la Agencia de Calificación Crediticia *Standard & Poor's* bajó la nota de los bonos españoles desde AAA hasta AA+.

Dada esta situación ya a finales de 2009 la crisis de deuda adquirió una nueva dimensión cuando se descubrió que las cuentas griegas se habían falseado durante años y que el nivel de déficit era mucho mayor de lo que se creía. Las sacudidas se sucedieron, extendiéndose por la región del euro y endureciéndose hasta agosto de 2011, siendo su detonante inicial la dificultad para diseñar un nuevo programa de ayuda para Grecia, al que posteriormente tendremos ocasión de referirnos con detenimiento. Durante este período la rentabilidad de las obligaciones españolas a diez años llegó a superar el 6% y el diferencial frente al bono alemán se acercó a los 400 puntos básicos, lo que condujo a los niveles más elevados desde la creación de la Unión Económica y Monetaria.

¿Qué consecuencias planteaba esta situación sobre el mercado de deuda pública? En primer lugar, el déficit del Estado español se situó en el 2,8% del PIB en 2008 y superó el 9,3% en 2009. La carga financiera pasó del 1,6% del PIB en 2008 al 2,2% a mediados de 2011. Durante los tres últimos años cerrados el incremento de los pasivos del Estado materializado en títulos del Tesoro se situó por encima del 90%. Como resultado de ello se produjo un aumento progresivo del saldo vivo de estos activos, que ha pasó del 26% del PIB en 2007 hasta el 47% en junio de 2011.

De este modo, si bien durante 2008 y 2009 la importancia relativa de las emisiones a corto plazo (letras del Tesoro) fue relativamente alta en comparación con años anteriores (38% y 29%, respectivamente, de las emisiones netas realizadas durante este periodo, frente a un peso del 10% en términos del saldo vivo a finales de 2007), a partir de 2010, y en un contexto de mayores tensiones en los mercados de deuda, la colocación se centró en los plazos medios y largos, lo que contribuyó a moderar el volumen de refinanciaciones. De este modo la vida media de las emisiones de la Administración Central pasó desde los 6,82 años a finales de 2007 hasta los 6,44 de 2009, para posteriormente aumentar en 2010 (6,62 años) y estabilizarse a lo largo de 2011. Así quedó puesto de manifiesto en el Boletín mensual del Banco de España publicado el 30 de septiembre de 2011.

Ante las adversidades existentes el Tesoro Público incrementó su número de aliados o creadores de mercado. Dentro del segmento de las letras, por ejemplo, la deuda española pasó de contar con 13 instituciones para su colocación a 21. En cuanto a los bonos, también se alcanzaron 21 'colaboradores'. Así, a pesar de las turbulencias, la demanda de títulos resultó elevada, con lo que las *ratios* de cobertura (relación entre el volumen de peticiones y la cifra de colocación efectiva en cada subasta) se mantuvieron en valores confortables, especialmente en el segmento de letras del Tesoro. Concretamente desde principios de 2010 este indicador se situó por encima de las dos veces durante la mayoría de los meses.

En cuanto a los intereses medios que se tuvieron que pagar, los mismos no se incrementaron durante el período reciente, debido a la relativamente elevada vida media de estos valores y al hecho de que el grueso de las emisiones fuesen a tipo fijo. Todo ello motivó que estos movimientos se trasladasen de una forma muy lenta. Con carácter general a lo largo de este período de tiempo los no residentes mantuvieron un peso relativo próximo al 50% durante la mayor parte del período analizado, a pesar del incremento del saldo vivo y de las tensiones. Así, a pesar de que ya desde el inicio de 2011 los extranjeros que poseían bonos españoles bajaron ligeramente, desde el rebrote de 2010 el saldo resultó positivo, habiendo absorbido estos agentes una parte destacada del incremento del saldo vivo de estos instrumentos observado en 2011.[226]

2. RADIOGRAFÍA DE LA EVOLUCIÓN DE LA DEUDA PÚBLICA ESPAÑOLA DURANTE EL EJERCICIO 2011

2.A. Principales características de las subastas del tesoro efectuadas durante el ejercicio 2011

Con fecha 7 de enero de 2011 el riesgo país del Estado español regresó a los 260 puntos básicos, trasladándose de nuevo la tensión procedente de la deuda pública de la periferia. La rentabilidad exigida al bono español a diez años superó incluso el 5,5%, y la prima de riesgo repuntó hasta los 264 puntos básicos, frente a los 240 puntos que alcanzó durante la primera semana del mes de enero de 2011. El riesgo país de Portugal, abocado a un rescate según los analistas, se disparó a 433 puntos básicos, y el de Italia a 192 puntos.

Ya con anterioridad, durante los primeros días del citado mes de enero de 2011, la UE había propuesto que la gran banca quedase más controlada, así como que pudieran restringirse los créditos y bloquearse algunos productos, al objeto de evitar que nuevas crisis se satisfagan con dinero público. De este modo se trató de otorgar a los reguladores nacionales más poder para limitar el riesgo de los bancos, como parte de su plan para proteger a las finanzas públicas de futuras crisis financieras. Concretamente la UE estudió, a través de un Borrador de Propuesta, que los supervisores comunitarios (en nuestro caso, el Banco de España) pudieran bloquear nuevos productos, restringir los créditos o forzar a estos bancos considerados sistémicos a abandonar algunos negocios. Los reguladores nacionales bancarios podrían exigir "un cambio de estructuras legales u operacionales" a las entidades que necesitaran "ayuda pública financiera extraordinaria" durante una crisis.

---

[226] Concretamente durante este periodo se produjo un aumento importante de las inversiones procedentes de Asia, en línea con los elevados excedentes de balanza de pagos de esta Región. Y, por tipos de agentes, creció el peso relativo de los bancos centrales y organismos internacionales, así como el de las empresas no financieras y familias. En cambio la banca extranjera tendió a reducirse. Por su parte las entidades españolas pasaron de representar el 24% de los tenedores en 2007 hasta un 32% en 2011. Por último las tenencias de deuda del Estado de los hogares y las sociedades no financieras fueron relativamente reducidas.

A lo largo de la semana del 10 al 17 de enero de 2011 España, Portugal e Italia sacaron al mercado unos 11.500 millones de euros. El Tesoro español acaparó entre 2.000 y 3.000 millones, elevándose dicha cifra a 21.000 millones de euros en el conjunto de la Eurozona. En el caso concreto del Tesoro español, se preveía la colocación de entre 2.000 y los 3.000 millones de euros. Con fecha 10 de enero de 2011 la rentabilidad exigida al bono español a diez años alcanzó el 5,60%, mientras que la búsqueda de mayor seguridad relajó el interés del *bund* alemán por debajo del 2,9%. La prima de riesgo de España aumentó así hasta los 274 puntos básicos, lejos de los 240 puntos de la semana anterior, acercándose a la barrera de los 300 puntos. Asimismo los inversores elevaron por encima del 7,2% el interés exigido al bono portugués a diez años, de forma que el riesgo país tocaba los 440 puntos básicos.

Sin embargo, una nueva intervención del BCE y los planes de Japón de comprar deuda europea contribuyeron a enfriar otro deterioro en la renta fija pública. El riesgo país de Italia bajó de los 200 puntos, el de Bélgica de los 150, y el de España volvió a los 270. Y es que sólo la constatación de las compras que estaba realizando el BCE de bonos portugueses, a cinco y diez años, consiguió frenar las alertas que reflejaban los mercados de deuda periférica.[227]

A mediados del mes de enero de 2011 el Tesoro español consiguió colocar casi 3.000 millones de euros, si bien pagó el precio más alto desde 2008. Concretamente fueron colocados 2.999,8 millones de euros en bonos a cinco años en la primera subasta de 2011, logrando así cumplir sus expectativas, ya que esperaba colocar entre 2.000 y 3.000 millones en esta emisión. Sin embargo el tipo marginal se situó en el 4,590%, la cifra más elevada desde el año 2008 y muy por encima del tipo del 3,601% registrado en la subasta

[227] Por lo que a Grecia se refiere, con fecha de 11 de enero de 2010 el citado país logró colocar 1.950 millones de letras a seis meses a un interés del 4,9%, por debajo de lo previsto por el mercado, y por debajo también de los precios fijados en el rescate para la deuda a más largo plazo. La citada subasta concluyó con la colocación de 1.950 millones de euros de títulos a seis meses, a un interés del 4,9%, justo por debajo del nivel del 5%. Este porcentaje supuso además un coste inferior al establecido en los términos del rescate financiero que acordó el país heleno, aunque en este caso el plazo de la deuda era a más largo plazo. En todo caso las rentabilidades exigidas a la deuda griega a medio y largo plazo continuaron claramente en dobles dígitos. Los bonos a dos años alcanzaron el 13%, a tres años el 14,5%, a cinco años el 13,6%, y a diez años el 12,3%, casi 1.000 puntos básico por encima del equivalente en el *bund* alemán, el 2,8%.

anterior, lo que supuso pagar un 27% más. El Tesoro superaba de este modo su primera prueba del año en los mercados, igual que hicieron Portugal y Grecia con anterioridad, lo que permitió relajar las tensiones y suavizar la prima de riesgo, que llegó a rozar los 270 puntos la semana anterior del mes de enero de 2011. El diferencial con el bono alemán se situó por debajo de los 240 puntos.

Durante los tres primeros meses del citado ejercicio 2011 el Tesoro Público afrontaba unos elevados vencimientos de bonos y obligaciones que debía refinanciar. En concreto, los volúmenes ascendían a 15.542 millones de euros a finales de abril, a otros 15.493 millones de euros para el 30 de julio y a 14.092,9 millones de euros más en octubre de 2011. Sin embargo el organismo de financiación aceleró sus emisiones para mejorar la confianza de los inversores y anular cualquier hipótesis sobre la posibilidad de que no pudiera hacer frente a estos compromisos y que, por ende, tuviese que pedir ayuda a la Unión Europea.

Así, por ejemplo, con fecha 17 de enero de 2011 cerró una emisión sindicada a diez años por importe de 6.000 millones. A diferencia de las subastas rutinarias, este tipo de operaciones se realizan a través de un pequeño grupo de bancos. Con esta emisión ya había cubierto el 58% de los 15.542,10 millones de euros que le vencían a finales de abril de 2011. Para asegurarse el éxito el Tesoro pagó 225 puntos básicos sobre el índice de referencia para las emisiones a tipo fijo o *mid-swap*, lo que supuso una rentabilidad del 5,604%. Ello implicaba una prima de 12 puntos básicos por encima del nivel al que cotizaba en secundario la referencia comparable, la emisión sindicada al mismo plazo que se ejecutó en julio del pasado año 2010. Los inversores, por su parte, respondieron con una demanda que superó los 12.700 millones de euros.

Con carácter general, ¿qué es lo que pretende el Tesoro a través de una emisión sindicada? Sencillamente, diversificar su base de inversores, ya que acuden fondos de inversión, bancos o fondos soberanos, entre otros, que no suelen participar en las subastas rutinarias. Por otro lado, permiten colocar un importe superior. Además de bonos y obligaciones, el Tesoro debía hacer frente, a su vez, a elevados vencimientos de letras. De ahí que realizase otra subasta de este tipo de títulos, a plazos de 12 y 18 meses, en la que captó un importe de entre 5.000 y 6.000 millones de euros. Téngase presente además que, al objeto de entrar a valorar si una emisión se ha ejecutado con mayor o menor éxito, no sólo hay que mirar el precio y la demanda, sino también la distribución final de los títulos. A tal efecto destacó la elevada participación de Reino Unido, con un 27,7%, de Francia, con un 14,1%, y de Italia, con un 7%. Asia se hizo con el 4,1%, después de que China hubiese manifestado que apoyaría a España. Por perfil de inversor, el 48,4% fue a parar a manos de entidades de crédito, mientras que las gestoras (fondos, seguros y pensiones) se quedaron con el 42%.

En el caso específico del Tesoro español, durante los 12 primeros días laborables del 2011 el Tesoro Público captó 14.500 millones de euros entre letras, bonos y obligaciones. A dicho volumen se sumó 2.000 millones del fondo del déficit de tarifa eléctrico, que también contaba con el aval del Estado, la emisión del Instituto de Crédito Oficial (ICO), de otros 1.000 millones de euros, y otros 3.000 millones más que esperaba captar el FROB de forma inminente. La favorable acogida del mercado que tuvieron todos estos títulos relajó la rentabilidad exigida al bono español a diez años hasta el 5,3%, afianzando las tensiones inflacionistas alentadas por el BCE su rentabilidad por encima de la barrera del 3%, incluso del 3,1%. La prima de riesgo de España se desinfló un 22% desde los 279 puntos básicos que alcanzó el día 11 de enero hasta los 216 puntos alcanzados el día 20 del citado mes. Además de contar con el éxito en las emisiones del Tesoro, la deuda española se encontró con el respaldo de las propuestas para ampliar y flexibilizar el fondo europeo de rescates.

Como dato positivo se ha de señalar que, por aquel entonces, las entidades financieras españolas ya no dependían tanto de las subastas de liquidez del Banco Central Europeo, al haber obtenido financiación por otras vías alternativas. Según datos publicados por el Banco de España con fecha 14 de marzo de 2011 la deuda de bancos y cajas con la institución monetaria se redujo hasta los 49.177 millones en febrero de 2011, situándose en mínimos desde septiembre de 2008. El dinero recibido supuso un 13,13% del total prestado a los bancos de la Eurozona (374,289 millones de euros), frente al 29% que llegó a representar en julio de 2010.

Paralelamente el BCE fue engrosando sus beneficios al aumentar sus préstamos a la banca de los países periféricos, entre los que se encuentra España. En un año, la deuda de las entidades españolas con el banco emisor se mantuvo en una media de 83.132 millones de euros. El BCE prestaba el dinero a un plazo de entre una semana y tres meses a cambio de un tipo de interés del 1%, con lo que ingresó en torno a 831 millones de euros desde febrero del año pasado. A este importe había que restarle el dinero que dejaba la banca en la institución en la facilidad de depósito durante todos los meses. Como es sabido esta facilidad de depósito constituye una especie de "hucha" creada por el BCE para que la banca pueda dejar la liquidez a buen recaudo a cambio de una remuneración por aquel entonces del 0,25%. El importe medio depositado en los últimos doces meses se situaba en 8.027 millones, por los que la institución había pagado alrededor de 20 millones.

De este modo la deuda de las entidades españolas con el Banco Central Europeo cayó en febrero de 2011 hasta 49.177 millones de euros, con lo que se colocaba por debajo de los 50.000 millones de euros por primera vez desde septiembre de 2008. Las entidades españolas redujeron sensiblemente sus peticiones de liquidez al instituto emisor, tras marcar niveles máximos durante los meses de julio y agosto del año 2011. En concreto, el importe de febrero de 2011 representó una caída del 7,42% respecto a enero (53.120 millones) y un fuerte desplome del 35% respecto a febrero de 2010 (76.269 millones). La financiación del BCE al resto del Eurosistema, por el contrario, se elevó hasta los 374.289 millones de euros durante el pasado mes de febrero de 2011. De este modo el importe de la banca española en relación al resto del sistema europeo se redujo hasta el 13%, el más bajo en meses.

Dada esta situación, y a resultas del respiro que otorgaron los mercados en dichas fechas a la deuda periférica, a principios de febrero de 2011 el Tesoro procedió a colocar, a menor coste, 3.507 millones de euros. El interés medio de los bonos a tres años cayó al 3,254%, por debajo incluso del mercado secundario. Las últimas emisiones del Tesoro, incluidas las de los bancos y empresas de nuestro país, recuperaron buenas sensaciones, de manera que, si bien la crisis de deuda perduraba, las alertas sobre las economías periféricas se suavizaron. Así, por ejemplo, la prima de riesgo de España llegó a desinflarse más de 100 puntos básicos en apenas tres semanas, hasta situarse claramente por debajo de los 200 puntos básicos. Y, al amparo de dicho marco, con fecha 3 de febrero de 2011 el Tesoro procedió a adjudicar bonos a tres y cinco años por importe de 3.507 millones, en el rango medio de su objetivo, establecido entre los 3.000 y los 4.000 millones de euros.[228]

---

[228] Algo más de la mitad de dicha cuantía, 1.893 millones, correspondió a los bonos a tres años. La tasa de cobertura bajó ligeramente, hasta las 2 veces, desde las 2,3 de la subasta celebrada en diciembre de 2010, si bien este leve descenso en la demanda no evitó que

A tenor de esta remisión temporal de la crisis de deuda pública a que nos referimos el BCE optó, de manera temporal, por dejar de comprar deuda periférica. Así, por ejemplo, a fecha de 8 de febrero de 2011 el importe destinado a dicho programa se mantuvo congelado en los 76.500 millones de euros. Una alternativa a dicha situación podía haber sido acometer la compra de bonos a través del Fondo de Estabilidad Financiera, liberando así de dicha labor al BCE. Era ésta, sin embargo, una cuestión en torno a la cual existía una profunda división en el seno de la Eurozona, circunstancia que terminó motivando que los inversores reactivasen su aversión al riesgo.

Lo cierto es que este parón producido en las compras de bonos del BCE y la división en el seno de la Eurozona terminó favoreciendo el repunte en las primas de riesgo. Así, con fecha 8 de febrero de 2011 la prima del Estado español volvió a superar la barrera de los 200 puntos básicos, situándose por su parte el bono portugués a diez años por encima del nivel crítico del 7%[229]. Téngase presente que, con fecha 24 de enero de 2011, el riesgo país de España bajó del nivel de los 200 puntos básicos por primera vez desde noviembre de 2010.[230]

la rentabilidad media se relajara desde el 3,717% hasta el 3,254%, por debajo incluso del 3,338% con el que cotizaban los títulos a tres años en el mercado secundario. Por su parte los 1.614 millones de euros adjudicados en bonos a más largo plazo (cinco años) alcanzaron una rentabilidad del 4,045%, frente al 4,54% de la subasta celebrada durante la segunda semana del mes de enero de 2011, en la fase inicial del repliegue registrado por la prima de riesgo de España.

[229] En efecto, a dicha fecha de 8 de febrero de 2011el interés exigido al bono alemán a diez años se relajó hasta el 3,2%. Y, por su parte, el del bono español a diez años se mantuvo cerca del 5,3%, de forma que la prima de riesgo superó los 200 puntos básicos. La tensión reapareció igualmente en otras deudas periféricas, y en especial en Portugal, al situarse el interés del bono portugués a diez años por encima del 7%, un nivel crítico que en los casos de Grecia y de Irlanda supuso el preludio de los rescates.

[230] Por otro lado a mediados del mes de junio de 2011 se conocía, a raíz de la publicación de la Memoria de Supervisión Bancaria del Banco de España, que la solvencia promedia de los grupos bancarios consolidados se situó en el 11,9% en 2010. Los recursos propios que las entidades pueden computar como capital disminuyeron en 2010 más que los requerimientos de capital. El resultado fue un descenso de 0,3 puntos porcentuales de la *ratio* de solvencia de la banca, que se situó en el 11,9%, según detalla el supervisor. No obstante los recursos propios de máxima categoría, es decir, los que se toman en cuenta para las nuevas exigencias de capital que impuso el Gobierno adelantando la implantación del sistema de Basilea III, crecieron. Concretamente los recursos básicos aumentaron un 3,7%, ralentizando su ritmo frente a los años anteriores. La explicación de lo anterior residía en el hecho de que las entidades, y especialmente las cajas, utilizaron las reservas para sanear sus balances. Las reservas, en un contexto de fuertes saneamientos por parte de los grupos consolidados, se redujeron de manera significativa en 2010 (–6,3%), hasta representar el 53,8% de los recursos propios

A pesar de que las tensiones perduraban, los bancos habían hecho un esfuerzo por explorar otras vías para captar liquidez. Por otro lado también habían conseguido acceder a los mercados mayoristas de financiación con más facilidad. A su vez, y con efectos desde agosto de 2010, se había incrementado considerablemente el uso de las cámaras europeas de contrapartida, habiendo superado el importe bruto captado por el sector los 140.000 millones de euros en enero. Igualmente las entidades podían reducir su activo del balance, captar depósitos o prestarse de forma bilateral con otras entidades. Además el Tesoro Público también prestaba a la banca con el remanente de liquidez que tiene en el Banco de España, a veces, a tipos más bajos que el BCE.

A finales de abril de 2011 el Estado tenía que hacer frente a compromisos de deuda a medio y largo plazo por importe de 15.518 millones de euros, según datos del Tesoro Público. Sin embargo, la mejora de la confianza por parte del inversor le permitió ya al Estado español acelerar las emisiones de deuda, las cuales se colocaron en condiciones más favorables que a finales de 2010 y con una elevada demanda. A fecha de 17 de febrero de 2001 el Tesoro había emitido deuda a plazos de entre 3 y 10 años por importe de 12.506,99 millones de euros. Ese mismo día se celebró una subasta de bonos a 10 y 30 años en la que se captó entre 3.000 y 4.000 millones de euros adicionales, con lo que el volumen emitido se situó en un rango de entre 15.506,99 y 16.506,99 millones de euros, cubriéndose así los compromisos

básicos. Tal y como se señaló en la citada Memoria los resultados individuales de las entidades de crédito registraron un beneficio agregado de 10.219 millones de euros, un 23,1% menos frente al año anterior. La rentabilidad sobre activos totales medios (ROA) bajó diez puntos básicos, hasta el 0,32% y la *ratio* de eficiencia empeoró hasta el 46,08%. La disminución del beneficio fue menos intensa en los grupos consolidados: la ganancia cayó un 10%, hasta los 18.115 millones. Por otro lado, en el marco de su actividad supervisora el Banco de España concluyó en 2010 136 actuaciones en entidades de crédito, un 19% más que en 2009. Principalmente se incrementaron las inspecciones a las cajas de ahorro, que pasaron de 16 a 51. El regulador envío a las entidades supervisadas un total de 192 requerimientos, de los que un 56% estuvieron relacionados con el riesgo de crédito. La citada Memoria reveló además que durante el 2010 el Banco de España decidió la incoación de expediente sancionador a siete entidades supervisadas y a 50 administradores y directivos. De ellos, uno era para una caja de ahorros y el resto a establecimientos de cambio de monedas u otras sociedades. Con carácter adicional el supervisor nacional abrió un total de 9 expedientes, frente a los 13 del año anterior. Acerca de la implementación del sistema de Basilea III nos remitimos a nuestro trabajo "Principales rasgos configuradores de la regulación del sistema financiero acordada en Basilea III y su progresiva implantación en nuestro ordenamiento bancario", *Revista de Derecho Bancario y Bursátil,* núm. 135, 2014.

de abril de 2011. De entre el conjunto de operaciones realizadas destacó una emisión sindicada ejecutada el 17 de enero de 2001 y en la que, a diferencia de las subastas rutinarias, se realizó a través de un grupo de bancos, colocándose la cifra de 6.000 millones de euros, a pesar de que la demanda superó los 12.700 millones de euros. En todo caso, junto a los vencimientos de deuda, el Estado también tenía necesidades de financiación para cubrir el déficit público, presentando el Tesoro un remanente de liquidez que guarda en el Banco de España y que, a 8 de febrero de 2011, superaba los 30.000 millones de euros.

Por otra parte se ha de señalar que, a finales del mes de julio de 2011, le vencían al Estado otros 16.374 millones de euros, y en octubre, 13.982 millones más. Así las cosas, junto a las emisiones de deuda pública, el Tesoro tenía que dar salida a la deuda del déficit eléctrico y atender a las necesidades del Fondo de Reestructuración Ordenada Bancaria, con lo que la oferta de papel mantendría la presión sobre las rentabilidades. En lo que respecta a las letras, títulos a plazos de entre 3 y 18 meses, el Tesoro colocó a fecha de 16 de febrero de 2011 14.756 millones de euros. Y los vencimientos de deuda (letras y bonos) alcanzaron un total de 130.383 millones de euros.

De cara a poder mantener un crecimiento moderado pero positivo en 2011 resultaba importante que los países periféricos continuaran con sus planes de consolidación y sus reformas estructurales y que la Comisión Europea concretase el mecanismo de gobernanza europea. En este sentido el MEDE, que inicialmente debía funcionar a partir de 2013 (si bien finalmente terminaría adelantándose a julio de 2012) debía servir para resolver, no ya sólo problemas de liquidez, sino también de solvencia, debiendo existir una institución europea (probablemente la Comisión) que señalase qué países tenían este tipo de problemas. Asimismo sería conveniente definir un mecanismo de participación privada en dicho Fondo con la finalidad de resolver crisis futuras.

Con fecha 8 de marzo de 2011 el Tesoro español llevó a cabo una emisión a 15 años a través de la banca, procediendo a colocar una emisión sindicada de deuda a 15 años. Ya en la estrategia del Tesoro publicada en diciembre de 2010 se anunciaba una sindicación de 15 años en algún momento del primer semestre del año. Se trataba de la segunda operación de este tipo, a través de la cual el Tesoro suele emitir 5.000 millones con este tipo de operaciones y nunca menos de 3.000 millones de euros, considerada como cifra de referencia para cualquier sindicación. El precio final de la emisión se fijó en una prima de 217 puntos básicos con respecto a los *mid-swaps*, con un interés del 5,9% y a un precio de 98,936%. La demanda se situó por debajo de los 12.000 millones recibidos en la subasta sindicada de enero de 2011, si bien aquélla emisión era de obligaciones a diez años, que suelen ser más líquidas y apetecibles para los inversores que las de quince. En aquella emisión España colocó 6.000 millones en obligaciones a diez años con un cupón del 5,50 % y una rentabilidad del 5,60 %.[231]

Con anterioridad, durante la tercera semana de febrero de 2011, la deuda a más corto plazo vio truncada la racha de menores costes en las últimas emisiones de Tesoro, superándose en la de letras a tres meses de nuevo la barrera del 1%. El importe adjudicado, 2.870 millones de euros, se situó además cerca del mínimo previsto, con un menor colchón de la demanda. De este modo, a pesar de que el objetivo era adjudicar un mínimo de 2.500 millones de euros y un máximo de 3.500 millones, y a diferencia de lo que había venido sucediendo durante las semanas anteriores, el importe final se acercó al rango inferior.

Concretamente el Tesoro colocó un total de 2.870 millones de euros en letras a tres y seis meses. A pesar de situarse lejos del máximo esperado la tasa de cobertura descendió de manera notable en las letras a tres meses, superando la demanda la oferta 3,5 veces, por debajo de las 5,5 veces de la subasta anterior. Este menor colchón de la demanda coincidió con un repunte en el coste de emisión. El interés en las letras a tres meses superó la barrera del 1%, con un importe adjudicado de 1.859 millones de euros.

[231] En la generalidad de los casos el Tesoro suele celebrar subastas de bonos para conseguir financiación. Para ello trabaja con un grupo de bancos creadores de mercado a los que le coloca la deuda y éstos se encargan de venderla entre clientes. Con carácter adicional la Dirección General del Tesoro evalúa mensualmente la actividad de estos creadores de mercado de bonos y obligaciones atendiendo a un conjunto de criterios tales como la participación de las entidades en las subastas (es decir, el volumen que adquieren), la participación en operaciones de gestión de la cartera de Deuda del Estado de la Dirección General así como en operaciones de canjes y recompras y en operaciones de promoción interior y exterior de la Deuda del Estado y el grado de distribución de la Deuda del Estado en países o zonas geográficas estratégicas. Sin embargo el procedimiento de una emisión sindicada es diferente, al contratarse, tal y como se ha apuntado con anterioridad, a un pequeño grupo de bancos que reciben órdenes directas de los inversores. El Tesoro decide realizar este tipo de operaciones, menos corrientes, porque consigue diversificar su base de inversores, ya que hay muchos tipos de fondos de inversión, bancos o incluso fondos soberanos que no suelen comprar mediante las subastas habituales. Además, suelen ser de un tamaño superior de, al menos, 3.000 millones de euros.

Por el contrario, en la subasta celebrada con fecha 25 de enero de 2011 la rentabilidad media fue del 0,98%, a diferencia de lo que sucedió en la de 22 de febrero de 2011, en la que ascendió al 1,101%.

Este encarecimiento de los costes de emisión se situó, además, en línea con la tendencia predominante en el mercado. Y es que el BCE había reactivado en las semanas anteriores sus advertencias sobre los riesgos inflacionistas, habiéndose traducido las previsiones de futuras subidas de tipos en una escalada en el mercado interbancario. El euribor a tres meses alcanzó así con fecha 22 de febrero de 2011 el 1,082%, y el 1,36% en seis meses.

El Tesoro colocó justo por encima de este porcentaje las letras a seis meses. La rentabilidad media fue del 1,588%, por debajo en todo caso del 1,801% de la anterior subasta. El importe colocado en estos títulos fue de 1.011 millones, con una *ratio* de cobertura de 5,5 veces, por encima de las 5,1 veces. La prima de riesgo de España repitió sobre los 220 puntos básicos, y los CDS se encarecieron hasta los 261 puntos básicos, lo que supuso que el coste de asegurar 10 millones de euros de deuda española a cinco años subiese hasta los 261.000 euros.

El regreso de los inversores internacionales a la deuda española contribuyó a relajar, a marchas forzadas, la prima de riesgo la cual, con fecha 2 de febrero de 2011, descendió hasta los 173 puntos, 100 puntos y un 38% menos que hace 20 días. El bono a diez años bajó del 5% de interés. Las tensiones inflacionistas sobre las que elevó el tono de sus advertencias el Banco Central Europeo continuaron alejando al *bund* alemán de los máximos que registró a raíz de los rescates de Grecia y de Irlanda[232]. La deuda germana se convirtió en uno de los refugios preferidos de los inversores, a costa en

[232] En relación con el Estado irlandés se ha de señalar, además, que su Producto Interior Bruto (PIB) registró en 2010 una contracción del 1%, con lo que el citado país cumplía así tres años consecutivos en terreno negativo, tras convertirse en la primera mitad de 2008 en el primer miembro de la Eurozona en sucumbir a la recesión, según reflejaban los datos publicados por la Oficina Central de Estadística irlandesa. En concreto la actividad de la economía irlandesa menguó un 1,6% en el último trimestre de 2010 respecto a los tres meses anteriores, y un 2,7% respecto al mismo periodo de 2009. El PIB irlandés había logrado crecer seis décimas en el tercer trimestre de 2010, tras contraerse un 1,1% en el segundo trimestre. Por otro lado la Oficina de Estadísticas irlandesa informó de que la balanza por cuenta corriente de la economía de Irlanda arrojó en 2010 un saldo negativo de 1.113 millones de euros, un 77% inferior al del ejercicio 2009, lo que representaba el déficit más bajo desde 2004. De hecho, en el cuatro trimestre del 2010 la balanza por cuenta corriente irlandesa reflejaba un superávit de 1.396 millones de euros, frente al saldo positivo de 17 millones del mismo periodo de 2009.

buena parte de la deuda periférica. Sin embargo el inicio del ejercicio 2011 contribuyó a cambiar de manera notable este escenario, siendo el Estado español uno de los principales beneficiados por dicha circunstancia.

Así, mientras la rentabilidad del *bund* alemán se mantuvo por encima del 3,2%, la del bono español a diez años llegó a bajar de la barrera del 5%. La prima de riesgo de España aceleró su caída hasta los 173 puntos básicos, sus cotas más bajas desde noviembre de 2010. Este nivel se situó más de 100 puntos por debajo de los 279 que alcanzó con fecha 11 de enero de 2011, justo antes de que se acelerara la reestructuración de las cajas. En paralelo con lo anterior la rentabilidad del bono portugués a diez años se afianzó por debajo de la barrera crítica del 7%, y la prima de riesgo se relajó hasta los 350 puntos básicos. Y en Italia el riesgo país cayó a 136 puntos básicos. Por su parte nuestros *Credit Default Swaps* descendieron hasta los 209 puntos básicos, 20 puntos menos que con fecha 1 de febrero de 2011, lo que supuso que el coste de asegurar 10 millones de euros de deuda española a cinco años se abaratase hasta los 209.000 euros. Y, en la periferia, los CDS de Portugal descendieron hasta los 380 puntos básicos, los de Italia hasta los 153 puntos, los de Bélgica hasta los 146 y los de Grecia hasta los 775.

En el caso concreto de España los ajustes y las reformas realizadas parecían haber convencido a los mercados. Esta consideración se derivaba, de una parte, del análisis del estado de los CDS, indicador que mide la evolución del riesgo de impago de los emisores de deuda. Y, de otra, del análisis de la prima de riesgo, que representa la diferencia entre el bono alemán, que se utiliza de referencia en Europa, y el de cada país. Ambos datos resultan un buen termómetro para conocer el sentir del mercado.

Ambos indicadores seguían colocando a España como el cuarto país de la Zona Euro con más riesgo, detrás de Portugal, Irlanda y Grecia. Pero poco a poco la deuda española iba marcando distancias respecto a ellos. Así, si bien durante el rescate de Irlanda los CDS de España superaban los 300 puntos, a fecha de 25 de marzo de 2011 se situaron en los 221, lo que representó casi 80 puntos por debajo. En el caso de la prima de riesgo, también se apreció la mejoría. Así, mientras en noviembre de 2010 superó los 150 puntos, en la citada fecha de 25 de marzo de 2011 apenas sobrepasó los 190. En cambio los otros tres países periféricos (Grecia, Irlanda y Portugal) continuaron marcando niveles de riesgo muy disparados, como ya lo hicieron en la crisis de deuda de Irlanda. El más castigado por los mercados continuó siendo Grecia con los dos indicadores de riesgo escalando por encima de los 900 puntos. Irlanda, por su parte, registró un CDS de 608 puntos y un riesgo país de 683, ligeramente por encima de la cifra de noviembre tomada como referencia.

Con fecha 15 de marzo de 2011 el Tesoro español adjudicó 5.500 millones de euros en letras a tipos inferiores a los de la subasta anterior en lo que constituía su primera cita tras la rebaja de calificación efectuada con fecha 10 de marzo del citado ejercicio por la Agencia de Calificación *Moody's*, a la que posteriormente tendremos ocasión de referirnos.

El Tesoro español cumplió sus objetivos de captación en letras en su primera cita con los inversores tras la rebaja de la calificación de la deuda española por parte de la citada Agencia, situándose la rentabilidad ofertada en línea con lo que se esperaba tras el descenso de la prima de riesgo del bono español. En letras a 18 meses adjudicó 1.529 millones de euros a un tipo del 2,436% frente al 2,938% de la subasta anterior, siendo la *ratio* de cobertura de 3,5 veces. En letras a 12 meses la colocación fue del 3.972 millones al 2,128% frente al 2,410% de la última subasta, con una *ratio* de cobertura de 2,4 veces (frente a 2,1 veces en la subasta anterior). La demanda (14.776 millones de euros) casi triplicó la oferta. De este modo el Tesoro cumplió con sus previsiones de captación.[233]

Eurostat vino a corroborar los datos de España, con un déficit del 9,2% del PIB y un nivel de deuda del 60,1%. Durante el ejercicio 2010 el déficit de las Administraciones Públicas españolas se había situado en el 11,1%, mientras que la deuda era del 53,3 % del PIB. Por países destacó también el elevado nivel de déficit de Reino Unido (con un 10,4% del PIB), de Polonia (7,9%) y Eslovaquia (7,9%). En el lado contrario quedaron Luxemburgo (con un 1,7%), Finlandia (2,5%) y Dinamarca (2,7%). Sólo tuvieron saldo positivo Estonia (0,1% del PIB de superávit) y Suecia (en equilibrio). En total 21 de los miembros de la Unión mejoraron sus cuentas y sólo seis las

[233] Con posterioridad, con fecha 17 de marzo de 2011 el Tesoro colocaba un total de 4.130 millones en obligaciones a 10 y 30 años, captando 3.219 millones de euros en obligaciones a 10 años a un tipo medio del 5,162%, frente al 5,2% de febrero de 2011, y 911 millones a 30 años al 5,875%, frente al 5,488 de noviembre de 2010. En el caso de las obligaciones a 10 años, la *ratio* de cobertura aumentó respecto a la anterior subasta, pasando de 1,54 veces en febrero de 2011 a 1,8 en la sesión celebrada el 17 de marzo de 2011. En el caso de las obligaciones a 30 años se mantuvo en 2,1 veces. El Tesoro cumplía así sus objetivos de captar entre 3.500 y 4.500 millones de euros.

empeoraron. Entre las potencias, el déficit de Alemania subió tres décimas hasta el 3,3% del PIB (y una deuda del 83,2%); mientras que el de Francia se redujo cinco décimas hasta el 7% (con una deuda del 81,7%).

En cuanto al nivel de apalancamiento público, las mejores cifras correspondían a Estonia (con una deuda del 6,6% del PIB), Bulgaria (16,2%) y Luxemburgo (18,4%). Por el contrario, Grecia (con el 142,8%), Italia (119%) y Bélgica (96,8%) lideraron la lista de los que más deben. En conjunto, 14 de los países comunitarios superaron la cota del 60% del PIB que exigía el Pacto de Estabilidad y Crecimiento. En el conjunto de la Unión Europea el déficit fue del 6,4%, cuatro décimas menos que el año anterior, mientras que la deuda pública marcó el 80%, frente al 74,4% del PIB de 2009.

España tenía en 2011 el objetivo de reducir el déficit total de las Administraciones Públicas hasta el 6% del PIB frente al 9,24% del PIB de 2010, para cumplir con el plan de ajuste remitido a la Comisión. Hasta el mes de febrero de 2011, el Estado registró un superávit del 0,18% del PIB, hasta 1.900 millones, frente a los 3.366 millones del mismo periodo del año 2010. Por lo que respecta a los datos publicados por *Eurostat* en 2010, en el conjunto de la Unión Europea el déficit público se disparó desde el 2,3% del PIB en 2008 hasta el 6,8% de 2009, y se incrementó desde del 2% al 6,3% en la Zona Euro. España fue el cuarto país de la Unión Europea con el déficit público más elevado en 2009, al situarse en el 11,2 % del Producto Interior Bruto, aumentando sustancialmente respecto al 4,1% de 2008 y por el efecto de la crisis económica, que provocó una disminución de los ingresos y un aumento del gasto público.

A finales del mes de abril de 2011 el diferencial del bono a diez años griego respecto al alemán (de referencia) continuaba marcando cotas máximas desde la creación del euro, alcanzando los 1.205 puntos básicos. Superaba así dicho nivel los 1.183 puntos básicos del cierre de una semana antes. Y ello debido a que no había compradores naturales en dichos mercados. El único comprador potencial era el Banco Central Europeo, si bien los rumores sobre una hipotética reestructuración de la deuda griega no ayudaban a esta situación. Por su parte los CDS griegos subían ampliamente a 1.340 puntos básicos, lo que suponía 37 puntos básicos respecto al dato correspondiente al día anterior.

Dentro de nuestro país en la fecha anteriormente indicada el Tesoro tuvo que aumentar la rentabilidad de las letras a tres meses un 52% para captar los objetivos fijados. En el caso de las letras a seis meses, la rentabilidad aumentó el 37%. De este modo el rebrote de las tensiones en los mercados de deuda pasó factura al Tesoro español, que colocó un total de 1.969 millones en letras a 3 y 6 meses, cumpliendo así el objetivo inicialmente fijado, pero aumentando la rentabilidad el 52% y el 37%, respectivamente. En el caso de las letras a tres meses, adjudicó un total de 1.163 millones de euros a un tipo medio del 1,371% frente al 0,899% de la subasta anterior. Y a seis meses se colocaron un total de 806 millones al 1,867%, frente al 1,361% de marzo de 2011. Hay que tener en cuenta además que entre la subasta de marzo y la de 26 de abril de 2011 el BCE había subido en 25 puntos básicos los tipos de interés hasta el 1,25%, lo que tuvo su reflejo en las rentabilidades ofertadas. La *ratio* de cobertura fue similar a la de la subasta de marzo de 2011. Así en letras a 3 meses fue de 4,4 veces, frente a 4,3 de la anterior subasta, mientras que a 6 meses resultó de 7,1 (7,7 veces en marzo).

De este modo, y en línea con las advertencias lanzadas desde Alemania, el mercado dio por hecho que Grecia se vería forzada a reestructurar su deuda. Además de descontar eventuales recortes o retrasos en los pagos, fue incluso más allá. Los *Credit Default Swaps* otorgaron un 66% de posibilidades a un *default* en un plazo de cinco años. Los inversores no encontraron respaldo para mantener su confianza en la deuda pública griega. Sin noticias de compras de bonos por parte del BCE el interés exigido al bono a tres años rompió ya por primera vez la barrera del 25% (25,17%).

El riesgo país continuó escalando, hasta ampliar sus máximos a 1.212 puntos básicos, 264 más que hace sólo un mes. En el mercado de derivados, los seguros de impago superaron los 1.370 puntos básicos, lo que supuso que el coste de asegurar 10 millones de euros de deuda griega a cinco años se encareciese hasta los 1,37 millones de euros. El coste de protegerse contra el riesgo de impago en Portugal alcanzaba los 666 puntos básicos, lo que supuso 666.000 euros por cada 10 millones de euros. Las negociaciones sobre el rescate heleno continuaban sin acuerdo. El riesgo país, en 636 puntos básicos, siguió sin tocar techo, y el interés exigido a sus bonos a dos años ascendió al 12,1%. En esta misma línea (12,2%) se situó la rentabilidad del bono irlandés a más largo plazo, a cinco años.

Dada esta situación inevitablemente el efecto contagio terminaría extendiéndose hacia la deuda pública española. Después de superar con fecha 26 de abril de 2011 la subasta de letras del Tesoro, apenas un día después (el 27 de abril de 2011) el riesgo país repuntó desde los 225 hasta los 230 puntos básicos. El interés del bono español a diez años rompía así el nivel del 5,5%, y tocaba el 5,55%, mientras que el del *bund* alemán se enfriaba hasta el 3,25%, por debajo del 3,3% que había registrado apenas una semana antes.

Durante la segunda semana del mes de mayo de 2011 la prima de riesgo española (diferencial del bono español a diez años frente al alemán) se situaba sobre los 210 puntos básicos, es decir, por encima de sus fundamentales. El riesgo país o prima de riesgo que, junto con los CDS o seguros de impago, constituye el principal indicador de la percepción que tienen mercados de la deuda soberana, continuaba siendo excesivamente elevada, al tratarse de unos niveles que, en principio, habrían de converger por debajo de los 100 puntos básicos a medio plazo.

Ciertamente eran los factores europeos los que influían en la prima de riesgo española y no los fundamentales de nuestra economía, siendo esencial a este respecto que se resolviesen los problemas de solvencia de estos países. A pesar de ello cabía aludir a la existencia de diversos elementos internos que, desde nuestro punto de vista, generan cierta desconfianza a los inversores. En todo caso resultaba necesario poner en marcha un plan de actuación que hiciese converger modelos económicos tan divergentes como el alemán (fundamentado en las exportaciones) o el irlandés (construido en torno al 'boom' inmobiliario). Con carácter adicional debía crearse un mecanismo permanente destinado a actuar en la crisis. Y debía definirse igualmente un modelo fiscal conjunto para todos los países de la Eurozona.

Por otro lado, y al objeto de lograr estabilizar los mercados, resultaba clave que la Facilidad Europea de Estabilidad Financiera empezase a realizar compras en el mercado secundario de bonos o que, en su caso, configurase un instrumento para los países sin desequilibrios sistémicos, pero con problemas de liquidez.

Por aquel entonces la economía española experimentaba un "anémico" crecimiento. El PIB mejoró un 0,2% en tasa intertrimestral en el cierre de 2010, presentando un comportamiento similar durante los tres primeros meses de 2011, según datos facilitados por el Banco de España. Para 2011 la Comisión Europea preveía un crecimiento del 0,8% y del 1,7% para 2012. Unas cifras todavía insuficientes, a nuestro juicio, para crear empleo. Además, el Ejecutivo tendría que mantenerse alerta para poder cumplir con los requisitos de déficit público impuesto por la Comisión (del 6% para 2011), siguiendo de cerca aquello que realicen las Comunidades Autónomas y los ayuntamientos. Finalmente debía completarse la reestructuración del sistema financiero, todavía a medio camino.

En el caso, en primer lugar, del ajuste fiscal de las Comunidades Autónomas, a pesar de que se cumplió con el programa de consolidación fiscal en 2010, para 2011 el recorte era mayor (el déficit público pasaría del 9,2% del PIB al 6% del PIB) y el 80% del ajuste provenía por la reducción del gasto. La mayor incertidumbre se centraba en el hecho de si esta reducción tenía que ser realizada por las Comunidades Autónomas a través de medidas nuevas. Durante el ejercicio 2010 los citados Entes Regionales ya redujeron dos puntos porcentuales de PIB su nivel de gasto, si bien ello no compensó el descenso de los ingresos (de 2 puntos porcentuales), que previsiblemente no remontarían durante el ejercicio 2011. A ello debía añadirse, además, que faltaba una cierta concreción en las políticas de ajuste de las Administraciones Públicas más allá de 2011 (en 2012 el déficit estaba previsto que se situasen en el 4,4% del PIB y en 2013 en el 3%). Con carácter general debía reconocerse que dichas medidas adicionales habrían de ser anunciadas con los Presupuestos de cada uno de esos años. Ahora bien, con independencia de ello el Ejecutivo central podía ayudar a reducir la incertidumbre introduciendo objetivos adicionales y transparentes de consolidación a medio plazo que reforzasen el compromiso de todas las Administraciones Públicas con la estabilidad presupuestaria.[234]

[234] Para el ejercicio 2011 el Ejecutivo preveía un aumento del PIB del 1,3%, unas décimas por encima de las estimaciones efectuadas por la Comisión Europea (en torno al 0,8%) y del Fondo Monetario Internacional. No obstante, si se analizaba el dato trimestral (es decir, si se daba por hecho que el ritmo del primer trimestre de 2011 se fuera a repetir a lo largo del año) el PIB marcaría una tasa anual del 1,2%, una décima por debajo del cuadro macroeconómico del Ejecutivo, clave para cumplir el plan de ajuste. Aunque así España se desmarcaba de los países periféricos de la Zona Euro (el PIB luso, por ejemplo, se contrajo un 0,7% y el griego un 4,8%), estaba aún lejos de algunos de sus socios comunitarios (la Zona Euro creció el 0,8%). Bruselas mantuvo su estimación de PIB para la economía española en el 0,8% para 2011 y elevó cuatro décimas la de paro al 20,6%. Con estos datos España no cumpliría el objetivo de déficit público por tres décimas. De acuerdo con las previsiones de la Comisión la economía española crecería 0,8% en 2011, la mitad de la media de los países de la Eurozona y lejos del crecimiento de países como Alemania, 2,6%, Francia, 1,8%, Reino Unido, 1,7% o Italia, 1%.

Por lo que respecta a la recapitalización del sistema financiero, con independencia de existir un plan de reestructuración propuesto por las autoridades españolas destinado a fomentar la transparencia (a diferencia de lo que sucedió en otros Estados, que optaron primero por un saneamiento profundo de los balances y por una posterior recapitalización) en España se optó por aumentar el llamado *core capital* por encima de un umbral. Adicionalmente los plazos de recapitalización fijados eran largos con lo que, de agotarse completamente el periodo máximo (cinco años), la reestructuración de las entidades en las que entrase el FROB sería lenta.

La reforma de la banca española había permitido colocar a nuestro sistema bancario en condición de satisfacer la demanda de crédito una vez que ésta volviera a activarse. Sin embargo para que esto ocurriese la economía tenía que volver a crecer y por eso se necesitaba avanzar con la reforma laboral que pusiese freno al problema del desempleo en España. La banca estaría así capacitada para atender la demanda solvente de crédito siempre y cuando se adoptasen las reformas pertinentes que suprimiesen los obstáculos a la creación de empleo y permitiesen empezar a reducir las ingentes cifras de parados existentes.[235]

Además la Comisión Europea alertaba del diferencial de inflación. Y es que España, con un 3% de media, también se situaba por encima de la media europea, 2,6%. Pero lo que verdaderamente preocupaba a la Comisión era la elevada tasa de paro, que seguiría aumentando hasta situarse en 20,6%, en 2012, más del doble de la Eurozona (10%) o de la UE en su conjunto (el 9,9%). La Comisión preveía que la economía europea mantuviese su recuperación gradual en 2011, con unas perspectivas algo mejores que las de otoño de 2010. El PIB comunitario debía crecer un 1,75% en 2011 y casi un 2% en 2012, lo que mantendría las esperanzas para la economía española. En cuanto al desempleo se preveía que el tope pudiera alcanzarse en 2012, con una tasa de paro del 20,6%. Y, por lo que respecta al crecimiento de la economía española en 2011, la previsión de la Comisión era del 0,8%, lejos del 1,3% de las autoridades españolas. La economía española creció 0,3% en el primer trimestre de 2011, respecto al trimestre anterior y 0,8%, respecto al mismo trimestre del año anterior.

[235] En este sentido cabe precisar que las entidades financieras españolas continuaban desligándose de la financiación del BCE. Así en abril de 2011 las peticiones de bancos y cajas repitieron justo por encima de los 40.000 millones de euros. Durante el mes anterior, en marzo, esta cuantía fue de 40.992 millones de euros, frente a los 49.177 de febrero. Las peticiones bajaron por tanto un 16,6% frente al mes anterior, hasta reducirse a menos de la mitad de lo que pidieron en marzo de 2010. Al igual que sucedió con la entidades financieras españolas, la apelación al BCE se mantuvo sin grandes cambios en el conjunto de la Zona Euro. Los bancos que operan en el Eurosistema pidieron en abril de 2011 320.481 millones, ligeramente por debajo de los 338.910 millones de marzo del 2011. De esta forma la deuda de las entidades españolas repuntó en abril desde el 12% hasta el 13,1% del total de la Zona Euro.

No obstante creemos que debía reconocerse que, mediante la reestructuración de las cajas de ahorro realizada a través del FROB, se había corregido la excesiva fragmentación del sector, reduciéndose el exceso de capacidad instalada. La reforma del marco normativo de las cajas debía permitir su transformación en entidades más sujetas a la disciplina del mercado. Ahora bien mientras no desapareciesen las dudas sobre los balances de las cajas resultaba muy difícil que éstas pudieran atraer inversores privados, requiriéndose en todo caso la consecución de una mayor transparencia.[236]

Por último, la reforma de la negociación colectiva y la corrección de ineficiencias en el mercado de trabajo adquirían un papel esencial para retomar cuanto antes la senda de la creación de empleo, en una economía en la que la tasa de desempleo superaba ya el 21%. Ello exigía necesariamente la adopción de actuaciones tales como incentivar la moderación salarial, una mayor flexibilidad en la fijación de los sueldos y una mayor contención del crecimiento nominal de los márgenes empresariales destinada a frenar la inflación. Resultaba probable que nuestra demanda interna se mantuviese anémica, porque tanto el Ejecutivo como el sector privado estaban reduciendo los niveles de deuda. Y el hecho de que nuestro PIB estuviese creciendo gracias a las exportaciones protegía a España de la subida de tipos articulada en el mes de abril de 2011 por el BCE.

En este sentido cabía estimar que la economía española estaba facultada para absorber un ciclo de ajuste gradual del BCE, debido especialmente a que el crecimiento estaba impulsado por el ciclo mundial de comercio. En un entorno en el que casi todos los países desarrollados querían volver a equilibrar la composición del crecimiento entre la demanda interna y el comercio España había conseguido beneficiarse de la aceleración en el ciclo del comercio mundial. Y ello en tanto en cuanto la participación de las exportaciones en el PIB había ido en aumento y representaba por aquel entonces un poco más del 30% del PIB español, si bien era inferior a la media del 40% para la Zona Euro.

A nuestro juicio la preocupación más acuciante era la credibilidad de la consolidación fiscal en España, sobre todo a nivel del gobierno regional. Piénsese que existía un claro riesgo asociado a la estructura fiscal en nuestro país que dejaba las decisiones sobre los objetivos de ajuste fiscal en dema-

---

[236] Así tuvimos ocasión de ponerlo de manifiesto en nuestra Monografía *La recapitalización de las entidades financieras*, Dykinson, Madrid, 2013, págs. 155 y ss.

siadas manos. Así, por ejemplo, el recorte del déficit se complica al exigirse aunar los esfuerzos de diecisiete Comunidades Autónomas.

Dada esta situación resultaba esencial, de cara a fortalecer la recuperación de nuestro país, alcanzar un fuerte crecimiento de los ingresos fiscales. Ello debía proyectarse además a nivel regional en términos de austeridad fiscal. Todo ello, insistimos, con independencia de la necesidad de tener que hacer frente a la debilidad que presentaban el mercado laboral y el sector de la vivienda. Resultaba pues esencial mantener el crecimiento económico para hacer frente a estas debilidades y poder seguir cumpliendo con el ajuste fiscal.

Ahora bien debían procurarse más ingresos vía mayor actividad. Y, en este sentido, una eventual subida de impuestos únicamente contribuiría a sanear las arcas públicas durante un corto lapso de tiempo. Debía continuarse en la senda de los ajustes presupuestarios y de la desaparición del gasto superfluo, desvinculando los salarios de la inflación, reduciendo la dependencia energética, introduciendo más competencia en la distribución de carburantes y, sobre todo, imponiendo un techo de gasto a las autonomías, sancionando a las incumplidoras.

Por otra parte, y sin perjuicio de lo anterior, debía adoptarse una normativa laboral más eficiente que permitiese bajar la tasa de paro ininterrumpidamente. Con carácter adicional debía bajarse el déficit fiscal y el exterior. Porque no resultaría posible recuperar el crecimiento del PIB ni aspirar a la mejora del empleo sin la introducción de reformas sustanciales en el ámbito laboral, en la energía, en la libertad de los mercados, en la formación de la fuerza de trabajo, en la calidad del capital productivo, en las dotaciones de infraestructuras, en el cuadro impositivo y en otros aspectos que condicionaban la capacidad de producción. Se trataba de alcanzar una economía mucho más eficiente que la actual en un momento en el que todo parecía estar dominado por la globalización de la economía, las nuevas tecnologías y la innovación.

Con fecha 9 de mayo de 2011 el Tesoro español logró salvar otra subasta de deuda a costa de incrementar los tipos. La subasta de bonos a cinco años efectuada finalizó con una colocación de 3.354,45 millones de euros. La cifra colocada se situó en el rango bajo de la emisión, ya que el organismo dependiente del Ministerio de Economía y Hacienda esperaba colocar entre

3.000 y 4.000 millones de euros. El tipo de interés marginal, por su parte, se situó en 4,560%, mientras que el interés medio se quedó en el 4,549%, por encima del 4,389% de la anterior subasta. Sin embargo la demanda fue bastante alta y casi duplicó la cantidad que finalmente se colocó entre los inversores, al situarse en 6.231,51 millones.[237]

Tras la celebración de la subasta de bonos a tres años llevada a cabo casi tres meses después, con fecha 4 de agosto de 2011, y a pesar de la escalada experimentada por la prima de riesgo en dichas fechas, el Tesoro Público logró colocar casi el máximo previsto, eso sí, pagando un 12% más respecto a la anterior del mismo tipo. De este modo se adjudicaron 3.309 millones de euros (la horquilla prevista era de entre 2.500 y 3.500 millones), a un interés del 4,81% y con una demanda que ha duplicado la oferta. En cambio en la anterior puja de esta denominación, celebrada el 7 de julio de 2011, el Tesoro colocó 1.500 millones de euros con un interés marginal del 4 %. En esta ocasión la rentabilidad fue superior en un 6% a la anterior de la misma denominación y la más alta para este tipo de bonos desde el año 2008. Mientras tanto el mercado de deuda se mostró más tranquilo que en anteriores jornadas, con una prima de riesgo por debajo de los 370 puntos y una Bolsa con rebotes.

En ninguna subasta previa la prima de riesgo venía de superar los 400 puntos básicos. A pesar de ello, en medio de este clima de máxima expectación y tensión el Tesoro pudo colocar más de 3.300 millones de euros (cerca del máximo previsto) en bonos a tres y cuatro años, a un interés que finalmente se quedó justo por debajo del 5%. El Tesoro Público logró superar así una de las mayores pruebas afrontadas en los últimos tiempos. No en vano con fecha 3 de agosto de 2011 la prima de riesgo española batía sus máximos desde la introducción del euro, al borde de los 410 puntos básicos.

[237] Recuérdese que con fecha 26 de abril de 2011 el Tesoro había colocado 1.969 millones de euros en letras a tres y seis meses, aunque con los tipos de interés más altos de 2011. De hecho, fue la tercera ocasión consecutiva en la que el organismo dependiente del Ministerio de Economía y Hacienda se vio obligado a subir el interés para colocar el papel, si bien esta decisión pudo estar notablemente influida por la subida de tipos de interés que llevó a cabo el Banco Central Europeo a principios de abril de 2011. Adicionalmente la citada emisión se produjo después del recrudecimiento de las dudas sobre la deuda española y con la prima de riesgo, rentabilidad ofrecida a los inversores por los bonos españoles a diez años respecto a sus homólogos alemanes, por encima de los 220 puntos básicos, sobre todo impulsada por los rumores sobre una reestructuración de la deuda griega y una supuesta quita correspondiente.

Las últimas horas previas al desenlace de la citada subasta ayudaron a relajar mínimamente toda la tensión latente en los mercados de deuda pública. Las intervenciones en menos de 24 horas de los Bancos Centrales de Suiza y Japón contribuyeron a alimentar la esperanza de que el BCE procediese a reactivar su programa de compra de bonos.

Con carácter previo a este alivio con el que había comenzado la jornada los analistas esperaban que el Tesoro tuviese que ofrecer un interés superior al 5%, el más alto en once años, para colocar sus bonos. Al final, la rentabilidad media se situó por debajo del 5% en los dos títulos emitidos. En los bonos a tres años el interés medio fue del 4,813%, claramente por encima del 4,037% de la anterior subasta, celebrada el 2 de junio de 2011. Las peticiones alcanzaron los 4.716 millones de euros, por debajo de los 6.848 millones de hace dos meses, de ahí que la demanda cubriese la oferta 2,1 veces, un colchón inferior a las 2,5 veces de junio. El importe adjudicado fue de 2.200 millones. En los bonos con vencimiento en enero de 2015, la rentabilidad media también se mantuvo justo por debajo del 5%, en el 4,984%. La demanda cubrió 2,4 veces la oferta. Las peticiones alcanzaron los 2.668 millones, mientras que el importe adjudicado fue de 1.111 millones. Los 3.311 millones de euros colocados en ambos bonos supusieron el 95% del importe máximo esperado, 3.500 millones de euros.

Sin lugar a dudas, los resultados de la citada subasta contribuyeron a reforzar la tregua que ya reflejaba con anterioridad la deuda pública española en el mercado secundario. La prima de riesgo se situó en 368 puntos básicos justo antes de conocerse los detalles de la emisión. Media hora después se enfriaba a 365 puntos. El interés del bono a diez años se replegó en dicho periodo desde el 6,13% hasta el 6,09%, mientras que la rentabilidad del bund alemán pasó del 2,45% al 2,44%. Y, como ya se ha señalado, por lo que respecta al bono a tres años, el mercado secundario enfrió su rentabilidad al 4,95%, frente al 5,1% con el que inició la jornada.

En todo caso la solución a los graves problemas que acechaban a España tenía que fraguarse tanto en el propio país como en el exterior. Tanto Francia y Alemania (las locomotoras europeas), como el Banco Central Europeo, el Fondo Monetario Internacional e incluso Estados Unidos eran actores clave para evitar un colapso inasumible de la Zona Euro.

Inicialmente fueron varios los escenarios planteados. En primer lugar, que el Banco Central Europeo comprase deuda en los mercados secundarios de los países periféricos. Se trataría, no obstante, de una solución temporal. De hecho, en una de las principales "tormentas" en las que se vio envuelta nuestra deuda, cuando el riesgo país español rebasó los 300 puntos básicos por primera vez desde la creación del euro, los rumores de que el BCE estaba comprando bonos españoles en el mercado secundario calmaron las tensiones. Dicha solución no fue, sin embargo, definitiva. Y, poco tiempo después, el Eurogrupo tuvo que reunirse de manera extraordinaria. Así las cosas, en el supuesto de que en el presente caso el BCE procediese a comprar bonos podía volver ocurrir lo mismo.

Lo cierto es, sin embargo, que los mercados deseaban la reactivación por parte del BCE de su programa de recompra de bonos. Y es que a través de la citada medida el organismo monetario europeo podría lograr calmar las incertidumbres que se cernían sobre los mercados y que estaban disparando los diferenciales de los países periféricos de Europa hasta niveles históricos. Como ya se ha señalado el BCE compró 74.000 millones de euros en activos desde mayo de 2010 con el objetivo de reducir las tensiones de los mercados.

Una segunda alternativa existente (teniendo presente además que la solución adoptada por el BCE sólo sirvió para ganar tiempo) era que se acelerase el plan diseñado por el Eurogrupo, centrado en la consecución de un nuevo rescate a Grecia y en la adopción de una estrategia para no dejar a la deriva al resto de los países periféricos, ya que España se acercó al punto de no retorno. El problema era que dicho paquete de medidas aún estaba a la espera de que los técnicos procediesen al desarrollo del mismo y de que lo aprobasen los Parlamentos de los países, por lo que el pacto de los líderes del euro de mediados de julio de 2011 era todavía papel mojado. Y ello a pesar de que estaba previsto que en un futuro se diese poder al Fondo de rescate para comprar bonos en el mercado secundario y otorgar créditos preventivos a países como España.

Una tercera alternativa planteada fue la consistente en eximir a España de que participase en el rescate de otros países (concretamente en el pago de la ayuda a Grecia correspondiente al primer rescate acordado en mayo de 2010), estimándose que ello podría contribuir a atemperar las preocupaciones de algunos inversores, si bien tampoco conseguiría acabar con las tensiones de manera definitiva, algo que sólo ocurriría si se llegase a un pacto definitivo. No obstante sí que parecía claro que los países menos dañados habrían de aportar más fondos (aunque fuese a costa de perder el apoyo de sus contribuyentes) y que los Estados más dañados debían impulsar planes de ajuste radicales en su Sector público que fuesen compatibles con la recuperación del crecimiento económico, algo bastante complicado. Las contribuciones que no asumieran España e Italia se reasignarían al resto de países, por lo que Alemania y Francia podrían llegar a copar el 75% del total.

Por otro lado en el supuesto de que se optase por una ampliación temporal del EFSF con la finalidad de evitar el rescate de España o de Italia desde Alemania podía llegar a exigirse, como contrapartida, que existiese todavía una mayor participación del sector privado en los rescates. De hecho ya durante el mes de julio de 2011 se pactó que la banca participase con 50.000 millones de euros en el segundo rescate a Grecia. Finalmente la última opción planteada era acometer un rescate a la antigua usanza, el cual podía resultar inasumible para la UE.

Durante la tercera semana del mes de mayo de 2011 el Tesoro acometió la emisión de 3.219 millones de euros, lejos del máximo previsto. La demanda flojeó ligeramente respecto a la anterior subasta de obligaciones a 10 y 30 años, y el coste se mantuvo estable. En el mercado secundario el riesgo país subió hasta 230 puntos básicos. La rebaja generalizada en los intereses de la deuda pública apenas relajó en esta ocasión el coste de emisión, quedándose el importe adjudicado lejos del máximo previsto. El Tesoro partía con el objetivo de colocar hasta 4.000 millones de euros. Finalmente la cuantía adjudicada se limitó a 3.219 millones de euros, el 80% del máximo esperado.

A pesar de moderar el importe adjudicado las *ratios* de demanda flojearon ligeramente respecto a las anteriores subastas. Con fecha 19 de mayo de 2011 las peticiones cubrieron 1,8 veces la oferta en las obligaciones a 10 años, frente a las 2,1 de abril. En los títulos a 30 años esta *ratio* se enfrió en menor medida, desde las 2,1 hasta las 2,0 veces. Los 2.495 millones de euros a 10 años fueron colocados a un interés medio del 5,395%, algo por debajo del 5,472% que se aplicó con fecha de 20 de abril de 2011. En el caso de los 724 millones de euros adjudicados a 30 años, la rentabilidad repuntó desde el 5,875% hasta el 6,002%. Por su parte los seguros de impago de Grecia se encarecieron hasta los 1.330 puntos básicos. La prima de riesgo de España se elevaba por encima de los 230 puntos básicos, frente a los 223 puntos con los que había cerrado el 18 de mayo de 2011. El interés exigido al bono español a diez años escaló por encima del 3,4%.

Tras la celebración de las Elecciones Autonómicas y Municipales en nuestro país durante dichas fechas la primera emisión de deuda pública realizada contribuyó a apaciguar la tensión que había reflejado la deuda española, heredada también de la periferia europea. El Tesoro logró colocar 2.300 millones, cerca del máximo, con un coste similar al afrontado un mes antes. Los inversores otorgaron una mínima tregua a la deuda española, situándose el interés del bono español a diez años por encima del 5,6%, cerca de los máximos de enero de 2011.

A este alivio contribuyó especialmente la demanda que había recibido la subasta del Tesoro de letras a 3 y 6 meses. A diferencia de lo que había sucedido una semana antes, el importe adjudicado, 2.300 millones de euros, se acercó al máximo previsto, 2.500 millones. Las peticiones efectuadas cubrieron la oferta con *ratios* muy superiores a la media: 6,6 veces en las letras a 3 meses (frente a las 4,4 veces del pasado mes) y 5,5 veces en los títulos a 6 meses (7,1 hace un mes). Dicha demanda permitió contener el coste de emisión. La rentabilidad media de las letras a tres meses se situó en el 1,38%, ligeramente por encima del 1,371% del 26 de abril de 2011. Y en las letras a 6 meses el interés se enfrió desde el 1,867% de un mes antes al 1,766%.

En todo caso con fecha 25 de mayo de 2011 se conoció que, a lo largo del año 2010, el Estado había realizado una emisión neta de 64.147 millones de euros. A pesar de que la emisión se redujo un 45% respecto a 2009, ello suponía que el Tesoro se había endeudado en 2010 a 2.034 euros al segundo. La deuda del Estado en circulación aumentó un 13,9% en 2010, hasta 526.143,6 millones de euros, frente a los 461.996,3 millones registrados en 2009, si bien finalizó el año por debajo de las previsiones iniciales, según la Memoria del Mercado de Deuda Pública correspondiente al año 2010.

A principios del mes de junio de 2011 la brecha en los países de la periferia europea sufría un nuevo deterioro. En Grecia el interés exigido el bono a dos años aumentaba en 40 puntos básicos, hasta alcanzar el 25,42%. A diez años se situó en el 16,4%, y en el mercado de derivados, los *Credit Default Swaps* subieron en 40 puntos básicos, en zona de máximos, hasta los 1.470 puntos, lo que supuso que el coste de asegurar 10 millones de euros de deuda griega a cinco años se encareciese hasta los 1,47 millones de euros. La presión se extendió a Portugal. Sus seguros de impago se incrementaron en 15 puntos básicos, hasta los 700 puntos básicos, mientras que la rentabilidad de su bono a diez años enfiló récords justo al borde de la barrera del 10%.

El contexto no era precisamente el más favorable para afrontar una emisión de deuda en la periferia como la de bonos a tres y cuatro años celebrada por el Tesoro español con fecha 2 de junio de 2011. El objetivo de dicha subasta pasaba por colocar hasta 4.000 millones de euros, permitiendo finalmente el resurgir de la demanda adjudicar el 99% del máximo previsto. A pesar del incremento en el coste de emisión, el mercado secundario hizo frente al temido contagio de la periferia. La prima de riesgo aumentó en la apertura hasta los 236 puntos básicos. Pero después del incremento de la demanda en la subasta del Tesoro la citada brecha se enfrió por debajo de los 230 puntos básicos. El interés del *bund* alemán recuperó el 3%, mientras que el del bono español a diez años bajó incluso por momentos del 5,3%.

A diferencia de lo que sucedió en subastas anteriores, cuando se llegó a adjudicar el 80% del máximo previsto, el Tesoro colocó prácticamente todo el fijado hasta un total de 3.953 millones de euros frente a un máximo de 4.000 millones de euros. Además el notable incremento de las peticiones permitió ampliar el margen con el que adjudicó sus bonos a tres y cuatro años. La demanda superó 2,9 veces la oferta en la emisión de títulos a cuatro años. En la subasta precedente este colchón se había limitado a 1,6 veces. Un comportamiento similar había registrado la tasa de cobertura en los bonos a tres años: desde las 1,8 veces hasta las 2,5 con fecha de 2 de junio de 2011.

Lo que no logró evitar dicho incremento de la demanda fue un nuevo repunte en el coste de emisión. La rentabilidad media a la que el Tesoro había colocado 2.753 millones de euros en bonos a tres años subió desde el 3,568% hasta el 4,037%. No obstante a pesar de este aumento en los costes de emisión el mercado secundario reflejó una leve contención en la escalada de los intereses de la deuda española. La rentabilidad del bono a diez años se enfrió al 5,32%, de forma que la prima de riesgo se moderó a 234 puntos básicos.

En cambio con fecha 16 de junio de 2011 la prima de riesgo alcanzó los máximos de 2011 hasta dicha fecha, situándose en 283 puntos básicos tras la subasta del Tesoro celebrada ese día, en la que colocó 2.839 millones de euros en obligaciones, en la parte baja del objetivo del Tesoro. En el caso de los bonos a 15 años la rentabilidad alcanzada superó el 6%, regresando posteriormente el diferencial con el bono alemán a los niveles previos a la subasta, 272 puntos. El importe colocado estuvo dentro de los objetivos del Tesoro (entre 2.500 y 3.500 millones de euros), si bien en el rango bajo, 2.839 millones de euros. En la colocación de obligaciones con vida residual de ocho años (y vencimiento en 2019) el importe adjudicado fue de 1.326 millones de euros, a un tipo marginal del 5,371%. Momentos antes de la subasta, el bono equivalente cotizaba en el mercado secundario al 5,283%. La *ratio* de cobertura se situó en 2,1 veces. En el caso de las obligaciones a 15 años se adjudicaron 1.513 millones de euros al 6,043%, frente al 5,993% al que cotizaba antes de la colocación. La *ratio* de cobertura fue de 2,6 veces. Ciertamente la citada subasta estuvo precedida por una subida de la rentabilidad de los bonos en las dos semanas precedentes, situándose en el caso de los bonos a 10 años el aumento en 35 puntos básicos.

Al amparo de esta situación durante la segunda semana del mes de julio de 2011 la prima de riesgo de nuestro país alcanzaba su cota más alta de la historia, al llegar a los 314 puntos básicos. Después de abrir en zona de máximos, sobre los 285 puntos, escaló puntos hasta llegar a los 314 puntos, el nivel más alto desde la introducción de la moneda única. La principal causa de este aumento fue, sin lugar a dudas, la gran preocupación de los inversores por la situación de Italia, que podría extenderse a los países periféricos.

Según datos publicados con fecha 6 de junio de 2011 por el BIS relativos al cierre del ejercicio 2010, las entidades financieras españolas apenas acumulaban un 8,4% de la deuda pública emitida por los países protagonistas de la crisis de la deuda soberana europea. El riesgo en bonos griegos apenas alcanzó los 540 millones de dólares (369 millones de euros) sobre un total de 54.196 millones. El mayor peso de esta carga lo soportaron las entidades alemanas, con hasta 22.651 millones de dólares, seguidos por los franceses, con 14.960 millones.

La exposición de la banca española a la deuda irlandesa también fue casi testimonial. El BIS detalló en su Informe anteriormente citado que se trataba de 101 millones de dólares (69 millones de euros), lo que representaba un 0,5% del total. El riesgo se incrementó en el caso de Portugal, donde los 8.451 millones de dólares (5.773 millones de euros) de bonos en manos de españoles representaron un 24,4% del total. Aún así se trató de una cifra sostenible, incluso en un eventual impago por parte del país luso. La deuda total que tenían estos tres países incluía, además de los bonos, la deuda bancaria y la deuda del sector privado no bancario, alcanzando los 810.485 millones de dólares (553.663 millones de euros). De ellos 65.321 millones de dólares (44.622 millones de euros) estaban en manos de entidades españolas, un 8% del total. Mucho menores fueron las cifras con relación a Irlanda (6.848 millones, lo que representaba un 2,1% del total) y Grecia (665 millones, con un 0,6% del total).

Dentro del mercado financiero español cabía aludir a la existencia de un preocupante aumento de la prima de riesgo de la economía española. Así, a pesar de que en los primeros meses de 2011 se habían suavizado las tensiones en los mercados financieros, las primas de riesgo se situaron en niveles elevados. Y ello como consecuencia de circunstancias tales como el encarecimiento de las fuentes de financiación de las entidades, la situación económica de algunos de sus prestatarios y su exposición al sector inmobiliario.[238]

[238] En este sentido la crisis de deuda situó a España en el 11° puesto del ranking mundial de los países con mayores probabilidades de *default* (un 20,8%) en relación a sus seguros de impago, según un Informe correspondiente al segundo trimestre de 2011 elaborado por la firma CMA. El estudio reflejó que los *Credit Default Swaps* de España llevan implícito un *rating* equivalente a 'bono basura'. Las economías de la periferia europea tomaban así el relevo de las emergentes en el ranking de los países con mayores probabilidades de *default*. Los tres países europeos rescatados acapararon tres de las cuatro primeras posiciones de esta clasificación a escala global. De acuerdo con los datos de la Consultora CMA al cierre del segundo trimestre de 2011, Grecia era el país con mayor riesgo de impago (un 80,6%) en función de sus *Credit Default Swaps*, por encima de los 2.000 puntos básicos. Venezuela se situó entre los países europeos rescatados, ocupando la segunda posición, con un 51,4% de probabilidades de *default*. Justo por detrás se situaron Portugal (47,6%) e Irlanda (47,2%). El 'top ten' se completó con una lista de países mucho más heterogénea. En el quinto puesto aparecía Paquistán (44,9%), seguido de Argentina (34,9%), Ucrania (28,6%), Líbano (22,2%), Vietnam (21,8%) y Dubai (21,7%). A un paso de entrar en esta lista se quedó España (11ª). Al cierre del segundo trimestre de 2011 en el mercado de derivados sus *Credit Default Swaps* se situaban en 259,1 puntos básicos, lo que suponía que el coste de asegurar 10 millones de euros de deuda española a cinco años se encarecía hasta los 259.100 euros. Estos 259,1 puntos básicos correspondientes al cierre del segundo trimestre otorgarían un 20,8% de probabilidades de *default* y equivaldrían a un *rating* crediticio de 'BB', dentro del nivel de 'bono basura'.

Con fecha 19 de julio de 2011 el Tesoro español cerró una emisión de 4.500 millones de euros en Letras a 12 y 18 meses. Para colocar el importe íntegro, en un entorno marcado por la prima de riesgo española que rondaba los 350 puntos básicos, aquel tuvo que ofrecer una rentabilidad del 3,76% y el 3,98%, respectivamente[239]. Ello significaba que las Letras, un activo de renta fija a corto plazo, eran bastante más rentables que los depósitos bancarios.

Ni que decir tiene que estos tipos de interés complicaban la captación de pasivo a la banca, ya que las entidades se veían obligadas a ofrecer una prima sobre ese tipo de interés que ofrecía el Estado si querían seguir atrayendo inversores. Se trataba de una situación relativamente excepcional que se explicaba por el contexto de crisis en el que se movía la economía española. Baste señalar a este respecto que Alemania ofrecía apenas un 1,1% de rentabilidad para este tipo de activo.

Según datos facilitados por el Banco de España[240] la rentabilidad promedia ofrecida por la banca para captar depósitos de las familias hasta dos años de plazo se situó en el 2,76% en mayo de 2011. Como es lógico ello no implicaba que en el mercado no pudieran encontrarse ofertas bancarias que se desmarcasen de la tendencia. Y es que, a pesar de que de un tiempo a esta parte varias entidades habían recortado la rentabilidad de sus depósitos para adecuarse a la nueva normativa impuesta por el Gobierno para frenar

[239] Concretamente se produjo la adjudicación del importe máximo previsto, casi 4.500 millones de euros. La demanda respondió, si bien a costa de un interés que se disparó desde el 2,69% al 3,7% en las letras a 12 meses. Los mercados recibieron los resultados sin grandes sobresaltos, pero con unas leves dosis adicionales de relajación. El Tesoro logró colocar 4.448 millones de euros, el 99% del importe máximo esperado, 4.500 millones. La mayor parte, 3.788 millones de euros, correspondió a las letras a 12 meses. El colchón fue amplio, dado que las peticiones alcanzaron los 8.238 millones de euros. Aunque la *ratio* de cobertura de la oferta bajó desde las 2,9 veces de la anterior subasta celebrada en junio hasta las 2,2 veces. El margen se amplió notablemente en las letras a 18 meses, gracias en buena parte a que el importe adjudicado se redujo desde los 1.460 millones de euros del mes de junio hasta los 661 millones de euros. La demanda cubrió la oferta 5,5 veces, frente a las 3,9 de junio de 2011. Donde no hubo mejora ni a 12 ni a 18 meses fue en el coste de emisión. El recrudecimiento de las alertas en los mercados de deuda, con la falta de acuerdo sobre Grecia de fondo, provocó otro aumento en el coste de financiación. La rentabilidad media en las letras adjudicadas a 12 meses escaló desde el 2,695% de junio hasta el 3,702%, unos niveles inéditos desde el año 2008. Y, en el caso de los 661 millones colocados a 18 meses, el interés marginal alcanzó sus máximos desde el año 2002, el 3,98%, frente al 3,299% del pasado 14 de junio. La rentabilidad media se elevó del 3,26% al 3,912%.

[240] Fuente: Banco de España, www.bde.es (consultada el 19 de julio de 2011).

la guerra del pasivo, aún existían depósitos a un año que pagaban más de un 4% TAE. En este sentido el conjunto de ofertas existentes pagaban menos que las letras. No se preveía, además, que las entidades volvieran a enzarzarse en una guerra para los depósitos, ya que desde el 4 de julio de 2011 las rentabilidades que superasen un determinado límite (que en el caso de las ofertas a doce meses dicho límite se situaba en 100 puntos básicos por encima del Euribor a doce meses) se veían obligadas a realizar aportaciones extra a su Fondo de Garantía de Depósitos (FGD). Con carácter adicional eran varias las cajas que no habían podido mantener estos niveles de gasto para el pasivo minorista, ya que el margen de interés de sus cuentas de resultados estaba ya en mínimos.

Con fecha 26 de julio de 2011 desde la Secretaría de Estado de Hacienda se anunció (a diferencia de lo que finalmente se decidiría tras la llegada al Gobierno del Partido Popular) que no se aplazaría el pago de los adelantos efectuados a las CC.AA. o, dicho de otro modo, la devolución por parte de los Entes Regionales de la deuda contraída con el Estado por los anticipos recibidos sobre todo por el Impuesto sobre la Renta de las Personas Físicas (IRPF) y el Impuesto sobre el Valor Añadido correspondientes a 2008 y 2009, estimándose que ya se había acordado aplazar un año el pago de esas deudas y disponiendo desde ese preciso instante los Entes Regionales de hasta cinco años para liquidar. La liquidación negativa aplazada de las Comunidades Autónomas alcanzó los 18.736,46 millones de euros en 2009, si bien tras la moratoria concedida aquéllas podrían empezar a devolver los adelantos en 2012. Dicho saldo negativo en 2009 se explicaba, no ya por un mal resultado de la reforma de la financiación autonómica, sino por una caída de los ingresos tributarios autonómicos superior al previsto que provocó que las aportaciones anticipadas elevaran el saldo negativo de dichas Comunidades.

Dichas consideraciones debían ser puestas además en conexión con la propuesta efectuada en su día por el Ejecutivo central para que las Comunidades asumiesen la regla de gasto establecido para el Estado. Y es que desde determinadas Regiones se había solicitado al Gobierno que avalase las emisiones de deuda de aquellas Comunidades que cumpliesen los objetivos de estabilidad presupuestaria, es decir, los techos de déficit. Dada esta situación el Ejecutivo optó por suavizar su propuesta para limitar el gasto de las Comunidades Autónomas y abrió la vía a que se estableciesen techos de gasto "a la carta" dentro del Estado. Dicha nueva propuesta consistiría en que cada Comunidad Autónoma pudiera fijarse su regla de gasto en función del ciclo de años que quisiese, no necesariamente los mismos que la Administración central. Cabe plantearse, sin embargo, hasta qué punto la adopción de la citada medida podía abrir la puerta a distintos techos de gasto para cada Comunidad Autónoma y, por ende, a distintos objetivos de estabilidad presupuestaria, incentivando así el déficit y poniendo en peligro el objetivo común de déficit.

Por otro lado inicialmente el Ejecutivo planteaba que todas las Comunidades Autónomas aceptaran la misma regla de gasto del Estado consistente en que el gasto público no debe crecer por encima del crecimiento medio del PIB expresado en términos nominales durante nueve años: los cinco anteriores, el año en curso y la previsión de crecimiento de los tres años siguientes. Sin embargo tras la propuesta formulada por el Ejecutivo cada Comunidad podría elegir el plazo de cómo calcularlo.

Apenas unos días después se conocía que el ICO sufragaría la mitad de los 4.870 millones de euros que las CC.AA. tenían que devolver en 2012, por el exceso de ingresos que en 2008 y 2009 recibieron del Estado. De este modo se concedió a las CC.AA. un colchón para que en 2012 el Instituto de Crédito Oficial adelantase la mitad de los fondos que reclamaba el Gobierno central por las liquidaciones negativas de 2008 y 2009. Los Entes Regionales tenían que devolver al Estado 4.870 millones de euros en 2012, por lo que la citada línea del ICO ascendería a 2.435 millones. A cambio las Regiones debían destinar ese dinero a pagar a los proveedores, disponiendo de un plazo de tres años para devolver los fondos al ICO. Desde el Ministerio de Economía y Hacienda se señaló que la línea ICO resultaba más razonable que aplazar las devoluciones ya que, en este último caso, al Estado le costaría el coste de financiación de una emisión a esos años. Debido a ello se optó por trasladar a un crédito del ICO. La citada medida resultaba además "neutra" a efectos de déficit público.

Por lo que respecta a la regla de gasto, como ya se ha señalado, desde el Ministerio de Economía y Hacienda se propuso que fuese cada Comunidad Autónoma la que fijara su techo de gasto en el plazo de seis meses, teniendo en cuenta para ello la evolución del PIB real y de la inflación (una especie de coeficiente corrector que no puede sobrepasar el 2%). La Comunidad Autónoma de Galicia ya contaba con una ley de estas características y otras Comunidades Autónomas como Castilla y León, Castilla-La Mancha o Aragón anunciaron en su día su intención de legislar en este sentido. Sucedía no obstante que, como ya se ha señalado, realmente no se establecía un marco estricto, ya que las Regiones podían escoger el propio marco temporal del techo de gasto, enfrentándose a la problemática de las previsiones de crecimiento.

El objetivo de estabilidad presupuestaria para 2012, 2013 y 2014 fue finalmente aprobado en la reunión del Consejo de Política Fiscal y Financiera de 27 de julio de 2011 gracias a la abstención de las CC.AA. gobernadas por el Partido Popular y a los votos favorables de Andalucía, Cataluña y el propio Gobierno. Asimismo algunas Regiones pidieron insistentemente al Ejecutivo central los fondos que les correspondían en 2011 por el Fondo de Convergencia y el Fondo de Competitividad. Sin embargo ni el Ejecutivo ni los Gobiernos regionales pusieron sobre la mesa medidas concretas destinadas a reducir el gasto.

A principios del mes de septiembre de 2011 se conocía además que el déficit no financiero de las Comunidades Autónomas había alcanzado el 1,2% del PIB en el segundo trimestre de 2011. Como ya se ha señalado durante el primer trimestre del año el déficit público de las Comunidades ya había alcanzado el 1,2%, sólo una décima por debajo del límite del 1,3% fijado por el Gobierno para dicho año.

A priori, y sin perjuicio del análisis más detenido que se efectuará al respecto en el Capítulo siguiente de la presente obra, en el supuesto de que se produjese un eventual incumplimiento fiscal por parte de las Comunidades Autónomas de ello dependería en gran parte que el conjunto de las Administraciones lograse reducir el déficit hasta el 6%, cifra pactada con Bruselas y en la que España se jugaba la credibilidad. Por Comunidades estos datos mostraron que todos los territorios menos el País Vasco habían registraron un saldo negativo. Castilla-La Mancha (4,16%) y Extremadura (2,59%) fueron las Comunidades con el déficit más elevado.

Así las cosas puede comprobarse como las cifras empeoraron desde el primer trimestre de 2011. El desajuste presupuestario de las Comunidades vino dado por un descenso de los ingresos en el primer semestre de 2011 del 3,59%, hasta los 60.965 millones, y un aumento del gasto del 0,48%, de 74.032 millones. El déficit fue de 13.066 millones de euros en el segundo trimestre de 2011, frente a los 4.995 millones de desequilibrio fiscal del primer trimestre, cuando representó un 0,46% del PIB. Salvo el País Vasco, que tuvo un superávit del 0,12%, el resto de Regiones tuvieron déficit. No obstante, otras tres Comunidades Autónomas presentaron una situación compatible con el objetivo de déficit. En concreto fueron Aragón (0,63%), La Rioja (0,64%) y Canarias (0,71%). Tres Comunidades Autónomas superaron el 2% de déficit. Las que peores cuentas presentaron fueron Baleares (2,11%), Extremadura (2,59%) y Castilla-La Mancha (4,16%).

Y es que durante el primer trimestre del citado año las Comunidades cerraron con un déficit de 4.995,31 millones de euros, lo que representaba el 0,46% del PIB, no superando ningún territorio el 1% de déficit. Las peor situadas fueron Islas Baleares y Castilla-La Mancha, con un déficit del 0,97% del PIB. También registraron déficits elevados Murcia (0,89%), País Vasco (0,77%), Andalucía (0,75%) y Comunidad Valenciana (0,67%). De la misma forma registraron saldos negativos Extremadura (0,64%), Madrid (0,60%), Castilla y León (0,40%), Canarias (0,28%), Cantabria (0,26%), Asturias (0,26%), Cataluña (0,09%) y Navarra (0,07%). En el lado contrario se situaron Aragón (0,19%), Galicia (0,14%) y La Rioja (0,18%), con superávit.

A la vista de estos datos cabía concluir que ya en el mes de junio de 2011 las Administraciones Regionales habían consumido la casi totalidad del límite que les impuso el Gobierno para este año, consistente en el 1,3% del PIB. Este dato venía a corroborar la reflexión efectuada por el Banco de España así como por la Comisión Europea y por el Fondo Monetario Internacional (FMI) sobre el hecho de que, básicamente, el problema del déficit, se situaba más en las Comunidades Autónomas y en los ayuntamientos que en el Gobierno central y la Seguridad Social. Todas estas Administraciones eran las que debían cumplir el objetivo global de déficit para 2011, previsto en el 6% del PIB, y que el Gobierno pactó con sus socios de la Zona Euro para intentar salir de la crisis de la moneda única y de la deuda.

Con una caída de los ingresos del 3,6% la ejecución presupuestaria de las Comunidades Autónomas correspondiente al segundo trimestre de 2011 suscitó preocupación. Como se ha señalado, hasta el 30 de junio de 2011 sólo el País Vasco tenía superávit presupuestario, con un 0,12% de su PIB, siendo además la única Región que mejoró sus datos respecto al primer trimestre de dicho ejercicio. Y, junto a esta Comunidad Autónoma, únicamente cinco pasaban el corte, ajustándose así a la evolución del agujero prevista por el Gobierno para el primer semestre de 2011: el 0,75% del PIB de cada Región en términos presupuestarios. Además del País Vasco, las otras Comunidades Autonomías que cumplían las previsiones al final del primer semestre de 2011 fueron Aragón, con un déficit del 0,63% del PIB; la Rioja, con un 0,64%; Madrid, que tenía un 0,70% del déficit y Canarias, con un 0,71%.

Ya a principios del mes de noviembre de 2011 la Comisión Europea pronosticó que España no cumpliría los objetivos fiscales marcados por aquélla al menos en los próximos tres años. Según las previsiones de crecimiento de la Comisión el déficit fiscal de España sería del 6,6%, seis décimas por encima del objetivo del plan de estabilidad europeo. Dicho desequilibrio continuaría en 2012 y 2013 con un déficit previsto del 5,9% y 5,3% (2,3 puntos por encima del objetivo), respectivamente. La deuda pública aumentaría desde el 69,6% del PIB en 2011 hasta el 78% en 2012, situándose la tasa de inflación de media en el 3% en 2011 pero cayendo al 1,1% y al 1,3% en 2012 y 2013.[241]

De acuerdo con dichos datos España tendría un déficit enquistado superior al 4% en 2011, 2012 y 2013. Exactamente el déficit presupuestario estructural sería del 4,9% del PIB en 2011, del 4,2% en 2012 y del 4,3% en 2013. A nivel comunitario la recuperación económica en la Unión Europea quedaría frenada en seco, existiendo un serio riesgo de caer en recesión en

---

[241] Por otra parte con motivo de dichas previsiones la Comisión recortó la previsión de crecimiento para España hasta el 0,7% del PIB tanto en 2011 como en 2012 (frente al 0,8% y el 1,5% que había previsto en abril de 2011) debido al impacto de la crisis de deuda, la desaceleración de la economía mundial, los ajustes en el sector público y el proceso de desendeudamiento de familias y empresas. El Ejecutivo comunitario pronosticó que la economía española volvería a caer (-0,1%) durante el último trimestre de 2011 y que se mantendría prácticamente estancada en los primeros meses de 2012. El ritmo de crecimiento se aceleraría a partir de 2013, año para el que la Comisión preveía un porcentaje de crecimiento del 1,4%. Esta debilidad del crecimiento provocaría que la creación de empleo se retrasase hasta 2013, según la Comisión. Tal y como se afirmaba en el Informe de la Comisión referido a nuestro país *"Está previsto que el empleo caiga más significativamente tanto en 2011 como en 2012. En 2012, un recorte adicional de puestos de trabajo aumentará la presión al alza sobre la tasa de paro, aunque ello se verá limitado por una disminución de la población activa por la salida considerable de trabajadores inmigrantes (...) La fuerte contracción económica y el todavía débil crecimiento económico durante la recuperación explican el aumento del paro"*. El nivel de desempleo se situaría así de media en el 20,9% tanto en 2011 como durante el 2012 y sólo bajaría hasta el 20,3% en 2013.

2012. Concretamente la estimación de crecimiento del PIB del bloque para 2012 era de un 0,6% en la UE en su conjunto y del 0,5% en los 17 socios de la Eurozona, respecto al 1,6% y 1,5% previsto respectivamente para 2011. Este "frenazo" económico afectaría a todos los grandes Estados miembros. El crecimiento en Alemania se desaceleraría desde el 2,9% en 2011 hasta el 0,8% en 2012; Francia pasaría del 1,6% al 0,6%; Italia se mantendría estancada con un progreso de apenas el 0,5% en 2011 y el 0,1% en 2012; y Reino Unido apenas avanzaría un 0,7% en 2011 y un 0,6% en 2012. Entre los países rescatados la economía griega se contraería un 5,5% en 2011 y un 2,8% en 2012; Portugal decrecería un 1,9% en 2011 y un 3% en 2012; y sólo Irlanda se salvaría de la recesión con un crecimiento del 1,1% tanto en 2011 como en 2012. De acuerdo con las previsiones de la Comisión elaboradas por aquel entonces habría que esperar hasta 2013 para volver a crecer un 1,5% para los veintisiete y un 1,3% para los países de la Zona Euro. Para el último trimestre de 2011 la Comisión Europea previó un crecimiento del 0,0% en la UE y de -0,1% en la Eurozona. Y, respecto del primer trimestre de 2012, se estimaba un crecimiento del 0,1% en la UE y del 0,0% para la Eurozona.

Por lo que respecta a las proyecciones relativas al desempleo, entre los países de la Zona Euro la tasa aumentaría una décima, hasta el 10,1% en 2012, reduciéndose sólo al 10% en 2013. Y, respecto al déficit, la media de los 17 países que comparten el euro sí que alcanzaría el objetivo del 3% en 2013, aunque ocho países –entre ellos España– sobrepasarían este objetivo.

¿Por qué, de un tiempo a esta parte, periódicamente se había venido disparando la prima de riesgo española? Como es sabido los creadores de mercado que trabajan con el Tesoro Público están obligados a garantizar la liquidez en el mercado secundario. Sin embargo dicha tarea cada vez adquiere una mayor complejidad, debido a la existencia de un número considerable de órdenes de venta que no resulta posible satisfacer. Muchos inversores quieren vender en este entorno de incertidumbre, y pocos comprar, a excepción del Banco Central Europeo, que comenzó a intervenir en los mercados desde comienzos de agosto de 2011. Cualquier operación que se realizaba desde ese preciso instante tendía a provocar fuertes vaivenes en las rentabilidades de la deuda, debido a la poca liquidez que existe. En este sentido, dadas unas concretas operaciones de importe muy reducido se originaba una extrema volatilidad en el mercado. Al caer el volumen de negocio operaciones de sólo 5 ó 10 millones podían llegar a mover la rentabilidad del bono al alza o la baja en más de 4 puntos básicos.

Con fecha 14 de noviembre de 2011 la rentabilidad del bono español a diez años llegó a superar el 6,10%, cerca de la cota que alcanzó en la primera semana de agosto de 2011, cuando el Banco Central Europeo comenzó a intervenir en el mercado español y en el italiano. Y ello a pesar de que el supervisor continuaba comprando deuda de los países periféricos. Así, por ejemplo, a pesar de que durante la primera semana del mes de noviembre de 2011 el BCE invirtió 4.400 millones de euros, se trataba de una cantidad insuficiente, especialmente sí se tiene en cuenta que la Reserva Federal Norteamericana compraba una media de entre 8.000 y 9.000 millones de dólares diarios cuando puso en marcha su programa *Quantitative Easing* 3.

Por otro lado los títulos a corto plazo se vieron más afectados que los bonos a largo. Por ejemplo, con fecha 14 de noviembre de 2011 se cruzaron operaciones en los títulos a 18 meses a un tipo de interés del 4,86%, situándose el bono a diez años en el 6,1%. Y ello en tanto en cuanto a corto plazo los Tesoros se enfrentaban a unas elevadas necesidades de financiación. En el caso concreto del Tesoro Público español, éste debía encarar vencimientos por importe de más de 115.000 millones de euros en 2012.

Con motivo de la subasta celebrada el 15 de noviembre de 2011 el Tesoro Público tuvo que pagar más de un 5% por sus letras a 12 y 18 meses, la rentabilidad más elevada en la historia del euro. La rentabilidad más alta del citado activo se había alcanzado en 1987, cuando se ofrecía un 15,5%, si bien en aquel entonces el precio del dinero (fijado en dicha fecha por el Banco de España) se encontraba en niveles similares. Sin embargo dicho interés, ya en manos del BCE, queda situado en noviembre de 2011 en el 1,25%. Ciertamente se trataba de una situación difícilmente sostenible. Y es que, produciéndose una caída de los ingresos del Estado no podían subir más los gastos financieros, ya que ello redundaría en la necesidad de aplicar planes de ajuste más severos que terminarían afectando a otras partidas (menores gastos financieros o impuestos más altos).

Según previsiones de Eurostat de octubre de 2011 la carga de intereses de la deuda pública española en 2011 se situaría ligeramente por encima del 2,3% del PIB, cuando la media de todos los Estados miembros de la Eurozona alcanzaba el 3%. Sin embargo para poder repagar la deuda debía existir crecimiento, algo que, sin embargo, no se preveía. El tipo medio que se había pagado en 2011 (3,72% según datos del Tesoro a 31 de octubre de ese año) debía ser inferior al crecimiento nominal esperado para asegurar la sostenibilidad financiera de la deuda pública en el medio y largo plazo. Por ejemplo, para finales de 2011 el PIB nominal alcanzaría el 2,6%, según previsiones del Gobierno si bien, dada la gravedad de la crisis, éstas podrían ser ya unas estimaciones demasiado ambiciosas. Ello provocaría que la partida destinada al pago de intereses por la deuda tuviese cada vez más peso en el déficit, no pudiendo éste financiarse con más deuda. En definitiva, la situación resultaría sostenible pese a haberse pagado, por ejemplo, con fecha de 15 de noviembre de 2011 un 5% por la deuda. Y es que podía terminar resultando insostenible si no bajaban esas rentabilidades o si no se tomaban las reformas necesarias que recondujesen a la economía hacia la senda del crecimiento, teniendo presente además que en 2012 vencían más de 110.000 millones de euros entre letras, bonos y obligaciones.

Con fecha 17 de noviembre de 2011 el Tesoro Público captó 3.563 millones de euros en bonos a 10 años, si bien tuvo que pagar un altísimo interés del 7%, un 30% más que la última subasta de este tipo y un nivel que se consideraba como insostenible a medio plazo. De este modo, a pesar de que nuestro país lograba cumplir con su objetivo de colocar entre 3.000 y 4.000 millones de euros, se trató de los intereses más altos desde el año 1997, máxime si se tiene en cuenta que dicho nivel del 7% era el umbral que se había venido utilizando para hablar de la zona en la que se considera necesario un rescate, como ocurrió en los casos de Grecia, Irlanda y Portugal.

Tras la celebración de la citada subasta la prima de riesgo de España –el diferencial de la rentabilidad de la deuda española con la alemana– superaba por primera vez los 500 puntos básicos, su mayor nivel desde la creación del euro. La emisión española se produjo en medio de fortísimas tensiones en el mercado de deuda soberana de la Zona Euro, en el que las primas de riesgo de otros países, como Italia y Francia, se situaban también en máximos desde la creación de la moneda única. La demanda fue más floja que en otras subastas, ya que superó en 1,5 veces la oferta frente a los 1,8 veces de la anterior subasta a 10 años. Dicha colocación se produjo, además, apenas dos días después de haberse visto obligado a aplicar a las letras a 12 y 18 meses un interés por encima del 5%, también el más alto desde 1997. Recuérdese que en la anterior subasta de obligaciones a diez años, celebrada el 20 de octubre de 2011, España logró rebajar el interés de la emisión al 5,453% desde el 5,921% anterior.

Apenas cinco días después, con fecha 22 de noviembre de 2011, el Tesoro Público colocaba un total de 2.980 millones de euros en letras a 3 y 6 meses en la que constituyó primera emisión tras las elecciones generales celebradas en nuestro país el 20 de noviembre de 2011, que dieron la victoria al Partido Popular por mayoría absoluta. Pese al cambio de Gobierno, el coste de obtener financiación continuó encareciéndose para el Reino de España. La subasta celebrada en la citada fecha logró captar el máximo rango previsto, que era de entre 2.000 y 3.000 millones de euros. Sin embargo el Tesoro se vio obligado a pagar una rentabilidad superior al 5% para tener el crédito de los mercados. En el caso de las letras a tres meses, el Tesoro colocó 2.010 millones pagando un interés del 5,11%, cuando en la anterior subasta fue del 2,29%. Con carácter adicional la demanda disminuyó ligeramente, multiplicando la oferta 2,9 veces frente a las 3,1 veces de la anterior emisión. La emisión de 970 millones en letras a seis meses también fue costosa, pese a la mayor demanda de los mercados. Ésta multiplicó 4,92 veces la oferta, a pesar de lo cual la rentabilidad se ha disparó del 3,3% al 5,22%.

Las turbulencias y el escaso impacto del vuelco electoral en los mercados llevaron al Tesoro a plantearse un objetivo de emisión menor durante noviembre de 2011, ya que en la subasta de octubre de 2011 pretendía colocar entre 2.500 y 3.500 millones. En aquella ocasión el Tesoro acabó colocando casi el máximo previsto, 3.479,1 millones de euros, a un tipo del 2,85%, superior al anterior, pero sin llegar a los niveles de la segunda semana de noviembre de 2011, cuando el organismo se vio obligado a elevar la rentabilidad a máximos desde 1997 para colocar letras a 12 y 18 meses y obligaciones a 10 años.

Ciertamente la existencia de letras del Tesoro al 5% obligaba a la banca a elevar la remuneración de los depósitos para poder defender su pasivo. Por otro lado conviene tener presente que aquellas entidades que comercializasen dichos productos debían aportar capital adicional al Fondo de Garantía de Depósitos. Si las condiciones de mercado se endureciesen sustancialmente por falta de liquidez y hubiera riesgo de que las entidades se quedaran fuera del mercado parecía claro que las entidades financieras reaccionarían elevando los tipos del interés de nuestros productos. De este modo la guerra del pasivo cobraría más fuerza que nunca, dinamizada, sin quererlo, por el propio Estado, con las consecuencias nocivas que ello conllevaría. Y, en el supuesto de que se trasladasen esos tipos de la deuda pública a la remuneración de los recursos que necesitaba captar la banca las entidades tendrían que aumentar el coste de los créditos de forma inmediata, con la consiguiente reducción de los préstamos y su impacto negativo en el crecimiento económico, la inversión y el empleo.

En todo caso parecía insostenible que el Estado continuara financiándose a unos tipos de interés tan elevados durante un periodo mucho más prolongado, por lo que no debería llegar a producirse un movimiento de forma masiva de los ahorros que tienen los particulares en productos bancarios hacia la deuda pública. Donde sí que existía un mayor peligro de importantes transvases de capital en el corto plazo era en las carteras de los inversores institucionales. Y es que si la rentabilidad de las letras continuase a estos niveles se cubrirían con títulos del Estado cada vencimiento de depósitos.

El elevado interés que se comprometió a abonar el Tesoro en las subastas anteriormente referidas despertó el interés de los particulares por las letras, cuyo plazo variaba entre 3 y 18 meses. Se trataba de una inversión al descuento. Es decir, si un particular quisiera comprar 10 letras de 1.000 euros cada una y el precio de adjudicación de la subasta fuese de 95 (950 euros por letra), el inversor desembolsaría 9.500 euros en ese momento y el Tesoro le devolvería 10.000 al cabo de un año.

Con posterioridad, sin embargo, la emisión de deuda pública celebrada el 1 de diciembre de 2011 cortaría dicha tendencia al deparar un resultado mucho menos alarmante. El objetivo era colocar entre 2.750 y 3.750 millones de euros. Al contrario de lo sucedido en las semanas precedentes, el importe adjudicado se ajustó por completo al tope fijado: 3.750 millones de euros. Debe precisarse no obstante que el Tesoro se encargó de limitar la cuantía prevista para la colocación y de cambiar incluso el objeto de la emisión: bonos antiguos a tres, cuatro y cinco años en lugar de una nueva referencia a tres años.

La demanda respondió notablemente en el presente caso a las expectativas. Así, en los bonos con vencimiento en 2015 la *ratio* de cobertura aumentó de 2,1 a 2,7 veces; en los títulos con vencimiento en 2016 alcanzó las 2,8 veces; y en los bonos con vencimiento en 2017 el margen se incrementó desde las 1,8 hasta las 2,7 veces. En las últimas subastas precedentes este colchón había caído muy por debajo incluso del 2%. Por otro lado el Tesoro logró colocar sus bonos con vencimiento en abril de 2015 con una rentabilidad media del 5,187%. El porcentaje superaba así claramente el 3,639% de la subasta anterior, si bien se situó muy por debajo de lo esperado. La rentabilidad media de los bonos adjudicados con vencimiento en enero de 2016 se situó en el 5,276%, y en el 5,544% la de los títulos a más largo plazo, con vencimiento en enero de 2017.

Los mercados, una vez conocidos los resultados de la citada emisión del Tesoro, ampliaban la tregua que registraba ya con anterioridad la deuda española en el mercado secundario. El interés exigido a su bono a diez años se situaba a un paso de bajar del 6%, frente al 6,6%-6,7% en el que se había movido en las últimas jornadas.

Finalmente la deuda del Estado en circulación cerró el ejercicio 2011 con un volumen de 580.516 millones de euros, lo que representaba un 10,2% más que un año antes. Este aumento resultaba sensiblemente inferior al experimentado en el ejercicio anterior, cuando creció el 14%. Estas cifras de 2011 constituían un reflejo de las menores necesidades de endeudamiento del Estado, fruto de la continuidad del ajuste en las cuentas públicas.

Dentro del mercado primario la emisión neta de deuda se redujo el 17%, hasta alcanzar 53.603 millones de euros, frente a los 64.812 millones de 2010. La emisión neta de deuda del Estado se concentró en la captación de fondos mediante bonos (con un total de 24.262 millones de euros) y de obligaciones (con un importe global de 28.490 millones de euros). En letras del Tesoro la emisión neta fue de 851 millones de euros, una distribución que permitió que la vida media de la deuda del Estado permaneciese estable en torno a los seis años y medio. En este mercado primario las colocaciones brutas se redujeron el 4% hasta 199.724 millones de euros, debido a la menor necesidad de captar fondos en términos netos, ya que el volumen de amortizaciones fue ligeramente superior al del año anterior. Los bonos a cinco años y las obligaciones a diez años concentraron las mayores emisiones netas.

El coste medio de la financiación del Estado se vio afectado por la crisis de la deuda soberana de la Zona Euro y subió 130 puntos básicos frente a 2010. Así el diferencial entre el bono español a diez años y el alemán del mismo plazo, que permite medir la prima de riesgo, había crecido a lo largo del 2011 hasta alcanzar en diciembre una media de 360 puntos básicos, frente a los 247 del año anterior. En cuanto a la política de emisión del Tesoro, a lo largo del citado ejercicio 2011 se llevaron a cabo 91 subastas y dos emisiones sindicadas[242], con *ratios* de cobertura o proporción entre las solicitudes y los importes colocados que de media alcanzaron las 4 veces.

Por lo que respecta al mercado secundario, la negociación creció el 9,5%, debido al aumento de las negociaciones entre titulares, que aumentaron un 8,7%, y con terceros, que creció el 10,1%. Por tercer año consecutivo aumentó la contratación de letras del Tesoro, desde el 17,9% de 2010 al 18,2% de 2011.

Entre los hechos destacados del citado periodo figuraba además el aumento en la tenencia de bonos, obligaciones y letras por parte de las entidades de crédito, hasta alcanzar 22.800 millones de euros. Los inversores no residentes aumentaron su presencia en 2.000 millones de euros de manera que, aunque su participación se redujo en 4,6 puntos porcentuales, mantuvieron su posición como primer grupo inversor con el 48,8% del total. En cuanto a los institucionales (fondos de pensiones y de inversiones, aseguradoras) también aumentaron su presencia en 16.000 millones de euros, y se situaron como segundo grupo inversor.

2.B. Evolucion de las calificaciones crediticias otorgadas por las principales agencias de calificación de riesgos

Con fecha 10 de marzo de 2011 la Agencia de Calificación *Moody's* rebajó un nuevo peldaño la deuda de España, con perspectiva negativa. Se rebajaba así el *rating* de solvencia de nuestro país por segunda vez en seis meses ante el estancamiento de la economía y los argumentos relativos a que ni el coste de la recapitalización de bancos y cajas para las arcas públicas españolas ni la capacidad del Ejecutivo central en forzar un ajuste del déficit (especialmente de las Comunidades Autónomas) habían contribuido

[242] Recuérdese que, como ya se ha señalado, en esta clase de subastas se contrata a un pequeño grupo de bancos que reciben órdenes directas de los inversores. Este tipo de operaciones permiten diversificar la base de inversores de deuda, dado que existen muchos tipos de fondos de inversión, bancos o incluso fondos soberanos que no suelen comprar mediante las subastas habituales.

a reforzar la marcha de la economía española. La nota de España quedó en AA2 "con perspectiva negativa" de un nuevo recorte, lo que suponía ya dos peldaños menos que la Triple A de que disfrutó el país durante la pasada década tras el ingreso en el euro. Y ello sin perjuicio de reconocer la citada Agencia que el Gobierno español había emprendido reformas, no previendo que el Estado español llegase al extremo de necesitar el fondo europeo de rescate si no se deteriora más la situación.

Según la Agencia *Moody's* el Real Decreto-Ley 2/2011, de 18 de febrero, para el reforzamiento del sistema financiero, suponía un coste para el Estado de, al menos, entre 40.000 y 50.000 millones de euros, frente a la previsión máxima efectuada por el Ejecutivo, que cifraba dicho coste en 20.000 millones de euros. Incluso se estimó desde la citada Agencia de calificación de solvencia que en un escenario extremo el citado coste podría superar los 110.000 millones de euros, lo que equivaldría a la cifra de activos inmobiliarios que el Banco de España consideraba "dudosos". A juicio de la Agencia la definición de los instrumentos elegibles como capital había sido endurecida y los requerimientos de capital habían sido elevados hasta una *ratio* de capital principal del 10% para aquellas entidades con una base limitada de capital privado y una elevada dependencia de la financiación mayorista. Y, con estos presupuestos, se afirmó que en un escenario de estrés la falta de capital de la banca española se situaría entre 110.000 y 120.000 millones de euros.

Asimismo destacó la Agencia el hecho de que ni el Ejecutivo central ni las Comunidades Autónomas hubiesen tomado las medidas necesarias para reducir el déficit, lo que contribuyó a incrementar la preocupación acerca de la capacidad del Gobierno de conseguir la necesaria mejorar sostenible y estructural de las finanzas públicas, dado su limitado control sobre las cuentas de los Gobiernos regionales y de las perspectivas de un crecimiento moderado a corto y medio plazo, apostándose porque nuestro país apenas crecería hasta 2014 a una media del 1,5%. Todo ello hacía, a su juicio, que el Estado español mantuviese una "vulnerabilidad elevada" a cualquier temporal en los mercados financieros.

Al objeto de poder hacer frente a esta situación se estimó que el Estado español debía alcanzar un crecimiento mucho más rápido de la economía española, reclamándose un impulso a la exportación así como la adopción de políticas efectivas destinadas a afrontar las presiones estructurales de gasto de las Comunidades Autónomas combinado con un control más estricto por parte del Gobierno central. Asimismo se otorgaba trascendencia a una reforma de la negociación colectiva de los salarios. En resumen, la decisión de la Agencia quedó sustentada en la preocupación de *Moody's* sobre la sostenibilidad de las finanzas públicas en España y en el coste de la reestructuración de su sistema financiero.

Desde nuestro punto de vista la vulnerabilidad del Estado español resultaba en efecto elevada debido a sus necesidades de financiación, no ya sólo del Gobierno central, sino también de los Gobiernos regionales y de los bancos, sin perjuicio de reconocer los esfuerzos llevados a cabo para solucionar los problemas existentes, habiéndose alcanzado por parte del Gobierno el objetivo previsto de recorte del déficit y habiéndose reducido los gastos de la Administración por encima de lo previsto. Incluso cabía reconocer que su *ratio* de deuda pública era inferior al de países como Alemania, Francia, Reino Unido[243], Bélgica e Italia. El *rating* de España estaba situado al nivel de naciones como Italia y Eslovenia. A pesar de ello la consolidación fiscal podía resultar incierta para algunos Gobiernos regionales, máxime si se tiene en cuenta que nueve de las diecisiete Comunidades Autónomas cerraron el año 2010 por encima del objetivo de déficit del 2,4%, algunas por un "amplio margen".

---

[243] En el caso específico del Reino Unido, ya durante el año 2008 el nivel impositivo existente respecto a su PIB, incluyendo las cotizaciones a la Seguridad Social, alcanzó un 37,3%, su punto más elevado desde el año 2000 y, por vez primera, por encima de la media de la UE (37,0%). El aumento de la carga fiscal producido durante los ejercicios de 2007 y 2008 se debió a un incremento de los impuestos sobre el capital. Concretamente, el aumento de los ingresos provenientes de impuestos sobre el capital fue el equivalente a, aproximadamente, el 1,3% del PIB. Ciertamente la estructura tributaria del Reino Unido presenta un peso comparativo alto de los impuestos directos, que suponen un 18,2% del PIB (el segundo más alto del conjunto de los Estados miembros después de Dinamarca). Por su parte los impuestos directos constituyen la primera gran fuente de ingresos (un 48,8% del total de los impuestos), cifra bastante superior que la referente a los impuestos indirectos (33,0%) y lejos de la parte relativa a las cotizaciones a la Seguridad Social (18,3%). Los impuestos directos distintos al IRPF y al Impuesto sobre Sociedades (IS) aumentaron de un 2,6% del PIB entre 2004 y 2007 a un 3,9% en 2008, dato éste último que resulta llamativo, especialmente si se compara con el 0,8% de incremento de media en los por aquel entonces Veintisiete Estados de la Unión. Dicha categoría de impuestos se refería a impuestos municipales sobre el terreno y los edificios, sobre los vehículos de motor, así como a las intervenciones financieras de las autoridades públicas en el marco de la crisis entre 2007 y agosto de 2009. A tal efecto el Reino Unido activó un seguro de garantía de depósito que conllevaba la obtención de una recaudación fiscal significativa.

Por otro lado *Moody's* rebajó igualmente el *ráting* del Fondo de Reestructuración Ordenada Bancaria de 'Aa1' a 'Aa2', también con perspectiva negativa. Y es que, en tanto en cuanto el FROB se hallaba respaldado completamente por el Estado español, la rebaja de la calificación de la deuda soberana implicaba la reducción de su calificación. Los cálculos de la Agencia sobre las necesidades de capital de la banca fueron inicialmente formulados asumiendo que todas las cajas iban a tener que alcanzar un 10% de *core* capital. Sin embargo, la mayoría de las cajas ya habían anunciado la creación de bancos, lo que finalmente le permitiría quedarse con una *ratio* del 8%.

Unos meses después la citada Agencia de Calificación de Riesgos procedería a rebajar el *rating* a largo plazo de Castilla-La Mancha, Cataluña, Murcia, Valencia, Andalucía y Castilla y León, colocando además en revisión la calificación de Aa2 de Extremadura, Galicia y Madrid y de Aa1 del País Vasco. La citada Agencia justificó la rebaja del *rating* de dichas Comunidades Autónomas por el deterioro de la situación fiscal y de la deuda, mientras que la puesta en revisión de las cuatro Regiones restantes respondió a la propia puesta en revisión del *rating* de España.

En el caso de Castilla-La Mancha, Cataluña, Murcia y Valencia, la Agencia de calificación argumentó el recorte de la nota por las dificultades que dichas Regiones tendrían para mejorar el déficit de forma significativa en 2011. Con carácter adicional se estimó que dichas Comunidades continuaban siendo vulnerables a las perturbaciones del mercado debido a sus necesidades de financiación. Por su parte la citada Agencia de calificación señaló que la rebaja de Andalucía y Castilla y León reflejaba su preocupación en relación con las obligaciones comerciales de estas Regiones así como la ausencia de planes claros sobre cómo y cuándo habrían de ser financiadas. Y, dado que la citada Agencia estimó que, de producirse la rebaja, la calificación de España lo más probable es que fuera de un escalón, consideró que no era necesario poner bajo revisión a las seis Comunidades a las que había rebajado su *rating*, ya que todas se encontraban entre Aa3 y Baa1. Así las cosas tras la realización de dicha rebaja Castilla-La Mancha y Valencia quedaron con un *rating* de A3; Murcia, de A2; Andalucía y Castilla y León, de Aa3; y Cataluña, de Baa1.

Respecto a la puesta en revisión de la calificación de Madrid, Extremadura y Galicia la Agencia *Moody's* aseguró, como se ha indicado, que ello se debía al anuncio de la revisión de la propia calificación de España precisando que, si bien las tres Regiones habían presentado unos resultados financieros sólidos durante la crisis, continuaban, a excepción de Madrid, dependiendo en gran medida de las transferencias del Gobierno central para funcionar. De este modo estas tres Regiones (con la misma calificación que España) no tenían capacidad de maniobra fiscal ni la fortaleza institucional necesaria para mantener una calificación por encima del soberano. Además de estas Comunidades la Agencia anunció la puesta en revisión de la calificación de Aa1 de la Diputación Foral de Vizcaya y Guipúzcoa y del Consorcio de Transportes de Vizcaya.

Por su parte con fecha 14 de septiembre de 2011 la Agencia *Fitch* bajó la nota de Andalucía, Comunidad Valenciana, Murcia, Cataluña y Canarias por su alto déficit, debido a los problemas de estas cinco Comunidades para controlar sus cuentas. En el caso de Andalucía y Canarias lo rebajó de 'AA-' a 'A+', con perspectiva negativa. Respecto de Cataluña la Comunidad Valenciana lo dejó en 'A-', desde 'A', también con perspectiva negativa. Y la calificación de Murcia pasó de 'AA-' a 'A', igualmente con perspectiva negativa.

La citada Agencia de Calificación decidió rebajar la nota de estas cinco Regiones después de conocer las cuentas de las Comunidades del primer semestre de 2011 que publicó el Ministerio de Economía y Hacienda, las cuales reflejaron, a juicio de la calificadora, que debían hacerse esfuerzos adicionales considerables, especialmente en el área de control de costes. Téngase presente que el déficit de las Regiones alcanzó el 1,20% del Producto Interior Bruto en junio de 2011, cuando el límite para todo el año era del 1,30%. Andalucía (-1,49%), Cataluña (-1,01%), Comunidad Valenciana (-1,92%), Murcia (-1,82%) y Canarias (-0,71%) tuvieron un alto déficit. Los ingresos agregados del conjunto de las Comunidades Autónomas españolas cayeron en la primera mitad de 2011 un 3,59% respecto al mismo periodo del año anterior, mientras que los gastos aumentaron un 0,48%.

Téngase presente además a este respecto que, mediante Sentencia de 20 de julio de 2011, el Tribunal Constitucional (TC) declaró que el Estado puede imponer "límites presupuestarios" en materias concretas a las Comunidades Autónomas, sin que ello suponga un menoscabo de la autonomía financiera de los Gobiernos regionales consagrada en la Constitución. De este modo el intérprete supremo de nuestra Constitución vino a desestimar un recurso de inconstitucionalidad interpuesto por el Parlamento catalán en 2001 contra la Ley General de Estabilidad Presupuestaria y la Ley Orgánica complementaria de la misma, al considerar que vulneraban la autonomía política y financiera de la Generalitat de Cataluña. Como es sabido ambas Leyes obligaban tanto al Estado central como a las Comunidades Autónomas a conseguir el 'déficit cero' en sus presupuestos y a un control más estricto del gasto público.

Para el Tribunal Constitucional la definición de estabilidad presupuestaria se configura como una "orientación de política general que el Estado puede dictar", añadiendo además al respecto que la autonomía financiera de las Comunidades Autónomas no excluye la existencia de controles, incluso específicos. Se estima así que resulta legítimo el establecimiento por parte del Estado de límites presupuestarios en materias concretas, ya que la limitación de gasto impuesto a las Administraciones Públicas encuentra su apoyo en la competencia estatal de dirección de la actividad económica general, quedando su establecimiento encaminado a la consecución de la estabilidad económica y a la gradual recuperación del equilibrio presupuestario.

Añadía además el TC a este respecto en el citado pronunciamiento que la imposición de estos topes máximos por parte del Estado también encuentra su fundamento en el límite de la autonomía financiera que establece el principio de coordinación con la Hacienda estatal, el cual exige a las Comunidades Autónomas "la acomodación" de su actividad financiera a las medidas oportunas que adopte el Estado tendentes a conseguir la estabilidad económica interna y externa, toda vez que a la Administración Central corresponde la responsabilidad de garantizar el equilibrio económico general.

Por tanto la citada Sentencia del TC de 20 de julio de 2011 estimó que el establecimiento por el Estado de límites presupuestarios no supone la vulneración de la autonomía política y financiera de las Autonomías. De este modo se desestimó el recurso de inconstitucionalidad interpuesto por el Parlamento de Cataluña frente a diversos preceptos de la Ley 18/2001, de 12 de diciembre, General de Estabilidad Presupuestaria y de la Ley Orgánica 5/2001, de 13 de diciembre, complementaria a la Ley General de Estabilidad Presupuestaria.

En el citado recurso interpuesto en su día, y como primera tacha, se reprochaba a las leyes recurridas la vulneración de la autonomía política y financiera de la Generalitat de Cataluña –arts. 137 y 156.1 de la Constitución (CE)–, al excederse en la habilitación que el art. 149.1.13 de la Constitución atribuye al Estado. Pues bien el TC rechazó que el principio de estabilidad presupuestaria impuesto al Sector público hubiera de entenderse en los términos previstos en el art. 3.2 de la antigua Ley 18/2001, de 12 de diciembre, General de Estabilidad Presupuestaria (vigente hasta el 1 de enero de 2008), esto es, como una situación de equilibrio o superávit presupuestario.

El TC razonó que las decisiones técnicas adoptadas por los poderes públicos han sido dictadas en el marco de las competencias que la Constitución les atribuye, siendo adecuadas al resto de sus prescripciones. En su opinión resulta legítimo el establecimiento de límites presupuestarios en materias concretas, de suerte que el Estado puede establecer límites o topes generales y no sólo específicos a los presupuestos de las Comunidades Autónomas.

Por otra parte las prescripciones del art. 6.3 y 4 de la Ley Orgánica 5/2001, de 13 de diciembre, complementaria a la Ley General de Estabilidad Presupuestaria (vigente hasta el 1 de mayo de 2012), que conllevaban la intervención del Consejo de Política Fiscal y Financiera de las Comunidades Autónomas en el establecimiento de dichos límites o topes, no infringían la autonomía política y financiera de la Generalitat de Cataluña, ya que no quiebra la posibilidad de que realice sus propias políticas en los ámbitos materiales de su competencia, criterio definitorio de su autonomía política. A mayor abundamiento estimó el TC que tampoco se ponía en cuestión la suficiencia financiera ni la autonomía de gasto que caracterizan tal autonomía financiera. Y ello con independencia de que ambos aspectos de su autonomía deban plasmarse en los presupuestos de la Comunidad respetando el objetivo de estabilidad presupuestaria fijado por el Consejo de Política Fiscal y Financiera, ya que las decisiones de éste se sustentan en las competencias del Estado del art. 149.1.13 CE y en su potestad de coordinación financiera que limita la autonomía de la Generalitat, según prevé el art. 156.1 CE. Tampoco puede considerarse además que establezca un control indebido sobre el Parlamento de Cataluña que menoscaba su autonomía financiera, tal y como señaló en su día el propio Tribunal Constitucional en su Sentencia 4/1981, de 2 de febrero.

En conclusión, a juicio del TC la impugnación debía ser desestimada, ya que la imposición de límites de gasto a las Comunidades Autónomas no suponía una vulneración de la autonomía financiera de la Generalitat de Cataluña, máxime cuando el art. 214 del Estatuto de Autonomía de la citada Comunidad condiciona el establecimiento de límites para alcanzar los objetivos de estabilidad presupuestaria a los dispuestos por la normativa estatal y de la Unión Europea.

Durante la primera semana del mes de octubre de 2011 la Agencia de Calificación de riesgo *Fitch* a la que se he hecho referencia con anterioridad procedió asimismo a rebajar la calificación de la deuda soberana de España en dos escalones, de AA+ a AA–, con perspectiva negativa, teniendo presente a tal efecto factores tales como la intensificación de la crisis en la Zona Euro y los riesgos existentes para la consolidación fiscal resultantes de la ejecución presupuestaria de determinadas Comunidades Autónomas. Asimismo la citada Agencia revisó a la baja las perspectivas de crecimiento a medio plazo de España, en una línea continuista con la iniciada en el mes de septiembre de 2011, cuando la Agencia rebajó el *rating* de cinco Comunidades Autónomas, manteniendo una perspectiva negativa sobre el sector que reflejaba el aún difícil entorno fiscal y económico y los riesgos sobre la ejecución de algunos de los recortes anunciados. A pesar de que nuestra deuda regional supuso sólo el 11,1% del PIB en 2010, ello equivalía aproximadamente a un tercio del total del gasto, convirtiéndola así en elemento esencial en la necesaria corrección de las finanzas públicas para recuperar la confianza y la sostenibilidad de la deuda pública.[244]

Apenas un mes después, y en la misma línea anteriormente apuntada, la Agencia de Calificación Crediticia *Moody's* procedió igualmente a rebajar dos escalones la nota de la deuda española desde Aa2 hasta A1 colocándola con perspectiva negativa, al estimar que nuestro país continuaba siendo vulnerable a la tensión de los mercados y al riesgo de acontecimientos en materia de deuda soberana. A juicio de la citada Agencia no se había presentado ninguna solución creíble a la crisis de deuda soberana de la Eurozona, estimándose además que llevaría tiempo que se recuperara totalmente la confianza en la cohesión política y las perspectivas de crecimiento de la Región. La citada Agencia preveía que el PIB de nuestro país creciese en

[244] Dicha Agencia rebajó además en esa misma fecha la calificación crediticia de Italia a A+ desde AA–, con una perspectiva negativa, en medio de la intensificación de la crisis de la Zona Euro que, según la Agencia, había sido un impacto significativo que había debilitado el perfil de riesgo soberano del país.

2012 un 1% en el mejor de los casos (mientras el Ejecutivo calculaba un 2,3%) en lugar del 1,8% que estimado anteriormente, añadiendo que existían riesgos de revisión a la baja de estas expectativas.[245]

3. RADIOGRAFÍA DE LA EVOLUCIÓN DE LA DEUDA PÚBLICA ESPAÑOLA DURANTE EL EJERCICIO 2012

3.A. Alcance de los resultados correspondientes a las distintas subastas del tesoro celebradas. La trascendencia de las "barras libres" de liquidez del BCE y de las operaciones de *carry trade*

A lo largo del ejercicio de 2012 el Estado español tenía que hacer frente a unos vencimientos por valor de 130.344 millones de euros, un 8,6% más que en 2011, cuando la cifra rondó los 120.000 millones. Sin embargo, el Gobierno anunció que reduciría en 2012 la emisión de deuda bruta en un 10%, hasta 85.000 millones de euros. Así, las emisiones netas estarían en unos 1.000 millones por encima de la cifra estimada inicialmente para dicho ejercicio. A lo largo de 2011 las emisiones netas de deuda habían alcanzado los 48.200 millones de euros. Y, en tanto en cuanto la aprobación de los Presupuestos Generales del Estado para 2012 no estaba prevista hasta marzo de dicho año (debiendo prorrogarse hasta entonces los correspondientes a 2011), en línea con los objetivos de consolidación fiscal para 2012, la emisión neta prevista para dicho ejercicio era de 36.000 millones de euros.

Con fecha 12 de enero de 2012 el Estado español vendió 10.000 millones de euros de bonos, el doble de lo esperado. Ello equivalía al 11,6% de su objetivo bruto anual, 86.000 millones de euros, y al 27% de las emisiones netas fijadas como objetivo, es decir, la nueva deuda vendida para financiar el déficit, no los vencimientos de la deuda. Por su parte Italia colocó 12.000 millones de euros de letras, y su rentabilidad a un año cayó más de tres puntos porcentuales frente a la registrada en diciembre. De este modo el Tesoro español lograba vender tres referencias con vencimientos a tres y cuatro años, el doble del objetivo máximo de los 5.000 millones que se había

[245] Concretamente, de conformidad con lo manifestado por la citada Agencia en su comunicado *"El menor crecimiento esperado para España hará más difícil alcanzar los objetivos de consolidación fiscal de las cuentas públicas (...) Los déficit presupuestarios de la Administración Pública están por encima de lo presupuestado este año [del 6% del PIB] y el próximo [del 4,4% del PIB}"*.

planteado. La rentabilidad de las dos ventas fue 0,93 puntos porcentuales y 1,12 puntos porcentuales inferior a la última vez que se subastaron estos bonos. La demanda total por parte de la banca fue de 18.701 millones de euros, casi el doble de la cantidad finalmente colocada. Ciertamente la fuerte demanda existente se vio propiciada por las facilidades de financiación que el Banco Central Europeo había ofrecido en fechas pasadas a la banca.

Al amparo de esta situación se hacía necesaria la aprobación de un techo de gasto para el conjunto de las Administraciones Públicas aprobado por el órgano legislativo correspondiente y dentro de los límites fijados en los Presupuestos Generales del Estado. Ello debía de ir acompañado además de una presentación mensual de la ejecución presupuestaria (ingresos y gastos) de Comunidades Autónomas y de los Ayuntamientos grandes, así como de un control menos frecuente de los pequeños y las Diputaciones.

Por otra parte cabe plantearse a este respecto la conveniencia de acometer una revisión trimestral de las cuentas, de manera que en el hipotético caso de que se produzca una desviación deban aportarse medidas correctoras para ejecutarse dentro del mismo ejercicio. Piénsese que, si se aprueban presupuestos que incumplan los objetivos de estabilidad, los mismos habrán de ser anulados. Y si el gasto real de una Administración supera el techo de gasto, sus responsables políticos habrían de ser inhabilitados, llegando en casos extremos a la exigencia de responsabilidades penales. Ello podría resultar posible con el techo de déficit introducido tras la reciente modificación del art. 135 de nuestra Constitución.

Asimismo podría resultar importante llevar a cabo una armonización de las estadísticas destinada a controlar las trampas contables del gasto en todas las Administraciones, reforzando el papel y los medios del Tribunal de Cuentas al objeto de que éste último pueda llevar a cabo un mayor control de las cuentas públicas. Y ello sin perjuicio de una eventual potenciación de la Agencia de Evaluación de las Políticas Públicas a través de la cual se otorgue a dicha Agencia un mayor protagonismo en el inevitable proceso de racionalización del gasto público. A tal efecto estimamos que la misma podría quedar adscrita al Ministerio de Hacienda y Administraciones Públicas, estableciéndose un mecanismo más eficaz de rendición de cuentas e informe al Congreso de los Diputados, así como una ampliación de las funciones de la Intervención General de la Administración del Estado a las Comunidades Autónomas.

Finalmente el desarrollo de una eventual reforma de la Ley de Morosidad, ya proyectada por aquel entonces, podía obligar a pagar a las Administraciones Públicas en tiempo y forma, restringiendo los Presupuestos de los Entes Locales a los servicios sociales básicos hasta que se paguen las deudas pendientes. En este sentido Galicia se convirtió en la primera Comunidad Autónoma que fijó un techo en sus cuentas, tras aprobar el *Consello de la Xunta* con fecha 8 de septiembre de 2011 un límite de gasto para el ejercicio 2012 de 9.172 millones de euros. Los objetivos de este techo obedecían a la necesidad de no relajar la disminución en el gasto corriente, a mantener los servicios públicos esenciales y a la solvencia de la Comunidad mediante el pago a proveedores. Con independencia de ello las cuentas de 2012 de la citada Comunidad apostaron igualmente por cumplir con los objetivos de déficit fijados y mantener la inversión, tanto la real como en capital[246]. Este límite de gasto fijado por la citada Comunidad incluía, además, la cantidad proporcional correspondiente a 2012 que Galicia tendría que devolver al Estado por las liquidaciones negativas a cuenta de los años 2008 y 2009.

Durante las semanas segunda y tercera correspondientes al mes de enero de 2012 los resultados de las subastas llevadas a cabo por el Tesoro español tuvieron como resultado unas demandas de títulos muy superiores a los objetivos fijados para cada una de las pujas y a unos tipos inferiores a los de ocasiones anteriores. Gracias a ello el Tesoro pudo colocar en todas las fechas fijadas muchos más títulos de los previstos a unos precios significativamente más bajos, rebajándose la presión sobre los mercados de deuda de manera notable. Así, a pesar de que la prima de riesgo de España continuaba alta, se mantenía alejada de los escenarios de peligro que alcanzaron en la última parte de 2011.

Lo mismo sucedió con la emisión de deuda pública efectuada con fecha 24 de enero de 2012. Dicha demanda ofreció síntomas de fortaleza y el coste se redujo notablemente. Las diferencias más significativas se concentraron en el importe adjudicado. Mientras que en las dos emisiones de bonos a

[246] Concretamente la Xunta preveía que el crecimiento del Producto Interior Bruto de la Comunidad fuese del 1,5% y en cualquier caso, que el de Galicia fuese dos décimas mejor que el del conjunto del Estado. De este modo, cuando el PIB creciese por encima del 2,5%, la cantidad sobrante se destinaría a reducir deuda. Y lo mismo sucedería si la Comunidad no alcanzase el techo de gasto fijado. La ecuación para elaborar el techo de gasto quedaba integrada así por la suma de los ingresos no financieros, el déficit (previsto en el 1,3%) y los ajustes de contabilidad nacional, lo que fijaba la cantidad final en 9.172 millones de euros.

medio y largo plazo el Tesoro colocó mucho más importe del previsto inicialmente, en la dos subastas de letras la cuantía adjudicada en el mercado se ajustó a los límites previamente fijados. La cuantía adjudicada se ajustó pues plenamente a la cifra de 2.500 millones de euros. Esta contención en el ritmo de emisión de deuda a corto plazo, junto a los efectos de la barra libre de liquidez del BCE, permitieron disparar el colchón de la demanda. La *ratio* de cobertura subió de 2,9 a 4,3 veces en las letras a 3 meses, y de 4,1 a 6,9 en los títulos a 6 meses.

El Tesoro colocó un total de 1.400 millones en los títulos a más corto plazo, frente a unas peticiones de 6.054 millones de euros y 1.107 millones en letras a 6 meses, muy por debajo de los 7.600 millones de euros solicitados por los inversores. La rentabilidad media de las letras a 3 meses bajó del 1,735% al 1,285%, y la de los títulos a 6 meses del 2,435% al 1,847%. Las únicas dudas se suscitaron en relación con la contención del Tesoro a la hora de colocar deuda a corto plazo y de su énfasis en dar salida a la mayor cuantía posible, muy por encima incluso de sus objetivos, de deuda a medio y largo plazo.

Con motivo de la subasta celebrada el 2 de febrero de 2012 el Tesoro español colocó 4.560 millones de euros, ligeramente por encima del máximo previsto, con una notable rebaja de las rentabilidades respecto a la última subasta. En el presente caso la demanda duplicó holgadamente la colocación, con solicitudes que ascendieron a 10.469 millones de euros. En los bonos con vencimiento en 2015 el Tesoro colocó 2.522 millones de euros a un tipo medio del 2,861% frente al 3,384% de la subasta anterior. La demanda fue ligeramente inferior a la anterior colocación, al pasar de 1,8 veces a 1,6. En títulos con vencimiento en 2016 se colocaron un total de 984 millones de euros. La rentabilidad descendió desde el 4,021% a al 3,455%, con una tasa de cobertura de 3,6 veces (3,2 en la última subasta). La mayor caída en la rentabilidad ofertada correspondió a los bonos a cinco años con vencimiento en 2017. El tipo medio fue del 3,565, casi dos puntos porcentuales por debajo del 5,544% que pagó en la última subasta de este tipo de títulos. La demanda superó a la oferta en 2,7 veces, lo que representaba la misma *ratio* que en la anterior subasta. De este modo la deuda pública española volvía a beneficiarse de la liquidez barata a 3 años proporcionada por el Banco Central Europeo al sistema bancario europeo.

Adviértase en consecuencia que, a la luz de los datos anteriores, durante las tres primeras subastas a medio y largo plazo realizadas durante el ejercicio 2012 el Tesoro logró colocar un total de 21.155 millones de euros, lo que representaba el 24,6% de las emisiones brutas previstas para dicho ejercicio en bonos y obligaciones.

Posteriormente con fecha 16 de febrero de 2012 el Tesoro Público colocó 4.073 millones de euros en bonos y obligaciones, si bien tuvo que subir el interés de los bonos a tres años después de ocho subastas consecutivas a la baja. Así, el organismo dependiente del Ministerio de Economía y Competitividad logró superar ligeramente su objetivo, ya que esperaba captar entre 3.000 y 4.000 millones de euros. La demanda, por su parte, volvió a superar los 11.500 millones de euros. Concretamente el Tesoro colocó 2.267,64 millones en bonos del Estado con cupón 4,00% y vencimiento a 30 de julio de 2015. En este caso, el tipo medio subió al 3,332% desde el 2,861% anterior, mientras que el marginal se elevó hasta el 3,470% desde el 2,989% anterior. Con carácter adicional el Tesoro logró colocar 733,43 millones de euros en obligaciones con cupón 4,40% y vencimiento a 31 de enero de 2015 de los 3.203,43 millones solicitados por los inversores. En relación con dicha emisión el interés medio bajó al 2,966% desde el 4,984% registrado en la subasta anterior, mientras que el marginal se quedó en el 3,126%. Finalmente el Tesoro emitió 1.072,57 millones de euros de los 3.511,50 solicitados por los inversores en obligaciones con cupón 4,30% y vencimiento a 31 de octubre de 2019. En esta referencia el tipo de interés medio bajó al 4,832% desde el 5,352% anterior, mientras que el marginal se quedó en el 4,899%.

Sin lugar a dudas el problema más inmediato de España era, por aquel entonces, su déficit presupuestario, que en 2011 fue del 8% del PIB, muy por encima del objetivo del 6% fijado al efecto por el anterior Gobierno. Ello alejaba a nuestro país aún más de la estabilización de su deuda. No se preveía que España registrase un superávit presupuestario primario (aquel que excluye el pago de los intereses de la deuda) hasta 2015. Por lo tanto la deuda española seguiría aumentando con rapidez, del 70,1% del PIB en 2011 al 84% en 2013, según el Fondo Monetario Internacional. El deterioro era profundo, máxime si se tiene presente que en 2007 la deuda de España ascendía a sólo el 36% del PIB.

Tal y como se ha señalado con anterioridad los bonos españoles habían registrado un mal comportamiento en febrero de 2011 y el rendimiento a 10 años había subido 0,7 puntos porcentuales hasta el 5,35%, reduciendo los retornos de 2012. Ahora bien a pesar de que, a finales de febrero de 2012, el Tesoro Público había colocado con éxito todas las emisiones de deuda realizadas hasta dicha fecha desde mediados de diciembre de 2011 (instante en el que el BCE "regó" el sistema de liquidez), dichos resultados se debían, en buena parte, al apoyo recibido por los inversores españoles y, en concreto, por la banca. Y es que fueron las entidades financieras españolas las que dispararon las compras de deuda del Tesoro (letras, bonos y obligaciones) desde que el BCE empezó a prestar dinero a un plazo de tres años y un tipo de interés del 1%. La deuda que mantenían bancos y cajas en la cartera registrada (cartera a vencimiento ajustada de operaciones temporales y simultáneas) alcanzó un récord en 119.099 millones de euros el 31 de enero de 2012, lo que supuso un incremento 26%, según datos del Tesoro.

Dicha tendencia contrastaba, no obstante, con el poco interés mostrado por los inversores extranjeros. Así, en el mes de enero de 2012 el saldo que mantenían en la cartera registrada cayó un 4,26%, hasta los 269.427 millones de euros, mínimos desde 2009. Dicha diferencia se hacía todavía más evidente si se atendía a la cartera a vencimiento (deuda que realmente mantienen los inversores hasta que venza). La banca española tenía una exposición de 201.837 millones de euros en deuda pública española, lo que representaba un 12% más que en noviembre de 2011. Sin embargo el volumen en manos de no residentes descendió a 193.770 millones de euros, su nivel más bajo desde 2008. Además, por primera vez desde la entrada del euro el importe invertido por las entidades españolas y que mantenía en la cartera a vencimiento superaba al de todos los inversores extranjeros juntos.

A principios del mes de marzo de 2012, y tras la barra libre del BCE celebrada el 29 de febrero de 2012, el mercado secundario reflejó la inyección de liquidez de la institución comunitaria con una drástica caída de las rentabilidades de la deuda, sobre todo a corto plazo. A dos años el interés se enfrió al 2,2%. A más largo plazo el bono a 10 años, además de afianzarse por debajo del nivel del 5%, llegó a bajar del 4,9%, en mínimos del año.

La demanda surgida respondió en línea con las subastas precedentes. La *ratio* de cobertura se afianzó en niveles superiores a la media. Las peticiones superaron la oferta 2,8 veces en los bonos con vencimiento en

2014, y 2,4 veces (frente a las 2,2 anteriores) en los bonos de 2015. En los bonos con vencimiento en 2016, por encima del plazo de tres años fijado en los créditos otorgados por el BCE, la *ratio* de cobertura bajó respecto a la anterior subasta, al pasar de las 3,6 a las 2,6 veces. Unas cifras menos favorables deparaban, en cambio, los bonos a cuatro años en términos de rentabilidad. El interés medio se situó en el 3,376%, con una tímida mejora respecto al 3,455% previo. Finalmente en los bonos a tres años la mejora en el coste de emisión fue mucho más acusada, al pasar del 3,332% al 2,617%. El interés medio en los bonos a dos años se quedó a un paso de bajar del 2%, en el 2,069%.

Posteriormente, tras la segunda subasta de liquidez efectuada por el BCE[247] y una vez fijado el objetivo de déficit público de España para 2012 en el 5,3% del PIB, el Tesoro Público celebraría el 15 de marzo de 2012 una subasta de bonos a tres, cuatro y seis años, procediendo a adjudicar un total de 3.000 millones de euros en vez de aprovechar la caída de los intereses demandados por los mercados. El objetivo de colocación oscilaba antes de la subasta entre los 2.500 y 3.500 millones de euros. La citada subasta de bonos a tres años captó 1.000 millones de euros, siendo la demanda cinco veces superior a la oferta. Así, la rentabilidad media pagada a los inversores bajó del 2,96% de la puja anterior al 2,44%. En cuanto a los bonos a cuatro años, la demanda multiplicó 4,1 veces la oferta, frente a las 2,2 veces de la subasta anterior de este tipo de deuda. La rentabilidad media bajó del 3,74% al 3,37%. El Tesoro colocó además 1.020 millones de euros en bonos a seis años, siendo la demanda 2,9 veces superior a la oferta y cayendo el interés medio al 4,19%.

La primera emisión de deuda efectuada después del objetivo de déficit fijado por la Comisión Europea (5,3%) contribuyó a ampliar el éxito, al menos en el mercado primario, cosechado en 2012. La demanda llegó a cubrir la oferta en 5 veces. No obstante, y pese a este amplio margen, el Tesoro decidió colocar 3.009 millones de euros, lejos del máximo previsto de

[247] Recuérdese que el citado organismo monetario "regó" con más de un billón de euros al sistema financiero en sendas inyecciones de liquidez extraordinarias celebradas en diciembre de 2011 y febrero de 2012 las cuales debían devolverse a tres años a un interés del 1% (indexado a la evolución de los tipos del BCE) y que permitieron a la banca comprar deuda pública en los mercados a un interés mayor y ganar la diferencia de rentabilidad, operación conocida en la jerga financiera como *carry trade*.

3.500 millones de euros. Los costes siguieron a la baja, pese a la tendencia opuesta en el mercado secundario.

Después de haber cubierto en menos de tres meses más de un 40% de las emisiones previstas inicialmente para todo el año el Tesoro optó por poner freno a su frenético ritmo de emisión de deuda. La decisión no estuvo forzada por la escasez de demanda, pero sí contrastaba con las subastas de bonos realizadas desde el inicio de 2012, en las que el importe adjudicado había llegado a pulverizar el máximo previsto inicialmente. Tal y como se ha precisado con anterioridad con motivo de la subasta celebrada el 15 de marzo de 2012 el Tesoro se marcó unos objetivos menos ambiciosos, a saber, un mínimo de 2.500 millones de euros y un máximo de 3.500 millones. La cuantía colocada finalmente se quedó en el término medio de 3.009 millones de euros. Los 1.004 millones de euros adjudicados en bonos a tres años contrastaban con las peticiones recibidas de 4.976 millones de euros. La *ratio* de cobertura alcanzó por tanto las 5 veces, muy por encima de la media, y por encima también de las 4,4 veces de febrero de 2012. Las peticiones superaron la oferta 4,1 veces en los bonos a cuatro años (el doble que las 2,2 veces de enero) y 2,9 veces en los bonos a seis años.

El amplio respaldo de la demanda y la tregua generalizada en los mercados financieros posibilitó una nueva caída en los costes de emisión. En los bonos con vencimiento en 2018 la rentabilidad media se moderó al 4,193%. En los bonos a cuatro años este porcentaje descendió desde el 3,748% de enero de 2012 hasta el 3,374%. Y en los bonos a tres años el interés medio bajó del 2,966% de febrero al 2,44%.[248]

Por otra parte el interés medio satisfecho por el Estado durante el mes de febrero de 2012 era del 2,44%. Tan solo el porcentaje medio de 2009

---

[248] Este 2,44% se situaba además por debajo del 2,76% al que Italia colocó con fecha 14 de marzo de 2012 sus bonos con vencimiento también a tres años, y que supuso el menor coste desde el año 2010. De hecho, en el mercado secundario la deuda italiana encadenaba un *rally* que nada más comenzar marzo de 2012 situó la prima de riesgo de Italia por debajo de la de España por primera vez desde el mes de agosto de 2011. De hecho con fecha 15 de marzo de 2012 el riesgo país de Italia marcó nuevos mínimos desde agosto de 2011, en 285 puntos. La Agencia italiana de deuda preveía que a finales de 2012 su prima de riesgo bajase de los 200 puntos. A lo largo de dichas jornadas su bono a diez años se había afianzado por debajo del nivel del 5%, y su diferencial positivo respecto a España se ampliaba por encima de los 30 puntos básicos, frente a los 150 puntos básicos de diferencial negativo con los que comenzó 2012.

resultaba inferior, situándose en el 2,15%. Dicha situación contrastaba en cambio con la que se alcanzaría en agosto de 2012, cuando se llegó al máximo anual con un 4,62%. De este modo desde la manifestación realizada por el BCE de su intención de intervenir en el mercado de la deuda soberana el rendimiento había ido bajando hasta compensar los meses de más presión y dejar el coste medio de 2012 en un 3,01%.

Teniendo presente a este respecto que, como es sabido, la curva de rendimiento va subiendo a medida que se toman en cuenta los tramos de vencimiento más largos, exigiendo los inversores más dinero a cambio de comprar deuda a 30 años que a 3 años al recibir el cupón más tarde y existir un mayor peligro de impago cuanto mayor sea el periodo al que se preste el dinero puede concluirse que durante el ejercicio 2012 apenas se produjeron colocaciones de papel en los plazos más largos, de 15 o 30 años, lo que en un contexto normalizado debería haberse traducido en una rebaja del tipo medio. Pero dada la presión a la que fue sometida la deuda española durante la primera mitad del ejercicio 2012 el rendimiento subió pese a concentrase las colocaciones en el corto y medio plazo.

A comienzos de septiembre de 2012 el bono a 10 años, que había llegado a superar en julio de 2012 el 7%, se situaba en torno al 4,5%. El volumen de negociación fue poco a poco creciendo y los inversores internacionales recuperaron el apetito por los títulos españoles hasta aumentar sus exposiciones un 20% desde agosto de 2012. Y, al amparo de los últimos datos existentes, los costes continuaban descendiendo. De este modo, a finales de abril de 2013 el Tesoro ya había captado más del 40% de lo previsto para todo el año dentro del programa de financiación regular a medio y largo plazo.[249]

Durante la tercera semana del mes de marzo de 2012 el Tesoro Público subastó 5.044 millones de euros en letras a 12 y 18 meses pagando por ellas el interés más bajo desde abril de 2010. Concretamente el Tesoro abonó medio punto porcentual menos por sendas emisiones de deuda. Del importe total subastado 3.598 millones de euros correspondieron a letras a un año, que fueron colocadas al 1,473%, cerca de cinco décimas por debajo del 1,949% anterior, y otros 1.445 millones de euros con una rentabilidad del

---

[249] Recuérdese a este respecto que, como ya se ha indicado, en relación con el ejercicio 2013 el Tesoro tenía previsto emitir en 2013 alrededor de 71.000 millones de euros netos de los cuales 59.000 millones serán en deuda a medio y largo plazo y 12.000 millones en letras.

1,77%, frente al 2,395% precedente. La demanda de los inversores rozó los 12.000 millones de euros, lo que supuso un *ratio* de cobertura o proporción entre la demanda y el importe adjudicado de 2,3 veces.[250]

Ni que decir tiene que estas últimas subastas celebradas por el Tesoro español representaban el destino de parte de los 529.000 millones de euros puestos en circulación por el Banco Central Europeo a finales de febrero de 2012. Concretamente en las diez emisiones de deuda que, hasta el 20 de marzo de 2012, había celebrado el Tesoro, se habían captado 48.000 millones de euros, esto es, casi la tercera parte de los vencimientos a los que debía hacer frente en 2012, que ascendían aproximadamente a 150.000 millones de euros.

En todo caso, a la luz del conjunto de datos expuestos con anterioridad resultaba claro que España había pasado a ocupar el sitio que tenía Italia a la cola de la Eurozona, al dispararse con fecha 23 de marzo de 2012 la rentabilidad de los bonos españoles a diez años 0,85 puntos porcentuales desde los mínimos registrados en dicho ejercicio, hasta el 5,50%, dato mucho peor que el de Italia, que figuraba a 0,29 puntos de su mínimo del 5,10%. El Estado español había incrementado su objetivo de déficit y no había conseguido convencer a los mercados de que había resuelto los problemas de su sistema bancario.[251]

A principios del mes de abril de 2012 se conocía que el Estado español debía pagar 28.876 millones de euros en intereses de su deuda pública en

---

[250] Recuérdese que, tal y como se ha indicado, en la anterior subasta de letras a 12 y 18 meses, celebrada el 14 de febrero de 2012, el Tesoro colocó 5.445 millones de euros al interés marginal más bajo desde octubre de 2010.

[251] En efecto, los inversores temían que la reestructuración bancaria acometida por el Gobierno español no fuese lo suficientemente drástica como para obligar a los bancos a reconocer pérdidas y a ampliar capital. Los bancos españoles tenían 400.000 millones de euros en préstamos a los sectores de la construcción e inmobiliario, acumulados en la época en la que el país crecía a un ritmo anual de entre el 3% y el 4%. Para 2012, sin embargo, se esperaba una contracción de la economía del 1,7%. Los préstamos de dudoso cobro aumentaron hasta el 7,91% en enero de 2012, la cifra más alta desde noviembre de 1994. Por otro lado las entidades de nuestro sistema financiero habían incrementado su exposición a la deuda pública, surgiendo diversas dudas sobre la capacidad del Estado español para cumplir con su objetivo de déficit revisado para 2012, del 5,3%. La deuda pública que controlaba el sector bancario subió un 10% en diciembre de 2011 y enero de 2012, el mayor incremento de la Eurozona. Ello contribuyó a elevar el riesgo de contagio entre los bancos y el Estado (Fuente: www.wsjeurope.com, consultada el 23 de marzo de 2012).

2012. Es decir, un 5,3% más respecto a lo pagado en 2011 por una deuda que se había elevado del 68,5% al 79,9% del PIB. En total, los intereses que habrían de pagarse por la deuda pública equivalían al 13,4% de los 214.701 millones de gastos contemplados en los Presupuestos Generales del Estado de 2012. Se trataba de una cifra superior al ajuste efectuado en el ejercicio de 2012 con la finalidad de estabilizar las cuentas públicas, el cual ascendía a 27.300 millones de euros destinados a reducir el déficit del conjunto de las Administraciones Públicas desde el 8,51% al 5,3% del PIB. Concretamente los intereses de esta deuda suponían un desembolso de 28.848 millones de euros para el Estado, lo que implicaba un 5,3% más (medida en términos de Contabilidad Nacional eran 29.246 millones), y una cifra superior al ajuste previsto. Dicho aumento se explicaba como consecuencia de la evolución de la deuda pública y de las condiciones de los mercados financieros. El tipo de interés medio previsto para la financiación era del 3,47%, frente al 4,07% de 2011. En total, la deuda en circulación en 2012 ascendería a 628.900 millones de euros.

El Tesoro Público tenía previsto emitir 186.100 millones de euros de deuda en 2012 con la finalidad de cubrir sus necesidades de financiación (36.826 millones de euros) y las amortizaciones de deuda, que incluían la emisión de 149.300 millones en letras a vencimiento este mismo año. Y ello a resultas de la consabida existencia de un aumento del endeudamiento motivado por las dotaciones destinadas al rescate de los bancos mediante el Fondo de Reestructuración Ordenada Bancaria, así como por la corrección del déficit eléctrico, el fondo para pagar a proveedores y la ayuda destinada al rescate de Grecia.

Con fecha 4 de abril de 2012, y tras la presentación del Proyecto de Ley de Presupuestos Generales del Estado para 2012, el Tesoro colocó 2.589 millones de euros en bonos, prácticamente el mínimo previsto (2.500-3.500 millones), teniendo que elevar la rentabilidad en la totalidad de los plazos. Así, respecto de los bonos con vencimiento en 2015 el Tesoro colocó 1.127 millones de euros a un tipo marginal del 2,960% frente al 2,518 millones de la subasta anterior. Para los títulos con vencimiento en 2016 la rentabilidad ofertada fue del 4,368% (3,478% en la subasta anterior). Y, en los bonos a ocho años, el tipo marginal subió al 5,363% frente al 5,194% de la anterior subasta.

Ahora bien a pesar de que el Tesoro tuvo que pagar una rentabilidad mayor en su emisión, dicha situación arrancaba de la existencia de unos niveles más bajos desde mediados de 2010, incluso antes del rescate griego, por los efectos de la barra libre de liquidez del Banco Central Europeo. Y, *mutatis mutandis,* a pesar de que la *ratio* de cobertura o relación entre la oferta y la demanda fue más baja que en las anteriores ocasiones, se arrastraba una situación de demandas históricamente altas, debido igualmente al impacto de las ayudas del BCE. Una *ratio* de cobertura de 2,4 veces (en el bono que vence el 31 de enero de 2015) se encuentra dentro de la media habitual.[252]

Por otro lado el importe que el Tesoro colocó cerca del máximo previsto en todas las subastas desde noviembre de 2011 no representaba lo habitual antes de las inyecciones del BCE. Téngase presente además que el Tesoro había emitido más del 50% del importe bruto previsto para todo 2012 en sólo tres meses (101.500 millones frente a un total de 186.100 millones de euros). En cambio, lo que sí resultaba preocupante era que fuese la banca española la que estuviese salvando estas emisiones para practicar operaciones de *carry trade*. Y ello en la medida en que el saldo que mantenían las entidades financieras españolas en la cartera registrada (cartera vencimiento ajustada de operaciones temporales y simultáneas) se había disparado de 70.309 millones a 142.274 millones de finales de noviembre de 2011 a finales de febrero de 2012. Es decir, el periodo durante el que el BCE había inundado de liquidez el sistema a un plazo de tres años. Sin embargo el saldo de deuda pública española que mantenían en la cartera registrada los inversores extranjeros pasó de 298.133 millones a 244.595 millones de euros en dicho periodo.

De conformidad con lo establecido en el Proyecto de Ley de Presupuestos Generales del Estado para 2012, su Título V, "De las Operaciones Financieras", se estructuraba en tres Capítulos, relativos, respectivamente, a Deuda Pública, avales públicos y otras garantías y relaciones del Estado con el Instituto de Crédito Oficial. El objeto fundamental de este Título era autorizar la cuantía hasta la cual el Estado y los Organismos Públicos podían realizar operaciones de endeudamiento, materia que se regulaba en el Capítulo I, bajo la rúbrica "Deuda Pública". Estas autorizaciones genéricas se completaban con la determinación de la información que debían sumi-

---

[252] Así, por ejemplo, en junio de 2011 el Tesoro colocó bonos al mismo plazo con la misma *ratio* de cobertura.

nistrar los Organismos Públicos y el propio Gobierno sobre evolución de la Deuda Pública y las cuentas abiertas por el Tesoro en el Banco de España y otras entidades financieras.

En materia de Deuda del Estado la autorización venía referida a la cuantía del incremento del saldo vivo de la Deuda del Estado a 31 de diciembre. Así, para el ejercicio del año 2012 se autorizaba al Ministro de Economía y Competitividad para que incrementase la misma, con la limitación de que el saldo vivo de dicha deuda a 31 de diciembre del año 2012 no superara el correspondiente a 1 de enero de 2012 en más de 35.325.404,19 miles de euros, permitiéndose no obstante que dicho límite fuese sobrepasado durante el curso del ejercicio previa autorización del Ministerio de Economía y Competitividad y estableciendo los supuestos en que quedaría automáticamente revisado. Por lo que respecta a la Deuda de los Organismos Públicos, se determinaba el importe autorizado a cada uno de ellos para el ejercicio en el Anexo III de la Ley.

El Capítulo II del citado Título, relativo a los "Avales Públicos y Otras Garantías", regulaba el límite total de los avales a prestar por el Estado y los Organismos Públicos, que se fijaba en 151.043.560 miles de euros. Dentro de los avales del Estado merecía especial mención la autorización de avales públicos para garantizar valores de renta fija emitidos por Fondos de Titulización de Activos, orientados a mejorar la financiación de la actividad productiva empresarial, para lo cual se estableció una cuantía de 3.000.000 miles de euros. Y, por lo que respecta a los avales a prestar por los Organismos públicos, se circunscribió la autorización a la Sociedad Estatal de Participaciones Industriales, autorización debidamente acompañada de la determinación de la información a suministrar por el Gobierno a las Cortes Generales sobre la evolución de los avales otorgados.

Durante la segunda semana del mes de abril de 2012 el Tesoro español logró, frente a un rango previsto de entre 2.000 y 3.000 millones de euros, colocar un total de 3.180 millones de euros con un colchón de la demanda superior al registrado en el mes de marzo de 2012. Los intereses, en cambio, se duplicaron, del 1,77% al 3,20% a 18 meses y del 1,47% al 2,73% a 12 meses. Por su parte los merados recibieron con claras muestras de alivio las referencias sobre el importe colocado, la demanda y el coste de emisión en la subasta celebrada en dicha fecha. Este visto bueno del mercado se producía en medio de la tensión que generaba por aquel entonces el repunte de la deuda soberana y la ausencia de compras por parte del BCE, con el bono español tocando el nivel del 6%.

Inicialmente el Tesoro partía con el objetivo de colocar un mínimo de 2.000 y un máximo de 3.000 millones de euros. El importe final adjudicado superó el techo esperado, al situarse en 3.180 millones de euros. La colocación de un importe superior al esperado no evitó, sin embargo, un incremento en el colchón de la demanda. Las peticiones superaron la oferta 2,9 veces en las letras a 12 meses, frente a las 2,1 de marzo de 2012, y en 3,8 veces frente a las 2,9 anteriores en el caso de las letras a 18 meses.

Por lo que respecta a los costes de emisión la rentabilidad media de las letras a 12 meses prácticamente se duplicó, pasando desde el 1,473% hasta el 2,738%. Este porcentaje, no obstante, se situó por debajo del 2,85% con el que cotizaba con fecha 16 de abril de 2012. El interés medio de las letras a 18 meses aumentó desde el 1,77% hasta el 3,20%. Los resultados de la subasta enfriaban las alertas sobre la deuda española y en el mercado secundario alejaban el interés del bono español a diez años del nivel del 6%. La prima de riesgo se replegaba desde los 435 puntos hasta los 416.

En todo caso el Tesoro Público se vio obligado a pagar casi el doble de intereses que en emisiones anteriores por la colocación de 3.177 millones de euros en letras a 12 y 18 meses, subasta que tuvo lugar con la prima de riesgo en unos 420 puntos básicos respecto al *bund* alemán. De los 3.177 millones de euros adjudicados, 2.092 lo fueron en letras a un año, con un tipo de interés marginal del 2,738%, cerca del doble del 1,473% de la anterior emisión, celebrada en marzo, y otros 1.085 millones a un año y medio, con una rentabilidad del 3,2%, superior al 1,77% de la puja precedente. La subasta celebrada captó el rango más alto de la emisión prevista, entre los 2.000 y los 3.000 millones de euros. Con carácter adicional el aumento del interés marginal pagado atrajo a los inversores, quienes demandaron 10.152 millones de euros en letras, tres veces más de lo ofertado por el Tesoro.

Con fecha 19 de abril de 2012 el Tesoro Público tenía previsto colocar entre 1.500 y 2.500 millones de euros en bonos que vencían en octubre de 2014 y en enero de 2022. Se trataba de una emisión a medio y largo plazo en un momento en el que el pánico vendedor se apoderaba de los inversores extranjeros, lo que se tradujo en una fuerte caída de la bolsa. En el presente caso el Tesoro se había puesto un objetivo más bajo que en las anteriores subastas de bonos. Ya con anterioridad, hace un año, el Tesoro había colocado unos 5.000 millones de euros menos, si se sumaban tanto instrumentos a medio y largo plazo como letras. Si se comparaba con otros emisores soberanos, sólo Bélgica superaba a España como potencia que iba más adelantada en el cumplimiento de su estrategia de financiación. España había cubierto casi el 50% de sus necesidades para todo el ejercicio, frente al 37% de media de todos los Gobiernos del euro. Italia, por ejemplo, otra de las economías que se encontraban en el punto de mira, sólo había emitido el 22% de los 233.300 millones que tenía que captar en 2012.

Los creadores de mercado tenían que pujar por al menos el 3% del importe que quería colocar el Tesoro. Por lo tanto ya tenía cubiertos en torno al 66% de los 2.500 millones de euros que deseaba colocar o unos 1.650 millones, por encima del mínimo del rango objetivo. No obstante el Tesoro tenía que ofrecer rentabilidades cercanas al 6% para el tramo más largo. La referencia que vencía en octubre de 2014 cotizaba con fecha 18 de abril de 2012 en el mercado secundario en el 3,538%, mientras que la de enero de 2022 lo hacía en el 5,822%. Si la demanda no era suficiente, cabía la posibilidad de que tuviese que pagar una prima sobre estos niveles, igualmente en función de cómo abra el mercado.[253]

Finalmente en la citada subasta del 19 de abril de 2012, si bien el Tesoro logró superar el importe máximo previsto, 2.500 millones de euros (haciéndolo además con un mayor margen de demanda), el interés exigido subió del 5,4% al 5,74% en los bonos a diez años. Las mayores dificultades no se plantearon desde la perspectiva de la demanda, habiendo superado las peticiones los 7.100 millones de euros. El objetivo inicial del Tesoro era colocar un mínimo 1.500 millones y un máximo de 2.500. Al final el importe adjudicado superó incluso estos 2.500 millones de euros, al alcanzar los 2.541 millones de euros. El margen de la demanda se amplió pues respecto a las subastas previas, superando las peticiones la oferta 3,3 veces en la deuda a dos años, frente a las 2 veces de la emisión anterior, y en 2,4 veces, frente a las 2,2 previas, en la deuda a diez años.

Sin embargo, por lo que respecta a los costes de emisión la rentabilidad media de los bonos a dos años se mantuvo prácticamente estable respecto a octubre de 2011, situándose en un 3,463% desde el 3,495%. Y, en cuanto

[253] Hasta dicha fecha, el Tesoro había captado 60.677 millones de euros, el 43,5 % de los 139.196 millones de euros a cuyo vencimiento debía hacer frente hasta diciembre de 2012.

a los bonos a diez años, la rentabilidad media se acercó al nivel del 6%, al aumentar desde el 5,403% de enero hasta el 5,743% registrado con fecha 19 de abril de 2012, situándose dicho porcentaje en línea o incluso ligeramente por debajo de su cotización en el mercado secundario.

En todo caso debe reconocerse que se vendió más deuda a 10 años que a dos años, desapareciendo las eventuales consecuencias negativas que podrían llegar a originarse en el supuesto de que se produjese una excesiva colocación de deuda a medio plazo en lugar de a largo plazo, con los consiguientes riesgos de financiación que supondría para la economía española en los próximos años. En dicha subasta fue la emisión a corto plazo la que acaparó el mayor interés por parte de los inversores. Las peticiones fueron 3,3 veces superiores a la cifra colocada. En la anterior subasta de este tipo la demanda había sido dos veces mayor. En la emisión a largo plazo, a 10 años, las solicitudes fueron de 2,4 veces, frente al 2,2 registrados en la anterior. Respecto a los intereses, éstos tuvieron un mejor comportamiento en la emisión a dos años. El tipo medio bajó, pasando del 3,49% al 3,46% tras adjudicar 1.110 millones de euros. En la segunda colocación la rentabilidad aumentó ligeramente, del 5,4% a 5,74%, acercándose, eso sí, al 6%.

Con posterioridad el Tesoro lograría colocar en su subasta de 24 de abril de 2012 un total de 1.900 millones de euros en una subasta de letras a tres y seis meses en la que el objetivo máximo era de 2.000 millones, abonando ligeramente más que en la anterior colocación del mismo tipo. Concretamente el Tesoro vendió 720 millones de euros a tres meses, la mitad de lo colocado en marzo de 2012, con una demanda importante, de 7 veces lo ofertado. La rentabilidad fue del 0,634% desde el 0,381% anterior. En el caso de las letras a seis meses se adjudicaron 1.210 millones de euros, frente a los 1.080 de la subasta anterior al mismo plazo. La demanda fue más moderada que durante el mes de marzo de 2012, con 3,3 veces la oferta frente a las 5,6 de la anterior. La rentabilidad subió al 1,58% frente al 0,836% previo.

Con el colchón que suponía haber colocado ya prácticamente la mitad de todas las emisiones previstas para el conjunto del año, el Tesoro se fijó unos objetivos de adjudicación mucho más modestos que en meses anteriores, pasando sus previsiones por colocar un mínimo de 1.000 millones y un máximo de 2.000 millones de euros. Lo reducido de este importe evitaba el surgimiento de cualquier tipo de problemas de demanda. Las peticiones superaron los 9.400 millones de euros, cerca de cinco veces más que los

1.933 millones de euros adjudicados finalmente. La demanda superó la oferta 7,6 veces en las letras a 3 meses (el doble de las 3,5 de hace un mes), y 3,3 veces (5,6 en marzo) en la letras a 6 meses. No obstante, y por lo que a los costes de emisión se refiere, la rentabilidad media en las letras a 3 meses pasó del 0,381% al 0,634%, y del 0,836% al 1,580% en las letras a 6 meses.

Al calor de las sucesivas bajadas de *rating* de nuestra deuda soberana acordadas por las principales Agencias de Calificación Crediticia (a las que posteriormente nos referiremos) con fecha 3 de mayo de 2012 el Tesoro acometió una nueva subasta de deuda pública. En el presente caso el incremento de la demanda permitió colocar sin problemas algo más incluso del importe máximo previsto, 2.500 millones de euros. Las peticiones llegaron a triplicar la oferta, si bien no impidieron un nuevo repunte en el coste de emisión de los bonos a 3 y 5 años.

A priori en la citada subasta el Tesoro partía con la meta de colocar un mínimo de apenas 1.500 millones de euros, y un máximo de 2.500 millones. Al final, el importe adjudicado superó simbólicamente este importe, al alcanzar los 2.516 millones. A pesar de todas las presiones latentes sobre la deuda española, la demanda respondió. Como se ha señalado, las peticiones superaron los 8.000 millones de euros, más del triple de la cuantía adjudicada. Debido también al freno en el ritmo de emisión de deuda, las *ratios* de cobertura aumentaron de 2,4 a 2,9 veces en los bonos a tres años, y de 2,7 a 3,7 en los bonos con vencimiento en enero de 2017. Sin embargo, por lo que respecta a los costes de emisión, para colocar 979 millones de euros en bonos a tres años el Tesoro tuvo que ofrecer una rentabilidad media del 4,037%, muy por encima del 2,617% de la anterior subasta. El interés del bono con vencimiento en enero de 2017 aumentó del 3,565% al 4,752%, y el del bono con vencimiento en julio de 2017 del 3,696% al 4,96%. En el mercado secundario el interés del bono a tres años se situó justo por encima del 4% y el del bono a cinco años en el 4,7%. A más largo plazo el interés exigido al bono español a diez años consiguió situarse por debajo del 4,9%, y la prima de riesgo se congeló cerca de los 422 puntos básicos con los que concluyó el día anterior a la celebración de la citada subasta (2 de mayo de 2012).

Con motivo de la siguiente subasta celebrada durante la segunda quincena del mes de mayo de 2012, y tras haberse producido la nacionalización de Bankia y la aprobación del Real Decreto-Ley 18/2012, el Tesoro cumplió su objetivo de colocación al adjudicar 2.903 millones de euros en letras a 12 y 18 meses, si bien tuvo que elevar la rentabilidad ofertada. En efecto el Tesoro cumplió sus objetivos al colocar un total de 2.903 millones de euros, frente a un objetivo de entre 2.000 y 3.000 millones de euros. En letras a 12 meses colocó 2.192 millones de euros, a un tipo marginal del 3,099%, frente al 2,738% de la subasta anterior. La *ratio* de cobertura fue de 1,8 veces, frente al 2,9% de la anterior subasta de abril de 2012. Y, por lo que respecta a las letras a 18 meses, se adjudicaron 711 millones de euros con un tipo marginal del 3,404% (frente al 3,220% de la última subasta a este plazo). La *ratio* de cobertura pasó de 3,8 veces a 3,2.

Por el contrario la rentabilidad de la deuda alemana a diez años se desplomaba por aquel entonces a un mínimo histórico por debajo del 1,44%. Dado que la inflación alemana alcanzó el 2,3% y que las previsiones de crecimiento para 2012 se situaban en el 0,7%, el *bund* parecía muy caro. Pero el creciente miedo a una ruptura de la Eurozona, la ralentización de la economía y la escasez de alternativas implicaban que los rendimientos podían descender aún más.

Ciertamente hasta dicha fecha las entidades financieras nacionales habían sido capaces de sostener las subastas de deuda española a largo plazo, gracias a que habían invertido en bonos del Reino de España buena parte de la liquidez que tomaron prestada del Banco Central Europeo en las subastas de crédito (*Long-Term Refinancing Operation,* LTRO por sus siglas en inglés). Sin embargo, el desvanecimiento de los efectos de dichas inyecciones de liquidez en el mercado y el daño que los bancos españoles sufrirían en su cuenta de resultados de 2012 como consecuencia de la aplicación de la nueva reforma financiera complicaban la labor que las entidades de este país venían ejerciendo en las subastas del Tesoro.

Los bancos españoles sostenían las subastas, mientras el diferencial de la deuda empeoraba, lo que provocaba pérdidas en las carteras de la banca, suscitándose a tal efecto el problema de vender a inversores extranjeros. De hecho entre los meses de febrero y marzo de 2012 los inversores internacionales retiraron de la deuda española cerca de 25.000 millones de euros. De esa cifra, 20.000 millones de euros fueron ventas en bonos y deuda a largo plazo, mientras que el resto correspondía a letras del Tesoro. Así las cosas la suma desinvertida en letras y bonos del Estado español superaba desde diciembre de 2011 los 61.800 millones de euros. Y la proporción de deuda española en manos de inversores no residentes pasó del 50,4% al 37,5% en sólo tres meses. La huida de capitales estaba siendo acompañada además por una escalada sin precedentes del interés del bono español a 10 años, lo que encarecía las subastas de deuda. Y, una vez que la prima de riesgo española llegó a tocar los 500 puntos básicos para cerrar después en 482 puntos, los mercados secundarios de deuda exigieron por comprar bonos con vencimiento en 2015 un interés de entre el 4,3 y 4,7%, mientras que por los bonos que vencían en cuatro años (2016) pedían un 5%.

Con fecha 17 de mayo de 2012 el Tesoro logró colocar el máximo previsto de 2.500 millones de euros en bonos a tres y cuatro años. El colchón de la demanda continuó siendo amplio, pero no evitó un notable incremento en el coste de emisión. En el bono con vencimiento en 2016, por ejemplo, el interés subió del 3,374% al 5,106%. Ya de entrada el propio Tesoro se había encargado de rebajar sus objetivos. Sus planes pasaban por emitir un mínimo de solo 1.500 millones de euros y un máximo de 2.500 millones, gracias al colchón que aportaron las primeras subastas del año, que permitieron completar ya la mitad de las emisiones previstas para el conjunto de 2012. En este sentido la deuda española continuó sin sufrir problemas del lado de la demanda. Las peticiones sumaron más de 7.300 millones de euros, prácticamente el triple de los 2.500 millones de euros adjudicados. La *ratio* de cobertura se duplicó en los bonos con vencimiento en enero de 2015 (al pasar de 2,4 a 4,5 veces), manteniéndose sin grandes cambios en los bonos que vencían en julio de 2015 (de 2,9 a 3,0 veces) y descendiendo de 4,1 a 2,4 veces en los bonos con vencimiento en abril de 2016. Una vez más, los mayores problemas se plantearon en relación con los costes de emisión. Así, para colocar 372 millones en bonos con vencimiento en enero de 2015 el Tesoro tuvo que ofrecer una rentabilidad del 4,375%, muy por encima del 2,89% registrado durante el mes de abril de 2012. En los bonos con vencimiento en julio de 2015 el interés subió del 4,037% previo al 4,876% y se disparó del 3,374% al 5,106%.

Apenas unos días después, con motivo de la subasta celebrada el 22 de mayo de 2012, el Tesoro colocaba 2.526 millones de euros, ligeramente por encima del máximo previsto de 2.500 millones, con un gran margen del lado de la demanda, pero con otro repunte en el coste de emisión. El interés de las letras a 3 meses subió entonces del 0,63% al 0,84% y a 6 meses del 1,58% al 1,73%. A la luz de estos datos el principal problema no se centraba en la demanda. De hecho a lo largo de las semanas precedentes el Tesoro había frenado su ritmo de emisión de deuda, toda vez que había cubierto ya más de la mitad de las necesidades de financiación programadas para todo el ejercicio 2012. Por el contrario las mayores complicaciones se centraron en el coste. La rentabilidad media que tuvo que ofrecer para colocar 1.505 millones de euros en letras a 3 meses aumentó desde el 0,634% de abril de 2012 hasta el 0,846%. Para adjudicar 1.021 millones a 6 meses tuvo que pagar un 1,737% de interés, por encima del 1,580% anterior. Así las cosas el importe adjudicado finalmente alcanzó los 2.526 millones de euros, ligeramente por encima del máximo previsto, 2.500 millones de euros. La contención en el ritmo de emisión de deuda propició un amplio margen del lado de la demanda. Las peticiones sumaron más de 10.000 millones de euros, cuatro veces más que el importe colocado. La *ratio* de cobertura alcanzó las 3,9 veces en las letras a 3 meses y las 4,3 veces en los títulos a 6 meses.

Dentro del marco autonómico, y sin perjuicio del análisis que se efectuará en otro Capítulo de la presente obra, durante la segunda mitad de 2012 las Comunidades Autónomas habían de refinanciar más de 15.000 millones de euros. Concretamente entre el tercer y cuarto trimestre del citado ejercicio las Regiones tenían vencimientos de deuda (incluidos préstamos y bonos) de 15.667 millones de euros, según se desprendía los planes de equilibrio financiero presentados por las Comunidades ante el Ministerio de Hacienda. Se trataba de una labor complicada, especialmente teniendo presente los desfases padecidos por los Entes Regionales en el déficit y su impacto en el agujero fiscal del conjunto de las Administraciones, al haberse conocido apenas una semana antes que el déficit autonómico en 2011 había sido del 3,34% en lugar del 2,94% anunciado inicialmente, lo que supuso la segunda revisión al alza del déficit total del Estado hasta el 8,9% del PIB. En el conjunto del ejercicio 2012 las Regiones tenían que afrontar unos vencimientos de deuda por importe de 35.553 millones de euros, de los cuales casi el 70% eran de Cataluña, Comunidad Valenciana y Madrid.

Desde nuestro punto de vista la gran dificultad para los Gobiernos autonómicos se concretaba en responder ante los préstamos que tenían contraídos con entidades financieras y que vencían en 2012, los cuales suponían más de 20.000 millones de euros (unas dos terceras partes del total). El vencimiento de los llamados bonos patrióticos no suponía en cambio un gran escollo para las Regiones, siendo varias las Comunidades (País Vasco,

Extremadura, Asturias, Cantabria y La Rioja) que no tenían que refinanciar bonos en 2012.

Entre los meses de abril y junio de 2012 las Regiones tenían que refinanciar un total de 14.864 millones de euros. A lo largo de dichos meses las Comunidades que se habían enfrentado a más dificultades fueron Cataluña (6.905 millones de euros, de los que el 64% lo fue en préstamos y el resto en bonos), Comunidad Valenciana (3.678 millones, el 90% en créditos bancarios), Castilla-la Mancha (1.318 millones de euros en préstamos) y Madrid (1.265 millones también en préstamos). En dicho período dichas Regiones tuvieron que pagar altos precios para poder refinanciar su deuda. Cataluña, por ejemplo, tuvo que ofrecer una rentabilidad del 4,5% a un año cuando el Tesoro para ese periodo se estaba financiando al 3%.

En el caso concreto de la Comunidad Valenciana, ésta tuvo que pagar una rentabilidad del 7% por una emisión de bonos a seis meses (unos 500 millones de euros), casi cinco veces más caro que el 1,5% de la anterior subasta del Tesoro a este mismo plazo. El objetivo de dicha colocación era refinanciar un programa de pagarés suscrito en su día. Y, apenas una semana después, la citada Comunidad hubo de afrontar el vencimiento de otro programa de pagarés suscrito dieciocho meses antes. Esta vez se refinanció con un préstamo a un plazo de seis meses y con un tipo del 6%.

Dentro del tercer trimestre de 2012 se preveía que el nivel de obligaciones cayese hasta los 4.789 millones de euros. En dicho periodo, por ejemplo, los vencimientos de la Comunidad Valenciana se limitarían a 268 millones de euros. Entre julio y septiembre de 2012 la Comunidad que más esfuerzo tenía que realizar era Andalucía, seguida de Madrid, Cataluña y La Rioja. En cambio, durante el último trimestre del ejercicio 2012 las Comunidades Autónomas de Cataluña y Valencia debían refinanciar 4.796 millones y 2.615 millones de euros, respectivamente.

Por otro lado, tras el cierre del mes de abril de 2012 el saldo de la deuda pública española en poder de los inversores extranjeros caía hasta los 213.428 millones de euros, lo que representaba el 37,54% del total. Dichos datos significaban el séptimo mes consecutivo de descenso por parte de los no residentes, coincidiendo prácticamente con el inicio, en diciembre de 2011, de las inyecciones de liquidez a tres años del BCE. Así, en marzo de 2012 los inversores internacionales sumaban el 37,54% del total, mientras que en abril de 2011 acaparaban más de la mitad, un 53,7%. En los últimos 12 meses su saldo había bajado en 76.300 millones. Debe reconocerse no obstante que las consecuencias de los mayores recelos desde el exterior hacia la deuda española se minimizaron gracias al creciente protagonismo adquirido por la banca española, coincidiendo con las macro subastas a 3 años, y al 1% de interés, del BCE. Al cierre del mes de abril de 2012 la banca española copaba el 29,24% del total de la deuda, por encima del 29,16% de marzo de ese año, y más del doble respecto al 12,75% contabilizado en abril de 2011. En los últimos 12 meses el saldo de deuda en manos de los bancos españoles subió en cerca de 100.000 millones de euros.

Con fecha 29 de mayo de 2012 el interés exigido al bono a diez años alcanzó el 6,5% y la prima de riesgo llegó a superar los récords de 511 puntos básicos. El rebrote de la aversión al riesgo provocado por la incertidumbre sobre la magnitud de las ayudas que habría de recibir el conjunto del sector financiero español aceleró las ventas de deuda pública española. El interés exigido al bono a diez años llegó a tocar el 6,5%, sus máximos desde octubre de 2011, acercándose al nivel crítico del 7% que desencadenó los rescates de Grecia, Irlanda y Portugal. El interés exigido al *bund* alemán, por el contrario, marcaba nuevos mínimos históricos, en el 1,34%.[254]

A finales del mes del citado mes de mayo de 2012 la prima de riesgo alcanzaba los 541 puntos básicos sobre el bono alemán y la Unión Europea se veía obligada a intervenir, afirmando que la Eurozona debía avanzar hacia una recapitalización directa de la banca a través del Fondo de Rescate europeo, a pesar de que el Tratado por el que se constituyó el citado Fondo no permitía inyectar recursos directamente en los bancos, siendo necesaria a tal efecto su modificación y su posterior ratificación por cada uno de los Estados. En este sentido desde la Comisión Europea se apuntó la posibilidad de que España pudiera retrasar un año (hasta el 2014) el objetivo de rebajar

[254] Téngase presente a este respecto que, en el caso de Alemania, no solo se redujo a cero el coste de su deuda a un año sino que, en lugar de ofrecer un interés, eran los inversores los que estaban dispuestos a renunciar a una pequeña parte a cambio de encontrar refugio en la deuda 'más segura' de la Eurozona. Ello se traducía, dentro del mercado secundario de deuda pública, en unas rentabilidades negativas en las letras a 12 meses de Alemania de -0,006% (Fuente: www.reuters.com, consultada el 4 de junio de 2012). Sus títulos a dos años bordeaban también los intereses negativos, con una rentabilidad de apenas al 0,008%. A diez años este porcentaje se mantenía en zona de mínimos, por debajo del 1,2%, al igual que sucedía en los bonos a 30 años, por debajo del 1,7%. En definitiva, la deuda pública alemana se aprovechaba del conjunto de desinversiones que sufría la deuda periférica.

el déficit al 3% del PIB a cambio de más consolidación fiscal en las Comunidades Autónomas, ampliación de la base de impuestos indirectos como el IVA y retraso de la edad de jubilación a los 67 años. Ahora bien, a pesar de esta escalada de la prima de riesgo el coste medio de la financiación en las emisiones realizadas en el primer trimestre de 2012 había sido del 3%, por debajo del 3,9% del mismo periodo de 2011, habiéndose beneficiado el Estado español de unos tipos muy favorables en los tres primeros meses de 2012, un periodo en el que hubo mucha liquidez en el sistema gracias a la inyección del Banco Central Europeo.

Por otro lado al término de la primera semana del mes de junio de 2012 el Tesoro procedió a ampliar mediante la subasta que debía realizar en dicha fecha varias emisiones de deuda de bonos a tres y cinco años y de obligaciones a diez años. El Tesoro, que atendía así a la demanda de los creadores de mercado con la finalidad de garantizar la liquidez de estas emisiones y su negociación en el mercado secundario, pondría en circulación nuevos tramos de bonos a tres años con cupón del 3,3% y con vencimiento el 31 de octubre de 2014. Con carácter adicional colocaría bonos a cinco años con un cupón del 4,25% y vencimiento el 31 de octubre de 2016, así como un nuevo tramo de la referencia de obligaciones a diez años con cupón del 5,85% y vencimiento en enero de 2022. Dichos bonos, que serían segregables, iban a ser puestos en circulación con fecha de 12 de junio. El primer cupón de los bonos a tres y cinco años se desembolsaría íntegramente el 31 de octubre de 2012, y el de las obligaciones a diez años el 31 de enero de 2013. Previamente se había anunciado desde el Tesoro que sus objetivos para dicha subasta pasaban por colocar un mínimo de solo 1.000 millones de euros y un máximo de 2.000 millones, unas cifras muy inferiores a las habituales, más aún cuando las mismas se colocarían hasta tres bonos distintos. De este modo se sacarían al mercado obligaciones a 10 años, con un cupón del 5,85%; bonos a dos años, con vencimiento en octubre de 2014 y cupón del 3,3%; y bonos a cuatro años, con vencimiento en octubre de 2016 y cupón del 4,25%.

En dicha fecha el Tesoro Público se marcaba además un objetivo para la emisión de entre 1.000 y 2.000 millones de euros, cantidad muy inferior a la que habitualmente se suele fijar como horquilla para este tipo de operaciones. Ahora bien, a pesar de que el objetivo era pequeño, el hecho de que el Tesoro tratase de colocar bonos españoles a 10 años suponía un enorme reto para las finanzas españolas, tras el empeoramiento de la crisis de deuda. Junto a esa referencia España trataría de colocar bonos con vencimiento en 2014 y 2016.

Pues bien, finalmente el Tesoro logró colocar 2.074 millones de euros en bonos y obligaciones a dos, cuatro y 10 años, algo más de lo previsto aunque con unos intereses más altos que en anteriores subastas. La emisión de obligaciones a 10 años captó 611 millones de euros con un cupón del 5,85%. La demanda superó 3,3 veces la oferta, aunque el interés medio se elevó del 5,743% al 6,044%, el mayor en una subasta así en lo que iba de 2012. El Tesoro también emitió 638 millones en bonos con cupón 3,30% y vencimiento en octubre de 2014, con demanda 4,3 veces superior a la oferta y un interés medio del 4,335%, superior al 3,463% anterior. La tercera emisión captó 825 millones en bonos con cupón 4,25% y vencimiento en octubre de 2016, con una rentabilidad media del 5,353% frente al 4,319% del mes de abril de 2011. En este caso lo colocado superó en 2,6 veces lo ofertado por el Tesoro[255]. En definitiva, si bien los efectos fueron positivos en términos de demanda (la rentabilidad demandada por los inversores se ajustó a su fluctuación en el mercado secundario), ésta se situó más de medio punto por debajo de los máximos recientes.

De conformidad con datos facilitados por el Banco de España a fecha 15 de junio de 2012[256] la deuda del conjunto de las Administraciones Públicas creció el 5,39% en el primer trimestre de 2012 respecto al cierre de 2011

---

[255] En definitiva, las peticiones superaron los 6.300 millones de euros, más del triple de los 2.074 millones adjudicados, ligeramente por encima del objetivo máximo de 2.000 millones. Debido también al reducido importe adjudicado, las ratios de cobertura se incrementaron en las tres referencias colocadas: de 3,3 a 4,3 veces en los bonos a dos años, de 2,5 a 2,6 veces a cuatro años, y de 2,4 a 3,3 veces a diez años. No obstante, desde el punto de vista del coste de la emisión, para colocar deuda a dos años el Tesoro tuvo que ofrecer una rentabilidad media del 4,335%, casi un punto por encima del 3,46% registrado en la anterior subasta de estos títulos. Para adjudicar 825 millones a cuatro años ofreció un 5,353%, frente al 4,319% previo. En el caso de los bonos a diez años, para colocar 611 millones de euros tuvo que pagar un interés medio del 6,044%, por encima del 5,74% anterior pero por debajo del 6,1% con el que cotizaban los bonos a diez años en el mercado secundario. Con la finalidad de tratar de paliar este incremento esperado en el coste, el Tesoro se encargó de rebajar sus objetivos de adjudicación, en línea con su política adoptada en las últimas semanas. Esta ralentización en el ritmo de emisión fue posible gracias al colchón acumulado en los primeros meses del año. La relativa tregua con la que comenzó 2012 le permitió que, a principios de junio de 2012, hubiese cubierto cerca del 60% de todas sus necesidades previstas para el conjunto del año.

[256] Fuente: Banco de España, www.bde (consultada el 15 de junio de 2012).

hasta 72,1% del PIB, el nivel más alto de la serie histórica. Igualmente el endeudamiento del conjunto de las CC.AA. continuó creciendo, con Cataluña, Madrid y Comunidad Valenciana a la cabeza.

El principal incremento se produjo en la deuda de la Administración central, que se incrementó el 5,92%, hasta 592.572 millones de euros, lo que representaba el 55,2% del PIB. Respecto al mismo ejercicio del año anterior, la deuda de las Administraciones creció un 13,2%, hasta situarse en 774.549 millones de euros y representa el 72,1% del PIB, frente al 64,7% en que se situó en mismo periodo de 2011 y al 68,5% del trimestre precedente. Se trataba, además, de la cuantía más elevada de la serie histórica del supervisor, que arrancó en 1995. Así, con efectos desde el año 2007 se había incrementado en 382.307 millones, lo que supone un avance del 102,6%.

La mayor parte de la deuda la acumulaba la Administración Central, con 566.263 millones de euros, tras registrar un aumento del 11,6% en el último año. En cambio la contraída por los ayuntamientos descendió un 1,2% y se situó en 36.860 millones. En efecto, las Corporaciones Locales sumaron una deuda de 36.860 millones de euros en el primer trimestre del año 2012, el equivalente al 3,4% del PIB, con un descenso del 1,2% respecto al mismo periodo de 2011. Con todo este saldo se incrementó un 4% en relación al cierre de 2011. Del total de la deuda de las Corporaciones Locales, la mayor parte (29.344 millones de euros) correspondía a los Ayuntamientos, con un descenso del 2,1%, y de esta cifra, 14.755 millones de euros pertenecían a capitales de provincia. Concretamente la deuda de los Ayuntamientos de más de 500.000 habitantes (Barcelona, Madrid, Málaga, Sevilla, Valencia y Zaragoza) alcanzó los 10.716 millones de euros, lo que suponía una bajada del 2,4%. Destacaba especialmente el descenso de la deuda del Ayuntamiento de Madrid, que sumó 6.733 millones de euros y bajó un 3,9% respecto al primer trimestre de 2011. La deuda del consistorio de Barcelona bajó un 1% y sumó 1.090 millones.

Por lo que respecta a la deuda de los Entes Regionales, dicha deuda mantuvo igualmente la tendencia al alza y marcó un nuevo máximo en la serie. Desde 1995 el endeudamiento de las Regiones no había parado de crecer, batiendo en cada ejercicio récords históricos, a pesar del compromiso de estabilidad presupuestaria adquirido durante el año 2011. Así, las CC.AA. acumulaban una deuda de 145.118 millones de euros al cierre del primer trimestre de 2012, lo que suponía un aumento del 15,7% en comparación con el mismo periodo del año anterior, cuando la cifra era de 125.382 millones de euros.

Las Comunidades Autónomas de Cataluña, Madrid y Comunidad Valenciana aglutinaban más de la mitad del total de deuda, siendo la Región con mayor volumen de deuda en 2011 Cataluña, con 42.000 millones de euros, cantidad que representaba el 28,9% del total de la deuda acumulada en el conjunto de las Comunidades. A continuación se situaban Madrid, con 16.572 millones de euros, y la Comunidad Valenciana, cuya deuda ascendió a 15.373 millones de euros. Entre las tres Regiones acumulaban el 50,9% del total del endeudamiento regional.

Por otra parte el *ratio* de deuda sobre el PIB alcanzaba el 13,5%, frente al 11,9% de 2011 y el 13,1% del trimestre anterior de 2012. El crédito concedido por la UE para sanear la banca española, por un importe máximo de 100.000 millones, contribuyó a aumentar las *ratios* de deuda pública. Dicha cantidad equivaldría, aproximadamente, a unos 10 puntos porcentuales de PIB.

Con motivo de la subasta celebrada con fecha 19 de junio de 2012 la rentabilidad media de las letras a 12 meses se disparó desde el 2,98% hasta el 5,07%. Los costes de emisión, incluso de la deuda a corto plazo, se situaban así en niveles insostenibles. El Tesoro ofreció una rentabilidad media del 5,074% a 12 meses, por encima del 2,985% de un mes antes, y del 5,107% a 18 meses, muy lejos del 3,302% fijado en la emisión de mayo de 2012. Dichos niveles se situaban muy por encima de las rentabilidades ofrecidas por los bancos en sus depósitos. Las peticiones totales superaron los 8.000 millones de euros, 2,6 veces el importe adjudicado finalmente (3.040 millones de euros), y ligeramente por encima del máximo previsto, 3.000 millones. El colchón de la demanda se incrementó respecto a la subasta anterior de mayo de 2012. La *ratio* de cobertura alcanzó las 2,2 veces en las letras a 12 meses, por encima del 1,8 previo, y se disparó a 4,4 veces, desde las 3,2 anteriores, en las letras a 18 meses.

El Tesoro lograba así en la citada subasta colocar un total de 3.040 millones de euros en letras a 12 y 18 meses en un momento de máxima tensión en los mercados, si bien se vio obligado a situar el interés por encima del 5% para cerrar con éxito la emisión. Aún así, el Tesoro logró superar sus expectativas, ya que esperaba captar entre 2.000 y 3.000 millones de euros.

Tal y como se ha señalado la demanda fue alta y superó los 8.000 millones de euros, más del doble de lo finalmente colocado. Así, se colocaron un total de 2.400 millones en letras a 12 meses, aunque subió el interés medio al 5,074% desde el 2,985% anterior. El tipo marginal, por su parte, pasó del 3,099% al 5,200%, el mismo nivel que alcanzó en noviembre de 2011. Pese a la subida de tipos la demanda de letras a 12 meses resultó alta y superó los 4.000 millones de euros. De esta forma la cantidad demandada superó en 2,2 veces la cantidad colocada por el Tesoro, más que en la anterior emisión (1,8 veces).

Con carácter adicional el Tesoro emitió 640 millones de euros en letras a 18 meses, aunque elevó el interés medio hasta el 5,107% desde el 3,302% de la subasta de mayo de 2011. El interés marginal, por su parte, escaló al 5,350%, ligeramente por encima del máximo de noviembre de 2011 (5,320%), lo que supuso la cifra más alta de la serie histórica. También en el presente caso la demanda fue elevada y rozó los 2.300 millones de euros, de forma que la cantidad demandada por los inversores superó en 4,4 veces lo ofrecido por el organismo, más que en la anterior ocasión (3,2 veces). Por lo que respecta a las letras a 12 meses y al papel a 18 meses, el Tesoro elevó la rentabilidad a los niveles registrados en noviembre de 2011.[257]

A mediados del mes de junio de 2012 la mayor Cámara de compensaciones de Europa, *LCH Clearnet*, anunció que elevaba los márgenes exigidos sobre los bonos españoles debido al mayor riesgo que reflejan sus rentabilidades y la prima de riesgo. Los récords negativos alcanzados por la deuda española en las últimas fechas, con el interés del bono a diez años por encima del nivel crítico del 7%, llevaron finalmente a *LCH Clearnet* a introducir una penalización adicional a la deuda española. Dicha Cámara de Compensación cobra a las entidades financieras por utilizar deuda como colateral en operaciones interbancarias a corto plazo e incrementa los márgenes en paralelo al incremento del riesgo asociado a la deuda en garantía.[258]

---

[257] Cabe recordar que en aquella ocasión las tensiones existentes obligaron al organismo a situar la rentabilidad en niveles máximos desde el euro, aunque la prima de riesgo se situó entonces en el entorno de los 450 puntos básicos.

[258] Concretamente este mayor riesgo llevó a *LCH Clearnet* a incrementar, a partir del cierre de negociación de fecha 20 de junio de 2012, los márgenes requeridos a los bonos españoles de 10 a 15 años desde el 13,6% hasta el 14,7%. En la deuda a más corto plazo, entre 3,25 y 4,75 años, el coste se incrementó desde el 5,4% anterior hasta el 7%.

Volviendo a nuestro análisis del conjunto de subastas de deuda pública acometidas por el Tesoro durante el ejercicio 2012, con motivo de la subasta efectuada el 21 de junio del citado ejercicio con la finalidad de colocar deuda a cinco años el Tesoro Público tuvo que pagar más de un 6% de interés. A estas rentabilidades históricamente elevadas contribuyó el hecho de que la referida subasta contara con un amplio respaldo de la demanda, finalizando con la adjudicación de 2.220 millones de euros, por encima del objetivo máximo de 2.000 millones. Concretamente en el presente caso la rentabilidad del bono a cinco años aumentó más de un punto porcentual desde el 4,96% de mayo de 2012 hasta el 6,072%, un nivel inédito desde la introducción del euro. El interés medio ofrecido en los bonos a tres años subió desde el 4,876% de mayo de 2012 hasta el 5,547%. El mayor deterioro se registró en los bonos a dos años, con vencimiento en abril de 2014. Su porcentaje se duplicó con creces desde el 2,069% contabilizado en marzo de 2012 hasta el 4,706%. Al igual que había sucedido en subastas anteriores, los mayores problemas a la hora de colocar deuda se centraron en el coste. La demanda, por el contrario, continuó ofreciendo un amplio margen, gracias también a la contención en el ritmo de emisión de deuda por parte del Tesoro. En la citada subasta el Tesoro limitó a 1.000 millones de euros su objetivo mínimo y a 2.000 su importe máximo previsto. Al final la cifra adjudicada superó este tope, al sumar 2.220 millones de euros. Las peticiones totales superaron los 7.700 millones de euros, el triple del importe colocado por el Tesoro. La *ratio* de cobertura aumentó de 2,8 a 4 veces en los bonos a dos años, de 3 a 3,2 en los bonos con vencimiento en 2015, y de 3,1 a 3,4 en los bonos a cinco años.[259]

Apenas unos días después el Tesoro lograba salvar la subasta de su deuda a más corto plazo a costa de triplicar prácticamente el interés ofrecido en sus letras a 3 meses: del 0,84% de mayo de 2012 al 2,36%, lo que constituía

[259] En efecto, en el presente caso el Tesoro subastó 602 millones de euros en obligaciones con vencimiento el 30 de julio de 2017 y cupón del 5,5%, con una demanda que superó en 3,4 veces la cantidad ofrecida por el organismo. Sin embargo tuvo que subir el interés medio de este papel al 6,072% desde el 4,960% anterior. Además colocó 700 millones en bonos con vencimiento el 30 de abril de 2014 y cupón del 3,4%, con una demanda que superó en 4 veces la oferta. En este caso el interés medio pasó del 2,069% al 4,706%. Finalmente emitió 918 millones en bonos con vencimiento el 30 de julio de 2015 y cupón del 4%, con una demanda que superó en 3,2 veces la cantidad subastada. El tipo medio de este papel se elevó al 5,547% desde el 4,876% anterior.

su máximo desde finales del pasado 2011[260]. El colchón de la demanda se redujo respecto al mes de mayo de 2012, aunque el importe final adjudicado superó incluso el máximo previsto, 3.000 millones de euros. Los plazos más cortos de los títulos emitidos vinieron a reflejar el deterioro en la confianza de los mercados hacia la deuda pública española. Estas mayores alertas se habían evidenciado con los recientes récords negativos tanto en la prima de riesgo (por encima de los 580 puntos básicos) como en el interés exigido al bono a diez años, por encima del 7,2%.

En dicha fecha el Tesoro colocó un total de 1.600 millones de euros en letras a tres meses con una rentabilidad media del 2,362%, casi el triple del 0,846% del alcanzado con fecha 22 de mayo de 2012. El interés medio ofrecido para adjudicar letras a seis meses aumentó desde el 1,737% de mayo de 2012 hasta el 3,237%. Además de este incremento en el coste el Tesoro se marcó como objetivo colocar un máximo de 3.000 millones de euros. Al final elevó dicha cifra hasta los 3.077 millones, por encima de los 2.500 adjudicados en mayo de 2012. La principal consecuencia de lo anterior fue que el colchón de la demanda se vio afectado, en línea también con el aumento en el importe adjudicado. No obstante, a pesar del repunte alcanzado en la rentabilidad, las peticiones superaron la oferta 2,6 veces en las letras a 3 meses, por debajo de las 3,9 veces de mayo de 2012. Y, en el caso de las letras a seis meses, la *ratio* de cobertura se redujo de 4,3 a 2,8 veces.

Las amortizaciones de Deuda del Estado en 2012 dependían de las emisiones de Letras a corto plazo que se efectuasen en dicho ejercicio con vencimiento en ese mismo año, estimándose en unos 149.300 millones de euros, 2,600 más que los 146.700 millones de 2011. Ello representaba únicamente parte de la necesidad de financiación neta, resultando de las amortizaciones unas emisiones brutas del Tesoro Público en 2012 de alrededor de 186.100 millones de euros, necesarias para refinanciar los vencimientos de deuda en 2012 y para cubrir las nuevas necesidades financieras.

---

[260] Téngase presente no obstante que, tal y como se ha indicado con anterioridad, durante el mes de noviembre de 2011 la situación fue mucho más delicada, ya que el Estado tuvo que ofrecer un 5,22% en las letras de 3 meses, del 5,33% en la de seis meses, del 5,20% en las de un año y del 5,32% en las de 18 meses para poder conseguir dinero. Recuérdese además que, con anterioridad a la entrada en el euro, a mediados de 1994, el bono a 10 años cotizaba por encima del 12%, si bien a principios de 1997 ya había logrado bajar del 6%. Y lo mismo sucedía con las letras y las obligaciones a corto plazo. En 1993 el Tesoro ofrecía más de un 12% en las letras de tres y seis meses.

A tal efecto ya en el mes de abril de 2012 se anunciaba que el Tesoro recortaría la emisión neta en 12.000 millones de euros con respecto a la realizada en 2011, bajando desde 48.000 a 36.000 millones de euros. En este sentido durante el mes de mayo de 2012 España había colocado ya el 56,2% de toda la deuda pública prevista para dicho ejercicio. Tratándose de deuda neta, esto es, la que se emite este año por primera vez, la citada cifra se elevaba hasta el 92%, por lo que las subastas de la segunda mitad de 2012 se concentraron en refinanciación de vencimientos.

Así las cosas a finales de junio de 2012 la deuda bruta emitida por el Tesoro se situaba ya en 93.300 millones de euros. En lo que a deuda a medio y largo plazo se refiere las emisiones alcanzaron los 53.000 millones de euros, lo que suponía el 61,7% de los 85.900 millones previstos. Los mayores vencimientos estaban previstos para el mes de julio de 2012 (34.162 millones de euros) y de octubre (33.332 millones de euros). Con carácter adicional había que aumentar la cantidad que se esperaba colocar en cada subasta.

Ya durante los cuatro primeros meses de 2012 se había satisfecho un interés medio del 3,04% en las emisiones de duda, un 0,83% menos que el ejercicio anterior, en buena medida gracias a las inyecciones de liquidez del BCE al sistema financiero. Y, de conformidad con lo aprobado en los Presupuestos Generales del Estado para 2012, España debía pagar en interés por la deuda 28.848 millones de euros en términos de caja, lo que representaba un 2,7% del PIB del país y un 5% más que en 2011.

En el Programa de Estabilidad remitido al Eurogrupo con fecha 27 de abril de 2012 el Ejecutivo español calculó que el tipo de interés a corto plazo de nuestro país (el euribor a 3 meses) sería del 0,8% en 2012 y del 0,9% en 2013, 2014 y 2015, lo que representaba una bajada significativa respecto al 1,4% de 2011. Por lo que al largo plazo se refiere, España tenía que pagar un tipo de interés en el bono a 10 años del 5,4% en 2012 (igual que en el ejercicio 2011), del 4,7% en 2013 y del 4,2% en 2014, para caer hasta el 3,7% en 2015.

Con fecha 5 de julio de 2012 (y tras la celebración de la Eurocumbre de Bruselas los días 27 y 28 de junio de ese año en la que se alcanzó el pacto para recapitalizar directamente la banca española) el Tesoro logró adjudicar 3.000 millones de euros. El margen de la demanda se mantuvo, si bien el interés subió al 6,4% en los bonos a diez años. En líneas generales el

Tesoro mantuvo su línea de prudencia al limitar sus objetivos de emisión a un rango de entre 2.000 y 3.000 millones de euros. El importe adjudicado finalmente se ajustó al importe máximo previsto, 3.000 millones. Una vez más contó con un notable respaldo de la demanda. Las peticiones sumaron 7.800 millones de euros en las tres referencias colocadas en el mercado.

Los bonos a tres años (los únicos respecto de los cuales el coste bajó respecto a la anterior subasta) centraron la mayor parte del importe emitido: 1.239 millones de euros, de forma que la *ratio* de cobertura descendió desde las 3,2 veces de junio de 2012 hasta las 2,3 veces. La demanda superó la oferta 2,6 veces en los bonos a cuatro años, en línea con el colchón contabilizado un mes antes, y 3,2 veces en los bonos a diez años, prácticamente igual que la *ratio* de 3,3 veces de junio de 2012. Sin embargo este respaldo de la demanda no logró evitar un nuevo incremento en los costes, salvo en los bonos a tres años, donde la rentabilidad media descendió desde 5,457% hasta el 5,086%. El deterioro en las últimas jornadas impidió que dicho porcentaje bajara del umbral del 5%, como sucedía en el mercado secundario. Para colocar los bonos a cuatro años el Tesoro tuvo que ofrecer un interés medio del 5,536%, ligeramente por encima del 5,353% alcanzado con fecha 7 de junio de 2012. En el caso de los bonos a diez años la rentabilidad subió desde el 6,044% de junio de 2012 hasta el 6,43%, un porcentaje inferior sin embargo al que reflejaba el mercado secundario (6,5%).

Tras la realización de dicha subasta el Tesoro tenía cubiertas más del 60% de las necesidades previstas para el conjunto del año. Hasta dicha fecha (5 de julio de 2012) había emitido 36.605 millones de euros, un 65% del total colocado en 2012. Principalmente se sirvió de aquellos títulos que vencían en 2014 y 2015, debido a que eran los plazos sobre los que se concentraba la demanda de la banca doméstica para practicar el *carry trade*. Tal y como se ha señalado, en la subasta de 5 de julio de 2012 se logró captar 3.000,72 millones de euros en una subasta de tres referencias, con vencimiento el 30 de julio de 2015, el 31 de octubre de 2016 y el 31 de enero de 2022. La mayor parte del volumen se concentró nuevamente en los plazos más cortos, con 1.238,76 millones en la referencia de 2015 y 1.014,75 millones en la referencia de 2016.[261]

[261] Téngase presente además a este respecto que las rentabilidades solicitadas por los inversores en los plazos más largos (un 6,43% a diez años) continuaban siendo muy elevadas y, por lo tanto, insostenibles para la estabilidad de las finanzas públicas.

Sin lugar a dudas esta situación contrastaba con la existente en Alemania. Como es sabido el Estado germano ha sido el mayor detractor de la creación de un mercado de eurobonos orientado a la mutualización de la deuda, así como de que el Banco Central Europeo actúe con mayor contundencia en los mercados de deuda. Mientras tanto, y a lo largo de todo este tiempo, se estuvo financiando al coste más reducido de su historia, lo contrario de lo que venía sucediendo en España. En total, desde el inicio de la crisis del euro a comienzos de 2010, Alemania se había ahorrado más de 25.000 millones de euros en intereses, al lograr emitir deuda a tasas negativas. Así, por ejemplo, con fecha 9 de julio de 2012 los inversores abonaron un 0,034% al *Bundesbank* (banco central alemán) por comprarle 3.290 millones de euros en letras a un plazo de seis meses y un 0,005% a Francia por sus títulos a 13 semanas.

De este modo la deuda germana se había estado beneficiando cada vez más de su condición de activo refugio y de esa brecha que se estaba abriendo entre la Europa del Norte y la periferia. Los inversores veían a Alemania como un seguro dentro de la Eurozona y por eso el *bund* era el principal beneficiario del movimiento de dinero que se estaba produciendo.

Desde el inicio de la crisis del euro, a comienzos de 2010, Alemania había emitido deuda por importe de 466.000 millones a plazos de entre uno y 30 años. Por dicha deuda había abonado unos intereses anuales de 7.800 millones de euros. Sin embargo, por esa misma cuantía hubiera tenido que pagar 11.176 millones con los intereses de 2009, antes del estallido de la crisis de deuda soberana. En total, durante toda la vida de la deuda, ese ahorro alcanzaría los 25.607 millones de euros.

Conforme la crisis del euro se fue agravando Alemania continuó financiándose más barato. En este sentido el país germano se vio especialmente beneficiado durante 2012, cuando realmente se puso en duda la supervivencia de la moneda única. Así, durante la primera semana del mes de julio de 2012 Alemania había colocado deuda a más de un año por importe de 104.000 millones de euros, por la que se ahorraría 12.102 millones de euros en intereses. Si se aplicase el mismo ejercicio para España el Tesoro tendría que pagar 4.662 millones de euros más durante la vida de la deuda en intereses por los 52.287 millones que había emitido a dicha fecha respecto a lo que le hubiera costado en 2009.

Tras la celebración de la subasta del Tesoro de fecha 19 de julio de 2012 se logró colocar casi el máximo previsto, 2.981 millones de euros en bonos, pero a tipos superiores a los de las subastas anteriores y con menor demanda. Así, en bonos con vencimiento en 2014 se adjudicaron 1.359 millones de euros, a un tipo medio del 5,204% frente al 4,335% de la subasta anterior. La demanda de este vencimiento cayó forma importante, siendo *la ratio* de cobertura de 1,9 veces, mientras que en la anterior subasta fue de 4,3 veces. Respecto a los títulos con vencimiento en 2017, el tipo de interés medio al que se colocaron los títulos fue del 6,459%, frente al 6,072% de la última subasta, adjudicándose 1.074 millones y pasando la *ratio* de cobertura de 3,4 veces a 2,1. Por último, el Tesoro emitió 548 millones de euros en bonos con vencimiento en 2019. Ésta última fue la referencia que más se encareció, al pasar el tipo medio del 4,832% al 6,701%. La *ratio* de cobertura fue de 3,3 veces, frente a 2,9 veces de la subasta anterior. Nunca el organismo público español había pagado esos intereses por estas tres referencias en la era del euro, si bien debe reconocerse que habían estado cotizando por encima en el mercado secundario en momentos puntuales durante los últimos meses.[262]

En definitiva, a resultas de dicha subasta de 19 de julio de 2012 el Tesoro logró recaudar 2.980 millones de euros en bonos a dos, cinco y siete años, cerca del objetivo máximo de 3.000 millones. La rentabilidad en las tres emisiones fue mucho más elevada que la de subastas anteriores, y las *ratios* de cobertura fueron más bajas, debiéndose ello no obstante al hecho de que el Tesoro español optó por colocar mayores cantidades de papel a dos y cinco años que a un descenso absoluto de la demanda. Sin embargo el aspecto más

---

[262] Tal y como se ha señalado con anterioridad, esta situación contrastaba con la existente en un país intervenido como Portugal que, con fecha 17 de julio de 2012, había colocado títulos al mismo plazo con una rentabilidad inferior, del 3,5%. Por su parte, con fecha 18 de julio de 2012 Alemania colocó bonos a dos años con rentabilidades negativas por primera vez en la historia, pagando los inversores al *Bundesbank* un 0,06% por comprarle más de 4.100 millones de euros a ese plazo. Ya la propia Alemania, además de Francia, Bélgica u Holanda, dentro de la Eurozona, habían emitido títulos a tasas negativas con un vencimiento máximo de doce meses en fechas pasadas. Sin embargo este fenómeno, poco propio de una Unión monetaria, continuaba yendo a más. Así, por ejemplo, con fecha 1 de agosto de 2012 Alemania colocó 3.354 millones de euros en bonos a cinco años a una rentabilidad media del 0,31%, mínimo histórico, en una subasta con una demanda fuerte. La *ratio* de cobertura de la emisión de deuda fue de 2,6 veces (si bien no alcanzó el 2,7 del 4 de julio de 2012), ya que los inversores ofrecieron 8.629 millones de euros. La deuda alemana mantuvo su estatus de inversión segura, ofreciendo el Tesoro alemán (*Finanzagentur*) a los inversores una rentabilidad del 0,52% en la subasta similar de comienzos de julio de 2012.

revelador fue que los precios más bajos pagados en la subasta fueron muy inferiores a los que reflejaba la cotización del mercado durante la subasta, lo que sugería que los compradores eran claramente reticentes. Con carácter adicional los rendimientos subieron después de la venta, situándose de nuevo la rentabilidad del bono español a 10 años en el entorno del 7%.

En la posterior subasta celebrada el 24 de julio de 2012 el Tesoro logró colocar 3.048 millones en letras a tres y seis meses, algo más del máximo previsto, para lo que tuvo que subir algo la rentabilidad ofertada, pero aún lejos de los niveles alcanzados en noviembre de 2012. En letras a tres meses se adjudicaron 1.628 millones de euros a un tipo medio del 3,691% frente al 3,237% de la subasta anterior. La *ratio* de cobertura fue de 2,9 veces (frente a 2,6 en la anterior subasta). En el caso de las letras a seis meses el Tesoro colocó 1.420 millones de euros a un tipo medio del 2,434% frente al 2,362% de la subasta anterior. La *ratio* de cobertura pasó de 2,8 a 3 veces. Pese al ligero aumento se trataba de intereses que todavía se encontraban lejos de los pagados en noviembre de 2011, cuando superaron el 5%.

Hasta dicha fecha el Tesoro ya había cubierto el 68,6% de las emisiones de deuda a medio y largo plazo previstas. El tipo de interés de emisión del conjunto de la deuda era del 3,27% a 30 de junio de 2012, aún por debajo del 3,90% alcanzado a diciembre de 2011. Dada esta situación, si se efectuase un análisis comparativo de las rentabilidades de los bonos a dos, a tres, a cuatro y a diez años de Grecia, Irlanda, Portugal en el momento en el que fueron rescatados y los de España a fecha 25 de julio de 2012 podía observarse que, por lo que respecta a la rentabilidad del bono a diez años, los datos existentes demostraban que España estaba a menos de un punto de entrar en la zona de rescate. El bono a diez años español había llegado a estar en el 7,7% y todos los países rescatados estaban por encima del 8% en el momento de solicitar la ayuda. Así, por ejemplo, en Grecia el bono a diez años estaba en el 8,65% el día que se pidió oficialmente el salvamento, el 23 de abril de 2010.

Por su parte el bono a cinco años había llegado a sobrepasar el de diez años en algún momento, lo que implicaba que los inversores estuviesen más preocupados en el medio plazo que en el largo. Y ello a pesar de que lo habitual es que a más plazo sea mayor el riesgo de no cobrar y, por tanto, mayor la rentabilidad. En el caso concreto de Grecia, en el instante en el que llegó la ayuda al país heleno el bono a dos años estaba en el 10,18%, por encima del de tres (9,84%), el de cuatro (9,76%) y el de diez a (8,65%).

Y, por lo que a Portugal se refiere, la curva de tipos se invertía a partir de los bonos a tres años, que estaban por encima de los de cuatro y diez. La excepción de este comportamiento era, en cambio, Irlanda, donde los tipos mantenían su habitual rentabilidad en aumento a medida que crecía el plazo.

Otro de los indicadores que mostraban la difícil situación por la que atravesaba España era que las rentabilidades de todos los bonos estaban subiendo a niveles preocupantes. Así por ejemplo, el bono a dos años se encontraba ya cerca del 7% e incluso lo llegó a sobrepasar el algún momento.

Desde finales de julio de 2012, y hasta el cierre del citado ejercicio, el Gobierno español necesitaba financiar casi 50.000 millones de euros. Un objetivo que se presentaba complicado dada las tensiones experimentadas por los mercados. Tanto la financiación de las emisiones previstas hasta final de ejercicio 2012 (casi 27.000 millones de euros) como la cobertura de un 1% de déficit con el no se contaba al inicio (los 10.000 millones de euros de margen que se concedieron al pasar el objetivo de déficit del 5,% al 6,3%) y el nuevo fondo de liquidez para las Comunidades Autónomas (en relación con el cual a dicha fecha todavía quedaban por inyectar 12.000 millones de euros) implicaban el desarrollo de importantes esfuerzos para el Ejecutivo en este segundo semestre.

Las necesidades de financiación ascendían a 26.943 millones de euros. Pero esta cifra sólo hacía referencia a lo que quedaba por cubrir con emisiones en la estrategia del Tesoro. Concretamente, la emisión bruta total era de 105.707 millones de euros a 26 de julio de 2012. De éstos, la parte que correspondía a bonos y obligaciones del Estado y otros instrumentos a medio y largo plazo (los que se tomaban de referencia) suponía un total de 58.957 millones de euros, esto es, un 68,6% de la previsión de emisión para todo el año incluida en los Presupuestos Generales del Estado (85.900 millones de euros).

Quedaban pues por emitir casi 27.000 millones de euros para cumplir la estrategia del Tesoro. Recuérdese a este respecto que, con fecha 13 de julio de 2012 el Consejo de Ministros aprobó la creación de un Fondo de liquidez para ayudar a las Comunidades Autónomas (el llamado Fondo de Liquidez autonómico) dotado con 18.000 millones de euros[263]. Tras haber-

[263] Acerca de la operatividad del citado Fondo nos remitimos con carácter general a nuestros trabajos "Condiciones impuestas por el Ejecutivo central a las Comunidades Autónomas para

se negociado un préstamo bancario de 8.000 millones de euros el Tesoro necesitaba 28.900 millones de euros existentes en caja. Concretamente debían aportarse 4.000 millones de euros procedentes de esta partida, lo que dejaba en 24.900 millones de euros su liquidez. Por otro lado el Ejecutivo tenía que financiar otros 10.000 millones de euros aproximadamente correspondientes al déficit y, concretamente, al 1% del PIB de margen que la Comisión Europea concedió a España durante el 2012 en el plan de ajuste fiscal (el objetivo de déficit pasó del 5,3% previsto inicialmente al 6,3%). Así las cosas en total debían cubrirse unas necesidades de 48.943 millones de euros en lo que quedaba de ejercicio.[264]

Durante la siguiente subasta celebrada a principios del mes de agosto de 2012 el Tesoro Público colocó 3.132 millones de euros en bonos a dos, cuatro y diez años, algo más del máximo previsto, si bien tuvo que subir los tipos respecto de la subasta anterior. La demanda se mantuvo, salvo en el caso de los bonos a diez años, que resultó algo más débil. Así, en bonos con vencimiento en 2014 se colocaron 1.062 millones de euros a un tipo medio del 4,774%, frente al 3,592% de la subasta anterior. La *ratio* de cobertura se mantuvo en tres veces. En el caso de los bonos a cuatro años se adjudicaron 1.024 millones de euros. El tipo medio fue del 5,971%, frente a los 5,536% de la subasta anterior de títulos de este tipo. La *ratio* de cobertura fue de 2,7 veces, frente al 2,6 de la subasta anterior). Por último, en los bonos a diez años la rentabilidad media se situó en el 6,647%, frente al 6,430% de la anterior subasta, adjudicándose 1.046 millones de euros con la demanda más débil y siendo la *ratio* de cobertura de 2,4 veces, frente a las 3,2 veces de la anterior subasta.

Apenas dos semanas después el Tesoro lograba adjudicar un total de 4.514 millones de euros, satisfaciendo un interés del 3,2% en deuda a un año y del 3,4% a 18 meses, con una fuerte demanda. El Tesoro abonó un interés del 3,207% para colocar 3.532 millones de euros en letras a doce meses frente a la rentabilidad satisfecha en la anterior subasta de este mismo

---

adherirse al Fondo de Liquidez Autonómico: obligaciones de información y prohibición de determinadas operaciones financieras", *Actualidad Jurídica Aranzadi*, núm. 852, 2012, pág. 6 y "La crisis financiera de las Comunidades Autónomas y la creación del Fondo de Liquidez Autonómico como mecanismo destinado a hacer frente a las dificultades de acceso a la financiación", *REALA, Revista de Estudios de la Administración Local y Autonómica*, núm. 317, 2013, págs. 73 y ss.

[264] Fuente: *Diario Expansión*, www.expansion.com (consultada el 27 de julio de 2012).

tipo (3,99%). En las letras a 18 meses la caída del tipo fue mucho mayor, sal abonarse un 3,45% frente al 4,35% anterior para captar 981 millones de euros[265]. La rentabilidad del bono a 10 años bajó hasta el 6,2%, tras haber llegado a alcanzar a principios de agosto de 2012 el 7,165%. Por lo que respecta al bono español a dos años, la rentabilidad cayó hasta el 3,58%, después de haber llegado a situarse por encima del 6% a finales del mes de julio.

Con fecha 28 de agosto de 2012 el Tesoro aprovechó la situación de tregua existente en el mercado y las expectativas de nuevas ayudas por parte del BCE, para colocar 3.600 millones de euros, por encima del máximo previsto de 3.500 millones, con un coste muy inferior al de hace un mes. El interés de las letras a 3 meses se desinfló del 2,43% al 0,94%. De este modo se reforzó la deuda del Tesoro a corto plazo, con intereses inferiores al punto porcentual. El Tesoro colocó 1.674 millones de euros en letras a 3 meses con una rentabilidad media del 0,946%. Esta cifra se situaba muy por debajo del 2,434% registrado un mes antes. La mejora fue igualmente extensible a las letras a 6 meses, donde interés medio se desinfló desde el 3,691% contabilizado a finales de julio de 2012 al 2,026%, a un paso de bajar del nivel del 2%. Esta drástica bajada de los costes de emisión vino acompañada además de una sólida demanda. Las peticiones de los inversores superaron los 9.800 millones de euros. La *ratio* de cobertura aumentó de 2,9 a 3,4 veces en las letras a 3 meses, y disminuyó de 3 a 2,2 veces en los títulos a 6 meses. El amplio margen de la demanda alcanzado permitió que el importe total adjudicado finalmente por el Tesoro alcanzara los 3.607 millones de euros, por encima incluso del máximo previsto, 3.500 millones.

Así las cosas, hasta el inicio del mes de septiembre de 2012 el Tesoro había colocado ya bonos a medio y largo plazo por un importe 62.400 millones, de los que, en torno al 60% tenían un vencimiento inferior a cinco años. Ello se debía a que las subastas de liquidez a tres años realizadas por el BCE en diciembre de 2011 y en febrero de 2012 habían provocado que el apetito de los inversores se concentrara en esos plazos.

Durante la primera semana de septiembre de 2012 el Tesoro se había marcado como objetivo colocar un mínimo de 2.500 y un máximo de 3.500 millones de euros en bonos a dos, tres y cuatro años. Pues bien finalmente,

---

[265] En el presente caso la horquilla estaba prevista en la obtención de entre 3.500 y 4.500 millones de euros.

y a expensas de la decisión que ese mismo día debía adoptar el BCE sobre la compra ilimitada de deuda a corto plazo emitida por los llamados países periféricos, el importe adjudicado se ajustó plenamente al techo establecido, los 3.500 millones de euros. Las peticiones totales superaron los 6.400 millones de euros, casi el doble de la cuantía colocada[266]. La *ratio* de cobertura descendió de 2,3 a 1,8 veces en los bonos a tres años, y de 2,7 a 1,9 veces en los bonos a cuatro años. En el presente caso la contención de la demanda no evitó una drástica mejora en los costes de emisión, en línea con la mejora que había experimentado por aquel entonces el mercado secundario de deuda en las últimas fechas. Así la rentabilidad media del bono a dos años bajó del nivel del 3%, hasta situarse en el 2,798%. El interés de los bonos a tres años se desinfló desde el 5,086% hasta el 3,676%, y el del bono a cuatro años del 5,971% al 4,603%.

Tras el anuncio efectuado por el BCE en dicha fecha de que compraría deuda pública ilimitada emitida a corto plazo de aquellos Estados que solicitasen ayuda financiera al Eurogrupo y que se ajustasen a las condiciones fijadas en el Memorandum de Entendimiento (*Memorandum of Understanding,* MoU por sus siglas en inglés) mejoraron ostensiblemente las compras efectuadas en los bonos con vencimiento inferior a tres años, ya que muchos operadores se vieron obligados a cerrar sus posiciones cortas en España. A tal efecto, y en la medida en que este movimiento de bajada de tipos en los tramos largos pudiera no llegar a producirse, cabría la posibilidad de beneficiarse de la fuerte bajada de los tipos a corto plazo comprando bonos corporativos españoles que se hubiesen quedado atrás en el movimiento de bajada de tipos. En este sentido cabría esperar que en algún momento la curva española viese un movimiento similar de bajada de tipos en los tramos largos, ya que la pendiente de la curva (diferencia entre el tipo a 10 años y el tipo a 1-3 años) era demasiado alta.

Téngase presente en todo caso que, a fecha 7 de septiembre de 2012, el Tesoro debía emitir deuda por importe de 83.000 millones de euros hasta fin de año para cubrir sus necesidades de financiación, parte para hacer frente a vencimientos de bonos y letras, y parte para financiar el nuevo déficit. Por su parte las Comunidades Autónomas acumulaban necesidades financieras

[266] En cambio, apenas un día antes, el 5 de septiembre de 2012, Alemania no pudo completar su emisión. En el presente caso las peticiones se limitaron a 3.930 millones de euros, muy por debajo de los 5.000 millones de euros que tenía previsto colocar el Tesoro germano.

por un importe de 30.000 millones de euros hasta fin de diciembre de 2012. Y, dado que los mercados de emisión estaban ya cerrados para éstas últimas, no les quedaba más remedio que solicitar ayuda al Gobierno central, ya fuese vía anticipos o bien vía solicitud formal de asistencia financiera al Fondo de Liquidez Autonómica creado al efecto.

Durante la segunda semana del mes de septiembre de 2012 el Tesoro colocó 4.580 millones de euros en letras, algo más del máximo previsto. Con carácter adicional logró bajar la rentabilidad a mínimos desde el mes de abril de 2012 en su primera subasta tras el anuncio del BCE de un programa de compra ilimitada de bonos. Así, a doce meses el Tesoro colocó 3.557 millones de euros a un tipo marginal del 2,978% (frente al 3,207% de la subasta anterior). La *ratio* de cobertura fue de 2 veces (1,9 veces en la última subasta de este tipo). En el caso de los títulos con vencimiento a 18 meses se adjudicaron 1.019 millones de euros con una *ratio* de cobertura de 3,6 veces (4 veces en la anterior subasta). En este tipo de títulos, el tipo marginal se redujo del 3,45% que ofreció en agosto de 2012 al 3,15%.

Con fecha 20 de septiembre de 2012 el Tesoro lograba captar 4.800 millones de euros, 300 millones de euros más del máximo previsto, en una subasta de bonos. A diez años el Tesoro logró reducir la rentabilidad ofertada en un punto porcentual, adjudicando un total de 859 millones de euros a un tipo medio del 5,666% frente al 6,647% de la subasta anterior. La *ratio* de cobertura fue de 2,8 veces (2,4 veces en la anterior. Y a tres años el citado organismo colocó 3.940 millones de euros a un tipo medio del 3,84% y con una *ratio* de cobertura de 1,6 veces.

En cambio durante la posterior subasta celebrada cinco días después el Tesoro, si bien logró adjudicar el importe máximo previsto, 4.000 millones de euros, vio cómo se producía un nuevo repunte en el coste de emisión. La rentabilidad media de las letras a más corto plazo, 3 meses, subió del 0,946% de agosto de 2012 al 1,203%. El importe adjudicado, 3.983 millones de euros, se ajustaba prácticamente al tope previsto en sus objetivos (4.000 millones de euros). La demanda se mantuvo sin grandes cambios, tomando en consideración el mayor importe adjudicado en la citada subasta de 25 de septiembre de 2012 (3.983 millones frente a 3.584 millones de agosto). Las peticiones lograron cubrir la oferta 3,3 veces en los títulos a 3 meses (en línea con las 3,4 veces de la subasta celebrada en el mes de agosto) y

1,8 veces en las letras a 6 meses, por debajo de las 2,2 veces del mes de agosto de 2012.

Las variaciones más significativas se registraron, sin embargo, en el coste de emisión. La tendencia a la baja en dichos costes se cortó, situándose la rentabilidad media de las letras a 3 meses por encima del punto porcentual y escalando desde el 0,946% de finales de agosto de 2012 hasta el 1,203%. El interés en las letras a 6 meses, por su parte, subió del 2,026% al 2,213%.

Al inicio del mes de octubre de 2012 el Tesoro lograba, con motivo de la celebración de una nueva subasta, que el importe adjudicado se ajustase al máximo previsto, 4.000 millones de euros, produciéndose un repunte en el volumen de demanda y reduciéndose el coste de emisión. En los bonos a cinco años el interés bajó del 6,45% al 4,76%. El resultado fue pues la colocación de un total de 3.992 millones de euros, en línea con el importe máximo previsto de 4.000 millones de euros. Las peticiones superaron la oferta 2 veces en los bonos a dos y tres años, frente a las 1,9 y 1,6 veces de la subasta previa, y en 2,5 veces en los títulos a cinco años, por encima de las 2,1 de la anterior emisión.[267]

Concretamente con motivo de la subasta celebrada el 4 de octubre de 2012 el Tesoro colocó 1.285 millones en bonos con cupón 3,30% y vida hasta el 31 de octubre de 2014. Las peticiones superaron en dos veces lo finalmente colocado (1,9 veces la vez anterior) y el interés medio bajó casi dos puntos, al pasar del 5,204% al 3,282%. Con carácter adicional el Tesoro emitió 710 millones de euros en obligaciones con cupón 5,50% y vencimiento a 30 de julio de 2017. En este caso la demanda superó en 2,5 veces la oferta (2,1 veces la ocasión anterior) y la rentabilidad media también bajó casi dos puntos al pasar del 6,459% al 4,766%. Sin embargo el Tesoro colocó más cantidad, 1.997 millones de euros, en bonos con cupón 3,75% y vencimiento a 31 de octubre de 2015. En este bono, nuevo desde septiembre de 2012, el Tesoro tuvo que subir el tipo medio desde el 3,845%

---

[267] Recuérdese que, como ya se ha señalado, el Tesoro tenía que hacer frente durante el último trimestre de 2012 a unos vencimientos superiores a los 43.000 millones de euros (22.957 millones en letras y 20.226 millones en bonos), cifra que representaba un 28% de las amortizaciones previstas para el conjunto del ejercicio. Solo en el mes de octubre de 2012 el importe de los vencimientos superaba los 29.100 millones de euros (20.226 millones en bonos y 8.891 millones en letras), prácticamente una quinta parte de las amortizaciones totales de 2012.

al 3,956%. La demanda, por su parte, superó en dos veces la oferta (1,6 veces la anterior ocasión).

A resultas de la posterior subasta celebrada el 16 de octubre de 2012 el Tesoro colocó más importe de lo esperado: 4.860 millones de euros frente al objetivo máximo de 4.500 millones fijado inicialmente. La demanda de letras a 12 y 18 meses se mantuvo sólida y los costes se congelaron. Concretamente el Tesoro colocó finalmente 4.860 millones de euros, por encima de sus propios objetivos, fijados en un rango de 3.500 a 4.500 millones de euros. Las peticiones totales superaron los 13.600 millones de euros, casi el triple del importe adjudicado. La *ratio* de cobertura en las letras a 12 meses aumentó de las 2 veces de la subasta previa a las 2,7 veces, mientras que en las letras a 18 meses disminuyó de 3,6 a 3. La demanda contaba con el atractivo de unas rentabilidades que, a pesar de la contención de los últimos meses, se mantuvieron elevadas. Para colocar sus letras a 12 meses el Tesoro ofreció un interés medio del 2,823%, ligeramente por debajo del 2,835% de septiembre de 2012. En las letras a 18 meses la rentabilidad bajó también levemente, del 3,072% previo al 3,022%.

Esta misma tendencia se repetiría posteriormente en la posterior subasta de 23 de octubre de 2012, en la que las peticiones realizadas superaron la oferta 4,3 veces en las letras a 3 meses, por encima de las 3,3 veces del mes de septiembre, y 2 veces en las letras a 6 meses, también por encima de la ratio previa de 1,8 veces. La fortaleza de la demanda permitió que el importe adjudicado superase el objetivo máximo previsto por el propio Tesoro. En este caso la emisión alcanzó los 3.528 millones de euros, frente al tope fijado inicialmente de 3.500 millones de euros. El interés a 3 meses subió del 1,2% al 1,4% mientras que a seis meses bajó del 2,2% al 2%. La rentabilidad media de las letras a 3 meses subió del 1,203% al 1,415%, mientras que en las letras a 6 meses bajó del 2,213% al 2,023%.

Dada esta situación, y por lo que respecta a las futuras emisiones de deuda para 2013, tanto las amortizaciones como las necesidades de financiación aumentarían, de acuerdo con lo dispuesto en la Ley de Presupuestos Generales del Estado para 2013, hasta un total de 110.000 millones de euros. De cara evitar la emisión de grandes cantidades de nueva deuda se planteaba la posibilidad de que el Gobierno español decidiese incrementar la venta de bonos del Tesoro hasta en 20.000 millones de euros. Aun así, la emisión bruta de bonos, incluidas las ventas potenciales de deuda en moneda extranjera, rondarían los 90.000 millones de euros, cifra superior a la de 2012.

Por otra parte con fecha 8 de octubre de 2012 el Tesoro celebró, por primera vez en más de un año, una subasta de deuda con un plazo superior a los 10 años. Asimismo decidió lanzar una nueva referencia a cinco años, al objeto de cubrir sus necesidades de financiación para 2012. En efecto, además de los bonos a tres años el Tesoro Público decidió lanzar una nueva referencia a cinco años, con cupón del 4,5% y vencimiento el 31 de enero de 2018, con el consiguiente problema que ello podía llegar a originar a la hora de tratar de atraer a la demanda. Con carácter adicional se dispuso la emisión de obligaciones a 20 años. Desde hacía más de un año (concretamente desde marzo de 2011, fecha en la que se adjudicaron obligaciones con plazo de vencimiento a 30 años) el Tesoro no sacaba al mercado deuda con un plazo superior a los 10 años. Pues bien en dicha fecha el Tesoro subastaba bonos con cupón del 3,75% y vencimiento a 31 de octubre de 2015, una nueva referencia de bonos a 5 años con cupón del 4,50% y obligaciones con cupón del 5,75% y vencimiento a 30 de julio de 2032.

Finalmente se logró colocar un total de 4.763 millones de euros, por encima del máximo previsto de 4.500 millones. El mayor éxito de la emisión se centró en el otorgamiento de liquidez a la nueva referencia a cinco años. Estos títulos concentraron 3.040 millones de euros del total de 4.763 millones adjudicados en la subasta. Las peticiones duplicaron finalmente dicha cifra, al superar los 9.100 millones de euros. En la colocación de los bonos a cinco años las peticiones superaron la oferta 1,6 veces, un margen sensiblemente más reducido que en los otros dos títulos subastados. La rentabilidad media fue del 4,68%, un porcentaje que no podía compararse con exactitud con otros precedentes al tratarse de un bono nuevo. En el mercado secundario los bonos a cinco años se ajustaron a este 4,6%.

En cambio, el margen de la demanda resultó mucho más amplio en las otras dos emisiones. Respecto de los bonos con un plazo superior a 10 años no emitidos por el Tesoro desde el ejercicio 2011 el importe adjudicado en las obligaciones con vencimiento a 20 años fue de 731 millones de euros, si bien las peticiones efectuadas duplicaron dicha cuantía, alcanzando la rentabilidad media el 6,328%. El coste de emisión se redujo sensiblemente en la única de las tres emisiones en las que se podían establecer comparaciones más precisas. Así el interés medio en los bonos a tres años bajó del 3,956%

al 3,66%. El importe adjudicado se redujo en consecuencia a 992 millones de euros, frente a unas peticiones de 2.811 millones de euros existentes.

Una vez cubiertos los objetivos de deuda para 2012, con fecha 20 de noviembre de 2012 el Tesoro lograba adjudicar 4.930 millones de euros a 12 y 18 meses, muy por encima de los 4.500 previstos como máximo. La demanda continuó pues firme y los costes de emisión se mantuvieron estables. En el presente caso se trataba de una subasta de letras de 12 y 18 meses en la que se partía con la previsión de emitir un máximo de 4.500 millones de euros, por debajo de los 4.700 millones de la anterior subasta de estos títulos celebrada. Finalmente el importe adjudicado superó estas dos cifras, al totalizar 4.930 millones de euros. Solo en las letras a 12 meses la cuantía se disparó a 4.220 millones de euros.

La contención en el ritmo de emisión ayudó a paliar un posible incremento de los costes de emisión de los bonos. Así las cosas el Tesoro logró colocar los 4.220 millones de euros en letras a 12 meses con una rentabilidad media del 2,797%, ligeramente por debajo del 2,832% anterior. En el caso de las letras a 18 meses el interés fue prácticamente idéntico, a saber, 3,034% frente al 3,022% previo.

Con los intereses estables el Tesoro dispuso de un amplio colchón del lado de la demanda. Las peticiones formuladas superaron los 13.000 millones de euros, más de 2,6 veces los 4.930 millones de euros adjudicados. A pesar de la mayor cuantía emitida a 12 meses, la *ratio* de cobertura repitió por encima de las 2 veces (2,1 frente a 2,7 veces hace un mes), mientras que en las letras a 18 meses se disparó 3 a 5,7 veces.

El 22 de noviembre de 2012 el Tesoro celebró su primera subasta íntegramente destinada a cubrir las necesidades de financiación de 2013, duplicando la demanda existente la oferta, a pesar de adjudicar 3.880 millones, por encima una vez más del máximo previsto. El interés de los bonos a tres años repitió en el 3,6%, lejos del récord negativo del 5,45% pagado en junio de 2012. Téngase presente que, una vez completadas todas sus necesidades de financiación para 2012, y a falta todavía de más de un mes para el cierre del ejercicio, el Tesoro había comenzado ya a adelantar el trabajo pendiente para 2013. En el presente caso el Tesoro logró adjudicar 3.880 millones de euros, por encima de nuevo del objetivo máximo previsto de 3.500 millones. Las peticiones formuladas duplicaron la oferta. La *ratio* de cobertura fue de 2,1 veces en los bonos con vencimiento en 2015, en 2,5 veces en los títulos que vencían en 2017, y en 1,8 en los bonos con vencimiento en 2021.

En los tres bonos emitidos la rentabilidad se situó ligeramente por debajo de los registrados en las subastas anteriores. El interés medio de la deuda a tres años se contuvo en el 3,617%, por debajo del 3,66% previo y lejos de los récords negativos contabilizados el mes de junio de 2012, cuando el coste se disparó al 5,45%. La rentabilidad media de los bonos con vencimiento en 2017 bajó desde el 4,766% hasta el 4,477%, y del 5,545% hasta el 5,517% en el caso de los bonos que vencen en abril de 2021.

Apenas cinco días después de la anterior emisión el Tesoro colocaba un importe global de 4.090 millones de euros, por encima del máximo previsto de 4.000 millones de euros, en su deuda a más corto plazo. La demanda continuó firme y los intereses bajaron del 2% al 1,6% en las letras a 6 meses. El importe adjudicado superó ligeramente el máximo previsto, al alcanzar los 4.090 millones. En la anterior subasta de estos títulos, celebrada el 23 de octubre de 2012, la cuantía se había limitado en cambio a 3.499 millones.

El margen de la demanda continuó siendo amplio. Las peticiones efectuadas superaron los 11.000 millones de euros, cerca del triple del importe emitido. La *ratio* de cobertura en las letras a 3 meses se situó en 3,5 veces, frente a las 4,3 veces de la subasta anterior, y en 2,3 veces en las letras a 6 meses, por encima de las 2 veces de la emisión previa. Sin introducir grandes exigencias en la cuantía de las emisiones y con el respaldo de la demanda el Tesoro logró reducir sensiblemente el coste. La rentabilidad media de las letras a 3 meses bajó del 1,415% al 1,254%, y del 2,023% al 1,669% en las letras a 6 meses.

En todo caso, y con independencia de la línea positiva descrita con anterioridad, no podía dejar de tenerse presente que durante 2013 España debía afrontar unos vencimientos próximos a 114.000 millones de euros, a los que habría que sumar nuevas emisiones para cubrir el déficit de 2012 (previsiblemente de 63.000 millones de euros en el supuesto de que se cumpliesen los objetivos fijados al efecto) y la financiación de las Comunidades Autónomas, que sin respaldo de los inversores tendrían que emitir deuda nueva por otros 7.400 millones de euros, que se sumarían a la deuda de 150.500 millones ya existentes por aquel entonces. Todo ello dejaría una factura en intereses por el pago de la deuda que superaría los 38.600 millones de euros.

Durante la subasta celebrada el 5 de diciembre de 2012 el Tesoro logró captar 4.251 millones de euros, ligeramente por debajo del tope fijado de 4.500 millones de euros. En líneas generales la demanda se mantuvo firme. Las peticiones efectuadas superaron la oferta 2 veces en los bonos a tres años, 2,5 veces en los bonos a siete años, y 2,3 veces en los bonos a 10 años. Sin embargo dicha demanda no logró evitar que los costes de emisión se rebajasen menos de lo esperado. Concretamente la rentabilidad media de los bonos a diez años se quedó en el 5,29%, por encima de los mínimos que marcaba en el mercado secundario. Aún así dicha emisión supuso una mejora respecto al 5,45% previo. De los 4.251 millones de euros adjudicados, la mitad, 2.124 millones de euros, correspondieron a los bonos a tres años. El interés medio también bajó ligeramente desde el 3,61% hasta el 3,39%. Y en el caso de los bonos a siete años la rentabilidad repuntó del 4,54% al 4,66%.

Apenas unos días después, en la siguiente subasta de fecha 11 de diciembre de 2012, el Tesoro adjudicaba 3.890 millones de euros en letras, por encima del máximo previsto (3.500 millones de euros), logrando colocar los títulos a menor coste. El interés de las letras a 12 meses cayó del 2,79% al 2,55%, y bajó del 3% a 18 meses. En esta ocasión la fortaleza de la demanda permitió que el importe adjudicado finalmente superara el máximo previsto, hasta alcanzar los 3.890 millones de euros. Las peticiones totales rozaron los 10.000 millones de euros. La demanda superó la oferta 2,5 veces en las letras a 12 meses, por encima de las 2,1 veces de la subasta previa, y en 2,7 veces en los títulos a 18 meses, frente a las 5,7 veces anterior. Dicha fuerte demanda se mantuvo además firme a pesar de la rebaja en las rentabilidades ofrecidas. Tanto los 2.385 millones de euros adjudicados en letras a 12 meses como los 1.505 millones colocados a 18 meses incluyeron un significativo recorte en los intereses. La rentabilidad medida de las letras a 12 meses bajó desde el 2,797% del mes de noviembre de 2012 hasta el 2,556%. Y el interés de las letras a 18 meses bajó del nivel del 3%, al pasar del 3,034% al 2,778%.

Con fecha 13 de diciembre de 2012 el Tesoro colocó un total de 2.024 millones de euros en bonos con vencimientos a tres, cinco y 28 años, con un ligero abaratamiento del coste en la deuda a más corto plazo. Los títulos lanzados al mercado fueron en esta ocasión bonos con cupón del 3,75% y vencimiento en octubre de 2015, obligaciones con cupón del 5,50% y vencimiento en julio de 2017 y, por último, deuda con cupón del 4,90% y vencimiento en julio del año 2040. En el presente caso las peticiones realizadas superaron la oferta 4,8 veces en los 681 millones de euros colocados en bonos a tres años. En los 803 millones de euros adjudicados a cinco años la *ratio* de cobertura aumentó de 2,6 a 3,1 veces. El margen de la demanda se estrechó a 2,1 veces en los 540 millones colocados en bonos con vencimiento en 2040. Por lo que respecta a las cifras relativas a los costes de emisión el interés de los bonos a 28 años aumentó desde el 4,738% hasta el 5,893%. Una evolución más favorable presentaron los costes de emisión de los bonos a menor plazo. A 3 años el interés medio bajó ligeramente desde el 3,39% previo hasta el 3,35%, y a cinco años del 4,47% al 4,20%.

Ciertamente, y a la luz de este conjunto de datos, el predominio de las emisiones a más corto plazo contribuyó a rebajar el vencimiento medio de la deuda española. Sin embargo, a pesar de esta tendencia la rentabilidad media repuntó desde el 4,07% de 2011 hasta el 4,12%. Con carácter adicional desde el mes de agosto de 2012 se produjo un incremento de la demanda de no residentes de 17.800 millones de euros, un factor clave para afrontar la financiación de 2013.[268]

Por otro lado durante la segunda quincena del mes de diciembre de 2012 se conocía que la deuda del conjunto de las Administraciones Públicas había crecido un 15,3% en el tercer trimestre de 2012 en tasa interanual, hasta situarse en 817.164 millones de euros[269]. Dicha deuda representaba el 77,4% del PIB, frente al 66,7% en que se situó en mismo periodo de 2011 y al 76% del trimestre precedente.

Finalmente, y con motivo de la última subasta del ejercicio 2012 celebrada el 18 de diciembre de 2012 el Tesoro lograba colocar en el mercado una cifra global de 3.523 millones de euros. En el presente caso las peticiones sumaron 9.600 millones de euros, casi el triple de lo adjudicado. La *ratio* por cobertura disminuyó de 3,5 a 2,9 veces en las letras a 3 meses y aumentó de 2,3 a 2,6 veces en los títulos a 6 meses. El respaldo de la demanda, así como la existencia de un contexto más favorable, posibilitó una leve mejora en los costes de emisión respecto a la subasta de finales de noviembre

---

[268] Fuente: *Diario Expansión*, www.expansión.com (consultada el 13 de diciembre de 2012).

[269] Fuente: Banco de España, www.bde.es (consultada el 14 de diciembre de 2012).

de 2012. La rentabilidad media de las letras a 3 meses disminuyó desde el 1,254% hasta el 1,195%, y del 1,669% al 1,609% en los títulos a 6 meses.

Recapitulando, a lo largo del pasado ejercicio 2012 el Ejecutivo español había desembolsado un total de 26.055 millones de euros sólo por los intereses de la deuda. Dicha cifra, fijada en función del volumen de la deuda y de la evolución de los tipos de interés y el calendario de vencimientos, representaba un incremento del 17,3% respecto a los intereses abonados el ejercicio 2010. Sin embargo también representaba 2.800 millones de euros menos de lo previsto en los Presupuestos Generales del Estado para 2012, que destinaban a esta partida de gasto 28.848 millones de euros.

3.B. La progresiva y sucesiva bajada de ratings de la deuda soberana española efectuada por las distintas Agencias de Calificación

Con fecha 27 de enero de 2012 la Agencia de Calificación *Fitch* rebajaba en dos escalones la nota de la deuda pública española desde AA- hasta A en una acción coordinada en la que otros cinco países se vieron afectados. Bélgica, Italia, Eslovenia y Chipre también sufrieron una degradación de su deuda, mientras que la nota de Irlanda se mantuvo en BBB+ pero con perspectiva negativa. La rebaja de la calificación crediticia de España se justificó por la citada Agencia en la incertidumbre y malas perspectivas de la economía española, así como en la ausencia de un auténtico y creíble cortafuegos para la crisis de deuda europea. Asimismo se argumentó que era consecuencia de la desviación del déficit de 2011 y de la implicación que ello pudiera tener para las finanzas públicas durante el ejercicio 2012. A juicio de la Agencia los factores que provocaron el recorte reflejaban la naturaleza sistémica de la crisis en la Eurozona y la vulnerabilidad de España debido a sus altos niveles de deuda y déficit.

Uno de los escalones de la rebaja se debía a la "debilidad sistémica", que sólo podría resolverse con una reforma fundamental de la Unión Monetaria. La rebaja se justificaba, además, por la continua corrección de los desequilibrios macroeconómicos y financieros en los que España incurrió durante la época del 'boom' inmobiliario. Las previsiones de la Agencia para 2012 evidenciaban que el objetivo del déficit del 4,4% no era realista, estimándose que finalmente el citado ejercicio se cerraría con un desequilibrio presupuestario del 6% del PIB, es decir, en el nivel con el que se debía haber cerrado 2011. A juicio de la Agencia el 3% marcado por el Pacto de Estabilidad de la Zona Euro solo podría cumplirse en 2014.

También la Agencia de Calificación *Moody's* rebajó con fecha 14 de febrero de 2012 la calificación de la deuda soberana española desde "A1" (notable alto) hasta "A3" (notable bajo). Por su parte la de Italia pasó de "A2" (notable) hasta "A3" y la de Portugal cayó de "Ba2" a "Ba3" (ambos en categoría de bono basura), al tiempo que colocaba todas esas notas en perspectiva negativa. Con carácter adicional las calificaciones de la deuda pública de Eslovenia y Eslovaquia fueron rebajadas en ambos casos desde "A1" hasta "A2", y la de Malta resultó degradada desde "A2" hasta "A3", también todas ellas bajo vigilancia negativa.

La citada Agencia de medición de riesgo destacó como principal causa de las medidas aplicadas la incertidumbre sobre las reformas institucionales en la Zona Euro para reformar su marco económico y fiscal, así como las dudas sobre los recursos que se harán disponibles para abordar la crisis. *Moody's* citó además las débiles perspectivas macroeconómicas en Europa, que amenazaban la puesta en marcha de los planes de austeridad y las reformas estructurales necesarias para impulsar la competitividad de sus economías. Por otra parte la calificadora argumentó su decisión en el impacto que tenían esos factores sobre la confianza de los mercados, previendo que continuara siendo frágil y con un alto potencial a futuras sacudidas para las condiciones de financiación de países y bancos bajo estrés.[270]

No obstante en esa misma fecha, y a pesar de la rebaja de *Moody's*, el Tesoro realizaría una buena colocación, logrando vender los 5.500 millones de euros previstos en letras a 12 y 18 meses a un interés medio del 2%, lo que confirmaba la tendencia a la baja del coste de las emisiones. La demanda de las entidades, que rozó los 13.900 millones de euros, representó más del doble del importe finalmente colocado, que se situó en el umbral del objetivo máximo de la emisión. Concretamente el Tesoro colocó 2.943,19 millones en letras a 12 meses de los 6.680,15 solicitados por los inversores.

---

[270] En el caso concreto de Italia, Malta, Portugal, Eslovaquia, Eslovenia y España *Moody's* detalló que su perspectiva era negativa respondía a la incertidumbre existente sobre las condiciones de financiación en los próximos trimestres y al impacto correspondiente que pudiera tener sobre su calidad crediticia. Y, por lo que respecta a Austria, Francia y Reino Unido (los tres países con "Aaa" que vieron cómo su perspectiva pasaba de "estable" a "negativa") el cambio reflejaba la existencia de un número de presiones crediticias específicas que podrían exacerbar la susceptibilidad de las cuentas de esos países y de sus programas de austeridad.

En este caso el tipo medio pasó del 2,049% registrado en la anterior subasta al 1,899% actual. El tipo marginal, por su parte, pasó del 2,150% de enero al 1,949%. Asimismo el Tesoro colocó 2.500 millones de euros en letras a 18 meses de los 7.205,63 pedidos por el mercado. El tipo medio de este papel se moderó desde el 2,399% al 2,308%, mientras que el marginal pasó del 2,490% al 2,395%.

La Agencia de Calificación *Standard & Poor's*, con fecha 26 de abril de 2012, acordaba rebajar en dos escalones la nota otorgada a la deuda soberana de España, hasta situarla en "BBB+" con perspectiva negativa, lo que atribuyó al volumen de deuda del país mientras su economía se contraía, teniendo presente especialmente el aumento de sus pasivos contingentes que podrían materializarse en los balances del Gobierno, previéndose además la posibilidad de que se necesitase proveer de mayores ayudas fiscales al sector bancario al haberse incrementado por parte del sistema bancario comercial español su dependencia de las fuentes de financiación oficial.

Por su parte la Agencia de Calificación de Riesgos *Fitch* procedía con fecha 7 de junio de 2012 a rebajar nuevamente la nota de la deuda soberana española en tres escalones hasta BBB, desde A, debido a los probables costes fiscales de la reestructuración y recapitalización del sistema bancario español. Preveía así la citada Agencia que dichos costes de la reestructuración del sistema financiero elevasen el nivel de deuda pública respecto al PIB hasta un máximo del 95% en 2015, comparado su anterior pronóstico era del 82% hacia finales de 2013. *Fitch* dejó la perspectiva del *rating* en 'negativa' en atención a la vulnerabilidad del Estado español frente deterioro de la crisis de deuda de la Zona Euro debido a su alto nivel de endeudamiento externo. En opinión de la Agencia francesa, a pesar de que el *rating* de España podría resistir un mayor deterioro de la perspectiva fiscal y un mayor coste de su reestructuración bancaria, la existencia de un alto nivel de deuda y una debilidad económica persistente la hacía vulnerable a las adversidades económicas y financieras. Se advertía así desde la citada Agencia de Calificación que una eventual pérdida de acceso a los mercados para financiación presupuestaria y la consecuente confianza en asistencia financiera exterior con condiciones conduciría a una nueva revisión de los *ratings* de España.

Apenas unos días después, y siguiendo idéntico procedimiento, la Agencia de Calificación de Riesgos *Moody's* rebajaba la calificación de la deuda soberana española tres escalones, de A3 a Baa3, situándola justo por encima del 'bono basura'. Y ello debido al limitado acceso del Gobierno español a los mercados de deuda internacional y a la debilidad de la economía del país. En opinión de la Agencia la clave de la rebaja la constituyó la necesidad del Gobierno de solicitar ayuda extra para recapitalizar su sistema financiero, no habiendo sido el Gobierno español capaz de financiar dicho saneamiento por sus propios medios.

Ciertamente a la luz de dicha rebaja del *rating* podría terminar cerrándose el acceso de España a los mercados de deuda, lo que representaría una amenaza para la Eurozona y para la supervivencia de la moneda única. En este sentido, el hecho de que la Agencia *Moody's* fijase en aquel momento la calificación en Baa3 se debió, entre otros factores, al hecho de que España todavía financiaba el gasto público en los mercados, contando con una economía diversificada y siendo su paquete de rescate, hasta el 10% de su PIB, muy inferior a los de Irlanda, Grecia y Portugal. Ahora bien, en el hipotético caso de que dichas rebajas de calificación continuasen, la quita sobre la deuda pública española comprometida como colateral ante el BCE aumentaría cinco puntos porcentuales. Una quita mayor exigiría que los bancos comprometiesen más colateral, reduciendo aún más la liquidez. Recuérdese a este respecto, por ejemplo, que los préstamos netos del BCE a los bancos españoles aumentaron un 9% durante el mes de mayo de 2012 a 287.300 millones de euros.[271]

Por último con fecha 10 de octubre de 2012 la Agencia de Calificación *Standard&Poor's* procedía a rebajar dos escalones el *rating* de la solvencia de España dejándola en BBB–, al borde del bono basura. Ello significaba que por debajo de dicha nota España quedaba ya fuera de cualquier tipo de calificación de BBB, es decir, dejando en consecuencia de contar aquellas inversiones que se efectuasen en nuestro país con los denominados "parámetros de protección adecuados", tal y como son denominados por la citada Agencia de Calificación. Con carácter general a la adopción de la citada decisión contribuyeron factores tales como el aumento del paro y las restricciones del gasto, así como la indecisión existente en torno al

[271] En este sentido una eventual rebaja de la deuda española a la categoría de bono basura sería grave, ya que, por ejemplo, a fecha de junio de 2012, España tenía bonos y pagarés pendientes de pago por valor de 600.000 millones de euros (Fuente: www.europe.wsj.com, consultada el 8 de junio de 2012).

compromiso de algunos Estados miembros de la Eurozona para mutualizar el coste de la recapitalización bancaria.

4. RADIOGRAFÍA DE LA EVOLUCIÓN DE LA DEUDA PÚBLICA ESPAÑOLA DURANTE EL EJERCICIO 2013. EL INICIO DE LA RECUPERACIÓN

4.A. Consideraciones previas

A priori para el año 2013 se presentaban necesidades de financiación elevadas. Así, de una parte las necesidades financieras efectivas del Tesoro se obtenían como resultado de la suma del déficit de caja del Estado para 2013 (38.062 millones de euros) más la variación neta de activos financieros del ejercicio (9.958 millones de euros), una vez incluidas las obligaciones contraídas con el Mecanismo Permanente de Estabilidad. La necesidad de financiación neta se estimaba en 48.020 millones de euros. De otra parte se estimaba que las amortizaciones de deuda del Estado en 2013 serían de unos 159.153 millones de euros (un 6,6% más de lo estimado en los Presupuestos Generales del Estado para 2012), aunque dependerían también de las emisiones de Letras que se realizasen en los meses que restaban de 2012 con vencimiento en 2013. Esta cifra de vencimientos resultaba de las amortizaciones de Letras del Tesoro previstas (unos 96.800 millones), más 60.000 millones de euros correspondientes a bonos y obligaciones del Estado y 2.353 millones de deuda en divisas y de otras deudas.

De la suma de la necesidad de financiación neta y las amortizaciones resultaban unas emisiones brutas del Tesoro Público en 2013 de cerca de 207.173 millones de euros, necesarias para refinanciar los vencimientos de deuda en el ejercicio 2013 y para cubrir las nuevas necesidades financieras. En total se hacía necesario realizar unas emisiones brutas de 207.173 millones de euros, cantidad que resultaba un 11% superior a las realizadas en 2012.[272]

El peso de la deuda del conjunto de las Administraciones Públicas sobre el PIB para el cierre de 2013 se situaba por tanto en el 90,5%, frente al 85,3% previsto en 2012. Este considerable incremento en la *ratio* deuda/

---

[272] Fuente: *Diario Expansión,* www.expansion.com (consultado el 1 de octubre de 2012).

PIB en 2012 y, en menor medida, en 2013, se explicaba tanto por el aumento de la necesidad de endeudamiento derivado de la crisis económica como por los efectos sobre las cuentas públicas derivado de instrumentos tales como el Fondo de Amortización del Déficit Eléctrico, el Fondo para la Financiación del Pago a Proveedores, la parte asignada a España relativa al préstamo a Grecia Portugal e Irlanda y el préstamo para la recapitalización del sistema financiero español llevado a cabo por la Facilidad Europea de Estabilidad Financiera.

Para el citado año 2013 el Tesoro preveía aumentar la deuda neta (restando los vencimientos al montante emitido) en 48.000 millones de euros, de los que 28.100 corresponderían a bonos a medio y largo y plazo y 19.900 millones de euros a letras del Tesoro. Dicha sistemática contrastaba con la adoptada en años precedentes, durante los cuales el Tesoro había optado por ir refinanciando las letras que iban venciendo, de manera que apenas se incrementaba la deuda neta con estos títulos a corto plazo. Así, por ejemplo, durante el ejercicio 2012 solo se emitió un importe neto de 1.000 millones de euros en letras, frente a los 35.800 millones en bonos a medio y largo plazo. En total, el saldo vivo ascendería a 684.800 millones a finales del ejercicio 2012. Esta mayor apelación a las emisiones de letras a un plazo de entre tres y 18 meses podía originar una reducción de la vida media de la deuda del Estado que ya había comenzado en 2012. Y ello a resultas de la necesidad de ajustar la oferta a una demanda concentrada en los plazos a tres años como consecuencia de las subastas de liquidez del Banco Central Europeo. Téngase presente que durante el ejercicio 2013 el Tesoro debía captar 207.000 millones de euros, de los que 90.400 millones corresponderían a bonos, y el resto a letras. No obstante a dicha suma había que añadir 23.000 millones más para las CCAA.

En resumen, pese a la financiación ya anticipada lograda en 2012 el Estado debía emitir 30.000 millones más durante el ejercicio 2013, en un entorno ciertamente complicado. Y, a este respecto, cabía la posibilidad de que desde el Tesoro se otorgase aún más protagonismo a la deuda a más corto plazo, lo que se traduciría en una gradual disminución de la vida media de los títulos así como en un menor coste, teniendo presente a este respecto que los plazos cortos atraen más fácilmente a la demanda. Ahora bien también podía provocar el temor de los inversores hacia eventuales problemas de refinanciación ante vencimientos que se irían acumulando.

4.B. Análisis del cuadro de subastas efectuadas a lo largo del ejercicio

Con fecha 3 de enero de 2013 se publicó en el Boletín Oficial del Estado (BOE) la Orden ECC/1/2013, de 2 de enero, por la que se dispuso la creación de Deuda del Estado durante el año 2013 y enero de 2014 y se recogían las Cláusulas de Acción Colectiva normalizadas. Partiendo de la base de que, como es sabido, la deuda del Estado constituye el conjunto de capitales tomados a préstamo por el Estado mediante emisión pública, concertación de operaciones de crédito, subrogación en la posición deudora de un tercero o, en general, mediante cualquier otra operación financiera del Estado, con destino a financiar los gastos del Estado o a constituir posiciones activas de tesorería, y teniendo presente que el art. 94 de la Ley 47/2003, de 26 de noviembre, General Presupuestaria, establece que la creación de deuda del Estado h de ser autorizada por ley, así como que en el art. 50 de la Ley 17/2012, de 27 de diciembre, de Presupuestos Generales del Estado para el año 2013, se autorizó al Ministro de Economía y Competitividad para que incrementase la deuda del Estado con la limitación de que el saldo vivo de la misma a 31 de diciembre del año 2013 no superase el correspondiente saldo a 1 de enero de 2013 en más de 71.020.759,50 miles de euros, a través de la citada Orden se incorporó el contenido fundamental de la Orden ECC/41/2012, de 16 de enero, por la que se dispuso la creación de deuda del Estado durante el año 2012 y enero de 2013 y se delegaron determinadas facultades en el Secretario General del Tesoro y Política Financiera así como de la Orden ECC/1697/2012, de 31 de julio, por la que se modificó la Orden ECC/41/2012, de 16 de enero, por la que se dispuso la creación de deuda del Estado durante el año 2012 y enero de 2013 y se delegaron determinadas facultades en el Secretario General del Tesoro y Política Financiera.

A través de dicha Orden se introdujeron determinadas modificaciones de carácter técnico necesarias para cumplir con los compromisos alcanzados en el seno de las instituciones europeas. Y, teniendo presente que con fecha 28 de noviembre de 2010 los Ministros de Economía de la Eurozona anunciaron una serie de medidas estratégicas destinadas a proteger la estabilidad financiera de la Zona del euro (entre ellas la inclusión obligatoria de las anteriormente citadas Cláusulas de Acción Colectiva normalizadas en todas las nuevas emisiones de deuda soberana de la Zona del Euro a partir del 1 de enero de 2013), habiendo precisado y ratificado Jefes de Estado y de

Gobierno de los Estados miembros este compromiso en su reunión del 11 de marzo de 2011 (así como el Consejo Europeo con motivo de la Eurocumbre celebrada los días 24 y 25 de marzo de 2011), la citada Orden incluyó las competencias delegadas por el titular del Departamento al Secretario General del Tesoro y Política Financiera, de conformidad con lo dispuesto en el art. 13 de la Ley 30/1992, de 26 de noviembre, de Régimen Jurídico de las Administraciones Públicas y del Procedimiento Administrativo Común, y la Disposición Adicional Decimotercera de la Ley 6/1997, de 14 de abril, de Organización y Funcionamiento de la Administración General del Estado.

Tras la publicación en el BOE de la Ley 17/2012, de 27 de diciembre, de Presupuestos Generales del Estado para el año 2013, se autorizó en materia de deuda al Ministro de Economía y Competitividad para que incrementase la deuda del Estado con la limitación de que el saldo vivo de la misma a 31 de diciembre del año 2013 no superara el correspondiente saldo a 1 de enero de 2013 en más de 71.020.759,50 miles de euros. Este límite sería efectivo al término del ejercicio, pudiendo ser sobrepasado en el curso del mismo y quedando automáticamente revisado por el importe de las modificaciones netas de créditos presupuestarios correspondientes a los Capítulos I a VIII; por las desviaciones entre las previsiones de ingresos contenidas en la Ley de Presupuestos y la evolución real de los mismos; por la diferencia resultante entre los créditos presupuestarios totales de los Capítulos I a VIII y el importe global de las obligaciones reconocidas de los citados capítulos en el ejercicio; por los anticipos de tesorería y la variación neta de las operaciones no presupuestarias previstas legalmente; y por la variación neta en los derechos y las obligaciones del Estado reconocidos y pendientes de ingreso o pago. Las citadas revisiones incrementarían o reducirían el límite señalado según supusiesen un aumento o una disminución, respectivamente, de la necesidad de financiación del Estado.

Respecto de los recursos ajenos del Fondo de Reestructuración Ordenada Bancaria, de acuerdo con lo dispuesto en el art. 51.2 del Real Decreto-Ley 24/2012, de 31 de agosto, de reestructuración y resolución de entidades de crédito, durante el ejercicio presupuestario de 2013 los recursos ajenos del FROB no superarían el importe de 120.000.000 de miles de euros.

Con carácter general el Tesoro habría de emitir más de 200.000 millones de euros entre letras y bonos en 2013, previendo a tal efecto emitir un importe bruto de 90.400 millones de euros en bonos y el resto en letras.

No obstante dicha cifra podía experimentar algún cambio por varios motivos. En primer lugar, porque se partía con un colchón extra importante. El Tesoro aprovechó la coyuntura para captar 11.200 millones más de lo que necesitaba a finales de 2012. Esto no implicaba, sin embargo, que fuese a reducir las necesidades totales para 2013 ya que, por otro lado, tenía que emitir al menos 23.000 millones de euros para financiar a las Comunidades Autónomas.

El importe quedaría repartido casi a partes iguales entre deuda a largo y deuda a corto plazo. En 2013 el Tesoro tenía previsto colocar 121.318 millones de euros en bonos y obligaciones. La emisión neta sería de 71.000 millones de euros e incluiría 23.000 millones de euros asignados al Fondo de Liquidez Autonómico. Dentro de las novedades introducidas destacaba el fin de las emisiones de letras a 18 meses y la colocación, en su lugar, de letras a un plazo inferior, 9 meses.

En este sentido el Tesoro tenía que decidir qué hace con las emisiones de letras a 18 meses ya que, con efectos desde principios de 2013, toda la deuda nueva a un plazo de más de un año tenía que incorporar Cláusulas de Acción Colectiva acordadas por el Consejo Europeo en la cumbre celebrada el 24 y 25 marzo de 2011. Dichas CAC limitan las pérdidas del sector público en el caso de reestructurar la deuda de un país agilizándose el proceso de reestructuración, ya que un Gobierno sólo tiene que recibir el visto bueno de una mayoría de bonistas, y no de todos, para aplicar un cambio de condiciones en los bonos o una quita.

Estas CAC constituyen un cambio en las condiciones que regulan la relación entre el Estado y sus inversores, al objeto de facilitar la consecución de consensos mayoritarios entre los inversores de cada instrumento de deuda. Su introducción en las nuevas emisiones constituye un compromiso vinculante para todos los Estados miembros de la Zona Euro. Como regla general los efectos derivados de la activación de dichas cláusulas se proyectan sobre las reestructuraciones o quitas de la deuda, ya que en aquellos supuestos en los que se pueda llegar a plantear la modificación de las condiciones de un instrumento de deuda la activación de las referidas cláusulas evita la necesidad de lograr la unanimidad entre todos los tenedores de los bonos y posibilita que se puedan adoptar dichas modificaciones con carácter vinculante, impidiendo que una minoría pueda bloquear soluciones aprobadas por la mayoría.

Las CAC se aplican a nuevas referencias motivo por el cual, *a priori*, los bonos emitidos por el Estado no habrían de llevarla al tratarse de un aumento mediante subasta del importe de emisiones antiguas. No obstante podría llegar un momento en el que las emisiones antiguas tuviesen demasiado volumen, lo que podría obligar al Tesoro a lanzar nuevas que sí lleven incorporada esa cláusula.

En definitiva, las CAC debían incluirse, con efectos desde el 2013, en todas las emisiones con plazo de amortización mayor de un año. Como se ha señalado estas cláusulas suponen un cambio en las condiciones que regulan la relación entre el Estado y los inversores y sirven para facilitar consensos mayoritarios en cada instrumento de deuda, posibilitando cambiar las condiciones de la deuda sin el apoyo unánime de todos los tenedores de deuda, de forma que se facilita la aplicación de quitas o de reestructuraciones en la misma.[273]

El 10 de enero de 2013 se celebró la primera subasta de emisión de renta fija del citado ejercicio, superándose el objetivo de colocación previsto al efecto y captándose un total de 5.817 millones, 800 más que el máximo previsto, a tipos de interés más bajos. Concretamente el Tesoro logró colocar 3.397 millones de euros en un nuevo bono a tres años, con vencimiento a 31 de marzo de 2015. La demanda superó en 2,1 veces lo finalmente colocado y el tipo medio de este papel fue del 2,476%. Con carácter adicional el citado organismo emitió 1.950 millones de euros en bonos a cinco años, con vencimiento a 31 de enero de 2018. En este caso la demanda superó en 2,6 veces lo colocado (2,1 veces en la anterior ocasión) y el tipo medio se moderó desde el 4,680% registrado en noviembre de 2012 al 3,988% actual. Finalmente el Tesoro colocó 470 millones de euros en obligaciones con cupón del 5,90% y vida hasta el 30 de julio de 2026. La demanda de obligaciones superó en el presente caso en 2,9 veces lo colocado y el tipo medio pasó del 6,191% registrado en julio de 2011 al 5,555% actual.[274]

---

[273] Debe precisarse no obstante que estas cláusulas se aplicaban en el nuevo bono a 3 años que comenzó a emitirse desde el 10 de enero de 2013, pero no en cambio en el bono a 5 años ni en las obligaciones. Sólo se incluían en los nuevos tramos que emita el Tesoro.

[274] Recuérdese a este respecto que, como ya se ha señalado, durante el primer trimestre de 2013 el Tesoro debía refinanciar 44.876 millones de euros que vencían en dicho período. Téngase presente además que el Tesoro siguió emitiendo una vez cubierto el objetivo para 2012, contando ya con un colchón de financiación de más de 14.000 millones de euros. Y, como ya se ha señalado, la primera subasta de 2013 se saldó con éxito el 10 de enero de 2013

Con motivo de la segunda subasta celebrada apenas cinco días después, el 15 de enero de 2013, el Tesoro logró colocar 5.760 millones de euros, por encima de su objetivo máximo de 5.500 millones de euros previsto. Con carácter adicional los costes se redujeron drásticamente, en más de un punto, pasando del 2,55% al 1,47% a 12 meses y del 2,77% al 1,68% a 18 meses. El importe adjudicado a 12 y 18 meses alcanzó los 5.760 millones de euros, superando así el objetivo máximo previsto de 5.500 millones de euros y, en mayor medida aún, los menos de 4.000 millones de euros adjudicados en la subasta de diciembre de 2012. El incremento en la cuantía emitida apenas redujo el amplio colchón de demanda. Las peticiones totales se acercaron a los 14.000 millones de euros. La *ratio* de cobertura fue de 2,2 veces en las letras a 12 meses (frente a las 2,5 de diciembre de 2012) y se mantuvo en las 2,7 veces en los títulos a 18 meses. Por lo que respecta a los costes de emisión el interés medio de las letras a 12 meses se redujo más de un punto porcentual, desde el 2,556% de diciembre de 2012 hasta el 1,472%. En el caso de los títulos a 18 meses la rentabilidad bajó del 2,778% al 1,687%.

La siguiente subasta se celebró el 17 de enero de 2013, logrando colocar el Tesoro un total de 4.505 millones de euros a un precio inferior al de emisiones anteriores. Concretamente el citado organismo colocó 2.409 millones de euros en bonos con vencimiento a 31 de octubre de 2015, con una demanda que superó en 2 veces lo colocado (4,8 veces en la anterior ocasión), bajando el interés medio de estos bonos del 3,358% registrado en diciembre de 2012 al 2,713%. Con carácter adicional el Tesoro emitió 1.584 millones de euros en bonos con vida hasta el 31 de enero de 2018. En este caso las peticiones superaron en 2,3 veces lo colocado (2,6 veces el pasado 10 de enero) y el interés medio pasó del 3,988% al 3,770%. Finalmente el Tesoro colocó 512 millones de euros en obligaciones con cupón del 4,70% y vencimiento a 30 de julio de 2041. Las peticiones del papel a más largo plazo superaron en 2 veces lo vendido (2 veces en la anterior ocasión) y el interés medio se situó en el 5,696% frente al 6,002% de la subasta de diciembre de 2012.

Así las cosas, y por lo que respecta a los resultados obtenidos sobre los costes de emisión, la rentabilidad media de los bonos con vencimiento en octubre de 2015 cayó como se ha señalado del 3,358% hasta el 2,713%; a

al superarse el importe colocado (se alcanzaron los 5.800 millones) y a un coste menor que en anteriores emisiones.

del bono con vencimiento en enero de 2018, del 3,988% al 3,77%; y del 6,002% al 5,696% en las obligaciones con vencimiento en julio del año 2041. Con carácter adicional en la emisión de la citada fecha (17 de enero de 2013) se sacaron al mercado obligaciones con vencimiento en julio del año 2041, siendo el importe adjudicado en estos títulos de 512 millones de euros.

Con fecha 21 de enero de 2013, y a resultas de una subasta de una deuda sindicada efectuada por el Tesoro (la primera desde la anterior celebrada en febrero de 2012[275], a la que ya tuvimos ocasión de referirnos) se lograron colocar finalmente un total de 7.000 millones de euros, frente a los 4.000 millones inicialmente previstos. La razón de dicho incremento obedeció al hecho de que las peticiones de bonos a diez años llegaron a alcanzar los 24.000 millones de euros, procediendo el 60% de inversores extranjeros[276]. La gran demanda existente permitió además rebajar dos veces el precio, desde los 375 hasta los 365 puntos básicos sobre *midswap*. Y es que, a pesar de que el precio inicial era de 375 puntos básicos por encima del índice de referencia para las emisiones de renta fija o *midswap*, debido a la gran demanda alcanzada dicha cifra se rebajó dos veces, primero hasta los 370 y, posteriormente, hasta los 365 puntos, unos 10 puntos básicos por encima de la deuda equivalente en el mercado secundario.[277]

La siguiente subasta tuvo lugar el 22 de enero de 2013 y, a resultas de la misma (esta vez a corto plazo) el Tesoro acometió una emisión de 2.790 millones de euros, por encima del máximo previsto de 2.500 millones, produciéndose una importante rebaja de costes y desinflándose el interés a 3 meses del 1,195% al 0,441%. Concretamente el importe adjudicado se limitó a 2.790 millones de euros, por encima del máximo previsto de 2.500 millones, pese a que las peticiones superaron los 11.000 millones. La fortaleza de la demanda y este freno en el ritmo de emisión contribuyeron a disparar las *ratios* de cobertura: de 2,9 a 4,2 veces en las letras a 3 meses y

[275] Esta colocación de deuda a largo plazo había quedado al margen del calendario de subastas ordinarias del Tesoro, que no incluía ninguna emisión de bonos hasta el 7 de febrero de 2012. De hecho en las anteriores subastas ya había cubierto más del 9% de las necesidades de financiación a medio y largo plazo de todo 2013.

[276] En cambio en la anterior subasta sindicada efectuada en febrero de 2012 el Tesoro español adjudicó un total de 4.000 millones de euros.

[277] Por su parte el Tesoro italiano, durante la segunda semana del mes de enero de 2013, logró colocar 6.000 millones de euros en obligaciones a 15 años, igualmente por la vía de la sindicación.

de 2,6 a 3,8 veces en los títulos a 6 meses. Estos márgenes tan amplios de demanda motivaron, como se ha señalado, una importante caída en los costes de emisión, hasta marcar mínimos desde marzo de 2012. La rentabilidad media de las letras a 3 meses no solo bajó del nivel del 1%, cayendo en un plazo de apenas un mes del 1,195% al 0,441%. Y, en el caso de las letras a 6 meses, el interés bajó del 1,609% al 0,888%.

De este modo el pasivo del conjunto de las Administraciones Públicas medido con los criterios europeos había alcanzado en enero de 2013 los 896.300 millones de euros, lo que representaba casi 12.000 millones más que a la finalización de 2012. Dicha cifra significaba además un 85,3% del PIB, situándose así en el nivel más alto desde 1910 en términos relativos. Este fuerte incremento de la deuda en enero de 2013 coincidía asimismo con un aumento de las devoluciones de impuestos, las cuales se retrasaron durante el último tramo de 2012 con respecto al calendario previsto al efecto, circunstancia que contribuyó a reducir en unas décimas el porcentaje de déficit público.

Con motivo de la siguiente subasta celebrada ya durante la primera subasta del mes de febrero de 2013 el Tesoro captó un total de 4.611 millones de euros en títulos con vencimientos a dos, cinco y 16 años, frente a los 4.500 millones de euros que se había fijado como objetivo máximo. Eso sí, el Tesoro tuvo que elevar las rentabilidades ofertadas en todas las referencias después del repunte de la rentabilidad de la deuda de las últimas sesiones. A dos años, el Tesoro colocó 1.948 millones de euros a un tipo medio del 2,823%, frente al 2,476% de la subasta anterior. La *ratio* de cobertura fue de 2,2 veces, ligeramente superior a la última subasta con este vencimiento (2,1 veces). Para los bonos con vencimiento en 2018 se adjudicaron 2.070 millones de euros y la rentabilidad ofertada fue del 4,123%. En la anterior subasta a este plazo el Tesoro pagó el 3,770%. La demanda superó en 2,2 veces la oferta (frente al 2,3 veces). Finalmente al plazo más largo (16 años) se colocaron 593 millones de euros al 5,787% frente al 4,849% anterior. En el presente caso la demanda duplicó a la oferta (2,2 veces en la anterior subasta de este tipo).

Con fecha 12 de febrero de 2013 el Tesoro celebró una nueva subasta de deuda pública en la que se logró colocar un total de 5.571 millones de euros en letras a 6 y 12 meses a tipos similares a los de subastas anteriores y con un descenso en la demanda. Así, en letras a seis meses el Tesoro colocó

2.547 millones de euros a un tipo medio del 0,859%, frente al 0,888% de la subasta anterior. La *ratio* de cobertura descendió a 2,9 veces desde 3,8 veces de la última subasta de este tipo. A doce meses se logró adjudicar un total de 3.024 millones de euros a un tipo medio del 1,548%. En este caso el Tesoro tuvo que elevar ligeramente la rentabilidad ofertada desde el 1,472% de la subasta de enero de 2013.

Por su parte en la subasta de 19 de febrero de 2013 el Tesoro adjudicó un total de 3.115,2 millones de euros en letras a nueve meses, con una demanda de 7.200 millones de euros. Esta era la primera vez que se celebraba una emisión a este plazo, dado que el Tesoro varió la estrategia de financiación para 2013, incluyendo la supresión de las letras a 18 meses y el lanzamiento de letras a nueve y fijando una rentabilidad del 1,144%. En la citada subasta a tres meses se recibió una demanda de 5.100 millones de euros y colocó 885,7 millones de euros, con una rentabilidad media del 0,421%, frente al 0,441% de la subasta efectuada el 22 de enero de 2013. El rendimiento que se vio obligado a ofrecer el Tesoro había caído constantemente desde las últimas subastas, ya que en el mes de noviembre de 2012 ofreció el 1,254% y en diciembre de dicho año el 1,195%.

Apenas un día después, con fecha 20 de febrero de 2013, el Tesoro abría los libros de peticiones de su primera emisión en dólares desde el estallido de la crisis de la deuda soberana a finales de 2009, en la que captó 2.000 millones de dólares (1.500 millones de euros). Y ello con la finalidad de lanzar un bono a cinco años a un *spread* o diferencial de 316 puntos básicos sobre *midswap*, el índice de referencia para las emisiones a tipo fijo. El importe ascendió a 2.000 millones de dólares. Los títulos lanzados al mercado eran bonos con vencimiento a cinco años.[278]

Tras la siguiente subasta celebrada por el Tesoro español con fecha 21 de febrero de 2013 se adjudicó un importe global de 4.228 millones de euros. Las peticiones totales existentes superaron los 9.600 millones de euros, habiendo cubierto la demanda 3,7 veces la oferta de bonos a dos años (2,2 veces en la anterior subasta), 2,5 veces en los bonos con vencimiento en 2019 (frente al 2,9 previo) y 1,6 veces en los bonos a diez años. Dicho respaldo de la demanda permitió un nuevo abaratamiento de los costes de

---

[278] La anterior ocasión en la que el Tesoro español había realizado una operación de este tipo fue en septiembre de 2009, cuando logró colocar 2.500 millones de dólares a tres años, aunque con un diferencial de sólo 18 puntos básicos sobre *midswap*.

financiación. La rentabilidad media de la deuda con vencimiento en marzo de 2015 bajó del 2,823% al 2,540%, por debajo también del 2,58% que registraba en el mercado secundario. En el caso de los bonos con vencimiento en octubre de 2019 el interés se desinfló más de dos puntos porcentuales, desde el 6,701% de julio de 2012 hasta el 4,275%, por debajo también del 4,29% del secundario. Por su parte la rentabilidad media del bono a diez años se situó en el 5,202%, frente al 5,22% con el que cotizaba en el mercado secundario.

Con motivo de la subasta celebrada durante la primera semana del mes de marzo de 2013 el Tesoro logró captar 5.030 millones de euros entre bonos y obligaciones. Con el bono a tres años logró colocar 569 millones de euros a un interés medio del 2,63%, frente al 2,71% anterior. Lo llamativo en esta emisión fue, a nuestro juicio, el alto interés mostrado por los inversores, que casi se quintuplicó, frente a la situación originada en la anterior emisión de este tipo, donde se duplicó. En el plazo de cinco años la colocación fue de 2.026 millones de euros, con una demanda 2,3 veces la oferta, similar a la anterior. La rentabilidad media cayó hasta el 3,57%, frente el 4,12%. Finalmente a diez años el Tesoro colocó 2.435 millones de euros con una demanda que pasó del 1,6 a 2,3 veces la adjudicación, bajando el interés ofrecido a niveles de 4,91% frente al 5,2% anterior.

A resultas de lo anterior la rentabilidad media del bono cayó desde el 5,202% hasta el 4,917%. Los costes también se redujeron en las otras dos emisiones. El interés de los bonos con vencimiento en octubre de 2015 bajó del 2,713% al 2,632%, y el de los bonos a cinco años del 4,123% previo al 3,572%. Dicha reducción de los costes fue acompañada de un nuevo repunte de la demanda. Las peticiones se elevaron hasta los 13.000 millones de euros. De este modo el importe adjudicado finalmente se situó en 5.030 millones de euros, por encima del tope fijado. La mayor parte de la demanda se centró en el bono a más largo plazo, diez años. La cuantía colocada en estos títulos alcanzó los 2.435 millones, frente a unas peticiones de 5.519 millones de euros.[279]

Tras la posterior subasta celebrada durante la segunda quincena del mes de marzo de 2013 el Tesoro logró colocar 5.832 millones de euros,

---

[279] Ello fue lo que justificó que la *ratio* de cobertura subiese desde las 1,6 veces de la subasta previa hasta las 2,3 veces. En los otros dos bonos este colchón subió de 2,2 a 2,3 en los bonos a cinco años, elevándose de 2,0 a 4,9 veces en los títulos con vencimiento en octubre de 2015.

por encima del máximo previsto, y a un interés de solo el 0,79% a 6 meses, la mitad de lo pagado al final de 2012. A 12 meses la rentabilidad cayó a mínimos desde 2010. De este modo, mientras que en la subasta celebrada el 12 de febrero de 2013 el Tesoro limitó los intereses de sus letras a 6 meses al 0,859%, en la subasta celebrada el 12 de marzo de 2013 el porcentaje volvió a bajar hasta el 0,794%, la mitad del 1,609% registrado en diciembre de 2012. A 12 meses el interés también cayó desde el 1,548% previo hasta el 1,363%, sus cotas más bajas desde 2010.

La mejora producida en los costes y el amplio respaldo de la demanda llevó al Tesoro a adjudicar 5.832 millones de euros en dicha subasta, por encima de sus propios objetivos: entre 4.500 y 5.500 millones de euros. A pesar de este aumento en el ritmo de emisión el colchón de la demanda se consolidaba. Así, la *ratio* de cobertura se situaba en 1,9 veces en las letras a 12 meses (2,0 veces hace un mes) y sube de 2,9 a 3,2 veces en los títulos a 6 meses. En el mercado secundario el interés del bono español a diez años estaba a un paso de equipararse por completo con el bono italiano a diez años. Dicho diferencial se redujo a 10 puntos, frente a los más de 100 puntos de principios de 2013. Incluso en varios tramos de deuda, como en los bonos a tres años, los costes de la deuda pública española se situaron por debajo de los de Italia.

De este modo el Tesoro lograba adjudicar un total de 5.830 millones de euros, por encima del objetivo de entre 4.500 y 5.500 millones de euros. La demanda fue 2,35 veces la oferta y los intereses se redujeron con respecto a la anterior emisión a los mismos plazos, colocando 1.980 millones en letras a 6 meses a un interés del 0,794%, frente al tipo del 0,859% de la anterior emisión y adjudicando en el plazo a 12 meses 3.850 millones a un tipo del 1,363%, también más bajo que el 1,548% de la subasta precedente.

Sin embargo, a pesar de dicha mejora lograda en el mercado secundario de deuda, con motivo de la subasta celebrada el 14 de marzo de 2013 la situación experimentó una modificación considerable, al abandonar el interés exigido al bono español a 10 años abandonó el 4,7% sobre el que se había estabilizado previamente. A pesar de que el Tesoro se había reservado un amplio margen de maniobra, no fijando objetivos previos sobre el importe de colocación, el importe finalmente adjudicado se cifró en 803 millones de euros, si bien las peticiones otorgaron un mayor margen. La demanda superó los 2.000 millones de euros. Dentro de los bonos a más largo plazo en los títulos con vencimiento en 2029 solo logró adjudicar 134 millones de euros. En los bonos que vencían en 2040 la cuantía se elevó a 304 millones de euros, y a 365 millones en los títulos con vencimiento en 2041. Por su parte el colchón de demanda se amplió en todos los casos, hasta las 4,1, las 2,4 y las 2,1 veces. En cuanto al interés de los costes de emisión derivados de dicha subasta el interés medio de los bonos con vencimiento en 2029 bajó del 5,78% al 5,22%, así como del 5,89% al 5,43% en los títulos con vencimiento en 2040 y del 5,69% al 5,43% en la deuda con vencimiento en 2041.

En todo caso se trataba de una subasta especial en la que únicamente pudieron participar los creadores de mercado de bonos y obligaciones, articulándose además dicha participación como un derecho y no como una obligación. Piénsese que el principal objetivo de esta clase de subastas no es otro que aportar el volumen que precise el buen funcionamiento del mercado secundario, variando las condiciones de dichas subastas en función de las condiciones de dicho mercado.[280]

Con motivo de la siguiente subasta celebrada el 19 de marzo de 2013 el Tesoro Público logró captar el máximo previsto a un menor interés, vendiendo 1.740 millones en letras a 3 meses con una demanda que superó en 3,3 veces lo emitido (5,8 veces en la anterior ocasión). En el presente caso el Tesoro bajó el tipo medio del 0,421% registrado en febrero al 0,285% actual. Por otro lado el Tesoro logró colocar 2.260 millones en letras a 9 meses con unas peticiones que superaron en 2,4 veces lo vendido (2,3 veces en la anterior ocasión). En dicho papel el Tesoro bajó la rentabilidad media al 1,007% desde el 1,144% registrado en febrero de 2013.

En la posterior subasta celebrada dos días después, el 21 de marzo de 2013, el Tesoro colocó 4.513 millones de euros en deuda a medio y largo plazo, consiguiendo rebajar ligeramente el coste respecto a la subasta anterior. La demanda subió en el medio plazo y se redujo levemente en el largo. Concretamente en bonos a diez años el Tesoro colocó 2.325 millones de euros a un tipo medio del 4,898% frente al 4,917% de la subasta anterior.

[280] Recuérdese a este respecto que, como ya se ha señalado, la estrategia del Tesoro para 2013 contemplaba la posibilidad de convocar subastas especiales fuera de su calendario habitual para dotar de liquidez ciertas referencias y mejorar el funcionamiento del mercado secundario, adoptándose así una combinación de subastas ordinarias y subastas especiales con la finalidad de dotar al Tesoro de una mayor flexibilidad a la hora de efectuar sus emisiones, contribuyendo a reducir la volatilidad del mercado secundario en torno a sus subastas.

Dicho tipo resultaba inferior al que el bono a diez años cotizaba en el mercado secundario. La *ratio* de cobertura fue de 1,9 veces (frente a 2,3 veces de la última colocación). A cinco años se adjudicaron 1.032 millones de euros. El tipo medio pasó del 3,612% al 3,579%, con una *ratio* de cobertura de 3,6 veces (muy superior a las 2,3 de la subasta anterior). Y, en el plazo más corto (dos años) el Tesoro colocó 1.156 millones de euros con una *ratio* de cobertura de 4 veces (3,7 en la anterior). El tipo medio fue del 2,275%, inferior al 2,54% de la última subasta.

Tras la siguiente subasta de bonos y obligaciones del Tesoro celebrada el 4 de abril de 2013 se acordó que las obligaciones a 5,4 años se emitiesen con un cupón del 4,10% y un depósito previo del 110%, mientras que el mismo papel a 8,1 años tendría un cupón del 5,50% y un depósito previo del 123%. Por último, los bonos a tres años se emitirían con un cupón del 3,30% y un depósito previo del 106%. Finalmente a resultas de la celebración de dicha subasta la mayor parte del monto global de la emisión (4.307 millones de euros) se concentró en la nueva referencia a tres años, acaparando dichos títulos un total de 3.057 millones de euros. La demanda prácticamente duplicó la oferta y el interés medio se situó en el 3,019%, a un paso de bajar del nivel del 3%. El importe adjudicado en los títulos a cinco años se limitó a 590 millones de euros, casi la mitad que en la anterior subasta. De ahí también que el colchón de la demanda se disparase de 2,9 a 4,1 veces. La rentabilidad media alcanzada fue del 3,59%, ligeramente por encima del 3,55% de la anterior subasta de marzo de 2013. Por su parte el interés de los bonos a más largo plazo, a ocho años, se rebajó al 4,469%, por debajo del 4,919% de la subasta anterior, limitándose el importe adjudicado a 660 millones de euros frente a unas peticiones de 1.523 millones de euros.

En la siguiente subasta del cuadro diseñado al efecto por el Tesoro para el ejercicio 2013, celebrada el 16 de abril de 2013, el Tesoro vio como el coste de emisión de las letras a 6 y 12 meses se abarataba a sus cotas más bajas en tres años: 0,53% y 1,23%. El margen de la demanda se incrementó y el importe adjudicado superó el máximo previsto de 5.000 millones de euros, pasando el objetivo de la citada subasta por colocar entre 4.000 y 5.000 millones de euros[281]. El Tesoro logró pues colocar 5.069 millones

[281] Recuérdese a este respecto que, apenas un mes antes, el Tesoro había colocado 1.977 millones de euros en letras a 6 meses a un tipo medio del 0,794%, y otros 3.855 millones a 12 meses al 1,363%.

de euros, ligeramente por encima del máximo previsto, en letras a 6 y 12 meses, duplicando las peticiones efectuadas la oferta, al superar los 12.400 millones de euros. La *ratio* de cobertura a 6 meses aumentó de 3,2 a 3,6 veces, y de 1,9 a 2,0 veces a 12 meses.

La fortaleza de la demanda relativa a la citada subasta tuvo un impacto positivo en los costes, los más bajos en tres años. El Tesoro concentró la mayor parte de su colocación en las letras a 12 meses, con un importe de 3.878 millones de un total de 5.069 millones. La rentabilidad media de estos títulos cayó del 1,363% al 1,235%, lejos del límite de 1,75% de rentabilidad aplicado para depósitos bancarios a un año. A seis meses el interés se enfrió del 0,794% al 0,530%.

Apenas dos días después, y tras la celebración de una nueva subasta, el Tesoro colocaría un total de 4.714 millones de euros, por encima del máximo previsto, con un gran margen de demanda y con costes mucho más reducidos. El interés del bono a diez años se desinfló del 4,89% al 4,61%, el más bajo desde 2010. Esta nueva emisión de bonos deparó además los menores costes desde 2010. La rentabilidad media de la deuda a 10 años bajó del 4,898% de hace un mes al 4,612%, un nivel inédito desde 2010. El interés medio de los bonos a tres años bajó del nivel del 3%, al caer desde el 3,019% al 2,792%, y el de los bonos a cinco años se enfrió desde el 3,557% hasta el 3,257%. Dicha bajada en la rentabilidad motivó además que las peticiones efectuadas alcanzasen los 12.400 millones de euros, frente a un objetivo de emisión del Tesoro de entre 3.500 y 4.500 millones de euros. El importe adjudicado superó finalmente dicho máximo, al sumar 4.714 millones de euros. Por su parte el colchón de la demanda aumentó en los bonos a tres y diez años. En estos últimos la *ratio* de cobertura se incrementó desde las 1,9 veces hasta las 2,6. A tres años creció de las 1,9 a las 2,8 veces, mientras que en los títulos a cinco años bajó de 3,6 a 2,5 veces.

Dada esta situación, con motivo de la subasta de letras a tres meses celebrada el 23 de abril de 2013 el Tesoro logró abaratar de manera sustancial los costes, alcanzando un amplio respaldo de la demanda. La rentabilidad media de las letras a más corto plazo, a 3 meses, cayó al 0,12%, lo que representaba sus mínimos en la serie histórica de dichos títulos. Ya en el mes de marzo de 2013 dicho porcentaje se había situado en el 0,285%. A nueve meses el interés medio de la subasta del 23 de abril de 2013 bajó al

0,787%, frente al 1,007% previo[282]. El Tesoro limitó dicha colocación a 3.020 millones de euros, ligeramente por encima del máximo esperado de 3.000 millones, pero lejos de los 4.000 adjudicados en la anterior subasta. Esta cuantía se centró además de manera especial en el plazo más largo. En letras a tres meses emitió sólo 855 millones (a pesar de que las peticiones superaban los 3.200 millones), frente a los 2.156 millones adjudicados a 9 meses (con peticiones por valor de 5.100 millones de euros).[283]

Durante la primera semana del mes de mayo de 2013 el Tesoro retomó sus emisiones de bonos después de un período en el que el interés del bono a diez años había bajado del nivel del 4% por primera vez desde 2010. Pues bien la amplia mejora que reflejó el mercado secundario se trasladó a dicha subasta. Y, a pesar de que el Tesoro se había marcado como objetivo colocar un máximo de 4.500 millones de euros en deuda con vencimiento en 2016, 2018 y 2026, el importe finalmente adjudicado se elevó por encima de este tope, hasta los 4.576 millones de euros. La demanda continuó firme, aunque en un entorno generalizado de caída en la rentabilidad el colchón se había reducido respecto a las anteriores subastas. A pesar de ello las peticiones efectuadas superaron la oferta 2,3 veces en los bonos a tres años (2,8 en la emisión previa), en 2,2 veces en los títulos a cinco años (2,5) y en 1,6 veces en las obligaciones a 13 años (2,9). Por lo que respecta a los costes de emisión, mientras que en la anterior subasta de 18 de abril de 2012 la rentabilidad media de los bonos a tres años bajó al 2,79% y al 3,25% en los títulos a cinco años (lo que representaba los costes más reducidos desde 2010), en la subasta del 9 de mayo de 2013 la rentabilidad media de los bonos a tres años cayó del 2,792% previo al 2,247%. A cinco años se desinfló del 3,257% al 2,789%. Y a 13 años se abarató en más de un punto porcentual, pasando desde el 5,555% anterior hasta el 4,336%. De este modo se logra-

[282] En efecto, en el mercado primario la emisión de letras a tres meses captó 855 millones de euros, aunque la demanda multiplicó 3,76 veces la oferta y la rentabilidad exigida por los mercados cayó del 0,34% de la emisión anterior al 0,15%. Y, en el caso de las letras a nueve meses, se ingresaron 2.156 millones de euros, llegando a multiplicar la demanda 2,37% veces la oferta y bajando la rentabilidad del 1,06% al 0,82%.

[283] En resumen, en dicha subasta del 23 de abril de 2012 el Tesoro logró colocar 3.011 millones de euros en una subasta de letras a 3 y 9 meses, frente al objetivo previsto de 3.000 millones de euros. Además los tipos de interés cayeron respecto a la última colocación. En el caso de las letras a 3 meses el coste fue además el más bajo en la historia del Tesoro, con un tipo del 0,12%, frente al 0,29% de la subasta anterior.

ron colocar un total de 4.574 millones de euros, lo que permitía alcanzar la mitad de todas las emisiones de bonos programadas para 2013.

Apenas unos días después, con fecha 14 de mayo de 2013 el Tesoro Público procedería a lanzar una nueva emisión sindicada a 10 años, fuera del calendario previsto. En el presente caso las peticiones efectuadas superaron los 20.000 millones de euros, el doble de los 7.000 millones que podría alcanzar la colocación. Por aquel entonces las ventas de deuda española habían situado la rentabilidad exigida al bono a diez años por encima del 4,3%. Ha de precisarse además a este respecto que con fecha 3 de mayo de 2013, esto es, justo después de la rebaja de tipos acometida por el BCE, el interés bajó del 4% por primera vez desde el año 2010. Dicha emisión sindicada coincidía además con la subasta realizada por el Tesoro de letras a seis y doce meses, en la que los tipos de interés adjudicados fueron los más bajos desde 2010, siendo la primera vez desde entonces que se emitían letras a un año con una rentabilidad inferior al 1%.

Con carácter general cuando el Tesoro anuncia el lanzamiento de una nueva referencia a diez años los bancos, principalmente los creadores, suelen soltar papel para comprar la nueva emisión, lo que incluye una prima sobre el mercado secundario. Pues bien, con motivo de la emisión sindicada lanzada con fecha 14 de mayo de 2013 las peticiones finales efectuadas superaron los 20.000 millones de euros. Esta cuantía cubriría con creces el objetivo del Tesoro, que podría pasar por colocar hasta 7.000 millones. El éxito de demanda relajó las presiones bajistas en el mercado secundario. El interés del bono a diez años llegó a bajar del 4,3%, desde el 4,36% previo, y la prima de riesgo se enfrió por debajo de los 300 puntos.[284]

Posteriormente el Tesoro avanzó en su objetivo de colocar más de 18.000 millones de euros en diez días, procediendo a emitir el 21 de mayo de 2013 un total de 3.511 millones de euros, en línea con el máximo previsto, en letras a 3 y 9 meses. Sin embargo, y por lo que a los títulos a corto plazo se refiere, el interés subió del 0,12% correspondiente a la

[284] Recuérdese a este respecto que, a diferencia de lo que sucede en las subastas ordinarias, en las emisiones sindicadas realizadas al margen del calendario oficial se contrata a un grupo de bancos que coloca la deuda directamente a inversores, a un precio acordado, sin un proceso de subasta. Este tipo de operaciones permiten diversificar la base de inversores de deuda, dado que existen muchos tipos de fondos de inversión, bancos o incluso fondos soberanos que no suelen comprar mediante las subastas habituales, si bien el precio suele incluir una prima respecto al mercado secundario.

emisión del 23 de abril de 2012 al 0,33%. Concretamente el interés medio se situó en el 0,331%. En cambio, en el caso de las letras a 9 meses la rentabilidad se mantuvo en los mismos niveles que los registrados en abril de 2013. El interés apenas varió desde el 0,787% previo hasta el 0,789%. El freno en la continua mejora de los costes de emisión no se debió en el presente caso a una mayor debilidad de la demanda. El importe adjudicado alcanzó los 3.511 millones de euros, justo por encima del máximo previsto de 3.500 millones de euros, superando las peticiones los 9.000 millones de euros.

Tras la siguiente subasta celebrada el 23 de mayo de 2013 el Tesoro completó la adjudicación de más de 18.000 millones de euros. El importe colocado superó ligeramente el máximo previsto, 4.000 millones de euros. No obstante el coste de emisión de los bonos a 3, 5 y 13 años se vio incrementado. Nuevamente en la presente subasta se produjo un repunte en las rentabilidades a medio y largo plazo. Inicialmente el objetivo fijado para dicha subasta pasaba por colocar un máximo de 4.000 millones de euros en tres referencias distintas: bonos con cupón del 3,30% y vencimiento en julio de 2016; bonos con cupón del 4,5% y vencimiento en enero de 2018; y obligaciones con cupón del 5,90% y vencimiento en julio de 2016.

Pues bien, la rentabilidad media en los 1.580 millones de euros adjudicados a tres años subió desde el 2,24% previo hasta el 2,44%. En los 1.345 millones captados en bonos a cinco años el interés aumentó desde el 2,789% hasta situarse justo por encima del nivel del 3%, en el 3,001%. En el caso de los bonos a 13 años, la rentabilidad media repuntó del 4,33% al 4,54%. Las cifras de demanda existentes reflejaron un ligero freno respecto a la emisión anterior. El importe adjudicado finalmente alcanzó los 4.077 millones de euros, justo por encima del máximo previsto, 4.000 millones de euros. Las peticiones ascendieron a 7.926 millones de euros. La demanda superó la oferta 2,2 veces en los bonos a tres años, frente a la *ratio* previa de 2,3. En los bonos a cinco años bajó de las 2,2 a las 1,9 veces, y en los títulos a 13 años de las 1,6 a las 1,5 veces.

En aquel momento (finales de mayo de 2013) la deuda pública bruta de las Administraciones Públicas se acercaba ya el 90% del Producto Interior Bruto. Concretamente la deuda pública alcanzaba en el quinto mes del ejercicio 2013 los 937.334 millones de euros, lo que representaba el 89,3% del

PIB[285]. Así las cosas el nivel de deuda se situaba ya muy cerca del objetivo del 91,4% previsto para todo el citado ejercicio. En mayo de 2013 el endeudamiento de las Administraciones había aumentado en 23.349 millones de euros respecto al mes anterior. Esta subida de la deuda estuvo impulsada principalmente por el alza de las obligaciones a medio y largo plazo (que crecieron en 31.813 millones hasta los 649.017 millones de euros), seguido de los valores a corto (+581 millones de euros hasta los 81.755 millones de euros). Sin embargo en dicho mes los créditos comerciales descendieron en 9.045 millones hasta los 206.562 millones de euros. La deuda pública mantenía el ritmo de la escalada de los últimos años. De hecho si se comparaban los datos interanualmente, el endeudamiento había crecido en mayo de 2013 un 19% (+151.847 millones de euros).[286]

Desde nuestro punto de vista se trataba de un dato que debía ponerse en conexión con el hecho de que el Tesoro Público hubiese avanzado de manera muy significativa en su programa de financiación para 2013, dado que a finales de mayo de 2013 ya se había cubierto el 50,6% de las emisiones brutas totales para el conjunto del ejercicio. En efecto a finales de mayo de 2013 ya se había cubierto el 50,6% de las emisiones brutas totales. Por el contrario, el calendario de amortizaciones de deuda en circulación había evolucionado de forma más regular, habiéndose fijado el objetivo del 91,4% del PIB para fin de 2013, plenamente consecuente con las cifras marcadas en el Programa de Estabilidad.

Del total de la deuda existente en manos de las Administraciones hasta mayo de 2013, 81.755 millones de euros correspondían a valores a corto plazo (581 millones de euros más que en abril de 2013), si bien el grueso

---

[285] En efecto, el peso del endeudamiento público sobre el PIB escalaba al 89,5%, cerca del objetivo del 91,4% para todo el ejercicio 2013. Fuente: Banco de España (www.bde.es, consultada el 17 de julio de 2013).

[286] En este sentido, en mayo de 2013 la deuda pública volvía a crecer después de que se rompiera la tendencia de crecimiento que se había iniciado en agosto de 2012 y de que el endeudamiento de las Administraciones públicas se redujera en abril de 2013 en más de 8.800 millones de euros. En tasa interanual la deuda pública experimentó hasta mayo de 2013 un incremento del 19,3% frente a los cinco primeros meses de 2012, cuando el endeudamiento de las Administraciones Públicas alcanzó los 785.487 millones de euros. El volumen de emisión existente en mayo de 2013 se situaba en unos 10.000 millones de euros del programa de subastas habitual del Tesoro, unos 7.000 millones de euros aproximadamente del bono sindicado a 10 años así como diversas emisiones de las Comunidades Autónomas y otros actores que consolidaban como deuda del conjunto de las Administraciones Públicas.

de la deuda continuaba colocada en valores a medio y largo plazo hasta un total de 649.017 millones de euros. Por su parte los créditos no comerciales en manos de las Administraciones Públicas sumaban hasta mayo de 2013 206.562 millones de euros, algo más de 9.000 millones de euros menos que la cifra registrada un mes antes.

Con fecha 6 de junio de 2013, y con motivo de una nueva subasta celebrada por el Tesoro, se logró alcanzar el 60% del total de las necesidades de financiación a medio y largo previstas para 2013, lográndose adjudicar en dicha subasta el importe máximo previsto (4.000 millones de euros) con una evolución mixta de los costes de emisión y con un gran margen de demanda. Las peticiones efectuadas alcanzaron un total de 10.695 millones de euros, superando la demanda a la oferta 2,5 veces a diez años, 2,4 veces a tres años y 3 veces a dos años[287]. La colocación de bonos a dos años efectuada rebajó notablemente los costes de emisión, situándose el interés medio en el 1,903%. En los bonos a tres años se produjo un repunte en la rentabilidad, contabilizándose un 2,70%, lo que representaba un total de 73.000 millones de euros de los 121.300 millones previstos para 2013. El importe adjudicado en los tres bonos alcanzó los 4.024 millones de euros, en línea con el máximo previsto de 4.000 millones de euros. Pues bien dicha cifra permitía alcanzar el 60% de las necesidades de financiación a medio y largo plazo previstas para todo 2013, cifradas en 121.300 millones de euros. De este modo el Tesoro terminó pagando una mayor cantidad por la deuda a tres y a diez años.

En cambio con motivo de su emisión del 18 de junio de 2013 el Tesoro no logró alcanzar el resultado de su anterior subasta de letras a un año celebrada en mayo de 2013, cuando logró colocar dichos títulos justo por debajo del umbral del 1% de interés. En la presente ocasión dicho porcentaje se elevó hasta el 1,395%. En consecuencia el incremento en las rentabilidades de la deuda elevó este porcentaje muy por encima del 1%. El interés medio de las letras a 12 meses aumentó desde el 0,994% al 1,395%, y del 0,492% al 0,821% en las letras a seis meses. Por lo que a las cifras de la demanda se refiere, las peticiones de letras a 6 meses sumaron 4.158 millones de euros, frente a los 1.087 millones adjudicados, y 8.304 millones en las letras a 12 meses, frente a los 3.951 millones colocados. Se trataba pues de los tipos

---

[287] De este modo el llamado *bid to cover*, esto es, las veces que la demanda supera la oferta, fue en todos los casos superior al 2,5.

de interés más elevados desde la subasta a este plazo celebrada en febrero de 2013, cuando la prima de riesgo a 10 años estaba por encima de los 350 puntos. El importe emitido finalmente alcanzó los 5.038 millones de euros, en línea con el objetivo máximo previsto de 5.000 millones de euros.

Con fecha 20 de junio de 2013 tenía lugar la celebración de una nueva subasta del Tesoro, destinada esta vez a la colocación de bonos a cinco años. Tal y como se ha señalado con anterioridad en la anterior subasta celebrada en el mes de mayo de 2013 la rentabilidad media se quedó a un paso de bajar del nivel del 3% (3,001%), muy por debajo de su cotización en el mercado secundario. Y, en relación con la emisión de bonos a diez años, el coste de la emisión efectuada el 6 de junio de 2013 alcanzaba el 4,51%. En todo caso debe recordarse que, ya antes de finalizar el primer trimestre de 2013, el Tesoro había completado ya el 60% de las emisiones de bonos previstas para todo 2013.

Pues bien, con motivo de la citada subasta el interés del bono español a 10 años se elevó hasta el 4,7%. Concretamente en el mercado primario el Tesoro colocó sus bonos a diez años con una rentabilidad media del 4,765%, por encima del 4,51% previo. Por su parte el interés medio de los bonos a cinco años alcanzó el 3,592% (en línea con el 3,598% anterior) y el 4,353% en los bonos a ocho años (ligeramente por debajo del 4,47% anterior). El resultado de esta nueva subasta incluyó también una reducción en el colchón de la demanda. El Tesoro logró adjudicar 4.016 millones de euros, en línea con el máximo previsto de 4.000 millones. Pero las peticiones superaron la oferta 1,8 veces en los bonos a diez años, por debajo de las 2,5 veces de la anterior emisión. En los títulos a cinco años el margen se estrechó de 4,1 a 2,2 veces, y en los bonos a ocho años de 2,1 a 2 veces.

Tal y como puso de manifiesto BARLEY[288], a pesar de que todavía la rentabilidad de los bonos españoles e italianos continuaba siendo mucho menor que los niveles peligrosos registrados en 2011 y 2012, se constataba una clara subida de las rentabilidades que podría hacer más estrictas las condiciones financieras en estos países, ya que los costes de los créditos empresariales probablemente también subirían. En su opinión *"La gran venta de deuda tiene otras implicaciones. La primera es que supone un aumento perjudicial de la volatilidad después de un periodo de calma relativa. Y la*

[288] BARLEY, R., "Spain, Italy Feel the Fed Fallout", www.europe.wsj.com (consultada el 21 de junio de 2013).

volatilidad por sí misma puede ser un problema: las grandes oscilaciones en los precios ocurridas antes en la crisis de la eurozona fueron un motivo por el que los inversores huyeron de la deuda española e italiana y se fueron a los mercados más seguros y más tranquilos del norte de Europa. La segunda es que demuestra que los inversores todavía consideran que la deuda española y la italiana son activos de riesgo: su evolución el jueves se pareció más a la de la deuda empresarial de alta rentabilidad o incluso a la de las acciones (...)".

A resultas de esta situación, y con motivo de una nueva subasta de letras del Tesoro (en esta ocasión a 3 y 9 meses) celebrada a finales del mes de junio de 2013 (concretamente el 25 de junio de 2013) el Tesoro se fijó como objetivo colocar un máximo de 3.000 millones de euros, por debajo de los 3.494 millones adjudicados en la subasta de estos títulos celebrada hace en el mes de mayo[289]. En la referida subasta, y al objeto de poder colocar los 3.000 millones de euros previstos, el Tesoro tuvo que pagar un 0,869% a 3 meses y un 1,441% a 9 meses[290]. En cambio en la subasta de mayo de 2013 estos porcentajes se habían limitado al 0,331% y al 0,789%, respectivamente. En la citada subasta los principales problemas fueron planteados en el ámbito de los costes, no de la demanda. La emisión llevada a cabo constató este repunte generalizado en los costes de financiación, en mayor medida aún si cabe debido a la mayor volatilidad de la deuda a corto plazo. Y ello a pesar de que, para paliar esta situación, el Tesoro había 'rebajado' sus objetivos de adjudicación a un máximo de 3.000 millones de euros, por debajo de los 3.494 millones adjudicados en la subasta de estos títulos celebrada hace en mayo de 2013. De este modo finalmente la rentabilidad media de los títulos al más corto plazo se disparó al 0,869%. Este porcentaje se situaba incluso por encima del 0,789% registrado en mayo de 2013 para

[289] Recuérdese que entonces, con fecha 21 de mayo de 2013, y con la rebaja de tipos del BCE aún reciente, la rentabilidad media de las letras a 3 meses se limitó al 0,331%. En abril de 2013 dicho porcentaje llegó a alcanzar sus mínimos históricos, el 0,12%. En el caso de las letras a 9 meses el porcentaje fue del 0,789% en mayo de 2013.

[290] Concretamente en dicha subasta de 25 de junio de 2013 el Tesoro vendió 933 millones de euros en letras a 3 meses a un tipo de interés del 0,869%, casi el triple que el 0,331% de la anterior subasta de las mismas características celebrada el 21 de mayo de 2013. En el papel a 9 meses se colocaron 2.140 millones de euros a un precio del 1,441% frente al 0,789% anterior, el más alto de 2013. Finalmente la demanda de las letras a tres meses superó en 2,9 veces la oferta, si bien bajó respecto a la anterior emisión, mientras que en el papel a 9 meses el *ratio* de cobertura subió ligeramente hasta 2,4 veces la oferta.

las letras a 9 meses. El repunte de la rentabilidad llegó a duplicar este interés en la subasta de 25 de junio de 2013, al alcanzar el 1,441%.

Como contrapartida, sin embargo, el importe adjudicado, 3.075 millones de euros, superó de nuevo el máximo previsto, 3.000 millones de euros. El margen de la demanda continuó siendo amplio, a pesar de las turbulencias existentes en los mercados. Las peticiones totales rozaron los 8.000 millones de euros. La ratio de cobertura en las letras a 3 meses fue de 2,9 veces, y de 2,4 en los títulos a 9 meses.

Tal y como se encargaría de anunciar el Banco de España la deuda del conjunto de las Administraciones Públicas en el segundo trimestre del ejercicio 2013 había alcanzado los 942.758 millones de euros, el 92,2% del PIB, con lo que crecía un 17,16% respecto al mismo periodo del año anterior y volvía a marcar el máximo de la serie histórica. Concretamente, y según datos publicados por el Banco de España[291], el mayor aumento de la deuda entre abril y junio de 2013 correspondía a la Administración central del Estado, que pasó a soportar un endeudamiento de 818.375 millones, lo que representaba un 20,31% más que en el anterior ejercicio 2012. En cuanto a las CC.AA., su deuda alcanzó los 193.296 millones de euros, lo que constituía un 14,84% más que en el segundo trimestre de 2012 y también un récord en el nivel de endeudamiento de las Regiones.[292]

---

[291] Fuente: Banco de España, www.bde.es (consultada el 13 de septiembre de 2013).

[292] En este sentido las CC.AA. más endeudadas continuaban siendo la Comunidad Valenciana (que marcó un 29,4% de su PIB, 29.235 millones de euros), Castilla-La Mancha (con un 28,9% del PIB, 23.858 millones) y Cataluña (con un 26,2%). En cambio las Regiones menos endeudadas respecto a su PIB fueron Canarias (11,7%), Madrid (12,1%) y Asturias (12,2%). Dentro del desglose por Comunidades Autónomas Cataluña, Comunidad Valenciana, Madrid y Andalucía concentraban la mayor parte del endeudamiento de los Gobiernos autonómicos, con el 53,6% del total. La deuda de Cataluña alcanzaba los 51.779 millones de euros, seguida de la Comunidad Valenciana, con 29.235 millones de euros; Madrid, con 22.663 millones de euros, y Andalucía, con 21.251 millones. La deuda de esta última comunidad equivalía al 15,2% de su PIB. A continuación figuraban Castilla-La Mancha (10.385 millones de euros), Galicia (9.397 millones de euros, lo que representaba un 16,8% de su riqueza), País Vasco (8.279 millones de euros, un 12,8%), Castilla y León (8.022 millones, un 14,7%), Islas Baleares (5.889 millones, un 22,1%) y Aragón (5.133 millones, un 15,4%). En la parte baja se situaban en cambio Canarias (4.839 millones), Murcia (4.801 millones, un 11,7%), Navarra (3.230 millones, un 17,9%), Asturias (2.683 millones), Extremadura (2.494 millones, un 15,1%), Cantabria (2.112 millones, un 16,5%) y La Rioja (1.104 millones, un 14%). Dentro del ámbito de las Corporaciones Locales Madrid fue el Ayuntamiento más endeudado en el segundo trimestre de 2013, con unos 'números rojos' de 7.389 millones de euros, seguida por Barcelona, con una deuda de 1.129 millones de euros. El de Valencia fue de 930 millones de euros, mientras que

A principios del mes de julio de 2013 el Tesoro acometía el lanzamiento de una nueva emisión de títulos al mercado consistentes en bonos a tres años con vencimiento el 30 de julio de 2016 y cupón del 3,30%, así como una nueva referencia de bonos a cinco años, con cupón del 3,75% y vencimiento el 31 de octubre de 2018. Dicha emisión se acometía en un momento (finalización del primer semestre del ejercicio 2013), en el que se había captado ya un total de 76.800 millones de euros, lo que representaba el 63,3% de las necesidades de financiación a medio y largo plazo para todo el citado ejercicio[293].

El importe adjudicado en la citada subasta, 4.003 millones de euros, se ajustó casi con exactitud al máximo previsto. La demanda continuó ofreciendo un amplio margen. Las peticiones totales superaron los 8.600 millones de euros. En el caso de los bonos a tres años, superaron asimismo la oferta 3,5 veces, por encima de las 2,4 veces de la anterior emisión. En cuanto a los 2.980 millones de euros colocados en la nueva referencia a cinco años, la ratio de cobertura fue de 1,7 veces.

En el presente caso el Tesoro logró subastar 1.020 millones de euros en bonos con vencimiento el 30 de julio de 2016 (a tres años) a un tipo de interés del 2,875% frente al 2,706% de la anterior subasta de las mismas características celebrada el 6 de junio de 2013. En los bonos con vencimiento el 31 de octubre de 2018 (a cinco años) logró vender 2.980 millones de euros con una rentabilidad del 3,792%, por encima del 3,592% anterior. Y la *ratio* de cobertura (proporción entre la demanda de las entidades y el importe finalmente adjudicado) resultó algo inferior a la de otras ocasiones pero todavía alta, de 2,1 veces.[294]

---

el de Zaragoza llegó a los 890 millones, el de Málaga a los 719 y Sevilla a los 464 millones de euros. En total las Corporaciones Locales registraron en el segundo trimestre de 2013 una deuda de 43.153 millones de euros, frente a los 44.982 millones de euros correspondientes al ejercicio 2012. Por otro lado los datos ofrecidos por el Banco de España reflejaban que durante el mes de julio de 2013 la deuda pública crecía por tercer mes consecutivo, después de que en abril de dicho ejercicio se rompiera la tendencia de crecimiento que se había iniciado en agosto de 2012 y el endeudamiento de las Administraciones públicas se redujera en ese mes en más de 8.800 millones de euros. En tasa interanual la deuda pública experimentó hasta julio de 2013 un incremento del 17,8% frente a los siete primeros meses de 2012, cuando el endeudamiento de las Administraciones públicas alcanzó los 803.975 millones de euros.

[293] En efecto, el Tesoro había captado ya en el mercado un total de 76.808 millones de euros dentro del programa de financiación regular a medio y largo plazo, lo que suponía el 63,3% de lo previsto para todo el ejercicio 2013 (121.300 millones).

[294] Recuérdese que en la anterior subasta de deuda de fecha 25 de junio de 2013 el Tesoro había colocado 3.074,79 millones de euros en letras a tres y nueve meses, por encima del

Una nueva emisión sindicada de bonos a 15 años fue acometida por el Tesoro el 9 de julio de 2013. En esta ocasión las peticiones efectuadas superaron los 7.500 millones de euros, con un protagonismo importante de la demanda extranjera, situándose el interés en el 5,15%. Recuérdese que la realización de esta clase de operaciones, realizadas al margen del calendario oficial y en las que se contrata a un grupo de bancos que coloca la deuda directamente a inversores a un precio acordado, sin un proceso de subasta, permiten diversificar la base de inversores de deuda, ya que existen muchos tipos de fondos de inversión, bancos o incluso fondos soberanos que no suelen comprar mediante las subastas habituales, si bien el precio suele incluir una prima respecto al mercado secundario. En el presente caso de la subasta de 9 de julio de 2013 el precio final para dicha colocación sindicada de bonos a 15 años fue de 280 puntos básicos por encima del índice de referencia para las emisiones de renta fija o *midswap*, lo que representaba una rentabilidad del 5,15%.[295]

Con fecha 16 de julio de 2013 el Tesoro afrontaba una nueva emisión en la que, por lo que respecta a la deuda a corto plazo, se proyectaba ofrecer un interés medio superior al 1,395% pagado en junio de 2013 para colocar sus letras a un año. Apenas unos meses antes el Tesoro había logrado rebajar dicho porcentaje por debajo incluso del nivel del 1%, al 0,99%. El interés de las letras a 6 meses también podía superar el 0,821% registrado en la anterior subasta de estos títulos, celebrada el 18 de junio de 2013. *A priori,* con los costes de emisión al alza, la demanda no debía suponer un problema para el Tesoro, pasando su objetivo para la subasta de 16 de julio de 2013 por colocar 4.000 millones de euros, una cifra sensiblemente inferior a los 5.000 millones adjudicados en la subasta celebrada en junio de 2013.

Finalmente el Tesoro emitió sus títulos a 6 meses al 0,958%, el doble de lo pagado en mayo de 2013, mientras que la rentabilidad media de las letras a 12 meses escaló hasta el 1,5%. El repunte en los costes contribuyó a reforzar el amplio margen de demanda para colocar los 4.000 millones de euros previstos. La rentabilidad media subió del 0,82% al 0,95% a 6 meses y del 1,39% al 1,50% a 12 meses. La deuda a corto plazo acusó esta elevación

---

máximo previsto, pero a los tipos más altos de todo el año en ambos casos, si bien la demanda se aproximó a los 8.000 millones de euros, más de 2,5 veces lo finalmente adjudicado.

[295] Concretamente en dicha subasta el Tesoro fijó el importe adjudicado en la operación en 3.500 millones de euros, presentando la demanda margen de sobra para elevar esta cifra, ya que las peticiones existentes superaron los 7.500 millones de euros.

de los costes. Así, el interés medio de las letras a 6 meses subió al 0,958%, el doble del 0,492% registrado en mayo de 2013, habiendo alcanzado en el mes de junio dicho porcentaje el 0,821%. El coste de emisión de las letras a 12 meses subió desde el 1,395% de junio de 2013 al 1,503% registrado con fecha 16 de julio de 2013. En cambio, apenas dos meses antes había logrado bajar del nivel del 1%. El repunte de los costes mantuvo firme el amplio margen que ofrecía la demanda. Las peticiones superaron 3,5 veces los 1.630 millones de euros colocados a 6 meses (3,8 veces en junio), y 2,6 veces (por encima de las 2,1 de junio) en los 2.420 millones adjudicados a 12 meses.

Apenas dos días después, con fecha 18 de julio de 2013, el Tesoro volvía nuevamente a acudir al mercado en busca de financiación, en este caso a largo plazo. Inicialmente sus planes pasaban por colocar 3.000 millones de euros en bonos a 3 años, con cupón del 3,30% y vencimiento en julio de 2016, así como en bonos a 5 años con cupón del 3,75% y vencimiento en octubre de 2018 y de obligaciones a 10 años, con cupón del 4,40% y vencimiento en octubre de 2023.[296]

Con motivo de la subasta celebrada en dicha fecha el Tesoro colocó 3.063 millones de euros, una cantidad ligeramente por encima de la prevista, en bonos a tres, cinco y diez años. En una colocación con una demanda muy sólida (7.121 millones), el Tesoro logró pagar menos que en la anterior subasta en todas las referencias, captando 1.017 millones de euros en bonos a diez años con un interés del 4,758%, por debajo del 4,818% de la última subasta. En el caso de los bonos a cinco años el Tesoro pagó un 3,768% de interés para colocar 926 millones de euros, cuando en la subasta anterior tuvo que llegar al 3,79%. Por último, en la referencia a tres años logró colocar 1.120 millones de euros con un interés del 2,794%, frente al 2,87% de la emisión del 4 de julio de 2013.

Con fecha 23 de julio de 2013 el Tesoro procedía a cerrar el conjunto de emisiones efectuadas en el mes de julio de 2013 con una subasta de letras a 3 y 9 meses en la que se pretendía captar entre 2.500 y 3.500 millones de

---

[296] Por aquel entonces, en lo que iba de 2013, el organismo público llevaba captados ya en el mercado 81.104 millones de euros en deuda a medio y largo plazo dentro del programa de financiación regular, lo que suponía el 66,9% del objetivo para todo el ejercicio. El coste medio a la emisión era del 2,66% a 30 de junio de 2013, por debajo del 3,01% registrado a finales de 2012.

euros. Finalmente el Tesoro logró captar 3.520 millones de euros en letras a 3 y 9 meses, algo más del máximo previsto, a tipos muy inferiores a los de la anterior subasta. Se colocaron un total de 2.600 millones de euros en letras a 9 meses, a un tipo marginal del 1,175% frente al 1,490% de la anterior subasta de letras de este tipo. En el caso de las letras a tres meses, captó 920 millones de euros al 0,469%, frente al 0,900% de la subasta anterior.

A principios del mes de agosto de 2013 el Tesoro partía con el objetivo de colocar un máximo de 3.000 millones de euros. A tal efecto el mercado secundario anticipaba unos intereses más bajos de cara a la subasta. Los títulos a tres años cotizaban por aquel entonces por debajo del 2,7%, y a cinco años cerca del 3,3%. La solidez de la demanda, en especial a corto y medio plazo, no auguraba problemas significativos a la hora de colocar los 3.000 millones de euros previstos. Finalmente el Tesoro logró colocar a menor coste 3.218 millones de euros a 3 y 5 años y alcanzar así el 75% de las emisiones previstas para todo 2013. El importe colocado en esta ocasión ascendió a 3.218 millones de euros, logrando rebajar los porcentajes de la anterior emisión. Así la rentabilidad media de los títulos a tres años bajó del 2,768% al 2,636%, y del 3,735% al 3,561% en los bonos a cinco años. Y la solidez de la demanda, en especial a corto y medio plazo, no planteó problemas a la hora de colocar la suma prevista. Las peticiones efectuadas superaron 3,3 veces los 951 millones de euros adjudicados a tres años, y 1,7 veces los 2.267 millones colocados a cinco años.

De este modo el Tesoro había captado ya en el mercado 88.939 millones de euros dentro del programa de financiación regular a medio y largo plazo, lo que suponía el 73,3% de lo previsto para todo el ejercicio 2013 (121.300 millones de euros), siendo el coste medio de la deuda a la emisión del 2,66% a finales de junio de 2013, por debajo del 3,01% de cierre de 2012.[297]

Tras la realización de dicha subasta el Tesoro anunció que procedería a modificar su agenda de subastas para agilizar el "bombeo" de dinero al sistema financiero procediendo a eliminar las de carácter diario, añadiendo

[297] En efecto, a resultas de dicha emisión llevada a cabo el 1 de agosto de 2013 el Tesoro llevaba captados en el mercado 92.200 millones de euros en deuda a medio y largo plazo, lo que suponía el 76% de la previsión de emisión para todo el año incluida en el Programa de Financiación del Tesoro Público, que estaba fijado en 121.300 millones. Por otro lado, además de contar con un colchón de liquidez que permitiría ahorrar en financiación y destinar el excedente a otras partidas, el coste medio de las emisiones se redujo desde el 3,01% de media de 2012 al 2,68%.

dos semanales, una por mes y abriendo la puerta a las trimestrales. Todo ello con la finalidad de fijar plazos más largos que permitiesen facilitar el margen de maniobra de las entidades, otorgando además una mayor eficacia a la gestión de la tesorería del Estado y concediendo un mayor margen a las necesidades de liquidez de las entidades.

Con carácter general en esta clase de subastas el importe prestado varía en función de la liquidez del Tesoro la cual, a su vez, depende directamente del éxito de las colocaciones de deuda pública y de los ingresos procedentes de la recaudación vía impuestos. Únicamente aquellas entidades financieras que cuenten con el estatus de creador de mercado de deuda pública del Reino de España pueden acceder a esta vía de financiación, si bien la participación está abierta a todas las entidades que lo soliciten.

Ya durante el mes de julio de 2013 la Dirección General del Tesoro convocó dos subastas semanales de liquidez, las llamadas "operaciones de compraventa doble", anunciando el citado organismo de financiación del Estado que la agenda de subastas de liquidez se llevaría a cabo en plazos semanales, mensuales y bimensuales. De este modo, quedan eliminadas las emisiones diarias. El funcionamiento de estas subastas se concreta en el hecho de que, no siendo el dinero en juego ilimitado, las entidades financieras entregan como garantía activos de renta fija al Tesoro y éste les presta el dinero. Por otro lado el Tesoro anunció que procedía a limitar el volumen de colocación de sus emisiones, reanudando en septiembre de 2013 las emisiones a medio y largo plazo pero reduciendo el volumen de emisión mensual en un 30% lo que, en principio, habría de tener un impacto positivo en el mercado.

Lo cierto es que, con independencia de dichos datos positivos, los cuales venían motivados por aspectos tales como los buenos datos macroeconómicos procedentes de Europa, China y Estados Unidos (que contribuían a mejorar la percepción que los inversores tenían del mercado europeo y también del español, en renta fija), así como el apoyo de los Bancos centrales de Europa, Japón y Estados Unidos (que motivó un traslado de la incertidumbre desde las zonas más desarrolladas a los países emergentes) la deuda pública continuaba marcando máximos.

Así, el endeudamiento de las Administraciones Públicas alcanzaba los 943.702 millones de euros hasta junio de 2013, tras crecer en un mes en

6.368 millones de euros, con lo que se situaba en el 90,1% del PIB, cerca del objetivo del 91,4% para todo el ejercicio[298]. En junio de 2013 la deuda pública crecía por segundo mes consecutivo después de que en abril del citado ejercicio se rompiera la tendencia de crecimiento que se había iniciado en agosto de 2012 y el endeudamiento de las Administraciones Públicas se redujera en dicho mes en más de 8.800 millones de euros. En tasa interanual la deuda pública experimentó hasta junio de 2013 un incremento del 17,3% frente a los seis primeros meses de 2012, cuando el endeudamiento de las Administraciones Públicas alcanzó los 804.615 millones de euros.

Al amparo de este conjunto de datos puede constatarse como el Estado español había pasado, a lo largo de estos últimos años, de tener uno de los niveles de deuda pública más bajos de la Unión Europea (36,3% del PIB) a situarse por encima de la media de los Veintiocho Estados miembros. Y ello debido a los abultados desfases presupuestarios, que alcanzaron su nivel más alto en 2009, con un déficit público por encima del 11%, lo que se tradujo en un notable repunte de la deuda pública aquel ejercicio.

Tanto los datos económicos de Europa (más sólidos), como la propia calma de los mercados propia de la época estival contribuían a explicar esta tendencia. Sin embargo quedaba pendiente la cuestión relativa a las calificaciones crediticias. Piénsese que, a pesar de que la valoración existente por aquel entonces de la deuda española situaba su rentabilidad (en el caso específico de la deuda a cinco años), en 2,25 puntos porcentuales por encima de la de Alemania (prácticamente la misma que la de la deuda bancaria con calificación BBB y con similares vencimientos), la calificación de los bonos españoles continuaba al borde del bono basura tanto para *Moody's* como para *Standard & Poor's*. Y, en el hipotético caso de que una de estas agencias de calificación decidiera rebajar el *rating* un peldaño, el precio de la deuda española podría caer disparándose la prima de riesgo

[298] Fuente: Banco de España (www.bde.es, consultada el 16 de agosto de 2013). Concretamente, del total de la deuda en manos de las Administraciones hasta junio de 2013 82.989 millones de euros correspondían a valores a corto plazo (1.234 millones de euros más que en mayo de 2013), si bien el grueso de la deuda seguía colocada en valores a medio y largo plazo, hasta un total de 655.222 millones de euros, 6.205 millones más que el mes anterior. Por su parte los créditos no comerciales en manos de las Administraciones públicas sumaban hasta junio de 2013 un total de 205.491 millones de euros, algo más de 1.000 millones menos que la cifra registrada un mes antes.

drásticamente, debido a que los inversores temerían la expulsión del país de los índices de bonos.[299]

Por otra parte un dato que llamada poderosamente la atención era el relativo a que los inversores extranjeros consolidaban su puesto como principales inversores en deuda española, ya que tenían en su poder 250.162 millones al cierre del mes de julio de 2013, lo que significaba el 37,69% del total. De hecho, no superaban la barrera de los 250.000 millones desde enero de 2012, cuando contaban con 269.427 millones. Por su parte, la banca española, que sostuvo las inversiones del Tesoro los meses en que los inversores extranjeros dejaron de comprar, redujo su exposición en julio de 2013 en 10.818 millones de euros, pasando a contar con 213.560 millones en deuda española, el 32,17% del total. A continuación se situaban las Administraciones Públicas, que también redujeron sus compras en julio de 2013 en 1.897 millones y contaban con el 11,94% del total. Por detrás se situaban las entidades de seguros, con el 6,44% del total (42.747 millones); los fondos de inversión, con el 5,07% (33.639 millones) y las empresas no financieras con el 2,81% (18.661 millones). Los que menos deuda acumulaban eran los fondos de pensiones, con el 2,65% (17.613 millones); las personas físicas, con el 0,74% del total (4.903 millones) y otras instituciones financieras, en último lugar, con el 0,49% (3.256 millones).

Al amparo de esta situación con fecha 20 de agosto de 2013 el Tesoro Público regresaba a los mercados con la finalidad de tratar de colocar letras a 6 y 12 meses, un papel que el Tesoro no sacaba al mercado desde el 16 de julio de 2013 cuando, como hemos señalado con anterioridad, colocó 4.045,77 millones, aunque con rentabilidades más elevadas. Pues bien como resultado de dicha emisión el Tesoro logró colocar un total de 4.148 millones de euros en letras a 6 y 12 meses, por encima del máximo previsto, a tipos más bajos que en la última subasta, aunque con menor demanda. En letras a seis meses adjudicó 1.336 millones de euros a un tipo del 0,830% frente al 0,958% de la subasta anterior. La *ratio* de cobertura fue de 2,95 veces, inferior a las 3,5 veces de la última subasta de este tipo de activo. En

---

[299] Véase en este sentido BARLEY, R., “Spain’s Lingering Rating Problem”, www.wsj.com (consultada el 19 de agosto de 2013); En opinión de este autor *“Moody’s y S&P anunciaron en julio que siguen pendientes de la disposición del Gobierno español a seguir con las reformas estructurales para estabilizar su deuda, que ha aumentado hasta el 88,2% del PIB frente al 36,3% de antes de la crisis. Una recuperación de la eurozona reduciría el riesgo de una rebaja, pero esta no se puede descartar mientras persista la perspectiva negativa”*.

el caso de los títulos a 12 meses, el Tesoro colocó 2.812 millones de euros al 1,253%, logrando abaratar su financiación desde el 1,503% al que adjudicó las letras a un año en la última subasta. La *ratio* de cobertura cayó desde 2,6 veces a 2,02. Como contrapartida el *bid to cover* se redujo en el presente caso ligeramente, siendo en las letras a seis meses de 2,95 por 3,51 la vez anterior, mientras que en los títulos a 12 meses se quedó en 2,02 por 2,61.

Con posterioridad, y tras haber colocado un total de 7.365 millones de euros en bonos y letras en las dos subastas previas del 1 y 20 de agosto de 2013, el organismo dependiente de Economía lanzaba al mercado el 27 de agosto de 2013 una nueva emisión con el propósito de captar entre 3.000 y 4.000 millones más en letras a 3 y 9 meses a tipos más bajos que en emisiones precedentes. En dicha subasta el Tesoro colocó 4.166 millones de euros en letras a 3 y 9 meses a tipos de interés más bajos que en la emisión precedente y muy cerca de sus mínimos históricos. Concretamente con motivo de la citada subasta de 27 de agosto de 2013 se logró colocar algo más de 1.100 millones de euros en letras a 3 meses, con una rentabilidad del 0,162%, significativamente menor que el 0,442% pagado en la subasta precedente, celebrada el 23 de julio de 2013, siendo el *ratio* de cobertura de 4,1 veces, ligeramente superior a las 4 veces de la emisión anterior.

En el plazo de 9 meses el Tesoro captó 3.060 millones de euros a un tipo medio del 1,089%, también inferior al 1,152% ofrecido en la subasta de julio de dicho año, siendo en el presente caso el porcentaje de demanda algo inferior, con un *ratio* de cobertura de 1,9 veces frente a las 2,3 de la operación precedente. La rentabilidad ofrecida a los inversores en las letras a 3 meses se situó muy cerca del mínimo histórico registrado el 23 de abril de 2013, cuando el Tesoro colocó títulos a ese plazo a un tipo del 0,12%, el más bajo de la serie histórica.[300] De este modo en la citada subasta del 27 de agosto de 2013 el Tesoro español captó un total de 4.166 millones de euros, por encima del objetivo máximo previsto, que se situaba entre 3.000 y 4.000 millones de euros, poniendo así de manifiesto el interés de la demanda por los plazos cortos.

Ciertamente el Tesoro había cubierto ya a dicha fecha el 76% de la financiación a largo y medio plazo prevista para todo el ejercicio 2013, al contar con 92.200 millones de euros de los 121.300 presupuestados. Esta

300 Recuérdese que en esa misma subasta se colocaron además letras a 9 meses al 0,787%.

holgada situación iba a permitir a España rebajar de forma contundente el importe que solicitaría al mercado en lo que quedaba de 2013, reduciendo en un 30% el volumen de las emisiones en las subastas programadas. Téngase presente que en varias subastas a medio y largo plazo (bonos con vencimiento a dos años o más) el Tesoro logró superó ampliamente los 5.000 millones de euros (el 10 de enero de 2013, por ejemplo, colocó 5.817 millones a dos, cinco y 13 años), siendo la tónica habitual vender más de 4.000 millones de euros. El importe medio se situaba así en 4.313 millones de euros, habiéndose realizado además cuatro emisiones sindicadas. Esta mejora en la percepción que los mercados tenían de la deuda soberana española, respaldada por los datos macro conocidos por aquel entonces relativos al fin de la recesión en la Eurozona, permitieron al Tesoro captar más de 11.500 millones de euros durante el mes de agosto de 2013 a precios más bajos que en subastas anteriores.

La deuda del conjunto de las Administraciones Públicas había alcanzado ya los 944.682 millones de euros hasta agosto de 2013, lo que representaba 3.157 millones de euros menos que el mes anterior, con lo que rompía el crecimiento de los tres últimos meses, aunque aún superaba el 92% del PIB (92,3%). Dicho cálculo había sido realizado atendiendo a un PIB de 1.022.514 millones de euros y teniendo en cuenta la evolución económica de los últimos cuatro trimestres, según las estimaciones del Instituto Nacional de Estadística tomadas por el Banco de España. De acuerdo con dichas previsiones la deuda pública hasta agosto de 2013 se encontraba a casi un punto del objetivo para todo el citado ejercicio, situado en el 94,2%, y todavía lejos del 98,9% que contemplaba el Ejecutivo para el 2014[301]. A pesar del descenso mensual del endeudamiento público, la deuda pública experimentó hasta agosto de 2013 un incremento del 17,9% frente a los ocho primeros meses de 2012, cuando el endeudamiento del conjunto de las Administraciones Públicas alcanzó los 801.590 millones de euros.[302]

[301] Concretamente del total de la deuda en manos de las Administraciones Públicas hasta agosto de 2013, 83.451 millones de euros correspondían a valores a corto plazo (4.209 millones menos que en el mes de julio de 2013), aunque el grueso de la deuda seguía colocada en valores a medio y largo plazo, hasta un total de 658.188 millones de euros, con un incremento de 3.676 millones respecto del mes anterior. Por su parte los créditos no comerciales en manos de las Administraciones Públicas sumaron hasta agosto de 2013 203.043 millones de euros, 2.624 millones menos que la cifra registrada en el mes de julio de 2013.

[302] Recuérdese a este respecto que, tal y como se recogía en el Proyecto de Ley Presupuestos Generales del Estado para 2014, los pronósticos para 2013 y 2014 eran de 94,21 y 98,86 %

A principios del mes de septiembre de 2013 el Tesoro acometía una nueva subasta de bonos a cinco y diez años con la que esperaba captar entre 3.000 y 4.000 millones de euros. Dicha subasta llegaba en un momento en el que el Tesoro había captado ya un total de 92.782 millones de euros de deuda a medio y largo plazo dentro de su programa de financiación regular, lo que representaba un 76,5% de los 121.300 millones que tenía previsto emitir en todo el año. Pues bien, el resultado de esta nueva subasta resultó igualmente positivo. El Tesoro colocó finalmente 4.000 millones de euros en bonos a cinco y diez años, el máximo previsto, a tipos algo más bajos a los de la subasta de julio de 2013. Concretamente se colocaron 4.008 millones de euros en bonos a 5 y 10 años a tipos más bajos. Dicha colocación se situó en la parte alta del rango previsto (entre 3.000 y 4.000 millones de euros). A diez años el Tesoro colocó un total de 2.412 millones de euros a un tipo marginal del 4,526% frente al 4,758% de la última subasta de activos de este tipo. La demanda superó dos veces la oferta, frente a una ratio de cobertura de 2,3 veces de la subasta precedente. En el caso de los bonos a cinco años, el organismo público adjudicó 1.596 millones al 3,504%, frente al 3,589% de la subasta de julio de 2013, pasando la *ratio* de cobertura de 1,7 veces en julio a 2,6 veces.

De este modo en la referida subasta el Tesoro ofrecía a los inversores bonos con cupón del 3,75% y vida hasta el 31 de octubre de 2018, adjudicando un total de 1.600 millones de euros a un tipo de interés del 3,477% frente al 3,561% de la anterior subasta del mismo papel. En las obligaciones con cupón del 4,40% y vencimiento a 31 de octubre de 2023, el Tesoro vendió 2.400 millones de euros con una rentabilidad del 4,503%, también por debajo del 4,723% de la anterior emisión de este tipo, lo que constituía el mejor tipo de interés ofrecido en una subasta desde septiembre de 2010. Sin embargo conviene recordar a este respecto que con fecha 14 de mayo de 2013 el Tesoro ya había colocado en una operación sindicada 7.000 millones de euros en deuda a10 años al 4,452%.[303]

---

del PIB, respectivamente. De este modo, se esperaba que la deuda de las Administraciones Públicas se elevase un 8,31 % en 2013, un 4,65% en 2014, un 2,27 % en 2015 y que se redujese un 0,04 % en 2016. Dicho crecimiento de la deuda quedaría vinculado a la recapitalización de entidades financieras, al pago de facturas de proveedores, al déficit de tarifa y a las aportaciones a rescates de otros países europeos.

[303] Y, tal y como ya hemos tenido ocasión de analizar, con motivo de la subasta celebrada el 27 de agosto de 2013 el Tesoro colocó 4.166,7 millones de euros en letras a 3 y 9 meses, con una elevada demanda y un menor coste que en la cita anterior.

En todo caso debe reconocerse que este buen resultado alcanzado por la deuda pública española a través de las referidas emisiones podía explicarse, en cierta medida, debido a los cortos plazos de los títulos que se ofertaban, pudiendo resultar más difícil alcanzar dichos niveles de confianza en las emisiones de títulos a más largo plazo.

Con motivo de una nueva subasta celebrada el 17 de septiembre de 2013 con la finalidad de colocar letras a 12 meses, el Tesoro se vio obligado a elevar del 1,25% al 1,36% el interés para colocar sus letras a 12 meses, y del 0,83% al 0,91% a 6 meses. Situándose el objetivo fijado en 4.500 millones de euros el importe finalmente adjudicado alcanzó los 4.563 millones de euros, con un amplio margen de demanda. Las peticiones efectuadas superaron la oferta en 3,7 veces respecto de los 1.440 millones de euros colocados a 6 meses, situándose por encima de las 2,9 veces de la subasta anterior, y en 1,8 veces respecto de los 3.120 millones emitidos a 12 meses, frente a la ratio anterior de 2 veces. En todo caso el Tesoro tuvo que elevar la rentabilidad de sus letras a 12 meses al 1,367%. En los títulos a 6 meses el interés subió del 0,83% al 0,91%. Dicho repunte contrastaba sin embargo con el repliegue de las rentabilidades en la deuda a medio y largo plazo. El resultado no fue otro que la consecución de nuevas mejoras en la prima de riesgo de España, hasta alcanzar sus mínimos de dos años.

Tras la decisión de la Reserva Federal Norteamericana (FED) de mantener su política de estímulos el Tesoro Público acometía apenas dos días después de la anterior subasta, el 19 de septiembre de 2013, una nueva subasta a través de la cual se buscaba adjudicar entre 2.000 y 3.000 millones de euros en títulos con vencimiento en 2016 y 2028, así como una mejora adicional de los costes. Y ello a pesar de, como se ha señalado, ya en el mes de agosto de 2013 el Tesoro había completado el 80% de las necesidades de financiación a medio y largo plazo previstas para todo 2013.

A priori en esta nueva subasta el Tesoro pretendía vender obligaciones con cupón del 5,15% y vencimiento a 31 de octubre de 2028 y bonos con cupón del 3,30% y vida hasta el 30 de julio de 2016, intentando captar más de 7.500 millones en una sola semana tras la subasta de letras celebrada el 17 de septiembre de 2013 en la que, tal y como se ha indicado con anterioridad, colocó un total de 4.560 millones de euros a 6 y 12 meses a tipos más altos que en la anterior ocasión. Finalmente el Tesoro logró colocar un total de 2.064 millones de euros en bonos a tres años, una cifra muy superior a los 968 millones de euros adjudicados en la anterior subasta de estos títulos. De ahí que la *ratio* de cobertura bajase de 3,3 a 2,3 veces. En el caso de los 1.016 millones de euros adjudicados a 15 años, las peticiones superaron la oferta 2,7 veces. El interés del bono a tres años bajó del 2,63% de la subasta previa al 2,22%. De este modo, mientras que en la anterior subasta de 1 de agosto de 2013 el interés medio bajó al 2,636%, en la subasta de 19 de septiembre de 2013 dicho porcentaje bajó sensiblemente, hasta el 2,225%.

En la referida subasta el Tesoro logró colocar 3.080 millones de euros en deuda a largo plazo, por encima del objetivo de 3.000 millones de euros, reduciendo los intereses a pagar tanto en los bonos a tres años como en las obligaciones a 15 años. Y ello a través de la venta de bonos con vencimiento hasta el 30 de julio de 2016 con una rentabilidad del 2,225% frente al 2,636% de la anterior subasta, y obligaciones vigentes hasta el 31 de octubre de 2028 a un interés del 4,809%, por debajo del 5,194% de la emisión anterior.

En la posterior subasta de 24 de septiembre de 2013 el Tesoro lograría cumplir las expectativas generadas colocando un total de 2.810 millones de euros en letras a 9 meses y 768 millones de euros en letras a 3 meses. En efecto el Tesoro colocó un total de 3.578 millones en letras a 3 y 9 meses. Por lo que respecta a las letras a 9 meses su adjudicación se produjo a un tipo medio del 0,98% frente al 1,089% anterior y con mayor demanda (2,6 veces frente a las 1,9 veces en la anterior). Y, en relación con las letras a tres meses, el Tesoro colocó un total de 768 millones de euros, siendo el tipo medio satisfecho del 0,291%, frente al 0,162% de la última subasta de activos con este vencimiento. La demanda fue igualmente similar, de 4,0 veces frente a 4,1 veces en la anterior.

Ya durante el mes de octubre de 2013, con fecha 3 de octubre, y tras haber completado el 83% de las necesidades de financiación a medio y largo plazo previstas para dicho ejercicio, el Tesoro acometía una nueva emisión a través de la cual se pretendía colocar un total de 3.500 millones de euros en tres bonos: dos de ellos con vencimiento en el año 2018 y el restante en 2023. Respecto de las emisiones del bono a diez años se ha de recordar que, en la subasta celebrada el 5 de septiembre de 2013, la rentabilidad media alcanzó el 4,503%. Pues bien la tregua del mercado logró abaratar el coste de los bonos, desde el 4,50% al 4,26% en los títulos a diez años. La demanda se mantuvo firme, pese a las dudas procedentes de Italia y Estados Unidos, y el importe de adjudicación alcanzó los 3.509 millones de euros, en línea con el máximo previsto de 3.500 millones de euros.

Las peticiones formuladas duplicaron la oferta a la hora de adjudicar 1.176 millones de euros en bonos con vencimiento en 2023. El margen de demanda fue igualmente amplio en los dos bonos a cinco años subastados. Las peticiones, al igual que en los bonos a diez años, duplicaron la oferta en ambos títulos. El Tesoro colocó un total de 955 millones en los títulos con cupón del 4,50% y 1.378 millones en los bonos con cupón del 3,75%. El interés bajó desde el 3,001% al 2,795% y desde el 3,477% hasta el 3,128%.

De este modo a través de la citada subasta de 3 de octubre de 2013 el Tesoro logró adjudicar un total de 3.515 millones de euros en bonos y obligaciones, ligeramente por encima del objetivo previsto. En la deuda a diez años se pagó el menor interés desde septiembre de 2010. El Tesoro logró colocar 955 millones de euros en bonos a 4,3 años, con vencimiento en enero de 2018, a un tipo de interés del 2,795% frente al 3.001% de mayo de 2013. Otros 1.380 millones de euros en bonos a cinco años, con vida hasta octubre de 2018, a un tipo que pasó del 3,477% registrado en septiembre de 2013 al 3,128% actual. Y 1.180 millones de euros más en obligaciones a diez años. En este tipo de papel el Tesoro logró pagar la rentabilidad más baja en tres años, un 4,269% frente al 4,503% de la anterior subasta celebrada el 5 de septiembre de 2013. Este tipo de interés fue incluso menor a la cotización que el 3 de octubre de 2013 marcaba el bono a diez años en el mercado, al 4,29%. Por su parte la *ratio* de cobertura (proporción existente entre la demanda de las entidades y el importe finalmente adjudicado) fue algo menor que en anteriores emisiones aunque satisfactoria, de 2,1 veces, ya que las entidades solicitaron un total de 7.661 millones de euros.

Al margen de la referida subasta de 3 de octubre de 2013 (y del calendario establecido) el Tesoro tenía previsto lanzar una emisión sindicada de deuda a muy largo plazo, mediante la emisión de unos títulos con vencimiento en octubre de 2044. Se trataba concretamente de una emisión sindicada realizada al margen del calendario oficial a través de la contratación de un grupo de bancos que colocase la deuda directamente a inversores (a un precio acordado, sin un proceso de subasta) con la finalidad de diversificar la base de inversores de deuda, dado que existen muchos tipos de fondos de inversión, bancos o incluso fondos soberanos que no suelen comprar mediante las subastas habituales, si bien el precio suele incluir una prima respecto al mercado secundario.[304]

La citada emisión sindicada resultaba posible debido al amplio margen del que disponía el Tesoro en su calendario de financiación. A falta de casi tres meses para el cierre del ejercicio de 2013 el Tesoro ya había completado el 86% de sus necesidades de financiación a medio y largo plazo para todo el citado ejercicio. Se trababa, además, de la tercera emisión sindicada llevada a cabo en el ejercicio 2013, tras las de enero de 2013 (a través de la cual se lanzó una sindicada a diez años en la que colocó 7.000 millones de euros de los 22.700 millones demandados, repartiéndose la demanda global de dicha emisión entre más de 350 cuentas inversoras y convirtiéndose en la cifra más alta obtenida en una operación sindicada en la historia del Tesoro) y julio de dicho ejercicio (en relación con la emisión de un bono a 15 años, colocándose un total de 3.500 millones y superando la demanda los 7.500 millones de euros).[305]

Con motivo de la realización de la citada emisión sindicada de bonos con vencimiento en 2044 las peticiones superaron con fecha 9 de octubre de 2013 los 10.000 millones de euros. Este respaldo de la demanda logró abaratar además los costes iniciales, desde los 255 hasta los 250 puntos básicos sobre *midswap*. Dicha emisión, con vencimiento a 31 de octubre de 2044 y cupón del 5,15%, pagará una rentabilidad del 5,213%, 15 puntos básicos sobre el bono español más cercano, que vence en julio de 2041 y tiene un cupón del 4,7%. Tal y como se ha señalado con anterioridad la demanda multiplicó más de dos veces la oferta de deuda, llegando a solicitar un total de 230 entidades hasta 10.600 millones de euros. La participación

[304] Recuérdese que una sindicación bancaria constituye una emisión en la que el Tesoro recurre a sus creadores de mercado de bonos y obligaciones para que coloquen una emisión directamente a los inversores a un precio acordado. Si bien dichas operaciones resultan normalmente más gravosas para el Tesoro, como contrapartida le conceden la oportunidad de emitir un mayor volumen que en una subasta ordinaria y con una mejor distribución entre los distintos tipos de inversores. Como regla general esta sindicación bancaria suele ser utilizada para los primeros tramos de la emisión de obligaciones *benchmark* a 10, 15 y 30 años, para luego subastar los tramos posteriores.

[305] Ha de recordarse a este respecto que, durante el ejercicio 2013, en enero se obtuvieron ya un total de 7.000 millones de euros mediante una sindicada de obligaciones a 10 años; en febrero, 2.000 millones de dólares en títulos a cinco años con una operación denominada en la divisa estadounidense; en mayo, otros 7.000 millones, de nuevo con obligaciones a una década; y en julio otros 3.500 millones con títulos a 15 años.

de inversores extranjeros alcanzó el 65% de la sindicación. De este porcentaje los inversores residentes en Reino Unido representaron el 28%, Estados Unidos el 10%, los países nórdicos el 8%, Alemania el 6%, Francia el 4%, el resto Eurozona el 6%, Suiza el 2% y otros (1%)[306]. Así las cosas finalmente se lograron captar un total de 4.000 millones de euros al 5,21% (250 puntos sobre *mid-swap*), interés ligeramente por encima del que se exige en el mercado secundario. La demanda fue de 10.600 millones de euros, superando en 2,5 veces la oferta.

Continuando con nuestro análisis del calendario de subastas fijado para 2013, con motivo de las emisiones de deuda pública previstas para los días 15 y 17 de octubre de 2013 el Tesoro preveía adjudicar un total de 7.000 millones de euros. Concretamente en la subasta del 15 de octubre de 2013 de letras a 6 y 12 meses el Tesoro preveía colocar entre 3.500 y 4.500 millones de euros. A resultas de dicha subasta el Tesoro volvió a financiarse a menos del 1% de interés a 12 meses, logrando colocar sus letras a un año al 0,96% (sus mínimos desde 2010) frente al 1,36% de septiembre de 2012. El importe total adjudicado superó el máximo previsto de 4.500 millones de euros. En efecto, la rentabilidad media a un año bajó desde el 1,36% hasta el 0,945%, por debajo del umbral del 1% y sus cotas más bajas desde abril de 2010. Este importante abaratamiento de los costes vino además acompañado por un incremento del respaldo de la demanda frente a la emisión anterior. Las peticiones superaron los 12.500 millones de euros, casi el triple de los 4.570 millones adjudicados La *ratio* de cobertura rozaba así las 6 veces, frente a las 3,7 de la anterior emisión. En las letras a 12 meses, a pesar de la emisión de 3.754 millones de euros, la peticiones superaron la oferta 2,1 veces, por encima de la ratio anterior de 1,8.[307]

---

[306] En este sentido la mayor participación correspondió a aseguradoras y fondos de pensiones, con un 32%, seguido de gestoras de fondos con un 30%, bancos con un 23%, fondos apalancados con 9%, bancos centrales con un 4% y otros con un 2%.

[307] En la referencia con vencimiento a 6 meses el Tesoro captó 817,09 millones de euros con un rendimiento medio del 0,672%, frente al 0,911% del 17 de septiembre de 2013, lo que suponía un descenso del 26%. Con carácter adicional recaudó otros 3.754 millones de euros en títulos a un año, con un interés medio del 0,961%, el 30% menos que en septiembre de 2013, cuando se situó en el 1,367%, y el nivel más bajo desde 2010. En todo caso, como se ha señalado, la demanda para ambos tramos fue elevada, especialmente en el caso de los bonos a seis meses, donde las solicitudes superaron en 5,88 veces a la cantidad ofrecida. En el caso de las letras a doce meses, el *ratio* de cobertura fue de 2,06 veces.

Por su parte el objetivo para la emisión de bonos a tres y cinco años efectuada el 17 de octubre de 2013 se limitaba a un mínimo de 1.500 millones de euros y a un máximo de 2.500 millones de euros previstos en dos tipos de bonos: con cupón del 3,30% y vencimiento el 30 de julio de 2016 y con cupón del 3,75% y vencimiento el 31 de octubre de 2018. Finalmente, y con motivo de la celebración de la citada subasta, el Tesoro logró colocar un total de 2.545 millones de euros, por encima del importe máximo previsto, en bonos a tres y cinco años a los que bajó el interés aplicado desde la anterior emisión. En concreto, a 3 años vendió 900 millones de euros con un rendimiento medio del 2,064%, frente al 2,225% de la subasta anterior. Además, la demanda subió con fuerza, ya que superó a la oferta en 4,24 veces, frente a las 2,25 de la anterior colocación[308]. Asimismo el Tesoro vendió también 1.645 millones en bonos a 5 años con una rentabilidad media del 3,059%, frente al 3,128% abonado en la subasta de 3 de octubre de 2013. La demanda también mejoró en el presente caso, con un *ratio* de cobertura del 2,47 frente al 2,04% de la subasta anterior. Este mayor margen de la demanda fue acompañado de un abaratamiento en los costes de emisión.

Ciertamente el repunte en el mercado de la deuda soberna había estado motivado en parte por el hecho de que el conjunto de las entidades financieras de la Eurozona habían ido comprando cada vez mayores bonos del Estado. Así, la deuda soberana representaba el 5,6% de los activos totales de los bancos de la Eurozona a finales de agosto de 2013, frente al 4,2% al acabar 2011, según datos del Banco Central Europeo[309]. Sin lugar a dudas las fuertes compras de bonos por parte de los bancos ayudaron a reducir la rentabilidad de la deuda soberana en los países periféricos. A ello contribuyó además el efecto derivado de las subastas LTRO *(Long-term Refinancing Operation)*, a saber, inyecciones de miles de millones de euros de financiación a medio plazo en los bancos a finales de 2011. Las entidades financieras de los países periféricos usaron esos fondos para acumular deuda gubernamental nacional con altos rendimientos a través de la realización

[308] En efecto, la reducida cuantía de la subasta favoreció su resultado. La menor oferta aumentó el colchón de la demanda. Las peticiones para los bonos a tres años superaron el importe emitido 4,2 veces, casi el doble de las 2,3 veces de la subasta previa. Y, en el caso de los bonos a cinco años, la *ratio* de cobertura aumentó desde las 2 hasta las 2,5 veces.

[309] En el caso concreto de los bancos italianos, el 10,1% de sus activos se situaban en dicha fecha (agosto de 2013) en deuda gubernamental nacional, situándose en España la *ratio* en el 9,0%.

de operaciones de *carry trade*[310]. Téngase presente además a este respecto que la deuda del Estado no presenta riesgos, ya que los bancos no tienen que mantener capital frente a esos activos, pudiendo emplear además los bonos gubernamentales como colateral para obtener más financiación del mercado. Los Gobiernos, por su parte, tienen compradores garantizados para su deuda. Tal y como ha afirmado PEAPLE[311] *"A medida que los bancos compran más deuda pública, recurren menos a sus balances para actividades más productivas desde el punto de vista económico como los créditos a empresas y hogares"*.

En la posterior subasta de 22 de octubre de 2013 el Tesoro buscaba rebajar el 0,98% de interés abonado en septiembre de 2013[312] para colocar sus títulos a 9 meses en una subasta en la que adjudicaría un total de entre 2.500 y 3.500 millones en letras a tres y nueve meses. Finalmente el Tesoro logró colocar 3.521 millones de euros, y el interés de las letras a 9 meses bajó del 0,98% al 0,68%. De los 3.521 millones de euros colocados, las letras a nueve meses acapararon un total de 2.840 millones de euros. Las peticiones duplicaron de nuevo la oferta y la rentabilidad media bajó desde el 0,98% hasta el 0,68%. Al tratarse de una cuantía inferior, en el caso de los 680,9 millones de euros adjudicados en letras a tres meses la demanda superó la oferta 5,4 veces. Dicho margen no permitió, sin embargo, un nuevo abaratamiento, y el interés medio de las letras a tres meses se situó en el 0,29%, en línea con el 0,291% de septiembre.

En las letras a nueve meses se logró colocar un total de 2.840 millones de euros a un tipo de interés del 0,682%, lo que representaba un mínimo

---

[310] Según datos correspondientes a septiembre de 2013, los propietarios de bonos eran desde 2012 más españoles y bancarios que internacionales. Concretamente 31,8% de la deuda registrada pertenecía a entidades de crédito, cuando en 2011 solo tenían el 16,93% y en 2003 el 10,7% (Fuente: *Diario El País,* www.elpais.com, consultada el 1 de diciembre de 2013). Quedaba claro en consecuencia que los créditos baratos facilitados por el BCE estaban impulsando este apetito de las entidades españolas, que obtenían dinero al 0,25% y lo colocaban en bonos al 4,1%.

[311] PEAPLE, A., "Europe's Bank-Government Doom Loop Still Holds", www.europe.wsj.com (consultada el 15 de octubre de 2013).

[312] En efecto, como ya se ha señalado durante la subasta celebrada en el mes de septiembre de 2013 las letras a tres meses se colocaron a un tipo de interés del 0,291%, mientras que a nueve meses el papel se vendió al 0,98%. En dicha subasta se logró colocar un total de 3.578,06 millones de euros (ligeramente por encima del máximo previsto) si bien el Tesoro tuvo que elevar la rentabilidad en el caso de las letras a tres meses.

histórico al situarse por debajo del interés del 0,98% de la anterior subasta, que también marcó una rentabilidad mínima. La demanda superó en 2,1 veces lo vendido (2,6 veces en septiembre de 2013). En las letras a tres meses logró vender 681 millones de euros, con unas peticiones que superaron en 5,4 veces lo colocado (4 veces en la anterior ocasión). En este caso la rentabilidad prácticamente se mantuvo al pasar del 0,291 anterior al 0,294%.

Al amparo de esta situación a finales de octubre de 2013 el bono español se enfriaba al 4% y la prima de riesgo alcanzaba mínimos de 2011[313]. Sin lugar a dudas a ello contribuyó el parón en las emisiones del Tesoro, habiendo reactivado los inversores sus compras de deuda pública en el mercado secundario. El resultado de dicha situación no fue otro que una caída en la prima de riesgo desde los 234 puntos básicos con los que cerró el 28 de octubre de 2013 hasta marcar nuevos mínimos desde 2011 justo por debajo de los 230 puntos, en 229. Esta mejora en la deuda española permitía además ampliar su diferencial positivo respecto a Italia hasta el umbral de los 10 puntos básicos.

Dada dicha mejora de la deuda pública española con posterioridad se produjo una mejora de perspectiva por parte de las agencias de *rating*. Así, por ejemplo, con fecha 1 de noviembre de 2013 la Agencia de Calificación Crediticia *Fitch* alejaba la opción de un recorte del *rating,* al mejorar su perspectiva desde 'negativa' hasta 'estable'. A la espera de que el resto de agencias de *rating* secundasen esta mejora, la deuda española ampliaba sus progresos en el mercado secundario, persistiendo las compras y afianzándose la rentabilidad exigida al bono español a diez por debajo del umbral del 4%, en zona de mínimos de 2010. A más corto plazo, a dos años, el interés se quedaba a un paso de bajar del 1%.[314]

---

[313] Hacía casi cinco meses que el rendimiento del bono español a diez años no marcaba mínimos intradía por debajo del 4%. Con ello igualaba sus mínimos de mayo de 2013, cuando el interés exigido al bono de referencia español bajó hasta el 3,943%. Había que remontarse a octubre de 2010 para ver al bono cerrando por debajo de dicho umbral.

[314] Por su parte el interés del *bund* alemán se enfriaba al filo del 1,7%. Las compras de deuda alemana acometidas evitaban una mayor mejora en la prima de riesgo de España. Pese a todo el riesgo país marcaba en dichas fechas mínimos intradía por debajo de los 230 puntos básicos, en zona de mínimos desde el año 2011. La mejora de perspectiva anunciada por la Agencia de Calificación de Riesgos *Fitch* servía además para ampliar el diferencial positivo de la deuda española respecto a la italiana. Así en la mayor economía periférica el interés de su bono cotizaba aún en el 4,1%. mientras que la prima de riesgo rozaba los 240 puntos. El diferencial con la deuda española se acercaba de esta forma a los 15 puntos básicos.

Tras esta mejora de la deuda pública española en el mercado secundario (llegando a bajar el interés a diez años del umbral del 4%, hasta mínimos de 2010, y alcanzando la prima de riesgo sus cotas más bajas desde 2011) con fecha 7 de noviembre de 2013 el Tesoro reanudaba sus emisiones con el lanzamiento de tres bonos distintos en la subasta y un objetivo máximo de adjudicación de 4.000 millones de euros. Dicha suma habría de permitir cubrir prácticamente las necesidades de financiación a medio y largo plazo previstas para todo 2013. Con carácter previo a la celebración de dicha subasta el Tesoro ya había completado más del 92% de sus necesidades de financiación a medio y largo plazo para todo 2013. Los títulos que en dicha ocasión se sacaban al mercado eran bonos a cinco, diez y trece años, concretamente bonos con cupón del 3,75% y vencimiento en octubre de 2018, obligaciones a 10 años con cupón del 4,4% y vencimiento en octubre de 2023, y obligaciones a 13 años con cupón del 5,9% y vencimiento en julio de 2026.

Durante la primera subasta del mes de noviembre de 2013 el Tesoro logró colocar su deuda a 10 años por debajo del interés pagado en su anterior subasta, celebrada el 3 de octubre de 2013, el 4,27%. La rentabilidad media se enfrió hasta el 4,16%, ligeramente por debajo del mercado secundario. Dicha emisión contribuyó además a rebajar los costes de financiación a cinco años, situándose el interés de los citados títulos en el mercado secundario en el 2,87%. Los bonos a mayor largo plazo subastados, con vencimiento en julio de 2026 y cupón del 5,9%, también registraron una caída en la rentabilidad, aunque más moderada. El interés medio se replegó desde el 4,54% hasta el 4,46%.

El importe adjudicado alcanzó los 4,033 millones de euros. La mayor parte de esta cuantía se concentró en los bonos a menor plazo. La deuda a cinco años acaparó más de la mitad de la emisión, con 2,379 millones de euros. El importe adjudicado en los bonos a diez años sumaba 1.148 millones, y la deuda a 13 años los 506 millones restantes. El margen de la demanda se vio incrementado, con la excepción del bono a cinco años, debido al mayor volumen adjudicado. En este caso las peticiones superaron la oferta 1,9 veces, desde las 2,5 veces de la subasta previa. En cambio, en los bonos a diez años la *ratio* de cobertura subió desde las 2 hasta las 2,6 veces, y desde las 1,5 hasta las 2,4 veces en las obligaciones a 13 años.

Concretamente el organismo de financiación del Tesoro obtuvo 507 millones de euros en bonos con vencimiento a cinco años, 1.148 millones con vencimiento en 2023 y 2.379 con vencimiento en 2018. En todos los plazos la cantidad pagada se redujo: un 4,164% a 10 años (frente al 4,269% de la subasta anterior), un 4,469% en la de 13 años (en la previa similar a ese plazo ofreció un 4,558%) y un 2,871% a cinco años frente al 3,059%. El Tesoro completaba así casi el 96% de sus necesidades de financiación a medio y largo plazo para 2013. Y ello debido a que los 4.033 millones de euros obtenidos permitían cubrir prácticamente las necesidades de financiación a medio y largo plazo previstas para todo 2013.

A lo largo de la tercera semana del mes de noviembre de 2013 el Tesoro acudía nuevamente al mercado en busca de financiación a corto plazo, con la emisión de letras a 6 y 12 meses. Se trataba de la primera emisión desde que se produjo la rebaja de tipos del BCE acometida el 7 de noviembre de 2013, a resultas de la cual el tipo de interés legal del dinero quedó situado en el 0,25%. Pues bien a resultas de la misma se aceleró la caída de los costes de financiación. El Tesoro pudo colocar sus letras a seis meses a un interés inferior al 0,5%, y a 12 meses al 0,678%, el más bajo de su historia. En efecto el Tesoro español colocó sus letras a 12 meses justo por debajo de este 0,68% de Italia, y al menor coste también de su historia. La rentabilidad media se desinfló desde el 0,961% hasta el 0,678%, un nivel inédito en una serie histórica que se remontaba al año 1987. El interés medio de las letras a seis meses sufrió también un drástico recorte, desde el 0,672% registrado en la subasta de octubre de 2013 hasta situarse justo por debajo del 0,5%, en el 0,494%, en línea con sus mínimos de mayo de 2013, también después de la anterior rebaja de tipos del BCE.

El estímulo de la rebaja del precio oficial del dinero y el consiguiente abaratamiento de los costes había llevado al Tesoro a elevar los objetivos de adjudicación para la subasta del 19 de noviembre de 2013. Tal y como se ha indicado sus planes pasaban por colocar un mínimo de 3.500 y un máximo de 4.500 millones de euros. Finalmente el importe se elevó hasta los 4.550 millones de euros. Las peticiones superaron 5,3 veces los 840 millones de euros adjudicados en letras a seis meses, y prácticamente duplicaron los 3.710 millones de euros colocados en títulos a un año.[315]

[315] Ya sin tener en cuenta esta emisión el Tesoro había captado 116.367 millones de euros dentro del programa de financiación regular a medio y largo plazo, lo que suponía el 95,9% de

Dos días después y, como se ha indicado, con más del 96% de las emisiones cubiertas, el Tesoro acudía nuevamente al mercado para colocar un nuevo bono. La nueva referencia eran títulos convencimiento el 30 de abril de 2017, y con un cupón del 2,10%. El nuevo bono sustituiría a la actual referencia a tres años, con vencimiento en julio de 2016. Con motivo de esta nueva subasta el Tesoro optó por introducir una nueva referencia a tres años. Los títulos tendrían un vencimiento en abril de 2017, y sustituirían al actual *benchmark* a tres años, con vencimiento en julio de 2016. A pesar de este diferencial en el plazo, próximo a un año, se estimaba que el interés del nuevo bono podía quedarse cerca del 2,06% registrado en la última emisión del bono con vencimiento en julio de 2016. Con la intención de dotar de liquidez a estos nuevos títulos, y aprovechando el estímulo del BCE, el Tesoro había dejado además aparcado parcialmente su habitual freno en el ritmo de emisión de bonos. Para su emisión del 21 de noviembre de 2013 se había marcado como objetivo colocar un máximo de 3.500 millones de euros. En este sentido, y si continuaba con la tónica predominante en sus últimas subastas, el importe final podía superar ligeramente los 3.500 millones de euros.

Téngase presente que hasta dicha subasta el Tesoro había adjudicado ya 117.100 millones de euros en bonos desde el inicio del 2013, de forma que con esta nueva subasta superaría los 120.600 millones, el 99,5% de los 121.300 millones de euros previstos para todo 2013[316]. En efecto el Tesoro había superado ya su objetivo de emisión, ya que esperaba captar entre 3.500 y 4.500 millones de euros, pudiendo alcanzar así el 100% del objetivo anual de emisiones establecido en el programa de financiación regular a medio y largo plazo, cifrado en 121.300 millones de euros.

En dicha subasta el interés del nuevo bono se quedó cerca del 2,06% registrado en la última emisión del bono con vencimiento en julio de 2016. El interés medio se situó en el 2,101%, siendo colocado un total de 3.500 millones de euros, en línea con el objetivo máximo previsto. La colocación

---

la previsión para todo el ejercicio 2013 (121.300 millones). Hasta dicha fecha (19 de noviembre de 2013) el coste medio asumido era del 2,57%, inferior al 3,01% de 2012.

[316] Concretamente el Tesoro había logrado captar ya 117.100 millones de euros en deuda a medio y largo plazo dentro del programa de financiación regular, lo que representaba un 96,5% de la emisión prevista para todo el ejercicio 2013 (121.300 millones). El coste medio a la emisión se situó a cierre de octubre de 2013 en el 2,57%, por debajo del 3,01% registrado a finales de 2012.

se saldó con un rendimiento de 2,101%[317]. La demanda duplicó con creces la oferta, al rozar los 8.800 millones de euros. El Tesoro ya había colocado 120.600 millones de euros en bonos en 2013. De este modo, y a resultas de la realización de esta nueva subasta, se había alcanzado un total de 120.600 millones de euros colocados, lo que representaba el 99,4% de los 121.300 millones de euros previstos para todo 2013.

En resumen, tras la finalización de dicha subasta (celebrada el 21 de noviembre de 2013) el Tesoro había completado la colocación de los 121.300 millones de euros en deuda a largo plazo previstos para todo el ejercicio. Sin embargo se contemplaba la posibilidad de mantener las subastas previstas en el mes y medio que quedaba de 2013, con el fin de sustituir letras por bonos u obligaciones, lo que suponía más largo plazo para la cartera de deuda española. Con carácter adicional el instituto emisor se planteaba volver a emitir títulos a 30 años, lo que ya hizo en octubre de 2013 con un volumen de 4.000 millones de euros.

A resultas de esta situación el Tesoro optó por efectuar las subastas pendientes durante el mes de diciembre de 2013 (que se concretaban en cuatro colocaciones de letras y dos de bonos y obligaciones) y no emplear las mismas para anticipar parte de la financiación de 2014, como sucedió a finales del ejercicio 2012. Y ello con la finalidad de reducir la oferta de deuda a corto plazo y aumentar la de medio y largo plazo, alargándose la vida media de la deuda y aliviándose los compromisos de pagos a corto plazo, aprovechando la reciente caída de los costes de financiación. En otras palabras, lo que se pretendía era amortizar una parte de los vencimientos de letras con emisiones de bonos y obligaciones, planteándose la posibilidad de que varios de los vencimientos de letras (financiación a tres, seis, 12 y 18 meses) no se cubriesen íntegramente, lo que implicaría reducir el volumen de emisiones de letras previsto. De este modo se otorgaría un mayor peso a la financiación a largo plazo, lo cual resultaría conveniente, ya que implicaría refinanciaciones más espaciadas en el tiempo.

---

[317] Recuérdese a este respecto que, a pesar de que no había referencias recientes de subastas de deuda a cuatro años, la colocación a tres años realizada en octubre de 2013 se saldó con un tipo del 2,064%, lo que indicaba que continuaba la mejora en las condiciones de financiación. En efecto, hasta octubre de 2013 el rendimiento efectivo medio de la deuda emitida por España era del 2,51%, una cota solo mejorada una vez en los últimos 20 años, en 2009, tratándose no obstante de un nivel que estuvo influido por la proliferación de emisiones a corto plazo que comportaban menores tipos de interés que las emisiones a largo plazo.

Así, con fecha 26 de noviembre de 2013 el Tesoro acudía nuevamente al mercado para llevar a cabo la subasta con la que daría por concluido el mes de noviembre de 2013, constituyendo el principal objetivo de dicha subasta financiarse mediante letras con vencimiento a 3 y 9 meses, previendo colocar un total de 4.500 millones de euros. Pues bien, como se ha señalado, a través del conjunto de emisiones pendientes hasta la finalización de 2013 (varias emisiones de bonos y obligaciones a medio y largo plazo) el Tesoro pretendía amortizar antes de su vencimiento la deuda a corto plazo (las letras) contraída con los inversores.

Con los tipos de interés situados en el 0,25% el Tesoro buscaba colocar sus letras a tres meses a un interés medio cercano al mínimo histórico registrado en abril de 2013. Entonces, con los tipos al 0,75%, el coste de financiación a tres meses se desinfló al 0,12%. La caída en las rentabilidades de la deuda a corto plazo existente contrastaba en cambio con el repunte en la deuda a más largo plazo. En el mercado secundario, el interés del bono a diez años llegó a superar con fecha 25 de noviembre de 2013 el umbral del 4,1%, y la prima de riesgo rondaba los 240 puntos básicos.

Una vez finalizada la citada subasta el Tesoro no pudo repetir los mínimos históricos a los que colocó la semana precedente sus letras a 12 meses, adjudicando sus títulos a más corto plazo (3 meses) a un interés medio del 0,4%, por encima del 0,29% previo y de los mínimos de abril del 0,12%. Finalmente el Tesoro colocó 1.633 millones de euros en letras a tres meses a un interés medio del 0,405%, por encima del 0,294% previo. Este porcentaje se alejaba más aún de los mínimos históricos registrados en abril de 2013 (el 0,12%), a pesar de que entonces los tipos de interés del BCE todavía estaban en el 0,75%. En el caso de las letras a nueve meses el Tesoro logró rebajar ligeramente el coste de financiación. Su rentabilidad media se enfrió al 0,662%, frente al 0,682% de la anterior subasta. La demanda de deuda española continuó firme. Prueba de ello fueron las peticiones recibidas por importe de 10.500 millones de euros, más del doble de los 4.500 millones de euros adjudicados. La *ratio* de cobertura alcanzó las 3,1 veces en las letras a tres meses y las 1,9 veces en los títulos a nueve meses.

En definitiva, el Tesoro adjudicó un total de 1.630 millones de euros en títulos a tres meses, con una rentabilidad media del 0,405%, lo que suponía un 38% más desde el 0,294% alcanzado el mes anterior, así como otros 2.870 millones de euros en papeles a nueve meses, para los que abonó un rendimiento medio del 0,662%, algo por debajo del 0,682% de octubre de 2013.

Una vez cubierta la totalidad de las emisiones previstas para todo el ejercicio 2013 a largo plazo (los bonos y las obligaciones) el objetivo del Tesoro se centraba, tal y como señalamos con anterioridad, en tratar de ampliar el vencimiento de su cartera (con una media de 6,34 años) y diversificar su oferta con bonos cuya rentabilidad estuviese ligada a la inflación.

Dentro de este marco de mejora generalizada la Agencia de Calificación Crediticia *Standard & Poor's* procedió a finales de noviembre de 2013 (siguiendo los pasos de la Agencia de Calificación *Fitch)* a revisar su perspectiva sobre España a 'estable' desde 'negativa', al tiempo que confirmaba su rating de 'BBB-'[318]. Y ello debido a que se estimaba que la posición externa de España había mejorado y que el crecimiento económico estaba regresando de forma gradual. Asimismo se consideraba que otras medidas de crédito habían sido objeto de estabilización, debido a la introducción de un conjunto de reformas presupuestarias y estructurales apoyadas también en las medidas de la Eurozona. Finalmente se resaltaba el considerable incremento experimentado en las exportaciones y el inicio de la reducción de los niveles de deuda privada en las familias, así como una cierta mejora de la confianza de los consumidores.[319]

[318] Recuérdese que esta Agencia tenía su perspectiva negativa sobre la deuda soberana española desde octubre de 2012.

[319] En todo caso la Agencia *S&P* veía poco probable un cambio de calificación en los próximos dos años, sin perjuicio de reconocer que la nota podría llegar a mejorarse si el Ejecutivo continuara acometiendo reformas estructurales, así como si el déficit se redujese en mayor medida y la deuda del Estado se estabilizara y si la posición exterior de España continuara mejorando o si se aliviase marcadamente el coste de acceso a la financiación externa para el sector privado. En cambio estimó que podría rebajar la calificación si juzgase que el Ejecutivo no implementase reformas estructurales adicionales, así como si las perspectivas de crecimiento económico se deteriorasen o si se considerase que existen probabilidades de que la deuda pública neta del Estado supere el 100% del PIB debido a desviaciones en los objetivos de déficit, a un crecimiento más débil, a posibles presiones deflacionarias y a acontecimientos excepcionales que eleven la deuda, o si la carga de intereses superara el 10% de los ingresos generales del Estado y la balanza por cuenta corriente se debilitase de nuevo o retornase la inestabilidad a la Eurozona. Por otro lado la citada Agencia excluyó a Cataluña, Andalucía y la Comunidad Valenciana de la mejora de su visión general de la economía española, manteniendo así la deuda que emite la Generalitat de Cataluña en BB (bono basura) y "en perspectiva negativa" al advertir riesgo de desvío durante el 2014 en el cumplimiento del objetivo de déficit. Igualmente en el caso de la Comunidad Valenciana se ratificó la posición de bono basura aunque con peor nota aún (BB-) y con "perspectiva negativa". Y, por lo que respecta a Andalucía, se mantuvo la nota

Apenas unos días después, con fecha 4 de diciembre de 2013, la Agencia de Calificación Crediticia *Moody's*, procedía igualmente a revisar de negativa a estable la perspectiva de la deuda soberana española, amparándose en el reequilibrio de la economía española y en la mejora de las perspectivas a medio plazo. De conformidad con lo señalado por la citada Agencia las finanzas españolas estaban siguiendo una tendencia de "lenta mejora", mientras la balanza de pagos era cada vez más positiva para el país, habiéndose estabilizado la situación del mercado laboral y continuando el sector privado con su desapalancamiento. En opinión de *Moody's* la economía española había mejorado sus perspectivas de crecimiento, lo que habría de facilitar que se cumpliesen los objetivos de déficit público, previéndose a tal efecto que la deuda pública se mantuviese en el 100 % del PIB[320]. En todo caso, y a pesar de la citada mejora de la perspectiva, la Agencia mantenía la calificación de la deuda a largo plazo en Baa3, es decir al borde del bono basura.

Con motivo de la penúltima subasta de bonos prevista para el ejercicio 2013 el Tesoro se propuso adjudicar 3.500 millones de euros en bonos a tres y cinco años, al objeto de superar el 100% de sus necesidades de financiación para el medio y largo plazo. El Tesoro sacaba a subasta bonos con cupón del 2,10% y vida hasta el 30 de abril de 2017 y bonos con cupón 3,75% y vencimiento a 31 de octubre de 2018. Inicialmente se preveía que el coste en los bonos a tres años pudiera repetir cerca del 2,101% registrado en la emisión del 21 de noviembre de 2013, mientras

en "perspectiva negativa" debido a que, al contrario que en otras Comunidades Autónomas, se advertía "riesgo" de que se desviase de forma significativa de los objetivos de déficit". A pesar de ello la Agencia ratificaba un rating de BBB–, lo que representaba un peldaño aún por encima del bono basura. Por el contrario *S&P* comunicó que mejoraba de "negativa" a "estable" su visión de Madrid, Galicia, Extremadura, Canarias y Aragón, al estimar que todas ellas podían cumplir el objetivo de déficit al igual que el Gobierno central.

[320] Concretamente en sus previsiones la citada Agencia explicó que el objetivo del déficit presupuestario previsto para 2014 del 5,8% del PIB habría de estar al alcance, así como que desde 2015 debería disminuir más rápidamente a medida que la economía crezca con mayor fuerza. La Agencia valoraba positivamente las sucesivas reformas acometidas por el Ejecutivo español relativas a las pensiones, el mercado laboral y el sector financiero (en relación con el alcance de esta última reforma afirmaba la citada Agencia en su dictamen que cualquier nueva necesidad de recapitalización del sistema bancario sería de limitado tamaño, siendo en consecuencia poco probable que afectase a la tendencia de mejora de las finanzas públicas del país), poniendo igualmente de manifiesto la "disminución significativa" de la prima de riesgo y el menor peligro de contagio de "acontecimientos negativos" en otras partes de la Eurozona. Con carácter adicional *Moody's* cambió de negativa a estable la perspectiva del Fondo de Reestructuración Ordenada Bancaria, afirmando su calificación en Baa3.

que el interés medio de los bonos a cinco años podría bajar ligeramente del 2,87% de la anterior subasta.

Finalmente el Tesoro logró superar el 100% con la colocación de otros 3.524 millones de euros, en línea con el objetivo máximo previsto de 3.500 millones. El margen de la demanda se amplió, superando las peticiones realizadas la oferta 3,6 veces en los bonos a tres años, frente a las 2,5 veces de la anterior subasta, y de 1,9 a 2,2 veces en los títulos a cinco años. El coste en los bonos a tres años repitió cerca del 2,101% registrado en la emisión del 21 de noviembre de 2013. Su rentabilidad media repuntó ligeramente, hasta el 2,182%. En el caso de los bonos a cinco años, el interés medio bajó del 2,87% de la anterior subasta, al situarse en el 2,722%.

Al margen de la citada subasta la Dirección General del Tesoro convocó una nueva subasta de liquidez para entidades financieras la segunda semana de diciembre de 2013 consistente en la realización de una operación de compraventa doble en la que se fijaban la fecha en la que el Tesoro prestaba la cantidad a la entidad financiera, el tipo de interés y la fecha en la que la entidad se lo devolvía al organismo público. Concretamente en dicha operación se determinaban los requisitos que debían cumplir las entidades financieras para formular peticiones, el plazo al que se realizarían las operaciones y los valores de deuda del Estado que podrían ser objeto de las operaciones. En el presente caso las operaciones de compraventa tendrían un periodo de vigencia del 11 al 18 de diciembre de 2013 (ambos incluidos), lo que significaba que las entidades recibirían la cifra subastada el 11 de diciembre de 2013 y la devolverían el 18 del mismo mes con los intereses correspondientes.[321]

---

[321] De este modo al amparo del citado proceso la Secretaría General del Tesoro y Política Financiera, a través del Banco de España, comunicaría el día de la subasta a las entidades financieras la cantidad de dinero que se fuese a subastar, pudiendo éstas realizar peticiones y remitiéndose al Banco de España por el procedimiento habitual establecido por dicha institución para las subastas de liquidez. A través de dichas peticiones los bancos y las cajas tendrían que indicar la cantidad de dinero que quisieran recibir a cambio de activos de garantía, debiendo ser el importe mínimo igual o superior a 100 millones y teniendo que representar las peticiones por importes superiores múltiplos de un millón de euros. Asimismo dichas peticiones tendrían que especificar el tipo de interés que estuviesen dispuestas a pagar por el dinero recibido. El tipo finalmente establecido se concretaría en la media de los tipos aceptados en la subasta y ponderados por las cantidades adjudicadas correspondientes. Con carácter general las entidades podrían realizar hasta cinco peticiones como máximo, siempre y cuando la suma total de las peticiones no superase el importe total de la subasta del Tesoro, pudiendo participar en la subasta aquellas

Con fecha 10 de diciembre de 2013 el Tesoro afrontaba su siguiente subasta del ejercicio 2013 con la finalidad de tratar de igualar los resultados de la anterior emisión de noviembre de 2013[322] en la que, como ya se ha señalado, los intereses a 12 meses fueron los más bajos de la serie histórica, si bien se ha de recordar que la citada emisión se vio respaldada por el estímulo que representaba la rebaja de tipos de interés del 0,5 al 0,25% dispuesta por el BCE. En el presente caso el objetivo del Tesoro pasaba por adjudicar un mínimo de 3.500 millones de euros y un máximo de 4.500 millones de euros, previéndose a tal efecto que el importe emitido rondase el tope fijado, esto es, los 4.500 millones de euros. En todo caso, y tal y como se ha precisado con anterioridad, a dicha fecha el Tesoro había completado ya más del 100% de sus necesidades de financiación a medio y largo plazo previstas para todo 2013.

Finalmente el Tesoro no logró reeditar el coste de financiación más bajo a 12 meses, alcanzando el importe final adjudicado los 4.540 millones de euros. La demanda continuó ofreciendo un amplio margen. Las peticiones efectuadas superaron 2,9 veces los 1.690 millones de euros adjudicados en letras a seis meses, y 2,6 veces los 2.849 millones colocados en títulos a 12 meses. Sin embargo, y por lo que respecta a los costes de emisión, el Tesoro no pudo repetir los récords de la anterior subasta de noviembre de 2013. La rentabilidad media de las letras a 12 meses repuntó desde el mínimo histórico del 0,678% hasta el 0,883%. En el caso de las letras a tres meses, el coste se encareció del 0,494% al 0,686%. De este modo, si bien a resultas de dicha subasta se había conseguido recaudar más, se habían encarecido igualmente los costes de emisión en un 35%.

---

entidades que fuesen contrapartidas del Banco de España en sus operaciones de ajuste de política monetaria o que tuviesen la condición de 'Creadores de Mercado de Deuda Pública'. Igualmente podrían participar las entidades que hubiesen sido autorizadas por el Tesoro, previa solicitud, porque el organismo dependiente del Ministerio de Economía y Competitividad considerase que tuviesen una presencia destacada en los mercados de deuda pública.

[322] Nos estamos refiriendo concretamente a la emisión de 19 de noviembre de 2013, en la que tuvo lugar una emisión de letras a seis y doce meses, lográndose captar un total de 4.549 millones de euros con rebajas en el interés de ambas emisiones. En el caso de las letras a un año fue el mínimo de toda la serie histórica. Concretamente, y tal y como ya se ha señalado, de los 4.549 millones de euros adjudicados entonces la mayor parte, un total de 3.709,05 millones de euros, se consiguieron en letras a doce meses, con una rentabilidad del 0,713%, la más baja desde que España empezó a emitir esta denominación en junio de 1987. El resto, 840,18 millones de euros, correspondieron a letras a seis meses, que se adjudicaron a una rentabilidad del 0,5%, el rendimiento más bajo desde mayo de 2013.

Con motivo de la penúltima subasta del ejercicio 2013 a celebrar el 17 de diciembre de 2013 el Tesoro tenía previsto colocar sus letras a tres y nueve meses. Pues bien a resultas de dicha subasta el Tesoro colocó un total de 3.500 millones de euros en títulos a tres y nueve meses, habiendo repuntado el interés al 0,6% y al 0,8%, respectivamente. En todo caso con la realización de dicha subasta el Tesoro venía a completar un ejercicio en el que había reducido drásticamente los costes de financiación a corto plazo, llegando incluso en su subasta de 19 de noviembre de 2013 a colocar sus letras a un año al interés más bajo de la serie histórica, el 0,678%.

En el presente caso, pasando el objetivo del Tesoro por adjudicar un total de 3.500 millones de euros en títulos a tres y nueve meses, el importe finalmente adjudicado se ajustó a dicho tope, situándose en 3.502 millones de euros, con un reparto casi equitativo: 1.767 millones a tres meses y 1.735 millones a nueve meses. La evolución del mercado secundario ya auguraba un repunte de los costes de financiación respecto a la anterior emisión de noviembre de 2013, habiéndose situado en esta última la rentabilidad media de las letras a tres meses en el 0,405%, y la de los títulos de letras a nueve meses en el 0,662%.

Apenas dos días después, el 19 de diciembre de 2013, el Tesoro finalizaba sus emisiones correspondientes al ejercicio 2013 con la emisión de unos bonos a cinco y diez años, con cupón del 3,75% y vencimiento el 31 de octubre de 2018, y cupón del 4,40% y vencimiento el 31 de octubre de 2023, respectivamente. En el presente caso el objetivo de la adjudicación se limitaba a 2.500 millones de euros, un importe reducido respecto a anteriores emisiones. En dicha subasta fueron colocados finalmente un total de 2.542 millones de euros a cinco y diez años, situándose sus rentabilidades ligeramente por debajo de los intereses pagados en las anteriores subastas. Así, a cinco años pagaría el 2,697% frente al 2,722% que ofreció en la anterior subasta de 5 de diciembre de 2013. Y a diez años se fijó el 4,098%, por encima del 4,164% de la anterior subasta de 7 de noviembre de 2013.

En todo caso, y debido a la reducción operada en el importe emitido, el margen de la demanda continuó siendo muy amplio. Las peticiones efectuadas superaron la oferta 2,7 veces en los bonos a cinco años (por encima de los 2,2 previos) y 3,6 veces en la deuda a diez años (frente a la *ratio* anterior de 2,6 veces). Así las cosas la cuantía emitida en bonos durante 2013 alcanzó los 127.343 millones de euros, lográndose por el Tesoro un ahorro de unos 8.500 millones de euros gracias a la rebaja en los intereses de la deuda. Concretamente el importe adjudicado en bonos durante 2013 alcanzó los 127.343 millones de euros, por encima de los 121.300 millones previstos al inicio del citado ejercicio.

Por otra parte, a la finalización del ejercicio 2013 se conoció que la vida media de la deuda pública había descendido por tercer año consecutivo. El Tesoro, que manifestó su intención de alargar plazos de vencimiento, finalmente no lo logró, y a la finalización del citado ejercicio la vida media de las emisiones fue de 6,22 años mientras que un año antes era de 6,51. Ciertamente se trataba de un dato negativo ya que, con carácter general, lograr espaciar los vencimientos otorga un mayor margen de maniobra y evita que se produzcan periodos en los que haya que afrontar un gran volumen de pago.

En efecto, a pesar de la sustitución de algunas emisiones de Letras por otras de más largo plazo durante el ejercicio 2013 el Tesoro no pudo evitar que por tercer año consecutivo la vida media de la deuda española descendiese. Concretamente la longevidad media de la deuda viva se situó en 6,22 años a final del ejercicio 2013, mientras en 2012 el periodo era de 6,38 años y de 6,70 años a cierre de 2011. Antes de que la crisis dejara notar sus efectos en España, la vida media de las emisiones públicas se situaba en 6,94 años, lo que suponía su máximo. Estos datos se referían a la deuda emitida en euros y, al incluir las emisiones en otras divisas y préstamos del Banco de España, la tendencia se replicaba. En el presente caso, la deuda total tenía una duración media algo menor, de 6,20 años, por 6,35 en 2012, 6,51 en 2011 y 6,62 en el año 2010.

Con carácter general a mayor vida media de la deuda, mayor margen de maniobra para espaciar los vencimientos y evitar, de este modo, que se produzcan periodos en los que haya que afrontar un gran volumen de pagos. De hecho esta era una de las razones por las que el Tesoro ya se planteaba en los meses finales del ejercicio 2013, una vez cubiertas las necesidades de financiación del ejercicio, aprovechar los vencimientos de Letras para cubrir parte de las nuevas emisiones con deuda de medio o largo plazo y contribuir así a alargar la vida media del conjunto de deuda pública. Dicho objetivo del Tesoro de emitir a más largo plazo se veía además favorecido por las mejores condiciones del mercado, ya que el mayor apetito inversor le permitía colocar bonos de largo y medio plazo a un interés mucho menor.

Si bien en octubre de 2013 la vida media del conjunto de la deuda se situaba en niveles prácticamente iguales a los del cierre de 2012, en los últimos dos meses fue descendiendo para cerrar en el mencionado periodo medio de 6,22 años. El creciente peso de los plazos medios, cuya duración máxima es de 5 años, y el volumen neto emitido cada año, dificultaba conseguir la meta de alargar la vida de la deuda en un espacio corto de tiempo.

Durante el citado ejercicio 2013 se emitió deuda por un importe de 238.560 millones de euros, siendo amortizados un total de 164.818 millones de euros, lo que suponía que la financiación neta del Estado creció en 73.742 millones de euros. Durante el mes de noviembre de 2013, una vez cubiertas las necesidades de financiación del ejercicio, decreció el volumen de Letras del Estado en circulación en 1.770 millones de euros, mientras aumentó en 8.946 millones el de bonos y obligaciones. Y, durante el mes de diciembre de 2013 la reducción del importe efectivo de las Letras fue de 506 millones de euros y el de bonos y obligaciones aumentó en 6.063 millones de euros. Ciertamente se trataba de unos cambios muy pequeños en relación al volumen total de la deuda emitida, para que se pudieran trasladar a la longevidad media de las emisiones en circulación. En total, el valor nominal de la deuda española en circulación fue de 760.256 millones de euros, el más alto de su historia, mientras que en 2013 el volumen en circulación era de 688.231 millones de euros.

Por otra parte de 2012 a 2013 el Tesoro redujo el peso de las emisiones más cortas, las Letras, del 12,29% al 11,73%, mientras que el peso de las más largas, las obligaciones, también bajaron, del 53,74 por ciento al 51,9 por ciento. Esto último, unido al incremento de los plazos medios, bonos de dos a cinco años, que pasaron de un 27,17% del total de importe nominal de 2012, al 29,97% en 2013, explicaban la reducción de la vida media del conjunto de la deuda pública estatal.

Según datos facilitados por el Tesoro[323] durante el ejercicio 2013 el aumento de la deuda en circulación en 73.742 millones de euros fue financiado en casi un 60% por bonos, 43.962 millones de euros, mientras las obligaciones no llegaron a la mitad de esa cifra, representando un total de 21.921 millones de euros.

[323] Fuente: *Diario El Economista* (www.eleconomista.es, consultada el 27 de enero de 2014).

Las mejores condiciones del mercado contribuyeron a bajar el tipo de interés que el Tesoro tiene que ofrecer a los inversores. Así, en 2013, el tipo efectivo medio de las nuevas emisiones se situó en el 2,45%. Ello suponía pagar más de medio punto menos que en 2012, cuando el coste para el Estado por colocar su deuda le supuso abonar una media del 3,01%. Las Letras a doce meses, que en 2012 ofrecieron un tipo medio del 2,81%, bajaron en 2013 hasta el 1,23%, lo que significaba una reducción de costes de más del 50%. En cuanto a los instrumentos de financiación de medio plazo, los bonos a cinco años pasaron del 4,44% de media al 3,41 por ciento en 2013. El rendimiento efectivo de los bonos a diez años se situó ese año en el 4,77%, mientras uno antes se encontraba en el 5,45%. El interés de las obligaciones a 30 años, el plazo más largo de emisión, pasó del 6,15% en 2012, al 5,29% durante el ejercicio 2013.

La deuda del conjunto de las Administraciones Públicas españolas había alcanzado los 960.640 millones de euros en el cuarto trimestre de 2013, lo que representaba un aumento del 8,6% en comparación con el mismo periodo del ejercicio anterior (884.731 millones de euros). Con carácter general las CC.AA. acumulaban la mayor parte del incremento de la deuda pública. Así la deuda pública representaba el 93,3% del PIB, frente al 86% en que se situó un año antes y al 93,3% del trimestre precedente. Se trataba, además, de la cuantía más elevada de la serie histórica de deuda trimestral. De acuerdo con los datos facilitados por el Banco de España[324] el mayor aumento del endeudamiento en términos absolutos correspondió a la Administración Central, que pasó a tener una deuda de 836.127 millones de euros, el 81,7% del PIB, frente al 73,9% con que cerró 2012 (un 9,99% más). Sin embargo en términos relativos el mayor aumento lo registraron las Comunidades Autónomas, cuya deuda creció un 11,51%, lo que la situaba en 206.797 millones de euros, también un récord para las Autonomías.[325]

[324] Fuente: Banco de España, www.bde.es (consultada el 14 de marzo de 2014).

[325] Concretamente el porcentaje de endeudamiento sobre PIB se situó en el último trimestre de 2013 en el 20,2%, frente al 18% de un año antes y al 19,2% del trimestre anterior. Las Regiones más endeudadas fueron la Comunidad Valenciana (con un 32,9% del PIB), Castilla-La Mancha (31,6% del PIB) y Cataluña (29,9%). En el lado contrario estaban Madrid (12% del PIB), País Vasco (13,2%) y Canarias (13,2%). En valores absolutos, Cataluña fue la Comunidad Autónoma con una mayor deuda, ya que alcanzó los 57.146 millones de euros, frente a los 51.386 millones del cuarto trimestre del año anterior (+11,2%). A continuación se situó la Comunidad Valenciana, con 31.884 millones (+8,2%); Andalucía, con 23.898 millones (+16,3%), y Madrid, con 22.104 millones (+9,8%). Dentro del ámbito de las Corporaciones

Desde nuestro punto de vista debía reconocerse la existencia de una mejora evidente de la deuda soberana española, sin perjuicio de que el país debiera continuar implementando reformas estructurales, continuando además en la senda de la reducción del déficit y del desapalancamiento para que su calificación siga mejorando. Ahora bien al margen de lo anterior no podía tampoco ignorarse que la compra de deuda pública por parte de nuestras entidades financieras aseguraba un porcentaje de colocación que, si bien disminuía las tensiones que provocan las necesidades de refinanciación del Estado emisor[326], terminaba restringiendo la concesión de crédito al sector privado.

Locales el volumen de deuda pública se situó en 41.490 millones de euros en el cuarto trimestre del 2013, un 1% menos que un año antes, representando el 4,1% del PIB. Del total, 35.133 millones correspondían a ayuntamientos y 6.000 millones a Diputaciones de régimen común, Diputaciones forales y Consejos y Cabildos insulares. Madrid fue nuevamente el ayuntamiento con más deuda, con un total de 7.036 millones de euros, abarcando casi el 64% del total de la deuda de las capitales de provincia con más de 500.000 habitantes. Por detrás se situaban Barcelona (1.110 millones), Valencia (872), Zaragoza (861), Málaga (701) y Sevilla (439). Así las cosas la deuda viva del conjunto de las Entidades Locales a 31 de diciembre de 2013 se elevó a 41.715 millones de euros, un 2,6% menos que el año anterior (Fuente: *El Economista,* www.eleconomista.es, consultada el 13 de mayo de 2013). Un total de 35.321 millones de euros de dicha deuda correspondían a los Ayuntamientos, 6.000 a las entidades provinciales e insulares y 394 millones al resto de entidades locales (mancomunidades y Entidades Locales de ámbito inferior al municipio). Si se eliminase la deuda con el Fondo de Financiación del Pago a Proveedores, la deuda viva se situaría en 30.800 millones de euros, en torno al 3% del PIB nacional, es decir la deuda municipal volvería a niveles de 2008. En relación con el año 2012, en términos homogéneos, la deuda pasa de 42.800 millones de euros, en 2012, a 41.715 millones de euros en 2013, con una reducción del 2,6%.

[326] Téngase presente además que el aumento de bonos del Tesoro en el balance de los bancos españoles ha contribuido a compensar en parte la huida de los inversores extranjeros, tratándose de una actuación que se ha visto además reforzada por las subastas extraordinarias de liquidez puestas en marcha por el BCE, que han contribuido a aliviar la tensión sobre la deuda periférica. La banca, a través de los intereses percibidos por los bonos, mejora su margen de intereses, contribuyendo las ventas obtenidas a resultas de dichas operaciones a reforzar sus resultados por operaciones financieras *(carry trade)*. No obstante con fecha 10 de diciembre de 2013 se conoció un Informe de *Morgan Stanley* (Fuente: www.eleconomista.es, consultada el 10 de diciembre de 2013), a través del cual se ponía de manifiesto que en torno al 20% del margen de intereses de los bancos españoles en el tercer trimestre de 2013 vino del *spread* (diferencia entre el coste de financiación y los rendimientos obtenidos por invertir ese capital) de su cartera de bonos. Y, analizando la cifra lograda entre el 1 de julio y el 30 de septiembre de 2013, la citada consultora calculó que la cartera de bonos de las entidades del Ibex generaría aproximadamente 3.300 millones de euros en ingresos anuales durante dicho ejercicio. Dicha cifra se obtenía por el hecho de que los bonos que atesoraban los bancos se habían comprado con un coste de financiación muy bajo –o gracias a depósitos o por los programas de financiación del BCE–,

El Tesoro Público logró cumplir sus objetivos de financiación colocando más deuda pública (letras, bonos y obligaciones) a menor tipo de interés. El tipo efectivo medio de las emisiones realizadas en 2013 se situó en apenas el 2,50%, el menor tipo de los últimos veinte años, con la excepción de 2009, cuando el tipo medio fue de 2,15%. Así, se logró que el tipo de interés de la deuda en circulación se situara en apenas el 3,74%, frente al 4,07% de 2011 o al 4,52% de 2007. Ahora bien a pesar de los bajos tipos de interés pagados el volumen de deuda pública no dejaba de crecer. La deuda pública del Estado pasó de 307.000 millones de euros en 2007 a más de 754.000 millones de euros a noviembre de 2013.

A lo largo de todo este tiempo la prima de riesgo española pasó de casi 640 puntos básicos en los que se situaba en julio de 2012 a unos 240 puntos a principios del mes de diciembre de 2013, abaratándose considerablemente el esfuerzo de financiación del Estado y quedando reflejado el retorno de la confianza de los inversores foráneos a la economía. Según datos del Tesoro Público conocidos a fecha 4 de diciembre de 2013[327] el saldo de deuda pública en manos de inversores extranjeros creció en 11.973 millones de euros en septiembre de 2013, hasta situarse en el récord histórico de 239.758 millones de euros, lo que representaba una cifra muy por encima de los 230.914 millones de euros registrados en el ejercicio de 2010 o de los 230.468 millones de euros alcanzados en mayo de 2013. Con carácter adicional la deuda del Estado en posesión de no residentes pasó de 193.131 millones de euros en septiembre de 2012 a 239.758 millones de euros a comienzos de diciembre de 2013, lo que supone un incremento de 46.627 millones de euros (un 24% más). Estas cifras vienen a poner de relieve, a nuestro juicio, el recobrado apetito de la inversión extranjera por la deuda

habiéndose adquirido con unas rentabilidades bastante más altas de la que con posterioridad se podía obtener en el mercado. Y esta segunda parte iba a dejar de tener continuidad. En opinión de la consultora con la caída de rentabilidad de los bonos entre 100 y 150 puntos básicos en 2013 y 200 puntos respecto a la media de 2012 hasta un tercio de esos ingresos podía desaparecer en 2016. De este modo, y una vez llegado el citado ejercicio, los ingresos logrados gracias al *carry trade* computados en el margen financiero, con el nuevo *spread* que hipotéticamente podrían obtenerse, caería a la zona de 2.000 millones de euros, dado que las renovaciones de bonos a vencimiento, debido a las mejores condiciones del mercado y a la caída de la prima de riesgo, se reduciría significativamente. Téngase presente que la cartera de deuda de los bancos a 2 y 3 años estaba ofreciendo una rentabilidad del 3,2%, cuando en aquel momento la deuda soberana rentaba un 1,4/1,8% a dichos plazos. Así las cosas, a pesar de que el BCE mantuviese los tipos de interés bajos, el beneficio por esa vía terminaría cayendo.

[327] Fuente: *Diario Expansión* (www.expansion.com, consultada el 4 de diciembre de 2013).

pública española tras los altibajos sufridos en los últimos dos años, cuando el saldo de deuda en manos de no residentes llegó a caer hasta los 174.452 millones en agosto de 2012, coincidiendo con los momentos más difíciles sufridos por la economía española.

Por otra parte a lo largo del ejercicio 2013 el coste medio de emisión del Tesoro Público se situó en el 2,46%, 92 puntos básicos por debajo de la cifra de 2012, mientras que el diferencial entre la referencia española a diez años y el correspondiente bono alemán se redujo en 2013 en 170 puntos básicos, hasta alcanzar en diciembre un valor medio de 234 puntos[328]. La emisión neta de deuda alcanzó un valor de 70.316,8 millones de euros en 2013, lo que supuso un aumento del 15,4% respecto a los 60.944,5 millones captados en 2012. En cuanto a su composición, el 93,5% de la emisión neta total (65.755,5 millones de euros) se instrumentó mediante bonos y obligaciones, mientras que el Tesoro hizo colocaciones netas de letras por un valor nominal de 4.561,3 millones de euros.

Con carácter general el Tesoro emitió letras a nueve meses y bonos a dos años. Como consecuencia del aumento del peso de la financiación en el segmento de medio plazo, la vida media de la deuda anotada del Estado se redujo ligeramente, hasta situarse al final de 2013 en 5,9 años, frente a los seis años de 2012. Por su parte la emisión bruta en 2013 registró un incremento del 10,5% y ascendió a 235.280,0 millones de euros, frente a los 212.854,1 millones de 2012.[329]

Tal y como hemos tenido ocasión de analizar el Tesoro recurrió a la sindicación para emitir los primeros tramos de las obligaciones del Estado, lanzando al efecto dos nuevas referencias a diez años en los meses de enero y mayo de 2013 por importe de 7.000 millones de euros cada una de ellas, así como la nueva obligación de referencia a 15 años, por un importe de 3.500 millones de euros (en julio de 2013) y otra a 30 años, con 4.000 millones de euros (en octubre de 2013).

---

[328] Fuente: *Memoria del Mercado de Deuda Pública del Banco de España 2013,* Banco de España, www.bde.es (consultada el 29 de mayo de 2014).

[329] Concretamente por instrumentos la mayor actividad correspondió a las letras a un año y, en menor medida, a las obligaciones a diez años. El programa de financiación de 2013 se materializó fundamentalmente mediante subastas, llegando a celebrarse un total de 111 subastas ordinarias, de las cuales 48 correspondieron a letras y 63 a bonos y obligaciones. En media la demanda situó la *ratio* de cobertura en 2,8 veces el volumen adjudicado.

La negociación en el mercado de deuda del Estado creció en 2013 un 4,9% respecto al año anterior y se situó en 15,1 billones de euros, mientras que la realizada en el ámbito de titulares del mercado se incrementó un 13,4%, llegando a caer en el segmento de terceros cayó un 3,3%. Esta evolución, que mantuvo la tendencia de los últimos años, hizo que, por vez primera, la negociación entre titulares, con un 53% del total, superase a la contratación con terceros. En líneas generales el grueso de la actividad se centró en los bonos y obligaciones no segregados, que pasaron de representar el 76,8% en 2012 a suponer el 78,8% del total. En sentido contrario la cuota de negociación con letras del Tesoro bajó desde el 20,6% en 2012 al 18,5% en 2013. Y la participación de los instrumentos segregados se mantuvo casi estable, subiendo apenas una décima, hasta alcanzar el 2,7%.

Sin lugar a dudas la variación más significativa en las tenencias de saldos de deuda pública fue la relativa al cuantioso aumento (de 51.800 millones de euros) registrado en la cartera de los inversores no residentes, materializado principalmente en bonos y obligaciones, si bien también fueron destacables los incrementos correspondientes al grupo de otras instituciones financieras (22.800 millones), a las empresas no financieras (7.400 millones) y a las entidades de crédito (3.300 millones).

Los inversores no residentes continuaron siendo el grupo más importante en términos cuantitativos y mantuvieron en sus carteras el 41,1% del saldo vivo de bonos y obligaciones. En relación con las letras del Tesoro destacó especialmente el aumento de las tenencias de los inversores no residentes por un importe de 21.700 millones de euros. También en el caso de las letras del Tesoro, el grupo de inversores no residentes fue el de mayor importancia cuantitativa, ya que su posesión alcanzó el 61,3% del saldo vivo a final de 2013. Por lo que respecta a la deuda de otros emisores admitida a negociación en el Mercado de Deuda Pública en Anotaciones, dicha deuda creció en 16.582 millones de euros durante el año 2013, de los que 3.480 millones de euros correspondieron a las Comunidades Autónomas y 13.102 millones de euros a otras instituciones públicas, en particular al Fondo para la Financiación del Pago a Proveedores. En todo caso durante el ejercicio 2013 continuó la tendencia de pérdida de peso relativo de los inversores no residentes en el reparto del saldo total de deuda de Comunidades Autónomas y de otras instituciones públicas, ya que su cuota se redujo 9,4 puntos porcentuales hasta alcanzar un 29,6% del saldo al final de 2013, dejando de ser el principal grupo inversor debido al avance del sistema crediticio, cuya cuota aumentó 16,5 puntos porcentuales hasta situarse en el 48,3% del total.

Ciertamente se ha de reconocer que el coste medio de la deuda en circulación había descendido paulatinamente a lo largo de 2013, ya que las nuevas emisiones se realizaron a tipos de interés inferiores a los del año anterior, como consecuencia de un comportamiento más estable del mercado de deuda. Ello motivó que la partida destinada al pago del servicio de la deuda pública quedase en 36.590 millones de euros, por debajo de los 38.590 millones de euros presupuestados para el ejercicio 2013. El consiguiente ahorro se explicaba por el hecho de que el Tesoro había logrado sacar partido de los mejores momentos del mercado y se había financiado a medio y largo plazo a precios atractivos. Incluyendo letras, el coste de emisión del ejercicio 2013 se situaba en el 2,61% cuando a cierre de 2012 era del 3%.

En definitiva, la partida derivada del pago de intereses de la deuda se había más que duplicado desde el inicio de la crisis financiera durante el verano de 2007. Así, si en 2008 suponía 16.609 millones de euros en 2014 la factura será de 36.590 (19.981 millones más). Y ello a pesar de que dicha partida ha descendido un 5,2% respecto al año anterior gracias a la caída de los costes de financiación.

Sin lugar a dudas, y tal y como hemos venido exponiendo a lo largo de la presente obra, el endeudamiento de España constituye uno de los efectos más claros de la crisis financiera. De hecho se preveía que la deuda pública de las Administraciones Públicas se situara cerca ya del 100% del PIB en el ejercicio 2014. Concretamente, el endeudamiento público alcanzaría el 98,9% del PIB en dicho ejercicio. La *ratio* de deuda sobre PIB subiría 5,6 puntos respecto a 2013, esperándose que dicho ejercicio cerrase en el 94,2%. Y si se comparaba dichos datos con los existentes en 2008 podía constatarse que la deuda había crecido en 59,6 puntos porcentuales durante este periodo.

5. EL MERCADO DE LA DEUDA PÚBLICA ESPAÑOLA EN 2014: ALTERNATIVAS PARA MINORAR EL CRECIENTE VOLUMEN DE ENDEUDAMIENTO

5.A. Alcance de las distintas alternativas planteadas: desde bonos ligados a la inflación hasta colocaciones privadas de deuda a muy largo plazo

Tras la publicación el 30 de septiembre de 2013 de las previsiones macroeconómicas de los Presupuestos Generales del Estado para 2014 en lo referente a deuda pública se preveía que, a la finalización del ejercicio 2013, aquélla se situase en el 94,2% del PIB y cerrase 2014 en el 98,9% del PIB[330]. Asimismo se cifraba en 243.888 millones de euros la necesidad de financiación neta y las amortizaciones del Tesoro Público para 2014, un 17,7% más que en 2013. Al igual que en ejercicios precedentes, prácticamente la totalidad de las emisiones brutas previstas se concentrarían en las letras del Tesoro y en bonos y obligaciones del Estado. No obstante, y como alternativa, se contemplaba también la posibilidad de realizar una emisión de hasta 7.000 millones de euros en otras deudas y divisas por si surgieran oportunidades interesantes de financiación en otros instrumentos o en mercados distintos al del euro.

El aumento del *ratio* deuda pública/PIB tanto en 2013 como en 2014 vendría principalmente determinado por las necesidades de endeudamiento de las Administraciones Públicas. En efecto dicho incremento de la deuda estaría motivado por mayores necesidades de las Administraciones y no tanto por los requerimientos del Fondo de Amortización del Déficit Eléctrico, el fondo de proveedores, o los préstamos a los países rescatados (Grecia, Portugal e Irlanda), así como el préstamo para la recapitalización del sistema financiero español.[331]

---

[330] Si bien la primera previsión facilitada por el Ejecutivo fue del 99,8%, posteriormente se anunció una previsión de 9.000 millones de euros menos, que situaban el porcentaje en el 98,9%, debido a una errata de redacción del texto legal.

[331] En efecto, a diferencia de lo que sucedió en el ejercicio 2012, el incremento en la *ratio* de la deuda respecto al PIB en 2013 y 2014 venía principalmente determinado por las necesidades de endeudamiento de las Administraciones Públicas, pudiéndose observar un sustancialmente menor impacto de instrumento tales como el Fondo de Amortización del Déficit Eléctrico (FADE), el Fondo para la Financiación del Pago a Proveedores (FFPP), la parte asignada a

Concretamente el volumen de la deuda del Estado variaría por dos factores, a saber, las emisiones que lleva a cabo el Tesoro y las amortizaciones. De la suma de la financiación neta y la cobertura de vencimientos resultaban unas emisiones brutas del Tesoro Público en 2014 de alrededor de 243.888 millones de euros. Los intereses que se pagarían por la deuda ascenderían a 36.590 millones de euros (3,49% del PIB) en términos de caja, un 5,2% de lo presupuestado en 2013. La estrategia del Tesoro se centraría en la emisión de letras y bonos, si bien también se contemplaba la posibilidad de realizar una emisión de hasta 7.000 millones de euros en otras deudas y divisas por si surgieran oportunidades interesantes de financiación en otros instrumentos o mercados distintos al del euro.

De este modo, y a pesar de que el coste de refinanciación de la deuda había descendido en 2013, el incremento de la deuda en circulación en 2014 implicaría que la carga financiera de la deuda aumentase de nuevo en 2014 en términos de PIB, con un pago por intereses de 36.590 millones de euros, el 3,5% del PIB. Este incremento de la deuda impediría además un mayor descenso de los fondos destinados a pagar los intereses, reduciéndose dicha partida un 5,2% en 2014 hasta los 36.600 millones de euros. De la suma resultante de la necesidad de financiación neta y las amortizaciones resultarían unas emisiones brutas del Tesoro Público en 2014 de alrededor de 243.888 millones de euros en términos efectivos, necesarias para refinanciar los vencimientos de deuda en el año y para cubrir las nuevas necesidades financieras[332]. Para el cierre de 2014 se esperaba que la deuda estatal en circulación se situase en 826.500 millones de euros (a cierre de agosto de 2013 eran 741.828 millones).

Se preveía pues que la *ratio* de la deuda de las Administraciones Públicas sobre el PIB acabase el ejercicio 2013 en el 94,2%, frente al 85,9% en 2012. La *ratio* de la deuda del conjunto de las Administraciones Públicas sobre el PIB se situaría en el entorno del 99,8% a finales de 2014[333].

España relativa a los préstamos a Grecia, Portugal e Irlanda y el préstamo para la recapitalización del sistema financiero español llevado a cabo por el Mecanismo Europeo de Estabilidad.

332 Téngase presente a este respecto que en el ejercicio 2013 la emisión se situaba entre 215.000 y 230.000 millones de euros en términos brutos, siendo en 2012 de 249.635 millones de euros.

333 En cambio con motivo de la previsión efectuada en abril de 2013 un ratio del 91,4% para el ejercicio 2013 y del 96,2% para el ejercicio 2014.

De cara al ejercicio 2014 una de las alternativas de financiación existente era la relativa a la colocación de bonos vinculados a la evolución de la inflación europeo, con la finalidad de atraer a nuevos inversores que de otra forma no comprarían deuda española. Se trata de una técnica de emisión que ya se emplea en otros países de la UE como Italia, Francia o Reino Unido. Con carácter adicional al amparo de la citada estrategia podría considerarse igualmente la emisión de instrumentos alternativos de forma flexible como las notas a medio plazo en divisas bajo ley británica, los préstamos *Schuldschein* bajo ley alemana y los bonos del Estado bajo ley española pero con características distintas a las habituales, como la deuda cuyo cupón está vinculado a un índice como el Euribor o el Índice de Precios al Consumo. Todo ello sin perjuicio de seguir apostando por instrumentos alternativos tales como la emisión de bono a 30 años, los cuales no se utilizaron en 2012 debido a circunstancias tales como el escaso apetito inversor o el repunte de los intereses provocados por la crisis de deuda soberana. Como ya hemos analizado fue a mediados del mes de marzo de 2013 cuando el Tesoro decidió recuperar el bono a 30 años con una subasta especial celebrada el 14 de marzo en la que el organismo colocó 365 millones en este papel con un interés medio del 5,432%.

Por otra parte se hacía necesario reducir las cifras de endeudamiento del conjunto de las Administraciones Públicas. Con fecha 13 de diciembre de 2013 se conocieron los datos correspondientes al tercer trimestre de 2013[334]. Dichos datos reflejaban que el endeudamiento del conjunto de la Administración Pública (Estado central, Comunidades y Ayuntamientos) había alcanzado en el tercer trimestre del citado ejercicio el 93,4% del PIB. Se trataba del nivel más alto registrado desde 1912, según la serie histórica que mide el Fondo Monetario Internacional. El pasivo en circulación, que sumaba un total de 954.863 millones, no había cesado de aumentar desde que se inició la actual crisis financiera (entre 2007 y 2013 se triplicó al

[334] Fuente: Banco de España, www.bde.es (consultada el 13 de diciembre de 2013). Dentro del ámbito autonómico y sin perjuicio del análisis desagregado que se efectuará en el siguiente Capítulo de ese trabajo el territorio más endeudado a la finalización del tercer trimestre de 2013 era la Comunidad Valenciana, con un nivel del 29,8%, por delante de Castilla-La Mancha, con un nivel de deuda del 28,7% del PIB. El listado de las más endeudadas lo cerraba Cataluña, con un 27,2%. Por su parte la Comunidad de Madrid mantenía el menor nivel de deuda (12,0 del PIB) seguida por Canarias (12,1) y Asturias (12,7). La deuda pública autonómica alcanzaba así los 196. 957 millones, el 15,9% del PIB, una cifra ligeramente superior a la registrada en el anterior trimestre de 2013.

pasar del 36,3% al 93,4% del PIB). Incluso las propias previsiones macroeconómicas del Ejecutivo reflejaban que el porcentaje de endeudamiento no dejaría de crecer en el corto plazo, por lo que el nivel de endeudamiento rozaría el 100% del PIB en 2016.

Con carácter adicional entre el último trimestre de 2011 y el último trimestre de 2012 la deuda pública pasó de representar el 70,5% al 86% del PIB, lo que representaba un incremento de 15,5 puntos. Entre el tercer trimestre de 2012 y 2013 el aumento fue de 14,2 puntos. Así las cosas, a la finalización del tercer trimestre de 2013 se habían generado un total de 70.199 millones de euros de nueva deuda, lo que suponía un ritmo de 259 millones al día. El endeudamiento de la Administración central se situó en el tercer trimestre en el 81,3% del PIB, ocho puntos más que en el mismo período del año anterior. Por su parte las Comunidades Autónomas alcanzaron el 19 3% del PIB, lo que representaba 1,3 puntos por encima del nivel registrado en 2012. Y los ayuntamientos presentaban un porcentaje de pasivo del 4,1% del PIB. Por su parte la Seguridad Social mantenía un nivel de pasivo del 1,7%.[335]

Sin lugar a dudas uno de los aspectos más inquietantes del elevado endeudamiento público era el relativo a que la Administración monopolizaba el mercado de crédito, lo que perjudicaba la financiación de empresas y

[335] Por otra parte la deuda del conjunto de las Administraciones Públicas había alcanzado los 952.044 millones de euros hasta octubre de 2013, lo que suponía 2.819 millones de euros menos que el mes anterior, si bien aún superaba el 93% del PIB (93,1%), según datos del Banco de España (Fuente: www.bde.es, consultada el 17 de diciembre de 2013). Dicho cálculo se efectuó con un PIB de 1.022.496 millones de euros, teniendo en cuenta la evolución económica de los últimos cuatro trimestres, según las estimaciones del Instituto Nacional de Estadística, que son las que toma el Banco de España. Con las nuevas previsiones del Gobierno, recogidas en los Presupuestos del Estado para 2014, la deuda pública hasta octubre de 2013 se situaba a un punto del objetivo para todo el ejercicio, situado en el 94,2%, y todavía lejos del 98,9% que contemplaba el Ejecutivo para el próximo ejercicio. Realizando una radiografía del ejercicio 2013 la deuda del conjunto de las Administraciones Públicas había crecido todos los meses, salvo en enero, abril, agosto y octubre. El mayor incremento del endeudamiento se produjo en febrero de 2013, cuando la deuda aumentó en más de 30.000 millones de euros, y en mayo de dicho año, cuando repuntó en más de 25.000 millones. En tasa interanual, la deuda pública experimentó hasta octubre de 2013 un incremento del 16,2% frente a los diez primeros meses de 2012, cuando el endeudamiento del conjunto de las Administraciones Públicas alcanzó los 818.619 millones de euros. Del total de la deuda en manos de las Administraciones hasta octubre de 2013, 86.420 millones de euros correspondían a valores a corto plazo, 1.018 millones más que en septiembre de 2013, aunque el grueso de la deuda seguía colocada en valores a medio y largo plazo, hasta un total de 661.138 millones de euros, con un descenso de 3.383 millones respecto al mes anterior.

particulares. Los datos del Banco de España facilitados a 13 de diciembre de 2013 reflejaban como desde 2008 los créditos al sector público habían crecido sin parar mientras que los destinados a hogares habían caído considerablemente. Así, entre 2007 y 2013 los préstamos se duplicaron, pasando de 42.841 a 98.214 para el Sector público (un 129,5%) mientras que el destinado al sector privado cayó desde 1.760.213 a 1.481.543, lo que representaba un 16% menos.

La Ley 22/2013, de 23 de diciembre, de Presupuestos Generales del Estado para el año 2014, autorizaba al Ministro de Economía y Competitividad para que incrementase la Deuda del Estado, con la limitación de que el saldo vivo de la misma en términos efectivos a 31 de diciembre del año 2014 no superara el correspondiente saldo a 1 de enero de 2014 en más de 72.958.280,98 miles de euros. Dicho límite sería efectivo al término del ejercicio, pudiendo ser sobrepasado en el curso del mismo y quedando automáticamente revisado por el importe de las modificaciones netas de créditos presupuestarios correspondientes a los Capítulos I a VIII de la citada Ley, así como por las desviaciones entre las previsiones de ingresos contenidas en dicha Ley y la evolución real de los mismos, por la diferencia resultante entre los créditos presupuestarios totales de los Capítulos I a VIII de la Ley y el importe global de las obligaciones reconocidas de los citados Capítulos en el ejercicio, por los anticipos de tesorería y la variación neta de las operaciones no presupuestarias previstas legalmente y por la variación neta en los derechos y las obligaciones del Estado reconocidos y pendientes de ingreso o pago. En todo caso las citadas revisiones incrementarían o reducirían el límite anteriormente señalado según supongan un aumento o una disminución, respectivamente, de la necesidad de financiación del Estado.

Para el ejercicio 2014 estaba previsto que el Tesoro Público realizase emisiones brutas por valor de 243.888 millones de euros las cuales servirían, al menos en parte, para afrontar los vencimientos de más de 150.000 millones pendientes para 2014. Téngase presente que, tal y como se ha indicado, la Ley de Presupuestos Generales del Estado para 2014 contemplaba la emisión bruta de 243.888 millones, lo que supondría un incremento del 17,7% en comparación con la cifra bruta emitida en 2013. Con carácter adicional se contemplaba la posibilidad de emitir hasta 7.000 millones de euros en otras deudas y divisas si surgieran posibilidades interesantes.

Tal y como se ha señalado con anterioridad una de las posibilidades planteadas era la relativa a la emisión de bonos ligados a la inflación para atraer a nuevos inversores que de otra forma no comprarían deuda española. Se trataría concretamente de un tipo de papel no usado nunca en España, a pesar de haberse contemplado en varias ocasiones, pero que podría contar con cierta demanda y que no se descartaba para el 2014. De hecho, se ha venido usando de forma recurrente en países como Italia, Francia o Reino Unido[336].

La posibilidad de emitir durante el ejercicio 2014 bonos ligados a la inflación (siguiendo la senda de otros países como Italia, Alemania, Francia, Reino Unido, Japón o Estados Unidos) exigía necesariamente lograr un precio competitivo. Se trataba, en efecto, de emitir bonos ligados a la inflación europea (excluido el tabaco) con vistas en los próximos años a formar una curva de referencias a las que pueda dotar de liquidez mediante reaperturas frecuentes, con la finalidad de que aseguradoras y fondos de pensiones refuercen sus inversiones en España. La intención era emitir de acuerdo con dichos instrumentos bonos con vencimiento superior a cinco años.

Un bono indexado a la inflación constituye un bono que devenga un cupón fijo pero que, a lo largo de la vida del producto, incrementa el principal de la inversión según la evolución de un índice de precios. Este principal suele tener un suelo que impide que al vencimiento se sitúe por debajo de la inversión original. Dada una senda de inflación positiva, el principal crece a lo largo del tiempo y por tanto el importe del pago del cupón será también mayor. La documentación reguladora de esta clase de bonos es común a la del resto de bonos y obligaciones del Estado, siendo objeto de publicación en el BOE. Con carácter adicional, y al igual que sucede con el resto de bonos, el bono indexado a la inflación se encuentra sujeto a legislación española y, como cualquier otro instrumento de deuda soberana a plazo superior a un año en la Eurozona, contiene Cláusulas de Acción Colectiva, pudiendo ser emitido mediante subasta ordinaria o sindicación bancaria y quedando garantizada su liquidez en el mercado secundario por el compromiso de cotización de los Creadores de Mercado.

[336] En efecto en Europa, Reino Unido o Estados Unidos los bonos ligados a la inflación constituyen un activo de uso corriente. En el caso específico de Estados Unidos los llamados TIPS (*Treasury Inflation Protected Securities*) se utilizan como mecanismo para calibrar la evolución esperada de los precios.

Así las cosas su principal rasgo diferenciador frente a los bonos nominales radica en la estructura de pagos. Y es que mientras que un bono nominal paga cupones fijos calculados como porcentaje del principal invertido (devolviéndose con motivo de la amortización del bono el principal invertido junto con el último cupón) el bono indexado a la inflación paga cupones inicialmente menores pero que se incrementan al aumentar el principal en cada periodo de devengo para compensar la inflación, abonándose a resultas de la amortización la inversión original incrementada para compensar la pérdida de poder adquisitivo debido a la mayor inflación. El cálculo del incremento del principal invertido se suele realizar según la convención habitual de este mercado, interpolando los índices de precios publicados dos y tres meses antes del día en que se quiere valorar el activo.

Se trata por tanto de unos bonos estándar, con la diferencia de que el rendimiento es variable y dependiente de la evolución de los precios. Así, en un bono ligado a la inflación lo que ingresa el inversor depende de la evolución de los precios en la zona euro. Sus destinatarios suelen ser grandes inversores, esto es, fondos de pensiones y aseguradoras, principalmente, es decir, inversores institucionales que compran la deuda con una perspectiva de largo plazo y que persiguen recibir el rendimiento anual.

Siendo la inflación negativa durante un ejercicio el cupón devengado nunca podría ser negativo. En el hipotético caso de que la inflación fuera negativa durante toda la vida del bono, en la amortización nunca se devolvería menos que el principal invertido. El índice de precios de referencia para los bonos y obligaciones indexados a la inflación es el IPC armonizado publicado mensualmente por Eurostat. Aquellas revisiones que pudieran llegar a producirse en los índices de precios tras su publicación inicial no podrían dar lugar a revisiones en los índices de referencia publicados ni en el cupón anual, cupón corrido o principal calculados en base a dichos índices de referencia. Y en el supuesto de que se produjese una modificación de base en el cálculo del Índice de Precios, la transición entre los meses cuyos índices hubiesen sido calculados con diferentes bases se efectuaría de modo que no se alterase la evolución normal del coeficiente de indexación.

Por su parte los vencimientos de deuda previstos para 2014 superarían los 150.000 millones de euros, lo que representaría el 15% del PIB, concentrándose básicamente en cuatro momentos clave a lo largo del ejercicio 2014 (enero, abril, julio y octubre). Con estas emisiones, y teniendo en cuenta el impacto de otros instrumentos de política económica, la deuda pública escalaría al 99,8% del PIB, por encima del billón de euros. Además, la carga financiera aumentaría de nuevo, con un pago de intereses de 36.590 millones, el 3,5% del PIB.

Para dicho ejercicio 2014 el déficit previsto del 5,8% implicaría un incremento de las necesidades de financiación de cerca de 60.000 millones de euros, adicionales a los vencimientos por un importe en torno a 140.000 millones de euros. El incremento de la deuda pública de 2013 fue absorbido por las entidades de crédito, que incrementaron su tenencia de deuda soberana en 18.000 millones de euros, y por los inversores no residentes, compradores netos de 28.000 millones de euros[337]. Recuérdese que la deuda

[337] Concretamente la deuda pública española en manos de inversores extranjeros alcanzó en noviembre de 2013 un total de 273.172 millones de euros, cerca de 60.000 millones más que un año antes, con lo que representaba ya el 40% del total, según datos del Tesoro Público (Fuente: *Diario Expansión,* www.expansion.com, consultada el 6 de enero de 2014). Este interés de los inversores extranjeros por la deuda pública española se había incrementado un 9% en noviembre de 2013 respecto al mes anterior y más del 27% en los últimos doce meses. La inversión extranjera en manos de inversores no residentes representaba en noviembre de 2013 el 40,38% del total, por encima del 37,67% de octubre y del 37,41% de septiembre del citado ejercicio; en cambio al cierre de 2012, suponía el 36,53%. La confianza de los inversores foráneos parecía pues haberse recuperado tras sufrir una fuerte caída, situándose las cifras facilitadas cada vez más cerca de los 281.439 millones de euros que los no residentes gestionaban en letras, bonos y obligaciones del Tesoro al finalizar 2011, cuando la deuda en manos de extranjeros representaba el 50,48% del total. Por su parte a octubre de 2013 las entidades nacionales poseían un total de 246.438 millones de euros en deuda a vencimiento, por debajo de los 263.012 millones a los que llegaron en junio del citado ejercicio, pero más de 22.000 millones por encima de la cifra existente a diciembre de 2012 y 45.000 millones de euros más que al término de 2011. Dicho volumen equivalía a un 36,8% del total de la deuda del Estado, por encima del 36,5% de los inversores extranjeros. Dichos datos se verían posteriormente refrendados con fecha 4 de febrero de 2014 (Fuente: www.cincodias.com, consultada el 4 de febrero de 2014), al constatarse que a cierre de diciembre de 2013 los inversores foráneos tenían en sus manos 297.702 millones de euros, lo que equivalía al 43,69% del total de deuda española en circulación. De este modo en el último mes del año los no residentes compraron 24.530 millones de deuda soberana. Con estas adquisiciones la cantidad de deuda en manos de extranjeros regresaba, como se ha señalado, a niveles de 2011, coincidiendo con el estallido de la crisis de deuda. En el balance del pasado ejercicio 2013 los inversores extranjeros adquirieron un total de 73.040 millones de euros. Este aumento contrastaba con la caída registrada en 2012. En aquella ocasión, y ante los rumores que apuntaban a un posible rescate, los inversores extranjeros redujeron su exposición y vendieron 56.777 millones de euros. Mientras los inversores extranjeros incrementaban sus posiciones en la deuda pública de España, la banca realizaba el movimiento inverso. En el último mes del ejercicio 2013 las entidades de crédito se despojaron de parte de su cartera de deuda y vendieron un total de 18.957 millones de euros.

pública española finalizó el ejercicio 2013 en el 94,2% del PIB, previéndose un aumento de dicho *ratio* hasta el 98,9% en 2014, si no se produjesen desviaciones al alza.

En dicho ejercicio 2014 el Tesoro Público debía hacer frente a vencimientos por importe de más de 150.000 millones de euros, debiendo financiar el déficit público, que habría de rebajarse hasta el 5,8% del PIB desde el 6,7% estimado a cierre del 2013. Todo ello en un marco propicio caracterizado por una bajada de la rentabilidad del bono español a 10 años al 3,90%, lo que representaba un entorno de mínimos desde abril de 2010. Los bonos a dos y cinco años, por su parte, rondaban niveles con rentabilidades del 1,15% y del 2,45%, situándose la prima española en niveles de mayo de 2011.

Durante el ejercicio 2014 el Tesoro debía lograr liquidez por un importe de 243.000 millones de euros con la finalidad de hacer frente a las necesidades de financiación que generase el déficit del Estado (un 5,8% del PIB, unos 60.000 millones de euros), además de los vencimientos de deuda emitida en ejercicios pasados. De dicha cantidad 65.000 millones de euros constituirían nuevas emisiones para cubrir el déficit y el Fondo de Liquidez Autonómico, dotado en 2014 con un monto global de 23.000 millones de euros. El resto de emisiones se destinarían a renovar vencimientos de deuda.[338]

Asimismo el Tesoro debía afrontar en 2014 unos vencimientos mayores que los del ejercicio 2013, superiores a los 175.000 millones. Y, con carácter adicional, debía continuar reuniendo recursos para el Fondo de Liquidez Autonómico. Así las cosas la cifra de 242.370 millones de euros brutos de emisión prevista para 2014 se repartiría entre los 133.280 millones de euros

---

[338] La emisión bruta para 2014 ascendía a un total de 242.370 millones de euros, de los que 133.280 millones serían a medio y largo plazo. A pesar de que la cifra presupuestada de déficit del Estado resultaba inferior, existían mayores vencimientos de deuda que debían ser afrontados a lo largo del ejercicio 2014. Téngase presente que durante el ejercicio 2013 la financiación neta (una vez descontando el dinero destinado a pagar la deuda lanzada en el pasado) se situó en 71.877 millones de euros, ascendiendo la bruta a 236.695 millones de euros, en ambos casos ligeramente por encima de lo previsto. La vida media de la cartera de deuda del Estado en circulación se situó en 6,20 años y el coste medio de las emisiones bajó al 2,45%, medio punto inferior al de 2012. En efecto, el coste medio de emisión de deuda del Estado bajó hasta el 2,45%, medio punto porcentual por debajo de la cifra de finales de 2012. En este sentido, y tomando como fecha de referencia el lanzamiento del euro, el coste medio de la emisión anual sólo fue menor en 2009 (2,15%). Además, el coste medio de la deuda total en circulación descendió en 2013 hasta un 3,73%.

que se intentarían captar con emisiones de deuda a medio y largo plazo y 109.090 millones de euros captados mediante las subastas de letras. El peso de la financiación neta recaería en las primeras, ya que se preveía que los 65.000 millones netos requeridos para 2014 proviniesen de las colocaciones de bonos y obligaciones.

En este sentido la existencia de un contexto económico más favorable[339], junto a la menor aversión al riesgo, afianzaban las apuestas de analistas e inversores por la deuda española de cara al nuevo ejercicio. Además el cambio de ejercicio coincidía con el fin del periodo en el que se basaría el BCE para realizar los test de estrés a la banca. Los bancos redujeron su cartera de deuda española antes del cierre de 2013. Con carácter general esta nueva reválida habría de tener en cuenta los balances de las entidades al cierre de 2013. Y, durante los últimos meses del citado ejercicio los bancos habían reducido su exposición a la deuda pública española ante la posibilidad de que el BCE penalizase estas carteras. En este sentido la contundente mejora que reflejaba el mercado secundario de deuda podía trasladarse al mercado primario.

Por otra parte, y de cara igualmente al ejercicio 2014, el Tesoro pretendía realizar colocaciones privadas de deuda a muy largo plazo para atraer nuevos compradores y realizar emisiones en nuevas divisas con la finalidad de atraer nuevos inversores y de tratar de compensar el efecto producido con motivo de la reducción de las compras de deuda pública por parte de la banca española, especialmente ante el temor de que el BCE penalizase a aquellas entidades financieras que tuviesen en cartera deuda soberana con motivo de los *tests* de estrés a realizar en 2014.

---

[339] En efecto, los primeros datos macro publicados en 2014 reforzaban las perspectivas de una reactivación de la economía en la Eurozona, conociéndose además con fecha 2 de enero de 2014 síntomas de mejora en el mercado laboral de España al haber bajado la cifra de desempleados durante el citado mes en 147.385 personas en el conjunto de 2013, lo que representaba su primer descenso anual durante la crisis. Así las cosas el interés del bono español volvía a situarse por debajo del italiano, recuperando con fecha 3 de enero de 2014 la deuda pública española su diferencial positivo respecto a la de Italia. El interés exigido al bono español a diez años se situaba en dicha fecha justo por debajo del equivalente italiano. Concretamente con fecha 3 de enero de 2013 el riesgo país de Italia abrió en 203 puntos, el mismo nivel que el de España, con un rendimiento del 3,967%. Portugal, por su parte, vio caer su prima de riesgo hasta los 388 puntos básicos, tras terminar ayer en 391, en tanto que el de Grecia bajó a 630 puntos, desde los 642 puntos de la víspera.

Las previsiones para el ejercicio 2014 se concretaban pues en alcanzar un abaratamiento del coste, así como en el mantenimiento o ampliación de la vida media y en la diversificación de la base de inversores. El objetivo no era otro que proveer valores líquidos que sirviesen de referencia en el mercado de renta fija, concentrándose la financiación a medio y largo plazo en tramos *benchmark* a tres, cinco, diez, quince y treinta años. Adviértase en consecuencia que no se modificaban las modalidades de emisión de instrumentos de deuda, tratándose de abaratar el coste, de mantener o ampliar la vida media de la deuda y de diversificar la base inversora, cubriéndose la mayor parte de sus emisiones mediante subastas ordinarias de bonos y obligaciones.

El Tesoro cubriría la mayor parte de sus emisiones mediante subastas ordinarias de bonos y obligaciones del Estado. Y ello sin perjuicio de la posibilidad existente de convocar subastas especiales, fuera de su calendario habitual, con la finalidad de dotar de liquidez ciertas referencias de su curva de rendimientos y poder corregir así desequilibrios en el mercado secundario. Estas subastas especiales serían pequeñas y estarían restringidas a los creadores de mercado del Reino de España. Asimismo resultaba previsible recurrir al método de sindicaciones bancarias para la emisión de los primeros tramos de las obligaciones del Estado a diez, quince y treinta años, si bien se contemplaba igualmente la posibilidad de reabrir una obligación mediante esta fórmula y de emitir a través de colocaciones privadas en las que se colocase un valor directamente a un inversor.

En resumen, durante el ejercicio 2014 el Tesoro tenía que afrontar vencimientos cercanos a los 160.000 millones de euros, que suponían el 20,91% de todas las amortizaciones previstas. De esta cifra, unos 90.000 millones correspondían a las Letras. Debido a ello, y siempre y cuando las condiciones del mercado continuaran con su mejora, era previsible que el Tesoro se mantuviese en su objetivo de pagar las amortizaciones de las emisiones de a más corto plazo, solo de manera parcial con este tipo de deuda, para emitir más bonos de medio y largo plazo.

En cuanto al reparto de amortizaciones previsto para 2014, dicho reparto presentaba una estructura similar a la de 2013. En enero, abril, mayo y octubre, los vencimientos se situaban entre los 22.000 y los 26.000 millones de euros, al unirse las amortizaciones de Letras con las de bonos y obligaciones.

5.B. Análisis del cuadro de subastas efectuadas a lo largo del ejercicio

Sin lugar a dudas uno de los activos que inició 2014 con un mayor alu-vión de compras fue la deuda pública española. La primera sesión del citado ejercicio fue suficiente para rebajar la prima de riesgo en 20 puntos básicos. Si al cierre de 2013 concluyó en los 223 puntos, con fecha 3 de enero de 2014 persistían las compras y el riesgo país lograba bajar del umbral de los 200 puntos básicos por primera vez desde mayo de 2011. El resultado de dicha mejora fue que la rentabilidad exigida al bono español a diez años se afianzó por debajo del nivel del 4%, en el 3,9%, en mínimos desde 2010. Por el contrario, el interés exigido al bund alemán se acercó a sus máximos desde el mes de septiembre de 2013, situando las últimas desinversiones su rentabilidad a un paso del nivel del 2%.[340]

Pues bien, el ejercicio 2014 se inició con una oleada de compras de deu-da española en el mercado secundario. El resultado fue que la rentabilidad del bono a diez años llegó a bajar del 4%, y nuevos mínimos de dos años y medio en la prima de riesgo, al borde de los 200 puntos básicos. El estreno del Tesoro, en el mercado primario, se produjo con fecha 9 de enero de 2014. Con motivo de la celebración de dicha subasta se sacaban al mercado dos tipos de deuda: bonos a cinco años, con cupón del 2,75% y vencimiento

[340] Con fecha 7 de enero de 2014 el interés exigido en las obligaciones a diez años de España se desinfló hasta el 3,8%, en zona de mínimos desde diciembre de 2009. La menor aversión al riesgo y la búsqueda de rentabilidad continuaron enfriando el apetito inversor por la deuda alemana. Así el interés del *bund* repetía sobre el 1,9%, con la consiguiente caída significativa en la prima de riesgo. La prima de riesgo bajaba desde los 200 puntos hasta quedarse a un paso de bajar también de los 190 puntos, en zona de mínimos desde abril de 2011. La deuda pública española consolidaba además su diferencial positivo respecto a la deuda italiana, en el entorno de los 5 puntos básicos. Tal y como recordaba a este respecto MONTOYA, J., "Fulgurante arranque de año para la deuda española", *Diario Expansión,* www.expansion.com (consultada el 7 de enero de 2013) *"La mejora en términos absolutos de la rentabilidad demandada por los inversores es sin duda un nuevo balón de oxígeno para las cuentas del Estado, que en el año 2014 tendrá que volver a aumentar las emisiones de deuda para cubrir el déficit, incluso si se consigue el objetivo impuesto por Bruselas. Cada punto básico de mejora reduce la carga financiera del Estado liberando recursos para otros fines, pero a su vez tiene un efecto muy positivo sobre el coste de financiación del resto de emisores públicos y privados españoles que tienen referenciada la rentabilidad de su deuda a la evolución del bono del Estado. Fulgurante arranque de año para la deuda española Siendo importante la mejora en términos absolutos, que está pulverizando registros que hace sólo unos meses parecían ciencia ficción, la evolución relativa a otros países es también muy significativa".*

el 30 de abril de 2019; y obligaciones a 15 años, con cupón del 5,15% y vencimiento el 31 de octubre de 2028.

A priori el Tesoro Público esperaba captar entre 4.000 y 5.000 millones de euros en esta primera emisión de deuda correspondiente al ejercicio 2014, la cual se concretaba, tal y como se ha señalado con anterioridad, en bonos con vencimiento en 2019 y obligaciones con vencimiento en 2028. Finalmente el Tesoro aceleró su ritmo de emisión hasta los 5.288 millones de euros, por encima de lo previsto, con una notable reducción de costes, logrando colocarse el 4% de la totalidad de los bonos previstos para 2014, cuantificados en 133.000 millones de euros. Si bien, como se ha señalado, los objetivos pasaban por adjudicar entre 4.000 y 5.000 millones de euros, la citada reducción de los costes y la sólida demanda llevaron al Tesoro a colocar finalmente un total de 5.288 millones de euros, por encima del máximo previsto.

En relación con la demanda existente las peticiones formuladas superaron la oferta 2,7 veces en los 1.760 millones adjudicados a 15 años, y 1,8 veces en los 3.527 millones colocados en los nuevos bonos a cinco años. A su vez, esta sólida respuesta de la demanda (y el consabido contexto favorable de los mercados) favorecieron una notable reducción de los costes de emisión. El Tesoro logró colocar además un nuevo bono a cinco años, a un interés medio del 2,38%. En las obligaciones a 15 años la rentabilidad cayó desde el 4,809% previo hasta el 4,192%. De este modo la elevada demanda, por importe de 11.093 millones de euros en ambas referencias, permitió que el tipo de interés medio en la deuda con vencimiento en 2019 se situara en mínimos históricos, colocándose con una rentabilidad media del 2,382%. A 15 años no hubo récord, ya que vendió los bonos con un rendimiento medio del 4,192%, cuando en 2005 llegó a colocarlos al 3,7%. A pesar de ello se logró un ahorro significativo respecto, por ejemplo, a la subasta que efectuó en septiembre de 2013, cuando prometió una rentabilidad anual del 4,809%.

A resultas de lo anterior el interés del bono se desinfló hasta el 3,7%, muy por debajo del 4,1% con el que cerró 2013. La rentabilidad de las letras a dos años cayó por debajo del 1% por primera vez en la historia –aunque cerraron en el 1,03%– y el bono de 10 años marcó un mínimo del 3,67%.

La siguiente subasta a celebrar tuvo lugar el 16 de enero de 2014, sacándose en el presente caso al mercado bonos a tres años, con vencimiento el 30 de abril de 2017 y cupón del 2,1%, así como obligaciones a 12 años con cupón del 5,9% y vencimiento el 30 de julio de 2016 y deuda a 15 años con cupón del 5,15% y vencimiento el 31 de octubre de 2028. De cara a la celebración de esta segunda subasta el objetivo quedaba fijado en 5.500 millones de euros. Tal y como hemos analizado ya, la anterior ocasión en la que el organismo emisor subastó los bonos a 2017 fue en su subasta del 5 de diciembre de 2013. Por aquel entonces se colocaron con un rendimiento medio del 2,18%. En el caso de las obligaciones a 2026, el anterior precedente databa del 7 de noviembre de 2013, con carácter previo a que el BCE anunciara una rebaja de los tipos de interés del 0,5 al mínimo histórico del 0,25%. Entonces se subastaron con un interés medio del 4,469%. Finalmente, y por lo que respecta a las obligaciones con vencimiento en 2028, ya fueron usadas en la emisión inaugural de 2014 a la que se ha aludido con anterioridad, obteniendo una rentabilidad media del 4,19%.

En esta segunda subasta de 2014 se logró colocar un total de 5.915 millones de euros, por encima del máximo previsto de 5.500 millones. Y ello aprovechando la caída a mínimos durante la era euro del interés del bono a tres años, desinflado del 2,18% al 1,59% durante la subasta de 16 de enero de 2014. A pesar de lo elevado del importe colocado, los márgenes de demanda continuaron siendo amplios. Las peticiones prácticamente duplicaron la oferta, al rozar los 11.300 millones de euros. Los títulos colocados fueron 2.662 millones de euros en bonos a tres años con cupón del 2,1% y vencimiento el 30 de abril de 2017; 1.811 millones en obligaciones del Estado con cupón del 5,9% y vencimiento el 30 de julio de 2026; y 1.442 millones en obligaciones a 15 años con cupón del 5,15% y vencimiento el 31 de octubre de 2028.

Este incremento en el ritmo de emisión de deuda coincidía con una notable caída de los costes, lográndose colocar los bonos a tres años con una rentabilidad media de sólo el 1,595%, el más bajo de la era euro. El porcentaje se situaba muy por debajo del 2,182% registrado en la anterior subasta de estos títulos. El interés del bono a tres años se desinfló del 2,182% al 1,595% En las obligaciones con vencimiento en 2026, el interés medio bajó del nivel del 4%. El 3,977% se quedaba así muy por debajo del 4.469% previo. Donde apenas variaron los costes fue en los bonos a 15 años, ya que el interés medio fue del 4,199%, en línea con el 4,192% de la subasta anterior. En resumen, a resultas de las dos primeras subastas celebradas en

2014 se había logrado colocar el 8,4% de toda la deuda a medio y largo plazo prevista para dicho ejercicio.

La primera subasta del ejercicio 2014 con letras a 6 y 12 meses tuvo lugar el 21 de enero de 2014. La anterior ocasión en la que el Tesoro colocó este tipo de referencia logró captar 1.689,74 millones de euros con las letras a 6 meses y 2.849,21 millones con el papel a 12 meses. En ambos casos se produjo un incremento en el tipo de interés medio que desembolsó en la anterior subasta de este tipo. Así, mientras que el interés que pagó el Tesoro por las de 6 meses subió desde el 0,494 al 0,686%, el de las letras a un año se elevó desde el 0,678 al 0,883%. El rendimiento que por aquel entonces exigían los inversores por el papel a 6 meses en el mercado secundario era del 0,558%. A ello se ha de sumar además el dato de que, desde principios del ejercicio 2014, la rentabilidad de las letras españolas a 6 meses había registrado una caída cercana al 32%. En cuanto a la deuda emitida a 12 meses, por aquel entonces cotizaba al 0,745% en el secundario, habiendo caído el rendimiento de este tipo de papel en torno al 24% desde el 1 de enero de 2014.

A priori el importe que tenía previsto adjudicar el Tesoro rondaba los 4.000 millones de euros, según el objetivo máximo establecido por el Tesoro. Finalmente la subasta concluyó con la colocación 3.960 millones de euros, un importe inferior incluso al máximo previsto, y muy por debajo del importe colocado en las emisiones de bonos. Este freno se produjo a pesar de la notable caída de los costes. El interés a 6 meses cayó del 0,68% al 0,51% y a 12 meses del 0,88% al 0,72%. De este modo, y a diferencia de lo que venía constituyendo la tónica general de emisiones anteriores, el importe colocado por el Tesoro se quedó por debajo incluso del máximo previsto. Tal y como se ha señalado, finalmente se emitieron un total de 3.960 millones de euros. Además, de dicha cifra, sólo 1.000 millones de euros se emitieron en los títulos a menor plazo, a seis meses, mientras que los 2.960 millones restantes fueron a parar a las letras a 12 meses. Con esta mayor contención, la demanda triplicó finalmente la oferta, al elevarse por encima de los 12.000 millones de euros.

Desde nuestro punto de vista el freno producido no fue consecuencia de un encarecimiento de los costes de emisión. De hecho en la anterior subasta de diciembre de 2013 el Tesoro había colocado sus letras a 6 meses con una rentabilidad media del 0,686%, y sus títulos a 12 meses con un interés medio del 0,883%. En cambio con motivo de la subasta del día 21de enero de 2014 el interés a 6 meses bajó al 0,51%, y a 12 meses al 0,726%. La caída de las rentabilidades también a más largo plazo permitió que las dos primeras subastas del Tesoro en 2014 concluyeran con mínimos desde el euro en los costes de financiación.

En todo caso dado este panorama optimista existente, el cual se proyectaba además sobre el resto de los países periféricos, resultaba evidente que la mayoría de la Eurozona había iniciado el ejercicio 2014 pagando menos rentabilidades por su deuda que, por ejemplo hace siete años. Así, por ejemplo, y por lo que interesa al objeto de nuestro análisis, mientras que en España en el mes de enero de 2007 el interés exigido a sus bonos a diez años era del 4,05%, a fecha de 22 de enero de 2014 dicho interés era del 3,68% (37,7 puntos básicos menos). Lejos quedaba el máximo del 7,51% alcanzado en julio de 2012.

Igualmente en los casos de Irlanda (cuyo bono a diez años presentaba a fecha 22 de enero de 2014 una rentabilidad del 3,22% frente al 4,02 de 2007) e Italia (que pagaba en dicha fecha un 3,79% frente al 4,19 de antes de la crisis) podía constatarse la existencia de un abaratamiento en sus costes de financiación. En el caso de Irlanda la rebaja resultaba además especialmente reseñable, dado que dicho país logró abandonar en diciembre de 2013 el programa de rescate de 85.000 millones de euros impuesto por la troika comunitaria, lo que motivó que la rentabilidad de la deuda irlandesa cayese ostensiblemente.

Por su parte Alemania vio cómo la rentabilidad de sus bonos caía 227 puntos básicos hasta el 1,73%, logrando financiarse mucho más barato que en la etapa previa a la recesión. El diferencial de la deuda de Estados Unidos y Alemania se situaba en máximos desde 2006 (concretamente, alcanzaba durante la tercera semana de enero de 2014 los 110 puntos a favor del bund alemán). A otros Estados como Eslovaquia, Finlandia, Países Bajos, Austria, Bélgica y Francia se les exigía un interés por debajo del 3%. Y la rentabilidad de Eslovenia se situaba más o menos en línea con la época previa a la crisis (4,4%).

En nuestra opinión este abaratamiento de la financiación respondía, en buena medida, a la estrategia adoptada por el BCE abriendo la puerta a la compra de deuda de los países con problemas, lanzando subastas de liquidez a largo plazo y acometiendo varias bajadas de tipos hasta el mínimo histórico del 0,25%. El conjunto de estas medidas significó, a nuestro juicio, un respaldo claro a la Zona Euro y contribuyó a despejar los temores de una ruptura de la moneda común.

Con fecha 22 de enero de 2014 el Tesoro lanzó además una emisión extraordinaria de deuda a diez años cuya colocación estaba destinada a inversores institucionales gracias a un sindicato de bancos[341]. Dicha emisión sindicada constituyó un éxito ya que, apenas se abrieron los libros de la operación, la demanda de los inversores superaba ya los 20.000 millones de euros. A tal efecto se preveía que el Tesoro emitiese entre 6.000 y 8.000 millones de euros, sin que hubiese un objetivo inicial de colocación. La fortaleza de dicha demanda (procedente tanto de inversores locales como internacionales[342]) se vio además impulsada por la estructura de la colocación, a través de la cual se prorrateaban las peticiones y se asignaba un porcentaje sobre el total solicitado, lo que animaba a los inversores a realizar peticiones por un importe elevado.

Finalmente las peticiones se dispararon hasta rozar la cifra récord de 40.000 millones de euros, obligando al Tesoro a entrar a decidir la cuantía que debía optar por colocar. El bono lanzado, con vencimiento en abril de 2024, constituiría la nueva referencia a diez años, en sustitución de los títulos actuales con vencimiento en octubre de 2023. En efecto se trataba de una nueva referencia a 10 años, con vencimiento a 30 de abril de 2024 y un cupón del 3,80%. La rentabilidad se situó en el 3,845%, equivalente a 178 puntos básicos por encima del *mid-swap*.

[341] Recuérdese que a través de estas emisiones sindicadas el Tesoro recurre a sus creadores de mercado de bonos y obligaciones para que coloquen una emisión directamente a los inversores a un precio acordado. Si bien se trata de operaciones normalmente más gravosas para el Tesoro, le dan a cambio la oportunidad de emitir un mayor volumen que en una subasta ordinaria y con una mejor distribución entre los distintos tipos de inversores. De hecho tradicionalmente la sindicación bancaria ha sido utilizada para los primeros tramos de la emisión de obligaciones b*enchmark* a 10, 15 y 30 años, para luego proceder a subastar los tramos posteriores.

[342] A este respecto la participación de inversores no residentes alcanzó un 60% de la sindicación. Dentro de este porcentaje, los inversores de fuera de la Zona Euro tuvieron mayor participación, destacando sobre todo, los del Reino Unido e Irlanda, con un 29% del total; Estados Unidos, con un 8%; y los países escandinavos, con un 6%. Dentro de la Eurozona destacaron las inversiones de Francia, con un 5% y de Alemania, con un 4%. Atendiendo al tipo de inversor, la mayor participación correspondió a gestoras de fondos, con el 41% del total, seguidas de las tesorerías bancarias, con un 32% y de aseguradoras y fondos de pensiones, con un 17%. Los Bancos centrales, por su parte, participaron con el 4% del total.

La fuerte demanda existente permitió que el precio de la emisión fuese bajando, ya que inicialmente el Tesoro iba a pagar un diferencial de 185 puntos básicos sobre *mid-swap*, la referencia para este tipo de emisiones. El precio barajado inicialmente para estos títulos rondaba, en efecto, los 185 puntos básicos por encima del índice de referencia para las emisiones de renta fija o *mid-swap*. Con las primeras cifras de peticiones este precio bajó hasta los 180 puntos, para sufrir poco después otra rebaja, hasta los 178 puntos, equivalente a un interés próximo al 3,8%[343]. Finalmente se colocaron un total de 10.000 millones de euros de un bono a 10 años con una rentabilidad del 3,845%, equivalente a 178 puntos básicos por encima del *mid-swap*.

Dado este entorno altamente positivo[344] una nueva alternativa que quedaba abierta para el Tesoro era la relativa a la recompra de deuda en el mercado secundario. Con carácter general se trataba de una fórmula que había sido utilizada a lo largo de los años y cuyo objetivo era retirar del mercado emisiones realizadas a elevados tipos de interés, con el propósito de abaratar los costes. Así, por ejemplo, ya en julio de 2012 el interés del bono a 10 años superó el 7,5%, habiéndose situado en cambio a principios del mes de enero de 2014 en el 3,7%, los niveles más bajos desde 2006. Por su parte el bono a cinco años se movía cerca de las cotas de finales de 2005, ligeramente por encima del 2%, y la rentabilidad del bono a dos años había llegado a perder el 1% por primera vez en la historia.

Las recompras en el mercado secundario de deuda soberana se han venido realizado desde 1997, constituyendo la estrategia para 2007 el último documento en el que aparecían mencionadas estas operaciones[345]. En 2006,

---

343 Baste recordar a este respecto que en la emisión sindicada celebrada un año antes el precio se duplicó respecto a los niveles alcanzados en la subasta de 22 de enero de 2014, al situarse en los 365 puntos básicos por encima del *mid-swap*.

344 Sirva de ejemplo para constatar esta circunstancia que el Tesoro cerró 2013 con un excedente de 7.100 millones de euros obtenido en deuda a medio y largo plazo, reduciendo la emisión prevista de letras en más de 7.100 millones de euros y logrando atenuar el descenso de la vida media de la deuda, que se sitúo a cierre de 2013 en los 6,20 años frente a los 6,35 correspondientes a 2012. El Tesoro alcanzó el máximo plazo en 2007, con una cartera que tenía una duración media de 6,85 años.

345 En efecto, el Tesoro ha venido ejecutando operaciones de este tipo desde 1997, hasta que el estallido de la crisis financiera hizo complicado mejorar las condiciones de la deuda ya en circulación. Las últimas operaciones de recompra se remontan a mayo de 2006, cuando se adquirió un total de 925 millones de euros. En 2005 las recompras realizadas supusieron más

por ejemplo, el Tesoro recompró deuda por un importe global de 4.532 millones de euros.

En líneas generales se trata de operaciones de refinanciación que tienen como objetivo bajar los costes en una favorable coyuntura de mercado caracterizada por la existencia de unos bajos costes de emisión. Dichas operaciones suelen exigir no obstante que el coste de nueva emisión sea atractivo y que salga rentable retirar esas referencias del mercado. Asimismo adquiere una especial trascendencia la perspectiva del mercado que se tenga.

Otra posibilidad existente al objeto de lograr refinanciar a mejor precio era lanzar ofertas de canje sobre diferentes referencias. Así, si en la amortización se comprase directamente en el secundario para ofrecer nueva deuda en una subasta ordinaria, en los canjes, el Tesoro podría sacar del mercado determinadas referencias de valores, entregando a cambio otras referencias.

Con motivo de la subasta a celebrar con fecha 28 de enero de 2014 el Tesoro esperaba captar hasta 3.000 millones de euros en letras a 3 y 9 meses, una vez conseguido el 6,3% de sus necesidades de liquidez en las tres emisiones celebradas en 2014 hasta dicha fecha. Finalmente se optó por frenar el ritmo de emisión de letras, a pesar de la mejora en los costes, colocándose un total de 3.100 millones de euros a un interés que, en el caso de la deuda a tres meses, se redujo a la mitad, del 0,63% al 0,34%. Tal y como se ha señalado con anterioridad el objetivo de la presente subasta era adjudicar un máximo de 3.000 millones de euros en letras a tres y nueve meses. Finalmente, la cuantía colocada alcanzó los 3.100 millones de euros. Las turbulencias de los mercados a raíz de las alertas activadas en los mercados emergentes existentes por aquel entonces apenas afectaron a los márgenes de la subasta, lográndose un abaratamiento de los costes significativo. Así, la rentabilidad media de las letras a tres meses bajó desde el 0,63% hasta el 0,343%, más cerca de sus mínimos históricos. En el caso de las letras a nueve meses el interés bajó del 0,841% al 0,655%.

El objetivo del Tesoro de alargar la vida media de la deuda española al que se ha aludido con anterioridad minimizó el importe adjudicado en las letras a más corto plazo. La cuantía colocada en letras a tres meses se limitó a 940 millones de euros, frente a los 2.160 millones emitidos en letras a nueve

de 4.300 millones de euros y en 2004 ascendieron a cerca de 3.700 millones. Por su parte en 2003 se adquirió deuda por más de 7.200 millones de euros.

meses. Los márgenes de demanda se mantuvieron amplios, superando las peticiones la oferta 5,2 veces en los títulos a tres meses, y 2,2 veces en las letras a nueve meses. De este modo las entidades adquirieron un total de 937 millones de euros en títulos con vencimiento a tres meses, para el que se exigió una rentabilidad media del 0,343%, un 45% inferior a la ofrecida en la anterior subasta similar. En el caso de los papeles a 9 meses, el Tesoro vendió un total de 2.164 millones de euros con un rendimiento medio del 0,655%, por debajo del 0,841% de hace un mes. Los inversores mostraron un gran interés por la emisión de deuda a corto plazo, tal y como puso de manifiesto la demanda. Para el tramo a 3 meses las peticiones registradas superaron en 5,2 veces a lo adjudicado, frente a las 2,5 veces de diciembre de 2013, mientras que para las letras a 9 meses el *ratio* de cobertura fue de 2,2 veces. De esta forma el Estado pudo captar en el mercado 3.100 millones de euros, una cantidad superior al máximo previsto, de 3.000 millones de euros.

Dentro de la primera semana del mes de febrero de 2014 el Tesoro celebraba una nueva subasta con el objetivo de colocar entre 4.500 y 5.500 millones de euros. *A priori,* si mantenía la tendencia de anteriores emisiones, el importe adjudicado se ajustaría al máximo previsto de 5.500 millones de euros. Los títulos sacados al mercado eran, en esta ocasión, bonos con vencimiento el 30 de abril de 2017 y cupón del 2,1% y bonos con vencimiento el 30 de abril de 2019 y cupón del 2,75%. Ciertamente el objetivo fijado era alto, quizás con la finalidad de adelantar financiación aprovechando la ubicación de nuestra prima de riesgo, en aquel momento, por debajo de los 200 puntos básicos, y con una rentabilidad del 3,646%.

A resultas de dicha subasta el Tesoro logró colocar un total de 5.590 millones de euros, algo más de lo esperado, al menor coste de la serie histórica tanto en los bonos a tres como a cinco años. Concretamente el Tesoro colocó sus bonos a tres años con una rentabilidad media del 1,562%, la más baja de la serie histórica y ligeramente por debajo del 1,595% registrado en la anterior subasta de 16 de enero de 2014. El interés medio en los bonos a cinco años también experimentó una rebaja a mínimos históricos, al abaratarse desde el 2,382% del 9 de enero de 2014 hasta el 2,254% contabilizado con fecha 6 de febrero. De este modo el Tesoro había emitido ya más del 20% de todos los bonos previstos para 2014.

Si bien, como se ha señalado, en relación con esta subasta el Tesoro se había marcado como objetivo colocar 5.500 millones de euros, por encima de la media de las subastas de 2013, finalmente el importe adjudicado se elevó hasta los 5.590 millones de euros. La mayor parte de la cuantía colocada (3.286 millones de euros) se concentró en los bonos a mayor plazo, a cinco años, mientras que el importe colocado en los títulos a tres años se limitó a 2.304 millones de euros. En relación con estos últimos se ofreció una rentabilidad media del 1,562% frente al 1,595% que el Tesoro había pagado en la anterior subasta de 16 de enero de 2014. Y por lo que respecta a los títulos con vencimiento a mayor plazo (en 2019) en este caso el rendimiento medio abonado fue del 2,254%, desde el 2,382% del 9 de enero de 2014.

En todo caso la demanda se mantuvo firme, y prácticamente duplicó la oferta. Las peticiones superaron los 10.000 millones de euros. La *ratio* de cobertura en los bonos a tres años se enfrió de 2,2 a 2 veces, y de 1,8 a 1,7 veces en los títulos a cinco años. Para la referencia hasta 2017 las peticiones superaron en 2,02 veces a los bonos adjudicados, mientras que en el caso de los bonos a cinco años la *ratio* de cobertura fue de 1,68 veces. La demanda total alcanzó los 10.164 millones de euros, frente a los 5.500 millones finalmente colocados.

En un ambiente de moderado optimismo pero con las dudas que suscitaba el progresivo incremento del porcentaje de endeudamiento del conjunto de las Administraciones Públicas con fecha 18 de febrero de 2014 el Tesoro Público acudía nuevamente al mercado con la finalidad de subastar letras a 6 y 12 meses[346]. El objetivo de adjudicación pasaba en el presente caso por emitir unos 4.500 millones de euros. Inicialmente el mercado secundario auguraba unos costes de financiación inferiores a los de la subasta precedente, celebrada el 21 de enero de 2014, y muy próximos o incluso más bajos que los mínimos históricos recientes por aquel entonces. Si el mercado primario se ajustase a los niveles que reflejaba el mercado secundario, concretados en una rentabilidad media de las letras a 6 meses colocadas por el Tesoro, podía bajar del 0,5%, y del 0,7% en el caso de los títulos a 12 meses.

Finalmente el importe adjudicado en dicha subasta fue de 4.524 millones de euros. El interés de las letras a 12 meses cayó al 0,61%, y al 0,38% en las letras a 6 meses. La rentabilidad media de las letras a 6 meses colocadas

---

[346] Recuérdese a este respecto que con motivo de la anterior ocasión en la que el Tesoro subastó este papel logró captar un total de 1.000 millones de euros con letras de 6 meses a un tipo de interés medio del 0,510% y 2.960,33 millones de euros con las letras a 12 meses, por las que desembolsó un interés del 0,726%.

por el Tesoro bajó desde el 0,51% previo hasta el nivel récord del 0,382%. A 12 meses el interés medio descendió del 0,726% hasta el 0,618%. Esta rebaja en las rentabilidades ofrecidas no afectó sin embargo a la demanda, al sumar las peticiones totales más de 14.500 millones de euros, el triple de lo adjudicado, 4.524 millones de euros. La *ratio* de cobertura fue de 5,9 veces en las letras a seis meses y de 2,5 veces en los títulos a 12 meses, siendo estos últimos los que concentraron la mayor parte de la subasta, al acaparar un total de 3.594 millones de euros.

Con fecha 20 de febrero de 2014 el Tesoro procedía a subastar obligaciones a 30 años, esperándose alcanzar un importe total de 5.000 millones de euros. Como hemos tenido ocasión de analizar ya en el mes de octubre de 2013 el Tesoro vendió deuda a este plazo, si bien a resultas de una emisión sindicada. En aquella ocasión logró captar un total de 4.000 millones de euros al 5,213%, mientras que en la anterior subasta de marzo de 2013 el interés medio similar fue del 5,43%. No obstante en esta ocasión, y con motivo de la subasta de 20 de febrero de 2014 la referencia cotizaba en el mercado secundario por debajo del 5% –concretamente en el 4,45%–, por lo que el Tesoro podría desembolsar un tipo de interés medio similar al de octubre de 2010, cuando pagó un 4,777 por ciento.

A priori el principal objetivo de la citada emisión era alargar la vida media de la cartera de deuda, situada por aquel entonces en 6,34 años. Con carácter adicional se perseguía otorgar más liquidez y profundidad de mercado a las dos últimas referencias que había colocado mediante operaciones sindicadas: las obligaciones con vencimiento en abril de 2024, con las que en enero de 2014 consiguió 10.000 millones, y los títulos con vencimiento en 2044, mediante los que logró 4.000 millones en octubre de 2013. Finalmente a través de dicha emisión se perseguía financiarse al interés más bajo de los últimos años en los plazos más largos. En lo que respecta a las obligaciones con vencimiento en abril de 2024 el cupón fijado era del 3,80%, mientras que en el caso de los títulos con vencimiento en octubre de 2044 el cupón era del 5,15%. Con carácter adicional en dicha subasta de 20 de febrero de 2014 se perseguía colocar bonos a 5 años (con vencimiento en abril de 2019 y cupón 2,75%) y obligaciones a 10 años[347].

[347] Recuérdese que con motivo de la anterior ocasión en la que se acudió a los mercados para colocar dicha referencia, en diciembre de 2013, se logró alcanzar un tipo de interés medio del 4,098%, captándose un total de 1.055,92 millones de euros.

A resultas del desarrollo de esta nueva subasta el Tesoro logró alcanzar prácticamente los mínimos históricos en el interés del bono a cinco años, reduciendo a sus cotas más bajas desde 2006 la rentabilidad a diez años y abaratando casi en un punto porcentual, del 5,4% al 4,5%, el coste de financiación a 30 años. Como ya se ha señalado los planes del Tesoro pasaban por adjudicar unos 5.000 millones de euros en tres plazos: a cinco, diez y 30 años. El importe adjudicado finalmente, 5.010 millones de euros, se ajustó casi por completo a este tope. La cuantía colocada fue la mitad de los 10.160 millones de euros recibidos en peticiones por parte de los inversores. El interés a 5 años (2,26%) ha rozó mínimos históricos y el 10 años (3,55%) cayó a niveles inéditos desde 2006. En este sentido, y por lo que respecta al papel a diez años, el rendimiento alcanzado quedó incluso por debajo de la cotización actual del bono de referencia, que volvía a situarse en el 3,6%. El repunte registrado logró elevar la rentabilidad media de los bonos a cinco años colocados por el Tesoro al 2,263%, en línea con el 2,25% previo, que supuso un nuevo mínimo histórico. En los bonos a diez años, la caída en los costes rondó el medio punto porcentual.

Tal y como se ha apuntado con anterioridad la citada subasta incluía además la colocación de un plazo mucho menos habitual. El último precedente en la emisión de deuda a 30 años se remontaba a marzo de 2013. El interés medio se situó por aquel entonces en el 5,43%. La mejora registrada desde dicha fecha logró abaratar casi en un punto porcentual los costes, hasta el 4,519%. Pues bien finalmente el Tesoro no registró problemas de demanda. Las peticiones en la subasta duplicaron los 5.010 millones de euros adjudicados. Cerca de la mitad de esta cuantía, 2.236 millones de euros, fueron colocadas a cinco años, con una ratio de cobertura (proporción existente entre la demanda de los inversores y el importe finalmente adjudicado) de 1,8 veces; 1.976 millones se centraron en el bono a diez años, con un margen de 1,9 veces, mientras que la deuda a 30 años acaparó los 798 millones restantes, con una *ratio* de 2,9 veces.

Este conjunto de buenas noticias procedentes de las subastas de deuda posibilitó además que el interés exigido al bono español a diez años lograse durante la tercera semana del mes de febrero de 2014 nuevos mínimos por debajo del nivel del 3,5%. En efecto, por aquel entonces la rentabilidad del bono de referencia renovó sucesivamente sus mínimos desde 2006, por debajo del 3,6%. Con este repliegue se acercaba a sus cotas más bajas de la serie histórica, como ya había sucedido con otros plazos de la deuda española. Las compras de deuda española analizadas con anterioridad contribuyeron a enfriar la prima de riesgo hacia el nivel de los 180 puntos básicos, frente a los más de 190 puntos que registró durante la segunda semana de febrero de 2014[348]. Esta mejora en la prima de riesgo se veía no obstante atenuada por el resurgir del apetito por la deuda alemana, alimentado a su vez por las crecientes dudas surgidas en los mercados, así como por la retirada de estímulos de la FED y por los temores que generó la debilidad de los datos macro conocidos por aquel entonces. A resultas de todo ello la rentabilidad del bund alemán se mantuvo por debajo del 1,7%.

A resultas de lo anterior la Agencia de Calificación *Moody's* procedió a elevar la nota de la deuda soberana del país a 'Baa2', además la perspectiva de la deuda pública a largo plazo, que pasaba así de 'estable' a 'positiva'. Sin lugar a dudas dicha decisión alejaba a la deuda pública española de la calificación de "bono basura" y abría la puerta a que el resto de las principales Agencias de *rating* (caso de *S&P* y *Fitch*) mejorasen también la perspectiva crediticia de la deuda soberana española, avanzando en el cambio de percepción experimentado por los mercados sobre la economía española. Tal y como se ha apuntado con anterioridad dicha mejora había quedado plasmada en la evolución de la prima de riesgo, por debajo de los 190 puntos y en dicha fecha y situada en su nivel más bajo en más de dos años, así como en la rentabilidad del bono a diez años, que se encontraba en mínimos desde 2006 en el entorno del 3,5%.

A juicio de *Moody`s* la economía española había logrado "reequilibrarse" y pasar a un "modelo de crecimiento más sostenible", habiéndose acometido un amplio abanico de "reformas estructurales" en materia laboral, pensiones e impuestos, así como una "reestructuración" del sistema bancario. Asimismo se señaló la influencia de la "mejora de las condiciones de financiación". No obstante *Moody's* advirtió de que España seguía teniendo entre como lastre el déficit presupuestario –del 7% en 2013– y su alto nivel de deuda, que podría alcanzar el 102% del PIB en el año 2016.

[348] Al margen de estas compras de deuda soberana española había que hacer referencia a las compras efectuadas de deuda pública italiana. En este sentido durante la segunda semana del mes de febrero de 2014 el diferencial negativo de rentabilidad respecto a la deuda española llegó incluso a superar los 10 puntos básicos.

Dada esta mejora en la calificación crediticia de la deuda soberana española efectuada por *Moody´s* se esperaba asimismo que otras Agencias de Calificación (caso de *Fitch* y de *Standard & Poor's*) procedieran igualmente a otorgar al Reino de España un rating de BBB, manteniendo así a la deuda soberana española dentro del grado de inversión y dos peldaños por encima de la denominación de bono basura o alto riesgo[349]. Desde nuestro punto de vista el otorgamiento de dicha calificación contribuiría a alejar considerablemente a la deuda española de los riesgos que, con carácter general, implica entrar en la calificación de bono "basura" (caso, por ejemplo, de una elevación de los costes de financiación y de la consiguiente pérdida de inversores).

A la luz de proceso de mejora con fecha 25 de abril de 2014 la Agencia de Calificación *Fitch* decidiría elevar un escalón la nota de calificación de la deuda soberana española hasta alcanzar la categoría de "BBB+", manteniendo su perspectiva en estable. En su análisis la citada Agencia destacó que los riesgos que pesaban sobre la solvencia del país habían disminuido desde 2012 a la vez que se había minorado la exposición de la banca a la deuda soberana, destacándose además la mejora de la balanza de pagos con mayores exportaciones frente a la caída de la demanda interna y su contribución a ir reduciendo la deuda externa[350]. No obstante la citada Agencia puso de manifiesto el alto nivel de déficit que aun soportaba el país así como el lento ajuste que se estaba produciendo. Con carácter adicional precisaba la Agencia que *"La capacidad de crecimiento a medio plazo aún es 'débil', el grueso de sectores sigue sobreendeudado y la tasa de desempleo sigue siendo 'excepcionalmente alta' "*.

Volviendo a nuestro análisis del calendario de subastas correspondiente al ejercicio 2014 con fecha 25 de febrero de 2014 el Tesoro procedía a

---

[349] En el caso concreto de la Agencia de Calificación *Fitch* la anterior ocasión en la que dicha Agencia procedió a revisar la calificación de España fue el 1 de noviembre de 2013, cuando confirmó la nota 'BBB', dos escalones por encima del grado de especulación o 'bono basura', si bien mejoró su perspectiva de 'negativa' a 'estable'.

[350] Tal y como afirmó la Agencia en su Informe *"Los riesgos para la solvencia de España han descendido desde que el rating fue rebajado a 'BBB' en junio de 2012. Las condiciones financieras han mejorado, la perspectiva económica es más estable y los riesgos de que los bancos españoles representen una carga para el país han disminuido (...) El desempeño fiscal de España en los últimos dos años ha sido 'fuerte', ya que el déficit, excluyendo las ayudas a la banca, ha descendido un 2,5% en 2012-2013 a pesar de la caída del PIB nominal del 2,2% registrada en el mismo periodo"*.

lanzar una nueva subasta a través de una emisión de deuda a corto plazo destinada a la colocación de un total de 3.000 millones de euros en letras a 3 y 9 meses. Inicialmente los planes del Tesoro para dicha subasta pasaban por adjudicar un mínimo de 2.000 millones de euros y un máximo de 3.000 millones. En principio, si se mantuviese la tendencia habitual de las emisiones precedentes, la cuantía adjudicada se ajustaría al tope fijado, 3.000 millones de euros. Dicha cifra coincidiría con el importe adjudicado en la anterior subasta de letras a 3 y 9 meses. La rentabilidad media de estos títulos se situó entonces en el 0,34% en el caso de las letras a más corto plazo y en el 0,65% en los títulos a nueve meses.

A priori el panorama existente alentaba la posibilidad de una nueva rebaja de los costes. Las letras a tres meses rondaban el 0,3%, mientras que las letras a nueve meses cotizaban por debajo del 0,6%. Por otra parte no podía ignorarse la subida del *rating* de la deuda soberana española en un escalón, hasta 'Baa2' decretada por la Agencia de Calificación Crediticia *Moody's* apenas unos días antes de la celebración de la presente subasta, lo que la alejaba del temido escalón del "bono basura", representando además la primera subida desde 2004 y poniendo fin a la secuencia de recortes de calificación que España venía sufriendo desde enero de 2009.

Finalmente las previsiones se cumplieron y el interés medio de las letras a tres meses se desinfló a la mitad, desde el 0,34% hasta el 0,17%, a un paso de sus mínimos históricos del 0,12% de abril de 2013. El coste de financiación a nueve meses también se abarató notablemente. La rentabilidad media bajó desde el 0,655% hasta el 0,457%. El importe adjudicado finalmente alcanzó los 3.059 millones de euros, ligeramente por encima del máximo previsto de 3.000 millones. El margen de demanda continuó siendo amplio. Las peticiones efectuadas superaron la oferta 3,7 veces, y 2,4 veces en las letras a nueve meses.[351]

Concretamente el Tesoro captó 888 millones de euros en la referencia con el menor vencimiento, con una rentabilidad media del 0,170%, la mitad de lo que pagó en la anterior subasta similar celebrada el pasado 28 de enero

---

[351] En efecto, para los papeles a tres meses las peticiones superaron en 3,7 veces a las letras adjudicadas, mientras que en el tramo a 9 meses el *ratio* de cobertura fue de 2,4 veces. El interés de los inversores permitió al organismo dependiente del Ministerio de Economía captar 3.060 millones de euros, una cantidad ligeramente superior al objetivo máximo que se había fijado, situado en los 3.000 millones de euros.

de 2014. Con carácter adicional adjudicó otros 2.170 millones de euros en títulos a 9 meses, por los que abonó un rendimiento medio del 0,457%, el 30% menos que en la anterior subasta de enero de 2014.

De este modo se logró vender un total de 3.060 millones de euros, en línea con el límite máximo previsto, en letras a tres y nueve meses con fuerte demanda, pagándose un 0,457% a nueve meses, el mínimo histórico, y el 0,170%, también rentabilidades muy cerca de mínimos históricas. La demanda total superó los 8.500 millones de euros. Recuérdese que, como ya se ha señalado, en la anterior colocación de enero de 2014 las letras se vendieron al 0,343% a tres meses y al 0,655% a nueve meses. Si bien las subastas de nueve meses tienen poco recorrido (empezaron en 2013), en las de letras a tres meses el mínimo histórico se registró en abril de 2013, cuando se vendieron al 0,15% de tipo de interés marginal.

Dentro de este clima positivo a finales del mes de febrero de 2014 el interés exigido al bono español a cinco años se situaba por debajo del 2% por primera vez en una serie histórica que se remontaba a más de 20 años. Su porcentaje se desinflaba al 1,98%, por debajo del 2,04% con el que cotizaba el bono italiano a cinco años. A más largo plazo, en cambio, era Italia la que presentaba un diferencial de rentabilidad favorable en la deuda a diez años, por apenas dos puntos básicos. El interés de su bono bajaba del 3,5%, hasta el entorno del 3,46%, unos niveles inéditos desde octubre de 2005. Las compras alcanzaban también a la deuda española a diez años y permitían nuevos mínimos desde el inicio de 2006 en su rentabilidad. El interés exigido se enfriaba hasta el 3,48%. El dato del IPC de la Eurozona, superior a lo esperado, ponía freno a las caídas en su rentabilidad.

A lo largo del citado mes de febrero de 2014 la inversión extranjera se había incrementado en 1.915 millones de euros, tras haber cerrado el 2013 con un aumento de 73.000 millones y empezar el 2014 con un descenso de 4.772 millones. Los inversores foráneos habían recuperado el ritmo inversor en agosto de 2012, cuando volvieron a acudir a los mercados y retomaron el puesto de principal inversor en deuda que les había arrebatado la banca nacional. Sin lugar a dudas la reducción de la incertidumbre que proporcionó el anuncio del Banco Central Europeo sobre su mecanismo *Outright Monetary Transactions* (OMT) de compra de deuda en el mercado secundario estaba detrás de esa recuperación de la confianza en España, que cogió fuerza en los meses posteriores[352]. Posteriormente, como hemos tenido ocasión de analizar, a lo largo del ejercicio 2013 los inversores extranjeros fueron poco a poco elevando sus inversiones, salvo algunos 'parones' concretos, con aumentos de incluso más de 20.000 millones en algunos meses, como en noviembre de 2013. Sin embargo el inicio de 2014 significó una ruptura de la citada tendencia, registrándose un descenso de más de 4.700 millones de euros.

Durante el citado mes de febrero de 2014 los inversores extranjeros volvieron a adquirir deuda, manteniéndose como el mayor grupo inversor en deuda española. Por su parte la banca española, que sostuvo las inversiones del Tesoro los meses en que los extranjeros dejaron de comprar, elevó sus inversiones en 140 millones de euros hasta un total de 206.035 millones en deuda española, lo que representaba el 29,57% del total, después de haber reducido su exposición en 8.302 millones a lo largo del ejercicio 2013. Tras la banca se situaban las Administraciones Públicas, que incrementaron sus compras en febrero de 2014 en 4.616 millones de euros contando con el 9,12% del total. Por detrás se situaban las entidades de seguros, con el 6,85% del total (47.771 millones); los fondos de inversión, con el 5,54% (38.581 millones de euros) y las empresas no financieras con el 2,71% (18.854 millones). Los que menos deuda acumulaban eran, en cambio, los fondos de pensiones, con el 2,60% (18.105 millones); las personas físicas, con el 0,67% del total (4.703 millones) y otras instituciones financieras, en último lugar, con el 0,58% (4.013 millones).

Para la primera semana del mes de marzo de 2014 el Ejecutivo había previsto lanzar al mercado tres plazos distintos de deuda a medio y largo plazo, a saber, bonos a tres, cinco y diez años. En concreto, emitiría títulos a tres años, con un cupón del 2,10% y vencimiento el 30 de abril de 2017, bonos a cinco años con cupón del 4,30% y vencimiento el 31 de octubre de 2019 y obligaciones con cupón del 3,80% y vencimiento el 30 de abril de 2024. De cara a la determinación de la evolución del coste de financiación, en los bonos a 3 años la referencia era el 1,587% pagado con fecha 6 de

---

[352] Acerca de la implementación de este mecanismo por parte del BCE nos remitimos a nuestro trabajo *Aspectos jurídicos e institucionales de las políticas monetarias de los principales Bancos Centrales ante la actual crisis financiera*, Dykinson, 1ª edición, Madrid, 2015, págs. 140 y ss.

febrero de 2014 y, en las obligaciones a 10 años, el 3,58% pagado el 20 de febrero de 2014.

A resultas de esta nueva subasta el Tesoro logró captar un total de 5.004 millones de euros, en línea con el máximo previsto, obteniendo una rebaja de los intereses ofrecidos a los inversores, hasta el punto de que por el bono a 10 años pagó la rentabilidad más baja de los últimos ocho años. En este sentido se captaron un total de 1.110 millones de euros en títulos con vencimiento a 10 años por los que abonó un rendimiento medio del 3,344%, desde el 3,559% de la anterior subasta similar, celebrada el 20 de febrero de 2014. Se trataba del menor interés desde enero de 2006, situándose incluso por debajo del nivel al que se negociaban por aquel entonces los bonos españoles a una década en el mercado secundario.

De este modo se logró la colocación del máximo previsto en deuda a 3, 5 y 10 años a tipos más bajos que en la anterior ocasión. Con carácter adicional, en el caso de los bonos a 3 años se redujo la rentabilidad a mínimos históricos, y en las obligaciones a 10 años se alcanzó un interés a su menor nivel desde enero de 2006. El Tesoro logró vender 2.150 millones de euros en bonos a tres años con cupón del 2,10% y vencimiento a 30 de abril de 2017 a un interés mínimo del 1,309% frente al 1,562% de la subasta anterior. En las obligaciones a 10 años con cupón del 3,80% y vida hasta el 30 de abril de 2024 colocó un total de 1.110 millones de euros reduciendo la rentabilidad desde el 3,559% previo al 3,344%, lo que suponía el mínimo desde enero de 2006. Y en las obligaciones a 5 años con cupón del 4,30% y vencimiento a 31 de octubre de 2019 adjudicó un total de 1.740 millones a un interés del 2,097%.

La rebaja en los costes fue extensible a los tres plazos. El interés medio del bono a tres años bajó del 1,56% al 1,309%, nuevos mínimos de la serie histórica. A cinco años también se desinfló a mínimos históricos, desde el 2,26% previo hasta el 2,09%, a un paso de bajar del umbral del 2%. Y a diez años, la rentabilidad media cayó del 3,55% al 3,356%, la más baja desde 2006. Ahora bien, a pesar de esta caída en la rentabilidad de la deuda la demanda no ofreció síntomas de debilidad. Tal y como se ha apuntado con anterioridad, pasando el objetivo del Tesoro por adjudicar 5.000 millones de euros (una cifra inferior incluso a la de subastas anteriores en las que las peticiones duplicaron la oferta) el importe final se ajustó al máximo previsto, al situarse en 5.004 millones de euros. A tres años colocó un total de 2.147 millones de euros, con unas peticiones que duplicaron la oferta. Y a cinco años adjudicó un total de 1.742 millones de euros, con una *ratio* de cobertura de 1,9 veces, y otros 1.115 millones a diez años, con unas peticiones que superaron la oferta 2,8 veces.

Durante la segunda semana del citado mes de marzo de 2014 el Tesoro acometía una nueva emisión de deuda destinada a captar un total de entre 3.500 y 4.500 millones en una subasta de letras a 6 y 12 meses. A resultas de esta nueva emisión se colocó finalmente un importe global de 4.538 millones de euros (cifra situada ligeramente por encima del máximo previsto, 4.500 millones de euros) con los costes más bajos de la serie histórica. El interés medio bajó al 0,366% a 6 meses y al 0,544% a 12 meses. En efecto el interés medio de las letras a 6 meses bajó desde el 0,382% de febrero hasta el 0,366%. La rentabilidad media en las letras a 12 meses registró una mayor bajada, desde el 0,618% hasta el 0,544%[353], un porcentaje inédito en la serie histórica, máxime si se tiene en cuenta que hasta finales de 2013 el Tesoro no había logrado afianzar por debajo del 1% sus costes de financiación a un año.

Con fecha 18 de marzo de 2014 el Tesoro tenía previsto adjudicar unos 3.000 millones de euros. Apenas dos días después, con fecha 20 de marzo de 2014, dicho importe se elevaba hasta los 5.000 millones de euros en el caso de la emisión de deuda a tres, cinco y quince años. Se trataba concretamente de tres bonos diferenciados: bonos a tres años con vencimiento el 30 de abril de 2017 y cupón del 2,1075%; bonos a cinco años con vencimiento el 30 de abril de 2019 y cupón del 2,75%; y obligaciones a 15 años con vencimiento el 31 de octubre de 2028 y cupón del 5,15%.

Finalmente a resultas de la citada subasta del 18 de marzo de 2014 el Tesoro adjudicó un total de 3.010 millones de euros en deuda a corto plazo, prácticamente en línea con el máximo previsto de hasta 3.000 millones de euros, si bien en esta ocasión no logró rebajar los intereses ofrecidos como en las anteriores emisiones, donde llegó a tocar mínimos históricos. Las rentabilidades subieron, aunque muy levemente, tanto en las letras a

[353] Concretamente a resultas del transcurso de esta nueva subasta el Tesoro vendió un total de 1.020 millones en letras a 6 meses, con una demanda que superó en 3,8 veces lo colocado, pasando el tipo medio de este papel del 0,382% de la anterior subasta al 0,366%. Asimismo se vendieron un total de 3.520 millones en letras a 12 meses, con unas peticiones que superaron en 1,7 veces lo vendido, pasando en el presente caso el tipo medio del 0,618% al 0,544%.

tres meses como en el papel a nueve meses. En concreto, el Tesoro colocó 1.130 millones de euros en letras a 3 meses a un tipo de interés del 0,189% frente al 0,17% de la emisión anterior, siendo el *ratio* de cobertura ha sido de 3,2 veces, frente a las 3,7 veces de la anterior emisión. Y en las letras a nueve meses vendió 1.880 millones de euros ofreciendo una rentabilidad del 0,480% desde el 0,457% anterior. El *ratio* de cobertura fue de 2,4 veces, igual al de la última emisión. Con carácter general los intereses se situaron en niveles similares, aunque ligeramente superiores, a los pagados en la anterior emisión. Así la rentabilidad media de las letras a tres meses repuntó del 0,17% al 0,189%, y del 0,457% al 0,48% en los títulos a nueve meses.

Durante la siguiente subasta celebrada dos días después (con fecha 20 de marzo de 2014) el Tesoro logró adjudicar un total de 5.001 millones de euros (el máximo previsto), con motivo de una subasta de bonos a tres y cinco años y obligaciones a 15 años en la que logró rebajar los intereses en los dos plazos más largos, situando la rentabilidad de las obligaciones a 15 años en el nivel más bajo desde 2005. Concretamente el Tesoro vendió un total de 1.330 millones de euros en obligaciones con vencimiento en 2028 a un tipo de interés del 3,846%, el menor desde 2005, frente al 4,199% de la anterior subasta de estas características, celebrada con fecha 16 de enero de 2014.

En esta nueva subasta se logró por tanto colocar un total de 1.002 millones de euros en bonos a 3 años con cupón del 2,10%, con una demanda que superó en 4,1 veces lo emitido (2,2 veces en la anterior ocasión). En efecto, la demanda volvió a duplicar la oferta, superando las peticiones efectuadas en 4,1 veces los 1.002 millones emitidos a tres años, 1,8 veces los 2.670 millones adjudicados a cinco años, y 1,9 veces los 1.333 millones colocados a 15 años.

En este caso el tipo medio ofrecido al mercado subió al pasar del 1,309% registrado en la última subasta al 1,331%. En cambio por sus bonos a 5 años el Tesoro captó un total de 2.671 millones de euros con cupón del 2,75% y con una demanda que superó en 1,8 veces lo vendido, igual que en la anterior emisión. En este caso el tipo medio bajó al pasar del 2,263% al 1,991%. Finalmente, y por lo que respecta a las obligaciones a 15 años, se colocaron 1.333 millones de euros con cupón del 5,15% tras registrar unas peticiones que superaron en 1,9 veces lo emitido (2 veces en la anterior ocasión). El tipo medio de este papel pasó del 4,199% al 3,846%.

Dentro del programa de subastas diseñado por el Tesoro Público para 2014 con fecha 31 de marzo de dicho año el Tesoro acometió una subasta de liquidez simultánea dirigida a entidades financieras creadoras de mercado y que estuviesen autorizadas consistente en una operación de compraventa doble a través de la cual se fijaban la fecha en la que el Tesoro prestaba la cantidad a la entidad financiera, el tipo de interés y la fecha en la que la entidad se lo devolvía al organismo público. El periodo de vigencia de la operación abarcaba del 2 al 16 de abril, de modo que las entidades participantes recibirían los fondos en la primera de dichas fechas y los devolverían en la segunda.

Dicha subasta de liquidez se producía en un período en el que el bono español a diez años había llegado a situarse en el 3,25% (así se produjo con fecha 27 de marzo de 2014), lo que representaba su nivel más bajo desde octubre de 2005. El descenso de la rentabilidad del *bund* hizo que la prima de riesgo llegase hasta los 168 puntos básicos, con la referencia española en el 3,25% y el bund en el 1,54%. Esta mejora en la deuda española registrada se producía tan sólo un día después de que la referencia española a diez años se situara por debajo del 3,3%, algo que no sucedía desde comienzos de 2006.

Posteriormente, y continuando con nuestro análisis del calendario de subastas del Tesoro, con fecha 3 de abril de 2014 el Tesoro se marcó como objetivo colocar un máximo de 5.500 millones de euros en una colocación de deuda a tres plazos distintos. Concretamente el Tesoro lanzó deuda con cupón del 2,75% y vencimiento el 30 de abril de 2019; obligaciones a 10 años con cupón del 3,8% y vencimiento el 30 de abril de 2024; y obligaciones con cupón del 5,9% y vencimiento el 30 de julio de 2026.

El importe finalmente adjudicado ascendió a 5.583 millones de euros. La mayor parte de dicha suma colocada se centró en los bonos a cinco años, con 2.727 millones de euros. La cuantía emitida en bonos a diez años alcanzó los 1.630 millones, y las obligaciones a 12 años otros 1.226 millones de euros. A pesar de lo elevado del importe emitido las peticiones efectuadas volvieron a duplicar la oferta. La *ratio* de cobertura alcanzó las 2,2 veces en los bonos a 12 años, 2,1 en los títulos a diez años, y 1,7 en los bonos a cinco años.

El Tesoro colocó un total de 2.726,19 millones con un interés marginal del 1,899%, el más bajo de la serie histórica, y otros 1.630,19 a diez años con una rentabilidad del 3,308%, la más baja desde septiembre de 2005. Los 1.226,35 millones restantes se obtuvieron a doce años con un interés marginal del 3,561%, también el menor para este plazo de la serie histórica. El interés medio en los bonos a cinco años se afianzó por debajo del umbral del 2%, llegando a desinflarse hasta el 1,869%. La emisión de bonos a diez años permitió asimismo abaratar los costes, situándose el interés medio contabilizado por debajo del 3,3%, en el 3,291%, lo que representaba el porcentaje más bajo desde 2005. El Tesoro completó su emisión con la adjudicación de otros 1.226 millones de euros en obligaciones a 12 años, con vencimiento en julio de 2026, alcanzando la rentabilidad el 3,55%, lo que representaba un nivel inédito en la serie histórica.

Al amparo de esta situación a principios del mes de abril de 2014 el bono español a cinco años lograba situarse en el 1,766% frente, por ejemplo, al 1,788% del bono estadounidense al mismo plazo, siendo el diferencial entre uno y otro de 2 puntos básicos en favor de España, algo que no ocurría desde 2007. Y ello a pesar de la consabida diferencia de *rating* existente entre ambos bonos. Desde nuestro punto de vista la razón de dicha situación había que buscarla en factores tales como la baja inflación en la Zona Euro (que prometía tipos de interés bajos por mucho tiempo) y la retirada progresiva del programa de compra de activos *Quantitative Easing 3* implementado por la FED.

En cambio, en relación con el bono a diez años el *spread* o diferencial seguía siendo de 40 puntos básicos respecto al *treasury* estadounidense. Con carácter adicional la rentabilidad exigida al bono a diez años rozaba con fecha 3 de abril de 2014 el 3,3%, habiéndose desinflado apenas un día después hasta marcar mínimos por debajo del 3,2% por primera vez desde 2005. La rentabilidad exigida al *bund* alemán se mantenía en cambio cerca del 1,6%, por lo que la prima de riesgo de España marcaba nuevos mínimos de 2010 justo por debajo de los 160 puntos básicos. Sin lugar a dudas a ello contribuía además el hecho de que se produjese una bajada de la inflación, que presionaba a la baja la rentabilidad de la deuda, ya que la rentabilidad real se incrementa entonces en términos comparativos.

Un considerable porcentaje de dicha deuda emitida se hallaba en manos de inversores extranjeros. Así, por ejemplo, durante el mes de febrero de 2014 los inversores extranjeros adquirieron un total de 1.915 millones de euros, hasta los 295.282 millones de euros en total, siendo la cartera registrada la cartera a vencimiento ajustada de operaciones temporales (caso de los *repos*). Así las cosas a fecha de febrero de 2014 los inversores extranjeros controlaban el 42,4% del total de la deuda estatal, apenas 1,5 puntos menos que a cierre de diciembre de 2013.

Por su parte las entidades financieras españolas mantenían en febrero de 2014 su inversión en deuda soberana con una leve variación al alza de 140 millones de euros que dejaba su porcentaje en el 29.57%, cuatro décimas menos que en enero de 2014, al haberse incrementado el total de deuda. La banca aumentó dos puntos porcentuales sus tenencias de deuda sobre el cierre de 2013 teniendo presente que los meses de julio y agosto del citado ejercicio procedió a vender la deuda que compró en las peores fases de la crisis, deshaciéndose además el diciembre de 2013 de buena parte de su cartera de bonos con la finalidad de que éstos no se reflejasen en los test de estrés de 2014, los cuales debían realizarse en base a los datos existentes al cierre del ejercicio 2013[354].

Dada esta tendencia alcista en el mercado de la deuda pública, y en un intento por aprovechar la caída de los intereses y procurar que los inversores dejaran de preocuparse sobre la gestión de los vencimientos, el Tesoro se planteaba recomprar deuda a corto plazo y emitir más a largo para así alargar la vida media de esa deuda. Y ello con la finalidad última de apostar más por el largo plazo, al haberse incrementado considerablemente la confianza. En este sentido, y de cara a acometer una gestión activa del perfil de nuestra deuda, se planteaban, entre otras opciones, las relativas a *switches* de bonos o recompras efectuadas a través de subastas o de deuda sindicada.

En la siguiente subasta celebrada el 10 de abril de 2014 el Tesoro logró colocar un total de 4.558 millones de euros en letras en línea con los intereses de la anterior subasta. Concretamente la rentabilidad a 6 meses se ha situó en el 0,369% y a 12 meses en el 0,556%. No obstante, mientras que en la anterior subasta de estos títulos se abonaron los intereses más bajos de la historia por sus letras (recuérdese que la rentabilidad media a 6 meses

[354] Concretamente entre agosto y diciembre de 2013 la banca vendió más de 35.000 millones en bonos, lo que representaba un 15% del total. No obstante en enero de 2014 volvió a comprar la mitad de esta cantidad, unos 17.000 millones de euros, si bien a un menor ritmo. Y desde agosto de 2012 los inversores foráneos adquirieron deuda soberana española por más de 103.000 millones de euros (Fuente: *Diario Expansión*, www.expansion.com, consultada el 5 de abril de 2014).

cayó al 0,366%, y a 12 meses al 0,544%), con motivo de la subasta celebrada el 10 de abril de 2014 los intereses medios repuntaron mínimamente, hasta el 0,369% a 6 meses y hasta el 0,556% a 12 meses. De este modo el Tesoro logró captar un total de 4.560 millones de euros en letras a 6 (1.217 millones) y 12 meses (3.340 millones), en una etapa en la que el interés del bono español a 10 años se hallaba en mínimos desde octubre de 2005.

A resultas de la celebración de dicha subasta, y con efectos desde enero de 2014, el Tesoro había captado un total de 50.481 millones de euros dentro del programa de financiación regular a medio y largo plazo, con un coste medio del 2,31% al cierre de febrero de 2014, por debajo del 2,45% de cierre del ejercicio 2013. La rentabilidad del bono español a diez años había pasado del 4,15% que marcaba el 1 de enero de 2014 a situarse por debajo del 3,2%, lo que no ocurría desde octubre de 2005.

Con fecha 22 de abril de 2014 el Tesoro acometía una nueva subasta de deuda (en el presente caso, letras a 3 y 9 meses) la cual se vería completada con una segunda subasta de bonos a tres, cinco y diez años a celebrar el 24 de abril del citado ejercicio. Los objetivos de adjudicación del Tesoro pasaban por colocar un importe próximo a los 8.500 millones de euros en el conjunto de las dos subastas de deuda citadas. Concretamente en la primera de las citadas subastas de letras a tres y nueve meses el Tesoro esperaba obtener entre 2.000 y 3.000 millones de euros, mientras que en la segunda subasta de bonos a tres y cinco años y obligaciones a diez años el objetivo de emisión oscilaba entre 4.500 y 5.500 millones de euros.

En principio las anteriores bajadas generalizadas en las rentabilidades de la renta fija debían favorecer las colocaciones de deuda del Tesoro, en los títulos tanto a corto como a largo plazo. A esta buena posición de liquidez con la que contaba el Tesoro había que sumarle, además, la rebaja en los costes de financiación alcanzada desde el inicio de 2014 (los cuales se habían reducido en un 14%). Dicha rebaja repercutía positivamente tanto en el mercado primario como en el secundario. Y es que a la bajada efectuada por el Tesoro de los intereses aplicados a sus emisiones de deuda había que sumar la reducción experimentada en el mercado secundario del interés de los bonos de referencia[355].

---

[355] Recuérdese a este respecto que la rentabilidad del bono a diez años pasó de superar el 4% a principios de 2014 a prácticamente rozar el 3%, marcando así su mínimo histórico desde el

Por otra parte debían tomarse en consideración otros factores tales como los crecientes temores de deflación y la posibilidad existente de que el BCE lanzase un programa de compra de activos. Todo ello había propiciado en el mercado secundario una nueva caída generalizada en las rentabilidades de la deuda pública.

Pues bien, a resultas de la celebración de dicha subasta del 22 de abril de 2014 el importe final adjudicado alcanzó los 3.057 millones de euros. El interés a nueve meses bajó del 0,48% al 0,46% mientras que a 3 meses escaló del 0,18% al 0,32% La rentabilidad media de las letras a 9 meses se situó a un paso de renovar los mínimos históricos registrados en febrero de 2014, cuando el interés cayó al 0,457%. Concretamente el porcentaje se situó en el 0,465%, por debajo pese a todo del 0,48% pagado en marzo de 2014. El coste de las letras a tres meses, en cambio, registró un notable repunte. La rentabilidad media se quedó lejos del mínimo histórico del 0,17% contabilizado en febrero y del 0,189% registrado en marzo de 2014, escalando al 0,324%. La mayor parte de los 3.057 millones de euros adjudicados se concentraron en las letras a 9 meses, con un total de 1.991 millones de euros. Por su parte las letras a más corto plazo, a tres meses, acapararon los 1.066 millones restantes. En cuanto a los márgenes de demanda existentes las peticiones formuladas superaron la oferta 4,1 veces en los títulos a tres a meses y 2,5 veces en las letras a nueve meses.

En dicha fecha el interés del bono español a 10 años se aproximaba además al umbral del 3%, manteniendo los inversores las compras de deuda pública española. De este modo las compras de deuda se generalizaban y el interés exigido al bund alemán se enfriaba al borde ya del 1,5%. Las subidas en el precio desinflaban pues la rentabilidad del bono español a diez años por debajo del 3,1%, a un paso del nivel del 3% y de sus mínimos históricos. Y, a resultas de lo anterior, el diferencial respecto a la deuda alemana se replegaba por debajo de los 157 puntos básicos. Incluso con fecha 23 de abril de 2014 la rentabilidad exigida al bono español a diez años llegó a caer hasta el 3,048%, su nivel más bajo en ocho años y medio, quedándose así a un paso de los mínimos históricos intradía del 2,97% que marcó el 22 de septiembre de 2005.

---

21 de septiembre de 2005, cuando cerró en el 3,005%. Y la prima de riesgo de España lograba situarse por debajo de 160 puntos básicos, sus niveles más bajos desde el verano de 2010.

Dado el éxito de las emisiones lanzadas y la bajada del tipo de interés de las distintas emisiones de deuda el Tesoro se planteaba que toda la nueva deuda se emitiese exclusivamente con cargo al programa de instrumentos a medio y largo plazo, reduciendo así el riesgo de refinanciación de la cartera. Todo ello en un marco caracterizado por la reducción de los costes de la deuda, el alargamiento de la vida media de la cartera y la diversificación de la base inversora.

En la siguiente emisión de fecha 24 de abril de 2014 el Tesoro logró captar un total de 5.580 millones de euros en deuda a cinco años (1.580 millones), tres (1.350 millones) y diez años (2.650 millones) con tipos en mínimos históricos, al pagar por los bonos a diez años un 3,059% anual. Téngase presente que en la anterior subasta de deuda a ese plazo prometió un 3,291% y el mínimo hasta entonces estaba situado en el 3,165% en septiembre de 2005. Fue entonces cuando el bono a 10 años marcó su rentabilidad mínima en el mercado secundario, con un 3,005%. Por lo que respecta a la deuda a tres años, el Tesoro abonaría un 1,022%, frente a un 1,331% de la anterior subasta. Por último, en los bonos a siete años pagaría un 1,663% frente al 1,869% de la subasta anterior.

Con carácter general los bonos a diez años acapararon prácticamente la mitad del importe emitido, al sumar 2.646 millones de euros. La cuantía colocada a cinco años alcanzó los 1.571 millones, y los 1.348 millones a tres años. La demanda llegó a superar los 12.000 millones de euros. Concretamente las peticiones superaron 3 veces la oferta en los bonos a tres años, 2,3 veces en los títulos a cinco años y 1,8 veces en la deuda a diez años.

A resultas de la celebración de esta última subasta, y desde el inicio del ejercicio 2014, el Tesoro había captado ya cerca de 57.300 millones de euros dentro del programa de financiación regular a medio y largo plazo, lo que representaba un 43,1% de la previsión de emisión incluida en la Estrategia para 2014 (133.300 millones de euros). Y ello dentro de un ambiente de creciente optimismo en los mercados de deuda pública en virtud del cual parecía razonable estimar que, en el hipotético caso de que el BCE acometiese una eventual política de inyección de liquidez mediante la compra de activos podría terminar produciéndose un aumento del valor de los activos mientras durase dicho programa, con la consiguiente bajada de los tipos.[356]

[356] De esta opinión se mostraba partidario SÁNCHEZ QUIÑONES, J., "¿Qué descuenta la renta fija?", *Diario Expansión* (www.expansion.com, consultada el 25 de abril de 2014),

A lo largo de estos últimos tiempos, y con la prima de riesgo situada a finales del mes de abril de 2014 en los 155 puntos[357], los costes de financiación habían disminuido el 14% desde el inicio de 2014, ya que a finales de 2013 el coste medio de la deuda española era del 2,45%, y a finales de marzo había caído al 2,10%. En base a ello con fecha 30 de abril de 2014 el Tesoro anunció que tenía previsto emitir un total de 59.000 millones de euros netos, lo que representaba un 9,2% menos de los 65.000 millones inicialmente previstos en la estrategia de financiación para 2014. Dicha rebaja se hallaba igualmente condicionada por las nuevas proyecciones macroeconómicas, más favorables para España, y por los nuevos cálculos realizados por el Tesoro sobre las necesidades de liquidez, condicionados por los menores costes de financiación soportados por el Estado, ligeramente por encima del 2%. Con carácter adicional había que tener presente el alargamiento de la vida media de la deuda española, que era de 6,3 años.

La siguiente subasta de bonos del Estado tuvo lugar el 8 de mayo de 2014. En esta ocasión el Tesoro sacaba a subasta bonos con cupón del 2,1% y vencimiento el 30 de abril de 2017, bonos con cupón del 4% y vencimiento el 30 de abril de 2020 y obligaciones con cupón del 5,15% y vencimiento el 31 de octubre de 2028[358], fijándose a tal efecto un objetivo situado entre un mínimo de 3.500 y un máximo de 4.500 millones de euros. Finalmente, y a resultas de la celebración de la citada subasta, el Tesoro estuvo cerca de pagar por primera vez menos del 1% por su deuda a tres años. El interés

para quien *" Si como parece la economía comienza a recuperarse de forma consistente, sería razonable pensar en un incremento de las expectativas de inflación, y por consiguiente en un repunte los tipos de interés. Sin esa recuperación económica difícilmente se incrementarán los beneficios empresariales. Sin incremento de los beneficios cualquier subida de las bolsas se deberá a una expansión de los múltiplos, encareciendo su valoración y la solidez de dichas subidas".* Añade asimismo el citado autor a su razonamiento que *"Los actuales tipos de interés descuentan un escenario de baja inflación durante años, en línea con las propias estimaciones del BCE, quien no espera niveles de crecimiento de precios superiores al 1,5% hasta por lo menos 2016. Adicionalmente, los actuales niveles de tipos descuentan implícitamente una larga travesía en el proceso de recuperación económica".*

357 A tal efecto con fecha 2 de mayo de 2014 la rentabilidad del bono español a 10 años alcanzó el 2,989%, lo que representaba el nivel más bajo desde que existen registros, esto es, desde el año 1997. Apenas un día antes había logrado cerrar en el 3%, superando así su mínimo histórico del 3,005% que se remontaba al 21 de septiembre de 2005.

358 Cabe recordar a este respecto que en la anterior ocasión en la que el Tesoro colocó deuda a 15 años pagó un interés medio del 3,5%. En cambio por el papel a 3 años desembolsó una rentabilidad del 1%.

medio se situó en el 1,03%, justo por encima del mínimo histórico del 1,02% del mes de abril de 2014, colocándose un total de 4.557 millones de euros con nuevos mínimos en las rentabilidades a largo plazo.

El freno producido en el ritmo de emisión se vio acompañado además de una rebaja de costes en dos de los tres plazos de deuda lanzados al mercado. Tal y como se ha señalado con anterioridad los títulos colocados por el Tesoro fueron bonos con cupón del 2,10% y vencimiento el 30 de abril de 2017, deuda con cupón del 4,0% y vencimiento el 30 de abril de 2020 y obligaciones con cupón del 5,15% y vencimiento el 31 de octubre de 2028.

Tal y como se ha apuntado con anterioridad en los títulos a más corto plazo, a tres años, el Tesoro se quedó cerca de lograr financiarse, por primera vez, por debajo del 1% de interés. En la anterior subasta de estos títulos, celebrada el 24 de abril, la rentabilidad media se desinfló del 1,3% al 1,02%, lo que supuso un nuevo mínimo histórico. En cambio en la presente subasta el porcentaje se ha mantuvo sin grandes cambios, al situarse en el 1,039%. El Tesoro pagó el 1,03% por su deuda a tres años, menos de la mitad del 2,24% de hace 12 meses. En todo caso dichos niveles quedaban lejos de las rentabilidades pagadas por estos mismos títulos durante el año anterior, ya que en la subasta de bonos a tres años de mayo de 2013 el interés medio alcanzó el 2,24%. El resto de bonos lanzados al mercado sí logró rebajar las rentabilidades medias a nuevos mínimos de la serie histórica: al 1,90% en los bonos con vencimiento el 30 de abril de 2020 y al 3,514% en las obligaciones con vencimiento el 31 de octubre de 2028.

La mayor parte de los 5.547 millones de euros adjudicados se concentraron en los bonos con vencimiento en 2020, al sumar 2.463 millones de euros. El Tesoro logró colocar 1.094 millones en los títulos con vencimiento en 2028, y 1.000 millones en los títulos a tres años. El freno experimentado en el ritmo de emisión favoreció un aumento de los márgenes de demanda. Las peticiones efectuadas superaron entre 2 y 3,2 veces la oferta en los tres plazos ofertados por el Tesoro.

De este modo el Tesoro logró vender un total de 1.000 millones en bonos con cupón del 2,10% y vida hasta el 30 de abril de 2017. Las peticiones superaron en 3,2 veces lo vendido (3 veces en la anterior ocasión) y el tipo medio subió ligeramente, al pasar del 1,022% registrado en abril al 1,039%. Asimismo se emitieron 1.094 millones en obligaciones con cupón del 5,15%

y vencimiento a 31 de octubre de 2028. En este caso la demanda existente superó en 2,5 veces lo vendido (1,9 veces en la anterior ocasión) y el tipo medio bajó moderadamente, al pasar del 3,846% registrado en marzo de 2014 al 3,514%. Por último se colocaron un total de 2.463 millones en obligaciones con cupón del 4% y vida hasta el 30 de abril de 2020. En este tipo de papel, superando las peticiones en 2 veces lo vendido y situándose el tipo medio en el 1,900%.

Con anterioridad hemos tenido ocasión de referirnos a la posibilidad planteada desde un primer momento de que, de cara al desarrollo del cuadro de subastas correspondientes al ejercicio 2014, el Tesoro acometiese la emisión de bonos indexados a la inflación. Pues bien finalmente con fecha 12 de mayo de 2014 (y tras haberse constatado el éxito alcanzado en Italia durante el mes de marzo de dicho año con la realización de dichas emisiones[359]), el Tesoro español procedió a emitir dichos bonos ligados a la inflación, los cuales tendrían también un plazo de diez años, con vencimiento el 30 de noviembre de 2024, quedando ligados al Índice de Precios al Consumo armonizado ex-tabaco, publicado mensualmente por Eurostat[360].

Con carácter general la emisión, con vencimiento el 30 de noviembre 2024, estaría vinculada al Índice de Precios de Consumo Armonizado (IPCA) excluido el tabaco, que publica la citada Agencia de estadística europea, siendo de este modo la referencia utilizada en cada pago de cupón es el IPCA entre dos y tres meses antes, según la fecha de pago del cupón.

Inicialmente el objetivo perseguido pasaba por captar entre 3.000 y 4.000 millones de euros, ofreciendo una rentabilidad en el entorno del 1,9%,

359 En efecto, el Tesoro italiano emitió, por primera vez en tres años, deuda vinculada con el IPC, procediendo a lanzar deuda a diez años, con vencimiento en septiembre de 2024, y recibiendo un aluvión de peticiones por estos títulos, llegando a elevarse la demanda por encima de los 10.000 millones de euros. Con carácter general dichas emisiones se hallaban ligadas a la inflación, europea (medida a través del índice HICP) o italiana, como al euríbor, ofreciendo una rentabilidad fija baja y otro porcentaje adicional en función de la evolución de los precios.

360 Así, por ejemplo, si el Tesoro procediese a colocar un bono ligado a la inflación con un nominal de 1.000 euros y un cupón del 2% los inversores recibirían 20 euros al año de intereses (como en un bono estándar) si bien, una vez cumplidos los 10 años, en lugar de recibir los citados 1.000 euros, recibirían esta cantidad incrementada en la inflación acumulada en estos 10 años. Adviértase en consecuencia que, dada dicha estructura de la deuda, el Estado pagaría menos intereses durante la vida del bono, ya que el cupón sería inferior al de una emisión estándar. No obstante transcurridos los 10 años el Estado habría de refinanciar una mayor cantidad de dinero, motivo por el cual la deuda aumentaría.

tomando como referencia el bono a 10 años que vencía en abril de 2024 y que ofrecía alrededor de un 2,9% de manera que, teniendo presente que para hallar lo que habría de pagarse en un principio habría que restarle 1,07 puntos porcentuales, el rendimiento rondaría el 1,85%.

A nuestro juicio la principal finalidad perseguida con la realización de dicha emisión era vender deuda con un cupón anual fijo, procediendo el Tesoro al vencimiento a devolver el importe invertido con la correspondiente actualización en función de los precios. Dicha inversión habría de posibilitar atraer a nuevos inversores, pudiendo así diversificar la base inversores y crear una gama de este tipo de producto, con diferentes vencimientos, al igual que ocurre con la deuda clásica. Piénsese que las emisiones de deuda pública ligadas a la inflación ofrecen un cupón anual inferior a una emisión tradicional, si bien a cambio ofrecen la compensación de, llegado el vencimiento, actualizar la inversión de acuerdo con la inflación, de modo que el capital haya equiparado su valor al del coste de la vida. Se trata, en suma, de una modalidad de inversión vinculada al largo plazo y al vencimiento del activo, al ser en ese preciso instante cuando puede disfrutarse al completo de la vinculación a la inflación. En principio la colocación solo estaría dirigida a institucionales[361]. Si el activo ganase en liquidez, con el tiempo sí podría estar abierto a minoristas. Y se podría comprar en el mercado secundario, es decir, una vez emitida la deuda.

Sin lugar a dudas el principal riesgo derivado de la realización de dichas emisiones se concreta en el hecho de que el principal final a pagar por el Tesoro sea sustancialmente superior al nominal de la emisión como consecuencia de un repunte significativo del IPC europeo (tabaco excluido) desde la fecha de su emisión hasta la de vencimiento. De cualquier manera la razón de ser de esta actuación acometida por el Tesoro estaba clara: utilizar las bajas rentabilidades nominales que el mercado exigía por aquel entonces a nuestros bonos soberanos (con el bono a 10 años situado en el secundario por debajo del 3%) para aumentar su duración.

---

[361] Téngase presente a este respecto que, tal y como ya se ha señalado con anterioridad, los principales inversores a los que van destinados estas emisiones son aquellos con pagos a largo plazo ligados a la inflación y que buscan garantizar rentabilidades reales en el tiempo, características éstas que son comunes a los fondos de pensiones y aseguradoras, más tradicionales que el resto a la hora de apostar el dinero.

En definitiva, dicha colocación perseguía reducir el ritmo de emisiones ordinarias del Tesoro, después de que en la revisión de previsiones efectuada finales de abril de 2014 el Ejecutivo disminuyera un 9,2% sus emisiones netas previstas para el conjunto del ejercicio desde los 65.000 hasta los 59.000 millones de euros. El Tesoro recibió cerca de 20.300 millones de euros de demanda con motivo de la primera colocación de bonos vinculados a la inflación. Una vez constatado dicho volumen de peticiones el Tesoro elevó el importe adjudicado a 5.000 millones de euros, logrando caer el interés de esta clase de bonos, debido a la fortaleza de la demanda, por debajo del nivel del 3%. La colocación efectuada resultó muy diversificada, tanto por tipo de inversor como por zonas geográficas. El 73% de los compradores fueron extranjeros. Francia tuvo la mayor participación con un 21%, seguido de Reino Unido e Irlanda con un 15%, los países nórdicos con un 8% e Italia con un 6%. Según el tipo de inversor, los mayores compradores fueron las gestoras de fondos de inversión con el 41% del total, seguidos de entidades bancarias con un 21%, aseguradoras y fondos de pensiones, que participaron con un 16%, y Bancos centrales, con el 8% del total.

De manera prácticamente simultánea al anuncio efectuado por el Tesoro con fecha 12 de mayo de 2014 relativo al lanzamiento de una emisión de bonos vinculados a la inflación, con fecha 13 de mayo de 2014 se acometía una nueva emisión de deuda pública consistente en letras a 6 y 12 meses. El Tesoro recibió un total de 13.400 millones de peticiones por sus letras a 6 y 12 meses. No obstante mientras que en la anterior subasta de letras a 6 y 12 meses celebrada el 10 de abril de 2014 el Tesoro colocó estos títulos al 0,369% y al 0,556%, respectivamente, en la subasta del 13 de mayo de 2014 dicho porcentaje bajó mínimamente al 0,362% a seis meses, en zona de mínimos históricos y repuntando al 0,598% a 12 meses, cerca aún de sus mínimos. El importe adjudicado alcanzó finalmente los 4.513 millones de euros, en línea con la cuantía colocada en la anterior subasta celebrada y ligeramente por encima del objetivo máximo previsto, 4.500 millones de euros. La mayor parte de la cuantía adjudicada, 3.313 millones de euros, fue colocada en letras a 12 meses. Las peticiones alcanzaron los 8.568 millones de euros. En el caso de los títulos a 6 meses, el importe colocado se situó en 1.200 millones, frente a una demanda total de 4.836 millones de euros, superando la demanda 4,03 veces la oferta frente a las 3,88 veces de la anterior colocación de abril de 2014. Y, por lo que respecta a las letras a doce meses, la demanda alcanzada supuso 2,59 veces la oferta frente a las 1,97 veces de la última subasta.

Durante la semana iniciada el 19 de mayo de 2014 el Tesoro procedía a celebrar dos nuevas subastas de deuda pública, a saber, una de letras a tres y nueve meses el 20 de mayo y otra de bonos a cinco años y obligaciones a diez el 22 de mayo. Dichas subastas se celebraban en un período en el que el Tesoro Público había logrado captar ya el 51% de sus necesidades de financiación para 2014, obteniendo financiación por un importe total de 103.500 millones de euros, de los que 68.100 millones formaban parte del programa de financiación a medio y largo plazo de 2014.

Concretamente, con motivo de la subasta del 20 de mayo de 2014 el objetivo del Tesoro pasaba por adjudicar cerca de 3.500 millones de euros a 3 y 9 meses. En la anterior subasta de estos títulos limitó esta cuantía a los 3.000 millones de euros. Pues bien, el importe finalmente adjudicado en dicha subasta alcanzó los 3.515 millones de euros. Las rentabilidades medias registraron resultados dispares, lográndose colocar un total de 924 millones de euros a tres meses al 0,295%, ligeramente por debajo del 0,32% previo, y 2.591 millones en letras a nueve meses, a un interés del 0,55%, por encima del 0,46% anterior. En cuanto a la demanda existente las peticiones efectuadas superaron la oferta 2,3 veces en las letras a tres meses, frente a las 2,5 del mes anterior y 3,5 veces en los títulos a nueve meses, por debajo de las 4,1 veces de abril de 2014. De este modo, si bien con carácter global la demanda superó los 9.300 millones de euros, los intereses se comportaron de forma dispar, al bajar en las letras a 3 meses y repuntar en cambio en el papel de 9 meses.

Por lo que respecta a la posterior subasta celebrada dos días después, el 22 de mayo de 2014, a través de la cual se lanzaban al mercado bonos a 5 años con cupón del 2,75% y obligaciones a 10 años con cupón del 3,80%, pasando el objetivo inicial fijado por el Tesoro por adjudicar unos 3.500 millones de euros en títulos a cinco y diez años, teniendo presente que en las últimas emisiones de estos dos bonos el importe adjudicado superó, en su conjunto, los 5.000 millones de euros. Finalmente como resultado de dicha emisión el interés medio en los bonos a diez años bajó por primera vez del umbral del 3%, al situarse en el 2,968%. De este modo, a pesar de que el objetivo fijado para dicha subasta pasaba, como se ha indicado, por adjudicar unos 3.500 millones de euros en títulos a cinco y diez años, el importe finalmente adjudicado en estos bonos alcanzó los 1.993 millones de euros. A cinco años emitió otros 1.537 millones, de forma que los 3.530

millones totales se situaban ligeramente por encima del máximo previsto, 3.500 millones.

Así las cosas el Tesoro colocó un total de 1.537 millones de euros en bonos con vencimiento a cinco años, por los que abonó un rendimiento medio del 1,648%, ligeramente inferior al 1,669% de la subasta anterior. Y, con carácter adicional, adjudicó otros 1.993 millones de euros en papeles a diez años, con una rentabilidad media del 2,968%, lo que se situaba por debajo del 3,05% que pagó en la anterior subasta e incluso por debajo del nivel al que se cambiaba esta referencia en el mercado secundario, significando además un mínimo histórico, al tratarse de la primera vez se pagaba un interés menor al 3%.[362]

En cuanto a la demanda existente, las peticiones efectuadas se quedaron por debajo de los 5.000 millones de euros que tenía previsto colocar Alemania, recibiéndose más de 6.300 millones de euros en peticiones, casi el doble de lo adjudicado. En cuanto a los costes de emisión existentes el interés medio de los bonos a diez años bajó por primera vez del umbral del 3%, al situarse en el 2,968%, por debajo del 3,059% registrado en la emisión del 24 de abril de 2014. Asimismo resultaron abaratados a mínimos históricos los costes de emisión de su deuda a cinco años, descendiendo la rentabilidad hasta el 1,648%, frente al anterior récord del 1,663% contabilizado en abril de 2014. En definitiva la demanda descendió con respecto a abril de 2014 en los dos tramos de deuda subastados. A mayor abundamiento, en el caso de los títulos a una década el *ratio* por cobertura –veces que las peticiones de los inversores superan a las adjudicaciones– bajó a 1,69 veces, lo que representaba su menor nivel desde febrero de 2013.

Al amparo de este clima de moderado optimismo con fecha 23 de mayo de 2014 la Agencia de Calificación Crediticia *Standard & Poor´s* decidió elevar la nota para España a 'BBB', un escalón por encima de su anterior nivel, mejorando además la calificación para la deuda soberana a corto y largo plazo, que pasaba de ser 'BBB-/A-3' a 'BBB/A2', adoptándose así

[362] En efecto, el Tesoro vendió un total de 1.993 millones en obligaciones a 10 años con cupón del 3,80%, superando la demanda del mercado en 1,7 veces lo emitido y situándose el interés medio por primera vez por debajo del 3% al pasar del 3,059% de abril de 2014 al 2,968%. En este caso, los intereses también se moderaron y marcaron un nuevo mínimo que permitió situar la rentabilidad del bono a 10 años por debajo del 3% por primera vez en la historia. En concreto, el interés medio pasó del 3,059% de abril de 2014 al 2,968%, mientras que el marginal se quedó en el 2,988% desde el 3,071% anterior.

una perspectiva favorable, lo que venía a reflejar la previsión de la citada Agencia de que los riesgos para los *ratings* de España se contendrían durante los dos próximos años. Con carácter adicional *Standard & Poor's* revisó la estimación de crecimiento real del PIB del 1,2% al 1,6%, que reflejaba el impacto de reformas estructurales tales como la del mercado de trabajo.[363]

De conformidad con lo declarado por la citada Agencia en su Comunicado los datos de crecimiento del primer trimestre de 2014, que recogían un aumento anualizado del PIB del 1,6%, parecían estar sustentados en una recuperación gradual del crecimiento del empleo en un amplio abanico de sectores, en particular por el turismo, pero también por el sector manufacturero, así como por el de bienes no comercializables. Asimismo se apuntaba que la mayoría de los indicadores de competitividad mostraban una mejora (caso, por ejemplo, de la reducción del 8% de los costes unitarios laborales desde 2009 o del continuado aumento del peso de las exportaciones españolas en el comercio mundial y la existencia de una tasa de inflación que reflejaba el exceso de capacidad económica del mercado laboral), lo que apoyaba la reorientación de la economía hacia la demanda externa.

Por otra parte, si bien *S&P* continuaba considerando el crecimiento de las exportaciones netas como un importante contribuyente al PIB dada la expectativa de un mayor desapalancamiento de los sectores público y privado, los elevados niveles de deuda de la economía podrían conducir a un período prolongado de demanda interna relativamente moderada, ya que las empresas y los hogares seguirían reduciendo su apalancamiento.

Con fecha 28 de mayo de 2014 la compra de deuda pública española volvió a desinflar la rentabilidad del bono a diez años hasta el 2,81%, lo que representaba un nuevo mínimo histórico. La menor demanda de deuda alemana estancaba el interés del *bund* alemán cerca del 1,5% y permitía situar la prima de riesgo por debajo de los 150 puntos básicos. La rebaja de

[363] Cabe recordar a este respecto que la anterior ocasión en la que *Standard & Poor's* revisó la calificación de España fue el 29 de noviembre de 2013, cuando confirmó la nota 'BBB-', un escalón por encima del grado de especulación o 'bono basura', si bien mejoró su perspectiva de 'negativa' a 'estable'. De este modo la citada Agencia seguía los pasos de las Agencias *Moody's* y *Fitch*, las cuales en sus últimas revisiones procedieron a elevar la nota de España en un escalón. Concretamente *Moody's* elevó en febrero de 2014 en un escalón la nota de la deuda soberana española, desde 'Baa3 a 'Baa2' con perspectiva 'positiva'. Por su parte la Agencia de Calificación Crediticia *Fitch* subió también en un escalón el *rating* de España, desde 'BBB' a 'BBB+' con perspectiva 'estable'.

los intereses de la deuda se generalizaba en todos los plazos, situándose el interés del bono español a dos años en el 0,7%, y el del bono a cinco años a un paso de bajar del 1,5%. Esta mejora alcanzaba igualmente a la deuda de la mayor economía periférica. Así el interés del bono italiano a diez años se afianzaba por debajo del umbral del 3%. El diferencial de rentabilidad respecto a la deuda española se mantenía sobre los 10 puntos básicos.

Durante la primera semana del mes de junio de 2014 el Tesoro procedía a reanudar sus emisiones de deuda después de haber captado ya cerca del 54% de sus necesidades de liquidez para el ejercicio 2014[364]. Se trataba concretamente en el presente caso de una emisión de bonos a tres y cinco años. Con motivo de la subasta celebrada el 5 de junio de 2014 el Tesoro logró colocar por primera vez sus bonos a tres años por debajo del umbral del 1%, al 0,968%. A cinco años el coste también bajó a nuevos mínimos históricos, situándose en el 1,54%. Así las cosas el interés a tres años baja del 1,03% al 0,96% y a cinco años del 1,64% al 1,52%. De este modo por primera vez el Tesoro pagó menos del 1% a tres años. El interés medio se desinfló desde el 1,039% hasta el 0,968%.

Respecto de la emisión de bonos a cinco años *a priori* el mercado secundario ofrecía un margen más amplio incluso para que el Tesoro colocara dichos bonos al menor coste de la serie histórica. Finalmente el resultado de la subasta terminó por confirmar estos mínimos, bajando el interés medio desde el 1,648% hasta el 1,520%. Por lo que respecta a la demanda existente el Tesoro aumentó sus objetivos de adjudicación a los 4.500 millones de euros. El importe adjudicado finalmente ascendió a 4.549 millones de euros, por encima del máximo previsto de 4.500 millones. De esta cifra, 2.143 millones de euros se concentraron en los bonos a tres años y 2.406 millones en los títulos a cinco años. Las peticiones existentes duplicaron prácticamente la oferta en las emisiones de los dos bonos. La *ratio* de cobertura fue de 2 veces a tres años y de 1,8 a cinco años.

[364] Concretamente el Tesoro había captado ya un total de 71.647 millones de euros dentro del programa de financiación regular a medio y largo plazo, lo que representaba el 53,7% de la previsión de emisión incluida en la estrategia del Tesoro para 2014, que era de 133.300 millones de euros. Y ello con un coste medio del 2,01%, por debajo del 2,45% de cierre del ejercicio 2013. Tal y como hemos tenido ocasión de analizar, en la práctica totalidad de los plazos de deuda, el Tesoro colocó letras y bonos con los intereses más bajos de la serie histórica, adjudicando a diez años casi 2.000 millones de euros por primera vez con una rentabilidad inferior al 3%.

En definitiva, a resultas de la subasta celebrada el 5 de junio de 2014 el Tesoro vendió un total de 2.100 millones de euros en los bonos con vencimiento en 2017 a un interés por debajo del 1% por primera vez en la historia, bajando como se ha indicado la rentabilidad al 0,968% frente al 1,039% de la anterior subasta. Y en el plazo a 2019 fueron colocados un total de 2.400 millones de euros con una rentabilidad del 1,52%, menor al 1,648% de la emisión precedente.

Apenas un día después, con fecha 6 de junio de 2014, se conoció que el Tesoro preveía realizar una subasta extraordinaria de deuda lanzado al mercado bonos a diez años, acometiéndose así una nueva colocación extraordinaria. Y ello con el objetivo de sacar partido de la rebaja en los costes de financiación que había propiciado, en el mercado secundario, la batería de medidas anunciadas con fecha 5 de junio de 2014 por el BCE, entre las que destacaban la rebaja de los tipos de interés al 0,15%, las inyecciones de liquidez, el fin de la esterilización del programa de compra de deuda, la futura compra de titulizaciones y la predisposición a introducir todavía más medidas de estímulo si fueran necesarias.

Dicha nueva emisión de bonos indexados a la inflación tomaba como índice de precios de referencia el índice de precios de consumo armonizado ex tabaco (IPCA) para la Zona Euro, publicado mensualmente por Eurostat. Este nuevo bono indexado español tenía vencimiento el 30 de noviembre de 2024, de manera que para periodos de inversión inferiores a diez años los inversores no tendrían una cobertura perfecta. Hasta vencimiento el precio del bono sufriría variaciones determinadas por cambios en la tasa de interés real (coste de financiamiento del Tesoro) y que podrían generar pérdidas no relacionadas con la inflación realizada. Por ello, para que el mercado de bonos indexados permitiese la cobertura del poder adquisitivo sería necesario que existiese un espectro suficientemente amplio de bonos indexados con distintos plazos de vencimiento[365].

---

[365] Como ya hemos tenido ocasión de precisar en diversas ocasiones a lo largo de la presente obra los bonos indexados a la inflación reducen el coste de la financiación porque evitan el pago de esta prima, permitiendo a los inversores cubrir su poder adquisitivo del riesgo inflacionista. Ahora bien, tal y como señalan TORO, J. y SAÚL, J., "Beneficios de los bonos indexados a la inflación", *Diario Cinco Días,* www.cincodias.com (consultada el 11 de junio de 2014) *"Porque las primas no son observables, no existe consenso sobre si el ahorro ligado a los bonos indexados es o no efectivo. Por una parte, en aquellos países con niveles de inflación bajos y estables, la prima por inflación suele ser baja. Por otra, si el Tesoro no es capaz de crear un*

Por otra parte el conjunto de medidas extraordinarias de estímulo monetario introducidas por el BCE vino a revolucionar el mercado de deuda pública. Los ajustes de carteras se multiplicaron, siendo la renta fija europea y, en particular, la periférica, la gran beneficiada. Meditas tales como la rebaja de los tipos de interés, la penalización a los bancos que depositan su dinero en el BCE, las inyecciones de liquidez, el fin de la esterilización de la compra de deuda y los pasos previos a un programa de adquisición de titulizaciones lograron desplazar buena parte de las inversiones a la deuda periférica. Así, y por lo que la deuda española se refiere, mientras que antes de los estímulos adoptados por el BCE el interés exigido al bono a diez años rozaba el 2,9%, el posterior aluvión de compras efectuadas logró desinflar su rentabilidad por debajo incluso del 2,6%. Con fecha 9 de junio de 2014 el interés del bono español se situaba en el 2,604%, al mismo tiempo que la rentabilidad del bono estadounidense a diez años cotizaba en el 2,608%. Téngase presente además que estas rebajas de tipos y los estímulos del BCE contrastaban con el repliegue de la Reserva Federal en su programa de compra de deuda y con el debate sobre un futuro ajuste al alza en los tipos en Estados Unidos. En el caso de la deuda a medio plazo, a tres y cinco años, ya en el mes de abril de 2014 la rentabilidad de los bonos españoles había logrado mejorar a la deuda equivalente de EEUU. En cambio, el diferencial a diez años rondaba entonces los 40 puntos básicos[366].

---

mercado profundo y suficientemente líquido sobre este bono, el ahorro de la prima de inflación puede no compensar la aparición de una nueva prima, la denominada prima de liquidez, que supone un coste extra para el Tesoro"; añaden asimismo estos autores que *"La emisión de bonos indexados a la inflación como complemento a la emisión de bonos nominales permite recabar información sobre las tasas de interés real a distintos plazos y sobre las expectativas de inflación por parte del mercado. La diferencia entre las tasas de interés nominal y real a distintos plazos se conoce como el punto de inflación de equilibrio (breakeven inflation rates) y refleja aproximadamente las expectativas de inflación para el mencionado plazo".*

366 El diferencial negativo para España llegó a alcanzar, por ejemplo, los 600 puntos básicos respecto a Reino Unido en el mes de julio de 2012. Sin embargo desde entonces, con el respaldo del BCE, el interés del bono español a diez años logró borrar por completo dicha diferencia, hasta el punto de que con fecha 6 de junio de 2014, y por vez primera desde 2010, el interés del bono español a diez años se situó por debajo del bono a diez años de Reino Unido. Asimismo el *rally* de la deuda pública española permitía reducir la brecha respecto a la deuda alemana. Con fecha 9 de junio de 2014 el interés del *bund* repite sobre el 1,3%, produciéndose a resultas de lo anterior una caída de la prima de riesgo de España hacia los 120 puntos básicos. En cambio antes de conocerse la batería de estímulos del BCE, la prima superaba los 140 puntos básicos. En un nivel similar se situaba la prima de riesgo de Reino Unido. El diferencial de deuda entre el interés del *bund* alemán y el bono británico a diez años se ampliaba hasta los 132 puntos

Al amparo de este panorama de euforia con fecha 11 de junio de 2014 el Tesoro anunció un canje de deuda por importe de hasta 56.700 millones de euros. La operación se instrumentalizaría a través de una recompra en efectivo de deuda emitida años atrás y la reinversión del dinero en nuevos títulos con vencimiento a 10 años. El principal objetivo perseguido era elevar la vida media de la deuda, ante la avidez despertada en el mercado por los bonos españoles. Los títulos objetivo de la recompra eran deuda con vencimiento en abril de 2015 (con un importe en circulación de 20.971 millones de euros), en julio de 2015 (20.180.268 millones) y en octubre de 2015 (15.484.635). A cambio, les entregarían títulos con vencimiento en octubre de 2014. La rentabilidad quedaba fijada en función de la demanda, aunque en el secundario ofrecía en torno a un 2,5%. El plazo elegido para esta subasta extraordinaria era el de diez años, cuya rentabilidad en el mercado secundario se había desinflado a nuevos mínimos históricos, del 2,5%, como respuesta a la batería de estímulos monetarios anunciada por el BCE.[367]

En consecuencia los títulos objetivo del canje vencían en abril de 2015 (con un importe en circulación de 20.971 millones de euros), en julio de 2015 (20.180 millones) y en octubre de 2015 (15.485). En principio la oferta lanzada por el Tesoro no tenía por qué suponer ninguna pérdida de dinero para los inversores que acudiesen a la misma, ya que la transformación se realizaría a precio de mercado, situado entre un 2,3% y un 4,5% por encima del nominal. El Estado, por su parte, pagaría menos por la deuda a 10 años, en torno al 2,6%, frente al tipo de interés medio de las obligaciones estatales, que se situaba a finales de mayo de 2014 en el 4,63%.[368]

básicos, sus cotas más altas desde el año 1997, según datos de Reuters. Las diferencias en la política monetaria del BCE y del Banco de Inglaterra habían agravado esta brecha.

[367] A través de esta oferta de intercambio de bonos (denominada *switch* en los círculos financieros) se proponía en definitiva cambiar tres emisiones que vencían en abril, julio y octubre de 2015, cuyo saldo vivo actual asciende a 56.635 millones. No obstante, de este importe pretendía amortizar de forma anticipada un total de 3.108 millones de euros. A cambio el Tesoro otorgaría un nuevo bono que iba a lanzar mediante el método de sindicación a un plazo de diez años, al que nos hemos referido con anterioridad. Todo ello con la finalidad última de ofrecer a los inversores de los bonos ya existentes la oportunidad de canjear algunos o todos por nueva notas, facilitando la reinversión de los bonos que vencen en 2015 para los inversores y reduciendo las necesidades brutas de refinanciación para España previstas en 2015. Dicha gestión del pasivo, junto con la emisión de bonos a plazos más largos, habría de ayudar a la tesorería pública a mantener o incluso incrementar la vida media de la deuda.

[368] Inicialmente se calculaba que el importe de la emisión habría de situarse entre los 6.000 y los 8.000 millones de euros. Así, en el hipotético caso de que el importe de la referida emisión

El precio barajado inicialmente rondaba los 120 puntos básicos por encima del índice de referencia para las emisiones de renta fija o *mid-swap*. Finalmente dicho precio se abarató hasta los 118 puntos al conocerse que las peticiones superaban los 18.000 millones de euros.

Tal y como se ha señalado con anterioridad los títulos lanzados al mercado con vencimiento en 2024 eran los ofrecidos en el canje propuesto ayer por el Tesoro. Con el objetivo de aliviar los vencimientos para el próximo ejercicio, el Tesoro lanzó una propuesta para canjear tres emisiones de bonos que vencen en 2015. La oferta era extensible a los bonos con cupón del 3% y vencimiento en abril de 2015, los títulos con cupón del 4% y vencimiento en julio de 2015, y los bonos con cupón del 3,75% y vencimiento en octubre de 2015. Su saldo vivo ascendía a 56.635 millones de euros. De dicha cifra, el importe final aceptado en el canje por el Tesoro ascendía a 3.662 millones de euros. Este aplazamiento de deuda permitiría rebajar los compromisos de pago vigentes en 2015.

Recuérdese que, como ya se ha señalado, el objetivo de la citada transacción era ofrecer a los inversores de los bonos ya existentes la oportunidad de canjear algunos o todos por nueva notas, facilitando la reinversión de los bonos que vencían en 2015 para los inversores y reduciendo las necesidades brutas de refinanciación para 2015.

Finalmente el Tesoro logró captar un total de 9.000 millones de euros con esta nueva emisión sindicada colocada directamente entre inversores institucionales, a un interés del 2,75%, logrando canjear también unos 3.600 millones de deuda antigua por nuevos títulos con vencimiento en 2024. Los citados 3.600 millones canjeados suponían aproximadamente el 6% del volumen total sobre el que se dirigía la oferta lanzada por España y que ascendía a 56.635 millones de euros. Dicha cifra superaba además la expectativa de los bancos colocadores que pensaban que con el canje de deuda antigua se renovarían unos 3.000 millones de euros, si bien los inversores también podían adquirir la deuda sin necesidad de canjear títulos antiguos, lo que permitía elevar el montante de la operación.

El sindicato de bancos encargados de colocar el nuevo bono a diez años recibió órdenes de compra directa de deuda por importe de 14.800 millones

---

alcanzase los 3.000 millones de euros procedentes de canjes de deuda antigua y de efectivo, el aumento de la deuda sería de solo 4.000 millones de euros.

de euros, entre los que se incluían 3.780 millones solicitados por los propios colocadores. Dichos 14.800 millones de euros demandados directamente, junto con los 3.600 sobre los que se solicitó el canje, explicaban que la demanda total de la operación puesta en marcha superara los 18.400 millones de euros, una cifra que demostraba el apetito inversor por la deuda pública española.[369]

Tras la realización de esta subasta sindicada con fecha 17 de junio de 2014 el Tesoro Público regresaba nuevamente a los mercados con la finalidad de lanzar al mercado entre 4.000 y 5.000 millones en letras a 6 y 12 meses. Dicha subasta habría de verse completada por la prevista para el día siguiente (18 de junio de 2014), a través de la cual se había previsto la venta de entre 2.000 y 3.000 millones en bonos y obligaciones. Concretamente el Tesoro sacaría al mercado bonos del Estado a 3 años con cupón del 2,10% y vencimiento a 30 de abril de 2017 y obligaciones del Estado con cupón del 4,60% y vida hasta el 30 de julio de 2019.

[369] Como ya se ha señalado los títulos objetivo del canje propuesto por el Tesoro vencían en abril de 2015 (con un importe en circulación de 20.971 millones de euros), en julio de 2015 (20.180 millones) y en octubre de 2015 (15.485). Y, pese a que el volumen total disponible para ese canje se acercaba a los 57.000 millones de euros, los inversores habían aceptado la transformación sobre un importe de apenas 3.662 millones de euros, distribuidos en tres referencias: 2.100 millones de euros en deuda con vencimiento en abril de 2015; 604 millones de euros con vencimiento en julio de ese año y 915 millones de euros con vencimiento en octubre del 2015. El Tesoro canjeó todo el importe que se le ha solicitado, aunque la preferencia de los inversores estuvo en adquirir nuevos títulos a un interés ligeramente superior al de mercado. La nueva referencia de bono a diez años colocada, por una cuantía de 9.000 millones de euros, recibió una demanda de 18.500 millones que, si bien era inferior a la demanda recibida en la anterior colocación sindicada de enero –de 40.000 millones– no ponía en duda el interés de los inversores por la deuda soberana española. Tal y como se ha señalado la rentabilidad de la emisión se situó en 118 puntos sobre el *midswap* –tipo de interés libre de riesgo a 10 años–, frente al tipo de interés medio de las obligaciones estatales, que se situaba a finales de mayo en el 4,63%. El interés quedaba por tanto en el 2,8%, ligeramente por encima del 2,7% en que quedó ayer el bono en el mercado secundario. El nuevo bono vencía en octubre de 2024 y el antiguo lo hacía unos meses antes, en el mes de abril del citado ejercicio, lo que explicaba en parte la diferencia de rentabilidad. La elevada demanda permitió abaratar ligeramente el interés ofrecido, para el que en principio se estimaba un *midswap* de 120 puntos básicos. Los inversores extranjeros adquirieron de forma mayoritaria la colocación. De los 9.000 millones de euros del nuevo bono, el 59% se colocó fuera de España. De la totalidad de la emisión, destacaban las asignaciones a Reino Unido e Irlanda (24%), Francia (9%), y Estados Unidos (8%). Entre los inversores que acudieron al canje de deuda había además un 45% de inversores residentes, un 33% del Reino Unido, un 10% de Francia, un 10% de Estados Unidos y un 2% de otros países de la Zona Euro. Y de los 5.338 millones de euros adicionales al canje, el 62% fue asignado a inversores extranjeros, destacando la participación de Reino Unido e Irlanda (17%).

Con motivo de la subasta celebrada el 17 de junio de 2014 el Tesoro logró colocar un total de 5.007,25 millones en letras a 6 y 12 meses, ofreciendo a los inversores tipos más bajos que en la anterior ocasión, marcando así nuevos mínimos históricos. La demanda existente fue alta, llegando a rozar los 12.700 millones de euros. Concretamente el Tesoro vendió un total de 909,95 de los 4.614,95 millones de euros demandados por los inversores en letras a 6 meses, de forma que las peticiones superaron en 5,1 veces lo vendido (4 veces en la anterior ocasión). Los intereses de este tipo de letras se moderaron considerablemente y marcaron nuevos mínimos históricos. Así, el tipo medio pasó del 0,362% registrado en mayo de 2014 al 0,144%, mientras que el marginal pasó del 0,370% al 0,160%.

Por otra parte en la citada subasta el Tesoro colocó un total de 4.097,30 millones de euros de los 8.052,30 millones pedidos por el mercado en letras a 12 meses, por lo que la demanda superó en 2 veces lo finalmente emitido (2,6 veces en la anterior ocasión). En este caso los intereses también se moderaron situándose en mínimos históricos. Así, el tipo medio pasó del 0,598% al 0,384%, mientras que el marginal pasó del 0,608% al 0,395%.

A resultas de la siguiente subasta celebrada el 18 de junio de 2014 el Tesoro logró colocar un total de 3.076 millones de euros en bonos a tres y cinco años, algo más del máximo previsto. Al igual que sucedió en la subasta del día precedente los tipos pagados alcanzaban mínimos históricos. Así, a tres años el Tesoro adjudicó 1.525 millones de euros a un tipo medio del 0,876%, frente al 0,968% de la subasta anterior. La *ratio* de cobertura fue de 2,1 veces, frente a 2 veces de la última subasta de este tipo de activo. Y, por lo que a los bonos a cinco años se refiere, fueron colocados un total de 1.551 millones de euros, siendo el tipo medio del 1,402% con una *ratio* de cobertura de 2,3 veces. Recuérdese a este respecto que el citado organismo ha sacado al mercado bonos del Estado a 3 años con cupón del 2,10% y vencimiento a 30 de abril de 2017 y obligaciones del Estado con cupón del 4,60% y vida hasta el 30 de julio de 2019. Los inversores solicitaron en total 6.731,22 millones de euros, con lo que la *ratio* de cobertura (proporción entre la demanda y el importe adjudicado) fue de 2,18 veces, superior a la de la última emisión de bonos a tres y cinco años.

En la posterior subasta celebrada el 24 de junio de 2014 el Tesoro regresó al mercado con una drástica rebaja de los intereses en su deuda a más corto plazo. La rentabilidad a tres meses se desinfló a resultas de esta nueva subasta desde el 0,29% hasta el 0,11%, la más baja de la historia y al borde de los 'tipos cero'. De este modo, mientras que en la anterior subasta a tres meses el Tesoro pagó un 0,295%, en la citada subasta del 24 de junio de 2014 el tipo de interés cayó al 0,11%. Por su parte la rentabilidad exigida a las letras a nueve meses también registró una drástica rebaja, al enfriarse el tipo de interés en el 0,307%.

Nuevamente la previsión de un nuevo abaratamiento en los costes de emisión no varió los objetivos de adjudicación del Tesoro. A pesar de que sus planes pasaban por colocar unos 3.500 millones de euros en letras a tres y nueve meses, en línea con la cuantía emitida en la anterior subasta, el importe adjudicado finalmente ascendió a 3.530 millones de euros. La mayor parte de esta cuantía (un total de 2.596 millones de euros) se concentró en las letras a nueve meses. La demanda se mantuvo firme, pese a la caída de los intereses. Las peticiones efectuadas superaron 2,4 veces la oferta. Y, en el caso de las letras a tres meses, las peticiones superaron la oferta 3,8 veces.

Junto a dicha subasta el Tesoro Público esperaba captar hasta 8.000 millones de euros en otras dos subastas que tenía previsto celebrar asimismo durante la tercera semana del mes de junio de 2014, ofreciendo a los inversores bonos y obligaciones del Estado. Concretamente se proyectó subastar bonos a 3 años con un cupón del 2,10% y vencimiento el 30 abril de 2017 y obligaciones del Estado con cupón 4,6% y vencimiento el 30 julio de 2019. Para determinar la evolución del coste de financiación del Tesoro, la referencia en las letras a 6 meses era el 0,37% de interés marginal y el 0,608% de las Letras a 12 meses. Por su parte, en el caso de los bonos a 3 años, la referencia era el 0,987% de interés marginal.

Por su parte con fecha 3 de julio de 2014 el Tesoro acometió una nueva subasta a través de la cual se lanzó una nueva referencia con vencimiento en 2020 sacando al mercado deuda a muy largo plazo, 30 años. Concretamente se trataba de una nueva referencia con vencimiento el 31 de enero del año 2020 y un cupón del 1,4%. Asimismo se preveía lanzar al mercado obligaciones a muy largo plazo (30 años) con un cupón del 5,15%. Inicialmente las previsiones existentes se centraban en aprovechar la estabilidad de los mercados financieros, con una prima de riesgo moviéndose en el entorno de los 147 puntos básicos y sumar así una nueva emisión a tipos históricamente bajos, de acuerdo con la tendencia de las últimas subastas realizadas por el

Tesoro. Dichas previsiones pasaban por lograr colocar una cifra próxima o ligeramente por encima de los 4.500 millones de euros.

A resultas de la celebración de esta nueva subasta el interés medio se redujo del 4,51% al 4,04%, lanzándose además una nueva referencia con vencimiento en 2020, con una rentabilidad del 1,56%. El interés finalmente alcanzado se quedó a un paso de bajar de umbral del 4%, al situarse en el 4,043%, lográndose colocar un total de 863 millones de euros en su deuda a más largo plazo. La mayor cuantía se concentró en la nueva referencia lanzada al mercado, con vencimiento en 2020, siendo el importe alcanzado de 3.646 millones de euros. La rentabilidad media de estos bonos con vencimiento el 31 de enero de 2020 se situó en el 1,568%. En todo caso, y a pesar de lo elevado del importe colocado en estos títulos, las peticiones efectuadas superaron la oferta 1,4 veces. Y, en el caso de la deuda a 30 años, la *ratio* de cobertura fue de 1,8 veces.[370]

Las llamadas subastas de bonos indexados a la inflación continuaron a principios del mes de julio de 2014. Concretamente con fecha 10 de julio el Tesoro acometió el lanzamiento de una nueva emisión de este tipo. En el presente caso se trataba de una subasta especial de obligaciones a diez años ligadas a la inflación europea (referencia ya existente de títulos indexados al IPC armonizado, ex-tabaco), con un cupón del 1,8% y vencimiento el 30 de noviembre de 2024, destinada a incrementar la liquidez y atender con esta reapertura la demanda de los inversores.

Dicha venta del citado bono a 10 años vinculado a la inflación quedaba restringida a creadores de mercado con sede en España, no habiéndose fijado ningún objetivo de emisión. El referido bono, que expiraría el 30 de noviembre de 2024, incluía un cupón del 1,12%. Pues bien a resultas de la

[370] De este modo en la citada subasta celebrada el 3 de julio de 2014 el Tesoro logró captar un total de 4.510 millones de euros en bonos a largo plazo, lo que representaba algo más del máximo que se había fijado para la operación. Los intereses para los bonos a 30 años bajaron hasta su menor nivel en ocho años, mientras que en el caso de los títulos con vencimiento en 2020 se vieron incrementados. Así, se logró adjudicar un total de 3.650 millones de euros en papeles a cinco años, por los que se abonó una rentabilidad media del 1,568%, por encima del 1,402% correspondiente a la anterior subasta. Y, con carácter adicional, se captaron otros 863 millones de euros en obligaciones con vencimiento en 2044, con un rendimiento medio del 4,043%, desde el 4,519% anterior. En todo caso la presente emisión registró un significativo retroceso de la demanda. Para los bonos a cinco años las solicitudes superaron en 1,4 veces a la oferta, frente al 1,32 del mes pasado. Y los títulos a 30 años tuvieron un *ratio* de cobertura de 1,8 veces, frente a las 2,87 anteriores.

celebración de dicha subasta el Tesoro logró otorgar mayor liquidez a sus primeros bonos ligados a la inflación, logrando colocar un total de 1.004 millones en estos títulos, a un interés medio del 1,459%, muy por debajo del 1,835% alcanzado en mayo de 2014. El margen de demanda existente fue amplio, superando las peticiones la oferta 3,7 veces. Dicha reducción del importe colocado fue además acompañada de una notable rebaja en los costes de emisión. Mientras que en el mes de mayo de 2014 el interés medio de los bonos ligados al IPC se situó en el 1,835%, con motivo de la subasta del 10 de julio de 2014 dicho porcentaje se desinfló hasta al 1,459%.

A mediados del mes de julio de 2014 el Tesoro acometía una nueva subasta a través de la cual pretendía captar un total de entre 3.500 y 4.500 millones de euros en una subasta de letras a 6 y 12 meses. Finalmente a resultas de dicha subasta se logró captar un total de 4.480 millones en letras a seis y doce meses, prácticamente el máximo de 4.500 millones calculado por el citado organismo de financiación del Estado.

A pesar de las turbulencias existentes en el mercado de deuda pública por aquel entonces el Tesoro logró abaratar los costes de la subasta. La mayor parte de la cuantía adjudicada, 3.510 millones de euros, se centró en las letras a 12 meses. El interés medio en estos títulos bajó del 0,3%, al quedar fijado en el 0,294%, frente al 0,384% previo. Concretamente para colocar 967 millones de euros en letras a seis meses el Tesoro pagó un interés medio del 0,146%, prácticamente en línea con el 0,144% registrado en la anterior subasta celebrada.

Apenas dos días después, con fecha 17 de julio de 2014, el Tesoro celebraba una nueva subasta a través de la cual buscaba colocar entre 2.000 y 3.000 millones en una subasta de bonos y obligaciones, vendiendo bonos con cupón del 2,10% vencimiento a 30 de abril de 2017, obligaciones con cupón del 5,85% y vida hasta el 31 de enero de 2022 y obligaciones con cupón del 5,75% y vencimiento a 30 de julio de 2032. A resultas del desarrollo de esta nueva subasta el Tesoro adjudicó finalmente un total de 3.166 millones de euros en deuda a largo plazo, por encima del objetivo máximo de 3.000 millones de euros fijado inicialmente. La demanda fue elevada, superando los 8.700 millones de euros. Concretamente se colocaron un total de 1.060 millones de euros en bonos con cupón del 2,1% y vencimiento en abril del 2017 frente a los 4.186 millones solicitados. La rentabilidad media se situó en el 0,692%, frente al 0,876% abonado en la anterior subasta celebrada. Con carácter adicional se captaron otros 1.084 millones de euros en títulos a 8 años, por los que se abonó un interés medio del 2,091%. La demanda para esta referencia superó los 2.500 millones de euros. Finalmente en las obligaciones a más largo plazo, con vencimiento en 2032, se adjudicaron 1.021 millones de euros con un rendimiento medio del 3.503%, cifrándose las peticiones de los inversores en 2.044 millones de euros.

En relación con esta última subasta, a pesar de que los objetivos del Tesoro pasaban por colocar un importe entre los 2.000 y los 3.000 millones de euros, ligeramente por debajo de lo habitual en anteriores emisiones de bonos, finalmente terminaron distribuyéndose prácticamente a partes iguales los 3.165 millones de euros colocados hoy. La demanda existente ofreció nuevos síntomas de fortaleza, en especial en los bonos a tres años, cuadruplicando en dicho plazo las peticiones la oferta. La *ratio* de cobertura ascendió hasta las 3,95 veces, por encima de las 2,32 veces del bono de 2022 y de las dos veces de las obligaciones de 2032.

Tras la celebración de la subasta fijada para el 22 de julio de 2014 el Tesoro público colocó un total de 2.511,7 millones de euros en letras a 3 y 9 meses, por encima del objetivo previsto, con un interés que logró marcar un nuevo mínimo histórico del 0,21% en los títulos a 9 meses y que subió ligeramente, hasta el 0,138%, en las letras a 3 meses. La mayor parte del total adjudicado, 1.871,07 millones de euros, se colocó en letras a 9 meses, aunque los inversores habían solicitado 6.001,07 millones de euros, lo que arrojó una *ratio* de cobertura de 3,21 veces. Los otros 640 millones de euros se destinaron a la adquisición de títulos a 3 meses, los cuales salieron con un rendimiento del 0,138%, por encima del 0,131 % de la anterior subasta de esta denominación. En el presente caso los inversores solicitaron un total de 2.871,70 millones de euros de estos últimos títulos, lo que significaba que la *ratio* de cobertura fue de 4,48 veces. Inicialmente el objetivo del Tesoro en la citada subasta pasaba por colocar entre 1.500 y 2.500 millones de euros. La demanda existente ascendió finalmente a 8.873 millones de euros (2.872 millones para las letras a 3 meses y 6.001 millones para las de 9 meses. Dicha demanda se mantuvo sólida, superando las peticiones ampliamente a los títulos ofrecidos en el caso de las letras a nueve meses, donde las solicitudes alcanzaron los 6.001,07 millones y el *ratio* de cobertura ascendió a 3,21 veces. Por su parte en el caso de los títulos a tres meses, el *ratio* de cobertura fue de 4,48.

Dados los resultados obtenidos tras la celebración de este conjunto de subastas cabía constatar la buena acogida a la deuda pública española por parte de los inversores y, por ende, la rebaja alcanzada por el Tesoro de sus emisiones netas de deuda para el ejercicio 2014. Como es lógico, al objeto de poder calcular este ahorro alcanzado por el Tesoro en el pago de los intereses de la deuda debía tenerse presente el total de deuda pública en circulación. A este respecto, si bien inicialmente el Ejecutivo preveía en los Presupuestos Generales del Estado para 2014 un gasto en pago de intereses cercano a los 37.000 millones de euros (calculado en base a una rentabilidad media del 4,5%), dado el enorme interés mostrado por los inversores en la renta fija española el interés medio del bono español a diez años se había situado a mediados del ejercicio del 2014 en el entorno del 3,2%, lo que implicaba la consecución de un considerable ahorro en el pago de las emisiones correspondientes a 2014[371].

Tras la subasta de deuda pública a largo plazo celebrada durante la primera semana del mes de agosto de 2014 el Tesoro logró vender un total de 3.133 millones de euros a 5 y 10 años, una cantidad que superaba el máximo que se había fijado. Los intereses bajaron con fuerza y, en el caso de los títulos con vida hasta 2024, se situaron en el nivel más bajo abonado hasta dicha fecha. Concretamente se adjudicaron 1.960 millones de euros en obligaciones a 10 años por los que el Tesoro pagó una rentabilidad media del 2,686%, lo que representaba un nuevo mínimo histórico. Por otra parte se lograron captar otros 1.180 millones de euros en papeles con vencimiento a cinco años, por los que ofreció un rendimiento medio del 1,422%, por debajo del 1,568% alcanzado en la anterior subasta de 3 de julio de 2014. En cuanto a la demanda de las entidades, las solicitudes efectuadas superaron los 7.913 millones de euros, frente a los 3.133 millones de euros finalmente adjudicados, situándose la *ratio* de cobertura en 2,5 veces.

En la siguiente subasta de 19 de agosto de 2014 el Tesoro marcó nuevos mínimos históricos en el interés ofrecido por sus letras a 6 y 12 meses, logrando captar un total de 4.546 millones de euros con una demanda de 9,136 millones de euros. Concretamente el Tesoro colocó 992 millones en letras a 6 meses con un tipo marginal del 0,09%, por debajo del mínimo anterior (0,155%), recibiendo peticiones por un importe de 2.397 millones

[371] En este sentido con fecha 30 de julio de 2014 el bono español a diez años marcó un nuevo mínimo histórico en el 2,471%.

de euros. Por lo que respecta a las letras a 12 meses, logró captar un total de 3.554 millones de euros con un interés marginal del 0,169%, frente al 0,302% de la subasta anterior, llegando a situarse la demanda hasta los 6.739 millones de euros. En consonancia con dichos resultados apenas un día después de la citada subasta las letras del Tesoro a tres meses llegaron incluso a situarse en negativo en el mercado secundario, al intercambiarse a una cifra del entorno del -0,020%. Y, con fecha 25 de agosto de 2014, el bono español a diez años llegó a cotizar a mínimos históricos al situar su rentabilidad por debajo del 2,3%, reduciéndose el interés en más de 8 puntos básicos respecto de la cotización anterior y situándose la prima de riesgo en el entorno de los 133 puntos básicos.

Dada esta situación caracterizada por la eventual aplicación de tipos de interés negativos en las futuras subastas del Tesoro de letras a tres meses (situación favorable para el Tesoro pero perjudicial para los pequeños inversores que acudan a estas colocaciones) con fecha 22 de agosto de 2014 el Tesoro anunció la introducción de una reforma normativa a través de la cual, tratándose de dicha clase de subastas, se buscaría proteger al pequeño inversor frente a la posibilidad de que los valores a más corto plazo lleguen a tipos de interés por debajo de cero en subastas. Así las cosas, y teniendo presente que si la rentabilidad de estas letras por debajo de cero el pequeño inversor pierde su dinero, se dispuso que las peticiones que se realizaran en la modalidad de suscripción no competitiva se declarasen automáticamente como no presentadas en el caso de que el tipo medio de una subasta resultase negativo.[372]

En consecuencia, y con la finalidad de evitar que el pequeño ahorrador pueda perder dinero de forma inevitable si el tipo medio de la subasta resulta negativo, se acordó dar por no presentadas las peticiones en la modalidad de suscripción no competitiva, evitando así al pequeño inversor adquirir un título de deuda a corto plazo con el que de entrada pierde dinero. Dicha modificación se aplicaría a todas las subastas de letras del

---

[372] Estas peticiones no competitivas son aquellas en las que el comprador declara la cantidad que quiere adquirir, pero no la rentabilidad mínima que espera, lo que constituye el formato habitual en las solicitudes que realiza un pequeño inversor de cara a una subasta, mientras que el inversor institucional suele hacer su petición condicionándola a un tipo de interés. Dichas peticiones no competitivas se adjudican de modo automático al tipo medio ponderado, que recoge el tipo interés del conjunto de solicitudes. De este modo el pequeño inversor queda sujeto a la tendencia mayoritaria que marquen las peticiones de los inversores institucionales.

Tesoro que se celebrasen hasta la finalización del ejercicio 2014 y durante el mes de enero de 2015.

Así las cosas a resultas de dicha modificación el precio de adjudicación a pagar por las Letras del Tesoro sería el precio equivalente al tipo de interés solicitado o el precio equivalente al tipo de interés medio ponderado, según el resultado de la subasta, teniendo las peticiones no competitivas como precio de adjudicación, en todos los casos, el precio equivalente al tipo de interés medio ponderado. No obstante dichas peticiones no competitivas se darían por no presentadas en caso de que el precio equivalente al tipo de interés medio ponderado resultase superior al 100% del valor nominal. De esta forma, las peticiones que se hiciesen a través de esta modalidad se declararían automáticamente como no presentadas si el tipo medio de la subasta fuese negativo. Con carácter adicional los precios equivalentes se calcularían por capitalización simple en las letras emitidas hasta un plazo igual o inferior al del año natural, inclusive, y por capitalización compuesta en las emitidas a un plazo superior.

Con motivo de la última subasta correspondiente al mes de agosto de 2014, celebrada el 26 del citado mes, el Tesoro buscaba captar entre 2.500 y 3.500 millones de letras a tres y nueve meses. Estas denominaciones, como el bono a 10 años, se encontraban en tipos históricamente bajos en el mercado secundario, al rondar dichos tipos el 0% y no superar la barrera del 1% desde 2012. Finalmente el Tesoro logró captar un total de 3.500 millones de euros en letras a 3 y 9 meses al menor interés de su historia. Concretamente se obtuvieron 1.110 millones de euros en letras a 3 meses, tras registrar una demanda que superó en 3,2 veces lo vendido. El interés medio se moderó considerablemente y quedó prácticamente en cero, al pasar del 0,127% al 0,034%. Por otro lado el Tesoro emitió 2.390 millones de euros en letras a 9 meses, después de registrar unas peticiones que superaron en 2,3 veces lo colocado. En este caso, la rentabilidad media también se moderó alcanzando mínimos históricos, al bajar al 0,107% desde el 0,205%. En definitiva las rentabilidades, aunque no llegaron a ser negativas como se podía prever después de que a mediados de agosto de 2014 los tipos de interés llegaran a caer por debajo del 0% en el mercado secundario, resultaron ser las menores satisfechas por dichas referencias. Así, en el caso de las letras a 3 meses el tipo medio fue del 0,034% frente al 0,127% de julio de 2014, mientras que para el papel con vencimiento en 9 meses la rentabilidad cayó del 0,205% al 0,107%.

En nuestra opinión, el éxito de este conjunto de emisiones se producía en un momento en el que la rentabilidad de la deuda soberana de muchos países europeos marcaba progresivamente nuevos mínimos históricos gracias a las expectativas de que el Banco Central Europeo procediera a aprobar nuevas medidas de estímulo, entre ellas un programa de compra de deuda al estilo del de la Reserva Federal estadounidense[373]. Esta esperanza de los inversores provocaba la anómala situación de que el interés de la deuda española se situara por debajo de la de Estados Unidos en todos los tramos, salvo en el de los títulos que vencen dentro de 30 años[374].

En efecto, la principal razón del continuo descenso de las rentabilidades de la deuda soberana europea residía en la posibilidad de que el BCE aprobase un programa de compra de activos. Asimismo debía tenerse presente el dato de la inflación, que mayor en Estados Unidos que en Europa. Téngase presente que, mientras en Estados Unidos la inflación rondaba el 2%, situándose el interés real de su deuda a diez años en el 0,38%, en la Eurozona la tasa de inflación resultaba bastante inferior. Concretamente durante el mes de julio de 2014 la inflación en Europa fue del 0,4%, de manera que la rentabilidad real del bono español a diez años quedaba en el 1,7%, muy por encima de su homólogo estadounidense. De cualquier manera la existencia de unos menores costes de financiación para el Estado posibilitaba incrementar el ahorro y, por ende, reducir el déficit, al objeto

---

[373] Así, por ejemplo, en el caso de la deuda pública española con fecha 27 de agosto de 2014 la rentabilidad del bono español a diez años llegó a caer por debajo del 2,1%, descendiendo la prima de riesgo de 120 puntos básicos, lo que representaba el nivel más bajo de su historia. En dicha fecha el bono español a diez años cotizaba en el 2,1% (aunque ha llegado al 2,09%) y el *bund* alemán en el 0,92%.

[374] Concretamente el bono de Estados Unidos con vencimiento a dos años cotizaba a finales de agosto de 2014 en torno al 0,5%, mientras que el español cerraba con fecha 25 de agosto de 2014 en el 0,15%. En los títulos a tres años, mientras que el Tesoro estadounidense pagaba cerca de un 1% (el 0,97%), el español ofrecía una rentabilidad del 0,38%. A cinco años la distancia se acortaba, si bien resultaba igualmente favorable a la deuda española, con un interés del 0,79%, frente al 1,66% del de Estados Unidos. Y en el bono a diez años el interés de la deuda española cerraba a finales de agosto de 2014 en el 2,17% (mínimo histórico) mientras que la deuda estadounidense al mismo plazo cotizaba en el mercado secundario al 2,38%. Y ello a pesar de que la deuda de Estados Unidos gozaba de la máxima calificación crediticia para dos de las tres principales Agencias de Calificación de Riesgos, mientras que el *rating* de España se situaba siete escalones por debajo. Tan solo en el bono a 30 años España seguía pagando más que Estados Unidos, a saber, un 3,4% frente a un 3,14%

de lograr la consecución de mayores ajustes fiscales[375]. Ahora bien, como contrapartida esta rentabilidad negativa de los bonos venía a poner de manifiesto que persistía la aversión al riesgo e implicaba que no se producían oportunidades más atractivas de préstamo.

Por otra parte, y aprovechando esta etapa de marcado optimismo existente en el mercado de deuda pública, con fecha 1 de septiembre de 2014 el Tesoro procedió a emitir un bono a 50 años (modalidad de papel nunca vendida en España) con vencimiento el 31 de octubre de 2064, logrando colocar un total de 1.000 millones de euros entre inversores privados con un cupón anual del 4% y con una rentabilidad cercana al 3,6%. El principal objetivo de esta nueva emisión a tan largo plazo era, a nuestro juicio, tratar de diversificar la base inversora y lograr el reclamo de inversores tales como las aseguradoras o los fondos de pensiones. Asimismo esta nueva emisión se hallaba respaldada por el éxito alcanzado por el Tesoro en sus emisiones a 30 años[376] y por los buenos resultados obtenidos con motivo de las emisiones de bonos ligados al IPC europeo.

Creemos por tanto que la emisión de este tipo de deuda a tan largo plazo posibilita alargar la vida media de la deuda en circulación y ampliar la base de inversores, facilitando captar nuevos compradores —principalmente fondos de pensiones y otros inversores centrados en el largo plazo—, en beneficio de las necesidades de emisión.

A resultas de la siguiente subasta celebrada el 4 de septiembre de 2014, a través de la cual se emitían obligaciones a 10 y 30 años, el Tesoro volvió a alcanzar otro mínimo histórico en la rentabilidad de su deuda, alcanzándose los 3.000 millones de euros (el máximo previsto) en bonos a diez y treinta años con una fuerte caída de la rentabilidad en el plazo más largo. Concretamente el Tesoro captó 714 millones de euros en obligaciones con venci-

[375] Téngase presente además, por otra parte, que los inversores suelen aceptar intereses negativos por su dinero si con posterioridad tienen posibilidades de vender ese activo en el mercado secundario y ganar con su revalorización, ya que cuando una letra o un bono reduce su rentabilidad, sube su precio y viceversa. Debido a ello si los compradores estiman que los precios van a seguir subiendo, comprarán, aunque sea a tipos de interés negativos.

[376] Baste recordar a este respecto, esto es, en relación con las emisiones de letras a 30 años, que ya en el mes de julio de 2014 el Tesoro logró vender un total de 863 millones de euros en obligaciones con vencimiento en 2044, con un tipo medio del 4,043%, el más bajo desde el año 2006. Con carácter adicional por aquel entonces la demanda superó los 1.500 millones de euros, prácticamente el doble de lo que el Tesoro adjudicó finalmente.

miento en octubre de 2044 y cupón del 5,15% por el que pagó un 3,594% frente al 4,043% de julio de 2014. La demanda de este papel superó en 2 veces lo colocado en la anterior ocasión (1,8 veces). Y en el caso del bono a diez años, el interés fue del 2,272% frente al 2,686% de agosto de 2014 para un cupón del 2,75%. Con carácter adicional la demanda también se elevó para el plazo más largo hasta 1,99 veces frente a las 1,82 veces de julio de 2014. Dicha demanda de los inversores resultó nuevamente muy sólida en ambas referencias. Así el Tesoro recibió peticiones por 4.174,49 millones por los bonos a 10 años y 1.424,38 millones en las obligaciones a 30 años.

Ciertamente se buscaba alargar los plazos de vencimiento de la deuda para reducir el riesgo de renovación de los importes de la deuda a su vencimiento. Tras las nuevas medidas de política monetaria no convencional anunciadas por el BCE en su reunión de 4 de septiembre de 2014 el interés de los bonos a 10 años en el mercado secundario bajaba hasta al 2,092%. Por su parte la prima de riesgo española llegaba a situarse apenas un día después en el entorno de los 113 puntos básicos. Y ello a pesar de que la deuda pública no entraba en el ámbito de actuación de este nuevo paquete de estímulos aprobado por el BCE, que restringía la compra de activos a la deuda en poder de la banca.

El hecho de que los tipos de interés en la Eurozona se situaran en niveles mínimos durante un largo periodo de tiempo y de que la liquidez existente fuese abundante provocaba que los Tesoros nacionales se financiasen a tipos históricamente bajos con elevada demanda para sus emisiones. Ahora bien una vez que dicha liquidez dejara de inyectarse podrían surgir dificultades para mantener este ritmo creciente de colocación de deuda.

Según datos facilitados por el Tesoro Público con fecha 12 de septiembre de 2014 el tipo de interés medio de los 824.000 millones de euros que el Tesoro había emitido a dicha fecha en los mercados se situaba en el 3,56%, el más bajo de la historia. A dicha fecha el coste medio de los bonos y letras de España se había reducido además un 4,5%. Dicha rebaja de costes había contribuido a suavizar la presión que generaban los vencimientos fijados para 2014, de conformidad con los cuales el Tesoro tenía que amortizar más de 180.000 millones de euros, además de colocar deuda para cubrir el déficit público. Por su parte la vida media de la deuda se había situado en 6,28 años, ligeramente mayor que los 6,20 de finales del ejercicio 2013, pero la segunda más baja (salvo 2013) desde 2004.

A mediados del mes de septiembre de 2014 (concretamente, el 16 de septiembre) el Tesoro retomaba su calendario de emisiones en los mercados con el objetivo de colocar un total de 5.000 millones de euros. *A priori* se buscaba que el interés de las letras a 6 meses repitiese nuevamente cerca de los mínimos registrados en agosto de 2014, a pesar de tratarse de la primera subasta de deuda celebrada desde la rebaja de tipos del BCE adoptada a principios del mes de septiembre del citado ejercicio. Inicialmente se preveía que, para colocar las letras a 12 meses, el Tesoro pagase un interés cercano al 0,19% registrado en la anterior subasta celebrada el 19 de agosto de 2014.

Finalmente, y a pesar de las previsiones iniciales, el Tesoro, no sólo no logró bajar el interés de sus letras a tipos negativos, sino que vio cómo se incrementaron sus rentabilidades para el papel a 6 y 12 meses, lográndose colocar un total de 5.000 millones de euros con un incremento del interés del 36%. Concretamente, del papel a seis meses se colocaron 1.220 millones de euros, con una rentabilidad del 0,111% frente al 0,08% de la anterior emisión y una *ratio* de cobertura ligeramente superior, de 2,45 veces. En cuanto a las letras a un año, la subasta se saldó con 3.780 millones de euros, a un 0,219% de interés y una demanda que superó en 1,75 veces la oferta.

A resultas de la celebración de la citada subasta el importe adjudicado se ajustó casi con exactitud a este objetivo, al situarse en 5.002 millones de euros. El margen de demanda se mantuvo prácticamente sin cambio. La *ratio* de cobertura repitió en 2,4 veces en las letras a 6 meses, y 1,8 veces (frente al 1,9 anterior) en los títulos a 12 meses. Los costes de la emisión frenaron su sucesión de mínimos históricos. El interés de las letras a 6 meses repuntó ligeramente respecto a los mínimos registrados en agosto de 2014, a pesar de tratarse, como se ha señalado con anterioridad, de la primera subasta de deuda desde la rebaja de tipos del BCE adoptada a principios del mes de septiembre del citado ejercicio.

Apenas dos días después tuvo lugar la celebración de la siguiente subasta, la cual tenía por objeto una nueva referencia a tres años. Pues bien a resultas de la celebración de dicha subasta el interés de los 3.572 millones de euros captados se enfrió al 0,56%, lo que representaba un nuevo mínimo histórico. El Tesoro logró adjudicar un total de 3.572 millones de euros, ligeramente por encima del máximo previsto de 3.500 millones. Al tratarse de una nueva referencia, la subasta se concentró en un único bono, a tres años, con el fin de reforzar su liquidez. Los nuevos títulos, con cupón del 0,5%, tenían vencimiento el 31 de octubre de 2017, en lugar del 30 de abril de la anterior referencia. A pesar de este 'alargamiento' en el plazo, perseguido como ya se ha señalado por el Tesoro en su nueva política desarrollada, se logró abaratar el coste por debajo del 0,692% de interés registrado en la subasta precedente, enfriándose la rentabilidad media en la emisión al 0,565%. Por su parte la demanda se mantuvo firme, a pesar de que, como se ha señalado, toda la cuantía adjudicada se centró en un único bono, llegando las peticiones efectuadas a duplicar la oferta, al sumar 6.798 millones de euros.

Tras la posterior subasta de 23 de septiembre de 2014 (de letras a tres y nueve meses) celebrada al efecto el Tesoro logró colocar un total de 4.100 millones de euros, ligeramente por encima del máximo previsto, si bien tuvo que elevar en ambos casos el tipo de interés ofrecido. Así, el Tesoro colocó 995,43 millones de euros en letras a tres meses, con una rentabilidad marginal del 0,064%, por encima del 0,040% de la subasta anterior que, como se ha señalado, constituyó un nuevo mínimo histórico. La demanda superó en 2,3 veces lo adjudicado (3,2 veces la ocasión anterior). En las letras a 9 meses el Tesoro colocó entre los inversores un total de 3.097,18 millones de euros con un tipo marginal del 0,155%, también ligeramente por encima del mínimo histórico del 0,115% que ofreció en la subasta anterior del mismo tipo de papel, mientras que la demanda superó en 1,5 veces lo colocado (2,3 veces en la emisión previa). De esta forma las peticiones de los inversores superaron muy ampliamente lo finalmente adjudicado, lo que volvía a poner de manifiesto el "apetito" existente por la deuda pública española, si bien fueron inferiores a las registradas en la subasta previa del mismo tipo de papel, celebrada el 26 de agosto de 2014. En este sentido la demanda conjunta en las dos subastas rebasó los 7.000 millones de euros.

Con motivo de la primera subasta celebrada durante el mes de octubre de 2014 el Tesoro acometió una emisión de bonos a cinco y diez años en la que se terminaron superando los objetivos de colocación, reduciéndose la rentabilidad por la deuda a medio plazo en un 32% y con la demanda disparada. Concretamente se lograron colocar un total de 3.550 millones de euros, de los que 880 millones lo fueron de papel con vencimiento en cinco años, para los que se ofreció una rentabilidad del 0,963% frente al 1,422% correspondiente a la subasta anterior, llegando a superar la demanda en 6,67 veces la oferta. A pesar de la caída experimentada en los intereses de este bono a cinco años adjudicado por el Tesoro, las peticiones superaron 4,7 veces los 880 millones de euros finalmente colocados. Por lo que respecta a la emisión de bonos a diez años, la cantidad total alcanzada fue de 2.670 millones de euros, con un interés del 2,075% y una *ratio* de cobertura de 1,51%. En el presente caso las peticiones superaron 1,5 veces los 2.668 millones de euros adjudicados, alcanzando el importe total emitido los 3.548 millones, ligeramente por encima del objetivo máximo previsto, que era de 3.500 millones.

Con fecha 7 de octubre de 2014 el Tesoro Público procedió a reeditar sus novedosas emisiones de deuda ligada a la inflación, lazando por vez primera una emisión de bonos a cinco años ligados al IPC (bono con vencimiento en octubre de 2019 y ligado a la evolución del IPC armonizado europeo[377]). Se trataba de la tercera subasta de este tipo efectuada en el ejercicio 2014. Como ya hemos tenido ocasión de analizar la primera se celebró en mayo de 2014 concretándose en bonos a diez años y alcanzando unas peticiones superiores a los 20.000 millones de euros[378]. Poco después, en julio de 2014, se llevó a cabo una segunda colocación destinada a dotar de mayor liquidez al nuevo bono a diez años ligado al IPC[379].

Al igual que en las emisiones anteriores indexadas a la inflación la presente operación se llevó a cabo con un rotundo respaldo de la demanda. Así las peticiones efectuadas alcanzaron los 11.700 millones de euros, siendo el importe adjudicado de 5.000 millones de euros a través de una colocación sindicada. La participación de inversores no residentes alcanzó el 74,4% de la sindicación, en la que destacó la participación de inversores de Reino Unido e Irlanda, con el 17,6%, de Francia, con el 15,9% y del continente

---

[377] Concretamente se trataba de bonos a 5 años a un precio inicial de 60 puntos básicos sobre el *midswap* o tipo de referencia para este tipo de emisiones. Dicha referencia a 5 años tenía vencimiento a 30 de noviembre de 2019 y un cupón del 0,55%. La rentabilidad real de la emisión fue del 0,248%, 13,8 puntos básicos inferior a la del bono italiano comparable.

[378] En efecto, esta primera subasta tuvo lugar el 13 de mayo de 2014, logrando colocar el Tesoro un total de 5.000 millones de euros en un bono a 10 años ligado a la inflación, alcanzando las peticiones un total de 20.300 millones de euros. En dicha primera ocasión se trató de una referencia a diez años con vencimiento el 30 de noviembre de 2024 y un cupón real del 1,80 %, siendo su rentabilidad real del 1,835%.

[379] Recuérdese que esta segunda subasta sindicada se celebró el 10 de julio de 2014, adjudicando el Tesoro un total de 1.004,12 millones de euros mediante la emisión de bonos a diez años ligados a la inflación en la Zona del euro a un interés marginal del 1,483%.

asiático, con el 11,3%[380]. En cuanto al tipo de inversor participante, las gestoras de fondos adquirieron un 38,9% del total, mientras que las entidades bancarias se quedaron con un 20,9%, las aseguradoras y los fondos de pensiones con un 19% y las instituciones oficiales con el 11,9%.

A resultas de este conjunto de operaciones la deuda española se hallaba cada vez más cerca que nunca de bajar por primera vez del 2% de interés en el bono a diez años, experimentando su rentabilidad bajadas progresivas hasta llegar a alcanzar durante la primera quincena del mes de octubre de 2014 el 2,03%. Estas caídas se proyectaban además sobre la rentabilidad del bund alemán.

En su posterior subasta de deuda a corto plazo celebrada el 14 de octubre de 2014 el Tesoro procedió a emitir letras a 6 y 12 meses para captar entre 3.000 y 4.000 millones de euros entre los inversores. A resultas de la celebración de esta nueva subasta el Tesoro logró captar un total de 4.030 millones de euros en letras a seis y doce meses, cifra que se situaba prácticamente en línea con el máximo previsto, situándose no obstante los intereses levemente por encima. Concretamente en el caso de los títulos con vencimiento a menor plazo (medio año) se adjudicaron un total de 1.170 millones de euros con un rendimiento medio del 0,183%, frente al 0,111% que pagó en la anterior subasta similar. Con carácter adicional se colocaron otros 2.860 millones de euros en papeles con vida a doce meses, con una rentabilidad media del 0,288%, desde el 0,219% correspondiente a la anterior emisión. La demanda de las entidades se mantuvo sólida y el *ratio* de cobertura fue de 2,47 veces en el caso de las letras a 6 meses y de 2,44 en las letras a un año, en línea con la registrada en la anterior subasta.

En todo caso, y a pesar de tratarse de unos resultados aceptables, contrastaban con los registrados en Alemania, cuyas letras a seis meses fueron colocadas con fecha 13 de octubre de 2014 a un tipo de interés negativo del -0,085%. El Tesoro alemán logró adjudicar un total de 1.995 millones de

---

[380] En relación con esta participación de no residentes proveniente del sudeste asiático un total de 500 millones de euros fueron adquiridos por el Banco Central de China a través de dos fondos soberanos para gestionar sus reservas en divisa extranjera, a saber, el *China Investment Corporation*, que suele realizar inversiones directas en compañías, incluyendo infraestructuras y activos inmobiliarios, y el *State Administration Foreign Exchange* (Safe), que cuenta con una parte importante de su cartera, en torno al 34%, en deuda pública.

euros, lo que suponía una 'ganancia' para las arcas públicas de 1,7 millones debido a las tasas negativas de rentabilidad.

En cambio, como se ha señalado, en la subasta efectuada por el Tesoro español con fecha 14 de octubre de 2014 el repunte en los intereses ofrecidos y el freno en el importe adjudicado facilitó un aumento en los márgenes de demanda. La mayor cuantía del importe colocado, un total de 2.863 millones de euros, se adjudicó en las letras a 12 meses. Los 1.167 millones restantes fueron colocados a 6 meses. Tal y como se ha apuntado con anterioridad las peticiones realizadas superaron la oferta 2,5 veces en las letras a 6 meses (frente a las 2,4 veces de la subasta anterior), y 2,4 veces en los títulos a 12 meses, por encima de la ratio de la emisión anterior (1,8).

Apenas dos días después tuvo lugar la celebración de la siguiente emisión, destinada a colocar entre 2.500 y 3.500 millones de euros en una emisión de un bono a diez años, con cupón del 2,75% y vencimiento el 31 de octubre de 2024, así como en otra de una obligación a 15 años, que vencía en 2028 y que contaba con un cupón del 5,15%. Con motivo de la "tormenta financiera" desatada el día anterior el Tesoro optó finalmente por colocar menos del objetivo anunciado en un primer momento, saldándose la subasta con un importe total de 3.200 millones –frente a los 3.500 millones que se había impuesto como máximo– en obligaciones a 10 y 15 años.

Así, para el papel con vencimiento en 2024 (del que se vendió un total de 2.152 millones de euros) la rentabilidad se ha incrementó al 2,196%, con una demanda que resultó sensiblemente superior, superando en 1,64 veces la oferta. En el caso de las obligaciones a 2028, la emisión fue de 1.051 millones de euros al 2,842% (frente a la anterior del 3,514%) bajando la *ratio* de cobertura a 1,33 veces frente a las 2,51 anteriores. A resultas de lo anterior, y teniendo presente la inestabilidad financiera originada en los mercados, la rentabilidad del bono español a diez años se disparó un 12% hasta el 2,33%, lo que situaba la prima de riesgo en los 160 puntos básicos.

Con carácter general la oleada de rebajas de previsiones de crecimiento económico en la Eurozona continuaban manteniendo por aquel entonces el atractivo de la deuda pública, reactivándose las compras se reactivan y situándose las rentabilidades en zona de mínimos históricos. Así, por ejemplo, con fecha 15 de octubre de 2014 la deuda pública española aprovechaba la tregua para situar su interés en zona de mínimos históricos, rondando el interés exigido al bono a diez años el 2,04% y permaneciendo nuevamente a un paso de bajar por primera vez del umbral del 2%. No obstante la búsqueda de refugio en la deuda alemana y los mínimos históricos del *bund* alemán evitaban una mayor mejora en la prima de riesgo de España. En cambio la deuda española sí que lograba mejorar su diferencial de rentabilidad respecto a la deuda italiana, ampliándose la brecha en los intereses exigidos en el mercado secundario, favorable a España, a los 25 puntos básicos.

No obstante a la finalización de la sesión celebrada en dicha fecha (15 de octubre de 2014) el interés del bono español terminó disparándose por encima del 2,1% con los inversores huyendo de la deuda periférica y refugiándose en la alemana, llegando la prima de riesgo española a alcanzar los 134 puntos básicos, con el interés del *bund* en mínimos históricos del 0,76%.

Con motivo de la siguiente subasta de letras a tres y nueve meses a celebrar el 21 de octubre de 2014 el Tesoro tenía previsto captar un total de 4.000 millones de euros, en línea con la cantidad adjudicada en la anterior subasta de estos mismos títulos celebrada apenas un mes antes. No obstante el conjunto de turbulencias acaecidas por aquel entonces en los mercados financieros complicaban que el Tesoro pudiera lograr nuevos mínimos históricos en los costes de emisión de su deuda a más corto plazo.

Continuando con su estrategia diseñada para 2014 a finales del mes de octubre del citado ejercicio el Tesoro Público planteó al conjunto de las entidades financieras la posibilidad de acometer la creación de un nuevo bono destinado a pymes que permitiese mejorar el acceso al crédito de la pequeña y mediana empresa reactivando el crédito destinado a familias y a empresas. Concretamente el Tesoro, en colaboración con el Banco de España y la Comisión Nacional del Mercado de Valores (CNMV), lanzó una propuesta a los bancos españoles orientada a desatascar el flujo de crédito con la creación de las cédulas pyme y autónomos o bonos garantizados con créditos otorgados a estos segmentos[381]. A través de la emisión de esta

[381] Téngase presente a este respecto que, históricamente, la emisión de cédulas ha representado una de las principales vías de financiación utilizadas por la banca, principalmente para financiar créditos hipotecarios, llegando a alcanzar en nuestro país el saldo vivo de estos activos la cifra de 315.000 millones de euros. Por su parte el marco regulatorio aplicable establece la posibilidad de lanzar bonos garantizados por créditos otorgados al sector público (cédulas territoriales) así como la emisión de las llamadas cédulas de internacionalización o

clase de activos se facilitaría a las entidades la refinanciación de los créditos concedidos a estas empresas mediante la creación de un tipo de cédula respaldada por estos créditos. No obstante ello implicaría la introducción de un cambio regulatorio de las cédulas y los bonos garantizados destinado a alinear estos activos con el resto de Europa.

A nuestro juicio de cara al éxito de esta nueva iniciativa del Tesoro resultaba necesario que los activos que formasen la cartera de cobertura fuesen de gran calidad, evitándose la posibilidad de que un mismo activo pudiera garantizar simultáneamente las emisiones de varios tipos de cédulas. Piénsese además que, a expensas del inicio del programa lanzado por el BCE a mediados del mes de octubre de 2014 destinado a la compra de *covered bonds* y de titulizaciones hipotecarias, el instrumento consistente en titulizaciones como vía para financiar el crédito a pymes se hallaba totalmente agotado.

¿Qué características habrían de presentar estos nuevos activos lanzados por el Tesoro? En primer lugar estas cédulas pyme, a diferencia de lo que sucede con las titulizaciones, permanecerían en el balance de las entidades, ya que no intervendría un fondo de titulización en la emisión. Asimismo se emitirían cédulas territoriales que quedarían respaldadas tanto por créditos al Sector público como por la deuda emitida por dichos organismos. Todo ello con el objetivo último de reducir el volumen de activos comprometidos en el balance de las entidades con la deuda respaldada por toda la cartera crediticia así como de mejorar la liquidez y la transparencia de la cartera que actúa como aval.

Con fecha 6 de noviembre de 2014 el Tesoro recuperaba su calendario de emisiones acometiendo la emisión de bonos por un importe que rondaba los 3.000 millones de euros. Dicha cuantía habría de dividirse en emisiones de bonos del Estado a tres años, con cupón 0,50% y vencimiento el 31 de octubre de 2017, obligaciones del Estado con cupón del 4,40% y vencimiento el 31 de octubre de 2023 y obligaciones del Estado a 10 años, con cupón del 2,75% y vencimiento el 31 de octubre de 2014.

En esta ocasión las turbulencias existentes en los mercados alejaron las opciones de que el Tesoro colocara por primera vez su deuda a diez años

---

bonos respaldados por créditos vinculados a la financiación de contratos de exportación de bienes y servicios españoles o a la internacionalización de las empresas residentes en España.

por debajo del umbral del 2%. Las presiones bajistas que durante el mes de octubre de 2014 experimentaron los mercados incluyeron un repunte en las rentabilidades exigidas a la deuda pública, en especial a corto plazo. En el mercado secundario, el interés exigido al bono español a diez años había llegado a superar en las jornadas precedentes a dicha subasta el 2,2%, lejos en consecuencia del 2%. Pues bien, a resultas de la subasta de 6 de noviembre de 2014 el interés medio terminó enfriándose en el 2,123%, produciéndose un encarecimiento de los costes de financiación a tres años al repuntar la rentabilidad media al 0,692%.

Tal y como se ha señalado con anterioridad la citada subasta del Tesoro se había completado con la emisión de bonos a nueve años, con cupón del 4,4% y vencimiento el 31 de octubre de 2023. En el presente caso el interés medio se situó justo por debajo del nivel del 2%, en el 1,931%. A pesar de que los planes iniciales del Tesoro pasaban por colocar unos 3.000 millones de euros en los tres plazos ofertados el importe adjudicado finalmente ascendió a 3.027 millones de euros. La mayor cuantía, 1.179 millones de euros, fue colocada a diez años, frente a los 1.042 millones emitidos a tres años y los 806 millones al plazo más atípico, a nueve años. En todo caso la citada demanda se mantuvo firme, con un mayor margen que en anteriores subastas. Las peticiones superaron la oferta 3,4 veces a diez años (frente a las 1,6 veces de la anterior emisión), 3 veces en los bonos a nueve años (frente a la ratio previa de 3,6) y 4 veces a tres años (1,9 en septiembre).

El Tesoro vendió un total de 1.042 millones de euros en bonos a 3 años, con cupón del 0,50% y vencimiento a 31 de octubre de 2017. La demanda superó en 4 veces lo colocado (1,9 veces en la anterior ocasión) y el tipo medio pasó del 0,565% al 0,692%. Por otro lado el Tesoro colocó un total de 806 millones en obligaciones a 9 años con cupón del 4,40% y vida hasta el 31 de octubre de 2023. En este caso, la demanda superó en 3,4 veces lo emitido (3,6 veces en la anterior ocasión) y el tipo medio pasó del 4,098% registrado en la anterior emisión de esta misma referencia que tuvo lugar en 2013 al 1,931% actual. Finalmente el Tesoro vendió 1.179 millones en obligaciones a 10 años con cupón del 2,75% y vencimiento a 31 de octubre de 2024. La demanda de este papel superó en 3 veces lo colocado (1,6 veces en la última subasta) y el tipo medio pasó del 2,196% al 2,123%, prácticamente el mismo nivel.

En la posterior subasta de 13 de noviembre de 2014 el Tesoro Público recuperaba la emisión de obligaciones indexadas a la inflación europea con cupón del 1,80% y vencimiento a 30 de noviembre de 2024[382]. El precio que se solicitase en las ofertas competitivas realizadas se formularía ex cupón y sin tener en consideración la aplicación del correspondiente coeficiente de indexación.

Como ya hemos tenido ocasión de analizar en varias ocasiones a lo largo del presente trabajo, a diferencia de lo que sucede con un bono nominal, que paga cupones fijos calculados como porcentaje del principal invertido, un bono indexado a la inflación paga cupones inicialmente menores pero que incrementan al aumentar el principal en cada periodo de devengo para compensar la inflación.

A priori se preveía que la emisión acometida el 13 de noviembre de 2014 deparase nuevos mínimos en los costes de emisión de estos nuevos bonos, teniendo presente que ya en el mes de mayo de 2014 se un 1,835%, muy por encima del 1,459% registrado en julio de dicho ejercicio. Los títulos lanzados al mercado en esta ocasión tenían un vencimiento el 30 de noviembre de 2024 y se hallaban indexados a la inflación europea (Índice de Precios al Consumo armonizado ex-tabaco publicado mensualmente por Eurostat).

Finalmente a resultas de la citada subasta se alcanzó una mejora en los costes de sus bonos a diez años vinculados a la inflación, lográndose colocar un total de 1.390 millones de euros a un interés medio del 0,859%, muy por debajo del 1,459% de julio de 2014. Siendo el objetivo esencial de esta nueva subasta dotar de mayor liquidez a los bonos a diez años ligados a la inflación (cuya emisión inaugural celebrada en mayo de 2014 disparó la demanda de estos bonos por encima de los 20.000 millones de euros, limitándose no obstante el importe adjudicado a 5.000 millones de euros), en la emisión celebrada el 13 de noviembre de 2014 se "desinflaron" los costes de emisión de estos 'nuevos' bonos, situándose el interés medio por debajo incluso del 1%, hasta situarse en el 0,859%. El importe adjudicado alcanzó los 1.390 millones de euros, por encima de los 1.000 millones colocados en

[382] Recuérdese a este respecto que el Tesoro había emitido ya con anterioridad bonos ligados a la inflación en el mes de mayo de 2014, cuando colocó un total de 5.000 millones en una obligación 10 años, con vencimiento el 30 de noviembre de 2024. Con posterioridad, en julio de 2014, colocó otros 1.000 millones a diez años y en octubre del citado ejercicio 5.000 millones en un nuevo bono a cinco años.

julio de 2014, aunque lejos de los 5.000 millones inaugurales. Esta significativa rebaja en los intereses se vio además acompañada de un freno en la demanda. Las peticiones realizadas sumaron un total de 2.870 millones de euros, 2,1 veces el importe emitido. En cambio durante la subasta del mes de julio de 2014 la *ratio* de cobertura se elevó a 3,7 veces.

Una vez concluida la celebración de este conjunto de subastas el tipo medio que el Tesoro estaba pagando por la deuda en circulación ascendía a 826.206 millones de euros, situándose así en el 3,52%. Se trataba del nivel más bajo de la historia, una décima por debajo del alcanzado en 2009, a pesar de que a la finalización del tercer trimestre de 2014 existían todavía títulos vivos a medio y largo plazo con cupones superiores al 5%. Con carácter adicional se había alargado la vida media de la deuda hasta los 6,38 años. Destacaba además el dato de que las inversiones extranjeras hubiesen contribuido a elevar un 49% el saldo de deuda pública española que mantenían en cartera desde comienzos de 2013, pasando el mismo de 224.662 a 336.808 millones en el citado periodo[383].

A la finalización del tercer trimestre de 2014 la rentabilidad del bono a diez años había registrado un movimiento lateral situándose en el entorno del 2%. Por su parte la prima de riesgo se situaba en el entorno de 133 puntos básicos. Por aquel entonces el Tesoro había colocado bonos a medio y largo plazo por importe de 126.400 millones, lo que representaba un 97,8% de previstos para el total del ejercicio.

Desde nuestro punto de vista dicha situación respondía a la existencia de un entorno coyuntural caracterizado por la presencia de unos bajos tipos de interés y reformas estructurales, debiendo tenerse presente además la política monetaria implementada por el BCE, que había contribuido a mejorar el conjunto de las condiciones financieras en el mercado de deuda pública, lográndose alcanzar tipos de deuda más bajos especialmente en los tramos medios y largos de la curva. *Mutatis mutandis* dicha situación había favorecido que el conjunto de las entidades financieras lograran financiarse con rentabilidades históricamente bajas. Indudablemente a ello habían

[383] Baste señalar a este respecto que, con fecha 9 de octubre de 2014, el Banco Central de China realizó, a través de sus fondos soberanos, una importante adquisición de emisión sindicada del Tesoro desde 2012 al lanzar una orden de compra por importe de 500 millones de euros.

contribuido también las sucesivas rebajas en el precio oficial del dinero llevadas a cabo por el BCE.

Con motivo de la subasta de deuda a corto plazo celebrada el 18 de noviembre de 2014 el Tesoro perseguía captar entre 3.500 y 4.500 millones de euros, subastando a tal efecto letras a 6 y 12 meses, un tipo de papel cuya anterior emisión se remontaba a la subasta de 14 de octubre del citado ejercicio, cuando colocó un total de 4.030 millones de euros. Concretamente por aquel entonces se adjudicaron un total de 1.170 millones de euros a seis meses con un rendimiento medio del 0,183% y otros 2.860 millones en papeles con vida a doce meses, con una rentabilidad media del 0,288%.

Tras la celebración de la citada subasta el Tesoro logró superar su objetivo al colocar un total de 4.520 millones de euros en letras a 6 y 12 meses, si bien ofreció a los inversores intereses más altos que en la anterior subasta de este tipo de papel. En concreto el citado organismo emitió un total de 1.190 millones en letras a 6 meses, superando la demanda en 3,3 veces lo vendido (2,5 veces en la anterior ocasión). El interés medio de este papel pasó del 0,183% al 0,211%. Con carácter adicional el Tesoro colocó un total de 3.330 millones en letras a 12 meses con una demanda que superó en 2 veces lo captado (2,4 veces en la anterior ocasión), pasando el tipo medio del 0,288% al 0,312%. La mayor parte de la cuantía del importe colocado (concretamente un total de 3.334 millones de euros) se concentró en las letras a 12 meses.

Apenas dos días después el Tesoro regresaba al mercado en busca de financiación, en este caso a medio y largo plazo, situándose su objetivo en la colocación entre los 2.000 y los 3.000 millones de euros en bonos con vencimiento en 31 de octubre de 2017, 31 de enero de 2020 y 30 de julio de 2041[384]. A resultas de la celebración de dicha subasta el Tesoro colocó un total de 3.037 millones de euros en bonos y obligaciones, ligeramente por encima del máximo previsto pero con menor demanda que en ocasiones anteriores. Así, en el bono a tres años, con vencimiento el 31 de octubre de 2017, el Tesoro colocó un total de 1.209 millones de euros, con una demanda que superó en 3,3 veces la oferta, frente a las cuatro veces de la

---

[384] En efecto los títulos elegidos para la celebración de la presente subasta eran bonos con cupón del 0,50% y vencimiento el 31 de octubre de 2017; bonos con cupón del 1,40% y vencimiento el 31 de enero de 2020; y obligaciones con cupón del 4,7% y vencimiento el 30 de julio de 2041.

emisión anterior del mismo tipo de papel. El interés medio se situó en el 0,638%, por debajo del 0,692% de la subasta anterior. En el bono a cinco años, con vencimiento el 31 de enero de 2020, el Tesoro logró vender entre los inversores un total de 1.257 millones de euros, a un tipo de interés del 1,060%, por encima del 0,963% de la emisión anterior. En este caso la demanda superó en 2,8 veces la oferta, frente a las 4,7 veces de la subasta previa. Finalmente en el bono con vencimiento a 30 de julio de 2041 el Tesoro colocó un total de 571 millones de euros, con una demanda que superó en 2,3 veces lo finalmente adjudicado, situándose el tipo de interés medio en el 3,455%.

Este momento "dulce" que vivían las emisiones de deuda se vio además refrendado cuando, con fecha 24 de noviembre de 2014, el interés del bono español bajaba por vez primera del umbral del 2%, situándose en el 1,96%. A más corto plazo, en los bonos a dos y cinco años, la rentabilidad bajaba en dicha fecha al 0,37% y al 0,85%, respectivamente. Sin lugar a dudas dicha mejora venía propiciada, en buena medida, por la decisión manifestada por el BCE de actuar con rapidez en el hipotético caso de que persistiesen los temores deflacionistas, manejándose además unas previsiones de inflación "excesivamente bajas" en un contexto en el que no parecía probable una recuperación más contundente del crecimiento. En definitiva, la mayor predisposición del BCE al desarrollo de una política de expansión cuantitativa terminó proyectándose sobre los mercados de deuda pública, alcanzándose en la citada fecha del 24 de noviembre de 2014 mínimos históricos en los intereses de la deuda europea emitida por Estados tales como Francia, Italia, Irlanda y Austria[385].

Por otra parte, al lograr emitir el Tesoro el máximo previsto en la citada subasta, y faltando todavía mes y medio para la finalización del ejercicio 2014, se habían cubierto todas las necesidades de financiación estimadas para todo el ejercicio, que ascendían a un total de 129.300 millones de euros. De este modo nuevamente se aprovechaba la fuerte rebaja de costes de financiación existente para lograr emitir mayores volúmenes de bonos y obligaciones. Con carácter adicional se lograba alargar el plazo medio de la deuda con unos costes de financiación en mínimos históricos al diferirse el

[385] Concretamente el interés exigido a Italia se desplomó por aquel entonces más de un 7% en tres días, pasando del 2,3% al 2,1%. Por su parte el bono a diez años de Portugal caía por debajo del 3% y el de Grecia se situaba en el 7,90%.

vencimiento medio de la deuda al menos hasta 8 años más. En este sentido a 31 de octubre de 2014 el plazo medio al que el Tesoro había colocado la deuda se situaba en 8,6 años, mientras que el vencimiento de todo el saldo vivo (826.206 millones de euros) se situaba en 6,38 años. El tipo medio al que se había emitido la deuda a lo largo del citado ejercicio 2014 había caído hasta el 1,61%, el más bajo de la historia, lo que había arrastrado a su vez el coste de toda la deuda en circulación hasta mínimos históricos (3,52%). En efecto, si bien el rendimiento del bono a diez años empezó 2014 en un 4,15% a la finalización de la tercera semana del mes de noviembre de 2014 se situaba en el 2,1%. Ello representaba un ahorro de cerca de 5.000 millones de euros. Por su parte el interés del bono español a cinco años caía hasta el 0,83%, su nivel más bajo desde primeros de septiembre de 2014. El papel con vencimiento en dos años ofrecía un 0,3%, niveles en los que se encontraba a primeros de octubre de 2014. Y, en cuanto a emisión de bonos ligados a la inflación destinada primordialmente a planes de pensiones y entidades aseguradoras, dicha emisión había posibilitado alcanzar una base de inversores más diversificada.

En todo caso, y a pesar de que, como se ha señalado, tras la subasta de 20 de noviembre de 2014 el Tesoro tenía ya cubiertas las necesidades de financiación previstas a medio y largo plazo correspondientes al ejercicio 2014, su estrategia pasaba por mantener las cinco emisiones que quedaban pendientes hasta final de año, con la finalidad de tratar de prolongar aún más la vida media de la deuda y reducir las necesidades de emisión bruta en 2015, aprovechando además la buena marcha de los mercados y las perspectivas de implementación de un eventual programa de compra de deuda soberana por parte del BCE.

A tal efecto uno de los principales objetivos perseguidos era el relativo a lograr la consecución de tasas negativas de interés en su deuda a más corto plazo. Dicho logro parecía factible después de haberse conseguido abonar por primera vez menos del 1% de interés por sus bonos a cinco años. A ello había que sumar además la colocación de obligaciones vinculadas con la inflación.

Como ya hemos tenido ocasión de precisar con anterioridad la rentabilidad de las letras a tres meses estuvo próxima a registrar tasas negativas durante el mes de agosto de 2014, rondándose las tasas negativas de interés en las emisiones del Tesoro. Así la rentabilidad media de las letras a tres meses se desinfló a nuevos mínimos históricos del 0,032%. Desde entonces el coste fue en aumento, llegando a repuntar en el mes de septiembre de 2014 al 0,056% y en octubre del citado ejercicio al 0,13%.

Inicialmente en la subasta a celebrar el 25 de noviembre de 2014 se preveía que el interés de las letras a tres meses se situase próximo al llamado 'coste cero', por debajo del 0,13% contabilizado en octubre de 2014. Asimismo se preveía que el Tesoro lograra abaratar los costes derivados de la colocación de deuda a nueve meses respecto al 0,359% pagado en octubre de 2014. En este sentido el objetivo del Tesoro pasaba por adjudicar un importe máximo de 4.000 millones de euros. En principio, si se mantenía la práctica habitual de subastas anteriores, la cuantía colocada podría superar ligeramente los 4.000 millones de euros. Finalmente la rentabilidad media de las letras a tres meses terminó desinflándose a la mitad, al 0,073%, prácticamente la mitad que el 0,13% contabilizado en octubre de 2014. Asimismo se lograron abaratar los costes derivados de la colocación de deuda a nueve meses respecto al 0,359% satisfecho en la anterior subasta, situándose el interés en el 0,296%. La cuantía finalmente colocada fue de 4.107 millones de euros. Dicha rebaja experimentada en los intereses apenas logró mermar la demanda, llegando a superar las peticiones la oferta 3,1 veces en los 845 millones de euros colocados a tres meses, y 1,8 veces en los 3.262 millones emitidos a nueve meses.

En la posterior subasta celebrada el 4 de diciembre de 2014 el Tesoro pretendía aprovechar la importante rebaja a mínimos existente por aquel entonces en los costes de financiación persiguiendo colocar un total de 3.500 millones de euros en bonos a tres, cinco y diez años. El objeto de la subasta lo constituían, en el presente caso, bonos con cupón 0,5% y vencimiento en octubre de 2017 (en relación con los cuales, y de cara a determinar la evolución del coste de financiación, había que tomar la referencia del 0,677% de la anterior operación de las mismas características), así como bonos del Estado al 1,4% y vencimiento en enero de 2020 (con una referencia del 1,084%) y obligaciones del Estado con cupón 2,75% y vencimiento en octubre 2024 (siendo en el presente caso el interés de referencia del 2,148%).

Tras la celebración de dicha subasta el Tesoro captó un total de 3.510 millones de euros, en línea con el máximo previsto, marcando un hito en el caso de los intereses pagados por el bono a diez años, los cuales por vez primera en el mercado primario bajaron del 2%. Así las cosas el Tesoro adjudicó 1.270 millones de euros en títulos con vencimiento en 2024, por los que abonó una rentabilidad media del 1,840%, frente al 2,123% anterior, situándose el interés ligeramente por debajo de lo que se le estaba exigiendo en el secundario, en el 1,85%. Asimismo se colocaron otros 1.000 millones de euros en papeles con vida hasta 2020 por los que se ofreció un rendimiento medio del 0,946%, desde el 1,060% de la anterior subasta. Y se lograron captar 1.240 millones de euros con un bono a cinco años, situándose en este último caso el interés de referencia desde el 0,638% del mes de noviembre de 2014 al 0,584%. Con carácter adicional, a pesar de las nuevas rebajas en los intereses, la demanda se mantuvo firme. Las peticiones realizadas llegaron a triplicar los 1.240 millones de euros adjudicados en bonos a tres años, superando 2,7 veces los 1.001 millones emitidos en títulos a cinco años y 2,2 veces los 1.270 millones de euros colocados a diez años.

La trascendencia de los resultados derivados de la celebración de dicha subasta resultaba innegable. Los mínimos históricos registrados en las rentabilidades de la deuda española en el mercado secundario se habían trasladado al mercado primario, abonándose por vez primera menos de un 2% de interés por la deuda a diez años y menos del 1% por los títulos a cinco años.

Durante la siguiente subasta celebrada por el Tesoro el 9 de diciembre de 2014 de letras a 6 y 12 meses la referencia fijada de cara a determinar la evolución del coste de financiación era un tipo de interés marginal del 0,222% en las letras a 6 meses y el 0,322% en las de 12 meses, procedentes de la anterior subasta. Finalmente con motivo de la celebración de la citada subasta el Tesoro adjudicó un total de 4.502 millones de euros en letras seis y doce meses, viéndose no obstante obligado a elevar el interés aplicado a ambas denominaciones, al 0,285 % en el primer caso y al 0,369 % en el segundo. Concretamente de los 4.502,5 millones de euros (cifra que se situó en la parte alta del objetivo previsto, que oscilaba entre 3.500 y 4.500 millones de euros) un total de 682,981 millones de euros se obtuvieron a seis meses con un interés marginal del 0,285 %, superior al 0,222% de la anterior subasta. Por su parte los 3.819,52 millones de euros restantes se adjudicaron a un año con una rentabilidad del 0,369%, también superior al 0,322 % anterior. La *ratio* de cobertura fue de 2,4 veces, ya que la demanda alcanzó 11.057,5 millones de euros.[386]

[386] Concretamente en la colocación de los 683 millones de euros en letras a seis meses las peticiones alcanzaron los 3.398 millones de euros, lo que suponía quintuplicar el importe

La principal consecuencia derivada de lo anterior era por tanto que, a pesar de los mínimos históricos en los intereses del bono a diez años que se habían alcanzado por aquel entonces, a resultas de dicha subaste terminó produciéndose un repunte de los costes.

Con motivo de la celebración de la penúltima subasta del ejercicio 2014 el Tesoro procedió a colocar un total de 2.548,28 millones de euros en letras a 3 y 9 meses, ofreciendo no obstante a los inversores intereses más altos que en la anterior subasta de estas características. En todo caso se superaron los objetivos de emisión inicialmente fijados al efecto, llegando a alcanzar la demanda los 7.200 millones de euros. Tras la celebración de dicha subasta el Tesoro vendió 727,90 de los 2.307,90 millones solicitados por el mercado en letras a tres meses, superando las peticiones efectuadas en 3,2 veces lo vendido. Los intereses correspondientes a dichas letras a tres meses subieron respecto de la anterior emisión, situándose en el nivel más alto desde mayo de 2014. El interés medio pasó del 0,073% al 0,200%, mientras que el marginal pasó del 0,080% al 0,209%.

En relación con la emisión de letras a nueve meses el Tesoro logró colocar un total de 1.820,38 millones de euros de los 4.890,38 millones de euros solicitados inicialmente por los inversores, superando en consecuencia la demanda respecto de estas letras en 2,7 veces lo emitido (1,8 veces en la anterior ocasión). Por su parte los intereses también se elevaron, situándose en su nivel más alto desde mayo de 2014, ya que el tipo medio también pasó del 0,296% de noviembre de 2014 al 0,373%, mientras que el marginal se elevó del 0,304% al 0,382%. En suma, la principal consecuencia que cabía extraer de la celebración de esta nueva subasta era la existencia de una subida de los tipos de interés.

Finalmente la última subasta del Tesoro correspondiente al ejercicio 2014 tuvo lugar el 18 de diciembre del citado año. Con motivo de la celebración de dicha subasta los planes iniciales del Tesoro pasaban por colocar 2.500 millones de euros en deuda con vencimiento en 2019, 2023 y 2024. En primer lugar, y por lo que respecta a los bonos a diez años de vencimiento lanzados al mercado en dicha subasta, el objetivo inicialmente previsto pasaba por mantener los costes por debajo del 2%, y podría rondar el mínimo histórico del 1,84%. Junto a dichos bonos a diez años el Tesoro lanzaba

---

adjudicado. Por su parte, en la emisión de 3.820 millones de euros a 12 meses las peticiones realizadas superaron los 7.600 millones de euros, el doble de lo colocado.

asimismo al mercado obligaciones con cupón del 4,6% y vencimiento el 30 de julio de 2019 y bonos con cupón del 2,75% y vencimiento el 31 de octubre de 2024.

El resultado final de la celebración de dicha subasta se saldó con la colocación de un total de 2.620 millones de euros en bonos y obligaciones a cinco, nueve y 10 años, logrando rebajarse nuevamente los tipos de interés gracias a la considerable demanda existente. En este sentido los bonos a cinco años fueron colocados a un tipo del 0,896%, frente al 1,412% anterior. Por su parte la deuda a nueve años alcanzó un tipo del 1,588%, por debajo del 1,941% de la anterior operación con títulos equiparables. Y, por lo que respecta a las obligaciones a 10 años, éstas se emitieron al mínimo histórico del 1,752%, situándose dicha rentabilidad por debajo del 1,850% de la anterior subasta. Además de los bonos a diez años el Tesoro colocó en el mercado un total de 905 millones de euros en obligaciones con cupón del 4,6% y vencimiento el 30 de julio de 2019, además de otros 588 millones en bonos con cupón del 2,75% y vencimiento el 31 de octubre de 2024. El interés medio se situó en el 0,875% en los bonos con vencimiento en 2019, por debajo del 1,402% correspondiente a la anterior emisión, y al 1,577% en los bonos con vencimiento en 2023, frente al 1,93% anterior.

Recapitulando, a lo largo del conjunto del ejercicio 2014 el interés que los inversores solicitaron para hacerse con la deuda española bajó sensiblemente respecto del ejercicio anterior, con el consiguiente abaratamiento del coste medio de toda la deuda en circulación. Dicho descenso en los intereses permitió además reducir la previsión de emisión de deuda neta respecto del ejercicio 2013. Y ello a pesar de que durante el ejercicio 2014 se afrontaba una cantidad de vencimientos próxima a los 185.692 millones de euros.

El total de deuda adjudicada procedente de emisiones a medio y largo plazo (bonos y obligaciones) se situó en 136.600 millones de euros. Por su parte el montante total de toda la deuda bruta emitida por el Tesoro en 2014 se situó en 240.000 millones de euros, cifra ligeramente superior a los 237.000 millones de 2013. Respecto de la deuda ligada a la inflación el Tesoro logró captar un total de 1.390 millones de euros a lo largo del ejercicio 2014.

La mejora lograda en las condiciones financieras supuso un importante alivio para las arcas del Estado hasta el punto de anular la necesidad de un fuerte ajuste. Esta rebaja lograda en la prima de riesgo facilitaba cumplir con los objetivos de déficit, posibilitando articular además la creación de nuevos mecanismos de liquidez destinados a financiar las necesidades de determinadas Comunidades Autónomas, a los que posteriormente tendremos ocasión de referirnos. Así las cosas el recorte de gasto no tuvo que ser tan profundo como *a priori* podría resultar exigible.

A lo largo del ejercicio 2014 la rentabilidad media del bono a diez años fue del 4,57%, lo que se tradujo en unos costes para el Estado en torno a los 45.700 millones de euros. El interés medio se redujo notablemente, hasta el 2,75%, viéndose rebajado a su vez el coste de financiación a los 27.500 millones de euros. Esta coyuntura favorable posibilitó además que el Tesoro pudiera ofrecer a los inversores unos intereses extraordinariamente bajos, llegando a colocar cerca de 136.700 millones de euros en deuda e incluso ofreciendo intereses negativos por las letras a tres meses en el mercado secundario. La rentabilidad del bono a 10 años llegó a situarse durante el mes de diciembre de 2014 por debajo del 1,70%.[387]

5.C. El creciente incremento del porcentaje de deuda pública medido en relación con el PIB

A pesar del optimismo que, al inicio del ejercicio 2014, irradiaban las distintas emisiones de deuda lanzadas por el Tesoro, a mediados del mes de febrero de 2014 se conocía que el Estado español se había endeudado en otros 76.845 millones de euros al objeto de tratar de financiar el des-

[387] Ya a finales del mes de noviembre de 2014 el Estado había gastado un total de 143.648 millones de euros, un 1,3% menos que en 2013, disminuyendo los gastos de personal disminuyeron un 0,3% hasta 13.755 millones de euros. En cambio los gastos financieros se incrementaron un 11,6% hasta un total de 31.233 millones de euros, debido al calendario de vencimientos de la deuda. La mayor parte de estos vencimientos correspondía a intereses de obligaciones y bonos, entre los que cabe mencionar, los derivados de la deuda asumida por el Estado del FFPP, que no tenían correspondencia con el año previo, y que a finales de noviembre de 2014 ascendían a 515 millones de euros. Asimismo hasta finales de noviembre de 2014 los ingresos del Estado ascendieron a 156.812 millones de euros, lo que representaba un aumento del 4,3% respecto al mismo periodo de 2013. Este repunte se debió sobre todo al aumento de los ingresos por impuestos y cotizaciones sociales en un 2,8%, con una cifra de 140.388 millones frente a 136.511 millones en 2013 y al crecimiento del resto de los recursos en un 19,1%, con un total de 16.424 millones de euros. Los ingresos impositivos se incrementaron un 3%, con un total de 133.280 millones de euros.

equilibrio entre ingresos y gastos, lo que venía a poner de manifiesto la existencia de dificultades para tratar de embridar las cuentas públicas. Dicha cifra no incluía el resto de Administraciones Públicas (Comunidades o Ayuntamientos).[388]

Inicialmente, en la Ley de Presupuestos de 2013, el Ejecutivo central estimó que la *ratio* de deuda de las Administraciones Públicas sobre el PIB acabaría dicho ejercicio en el 94,2%, por debajo del 98,9% previsto. Sin embargo la deuda en circulación del Estado se situó en 760.256 millones de euros frente a los 728.800 millones de euros estimados inicialmente. Esta evolución de la deuda del Estado no dependía sólo del volumen de déficit público, sino también de la variación neta de activos financieros (lo que se debe emitir pero no cuenta a efectos de déficit). Asimismo se incluían las amortizaciones producidas en el ejercicio, comprendiendo así el conjunto de operaciones financieras de las Administraciones Públicas.

Dichas cifras serían posteriormente corroboradas con fecha 17 de febrero de 2014 por el Banco de España, confirmándose así que la deuda pública alcanzó en 2013 los 961.555 millones de euros, lo que representaba un 93,7% del PIB, cifra que superaba la previsión del Ejecutivo, que había previsto que la deuda púbica se situara en 2013 en el 91,6%. La deuda pública retomaba así la senda alcista, al subir en 9.542 millones con respecto a diciembre de 2013, acabando con dos meses consecutivos de caída. Esta cifra representaba además un aumento del 8,7% en comparación con el cierre de 2012 (884.664 millones de euros)[389]. Solo en 2013, el pasivo aumentó en 76.891 millones, es decir, 210,6 millones al día. En cambio en 2007 el endeudamiento público del Estado español no alcanzaba los 400.000 millones (36,3% del PIB).

Desde nuestro punto de vista dicha situación respondía al hecho innegable de que, a lo largo de estos últimos años, el déficit público no ha venido reflejando la verdadera situación presupuestaria, al existir determinadas partidas de endeudamiento que no son computadas como desequilibrio fiscal a

[388] Fuente: Síntesis Mensual de Indicadores Económicos, Informe Económico Financiero del Ministerio de Economía (consultado en *Diario El Confidencial,* www.elconfidencial.com, consultada el 14 de febrero de 2014).

[389] De esos 961.555 millones de euros de deuda, 676.789 millones correspondían a valores a medio y largo plazo, 196.660 millones de euros eran créditos no comerciales y 88.106 millones de euros se concretaban en valores a corto plazo.

efectos de cumplimiento de los objetivos de déficit, aunque sí en términos contables, tal y como sucede con las ayudas a las entidades financieras.

El déficit público superó en 2011 el 11% del PIB, situándose a finales del ejercicio 2013 en una cifra próxima al 7%. El Estado gastaba más de lo que ingresaba y debía cubrir esa brecha pidiendo préstamos a los mercados y emitiendo bonos. Con carácter adicional el rescate financiero y mecanismos como el Fondo de Liquidez Autonómica o el Plan de Pago a Proveedores contribuyeron igualmente a elevar la deuda pública hasta niveles máximos.

En la Ley de Presupuestos Generales del Estado del ejercicio 2013 se estimó inicialmente un endeudamiento neto del Estado (las emisiones del Tesoro menos las amortizaciones) equivalente a 48.020 millones de euros. Sin embargo finalmente dicha cifra se situó en 76.845 millones de euros, lo que venía a representar unos 30.000 millones de euros adicionales, esto es, alrededor de tres puntos del PIB.

Lo anterior ha de entenderse además con independencia de que la reducción de la prima de riesgo permitiera abaratar el coste de financiación del Estado, siendo el gasto en intereses durante el 2013 notablemente inferior a los 38.615 millones presupuestados. En cualquier caso para 2014 el Estado presupuestó un total de 36.616 millones de euros para abonar los intereses de la deuda, de manera que la partida de gastos financieros seguiría aumentando en el corto plazo en la medida en que el volumen de pasivo fuese vez es mayor. Se hacía pues necesario, no ya solo comenzar a registrar superávits primarios en las cuentas públicas, sino también que el crecimiento nominal de la economía fuese superior al tipo de interés implícito de la deuda pública.

Por otra parte con fecha 6 de marzo de 2014 se conoció un Informe elaborado por la Comisión Europea en virtud del cual se precisaba que si el Ejecutivo español diese por terminados los ajustes estructurales de las cuentas públicas (recortes de gastos o subidas de impuestos recurrentes) la *ratio* de deuda pública sobre el Producto Interior Bruto seguiría subiendo hasta el año 2022, hasta el 113%. Y sólo a partir de dicha fecha el nivel de deuda pública descendería muy lentamente. Finalmente en el año 2030 la ratio deuda /PIB seguiría en torno al 110% y sin visos de bajar de ese nivel. En su lugar, para que la deuda pública se situase en el 60% (objetivo previsto como es sabido en el Pacto de Estabilidad y Crecimiento) en 2030

España necesitaría un ajuste adicional superior a los 41.000 millones de euros hasta 2018.

De este modo desde la Comisión Europea se advertía igualmente acerca de este incremento excesivo de la deuda pública, que requeriría de una mayor consolidación fiscal a medio plazo. El Informe de la Comisión ponía de manifiesto la existencia de una tendencia subyacente alcista a medio plazo en ausencia de más consolidación fiscal, seguida de una estabilización a un nivel elevado. En opinión de la Comisión, tomando como punto de referencia la consabida obligación prevista en el Plan de Estabilidad y Crecimiento de reducir a medio plazo los niveles de deuda pública al 60% del Producto Interior Bruto, el esfuerzo fiscal que debería realizar España para alcanzar ese objetivo en 2030 era desmesurado[390], previéndose a tal efecto la realización de esfuerzos fiscales estructurales hasta 2016 por importe de 28.800 millones de euros para, a partir de entonces, aplicar medidas de ajuste equivalentes a 0,6 puntos porcentuales del PIB durante 2017 y 2018.[391]

A la finalización del mes de febrero de 2014 la deuda del conjunto de las Administraciones Públicas españolas había alcanzado los 987.945 millones de euros, lo que suponía un aumento del 0,8% respecto a los 979.814 millones del mes anterior. Con este incremento, de 8.131 millones de euros la deuda pública española superaba un nuevo récord histórico, al representar ya el 96,5% del PIB, casi un punto porcentual más que en enero de 2014 (el 95,7%)[392]. En líneas generales durante el mes de febrero de 2014 la deuda pública mantuvo la tendencia al alza después de bajar en 3.404 millones de euros en octubre de 2013. Se trataba, además, de la cuantía más elevada de la serie histórica de deuda trimestral del supervisor. Con respecto al ejercicio anterior la deuda pública había subido en casi 73.500 millones de

---

[390] Véase en este sentido ROIG, M., "España debe ajustar 41.200 millones para reconducir su deuda al 60% del PIB en 2030", *Diario Expansión,* www.expansion.com (consultada el 6 de marzo de 2014).

[391] Así las cosas, y tal y como se ponía de manifiesto en el citado Informe, a unos 6.200 millones por ejercicio, el ajuste estructural necesario para reconducir la deuda pública en 14 años ascendería a 41.200 millones de euros (Véase "Análisis en Profundidad de los desequilibrios económicos de España", http://ec.europa.eu/economy_finance/publications/occasional_paper/2014/pdf/ocp176_en.pdf, consultado el 6 de marzo de 2014).

[392] Fuente: Banco de España, www.bde.es, consultada el 14 de abril de 2014. De esos 987.945 millones de euros de deuda, 702.793 millones correspondían a valores a medio y largo plazo, 201.681 millones eran créditos no comerciales y 83.470 millones de euros se concretaban en valores a corto plazo.

euros, es decir, un 8%, ya que en febrero de 2013 la cuantía era de 914.463 millones de euros.

Con carácter previo al inicio de la actual crisis financiera, en el año 2007, la deuda pública española no alcanzaba el 37% del PIB. De este modo en menos de siete años el pasivo se había incrementado en 578.369 millones de euros. El endeudamiento público español era de los más bajos al inicio de la crisis y, en cambio, pasó a superar la media europea. A ello habían contribuido, no ya solo el rescate financiero, sino también otros factores tales como la creación del Fondo de Liquidez Autonómico, el déficit energético o el plan de pago a proveedores.

Así las cosas a lo largo de estos últimos años el nivel de deuda pública había pasado del 67% del PIB al 94%. Por su parte el déficit primario apenas había mejorado dos décimas. La deuda bruta de las familias apenas se redujo un 3%, hasta el 84%. Y la deuda externa neta de la economía se incrementó del 88% al 98% del PIB.

A resultas de este incremento de la deuda pública fue adquiriendo una importancia creciente el Capítulo presupuestario dedicado al pago de intereses de aquélla. Así, por ejemplo, durante el ejercicio 2013 el Estado español destinó un total de 35.096 millones de euros solo al pago de intereses cuando, con anterioridad al inicio de la crisis, dicha cifra no alcanzaba los 17.000 millones de euros. El Capítulo del coste de la deuda se había incrementado un 107%.[393]

A mediados del mes de marzo de 2014 el Banco de España hizo público que la deuda del conjunto de las Administraciones Públicas españolas se había situado en enero de 2014 en 979.316 millones de euros, lo que suponía un aumento del 1,9% en comparación con el cierre de 2013 (960.640 millones de euros). Concretamente había tenido lugar un incremento de 18.677 millones de euros en el primer mes del ejercicio 2014 en comparación con el último de 2013. Con carácter adicional la deuda pública representaba ya el 95,7% del PIB, casi dos puntos por encima del porcentaje correspondiente

[393] Ciertamente se trataba de una situación preocupante. Y cabe recordar a este respecto que, al amparo de lo dispuesto en la Orden ECC/1/2013, a través de la cual se regulan las Cláusulas de Acción Colectiva, resulta posible reestructurar deuda si la misma se halla emitida a partir de 2013, existiendo además una mayoría amplia de cara a la adopción de dicha decisión vinculante (75%), si bien únicamente para bonos y obligaciones.

a diciembre de 2013 (93,9%)[394]. De este modo se continuaba con la senda alcista iniciada en fechas pasadas después de lograr bajar en 3.404 millones en octubre de 2013[395]. Así, de los 979.316 millones de euros de deuda, 689.095 millones correspondían a valores a medio y largo plazo, 203.947 millones de euros eran créditos no comerciales y 86.275 millones de euros valores a corto plazo.[396]

De acuerdo con esta situación resultaba innegable que, al incrementarse progresivamente la *ratio* deuda pública/PIB se incrementaban asimismo los intereses derivados de las nuevas emisiones de deuda, con independencia de que lograra reducirse el coste medio de aquéllas. Y ello debido a que, al aumentarse el montante total en concepto de servicio de la deuda, se incrementan los gastos financieros. Ello haría necesario acometer una reducción del déficit público que permitiera controlar el gasto público.

En este sentido desde el Ejecutivo español la previsión existente a fecha 30 de abril de 2014 (fecha en la que tuvo lugar la presentación de las previsiones macroeconómicas que debían acompañar al Plan Nacional de Reformas remitido a la Comisión Europea) era que la deuda pública superara el 100% del PIB en 2015, hasta el 101,7%, para repuntar posteriormente al 105,5% en 2016 y empezar a descender en 2017 hasta situarse a la finalización del citado ejercicio en el 98,5%. De este modo la deuda pública se situaría en 2014 en el 99,5% del PIB, frente al 99,8% previsto,

[394] Fuente: Banco de España, www.bde.es (consultada el 17 de marzo de 2014).

[395] Téngase presente no obstante a este respecto que, el *ratio* deuda/PIB se ha venido incrementando un 17% al año desde 2007, llegando a crecer en solo un ejercicio (2012) casi 16 puntos porcentuales. Y ello como consecuencia de la propia evolución del déficit público, que ha pasado de una posición relativamente equilibrada de 2000 a 2004 (e incluso superávit en 2005 a 2007) a una situación completamente distinta, ya que en 2008 se pasó de un superávit del 2% a un déficit del 4,5% del PIB, que se incrementó hasta el 7% a finales de 2013.

[396] A la finalización del mes de marzo de 2014 los inversores extranjeros tenían en sus manos 302.710 millones de euros, cantidad que equivalía al 42,98% del total de deuda en circulación (704.306 millones de euros). Los no residentes incrementaron sus posiciones en deuda española en 7.428 millones de euros, superándose así los niveles registrados en diciembre de 2013. La banca, que contaba con el 28,67% de la deuda en circulación, se deshizo de un total de 4.143 millones de euros, volviendo a hacer uso de la estrategia de *carry trade* para cerrar el primer trimestre de 2014 con un total de 201.892 millones de euros en sus balances. Junto a la banca y los no residentes, los siguientes en la lista de tenedores de deuda fueron las Administraciones Públicas (63.303 millones de euros), las entidades de seguros (48.644 millones de euros), los fondos de inversión (39.127 millones), las empresas no financieras (19.496 millones) y los fondos de pensiones (18.331 millones de euros). En cuanto a la participación de los inversores particulares, la misma se situó en el 0,67% hasta un total de 4.684 millones de euros.

tras cerrar 2013 en el 92,9%. El Tesoro Público emitiría un total de 59.000 millones de euros de deuda pública neta en 2014, un 9,2% menos respecto a los 65.000 millones de euros inicialmente previsto debido a la evolución experimentada en la evolución de los costes de financieros. En este sentido el coste medio de emisión de las nuevas subastas se situaba ligeramente por encima del 2% y la vida media de la deuda se prolongaba hasta los 6,3 años.

El porcentaje de endeudamiento del conjunto de las Administraciones Públicas volvía a elevarse a la finalización del mes de marzo de 2014, al sumar un total de 990.466 millones de euros, lo que suponía el 96,7% del PIB y un incremento del 0,25% respecto al mes anterior[397]. Por lo que respecta a la tasa interanual, la deuda pública había repuntado un 7%. Del total de la deuda en manos de las Administraciones Públicas a la finalización del primer trimestre del ejercicio 2014, 79.415 millones de euros correspondían a valores a corto plazo, 4.055 millones menos que en febrero de dicho año y 3.845 millones menos que en el año precedente. No obstante el grueso de la deuda permanecía colocada en valores a medio y largo plazo, hasta un total de 708.696 millones de euros, con un aumento de 5.903 millones respecto al mes anterior y de 85.711 millones frente a marzo de 2013. Por su parte, los créditos no comerciales en manos de las Administraciones Públicas sumaron en marzo de 2014 un total de 202.355 millones de euros, 646 millones más que la cifra registrada un mes antes, pero 15.532 millones menos que en el mismo mes del ejercicio precedente.[398]

---

[397] Fuente: Banco de España, www.bde.es (consultada el 14 de mayo de 2014).

[398] Téngase presente además que, dentro del ámbito de la deuda pública empresarial, y desde el inicio de la crisis financiera, el conjunto de las empresas públicas dependientes de la Administración Central han sido las únicas que han incrementado su endeudamiento, al pasar de 20.519 millones de pasivo que acumulaban a finales del ejercicio 2008 a 33.035 millones de euros que registraban al cierre del tercer trimestre de 2014 (Fuente: Banco de España, www.bde.es, consultada el 12 de enero de 2015). Durante dicho período la deuda pública empresarial de la Administración del Estado se había visto incrementada en un total de 12.516 millones de euros. Por su parte, e igualmente a lo largo del citado período, las sociedades dependientes de las CC.AA. sí que lograron reducir su deuda, al pasar ésta desde 9.382 millones hasta 5.723 millones de euros. E igualmente minoraron su endeudamiento las empresas de las Corporaciones Locales, las cuales a la finalización del tercer trimestre de 2014 asumían un pasivo de 4.935 millones de euros, frente a los 5.747 millones de euros con que cerraron 2008. El volumen global de deuda generada por el sector público empresarial del Estado, CC.AA. y Corporaciones Locales ascendía a la finalización del tercer trimestre de 2014 a un total de 43.693 millones de euros que suponían el 4,1% del Producto Interior Bruto del país, lo que representaba un incremento de 28.732 millones de euros desde el año 2000 y de más de 8.000 millones desde finales del ejercicio 2008. Con carácter general la mitad del pasivo que tenían las sociedades públicas

Al amparo de esta situación, y teniendo presente la evolución positiva experimentada por la deuda española durante el ejercicio 2014, con fecha 3 de junio de 2014 el Ministerio de Economía acordaba reducir el objetivo de emisiones netas de deuda del Tesoro Público español hasta 55.000 millones de euros. Se trataba de la segunda gran rebaja acometida frente al objetivo inicial de 65.000 millones de euros fijado al efecto inicialmente, el cual había sido rebajado previamente hasta los 59.000 millones de euros.

Posteriormente a la finalización del primer trimestre de 2014 la deuda del conjunto de las Administraciones Públicas creció el 7,12% alcanzando así los 989.925 millones de euros, lo que equivalía al 96,8% del PIB, el nivel más alto de la serie histórica[399]. El mayor aumento del endeudamiento en términos absolutos correspondió a la Administración Central, que pasó a tener una deuda de 864.193 millones de euros, un 8,4% más que un año antes. Sin embargo, en términos relativos el mayor incremento correspondió a las CC.AA., cuya deuda se disparó un 16,52% y quedó en 221.997 millones de euros, lo que significaba también un récord para las Autonomías.

En cambio durante el mes de abril de 2014 la deuda del conjunto de las Administraciones Públicas se redujo en 7.162 millones de euros, hasta los 982.762 millones de euros, lo que suponía el 95,9% del PIB, rompiéndose así la tendencia de cinco meses de incrementos consecutivos. El endeudamiento público se redujo un 0,7% en tasa mensual en el cuarto mes del ejercicio 2014, si bien respecto al mismo periodo del año anterior registró un incremento del 7,3%[400]. Cabe recordar a este respecto que desde el ejercicio 2008 la deuda de España no ha dejado de crecer ejercicio tras ejercicio,

de las Autonomías en el tercer trimestre de 2014 correspondía a la Comunidad Autónoma de Cataluña, con un total de 2.757 millones de euros, lo que representaba más del 48% del total de los 17 Ejecutivos regionales. Debe precisarse no obstante que dicha cifra de pasivo del sector público catalán representaba justo la mitad del existente al cierre de 2009. Por su parte las sociedades públicas de la Comunidad de Madrid ofrecían una deuda de 1.816 millones a finales del tercer trimestre de 2014, su mayor nivel histórico, con un incremento superior al de 2009 en más de 495 millones de euros. Por su parte Canarias y Aragón eran la tercera y cuarta Región con mayor agujero en su sector público (ambas con un porcentaje próximo al 3,5%), siendo la quinta Comunidad Andalucía, que adeudaba un total de 163 millones de euros.

[399] Fuente: Banco de España, www.bde.es (consultada el 13 de junio de 2014).

[400] Concretamente la deuda del Estado Central bajó un 0,8% intermensual, hasta 806.411 millones de euros, mientras que la de las Comunidades Autónomas se redujo un 0,3%, hasta 221.177 millones de euros. Por su parte, los ayuntamientos registraron un incremento del 0,01%, hasta 40.860 millones de euros (Fuente: www.bde.es, consultada el 16 de junio de 2014).

habiendo pasando de los 436.984 millones de euros (el 40% del PIB) a los 982.762 en marzo de 2014 (el 95,9%). Del total de la deuda en manos de las Administraciones durante el mes de abril de 2014, 75.069 millones de euros correspondían a valores a corto plazo, 4.346 millones menos que en marzo y 6.105 millones menos que en el ejercicio 2013. Ahora bien a pesar de ello el grueso de la deuda seguía colocada en valores a medio y largo plazo, hasta un total de 706.375 millones de euros, con un descenso de 2.321 millones respecto al mes anterior, pero con un aumento de 89.161 millones frente a abril de 2013. Por su parte, los créditos no comerciales en manos de las Administraciones Públicas sumaron en abril de 2014 un total de 201.319 millones de euros, 494 millones menos que la cifra registrada un mes antes y 15.732 millones menos que en el mismo mes del ejercicio precedente.

Durante el mes de mayo de 2014 la deuda del conjunto de las Administraciones Públicas alcanzó el 97,2% del Producto Interior Bruto, situándose en los 996.983 millones de euros, tras aumentar en 14.221 millones respecto al mes anterior[401]. Concretamente el endeudamiento público aumentó un 1,4% en tasa mensual y un 6,2% respecto a mayo de 2013, lo que suponía 58.200 millones más que un año antes. De este modo la deuda del sector público volvía a incrementarse, después de que en 2013 cerrara en un máximo histórico del 93,9% del PIB, y se acercase así al objetivo para 2014, situado en el 99,5%.

Atendiendo a la composición del endeudamiento de las Administraciones Públicas, la que mayor peso presentaba era la deuda a largo plazo la

[401] Fuente: Banco de España, www.bde.es (consultada el 16 de julio de 2014). De acuerdo con los datos desagregados facilitados al efecto del total de la deuda en manos de las Administraciones Públicas durante el mes de mayo de 2014 76.000 millones de euros correspondían a valores a corto plazo, 931 millones más que en abril del citado ejercicio y 5.755 millones de euros menos que hace un año. Sin embargo, el grueso de la deuda seguía colocada en valores a medio y largo plazo, hasta un total de 719.853 millones de euros, con un aumento de 13.478 millones respecto al mes anterior y un incremento de 70.826 millones frente a mayo de 2013. Por su parte los créditos no comerciales en manos de las Administraciones Públicas sumaron en mayo de 2014 un total de 201.131 millones de euros, 212 millones menos que la cifra registrada un mes antes y 6.786 millones menos que en el mismo mes del ejercicio precedente. Por tipo de Administración, era el Estado donde había subido la deuda pública. Concretamente, se elevó en 15.551 millones hasta los 821.962 millones. También creció en las Corporaciones Locales en 741 millones hasta los 41.601 millones. Sin embargo, el endeudamiento descendió en las Comunidades Autónomas en 1.813 millones hasta los 219.364 y muy ligeramente en la Seguridad Social en tres millones hasta los 17.189 millones de euros.

cual, con un valor de 719.853 millones de euros, constituía el 72,2% del total. Precisamente, este tipo de obligación era el que más había aumentado en mayo al sumar un total de 13.478 millones de euros (1,9% más que en abril de 2014). Con carácter adicional también se incrementaron en 931 millones de euros los títulos a corto hasta los 76.000 millones[402].

A la luz de estas nuevas cifras volvía por tanto a ponerse de manifiesto que España continuaba gastando más de lo que ingresaba, precisando en consecuencia de financiación para cubrir su déficit público y restándose en consecuencia capacidad de financiación al sector privado. En efecto, la deuda pública española seguía creciendo y lo hacía a un ritmo superior al crecimiento de la economía. Un incremento que se explicaba, principalmente, por los costes financieros que el Sector público debía asumir para cubrir el lastre del déficit público, así como por la existencia de una caída en los ingresos y de un incremento considerable de los gastos coyunturales (incluidos los propios intereses de la deuda y, especialmente, el elevado número de facturas sin abonar en manos del conjunto de las Administraciones Públicas). Y ello con independencia de que el nivel de deuda 2014 se beneficiase de la reducción de las necesidades de emisión netas por el Tesoro en unos 6.000 millones de euros calculados inicialmente–desde 65.000 a 59.000 millones de euros–, gracias a la disminución de los intereses de la deuda. Debe reconocerse por tanto, como contrapartida, que el coste de financiación del Sector público se ha abaratado considerablemente en los últimos tiempos y que, a resultas de lo anterior, se ha venido intensificando la captación de recursos financieros por parte del Tesoro.

Durante el mes de junio de 2014 la deuda pública española en manos de inversores extranjeros volvió a superar los 300.000 millones de euros, tal y como había ocurrido en marzo y mayo del citado ejercicio, marcando un nuevo récord en 315.154 millones de euros. Concretamente los 302.847 millones de euros de deuda del Estado español acumulados al cierre del mes de junio de 2014 por los inversores no residentes suponían el 43,73% del total, aún lejos del máximo porcentaje alcanzado al cierre de 2010, que

[402] Los principales acreedores existentes eran grandes inversores extranjeros, quienes acaparaban 302.847 millones de la deuda estatal, seguidos por la banca nacional, con un total de 209.295 millones de euros. El grueso de la deuda seguía colocada en valores a medio y largo plazo, hasta un total de 719.853 millones de euros, con un aumento de 13.478 millones de euros respecto al mes anterior y un incremento de 70.826 millones frente a mayo de 2013.

llegó a ser un 54,8%. En términos absolutos dicha cifra era la mayor desde que se lleva ese tipo de registros, en 2001.

A la luz de estos datos estaba claro que continuaba la tendencia en virtud de la cual los inversores extranjeros no habían dejado de incrementar de forma sostenida mes a mes su cartera de deuda pública española, permitiendo así al Tesoro avanzar en su estrategia de financiación y reducir sus previsiones de emisiones netas, que inicialmente fueron 65.000 millones de euros, posteriormente 59.000 y finalmente 55.000.

Hasta el mes de junio de 2014 la deuda del conjunto de las Administraciones Públicas se había elevado por primera vez por encima del billón de euros (concretamente 1.007.319 millones de euros), lo que representaba alrededor de un 98,4% del PIB[403]. Respecto al mismo mes del ejercicio 2013 el aumento producido era de 63.447 millones de euros, lo que suponía un incremento del 6,7%. De esta forma, el endeudamiento rozaba el 100% del PIB. Tras elevarse en 10.336 millones desde el mes de mayo de 2014 (lo que representaba un incremento del 1,03%) del total de la deuda de las Administraciones en el primer semestre del citado ejercicio 729.331 se correspondían a valores a medio y largo plazo, 74.652 millones a valores a corto plazo y 203.336 millones a créditos no comerciales, así como emisión de moneda y caja general de depósitos[404]. A resultas de lo anterior la deuda pública española se había triplicado desde el inicio de la crisis financiera en el verano de 2007, pasando de suponer un 36,3% del PIB en 2007 a rozar el 100%. A ello contribuía además la situación de baja inflación existente en el seno de la Eurozona, máxime si se tiene presente que la *ratio* entre PIB

[403] Fuente: Banco de España, www.bde.es (consultada el 14 de agosto de 2014). Recuérdese que, tal y como hemos tenido ocasión de analizar, con motivo de los anteriores datos desagregados por Administraciones correspondientes al primer trimestre de 2014 la mayor parte de la deuda correspondía al Estado (un 84,5% del PIB), seguido por las Comunidades Autónomas (21,7% del PIB) y los Ayuntamientos (4 % del PIB).

[404] Concretamente el grueso de la deuda se situaba en valores a medio y largo plazo, que suponían más de dos tercios de la deuda total. En junio de 2014 dichos préstamos habían sumado un incremento del 1,31% respecto al mes anterior y un aumento del 11,3% frente a junio del ejercicio 2013. Sin embargo, la deuda pública a través de valores a corto plazo se había reducido en 1.348 millones de euros, al pasar de 76.000 millones en mayo a 74.652 millones en junio de 2014, lo que representaba un descenso del 1,77%. Y, respecto al mismo mes del ejercicio 2013, los valores a corto plazo en manos de las Administraciones Públicas se habían visto reducidos un 10%.

y deuda se mide en función del PIB nominal y la deuda pesa más cuanto menos sube el precio de la vida.

Durante el citado mes de julio de 2014 la deuda pública española en manos de inversores extranjeros superó además por vez primera los 320.000 millones de euros, marcando un nuevo récord histórico. Concretamente los 320.887 millones de euros de deuda del Estado español acumulados al cierre de julio de 2014 por los inversores no residentes suponían el 45,04% del total, aún lejos del máximo porcentaje alcanzado al cierre del ejercicio 2010, que llegó a ser un 54,8 %. Sin embargo, en términos absolutos, la cifra era la mayor desde 2001 y suponía un aumento del 7,6% hasta el segundo semestre de 2014 y del 28,2 % en los últimos doce meses.

Dada esta situación de endeudamiento excesivo por parte de las Administraciones Públicas resultaba necesario el desarrollo de un proceso de desendeudamiento difícil de acometer, debido a que la eventual contracción de la demanda interna que habría de producirse podría terminar conduciendo a la economía hacia un período de bajo crecimiento susceptible de prolongarse en el tiempo.

A la finalización del segundo semestre de 2014 la deuda del conjunto de las Administraciones Públicas volvía a alcanzar un nuevo récord al sumar un total de 1.012.643 millones de euros, lo que suponía el 98,9% del PIB y un incremento del 1,6% en relación con el trimestre anterior[405], aproximándose al objetivo previsto para el conjunto del ejercicio del 99,5% del PIB. Concretamente la deuda del Estado se situaba en 885.232 millones de euros, lo que representaba ya el 86,4% del PIB y un aumento del 2,2% respecto al primer trimestre del ejercicio 2014, mientras que el endeudamiento de las Comunidades Autónomas repuntó hasta los 228.234 millones de euros, un 1,4% más que entre enero y marzo de 2014. Por su parte las Corporaciones Locales se mantuvieron prácticamente estables en el segundo trimestre de 2014, con una deuda de 41.994 millones de euros (el 4,1% del PIB).[406]

---

[405] Fuente: Banco de España, www.bde.es (consultada el 12 de septiembre de 2014).

[406] Debe precisarse a este respecto que, durante el segundo semestre de 2014, las cifras de deuda pública se vieron afectadas por un cambio metodológico, al ser de aplicación por primera vez los criterios del SEC 2010, nuevo sistema europeo de cuentas en vigor desde el 1 de septiembre de 2014. Dicha metodología, a través de la cual se actualizó el conjunto de la serie histórica, contribuyó a elevar la cifra de deuda en 6.000 millones de euros. Con carácter adicional a resultas de dicho cambio de criterio diversas unidades públicas pasaron a clasificarse dentro del sector de las Administraciones Públicas, lo que afectó a la composición

Como contrapartida, durante el mes de julio de 2014 la deuda del conjunto de las Administraciones Públicas bajó en un total de 6.929 millones de euros con respecto al mes de junio del citado ejercicio hasta los 1.005.714 millones de euros[407]. Concretamente el endeudamiento público bajó un 0,68% en tasa mensual en el séptimo mes del ejercicio 2014, mientras que respecto al mismo periodo del año anterior registró un incremento del 5,3%, con un incremento de 51.400 millones de euros. En todo caso, a pesar de esta disminución, el porcentaje de deuda pública continuaba acercándose al objetivo cifrado para 2014, situado en el 99,5% del PIB.

Ciertamente se ha de reconocer que la reducción del coste de financiación de la deuda pública seguía una línea creciente. Sin embargo simultáneamente avanzaba el peso que adquiría el pago de intereses en relación al Presupuesto. Por otra parte destacaba notablemente el hecho de que la situación de déficit público existente se dedicase esencialmente al mantenimiento del gasto corriente.

Desde nuestro punto de vista, a medida que fuese venciendo la deuda actual, el Tesoro tendría que emitir nueva deuda a los tipos existentes en cada momento, de manera que nos hallaremos en presencia de una situación en la que la apelación al mercado será constante, teniendo que pagar en cada

---

de la Administración Central, las Comunidades Autónomas y las Corporaciones Locales . Igualmente dicho cambio afectó al ratio deuda/PIB y lo incrementó en medio punto. Este cambio metodológico experimentado se refería por tanto a la inclusión entre la deuda global del pasivo de muchas unidades que no computaban anteriormente porque cumplían la regla por la cual cubrían el 50% o más del 50% de sus gastos con sus ventas. De acuerdo con el mismo se tomaría la ratio ventas/costes como factor para discriminar las unidades públicas que estuviesen o no incluidas en el cómputo de la deuda pública, entendiéndose que si es el resultado de la citada ratio fuese mayor del 50% el operador funcionaría como uno de mercado. Con carácter adicional entre los gastos se incluían los financieros (préstamos o intereses). La inclusión de dichas unidades impulsó al alza la deuda en términos absolutos. En este sentido, y de acuerdo con los datos facilitados por el Banco de España, de los 16.371 millones de euros en los que se había incrementado la deuda el supervisor cifraba en 6.000 millones de euros (un 37%) el incremento producido como consecuencia de la ampliación en el número de empresas públicas obligadas a computar su deuda. En todo caso con fecha 25 de septiembre de 2014 se dispuso que el INE, en virtud de un Reglamento de la Comisión Europea y las recomendaciones de Eurostat, procediera a actualizar la metodología para calcular el PIB, publicando la actualización de la serie completa de la contabilidad nacional desde 1995 hasta 2013, en cumplimiento de la nueva normativa aprobada para los 28 países de la UE. De este modo los gastos militares y en I+D+i se contabilizarían como inversión en vez de como consumo intermedio, así como las actividades ilegales.

[407] Fuente: Banco de España, www.bde.es (consultada el 17 de septiembre de 2014).

momento el nivel de tipos de interés exigido por los inversores. Por otra parte cuando los tipos de interés dejaran de estar tan bajos y se normalizase el coste del servicio de la deuda, la existencia de un pasivo superior al 100% del PIB implicaría que los intereses se "comerían" buena parte del crecimiento económico. Tal y como ha señalado SÁNCHEZ-QUIÑONES[408] *"La caída continuada de los tipos de interés de emisión de la deuda de los últimos años camufla un grave riesgo de refinanciación"*.

Apenas un mes después, durante el mes de agosto de 2014, la deuda del conjunto de las Administraciones Públicas alcanzaba la cifra de 1.010.028 millones de euros, lo que significaba un nuevo récord que equivalía al 96,1% del PIB, quedándose 1,5 puntos por debajo del límite fijado para todo el ejercicio (97,6%)[409]. Concretamente, y de acuerdo con los datos desagregados facilitados por el Banco de España, la deuda pública creció en 3.685 millones de euros en agosto respecto a julio de 2014, un mes en el que, como se ha señalado, el endeudamiento se había reducido. Así las cosas del total de la deuda de las Administraciones Públicas en los ocho primeros meses del ejercicio 2014 733.324 millones de euros correspondían a valores a medio y largo plazo, mientras que 72.271 millones de euros procedían de valores a corto plazo y un total de 204.433 millones de euros derivaban de créditos no comerciales, así como de emisión de moneda y caja general de depósitos. Con carácter general la mayor parte de la deuda correspondía al Estado (un 86,4 % del PIB), seguido por las Comunidades Autónomas (22,3 % del PIB) y los Ayuntamientos (4,1 % del PIB).

---

[408] SÁNCHEZ-QUIÑONES, J., "Los tipos anestesian el Presupuesto", *Diario El Confidencial,* www.elconfidencial.com (consultada el 30 de septiembre de 2014); añade asimismo este autor al respecto que *"La permanencia de los bajos tipos de financiación actuales escapa del control de las autoridades nacionales. Su actuación es condición necesaria, pero no suficiente. Los tipos dependen, en gran medida, de la actuación el BCE. Ahora toca inyectar liquidez y mantener los tipos bajos, pero esta situación no será permanente"*.

[409] Fuente: www.bde.es, consultada el 17 de octubre de 2014. Debe precisarse al respecto que estos datos ofrecidos por el supervisor nacional tomaban ya en consideración la nueva metodología del Instituto Nacional de Estadística que toma como base el año 2010, introduciéndose elementos de cálculo como un nuevo cómputo de la I+D+i al que anteriormente se ha hecho referencia y actividades ilegales como drogas y prostitución, lo que contribuía a elevar el PIB y a reducir el porcentaje de deuda respecto al mismo. Así las cosas al amparo de estos nuevos criterios se había reducido igualmente el porcentaje de deuda respecto al PIB previsto por el Ejecutivo, el cual había pasado del 99,5 % a 97,6%.

Durante el mes de septiembre de 2014 la deuda del conjunto de las Administraciones Públicas se situó en 1,02 billones de euros, lo que suponía un aumento del 1% en comparación con el mes precedente, colocándose así en el 97,1% del PIB y quedándose cinco décimas por debajo del límite para todo el ejercicio (97,6%). Con carácter general se había producido un incremento de 10.513 millones de euros, recuperándose nuevamente la senda alcista y situándose por quinto mes consecutivo por encima de la cifra del billón de euros[410]. Dichos datos tomaban en consideración la nueva metodología del Instituto Nacional de Estadística en virtud de la cual, partiendo de los datos correspondientes al ejercicio 2010, se introdujeron elementos de cálculo tales como un nuevo cómputo de la I+D+i y actividades ilegales como drogas y prostitución, lo que condujo como es sabido a una elevación del PIB y a una reducción del porcentaje de deuda respecto al mismo.[411]

De cara al devenir de la tasa de endeudamiento durante el ejercicio 2015 cabía esperar que resultasen especialmente altas las refinanciaciones que hubieran de afrontarse, ya que se preveía que los vencimientos superasen los 200.000 millones de euros incluidos los 31.200 millones de euros que habría que abonar en concepto de intereses fruto de la elevada emisión de deuda a corto plazo que, como ya hemos tenido ocasión de analizar, se produjo en el año 2012, durante el punto álgido de la crisis de deuda soberana, en el que las rentabilidades descendieron a costa de recortar la vida media de la deuda.

A ello había que sumar además por otra parte el dato de que el Estado español contaba con un total de 382.000 millones de deuda pública (el 38,2% del PIB en 2013) que no computaba según el Protocolo de Déficit Excesivo (PDE) establecido por la Comisión Europea (no penalizando en consecuencia de cara a la rendición de cuentas anuales ante la Comisión)

[410] En este sentido, y frente al ejercicio precedente, la deuda pública había subido en 59.438 millones de euros, es decir, un 6,2%, ya que en septiembre de 2013 la cuantía era de 961.242 millones de euros. De los 1,02 billones de euros de deuda, 741.029 millones correspondían a valores a medio y largo plazo, 205.574 millones eran créditos no comerciales y 74.078 millones de euros valores a corto plazo. En definitiva, España había incrementado su deuda pública en otros 10.513 millones de euros en septiembre de 2014, con lo que situaba su pasivo en la cifra de 1,020 billones de euros, equivalente al 97,1% del PIB. Tras dicho aumento de septiembre de 2014 la deuda del conjunto de las Administraciones Públicas quedaba a tan sólo cinco décimas del objetivo marcado por el Gobierno para todo el ejercicio 2014, situado en el 97,6% del PIB (Fuente: Banco de España, www.bde.es, consultada el 14 de noviembre de 2014).

[411] Precisamente a resultas de la introducción de dichos cambios el PIB se elevaba en 26.193 millones de euros en el ejercicio 2013 sumando un total de 1,049 billones de euros.

pero que, procediendo básicamente de entidades y agencias del Sector público financiadas principalmente por sus propias ventas, figuraba en todo caso en el Debe del balance estatal, y que venía a triplicar el pasivo excluido del PDE que la Administración española registraba en 2007 (el 11,7% del PIB)[412]. A resultas de lo anterior sumando la deuda computada a efectos del Protocolo de Déficit Excesivo[413] con la no computada a dichos efectos en 2013 el pasivo global del conjunto de las Administraciones Públicas alcanzaba el 132,1% del PIB (unos 1,32 billones de euros).

A la finalización del tercer trimestre de 2014 la deuda del conjunto de las Administraciones Públicas había crecido el 6,13%, alcanzando una cifra record de 1,020 billones de euros, lo que equivalía al 96,8% del PIB. Concretamente la deuda de la Administración Central se había incrementado el 7% (hasta un total de 891.936 millones, equivalentes al 84,6% del PIB[414]), mientras que la correspondiente a las Comunidades Autónomas aumentó el 16,15% (hasta 232.009 millones, equivalentes al 22 % del PIB), bajando la de los Ayuntamientos al 6,7% (hasta 40.781 millones, equivalentes al 3,9 % del PIB)[415]. Finalmente la deuda de la Seguridad Social se situaba en 17.200 millones de euros, cifra ligeramente superior a la correspondiente al tercer trimestre del ejercicio 2013, que era de 17.190 millones de euros, lo que presentaba el 1,6% del PIB. [416]

A resultas de estos nuevos datos podía extraerse la conclusión de que el endeudamiento del conjunto de las Administraciones Públicas se había visto incrementado en un 6,1% en los últimos doce meses, ya que el por-

---

[412] Fuente: *Diario El Economista,* www.eleconomista.es (consultada el 8 de diciembre de 2014).

[413] En el caso específico de dicha deuda (esto es, la incluida dentro del criterio contable del PDE) se ha de recordar que el total del pasivo se había elevado hasta el 93,9% del PIB en 2013, lo que representaba un incremento de más de 32 puntos porcentuales desde 2010.

[414] Dicho volumen total de deuda representaba además un aumento del 0,75% respecto al segundo trimestre de 2014.

[415] Por lo que a los Entes Locales se refiere dicha cifra total de deuda representaba un 5,4% menos que la existente a la finalización del tercer trimestre del ejercicio anterior y un 2,88% menos que en el tercer trimestre del ejercicio 2014.

Del total de 40.781 millones de euros 33.455 millones correspondían a ayuntamientos y 7.003 millones a Diputaciones de Régimen Común, Diputaciones Forales y Consejos y Cabildos insulares.

[416] Fuente: Banco de España, www.bde.es (consultada el 12 de diciembre de 2014).

centaje de aumento a la finalización del tercer trimestre de 2013 se situaba en el 16,6%.[417]

En todo caso, una vez finalizado el ejercicio 2014 el Tesoro había logrado financiarse al menor coste de su historia, con un tipo de interés medio del 1,52%, situándose el interés del bono a 10 años ligeramente por encima del 1,6%. En efecto, el coste medio de la emisión de deuda había descendido al 1,52%, mientras que el coste medio de la deuda en circulación se moderó al 3,48%. Se produjo así una importante rebaja a pesar del alargamiento de la vida media de la deuda en circulación, desde los 6,20 hasta los 6,28 años.

A nivel comunitario ya a la finalización del segundo trimestre de 2014 Italia registraba un pasivo del 133,8% del PIB, mientras que Portugal debía el 129,4% de su riqueza nacional y el endeudamiento de Irlanda ascendía al 116,7% de su PIB. A ello había que sumar el dato de que, hasta el mes de marzo de 2014, la deuda pública de Chipre alcanzaba el 112,2% del PIB y la de Bélgica el 105,1%. En el caso específico de España, como ya se ha señalado, las previsiones existentes se concretaban en alcanzar un porcentaje próximo al 100,3% a la finalización del ejercicio 2015 y del 101,5% del PIB al término del 2016[418]. Y, en el caso concreto de Francia, la *ratio* de su

[417] A pesar de ello el endeudamiento público bajó un 0,32% en la tasa mensual correspondiente al mes de octubre de 2014, mientras que respecto al mismo periodo del año anterior registró un incremento del 6,17%, con 59.129 millones de euros más. Concretamente la deuda del sector público bajó en octubre de 2014 después del incremento de los dos meses previos, alejándose así del objetivo para todo 2014, que se situaba en el 97,6% del PIB. El grueso de la deuda en manos de las Administraciones Públicas se encontraba en valores a medio y largo plazo, que suponen más de dos tercios de la deuda total. En octubre de 2014 estos préstamos sumaron un total de 736.145 millones de euros, lo que representaba una caída del 0,65% respecto al mes anterior, pero un incremento del 11,2% frente a octubre del ejercicio 2013. En cambio la deuda pública a través de valores a corto plazo aumentó en 681 millones de euros, al pasar de 74.078 millones en septiembre de 2014 a 74.759 millones en octubre del citado ejercicio, lo que representaba un aumento del 0,92%. Respecto al mismo mes del año anterior, los valores a corto plazo en manos de las Administraciones Públicas se habían reducido un 13,5%. Por su parte, los créditos no comerciales y el resto sumaron 206.065 millones de euros en octubre de 2014, lo que suponía un aumento del 0,45% respecto al mes anterior, pero una caída del 1,6% frente a octubre del ejercicio precedente (Fuente: Banco de España, www.bde.es, consultada el 17 de diciembre de 2014).

[418] Ello ha de interpretarse no obstante sin perjuicio de que, de acuerdo con las previsiones del Tesoro, el mantenimiento del saldo estructural en el 2017 asegurase la disminución de la *ratio* de deuda pública, suprimiéndose los impactos que sobre el endeudamiento público español tuvieron entre 2012 y 2014 los distintos Planes de Pago a Proveedores, así como la recapitalización bancaria o la dotación del Fondo de Liquidez Autonómica.

porcentaje de deuda en relación con el PIB se situaba en el 95,2% en junio de 2014, concretándose los pronósticos en un incremento hasta el 100% del PIB en 2015 debido al alza del déficit, así como a la nula inflación y al nimio crecimiento económico existente en el país galo.

Una vez finalizado el ejercicio 2014 España contaba con un pasivo de 1,034 billones de euros[419], lo que significaba un aumento del 7% respecto a la finalización del ejercicio 2013, cuando el lastre era de 966.181 millones de euros. De este modo nuestra *ratio* de deuda pública en relación con el PIB equivalía ya al cierre del citado ejercicio al 98,1%, esto es, el máximo nivel en más de un siglo[420]. A pesar de contar con unos costes de financiación bajos (concretamente los más bajos en toda la etapa del euro[421]) el volumen de deuda había crecido tanto que la factura total de los intereses había incrementado en unos 12.000 millones de euros desde 2011, hasta sumar más de 35.000 millones en los Presupuestos Generales del Estado para 2015.

Analizando la situación de manera desagregada la deuda del conjunto de las Administraciones Públicas había encadenado en diciembre de 2014 su segundo repunte consecutivo tras el de noviembre del citado ejercicio. El endeudamiento público aumentó un 1,06% en tasa mensual en el último mes del ejercicio 2014, mientras que respecto al mismo periodo del año anterior registró un incremento del 7%, con 67.777 millones de euros más. Así las cosas la deuda del conjunto de las Administraciones Públicas repuntó en 10.884 millones de euros en diciembre de 2014 y encadenó dos meses consecutivos de ascenso, después de que en octubre de 2014 se redujera en 3.267 millones, por tercera vez en el año.

Del total de la deuda de las Administraciones de 2014, 747.492 millones de euros correspondieron a valores a medio y largo plazo, lo que representaba más de dos tercios de la deuda total. En diciembre de 2014

---

[419] Fuente: Banco de España, www.bde.es (consultada el 17 de febrero de 2015).

[420] Concretamente la deuda del conjunto de las Administraciones Públicas subió en diciembre de 2014 en un total de 10.884 millones de euros con respecto a noviembre del citado año, hasta alcanzar un total de 1.033.958 millones de euros, lo que suponía el 98,10% del PIB, por encima del objetivo fijado en los Presupuestos Generales del Estado para el conjunto del año (97,6%).

[421] En este sentido el panorama existente era tan favorable que el Tesoro podía vender obligaciones a medio siglo y asegurarse una financiación a largo plazo con un coste inferior al tipo de interés medio que pagaba por la deuda en circulación, la cual incluía desde letras a tres meses hasta bonos a tres o cinco años y obligaciones a más largo plazo.

estos préstamos sumaron 747.492 millones de euros, lo que representaba un aumento del 0,97% respecto al mes anterior y un incremento del 10,3% frente a diciembre de 2013. Por su parte la deuda pública resultante de la emisión de valores a corto plazo aumentó en 583 millones de euros, al pasar de 77.028 millones en noviembre de 2014 a 77.611 millones al cierre del citado ejercicio, lo que representaba una subida del 0,7%. No obstante, en términos interanuales, los valores a corto plazo en manos de las Administraciones Públicas se redujeron un 11,9%. Por su parte los créditos no comerciales y el resto sumaron un total de 208.854 millones de euros en diciembre de 2014, lo que supuso un aumento del 1,5% respecto al mes anterior y un repunte del 4,2% frente a diciembre de 2013.

En todo caso desde el año 2008 la deuda de España no había dejado de crecer ejercicio tras ejercicio, habiendo llegado a triplicarse al pasar de los 436.984 millones de euros (el 40% del PIB) a los 1.033.958 millones a cierre de 2014 (el 98,1%). Así, el pasivo de las Administraciones Públicas creció en 220 millones diarios en 2010, 258 en 2011, 404 en 2012 y 205 en 2013. El hecho de que se lograra el máximo en 2012 y el mínimo en 2014 constituía un reflejo de la evolución de la prima de riesgo y del peso que los intereses de la deuda tienen sobre el conjunto del pasivo. Dada esta situación se hacía necesario rebajar dichos *ratios,* lo cual requeriría, a nuestro juicio, continuar con el ajuste de gasto público, avanzar en la recuperación económica con tasas de crecimiento constantes y sostenidas y un entorno de estabilidad que lograra mantener el bono español en niveles aceptables.

En resumen, la deuda del conjunto de las Administraciones Públicas se situó a finales de 2014 en 1,033 billones de euros[422], cifra que representaba

[422] Fuente: Banco de España, www.bde.es (consultada el 13 de marzo de 2015). Debe precisarse no obstante que, de acuerdo con los datos posteriores facilitados por el Banco de España (Fuente: Banco de España, www.bde.es, consultada el 17 de abril de 2015) la deuda pública española cerró el ejercicio 2014 por encima del billón y medio de euros (1.525.656 millones de euros). Dicha cifra incluía todas las cuantías que la Comisión Europea había descontado de la cifra oficial, como la deuda de las empresas semipúblicas y otros ajustes tales como determinados avales y préstamos de la Administración. De este modo la nueva cifra elevaba en 491.799 millones de euros la cifra precedente que, como se ha señalado, era de 1,033 billones (el 97,7% del PIB). En porcentaje del PIB, la deuda pública a la conclusión del ejercicio 2014 ascendía pues al 144,1%, lo que suponía 46,4 puntos más que la cifra oficial y 14,6 puntos más que al cierre del ejercicio 2013. Por Administraciones Públicas la Administraciones Públicas la Administración Central tenía una deuda real equivalente al 110,4% del PIB, frente al 84,6% anteriormente publicado. Así las cosas entre la llamada deuda en A y la cifra oficial

el 97,67% del PIB. Dicha deuda pública creció en 67.687 millones de euros en 2014, lo que representaba un 7% más que el año anterior. Se trataba no obstante del menor incremento anual desde el 14,6% en 2008 hasta el 8,4% en 2013. Téngase presente que el crecimiento de la *ratio* deuda/PIB en los tres años anteriores había sido de 28,5 puntos, también con un perfil descendente (15,3 puntos en 2012, 7,7 en 2013 y 5,6 en 2014). De acuerdo con la desagregación de datos existente la deuda de la Administración central sumaba en 2014 782.422 millones de euros (equivalente al 73,9 % del PIB), mientras que la de las Comunidades Autónomas había sido de 236.747 millones de euros (el 22,4 % del PIB) y la de las Corporaciones Locales de 38.363 millones de euros (el 3,6 % del PIB). Estos últimos datos reflejaban además que la deuda de las CC.AA. fue la que más creció, al aumentar el 12,87% en 2014, frente a la del Estado, que creció el 4,53%. Por otra parte el ejercicio 2014 se cerraba con un coste medio de emisión del 1,52%, casi un punto por debajo del cierre de 2013.

Sin lugar a dudas la razón de ser de esta situación de contención (se había producido un menor incremento de la ratio deuda/PIB en 2014) venía motivada por el consabido abaratamiento alcanzado en los costes de emisión de la deuda pública, así como por la existencia de una mejora de las condiciones de financiación de la economía española.

5.D. Recapitulación

Con carácter general a lo largo del ejercicio 2014 la mejora de los mercados financieros permitió que el coste medio de emisión del Tesoro Público se situara en el 1,46%, aproximadamente 100 puntos básicos por debajo de la cifra de 2013, mientras que el diferencial entre la referencia española a

---

final había 25,8 puntos de diferencia (273.200 millones de euros). Por su parte las Comunidades Autónomas tenían créditos firmados por importe de 271.900 millones de euros, equivalentes al 25,7% del PIB, siendo en el presente caso la diferencia entre la cifra real y la oficial de 3,3 puntos del PIB (unos 35.000 millones de euros). Por último la deuda de las Entidades Locales ascendía, sin descuentos estadísticos, a 55.709 millones de euros, un 5,3% del PIB, siendo en este caso la diferencia existente respecto a la cifra publicada con anterioridad de 1,7 puntos del PIB. Del total de 1,04 billones de euros de deuda, 755.915 millones correspondían a valores a medio y largo plazo, 208.537 millones de euros respondían a créditos no comerciales y 76.299 millones de euros procedían de valores a corto plazo.

diez años y el correspondiente bono alemán se redujo en 114 puntos básicos, hasta alcanzar en diciembre un valor medio de 120 puntos[423].

La emisión bruta en 2014 fue similar a la de 2013, con 239.535,4 millones, mientras que la neta alcanzó un valor de 57.569,48 millones de euros, lo que representó un descenso del 18,1%. Dicha emisión neta negativa de letras hizo que la actividad se concentrara en bonos y obligaciones, con un papel importante de la obligación a 10 años, que permitió captar aproximadamente el 95% de la financiación neta. Así, la vida media de la deuda al finalizar 2014 se situó en 6,17 años, superior en más de 3 meses a la de 2013.

Dentro del ámbito del mercado primario en 2014 el Tesoro amplió el conjunto de instrumentos de financiación con la emisión de deuda a 5 y 10 años indexados a la inflación y de obligaciones a 50 años. En total se captaron 12.394,1 millones mediante obligaciones indexadas a la inflación, lo que supuso el 8,8% de las colocaciones realizadas a medio y largo plazo, una cifra importante teniendo en cuenta que este tipo de emisiones empezaron en 2014. La actividad en el mercado primario en el resto de líneas de corto o de medio y largo plazo estuvo marcada por diversos condicionantes específicos a cada una de ellas. En el corto plazo, la emisión de letras a tres y a seis meses se redujo notablemente por las menores necesidades de fondos con vencimiento a corto plazo. Por su parte en el largo plazo el vencimiento de obligaciones a 15 años y las favorables condiciones de financiación en plazos largos ponían de manifiesto un repunte interanual (41,9%) en la emisión bruta en dicho tramo, aunque insuficiente para neutralizar la amortización, por lo que la emisión neta volvió a ser negativa (5.051,0 millones), como ya lo fue en 2013. Respecto de las obligaciones a 30 años, lo más destacable fue la relativa estabilidad interanual en términos de colocaciones (5.662,9 millones). En el segmento de 3 años se consolidaba la actividad con las emisiones a dos años iniciadas en 2013, pero interrumpidas poco después. De cualquier manera el programa de emisión del Tesoro en 2014 se saldó con 105 subastas y 5 operaciones de sindicación. El número de subastas de letras celebradas ascendió a 48, frente a 57 para bonos y obligaciones, excluyendo las sindicaciones.

Dentro del mercado secundario la negociación alcanzó 17,2 billones, un 14,3% más que 2013. Dicho crecimiento se debió fundamentalmente al aumento del 27,8% en la contratación en el tramo de terceros, ya que la

[423] Fuente: Memoria del Mercado de Deuda Pública del Banco de España, www.bde.es (consultada el 25 de mayo de 2015).

realizada entre titulares solamente aumentó un 2,3%. No obstante, a pesar de dichas variaciones se mantuvo un reparto a partes casi iguales en la actividad, ya que el segmento de titulares representó el 47,5% de la contratación y la negociación con terceros acumuló el 52,5%.

En cuanto a los instrumentos, el grueso de la negociación durante 2014 correspondió a los bonos y obligaciones no segregados, que representaron el 85,7% del total, frente al 12% de las letras del Tesoro. Por tipo de operación, las operaciones simultáneas alcanzaron un 41,4%, mientras que la negociación al contado representó un 36,7% y la cuota de contratación en repo representó un 19,7%.

Por carteras de bonos y obligaciones, los inversores no residentes registraron la variación más importante al aumentar sus tenencias de deuda en 64.300 millones a lo largo de 2014 y alcanzar el 47,1% del total. También destacaron el aumento de 8.300 millones en las carteras de otras instituciones financieras y los descensos de 6.100 millones en las Administraciones Públicas y de 4.000 millones en las empresas no financieras. En letras, los cambios más significativos fueron las reducciones de las tenencias de las entidades de crédito y de las otras instituciones financieras, cifradas en 5.600 millones y 4.000 millones, respectivamente. En cambio, los no residentes fueron el grupo de mayor importancia cuantitativa, con una participación del 70,3%. Finalmente el saldo vivo de deuda de otros emisores se redujo durante 2014 en 5.193 millones por una emisión neta de 2.403 millones por parte de las Comunidades Autónomas y una amortización neta por importe de 7.596 millones realizada por el resto de emisores, resultante en su mayor parte de las amortizaciones llevadas a cabo por el FROB. La negociación de valores de otros emisores alcanzó un total de 36.000 millones de euros, lo que representó un 26% menos.

6. EL MERCADO DE DEUDA PÚBLICA ESPAÑOLA EN 2015 Y SUS PERSPECTIVAS DE FUTURO

6.A. Previsiones macroeconómicas recogidas en la Ley de Presupuestos Generales del Estado para 2015

Ya inicialmente el Proyecto de Ley de Presupuestos Generales del Estado para 2015 aprobado en Consejo de Ministros el 26 de septiembre de 2014 preveía que el servicio de la deuda resultase superior al gasto disponible del conjunto de los Departamentos Ministeriales[424]. En efecto, el pago de intereses alcanzaría en el citado ejercicio 2015 los 35.490 millones de euros, por encima de los 34.526 millones de los que dispondría el conjunto de la Administración Central. Y ello descontando de esta última cifra gastos tales como el de clases pasivas, las relaciones financieras con la Unión Europea o el presupuesto de los órganos constitucionales. No obstante la cifra resultaba inferior en un 3% (1.100 millones de euros) a la registrada en 2014. Así las cosas el Proyecto preveía una reducción de los intereses en un 5,2%, hasta alcanzar los 35.490 millones de euros, lo que representaba el 10,2% del gasto total. Esta cifra representaba más del doble de la que suponían los intereses de la deuda en 2008 (15.265 millones), cuando la deuda pública no suponía más del 34,3% del PIB.

Al amparo de estas previsiones recogidas en su día en el Proyecto de Ley de Presupuestos Generales del Estado para 2015 la deuda pública finalizaría el citado ejercicio rebasando el 100% del PIB, hasta situarse en el 100,3%, quedando cifrada en 242.765 millones de euros la necesidad de financiación neta y las amortizaciones del Tesoro Público para 2015, un 0,4% menos que en 2014. Las emisiones brutas del Tesoro bajarían el 0,46%, hasta los 242.765 millones de euros, si bien el Reino de España precisaría de casi 100 millones de euros al día para pagar los intereses de esa deuda. Prácticamente la totalidad de las emisiones brutas previstas volverían a concretarse en letras del Tesoro y en bonos y obligaciones del Estado. No obstante, y como alternativa, se contemplaba la posibilidad de realizar emisiones de otras deudas y divisas, si surgieran oportunidades de financiación en otros instrumentos o en mercados distintos al del euro.[425]

De acuerdo con las previsiones inicialmente recogidas en el Proyecto de Ley de Presupuestos Generales del Estado para 2015 el endeudamiento neto del Tesoro Público para 2015 ascendería aproximadamente a 47.000

---

424 Fuente: *Diario El Confidencial*, www.elconfidencial.com (consultada el 27 de septiembre de 2014).

425 Cabe recordar a este respecto que para el ejercicio 2014 el Ejecutivo había previsto que la *ratio* deuda pública sobre el PIB finalizase en el 97,6%, frente al 92,1% en 2013, estimando además que el menor incremento de la deuda en 2014 y 2015 vendría determinado por el proceso de consolidación fiscal de las Administraciones Públicas que habría de llevarse a cabo en estos dos ejercicios.

millones de euros[426]. Las letras aportarían financiación neta por importe de alrededor 3.000 millones y los bonos y obligaciones, así como el resto de deudas en euros y en divisas, aportarían la financiación neta necesaria para cubrir el resto.

Finalmente el Título V, "De las Operaciones Financieras", de la Ley 36/2014, de 26 de diciembre, de Presupuestos Generales del Estado para 2015, quedó estructurado en tres Capítulos, relativos, respectivamente, a deuda pública, avales públicos y otras garantías y relaciones del Estado con el Instituto de Crédito Oficial. El objeto fundamental de este Título fue autorizar la cuantía hasta la cual el Estado y los Organismos Públicos podrían realizar operaciones de endeudamiento. Dichas autorizaciones genéricas se completan además con la determinación de la información que han de suministrar los Organismos Públicos y el propio Gobierno sobre evolución de la deuda pública y las cuentas abiertas por el Tesoro en el Banco de España y otras entidades financieras.

Pues bien, en materia de deuda del Estado (y quedando referida la autorización a la cuantía del incremento del saldo vivo de la deuda del Estado a 31 de diciembre) de cara al ejercicio 2015 se autorizaba al Ministro de Economía y Competitividad para que incrementase la misma, con la limitación de que el saldo vivo de dicha deuda a 31 de diciembre del año 2015 no superara el correspondiente a 1 de enero de 2015 en más de 49.503.001,95 miles de euros, permitiéndose no obstante que dicho límite fuese sobrepasado durante el curso del ejercicio previa autorización del citado Ministerio

[426] En efecto, durante el ejercicio 2015 la previsión existente era que el Estado español se endeudase en 47.000 millones de euros para hacer frente a sus necesidades de financiación y cubrir así el déficit público. El Tesoro necesitaría captar –a unos tipos de interés extraordinariamente bajos– un total de 242.765 millones de euros, lo que supondría casi la cuarta parte del Producto Interior Bruto. Como consecuencia de ello la *ratio* deuda/pública había crecido ya hasta el 100,3% del PIB a finales de 2014. Tal y como se afirmaba en el Informe Económico y Financiero que acompañaba al Proyecto de Ley Presupuestos Generales de 2015, la consecuencia de esta evolución era que la *ratio* de los intereses de la Deuda del Estado sobre el PIB experimentaría un leve incremento, estimándose, en términos presupuestarios, que los pagos por intereses de la Deuda del Estado en 2015 alcanzarían 35.490 millones de euros, lo que representaba un 3,25% del PIB. Pese a ello, y debido a los menores tipos de interés que tendría que pagar el Tesoro debido a la liquidez que proporcionaría el BCE de acuerdo con las nuevas medidas de estímulo lanzadas en septiembre de 2014, el presupuesto de gastos financieros caería un 3%.

de Economía y Competitividad y estableciéndose en todo caso los supuestos en los que quedaría automáticamente revisado.

Respecto de la deuda de los Organismos Públicos se determinó el importe autorizado a cada uno de ellos para el ejercicio en el Anexo III de la citada Ley de Presupuestos, fijándose un límite de la cuantía de los recursos ajenos del Fondo de Reestructuración Ordenada Bancaria correspondientes al ejercicio 2015 por importe de 17.891.000 miles de euros.

Dentro del Capítulo II del Título V, relativo a los "Avales Públicos y Otras Garantías", se fijaba el límite total de los avales a prestar por el Estado y los Organismos Públicos, el cual no podría exceder de 3.500.000 miles de euros. Asimismo se incluía la autorización de avales públicos destinados a garantizar valores de renta fija emitidos por Fondos de Titulización de Activos orientados a mejorar la financiación de la actividad productiva empresarial, fijándose a tal efecto una cuantía máxima durante el ejercicio 2015 de 3.000.000 miles de euros y estableciéndose igualmente la cuantía máxima del importe vivo acumulado a 31 de diciembre de 2015, que no podría exceder de 7.600.000 miles de euros.

Por lo que respecta a los avales a prestar por las entidades públicas empresariales y sociedades mercantiles estatales, la autorización recogida al efecto quedaba circunscrita a la Sociedad Estatal de Participaciones Industriales, que podría otorgarlos a las sociedades mercantiles en cuyo capital participase hasta un límite máximo de 1.210.000 miles de euros.

Las relaciones del Estado con el Instituto de Crédito Oficial quedaron recogidas en el Capítulo III del Título V, dentro del cual se regulaba, en primer término, la dotación del llamado Fondo para la Promoción del Desarrollo (FONPRODE), la cual ascendía en 2015 a un total de 235.230 miles de euros. No obstante, y al margen de esta dotación anual, se fijaba también el volumen de las operaciones que el Consejo de Ministros podría autorizar durante el ejercicio con cargo a dicho Fondo, el cual para el ejercicio 2015 quedaba establecido en 375.000 miles de euros, previéndose a tal efecto que únicamente pudieran autorizarse con cargo al FONPRODE operaciones de carácter reembolsable, salvo las excepciones establecidas en la propia Ley[427].

---

427 Con carácter adicional se estableció la dotación al Fondo de Cooperación para Agua y Saneamiento, la cual ascendía para el año 2015 a 15.000 miles de euros, fijándose además en

En consecuencia de la suma de la necesidad de endeudamiento neto y las amortizaciones resultaban unas emisiones brutas del Tesoro Público en 2015 de alrededor de 242.765 millones de euros. La deuda del Estado en circulación (esto es, aquella que no tiene en cuenta la de las Comunidades Autónomas ni otras Administraciones del sector público) sería de 887.600 millones, frente a los 840.300 de 2014: un alza del 5,6%. De este modo el endeudamiento neto (importe destinado a financiar el déficit público, una vez descontado la amortización de vencimientos) del Tesoro Público ascendería aproximadamente a 47.000 millones de euros en 2015. Las letras del Tesoro aportarían financiación neta por importe de alrededor de 3.000 millones y los bonos y obligaciones del Estado así como el resto de deudas en euros y en divisas aportarían la financiación neta positiva necesaria para cubrir el resto de las necesidades de financiación.

Este menor incremento en la *ratio* deuda respecto al PIB en 2014 y 2015 venía determinado por la intensa consolidación fiscal de las Administraciones que se llevaría a cabo en estos dos ejercicios así como porque, a diferencia de lo ocurrido entre 2010 y 2013, dicha *ratio* no habría de verse afectada por el impacto de instrumentos tales como el Fondo de Amortización del Déficit Eléctrico, el Fondo para la Financiación de los Pagos a Proveedores, los programas de asistencia financiera a Grecia, Portugal e Irlanda y el préstamo para la recapitalización del sistema financiero.

Por tanto inicialmente durante el ejercicio presupuestario 2015 el Tesoro Público realizaría emisiones brutas por importe de 242.765 millones de euros, aproximadamente un 0,4% menos que lo previsto para 2014, con la finalidad de cubrir sus necesidades de endeudamiento neto y las amortizaciones pendientes[428]. La deuda neta ascendería a 47.000 millones de euros, de los cuales unos 3.000 millones procederían de letras del Tesoro, en tanto que bonos y obligaciones cubrirían las restantes necesidades de financiación. El gasto por el pago de intereses de la deuda caería un 3% en

238.087,60 miles de euros la dotación para el Fondo para la Internacionalización de la Empresa (FIEM). Por último fueron objeto de regulación los reembolsos del Estado al Instituto de Crédito Oficial y se estableció para 2015 la prohibición de realizar operaciones de adquisición de acciones y participaciones de Organismos Financieros Multilaterales o de aportaciones a fondos constituidos en los mismos con impacto en el déficit público.

[428] Téngase presente a este respecto que, de cara a fijar el objetivo de emisión, el Tesoro computa solo la deuda a medio y largo plazo y no las letras, ya que va cubriendo este tipo de títulos a su vencimiento.

este ejercicio, hasta 35.490 millones de euros. Por su parte el importe de vencimientos previsto para 2015 se situaba en el entorno de los 160.000 millones de euros.

Por otra parte durante el ejercicio 2015 el Tesoro debía proceder a refinanciar más de 177.000 millones de euros, esto es, un 17% del PIB. Y ello a resultas de los graves problemas que el Estado español tuvo que afrontar en 2011 y 2012 para obtener financiación y que obligaron a centrar el calendario de emisiones básicamente en el corto plazo. A mayor abundamiento las previsiones existentes apuntaban a que los compromisos se mantuvieran altos igualmente durante el 2016, ya que en este último ejercicio el conjunto de vencimientos existentes superarían los 100.000 millones de euros, si bien a dicha cifra habría que añadir la correspondiente al conjunto de emisiones realizadas durante 2015.

No obstante finalmente, y al amparo de lo establecido en la Orden ECC/4/2015, de 13 de enero, por la que se dispone la creación de Deuda del Estado durante el año 2015 y enero de 2016[429], se cifró en un total de 239.000 millones de euros el total de deuda pública (bonos, letras y obligaciones) a emitir en 2015, lo que representaba una media de 650 millones diarios y un ligero descenso respecto a los 241.333 millones de euros colocados en 2014[430]. Si a dicho montante se le restaba la cantidad destinada a cubrir los vencimientos las deudas existentes, la emisión de deuda neta se mantenía no obstante en el mismo nivel de 2014, unos 55.000 millones de euros, cifra superior a los 47.000 millones de euros recogidos inicialmente en la Ley de Presupuestos Generales del Estado para 2015. Los 8.000 millones de euros de diferencia existentes se justificaban por la necesidad de

[429] Con carácter general esta Orden del Ministerio de Economía procedió a incorporar el contenido fundamental de la Orden ECC/1/2014, de 2 de enero, por la que se disponía la creación de Deuda del Estado durante el año 2014 y enero de 2015 y se recogían las Cláusulas de Acción Colectiva normalizadas si bien, a diferencia de lo que sucedió en esta última Orden, no se incorporó un Anexo que contuviera las Cláusulas de Acción Colectiva normalizadas. Como contrapartida fue objeto de modificación la tradicional Disposición Derogatoria Única que dejaba sin vigor la orden del año precedente, manteniendo la forma y vigencia de las Cláusulas de Acción Colectiva normalizadas.

[430] De estos 239.369 millones de euros a solicitar en 2015, casi el 60% correspondería a bonos y obligaciones, que proporcionarían 141.996 millones de euros. Los 97.323 millones de euros restantes procederían de la venta de letras. En cuanto a las cifras netas, 50.000 millones de euros procederían de la deuda a medio y largo plazo y 5.000 millones de euros de deuda a corto plazo.

asumir los requerimientos de financiación de las Comunidades Autónomas y los préstamos bancarios de Comunidades y Ayuntamientos, en cumplimiento de lo establecido en el Real Decreto-Ley 17/2014[431].

En todo caso la emisión de deuda a medio y largo plazo sería inferior en 2015, tanto en términos brutos (al pasar de 142.230 a 141.996 millones de euros) como en netos (de 66.054 a 50.000 millones de euros), mientras que en el corto plazo, es decir, en letras, aumentaría en términos netos con relación al ejercicio 2014, al pasar de un saldo negativo de 10.413 millones de euros (resultante de la diferencia existente entre las letras que vencieron y las que se emitieron) a uno positivo de 5.000 millones de euros.

Téngase presente a este respecto que, tal y como tendremos ocasión de analizar con mayor profundidad en el Capítulo de la presente obra dedicado a la evolución de la deuda autonómica, durante el ejercicio 2015 el Tesoro Público tenía previsto asumir un papel esencial en la financiación de las entidades territoriales y, muy especialmente, en el caso de determinadas Comunidades Autónomas, a saber, aquellas que se hallaban adheridas al Fondo de Liquidez Autonómico (FLA). Concretamente del total de 55.000 millones de euros previstos en emisiones netas durante el ejercicio 2015 el Tesoro debía proporcionar hasta 39.869 millones de euros, es decir, el 72% de dicha cantidad, a Autonomías y Ayuntamientos a través de los nuevos mecanismos creados para aliviar la carga de la deuda regional y facilitar también liquidez a las Entidades Locales para otro tipo de políticas a través del llamado Fondo de Ordenación, destinado a las más endeudadas, y del Fondo de Impulso Económico, para inversiones sostenibles.

De este modo de cara al ejercicio 2015 el Tesoro Público había fijado como principal objetivo una emisión neta de 55.000 millones de euros. De dicha cantidad, algo más del 72% iría a parar a las Comunidades Autónomas y a las Entidades Locales, es decir, 39.869 millones de euros en total. De conformidad con las previsiones iniciales efectuadas por el Ministerio de Hacienda, ello se traduciría en la consecución de un ahorro

---

[431] En este sentido, y según datos del Banco de España facilitados a septiembre de 2014, el volumen total de préstamos de las instituciones financieras residentes con las Comunidades Autónomas ascendía a 56.343 millones de euros. De esta cuantía, un 62% correspondía a Gobiernos adheridos al Fondo de Liquidez Autonómico, destacando especialmente las Comunidades de Cataluña, Valencia y Andalucía, con importes de 12.529 millones, 7.339 millones y 5.514 millones de euros, respectivamente.

global de intereses de cerca de 350 millones de euros para el conjunto de las Administraciones Públicas. Concretamente a resultas de la rebaja de intereses a cero en la deuda asociada al Fondo de Liquidez Autonómico de 2012, 2013, 2014 y teniendo igualmente presente la aplicación del Plan de Proveedores a las Comunidades incumplidoras y la posibilidad de articular aplazamientos de la devolución de la liquidación de 2013 y la supresión de las correspondientes a los ejercicios 2008 y 2009 respecto de las CC.AA. cumplidoras el conjunto de los Entes Regionales podría llegar a ahorrar un total de 5.811 millones de euros. De dicha cantidad 1.625 millones de euros corresponderían a los ahorros que supondría, solamente en 2015, la eliminación por completo los intereses.

Asimismo las previsiones del Tesoro para 2015 pasaban por realizar al menos una subasta de títulos por trimestre referenciados al IPC (títulos de deuda vinculados a las expectativas de inflación de medio y largo plazo), previsiblemente en la primera colocación de cada mes y en nuevas referencias a 10, 15 y 30 años, con la finalidad de otorgar una mayor liquidez a las emisiones en circulación. Con carácter adicional se reservaba la opción de celebrar nuevas emisiones en dólares o en otras divisas distintas al euro, así como colocaciones privadas a través del grupo de creadores de mercado.

Por otra parte durante el ejercicio 2015 el Tesoro afrontaba vencimientos por un importe de 169.100 millones de euros, incluyendo las letras, cifra finalmente superior a los 155.000 millones de euros de vencimientos totales que estimaba inicialmente el propio Tesoro a finales del mes de octubre de 2014. Estos 169.100 millones de euros de vencimientos de deuda de 2015 eran equivalentes al 15,9% del PIB, un porcentaje que se elevaba al 19,7% en el caso de Italia (donde los vencimientos eran muy superiores, de 320.700 millones de euros) y que contrastaba además con el 6,4% de Alemania (cuya economía, con un PIB superior y un coste de financiación mínimo, afrontaba vencimientos de 185.00 millones de euros). El esfuerzo relativo que habría de realizar España en relación a su PIB resultaba similar al de Francia, donde los vencimientos representaban el 15,2% del PIB por un importe de 325.900 millones de euros, y algo superior al de Bélgica, con vencimientos por un importe de 58.200 millones de euros equivalentes al 14,4% del PIB. El mes de enero de 2015 era, junto a los meses de abril, julio y octubre, uno de los principales meses de vencimientos de deuda española, que coincidían además con los momentos de mayores ingresos fiscales. Recuérdese a este respecto que el citado organismo ya cubrió a finales de noviembre de 2014, con más de un mes de antelación, los objetivos de financiación a medio y largo plazo que se había fijado para el conjunto de 2014.[432]

De cualquier manera la principal novedad que, a nuestro juicio, presentaba el programa de emisiones del Tesoro para 2015 era la relativa a la utilización del rango de forma activa en subastas de letras bonos y obligaciones, abandonando la técnica consistente en anunciar una horquilla de objetivo de captación y estableciendo como objetivo el valor medio, con independencia de que pueda llegar a asignarse por encima o por debajo en función del mercado, así como de la estructura de pujas y de los precios.

6.B. Análisis del cuadro de subastas efectuadas a lo largo del ejercicio

Ya desde principios del ejercicio 2015, con fecha 2 de enero del citado año el euro marcaba su nivel más bajo desde el año 2010 y la prima de riesgo caía por debajo de 100 puntos básicos, lo que representaba igualmente la menor tasa desde mayo de 2010.

Con carácter general el entorno de mercado existente continuaba siendo propicio, a pesar de la inestabilidad que había inyectado la situación política en Grecia y del hecho innegable de que la deuda soberana se hallaba pendiente de que el BCE anunciase la activación de un nuevo plan de compra de activos.

La primera subasta correspondiente al ejercicio 2015 se celebró el 8 de enero, persiguiéndose a través de la misma la colocación de bonos a 5 años con cupón del 1,40% y vencimiento a 31 de enero de 2020, así como de obligaciones a 15 años con cupón del 5,15% y vida hasta el 31 de octubre de 2028 y de obligaciones a 22,1 años, con cupón del 4,20% y vencimiento a 31 de enero de 2037. *A priori* en la antesala de esta primera subasta correspondiente al ejercicio 2015 el Tesoro contaba con la posibilidad de registrar nuevos mínimos históricos en los costes de emisión de su deuda, a pesar de las turbulencias que por aquel entonces habían pasado factura al mercado secundario de deuda, a resultas de las cuales la prima de riesgo de

---

[432] En efecto, tras la última emisión del ejercicio 2014 realizada el 18 de diciembre el citado objetivo estaba ya cubierto en un 105,7%, con un coste medio de la emisión de deuda que se había rebajado del 2,45% de cierre de 2013 al 1,56% a 30 de noviembre de 2014.

España había llegado a repuntar un total de 20 puntos básicos en apenas tres jornadas desde que con fecha 2 de enero de 2015 concluyera en 99 puntos básicos. Y es que, a pesar de que durante la primera sesión correspondiente al citado ejercicio de 2015 la prima de riesgo rompió la barrera de los 100 puntos básicos por primera vez desde mayo de 2010, al cierre de la sesión correspondiente al 7 de enero de 2015 el riesgo país llegaba a alcanzar los 120 puntos básicos.

Tras la celebración de esta primera subasta correspondiente al ejercicio 2015 el importe final adjudicado se situó en los 5.007 millones de euros. Dicha cantidad se distribuyó en los tres plazos que el Tesoro ofrecía al mercado (bonos a cinco años con cupón del 1,4% y vencimiento el 31 de enero de 2020, obligaciones a 15 años con cupón del 5,15% y deuda a 22 años con vencimiento el 31 de enero de 2037). Con carácter general el Tesoro logró nuevos mínimos en los costes de emisión de su deuda, si bien las turbulencias existentes en el mercado secundario evitaron una mayor caída en los intereses. Más de la mitad de los 5.007 millones de euros adjudicados se concentraron en los bonos a cinco años. La emisión de 2.831 millones de euros se saldó con un interés medio del 0,928%, por debajo del 0,946% de diciembre de 2014. Al objeto de colocar 1.538 millones de euros en obligaciones con vencimiento en el año 2028 el Tesoro logró pagar un interés medio del 2,27%, muy por debajo de la referencia anterior, el 2,84%. En las obligaciones a más largo plazo, con vencimiento en 2037, el Tesoro colocó un total de 638 millones de euros a un interés medio del 2,70%. Por su parte las peticiones totales alcanzaron los 8.300 millones de euros, lo que supuso superar 1,6 veces el importe total adjudicado.

La siguiente subasta correspondiente al cuadro del ejercicio 2015 se fijó para el 15 de enero de 2015, emitiéndose en esta ocasión títulos con vencimiento en 2017, 2020 y 2022. En efecto a través de dicha subasta se pretendía sacar al mercado tres plazos distintos, a saber, bonos con cupón del 0,5% y vencimiento el 31 de octubre de 2017; bonos con cupón del 1,4% y vencimiento el 31 de enero de 2020; y obligaciones del Estado con cupón del 5,85% y vencimiento el 31 de enero de 2022. Dicha subasta llegaba en un momento en el que el mercado secundario de deuda vivía momentos de tensión, resultando en consecuencia factible que se produjeran repuntes en el interés que el Tesoro habría de aplicar a su emisión. Téngase presente que una semana antes de la citada emisión la prima de riesgo de España se había situado en 116 puntos básicos, frente a los 123 puntos básicos que regían al inicio de la segunda semana correspondiente al mes de enero de 2015. En cuanto al rendimiento del bono español, éste había pasado del 1,66% al 1,723%. En suma, si bien el riesgo país de España había iniciado 2015 en mínimos desde mayo de 2010, la convocatoria de elecciones en Grecia para el día 25 de enero de 2015 volvía a tensionar el mercado secundario de deuda y elevaba los diferenciales entre los bonos europeos y el de Alemania.

El resultado de la celebración de esta segunda subasta fue la adjudicación de un total de 4.677 millones de euros, constituyendo su objetivo la colocación de entre 4.000 y 5.000 millones de euros. Se produjo en consecuencia un freno en el ritmo de emisión de deuda el cual, sin embargo, no estuvo acompañado de un freno en la demanda, ni de un repunte de los costes. Las peticiones totales duplicaron con creces la oferta. En relación con los costes el interés medio de los bonos a cinco años bajó del 0,928% hasta el 0,849%, y la rentabilidad del bono a tres años se moderó del 0,584% al 0,556%, situándose el porcentaje aplicable en el 1,147% en el bono a siete años.

La primera emisión de letras en 2015 se celebró el 20 de enero de 2015, deparando una drástica rebaja de los costes de financiación a corto plazo. El interés medio a 6 meses bajó del 0,27% al 0,10%, y a 12 meses del 0,36% al 0,21%. Pese a este abaratamiento, el importe emitido se quedó por debajo del máximo previsto. En todo caso el Tesoro lograba trasladar la rebaja de costes a esta emisión de deuda a corto plazo. Téngase presente que, mientras que en la anterior subasta de estos mismos títulos, celebrada el 9 de diciembre de 2014, el interés medio se situaba en el 0,276% a 6 meses y en el 0,363% a 12 meses, en la emisión de enero de 2015 el Tesoro logró rebajar dichos intereses hasta el 0,105% a seis meses y hasta el 0,213% a doce meses[433].

Por otra parte a través de esta subasta el Tesoro consiguió moderar el importe adjudicado al rango medio de sus previsiones. Si bien sus objetivos pasaban por colocar entre 4.500 y 5.500 millones de euros, el importe adju-

[433] Concretamente en esta subasta de 20 de enero de 2015 el Tesoro lograba captar un total de 785 millones de euros en papeles a medio año con una rentabilidad media del 0,105%, por debajo del 0,276% ofrecido en la última subasta similar, y 4.265 millones de euros en títulos con vencimiento a doce meses, por los que abonaba un rendimiento medio del 0,213%, frente al 0,363% de diciembre de 2013.

dicado finalmente se limitó a 5.050 millones de euros. En nuestra opinión dicha moderación no se debía en realidad a un debilitamiento de la demanda, ya que el Tesoro colocó un total de 785 millones a seis meses frente a unas peticiones de 2.956 millones, y otros 4.265 millones a 12 meses frente a unas peticiones de 9.042 millones de euros.

La siguiente subasta del cuadro diseñado por el Tesoro para el ejercicio 2015 tenía lugar el 27 de enero, lanzándose al mercado en esta ocasión letras a tres y nueve meses con unos objetivos de colocación de entre 2.000 y 3.000 millones de euros. Y ello tras la aprobación del nuevo Plan de estímulo por parte del BCE (consistente en la realización de compras de activos por importe de 60.000 millones de euros al mes al menos hasta septiembre de 2016 y hasta que se aprecie un ritmo sostenido en la inflación consistente con el objetivo de estabilidad del BCE) y tras la celebración de las elecciones griegas. En la anterior puja de letras a tres y nueve meses celebrada el 16 de diciembre de 2014 el Tesoro había colocado un total de 2.548,2 millones de euros, por encima del objetivo máximo previsto, a un interés levemente mayor, del 0,209% en las primeras, y del 0,382%, en las segundas.

A resultas de dicha subasta el Tesoro logró colocar un total de 2.561 millones de euros en letras a 3 y 9 meses, bajando la rentabilidad ofrecida a los inversores. Si bien *a priori* el citado organismo esperaba captar entre 2.000 y 3.000 euros, finalmente logró quedarse en la parte media del rango y volvió a situar los intereses en niveles mínimos. Ello se correspondía con la nueva estrategia implementada por el Tesoro para 2015 en la que, a diferencia de lo actuado en ejercicios anteriores (cuando el objetivo era colocar un importe en línea o ligeramente superior al máximo previsto) se había optado por adjudicar una cuantía próxima al rango medio de sus objetivos. En concreto el Tesoro colocó un total de 561 millones en letras a 3 meses, tras registrar una demanda que superó en 4,2 veces lo vendido (3,2 veces en la anterior subasta). El interés de este papel pasó del 0,200% de diciembre de 2014 al 0,018%, el mínimo histórico. Por otro lado el Tesoro vendió un total de 2.000 millones en letras a 9 meses, con unas peticiones que superaron en 2,6 veces lo colocado (2,7 veces en diciembre de 2014). En este caso, el tipo medio pasó del 0,373% al 0,137%.

Con motivo de la subasta celebrada el 17 de febrero de 2015 el Tesoro ponía en el mercado letras a 6 y 12 meses, pasando su objetivo por colocar entre 4.000 y 5.000 millones de euros y previendo que el importe adjudicado se situara en la media de este rango, esto es, alrededor de los 4.500 millones de euros. Pues bien, a pesar de las tensiones existentes en el mercado de deuda pública debido a la delicada situación de Grecia el interés medio de las letras a 6 meses bajó desde el 0,105% hasta el 0,088%, a un paso de entrar en terreno negativo. En el caso de las letras a 12 meses, la rentabilidad media descendió desde el 0,213% previo hasta el 0,19%. Por otro lado esta nueva rebaja existente en los costes no alteró los planes del Tesoro de adjudicar un importe próximo al rango medio de sus previsiones ya que, partiendo con el objetivo de colocar entre 4.000 y 5.000 millones de euros, la cuantía emitida finalmente ascendió a 4.484 millones de euros. La mayor parte de dicho importe total (concretamente 3.955 millones de euros) se concentró en la emisión de las letras al mayor plazo, 12 meses, mientras que los 529 millones de euros restantes se adjudicaron en letras a 6 meses. En todo caso la demanda existente duplicó la oferta en los títulos a mayor plazo y superó más de seis veces la oferta en las letras a 6 meses.

Ciertamente nos hallábamos en presencia de una situación en virtud de la cual las tasas cuasi negativas de rentabilidad se habían extendido en las principales subastas de deuda a corto plazo celebradas por aquel entonces en las principales plazas europeas. En este sentido las políticas de 'tipos cero', la caída de la inflación y la inminente puesta en marcha de las compras de deuda por parte del BCE habían hundido a tasas negativas las rentabilidades ofrecidas.

En todo caso, apenas dos días después de la celebración de la citada subasta, con fecha 19 de febrero de 2015 el Tesoro acudía de nuevo al mercado, con la emisión de entre 3.500 y 4.500 millones de euros en bonos con vencimiento a tres y diez años. El resultado derivado de la celebración de esta nueva subasta fue que la rentabilidad media de los bonos a tres años se desinfló desde el 0,556% previo hasta el 0,384% registrado, marcándose así nuevos mínimos en dicho plazo. El importe adjudicado en la deuda con vencimiento el 31 de octubre de 2017 alcanzó los 1.454 millones de euros, llegando las peticiones efectuadas a triplicar dicha cuantía. Por lo que respecta a la referencia a 10 años lanzada al mercado, se colocaron un total de 2.718 millones de euros en el bono con vencimiento el 30 de abril de 2025. El interés medio del citado bono a diez años se situó en el 1,577%, el más bajo en el mercado primario y en línea con la rentabilidad que presentaba en el mercado secundario. La demanda en las obligaciones a 10 años superó 2,02 veces la oferta.

Dentro del mercado de deuda a corto plazo con fecha 24 de febrero de 2015 el Tesoro lanzaba una nueva subasta con el objetivo de colocar unos 2.500 millones de euros en letras a 3 y 9 meses. A resultas de dicha subasta el Tesoro logró reducir el interés prácticamente a cero en las letras a tres meses, pagando un tipo del 0,001% y vendiendo un total de 447 millones de euros, con una demanda de cerca de 2.300 millones. Por lo que respecta a la subasta de letras a nueve meses, el tipo de interés quedó fijado en el 0,122% frente al 0,137% de la anterior subasta, ingresándose un total de 2.068 millones de euros con dicha referencia, en relación con la cual se alcanzó una demanda de 2.070 millones de euros. Las peticiones efectuadas superaron 5,1 veces los 447 millones de euros captados a tres meses (4,2 veces en enero de 2015) y llegaron a triplicar los 2.069 millones de euros colocados a 9 meses (2,6 en enero de 2015).

Sin lugar a dudas a la consecución de estos resultados tan positivos ayudó el hecho de que, en dicha fecha (24 de febrero de 2015) el bono a 10 años cotizase en mínimo histórico del 1,373%, situándose la prima de riesgo por debajo de los 100 puntos básicos. Esta tendencia bajista se proyectada asimismo sobre la deuda pública periférica de la Eurozona. Así, en Italia el interés exigido al bono a diez años se enfriaba hasta el entorno del 1,5%, y la prima de riesgo bajaba hacia los 110 puntos básicos. Por su parte la prima de riesgo de Portugal ampliaba su colchón por debajo de los 200 puntos básicos, con mínimos próximos a los 170 puntos. Pero la mayor mejora se registraba en Grecia, donde la prima de riesgo, procedente de los 1.000 puntos básicos en jornadas previas, se desinflaba hacia los 800 puntos básicos. Y la rentabilidad del bono griego a tres años caía cerca de 300 puntos básicos, hasta situarse en el 13%, cuando durante las semanas anteriores de febrero de 2015 llegó a superar con claridad el umbral del 20%.

Por su parte el Tesoro alemán logró captar con fecha 25 de febrero de 2015 un total de 3.280 millones de euros en bonos con vencimiento en 2020 por los que abonó una rentabilidad media de -0,08%, siendo la primera vez en la historia que lograba colocar deuda con los tipos de interés en negativo en dicha referencia[434]. En este sentido a finales del mes de febrero de 2015 el 66,6% del total de la deuda pública germana cotizaba ya con rentabili-

[434] Ya con anterioridad, con fecha 4 de febrero de 2015, Finlandia se había convertido en el primer país de la Eurozona en vender deuda a tan largo plazo a tipos negativos, al adjudicar un total de 1.000 millones de euros con un rendimiento medio del -0,017%.

dad inferior a cero, no ya solo en los plazos más cortos, sino también en el medio plazo. Así, por ejemplo, con fecha 27 de febrero de 2015 el bono alemán a cinco años rentaba en el secundario el -0,104%. Otros Estados de la Eurozona cuyos Tesoros gozaban de rentabilidades negativas eran Holanda (que a finales de febrero de 2015 contaba con el 58% de su deuda pública cotizando con rendimiento negativo), Francia (con un porcentaje del 55,8%), Austria (con el 50,5%), Bélgica (con el 45,2%) y Finlandia (con el 41,5%).[435]

En un marco caracterizado por el inicio por parte del BCE de su Programa de compra de deuda pública con fecha 5 de marzo de 2015 el Tesoro acometió una nueva subasta de deuda a través de la cual pretendía captar entre 4.000 y 5.000 millones de euros en tres plazos ofertados. El objetivo perseguido era nuevamente que el importe finalmente adjudicado se situase en la parte media de este rango, es decir, 4.500 millones. Los títulos sacados al mercado eran, en esta ocasión, bonos del Estado a tres años, con cupón del 0,50% y vencimiento el 31 de octubre de 2017; bonos del Estado a cinco años con cupón del 1,40% y vencimiento el 31 de enero de 2020; y obligaciones del Estado con cupón del 5,75% y vencimiento el 30 de julio de 2032.

Apenas unos días antes de la celebración de dicha subasta se había producido un cambio en la referencia de la deuda española a diez años que contribuyó a elevar la prima de riesgo a niveles próximos a los 100 puntos básicos, reduciendo al mínimo el diferencial con Italia. Dicho cambio en la referencia utilizada en este plazo situó su rentabilidad por encima del umbral del 1,3%. El nuevo bono de referencia pasó a ser el lanzado en la macro emisión sindicada de enero de 2015, a la que posteriormente tendremos ocasión de referirnos, con vencimiento el 30 de abril de 2025. Este título sustituía al anterior, con vencimiento el 31 de octubre de 2024, seis meses antes que el nuevo, lo que explicaba la existencia de una diferencia de 6-7 puntos básicos entre los dos bonos.

Como consecuencia de la expectativa generada por el inicio de la implementación del Programa de compra de deuda soberana por parte del BCE el Tesoro logró abaratar de nuevo el coste de la deuda española. La rentabilidad media de los bonos a tres años se desinfló a la mitad, desde el 0,384% registrado en la anterior colocación, hasta llegar al 0,180%. Asimismo se

---

[435] Fuente: *Diario Cinco Días,* www.cincodias.com (consultada el 27 de febrero de 2015).

abarataron los costes de financiación a cinco años, bajando el interés medio hasta el 0,517%, por debajo del 0,849% contabilizado en la anterior subasta de estos títulos. Esta emisión del Tesoro se completó además con la colocación de deuda a más largo plazo, al lanzar en el mercado obligaciones con cupón del 5,75% y vencimiento el 30 de julio de 2032, bajando el interés medio de estos títulos del nivel del 2%, al situarse en el 1,927%. Por otra parte a pesar de que, como ya se ha señalado, desde el inicio del ejercicio 2015 la cuantía colocada en el mercado se ha situado mayoritariamente en la parte media del rango previsto, en la emisión del 5 de marzo de 2015 el Tesoro terminó adjudicando el máximo fijado, 5.000 millones de euros. Los bonos a tres años captaron 1.081 millones de euros, los bonos a cinco años 2.388 millones, y los 1.531 millones restantes en las obligaciones con vencimiento en 2032. La demanda duplicó con creces los 5.000 millones de euros colocados en la subasta llegaron a superar las peticiones los 4.000 millones en los bonos tanto a tres como a cinco años.

Durante la segunda semana del mes de marzo de 2015, y coincidiendo con el inicio de las compras incluidas en el Programa de adquisición de deuda del BCE (que mantenía las rentabilidades de la deuda pública europea cerca de sus cotas más bajas de la serie histórica) con fechas 10 y 12 de marzo de 2015 el Tesoro acometía la celebración de dos nuevas subastas a través de las cuales esperaba captar, en cada una de dichas subastas, entre 4.000 y 5.000 millones de euros, con un importe máximo previsto para ambas subastas de 10.000 millones de euros.

En la subasta del 10 de marzo de 2015 los títulos sacados al mercado eran letras a 6 y 12 meses, lográndose captar finalmente un importe total de 4.600 millones de euros en letras a 6 y 12 meses pagando nuevamente rentabilidades mínimas. Así, en el caso de las letras a 6 meses, el importe captado ascendió a 735 millones de euros, con un tipo del 0,036% desde el 0,088% pagado en la subasta anterior y con una demanda que superó en 4,1 veces la oferta. Y, por lo que respecta a las letras a 12 meses, el importe colocado ascendió a 3.864 millones de euros, abonándose un 0,190% desde el 0,067% pagado en la anterior subasta, llegando a superar la demanda en 2 veces la oferta. Así las cosas la principal conclusión que cabía extraer de la citada subasta era que la reducción a 'coste cero' de los intereses ofrecidos por el Tesoro apenas había afectado a la demanda.

Por su parte con motivo de la subasta celebrada el 12 de marzo de 2015 el Tesoro pretendía colocar tres plazos distintos, a saber: bonos a 5 años con cupón del 1,4% y vencimiento el 31 de enero de 2020; obligaciones con cupón del 5,85% y vencimiento el 31 de enero de 2022; y obligaciones a 10 años con cupón del 1,60% y vencimiento el 30 de abril de 2025. El precedente más inmediato de los bonos a cinco años se remontaba a la primera semana del propio mes de marzo de 2015, cuando la rentabilidad de sus títulos con vencimiento en enero de 2020 se desplomó al 0,51%. Y, por lo que a los bonos a siete años se refiere, con vencimiento en enero de 2022, con motivo de la anterior subasta de estos títulos la rentabilidad media se había situado en el 0,76%.

Pues bien finalmente el inicio del Programa de compra de deuda pública del BCE logró reducir de manera significativa los costes de financiación. Así, respecto de los bonos a cinco años el interés de estos títulos bajó hasta el 0,386%. Y, por lo que respecta a los bonos a siete años con vencimiento en enero de 2022 la rentabilidad media acabó situándose en el 0,637%. El importe adjudicado ascendió finalmente a 4.519 millones de euros, concentrándose la mayor cuantía de dicha suma (2.634 millones de euros) en el bono a diez años. A dicha cifra había que sumar los 975 millones emitidos a siete años y los 910 millones a cinco años.

Nuevamente esta considerable rebaja producida en los intereses ofrecidos no afectó a la demanda. De este modo el respaldo de las compras del BCE logró mantener la *ratio* de cobertura cerca de las 2 veces en los bonos a diez años, superando las peticiones realizadas la oferta 3,2 veces a cinco años y 2,5 veces a siete años.

Durante la tercera semana del mes de marzo de 2015 el Tesoro acometió varias subastas de letras. Así, con fecha 17 de marzo se colocaron un total de 2.510 millones de euros, una cifra que se situaba en la parte media de la horquilla que se había fijado como objetivo el citado organismo público. Por tramos, el Tesoro captó 411 millones de euros en letras a 3 meses por los que se abonó un rendimiento medio del 0,004%, lo que suponía un leve repunte con respecto al mínimo ofrecido en la anterior subasta similar, cuando se abonó el 0,001%. Y, con carácter adicional, fueron adjudicados otros 2.100 millones de euros en papeles con vencimiento a nueve meses, por los que se ha ofreció una rentabilidad media del 0,048%, desde el 0,122% de la subasta precedente.

Ya en el mes de abril de 2015 durante la primera semana del citado mes (7 de abril) el Tesoro planeaba colocar entre 4.000 y 5.000 millones en una subasta destinada a la venta de letras a 6 y 12 meses. *A priori* una mejora significativa de las cifras correspondientes a la anterior subasta de títulos de estas mismas características podía permitir alcanzar las primeras tasas negativas de interés en las subastas del Tesoro, máxime teniendo presente que las deudas de otros países europeos ya se habían afianzado con rentabilidades negativas en los últimos tiempos. Sin ir más lejos en Alemania, por ejemplo, los intereses negativos se habían extendido hasta sus bonos a siete años.

Tras haberse quedado en anteriores emisiones a las puertas, el Tesoro logró por primera vez en su historia colocar sus letras con tasas negativas de interés, cifrándose la rentabilidad media a 6 meses en el -0,002%. De este modo se seguía la línea ya iniciada previamente por Alemania, Bélgica, Dinamarca, Finlandia, Francia y Holanda[436]. En efecto el interés medio en la letras a 6 meses se situó en el -0,002%, frente al +0,036% contabilizado en marzo de 2015, lo que significaba que los inversores estaban dispuestos a renunciar a una parte de sus ahorros a cambio del 'refugio' que ofrecía la deuda española a corto plazo. A más largo plazo, a 12 meses, el Tesoro se quedó nuevamente a las puertas de cobrar por la emisión de sus títulos, cifrándose la rentabilidad media en un +0,006%, por debajo del +0,067% previo. El importe final adjudicado ascendió a 4.646 millones de euros, situándose así de nuevo en la parte media del rango previsto por el Tesoro, entre 4.000 y 5.000 millones de euros. De dicha cuantía, 725 millones de euros correspondieron a las letras a 6 meses adjudicadas al -0,002% de interés, concentrándose los 3.921 millones de euros restantes en los títulos

[436] Tal y como ya se ha señalado toda la deuda alemana con vencimiento por debajo de los siete años ofrecía rentabilidades negativas a la finalización del primer trimestre de 2015, cotizando el bono germano a siete años al -0,019%. Así sucedía también con Bélgica, cuya deuda a cinco años ofrecía una rentabilidad positiva del 0,003% y la que vencía en dos años, del -0,12%; Holanda había alcanzado el 0,044% para el bono a un lustro; Austria, el -0,016%; Finlandia, el -0,023%, Dinamarca, el -0,186%; Suecia contaba con un bono a cuatro años que ofrecía una rentabilidad en el mercado secundario de deuda del -0,168; Francia había alcanzado un interés del -0,123% a tres años y Eslovaquia una rentabilidad del 0,022% de su deuda a cuatro años. Fuera del seno de la UE la deuda suiza a una década cotizaba ya con intereses negativos en el mercado secundario, cifrándose su rentabilidad con fecha7 de abril de 2015 en el -0,055%. De este modo el Tesoro helvético cobraba a los inversores por colocarles su deuda hasta los bonos con un vencimiento superior a los diez años. Por su parte su bono a cinco años tenía un interés del -0,393% y el bono a siete años del -0,227%.

a 12 meses. La demanda suscitada respecto de ambos plazos fue elevada, especialmente en el caso de las letras a seis meses, superando en 4,99 veces la oferta frente a 4,09 veces de la anterior subasta. Por lo que respecta a la demanda de las letras a doce meses, el *ratio* de cobertura fue de 1,93 veces, algo inferior a la anterior (2,1 veces).

Cabe recordar no obstante a este respecto que dicha rentabilidad negativa no afecta al pequeño inversor, dada la modificación normativa introducida a mediados de 2014 por el Tesoro ante la posibilidad de que los valores a más corto plazo llegaran a tipos de interés por debajo de cero en subasta y en virtud de la cual aquellas peticiones de letras del Tesoro que se realicen en la modalidad de suscripción no competitiva, esto es, aquella en virtud de la cual el comprador comunica la cantidad que quiere adquirir pero no la rentabilidad mínima que espera, se declaran automáticamente como no presentadas si el tipo medio que sirve como referencia para dichas adjudicaciones resulta ser negativo. Debe precisarse no obstante que dicha medida se aplica a las peticiones no competitivas, a saber, a aquellas en las que el comprador declara cantidad que quiere adquirir, pero no la rentabilidad mínima que espera obtener[437].

---

[437] Un juicio crítico con dicha regulación normativa introducida por el Tesoro puede verse en SÁNCHEZ QUIÑONES, J., "Letras en negativo", *Diario Expansión,* www.expansion.com (consultada el 17 de abril de 2015), quien opina que *"Aunque se pueda entender la preocupación del Tesoro por salvaguardar los intereses de los inversores minoristas, intervenir de esta forma en el mercado siempre crea efectos negativos indeseados. En la extraordinaria situación actual no se debería impedir que los inversores que lo deseen adquieran Letras a tipos negativos por diversas razones: seguirían teniendo rentabilidad real, después de inflación positiva; les permite no asumir otro tipo de riesgo superior al del Tesoro"*; concluye su razonamiento el citado autor afirmando que *"Cuando se interviene en los mercados financieros, como sucede actualmente con la política actual del BCE, se producen distorsiones como la existencia de tipos de interés nominales negativos. Aun así, volver a intervenir en el mercado para impedir que los inversores minoristas puedan invertir en Letras con tipos negativos es un contrasentido, más aun cuando las rentabilidades reales siguen siendo positivas".* Por su parte GROS, D., "Dinero para nada en las economías desarrolladas", *Diario El Economista,* www.eleconomista.es (consultada el 19 de abril de 2015), manifiesta un juicio crítico en relación con dichas rentabilidades reales ajustadas a la baja inflación al señalar que *"Sin embargo, las tasas nominales sí tienen importancia. Cuando son insignificantes, resultan prometedoras para los estados financieros de pérdidas y ganancias, mientras que se acumulan lentamente problemas en las hojas de balance. Dado que la contabilidad de las hojas de balance se elabora de acuerdo con una curiosa mezcla de valores nominales y de mercado, puede ser opaca y fácil de manipular. En otras palabras, si los precios –y por lo tanto, la capacidad promedio de servicio de la deuda– cae, la carga real de la deuda aumenta. Pero, esto se hace evidente sólo cuando la deuda tiene que ser refinanciada o los tipos de interés se elevan"*; añade asimismo este último autor,

Apenas dos días después el Tesoro regresaba a los mercados con la finalidad de colocar entre 4.000 y 5.000 millones en bonos con cupón del 0,50% y vencimiento a 31 de octubre de 2017, obligaciones con cupón del 4,65% y vida hasta el 30 de julio de 2025 y obligaciones a 30 años con cupón del 5,15% y vencimiento a 31 de octubre de 2044. *A priori,* y tras el éxito de la subasta celebrada dos días antes, el objetivo del Tesoro pasaba por rebajar el coste de su deuda a más largo plazo, a 30 años, al umbral del 2%, porcentaje en el que se situaba además la cotización de dichos bonos en el mercado secundario. Por lo que se refiere a la deuda a tres años, en la subasta precedente del mes de marzo de 2015 se había logrado rebajar su rentabilidad media a apenas un 0,18%, situándose así los costes de financiación a medio plazo próximos a cero. Por otra parte esta subasta de 9 de abril de 2015 incluía asimismo el lanzamiento de un bono con vencimiento en julio de 2025 procedente de una anterior referencia a 15 años emitido inicialmente en 2010. En este último caso los cálculos iniciales auguraban que su rentabilidad media podría situarse cerca del 1,2%, por encima del 1,02% registrado en la última emisión del actual bono de referencia a 10 años, con vencimiento en abril de 2025.

Finalmente a resultas de la celebración de dicha subasta el Tesoro logró reducir al 0,13% el coste de su bono a tres años y al 2,06% el de su deuda a más largo plazo, a 30 años. En relación con los títulos a treinta años el interés medio de estos títulos se desinfló al 2,068%, muy por debajo del 2,49% contabilizado en la anterior emisión de estos títulos, celebrada en febrero de 2015. En relación con los costes de la deuda a tres años, respecto de los cuales en la subasta precedente se logró rebajar su rentabilidad media a apenas un 0,18%, el interés de los mismos terminó bajando hasta el 0,133%, de forma que se afianzaban en niveles próximos a cero los costes de financiación a medio plazo. Por último, respecto del bono con vencimiento en julio de 2025 (como se ha señalado, se trataba de una anterior referencia a 15 años emitido inicialmente en 2010) su rentabilidad media se situó en

---

manifestando su desconfianza en los tipos de interés negativos, que *"en un entorno de tipos cero o casi cero, los acreedores tienen un incentivo para aplicar la estrategia de extender y fingir, es decir, refinanciar la deuda que está pendiente de vencer; de esta forma ellos mismos pueden mantener sus posibles problemas financieros ocultos por más tiempo. Debido a que se puede refinanciar la deuda a tasas que son tan bajas, el riesgo de refinanciación es muy bajo, lo que permite que als deudas que serían considerados como insolventes bajo circunstancias normales se mantengan vigentes por un lapso de tiempo mucho más largo del que habría sido razonable mantenerlas"*.

el 1,229%, frente al 1,02% registrado en la anterior emisión del bono de referencia a 10 años con vencimiento en abril de 2025.

Con carácter global el importe adjudicado alcanzó los 4.722 millones de euros, en la parte alta de sus objetivos, que oscilaban entre los 4.000 y los 5.000 millones de euros. De dicha cifra, 1.602 millones de euros correspondieron a los bonos a tres años, 1.836 millones a las obligaciones con vencimiento en 2025, y 1.284 millones en la deuda a 30 años.

La siguiente fecha marcada en el calendario de emisiones del Tesoro era el 16 de abril de 2015, al hallarse fijada para entonces la celebración de una subasta de bonos a 5 años con cupón del 1,40%, de obligaciones a 10 años con cupón del 1,60% y de obligaciones con cupón del 6% y vencimiento en enero de 2029. Se ponían pues en circulación emisiones de tres plazos distintos. El objetivo del Tesoro en el presente caso pasaba por adjudicar un importe de entre 4.000 y 5.000 millones de euros. La cantidad finalmente captada alcanzó los 4.560 millones de euros, situándose así de nuevo en la parte media del objetivo fijado por el Tesoro. Como dato más llamativo destacaba sin embargo el hecho de que los intereses alcanzados subieron en dos de los tres tramos vendidos. Así, se adjudicaron 1.910 millones de euros en bonos con vencimiento a cinco años, encareciéndose en dicha referencia los intereses alcanzados, al pasar del 0,386% al 0,535%. Igualmente se captaron 1.430 millones de euros en obligaciones con vida a una década por los que se ofreció un rendimiento medio del 1,282%, frente al 1,023% anterior. Y, por último, fueron colocados otros 1.220 millones de euros en papeles a 14 años, con una rentabilidad media del 1,652%, por debajo del 1,907% de la subasta anterior. Por lo que respecta a las peticiones efectuadas, las mismas duplicaron los 1.911 millones adjudicados en bonos a cinco años, superando 2,3 veces los 1.432 millones colocados en bonos a diez años, y 1,9 veces los 1.215 millones emitidos a más largo plazo.

Con fecha 21 de abril de 2015, esto es, apenas dos semanas después de estrenar tasas negativas de interés, el Tesoro volvía a emitir sus letras a 3 meses con una rentabilidad del -0,029%, cifra que representaba un nuevo record[438]. Con motivo de dicha sesión el Tesoro extendió los intereses

[438] Recuérdese que, tal y como se ha señalado con anterioridad, con motivo de la anterior subasta de letras celebrada el 7 de abril de 2015 el Tesoro lograba las primeras tasas negativas de interés de toda la serie histórica, cayendo la rentabilidad de sus letras a 6 meses hasta el -0,002%. Se trataba de una situación prácticamente generalizada en buena parte de la Eurozona.

negativos a sus letras a 3 meses, quedándose a las puertas de ampliarlos a sus títulos a 9 meses[439]. A pesar de que inicialmente la inflación dejaba margen para lograr rentabilidad real incluso con los tipos negativos de la deuda el Tesoro colocó un total de 1.001 millones de euros en letras a 3 meses a un interés medio del -0,029%, lo que representaba un porcentaje sin precedentes en las emisiones de deuda española. La rentabilidad media de las letras a 9 meses se quedó a las puertas de entrar también en tasas negativas, limitándose el interés medio de los 1.566 millones de euros adjudicados al +0,009%, por debajo del 0,048% registrado en la anterior subasta de marzo de 2015. Y, habiéndose fijado el objetivo del Tesoro para esta emisión en la adjudicación de un importe de entre 2.000 y 3.000 millones de euros, finalmente la cifra captada se situaba nuevamente en línea con la parte media de sus objetivos, concretándose la misma en 2.500 millones de euros.

Por tanto a resultas de la citada subasta de letras a tres y nueve meses el Tesoro Público colocó un total de 2.567 millones de euros, logrando bajar los intereses en ambas referencias y llegando a ofrecer tipos negativos por las letras a 3 meses. Concretamente el Tesoro vendió un total de 1.001 millones en el papel a más corto plazo que emite, tras cosechar una demanda que superó en 2,9 veces lo colocado (4,7 veces en la anterior ocasión). El

Así, en Alemania todos los tramos de emisiones hasta el de 8 años generaban rentabilidades nominales negativas, al igual que sucedía en todos los bonos en rentabilidades reales (una vez descontada la previsión de inflación) en el mercado secundario. En todo caso se ha de tener presente que la razón de ser de dichas rentabilidades nominales negativas alcanzadas en los mercados de deuda no respondían solo al Programa de compra de deuda pública implementado por el BCE, el cual acometía compras únicamente hasta rentabilidades negativas del -0,20%, existiendo además tramos en los que el supervisor no estaba interviniendo (caso de los títulos a menos de dos años). En otras palabras, se estaban produciendo también compras por parte de inversores privados e institucionales, las cuales debían ser analizadas en términos de precio y no de rentabilidad, ya que en los mercados secundarios la rentabilidad y el precio del bono oscilan en sentidos opuestos, de manera que si sube el primero cae el segundo y viceversa. Así las cosas, teniendo presente que por aquel entonces la rentabilidad de la deuda pública se hallaba en mínimos históricos y los precios en máximos, buena parte de las compras efectuadas por los inversores respondían a operaciones meramente especulativas, dados los elevados retornos logrados en estos productos. A ello debía de sumarse además el hecho de que buena parte de los actores que intervenían en estas compras de títulos de renta fija de calidad eran inversores institucionales (fondos de pensiones o aseguradoras) que buscaban guardar su dinero en títulos de máxima calidad y liquidez (caso, por ejemplo, de bonos con un *rating* de triple A).

[439] Con motivo de la anterior emisión de estos plazos el Tesoro pagó sólo un 0,004% a tres meses, y un 0,048% a nueve meses.

tipo marginal de este papel pasó del 0,010% registrado en marzo de 2015 al -0,025% y el medio pasó del 0,004% al -0,029%. Por otro lado el Tesoro emitió un total de 1.566 millones en letras a 9 meses y registró unas peticiones que superaron en 4 veces lo emitido (3 veces en la anterior ocasión). En este caso el tipo marginal pasó del 0,053% al 0,012% y el medio pasó del 0,048% al 0,009%.

Ha de destacarse por tanto que, a finales del mes de abril de 2015, la totalidad de las letras del Tesoro emitidas cotizaban con rentabilidades de entre el -0,004% y el 0,029%, mientras que en el caso de los bonos se movían entre el -0,007% y el -0,030%. En total, ninguna letra o bono que venciese antes del 31 de octubre del año de 2016 cotizaba con tipos positivos en dicho momento, a excepción del bono que vencía el 30 de abril de 2015, que cotizaba en el 1,867%. En efecto, las letras con vencimiento hasta en 2016 ofrecían en todos los casos rendimientos negativos, al igual que sucedía con la deuda con vida residual hasta 1,5 años, es decir, la media entre los tipos de compra y de venta para los bonos desde julio 2015 (vencimiento en tres meses) hasta octubre 2016 (vencimiento en 1,5 años)

Dada esta significativa rebaja alcanzada en los costes de emisión (cercana al 1%) el principal objetivo del Tesoro se centraba en alargar la vida media de la deuda y reducir los riesgos de refinanciación, situándose el plazo medio de colocación de los bonos y obligaciones en 2015 en un total de 10,7 años, lo que constituía el más largo de la historia. Se abandonaba por tanto la emisión de deuda a plazos más cortos, al existir ya una demanda consolidada para vencimientos más largos, posibilitando ello reducir la factura en intereses.

Ciertamente el hecho de alargar la vida media de la deuda posibilitaba reducir los riesgos de refinanciación. Ahora bien como contrapartida se elevaban los costes. Ello justificaba que buena parte de los Tesoros y de las Agencias de deuda soberana europeas procedieran a mantener su nivel de referencia para la vida media en un rango de 6 a 6,5 años.

Con fecha 7 de mayo de 2015 el Tesoro regresaba al mercado primario en una semana marcada por la producción de un conjunto de cambios bruscos en los mercados secundarios motivados por la recogida acelerada de beneficios que condujo a la mayor subida en el interés del bono español a diez años desde junio de 2013, al dispararse su rentabilidad 27,5 puntos básicos, hasta el 1,79%[440]. Dada esta situación el Tesoro partía con el objetivo de colocar un máximo de 5.000 millones de euros (incluyendo dicha cuantía un total de 1.000 millones de euros derivados de una emisión de bonos ligados a la inflación[441]), siendo previsible que terminara produciéndose un encarecimiento notable de los costes de financiación tanto a tres como a diez años.

Pues bien, a resultas de la celebración de la citada subasta terminaron encareciéndose de manera notable los costes de financiación, sobre todo a diez años. Concretamente el Tesoro vendió 2.396,54 millones de los 4.599,04 millones pedidos por el mercado en bonos con cupón 0,50% y vencimiento a de 31 de octubre de 2017, superando la demanda en 1,9 veces lo vendido (3 veces en la anterior ocasión). Los intereses de este papel se vieron incrementados respecto a la anterior subasta de abril, cuando tocaron mínimos históricos. En concreto, el tipo medio pasó del 0,133% al 0,193%, mientras que el marginal pasó del 0,156% al 0,209%. Asimismo el Tesoro vendió un total de 1.182,09 millones de los 3.498,59 millones solicitados por los inversores en obligaciones con cupón del 1,60% y vida hasta el 30 de abril de 2025. En este caso, la demanda superó en tres veces lo colocado entre los inversores (2,3 veces en la anterior ocasión). Finalmente los tipos del papel a 10 años subieron considerablemente respecto a la última emisión de abril de 2015, de manera que el tipo medio pasó del 1,282% al 1,882% y el marginal pasó del 1,289% al 1,893%.

Por lo que respecta a la emisión de 885 millones de euros en deuda vinculada con la inflación acometida igualmente en dicha fecha (7 de mayo de 2015), la cual se añadía a la subasta de bonos ordinarios, y sin perjuicio del

---

[440] En efecto, la deuda española arrancaba la sesión del 27 de abril de 2015 con una rentabilidad del 1,3% (cerca de los mínimos históricos marcados a la luz del programa de compras iniciado por el BCE). Y, en apenas una semana, los tipos a largo plazo pasaban al 1,89%, lo que representaba una subida de más de 50 puntos básicos, o un 45%. Dentro del ámbito comunitario baste señalar que en apenas dos semanas la rentabilidad de la deuda alemana a diez años pasó del 0,05% al 0,55%. Por su parte los mercados de deuda pública del sur de Europa también experimentaron un giro radical, especialmente en el caso de los rendimientos de los bonos italianos a diez años. Por otra parte con fecha 7 de mayo de 2015 el *bund* alemán cerraba con pérdidas del 4,81% desde los máximos del año, un deterioro que significaba perder todo lo ganado desde el inicio de 2015. El precio de otros bonos sufría una caída mayor: el título francés se dejaba un 5,16%, el irlandés, un 5,15% y el austriaco un 4,51%.

[441] Concretamente esta referencia de bonos ligados a la inflación se centraba en títulos ligados al IPC, con cupón del 0,55% y vencimiento el 30 de noviembre de 2019.

análisis que posteriormente se efectuará al respecto, fueron colocados en el mercado títulos ligados al IPC con cupón del 0,55% y vencimiento el 30 de noviembre de 2019, situándose el interés medio de estos bonos vinculados a la inflación en tasas negativas del -0,286%.

Apenas unos días después, el 12 de mayo de 2015, el Tesoro regresaba nuevamente a los mercados con la finalidad de celebrar una nueva subasta de deuda a través de la cual preveía adjudicar letras a seis y doce meses, en relación con la cual se había marcado como objetivo colocar entre 4.500 y 5.500 millones de euros. Recuérdese que ya en la subasta previa de títulos de estas características el Tesoro había logrado por primera vez en su historia tipos negativos. Concretamente, mientras que en las letras a un año el interés marginal fue del 0,10% (el menor de la serie histórica), en las letras a seis meses fue del 0%, con lo que el tipo medio se situó en el -0,02%. En todo caso, y como ya henos tenido ocasión de poner de manifiesto, ello no significaba que los pequeños ahorradores que invirtiesen en letras del Tesoro no obtuvieran rendimientos de su inversión, ya que en agosto de 2014 se introdujeron cambios para proteger a los inversores más vulnerables en virtud de los cuales aquellas solicitudes de letras del Tesoro que se realicen en modalidad de suscripción no competitiva (aquella en la que el comprador dice la cantidad que quiere adquirir pero no la rentabilidad mínima que espera) se declaran automáticamente como no presentadas si el tipo medio (aquel que sirve como referencia para estas adjudicaciones) es negativo.

Tras la celebración de la citada subasta el Tesoro logró igualar el -0,002% de interés cobrado a los inversores por emitir sus letras a 6 meses en la subasta precedente. En cambio, en el caso de las letras a 12 meses, el Tesoro tuvo que elevar ligeramente su rentabilidad respecto al +0,006% contabilizado en la subasta anterior, siendo el interés medio del +0,015%. La cuantía adjudicada finalmente alcanzó los 5.197 millones de euros, por encima de los 4.640 millones captados en la anterior subasta de letras a 6 y 12 meses. De acuerdo con los datos desagregados resultantes en la emisión de 4.601 millones de euros a 12 meses la demanda superó 1,8 veces la oferta, en línea con las 1,9 veces de la subasta previa. Y en la adjudicación de 596 millones de euros a 6 meses, la *ratio* de cobertura alcanzó las 5,3 veces, por encima de las 5 veces de la anterior subasta. Por su parte la demanda de las citadas letras fue de casi 3.200 millones al -0,02% y de 4.600 millones a 12 meses al 0,015%, tras recibir una demanda de más de 8.000 millones de euros. La demanda total de esta subasta superó los 11.000 millones de euros.[442]

Con motivo de su emisión de 19 de mayo de 2015 el Tesoro pretendía adjudicar un importe de entre 2.500 y 3.500 millones de euros en títulos a 3 y 9 meses. El resultado de la citada subasta condujo a que, por lo que respecta a las letras a tres meses, el interés medio alcanzado en la citada subasta se situase en el -0,027%, prácticamente en línea con los récords del -0,029% contabilizados en la subasta de 21 de abril de 2015.

La cifra finalmente colocada alcanzó los 3.458 millones de euros, al borde del objetivo máximo previsto, fijado en 3.500 millones de euros, concentrándose la mayor parte de dicha cuantía (un total de 2.952 millones de euros) en la deuda a nueve meses. El Tesoro vendió en los mercados un total de 506 millones de euros en letras a tres meses, con un tipo marginal que se colocó en el -0,025%, el mismo porcentaje que en la subasta previa del 21 de abril de 2015. La rentabilidad media también fue negativa, del -0,027%, frente al -0,029% anterior. En el caso de las letras a nueve meses el Tesoro emitió, como se ha señalado con anterioridad, un total de 2.952 millones de euros, ofreciendo un interés marginal del 0,000%, frente al 0,012% de la emisión previa del mismo tipo de papel. El interés medio, en cambio, se situó en tasas negativas por primera vez, al ofrecer un -0,005%, frente al 0,009% de la subasta anterior.

La demanda de los títulos a tres meses superó los 2.460 millones de euros (4,9 veces lo finalmente adjudicado en los mercados), muy por en-

---

[442] Ciertamente estas turbulencias existentes por aquel entonces en los mercados de deuda encarecían también, por ejemplo, el coste de emisión de la deuda a 10 años de Alemania, que pasó del 0,13% de abril de 2015 al 0,65% de mediados de mayo. En efecto la brusca corrección registrada por aquel entonces en la deuda alemana terminó trasladándose al mercado primario. Así, por ejemplo, a pesar de que desde el mes de enero de 2015 todas las emisiones de bonos a diez años de Alemania habían deparado una continua rebaja en los costes de financiación, en la subasta celebrada el 13 de mayo de 2015 el incremento en los intereses superó los 50 puntos básicos. De este modo mientras que con fecha 15 de 2015 el Tesoro germano colocaba sus bonos a 10 años con una rentabilidad media del 0,13% (la más baja de toda la serie histórica) menos de un mes después, el 13 de mayo de 2015, tenía que ofrecer un interés medio del 0,65% para colocar en el mercado su deuda a diez años. El importe adjudicado en dicha emisión alcanzó los 2.545 millones de euros, frente a una demanda que se situó en los 3.331 millones de euros. La *ratio* de cobertura bajó de esta forma desde las 1,5 veces de abril hasta las 1,3 veces. Dentro del mercado secundario el interés del bund alemán lograba frenar su escalada, al situarse por debajo del umbral del 0,7% que llego a superar con fecha 12 de mayo de 2015.

cima de las 2,9 veces de la subasta previa del mismo tipo de papel. Por su parte, la del papel a más largo plazo (9 meses) también superó en 2,3 veces lo colocado en los mercados, hasta los 6.747 millones de euros, si bien en este caso resultó inferior a la registrada en la anterior subasta, cuando la demanda superó en cuatro veces los títulos adquiridos por los inversores.

En la posterior subasta de 21 de mayo de 2015 los objetivos del Tesoro pasaban por adjudicar un mínimo de 4.500 y un máximo de 5.500 millones de euros. Más precisamente los planes del Tesoro se centraban en adjudicar unos 5.000 millones de euros en tres plazos distintos: bonos con cupón del 0,25% y vencimiento el 30 de abril de 2018; bonos con cupón del 1,40% y vencimiento el 31 de enero de 2020; y obligaciones con cupón del 1,95% y vencimiento el 30 de julio de 2030.

Inicialmente se esperaba que los resultados de la citada subasta fuesen mixtos, ya que en las anteriores emisiones el interés medio de los bonos a tres años se limitó al 0,193%, y al 0,535% en el caso de la deuda a cinco años. En cambio a más largo plazo (a 15 años) el último precedente fijó su rentabilidad media en el 2,272%. Finalmente el importe adjudicado se elevó hasta los 5.507 millones de euros, por encima incluso del máximo previsto (5.500 millones de euros). Dicha circunstancia contrastaba con la práctica habitual durante los primeros meses del ejercicio 2015, cuando el Tesoro solía captar un importe próximo al rango medio previsto. La mayor parte de la cuantía captada correspondió a la nueva referencia a tres años, al acaparar 3.525 millones de euros. El interés medio se situó en el 0,246%. El anterior precedente en los bonos a tres años, con una referencia con un vencimiento más próximo, había deparado una rentabilidad media del 0,19%. Por su parte los 1.352 millones de euros adjudicados en bonos a cinco años se colocaron con una rentabilidad media del 0,641%, ligeramente por encima del 0,535% registrado en la anterior subasta de estos mismos títulos. Y n el caso de los bonos a 15 años, los 630 millones de euros fueron captados con un interés medio del 2,311%.

Con motivo de la subasta del Tesoro celebrada durante la segunda semana del mes de junio de 2015 se acometía el lanzamiento de bonos a tres, cinco y ocho años. Se trataba concretamente de bonos con cupón del 0,25% y vencimiento el 30 de abril de 2018; bonos con cupón del 1,15% y vencimiento el 30 de julio de 2020; y obligaciones con cupón del 5,4% y vencimiento el 31 de enero de 2023. *A priori* parecía claro que dicha subasta podría contribuir a encarecer el coste de financiación a estos plazos, ya que por aquel entonces, en el mercado secundario, el interés del bono a tres años superaba el 0,3%, mientras que la rentabilidad de la deuda a cinco años había llegado a superar la barrera del 1%. Así sucedió finalmente, ya que el Tesoro se vio obligado a elevar de manera notable los intereses ofrecidos para poder colocar un total de 5.760 millones de euros, cifra situada en la parte alta del objetivo previo.

En concreto, por los bonos a 3 y 5 años el Tesoro tuvo que doblar la rentabilidad con respecto a la anterior subasta, adjudicando un total de 1.720,07 millones de euros en bonos a tres años, a un interés marginal del 0,508 %, el doble que el 0,267 % aplicado en la anterior subasta de estas características, y con unas peticiones que superaron en 2,3 veces lo colocado (1,7 veces en la anterior ocasión). Lo mismo sucedió en los bonos a cinco años, que lograron una rentabilidad del 1,257 %, frente al 0,656%, y de los que se adjudicaron 3.218 millones de euros, con una demanda de los inversores que llegó a superar en 1,5 veces lo vendido. En cuanto a los bonos a 10 años el Tesoro colocó un total de 831 millones de euros a un interés marginal del 1,951 %, también superior al 1,893% aplicado en una subasta previa, llegando a superar las peticiones en 2,3 veces lo emitido.

Tal y como hemos tenido ocasión de precisar, uno de los principales objetivos fijados por el Tesoro para el ejercicio 2015 era el relativo a ampliar la vida media de la deuda del Estado en circulación, al objeto de dotar de una mayor estabilidad a las emisiones y menores acumulaciones de vencimientos. Pues bien, hasta el mes de abril de 2015 la vida media de la deuda del Estado en circulación se situaba en 6,59 años, cuando a final de 2014 era de 6,28 años. Este alargamiento del plazo se había logrado con mayores emisiones de deuda a 15 y de 30 a 50 años. De este modo mientras que a la finalización de 2014 las obligaciones a 15 años en circulación alcanzaban un volumen de 75.480 millones de euros, a finales de mayo de 2015 dicha cifra había aumentado hasta los 86.485 millones de euros. Y, mientras que el diciembre de 2014 las obligaciones de 30 a 50 años sumaban un total de 83.955 millones de euros, en mayo de 2015 alcanzaban los 91.817 millones de euros. La cifra correspondiente a los bonos a diez años en circulación se situaba en unos 290.000 millones de euros.

Por su parte las nuevas emisiones de letras de tres hasta nueve meses ofrecían hasta el mes de abril de 2015 un tipo medio ponderado del 0,347%.

Dicha rebaja en el tipo de interés que debía ofrecer ahora el Tesoro Público para colocar sus emisiones arrastraba a la baja el tipo medio de la deuda del Estado en circulación. De este modo, mientras que este tipo de interés se situaba en el 3,497% a la finalización de 2014, al cierre del mes de mayo de 2015 bajaba hasta el 3,324%.

En la subasta a celebrar el 16 de junio de 2015 de letras a 6 meses el Tesoro había fijado como objetivo colocar entre 3.500 y 4.500 millones de euros. Las anteriores subastas de títulos de estas características habían arrojado como resultados tasas negativas de interés, situándose la rentabilidad media en el -0,002% en las subastas de abril y mayo de 2015. *A priori* la existencia de un leve repunte podía llegar a provocar que el Tesoro tuviera que pagar de nuevo por colocar su deuda a corto plazo. Además de dichas letras a 6 meses la subasta del 16 de junio de 2015 tenía también como objetivo la colocación en el mercado de deuda a 12 meses, cuya rentabilidad más inmediata correspondiente a la subasta de mayo de 2015 se había situado en el +0,015%. No obstante las referencias adversas en el mercado de deuda podían alejar a estos títulos del 'coste cero'. De hecho, en previsión de un repunte en los intereses ofrecidos el Tesoro había enfriado sus objetivos de adjudicación, pasando sus planes por colocar un mínimo de 3.500 millones de euros y un máximo de 4.500 millones de euros. De hecho ya en la subasta precedente el Tesoro aprovechó el 'coste cero' para elevar esta cuantía por encima de los 5.000 millones de euros.

Finalmente dicho clima de incertidumbre que se vivía en los mercados por el estancamiento de la crisis griega terminó incidiendo en la emisión de deuda celebrada, captando el Tesoro un total de 4.020 millones de euros (en la parte media de la horquilla prevista) pero a costa de una fuerte subida de los intereses en las dos referencias a corto plazo vendidas. Concretamente se captaron 684 millones de euros en letras con un vencimiento a 6 meses, por las que abonó una rentabilidad media del 0,126% (poniendo fin así a la rentabilidad negativa procedente de las dos emisiones precedentes) y un total de 3.330 millones de euros en títulos a 12 meses, con un rendimiento medio del 0,248%, por encima del 0,015% ofrecido en la subasta anterior. *Mutatis mutandis* la demanda de los inversores también se vio sensiblemente reducida con respecto a la de ocasiones anteriores, si bien continuó siendo elevada. En concreto, el *ratio* de cobertura fue de 4,23 veces para la referencia a 6 meses (desde las 5,3 veces de mayo de 2015), mientras que en el caso de las letras a 1 año fue de 1,36 veces, frente a las 1,76 anteriores. En definitiva, nuevamente se proyectaban sobre los mercados de deuda pública las tensiones registradas en la renta fija, llegando a cotizar el bono español a diez años con una rentabilidad del 2,47% y elevándose el riesgo país por encima de los 170 puntos básicos, lo que representaba su máximo desde mayo de 2014. En el caso específico de las letras a un año, éstas no ofrecían un interés tan alto en una emisión desde diciembre de 2014.

Apenas un par de días después tenía lugar la celebración de una nueva subasta a través de la cual el Tesoro acudía nuevamente a los mercados con la finalidad de vender deuda a 3, 5 y 10 años con la que pretendía captar hasta 3.500 millones de euros. En efecto, además de colocar sus obligaciones a diez años con cupón del 2,15% y vencimiento el 31 de octubre de 2025, el Tesoro ponía en el mercado bonos a tres años con cupón del 0,25% y vencimiento el 30 de abril de 2018 y deuda con cupón del 4% y vencimiento el 30 de abril de 2020. De cara a la celebración de dicha subasta las previsiones existentes eran que se produjese un nuevo encarecimiento de la factura del Tesoro, superando el interés medio de los bonos a diez años el umbral del 2%[443]. Con carácter adicional se preveía que el interés pagado por colocar la deuda a diez años duplicara el abonado hace sólo tres meses.

Tras la celebración de la referida subasta el Tesoro captó un total de 3.465,6 millones de euros en deuda a tres, cinco y diez años, situándose así en la parte alta del rango de entre 2.500 y 3.500 millones que había calculado. De acuerdo con los datos desagregados de dicha subasta de los 3.465,6 millones de euros adjudicados, 836,23 millones de euros fueron a tres años con un interés marginal del 0,672%, superior al 0,508% anterior y el más elevado para este plazo desde noviembre de 2014; otros 656,40 millones de euros se captaron a cinco años con una rentabilidad del 1,306%, también por encima del 1,257% precedente y el mayor desde agosto de 2014); y los 1.972,99 millones de euros restantes se adjudicaron a diez años con un interés del 2,379%, en línea con lo marcado por el mercado secundario pero, por primera vez desde agosto de 2014, por encima del 2,3%. Las solicitudes formuladas por el conjunto de las entidades alcanzaron los 9.026,6 millones de euros, con lo que la *ratio* de cobertura fue elevada, de 2,6 veces.

443 Téngase presente además que, por aquel entonces, en el mercado secundario, los bonos a tres años cotizaban con una rentabilidad próxima al 0,4%-0,5%, mientras que el interés exigido a la deuda a cinco años se acercaba el 1,2%.

Una vez captados un total de 82.800 millones de euros, lo que representaba un 58,3% de la previsión de emisión a medio y largo plazo para todo el ejercicio 2015, que ascendía a 141.996 millones de euros, con fecha 23 de junio de 2015 el Tesoro regresaba nuevamente a los mercados con la finalidad de lanzar al mercado letras a tres y nueve meses. Y ello con una notable rebaja en sus costes de financiación, ya que el coste medio de la deuda del Estado a la emisión se situó en el 0,83 % a cierre de mayo de 2015, frente al 1,52 % de diciembre de 2014.

Dadas las turbulencias que por aquel entonces azotaban a los mercados de deuda[444] (motivadas, en buena medida, por la situación de Grecia) existía la posibilidad de que terminaran desapareciendo las tasas negativas de interés, quedando obligado el Tesoro a tener que pagar nuevamente por la colocación de su deuda a corto plazo. A tal efecto siendo los planes iniciales del Tesoro adjudicar un importe que oscilaría entre los 2.500 y los 3.500 millones de euros. Finalmente no fue posible repetir las tasas negativas de interés, pagando el Tesoro por colocar su deuda a corto plazo. El interés medio de las letras a tres meses pasó del -0,027% hasta el +0,010%. En el caso de las letras a 9 meses dicho repunte elevó la rentabilidad media desde el -0,005% previo hasta el +0,075%. El importe adjudicado en la citada subasta de 23 de junio de 2015 alcanzó los 3.381 millones de euros, cerca del máximo previsto (3.500 millones de euros). La mayor parte de dicha cuantía (un total de 2.975 millones de euros) se concentró en las letras a 9 meses, mientras que el volumen de las letras a tres meses fue de 406 millones de euros. La demanda se mantuvo firme, llegando a superar las peticiones la oferta 1,9 veces en los títulos a 9 meses y 4,4 veces en las letras a 3 meses.

---

[444] Debe precisarse no obstante que, a pesar de estas "turbulencias" que azotaban a los mercados de deuda pública de la Eurozona, países como Alemania continuaban beneficiándose de rentabilidades muy bajas. Baste señalar a este respecto que, a la finalización de la primera mitad del 2015, la rentabilidad sobre la deuda a corto plazo de Alemania había sido de un promedio del -0,23%. De las 19 subastas de 76.000 millones de euros acometidas en pagarés y bonos a largo plazo que no estaban vinculados a la inflación, nueve tenían rentabilidades negativas y once habían ofrecido cupón cero. Alemania había emitido por última vez un pagaré a dos años con un cupón diferente a cero en julio de 2014, procediendo en cambio en febrero y abril de 2015 a vender deuda a cinco años con un rendimiento negativo. Por otro lado más de la mitad de la deuda alemana pagaba cupones del 3% o menos. Y parte de su deuda a 30 años pagaba cupones que llegaban a ser sólo del 2,5%. Durante el 2016 vencían otros 90.000 millones de euros de la deuda con un cupón relativamente alto, la cual habría de ser reemplazada por financiación más barata gracias a los bajos tipos y las compras de bonos del BCE.

Con fecha 2 de julio de 2015, y en plena "tormenta financiera" provocada por el *default* de Grecia, el Tesoro lanzaba al mercado hasta cuatro tipos distintos de bonos, los cuales incluían plazos que oscilaban entre los 3 y los 15. Precisamente las citadas turbulencias desatadas en el mercado de deuda a raíz de la crisis griega (las cuales indudablemente podrían llegar a encarecer el coste de emisión del Tesoro) habían llevado a este último a diversificar su oferta y a mantener el freno en su ritmo de emisión. Inicialmente los planes del Tesoro pasaban por adjudicar en la subasta un importe máximo de 4.250 millones de euros en los distintos al mercado. La mayor parte de dicha cuantía (hasta un máximo de 3.500 millones) se concentraría en bonos 'ordinarios', desligados de la inflación. Concretamente la citada subasta ponía en el mercado bonos del Estado con cupón del 3,75% y vencimiento el 31 de octubre de 2018, bonos con cupón del 1,15% y vencimiento el 30 de junio de 2020, y obligaciones con cupón del 1,60% y vencimiento el 30 de abril de 2025.

En esta ocasión el importe adjudicado alcanzó los 4.180 millones de euros, cerca de máximo previsto. De dicha cifra, 587 millones de euros se concentraron en las obligaciones a 15 años vinculadas con la inflación, a las que luego nos referiremos. Por lo demás, el Tesoro adjudicó 934 millones de euros en bonos con vencimiento a 31 de octubre de 2018, con un interés medio del 0,691%, por encima del 0,655% de la anterior subasta similar, superando las peticiones de los inversores sobre este papel en 3 veces lo vendido. Asimismo colocó otros 601 millones en títulos con vida a cinco años, con un rendimiento medio del 1,291%, frente al 1,244% de la emisión anterior, siendo la *ratio* de cobertura de 4,6 veces. Finalmente el Tesoro captó un total de 2.052 millones en obligaciones a diez años por los que abonó una rentabilidad media del 2,258%, ligeramente por debajo del 2,439% ofrecido en la subasta precedente.

En todo caso las referidas "turbulencias" desatadas a raíz de la tercera crisis financiera de Grecia encarecieron el coste de emisión del Tesoro, situándose el interés medio de los bonos a tres años en el 0,691%, repuntando en los bonos a cinco años desde el 1,243% hasta el 1,291% y escalando en los bonos a diez años desde el 1,88% previo hasta el 2,25%.

Posteriormente, y tras el principio de acuerdo alcanzado por las instituciones comunitarias con Grecia el 13 de julio de 2015, apenas un día después el Tesoro regresaba a los mercados mediante el lanzamiento de una nueva emisión de letras a 6 y 12 meses. En la anterior subasta de estos títulos el Tesoro había limitado el importe captado a 4.000 millones de euros. Sin embargo para esta nueva emisión decidió elevar sus objetivos hasta los 6.000 millones de euros. Finalmente la cifra obtenida se situó en 5.771 millones de euros, bajando el interés de las letras a seis del 0,12% a apenas un 0,02%, al borde de las tasas negativas. En efecto, la rentabilidad media de las letras a seis meses bajó desde el 0,126% hasta el 0,021%, a un paso de las tasas negativas de interés. Con carácter adicional el Tesoro logró abaratar el coste medio de las letras a 12 meses, el cual pasó desde el 0,248% de junio hasta el 0,110%. Estos títulos acapararon un total de 4.960 de los 5.771 millones adjudicados. Así las cosas el Tesoro colocó un total de 811 millones de euros en letras con un vencimiento a seis meses, por las que ofreció un rendimiento medio del 0,021%, desde el 0,126% de 16 de junio de 2015. Y, tal y como se ha señalado, adjudicó otros 4.960 millones de euros en títulos con vida a 12 meses, con una rentabilidad media del 0,11%, frente al 0,248% abonado en la subasta precedente. Por otra parte, a pesar de elevarse sustancialmente la cuantía emitida el colchón de la demanda se mantuvo estable, llegando a superar las peticiones 1,5 veces la oferta en las letras a 12 meses y 4,4 veces en los títulos a seis meses, en línea con las *ratios* de cobertura registradas en junio de 2015 (1,4 y 4,2, respectivamente).

Apenas un par de días después el Tesoro retornaba nuevamente a los mercados con el objetivo de acometer una nueva emisión, centrada esta vez en la emisión de títulos a medio y largo plazo. Al igual que en la subasta de letras, el Tesoro disparó sus objetivos de adjudicación, pasando sus planes por colocar hasta 6.500 millones de euros. Los títulos sacados al mercado en esta ocasión eran bonos con cupón del 0,25% y vencimiento el 30 de abril de 2018; obligaciones con cupón del 2,15% y vencimiento el 30 de octubre de 2025; títulos con cupón del 1,95% y vencimiento el 30 de julio de 2030; y obligaciones con cupón del 4,7% y vencimiento el 30 de julio de 2041.

Inicialmente el objetivo fijado por el Tesoro para esta nueva subasta pasaba por aprovechar la mejora generalizada acaecida en los mercados y situar la rentabilidad media de los bonos a tres años por debajo del 0,65% pagado en la anterior subasta. Del mismo modo, el interés de los bonos a diez años podría situarse al filo del 2%, claramente por debajo del 2,34% contabilizado en la ocasión precedente. Finalmente la mejora generalizada experimentada en los mercados tras el acuerdo alcanzado entre Grecia y los acreedores internacionales posibilitó que el Tesoro captase un total de 6.392 millones de euros en deuda a medio y largo plazo, en línea con su objetivo (5.500-6.500 millones de euros), y a tipos de interés mayoritariamente más bajos. Concretamente el Tesoro captó en bonos a tres años con cupón del 0,25% 2301 millones de euros, con un tipo marginal del 0,409%; en obligaciones a 10 años con cupón del 2,15% se colocaron 2198 millones de euros con un tipo marginal del 2,11%; se adjudicaron 877 millones de euros en obligaciones a 15 años con cupón del 1,95%, a un tipo marginal del 2,642%; y en obligaciones con vencimiento en 2041 y cupón del 4,7%, el Tesoro colocó 1016 millones de euros a un tipo marginal del 3,191%.

El Tesoro logró así abaratar la rentabilidad media de los bonos a tres años desde el 0,655% contabilizado en junio de 2015 hasta el 0,395%. El interés medio de los bonos a diez años volvió a acercarse al nivel del 2% habitual, resultando minorado el coste desde el 2,349% precedente hasta el 2,09% registrado en dicha subasta[445]. En consecuencia la celebración de esta subasta condujo hacia un ligero repunte en los costes de emisión. El interés medio de los bonos con vencimiento el 30 de julio de 2030 fue del 2,627%, frente al 2,311% anterior. Por último, el Tesoro colocó las obligaciones con vencimiento en el año 2041 con una rentabilidad media del 3,177%, por debajo del 3,455% previo. La variedad de la oferta existente contribuyó a mantener la ratio de cobertura en el entorno de las 1,5 veces en los tres bonos a más largo plazo. En el caso de la deuda a tres años el colchón de la demanda fue más elevado, superando las peticiones la oferta 2,1 veces.

Con fecha 21 de julio de 2015 el Tesoro regresaba nuevamente a los mercados, en esta ocasión con el objetivo de colocar entre 3.500 y 4.500 millones de euros en una subasta de letras, vendiendo letras a 3 y 9 meses. Pues bien a resultas de la celebración de la citada subasta el Tesoro volvió a cobrar por colocar dichas letras a 3 meses, logrando captar un total de 4.186 millones de euros. Concretamente el Tesoro colocó 441 millones de euros en letras a 3 meses con un interés del -0,05%, frente al 0,015 de la anterior emisión similar y al -0,025% de la subasta previa, tratándose del tipo más bajo de la historia para la referencia a 3 meses. En cuanto a las letras a 9 meses, captó un total de 3.745 millones de euros a un interés del

[445] Concretamente el anterior precedente en el caso de los bonos a 15 años se remontaba al mes de mayo de 2015, antes del nuevo estallido de la crisis griega.

0,029%, frente al 0,075% de la subasta precedente. Por otra parte el Tesoro recibió peticiones por importe de 3.151 millones para las letras a 3 meses y de 6.745 millones para las de 9 meses.

Tras la presentación por parte del Ejecutivo del Proyecto de Ley de Presupuestos Generales del Estado, con fecha 6 de agosto de 2015 el Tesoro regresaba nuevamente a los mercados al objeto de adjudicar un importe mínimo de 4.000 millones de euros y un máximo de 5.000 millones de euros. El Tesoro ofrecía al mercado tres plazos distintos de deuda, a 3, 5 y 10 años. En concreto, lanzaría bonos con cupón del 4,10% y vencimiento el 30 de julio de 2018; deuda con cupón del 1,15% y vencimiento el 30 de julio de 2020; y obligaciones con cupón del 4,65% y vencimiento el 30 de julio de 2025.

A priori el contexto favorable existente habría de propiciar un nuevo abaratamiento en los costes de financiación de la deuda española. Téngase presente que en el mercado secundario el interés exigido al bono español a diez años se mantenía por aquel entonces por debajo del umbral del 2%. Concretamente en la última subasta de deuda a diez años (aunque con vencimiento en octubre de 2025 en lugar de julio de 2025) el interés medio se situaba encima del 2%, en el 2,09%. Por su parte el coste de financiación de los bonos a cinco años podía bajar del nivel del 1% y situarse por debajo del 1,29% pagado en la subasta precedente de estos mismos títulos. Y, en el caso de los bonos a tres años, su rentabilidad media podía rondar el 0,3%. En la subasta previa de bonos a tres años celebrada en julio de 2015 dicho porcentaje se elevó al 0,39%, si bien esta deuda tenía vencimiento en abril de 2018 en lugar de en julio de 2018, como sucedía con los títulos adjudicados en la subasta de 6 de agosto de 2015.

Conviene tener en cuenta por otra parte que, por aquel entonces, la nueva deuda de referencia a diez años había pasado a ser el bono con vencimiento en octubre de 2025. Este aumento del plazo implicaba un consiguiente repunte en los intereses, favoreciendo el incremento de su rentabilidad por encima del nivel del 2%. Y ello a resultas de la existencia de un freno en las compras efectuadas y por las previsiones relativas a una futura subida de tipos de interés. Con carácter adicional el citado cambio de referencia en el bono español a diez años contribuyó a elevar la prima de riesgo hacia el umbral de los 130 puntos básicos y a ampliar el balance desfavorable existente respecto de la deuda pública italiana.

El resultado final de la citada subasta se concretó en la captación de un total de 4.904 millones de euros. Respecto de los bonos a diez años se obtuvieron un total de 1.291 millones de euros, situándose el interés medio en el 1,98%, cuando en la anterior subasta de deuda a diez años (aunque con bonos con vencimiento en octubre de 2025 en lugar de julio de 2025) el interés medio se había situado por encima del 2%, en el 2,09%. Por su parte el coste de financiación de los bonos a cinco años logró bajar del nivel del 1%. La rentabilidad media en los 1.742 millones adjudicados a este plazo de cinco años se desinfló al 0,91%, claramente por debajo del 1,29% pagado en la subasta precedente de estos mismos títulos. Finalmente, en el caso de los bonos a tres años, su rentabilidad media se situó en el 0,341%, frente al 0,39% de la subasta anterior, si bien esta última deuda tenía vencimiento en abril de 2018 en lugar de en julio de 2018. Por otro lado a pesar de que, como se ha señalado, el importe adjudicado rozó los 5.000 millones de euros, la demanda se mantuvo firme, superando las peticiones la oferta 2,1 veces en los bonos a tres años, 1,8 veces en la deuda a cinco años y 1,7 veces en los bonos a diez años.

Así las cosas a resultas de la celebración de esta nueva subasta el Tesoro vendió un total de 1.871,02 millones en obligaciones con cupón del 4,10% y vencimiento a 30 de julio de 2018, situándose los intereses del papel a 3 años por debajo de los niveles registrados en referencias similares en las últimas subastas al quedar el tipo medio en el 0,341% y el marginal en el 0,351%. Respecto de los bonos a cinco años se colocaron 1.741,85 millones de euros con cupón del 1,15% y vida a 30 de julio de 2020. En este caso las peticiones superaron los 3.000 millones, 1,8 veces lo vendido, bastante menos que en la anterior ocasión (4,6 veces). Los intereses del bono a cinco años cayeron respecto de la subasta precedente y se situaron de nuevo por debajo del 1%, pasando el tipo medio del 1,291% al 0,916% y el marginal del 1,305% al 0,940%. Por último el Tesoro emitió 1.290,54 millones en obligaciones con cupón del 4,65% y vencimiento a 30 de julio de 2025, superando la demanda de los inversores los 2.200 millones de euros (1,7 veces lo colocado), si bien resultando más baja que en la anterior ocasión, cuando superó en 1,9 veces lo vendido. Los intereses, por su parte, cayeron respecto a la obligación a 10 años precedente. En cualquier caso, el tipo medio se situó en el 1,982% y el marginal en el 1,993%, ambos por debajo del 2%.

Una vez finalizada la anterior subasta el Tesoro había logrado cerrar numerosas subastas de deuda y, concretamente, de letras a tres, seis, nueva y doce meses en niveles muy cercanos a cero o, incluso negativos, logrando captar un total de 30.138 millones de euros a coste cero, sin tener que abonar ningún tipo de interés a los inversores por dicha cifra. Este alto nivel de colocaciones de deuda a coste cero permitía además al Tesoro afrontar en una mejor disposición los vencimientos correspondientes a 2015 (los mayores de su historia), dado que a través de la celebración de emisiones a corto plazo se persigue refinanciar deuda y afrontar amortizaciones. Y ello teniendo presente que, como ya se ha analizado a lo largo del presente trabajo, durante los momentos de mayor incertidumbre experimentados por los mercados de deuda pública, en los que los mercados de financiación estuvieron prácticamente cerrados, el Tesoro se vio obligado a emitir a corto y, en menor medida, medio plazo, procediendo a colocar deuda a intereses muy altos ante las duras exigencias de los inversores.

Durante la tercera semana del mes de agosto de 2015 el Tesoro esperaba colocar entre 7.000 y 9.000 millones de euros mediante la emisión de letras, bonos y obligaciones. La primera de esas subastas se celebró el 18 de agosto, con una emisión de letras a 6 y 12 meses en la que el Tesoro preveía adjudicar entre 4.500 millones y 5.500 millones de euros. Tras la celebración de la misma el Tesoro anunció el cumplimiento del objetivo máximo de colocación al adjudicar un total de 5.451 millones de euros en letras a seis y doce meses, cumpliéndose así los objetivos de captación fijados a tipos más bajos que en la anterior subasta de este tipo. Los tipos de interés alcanzados fueron más bajos que en la subasta precedente y, en el caso de las letras a seis meses, el Tesoro se financió incluso a tipos negativos. Concretamente fueron adjudicados 5.451 millones de euros en letras a seis y doce meses. Mientras que en las letras a 12 meses se colocaron un total de 4.851 millones de euros a un tipo marginal del 0,029%, frente al 0,122% de la subasta anterior[446], en letras a seis meses el Tesoro se financió a tipos negativos, al adjudicar un total de 636 millones de euros a un tipo marginal del -0,001% frente al 0,028% de la subasta previa[447]. La *ratio* de demanda

[446] Con carácter adicional respecto de esta subasta de letras doce meses el tipo medio pasó del 0,110% al 0,024% y el marginal del 0,122% al 0,029%.

[447] Respecto de esta emisión de letras a seis meses el Tesoro emitió un total de 636 millones de euros con un interés medio negativo del 0,014%, frente al 0,021% de la subasta anterior. El tipo marginal, por su parte, pasaba del 0,028% al -0,001%.

fue de 1,7 veces, por encima de las 1,5 veces de la anterior emisión de este tipo de deuda.

Dos días después el Tesoro regresaba a los mercados con una nueva subasta de bonos con cupón del 0,25% y vencimiento el 30 de abril de 2018; de obligaciones, con cupón del 4,80% y vencimiento el 31 de enero de 2024; y de obligaciones, con cupón del 2,15% y vencimiento el 30 de octubre de 2025. En el presente caso el importe que el Tesoro preveía adjudicar en esta emisión fluctuaba entre los 2.500 millones y los 3.500 millones de euros. Nuevamente el Tesoro volvía a cumplir sus objetivos de captación, colocando un total de 3.495 millones en bonos y obligaciones con vencimientos en 2018, 2024 y 2025, logrando además abaratar el coste de su financiación. Así las cosas el Tesoro colocó 1.582 millones de euros en bonos con vencimiento en 2025 a un tipo marginal del 1,917%, por debajo del 2,110% de la subasta anterior, lo que significaba una sensible rebaja de los costes de financiación. Con vencimiento en 2024, adjudicó una suma final de 1.135 millones de euros, situándose el tipo marginal en el 1,712%. El menor importe colocado fue para los títulos que vencían en 2018, siendo el tipo marginal de los 778 millones adjudicados en dicha emisión del 0,342%, frente al 0,409% precedente.

En plena tormenta de la crisis financiera desatada por los mercados bursátiles chinos con fecha 25 de agosto de 2015 el Tesoro regresaba nuevamente a los mercados con el objetivo de colocar entre 3.000 y 4.000 millones de euros en una subasta de letras a 3 y 9 meses. El resultado de la celebración de esta nueva subasta se concretaba en la captación de un total de 3.965 millones de euros con tipos negativos en el plazo más corto, adjudicándose en letras a tres y nueve meses el máximo previsto, 3.965 millones de euros, y a tipos más bajos de los de la anterior subasta de este tipo. Concretamente en letras a tres meses el Tesoro colocó 375 millones de euros a tipos negativos (-0,067% frente al -0,05% de la subasta anterior). Y para los títulos a nueve meses, de los que colocó un total de 3.590 millones de euros, pagó un 0,028%, ligeramente inferior al 0,029% de la subasta previa.

El interés de los inversores por la deuda española continuaba pues siendo notable, ya que la demanda global de títulos, que superó en esta ocasión los 7.311 millones de euros, casi duplicó la oferta, con un ratio de cobertura o proporción entre lo solicitado y lo finalmente emitido de 1,8 veces. En el caso de las letras a tres meses, la demanda fue tan alta que casi septuplicó la emisión del Tesoro, lo que permitió volver a cobrar a los inversores por comprar títulos de este plazo. Por su parte la demanda de las letras a 9 meses también fue muy elevada, de 5.265 millones de euros, aunque al final el importe emitido quedó en 3.590 millones.

Ya durante el mes de septiembre de 2015, con fecha 3 de septiembre el Tesoro acometía el lanzamiento de tres nuevas emisiones de títulos a cinco años con cupón del 1,15% y vencimiento el 30 de julio de 2020; obligaciones a 10 años con cupón del 2,15% y vencimiento el 31 de octubre de 2025; y bonos con cupón del 5,15% y vencimiento el 31 de octubre de 2044. Las referencias del mercado secundario apuntaban por aquel entonces a un ligero incremento en los costes de financiación. Así, en los bonos a cinco años el interés superaba ligeramente el umbral del 1%, frente al 0,91% del coste medio registrado en la anterior subasta de estos títulos. El bono de referencia a diez años cotizaba en el mercado secundario por encima del 2,1%, pudiendo situarse dicho porcentaje por encima del 1,91% contabilizado en la emisión precedente de estos mismos bonos. Y el mayor incremento de los costes se concentraría en las obligaciones a 30 años, respecto de la cual se preveía que el interés medio pudiera rondar el 3,2%, muy lejos del 2,06% registrado en la anterior colocación de estos bonos.

Tras la celebración de esta subasta terminaron encareciéndose los costes de emisión de los bonos lanzados. Pasando los planes iniciales del Tesoro por adjudicar un importe máximo de 6.000 millones de euros la cuantía adjudicada finalmente rozó dicho tope, al alcanzar los 5.908 millones de euros, muy por encima de los 3.500 millones colocados en la anterior emisión de bonos. La mayor parte de la emisión se concentró en los bonos a cinco y diez años, con la adjudicación de 1.821 y 2.224 millones de euros, respectivamente. En cuanto al importe colocado en la emisión de bonos a 30 años, ascendió a 878 millones de euros.

En los bonos a cinco años el interés medio superó ligeramente el umbral del 1%, al situarse en el 1,05%, frente al 0,91% del coste medio registrado en la anterior subasta de estos títulos. Por su parte el bono de referencia a diez años se afianzó en el mercado secundario por encima de la barrera del 2%, incluso del 2,1%, alcanzando el interés medio el 2,12%, por encima del 1,91% contabilizado en la emisión precedente de estos mismos bonos. No obstante el mayor incremento de los costes se concentró en las obligaciones a 30 años, en las que el interés medio se situó en el 3,21%, muy lejos del 2,06% registrado en la anterior colocación de estos bonos.

Por tanto el Tesoro adjudicó 1.821 millones de euros en bonos a cinco años, a interés marginal del 1,070%, superior al 0,940% previo, y otros 2.224 millones en obligaciones a 10 años, con vencimiento en octubre de 2025, y que salieron a un interés del 2,146%, por encima del 1,936% anterior. Asimismo se colocaron 878 millones en obligaciones a 30 años, que vencían el 31 de octubre de 2044, y a las que aplicó un interés del 3,227%, también por encima del 3,191% precedente.

A resultas de dicha emisión el Tesoro llevaba ya captados desde el inicio del ejercicio 2015 un total de 110.100 millones de euros, lo que representaba un 77,5% de la previsión de emisión a medio y largo plazo para todo el ejercicio que figuraba en la estrategia publicada a principios del mismo, y que ascendía a un total de 141.996 millones de euros. El coste de la deuda del Estado a la emisión se situaba por aquel entonces en el 0,87%, frente al 1,52% de diciembre de 2014.

De cualquier manera en su posterior subasta de 15 de septiembre de 2015 el Tesoro acudía al mercado con la finalidad de colocar letras a 6 y 12 meses, pasando su objetivo por adjudicar un importe que oscilaba entre los 4.500 y los 5.500 millones de euros. Tras la celebración de dicha subasta el Tesoro vendió en los mercados 472,90 millones de euros en letras a seis meses a un tipo de interés marginal cercano a cero (0,002%), superando la demanda en 6,5 veces lo adjudicado, frente a las 5,6 veces de la emisión previa, y situándose por encima de los 3.000 millones de euros. Por lo que respecta a las letras a 12 meses, el Tesoro colocó un total de 4.463,71 millones de euros, con una rentabilidad marginal que también subió desde el 0,029% de la subasta previa al 0,053%. En este caso, la demanda se situó en 6.793 millones de euros, superando en 1,5 veces lo vendido, frente a las 1,7 veces de la emisión anterior. Así las cosas el importe final adjudicado se limitó a un total de 4.937 millones de euros, de los cuales 4.464 millones se concentraron en los títulos a más largo plazo, a un año. La emisión contó con un amplio colchón de la demanda, llegando a superar las peticiones 6,5 veces la oferta en títulos a 6 meses, y 1,5 veces en las letras a 12 meses.

Dos días después el Tesoro regresaba nuevamente a los mercados para lanzar una emisión de deuda a medio y largo plazo. Los títulos ofertados eran en esta ocasión bonos a tres, cinco y diez años, situándose el importe previsto de adjudicación entre el mínimo de 4.000 millones de euros y el máximo de 5.000 millones. En relación con esta subasta el Tesoro logró completar la emisión de un total de 4.812 millones de euros en bonos a 3, 5 y 10 años sin grandes cambios en sus rentabilidades. El interés medio en los bonos a tres años se situó en el 0,402%, ligeramente por encima del 0,342% registrado en la subasta precedente. En el caso de los bonos a cinco años, la rentabilidad media alcanzó el 1,016%, justo por debajo del 1,05% contabilizado en la anterior subasta. En cuanto al coste derivado de emisión de la deuda a diez años, éste se mantuvo prácticamente estable respecto a la anterior subasta, situándose el interés medio en el 2,145%, sin apenas cambios respecto al 2,128% previo. Pasando los planes del Tesoro por adjudicar un importe máximo de 5.000 millones de euros la cuantía colocada finalmente rozó esta cifra, al alcanzar los 4.812 millones de euros, repartiéndose el citado importe de manera casi equitativa en los tres plazos ofertados: 1.835 millones a tres años, 1.415 millones a cinco años y 1.562 millones a diez años. El importe solicitado superó los 10.700 millones de euros, 2,2 veces por encima de lo que el Tesoro colocó finalmente en los mercados.

Las emisiones de letras a tres y nueve meses volvieron a salir a subasta durante la tercera semana del mes de septiembre de 2015, celebrándose el día 22 una nueva subasta de esta clase de títulos a resultas de la cual el Tesoro logró colocar de nuevo letras a 3 meses con intereses negativos, como ya hizo en la subasta precedente con esta referencia. En concreto, el Tesoro captó un total de 511 millones de euros en letras a 3 meses con una rentabilidad del -0,105%, frente al -0,067% de la anterior colocación. En esta emisión la demanda superó en 4,4 veces lo colocado (5,4 veces en la anterior ocasión). El tipo medio de estas letras pasaba así del -0,072% de la anterior subasta al -0,111% y el marginal del -0,067% al -0,105%.

En cambio a 9 meses el Tesoro tuvo que pagar una rentabilidad del 0,034% para captar un total de 2.785 millones de euros, por encima del 0,028% de la subasta anterior. En total el Tesoro logró colocar 3.296 millones en dichas subastas de letras a 3 y 9 meses, volviendo a ofrecer a los inversores intereses negativos por el papel a 3 meses. Respecto de esta emisión la demanda registrada llegó a superar en 2,2 veces lo colocado (1,5 veces en la anterior ocasión), pasando el tipo medio del 0,022% al 0,031% y el marginal del 0,028% al 0,034%.

La siguiente cita del Tesoro con los mercados tuvo lugar ya en el mes de octubre, a principios del citado mes. Con fecha 1 de octubre de 2015 el Tesoro acudió a los mercados para celebrar una nueva subasta de bonos y obligaciones del Estado. En principio el objetivo de colocación oscilaba entre un mínimo de 3.500 y un máximo de 4.500 millones de euros. En esta ocasión se ofertaban bonos del Estado a tres años con cupón 0,25%, bonos a cinco años al 1,15% y obligaciones al 4,65% y con vencimiento en 2025. Para determinar la evolución del coste de financiación, la referencia en los bonos a tres años era del 0,412% (correspondiente a la pasada subasta de 17 de septiembre), mientras que en los Bonos a cinco años era el 1,028% (correspondiente a la misma jornada). Finalmente en el caso de las obligaciones con vencimiento en 2025, la referencia era el interés marginal del 1,239% de la subasta del 9 de abril de 2015.

Tras la celebración de las citadas subastas el Tesoro logró abaratar significativamente los costes de emisión de su deuda. Siendo como se ha señalado el objetivo previsto la adjudicación de entre 3.500 y 4.500 millones de euros a 3, 5 y 10 años el importe final alcanzó los 4.050 millones de euros. El coste de financiación registró una caída significativa, en especial en la colocación de 1,136 millones de euros en bonos a cinco años. Y es que mientras que en la anterior emisión de estos títulos el interés medio se había situado justo por encima del 1%, en el 1,01%, en la subasta de 1 de octubre de 2015 la rentabilidad bajó con claridad de dicho 1%, hasta situarse en el 0,875%. La rebaja de costes se extendió igualmente a los 951 millones adjudicados en bonos a tres años. La rentabilidad media se abarató hasta el 0,335% frente al 0,402% registrado en la anterior emisión de los bonos. En cuanto al último de los plazos lanzados al mercado (que incluía la emisión de unos bonos distintos a los utilizados como referencia a 10 años) el Tesoro colocó un total de 1.963 millones en obligaciones con cupón del 4,65% y vencimiento el 30 de julio de 2025, un plazo inferior al del bono de referencia a 10 años, que expiraba el 31 de octubre de 2025, situándose en el presente caso el interés medio en el 1,837%.

Esta rebaja en los costes de financiación se produjo en paralelo a un repunte del colchón de demanda. Las peticiones efectuadas superaron la oferta 4,2 veces en los bonos a tres años, 3,1 veces en los títulos a cinco años y 1,8 en las obligaciones a 10 años. A la situación anterior se sumó, además, el dato en virtud del cual el interés exigido al bono español a diez años bajó claramente en dicha fecha del 2% con el que cotizaba previamente. Dicho descenso permitió enfriar la prima de riesgo desde los 140 hasta el entorno de los 130 puntos básicos.

Tras la elevación efectuada por la Agencia de Calificación de Riesgos *Standard & Poor's* a principios del mes de octubre de 2015 de la nota de la deuda de España hasta BBB+ procedente de BBB[448] con perspectiva estable con fecha 13 de octubre de 2015 el Tesoro acudía nuevamente a los mercados con el objetivo de poner en circulación letras a seis y doce meses con las que esperaba conseguir entre 3.500 y 4.500 millones de euros. Dada la citada elevación crediticia resultaba posible anticipar rebajas en los costes de financiación de España en dicha emisión prolongándose así una tendencia que ya se había consolidado a lo largo del ejercicio 2015, con alguna salvedad. Así sucedió finalmente, al abaratarse sensiblemente los costes de financiación, hasta el punto de deparar, de nuevo, rentabilidades negativas. El interés medio de las letras a 6 meses bajó desde el 0,000% registrado en la anterior subasta hasta el -0,007%. De esta forma el Tesoro, dos meses después, volvía a cobrar por su deuda a medio año. Esta mejora se extendió igualmente a las letras a 12 meses, al borde de nuevo de los 'tipos cero'. La rentabilidad media de los títulos a un año descendió desde el 0,048% hasta el 0,014%. Tampoco se plantearon problemas de demanda a pesar del descenso en los intereses ofrecidos. A 6 meses se adjudicaron un total de 1.265 millones de euros, frente a unas peticiones que superaron los 3.000 millones. Y en las letras a 12 meses se emitieron un total de 2.856 millones de euros, con unas peticiones de 7.376 millones de euros. El importe total adjudicado alcanzó los 4.121 millones de euros, por debajo del máximo previsto, 4.500 millones de euros.

Posteriormente con fecha 15 de octubre de 2015 el Tesoro procedía a emitir bonos a 3 años con cupón del 0,25% y vencimiento a 30 de abril de 2018; obligaciones a 10 años con cupón del 2,15% y vida a 31 de octubre de 2025; y obligaciones a 15 años con cupón del 1,95% y vencimiento a 30 de julio de 2030. El objetivo inicial de la presente subasta pasaba por adjudicar un máximo de 4.500 millones de euros en bonos. A tal efecto se

---

[448] En efecto, tal y como tendremos ocasión de analizar la citada Agencia había mejorado la nota de España atendiendo al sólido comportamiento de una economía que se había ido equilibrando en los últimos cuatro años gracias a las reformas estructurales que permitieron mejorar la competitividad de las exportaciones y del sector servicios, así como crear unas condiciones de financiación más favorables.

estimaba que la rentabilidad media de los bonos a tres años podía situarse cerca del 0,33% contabilizado en la anterior subasta de estos títulos, celebrada apenas dos semanas antes de la citada fecha. Por su parte los bonos a diez años podían deparar una de las mayores rebajas en los costes de financiación, dado que su interés en el mercado secundario rondaba el 1,8%, muy por debajo del 2,12% registrado en la subasta precedente. Finalmente la mejora en los costes podía extenderse igualmente a las obligaciones con vencimiento a 15 años, respecto de las cuales el interés medio rondaba el 2,4% en el mercado secundario, habiendo sido en la subasta de estos títulos la rentabilidad media del 2,62%.

El resultado de esta nueva subasta significó igualmente un abaratamiento de los costes. Así la rentabilidad media de los bonos a tres años se abarató hasta el 0,263%, por debajo del 0,33% contabilizado en la anterior subasta de estos títulos. En el caso de la subasta de los bonos a diez años se produjo la mayor rebaja en los costes de financiación, bajando el interés medio hasta el 1,767%, muy por debajo del 2,12% registrado en la subasta precedente. Dicha mejora en los costes se extendió igualmente a las obligaciones con vencimiento a 15 años. El interés medio se replegó hasta el 2,301%. En la anterior subasta de estos títulos la rentabilidad media fue del 2,62%. El importe adjudicado finalmente se limitó a 3.985 millones de euros. La mayor cuantía, 1.600 millones de euros, se concentró en los bonos a diez años, frente a los 1.385 millones a tres años y los 1.000 millones de euros a 15 años.

A resultas de esta nueva subasta, y con efectos desde el inicio del ejercicio 2015, el Tesoro había captado un total de 125.780 millones, un 88,6% de la previsión de emisión a medio y largo plazo para todo el año (141.996 millones). El coste medio de la deuda del Estado a la emisión se situaba ya en el 0,88% a cierre de septiembre de 2015, frente al 1,52% de diciembre de 2014.

Con motivo de la siguiente subasta a celebrar por el Tesoro se encaraba una nueva emisión de letras a tres y nueve meses por importe de hasta 3.000 millones de euros a través de la cual se pretendía adjudicar un mínimo de 2.000 millones y un máximo de 3.000 millones de euros. Inicialmente se estimaba que la rentabilidad exigida a las letras a 3 meses podría situarse en línea con el -0,111% registrado en la anterior colocación de estos títulos. Con carácter adicional se planteaba la oportunidad de emitir a coste cero sus letras a 9 meses, especialmente teniendo presente que en la subasta precedente de esta clase de títulos el interés medio de estos títulos se quedó a las puertas de las rentabilidades negativas, al limitarse al +0,031%. Con carácter general la celebración de la citada subasta se producía en un marco caracterizado por la existencia de una tendencia a la baja en los intereses de la deuda europea, concurriendo tasas negativas de inflación en la Eurozona (-0,1% frente al objetivo próximo al 2% fijado por el BCE) así como una mayor debilidad del crecimiento global.

El importe adjudicado en esta nueva subasta se elevó hasta 2.236 millones de euros. De dicha cifra, 285 millones de euros correspondieron a las letras a 3 meses y el resto, unos 1.951 millones de euros, a los títulos a 9 meses. Se produjo así un freno en la emisión de deuda a pesar de la rebaja generalizada en los costes de financiación. No obstante la citada colocación de deuda volvió a reafirmar los intereses negativos en la deuda a corto plazo, ya que la rentabilidad media de las letras a 3 meses se situó en el -0,081%, cerca del -0,111% registrado en la anterior colocación de estos títulos. Con carácter adicional el Tesoro logró emitir con rentabilidades negativas sus letras a 9 meses. Mientras que en la subasta precedente el interés medio de dichos títulos se quedó a las puertas de las tasas negativas al limitarse al +0,031% en la presente ocasión el interés medio bajó hasta el -0,006%.

A principios del mes de noviembre el Tesoro recuperó sus emisiones de deuda a más largo plazo (30 años) previéndose a tal efecto que pudiera llegar a pagarse menos del 3% por sus obligaciones con vencimiento el 31 de octubre de 2044. En el mercado secundario su interés cotizaba por aquel entonces sobre el 2,8%, claramente por debajo del 3,21% registrado en la subasta precedente de esta clase de deuda. Asimismo se acometía el lanzamiento de deuda a 10 años. Así las cosas se lanzaban al mercado un total de entre 2.000 y 3.000 millones en obligaciones a 10 años con cupón del 2,15% y vencimiento a 31 de octubre de 2025 y obligaciones a 30 años con cupón del 5,15% y vida hasta el 31 de octubre de 2044. El resultado de esta subasta fue la consecución de una nueva rebaja en los costes de financiación. Así, respecto de la emisión de deuda a más largo plazo, a 30 años, el Tesoro logró pagar menos del 3% por sus obligaciones con vencimiento el 31 de octubre de 2044. El interés medio fue del 2,88%, claramente por debajo del 3,21% registrado en la subasta precedente, colocándose un total de 1.032 millones de euros. Por lo que respecta a la emisión de deuda a 10 años la rentabilidad de la emisión se situó en el 1,746%, alcanzándose un volumen global de emisión de 1.567 millones de euros.

Esta tendencia de intereses negativos en la deuda trató de ser ampliada por el Tesoro con motivo de la subasta celebrada el 17 de noviembre de 2015, relativa a la emisión de letras a 6 y 12 meses, a través de la cual se buscaba colocar entre 4.000 y 5.000 millones de euros. Inicialmente el objetivo del Tesoro pasaba por colocar sus letras a 6 meses a un interés medio próximo al -0,007% registrado en la subasta precedente, alcanzando además la emisión a 'coste cero' de sus letras a 12 meses frente al resultado de la subasta previa, en la que el interés medio se situó en el +0,014%. Los resultados de la celebración de la citada subasta arrojaron finalmente un dato significativo, como fue que el Tesoro colocó sus primeras letras a 12 meses con tasas negativas de rentabilidad. Dichas tasas negativas alcanzaron además a las letras a seis meses. Concretamente el Tesoro colocó sus letras a 6 meses a un interés medio del -0,098%, mejorando claramente el -0,007% registrado en la subasta precedente. En relación con esta emisión la demanda superó en 3,78 veces la oferta de papel.

Con carácter adicional el Tesoro logró ampliar por primera vez las tasas negativas de interés a sus letras a 12 meses, situándose el porcentaje en el -0,049%[449], frente al anterior interés medio del +0,014%, y siendo la ratio de cobertura igualmente elevada, de 2,09 veces, si bien algo por debajo de la de la anterior subasta (2,58).

El volumen total de colocación alcanzó los 4.465 millones de euros (en el rango medio de sus objetivos de emitir entre 4.000 y 5.000 millones de euros). A 6 meses adjudicó un total de 950 millones, frente a unas peticiones

[449] Cabe recordar no obstante a este respecto que, tal y como ya se ha señalado a lo largo del presente trabajo, la Secretaría General del Tesoro y Política Financiera dictó una Resolución en agosto de 2014, en la que revisó el procedimiento de adjudicación de las letras para proteger al pequeño inversor y evitar que termine perdiendo dinero en las subastas cuando la rentabilidad entra en terreno negativo. De este modo el Tesoro no les adjudica títulos en las subastas si el rendimiento es inferior al 0%. Los denominados inversores particulares sólo pueden acudir a las emisiones de letras mediante las subastas no competitivas, constituyendo las llamadas "peticiones no competitivas" aquellas en las que el comprador declara la cantidad que quiere adquirir, pero no la rentabilidad mínima que espera. Estas adquisiciones se adjudican automáticamente al tipo medio ponderado. Pues bien a la finalización de la citada subasta del 17 de noviembre de 2015 el citado tipo medio iba desde el -0,081% de las letras a 3 meses según la subasta que se celebró el 20 de octubre de 2015 hasta el -0,049% de la emisión de 17 de noviembre de 2015 relativa a títulos a 12 meses.

de 3.590 millones de euros, mientras que a 12 meses colocó otros 3.515 millones de euros, frente a una demanda superior a los 7.300 millones de euros.

Apenas un par de días después el Tesoro regresaba a los mercados con la finalidad de lanzar una emisión de deuda a medio y largo plazo de deuda con vencimiento en abril de 2018, julio de 2020 y enero de 2023. Se trataba concretamente de bonos a 3 años con cupón del 0,25% y vencimiento a 30 de abril de 2018; bonos a 5 años con cupón del 1,15% y vida hasta el 30 de julio de 2020; y obligaciones con cupón del 5,40% y vencimiento a 31 de enero de 2023. En el presente caso el objetivo oscilaba entre 3.000 y 4.000 millones de euros, siendo las referencias susceptibles de ser tomadas en consideración el 0,270% del 15 de octubre, el 0,882% del 1 de octubre y el 1,951% del 11 de junio de 2015, respectivamente.

Dada la referencia de la anterior subasta a la que se ha hecho referencia, que concluyó con las primeras tasas negativas de interés en las letras a 12 meses de toda la serie histórica, lográndose así 'cobrar' por la emisión de todos los plazos de sus letras, el Tesoro tenía ante sí la posibilidad de ampliar a los bonos la senda bajista en las rentabilidades de la deuda. Pues bien finalmente el Tesoro logró vender un total de 3.507,82 millones de euros, dentro del rango medio previsto, logrando bajar la rentabilidad en las tres emisiones. Así, el Tesoro vendió 1.275,31 millones de euros en un bono a tres años, con un tipo marginal del 0,132%, por debajo del 0,270% de la subasta previa, un mínimo histórico, mientras que el tipo medio también bajó hasta el 0,124%, frente al 0,263% anterior. La demanda existente superó en 3,3 veces lo adjudicado, por encima de las 3,1 veces de la ocasión anterior. En la subasta del bono a cinco años se coloraron 950,49 millones de euros y tanto el tipo marginal (0,576%) como el medio (0,566%) bajaron respecto a la emisión previa del mismo tipo de papel, cuando se situaron en el 0,882% y el 0,875%, respectivamente. En este caso, la demanda superó en 3,6 veces el importe colocado, también por encima de las 3,1 veces de la subasta anterior. Y por lo que respecta a las obligaciones con vencimiento en 2023, se colocaron un total de 1.282,81 millones de euros entre los inversores, bajando la rentabilidad al situarse el tipo marginal en el 1,192%, por debajo del 1,951% de la anterior emisión, mientras que el tipo medio cayó al 1,184%, frente al 1,918% previo. La demanda también superó ampliamente lo adjudicado (2,4 veces, frente a 2,3 veces de la anterior emisión).

Tal y como hemos venido poniendo de manifiesto a lo largo del presente trabajo esta situación de tipos negativos de deuda resultaba beneficiosa para el Estado español, que debía encontrar recursos crecientes con los que financiar sus excesos de gastos. El coste del conjunto de sus emisiones en términos nominales resultaba muy bajo y en algunas de ellas en términos reales también negativo. Ello provocó un alivio en la carga de intereses sobre las previsiones anteriores y una reducción del tipo medio efectivo del total de la deuda por la sustitución de emisiones anteriores a tipos más altos por las nuevas a precios inferiores. Sin embargo el principal problema de fondo subsistía. Y este se concretaba en el hecho de que el volumen de deuda en circulación crecía tanto por los nuevos déficits generados como por los intereses a pagar, aunque estos fuesen menores.

No obstante a finales de 2015 la situación resultaba todavía soportable debido a que la carga de la deuda resultaba todavía admisible y a que los tipos de interés estaban igualmente en unos niveles, habiendo experimentado además la Administración tributaria una apreciable subida de sus ingresos por la mayor actividad económica.

En todo caso el Tesoro español estaba dispuesto a continuar aprovechando esta tendencia de rentabilidades negativas y, a tal efecto, durante la tercera semana de noviembre de 2015 acometió una nueva subasta de letras a tres y nueve meses. *A priori* se estimaba que los inversores podían estar dispuestos a renunciar a un porcentaje superior al -0,081% registrado en la anterior emisión de letras a 3 meses, celebrada a mediados del mes de octubre de 2015. Asimismo el contexto favorecía la opción de que el Tesoro afianzase las tasas negativas de interés en sus letras a 9 meses, teniendo presente que en la subasta precedente ya fue capaz de 'cobrar' un 0,006%. El coste medio de la deuda del Estado se había situado en el 0,87% al cierre de octubre de 2015, frente al 1,52% de diciembre de 2014. Y la vida media de la deuda en circulación al cierre del citado mes de octubre de 2015 era de 6,53 años, superior a los 6,28 años del cierre de 2014.

El resultado de esta subasta se concretó nuevamente en un nuevo dato histórico, a saber, el "cobro" por parte del Tesoro de los mayores intereses negativos registrados nunca en la deuda española. En relación con las letras a tres meses el Tesoro emitió 395 millones de los 2.242 millones de euros demandados por los inversores. Los tipos de interés volvieron a situarse en negativo y en el nivel más ventajoso alcanzado hasta dicha fecha en la citada referencia. Concretamente el tipo medio pasó del -0,081% de octubre al -0,229% y el marginal del -0,080% al -0,225%. Asimismo el Tesoro vendió un total de 1.945,01 millones de euros de los 5.510 millones demandados por los inversores en el mercado en letras a 9 meses. En este caso los intereses también volvieron a ser negativos. En concreto, el tipo medio pasó del -0,006% al -0,073% y el marginal del -0,005% al -0,071%.

A pesar de que el objetivo del Tesoro de cara a la citada emisión pasaba por adjudicar un mínimo de 2.000 millones de euros y un máximo de 3.000 millones de euros, el importe finalmente adjudicado se quedó lejos del máximo previsto, al limitarse a 2.390 millones de euros. Tal y como se ha señalado, la mayor parte de dicha cuantía, 1.945 millones de euros, se concentró en las letras a 9 meses, mientras que los 395 millones restantes correspondieron a las letras a tres meses.

Destacó además el hecho de que, a pesar de estos intereses negativos con los que logró colocar su deuda, el Tesoro siguió contando con un amplio margen de demanda. Las peticiones efectuadas superaron la oferta 5,7 veces en los títulos a 3 meses y 2,8 veces en las letras a 9 meses.

Por otra parte a principios del mes de diciembre de 2015 la rentabilidad del bono español a 10 años cotizaba en los mercados a sus niveles mínimos desde el mes de mayo del citado ejercicio, a diferencia de lo que sucedía con la deuda corporativa, que repuntaba de manera significativa, en parte debido a la exposición que parte de las empresas españolas tenían a las economías emergentes, que atravesaban por aquel entonces dificultades. Así, por ejemplo, con fecha 2 de diciembre de 2015 el bono español experimenta caídas por debajo del 1,5%, situándose la prima de riesgo por debajo de la barrera de los 100 puntos básicos. Desde nuestro punto de vista esta caída de las rentabilidades de la deuda pública se explicaba, en buena medida por la expectativa de nuevas medidas de estímulo por parte del BCE, que había creado una base de demanda artificial que no se fundamentaba en la realidad económico-financiera del país.

El cuadro de subastas del Tesoro encaró el último mes del ejercicio 2015 precisamente el mismo día en que el BCE procedía a revisar su política de expansión cuantitativa lo que, como ya se ha señalado, había provocado en el mercado secundario una caída del interés exigido al bono español a diez años por debajo incluso del umbral del 1,5%. Así las cosas en la citada subasta de 3 de diciembre de 2015 el Tesoro lanzaba al mercado cuatro bonos distintos. A la llamada deuda “ordinaria” a 5, 10 y 15 años se unía la deuda ligada a la inflación y con vencimiento en noviembre de 2024.

Inicialmente se estimaba que el interés medio pagado por los bonos a cinco años podía bajar del 0,5%, dado que en la subasta precedente de estos títulos su rentabilidad había ascendido al 0,56%. El coste medio de los bonos a diez años podía seguir la estela de la referencia del mercado secundario y bajar del umbral del 1,5%, porcentaje que representaría una notable rebaja respecto al 1,74% contabilizado en la subasta previa. Con carácter adicional esta senda del abaratamiento de la deuda podía extenderse igualmente a los bonos a 15 años, respecto de la cual se planteaba ante el Tesoro la opción de bajar del 2,30% pagado en la anterior subasta de este tipo por sus bonos con vencimiento en noviembre de 2024. Finalmente la presente subasta del Tesoro se completaba con la emisión de unos bonos ligados a la inflación, lanzando concretamente al mercado deuda con cupón del 1,80% y vencimiento el 30 de noviembre de 2024. En suma, los objetivos del Tesoro pasaban por adjudicar entre 3.000 y 4.000 millones de euros en sus bonos “ordinarios” y entre 250 y 750 millones en su deuda ligada al IPC.

El principal resultado de esta nueva subasta se concretó en el hecho de que el Tesoro Público terminó colocando un total de 3.868 millones en bonos y obligaciones, volviendo a ofrecer a los inversores intereses más bajos que en ocasiones anteriores, con la prima de riesgo en el entorno de los 100 puntos básicos. En concreto, el citado organismo vendió un total de 1.255 millones en bonos con cupón del 1,15% y vencimiento a 30 de julio de 2020, con una demanda que superó en 2,6 veces lo vendido en la subasta precedente. El tipo medio de este papel pasó del 0,566% al 0,437% y el marginal del 0,576% al 0,447%. Por otro lado, el Tesoro vendió 1.101 millones en obligaciones a 10 años con cupón del 2,15% y vencimiento a 31 de octubre de 2025. En la presente emisión la demanda superó en 2,6 veces lo colocado (2,4 veces en la anterior ocasión), moderándose los tipos frente a la subasta precedente. En concreto, el tipo medio pasó del 1,746% al 1,461% y el marginal del 1,754% al 1,477%. Finalmente, el Tesoro logró vender 1.007 millones en obligaciones a 15 años con cupón del 1,95% y vida hasta el 30 de julio de 2030, superando la demanda de estas obligaciones en 1,6 veces lo emitido (2 veces en la anterior ocasión) y permaneciendo los tipos en el entorno del 2%. El tipo medio pasó así del 2,301% de octubre al 2,008% y el marginal del 2,311% al 2,019%[450].

Tras la decisión del BCE adoptada por aquel entonces de no aumentar la cuantía mensual 60.000 millones de euros destinada a su Programa de compra de deuda, y habiendo rebajado la facilidad de depósito al -0,3% el Tesoro Público retornó a los mercados con fecha 9 de diciembre de 2015 al objeto de lanzar una nueva emisión de deuda del Tesoro a corto plazo (seis y doce meses) a través de la cual pretendía adjudicar un mínimo de 3.000 millones de euros y un máximo de 4.000 millones de euros. Cabe recordar a este respecto que ya en la subasta precedente de esta clase de títulos el Tesoro había logrado 'cobrar' un 0,098% por su deuda a 6 meses y un 0,049% por sus letras a 12 meses.

En el presente caso el Tesoro logró captar un total de 3.740,7 millones de euros en letras a seis y doce meses, en ambos casos con intereses negativos, al igual que ya había sucedido en la subasta precedente del mes de noviembre. A tal efecto de los 3.470,4 millones de euros adjudicados, 455 millones de euros procedían de las letras a seis meses con un interés marginal negativo del 0,061%, en tanto que los 3.285,70 millones restantes fueron colocados a un año con una rentabilidad negativa del 0,016%. Se trataba de la segunda ocasión en la que se lograban rentabilidades negativas en dichas emisiones a doce meses. La demanda de los inversores se elevó en esta ocasión a 8.846,55 millones de euros, con lo que la *ratio* de cobertura fue de 2,3 veces. La colocación se situaba así en la parte alta del objetivo previsto, que oscilaba entre 3.000 y 4.000 millones de euros.

Con fecha 15 de diciembre de 2015 el Tesoro acometió la penúltima subasta relativa al ejercicio 2015 relativa a deuda a tres y nueve meses, a través de la cual se esperaba adjudicar un importe mínimo de 2.000 millones de euros y un máximo de 3.000 millones. La cuantía final colocada ascendió a 2.933 millones de euros, no presentándose problemas de demanda dada la consabida reducción de las tasas negativas de interés. Concretamente

---

[450] Por lo que respecta a la subasta de obligaciones ligadas a la inflación, y sin perjuicio del análisis que se efectuará más delante de esta clase de emisiones, el Tesoro logró colocar un total de 505 millones en obligaciones ligadas a la inflación europea con cupón del 1,80% y vida hasta el 30 de noviembre de 2024, superando la demanda de este papel en 2,6 veces lo emitido (1,6 veces en la subasta anterior) y situándose los tipos por debajo del 1%. En concreto, el medio pasó del 1,173% al 0,308% y el marginal del 1,220% al 0,331%.

la demanda superó los 5.600 millones de euros, casi el doble de los 2.900 millones colocados. El Tesoro logró vender un total de 1.210 millones en letras a 3 meses, tras registrar unas peticiones que superaron en 1,4 veces lo vendido (5,7 veces en la anterior ocasión). El tipo medio de este papel pasó del -0,229% al -0,184% y el marginal del -0,225% al -0,160%. Por otro lado, se emitieron un total de 1.723,10 millones en letras a 9 meses, tras cosechar una demanda que superó en 2,3 veces lo colocado (2,8 veces en la anterior ocasión). En este caso, el tipo medio pasó del -0,073% al -0,010% y el marginal del -0,071% al -0,002%.

Dos días después se celebró la última subasta del Tesoro encuadrada en el calendario de 2015 objeto de nuestro análisis. Se trató de una subasta de bonos a cinco años al 1,15% y de obligaciones al 4,4% y 4,9% con vencimientos en 2023 y 2040, respectivamente, con el mismo objetivo. Para determinar la evolución del coste de financiación la referencia en las letras a tres meses era el interés marginal del -0,225% de la subasta precedente. Y en las de nueve meses el -0,071%. Por su parte en los bonos a cinco años la referencia era el 0,447% de la subasta del 3 de diciembre, mientras que en las obligaciones con vencimiento en 2023 lo era el 1,588% de diciembre de 2014 y en las de 2040 el 5,4% de marzo de 2013.

A priori con motivo de dicha emisión el Tesoro necesitaba únicamente 2.100 millones de euros para alcanzar los 139.000 millones de euros fijados en sus necesidades de financiación a medio y largo plazo para el conjunto de 2015. De ahí que el objetivo del Tesoro para dicha subasta pasase por adjudicar un mínimo de 2.000 millones de euros y un máximo de 3.000 millones de euros. Pues bien finalmente el Tesoro captó un total de 2.102 millones de euros en bonos y obligaciones con los que logró cubrir finalmente el 100% de sus necesidades de liquidez para 2015. En efecto, lo adjudicado a través de la citada subasta se sumaba a los 136.900 millones de euros ya captados a lo largo del ejercicio, con lo que se cubría los 139.000 millones previstos por el Tesoro en su estrategia de financiación a medio y largo plazo. De los citados 2.101,9 millones de euros adjudicados, 895 correspondieron a la emisión a cinco años con un interés marginal del 0,670%, ligeramente superior al 0,447% de la anterior puja; otros 606,82 salieron con vencimiento en 2023 y una rentabilidad del 1,371%, también por encima del 1,192% precedente; y los 600,10 millones de euros restantes, con vencimiento en 2040, fueron adjudicados con un interés marginal del 2,739%, inferior al

2,895% de la anterior emisión comparable. La demanda del conjunto de las entidades fue elevada y alcanzó los 5.301,9 millones de euros, con lo que la tasa de cobertura (proporción entre solicitudes e importe adjudicado) fue de 2,5 veces.

Recapitulando, una vez finalizado el cuadro de subastas correspondientes al ejercicio 2015 cabe concluir que el Tesoro logró reducir sus necesidades netas de financiación con respecto a lo inicialmente previsto en la estrategia de financiación para el citado ejercicio. Y ello en tanto en cuanto, mientras que en la estrategia inicial estaba previsto realizar emisiones netas por un importe total de 55.000 millones de euros, dicho objetivo fue revisado en varias ocasiones hasta los 48.000 millones de euros finalmente subastados en términos netos. Esa disminución se llevó a cabo fundamentalmente a través de una menor emisión bruta de títulos a largo plazo, ascendiendo la misma a 139.000 millones frente a 142.000 millones de euros previstos inicialmente.

Las condiciones de emisión continuaron mejorando respecto de los ejercicios precedentes. Así, el tipo medio de la deuda emitida se aproximó en 2015 el 0,8%, nivel mínimo histórico, mientras el plazo medio de las emisiones superó los cinco años. La disminución tanto de los costes de emisión como del volumen de deuda emitido sobre lo previsto provocó que el gasto por intereses en 2015 fuese sensiblemente inferior a lo anticipado. La cifra presupuestada para gasto por intereses de la deuda fue de 35.500 millones, mientras que el importe definitivo se situó en el entorno de los 33.000 millones.

6.C. Análisis de la evolución de las emisiones sindicadas lanzadas por el tesoro en 2015

Con fecha 20 de enero de 2015 el Tesoro lanzó su primera emisión sindicada correspondiente al ejercicio 2015, apenas dos días antes de la reunión fijada por el BCE en la que, *a priori,* podía anunciarse la implementación del nuevo programa de expansión cuantitativa del supervisor comunitario destinado a la adquisición de deuda soberana. Y, a tal efecto, teniendo presente que el día anterior el interés exigido al bono español a diez años marcaba mínimos en el 1,47%, a través de esta primera emisión sindicada el Tesoro buscaba aprovechar el contexto para lograr los costes más bajos de la serie histórica en las emisiones de bonos sindicados a 10 años. En esta primera subasta sindicada la nueva referencia a diez años lanzada tendría un vencimiento el 30 de abril de 2025.

A resultas de dicha emisión sindicada se lograron captar un total de 9.000 millones de euros, ofreciendo un cupón del 1,60%, el menor de su historia. La demanda existente llegó a duplicar la oferta de papel, con 22.787 millones de euros. La participación de inversores extranjeros superó el 68,7% de la sindicación, adquiriendo la mayor parte de ellos desde Reino Unido e Irlanda (21,55%), seguido de Alemania, Austria y Suiza (13,61%). Fuera de Europa, Estados Unidos y Canadá adquirieron un 8,95% de la colocación, mientras que inversores de Asia y Oriente Medio se quedaron con otro 7,43%.

La siguiente gran emisión de deuda sindicada llevada a cabo en el ejercicio 2015 se celebró el 25 de febrero de 2015 con la finalidad de tratar de aprovechar las favorables condiciones del mercado existentes por aquel entonces (con fecha 24 de febrero de 2015 la prima de riesgo ofrecida a los inversores por el bono a diez años se había situado por debajo del entorno de los 100 puntos básicos), circunscribiéndose a un nuevo bono sindicado a 15 años. La anterior referencia se había logrado afianzar en el mercado secundario muy por debajo del umbral del 2% de rentabilidad. Los nuevos títulos tenían fijado el vencimiento el 30 de julio de 2030, adoptándose un precio inicial para la emisión sindicada de 105 puntos básicos por encima del índice de referencia para las emisiones de renta fija o *midswap.* No obstante, debido a la fortaleza de la demanda (con peticiones que se situaron por encima de los 15.000 millones de euros) el precio logró rebajarse hasta los 100 puntos básicos sobre *midswap*.

A resultas de la celebración de la citada subasta sindicada del citado bono a 15 años el Tesoro captó un total de 7.000 millones de euros, llegando a superar la demanda los 20.000 millones de euros. Tal y como se ha precisado la rentabilidad ofrecida por el citado bono fue finalmente de 100 puntos básicos sobre el interés *midswap* a 15 años (referencia del tipo de interés a dicho plazo), lo que implicaba un interés del 1,85%. La rentabilidad se situó en el 1,981%, equivalente a 100 puntos básicos por encima del *midswap.*

Nuevamente la demanda resultante de esta subasta sindicada estuvo muy diversificada por tipo de inversor y zonas geográficas, permitiendo al Tesoro realizar la colocación entre inversores de calidad. Con carácter general la participación de inversores no residentes fue del 72,9% de la sindicación. De este porcentaje destacó especialmente la participación de Reino Unido e Irlanda con un 19%, seguido de Alemania, Austria y Suiza, con un 14,9%. La demanda de Francia e Italia se situó en el 13,5%, la Estados Unidos y Canadá en el 12,6%, la de los países escandinavos en el 7,9% y la de otros países europeos en el 3,2%. Por tipo de inversor, la mayor participación correspondió a las gestoras de fondos, con el 46,9% del total, seguidas de las tesorerías bancarias (25,5%) y de las aseguradoras y fondos de pensiones, que participaron con un 16,9%. Por su parte los llamados fondos apalancados participaron con el 7,5% del total, las instituciones oficiales con un 1,6% y otros inversores con un 1,7%.

Ciertamente, y tal y como ya hemos tenido ocasión de analizar a lo largo de la presente obra, las llamadas sindicaciones bancarias (emisiones en las que el Tesoro recurre a sus creadores de mercado de bonos y obligaciones para que coloquen una emisión directamente a los inversores a un precio acordado) suelen resultar más gravosas para el Tesoro. Ahora bien, como contrapartida, dichas operaciones ofrecen la oportunidad de emitir mayor volumen de deuda que en una subasta ordinaria, con una mejor distribución entre los distintos tipos de inversores. Como resultado final se obtiene un importe mucho más elevado que en las subastas ordinarias.

Con fecha 7 de mayo de 2015 se lanzó al mercado una nueva emisión de deuda vinculada con la inflación por un importe global de 885 millones de euros. Pues bien, tal y como se ha precisado con anterioridad a resultas de la misma se colocaron en el mercado títulos ligados al IPC con cupón del 0,55% y vencimiento el 30 de noviembre de 2019, situándose el interés medio de estos bonos vinculados a la inflación en tasas negativas del -0,286%. De este modo el Tesoro permaneció en la parte alta del rango, ya que esperaba captar entre 500 y 1.000 millones de euros. La demanda existente fue de 1.510,02 millones, por lo que superó en 1,7 veces lo vendido. Ahora bien a pesar de este descenso de la demanda el Tesoro bajó considerablemente los intereses ofrecidos a los inversores para colocar este papel y los situó por primera vez en la historia en terreno negativo. En concreto, el tipo medio pasó del 0,148% al -0,286% y el marginal pasó del 0,187% registrado en febrero de 2015 al -0,250%.

La siguiente subasta sindicada se proyectaba sobre la emisión de un bono sindicado a 10 años con vencimiento a 31 de octubre de 2025. Finalmente la rentabilidad de la citada emisión, celebrada el 2 de junio de 2015, se situó en el 2,207%, equivalente a 120 puntos básicos por encima del tipo *midswap* que mide el tipo de interés sin riesgo a ese plazo de una década. En el mercado secundario el bono a 10 años que vencía en abril de 2025 había concluido dicha jornada con una rentabilidad del 2,09%, de lo que se desprendía la existencia de una mayor rentabilidad ofrecida en la colocación sindicada, a través de la cual se pretendía incentivar la compra frente al mercado secundario.

Con carácter general la demanda que presento la citada subasta sindicada fue muy fuerte, efectuándose peticiones por un montante global de 14.615 millones de euros, si bien finalmente el volumen emitido alcanzó los 5.000 millones de euros. En efecto el Tesoro colocó 5.000 millones en bonos a diez años, con una demanda que triplicó el importe finalmente adjudicado: más de 15.000 millones de euros. Tal y como se ha señalado los títulos fueron colocados a un precio de 120 puntos básicos sobre el *mid swap* (índice de referencia para las emisiones de renta fija), situando la rentabilidad en el 2,207%. Dicha demanda estuvo muy diversificada, tanto atendiendo a la distribución según tipo de inversor como por zonas geográficas, lo que permitió al Tesoro asignar la emisión entre inversores de calidad.[451]

6.D. Análisis de la evolución de las emisiones de deuda indexadas a la inflación europea efectuadas en 2015

A principios del mes de febrero de 2015 el Tesoro lanzaba su primera subasta de bonos y obligaciones indexados a la inflación europea. Dicha subasta se concentraba en bonos indexados a la inflación europea así como en la emisión de dos tipos de obligaciones del Estado, unas a 30 años y

[451] Concretamente a resultas de la celebración de dicha subasta la participación de inversores no residentes alcanzó el 64,1% de la sindicación. De este porcentaje destacaba la participación de Reino Unido con un 21,1%, seguido de Estados Unidos y Canadá con un 11,9%; Alemania, Austria y Suiza con un 8,3%; Escandinavia con un 6,0%; Asia y Oriente Medio con un 5,9%; seguido de Francia con un 4,7%, Italia con un 3,2% y otros inversores europeos con un 3,0%. Atendiendo al tipo de inversor, la mayor participación correspondió a las entidades bancarias, con el 31,3% del total, seguido de las gestoras de fondos con un 30,9%, y de las aseguradoras y fondos de pensiones, que participaron con un 15,6%. Por su parte los fondos apalancados participaron en un 12,4% del total de la emisión, seguido de bancos centrales e instituciones oficiales, con un 8,8% del total.

otras con una vida residual de 14 años. Mientras que los bonos tendrían un cupón del 0,55% con vencimiento el 30 de noviembre de 2019, las obligaciones a 30 años contaban con un cupón del 5,15% y las de 14 años del 6%. La referencia para las obligaciones a 30 años se concretaba en su anterior subasta, celebrada el 4 de septiembre de 2014, y en la que el tipo de interés marginal se situó en el 3,604%.

A resultas de la celebración de la citada subasta el Tesoro logró abaratar los títulos ligados a la inflación y los bonos 'convencionales' a largo plazo. Si bien los objetivos del Tesoro pasaban por adjudicar entre 500 y 1.000 millones de euros en estos títulos (a tal efecto en anteriores emisiones había ajustado el importe adjudicado al rango medio de sus previsiones) finalmente decidió elevar la cuantía colocada hasta los 916 millones de euros. El contexto favorable del mercado para estos títulos limitó el interés medio a sólo un 0,148%. El margen de la demanda fue amplio, llegando a superar las peticiones la oferta 2,6 veces.

Dicha subasta de bonos ligados al IPC se produjo en paralelo a la emisión de otros dos bonos 'convencionales'. En el presente caso el Tesoro optó por el largo plazo con la colocación de obligaciones con cupón del 6% y vencimiento el 31 de enero de 2029, así como obligaciones con cupón del 5,15% y vencimiento el 31 de octubre de 2044, alcanzando el importe adjudicado los 1.252 millones de euros en la deuda a 14 años y los 1.629 millones en las obligaciones a 30 años. En este caso las *ratios* de cobertura se estrecharon a 1,5 y 1,2 veces, respectivamente.

La siguiente subasta de bonos ligados a la inflación tuvo lugar el 24 de marzo de 2015, tratándose en el presente caso de una emisión sindicada privada de un bono a 15 años ligado a la inflación con vencimiento a noviembre de 2030. A tal efecto se pusieron en circulación dos referencias, a diez y cinco años, mediante dos emisiones sindicadas por un importe nominal de 5.000 millones de euros cada una, con lo que se asentaron las bases de una curva de rendimientos reales que se dotaría de liquidez mediante reaperturas frecuentes. A resultas de dicha emisión sindicada fueron colocados un total de 3.500 millones de euros, con una rentabilidad real del 0,354%, once puntos por encima de la emisión indexada a 5 años de octubre de 2014. Tal y como se ha señalado, se trataba de un nuevo bono a 15 años con vencimiento a 30 de noviembre de 2030 y cupón del 1%. La demanda final de la subasta, proveniente de 160 cuentas inversoras, llegó a superar los 6.600 millones de euros[452].

A principios del mes de julio de 2015, y coincidiendo con la crisis de deuda soberana desatada en Grecia, el Tesoro lanzaba una nueva emisión de deuda vinculada con la inflación a través de la cual se pretendía refinanciar los bonos a 15 años ligados a IPC que lanzó inicialmente en marzo de 2015. Pues bien a resultas de esta reedición de deuda vinculada a la inflación el Tesoro logró refinanciar los bonos a 15 años ligados a IPC que lanzó inicialmente en marzo de 2015 con la adjudicación de 587 millones de euros, a un interés medio del 1,552%, superando la demanda en 2 veces lo vendido.

Con fecha 3 de septiembre de 2015 el Tesoro acometía una nueva emisión de bonos indexados a la inflación, con vencimiento en noviembre de 2024. Cabe recordar que respecto de esta clase de bonos indexados a la inflación y con vencimiento en noviembre de 2014, el anterior precedente databa de noviembre del citado ejercicio, cuando el interés medio de estos títulos se situó en el 0,859%. Finalmente a resultas de la celebración de esta subasta el interés medio terminó elevándose hasta el 1,17%.

A principios del mes de noviembre de 2015 el Tesoro recuperaba nuevamente esta clase de emisiones de deuda, efectuándose la emisión de deuda vinculada a la inflación, concretamente bonos a cinco años con cupón del 0,55% y vencimiento el 30 de noviembre de 2019. Inicialmente los planes de adjudicación se situaban en el entorno de entre 500 y 1.000 millones en bonos a 5 años ligados a la inflación europea con cupón del 0,55% y vencimiento a 30 de noviembre de 2019. Pus bien a resultas de esta nueva subasta se alcanzó una rentabilidad negativa del porcentaje ha sido del -0,251%, siendo colocados un total de 817 millones de euros en bonos ligados al IPC.

La última emisión de este tipo de deuda correspondiente al ejercicio 2015 tuvo lugar con fecha 3 de diciembre de 2015. En esta ocasión el Te-

---

[452] En el presente caso la participación de inversores no residentes en España fue del 79,1% de la sindicación. Por países, la mayor participación correspondió a Reino Unido e Irlanda con un 26,5%, seguido de Estados Unidos y Canadá con un 17,2%, Francia con un 15,2%, Alemania, Austria y Suiza con un 5,7%, los países del Benelux con un 5,1%, Italia con un 4,5% y otros países con un 4,9%. Por lo que respecta al tipo de inversor, la mayoría (un 49,0% del total) de la inversión correspondió a las gestoras de fondos, seguidas de las tesorerías bancarias con un 20,0% y de las aseguradoras y fondos de pensiones, con un 14,7%, mientras que los fondos apalancados participaron con el 13,1% del total. Por su parte las instituciones oficiales participaron con un 1,5% y otros inversores con un 1,7%.

soro lanzó al mercado deuda con cupón del 1,80% y vencimiento el 30 de noviembre de 2024, pasando el objetivo fijado por adjudicar entre 250 y 750 millones de euros a resultas de la emisión de esta deuda ligada al IPC. El resultado final de la citada subasta fue que el Tesoro logró colocar un total de 505 millones en obligaciones ligadas a la inflación europea con cupón del 1,80% y vida hasta el 30 de noviembre de 2024, superando la demanda de este papel en 2,6 veces lo emitido (1,6 veces en la subasta anterior) y situándose los tipos por debajo del 1%. En concreto, el medio pasó del 1,173% al 0,308% y el marginal del 1,220% al 0,331%.

En todo caso estas emisiones de deuda pública indexadas a la inflación no fueron exclusivas del Tesoro español. Así, por ejemplo, con fecha 7 de abril de 2015 el Tesoro público alemán lanzaba una emisión de bonos vinculados en la inflación la cual alcanzó una tasa negativa de rentabilidad media del -1,09% (superior a la de la anterior emisión de títulos de estas características, situada en el -0,89%), logrando captar un total de 790 millones de euros en deuda con vencimiento en abril de 2026 y vinculada a la evolución del IPC. Las peticiones efectuadas alcanzaron los 1.155 millones de euros, lo que suponía que la demanda superara cerca de 1,5 veces la oferta. En la anterior subasta la *ratio* de cobertura se había limitado a 1,3 veces.

6.E. Evolución del porcentaje de deuda pública medido en relación con el PIB. Análisis específico del porcentaje de deuda en manos de no residentes

La salida de la recesión protagonizada por la economía española a mediados de 2013 repercutió de manera positiva en el impacto de la confianza de la banca extranjera en nuestra deuda pública, aumentando su exposición a la misma. De hecho, ya a mediados de 2012 aumentó un 31% la tenencia de deuda pública española por parte de los bancos extranjeros. En este sentido la banca alemana y estadounidense fueron las que más incrementaron la compra de deuda española (5.400 y 4.500 millones de dólares, respectivamente), mientras que la banca británica la redujo en 3.500 millones de dólares. Con efectos desde junio de 2013, la banca extranjera ha incorporado a sus balances 14.000 millones de dólares de deuda pública española, siendo la banca alemana la encargada de realizar las mayores inversiones. Por el contrario la banca británica fue la única que se desprendió de deuda pública española en dichos trimestres de crecimiento del PIB español. Así las cosas a la finalización del tercer trimestre de 2014 era la banca alemana la que más exposición tenía a la deuda pública española (29.500 millones de dólares) seguido de la francesa (20.000 millones de dólares)[453].

Por lo que se refiere de manera específica al ejercicio 2015, durante el mes de enero de 2015 los no residentes elevaron su inversión en deuda española 14.800 millones de euros, lo que representaba un 4%, alcanzándose así la cifra de 377.285 millones de euros, esto es, más de la mitad de la deuda y un nuevo máximo histórico. Se mantenía con ello la tendencia desarrollada durante el 2014, en la que los no residentes terminaron elevando su porcentaje de inversión en deuda un 20%.

Los foráneos comenzaron a recuperar el ritmo inversor en agosto de 2012, cuando volvieron a acudir a los mercados y retomaron el puesto de principal inversor en deuda que les había arrebatado la banca nacional. Desde entonces y a lo largo de 2013 y 2014, han ido poco a poco elevando sus inversiones, salvo algunos 'parones' concretos, invirtiendo cada vez más en deuda, con aumentos de incluso más de 20.000 millones en algunos meses. Sin lugar a dudas ello reflejaba que los inversores extranjeros contemplaban a la deuda pública española como un valor seguro, elevando sus tenencias de deuda a pesar de la baja rentabilidad ofrecida por el Tesoro en relación con sus títulos.

Tal y como hemos tenido ocasión de analizar al cierre del ejercicio 2014 la rentabilidad del conjunto de letras y bonos en los que se agrupa la deuda pública española se situaba ya por debajo del 1%, llegando incluso a tocar tipos negativos en el mercado secundario en el caso de las letras a tres meses. Pues bien, a la finalización del mes de enero de 2015 las letras y los bonos se mantenían en mínimos, con el interés de las referencias a más corto plazo en el 0% y el de los bonos a tres y cinco años por debajo del 1%. La rentabilidad del papel a diez años, por su parte, marcó un nuevo mínimo y se situó durante la primera semana del mes de marzo de 2015 en el 1,19%.

En todo caso estas bajas rentabilidades no afectaron a los inversores extranjeros, a diferencia de lo que sucedió respecto de los pequeños inversores, quienes terminaron alejándose de estos intereses a lo largo de 2014 y

[453] Véase en este sentido MAUDOS, J., "La banca extranjera confía en España", *Diario Cinco Días,* www.cincodias.com (consultada el 14 de abril de 2015).

redujeron sus tenencias de deuda un 18% en el conjunto del citado ejercicio, procediendo no obstante en el mes de enero de 2015 a incrementarlas hasta alcanzar los 4.834 millones de euros, un 16,5% más.

La banca española, que sostuvo las inversiones del Tesoro los meses en que los extranjeros dejaron de comprar, cerró 2014 con un descenso de 6.106 millones de euros, volviendo no obstante en enero de 2015 a aumentar las compras en 7.500 millones de euros, lo que representaba un 4,15% más. De este modo la citada banca contaba con un total a la finalización de enero de 2015 con un total de 189.900 millones en deuda española (el 25,26% del total), manteniéndose como segundo gran inversor por detrás los compradores extranjeros.

Tras la banca se situaban las entidades de seguros, con el 7,54% del total (56.713 millones) y las Administraciones Públicas, que aumentaron sus compras un 4,75% en enero de 2015, acumulando el 7,39% del total. Por detrás quedaban los fondos de inversión, con el 4,45% (33.449 millones de euros) y las empresas no financieras con el 2,14% (con un importe de 16.055 millones de euros). Los que menos deuda acumularon durante el mes de enero de 2015 fueron los fondos de pensiones, con el 2,14% (16.055 millones de euros), las empresas no financieras, con el 1,65% (12.416 millones de euros) y otras instituciones financieras, con el 0,74% (5.538 millones de euros) y las personas físicas, con el 0,64% (4.834 millones de euros).

A la finalización del mes de enero de 2015 la deuda del conjunto de las Administraciones Públicas sufrió un repunte de 1.617 millones de euros respecto al cierre de 2014, hasta alcanzar los 1,035 billones de euros, con lo que volvía a situarse en máximos históricos, alcanzando el 97,8% del PIB[454]. En tasa interanual la deuda pública se incrementaba un 5,1% respecto a enero de 2014, si bien aún se mantenía todavía lejos del consabido objetivo fijado para 2015 en la Ley de Presupuestos Generales del Estado del 100,3%. Con carácter general el grueso de la deuda en manos de las Administraciones Públicas se hallaba en valores a medio y largo plazo, que suponían más de dos tercios de la deuda total. Y ello a pesar de que, durante el citado mes de enero de 2015, dichos préstamos cayeron un -0,1% y sumaron 746.115 millones de euros, aunque en términos interanuales repuntaron un 6,9%.

---

[454] Fuente: Banco de España, www.bde.es (consultada el 17 de marzo de 2015).

Por su parte la deuda pública a través de valores a corto plazo aumentó en 1.380 millones de euros, al pasar de 77.611 millones en diciembre de 2014 a 78.991 millones en enero de 2015, lo que representaba una subida del 1,7%. En términos interanuales los valores a corto plazo en manos de las Administraciones Públicas aumentaban un 0,47%. Concretamente respecto del mes anterior los valores a medio y largo plazo habían bajado en 1.375 millones de euros tras dos meses consecutivos de alzas, mientras que los relativos a corto plazo habían crecido en 1.380 millones de euros. Finalmente los créditos no comerciales y el resto sumaron un total de 210.367 millones de euros en enero de 2015, lo que suponía un aumento del 0,7% respecto al mes anterior y también frente a enero de 2014.

Ni que decir tiene que, a la luz de estas cifras, difícilmente podrían cumplirse los objetivos establecidos en la Ley Orgánica de Estabilidad Presupuestaria la cual, como es sabido, contempla hasta 2020 un período transitorio destinado a la reducción de los desequilibrios presupuestarios hasta alcanzar los límites previstos en la citada Ley, es decir, el equilibrio estructural y una deuda pública del 60% del PIB. Teniendo presente las cifras anteriormente indicadas entre 2019 y 2020 el conjunto de las Administraciones españolas habrían de reducir en 33 puntos su deuda, de manera que en dos años deberían multiplicar por seis el esfuerzo realizado en los cuatro ejercicios anteriores.

Ciertamente, mientras el Estado español pudiera financiarse a través de los mercados no existiría una urgencia inmediata en reducir el déficit público. Sin embargo teniendo presente que el stock de deuda pública acumulada se situaba ya a la finalización del primer trimestre de 2015 en el entorno del 100% del PIB existía la posibilidad de que, ante un mínimo repunte de los tipos de interés, la situación presupuestaria se deteriorase gravemente.

Durante el mes de febrero de 2015 los inversores extranjeros aumentaron su inversión en deuda española en un total de 11.194 millones de euros, lo que representaba un incremento del 2,9% en relación al mes precedente. Con ello, el apetito y cambio de tendencia de los actores internacionales del mercado hacia la deuda soberana española continuaba vigente, motivando que la cifra global de deuda española en manos de no residentes a la finalización del citado mes de febrero de 2015 se situase en 388.479 millones de euros, lo que representaba más de la mitad del total (concretamente un 58%).

A lo largo del mes de marzo de 2015 los no residentes elevaron su inversión en deuda española en 5.692 millones de euros, alcanzándose la cifra récord de 394.479 millones de euros. Dicha cifra representaba más de la mitad de la deuda (52,87%) y suponía un nuevo máximo histórico. De este modo los inversores foráneos mantenían la tendencia de 2014, ejercicio durante el cual elevaron su inversión en deuda un 20%. Tal y como hemos tenido ocasión de analizar a lo largo de la presente obra los foráneos recuperaron el ritmo inversor en agosto de 2012, cuando volvieron a acudir a los mercados y retomaron el puesto de principal inversor en deuda que les había arrebatado la banca nacional.[455]

Por otra parte durante el citado mes de marzo de 2015 la deuda del conjunto de las Administraciones Públicas cerró con un repunte de 6.283 millones de euros respecto al mes de febrero del citado ejercicio hasta alcanzar los 1,047 billones de euros, con lo que volvía a situarse en máximos históricos al alcanzar ya el 98,5% del PIB[456]. En tasa interanual, la deuda pública se incrementaba un 5,1% respecto a marzo de 2014. El grueso de la deuda en manos de las Administraciones Públicas se hallaba en valores a medio y largo plazo, que suponían más de dos tercios de la deuda total. Con carácter adicional estos préstamos se incrementaron en 8.257 millones respecto a febrero de 2015, hasta los 764.172 millones de euros, repuntando en términos interanuales un 6,65%. En cambio, la deuda pública a través de valores a corto plazo cayó en 1.079 millones de euros, hasta los 75.220 millones en marzo de 2015, lo que representaba una caída mensual del 1,4%. En términos interanuales, los valores a corto plazo en manos de las Administraciones Públicas se recortaron un 3,7%. Por su parte, los créditos no comerciales y el resto sumaron 207.758 millones de euros en marzo de

---

[455] Por su parte la banca española, que sostuvo las inversiones del Tesoro los meses en que los extranjeros dejaron de comprar, y que había cerrado 2014 con un descenso de 6.106 millones de euros, volvió a incrementar en 1.044 millones sus tenencias en marzo de 2015, al contar con un total de 172.702 millones en deuda española, lo que representaba el 23,16% del total, manteniéndose como segundo gran inversor por detrás los compradores extranjeros. Tras la banca se situaban las entidades de seguros, con el 7,49% del total (55.829 millones) y las Administraciones Públicas, que acumulaban el 6,90% del total (51.419 millones). Por detrás quedaban los fondos de inversión, con el 4,26% (31.726 millones de euros) y los fondos de pensiones con el 2,25% (16.796 millones de euros). Los que menos deuda acumularon en el tercer mes de 2015 fueron las empresas no financieras, con el 1,75% (13.048 millones), las personas físicas, con el 0,77% (5.773 millones) y otras instituciones financieras, con el 0,55% (4.135 millones).

[456] Fuente: Banco de España, www.bde.es, consultada el 14 de mayo de 2015).

2015, lo que suponía una caída del 0,42% respecto al mes anterior, pero un incremento del 0,42% sobre el mismo mes de 2014.

A lo largo del citado mes de marzo de 2015 el valor de los bonos, letras y obligaciones del Tesoro en propiedad de las entidades financieras ascendía a 172.702 millones de euros, habiendo menguado en consecuencia un 23% desde que, en junio de 2013, la banca llegara a detentar un total de 224.378 millones de euros en deuda pública. Ya a lo largo de los doce meses anteriores la cartera se había reducido un 14,45% en doce meses, cayendo en un total de 29.190 millones de euros, y siendo dicha bajada del 5,27% en solo tres meses. Con carácter general dicha dilución respondía, entre otros factores, a la convergencia de la necesidad de mejorar una rentabilidad insuficiente cuando las plusvalías latentes en deuda son, probablemente, las mayores acumuladas nunca, así como a la mejora de los mercados y a la existencia de tipos casi a cero de la Eurozona.

A la finalización del primer trimestre de 2015 la deuda del conjunto de las Administraciones Públicas se situó en 1,046 billones de euros, 12.344 millones de euros más que en el último trimestre del año anterior, alcanzando ya el 98% del PIB[457]. Concretamente del total de la deuda pública en manos de las Administraciones Públicas, el 86,7% (907.218 millones de euros) se correspondía con el endeudamiento de la Administración Central[458], mientras que las Comunidades Autónomas suponían el 22,9% de la deuda total (240.411 millones) y las Corporaciones Locales, el 3,66% (38.302 millones de euros). La Seguridad Social, por su parte, contaba con el 1,6% de todo el endeudamiento (17.190 millones de euros). Tanto el Estado central como las Comunidades Autónomas habían incrementado su endeudamiento respecto al trimestre anterior, con un aumento del 1,2% en el caso del Estado y un alza del 1,55% en las Regiones. Por el contrario, los Ayuntamientos habían reducido ligeramente su deuda en los tres primeros meses del año, con una caída del 0,21%, mientras que la Seguridad Social había mantenido su endeudamiento prácticamente estable. En términos interanuales la deuda pública repuntaba en el primer trimestre de 2015 un 5,05%, mientras que en relación con el trimestre anterior registraba un avance del 1,19%.

457 Fuente: Banco de España, www.bde.es (consultada el 12 de junio de 2015).

458 No obstante la deuda neta de la Administración Central (sin tener en cuenta los activos financieros como el FLA o el Fondo de Proveedores, que ascendían a 115.650 millones) era de 791.568 millones de euros equivalentes al 74,1% del PIB.

Por lo que respecta al porcentaje de deuda en manos de no residentes correspondiente al primer trimestre de 2015 el volumen de letras, bonos y obligaciones del Estado en poder de los no residentes sobrepasaba por primera vez la cifra récord de 400.000 millones de euros, alcanzando así un peso, entre todos los tenedores de deuda, del 55,07%, el más alto de la serie histórica del Tesoro. Cabe recordar por ejemplo a este respecto que durante el ejercicio 2012, en el punto álgido de la crisis financiera padecida por la Eurozona, dicho porcentaje no pasaba del 36,53%[459]. Ciertamente esta indudable mejora venía motivada por el optimismo de las expectativas, refrendado por las previsiones de instituciones y organismos internacionales.

Dicha situación contrastaba con la correspondiente a las entidades de crédito, que a finales de 2014 tenían 182.325 millones de euros invertidos, poseyendo en cambio a la finalización del mes de abril de 2015 un total de 21.718 millones de euros menos, conservando en sus carteras el 21,81% de la deuda en circulación del Estado, mientras que en diciembre de 2014 dicho porcentaje era del 24,94%. Por lo que respecta a las empresas no financieras, mientras que a la finalización de 2014 atesoraban 17.183 millones de euros en deuda del Estado, a la finalización del mes de abril de 2015 dicha cifra había descendido hasta 10.575 millones de euros, lo que determinaba que sobre el total controlaran el 1,44% de las emisiones, mientras que cuatro meses antes el peso de su inversión alcanzaba el 2,35%.

De este modo tanto las empresas no financieras como las personas físicas tenían una evolución inversa a la de los no residentes, ya que habían ido reduciendo su peso con el paso de los años. Así, las empresas tenían el 12,53% de la deuda estatal en 2001, porcentaje que cayó al 5% en 2009, cifrándose la inversión de las personas físicas en el 5,6% en 2001, en algo más del 3% en 2008 y en el 0,54% a finales de 2014. A la finalización del mes de abril de 2015 su inversión había aumentado, si bien se trataba de un crecimiento de carácter marginal. Téngase presente que en diciembre de 2014 el volumen sumaba 4.146 millones de euros, mientras en abril de 2015 ascendía hasta 5.412 millones de euros.

[459] Téngase presente además que, tal y como hemos venido analizando, a finales de 2014 el volumen de deuda pública en manos de no residentes se situaba ya en 362.495 millones de euros, lo que suponía que el 49,58% de las letras, bonos y obligaciones españolas en circulación estaba en manos de foráneos.

Posteriormente durante el mes de abril de 2015 la deuda del conjunto de las Administraciones Públicas experimentó un descenso de 13.695 millones de euros tras cinco incrementos consecutivos, hasta alcanzar los 1,032 billones de euros, situándose así en el 96,7% del PIB[460]. Con carácter general el grueso de la deuda en manos de las Administraciones Públicas se hallaba en valores a medio y largo plazo que suponían más de dos tercios de la deuda total y que explicaban la mayor parte de la caída del endeudamiento público. Dichos préstamos se redujeron en 10.183 millones de euros respecto a marzo de 2015, hasta los 753.983 millones de euros, aunque en términos interanuales repuntaron un 5,9%. En esta misma línea, la deuda pública a través de valores a corto plazo cayó en 471 millones de euros, hasta los 74.749 millones en abril de 2015, lo que representaba una caída mensual del 0,6%. En términos interanuales, los valores a corto plazo en manos de las Administraciones Públicas se incrementaron un 5,6%. Por su parte los créditos no comerciales y el resto sumaron 203.765 millones de euros, lo que suponía una caída del 1,4% respecto al mes anterior y un descenso del 1,2% sobre el mismo mes de 2014.

A la finalización del mes siguiente la deuda del conjunto de las Administraciones Públicas cerró con un aumento de 7.890 millones de euros tras el descenso registrado en abril de 2015, hasta alcanzar los 1,040 billones de euros, con lo que rondaba el 97,4% del PIB[461]. De este modo la deuda pública volvía a incrementarse nuevamente, recobrando la tendencia de cinco aumentos consecutivos iniciados en el mes de noviembre de 2014. A pesar de ello dicha deuda continuaba en niveles muy elevados (+3,7%), aún lejos del objetivo para el conjunto del año, situado en el 98,9% del PIB.

El grueso de la deuda en manos de las Administraciones Públicas se encontraba en valores a medio y largo plazo que suponían más de dos tercios de la deuda total y que explicaban la mayor parte del aumento del endeudamiento público. Estos préstamos se incrementaron en 8.145 millones de euros en mayo de 2015 respecto al mes precedente, hasta los 762.127 millones de euros y, en términos interanuales, repuntaron un 5,1%. En la misma línea, la deuda pública en valores a corto plazo aumentó en 850 millones de euros, hasta los 75.599 millones en mayo de 2015, lo que representaba un repunte mensual del 1,1%. En términos interanuales, los

[460] Fuente: Banco de España, www.bde.es (consultada el 17 de junio de 2015).
[461] Fuente: Banco de España, www.bde.es (consultada el 17 de julio de 2015).

valores a corto plazo en manos de las Administraciones Públicas se incrementaron un 5,4%.En cambio los créditos no comerciales y el resto, que sumaron 202.661 millones de euros en mayo de 2015, se redujeron en 1.104 millones de euros respecto al mes precedente y registraron un descenso del 1,6% frente a mayo de 2014.

Durante el mes de junio de 2015 los no residentes redujeron su inversión en deuda española en 584 millones de euros (un 0,14%), si bien el importe de deuda pública en manos extranjeras se mantenía por encima de los 400.000 millones, al borde de máximos históricos, acumulando el 53,09% del total. Con carácter general la baja rentabilidad de letras y bonos (que, como hemos tenido ocasión de analizar, llegó incluso a ser negativa en algunas referencias del Tesoro) no incidieron en los inversores extranjeros, pero sí en los pequeños inversores, que huyeron de dichos intereses ya a finales de 2014, reduciendo sus tenencias de deuda un 18% en el conjunto del ejercicio. Durante el mes de junio de 2015 dichos inversores volvieron a contener su inversión en deuda en 144 millones de euros, hasta 5.877 millones.

Recapitulando, a la finalización del primer semestre del ejercicio 2015 el porcentaje de deuda pública medido en relación con el PIB ascendía al 98,5%, superando los 1,053 billones de euros. Sólo durante el mes de junio del citado ejercicio dicho pasivo se incrementó en 12.638 millones de euros. Ciertamente el total del pasivo en circulación resultaba muy superior. Ahora bien se ha de precisar que existe una partida, llamada de Consolidación entre Administraciones Públicas, en la que la deuda de Estado, Comunidades Autónomas y Ayuntamientos se superpone, originándose así una considerable diferencia entre la deuda pública reconocida y los pasivos financieros totales. Al amparo de la normativa comunitaria la deuda que contabiliza como pública es la llamada Deuda PDE (regida bajo el protocolo de déficit excesivo), dentro de la cual no computan determinadas partidas. Así sucede, por ejemplo, con las garantías que los Gobiernos asumen con empresas privadas, dentro de la cual se han de incluir desde apoyos financieros a empresas hasta dinero comprometido en la banca y otros rescates. Lo mismo sucede con el pasivo de determinadas empresas públicas y de las alianzas público-privadas (PPPs), partida que suele resultar inferior a la de las garantías gubernamentales. Por último la Comisión Europea posibilita no contabilizar como deuda según el protocolo excesivo de déficit la morosidad de las Administraciones Públicas, contabilizándose en dicho caso como pasivo únicamente aquellos pagos demorados por más de 90 días.

Así las cosas el volumen total de deuda pública, incluyendo los pasivos financieros superaba, a la finalización del mes de agosto de 2015, el 140% del PIB. Y la deuda privada, compuesta por el pasivo de las empresas y de las familias, continuaba reduciéndose con celeridad, previéndose que pudiera llegar a caer a la finalización del ejercicio 2015 al entorno del 150%.

Durante el mes de julio de 2015 el volumen de deuda pública había bajado hasta 1,040 billones de euros, 12.733 millones menos que en junio del citado ejercicio. La deuda del conjunto de las Administraciones Públicas cerró así con un descenso de 12.733 millones de euros tras dos meses de subidas, situándose en 1,040 billones de euros, con lo que rondaba ya el 96,6% del PIB[462]. De esta forma el porcentaje de deuda pública volvía a bajar en julio de 2015 como ya hizo en abril del citado ejercicio y tras los incrementos de mayo y junio, alejándose un poco del objetivo para el conjunto del año, situado en el 98,7% del PIB, tras la revisión que introdujo el Ejecutivo en los Presupuestos de 2016[463]. En tasa interanual, el endeudamiento público repuntó en julio de 2015 un 3,3% respecto a los 1,006 billones de euros que registró la deuda de las Administraciones Públicas en el mismo mes del año anterior.

Del total de la deuda de las Administraciones Públicas correspondiente al mes de julio de 2015 764.811 millones correspondieron a valores a medio y largo plazo, 77.605 millones a valores a corto plazo, y 197.687 millones a créditos no comerciales, así como a la emisión de moneda y caja general de depósitos. En efecto, el grueso de la deuda en manos de las Administraciones Públicas se situó en valores a medio y largo plazo, que supusieron más de dos tercios de la deuda total, aunque también explicaban la mayor parte del descenso del endeudamiento público en julio de 2015. Estos préstamos cayeron en 10.299 millones de euros respecto a junio del citado ejercicio, hasta los 764.811 millones de euros y en términos interanuales repuntaron un 5%. En la misma línea, los créditos no comerciales y el resto, que sumaron 197.687 millones de euros en julio, se redujeron en 4.275 millones de euros respecto al mes de junio y registraron un descenso del 3,35% frente a

[462] Fuente: Banco de España, www.bde.es (consultada el 17 de septiembre de 2015).

[463] En todo caso ha de precisarse que la deuda del conjunto de las Administraciones Públicas se incrementó en julio en 33.906 millones respecto al mismo mes de 2014.

julio de 2014. En cambio, la deuda pública en valores a corto plazo aumentó en 1.841 millones de euros, hasta los 77.605 millones en julio de 2015, lo que representó un repunte mensual del 2,4%. En términos interanuales, los valores a corto plazo en manos de las Administraciones Públicas se incrementaron un 6,26%.

Por otra parte a lo largo del citado mes de julio la deuda del sector público español anotó un nuevo récord al sumar 15 meses consecutivos por encima del listón del billón de euros, que rebasó por primera vez en el mes de mayo de 2014. El pasivo nacional según el Protocolo de Déficit Excesivo (PDE) se situó en 1,04 billones de euros al cierre de julio, frente a los 743.530 millones de euros existentes tres años antes.

No obstante se ha de reconocer que durante el mes de julio de 2015 las Administraciones Públicas redujeron su pasivo conjunto en 12.733 millones de euros. No obstante, se trató en realidad de un alivio relativo, ya que en el mes anterior, junio, la deuda se había incrementado prácticamente en esa cantidad: 12.453 millones de euros. Durante el ejercicio 2014 el volumen de la deuda pública tan sólo disminuyó en tres meses: en abril (7.142 millones), en julio (6.351 millones) y en octubre (recorte de 3.392 millones). Esa era asimismo la tónica del pasivo hasta el mes de julio de 2015, con únicamente dos meses de bajadas: en abril (13.682 millones) y en julio (12.733 millones).

La escalada de la deuda pública había entrado en 2015 en una etapa de moderación. Así, durante los ocho primeros meses del citado ejercicio el pasivo registró un crecimiento de 6.274 millones de euros, mientras que en el mismo período de 2014 se había incrementado en 40.076 millones de euros. Y, tomando como referencia el PIB anual acumulado hasta el segundo trimestre de 2015 (1,078 billones de euros), el endeudamiento de España en julio del citado ejercicio había descendido hasta el 96,6% del PIB, frente al dato del 97,7% con el que se cerró el primer semestre.

En consecuencia la combinación de un mayor crecimiento económico y un menor déficit público constituía factor que estaba comenzando a permitir que las Administraciones españolas recortaran sus niveles de endeudamiento, a lo que contribuyó también el abaratamiento de la prima de riesgo española y los bajos tipos de interés por los estímulos monetarios del Banco Central Europeo. En cuanto a los valores en los que estaba depositada la deuda pública del país, del total de 1,040 billones en julio de 2015, 764.811 millones de euros correspondieron a valores a medio y largo plazo; otros 77.605 millones de euros son valores a corto plazo; y 197.687 millones de euros corresponden a créditos no comerciales y resto de deuda.

A la finalización del segundo semestre de 2015 la deuda pública total de las Administraciones Públicas alcanzaba el 99,5% del PIB, ocho décimas más que el objetivo que había marcado el Ministerio de Hacienda para todo el citado ejercicio, situado en el 98,7%.

A pesar de ello con fecha 2 de octubre de 2015 la Agencia de Calificación de Riesgos *Standard & Poor's* (al igual que había sucedido previamente con la Agencia *Fitch*) elevó la calificación crediticia de la deuda española a 'BBB+', lo que significaba situar el rating soberano de España tres escalones por encima del bono basura. Y ello como consecuencia de las reformas del mercado de trabajo experimentadas desde 2010, que habían mejorado la competitividad de las exportaciones y del sector servicios, concurriendo unas condiciones financieras más favorables[464]. Con carácter adicional la calificación de la deuda se colocaba en perspectiva estable, al estimarse que durante los próximos dos años la recuperación económica equilibrada y la gradual consolidación presupuestaria existente habrían de compensar los riesgos derivados de su elevada deuda externa neta.

Destacaba además especialmente el dato en virtud del cual, a la finalización del mes de agosto de 2015, los fondos de inversión nacionales contaban solo con un total de 22.386 millones de euros en letras y bonos del Tesoro, lo que representaba menos del 3% del total de la deuda pública española. En este sentido, refiriéndonos únicamente a deuda a largo plazo (la integrada por bonos y obligaciones del Estado) la participación de los fondos de inversión españoles se reducía incluso al 2,75%. Concretamente los fondos de inversión españoles contaban a dicha fecha (agosto de 2015) con menos de la mitad de la deuda pública que acumulaban, por ejemplo, las aseguradoras (casi 54.000 millones), mientras que hace una década sucedía justamente lo contrario. Y es que los fondos llegaron a ser un comprador muy importante

[464] De hecho en los días previos a dicha subida la citada Agencia había revisado al alza sus previsiones de crecimiento para España, que situó en el 3,2% en 2015, frente al 3% de su anterior estimación, y del 2,7% para 2016, una décima más que en el informe de julio de 2015. A principios del mes de octubre de 2015 *Standard & Poor's* preveía un crecimiento del PIB nominal de España de alrededor del 4% en los próximos años.

de deuda soberana, al poseer casi un 15% diez años atrás, erigiéndose así en los principales tenedores nacionales del papel del Tesoro[465].

Ciertamente dicha circunstancia obedecía a varios factores. En primer lugar, los fondos de renta fija estaban perdiendo peso frente al total, al tener menos patrimonio, dados los importantes reembolsos sufridos durante 2015 (unos 6.000 millones de euros a la finalización de los ocho primeros meses del ejercicio). De este modo los gestores disponían de menos patrimonio para invertir en renta fija. Por otra parte no puede ignorarse que la rentabilidad ofrecida por dichos títulos resultaba cada vez menos atractiva[466]. Y todo ello al margen de las compras mensuales de deuda pública acometidas por el BCE a través de su Programa PSPP.

Como contrapartida a lo anterior a la finalización del mes de agosto de 2015 los inversores no residentes controlaban un 53% del total de letras y bonos del Tesoro. Y, dentro de nuestro ámbito interno, eran las entidades de crédito las que más habían elevado su peso en el último mes, contando con un 26% de la deuda española, lo que representaba más de 200.000 millones de euros. Por su parte, los particulares seguían representando una parte residual, al tener solo un 0,77%. Es más, la inversión en renta fija directa suponía poco más del 1% del ahorro financiero en España.

Lo cierto es que el crecimiento económico ha permitido a lo largo del ejercicio 2015 que la deuda pública sea un 0,8% del PIB inferior en 2014 y un 3,5% menor en 2016. Este dato es significativo porque demuestra que el crecimiento económico, por sí sólo, es la mejor forma para reducir el agujero de las cuentas públicas. De hecho, si bien el déficit público ha continuado aumentando la deuda año tras año a través de los recortes y de las fuertes subidas de impuestos aprobadas, dos años de crecimiento han permitido que el Gobierno ahorre lo mismo que, por ejemplo lo que se destinó a rescatar a los bancos. Así, teniendo presente que en 2012, 2013 y 2014 se destinó el 4,3% del PIB al sector financiero, sólo dos años de crecimiento económico (el PIB aumentó un 1,4% en 2014 y a la finalización del tercer trimestre de

---

[465] Fuente: *Diario El Economista,* www.eleconomista.es (consultada el 8 de octubre de 2015).

[466] En este sentido, mientras que los bonos españoles a 10 años llegaron a ofrecer un rendimiento del 7,6% en 2012, a principios del mes de octubre de 2015 rentaban un 1,84%. Con carácter adicional también había mermado el atractivo de la deuda a corto plazo, que llegó a alcanzar tipos negativos a lo largo de varias emisiones acometidas a lo largo del ejercicio 2015.

2015 las previsiones existentes apuntaban a que pudiera avanzar hasta un 3,1% en 2015) contribuyó a que la deuda se redujese en una cuantía similar.

En resumen, la deuda del conjunto de las Administraciones Públicas subió en 9.267 millones de euros en agosto de 2015 en comparación con el mes anterior, lo que significaba que retomaba la senda al alza tras el descenso de julio del citado año[467]. Dicha deuda pública total se situaba en 1,05 billones de euros, es decir, en el entorno del 97,3% del PIB, a la finalización del citado mes de agosto, produciéndose un aumento con respecto al mes de julio de 2015 del 0,9% y, en comparación con el mismo mes del ejercicio 2014, una subida del 3,9%. De los 1,05 billones de euros de deuda, 773.842 millones correspondían a valores a medio y largo plazo, 197.746 millones de euros eran créditos no comerciales y 78.909 millones de euros se concretaban en valores a corto plazo.

Ya durante el mes de septiembre de 2015 la deuda del Estado ascendió a un total de 912.055 millones de euros, 13.527 millones más que el mes anterior[468]. Por instrumentos, los valores representativos de deuda a corto plazo representaron hasta septiembre de 2015 un total de 82.314 millones de euros (841 millones más que hasta agosto), y a largo plazo, 752.759 millones (12.680 millones más). Por sectores de contrapartida, en poder de sectores residentes y dentro de las Administraciones Públicas, la deuda pública hasta septiembre de 2015 ascendió a 46.201 millones (607 millones de euros más).

Por lo que respecta al dato acumulado correspondiente al tercer trimestre de 2015 la deuda del conjunto de las Administraciones Públicas llegó hasta los 1.062.472 millones de euros, alrededor del 99,4% del PIB. Este nivel suponía que ya en septiembre del citado ejercicio el porcentaje de deuda pública había superado en siete décimas el objetivo para el conjunto del año (98,7% del PIB)[469]. Respecto al mes de agosto del citado ejercicio, la

[467] Fuente: Banco de España, www.bde.es (consultada el 16 de octubre de 2015).

[468] Fuente: Banco de España, www.bde.es (consultada el 30 de octubre de 2015).

[469] Fuente: Banco de España, www.bde.es (consultada el 17 de noviembre de 2015). Concretamente del total de la cifra 784.840 millones de euros correspondían a valores a medio y largo plazo, 198.258 a créditos no comerciales y 79.374 a valores a corto plazo. En efecto, el grueso de la deuda en manos de las Administraciones Públicas se situaba en valores a medio y largo plazo, que suponían más de dos tercios del total y que explicaban la mayor parte del aumento del endeudamiento público en septiembre de 2015. Estos préstamos subieron en 10.998 millones de euros respecto a agosto, hasta los 784.840 millones de euros, y en términos

subida fue de 11.875 millones de euros, lo que suponía el incremento más elevado desde mayo de 2014 y rompía la tendencia de contención reflejada en 2015, ya que en los nueve primeros meses del ejercicio 2015 había bajado en abril y en julio. De hecho, en los nueve primeros meses de dicho ejercicio el pasivo se había incrementado en 28.731 millones de euros, la cifra más baja de los últimos cinco años. Buena parte de este repunte está motivado, a nuestro juicio, por el endeudamiento en el que tuvo que incurrir el Estado para crear los mecanismos de ayuda a aquellas Comunidades Autónomas que no tienen acceso a los mercados financieros, como el Fondo de Liquidez Autonómico o el plan de pago a proveedores para liquidar la deuda comercial. Igualmente había que tomar en consideración otros factores tales como la recapitalización del sector financiero y la contribución española a los programas de rescate de Irlanda, Portugal y Grecia.

Durante el mes de octubre de 2015 la deuda del Estado se redujo en 4.752 millones respecto a septiembre, hasta los 907.302 millones de euros[470]. Por instrumentos, los valores representativos de deuda a corto plazo representaron hasta octubre de 2015 82.922 millones de euros (608 millones menos que hasta un mes antes), y a largo plazo, 747.392 millones (5.367 millones menos). Por sectores de contrapartida, en poder de sectores residentes y dentro de las Administraciones Públicas, la deuda hasta octubre de 2015 ascendió 46.482 millones (3.719 menos). Asimismo, los depósitos en el Banco de España, incluyendo subastas de liquidez del Tesoro, alcanzaron los 55.069 millones (20.226 millones más). El total de avales concedidos ascendió hasta dicha fecha a 113.740 millones (942 millones más que en septiembre).

---

interanuales repuntaron un 7%. En la misma línea, la deuda pública en valores a corto plazo aumentó en septiembre de 2015 en 465 millones de euros, hasta alcanzar los 79.374 millones. En términos interanuales, los valores a corto plazo en manos de las Administraciones Públicas se incrementaron un 9,8%. Por su parte los créditos no comerciales y el resto también se incrementaron, sumando 513 millones de euros más, hasta alcanzar los 198.258 millones de euros, si bien registraron un descenso del 2,9% frente a septiembre de 2014. Asimismo el Banco de España facilitó por aquel entonces los datos desagregados por Administraciones correspondientes al segundo trimestre de 2015, en relación con los cuales la proporción de la deuda pública respecto al PIB había bajado en todas las Administraciones, excepto en las Comunidades Autónomas, donde había subido hasta el 23,2 % desde el 22,5 % que suponía en el primer trimestre de 2015. La proporción de deuda respecto al PIB entre abril y junio de 2015 bajó en la Administración Central, del 74,1 % del PIB al 72,9 %, y en las Corporaciones Locales, del 3,6 % al 3,5%.

[470] Fuente: Banco de España, www.bde.es (consultada el 30 de noviembre de 2015).

A la finalización del tercer trimestre correspondiente al ejercicio 2015 la deuda del conjunto de las Administraciones Públicas se había situado en 1,062 millones de euros (9.851 millones de euros más que en el trimestre anterior), si bien en porcentaje del PIB se mantenía en el 99,3% como consecuencia del crecimiento de la economía española entre junio y septiembre de 2015[471]. Dicho porcentaje era seis décimas superior al objetivo del Gobierno para todo el ejercicio, situado en el 98,7%. En términos interanuales, la deuda pública repuntó en el tercer trimestre de 2015 un 4,1%, mientras que en relación con el trimestre anterior registró un avance del 0,9%. El nivel de deuda se situaba así seis décimas por encima del objetivo fijado por el Ejecutivo central para el cierre de 2015 en el 98,7%. De la deuda total, la mayor parte correspondía a la Administración central (795.308 millones de euros), seguida de las Comunidades Autónomas (252.863 millones) y las Corporaciones Locales (36.756 millones), en tanto que las Administraciones de la Seguridad Social tuvieron un saldo neto positivo de 22.612 millones de euros. En todo caso se trataba de la cuantía más elevada de la serie histórica de deuda trimestral.

La deuda del conjunto de las Administraciones Públicas cerró el mes de octubre de 2015 con un descenso de 5.566 millones de euros y se situó en 1,056 billones de euros[472]. Concretamente atendiendo a los datos del PIB del tercer trimestre de 2015 la deuda pública de octubre de 2015 se situaba en el 98,8% del PIB, ligeramente por encima del objetivo para todo el año, situado en el 98,7%. De esta forma, el endeudamiento de las Administraciones Públicas caía en octubre de 2015 después de haber subido en agosto y septiembre del citado ejercicio, tratándose del tercer mes de 2015 en el que se producía un descenso, aunque en este caso menor que en los meses de abril (-13.955 millones) y julio (-12.710 millones) de 2015. En tasa interanual, la deuda pública repuntó en octubre de 2015 un 3,9% respecto a los 1,016 billones de euros que registró el endeudamiento de las Administraciones Públicas en el mismo mes del ejercicio anterior.

Durante el citado mes de octubre de 2015 los extranjeros aumentaron su inversión en deuda española en 5.451 millones de euros, un 1,3%, superando por primera vez el umbral de los 420.000 millones de euros, lo que representaba un nuevo máximo histórico. Con carácter adicional los extran-

[471] Fuente: Banco de España, www.bde.es (consultada el 11 de diciembre de 2015).

[472] Fuente: Banco de España, www.bde.es (consultada el 17 de diciembre de 2015).

jeros continuaban siendo el principal inversor en deuda española, puesto que acumulaban el 53,30% del total, recuperando así el ritmo inversor alcanzado en agosto de 2012, cuando volvieron a acudir a los mercados y retomaron el puesto de principal inversor en deuda que les había arrebatado la banca nacional. De hecho, desde entonces y a lo largo de 2013 y 2014 fueron poco a poco elevando sus inversiones, salvo algunos 'parones' concretos, invirtiendo progresivamente cada vez más en deuda, con aumentos de incluso más de 20.000 millones en algunos meses.

Desde nuestro punto de vista el débil crecimiento europeo experimentado a principios de 2015 y la caída de la rentabilidad no afectaron en exceso a las compras de deuda efectuadas por los no residentes. En este sentido la rentabilidad de todas las letras y algunos bonos se situó ya por debajo del 1% a cierre de 2014, llegando incluso a ser negativa en algunas referencias del Tesoro en 2015. Pero, como hemos precisado, estas bajas rentabilidades no afectaron a los inversores extranjeros, a diferencia de lo que sucedió con los pequeños inversores, que redujeron sus tenencias de deuda un 18% en el conjunto del ejercicio 2014.

Por su parte la banca española que, como hemos tenido ocasión de analizar, sostuvo las inversiones del Tesoro durante los meses en que los extranjeros dejaron de comprar, y que había cerrado 2014 con un descenso de 6.106 millones de euros, redujo durante el mes de octubre de 2015 sus tenencias en 1.557 millones de euros, pasando a contar con 147.990 millones en deuda española (el 18,73% del total), y manteniéndose como segundo gran inversor por detrás los compradores extranjeros. Tras la banca española se situaron el Banco de España, con el 7,90% del total (62.413 millones); las entidades de seguros, con el 6,83% del total (54.010 millones); y las Administraciones públicas, que acumularon el 5,83% del total (46.101 millones). Por detrás quedaron los fondos de inversión, con el 2,73% (21.574 millones) y los fondos de pensiones con el 1,83% (14.462 millones de euros). Los que menos deuda acumularon en el décimo mes del año fueron las empresas no financieras, con el 1,57% (12.389 millones de euros); las personas físicas, con el 0,69% (5.455 millones de euros) y otras instituciones financieras, con el 0,59% (4.654 millones de euros)[473].

[473] Fuente: Banco de España, www.bde.es (consultada el 20 de diciembre de 2015).

Durante el mes de noviembre de 2015 la deuda del conjunto de las Administraciones Públicas cerró con un incremento de 11.102 millones de euros y se situó en 1,067 billones de euros. De acuerdo con el PIB del tercer trimestre correspondiente al ejercicio 2015 la deuda pública de noviembre del citado ejercicio rondaba el 99,8% del PIB, más de un punto por encima del objetivo para todo el año, situado en el 98,7%. De esta forma, el endeudamiento de las Administraciones Públicas subió en noviembre de 2015 después de haber bajado en octubre de dicho año y registrar el tercer mayor crecimiento del año, tras los repuntes de septiembre (13.293 millones) y junio (12.425 millones). En tasa interanual, la deuda pública repuntó en noviembre de 2015 un 4,4% respecto a los 1,022 billones de euros que registró el endeudamiento de las Administraciones Públicas en el mismo mes del ejercicio anterior[474].

Finalmente la Administración central terminaría cerrando el ejercicio 2015 con una deuda de 917.000 millones de euros, lo que suponía un crecimiento del 5,33% respecto a los 870.540 millones de 2014[475]. Solo en diciembre del citado ejercicio el Estado sumó 5.331 millones de deuda, lo que implicaba un aumento del 0,58 % respecto a noviembre de 2015. La mayor parte de la deuda (757.572 millones de euros) se correspondía con valores a largo plazo que incluían las letras del Tesoro emitidas a más de un año. El resto se repartía entre valores a corto plazo (82.435 millones) y otros instrumentos (76.992 millones), que incluían los préstamos del MEDE, otros préstamos, valores no negociables y moneda en circulación. Durante el citado mes de diciembre de 2015 la deuda del conjunto de Administraciones Públicas se incrementó en 2.024 millones de euros respecto a noviembre del citado ejercicio hasta alcanzar un saldo de 1.069.876 millones de euros, situándose así el nivel de deuda sobre el PIB en el entorno del 99%, superior al objetivo de 98,7%[476]. Comparando dichos datos con los correspondientes a diciembre de 2014 el incremento fue de 36.139 millones de euros. En términos interanuales, la tasa de crecimiento de la deuda en

474 Fuente: Banco de España, www.bde.es (consultada el 15 de enero de 2016).

475 Fuente: Banco de España, www.bde.es (consultada el 29 de enero de 2016).

476 Fuente: Banco de España, www.bde.es (consultada el 17 de febrero de 2016). De estos casi 1,07 billones de euros de deuda, 795.827 millones correspondían a valores a medio y largo plazo, 193.251 millones eran créditos no comerciales y 80.798 millones fueron valores a corto plazo.

diciembre de 2015 fue del 3,5%, 3,5 puntos porcentuales por debajo de la de diciembre de 2014.

7. REFLEXIONES FINALES

A lo largo de los últimos cuatro ejercicios (período comprendido entre 2012 y 2015) el volumen de la deuda pública española se ha incrementado en unos 310.000 millones de euros, originándose intereses por valor de 121.642 millones de euros. Durante el citado período la prima de riesgo (diferencial del bono a 10 años español respecto al bono a 10 años alemán) llegó incluso a alcanzar los 648 puntos básicos, llegando a superar el tipo de interés que se aplica a dicho bono el 7%. Por su parte los títulos de vencimiento más corto (letras a tres y a seis meses) llegaron a presentar unos tipos de interés de casi el 4%.

Con carácter general la deuda pública española ha pasado de suponer un 40% del PIB antes de la crisis económica a rozar el 100%, mientras que el pago de intereses ha pasado de unos 17.000 millones a 33.000 millones de euros en el mismo periodo.

Desde entonces el interés a pagar por colocar emisiones de deuda ha ido descendiendo gradualmente, lo que ha permitido al Ejecutivo ahorrar cada año importantes cantidades sobre la previsión presupuestada en cada proyecto de Cuentas Públicas. Así, por ejemplo, en 2012, se destinaron al pago de intereses un total de 26.696 millones de euros. Ya durante el ejercicio 2013 la prima de riesgo perdió la cota de los 400 puntos básicos reduciéndose de manera paulatina hasta acabar en el entorno de los 200. Dicha reducción en el tipo de interés de las emisiones permitió al Ejecutivo gastar 28.574 un total de millones de euros, pudiendo destinar parte de dicha suma a la adopción de diversas medidas de estímulo. Con posterioridad durante el ejercicio 2014 se logró un ahorro el intereses de algo más de 3.000 millones de euros. Y en 2015 se consiguió aliviar la carga financiera del Estado en un total de 17.855 millones de euros.

Indudablemente el crecimiento del PIB ha posibilitado que el Estado español pueda nutrirse de fondos en los mercados con solvencia, viendo rebajada de manera considerable la partida de intereses de la deuda. Sin embargo en la actualidad el tipo de interés del bono a 10 años apenas cuenta ya con margen a la baja, al igual que sucede con los intereses para el resto de plazos. Y el enorme volumen del pasivo existente (que alcanzó 1,053 billones de euros al término del segundo trimestre de 2015) dificulta que la reducción se prolongue en el tiempo. Por otra parte se ha de tener presente que la deuda del conjunto de las CC.AA. superaba los 240.000 millones de euros.

En todo caso la consabida reducción del déficit (que ha pasado del 9,6% al entorno del 5,2% a la finalización del ejercicio 2015) posibilitó que el porcentaje de deuda sobre PIB escalara solo un punto en un año, pasando del 98,4% al 99,5%. De este modo, si bien en números absolutos la deuda crecía, también lo hacía el PIB, motivo por el cual, en términos relativos, el pasivo se mantenía estable, habiéndose registrado además por parte del Estado superávit primario en octubre de 2015 por primera vez desde diciembre de 2007.

Centrándonos en el último ejercicio analizado, el ejercicio 2015, la mayor parte de los 236.817 millones de financiación bruta se obtuvieron en 48 subastas, 24 de bonos y obligaciones y 24 de letras. El resto de emisiones se cubrieron mediante cuatro pujas de obligaciones sindicadas. Mediante la sindicación se emitieron dos nuevas referencias de obligaciones del Estado a diez años (por importe de 14.000 millones), una referencia de obligaciones a 15 años (7.000 millones), y otra de obligaciones a 15 años ligados a la inflación de la Eurozona (3.500 millones). Por su parte el Programa de bonos y obligaciones indexados a la inflación de la Eurozona, inaugurado en 2014, pasó en 2015 a formar parte del programa de subastas regulares. Las *ratios* de cobertura correspondientes a las subastas de 2015 han sido elevadas, de 2,27 de promedio en las pujas de bonos y obligaciones, y de 2,42 en las de letras. Asimismo se ha logrado reducir el coste y el riesgo de la cartera de deuda del Estado, descendiendo el coste medio de emisión de la deuda del Estado desde el 1,52 % en 2014, hasta el 0,84% en 2015, con lo que el coste medio de la deuda en circulación se redujo hasta el 3,14% a finales de 2015. Y fueron en aumento las tendencias de deuda en manos de inversores no residentes, que se situaron a finales de noviembre de 2015 en 418.738 millones de euros, un 53,5% del total. Este dato contrastaba con el mínimo registrado en 2012, cuando se situó en 191.836 millones de euros.

En suma, el ejercicio 2015 cerró con una reducción tanto del coste como del riesgo de la cartera de deuda del Estado, lográndose rebajar el coste medio hasta el 0,84%, frente al 1,52% que pagaba en 2014 por colocar sus instrumentos de financiación. Ello terminó incidiendo en un menor coste medio de la deuda del Estado en circulación, que pasó del 3,47% a finales de 2014 al 3,14% a finales de 2015. Por lo que se refiere a la vida media de la deuda en circulación, ésta fue en aumento a partir del año 2013, una vez dejados atrás los peores momentos de la crisis de deuda soberana. La tendencia a alargar la vida media del pasivo en circulación se intensificó especialmente en 2015, año en el que se pasó de una vida media de 6,28 años hasta los 6,45 años. Ambos efectos combinados disminuyeron las presiones sobre la financiación de España, sobre todo con vistas al ejercicio de 2016.

A mayor abundamiento durante los ejercicios 2014 y 2015 casi el 50% del total de deuda emitida (excluyendo las Letras) se realizó en títulos con una vida residual de 10 años o más, lo que posibilitó que la vida media del stock de deuda se incrementase desde los 6,2 años con los que cerró 2013 a los 6,45 años finales. Por su parte, los mínimos históricos de rentabilidad exigidos al Tesoro llevaron al tipo medio de financiación a situarse prácticamente en el 3%.

La deuda pública del conjunto de las Administraciones Públicas cerró el ejercicio 2015 en 1.069.876 millones de euros, cifra que equivalía al 99% del PIB. Con carácter general el nivel de pasivo se redujo unas décimas respecto al ejercicio 2014 (en el que llegó a alcanzar el 99,3% del PIB) debido a que el PIB nominal creció más que la deuda, lo que representó el primer retroceso desde el inicio de la crisis financiera en 2007, cuando el porcentaje de deuda pública se situaba en el 35,5% del PIB[477].

En números absolutos durante el ejercicio 2015 del total de la deuda pública en manos de las Administraciones Públicas el 87,7% (938.799 millones de euros) se correspondió con el endeudamiento de la Administración Central, mientras que las Comunidades Autónomas supusieron el 24,4% de la deuda total (261.268 millones) y las Corporaciones Locales el 3,2% (35.147 millones). Por su parte, la Seguridad Social cuenta con el 1,6% de todo el endeudamiento (17.188 millones).

Así las cosas la mayor parte de la deuda la acumuló la Administración Central, con 938.799 millones de euros, tras registrar un aumento del 4,8%

[477] Solo durante el período comprendido entre marzo de 2008 y diciembre de 2011 la deuda pública se incrementó en 364.000 millones de euros hasta alcanzar los 743.530 millones de euros.

en 2015. En porcentaje del PIB se situó en el 86,8% del PIB. En cuanto a la Seguridad Social, su deuda fue de 17.188 millones a cierre del cuarto trimestre de 2015, el 1,6% del PIB. Por su parte, y como posteriormente tendremos ocasión de analizar, las CC.AA. marcaron un nuevo récord, con una deuda de 261.268 millones de euros a cierre del cuarto trimestre de 2015, lo que supuso un aumento del 10,3% en comparación con el mismo periodo del año anterior (236.820 millones).

En cuanto a la evolución de la deuda durante el cuarto trimestre en cada una de las Administraciones, tanto el Estado central como las Comunidades Autónomas incrementaron su endeudamiento respecto al trimestre anterior, con un aumento del 0,4% en el caso del Estado y un alza del 3,2% en las Regiones. Y, en cuanto a la Seguridad Social, la deuda descendió en nueve millones de euros, con lo que se mantuvo prácticamente estable, mientras que los Ayuntamientos lo hicieron en un 4,6%.

Por otra parte se ha de destacar que durante el ejercicio 2015 el Tesoro empezó ya a emitir deuda a tasas negativas. Tan sólo durante el mes de junio y a lo largo de las primeras semanas del mes de julio de 2015 se vio interrumpida esta tendencia debido al incremento de las tensiones que experimentaron los mercados de renta variable y renta fija ante las dudas que levantó el rescate a Grecia y que llevó a la deuda española a 10 años a repuntar hasta el 2,4%, niveles que no registraba desde mediados de julio de 2014. Finalmente, tras el acuerdo alcanzado entre Grecia y el Eurogrupo a mediados del mes de julio de 2015 se retomó de nuevo la senda de tipos negativos.

Por lo que respecta a las cifras de déficit el correspondiente al conjunto de las Administraciones se situó en el 5,16% (posteriormente corregido al 5% de acuerdo con el criterio de Eurostat al exigir este último organismo imputar en 2015 ingresos obtenidos por el Estado en los últimos cinco años por el uso del espacio radioeléctrico), casi un punto por encima del objetivo del 4,2% pactado con las instituciones europeas[478], debido en buena

[478] Fuente: http://www.minhap.gob.es (consultada el 31 de marzo de 2016). No obstante desde el Ministerio de Hacienda se precisó que, descontando operaciones no recurrentes (-0,32%) que no iban trasladarse al ejercicio 2016 así como la ayuda financiera (-0,08%), el déficit se situaba en el 4,8%. Por su parte las cifras facilitadas por el Instituto Nacional de Estadística pusieron de manifiesto que la diferencia entre los gastos e ingresos del conjunto de las Administraciones públicas ascendió en 2015 a 56.608 millones de euros, lo que equivalía a un déficit público del 5,2% del PIB, incluyendo las ayudas a la banca, que alcanzaron los

medida al incumplimiento generalizado en el incurrieron la mayoría de las Comunidades Autónomas las cuales, como posteriormente analizaremos, alcanzaron un déficit 0,9 puntos por encima del objetivo marcado, llegando así al 1,66% del PIB frente al 0,7% pactado. Y ello a pesar de que la Administración Central cumplió sobradamente el objetivo y situó el déficit dos décimas por debajo de la previsión (2,9%) hasta el 2,76% del PIB. Por su parte los Ayuntamientos volvían a registrar superávit por tercer año consecutivo, alcanzando un 0,4% de resultado positivo. Y, en cuanto a la Seguridad Social, también cerró por encima de lo establecido (1,26% del PIB, frente a 0,6% previsto).

De cara al ejercicio 2016 la Ley de Presupuestos Generales del Estado para el citado ejercicio previó que la emisión del Tesoro cayese un 4,7% y que la deuda pública bajara al 98,2% del PIB, cayendo así por primera vez desde 2008 el importe de los intereses de la deuda sobre el PIB. Con carácter general el Tesoro Público realizaría en 2016 emisiones brutas de deuda por importe de 231.175 millones de euros, un 4,7% menos que lo previsto para 2015, al objeto de cubrir sus necesidades de endeudamiento neto y las amortizaciones pendientes. La práctica totalidad de estas emisiones se realizaría a través de letras, bonos y obligaciones, si bien no se descartaba realizar emisiones de otras deudas y divisas. La deuda neta ascendería a 49.500 millones de euros, de los cuales unos 4.000 millones procederían de

547 millones en 2015, si bien se ha de tener presente que dichas ayudas no computan en el procedimiento de déficit excesivo (Fuente: www.ine.es, consultada el 31 de marzo de 2016). De acuerdo con estos datos facilitados por el INE en el conjunto del año 2015 las Administraciones Públicas presentaron una necesidad de financiación de 56.608 millones de euros frente a los 61.319 millones de 2014. Dicha cifra suponía una desviación de casi 10.000 millones sobre el objetivo pactado con la Comisión Europea. El descenso de la necesidad de financiación de las Administraciones Públicas en 2015 se produjo por el incremento del 8,4% en su renta disponible y por la reducción observada sobre el saldo neto de transferencias de capital pagadas (del 77,4%). Y ello a pesar del crecimiento registrado en su gasto en consumo final (del 3,1%) y en su inversión (del 20,0%). De acuerdo con la estadística sobre las cuentas trimestrales no financieras de los sectores institucionales facilitada por el INE en el conjunto del año 2015 la economía española acumuló una capacidad de financiación de 23.053 millones de euros, lo que representaba el 2,1% del PIB. Esta cifra superó en 6.667 millones la cifra alcanzada en 2014, que fue de 16.386 millones, un 1,6% del PIB. La mayor capacidad de financiación de la economía en el conjunto del año 2015 se produjo por una reducción del saldo negativo de rentas y transferencias corrientes y de capital, que pasó de -9.587 millones de euros en 2014 a -3.867 millones en 2015. A eso se añadió un mayor saldo en los intercambios exteriores de bienes y servicios, que de 25.973 millones en 2014 se pasó a 26.920 millones en 2015.

letras del Tesoro, en tanto que bonos y obligaciones cubrirían las restantes necesidades de financiación.

De este modo estaba previsto mantener estable la cuota de letras del Tesoro y aumentar la de bonos y obligaciones. De acuerdo con los cálculos del Ejecutivo la deuda pública bajaría al 98,2% del PIB a finales de 2016, por debajo del 98,7% previsto para 2015, mientras que el Tesoro Público lanzaría en los mercados emisiones brutas por importe de 231.175 millones de euros.

A tal efecto se previó que el Estado haga frente en 2016 al pago de 33.490 millones de euros en concepto de intereses, lo que suponía un 5,6% menos que en el ejercicio 2015. Con carácter adicional la deuda pública del conjunto de las Administraciones Públicas españolas sobre el PIB caería en 2016 al 98,2%, en lo que supondría su primer descenso desde el inicio de la crisis en 2008.

Si bien inicialmente se contemplaba que la emisión de deuda neta fuese de 55.000 millones de euros, posteriormente dicha cifra quedó rebajada hasta 53.000 millones y, finalmente, hasta 51.000 millones de euros. La cifra de emisión de deuda nueva era de 49.500 millones de euros, de un total de 231.200. Los restantes 182.000 millones se utilizarían para amortizar vencimientos. Todo ello en el marco de un objetivo de déficit para 2016 del 2,8% del PIB.

Los Presupuestos Generales del Estado para 2016 fijaron un objetivo de deuda máximo del 98,7% del PIB para 2015, dos décimas menos de lo que el propio Ejecutivo preveía en el Programa de Estabilidad 2015-2018, donde consignó una meta de pasivo del 98,9%. Por su parte, el Tesoro Público previó que la deuda alcanzara su nivel máximo en el ejercicio 2015, pronosticando además que en 2016 España alcanzaría el superávit primario, lo que en combinación con el crecimiento nominal del PIB ayudaría a que la *ratio* de deuda disminuyese hasta el entorno del 98,2% del PIB.

Se trataría en consecuencia del primer ejercicio desde 2008 en el que se registraría un descenso del nivel de deuda pública, pasando del 98,7% del PIB estimado para 2015 al 98,2%. Otro elemento positivo susceptible de ser destacado sería el relativo a la reducción de los intereses de la deuda, ya que el Estado destinaría un total de 33.514 millones a dicho Capítulo, un 5,6% menos de lo presupuestado en 2015, registrándose en 2016 superávit primario de manera que, sin tener en cuenta los intereses, los ingresos públicos superarían los gastos[479].

En resumen, de cara al ejercicio 2016 las cuentas públicas previeron una caída de la deuda pública de seis décimas hasta el 98,2% como consecuencia del menor peso del servicio de la deuda (el pago por intereses será inferior por la caída de los tipos de interés), la finalización de los pagos correspondientes a instrumentos como el fondo para amortizar el déficit eléctrico o la contribución de España al rescate de Portugal o Irlanda.

Finalmente, sin embargo, el Tesoro Público terminó fijando en 45.000 millones de euros el objetivo de emisión neta de deuda para 2016, lo que representó un 9,1% menos que la prevista inicialmente en la Ley de Presupuestos Generales del Estado para el citado ejercicio y un 5,7% inferior a la deuda neta emitida en 2015. De dicha cantidad, la mayor parte de ella, (unos 41.000 millones de euros) consistiría en emisiones a largo plazo y el resto en Letras del Tesoro, desarrollándose el grueso del programa mediante la celebración de subastas ordinarias, si bien ocasionalmente el Tesoro recurrirá a métodos alternativos de emisión como las sindicaciones bancarias, las colocaciones privadas o las subastas especiales.

El ahorro en 2016 alcanzaría la cifra de 2.717 millones de euros líquidos, descendiendo también la emisión bruta de deuda, que en 2016 se situaría en 226.694 millones de euros, esto es, alrededor de 10.100 millones menos que en el ejercicio 2015. Por su parte la emisión bruta de deuda también descendería en 2016, desde los 236.817 millones de euros al cierre de 2015 a los 226.694 millones de euros. Y ello teniendo presente la progresiva reducción del déficit público, que posibilitaba una menor apelación al mercado.

Por otra parte de conformidad con lo establecido en la Orden ECC/2847/2015, de 29 de diciembre, por la que se dispone la creación de Deuda del Estado durante el año 2016 y enero de 2017 y se autorizan las operaciones de gestión de tesorería del Estado, y teniendo presente lo dispuesto en el art. 47 de la Ley 48/2015, de 29 de octubre, de Presupuestos Generales del Estado para el año 2016, se autorizó al Ministro de Economía y Competitividad para que incrementara la Deuda del Estado, con la

479 En todo caso se ha de tener presente que, de acuerdo con los cálculos efectuados por la Autoridad Independiente de Responsabilidad Fiscal, la deuda pública seguiría por encima del 60% del PIB (límite fijado para 2020 por la Ley Orgánica de Estabilidad Presupuestaria y Sostenibilidad Financiera) al menos hasta 2033.

limitación de que el saldo vivo de la misma en términos efectivos a 31 de diciembre del año 2016 no superara el correspondiente saldo a 1 de enero de 2016 en más de 52.882.394,53 miles de euros, resultando dicho límite efectivo al término del ejercicio, si bien podría ser sobrepasado en el curso del mismo, quedando automáticamente revisado en virtud de los supuestos establecidos en el art. 47.2 de la citada Ley[480].

Baste recordar a este respecto que la emisión neta del Tesoro en 2015 se situó en 47.717 millones de euros, la mitad respecto de la llevada a cabo hace cuatro años. Concretamente durante el citado ejercicio 2015 la emisión neta del Tesoro fue inferior a la prevista a principios del ejercicio, con los costes de emisión y de deuda en circulación más bajos de la historia, y un alargamiento de la vida media. Tal y como se ha señalado la emisión neta se situó en 47.717 millones de euros, 7.283 millones menos de lo previsto, con un coste del 0,84 % (3,14 % para el total de la deuda en circulación) y un alargamiento de la vida media hasta los 6,45 años. Como se ha analizado a lo largo de la presente obra la deuda en manos de los no residentes supuso el 53,5 % del total. De cara el ejercicio 2016 el Tesoro prevé que el grueso del programa se ejecute mediante subastas ordinarias de bonos y obligaciones y de letras, y ocasionalmente, con métodos alternativos como las sindicaciones.

480 Dicha Orden procedió además a incorporar el contenido fundamental de la Orden ECC/4/2015, de 13 de enero, por la que se dispone la creación de Deuda del Estado durante el año 2015 y enero de 2016 y, al igual que la misma, mantiene en vigor el contenido de las Cláusulas de Acción Colectiva normalizadas, recogidas en el anexo de la Orden ECC/1/2014, de 2 de enero, por la que se dispone la creación de Deuda del Estado durante el año 2014 y enero de 2015 y se recogen las Cláusulas de Acción Colectiva normalizadas.

V. LA CRISIS FINANCIERA DE LAS COMUNIDADES AUTÓNOMAS Y LA CREACIÓN DEL FONDO DE LIQUIDEZ AUTONÓMICO COMO MECANISMO DESTINADO A HACER FRENTE A LAS DIFICULTADES DE ACCESO A LA FINANCIACIÓN

1. INTRODUCCIÓN

Como es sabido de un tiempo a esta parte se ha venido desatando un intenso debate en torno a la capacidad de endeudarse por parte de los Entes Regionales. Ciertamente constituye un hecho innegable que, por parte del conjunto de las Comunidades Autónomas, se ha estado incurriendo en una situación en la que se han frenado pagos, ayudas e inversión para cuadrar las cuentas. Los Ejecutivos regionales se han estado viendo forzados a retrasar el pago de algunos capítulos de sus partidas presupuestarias para hacer frente a los salarios de los funcionarios y sus compromisos con la banca.

A pesar de que, *a priori*, pudiera estimarse que resultaba lógico que en momentos de crisis las inversiones y las transferencias de capital se resientan en su ejecución, al tratarse del único margen que existe para las Administraciones autonómicas (siendo además el gasto corriente existente en capítulos tales como sanidad, educación y servicios sociales inamovible), lo cierto es que se trataba de unos capítulos considerados por ley como "esenciales" y que absorben más de dos tercios de los Presupuestos Autonómicos. Así, por ejemplo, las nóminas de los funcionarios requieren entre el 50% y el 55% de los recursos territoriales. En ambos casos, un ajuste real del gasto sólo puede venir motivado con cambios en la normativa básica del Estado. Y, en este sentido, el debate ya se había suscitado en asuntos tales como el copago de la asistencia primaria, la sanidad o la gestión de la factura farmacéutica.

2. RADIOGRAFÍA ECONÓMICO-FINANCIERA DE LAS COMUNIDADES AUTÓNOMAS EN EL EJERCICIO 2010

Los Entes Regionales habían cerrado el tercer trimestre de 2009 con un déficit del 1,24% del PIB, dentro del objetivo previsto, que contemplaba que los Gobiernos autonómicos cerrasen el citado ejercicio con un déficit del 2,4%. Castilla-La Mancha y Murcia fueron las dos únicas Comunidades españolas que situaron su déficit por encima del 2%. En concreto, al cierre del tercer trimestre de 2011, Murcia presentaba un déficit del 3,12%, y Castilla-La Mancha, del 4,69%.[481]

De este modo el déficit autonómico se situó en el tercer trimestre de 2009 en el 1,24%, dentro del objetivo previsto, siendo únicamente las dos Comunidades Autónomas reseñadas con anterioridad (Murcia y Castilla-La Mancha) las que superaron el 2% del PIB. En efecto, el déficit presupuestario de las Comunidades Autónomas ascendió en el tercer trimestre del ejercicio 2009 a 13.061 millones de euros, lo que equivalía a un 1,24% del PIB, situándose la citada cifra dentro de lo previsto por el Gobierno para cumplir con el objetivo para el año. Los gastos de las Comunidades se redujeron un 2,2%, desplomándose los ingresos un 13,4%.

El desequilibrio fue moderado en quince Comunidades Autónomas, con un nivel de déficit por debajo del 2%, entre ellas, Navarra, Madrid, Andalucía, País Vasco, Extremadura, Cataluña y Comunidad Valenciana[482].

[481] Castilla-La Mancha acumuló en los nueve primeros meses de 2010 un desequilibrio equivalente al 4,69% de su Producto Interior Bruto, prácticamente el doble de lo permitido. E igualmente la Comunidad Autónoma de Murcia sobrepasó lo establecido, con un 3,12%. El resto de Comunidades, como se ha señalado, quedaron por debajo. Y precisamente a resultas de esta situación la Agencia de Calificación *Moody's* procedió a rebajar un escalón la calificación crediticia de ambas Comunidades, debido a la existencia de un mayor deterioro financiero del esperado. Tal y como se ha precisado en el caso de Castilla-La Mancha se rebajó el *rating* desde Aa3 hasta A1, con perspectiva negativa, a resultas del significativo deterioro producido en la situación financiera de dicha Comunidad en 2010 y 2011, estimándose que podría llegar a desviarse significativamente del objetivo de déficit fijado por el Gobierno para 2010 lo que, a su vez, complicaría que pudiera cumplir el previsto para 2011. Y, por lo que respecta a la Comunidad de Murcia, se rebajó su *rating* desde Aa2 hasta Aa3, con perspectiva negativa, debido igualmente a que también se esperaba que esta Región se desviase del objetivo de déficit previsto por el Gobierno.

[482] Concretamente, ocho Comunidades mantuvieron sus números rojos por debajo del 1% del Producto Interior Bruto hasta el mes de septiembre de 2010. Y, de media, las diecisiete Administraciones arrojaron un déficit del 1,24%, esto es, la mitad del margen para 2010.

,bio, como se ha indicado, dos Comunidades Autónomas se situa- ,or encima del 2%: Murcia, con un 3,12%, y Castilla La Mancha, con . 4,69%. Esta última lideró el déficit del conjunto de las Comunidades. Ambas Regiones no podían endeudarse, tal y como ya anunció el Ejecutivo central en noviembre de 2009, debido a su elevado déficit. La prohibición del aumento de la deuda constituía una de las herramientas del Ejecutivo central para "mantener a raya" el déficit de las Comunidades, situándose por aquel entonces el comportamiento presupuestario en línea con el objetivo de déficit previsto del 2,4% para 2010[483]. En todo caso se exigía firmeza en el compromiso de estabilidad y un ejercicio de transparencia por parte de las Comunidades Autónomas.[484]

Con fecha 21 de diciembre de 2010 la Agencia de Calificación Crediticia *Moody's* procedió a rebajar la calificación de las Comunidades Autónomas de Murcia y Castilla La Mancha con perspectiva negativa, rebajándose así un escalón el *rating* de dichas Comunidades Autónomas por un mayor deterioro financiero al esperado en ambas Regiones. En concreto la citada Agencia rebajó el *rating* de Castilla-La Mancha desde Aa3 a A1, con perspectiva negativa, debido un "significativo" deterioro al inicialmente previsto en la situación financiera de esta Comunidad en 2010 y 2011. Se estimó así que la citada Comunidad podría desviarse significativamente del objetivo de déficit fijado por el Gobierno para 2010, lo que complicaría a su vez que lograse cumplir el previsto para 2011 sin implementar medidas de recorte de gasto. Por lo que respecta a la Comunidad Autónoma de Murcia, *Moody's* rebajó su *rating* desde Aa2 a Aa3, con perspectiva negativa, debido a que también esperaba que esta Región se desviase del objetivo de déficit previsto por el Gobierno en 2010.

Dentro de nuestro país la deuda de las Administraciones Públicas se situó al cierre de 2010 en 638.767 millones de euros, lo que supuso un

[483] Hasta septiembre de 2010 los números rojos de las CC.AA. ascendían a 13.061 millones de euros, lo que representaba un 1,24% del PIB. El límite del Plan de Estabilidad ascendía al 2,4%, quedando aún por cerrar el trimestre del citado ejercicio en el que más suelen aumentar los pagos. Por su parte los ingresos no financieros se minoraron un 13,47%, mientras que los gastos se recortaron en un 2,29%. Tal y como se ha señalado, sólo Castilla-La Mancha (con un déficit del 4,69%) y de Murcia (del 3,12%) incumplían los límites de déficit.

[484] Como seguramente se recordará, además de Murcia y de Castilla-La Mancha, también Galicia, Comunidad Valenciana, Canarias y Castilla y León debían desarrollar sus medidas de ajuste para acceder al segundo tramo de endeudamiento, según los datos del primer semestre de 2009.

incremento de 77.448 millones respecto al cierre de 2009, cuando había 561.319 millones en esta partida. Se trató de un incremento del 13,8%. Por tipo de Administración, la deuda subió en 48.924 millones de euros en la central, un 11,1%, hasta los 487.870 millones.

Dentro de las Comunidades Autónomas se registró el incremento más fuerte. Su deuda creció un 31,7% (27.790 millones), ascendiendo el importe de la misma a 115.455 millones de euros. Por el contrario, en los municipios permaneció muy contenida. Apenas se elevó un 2,1%, a los 35.442 millones, 734 millones más que a finales de 2009. Con estas cifras, el *ratio* de deuda sobre el PIB de la economía española sobrepasó por vez primera desde 1999 la cota del 60%. En concreto llegó al 60,1%, frente al 53,3% de finales de 2009.

De este modo las Comunidades Autónomas representaron el nivel administrativo que registró el mayor crecimiento de su deuda, aunque todos aumentaron, si bien se ha de precisar que la mayor parte del volumen total de endeudamiento con que se cerró el ejercicio 2010 correspondió a la Administración Central, con 487.870 millones, el 45,9% del PIB, con un incremento del 11,15 % respecto al cierre de 2009. Por último, la cantidad que debían los Ayuntamientos creció un 2% hasta los 35.442 millones de euros. En conjunto la deuda de las Administraciones Públicas aumentó un 13,8% en 2010, hasta los 638.767 millones de euros, lo que equivalía al 60,1% del Producto Interior Bruto según los datos facilitados con fecha de 18 de marzo de 2011 por el Banco de España. Por primera vez en doce años la deuda pública española superó la barrera del 60%, límite establecido por Bruselas en el Pacto de Estabilidad.[485]

A la luz de los datos facilitados correspondientes al último trimestre de 2010 se desprendía que el aumento de la deuda pública fue del 4,39% en comparación con la registrada entre julio y septiembre de dicho año, que se situaba en 611.894 millones. En el ámbito de la Administración Central el porcentaje de deuda se incrementó del 41,6% al 45,9%; en las Regiones del 8,3% al 10,9%, y en los ayuntamientos se ha mantenido en el 3,3%. Por su parte la deuda de las Comunidades Autónomas aumentó un 31,7% en 2010 y alcanzó el 10,9% del PIB. Los datos existentes mostraban que, desde el año 1995, el endeudamiento de las Regiones no había parado de crecer,

485 Téngase presente a este respecto que, al finalizar el 2009 la deuda española representaba el 53,3 % del PIB, por lo que en un año su peso aumentó en 6,8 puntos porcentuales.

batiendo en cada ejercicio récords históricos, a pesar del compromiso de estabilidad presupuestaria adquirido en los últimos años.

La Comunidad Autónoma con mayor volumen de deuda en 2010 fue Cataluña, con 31.886 millones de euros, cantidad que representaba el 27,6% del total de la deuda acumulada en el conjunto de las comunidades. Después de Cataluña, se situó la Comunidad Valenciana (17.600 millones de euros), que volvió a ocupar el segundo lugar por delante de Madrid, cuya deuda ascendió a 13.492 millones de euros. Entre las tres, acumularon el 54,5% del total del endeudamiento regional. A continuación figuraron Andalucía (12.176 millones de euros), Galicia (6.162 millones de euros), Castilla-La Mancha (5.819 millones de euros), País Vasco (4.916 millones de euros), Castilla y León (4.294 millones de euros), Baleares (4.064 millones de euros), Canarias (3.298 millones de euros), Aragón (2.901 millones de euros) y Murcia (2.107 millones de euros). Completaron la lista Extremadura (1.747 millones de euros), Navarra (1.725 millones de euros), Asturias (1.634 millones de euros), La Rioja (726 millones de euros) y Cantabria (911 millones de euros).

De conformidad con los datos de ejecución presupuestaria conocidos hasta el tercer trimestre del ejercicio 2010 las CC.AA. podrían cumplir con los objetivos de déficit marcados por la Comisión Europea. Ahora bien ha de precisarse que en dichos datos no se medía, por ejemplo, cuál era la situación financiera de todas las empresas públicas autonómicas. Adicionalmente dichos datos no mostraban con todo detalle el problema que debía afrontar el sistema sanitario, el cual únicamente podría evaluarse con exactitud una vez que se conociesen los datos del cuarto trimestre. A ello se ha de añadir además que, al igual que sucede con la Administración central, buena parte de los gastos se concentraban en el último trimestre.

La información facilitada indicó que las obligaciones de gasto reconocidas por las CC.AA. hasta el mes de septiembre de 2010 representaron un 65% del presupuesto inicial. Pues bien, si ejecutasen todo lo previsto aún les quedaría el 35% restante. No obstante el conjunto de las Administraciones deberían dejar sin ejecutar una parte del gasto, ya que los planes de austeridad concretados a lo largo del 2010 rebajaron el objetivo inicialmente previsto[486]. Así las cosas las cifras presentadas con fecha de 20 de diciembre

[486] Téngase presente además que las citadas cifras se ofrecen en base a criterios de contabilidad presupuestaria, diferentes de los de contabilidad nacional, que sirven para medir el

de 2010 evaluaban las evoluciones de los ingresos y de los gastos de las Regiones teniendo en cuenta el déficit de las Administraciones Generales y de 222 Entidades públicas cuando, en la actualidad, las CC.AA. controlan o participan en más de 1.800 entidades públicas. De este modo los referidos resultados de ejecución presentados únicamente tenían en cuenta la evolución de los ingresos y de los gastos de, aproximadamente, un 12% del parque empresarial público de las Comunidades Autónomas.[487]

Ahora bien lo anterior no significaba, a nuestro juicio, que la exclusión hubiese sido realizada vulnerándose las normas de contabilidad pública europeas existentes, esto es, las SEC-95. Dentro del inventario de las empresas públicas que elabora la Intervención General de la Administración del Estado (IGAE) se especificaba que algunas de ellas sí que computan en el déficit, mientras que otras no lo hacen, dependiendo esta circunstancia de si la participación pública es superior o no al 50%.[488]

Ya con fecha de 24 de noviembre de 2010 el Consejo de Política Fiscal y Financiera (CPFF) había puesto de manifiesto que Castilla-La Mancha y Murcia no cumplían con los criterios de déficit, motivo por el cual ambas Comunidades no podrían recibir autorizaciones de endeudamiento para el segundo tramo del ejercicio, instándose a tal efecto a ambas Comunidades a adoptar medidas "de importante calado" de austeridad.

En el caso concreto de la Comunidad Autónoma de Cataluña, el déficit en 2010 se situó en el 3,6% del PIB, un 50% más del límite, motivo por el cual desde el Gobierno se autorizó una refinanciación de los bonos emitidos, otorgando un trato igual al conjunto de los Entes regionales. Por el contrario la Comunidad Autónoma de Murcia se encontraba a la espera de una reunión del Consejo de Política Fiscal y Financiera que diese luz

---

objetivo final del déficit. Y dichos ajustes podrían llegar a hacer variar el resultado. Los ajustes de contabilidad nacional tienden a empeorar las cifras. En definitiva, si bien se toma como base la información suministrada por las Comunidades Autónomas, sobre dicha información se proyectan unos criterios de homogeneización que aplica el Ministerio de Economía con la finalidad de que resulten comparables.

487 Fuente: *Diario Expansión,* 21 de diciembre de 2010, pág. 28.

488 Así, por ejemplo algunas grandes empresas públicas que resultaron excluidas a la hora de calcular la ejecución presupuestaria autonómica sí que tendrían que ser incorporadas en la evaluación del déficit a realizar a comienzos del 2011 en términos de Contabilidad Nacional, que representa el criterio que se utiliza a la hora de calcular el agujero presupuestario que se presenta ante la Comisión Europea.

verde a su plan de ajuste (expresado en una ley por el Parlamento regional). Mientras tanto tuvo que solicitar un crédito puente para hacer frente a las obligaciones a corto. Y, por lo que respecta a Castilla-La Mancha, todavía disponía de una autorización de deuda de 400 millones sin utilizar, a pesar de lo cual se vio obligada a emprender un paquete de ahorro y subidas de impuestos por valor de 1.000 millones de euros.

Por otra parte en su Informe anual de 2010 el Banco de España recomendó la aplicación de reglas de gasto en aquellas Comunidades Autónomas que incorporasen mecanismos que obliguen a su cumplimiento, como podría ser el establecimiento de sanciones. Se trataba de unas sanciones que por aquel entonces no existían en nuestra legislación, más allá de las limitaciones a las emisiones de deuda a los territorios que no cumpliesen los objetivos marcados que, aunque no eran de aplicación automática, se debían valorar positivamente. A juicio del supervisor español la posibilidad de establecer este tipo de sanciones podría plantearse de cara al futuro como mecanismo adicional de disciplina, si bien debe reconocerse que no resulta fácil definir estas sanciones de manera que su aplicación sea efectiva.

Con carácter general aquellos países con marcos presupuestarios más exigentes tienden a presentar mayor disciplina fiscal, siendo los marcos de reglas fiscales más exitosos aquellos que combinan una regla de déficit público con límites explícitos al gasto público. Pues bien, dejando a un lado los límites para el déficit en los tres niveles de la Administración, y dada la efectividad del límite al crecimiento de gasto en el Presupuesto del Estado este tipo de reglas debería extenderse, a juicio del Banco de España, a las Administraciones territoriales (especialmente a las Comunidades Autónomas), donde las desviaciones del gasto en relación a las previsiones habían tenido un carácter sistemático. De este modo se podría tratar igualmente de mejorar la definición del límite de gasto del Estado, de forma que no solo se efectuase en términos de Contabilidad Presupuestaria, sino también en términos de Contabilidad Nacional, anclándose en algún indicador macroeconómico como el crecimiento tendencial del PIB nominal.

Subrayó además el supervisor en su Informe Anual de 2010 la importancia de la transparencia en las reglas fiscales, estimando deseable una publicación regular de la ejecución presupuestaria del conjunto y cada una de las Comunidades, con la misma periodicidad, el mismo grado de detalle, desfase y facilidad de acceso que las del Estado, además de la disponibilidad de alguna información, posiblemente de carácter más agregado, para las principales ciudades. En su opinión la planificación presupuestaria a medio plazo debería adquirir más relevancia, ya que analizar periódicamente la dinámica estructural de las distintas partidas de ingresos y gastos para ver donde se pueden hacer más ajustes puede resultar especialmente apropiado cuando se requieren medidas de ajuste que van más allá de una corrección transitoria de los desequilibrios, siendo en consecuencia positiva la aplicación de marcos presupuestarios plurianuales. Ciertamente ello podría significar poner en tela de juicio la delegación total o parcial de ciertas decisiones de política fiscal a un organismo independiente como mecanismo para incrementar la disciplina.

En todo caso señaló el Banco de España en su Informe Anual de 2010 la importancia de aumentar la corresponsabilidad fiscal, de cara a poder contar en el futuro con una mayor estabilidad en el sistema de financiación y con un método de cálculo objetivo de las necesidades reales de gasto de las Comunidades que permitiese evaluar el gasto efectivo actual, dotarlo de mayor objetividad y eliminar los incentivos a replantear periódicamente acuerdos que tomen como base el nivel de financiación previamente alcanzado.

Téngase presente a este respecto que las reglas de gasto constituyen un instrumento muy útil para garantizar la disciplina fiscal, si bien dichas reglas deben cubrir la totalidad del gasto público, incluyendo los gastos fiscales, aplicar a todos los niveles de gobierno, enmarcarse en un marco presupuestario de medio plazo, establecer un mecanismo de corrección de las desviaciones y anclarse en estimaciones prudentes del crecimiento potencial y la inflación de la economía. Se planteaba así la necesidad de ahorrar por la vía del gasto en determinadas partidas como las transferencias y pagos corrientes o las inversiones que no sean productivas, moderándose el gasto sanitario y el sistema de pensiones.

3. RADIOGRAFÍA ECONÓMCO-FINANCIERA DE LAS COMUNIDADES AUTÓNOMAS EN EL EJERCICIO 2011

En relación con el ejercicio 2011 las Comunidades Autónomas presentaban unas necesidades financieras de 30.000 millones de euros. Dada esta situación el Estado autonómico estaba abocado a una reforma de su estructura. En los últimos 16 años se había revisado cuatro veces su modelo de financiación, sin poner límites a la capacidad de contraer nuevos gastos. El debate sobre lo que es un servicio esencial (sanidad y educación) frente al que no lo es (televisiones públicas, entre otros) estaba servido.

Las Comunidades Autónomas debían asumir una amortización anual de deuda de entre 20.000 y 25.000 millones de euros. Nueve Comunidades Autónomas (Andalucía, Aragón, La Rioja, Valencia, Navarra, Cataluña, Baleares, Murcia y Castilla-La Mancha) superaron en 2010 el techo de déficit fijado para dicho ejercicio por el Ministerio de Economía (2,4% del PIB). Todas ellas quedaban obligadas a cumplir con un plan de reequilibrio para volver a tener abierta el grifo de las emisiones de la deuda.

Según datos facilitados por el Ministerio de Economía a 31 de enero de 2011 quedaban por pagar 4.823 millones del Capítulo de gastos corrientes de bienes y servicios (proveedores); 2.653 millones de euros en inversiones, y otros 4.768 millones en transferencias de capital (todos ellos, frente a las obligaciones reconocidas en 2010 por las Administraciones). En el caso específico de las inversiones y los pagos de bienes y servicios, los responsables autonómicos admitían que, si bien se trataba de unas cantidades que eran debidas, buena parte de las mismas habrían de ser desembolsadas en enero y febrero de 2011, es decir, cuanto cumplan los plazos de pago fijados por la Ley (30 días).

Donde, a nuestro juicio, sí que existía un margen mayor para retrasar las obligaciones es en el campo de las subvenciones (capítulo de Transferencias de Capital), al no existir relaciones contractuales tan rígidas. En este caso la brecha entre el dinero comprometido y el realmente pagado se acercaba a los 5.000 millones de euros. Por otra parte se ha de aludir a la existencia de otra parte de retraso, como era la relativa al plazo de tiempo que transcurre desde que llega la factura hasta que se reconoce la obligación, no entrando inicialmente en obligaciones reconocidas.

En todo caso, dada la debilidad con la que, por aquel entonces, nuestro país estaba saliendo de la crisis, que no aseguraba un rebote sustancial de la recaudación de impuestos, al objeto de poder cumplir con los compromisos de déficit (1,3% del PIB) estimamos que los Ejecutivos Regionales se encontraban abocados a nuevos programas de ajuste en el gasto.

Las CC.AA. cerraron el primer trimestre de 2011 con un déficit de 4.995,31 millones de euros, lo que supuso el 0,46% del PIB, mientras que el Estado redujo el saldo negativo de sus cuentas un 53% en los cuatro primeros meses del año, hasta los 2.450 millones, el 0,22% del PIB. En el caso del déficit autonómico, la cifra del 0,22% se mantuvo dentro del déficit del 1,3% que debían registrar las Comunidades al cierre del ejercicio 2011, después de haber cerrado el 2010 con un saldo negativo del 2,8%, cuatro décimas por encima de lo previsto.

Por Comunidades, los datos mostraron que ningún territorio superó el 1% de déficit. Las peor situadas en el primer trimestre fueron sido Islas Baleares y Cataluña, con un déficit del 0,97% del PIB. En el lado contrario, se situaron Aragón, Galicia y La Rioja, con superávit. En el caso del déficit estatal, los 2.450 millones se debieron a unos pagos que se situaron en 47.423 millones de euros, un 12,9% menos, mientras que los ingresos sumaron 44.963 millones de euros, lo que supone una caída del 8,6%.

Las Comunidades Autónomas cerraron así el primer trimestre de 2011 con un déficit de 4.995,31 millones de euros, lo que supuso el 0,46% del PIB, mientras que el Estado redujo el saldo negativo de sus cuentas un 53% en los cuatro primeros meses del año, hasta los 2.450 millones de euros, el 0,22% del PIB. En el caso del déficit autonómico, los datos existentes mostraron que ningún territorio superó el 1% de déficit. Las peor situadas en el primer trimestre de 2011fueron Islas Baleares y Cataluña, con un déficit del 0,97% del PIB. También registraron déficit elevados Murcia (0,89%), País Vasco (0,77%), Andalucía (0,75%) y Comunidad Valenciana (0,67%). De la misma forma, registraron saldos negativos Extremadura (0,64%), Madrid (0,60%), Castilla y León (0,40%), Canarias (0,28%), Cantabria (0,26%), Asturias (0,26%), Cataluña (0,09%) y Navarra (0,07%). En el lado contrario, se sitúan Aragón (0,19%), Galicia (0,14%) y La Rioja (0,18%), con superávit.

Ahora bien no todas las Comunidades Autónomas mostraron la misma evolución, ya que aproximadamente la mitad registraron un comportamiento "acorde" con el objetivo de déficit para 2011 del 1,3%, aunque otras ofrecieron datos "menos positivos", debiendo acelerar la aplicación de los planes para alcanzar el objetivo marcado. En concreto, el déficit autonómico fue el resultado de unos ingresos que se situaron en 29.535,73 millones de euros (un 2% menos que en el periodo anterior) y de unos gastos que ascendieron a 34.531,04 millones, un 5,4% más.

Las CC.AA. cerraron pues el primer trimestre de 2011 con una evolución del gasto "superior" al previsto, que condujo en un desequilibrio de las cuentas autonómicas también "superior" al que cabría esperar. En concreto, los gastos de personal disminuyeron en todas las Comunidades menos en Andalucía, aunque hay otros componentes más "erráticos", como las inversiones, con crecimientos muy significativos en algunas CC.AA.

En el caso del déficit estatal los 2.450 millones de euros existentes se debieron a unos pagos que se situaron en 47.423 millones de euros, un 12,9% menos, mientras que los ingresos sumaron 44.963 millones de euros, lo que supone una caída del 8,6%. Dicha cifra supuso una reducción del 53% en comparación con 2010. Hasta el mes de abril de 2011 los ingresos no financieros totales ascendieron a 68.252 millones de euros, un 4,3% más, mientras que los ingresos impositivos (el 92% del total) se situaron en 62.995 millones de euros, un 4% más. Los impuestos directos recaudaron 33.006 millones (+0,6%), mientras que los indirectos sumaron 29.989 millones (7,9% más). El capítulo de otros no financieros reportó 5.257 millones.

Por figuras impositivas el Impuesto sobre la Renta de las Personas Físicas recaudó un total de 28.054 millones de euros hasta abril de 2011, un 2,6% más que en el ejercicio anterior, mientras que el Impuesto sobre Sociedades ingresó hasta 3.636 millones de euros, un 14,6% menos. Por su parte el Impuesto sobre el Valor Añadido alcanzó los 22.842 millones de euros, un 11,9% más, mientras que los Impuestos Especiales generaron 6.116 millones de euros, 300 millones menos por la menor recaudación del Impuesto sobre las Labores del Tabaco, que cayó un 6,9%, mientras que el de Hidrocarburos cayó un 4,2%.

El Capítulo de pagos no financieros representaron 49.791 millones de euros, un 19,6% menos y el menor de los últimos tres ejercicios, lo que se aproxima a los niveles de 2008. Una parte importante de esta reducción se localizó en el apartado de transferencias corrientes, que representaron algo más de la mitad de todo el capítulo y cayeron un 65,9%. Por su parte, los gastos corrientes en bienes y servicios cayeron un 5,9%, mientras que los gastos financieros bajaron un 3,7%, las transferencias de capital, un 29,4% y las inversiones reales un 28,2%. Sólo los gastos de personas presentaron un leve repunte del 1,2% por la compensación del repunte del IPC en las pensiones de clases pasivas.

Dada esta situación las Comunidades Autónomas se enfrentaron al Consejo de Política Fiscal y Financiera celebrado con fecha de 27 de abril de 2011 desde puntos de partida muy distintos. Por ejemplo, el índice de la miseria (*misery index*) de las Regiones (aplicando la metodología que comenzó a utilizar la Agencia de Calificación *Moody's* en 2009 y que combina simplemente el efecto del desempleo y del déficit) evidenció que los efectos de la crisis no habían afectado a todas las CC.AA. por igual. También dividieron a España en 17 economías muy dispares las cifras de PIB y de riqueza por habitante.

Andalucía fue entonces la Comunidad con la peor situación, seguida de cerca por Canarias. La situación de la citada Región se debió, básicamente, al hecho de que el paro ascendió en la citada Comunidad al 28,35%, y su déficit al 2,99%. Por su parte la Comunidad Autónoma de Canarias quedó ubicada en el segundo puesto del *ranking* con una tasa de desempleo del 28,96% y un agujero presupuestario del 2,31%. A continuación se situaba la Comunidad Autónoma de Murcia por culpa de sus números rojos, que equivalían el año pasado al 4,95% de su PIB regional.

La otra cara de la moneda la mostraron el País Vasco, la Comunidad Foral de Navarra y la Comunidad de Madrid. País Vasco era la más saneada. Tenía un déficit del 2,24%, por debajo de las exigencias de Bruselas y una tasa de paro del 10,8%, más cercana a la de las "locomotoras" europeas que a la de los países periféricos del euro. Navarra se situó en el segundo puesto de las Comunidades con menos riesgos gracias a que el paro sólo dañaba al 11,64% de la población activa, a pesar de que el déficit ascendía al 3,5% del PIB regional. Entre las Comunidades Autónomas "privilegiadas" se situó igualmente la Comunidad de Madrid, a pesar de que presentaba una tasa de paro del 15,75%, sensiblemente superior a la de Comunidades como Navarra y País Vasco, aunque por debajo de la media nacional, en el 20,3%.

Estas cifras quedaban además apuntaladas por los datos de crecimiento de la actividad. Según los datos ofrecidos en aquellas fechas por el Instituto Nacional de Estadística, mientras que el PIB creció un 1,2% en 2010 en Navarra y un 0,8% en País Vasco y en Castilla León, la economía retrocedía un 0,9% en Castilla-La Mancha y en Andalucía. Asimismo, la actividad se desplomó un 0,8% en Canarias. En esta línea, si se tiene en cuenta el PIB *per cápita* (cifra utilizada para medir la riqueza de las poblaciones), País Vasco, con 31.314 euros, es la Comunidad que obtiene la primera posición, seguida de cerca de la Comunidad Foral. En cambio, Extremadura, Andalucía, Castilla-La Mancha, Murcia y Canarias acumulan un PIB por habitante inferior a los 20.000 euros anuales.

Ciertamente los inversores ya habían centrado su atención en las cuentas de las Comunidades en los últimos meses después de que se desviaran en conjunto de los planes de la Comisión Europea. El Estado fue el único que cumplió a costa del déficit en la Seguridad Social por culpa del gasto en prestaciones de paro. En este sentido, y a la luz de los datos apuntados con anterioridad, cabía la posibilidad de pronosticar que el ajuste real del déficit de las Comunidades Autónomas sería casi nulo en 2011. A mayor abundamiento, su agujero sería incluso mayor que el del Estado. Téngase presente a este respecto que, según los datos en dichas fechas por el Ejecutivo, el déficit presupuestario de las Autonomías, incluyendo el efecto de las liquidaciones territoriales, ascendería en 2011 a los 35.967 millones de euros, una cifra sólo 30 millones inferior a la registrada en 2010, lo que mostraba que el ajuste real (en la caja) de los números rojos de las autonomías sería mínimo, de un 0,08%. Esto no quiere decir, sin embargo, que las CC.AA. no estuviesen realizando recortes del gasto o subidas de impuestos. Lo que sucedía era que la mayor parte de los fondos extra que lograrían las Comunidades mediante los ajustes que impulsaran en los meses siguientes tendrían que ir destinados, casi íntegramente, al Estado. Las CC.AA. tenían que devolver a la Administración Central los fondos extra que recibieron en 2008 y 2009.

De este modo, a pesar de que el *rating* de España estaba situado al nivel de naciones como Italia y Eslovenia, la consolidación fiscal era incierta para algunos Gobiernos regionales, máxime si se tiene en cuenta que nueve de las diecisiete Comunidades Autónomas cerraron el ejercicio 2010 por encima del objetivo de déficit del 2,4%, algunas por un "amplio margen".[489]

[489] Posteriormente, con fecha de 11 de marzo de 2011 la citada Agencia de Calificación rebajaría el *rating* de cuatro Comunidades Autónomas, "amenazando" además con hacerlo a otras cinco al situarlas en "perspectiva negativa". Cataluña bajó a una nota de A3 (la peor de solvencia en todo el país), siendo igualmente degradadas las Comunidades de Castilla-La Mancha y Valencia, que quedaron con A2 y la Comunidad Autónoma de Murcia, con A1. Esta decisión encareció el crédito internacional para todas ellas, contribuyendo a poner de manifiesto que se han desviado ampliamente de los objetivos de déficit de 2010 y también las correspondientes dificultades que encontrarán para controlar sus trayectorias de déficit y deuda en 2011 y 2012. Asimismo la Agencia puso de manifiesto su debilidad en la gestión del presupuesto en los últimos años, tal y como ilustraban previsiones presupuestarias en las que

Con motivo del Consejo de Política Fiscal y Financiera celebrado con fecha de 27 de abril de 2011 se dibujó un escenario de recortes en el que las Autonomías habrán de reducir su déficit del 2,8% del PIB registrado en 2010 al 1,3% del PIB en 2011. Sin embargo estas cifras tomaban en consideración un ajuste contable que excluía el dinero que las Comunidades tendrían que devolver al Estado en los próximos cinco años, el cual tendría que salir de fuertes recortes del gasto público en sectores como la sanidad y la educación, así como del impulso de nuevas subidas de impuestos, una de las opciones más controvertidas que permitía el modelo de financiación de las CCAA aprobado en diciembre de 2009.

El déficit de 35.967 millones de euros de las Comunidades podía sufrir incluso alguna modificación al alza, ya que algunos Consejeros de las CC.AA. consideraban que el optimismo del Ejecutivo a la hora de elaborar sus previsiones no permitiría cumplir con el Pacto de Estabilidad. Lo único claro es que el Gobierno tenía que fiar el cumplimiento de los planes de estabilidad en los próximos años a las Comunidades Autónomas. Y el déficit de las CC.AA. superaría durante el ejercicio 2011 al del Estado (24.851 millones a finales de 2011, esto es, 10.000 millones menos que las autonomías). Eso sí, el Gobierno había dejado cinco años a las Regiones para realizar la devolución de los fondos extra que recibieron en 2008 y 2009, que tendrían que pagarse a costa de reducir los servicios a los ciudadanos.

En todo caso las cifras manejadas en el citado Consejo de Política Fiscal excluían el efecto de las liquidaciones del sistema de financiación por lo que, en nuestra opinión, ocultaban parte del problema. Las CC.AA. tendrían 5 años para devolver los fondos de más que recibió del Estado, aunque en las cifras de déficit el efecto sólo se notaba en 2010 y en 2011.

A priori la principal reflexión que cabía efectuar a la luz de este conjunto de datos era que, a pesar de que de un tiempo a esta parte se había tratado de inundar el sistema financiero con dinero para sostener los precios de los activos, proteger los balances de los bancos y prevenir la deflación, habiendo resultado las deudas contraídas durante el boom inmobiliario

no se puede confiar. Por el contrario la Agencia de Calificación *Moody's* decidió mantener la calificación de solvencia de Andalucía, Castilla y León, Extremadura, Galicia y Madrid, si bien advirtió acerca de una futura rebaja eventual, al situar a las cinco "en perspectiva negativa". La citada Agencia dedicó un informe diferenciado para el País Vasco, que se mantuvo con la mejor calificación de AA1, si bien con la amenaza igualmente de una perspectiva negativa.

insostenibles, tarde o temprano se materializarían las pérdidas. Y ello a pesar de la decisión adoptada a nivel comunitario consistente en ampliar el tamaño del Fondo Europeo de Estabilidad Financiera y rebajar el tipo de interés sobre los préstamos de rescate.

El coste de recuperar la solvencia para los Gobiernos europeos y los sistemas bancarios debía, en última instancia, estar respaldado por los tenedores de deuda del Estado y los inversores de renta variable. Y decidir cómo se distribuyen las pérdidas constituye, en última instancia, una decisión política, que implica transferencias de riqueza y posibles daños morales.

Sin lugar a dudas las CC.AA. debían reconducir con firmeza sus posiciones presupuestarias, a lo que podría ayudar la aplicación estricta del sistema de autorizaciones de endeudamiento. Y, al objeto de tratar de clarificar la situación acerca del estado de las finanzas regionales, resultaba conveniente poder disponer de una publicación regular del conjunto de este sector y de cada Comunidad, con la misma periodicidad, grado de detalle, desfase y facilidad de acceso que las del Estado.

Con fecha de 19 de mayo de 2011 la Agencia de Calificación *Standard & Poors* rebajó el *rating* de la Generalitat de Catalunya desde 'A+' hasta 'A' para la deuda a largo plazo, debido a los elevados niveles de déficit y deuda, según informa el grupo de valoración de riesgos. Para el corto plazo, Cataluña lo mantuvo en 'A-1', por el déficit fiscal más alto de lo esperado y la acumulación de la deuda, lo que hizo que también el *rating* de la Generalitat quedase en perspectiva negativa.

En opinión de la citada Agencia la Generalitat ya había reconocido déficit fiscal, ya que la Administración catalana anunció que en los Presupuestos de 2011 esta partida superaría el 2%. Con carácter adicional advirtió que los indicadores de liquidez se habían deteriorado, pese a lo cual la Generalitat iba a seguir accediendo a financiación de terceros. La Agencia justificó su perspectiva negativa debido a que, a su juicio, reflejaba los riesgos de que Cataluña no pudiera recibir más transferencias del Gobierno central, motivo por el cual la liquidez podría deteriorarse por encima de las expectativas fijadas.

El peso de la deuda de Cataluña y el Presupuesto se habían deteriorado más allá de los niveles que son coherentes con una 'A +' de calificación", augurándose además por la citada Agencia un mayor debilitamiento de estos parámetros, de acuerdo con sus pronósticos en todos los escenarios. Y ello con independencia de que el Gobierno central proporcionase fondos adicionales a finales de 2011 para ayudar a alcanzar el objetivo de Cataluña.

De conformidad con lo señalado por la Agencia de Calificación en su Informe el retraso en la aplicación de fuertes medidas de reducción de gastos en 2010 haría que fuese muy difícil para Cataluña reducir su déficit fiscal a los objetivos acordados a nivel nacional en las Regiones españolas (1,3% del PIB regional en 2011). No obstante cabría la posibilidad de que el Gobierno central proporcionase fondos adicionales a finales de 2011 destinados a ayudar a alcanzar el objetivo de Cataluña.

También los indicadores de liquidez de Cataluña se vieron deteriorados, al no haber aprovechado la citada Comunidad de forma masiva los mercados al por menor, con problemas de corto plazo y tasas de interés muy altas. Sin embargo todavía preveía la Agencia un acceso de Cataluña a la financiación externa de alto volumen, basado en el historial de la región entre 2009 y mayo de 2011. La perspectiva negativa reflejaba el riesgo de que Cataluña no pudiera recibir las transferencias adicionales solicitadas del Gobierno central, sin las cuales podría llegar a incurrir en mayores déficits. La perspectiva negativa reflejaba además la posibilidad de que Cataluña pudiera encontrar dificultades inesperadas en la recaudación de fondos externos.

A la vista de esta situación con fecha de 25 de junio de 2011, y con motivo de la cumbre de Jefes de Estado y de Gobierno celebrada en Bruselas en dichas fechas, los por aquel entonces Veintisiete Estados de la UE solicitaron al Gobierno español la introducción de una regla de control de gasto para las Comunidades Autónomas que completase la reforma de la negociación colectiva con la finalidad de garantizar que los salarios en nuestro país quedaran ligados a la productividad y a las condiciones a nivel de empresa. Concretamente se reclamó al Estado español la adopción de una norma vinculante de gasto para el conjunto de las Administraciones destinada a mantener el aumento del gasto público por debajo de la tasa de crecimiento del PIB a medio plazo, solicitándose además la aplicación estricta de los mecanismos existentes de control de déficit y deuda para los Gobiernos regionales y una mejora de la información sobre su ejecución presupuestaria.

En esta línea de preocupación la deuda de las Comunidades Autónomas aumentaba un 23,5% en el segundo trimestre de 2011, hasta registrar 133.172 millones de euros (18% del total y 12,4% del Producto Interior Bruto), la cifra más alta de toda la serie histórica, según datos del Banco de España. La Región con mayor volumen entre abril y junio de 2011 fue nuevamente Cataluña, con 38.530 millones de euros, cantidad que representó el 28,9% del total de la deuda acumulada en el conjunto de las Comunidades. A continuación se situó la Comunidad Valenciana (20.547 millones de euros), que volvió a ocupar el segundo lugar por delante de Madrid, cuya deuda ascendió a 14.798 millones de euros. Entre las tres, acumularon el 55,47% del total del endeudamiento regional.

A continuación, figuraron Andalucía (13.545 millones de euros), Galicia (6.923 millones), Castilla-La Mancha (6.267 millones), País Vasco (5.382 millones), Castilla y León (5.071 millones de euros), Baleares (4.561 millones), Canarias (3.422 millones), Aragón (3.332 millones) y Murcia (2.719 millones). Completaron la lista Extremadura (2.017 millones), Navarra (1.994 millones), Asturias (1.956 millones), Cantabria (1.196 millones) y La Rioja (910 millones).

Los datos facilitados por el Banco de España mostraban además que, desde el año 1995, el endeudamiento de las Regiones no había parado de crecer, batiendo en cada ejercicio récords históricos, a pesar del compromiso de estabilidad presupuestaria adquirido en los últimos años. La deuda total de las Administraciones Públicas creció un 16,51% en el segundo trimestre de 2011 respecto al mismo periodo del año anterior, hasta los 702.806 millones de euros, lo que equivalía al 65,2% del PIB. De esta cantidad, 531.994 millones de euros correspondía a la Administración Central, 133.172 millones de euros a las Comunidades Autónomas y 37.640 millones de euros a las Corporaciones Locales.[490]

Por su parte el déficit autonómico alcanzaba el 1,2% del PIB en el primer semestre de dicho año, rozando ya el límite fijado para todo el ejercicio citado. En cuanto a la deuda pública de las Comunidades, ésta creció un

[490] Recuérdese a este respecto que, durante los seis primeros meses de 2010, la deuda española significaba el 57,2% del PIB, con lo que en un año había aumentado ocho puntos porcentuales. De este modo el endeudamiento se colocó cinco puntos por encima del límite fijado por el Pacto de Estabilidad de la UE (60%), pero se situó 20 puntos por debajo de la media europea (85% en 2010).

23,5% en el segundo trimestre de 2011 respecto al mismo periodo del año anterior hasta los 133.172 millones.

Ahora bien a estos agujeros había que sumar la deuda de las empresas públicas autonómicas, que no se computaba en la cifra oficial de deuda pública y que en el segundo trimestre de 2011 creció un 7,9% en tasa interanual alcanzando los 16.341 millones de euros. Esos 16.341 millones de euros (que representan el 1,5% del PIB nacional) debían sumarse a las obligaciones regionales, que en el segundo trimestre de 2011 ascendieron a 133.172 millones de euros. Aunque este análisis se centrara en el apartado autonómico, lo mismo ocurría tanto a nivel local como estatal.

Según el reglamento de la Oficina de Estadística Europea, todas las entidades que cubren al menos el 50% de los costes de explotación con ingresos no deben incluirse en el dato de deuda pública agregada, tratándose de una norma que aplican todos los países de la Zona Euro. Pero la deuda de las empresas públicas existe y es real, aunque no se incluya en el dato agregado.

La situación de endeudamiento de las empresas autonómicas resultaba por aquel entonces desigual, siendo Cataluña y Castilla-La Mancha las Comunidades más endeudadas. Sólo la deuda de las empresas públicas catalanas y manchegas ya representó más de la mitad de esos 16.341 millones, concretamente supuso el 54,8%. Entre estas dos Comunidades, el caso más flagrante es el de Cataluña. En esta Región la deuda de sus empresas públicas ascendía a 7.963 millones de euros (equivalente al 4% de su PIB). Esta cifra implicaba un crecimiento del 6% en tasa interanual, si bien se moderó un ligerísimo 0,01% respecto al trimestre anterior. Para evaluar la situación financiera de las finanzas públicas catalanas al completo habría que sumar estos casi 8.000 millones a los 38.530 millones de deuda que arrojaban las cifras oficiales de la Región. Nada más y nada menos, que 46.530 millones de euros.

En términos relativos al PIB, le seguía en dicha lista Castilla-La Mancha, donde las obligaciones de las empresas públicas representaron el 2,7% de su PIB hasta los 989 millones (que, como hemos indicado anteriormente, se podrían añadir a los 6.267 millones de la deuda contabilizada). Baleares no se quedó atrás y allí la deuda empresarial ascendió al 2,6 de su PIB (690 millones de euros, que también podrían agregarse a los 4.561 millones del dato de referencia). En un rango intermedio de deuda de las compañías públicas se situaron las Comunidades Autónomas de Navarra (1,7% PIB), Comunidad Valenciana (1,7%), Aragón (1,4%) y Asturias (1,3%).

Por debajo del 1% del PIB había que colocar a Cantabria (0,9%), Madrid (0,9%), Castilla y León (0,7%), Canarias (0,5%), Andalucía (0,5%) y Galicia (0,4%), cerrándose la lista con una deuda insignificante La Rioja (0 millones, 0,0% del PIB) y Extremadura (21 millones, 0,1%).

De este modo la deuda de las empresas estatales aumentó casi un 16%, si bien las compañías autonómicas no fueron las únicas que engordaron sus deudas. De hecho las estatales lo hicieron en mayor medida y vieron como su endeudamiento creció un 15,9% en un año hasta los 31.521 millones y las locales un 8,8% también en tasa interanual hasta los 9.133 millones de euros. En definitiva, el conjunto de la deuda de las empresas públicas sumó 56.995 millones de euros, un 12,4% más que un año antes. Estas cifras supusieron un agujero financiero que había quedado más que duplicado en los últimos cuatro años (a principios de 2007 rondaba los 26.500 millones).

Con fecha de 10 octubre de 2011 la Agencia de Calificación Crediticia *Fitch* rebajó la calificación de riesgo a siete Administraciones Locales y Autonómicas españolas, después de que dos días antes, con fecha de ocho de octubre, rebajara la nota de la deuda soberana de España. Concretamente dicha rebaja afectó a las Comunidades Autónomas de Asturias, Cantabria y Madrid, y a las ciudades de Vigo, La Coruña y Barcelona, así como a la provincia barcelonesa. En cambio *Fitch* decidió mantener la calificación del País Vasco, así como la de Álava, Vizcaya y Guipúzcoa, que pasaban así a tener una nota superior al de la deuda soberana española gracias a su estatus legal y fiscal especial.

Apenas unos días más tarde, con fecha 19 de octubre de 2011 se conocía, a la luz de los Planes Económico Financieros de Reequilibrio publicados por el Ministerio de Economía, que la deuda de las Comunidades Autónomas se iba a disparar en los ejercicios de 2012 y 2013.

Gráfico 1.

Fuente: *Diario Expansión* (www.expansion.com). Consultada el 19 de octubre de 2011.

Concretamente, de 2011 a 2013 la deuda autonómica aumentaría de media un 32,6% en las doce Comunidades en las que se aprobaron dichos planes (ver Gráfico 1). Dicha subida supondría 21.443 millones de euros más en los dos próximos ejercicios, lo que equivaldría a más de dos puntos del PIB nacional. Por otra parte su déficit se ajustaría de media un 10,6% hasta 2013.

La deuda se incrementaría en todas las Comunidades analizadas, pero de forma desigual. Extremadura encabezaba este *ranking*, al crecer sus obligaciones un 42,6%. Le seguían Canarias (41,1%), Cantabria (39,8%), Asturias (39,2%), Andalucía (35,1%), Murcia (34,9%), Aragón (34,9%) y País Vasco (33,7%). Cerraban la lista, con incrementos por debajo del 30%, Galicia (29,4%), Navarra (27,3%), Valencia (19,0%) y Baleares (14,7%). Debe precisarse no obstante que esta última Comunidad, a pesar de ser donde menos subía el porcentaje de deuda, se situaba en el grupo de Comunidades donde la deuda tendría más peso en términos relativos (en 2013 equivaldría al 18% de su PIB). Atendiendo a la *ratio* de deuda sobre PIB, sólo le superaba la Comunidad Valenciana (19,9%). En el lado contrario, País Vasco era la Comunidad donde menos peso tendría la deuda en 2013 (un 10,9% del PIB).

Adviértase que en el Informe presentado por el Ministerio de Hacienda no figuraban todas las Regiones. Así, no aparecían las cifras de Castilla-La Mancha y Cataluña, dado que todavía sus planes no habían sido aprobados, debiendo realizar ambas Comunidades Autónomas un gran esfuerzo fiscal para cumplir con los límites de déficit. Asimismo tampoco se tomaban en consideración las cifras de Castilla y León, si bien su plan contaba con el visto bueno. El citado Informe no arrojaba además los datos de la Comunidad de Madrid y de La Rioja, al hallarse dichas Comunidades exentas de dicha obligación por haber cumplido el objetivo de estabilidad presupuestaria en 2009 y haber presentado en 2011 un presupuesto con un déficit inferior al 0,75% del PIB.

Con fecha 19 de octubre de 2011 la Agencia de Calificación *Moody's* procedió a revisar el *rating* de diez Comunidades Autónomas y dos Diputaciones Vascas, tras haber bajado previamente el de España. La citada Agencia estimó que la mayoría de Regiones españolas no estaba siendo capaz de cumplir sus objetivos de déficit y situó a una de ellas, Castilla-La Mancha, por primera vez, con la categoría de 'bono basura', al caer cinco escalones al nivel de Ba2, que implica para los inversores riesgo de no devolución.

La Comunidad Autónoma de Cataluña lograba evitar la calificación de bono basura, pero se quedó a dos escalones. Se encontraba desde julio de 2011 en Baa1 y bajó en su nueva calificación a Baa2. A dicha escala bajaron también la Comunidad Valenciana y la de Murcia. País Vasco –la considerada más solvente–, Extremadura, Galicia, Comunidad de Madrid, Cataluña, Andalucía y Castilla y León completaron la lista de recortes, aunque quedaron dentro del nivel A.[491]

Con carácter general las CC.AA. habían logrado contener su déficit presupuestario en el tercer trimestre de 2011. Según las cifras ofrecidas

[491] Tal y como ya se ha indicado con anterioridad, durante el mes de julio de 2011 la Agencia de Calificación *Moody's* rebajó el nivel de calificación de seis Comunidades Autónomas (Castilla La-Mancha, Comunidad Valenciana, Andalucía, Castilla y León, Castilla La-Mancha y Murcia) y dejó amenazado ante una posible reducción a otras cuatro (Extremadura, País Vasco, Galicia y Madrid).

por el Ministerio de Hacienda en dicha fecha el desequilibrio fiscal de las Regiones españolas en los nueve primeros meses de 2011 fue de 12.873 millones –un 1,19% sobre el PIB nacional–, algo menos que el 1,20% registrado hasta finales de junio de 2011. Por Comunidades, los datos mostraron que todos los territorios menos el País Vasco –con superávit presupuestario– registraron un saldo negativo. Castilla-La Mancha, con un déficit del 4,84%, Murcia (3,03%), y la Comunidad Valenciana (2,32%) fueron las Comunidades con el déficit más elevado Dicho desequilibrio presupuestario era resultado de una disminución de los ingresos del 3%, mayor al descenso de los gastos (-2,81%). La cifra del 1,19% estaba una décima por debajo del objetivo del 1,3% que había fijado el Gobierno a las Comunidades para el conjunto de 2011.

Durante los nueve primeros meses de 2011 los ingresos no financieros de las CCAA disminuyeron un 3%, mientras que los gastos no financieros presentaron un descenso del 2,81% respecto al mismo periodo de 2010. Seis Regiones superaron el 1,3% estimado por el Ejecutivo para el conjunto de 2011. Las Regiones más deficitarias, con datos a 30 de septiembre, fueron Castilla-La Mancha (4,84% del PIB), Murcia (3,03%) y la Comunidad Valenciana (2,32%). Sólo País Vasco presentó superávit del 0,60% del PIB. Por su parte la Comunidad Foral de Navarra marcó un déficit del 0,06%; la Comunidad de Madrid, del 0,47%; Canarias, del 0,51%; La Rioja, de 0,56%; Galicia, del 0,82%; Aragón, del 0,89% e Islas Baleares, del 0,97%. Todas ellas presentaban un déficit inferior al 1% del PIB. En la parte alta del listado estaban: Andalucía (con un déficit del 1,11%), Cantabria (1,19%) y Castilla y León (1,25%), Cataluña (1,34%), Principado de Asturias (1,57%) y Extremadura (1,98%). Entre enero y junio de 2011 las Comunidades habían cerrado con un déficit de 13.066 millones de euros, el 1,2% del PIB y 12 de las 17 Regiones ya habían rebasado los máximos establecidos.

El déficit de las Comunidades Autónomas se situaba además durante ese período (nueve primeros meses de 2011) en el 1,19% del PIB, una centésima menos que en los primeros seis meses de dicho año. En cambio durante el 2010 el déficit en el tercer trimestre era del 1,2%, y en la última parte del año saltó hasta el 2,8%. En los primeros nueve meses de dicho año el déficit operativo de las Comunidades alcanzó los 5.100 millones de euros, lo que supuso el 5,7% de sus ingresos operativos.

Las CC.AA. habían eliminado durante el primer semestre de 2011 un total 46 empresas públicas, alrededor de un 2% de las más de 2.300 existentes. Dicha reducción se debió a la aplicación de las medidas de racionalización exigidas por la coyuntura económica existente por aquel entonces, según el inventario de entes públicos publicado por el Ministerio de Hacienda en dicha fecha. Por el contrario, desde el mes de enero de 2011 se habían dado de alta 10 unidades, que se completaban con otras 14 empresas que habían aflorado tras el trabajo realizado conjuntamente entre el Ministerio de Hacienda y las Comunidades Autónomas para dar una visión más fiel de la dimensión del Sector público. En total, durante el primer semestre de 2011 se habían reducido 36 empresas en términos netos, con lo que el número de Entes inventariados pasó de 2.388 a 2.357 empresas.

Las citadas reducciones se localizaron en las sociedades mercantiles, que pasaron de las 679 a las 656 empresas en los organismos autónomos (de 174 a 169), en los Entes públicos (de 216 a 205), consorcios (de 647 a 644) y fundaciones (de 568 a 562). Por el contrario se incrementó el número de Entidades públicas empresariales (de 16 a 29), las agencias (de 4 a 6) y otras instituciones sin ánimo de lucro (de 19 a 21).

Por otra parte, según el Inventario publicado por el Ministerio de Hacienda con fecha de 1 de diciembre de 2011 correspondiente al Sector público estatal, el Gobierno suprimió, por fusión o extinción, un total de 22 empresas públicas estatales durante el ejercicio 2010 y otros cinco entes en el transcurso de 2011, fruto de las medidas de reducción, racionalización y saneamiento del Sector público empresarial aprobadas en abril de 2010. Tras estos recortes el Estado mantuvo en funcionamiento más de 450 empresas.

El mayor recorte se produjo en las sociedades mercantiles estatales y asimiladas, que ascendían a un total de 209 en 2009 y que, con el avance de 2011, se redujeron a 175 Entes públicos. Los datos reflejaban además que, como consecuencia de las medidas adoptadas, se produjo la extinción o pérdida del carácter de fundaciones del sector público en cinco de ellas.

A lo largo del tercer trimestre de 2011 las CC.AA. acumulaban un "agujero" de 135.151 millones de euros, lo que suponía un aumento del 22% en comparación con el mismo periodo del año anterior, cuando la cifra era de 110.736 millones de euros. Según los datos del Banco de España publicados en dicha fecha, el *ratio* de deuda sobre el PIB alcanzó el 12,6%, frente al

10,6% de hace un año y el 12,5% del trimestre anterior. Los citados datos mostraban que, desde el año 1995, el endeudamiento de las regiones no paró de crecer, batiendo en cada ejercicio récords históricos, a pesar del compromiso de estabilidad presupuestaria adquirido en los últimos años.

La Comunidad Autónoma con mayor volumen de deuda fue nuevamente Cataluña, con 39.268 millones de euros, cantidad que representaba el 29,05% del total. Después se situó la Comunidad Valenciana (20.469 millones de euros), que volvió a ocupar el segundo lugar por delante de Madrid, cuya deuda ascendió a 15.191 millones de euros. Entre las tres, acumulaban el 55,44% del total del endeudamiento regional. A continuación, figuraron Andalucía (13.738 millones de euros), Galicia (6.971 millones), Castilla-La Mancha (6.612 millones), País Vasco (5.355 millones), Castilla y León (5.090 millones de euros), Baleares (4.501 millones), Canarias (3.419 millones), Aragón (3.388 millones) y Murcia (2.759 millones). Completaban la lista Navarra (2.075 millones), Asturias (2.042 millones), Extremadura (2.011 millones), Cantabria (1.329 millones) y La Rioja (933 millones).

En el conjunto de las Administraciones Públicas la deuda creció un 14,89% en un año, hasta los 706.340 millones de euros acumulados a cierre del tercer trimestre de 2011, lo que equivalía al 66% del PIB. De este modo la deuda pública española superaba en seis décimas, al igual que el trimestre anterior de 2011, el límite establecido por el Pacto de Estabilidad y Crecimiento de la Unión Europea (del 60% del PIB) suponiendo, además, 7,3 puntos que hace un año, cuando era del 58,7%. El aumento trimestral obtenido fue del 0,5% si se comparaba con la deuda registrada entre abril y junio de 2011, que fue de 702.833 millones de euros.[492]

Por lo que respecta a los vencimientos de deuda existentes para el año 2012, Cataluña era la Región que más dificultades podía encontrarse. De una parte, se trataba de la Comunidad más endeudada, con unas obligaciones que ascendían a 39.268 millones de euros, según datos facilitados por el Banco

---

[492] Por lo que respecta a la Administración Central, el porcentaje de endeudamiento se cifró en un 11,7%. La deuda del Estado (la Administración que más endeudamiento acumuló) también contribuyó negativamente al crecer un 11,7% respecto al tercer trimestre de 2010 hasta los 517.581 millones de euros. Aunque hay que destacar que prácticamente se congeló entre julio y septiembre de 2011, ya que sólo creció un 0,1% respecto al trimestre anterior. En el caso de las Corporaciones Locales, su endeudamiento creció un 6% en tasa interanual hasta los 36.701 millones de euros (3,4 % del PIB). No obstante el volumen de deuda cayó respecto al segundo trimestre de 2011 un 2,5%.

de España y referentes al tercer trimestre de 2011. Pero, además, era la que más vencimientos (5.751 millones) tenía que afrontar en dicho ejercicio. Concretamente la Generalitat catalana tenía que hacer un esfuerzo importante en mayo de 2012 para poder responder al vencimiento de 2.424 millones.

Por su parte la Comunidad Valenciana era la segunda Comunidad Autónoma en volumen de vencimientos (1.167 millones de euros). En febrero de 2012 el citado Gobierno regional debía amortizar 500 millones de euros. Andalucía tenía 1.078 millones de deuda que vencían también en 2012. En su calendario financiero para dicho año el mes de noviembre figuraba con unos vencimientos de 600 millones de euros. La Comunidad de Madrid se encontraba en una situación similar a la andaluza, ya que debía amortizar 994 millones en el ejercicio de 2012. Sólo en el mes de agosto de dicho año le vencían 814 millones de deuda.

En este repaso a los vencimientos de deuda para 2012, se situaban además a una distancia considerable otras Comunidades como Baleares (376 millones), Castilla-La Mancha (351 millones) y Murcia (330 millones) y Canarias (126 millones). Y, finalmente, con unos vencimientos por debajo de los 100 millones había que mencionar a Aragón (61), Castilla y León (50) y Navarra (42).

4. RADIOGRAFÍA ECONÓMICO-FINANCIERA DE LAS CC.AA. CORRESPONDIENTE AL EJERCICIO 2012

4.A. Evolución de la crisis durante el primer trimestre de 2012

Con fecha 2 de febrero de 2012 la Agencia de Calificación Crediticia *Fitch* rebajó la calificación de cinco Comunidades Autónomas, tres Provincias y cuatro ciudades españolas. Las regiones afectadas por el recorte fueron Andalucía, Asturias, Canarias, Cantabria y Madrid. Concretamente, la nota de la deuda de Andalucía pasó de 'A+' hasta 'A' y la calificadora le otorgó perspectiva negativa, lo que significaba que podría tener más bajadas. Lo mismo hizo la citada Agencia con Asturias, Canarias y Cantabria. En cuanto a la Comunidad Autónoma de Madrid, la Agencia la situó en 'AA-' desde 'A', también con perspectiva negativa.

Además, *Fitch* bajó la calificación de la provincia de Álava (desde 'AA+' hasta 'AA', con perspectiva negativa); Vizcaya (desde 'AA+' hasta

'A', con perspectiva negativa); la de Guipúzcoa (desde 'AA+' hasta 'AA', con perspectiva negativa); la ciudad de Barcelona (desde 'AA-' hasta 'A'), con perspectiva negativa; la ciudad de Madrid (desde 'AA-' hasta 'A', con perspectiva negativa); Pamplona (desde 'AA-' hasta 'A', con perspectiva negativa), Vigo (desde 'AA-' hasta 'A', con perspectiva negativa). A la ciudad de San Sebastián, la Agencia le mantuvo la nota de 'AA', pero le cambió la perspectiva a negativa.[493]

Por otra parte a finales del mes de febrero de 2012 se conocía un Informe elaborado al término del ejercicio 2011 por las Cámaras de Comercio de Europa a partir de 68.916 empresarios (de los que 6.436 eran españoles) en el que se ponía de manifiesto que las expectativas de los empresarios españoles para 2012 se situaban por debajo de la media europea en todas las Comunidades Autónomas, mientras que en el conjunto de España se preveía un estancamiento en las cifras de negocios. Sólo las exportaciones presentaban unas perspectivas favorables ante la debilidad de la demanda interna por lo que parecía que en 2012 los empresarios españoles se volcarían en los mercados exteriores. Esta sería la única variable en la que las Comunidades Autónomas pronosticaban un crecimiento superior al de sus homólogos europeos.

Extremadura era la Comunidad donde las exportaciones experimentarían un mayor crecimiento, por delante de Castilla y León, la Comunidad Valenciana y Murcia, mientras que en el extremo contrario y sin apenas

[493] Con posterioridad, a fecha 16 de julio de 2012 la Agencia de Calificación *Moody's* procedería a rebajar la nota de ocho Comunidades Autónomas, dejando por ejemplo a Cataluña con una calificación de 'Baa3', un escalón por encima del 'bono basura'. Asimismo se vieron afectadas por esta nueva bajada dos Diputaciones Forales y el Consorcio de Transportes de Vizcaya. Estas calificaciones de *Moody's* se produjeron como consecuencia de las revisiones practicadas a varios países europeos, entre ellos España, así como a resultas de la fuerte correlación entre el riesgo de crédito sub-soberano y soberano, reflejado en vínculos macroeconómicos y fiscales, factores institucionales y condiciones de los mercados financieros. De este modo las nuevas calificaciones de *Moody's* quedaron establecidas de la siguiente manera: Andalucía: de A2 a A3, con perspectiva que se mantenía en revisión; País Vasco: de Aa3 a A2, con perspectiva que pasaba de en revisión a negativa; Castilla-León: de A2 a A3, con perspectiva que pasaba de en revisión a negativa; Cataluña, de Baa2 a Baa3 con perspectiva que se mantenía en revisión; Extremadura, de A1 a A3 con perspectiva que se mantenía en revisión; Galicia, de A1 a A3 con perspectiva que pasaba de en revisión a negativa; Madrid, de A1 a A3, con perspectiva que pasaba de en revisión a negativa; Murcia, de Baa1 a Baa2 con perspectiva que se mantenía en revisión; Diputación Foral de Vizcaya, de Aa3 a A2 con perspectiva que pasaba de en revisión a negativa; Diputación Foral de Guipúzcoa, de Aa3 a A2 con perspectiva que pasaba de en revisión a negativa; y Consorcio de Transportes de Vizcaya, de Aa3 a A2 con perspectiva que pasaba de en revisión a negativa.

variaciones, aunque tampoco saldos negativos, se situaban Andalucía y Aragón. Por contra, el signo negativo era mayoritario en las ventas nacionales y especialmente desfavorable en el caso de las Comunidades de Cantabria, Castilla-La Mancha, Andalucía, Navarra, Aragón y Madrid.

En cuanto a la cifra de negocios, todas las Regiones se situaban por debajo de la media europea a pesar de que algunas Comunidades preveían resultados positivos como, por ejemplo, Extremadura, Comunidad Valenciana, Asturias, Canarias o País Vasco. Las cifras de negocios negativas eran especialmente críticas en Cantabria, muy por encima de Baleares, Castilla-La Mancha y Andalucía, estas tres con saldos similares.

El citado estudio citado reflejaba además que las expectativas empresariales apuntaban a un moderado crecimiento en la industria, un estancamiento en el sector servicios y el mantenimiento en la contratación de la construcción. El referido Informe ahondaba igualmente en el empleo y preveía que no habría cambios en su evolución y tampoco en la inversión. En ambas variables las Cámaras de Comercio pronosticaban ajustes similares a los del año anterior. De hecho, en todas las Comunidades el Informe auguraba un mantenimiento de la reducción de la inversión, si bien subrayaba que en algunas Comunidades como Madrid, Baleares, Asturias y Galicia los empresarios vaticinaban en esta variable ajustes superiores a los efectuados en 2011. En el caso del empleo, los empresarios de todas las Regiones se decantaban por seguir ajustando las plantillas, si bien las previsiones anticipaban un recorte de igual intensidad al de 2011. En este apartado las previsiones españolas estaban por debajo de la media europea en todas las Autonomías, si bien ocho de ellas anticipaban ajustes más duros que la media nacional. Castilla-La Mancha era la Comunidad que preveía más ajustes, seguida por La Rioja, Aragón, Andalucía, Cantabria, Navarra, Galicia y Canarias, todas ellas con saldos por debajo de la media española. Los menores recortes laborales, pero siempre superiores al resto de países europeos, se corresponderían con las autonomías de Cataluña, Asturias y Madrid.

Las CC.AA. habían sido las principales protagonistas del desvío del déficit hasta el 8,51% en 2011 frente al objetivo previsto del 6%. Ahora bien no todas tuvieron la misma responsabilidad. En su conjunto los Entes Regionales sobrepasaron con creces el límite que se les había fijado para el ejercicio pasado (el 1,3% del PIB) y registraron un agujero fiscal del 2,94% (1,64 puntos más). Una situación que les convertía en artífices del 65% del desvío del déficit.

Con carácter adicional las CC.AA. se mostraron incapaces de ajustar su déficit ni una décima, ya que repitieron el mismo nivel de déficit que en 2010 (2,94%). Únicamente la Comunidad Autónoma de Madrid logró cumplir con la meta establecida para 2011 al anotarse un saldo negativo del 1,13% del PIB. El resto de Comunidades superó el 1,3%, aunque con distinta intensidad.

Tal y como puede apreciarse en el Gráfico 2, la Región con un agujero fiscal más pronunciado fue Castilla-La Mancha donde llegó al 7,3% del PIB. Por encima del 4% se situó Extremadura (4,59%), Murcia (4,33%), Cantabria (4,04%) y Baleares (4%). En el rango del 3-4% estaban Cataluña (3,72%), Asturias (3,64%), Comunidad Valenciana (3,68%) y Andalucía (3,22%). Entre el 2% y 3% se colocaron Aragón (2,88%), Castilla y León (2,35%) y País Vasco (2,56%). Y únicamente lograron mantener el déficit por debajo del 2%: La Rioja (1,97%), Navarra (1,89%), Canarias (1,78%), Galicia (1,61%) y Madrid (1,13%). En este panorama, sólo la Comunidad de Madrid cumplió con el objetivo de déficit al situarse por debajo del 1,3%.

Gráfico 2.

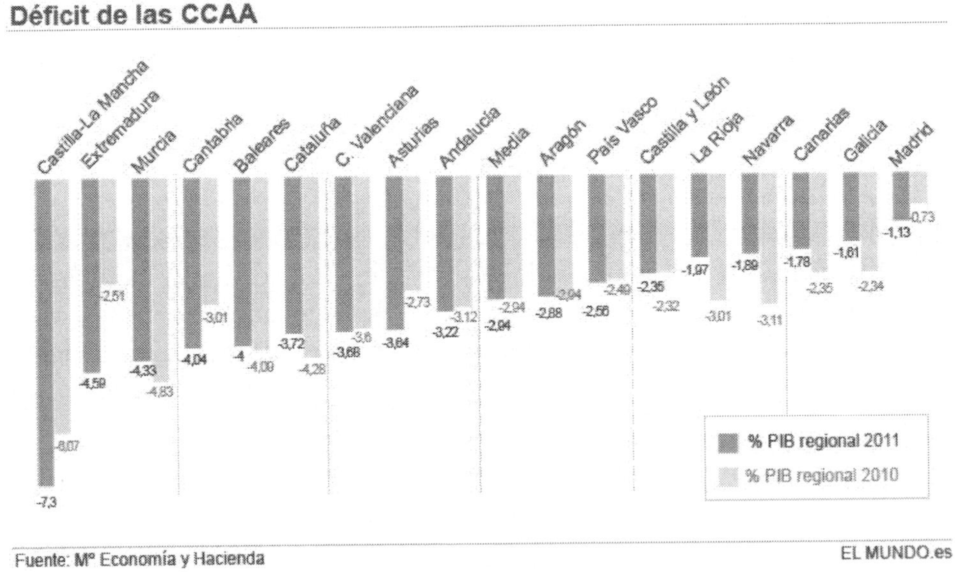

Fuente: *Diario El Mundo* (www.elmundo.es). Consultada el 2 de febrero de 2012.

En el caso específico de la Comunidad Valenciana se ha de precisar además que, con fecha 28 de febrero de 2012, la Agencia de Calificación *Standard & Poors* rebajó la deuda de la citada Comunidad desde BBB- a BB, lo que equivalía a una calificación de "bono basura". Con carácter adicional la citada Agencia mantuvo la situación de la deuda en *CreditWatch* Negativo, lo que reflejaba, entre otros factores, la posibilidad de acometer una nueva rebaja de la calificación si el Gobierno central no fuese capaz, a largo plazo, de ayudar a las Regiones españolas a corregir sus desequilibrios.

A juicio de *S&P* la Comunidad Valenciana presentaba un perfil crediticio debilitado, con altos déficits fiscales, una alta carga de deuda y acceso limitado a la financiación externa más allá de la asistencia financiera procedente del Estado que pudiera facilitarse a lo largo del ejercicio 2012 de forma extraordinaria con la finalidad de cubrir el servicio de la deuda.[494]

Al amparo de esta situación con fecha de 6 de marzo de 2012 el Ejecutivo central planteó a las distintas CC.AA. en el seno del Consejo de Política Fiscal y Financiera un objetivo global de déficit del 1,5% del PIB para poder cumplir con la nueva senda de consolidación fiscal, que marcaba un déficit público del 5,8% para dicho ejercicio. De este modo los Entes Regionales tendrían que reducir el déficit del 2,9% que registraron al cierre de 2011 al 1,5% del PIB en un año, lo que supondría un ajuste de más de 10.000 millones de euros para cumplir con los nuevos objetivos planteados por el Gobierno central. A partir de dicho objetivo global podrían establecerse objetivos individuales, aunque si no se alcanzase acuerdo en el seno del CPFF el objetivo sería el mismo para todas ellas, tal y como ha ocurrido en los últimos años.[495]

---

[494] En palabras de la citada Agencia *"El perfil de crédito individual de la Comunidad Valenciana sólo puede ser compatible con un rating en grado de inversión si el apoyo extraordinario del gobierno es explícito y transparente, y deja poco margen a la interpretación en relación con los importes, la puntualidad y las condiciones bajo las cuales la Comunidad Valenciana recibiría apoyo"*. Por lo que se refiere al *CreditWatch* mantenido por *Standard & Poors*, quedaba justificado en los siguientes términos: *"Existe el riesgo de que la Generalitat no cumpla estrictamente con las condiciones establecidas por el Gobierno central en el marco de su mecanismo de apoyo extraordinario. Dado el reciente historial de desviaciones* (de la Comunidad Valenciana) *con los objetivos fiscales oficiales, no podemos estar seguros de su capacidad para cumplir estas condiciones, y no estamos seguros de las consecuencias de cualquier potencial incumplimiento"*.

[495] Recuérdese a este respecto que, como ya se ha indicado, las CC.AA. que registraron un mayor déficit en 2011 fueron Castilla-La Mancha (7,3% del PIB), Extremadura (4,59%).

Asimismo en dicha reunión se planteó la norma que debían aplicar para elaborar sus techos de gasto, según lo establecido en el por aquel entonces Proyecto de Ley de Estabilidad Presupuestaria y Sostenibilidad Financiera. En este sentido el Ejecutivo central ya había aprobado su techo de gasto con un recorte del límite no financiero del 4,7%, hasta los 118.565 millones de euros, algo que debían hacer ahora todas y cada una de las Comunidades Autónomas. A partir de esos techos de gasto, que supervisaría el Ejecutivo, las Comunidades Autónomas elaborarían sus Presupuestos, si bien tendrían que enviar las líneas generales de los mismos al Gobierno central al objeto de que éste reforzarse la supervisión para garantizar los cumplimientos de los objetivos de déficit en el futuro.

Por otro lado en dicha reunión del CPFF el Ejecutivo instó la extensión a las Comunidades Autónomas del mecanismo de financiación del que dispondrían los Ayuntamientos para hacer frente a las deudas pendientes con proveedores, pudiendo percibir los Entes Regionales hasta 20.000 millones de euros en un préstamo sindicado a diez años y a un interés cercano al 5%. De cara a la obtención de dichos préstamos las CC.AA., al igual que sucede con los Entes Locales[496], quedaban obligadas a suministrar al Ministerio de Hacienda con anterioridad al 15 de marzo el listado de facturas pendientes de pago con los proveedores hasta el 31 de diciembre de 2011, teniendo obligación de remitir además antes del 31 de marzo de dicho ejercicio un plan de ajuste que les permitiese hacer frente en el futuro al pago de dichas deudas.

---

y Murcia (4,33%). A continuación se situaron Cantabria (4,04%), Baleares (4%), Cataluña (3,72%), Comunidad Valenciana (3,68%), Asturias (3,64%) y Andalucía (3,22%). Por debajo del 3% se quedaron Aragón (2,88%), País Vasco (2,56%), Castilla y León (2,35%), La Rioja (1,97%) y Navarra (1,89%). Finalmente, las que tuvieron un menor desequilibrio fiscal fueron Canarias (1,78%), Galicia (1,61%) y Madrid (1,13%), la única que cumplió el objetivo fijado inicialmente. No obstante, en relación con esta última Comunidad, con fecha de 20 de marzo de 2012 se conoció la existencia de un agujero de 1.000 millones de euros de caída en la recaudación de 2011 procedente de los tributos propios que no había suido tomada en consideración a la hora de fijar la citada cifra del 1,13%.

[496] En el caso concreto de estos últimos, los Ayuntamientos, con fecha de 7 de marzo de 2012 el Ejecutivo acordó que los Entes Locales recibiesen del Gobierno 1.000 millones de euros correspondientes al 50% de las liquidaciones positivas de las entregas a cuenta correspondientes al ejercicio de 2010. Asimismo el Ejecutivo reforzó su compromiso de ampliar de cinco a diez años el plazo para devolver a Hacienda los 6.000 millones que los Ayuntamientos le debían por las liquidaciones negativas de los ejercicios 2008 y 2009, iniciándose el cómputo de dicho plazo desde el mes de enero de 2012.

En definitiva, la propuesta que el Ejecutivo central hizo llegar a las Comunidades Autónomas establecía que los acreedores que se beneficiasen de los préstamos para cobrar las facturas tendrían que firmar un documento en el que renunciasen a cobrar los intereses, las costas judiciales y otros gastos accesorios generados por culpa de los impagos de las Administraciones. De este modo el abono efectuado a favor del proveedor conllevaría la extinción de la deuda contraída por la Comunidad Autónoma con el mismo por el principal, los intereses, costas judiciales y cualesquiera otros gastos accesorios.

Con carácter general las entidades de crédito facilitarían a las Comunidades Autónomas y a los proveedores documento justificativo del abono, que determinaría la terminación del proceso judicial, si lo hubiere, por satisfacción extraprocesal. No obstante se contemplaba la posibilidad de que las CC.AA., a diferencia de lo que sucedía con los Entes Locales, se negasen a participar en esta operación destinada a liquidar las facturas pendientes de pago. Y ello en tanto en cuanto el acceso a este mecanismo extraordinario de financiación quedaba sujeto a la condicionalidad fiscal, de manera que aquella Comunidad Autónoma que desease acceder al mecanismo previsto habría de contar con un informe favorable del Ministerio de Hacienda y Administraciones Públicas. De este modo los proveedores de las Regiones sólo cobrarían si no se negasen las Comunidades a aceptar los recortes que les impusiese el Estado.

Aquellos Entes regionales que aceptasen participar en la operación habrían de remitir antes del 1 de abril de 2012 al Ministerio el acuerdo del Consejo de Gobierno por el que la Comunidad se adhiriese al mecanismo de financiación. Antes del 15 de abril tendrían que remitir además al Ministerio una relación de obligaciones con proveedores certificada por el interventor general, así como un plan de ajuste al Ejecutivo antes del 30 de abril que habría de explicar las reformas estructurales que se aplicasen durante todo el periodo en el que estuviesen vigentes los préstamos, disponiendo a este respecto el Ministerio de un plazo de 15 días hábiles para evaluarlo.[497]

[497] Una peculiaridad del Plan diseñado al efecto era que no solo se beneficiarían de los cobros las facturas incluidas en la Ley de Contratos Públicos (tal y como sucedía en el caso de los Entes Locales), sino que el plan para pagar a los proveedores cubría, además, a los conciertos sanitarios, educativos y de servicios sociales, quedando en cambio excluidas las obligaciones contraídas con otras Administraciones.

Mediante reunión del CPFF celebrada el 6 de marzo de 2012 el Gobierno impuso por tanto a las CC.AA. bajar sus déficits en 2012 al 1,5% con respecto a sus PIB con el voto en contra de Andalucía y la abstención de Cataluña y Canarias. Las Comunidades debían pues reducir al 1,5% el déficit autonómico en 2012 y cumplir así con el nuevo programa de estabilidad, con el que el Gobierno pretendía reducir el déficit público del 8,5% de 2011 al 5,8% en el citado ejercicio 2012.[498]

Con fecha 9 de marzo de 2012 la Agencia de Calificación *Fitch* rebajó la nota de calificación a Castilla-La Mancha y a Cataluña, a las que mantuvo en perspectiva negativa. En el caso de Castilla-La Mancha, *Fitch* recortó su calificación hasta 'BBB-', desde 'BBB+', tan sólo un escalón por encima del 'bono basura'. Cataluña pasó a 'BBB+', desde 'A-'. A juicio de la Agencia las rebajas a ambas CC.AA. reflejaban los déficits fiscales estructurales de ambas Administraciones, que necesitarían de esfuerzos adicionales para reducirlos en un contexto de dificultades económicas y elevadas necesidades de refinanciación. Además del recorte a Castilla-La Mancha y Cataluña, la Agencia *Fitch* mantuvo en perspectiva negativa a Murcia y puso bajo vigilancia la nota de otras cinco Comunidades Autónomas: Andalucía, Asturias, País Vasco, Canarias y Cantabria.

En dicha fecha el Consejo de Ministros autorizó además las operaciones de endeudamiento de Aragón, Principado de Asturias, Canarias, Cantabria, Castilla-La Mancha, Extremadura y Comunidad Valenciana, por un importe conjunto de de 6.266,37 millones de euros. En concreto, 4.710,11 millones de euros se destinarían a financiar vencimientos de deudas de Aragón, Asturias, Canarias, Cantabria, Castilla-La Mancha, Extremadura y Comunidad Valenciana. Por tanto, no conllevarían un incremento neto del endeudamiento de dichas Comunidades Autónomas. Con carácter adicional 1.497,38 millones de euros se dedicarían a financiar el abono en 2012 de las cantidades aplazadas de la liquidación negativa del sistema de financiación, correspondiente a los ejercicios 2008 y 2009 de Aragón, Asturias, Canarias, Cantabria, Castilla-La Mancha y Comunidad Valenciana.

En total, el importe autorizado a cada una de las Comunidades Autónomas era el siguiente: Aragón, 425,87 millones de euros; Principado de

[498] Recuérdese a este respecto que, a pesar del límite pactado, finalmente las Comunidades Autónomas registraron el pasado año un desequilibrio negativo en las cuentas de un 2,94%, más del doble de lo previsto y mismo porcentaje que en el año 2010.

Asturias, 325,25 millones de euros; Canarias, 1.092,13 millones de euros; Cantabria, 172,18 millones de euros; Castilla-La Mancha, 1.528,72 millones de euros; Extremadura, 138,44 millones de euros, y Comunidad Valenciana, 2.583,78 millones de euros.

Al amparo de esta situación el conjunto de operaciones autorizadas sumaban una capacidad máxima de endeudamiento de 19.545 millones de euros entre nuevos permisos de emisión y la prórroga de derechos de 2011 que no se ejecutaron por la mala situación de los mercados.

Como es sabido en el por aquel entonces Proyecto de Ley de Estabilidad Presupuestaria el Ejecutivo impuso el límite para el endeudamiento de las Regiones en el 13% de su PIB regional, frente al 10% inicialmente previsto. En un primer momento la deuda financiera de las Comunidades ascendía a 135.171 millones de euros[499]. Se trataba de una cantidad que contrastaba con los 71.458 millones de euros que se recogían al cierre de 2008. De este modo, la deuda regional se situaba en un 12,6% del PIB, rozando el límite establecido. Comunidades Autónomas como Comunidad Valenciana y Cataluña se acercaban al porcentaje del 20%, descontando los 15.500 millones extraordinarios de deuda de las empresas públicas.

Tal y como se ha indicado anteriormente con fecha 9 de marzo de 2012 el Consejo de Ministros autorizó la realización de operaciones de endeudamiento por un importe de 6.266 millones de euros. De esta cantidad 4.710 millones de euros se destinarían a financiar vencimientos en Aragón, Asturias, Canarias, Cantabria, Castilla-La Mancha y Comunidad Valenciana. Además, 1.497 millones de euros iban dirigidos a financiar el abono de 2012 de las cantidades aplazadas de la liquidación negativa del sistema de financiación de 2008 y 2009. Y otros 60 millones se destinarían para Canarias, al objeto de prorrogar permisos previos.

Previamente el Ejecutivo central había autorizado ya a las Comunidades Autónomas de Andalucía y Galicia a tomar préstamos a largo plazo y realizar emisiones de deuda pública por un importe máximo de 2.506 y 434 millones de euros, respectivamente. Estas operaciones iban destinadas también al abono de las cantidades aplazadas de la liquidación negativa, siendo su vigencia de un año natural y tramitándose a cuenta del programa

[499] Fuente: datos facilitados por el Banco de España correspondientes al último trimestre de 2011.

anual de endeudamiento de 2012. Asimismo el Consejo de Ministros había autorizado a la Comunidad Autónoma de Madrid a tomar préstamos en el exterior y realizar emisiones por un máximo de 1.530 millones de euros, acordándose igualmente prorrogar hasta final de marzo de 2012 las autorizaciones recibidas en 2011 que no fueron utilizadas por la situación de los mercados. La cantidad total de este conjunto de autorizaciones ascendía a 308,5 millones de euros.[500]

En el caso de esta última Comunidad se ha de señalar además que, con fecha de 15 de marzo de 2012, se acordó colocar una emisión de bonos a un plazo de tres años pagando 200 puntos básicos sobre el bono del Estado al mismo plazo, que cotizaba en torno al 2,5%. Se eligió así el plazo de tres años, en el que se concentraba la fuerte demanda de los inversores, ya que los préstamos otorgados por el Banco Central Europeo también vencían en tres años.[501]

Con carácter general la deuda pública del conjunto de las Comunidades Autónomas se había disparado un 17,3% durante 2011, hasta alcanzar los 140.083 millones de euros. Dicha cifra equivalía al 13,1% del PIB regional y suponía un nuevo máximo histórico en este registro. La Comunidad Au-

[500] Téngase presente además que, con fecha 27 de enero de 2012 el Consejo de Ministros acordó prorrogar autorizaciones de endeudamiento que no se habían ejecutado por la situación de los mercados. En concreto, se dio el plácet a Andalucía (2.194 millones de euros), Murcia (751 millones de euros), Cantabria (35 millones de euros), Extremadura (165 millones de euros), Comunidad Valenciana (1.822 millones de euros) y Navarra (422 millones de euros). Asimismo se autorizó a País Vasco a emitir deuda a largo plazo para financiar el segundo tramo de déficit de 2011 por 274 millones de euros. Por último, se autorizó operaciones de endeudamiento por un valor total de 1.975 millones para Aragón, Canarias, Cataluña, Castilla-León y Galicia. Todas estas operaciones se aprobaron por el procedimiento de urgencia. Y, con fecha de 13 de enero de 2011, se autorizó a la Comunidad Autónoma de Baleares a tomar un préstamo a largo plazo o realizar emisiones por importe de 467 millones de euros para cubrir las amortizaciones ordinarias del primer semestre del citado ejercicio. Asimismo se prorrogaron acuerdos correspondientes al 2011 de endeudamiento pospuestos por la mala situación de los mercados por casi 388 millones de euros. A todo ello se ha de sumar el dato de que el Consejo de Ministros, ya había ejecutado 321 millones de euros del Fondo de Contingencia en dos operaciones que se tendrían que detraer del proyecto de Presupuestos que se aprobará el 30 de marzo de 2011.

[501] Por su parte la Comunidad Autónoma de Castilla y León ofrecía 210 puntos básicos sobre el bono español que vencía en octubre de 2014, emitiendo deuda con un vencimiento aproximado de dos años y medio, lo que permitía la práctica de operaciones de *carry trade* con la financiación recibida del BCE al 1% y mejorar así sus cuentas de resultados. Sin embargo, finalmente, y debido a la falta de demanda, se colocó sólo 53 millones de euros.

tónoma de Cataluña lideraba el volumen de deuda con un *ratio* del 20,7% frente al PIB, desde el 17,3% registrado en 2010. Por volumen, 41.778 millones de euros, un 29,8% del total de lo debido por las Administraciones regionales. Le seguían la Comunidad Valenciana (19,9% deuda/PIB), Castilla La-Mancha (18%) e Islas Baleares (16,9%). Estas fueron las únicas cuatro Regiones que excedieron el límite permitido por el Gobierno central, después de que éste último suavizara en tres puntos el objetivo exigido en un principio por la Ley de Estabilidad Presupuestaria.

Los datos facilitados por el Banco de España mostraban además cómo algunas Comunidades Autónomas lograron reducir su nivel de endeudamiento en el último trimestre de 2011. Así sucedió, concretamente, en el caso de las CC.AA. de Baleares, que logró reducir su deuda del 16,6% al 16,3% del PIB, Cantabria (del 9,6% al 9,3%), Castilla La-Mancha (18,1% al 18%) y La Rioja (11,6% al 11,2%). Otras, como Aragón y Galicia consiguieron contener sus ratios. Por su parte, la deuda del Estado alcanzó los 559.459 millones de euros, tras crecer un 14,6%, mientras que la de los Ayuntamientos permaneció prácticamente invariable, tras caer un 0,03% hasta 35.420 millones y quedar en el 3,3% del PIB[502]. Por su parte la deuda de las empresas públicas estatales registró un aumento del 10,9% en 2011, hasta 32.667 millones[503]. Y, por lo que respecta al total de deuda pública, el mismo creció un 14,2%, hasta 734.961 millones de euros, lo que equivalía al 68,5% del PIB, 8,5 puntos por encima del objetivo establecido por la Unión Europea para 2013 (60%).

---

[502] Concretamente en el caso de los Entes Locales su nivel de deuda pública a finales de 2011 se situó en los 35.420 millones de euros (3,3% del PIB), frente a los 35.431 millones de 2010 (Fuente: Banco de España, 16 de marzo de 2012). Las capitales de provincia pasaron en un año de 28.769 millones hasta 28.368 millones de euros, mientras que las grandes urbes (con más de 500.000 habitantes) recortaron 202 millones, hasta 10.288 millones. De éstas, incrementaron su volumen Málaga (desde 743 millones hasta 755 millones en un año) y Zaragoza (desde 748 millones a 757 millones). Destacaba el recorte de Madrid, que registró un nivel de endeudamiento público de 6.453 en 2010, hasta los 6.348 millones. En el último trimestre, la capital había reducido en 543 millones la deuda. Barcelona, por su parte, pasó de 1.202 millones hasta 1.090 millones en el último año. En cuanto a las empresas públicas de los Ayuntamientos, su nivel de deuda creció en 265 millones, hasta los 9.328 millones de euros. Por lo que respecta a las Diputaciones, Consejos y Cabildos, su necesidad de financiación alcanzó a finales de 2011 los 6.732 millones de euros, frente a los 6.346 millones del ejercicio 2010.

[503] La mayor parte de esta subida recayó sobre la empresa pública estatal Adif, cuya deuda experimentó un alza del 31,4% en 2011 con un volumen total de 8.745 millones de euros.

Destacaba especialmente el dato de que ninguna Comunidad Autónoma recortase su volumen de endeudamiento en 2011, alcanzando a finales de dicho ejercicio en conjunto los 140.083 millones de euros, lo que equivalía al 13,1% del PIB, el máximo histórico. En el último trimestre de 2011 el aumento fue de 3.801 millones de euros. Lo que sí se redujo fue el volumen de deuda que concentraban las empresas públicas de las Regiones, que descendió desde los 14.361 millones de euros con que cerró 2010 a los 13.870 millones de euros con los que finalizó en 2011.[504]

Centrando el análisis en las empresas públicas se ha de señalar que la deuda de éstas ascendió a cierre de 2011 a 55.865 millones de euros, casi 3.000 millones más que hace un año, según información facilitada por el Banco de España con fecha de 16 de marzo de 2011. El débito de las empresas públicas estatales (bajo titularidad de la Administración Central) fue de 32.000 millones de euros (casi 3.000 millones más que en 2010), siendo además las únicas que engrosaron su cifra total de deuda. Las de Comunidades Autónomas adeudaban 13.870 millones de euros (491 millones menos que en 2010), mientras que las compañías públicas de las Corporaciones Locales tenían una deuda de 9.328 millones de euros (265 millones menos).

Por lo que respecta a la deuda de las empresas públicas bajo titularidad autonómica, ésta ascendió a cierre de 2011 a 13.870 millones de euros, 4.675 millones de euros más en comparación con el mismo ejercicio a finales de 2007, con lo que aumentó en casi 5.000 millones desde que comenzó la crisis. No obstante, la cifra de cierre de 2012 resultaba algo inferior tanto en términos interanuales (a cierre de 2010 la cantidad ascendió 14.361 millones de euros) como en términos intertrimestrales (en el penúltimo ejercicio, la deuda era de 14.341 millones de euros).[505]

---

[504] En relación con el tercer trimestre hubo algunas Comunidades que vieron en sus cuentas públicas los efectos de los ajustes. En concreto, Baleares redujo su nivel de deuda pública del 16,6% del PIB al 16,3%; Cantabria (del 9,6% al 9,3%), Castilla-La Mancha (sólo una décima hasta el 18%) y La Rioja (del 11,6% al 11,2%).

[505] La Comunidad Autónoma de Cataluña era la única que acumulaba, a finales de 2011, casi la mitad de deuda en sus empresas públicas que el total de las Comunidades Autónomas, siendo además la Comunidad cuyas empresas públicas acumulaban más deuda al cierre de 2011, según los datos del último trimestre de 2011 publicados por el Banco de España con fecha de 16 de marzo de 2011. El montante total ascendía a 6.368 millones de euros, cantidad muy elevada teniendo en cuenta que el montante total de las empresas públicas de todo el territorio nacional ascendía a 13.870 millones de euros. A dicha Comunidad le seguían la Comunidad de Madrid, cuyas empresas públicas adeudaban 1.678 millones de euros, y la Comunidad Valenciana, con

Por otra parte, y tal y como se desprende del Gráfico 3 expuesto a continuación, la deuda acumulada por el Gobierno central, los Gobiernos regionales y las Corporaciones Locales se elevó hasta 734.900 millones de euros en 2011, un 14% más que en 2010 y prácticamente el doble que en 2001. Dicha cifra no incluía el endeudamiento de las empresas públicas que, como se ha señalado, subió en 3.000 millones en 2011, hasta 55.865 millones de euros. Si a ello se suma que la cifra de afiliados a la Seguridad Social había descendido en 335.000 personas durante 2011, se obtenía como resultado que cada afiliado a la Seguridad Social acarreaba una deuda de 42.600 euros. La citada cifra duplicaba los 19.962 euros por trabajador de 2007, cuando más de 19 millones de personas cotizaban en el sistema y la deuda total estaba contenida en 382.000 millones de euros.

En todo caso se ha de precisar que la *ratio* deuda total/afiliado a la Seguridad Social experimentó una clara mejoría desde finales de siglo pasado hasta el año 2007, donde marcó mínimos del último ciclo económico alcista. Sin embargo, a partir de 2008 la situación comenzó a deteriorarse. Si bien como es sabido la actual crisis financiera se inició en 2007, el impacto en la economía real no empezó a notarse hasta bien entrado 2008. El PIB español pasó de crecer un 3,6% en 2007 a hacerlo solo un 0,9% al año siguiente y a desplomarse un 3,7% en 2009.[506]

1.671 millones de euros de deuda. Los totales de deuda acumulada se movían en parámetros similares a las cantidades registradas un año antes. Así, a finales de 2010 Cataluña acumulaba una deuda ligeramente superior (6.434 millones de euros), mientras que las empresas públicas de Madrid adeudaban algo menos –1.482 millones– y la Comunidad Valenciana, 1.702 millones. Respecto al trimestre anterior, Cataluña y la Comunidad Valenciana consiguieron reducir ligeramente esta deuda (332 millones y 23 millones menos, respectivamente), aunque la deuda correspondiente a la Comunidad de Madrid continuó incrementándose, con 37 millones más. A la cola de deuda se situaban las empresas públicas de La Rioja (tan sólo un millón de euros), Extremadura (22 millones de euros) y Cantabria (36 millones de euros), y Navarra (74 millones de euros). En cambio en la Comunidad Autónoma de Murcia la deuda de sus empresas públicas fue nula durante todo el 2011. Por su parte las empresas públicas andaluzas adeudaban 714 millones de euros; Baleares, 666 millones; País Vasco, 601 millones. Bajo dicho escalón se situaban Aragón (477 millones de euros; Castilla y León, con 410 millones de euros y Castilla-La Mancha (378 millones de euros). Asturias adeudaba 321 millones de euros y Galicia, 232 millones de euros.

[506] Concretamente la deuda pública total empezó a crecer a ritmos del 14%, con un pico del 29% en 2009. Por su parte, la destrucción de empleo quedó reflejada en los datos de afiliados en la Seguridad Social. Durante el año 2008 la cifra bajó en 200.000 cotizantes. Sin embargo al año siguiente el descenso fue de 1,1 millones de cotizantes. Desde entonces, la destrucción

Gráfico 3.

	Afiliados a la SS (en millones)	Deuda total (en millones) (1)	Incremento (sobre el año anterior)	Deuda / trabajador (en euros)
1997	12,9	333.199		25.765
1998	13,6	345.968	4%	25.456
1999	14,3	361.775	5%	25.220
2000	15,1	374.033	3%	24.831
2001	15,7	378.247	1%	24.169
2002	16,1	383.435	1%	23.777
2003	16,6	382.032	0%	22.995
2004	17,1	389.142	2%	22.781
2005	17,8	392.497	1%	22.007
2006	18,6	391.055	0%	21.029
2007	19,2	382.307	-2%	19.962
2008	19,0	436.984	14%	22.992
2009	17,9	565.082	29%	31.539
2010	17,6	643.136	14%	36.579
2011	17,2	734.961	14%	42.656
Incluye Administración Central, CCAA y Corporaciones locales				Fuente: INE, Banco de España

Fuente: *Diario Expansión* (www.expansion.com). Consultada el 3 de marzo de 2012.

A estos datos había que añadir los puestos de manifiesto con fecha de 20 de marzo de 2012 al conocerse el llamado Indicador Axesor de riesgo empresarial, índice a través del cual se refleja la calidad crediticia del conjunto del tejido empresarial español. El Informe del citado Indicador hecho público en dicha fecha revelaba que el incremento del riesgo de crédito se ralentizó en 2011, si bien la evolución no fue homogénea ni en territorios ni en sectores. Así, Asturias fue la Comunidad Autónoma donde más aumentó el riesgo de crédito en 2011, con un incremento interanual del 52,6%. A continuación se situó el tejido empresarial vasco, con un 43,2%, y el navarro con un 41,2%. En el extremo opuesto estaban las Comunidades Autónomas de Aragón, que registró una caída del 8,3%, y Castilla y León, del 3,2%, que fueron las dos únicas Comunidades Autónomas donde las empresas lograron reducir el riesgo de impago. Por su parte las Comunidades Autónomas de Canarias y Murcia se situaron a la cola de la clasificación de calidad crediticia como aquellas Comunidades Autónomas cuyos tejidos empresariales registraron una mayor pérdida esperada por euro prestado. Ambas

de empleo ha sido más gradual, si bien en el comienzo de 2012 ya había quedado por debajo de los 17 millones.

Comunidades Autónomas superaron los 9 céntimos por euro prestado de pérdida esperada (9,5 y 9,4, respectivamente). En cambio las Comunidades Autónomas de La Rioja y Navarra lideraron la clasificación de calidad crediticia nacional con 4,3 y 4,5 céntimos por euro prestado.

En el supuesto de que no se tomasen en consideración los territorios sino los sectores el transporte y la logística se configurarían como la actividad económica que registró un mayor riesgo de crédito en 2011, al ser la única rama de actividad que alcanzó los 9 céntimos por euro prestado de pérdida. Inmediatamente después se situaron dos sectores con una pérdida esperada superior a los 8 céntimos, a saber, el sector agropecuario-pesco-silvícola, industrias extractivas y energía y la industria manufacturera. En cambio los servicios empresariales fueron los más seguros. Las empresas de este grupo de actividad registraron el menor riesgo de crédito de la economía española, con una pérdida esperada de 6,2 céntimos por euro, situándose la media en 7,5.

A la luz del conjunto de consideraciones anteriores podemos recapitular afirmando que, con carácter general las Comunidades Autónomas fueron durante el pasado ejercicio 2011 responsables del 65% del desvío del déficit. Tal y como puede apreciarse en el Gráfico 4 que se expone a continuación, tras la flexibilización efectuada desde la Comisión Europea del objetivo de déficit para España en 2012 y de la incorrección cometida en relación con el del pasado ejercicio, lograr en 2012 el 5,3% del PIB previsto representa unas cuestión de vital importancia para la credibilidad de economía española.

Como ya hemos tenido ocasión de precisar las CC.AA. fueron las que más infringieron el límite previsto en 2011, del 1,3% en su caso, al alcanzar un agujero fiscal del 2,94%. De acuerdo con dichos datos, *a priori* el ajuste económico que habría que practicar para el ejercicio 2012 sería de más de 15.000 millones de euros.

Destacaba especialmente la situación en la que se hallaban tres Comunidades Autónomas. En primer lugar, Cataluña, que a lo largo de los dos últimos ejercicios había venido registrando malos datos de déficit, acumulando un volumen de deuda muy alto del 20,7% del producto interior bruto en 2011, circunstancia que le obligó a practicar fuertes recortes que, durante el pasado 2011, ascendieron a unos 2.500 millones de euros.[507]

[507] Téngase presente además a este respecto que el peso de Cataluña en el conjunto de la economía española se situaba en torno al 20% del PIB. Así las cosas el ajuste que había de practicar la citada Comunidad podría rondar en 2012 los 4.400 millones de euros.

Gráfico 4.

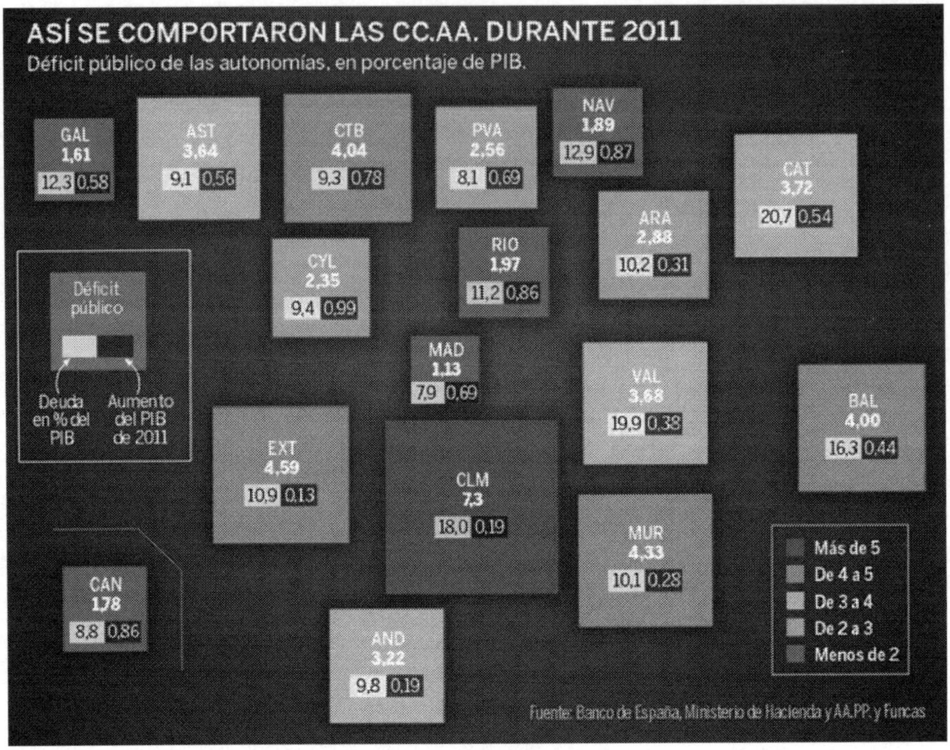

Fuente: *Diario Expansión* (www.expansion.com). Consultada el 5 de marzo de 2012.

En segundo término, la Comunidad Autónoma Valenciana presentaba una diferencia en la eficiencia de su modelo de ingresos considerable respecto a otras Regiones, siendo sus ingresos por habitante son de los más bajos de España. Dicha Comunidad presentaba además caídas de PIB anuales superiores al 2% entre 2008 y 2011, motivo por el cual su ajuste para el ejercicio 2012 podía situarse en torno a unos 1.500 millones de euros, esto es, cerca del 10% de su presupuesto.

Finalmente, por lo que respecta a la Comunidad Autónoma de Andalucía, si bien en principio no parecía tratarse de una de las Regiones en peor situación, sí que constituía una de las Comunidades a las que más había perjudicado el sistema de financiación autonómica de 2009, junto con Extremadura, siendo además de las que menos ingresos *per cápita* registraba. Dada esta situación, *a priori* había de efectuar un ajuste de 2.000 millones para cumplir con el objetivo.

Llamaba no obstante la atención el dato de que, mientras que la deuda de las CC.AA. representaba aproximadamente un 13,1% del PIB, la del Estado Central se situaba en el 52,1%. Y, mientras que las Regiones gestionaban un 33% del gasto de los Presupuestos, la Administración Central, lo hacía en un 25%.

Con fecha 23 de marzo de 2012 la prima de riesgo de las Comunidades Autónomas de Cataluña y de la Comunidad Valenciana superaba los 800 y los 900 puntos básicos, respectivamente. Concretamente el bono que emitió Cataluña el 15 de septiembre de 2009 y que tenía una vida residual de nueve años se situó en niveles del 9,48%, es decir, 407 puntos básicos sobre el bono español al mismo plazo (genérico a nueve años) y 779 puntos básicos sobre el alemán con el mismo vencimiento.

Para los plazos más cortos, la situación no mejoraba. El bono catalán que emitió la Generalitat con fecha de 4 de junio de 2008 a un plazo de diez años y por importe de 1.269 millones cotizaba al 9,28%, 458 puntos básicos sobre la deuda del Tesoro al mismo plazo (genérico a 6 años) y 819 puntos básicos sobre la referencia alemana con el mismo vencimiento.[508]

---

[508] En el caso concreto del bono catalán, la emisión lanzada por el Gobierno catalán se cubrió en un 44% en la primera semana de comercialización de los títulos, con 880 millones de euros colocados, frente a los 1.000 millones que vendió en un día en 2010. Esa cifra suponía el 40% del objetivo de colocación de hace dos años. En total, la emisión iniciada el 2 de abril de 2012 ascendió a un importe de 2.000 millones de euros –ampliable a 2.150 millones de euros– en bonos minoristas a uno y dos años. El ritmo de colocación existente contrastaba notablemente con el de hace dos años, cuando el Gobierno catalán colocó hasta 2.500 millones de euros en bonos patrióticos. Estos bonos catalanes ofrecían una rentabilidad del 4,5% a un año y del cinco por ciento a dos años. En cambio, en la emisión que realizaron en 2010, se ofrecía un interés del 4,75% a un año y dos días. La citada emisión de deuda iniciada con fecha de 2 de abril de 2012 debía permitir liquidar parcialmente la realizada por la Generalitat en abril de 2011, durante la cual se colocaron bonos por un importe de 3.244 millones de euros: 2.284 a un año y 960 a dos años. Por lo que respecta al bono valenciano, con importe de 400 millones de euros, que emitió la Generalitat valenciana con fecha de 10 de marzo de 2010 y que vence en 2020, a 23 de marzo de 2012 rendía el 12,13%. Ello implicaba una diferencia de casi 700 puntos básicos frente a la deuda española (genérico a 8 años) y 1.062 frente a la alemana. Por otra parte un bono más líquido, con un volumen de 950 millones de euros, que emitió la Comunidad Valenciana el 2 de noviembre de 2006 y que vencía en cuatro años marcaba el 9,47%, es decir, el diferencial se reducía hasta los 900 puntos básicos frente a Alemania.

4.B. El fallido primer intento de los hispabonos

A la luz de la situación expuesta con anterioridad desde el Ejecutivo central se valoró la emisión de los llamados "hispabonos", al objeto de tratar de ajustar dichas rentabilidades a las del Estado, lográndose así una fuerte rebaja de los costes de financiación para las CC.AA. En este sentido, con fecha de 28 de marzo de 2012 el Ejecutivo anunció su intención de crear un ente que emitiese deuda para el conjunto de las Comunidades Autónomas, evitándose así el sobrecoste de las emisiones de deuda regionales y los problemas de liquidez. Ello podría paliar la situación de dificultad ante la que se hallaban determinadas Comunidades Autónomas, las cuales se veían imposibilitadas si quiera para poder acceder a los mercados. Asimismo se trataría de hacer frente a los 1.000 millones de euros el sobrecoste que, en la actualidad, afrontan las CC.AA. cada vez que emiten deuda con un interés mayor que el que paga el Estado en sus subastas a través del Tesoro. En todo caso sería necesaria la existencia de un compromiso por parte de dichos Gobiernos regionales con la estabilidad presupuestaria.

Por otra parte conviene tener presente que, una vez que se aprobase en el mes de mayo de 2012 la Ley Orgánica 2/2012, de 27 de abril, de Estabilidad Presupuestaria y Sostenibilidad Financiera, el Gobierno central tendría potestad para sancionar a las Regiones que no cumpliesen los objetivos presupuestarios. Y a este respecto conviene recordar que, para el ejercicio 2012, las CC.AA. debían reducir su déficit público al 1,5% del PIB.

Varias Administraciones autonómicas debían hacer frente además en el segundo semestre 2012, en conjunto, a unos vencimientos de 5.427 millones de euros, más de la mitad de todos los vencimientos previstos para 2012 (10.328 millones). *A priori* la Región que más se podría beneficiar de los hispabonos sería Cataluña, cuyos vencimientos ascendían a 3.127 millones de euros en la segunda mitad del 2012. El momento más complicado para esta Comunidad debía producirse en el mes de noviembre de 2012, cuando le vencía deuda por valor de 2.645 millones de euros. Otra Comunidad Autónoma que podría verse aliviada por los hispabonos sería Madrid, que en julio de 2012 tenía vencimientos por importe de 814 millones de euros y en octubre de ese año por importe de 180 millones de euros. Esta nueva herramienta también supondría un empujón para las finanzas de la Comunidad Autónoma de Andalucía, que tenía que refinanciar 675 millones de euros en el segundo semestre de 2012, concentrándose 600 millones de euros en el mes de octubre.

Con carácter general en el mes de mayo de 2012 las CC.AA. debían amortizar 3.397 millones de euros. Y en el mes de noviembre de dicho ejercicio vencían 2.687 millones de euros. A tal efecto resultaba deseable la creación de una Agencia vinculada al Tesoro que emitiese títulos de deuda pública y que luego repartiese esa financiación entre las Comunidades Autónomas.

Por otro lado, a la luz de la aprobación de la citada Ley Orgánica de Estabilidad Presupuestaria y Sostenibilidad Financiera, y en el ámbito del CPFF, cabría la posibilidad de que alguna Comunidad Autónoma solicitase voluntariamente la intervención de Hacienda ante su imposibilidad de hacer frente a sus obligaciones financieras, con el objetivo último de alcanzar el déficit previsto para 2012 (del 1,5% del PIB), siempre y cuando éstas manifestasen públicamente su imposibilidad de atender estos pagos.

Con fecha de 30 de abril de 2012 vencía el plazo para que las Regiones presentasen sus planes de ajuste. Con posterioridad el CPFF debía examinar dichas cuentas. La eventual intervención por parte del Ejecutivo podría durar seis meses. A tal efecto, por ejemplo, la Comunidad Autónoma de Cataluña entregó un primer documento sobre su plan de saneamiento en el que incluía como ingreso los 211 millones de euros que el Estado debía a la Generalitat en cumplimiento de la liquidación de 2009 de la Disposición Adicional Tercera del Estatut de Cataluña. Y ello a pesar de que el Ministerio de Hacienda advirtió a las Comunidades de que no incluyeran como ingresos aquellos recursos que no vinieran avalados por los Presupuestos Generales del Estado.

La Consejería de Hacienda y Administración Pública de la Junta de Andalucía, por su parte, remitió también su plan de ajuste en tiempo y forma al objeto de tratar de cumplir con el objeto de déficit, procediéndose a la incorporación de la retención de crédito de 2.696 millones de euros aprobada en Consejo de Gobierno de la Junta.

El Gobierno valenciano remitió un plan con medidas de actuación sobre los gastos por 1.223 millones de euros y sobre los ingresos por 1.036 millones de euros, lo que suponía un total de 2.260 millones de euros. La Comunidad Autónoma de Cantabria remitió un plan a través del cual se preveía obtener 157 millones de euros en 2012 entre ingresos y ahorro, recogiendo la reducción a la mitad de sus 45 empresas públicas, la aplicación del céntimo sanitario y la subida del canon de saneamiento.

En el caso de otras Comunidades Autónomas como Castilla-La Mancha el Ejecutivo central ya había dado el visto bueno al plan de ajuste con horizonte a tres años presentado por el citado Gobierno autonómico al objeto de poder acceder a la línea ICO para Comunidades Autónomas del 2012.

En el caso específico de la Comunidad Valenciana, con fecha de 3 de mayo de 2012 dicha Comunidad procedió a colocar en el mercado deuda a 6 meses, con vencimiento el próximo 5 de noviembre de 2012. El importe adjudicado alcanzó los 500 millones de euros, una tercera parte de los 1.473 millones de euros de vencimiento de deuda que afrontaba la Generalitat Valenciana en mayo de 2012. No obstante, más allá del importe emitido, la cifra más significativa fue el 7% de interés que tuvo que pagar para colocar estos títulos en el mercado.[509]

Por otro lado, apenas unos días después de la bajada del *rating* de la deuda soberana española efectuada por la Agencia de Calificación *Standard & Poor's,* la citada Agencia procedió a rebajar la calificación concedida a nueve Comunidades Autónomas, incluidas Madrid, Cataluña y Andalucía. Además, la Agencia mantuvo su perspectiva negativa, con lo que deja abierta la posibilidad de nuevas bajadas. Las Comunidades afectadas por la rebaja de nota de *Standard & Poor's* estaban encabezadas por Madrid, que veía su nota rebajada en dos escalones de 'A' a 'BBB+' y Cataluña, cuya nota fue degradada hasta en cuatro escalones hasta dejarla al borde de bono basura. De 'A' hasta 'BBB-'. Además de estas dos Regiones, S&P también rebajó en dos escalones la nota de Galicia e Islas Canarias (hasta 'BBB+' desde 'A') y País Vasco y Navarra (hasta 'A' desde 'AA-'). Andalucía, Aragón y Baleares (hasta 'BBB' desde 'A') sufieron un recorte mayor de tres escalones.

---

[509] Téngase presente por ejemplo que, dentro del marco de la crisis de deuda soberana, todas las alertas se activaron cuando el bono a diez años de Italia superó el 7%, un nivel considerado crítico por los analistas. El bono español a diez años también llegó a rozar el 7%, antes de las inyecciones de liquidez del BCE (subastas LTRO). Este 7% pagado por la Comunidad Valenciana a 6 meses contrastaba con los intereses pagados por el Tesoro español. En su subasta celebrada el 27 de abril de 2012, la rentabilidad media fue del 1,58%, casi cinco veces menos que el 7% de la emisión de fecha 3 de mayo de 2012 efectuada por la Comunidad Valenciana.

Las nueve CC.AA. citadas mantenían además la perspectiva negativa, lo que otorgaba un 50% de probabilidades de sufrir nuevas rebajas en el futuro, ya que observaba riesgo de que un comportamiento económico más débil de lo previsto afectase a sus perfiles de crédito. En cambio, respecto a la Comunidad Valenciana, la Agencia no varió su calificación, que se mantuvo en 'BB' (nivel de bono basura), pero al igual que las otras nueve CC.AA su perspectiva continuaba en 'negativa'.

La razón de ser de la citada degradación se concretaba en el hecho de que las referidas Regiones habían incrementado a lo largo de 2011 sus desequilibrios fiscales, previéndose que sus bases fiscales creciesen únicamente de manera ligera entre 2012 y 2014. A ello se sumaba, además, el debilitamiento de la capacidad del Ejecutivo de prestar apoyo a las regiones en el largo plazo. Una situación distinta se cernía, en cambio, sobre País Vasco y Navarra, que a juicio de la Agencia presentaban un perfil crediticio fuerte debido a su autonomía fiscal, su sólida gestión financiera, su moderada baja carga de deuda y sus economías altamente orientadas a las exportaciones.[510]

Como ya se ha señalado con anterioridad, con el objetivo último de evitar que las distintas Administraciones autonómicas tuviesen que pagar más que el Tesoro Público para colocar su deuda (lo que podría implicar una mayor dificultad de acceso de muchas Comunidades Autónomas y Ayuntamientos a los mercados de capital) el Ejecutivo se planteaba el lanzamiento de estos hispabonos, esto es, emisiones conjuntas de deuda del Estado y de los Entes Regionales que contarían con la garantía del Tesoro Público. Ello requeriría no obstante la creación de un ente que empezase a emitir deuda para el conjunto de las Comunidades Autónomas a fin de evitar el sobrecoste de las emisiones de deuda regionales y los problemas de liquidez.

Volviendo a la situación financiera de las CC.AA., a mediados del mes de mayo de 2012 el Ministerio de Hacienda encargó a la Abogacía del Estado y a la Intervención General de la Administración del Estado que estudiasen la aplicación de la nueva Ley de Orgánica de Estabilidad Presupuestaria y Sostenibilidad Financiera ante la imposibilidad de Asturias de aprobar su plan económico. Y ello sobre la base de que la citada Ley Orgánica exige la aprobación del plan económico financiero o, en caso contrario,

[510] Con carácter adicional *S&P* recortó en dos escalones la calificación de Vizcaya, desde 'AA-' a 'A', así como los de la provincia de Barcelona y las ciudades de Madrid y Barcelona, desde 'A' a 'BBB+'. La perspectiva de todas estas notas también era 'negativa'.

la aplicación de medidas coercitivas y, en último extremo, la tutela de las cuentas de la región por la Administración del Estado. Y, como es sabido, en el caso específico de la Comunidad asturiana, la situación existente por aquel entonces de un Gobierno en funciones impedía la adopción de compromisos en materia de ingresos y gastos que garantizasen el cumplimiento de los objetivos de estabilidad presupuestaria.[511]

En todo caso, y por lo que a los Entes Regionales se refiere, dada su situación los hispabonos podían convertirse ser la única forma de refinanciar 35.000 millones de euros de las Regiones durante 2012, necesarios para cubrir los vencimientos y el déficit público que se genere durante el año. La duda que se planteaba al respecto era si se haría una emisión del Tesoro para todas las Comunidades (lo que podría resultar arriesgado si el Banco Central Europeo no volviera a comprar deuda pública española) o si se avalarían sólo las emisiones de las Comunidades que aceptasen estar tuteladas o intervenidas directamente por el Estado central.

El conjunto de las CC.AA. debían presentar sus cuentas en contabilidad nacional mes a mes para convencer de esta forma a los mercados y a los ciudadanos. A tal efecto, y tras la reunión del Consejo de Política Fiscal y Financiera celebrada con fecha17 de mayo de 2012 el Ministerio de Hacienda suspendió el plan de ajuste presentado por Asturias al estimar que el mismo resultaba insuficiente con las exigencias del Ejecutivo en cuanto al control del gasto público o la garantía en los ingresos. La Comunidad Autónoma asturiana disponía pues de otros quince días naturales para

[511] Téngase presente a este respecto que, si una concreta Comunidad fuese intervenida, no tendría acceso a este mecanismo de financiación, ni a ningún otro. Por otro lado, en el supuesto de que algún plan de ajuste presentado por los Entes Regionales no lograse el aprobado, la Comunidad correspondiente tendría una semana de plazo para presentar a Hacienda las modificaciones que se le exigiesen, las cuales serían analizadas por el Consejo de Política Fiscal y Financiera. En caso de que los planes modificados continuaran siendo insuficientes para alcanzar los objetivos previstos, el Estado podría poner en marcha las medidas coercitivas previstas en la Ley Orgánica de Estabilidad Presupuestaria y que constituyen el paso previo a la intervención. En esta fase la Comunidad habría de adoptar la no disponibilidad de fondos y constituir un depósito equivalente al 0,2% de su PIB, que se convertiría en multa si persiste el incumplimiento. Y, en caso de no llevarse a cabo, el Ejecutivo podría intervenir con el envío de una Comisión de expertos dirigidos por el Ministerio de Hacienda para estudiar la situación de la comunidad y proponer medidas en el plazo de una semana. Durante el desarrollo de dicho proceso la Comunidad Autónoma no quedaría suspendida, pero si el Gobierno o el Parlamento regional no adoptase las iniciativas propuestas, sería el Ejecutivo central el que habría de tomarlas con la aprobación por mayoría absoluta del Senado.

presentar otro plan de ajuste que debía ser de 616 millones de euros. Por lo que respecta a la Comunidad Autónoma de Andalucía, el Ministerio de Hacienda salvó el plan presentado por la citada Comunidad si bien le impuso nuevos ajustes valorados en 300 millones de euros. En el caso concreto de la Comunidad Autónoma de Castilla-La Mancha, dicha Región adelantó un ajuste de 1.665 millones de euros, recorte que afectaría a numerosas partidas, mientras que los ingresos cubrirían 195 millones de euros. En todo caso tras la celebración de la citada reunión se acordó que el ajuste total de las CC.AA. fuese de 18.349 millones de euros en 2012, previéndose un aumento de los ingresos en 5.278 millones de euros y un recorte del gasto de 13.071 millones de euros.

En esa misma fecha de 17 de mayo de 2012 la Agencia de Calificación *Moody´s* rebajó la calificación de la Comunidad Autónoma de Cataluña en dos escalones, de Baa3 hasta Ba1 y la de Murcia en un escalón, de A3 a Baa1, quedando ambas CC.AA en el nivel de 'bono basura'. Por su parte, Extremadura y Andalucía perdieron su calificación de 'notable' por la de 'aprobado', al pasar de A3 a Baa1 la primera y de A3 a Baa2 la segunda. En el caso de Cataluña y Murcia la citada Agencia estimó que, a pesar de que ambas Regiones habían previsto una reducción del gasto en educación y sanidad en 2011, dichos recortes no se produjeron hasta la extensión que fueron presupuestados. A ello se sumaba, además, la existencia de unas transferencias del Estado más bajas, lo que incrementó los déficit de las dos CC.AA. No obstante precisó la Agencia que, a pesar de que se observaba en ambas Regiones una liquidez más débil que la de sus pares nacionales, ambas CCAA se habían visto beneficiadas por los 10.000 millones de euros de liquidez dotados por el Gobierno para el ICO, así como por el hecho de que estas ayudas cubren los riesgos de liquidez.

La citada Agencia de Calificación también confirmó el *rating* Ba2 de Castilla-La Mancha y el de Ba3 de Valencia ya que ambas Comunidades habían recibido un significativo apoyo de liquidez por parte del Estado central. *Moody's* consideró que el déficit sobre el PIB superaría el 3% en ambas CCAA, por encima del objetivo del 1,3% previsto por el Gobierno.

Por otra parte en opinión de la citada Agencia las reformas estructurales en sanidad y educación anunciadas acometidas por el Ejecutivo en el mes de abril de 2011 ayudarían a reducir el déficit regional en el medio plazo, si bien algunas de las medidas adoptadas podrían resultar complicadas de implementar y su efecto en las cuentas de 2012 podría ser limitado. Ello podría provocar que las citadas Comunidades continuasen dependiendo de incrementar su deuda para cubrir sus grandes desequilibrios fiscales.

Otro argumento esgrimido por la citada Agencia para justificar la rebaja fue el significativo deterioro de la métrica de su deuda como consecuencia de la refinanciación de la misma mediante el Fondo para la Financiación de los Pagos a Proveedores. *Moody's* apuntó que la deuda se incrementaría hasta el 64% en Extremadura, el 88% en Andalucía, el 143% en Murcia y el 225% en Cataluña, frente al 53%, 63%, 97% y 215% de finales de 2011, respectivamente.

Ciertamente las Comunidades Autónomas de Madrid, Valencia y Castilla-León habían registrado en 2011 un déficit público mayor de lo previsto en febrero de 2012, lo que podría tener consecuencias en el al alza en el déficit del conjunto de las Administraciones. Concretamente, el déficit de las Regiones se iría hasta el 3,34% en lugar del 2,94%, un incremento de 4 décimas que supondría casi 4.000 millones de euros más y llevaría el agujero total al 8,9% frente al 8,5% anunciado.

La Comunidad de Madrid presentaba un "agujero" que equivalía al 2,2% del PIB. Otra de las Comunidades que se desvió del objetivo marcado fue la Comunidad Valenciana, que presentaba realmente un déficit del 4,5%, muy superior al 3,68% previsto. Castilla y León también tenía un desfase en sus cuentas, aunque inferior a las de otras Comunidades: cerró 2011 con un déficit del 2,59% del PIB, frente al 2,35% previsto. Estos resultados podían desviar la cifra de déficit público total del Estado. El Plan Económico Financiero presentado por la Comunidad de Madrid ante el Consejo de Política Fiscal y Financiera con fecha de 17 de mayo de 2012 contenía un ajuste de gasto de 653 millones de euros para cumplir el objetivo de déficit del 1,5% en 2012. De los 653 millones de euros recortados para 2012, 331 millones correspondían a las medidas del Real Decreto de medidas urgentes de racionalización del gasto público en Educación, fundamentalmente de la subida de tasas universitarias, y del Real Decreto-Ley de reforma sanitaria. Otros 100 millones de ahorro provenían de la subida de tarifas del transporte público aprobada por el Consorcio Regional de Transportes madrileño a mediados de abril de 2012, unos 30 millones del ajuste del gasto farmacéutico y el resto de medidas de racionalización del sector público y recortes en subvenciones.

Así las cosas con fecha de 18 de mayo de 2012 el Consejo de Ministros recibió un informe del Ministro de Hacienda y Administraciones Públicas sobre el desarrollo del Consejo de Política Fiscal y Financiera del 17 de mayo en el que se aprobaron los Planes Económico Financieros de Reequilibrio de las Comunidades Autónomas, excepto el del Principado de Asturias. Como ya se ha señalado el Consejo de Política Fiscal y Financiera consideró que estos Planes Económico-Financiero de las Comunidades Autónomas de Andalucía, Aragón, Cantabria, Cataluña, Baleares, Comunidad Valenciana, Galicia, Extremadura, Madrid, Castilla y León, Canarias, Castilla-La Mancha, La Rioja y Región de Murcia contenían medidas idóneas, de ahorro de gasto o de incremento de ingresos, para el cumplimiento del objetivo de Estabilidad Presupuestaria del 1,5 por 100 del PIB a 31 de diciembre de 2012. En cambio el Plan del Principado de Asturias no obtuvo la aprobación del Consejo de Política Fiscal y Financiera, al considerar éste que las medidas que se proponían no garantizan el cumplimiento de los objetivos de estabilidad, motivo por el cual se requirió a dicha Comunidad Autónoma para que elaborase un nuevo Plan Económico-Financiero en el plazo de quince días naturales. Este Plan debía ser evaluado en un nuevo Consejo que se celebraría en la primera quincena de junio. En el supuesto de que no se presentase dicho Plan o si el Consejo volviese a considerar que las medidas incluidas en el mismo fuesen insuficientes, se aplicarían al Principado de Asturias las medidas coercitivas previstas en el art. 25 de la Ley Orgánica de Estabilidad Presupuestaria y Sostenibilidad Financiera.[512]

---

[512] A este respecto se ha de precisar que el Ejecutivo del Principado de Asturias contemplaba varias opciones destinadas a incrementar los ingresos de la Comunidad Autónoma, dado que disponía de varias figuras fiscales a las que recurrir. Algunas de estas iniciativas de contención del déficit ya se encontraban en marcha como consecuencia de la aplicación de la prórroga presupuestaria vigente, derivándose otras de las medidas que aprobase el nuevo Ejecutivo conformado en dicha Comunidad. No obstante, en el borrador elaborado al efecto se recogía una estimación de endeudamiento superior a 420 millones de euros. Finalmente con fecha 12 de julio de 2012 el Consejo de Política Fiscal y Financiera aprobó el Plan Económico Financiero de Asturias, que reducía a 498 millones de euros el ajuste del Principado frente a los 616 millones solicitados, en principio, por el Ministerio de Hacienda. Dicha cifra de 498 millones de euros era la resultante de la diferencia entre el déficit fijado para 2012 de un 1,5 por ciento del PIB regional, es decir 345 millones, y los 843 millones de déficit registrados en la liquidación de 2011. Dicho Plan Económico-Financiero y de Reequilibrio 2012-2014 se sustentaba en un reparto ponderado del ajuste y la preservación de la calidad de la sanidad, la educación y los servicios sociales. El citado Plan recogía una subida de tributos para las rentas superiores a los 70.000 euros anuales, el incremento del Impuesto sobre el Patrimonio y la

Estos Planes Económico-Financieros de Reequilibrio eran los primeros cuyo seguimiento y aplicación se iba a realizar en el marco de la nueva Ley Orgánica de Estabilidad Presupuestaria y Sostenibilidad Financiera. Esta circunstancia determinaba que los mismos fuesen a quedar sometidos a un estricto seguimiento para garantizar su cumplimiento final. A tal efecto las Comunidades Autónomas serían objeto de un control mensual de su ejecución presupuestaria y trimestral del cumplimiento de los Planes Económico-Financieros de Reequilibrio. Recuérdese además que, como complemento de las medidas de seguimiento, la Ley Orgánica de Estabilidad Presupuestaria y Sostenibilidad Financiera facilita mecanismos preventivos, correctivos, coercitivos y de cumplimiento forzoso que refuerzan la consecución de los objetivos de estabilidad presupuestaria.

En todo caso este esfuerzo desarrollado por las CC.AA. a través de un ahorro de gastos e incremento de ingresos representaba una manifestación de su compromiso con la Estabilidad Presupuestaria, ya que el conjunto de medidas de ahorro de gasto y de incremento de ingresos contenidas en los Planes respectivos alcanzaba la cifra de 18.349 millones de euros: 13.071 millones de menor gasto y 5.278 millones de mayores ingresos. El contenido de estos Planes Económico-Financieros de Reequilibrio y su elevación para aprobación o rechazo por el Consejo de Política Fiscal y Financiera representaban la máxima expresión de la condicionalidad fiscal y financiera y del riguroso examen del cumplimiento de las normas sobre estabilidad presupuestaria.

Con fecha 29 de mayo de 2012 el Pleno del Congreso debatió una proposición no de ley del Grupo Socialista en la que se proponía al Ejecutivo que presionase para sacar adelante un sistema de eurobonos compatible con la situación económica y financiera de España. Las posibles alternativas presentadas irían desde la creación de una Agencia Europea que emitiera eurobonos y luego repartiera los fondos captados entre los distintos Estados miembros a la posibilidad de que fueran los propios países los que sacaran al mercado dichos títulos hasta un determinado tope pactado entre todos ellos.

A priori la primera alternativa planteada presentaba la ventaja de que permitiría a los Estados miembros una mínima pérdida de soberanía fiscal, planteándose la adopción de un mecanismo razonable que permitiese cal-

elevación del céntimo sanitario. Asimismo se reducía el número de altos cargos, se suprimían sociedades y organismos y se acometía una rebaja presupuestaria de otras entidades.

cular las primas que los países, sobre todo aquellos con más dificultades, tendrían que pagar para poder acceder a la financiación. Dicha iniciativa venía a sumarse a la expuesta con anterioridad relativa a la creación de los hispabonos destinados a mejorar el acceso de las Comunidades Autónomas a la financiación en los mercados y reducir los costes que estas operaciones tienen, tratando así de obtener una mejora de la valoración del riesgo de la deuda de las Administraciones autonómicas y de contribuir a la consecución de los objetivos nacionales de estabilidad presupuestaria.

Las dos alternativas existentes a la emisión de estos hispabonos por parte del Tesoro eran pues la prestación de avales a la deuda autonómica por el Estado[513] o la concesión de préstamos directos del Tesoro Público o del Instituto de Crédito Oficial a los gobiernos regionales. En todo caso el objetivo último sería la consecución de un importante ahorro financiero por parte de las CC.AA. y la plena realización del principio de solidaridad entre las distintas Administraciones regionales. Igualmente debía lograrse refinanciar los vencimientos de deuda que habían producirse a lo largo de la segunda mitad de 2012.

---

[513] En relación con la viabilidad de esta primera alternativa se ha de advertir no obstante de que, si bien inicialmente estos avales o garantías no quedarían reflejados como pasivos de los organismos que los conceden sino como pasivos de sus receptores, sí que constituirían unos pasivos contingentes para las finanzas autonómicas dado que, en caso de que esas garantías se ejecutaran total o parcialmente, se verían reflejados en el déficit y en la deuda. Debido precisamente a ello, el Ministerio de Hacienda terminaría limitando a través de la aprobación de la Resolución 9 de septiembre de 2015, de la Secretaría General de Coordinación Autonómica y Local, por la que se define el principio de prudencia financiera de las Comunidades Autónomas de las operaciones financieras que tengan por objeto activos financieros o la concesión de avales, reavales u otra clase de garantías públicas o medidas de apoyo extra presupuestario, la capacidad de aval de las Comunidades Autónomas, disponiendo que las mismas no pudieran avalar por encima del 1,5% de su PIB cada año. Con carácter adicional la citada Resolución impuso límites a las operaciones individuales de las Regiones, estableciendo que aquellas que superasen los 25 millones de euros o el 0,1% del PIB regional habrían de contar con autorización expresa del Consejo de Ministros. Partiendo de la consideración de que los activos afectados por estos avales son portadores de los riesgos más significativos para la sostenibilidad de las finanzas (ya se trate de acciones o participaciones en el patrimonio neto de las entidades, de préstamos concedidos o de la adquisición de títulos de deuda), a través de la aprobación de la citada Resolución se persiguió avanzar en el principio de sostenibilidad financiera estableciendo "buenas prácticas" en relación a aquellas operaciones que cuando se formalizan no van a afectar a los objetivos de consolidación fiscal pero que suponen un riesgo para el cumplimiento de esos objetivos en el futuro.

Por otra parte, con fecha 31 de mayo de 2012 la Agencia de Calificación Crediticia *Fitch* anunció su decisión de recortar el rating a ocho Comunidades (Andalucía, Asturias, País Vasco, Canarias, Cantabria, Cataluña, Madrid y Murcia) y de revisar a la baja su perspectiva crediticia sobre Castilla-La Mancha. La Agencia estadounidense rebajó su rating de Andalucía desde A hasta BBB, a Asturias desde A hasta BBB+, al País Vasco desde AA hasta A, a Canarias desde A hasta BBB, a Cantabria desde A hasta BBB+, a Cataluña desde BBB+ hasta BBB–, a Madrid desde A hasta A–, y a Murcia desde A hasta BBB. En el caso concreto de Castilla-La Mancha, la Agencia eludió una rebaja de *rating,* al filo del 'bono basura', al mantener su calificación en BBB–, si bien rebajó su perspectiva a 'negativa'.

5. LA CREACIÓN DEL LLAMADO FONDO DE LIQUIDEZ AUTONÓMICO

Con fecha 1 de junio de 2012 el Ejecutivo Central anunció la futura creación de un Fondo destinado a facilitar financiación a aquellas Comunidades Autónomas que lo necesitasen a cambio de más ajustes. Tal y como se precisó desde el Ejecutivo, se trataría de un instrumento temporal que otorgaría una facilidad financiera desde el propio Estado, si bien no restaría responsabilidad en cuestión de deuda y del crédito a las Regiones. Dicho Fondo tendría capacidad de emitir deuda e inyectaría capital en las Regiones con dificultades de liquidez[514]. En todo caso se trataría de una financiación condicionada, ya que el Estado exigiría más medidas a las CC.AA., al margen de los planes de ajuste vigentes.

A este respecto se ha de tener presente que las CC.AA. habían registrado un déficit cero en el primer trimestre de 2012 gracias a que recibieron más de 5.000 millones de euros de anticipos a cuenta. Sin este adelanto el déficit conjunto de las Regiones hubiera sido del 0,45% del Producto Interior Bruto, unos 4.787 millones de euros. Como comparación, durante el anterior ejercicio 2011 se había registrado un déficit del 0,75% del PIB, 8.090 millones de euros, si bien el Estado no avanzó ningún anticipo.[515]

[514] Recuérdese a este respecto que las Comunidades Autónomas han de hacer frente a unos vencimientos de deuda de más de 15.000 en el segundo semestre de 2012, siendo las Regiones donde más tensiones de liquidez hay Cataluña y la Comunidad Valenciana.

[515] Concretamente, no siendo tomado en consideración el dinero adelantado por el Estado, siete Comunidades Autónomas registraron déficit, destacando entre ellas Andalucía con 633

En todo caso parecía claro que si al déficit del 4,70% de las Comunidades Autónomas reconocido en marzo de 2012 se sumaban las cuatro décimas añadidas en mayo de ese año, se alcanzaba el 5,1% del PIB en 2011, 1,8 puntos por encima de su objetivo del 3,3%. Ello acreditaba, a nuestro juicio, que fueron los Entes Regionales y no la Administración Central las principales responsables de la desviación registrada en 2011.

¿Por qué el déficit de las Administraciones se disparó hasta 91.344 millones, o el 8,9% del PIB, en el cuarto trimestre de 2011? *A priori* cabía detectar una ligera recuperación de los ingresos registrada a partir del segundo trimestre de 2010, la cual fue perdiendo fuelle a medida que la economía se desaceleraba en 2011 y se adentraba en una nueva recesión en el cuarto trimestre de dicho año. Asimismo ha de hacerse referencia a la elevada cuantía de las obligaciones (no financieras) reconocidas por las Comunidades Autónomas en el cuarto trimestre de 2011, 45.139,65 millones de euros (el 30,05% del total anual), lo que representaba una clara indicación de que las Comunidades Autónomas retrasaron intencionadamente el reconocimiento de obligaciones hasta el último trimestre del año para impedir que la Administración Central pudiera adoptar medidas correctoras.

En este sentido resultaba deseable que las CC.AA. comunicasen todas sus obligaciones a la Administración Central para impedir que se produjese un aluvión de reconocimientos en el último trimestre de 2012. Por su parte la Administración Central debía retener una fracción de los ingresos a cuenta destinados a las Administraciones territoriales para evitar que éstas se vean en la difícil tesitura de tener que devolver unos recursos que ya se han gastado.

---

millones de euros, mientras que el resto se apuntó superávit: Cataluña con 888 millones y Castilla-La Mancha con 223 millones. Descontándose el citado anticipo sólo el País Vasco tuvo superávit, 162 millones, un 062% de su PIB. Las Comunidades con mayores desequilibrios fueron Cataluña, con 917 millones (0,48%), y Madrid, con 896 millones (0,48%). No obstante, respecto al PIB, el mayor desequilibrio fue el de Navarra (1,44%). El resto de déficits fueron los de Andalucía (0,6%), Aragón (0,2%), Asturias (0,23%), Baleares (0,28%), Canarias (0,3%), Cantabria (0,47%), Castilla-La Mancha (0,28%), Castilla y León (0,24%), Extremadura (0,54%), Valencia (0,7%), Galicia (0,56%) y Murcia (0,85%). Ahora bien, al margen de estas cifras ha de señalarse que la reducción llevada a cabo en el primer trimestre de 2012 por parte de las CC.AA. equivalía a unos 3.000 millones frente al ajuste de unos 15.000 millones que debían llevar a cabo antes de diciembre de 2012 para cerrar el año en el objetivo del 1,5% del PIB. En este sentido determinadas Regiones habían consumido ya casi la mitad del margen de déficit para el conjunto de dicho ejercicio 2012.

Con fecha 8 de junio de 2012 la Agencia de Calificación de Riesgos *Fitch* procedió a rebajar el *rating* de cuatro Comunidades Autónomas (Madrid, Asturias, Cantabria y País Vasco), así como el de Álava, Vizcaya, San Sebastián, Guipúzcoa, Pamplona, Barcelona y Madrid. Y ello tan sólo un día después de haber rebajado el *rating* de la deuda soberana española. Como se ha señalado las cuatro Regiones alcanzadas por dicho recorte de calificación crediticia fueron Madrid, Asturias, País Vasco y Cantabria. Fruto de esta bajada, el *rating* de Madrid se quedó en BBB desde A, el de Asturias pasó de BBB+ a BBB, el de País Vasco de A+ a A, y el de Cantabria de BBB+ a BBB. Salvo en el caso del País Vasco, el resto de ratings se ajustaban al fijado en aquel momento para España (BBB), situándose en las cuatro Comunidades su perspectiva en 'negativa', por lo que se dejaba abierta la puerta a nuevos recortes. Asimismo se rebajó la calificación crediticia de Álava (de AA a A), de Barcelona (de A a BBB), de Vizcaya (de AA a A), de San Sebastián (de AA a A), de Guipúzcoa (de AA a A), de Madrid (de A a BBB), y el de Pamplona (de A a BBB).

Por su parte la Agencia de Calificación *Moody's,* con fecha 15 de junio de 2012, degradó la nota de siete Comunidades Autónomas después de la rebaja del *rating* del Estado español en tres escalones efectuada apenas unos días antes. La citada acción respondía, a juicio de la Agencia, a la debilidad de la solvencia soberana española reflejada en la citada rebaja de la nota española, a resultas de la cual se degradó el *rating* de España hasta Baa3 desde A3.

De este modo, la nota del País Vasco bajaba en la misma proporción que la nota soberana española, en tres escalones, para colocarse en Baa2, desde A2. La firma calificadora subrayó que las características fiscales especiales de las que gozaba la citada Comunidad le permitían mantener la suficiente fortaleza en el crédito para tener la nota un escalón por encima de la nota soberana. Y, con carácter adicional, sus limitadas necesidades de endeudamiento en 2012 y 2013 junto a su cómoda posición de liquidez le permitía limitar el impacto de las difíciles condiciones de los mercados financieros.

Respecto a Castilla y León, Galicia y Madrid, la rebaja de la Agencia *Moody's* también se concretó en tres escalones, hasta Baa3, la misma nota que concedía la Agencia a España, justificándose en el presente caso el recorte por la dependencia de sus ingresos de las transferencias estatales y los impuestos compartidos con el Gobierno central. A juicio de *Moody's* dichas Comunidades no tenían la capacidad de maniobra necesaria fiscal ni las fortalezas institucionales para mantener una calificación superior a la soberana. No obstante, sostenía que su posición financiera era mejor que la de otras Regiones.

Moody's bajó asimismo la nota de Extremadura y Andalucía hasta Baa3, mientras que agravó la posición de bono basura para la nota de la Comunidad Valenciana, que degrada hasta B1, desde Ba3. La Comunidad Valenciana se quedaba en el nivel más bajo de calificación entre las Regiones españolas, con una nota de Ba1, cuando la anterior era de Ba3. Y ello debido a tener un perfil de crédito más débil que el resto, al depender extraordinariamente del apoyo del Gobierno central. En cambio la Agencia mantuvo la nota de Catalunya (Ba1), Murcia (Ba1) y Castilla La Mancha (Ba2) sin cambios, aunque los colocó en revisión para una posible rebaja.

El citado Fondo de Liquidez Autonómico sería finalmente creado tras la celebración del Consejo de Ministros de 13 de julio de 2012, quedando destinado a cubrir las necesidades de financiación de las Comunidades Autónomas y cifrándose su cuantía en un máximo de 18.000 millones de euros.

Con carácter general el objetivo del citado mecanismo era proporcionar a las Comunidades financiación ante la dificultad con la que se encuentran. El Fondo, carente de personalidad jurídica, sería objeto de aprobación mediante Real Decreto-Ley, siendo voluntaria su adhesión por parte de las Comunidades Autónomas, si bien dicha adhesión conllevaba la asunción de condiciones presupuestarias y financieras. Concretamente aquellos Entes Regionales que se sumasen a él habían de presentar planes de ajuste, quedando obligadas a facilitar información puntual sobre su situación y pudiendo incluso ser intervenidas en el supuesto de que incumpliesen los vencimientos de deuda. Asimismo debían respetar el principio de la consolidación financiera para que la senda de endeudamiento fuese sostenible y permitiese que las cuentas no se vean desbordadas.

La financiación de dicho Fondo correspondería al Tesoro Público en base a su régimen de emisiones (partiendo del coste de la financiación del Tesoro más un diferencial reducido), si bien parte de dicha financiación procedería de un préstamo del organismo Loterías y Apuestas del Estado con cargo a sus ingresos de futuro por valor de 6.000 millones de euros. Su gestión se atribuía al Ministerio de Hacienda y al Instituto de Crédito

Oficial. El citado Fondo concedería préstamos a las Comunidades partiendo del coste de la financiación del Tesoro más un diferencial reducido, siendo la vigencia de dicho mecanismo indefinida.

Aquellas CC.AA. que se sumasen al FLA debían presentar planes de ajuste, quedando obligadas a facilitar información puntual sobre su situación y pudiendo incluso ser intervenidas si incumpliesen los vencimientos de deuda.

En base a estos acuerdos alcanzados en el citado Consejo de Ministros de fecha 13 de julio de 2012 tuvo lugar la aprobación del Real Decreto-ley 21/2012, de 13 de julio, de medidas de liquidez de las Administraciones públicas y en el ámbito financiero. Con carácter general el citado Real Decreto-Ley 21/2012, cuya entrada en vigor se produjo el día 15 de julio de 2012, toma en consideración lo dispuesto en la Ley Orgánica 2/2012, de 27 de abril, de Estabilidad Presupuestaria y Sostenibilidad Financiera que prevé, en su Disposición Adicional Primera, que las Comunidades Autónomas y Corporaciones Locales puedan solicitar al Estado el acceso a medidas extraordinarias de apoyo a la liquidez.

A resultas de lo anterior a través del citado Real Decreto-Ley 21/2012 se acometió la creación de un mecanismo de apoyo a la liquidez a las Comunidades Autónomas, de carácter temporal y voluntario, que permitiera atender los vencimientos de la deuda de los Entes Regionales, así como obtener los recursos necesarios para financiar el endeudamiento permitido por la normativa de estabilidad presupuestaria.

Dicho mecanismo adicional de financiación para las Comunidades Autónomas se diseñó sobre la base de los principios de competencia, eficacia, operatividad y cooperación entre las Administraciones públicas implicadas, tomando igualmente en consideración los planes de ajuste actualmente existentes entendidos como instrumento en el que se concreta el acuerdo entre las Administraciones central y autonómica para garantizar el cumplimiento de los objetivos de estabilidad presupuestaria y para la sostenibilidad financiera de las Comunidades Autónomas.

Dicho plan de ajuste es único por Comunidad Autónoma, debiendo adaptarse a los diferentes compromisos adquiridos por aquélla y a la evolución de sus ingresos y gastos. Algunas Comunidades Autónomas ya disponían de un plan de ajuste en vigor, como consecuencia de haberse adherido a otros mecanismos de apoyo a la liquidez implementados por el Estado. Así las cosas, en el supuesto de que decidiesen acceder a este nuevo mecanismo, habrían de realizar las modificaciones necesarias en su plan de ajuste para garantizar el cumplimiento de los nuevos compromisos que adquieren. En todo caso, el plan de ajuste y el resto de planes de los que pudiera disponer la Comunidad Autónoma como el plan económico-financiero, el plan de reequilibrio o los planes económico-financieros de reequilibrio vigentes conforme a la anterior legislación en materia de estabilidad debían estar coordinados y ser consistentes de forma que permitan la compatibilidad y el logro simultáneo de los distintos objetivos.[516]

Desde nuestro punto de vista, a través de la creación del FLA se ha pretendido incentivar la toma de decisiones acordes al cumplimiento a los objetivos de consolidación fiscal y la implantación de medidas correctoras en el menor plazo posible. A tal efecto se exige la disponibilidad de información veraz sobre los parámetros que condicionan el cumplimiento del plan de ajuste. Con carácter general el órgano de control interno de la Comunidad Autónoma ha de asumir entre otras funciones, la valoración de la vigencia y adecuación del plan de ajuste, la aportación de información para el seguimiento y el análisis de los riesgos para la consecución de los objetivos.

La efectividad del presente mecanismo quedó reforzada además con la posibilidad de que el Ministerio de Hacienda y Administraciones Públicas propusiese la modificación del plan o que se encomendase a la Intervención General de la Administración del Estado el ejercicio de misiones de control en el supuesto de que se detectaran riesgos de incumplimiento o incumplimiento de las medidas del plan de ajuste. Estas actuaciones se configuran sobre la base de la colaboración entre los órganos de control de la Administraciones central y autonómica y están orientadas a garantizar el logro de los objetivos de estabilidad presupuestaria.[517]

---

[516] Téngase presente además a este respecto que, de cara a lograr un adecuado seguimiento de los planes, se establecen obligaciones periódicas de remisión de información económica, financiera, presupuestaria y de tesorería con el objeto de evitar desviaciones en el cumplimiento del contenido del plan de ajuste.

[517] Con carácter adicional se prevé que, tomando en consideración el informe en el que se recoge el resultado de la misión de control, el Ministro de Hacienda y Administraciones Públicas pueda adoptar las medidas que correspondan de conformidad con los arts. 25 y 26 de la Ley Orgánica de Estabilidad Presupuestaria y Sostenibilidad Financiera.

El Real Decreto-Ley 21/2012 se estructuró en torno a dieciséis artículos, cinco Disposiciones Adicionales, una Disposición Transitoria, una Disposición Derogatoria, cuatro Disposiciones Finales y un Anexo, quedando dividido en cuatro Capítulos. El Capítulo I (disposiciones generales) determinó el objeto, el método de adhesión al mecanismo y el principio de temporalidad que rige el mismo.

Por su parte el Capítulo II, encargado de regular las condiciones financieras y fiscales, estableció los requisitos de acceso al mecanismo de liquidez así como las condiciones fiscales y financieras que las Comunidades Autónomas deberán cumplir una vez se hayan adherido al mismo. A tal efecto se limitaron los instrumentos financieros que pueden emplear para su financiación al margen del mecanismo desarrollado al efecto, exigiéndose la remisión de un plan de ajuste cuyo grado de ejecución deberá reportarse de manera periódica. Este plan de ajuste ha de comprender un plan de tesorería y detalle de las operaciones de deuda viva que ha de facilitar el seguimiento de la situación de liquidez de las Comunidades Autónomas en cada momento. Asimismo se determinaron en las obligaciones de remisión de información de las Comunidades Autónomas, así como su seguimiento y control por parte de los diferentes órganos responsables.

A través del Capítulo III del Real Decreto-Ley 21/2012 se reguló el Fondo de Liquidez Autonómico, disponiéndose que la liquidez fuese gestionada por un fondo sin personalidad jurídica de cuya gestión sería responsable el Instituto de Crédito Oficial. Los recursos que dicho Fondo gestione han de proceder del programa de financiación del Estado. El Fondo fue dotado con cargo a los Presupuestos Generales del Estado mediante un crédito extraordinario por importe de 18.000 millones de euros.

El Capítulo IV del Real Decreto-Ley, relativo a las operaciones de crédito, definió las operaciones en las que se ha de instrumentar la provisión de liquidez a las Comunidades Autónomas, bajo la forma de créditos con cargo al Fondo de Liquidez Autonómico. Las condiciones financieras de dichos créditos debían determinarse posteriormente mediante Acuerdo de la Comisión Delegada del Gobierno para Asuntos Económicos. Dichas disposiciones de los citados créditos quedaban sujetas además al cumplimiento de las condiciones financieras y fiscales establecidas en el Capítulo II del Real Decreto-Ley.

Por lo que respecta a la devolución de los créditos, dicha devolución quedaba garantizada por la retención de los recursos del sistema de financiación de cada Comunidad Autónoma, actuando el Instituto de Crédito Oficial actuará como agente de pagos de las operaciones del Fondo.

A través de las Disposiciones Adicionales del Real Decreto-Ley 21/2012 se reguló la extensión del mecanismo de financiación para el pago a los proveedores de Entidades Locales a las entidades locales del País Vasco y Navarra y se aprobaron los presupuestos del Fondo de Liquidez Autonómico.

Asimismo se introdujeron, a través de la Disposición Adicional Quinta del Real Decreto-Ley, diversas medidas necesarias para permitir la puesta en marcha del proceso de asistencia financiera europea para la recapitalización de las entidades de crédito españolas que lo requieran.

Para finalizar, la Disposición Final Primera del Real Decreto-Ley 21/2012 introdujo una modificación en la Ley 2/2012, de 29 de junio, de Presupuestos Generales del Estado para el año 2012, con la finalidad de incorporar la regulación de los aspectos esenciales de los avales a las obligaciones económicas derivadas de las emisiones de bonos y obligaciones de las entidades de crédito, los requisitos y trámites esenciales para su otorgamiento y las comisiones asociadas a dichos avales.

A través de la introducción de dicha modificación se persiguió hacer posible que pudiera iniciarse de nuevo y de forma inmediata el otorgamiento de estos avales, una vez autorizada la prórroga de su régimen por Decisión de la Comisión Europea de 29 de junio de 2012, facilitándose así el acceso de las entidades de crédito a la liquidez y financiación que necesiten en tanto puedan obtener la asistencia financiera europea anteriormente mencionada.

En resumen, el Real Decreto-Ley 21/2012 acometió la creación de un nuevo mecanismo destinado a hacer frente a las necesidades de financiación de las Comunidades Autónomas y sus crecientes problemas de acceso al crédito. Y ello con el objetivo último de atender los vencimientos de la deuda de las Comunidades Autónomas de forma inmediata y evitar que se ponga en riesgo su sostenibilidad financiera.

El Fondo creado al efecto, de carácter temporal y voluntario, tuvo como objetivo proporcionar a las Comunidades financiación ante la dificultad con la que se encontraban. Dicho mecanismo se financiaría con cargo a los Presupuestos Generales del Estado para 2012, concediéndose a tal efecto un crédito extraordinario que se financiaría con deuda pública. Los rendimientos que generase el Fondo, una vez deducidos sus gastos de gestión, se ingresarían anualmente en el Tesoro Público.

De conformidad con lo señalado en el Real Decreto-Ley 21/2012, se entiende por "necesidades financieras" los vencimientos de la deuda pública de las Comunidades, así como las cantidades adicionales necesarias para financiar el endeudamiento. La solicitud de adhesión efectuada por los Entes Regionales debía ser aceptada por el Ministerio de Hacienda y Administraciones Públicas, otorgándose en atención a la situación financiera" de la Comunidad. Una vez aceptada, el Ente Regional adoptaría un acuerdo de su Consejo de Gobierno u órgano competente en el que constase su voluntad de adhesión y el compromiso de cumplir lo dispuesto en la norma así como los acuerdos que alcanzase el Consejo de Política Fiscal y Financiera y la Comisión delegada del Gobierno para asuntos económicos. La liquidez concedida debía ser utilizada para atender los vencimientos correspondientes a los valores emitidos, a los préstamos concedidos por instituciones europeas de las que España fuese miembro y a las necesidades de financiación del déficit público.

Las condiciones de dichos créditos debían determinarse posteriormente por acuerdo de la Comisión Delegada del Gobierno para asuntos económicos, quedando su devolución garantizada por la retención de los recursos del sistema de financiación de cada Comunidad.

En todo caso las CC.AA. no podrían realizar operaciones instrumentales en valores ni de crédito en el extranjero, salvo autorización de la Secretaría General del Tesoro y Política Financiera. Asimismo las condiciones financieras de todas las operaciones de crédito de la Comunidad Autónoma de que se trate, tanto a corto como a largo plazo, debían ser comunicadas a dicha Secretaría. El Estado gestionaría el pago de los vencimientos de la deuda pública de cada Comunidad a través del Instituto de Crédito Oficial, que actuaría como agente de pagos.

Por lo que a las condiciones fiscales se refiere, tal y como se precisó en el Real Decreto-Ley 21/2012, en el plazo de quince días naturales las Comunidades debían presentar y acordar con el Ministerio de Hacienda un plan de ajuste que asegurase el cumplimiento de los objetivos de estabilidad y de deuda pública, así como el reembolso de la cantidades aportadas por el Fondo de Liquidez Autonómico. En el supuesto de que la Comunidad tuviese ya aprobado un plan de ajuste dentro de la Ley Orgánica de Estabilidad Presupuestaria y Sostenibilidad Financiera, habría acordarse con el Ministerio de Hacienda las modificaciones que resultase necesarias. Y, como parte de dicho plan de ajuste, los Entes Regionales habrían de remitir al Ministerio un plan de tesorería y detalle de las operaciones de "deuda viva".

La Intervención General de la Administración del Estado podría enviar una "misión de control" para concretar la situación financiera de las Comunidades, remitiendo durante los cinco primeros días hábiles de cada mes la Comunidad al Ministerio las actualizaciones que correspondan.

Para finalizar, el plan de ajuste que se aprobase en cada caso habría de ponerse al día, al menos, una vez al año, de acuerdo con el Presupuesto de la Comunidad Autónoma, dando lugar la falta de remisión o una valoración desfavorable del plan de ajuste a la inadmisión en el Fondo.

La Comunidad Autónoma Valenciana fue la primera Comunidad que solicitó la adhesión al FLA, el cual habría de permitir a la citada Comunidad hacer frente a los vencimientos de deuda en 2012, aportando así seguridad en el cumplimiento de las obligaciones financieras. En el caso de la citada Comunidad la adhesión al Fondo habría de evitar que se tuviese que retirar liquidez de partidas relacionadas con las políticas sociales así como el encarecimiento de los préstamos ante una eventual renegociación que ya no sería necesaria, permitiendo además que la Región pudiera centrarse en atender los pagos a otros proveedores.[518]

La Comunidad Autónoma valenciana decidió solicitar la adhesión al fondo de liquidez antes de tener que refinanciar su deuda en los dos últimos trimestres de 2012. Y es que, a pesar de que entre julio y septiembre de dicho año sólo afrontaba vencimientos por importe de 268 millones de euros, entre octubre y diciembre del citado ejercicio serían 2.615 millones de euros los que habrían de ser refinanciados.

[518] Los importes percibidos por las Regiones del FLA debían destinarse obligatoriamente al pago de determinados conceptos. En primer lugar, hacer frente a los pagos de sus vencimientos de deuda pública, tanto de principal como de intereses. Y, en segundo término, las cuantías dirigidas a cubrir las necesidades de financiación del déficit público autorizado tienen como destino obligatorio el pago de proveedores.

Lo cierto era que el conjunto de las CC.AA. se enfrentaban en el segundo semestre de 2012 a unos vencimientos de deuda de hasta 15.666 millones de euros. De esta forma, si todos los Entes Regionales decidiesen acudir al fondo de liquidez éste quedaría en mínimos con apenas 2.334 millones de euros. Así, aunque el fondo se creó con una vigencia indefinida, podría casi agotarse a finales de 2012.

Recuérdese a este respecto que, como ya se ha señalado, la solicitud de ayuda conllevaba la asunción de condiciones presupuestarias y financieras. Aquellas Regiones que se sumasen debían presentar nuevos planes de ajuste, quedando obligadas a dar información puntual sobre su situación e incluso pudiendo llegar a ser intervenidas si incumplen los vencimientos de deuda. Dichas CC.AA. habrían de respetar además el principio de la consolidación financiera para que la senda de endeudamiento sea sostenible y permita que las cuentas no se vean desbordadas. Este mecanismo diseñado al efecto para facilitar la financiación de las Regiones contaría con una dotación de 8.000 millones de euros de entidades bancarias nacionales, más un préstamo de Loterías y Apuestas del Estado de 6.000 millones de euros, lo que reducía la aportación del Tesoro Público a 4.000 millones de euros.

A finales del mes de agosto de 2012 la Comunidad Autónoma de Cataluña solicitó igualmente al Ejecutivo adherirse al Fondo de Liquidez Autonómico mediante la concesión de un préstamo por importe de 5.023 millones de euros. No obstante, con fecha 30 de octubre de ese mismo año se conoció que la cifra definitiva del rescate ascendía a 5.370 millones de euros. El Ejecutivo catalán pagaría un interés próximo al 5,65% por las transferencias del FLA, abonando 300 millones de euros entre 2013 y 2014 (periodo de carencia en que sólo afrontaría intereses) y amortizando unos 679 millones entre 2015 y 2022, además de pagar los intereses correspondientes.[519]

Así las cosas las CC.AA. presentaban, de acuerdo con lo recogido en el Gráfico 5, los siguientes vencimientos de deuda durante el segundo semestre de 2012.

---

[519] Concretamente Catalunya destinaría 3.365,68 millones de euros a vencimientos y refinanciación de la deuda, mientras que el resto se destinaría a cubrir déficit.

Gráfico 5.

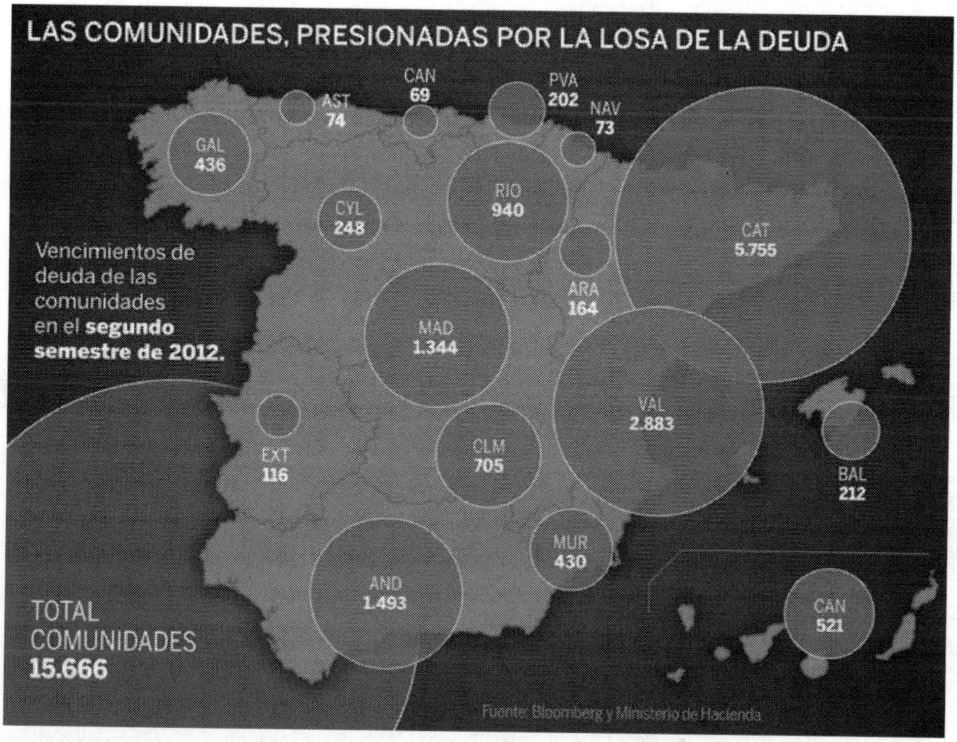

Fuente: *Diario Expansión* (www.expansion.com). Consultada el 28 de agosto de 2012.

Adviértase que, a la luz del citado cuadro, Cataluña era la Comunidad más endeudada, con un total de 42.000 millones de euros, así como la Comunidad con más vencimientos de deuda que afrontar en el segundo semestre de 2012, con un importe global de 5.775 millones de euros. A finales de noviembre de 2012, la Generalitat tenía que hacer frente a un pago de 2.760 millones de euros. La Comunidad Autónoma de Cataluña se unía así a la Comunidad Valenciana y a Murcia, que ya habían confirmado su adhesión al fondo autonómico.

Ciertamente si el conjunto de las CC.AA. optasen por pedir ayuda al Fondo de Liquidez, dotado con 18.000 millones de euros, éste quedaría prácticamente agotado en 2012, dado que las CCAA afrontaban vencimientos por casi 15.700 hasta final de dicho ejercicio. En este sentido con fecha 9 de octubre de 2012 el FLA transfirió 568 millones de euros a Cataluña lo que, sumado a los 471 millones de euros ya adelantados para cubrir vencimientos y emisiones de deuda, elevaba a 1.039 millones de euros el dinero aportado a esta Comunidad Autónoma para su rescate.

Como ya se ha señalado la Comunidad Valenciana fue la primera en confirmar que acudiría al fondo de liquidez para hacer frente a los vencimientos de deuda en 2012 y atender el pago de algunos proveedores, cifrándose en 4.500 millones de euros las necesidades financieras de la citada Comunidad. Murcia fue la segunda Región en admitir que necesitaría ayuda del Estado para refinanciar su deuda en condiciones más ventajosas que las que imponen los bancos. La citada Comunidad anunció inicialmente que solicitaría al Fondo unos 300 millones de euros. Con posterioridad, sin embargo, cifró la ayuda solicitada en 527,93 millones de euros, de los que 237 correspondían a vencimiento de deuda y 290,9 se otorgarían en función del PIB de esta Comunidad en el reparto acordado.

La Comunidad Autónoma de Andalucía, por su parte, solicitó al Ejecutivo central a principios del mes de septiembre de 2012 un anticipo de mil millones de euros a cuenta de su participación en los ingresos del Estado por impuestos mientras valoraba si se acogía o no al Fondo de Liquidez Autonómico. Posteriormente terminaría conociéndose la pretensión inicial de la citada Comunidad de acudir al FLA solicitando 4.906,8 millones de euros, de los que 921,4 millones de euros serían relativos a vencimientos correspondientes a valores emitidos, cifrándose la financiación del déficit (ya fuese déficit solo o déficit más liquidación del modelo) en 3.985,4 millones de euros.

En el caso de la Comunidad Autónoma de Castilla-La Mancha, la citada Comunidad anunció a finales de septiembre de 2012 que solicitaría un total de 800 millones de euros al Fondo de Liquidez, lo que venía a suponer el 10% de la deuda financiera castellano-manchega. Y ello con la finalidad de poder responder a vencimientos de deuda y al pago de intereses.

Por su parte la Comunidad de Canarias anunció que solicitaría adherirse al Fondo de Liquidez Autonómico para cubrir necesidades de financiación por valor de 756,8 millones de euros. Y ello con la finalidad de cubrir vencimientos de emisiones de deuda anteriores por importe de 326 millones de euros y de obtener otros 430 millones de euros para financiar el déficit autorizado por el Estado.

Por lo que respecta a la Comunidad Autónoma Balear, a mediados del mes de octubre de 2012 la citada Comunidad dio a conocer que solicitaría ayuda por un importe de 355 millones de euros, de los cuales 189 millones se destinarían al vencimiento de deuda y el resto a la financiación del déficit. E igualmente en dicha fecha se conoció que Asturias solicitaría acogerse al FLA por un importe de 261 millones de euros.

Finalmente en el caso de la Comunidad Autónoma de Cantabria, con fecha 26 de octubre de 2012 se conoció que la citada Región solicitaría 137 millones al Fondo de Liquidez Autonómico, al estimarse que ello posibilitaría a la citada Comunidad financiarse a diez años con un coste aproximado al 5,5%, inferior al coste del mecanismo de pago a proveedores.

6. RECAPITULACIÓN. LA UTILIZACIÓN POR PARTE DE LAS CC.AA. DEL FONDO DE LIQUIDEZ AUTONÓMICO DURANTE EL EJERCICIO 2012

Con carácter general aquellas CC.AA. que, a lo largo del ejercicio 2012, decidieron adherirse al FLA tuvieron que cumplir unos estrictos condicionamientos presupuestarios y financieros, además de presentar al Gobierno un plan de ajuste e informarle puntualmente de sus correspondientes ejecuciones presupuestarias. Téngase presente que la adhesión al FLA implicaba la asunción de obligaciones periódicas de revisión de información económica, financiera, de tesorería, y presupuestaria, así como someter operaciones financieras a la autorización del Tesoro, impidiéndose además la realización de operaciones en valores y de crédito en el extranjero que no estén autorizadas. Las sumas de dinero procedentes del FLA se entregaban por tramos, formalizándose a través de operaciones de préstamos con la observancia de los correspondientes plazos, periodos de carencia y tipos de interés. Asimismo aquella Comunidad que se acogiese al FLA habría de suprimir trabas al mercado interior y la eliminación de cargas administrativas para empresas y autónomos.

En líneas generales la aportación de la banca al FLA supuso un tercio del Fondo de rescate autonómico. La fórmula diseñada al efecto fue que dicha aportación se articulase mediante un bono del Tesoro que se quedarían las entidades como garantía del préstamo. El plazo de amortización de la deuda rondaría en global los 10 años. Y, por lo que respecta al tipo de interés, la previsión era que el mismo resultase de una media de tres referencias de emisiones del Tesoro de plazo similar.

A mediado del mes de septiembre de 2012 el Tesoro colocó 3.000 millones de euros para financiar el FLA. Concretamente, los vencimientos de los títulos colocados el Tesoro en dicha colocación privada oscilaron entre los tres y los cuatro años. En concreto, se trató de bonos con cupón del 3% y vencimiento el 30 de abril de 2015, bonos al 3,25% convencimiento el 30 de abril de 2016, obligaciones al 3,80% y vencimiento el 31 de enero de 2017 y títulos flotantes con vencimiento el 31 de enero de 2016.

Durante el ejercicio 2012 el FLA contó con 18.000 millones de euros, dotación de la cual un tercio fue aportada por Loterías del Estado, que concedió un préstamo de 6.000 millones de euros; el Tesoro Público desembolsó 4.000 millones y el resto, 8.000 millones, fue dotado gracias a un crédito pactado con varias entidades de crédito. Como ya se ha indicado el crédito bancario se estructuró como una colocación privada de bonos del Tesoro a un grupo de entidades de crédito y se desarrolló en dos fases caracterizadas por unas emisiones por un importe de 3.000 y de 5.000 millones de euros, respectivamente.

Con fecha 21 de septiembre de 2012 el Tesoro cerró el precio de emisión de 3.000 millones de euros en bonos que habrían de suscribir las entidades financieras para dotar el Fondo de Liquidez Autonómico, al objeto de cubrir las necesidades de financiación de aquellas Comunidades que decidieran acogerse a dicho instrumento. Dicha emisión fue suscrita por la práctica totalidad de las entidades financieras nacionales, debiendo completarse posteriormente con otra colocación privada por un importe de 5.000 millones de euros.[520]

La dotación final del Fondo alcanzó así en 2012 los 18.000 millones de euros y, como ya se ha indicado, se completó con un préstamo de Loterías del Estado por 6.000 millones de euros y con un desembolso del Tesoro de 4.000 millones de euros. Con posterioridad, con fecha 26 de septiembre de 2012 se hizo efectivo el traspaso del primer tramo de la colocación privada de deuda del Tesoro llevada a cabo por la banca entre inversores institucio-

[520] Concretamente en dicha operación se emitieron tres referencias, con un valor nominal en torno a 1.000 millones de euros en cada caso. Una con vencimiento en abril de 2015 y con un interés del 3,54%; otra con vencimiento en abril de 2016 al 4,19%, y la tercera con vencimiento en enero 2017 al 4,57%.

nales. La referida aportación de la banca efectuada por un importe global de 8.000 millones de euros se repartió entre un total de quince entidades, entre las que figuraban los grandes de la banca, entidades medianas, nacionalizadas, y extranjeras en España.[521]

Ciertamente al amparo de la situación existente por aquel entonces el mercado de deuda estaba cerrado para el conjunto de las Comunidades sin excepción. Dicho mercado había discriminado entre dos grupos de Comunidades: las de mayor calidad (Madrid, Aragón, Navarra, País Vasco, Castilla y León, Galicia) que cotizaban con un diferencial de 400-500 puntos básicos respecto a la curva de deuda de España; y las de menor calidad (Cataluña, Murcia, Canarias, Baleares, Andalucía, Castilla la Mancha y Valencia) que cotizaban con 600-800 puntos básicos de diferencial sobre la curva gobierno.

A dicho problema del acceso al mercado se unía además el vencimiento de unos 23.000 millones de euros de deuda hasta finales de 2013. Pues bien, a pesar del riesgo que ello suponía, los inversores debían asumir que el Gobierno español, y por extensión la Unión Europea, no permitiesen ningún tipo de impago en la deuda de las Comunidades. En todo caso la condicionalidad para recibir dinero del FLA pasaba exclusivamente por el cumplimiento del objetivo de déficit (del 1,5% del PIB para 2012).

Con motivo de la tramitación de la Ley de Presupuestos Generales para 2013 el Grupo Parlamentario Popular introdujo una enmienda finalmente aprobada en virtud de la cual el Estado quedaba facultado para retener o deducir de los importes satisfechos por todos los recursos del sistema de

---

[521] Así, las mayores aportaciones correspondieron a BBVA y Caixabank con 1.600 millones de euros cada uno, seguidas de Santander (1.200 millones de euros) y Banco Sabadell (800 millones). No obstante la aportación del Santander se equiparaba a la de los otros dos grandes bancos si se sumaba la aportación de Banesto (400 millones). Bankia también aportó 800 millones de euros que, junto a los 240 millones de Catalunya Caixa y los 150 millones de Novacaixagalicia, elevaban la aportación al Fondo de Liquidez autonómico de las entidades con participación estatal en su accionariado hasta 1.190 millones de euros. Por su parte la banca extranjera aportó 380 millones de euros entre Barclays (230 millones) y Deutsche Bank (150 millones). Por su parte, Bankinter aportó 110 millones, y Liberbank y Banco Cooperativo 100 millones cada uno, a los que se sumaban 20 millones de Ibercaja (Fuente: www.expansion.com, consultada el 25 de septiembre de 2012). Recuérdese que, como ya se ha señalado en reiteradas ocasiones, al margen de la aportación de la banca la dotación del FLA se completaba con un préstamo de Loterías del Estado por 6.000 millones y con un desembolso del Tesoro de otros 4.000, con lo que la dotación alcanzará 18.000 millones de euros.

financiación a las Comunidades Autónomas y Ciudades con Estatuto de Autonomía las cantidades necesarias para atender al cumplimiento de las obligaciones asumidas. Se introducía así un nuevo mecanismo que únicamente se articularía en las centrales de compras que organiza el Estado con las Autonomías, y que están llamadas a ser un elemento recurrente para ahorrar costes a los Gobiernos Regionales y mejorar la eficiencia de la entrega.

La citada Enmienda aprobada previó la posible retención a una Comunidad Autónoma sólo previa aceptación expresa de ésta en el acto o convenio a través del cual se formalizase la incorporación al instrumento de cooperación. De este modo las Administraciones autonómicas habrían de aceptar tal condición para poder formar parte del órgano de compra. La potestad para aplicar esta acción recaería en el Ministerio de Hacienda y Administraciones Públicas.

A fecha de octubre de 2012 todas las CC.AA. se hallaban en situación de déficit, siendo las cinco Comunidades con peor registro fiscal Murcia (-1,94%), Canarias (-1,32%), Comunidad Valenciana (-1,14%), Extremadura (-0,99%) y Galicia (-0,96%)[522]. Dada esta situación conviene tener presente que la Ley Orgánica de Estabilidad Presupuestaria contempla varios niveles progresivos de intervención del Estado en las cuentas de las Comunidades Autónomas, de manera que en el supuesto de que se detectase un riesgo de incumplimiento del objetivo de déficit o de deuda pública el Ministerio de Hacienda habría de formular una advertencia motivada a la Administración responsable, que contaría con un plazo de un mes para adoptar las medidas necesarias para evitar el riesgo. Y, no siendo dicho plazo suficiente, habrían de adoptarse, entre otras medidas automáticas de corrección, el veto a cualquier operación de endeudamiento sin el visto bueno del Gobierno central y el freno a la concesión de subvenciones o suscripción de convenios por parte de la Administración Central con las CCAA incumplidoras hasta que el Ministerio de Hacienda no emita un informe favorable.

A principios del mes de diciembre de 2012 Cataluña, Comunidad Valenciana, Murcia, Andalucía, Castilla-La Mancha, Canarias, Asturias, Baleares y Cantabria eran las nueve CCAA que habían solicitado liquidez al Ejecu-

---

[522] Fuente: Ministerio de Economía y Hacienda, http://www.minhap.gob.es (consultada el 2 de noviembre de 2012).

tivo con cargo a dicho Fondo de Liquidez[523]. A pesar de que este conjunto de Comunidades había solicitado en conjunto cerca de 16.800 millones de euros, el Ministerio de Hacienda repartiría entre ellas un total de 12.582 millones de euros, ajustándose así a los criterios fijados en el programa así como al reparto aprobado por la Comisión Delegada de Asuntos Económicos. De este modo, en el supuesto de que ninguna otra Comunidad se sumase al citado mecanismo, quedarían libres aproximadamente un 30 por ciento de los fondos, es decir, unos 5.500 millones de euros, y se ocuparía el 70 por ciento.[524]

---

[523] En el caso concreto de la Comunidad de Madrid dicha Comunidad anunció con fecha 28 de noviembre de 2012 que había logrado colocar en los mercados financieros la totalidad de deuda prevista para 2012 tras cerrar una operación bilateral de deuda por importe de 1.452 millones de euros con un inversor internacional, lo que motivaba que no tuviese que recurrir al Fondo de Liquidez Autonómico para financiarse. A través de la realización de dicha operación la citada Comunidad lograba completar, un mes antes de que finalizase el ejercicio 2012, la totalidad de su programa de colocación de deuda para este ejercicio, que incluía, entre amortizaciones y nuevo endeudamiento más las operaciones de prórroga del ejercicio de 2012 y liquidaciones negativas de 2009, un total de 4.500 millones de euros.

[524] Téngase presente a este respecto que con fecha 4 de diciembre de 2012 se conocieron los datos relativos al déficit de las Comunidades Autónomas durante el tercer trimestre del ejercicio 2012. La cifra se situaba en el 0,93% del PIB, teniendo en cuenta los adelantos a las Regiones efectuados por el Gobierno central a principios de ejercicio. Dicha cifra, equivalente a 9.790 millones de euros, era sustancialmente menor del 2,2% del PIB que se registró en el mismo periodo de 2011, cuanto totalizaron 23.399 millones de euros. Sin tener en cuenta dichos adelantos, es decir, en términos homogéneos, el déficit fue del 1,14%, es decir, 11.978 millones de euros. Por encima del consabido objetivo anual del 1,5% fijado se situaban varias Comunidades como Extremadura (1,40 %), Andalucía (1,35 %), Cataluña (1,26 %), Canarias (1,21%) Galicia (1,17 %) y Cantabria (1,08 %). Las Comunidades de La Rioja (0,24), Baleares (0,33), la Comunidad Valenciana (0,59), Castilla-La Mancha (0,76), Madrid (0,79), Castilla y León (0,80) y Aragón (0,85), en cambio, cerraron el tercer trimestre con un déficit por debajo del 1 por ciento. Por otra parte dos Regiones destacaban por haber tenido superávit: País Vasco (+0,25%) y Asturias (+0,63%). Por otro lado todas las Comunidades Autónomas habían registrado déficit hasta septiembre de 2012, salvo País Vasco (+0,25%) y Asturias (+0,63%) (Fuente: Ministerio de Hacienda y Administraciones Públicas, 4 de diciembre de 2012). Posteriormente, con fecha 3 de enero de 2013 se conocería un Informe del Ministerio de Hacienda en el que se ponía de manifiesto que existía riesgo de desviación de déficit en las Comunidades de Andalucía, Murcia, la Comunidad Valenciana, Castilla-La Mancha, Canarias, Extremadura y Baleares en la aplicación de las medidas previstas en su plan económico-financiero de reequilibrio para el periodo 2012-2014. En el caso concreto de Cataluña se estimaba que, teniendo en cuenta el ritmo de aplicación de su plan el cumplimiento del objetivo de estabilidad, la existencia de una eventual desviación dependería de que la ejecución de la medida de ingresos 'venta y concesión de activos' generase los ingresos esperados. En cambio sí que se hallaban en la senda de cumplir con el objetivo de déficit del 1,5 % del PIB las Comunidades de Galicia, Asturias, Cataluña, La Rioja, Aragón, Madrid, Castilla y León,

De la cantidad total de 12.582 millones de euros, el Ministerio de Hacienda había abonado ya a las nueve Comunidades adheridas a fecha de 3 de diciembre de 2012 alrededor de 8.600 millones de euros, entre ellos 1.102,5 millones de euros destinados al pago de facturas pendientes con proveedores. De dicha cantidad total percibida por los Entes Regionales, 4.600 millones de euros se destinaron pago de vencimientos de los créditos internacionales que ya no podían refinanciar; 360 millones de euros fueron destinados al pago de la deuda y unos 3.600 millones de euros para pagar a proveedores.[525]

Del conjunto de Comunidades Autónomas que solicitaron la ayuda Cataluña, con 5.370 millones de euros, fue la Comunidad que más dinero solicitó y también la que más dinero recibió, con cerca de 4.828 millones de euros. Por su parte la Comunidad Valenciana fue la primera en comunicar su deseo de acudir al fondo. Del importe total presupuestado para 2012, 6.000 millones de euros fueron aportados por Loterías y Apuestas del Estado y 4.000 millones de euros por el Tesoro directamente de caja. Los 8.000 millones de euros restantes procedieron de entidades financieras.

País Vasco y Navarra. En términos absolutos, la Comunidades que más habían reducido sus gastos, de acuerdo a las medidas incluidas en sus planes, eran Cataluña (1.574 millones), Castilla-La Mancha (1.169 millones de euros) y Andalucía (1.038 millones). Porcentualmente, las Regiones que más reducción de gasto ejecutaron conforme a lo pactado con Hacienda en sus planes fueron País Vasco (83%), Aragón (73 %) y Asturias (71 %). En el capítulo de ingresos, hasta el tercer trimestre de 2012 destacaban los aumentos totales en Cataluña (468 millones de euros), Andalucía (418 millones de euros), Canarias (153 millones de euros) y la Comunidad Valenciana (146 millones de euros). Y, en relación con los ingresos previstos en sus planes, se situaban a la cabeza del cumplimiento Canarias (88%), Extremadura (65%), Cantabria (54%), Castilla y León (53%) y Galicia (49%).

[525] Recuérdese que, como ya se ha indicado con anterioridad, el Programa de Aplicación del FLA, remitido a las Comunidades Autónomas con fecha 25 de septiembre de 2012, especificaba que los importes percibidos debían destinarse obligatoriamente en primer lugar a abonar los pagos de sus vencimientos de deuda pública y, en segundo término, al pago a los proveedores. Las solicitudes del Fondo tenían que ir acompañadas de un plan de ajuste aprobado por el propio Ministerio que garantizase de forma creíble el compromiso de cumplimiento con el objetivo de estabilidad presupuestaria y del déficit del 1,5 % del PIB para el ejercicio 2012.

7. LA DEUDA PÚBLICA AUTONÓMICA Y EL DÉFICIT PÚBLICO DE LOS ENTES REGIONALES DURANTE EL EJERCICIO 2013

7.A. Consideraciones generales

Para el ejercicio 2013 estaba prevista la prórroga de la aplicación del FLA, estableciéndose una dotación de 23.000 millones de euros destinados a apoyar a las Comunidades Autónomas en tanto en cuanto persistan sus dificultades de acceso a la financiación. Y, a tal efecto, el Ejecutivo fijó como fecha tope para que los Entes Regionales se adhiriesen al Fondo de Liquidez Autonómico el 17 de diciembre de 2012. A tal efecto, a fecha 12 de diciembre de 2012 solo Cataluña y la Comunidad Valenciana habían avanzado que volverían a acudir al FLA, habiendo descartado en cambio dicha opción las Comunidades Autónomas de Madrid, Galicia, Navarra, País Vasco, así como las Ciudades Autónomas de Ceuta y Melilla.

Tal y como se aprecia en el Gráfico expuesto a continuación (Gráfico 6) los vencimientos de la deuda autonómica se disparaban un 34% en 2013 Las Comunidades Autónomas debían afrontar en 2013 el vencimiento de más de 14.000 millones de euros en bonos, un 33,7% más de los que se produjeron en 2012.

Gráfico 6.

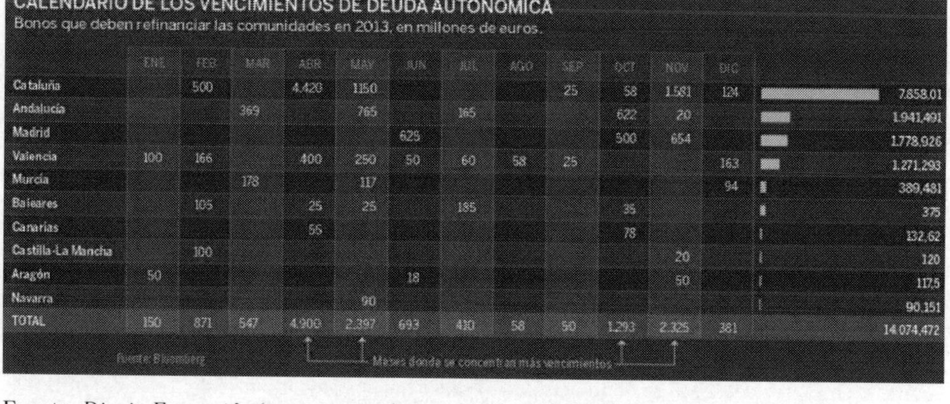

CALENDARIO DE LOS VENCIMIENTOS DE DEUDA AUTONÓMICA

Bonos que deben refinanciar las comunidades en 2013, en millones de euros.

	ENE	FEB	MAR	ABR	MAY	JUN	JUL	AGO	SEP	OCT	NOV	DIC	
Cataluña		500		4.420	1150				25	58	1.581	124	7.858,01
Andalucía			369		765		165			622	20		1.941,491
Madrid						625				500	654		1.778,926
Valencia	100	166		400	250	50	60	58	25			163	1.271,293
Murcia			178		117							94	389,481
Baleares		105		25	25		185			35			375
Canarias				55						78			132,62
Castilla-La Mancha		100									20		120
Aragón	50					18					50		117,5
Navarra					90								90.151
TOTAL	150	871	547	4.900	2.397	693	410	58	50	1.293	2.325	381	14.074,472

Fuente: Bloomberg

Meses donde se concentran más vencimientos

Fuente: *Diario Expansión* (www.expansion.com). Consultada el 10 de enero de 2013.

Como puede advertirse Cataluña se presentaba como la Comunidad Autónoma con más amortizaciones, seguida a una distancia considerable por Andalucía y Madrid. Concretamente las distintas Comunidades tenían que refinanciar durante el ejercicio 2013 bonos por valor de 14.074, 5 millones de euros, frente a los 10.528 millones a los que tuvieron que hacer frente en 2012.[526]

En el caso de Cataluña, tal y como se desprende del citado Gráfico, se trataba de la Comunidad Autónoma con más vencimientos, al tener que refinanciar bonos por valor de 7.858 millones de euros, un 36,6% más que el año anterior. A esta Comunidad le seguían Andalucía (1.941 millones de euros[527]), Madrid (1.778 millones) y la Comunidad Valenciana (1.271)[528].

[526] En el caso concreto de esta Comunidad con fecha 22 de enero de 2013 se conoció además que su déficit durante el ejercicio 2012 había sido del 2,3%, ocho décimas por encima del objetivo del 1,5% fijado por el Ejecutivo central. Y ello a pesar de haber acometido unos recortes de hasta 4.200 millones de euros en dos años de gastos ordinarios. El citado 2,3% del PIB de déficit con el que la Generalitat cerró 2012 suponía que el desfase entre ingresos y gastos fue de 4.503 millones de euros. Y, además de tener que financiar el déficit de 2012, la Administración catalana acumulaba vencimientos de deuda en 2013 que sumaban 7.584,59 millones de euros, 2.531 millones de los cuales correspondían a deuda minorista. Posteriormente la citada Comunidad anunció con fecha 29 de enero de 2013 que solicitaría un total de 9.073 millones de euros al Fondo de Liquidez Autonómico FLA para 2013, lo que suponía casi el 40% de los 23.000 millones previstos para 2013. Concretamente dicha cantidad suponía 3.703 millones de euros más que en 2012, cuando Cataluña recibió autorización de Hacienda para pedir prestados 5.370 millones de euros a este Fondo. De los 9.073 millones de euros solicitados 7.684 correspondían a vencimientos de deuda y el resto, 1.389 millones, a cubrir el déficit previsto para 2013, del 0,7 % del PIB.

[527] En el caso de la presente Comunidad Autónoma ésta solicitaría al FLA en 2013 unos 7.000 millones de euros, si bien alrededor de 2.000 millones de euros constituían partidas pendientes del ejercicio 2012. Sin embargo finalmente se acordó la concesión de un total de 3.209 millones de euros, lo que suponía menos de la mitad" de la cantidad reclamada por la Administración autonómica.

[528] Dicha Comunidad, con fecha 1 de febrero de 2013, solicitó al FLA para el ejercicio 2013 un total de 1.598 millones de euros para vencimientos de deuda con entidades internacionales y unos 713 millones para la financiación del déficit autorizado del 0'7 por ciento. Finalmente con fecha 20 de febrero de 2013 se conoció que el Tesoro había colocado un total de 2.392 millones de euros del FLA, de los cuales 713,55 millones de euros correspondían a la financiación del déficit autorizado y 1.679 millones se destinarían a cubrir vencimientos de deuda de banca extranjera.

Por su parte, otras seis Comunidades Autónomas (Murcia[529], Baleares[530], Canarias, Castilla-La Mancha, Aragón y Navarra) tenían amortizaciones por debajo de los 1.000 millones. Y, finalmente, siete Comunidades no tendrían que refinanciar bonos el próximo año (Asturias, Cantabria, Galicia, La Rioja, Castilla y León, Extremadura y País Vasco).[531]

Por otro lado se ha de precisar que los citados 14.074,5 millones correspondían sólo al vencimiento de los bonos autonómicos, a los que había que sumar los préstamos que se debían refinanciar en 2013 para calcular el volumen total de vencimientos de deuda autonómica.[532]

Ante este panorama una de las alternativas que barajaba[533] el Tesoro era la de colocar entre 3.000 y 3.500 millones de euros en una emisión de bonos privada para colaborar con la financiación del Fondo de Liquidez

---

[529] La citada Comunidad solicitó al FLA con fecha 1 de febrero de 2013 un total de 630 millones de euros, al objeto de poder hacer frente a vencimientos de la deuda, por valor 435 millones de euros, y por otro, a la financiación del déficit público previsto para dicho ejercicio, por un importe de 195 millones de euros.

[530] Esta Comunidad anunció durante la segunda semana del mes de febrero de 2013 que solicitaría un total de 569,83 millones de euros al Fondo de Liquidez Autonómico para el ejercicio 2013, de los cuales 383,66 millones se destinarían a vencimientos de deuda pendiente.

[531] Efectuando un análisis de las previsiones correspondientes al ejercicio 2013 por trimestres, abril era el mes en el que más vencimientos de bonos autonómicos se concentraban, dado que en dicho periodo vencían 4.900 millones. Mayo también concentraba un volumen de amortizaciones importante (2.397 millones de euros). El segundo trimestre de 2013 se presentaba pues como el más agitado en cuanto a la refinanciación de estos bonos (7.790 millones de euros). Y en el último trimestre de 2013 las Comunidades también habrían de hacer frente a casi 4.000 millones de euros de vencimientos.

[532] Recuérdese además a este respecto que durante el ejercicio 2012 los préstamos tuvieron bastante más peso que los bonos en la deuda regional. Concretamente, supusieron 25.025 millones de euros, alcanzando en total las amortizaciones la cifra de 35.553 millones de euros.

[533] En este sentido a mediados del mes de diciembre de 2012 la Comisión Delegada de Asuntos Económicos (CDGAE) aprobó una operación extraordinaria de liquidación de deuda autonómica con cargo a emisión de nueva deuda por parte del Tesoro. Las Comunidades Autónomas que podían optar a estos fondos por estar adheridas al Fondo de Liquidez Autonómico eran la Comunidad Valenciana, Murcia, Cataluña, Castilla-La Mancha, Canarias, Andalucía, Asturias, Islas Baleares y Cantabria. La realización de la citada operación permitiría liquidar vencimientos de préstamos de la banca nacional a las comunidades por valor de 3.000 millones de euros, haciendo uso del remanente existente en el Fondo de Liquidez Autonómica, que fue dotado con 18.000 millones de euros. Dicha operación se financió con cargo a una emisión extraordinaria de nueva deuda, liquidándose directamente a los acreedores financieros el importe de los préstamos elegibles. Las CCAA, por su parte, ampliarían el préstamo contraído con el Fondo por idéntico importe a las operaciones amortizadas.

Autonómico. Dicha colocación sería de cuatro tipos de bonos con vencimientos entre 2015 y 2019.

Con fecha 18 de enero de 2013 el Consejo de Ministros autorizó operaciones de endeudamiento a largo plazo a las Comunidades Autónomas de Aragón, Galicia, Madrid y a la Comunidad Foral de Navarra por un importe conjunto superior a los 3.900 millones de euros. Concretamente la Comunidad Autónoma de Madrid fue autorizada a suscribir préstamos a largo plazo y emitir deuda pública hasta un importe máximo de 2.270,07 millones de euros[534], mientras que en el caso de Galicia, el importe ascendió a 1.024,80 millones. Por su parte la Comunidad Autónoma de Aragón podía concertar préstamos a largo plazo y emitir deuda pública por un máximo de 391,61 millones de euros y Navarra por 261,04 millones. Este conjunto de operaciones respondían al importe de las amortizaciones a largo plazo previstas para el ejercicio 2013, por lo que no supondría un aumento del endeudamiento de estas Autonomías al final del ejercicio.

Tal y como hemos tenido ocasión de analizar durante el ejercicio 2012 el FLA únicamente podía utilizarse para articular el pago de los vencimientos de deuda y de los intereses. En 2013, sin embargo, con la finalidad de satisfacer las demandas de los proveedores, que contaban con un importante número de facturas sin pagar (solo en deuda sanitaria, por ejemplo, el importe acumulado superaba los 6.000 millones de euros), se estableció que se dejaría una parte del FLA para el pago a proveedores y otra para abonar las facturas impagadas a los servicios sociales.

Así las cosas resultaba necesario que desde el Ejecutivo se procediera a arbitrar un mecanismo destinado a enjugar la deuda comercial que, en el caso de las Administraciones Públicas, se elevaba por encima de 10.000 millones. Ante la escasez de fondos del FLA, una vez que se hubiese asistido a las Regiones con problemas, se planteaba incluso la posibilidad de

[534] A resultas de dicha autorización con fecha 23 de enero de 2012 la citada Comunidad lanzó una emisión de bonos a cinco año cuyo precio inicial era una prima de unos 200 puntos básicos respecto a la deuda equivalente del Tesoro (3,9%), lo que implicaba la obtención de un interés próximo al 6%. Dicha Comunidad completó así su objetivo de adjudicar 1.000 millones de euros en bonos a cinco años, habiendo superado las peticiones efectuadas la suma de 1.900 millones de euros. A pesar de que inicialmente se situó la emisión en una prima de unos 200 puntos básicos respecto a la deuda equivalente del Tesoro (3,9%), el incremento de las peticiones permitió rebajar este precio hasta los 190 puntos básicos, siendo el interés final de los títulos del 5,75%.

que las empresas pudieran acudir a la vía de las reclamaciones judiciales de las deudas, interrumpidas en su día ante la puesta en marcha del plan de pago a proveedores.

Por otro lado, y una vez alcanzado un principio de acuerdo en el seno del Consejo Europeo en relación con el Presupuesto comunitario correspondiente al período 2014-2020, con fecha 11 de febrero de 2013 se conoció que las denominadas "Regiones de transición" se aseguraban un 60% de los fondos recibidos con anterioridad, lo que en el caso de la Comunidad Autónoma de Andalucía, por ejemplo, suponía percibir más de 7.600 millones de euros en el periodo 2014-2020.

Andalucía, Murcia y Castilla-La Mancha se repartían 624 millones de euros correspondientes al cheque específico previsto para España en el Presupuesto de la UE de 2014-2020, una vez alcanzado un principio de acuerdo para reducir en 1.000 millones de euros (de 2.800 a 1.800) la cantidad dentro del Presupuesto de la UE de 2014-2020 cuyo objetivo era paliar el impacto de la crisis. A tal efecto se garantizaba que Andalucía, Castilla-La Mancha y Galicia (que con anterioridad eran objetivo prioritario de la política regional europea) mantuviesen, al menos, el 60% de las ayudas europeas que reciben en el actual periodo.

De esta ayuda, 500 millones se destinarían a Extremadura; 624 millones se repartirán entre Andalucía, Murcia y Castilla-La Mancha; y 700 millones se distribuirían entre el resto de Comunidades Autónomas. Con carácter adicional se contemplaba una partida específica de 50 millones de euros para Ceuta y Melilla. En consecuencia Andalucía, Castilla-La Mancha y Galicia (que, como se ha señalado, hasta dicha fecha eran objetivo prioritario de la política regional europea) mantenían al menos el 60% de las ayudas europeas recibidas en el anterior periodo. Por su parte Extremadura conservaba la mayor parte de las subvenciones, debido a que su PIB continuaba por debajo del 75% de la media comunitaria.

El conjunto de las CC.AA. habían cerrado el ejercicio 2012 con un déficit del 1,73% del Producto Interior Bruto, lo que representaba una desviación de 0,23 puntos porcentuales del objetivo previsto. Durante dicho ejercicio cerraron su saldo negativo desde el 2,94% del PIB. Varias fueron las CC.AA. que cumplieron los objetivos de déficit previstos para 2012, tal y como se aprecia en el Gráfico 7.

Gráfico 7.

Fuente: *Diario Expansión* (www.expansion.com). Consultada el 8 de febrero de 2013.

Así, Extremadura cerró 2012 con un déficit del 0,97% de su PIB, es decir, más de medio punto por debajo del objetivo fijado para el ejercicio, que era del 1,5%. Castilla y León alcanzó un déficit del 1,38% del PIB. Castilla-La Mancha cerró el ejercicio 2012 con una desviación del 1,48%, también por debajo del límite fijado, tras reducir el déficit en casi seis puntos, y la Comunidad de Madrid presentó un desfase del 1,13%[535]. Por

[535] Concretamente las Comunidades Autónomas que cumplieron el objetivo de déficit fueron Aragón (1,47%), Castilla y León (1,4%), País Vasco (1,39%), Navarra (1,34%), Canarias (1,23%), Galicia (1,19%), Cantabria (1,13%), Madrid (1,07%), Asturias (1,04%), La Rioja (1,04%) y Extremadura (0,69%).

el contrario Cataluña despidió 2012 con un déficit del 2,3%, casi un punto por encima del límite exigido por el Gobierno, si bien el desvío fue mucho menor al registrado en 2011, cuando se elevó al 3,99%. Concretamente las seis Regiones que no lograron cumplir el objetivo de reducción del déficit fueron Cataluña (1,96%); Andalucía (2,02%); Murcia (3,02%); Comunidad Valenciana[536] (3,45%); Castilla-La Mancha (1,53%) y Baleares (1,83%). En el caso concreto de la Comunidad Canaria, con fecha 8 de marzo de 2013 se conoció que dicha Comunidad solicitaría la máxima cantidad a la que podía aspirar en el Fondo, que correspondía al 0,7% de su PIB, unos 292 millones de euros, y el resto al vencimiento de los bonos y emisiones.

7.B. Alcance y límites de la resolución de la Secretaría General del Tesoro y Política Financiera de 4 de marzo de 2013

A través de la aprobación de la Resolución de 4 de marzo de 2013, de la Secretaría General del Tesoro y Política Financiera se procedió a definir el principio de prudencia financiera aplicable a las operaciones de endeudamiento de las Comunidades Autónomas de Régimen Común y Ciudades con Estatuto de Autonomía que se acogiesen a la línea de financiación directa ICO-CCAA 2012 y al Fondo de Liquidez Autonómico.[537]

---

[536] En el caso concreto de la citada Comunidad, con fecha 6 de marzo de 2013 la Agencia de Calificación *S&P* rebajó su calificación crediticia BB- desde BB, situando sus *ratings* en perspectivas negativas por su desviación de los objetivos de déficit. Y ello en tanto en cuanto se estimó que la citada Región había registrado en 2012 un déficit del 3,45% del PIB, lo que representaba un dato significativamente por encima del objetivo oficial fijado por el Gobierno español para las Comunidades en el 1,5%. Asimismo se superaron los propios pronósticos de la firma de *rating*, que preveía un desvío presupuestario del 2,5%, unos 2.500 millones de euros. Por su parte la Agencia *Fitch,* con fecha 8 de marzo de 2013, confirmó el *rating* 'BBB-' de las Comunidades Autónomas de Cataluña, Murcia y Castilla-La Mancha, un escalón por encima del grado de especulación.

[537] Recuérdese a este respecto el Acuerdo adoptado en su día por la Comisión Delegada del Gobierno para Asuntos Económicos de 2 de febrero de 2012, por el que se instruyó al ICO a la instrumentación de la línea de financiación directa ICO-CCAA 2012 y se autorizó a cargar los costes de la línea en la partida presupuestaria o Fondo de Provisión regulado en el Real Decreto-ley 12/1995, de 28 de diciembre, previéndose la apertura de una línea de financiación transitoria para Comunidades Autónomas y Ciudades con Estatuto de Autonomía que tuviesen que hacer frente a vencimientos de deuda financiera autonómica y obligaciones pendientes de pago con sus proveedores. Por su parte el Real Decreto-ley 21/2012, de 13 de julio, de medidas de liquidez de las Administraciones públicas y en el ámbito financiero, creó el Fondo de Liquidez Autonómico como mecanismo de apoyo a la liquidez de las Comunidades Autónomas,

Al amparo de lo dispuesto en la citada Resolución aquellas Comunidades Autónomas y Ciudades con Estatuto de Autonomía que se adhiriesen al Fondo de Liquidez Autonómico de acuerdo con lo dispuesto por el Real Decreto-ley 21/2012, de 13 de julio, así como las CC.AA. y Ciudades con Estatuto de Autonomía que se hubiesen acogido a las Líneas de financiación directa ICO-CCAA 2012 (incluidos los organismos y Entes públicos clasificados dentro del sector Administraciones Públicas con la definición y delimitación del Sistema Europeo de Cuentas) únicamente podrían concertar operaciones de endeudamiento de acuerdo con los siguientes criterios.

En primer lugar, dichos Entes podrían realizar operaciones de endeudamiento a través de los siguientes instrumentos: certificados de Deuda bajo ley alemana (*Schuldschein*); valores negociables o no, emitidos mediante emisión pública o privada, en mercados mayoristas o dirigidos al segmento minorista; instrumentos de financiación a corto plazo; préstamos a largo plazo; y otros instrumentos que autorice expresamente la Secretaría General del Tesoro y Política Financiera siempre y cuando se ajusten a las condiciones de la presente Resolución.

A aquellas CC.AA. que se adhiriesen al FLA les sería de aplicación el art. 4 del Real Decreto-ley 21/2012, de conformidad con el cual no podrían realizar operaciones instrumentadas en valores ni operaciones de crédito en el extranjero salvo previa autorización expresa de la Secretaría General del Tesoro y Política Financiera, sin perjuicio de la autorización preceptiva del Consejo de Ministros, de conformidad con lo dispuesto en el art. 14 de la Ley Orgánica 8/1980, de 22 de septiembre, de Financiación de las Comunidades Autónomas (LOFCA). Ahora bien ello no implicaba necesariamente la autorización de estas operaciones de endeudamiento por parte de la Secretaria General del Tesoro y Política Financiera. Aquellas operaciones que

---

de carácter temporal y voluntario. Los mecanismos de apoyo a la liquidez mencionados están sujetos al cumplimiento, por parte de las Comunidades Autónomas y Ciudades con Estatuto de Autonomía que voluntariamente se adhieran, de determinadas condiciones de índole fiscal y financiero. Dentro del ámbito financiero las Comunidades Autónomas o Ciudades con Estatuto de Autonomía han de ajustar las nuevas operaciones de endeudamiento financiero a las condiciones determinadas por la Secretaría General del Tesoro y Política Financiera mediante Resolución que defina los principios de prudencia financiera, debiendo tenerse presente a tal efecto el principio de sostenibilidad de las finanzas públicas establecido en el art. 4 de la Ley Orgánica 2/2012, de 27 de abril, de Estabilidad Presupuestaria y Sostenibilidad Financiera, a través del cual se garantiza la capacidad de las Administraciones públicas para financiar compromisos de gasto presentes y futuros dentro de los límites de déficit y deuda pública.

formalizasen las Comunidades Autónomas con instituciones multilaterales de las que España fuese miembro habrían de ser comunicadas previamente a la Secretaría General del Tesoro y Política Financiera y se entenderían autorizadas salvo que en el plazo de cinco días hábiles la Secretaría General del Tesoro y Política Financiera manifestase lo contrario.

¿Qué condiciones financieras se fijaban para las operaciones de endeudamiento? En primer lugar, el coste total máximo de las operaciones de endeudamiento, incluyendo comisiones y otros gastos, no podía superar los tipos fijos o los diferenciales máximos aplicables que publicase mensualmente mediante Resolución la Secretaría General del Tesoro y Política Financiera. Los costes máximos publicados permanecerían en vigor mientras no se publicasen nuevos costes.

Por su parte los tipos máximos publicados debían reflejar el coste de financiación del Estado a plazos similares incrementado en un diferencial de 250 puntos básicos en días previos a la publicación. A dichos tipos máximos se podrían añadir únicamente las siguientes comisiones: la comisión de no disponibilidad en las pólizas de crédito, limitada a un máximo de 0,8% anual; la comisión de agencia para operaciones sindicadas, con un máximo de 50.000 euros anuales; y la comisión de apertura, con un máximo del 0,5% anualizado. En caso de periodos superiores a un año, este límite máximo quedaría fijado en el 0,5%.

En relación con las operaciones de derivados financieros se podrían contratar permutas, opciones y futuros de tipos de interés según las condiciones estándares del mercado. En caso de efectuarse una emisión en divisa distinta del euro, el riesgo cambiario habría de cubrirse con un contrato de permuta financiera, debiendo incorporarse el coste de dicha permuta financiera al cálculo del coste total de la emisión. El uso de derivados financieros más complejos por parte de una Comunidad Autónoma o Ciudad con Estatuto de Autonomía habría de ser autorizado por la Secretaría General del Tesoro y Política Financiera. No obstante se prohibía la contratación de los siguientes derivados: derivados financieros sin un coste máximo cualquiera que fuese el escenario, excepto si se tratase de permutas financieras de tipos de interés en cualquier caso, u opciones de tipo de interés con riesgo de asumir un tipo variable sin diferencial penalizador; derivados financieros donde se asumiese el riesgo de cualquier índice de precios salvo cuando la finalidad del derivado fuese la eliminación del citado riesgo; derivados financieros que supusiesen un diferimiento en la carga financiera o un aumento de la financiación; y derivados financieros contratados a precios fuera de los precios razonables de mercado.[538]

En todo caso la formalización de derivados financieros exigiría la firma de un contrato estándar por el que se recogiesen los derechos y obligaciones asociados a estas operaciones. Con carácter adicional, y al objeto de minimizar el riesgo de contrapartida, las Comunidades Autónomas habrían de suscribir, para las nuevas operaciones de derivados que contratasen, un contrato de colateralización estándar en el mercado, prohibiéndose no obstante las cláusulas de resolución anticipada de cualquiera de los contratos mencionados en este artículo como consecuencia de una bajada de la calificación crediticia. Aquellos derivados que hubiesen sido contratados con anterioridad a la entrada en vigor de la Resolución de la Secretaría General del Tesoro y Política Financiera de 4 de marzo de 2013 que no hubieran vencido permanecerían sujetos a los contratos ISDA, CMOF o similar estándar correspondientes que estuvieran en vigor en el momento de la contratación. Y cualquier eventual migración de estos derivados a los nuevos contratos marco indicados con anterioridad requeriría autorización de la Secretaría General del Tesoro y Política Financiera, no pudiendo suponer en ningún caso desembolso alguno de la Comunidad Autónoma. Solamente las variaciones sobre la valoración en el momento de la migración estarían sujetas a colateralización.

Téngase presente no obstante que esta Resolución de 4 de marzo de 2013 estableció la prohibición de las siguientes operaciones de endeudamiento: aquellas que implicasen la inclusión de derivados implícitos en los contratos, incluidas las opciones de amortización anticipada a petición del acreedor financiero; cualquier novación de un contrato previo en la que el coste resultante de la operación superase financieramente el coste de la operación preexistente; y la existencia de costes adicionales por amortización anticipada voluntaria por el deudor en las fechas de revisión del tipo de interés.[539]

---

[538] A tal efecto la Comunidad Autónoma, para poder contratar un derivado particular, habría de disponer de herramientas de valoración propias o un asesoramiento financiero externo independiente que le permitiese conocer el rango de precios razonables de mercado.

[539] Debe precisarse no obstante que en fechas distintas a las de revisión del tipo de interés se permitirían costes de ruptura, siempre que el cálculo de estos costes se realizase atendiendo a la práctica de mercado.

Con carácter excepcional el Secretario General del Tesoro y Política Financiera podría autorizar operaciones de endeudamiento y de derivados que no se ajustasen a las condiciones indicadas con anterioridad, si bien la Comunidad Autónoma o Ciudad con Estatuto de Autonomía habría de presentar una memoria en la que se detallasen las circunstancias extraordinarias de mercado y se justificase que la operación no ponía en riesgo su solvencia financiera.

Por otra parte a través de la citada Resolución de 4 de marzo de 2013 se impusieron a dichas CC.AA. y Ciudades con Estatuto de Autonomía un conjunto de obligaciones de información. En primer lugar, dichos Entes asumían la obligación de comunicar mensualmente las condiciones finales de todas las operaciones de endeudamiento y de derivados realizadas a la Secretaría General del Tesoro y Política Financiera. Dicha comunicación habría de acompañarse de un certificado del Interventor General de la Comunidad Autónoma o del alto cargo competente en materia de endeudamiento, certificando y justificando el cumplimiento de la condicionalidad financiera expuesta en esta Resolución. Y, tratándose de operaciones de derivados contratadas, dicha comunicación habría de acompañarse además de una memoria explicativa del funcionamiento del derivado y de la finalidad perseguida, no autorizándose aquellos derivados financieros para los que no quedara suficientemente justificado el conocimiento de su funcionamiento o su adecuación a la finalidad perseguida. Por lo que respecta a las operaciones concertadas con el Instituto de Crédito Oficial, aquellas operaciones que el ICO formalizara con las CC.AA. por instrucción de la Comisión Delegada del Gobierno de Asuntos Económicos no estarían sujetas a los límites impuestos en la Resolución de 4 de marzo de 2013.[540]

A resultas de la Resolución de 4 de marzo de 2013 aprobada por la Secretaría General del Tesoro y Política Financiera las CC.AA. o Ciudades Autónomas debían ajustar las nuevas operaciones de endeudamiento financiero a las condiciones determinadas por dicha Secretaría mediante una resolución que definiese los principios de prudencia financiera. Aquellas CC.AA. y Ciudades

---

[540] Téngase presente además que dicha Resolución derogaba la Resolución de 25 de septiembre de 2012, de la Secretaría General del Tesoro y Política Financiera, por la que se definía el principio de prudencia financiera aplicable a las operaciones de endeudamiento de las CC.AA. de Régimen Común y Ciudades con Estatuto de Autonomía que se acogiesen a la línea de financiación directa ICO-CCAA 2012 y al FLA, posteriormente modificada por la Resolución de la Secretaría General del Tesoro de 25 de octubre de 2012.

con Estatuto de Autonomía que se adhiriesen al FLA y a las líneas de financiación directa ICO sólo podrían concertar operaciones de endeudamiento a través de certificados de deuda bajo la ley alemana (*Schuldschein*), valores negociables o no, emitidos mediante emisión pública o privada, instrumentos de financiación a corto plazo y préstamos a largo plazo.

Dichas Comunidades adheridas al FLA no podrían realizar operaciones instrumentadas en valores ni operaciones de crédito en el extranjero, salvo previa autorización de la Secretaría General del Tesoro y Política Financiera y sin perjuicio de la autorización preceptiva del Consejo de Ministros. Aquellas operaciones que formalizasen las Autonomías con instituciones multilaterales de las que España fuese miembro habrían de ser comunicadas previamente a dicha Secretaría.

En relación con las condiciones financieras de las operaciones de endeudamiento su coste total máximo, incluyendo comisiones y otros gastos, no podría superar los tipos fijos o los diferenciales máximos aplicables que publicase mensualmente la Secretaría General del Tesoro y Política Financiera. Y, respecto de las operaciones de derivados financieros, podrían contratarse permutas, opciones y futuros de tipos de interés, precisándose no obstante que en caso de efectuarse una emisión en divisa distinta del euro, el riesgo cambiario se cubriría con un contrato de permuta financiera. En todo caso la utilización de derivados financieros más complejos por parte de una Comunidad Autónoma habría de ser autorizada por la Secretaría del Tesoro.

En resumen, a través de la citada Resolución de 4 de marzo de 2013, de la Secretaría General del Tesoro y Política Financiera, se procedió a definir el principio de prudencia financiera aplicable a las operaciones de endeudamiento de las Comunidades Autónomas de Régimen Común y Ciudades con Estatuto de Autonomía que se acogiesen a la línea de financiación directa ICO-CCAA 2012 y al Fondo de Liquidez Autonómico. A tal efecto se encargó de precisar su art. 3 que el coste total máximo de las operaciones de endeudamiento, incluyendo comisiones y otros gastos, no podría superar los tipos fijos o los diferenciales máximos aplicables que publicase mensualmente mediante Resolución la Secretaría General del Tesoro y Política Financiera, debiendo permanecer en vigor los costes máximos publicados mientras no se publicasen nuevos costes.[541]

[541] A tal efecto se ha de hacer referencia igualmente a la Resolución de 1 de abril de 2013, de la Secretaría General del Tesoro y Política Financiera, por la por la que se actualizó el Anexo

7.C. Radiografía de la deuda pública y del déficit público de las CC.AA. correspondiente al ejercicio 2013

El conjunto de las CC.AA. habían acumulado una deuda de 185.048 millones de euros al cierre del cuarto trimestre de 2012, lo que supuso un aumento del 30,9% en comparación con el mismo periodo del año anterior, cuando la cifra era de 141.363 millones. La *ratio* de deuda pública sobre PIB alcanzó el 17,6%, frente al 13,3% de 2011, y por encima del trimestre precedente (julio-septiembre) cuando estaba en el 15,8%.

Dentro del análisis desagregado por Comunidades Autónomas la Comunidad Valenciana alcanzó un nivel de deuda de pública del 29,3% del PIB, 3,9 puntos más que en el tercer trimestre de 2012. En cambio un año antes marcaba una tasa del 20,7%. En total, acumulaba 29.437 millones de euros de endeudamiento. Por su parte Castilla-La Mancha, cuya deuda se había estabilizado en el segundo y tercer trimestre de 2012 en el 26,3% del PIB, vio incrementado dicho porcentaje hasta el 27,8% a final de 2012, lo que suponía un total de 10.190 millones de euros. En cambio un año antes representaba el 18,1% del PIB. Por su parte, Cataluña marcó un registro del 25,9%, o 50.948 millones de euros, frente al 21,1% de finales de 2011.

En el lado contrario se situaron Madrid (con un 10,7% del PIB), País Vasco (11% del PIB) y Canarias (11,5%). Solo dos Regiones consiguieron reducir su nivel de endeudamiento respecto al tercer trimestre de 2012. Fueron La Rioja (que pasó del 13,5 al 13,1% del PIB[542]) y Navarra (del 15,8% al 15,4% del PIB). Por lo que a las restantes CC.AA. se refiere Andalucía también mantuvo niveles muy elevados (con una tasa del 17,6% del PIB, 4,3 puntos más que un año antes, o 185.048 millones en términos absolutos). Aragón llegó al 14,5% del PIB, frente al 9,8% de finales de 2011, Asturias se situó en el 12%; Castilla y León, en el 13,7%; Extremadura marcó un

incluido en dicha Resolución de 4 de marzo de 2013, dictada en cumplimiento de la obligación de actualización mensual de los tipos fijos o diferenciales máximos aplicables. Tuvo lugar así la publicación de un nuevo Anexo que sustituía al Anexo incluido en la referida Resolución de 4 de marzo de 2013.

[542] En el caso concreto de esta Comunidad se ha de tener presente además que, con fecha 20 de marzo de 2013, se conoció que por vez primera iniciaba la emisión de deuda pública por un importe de 243 millones de euros, a un plazo de cinco años, para financiarse en el mercado en mejores condiciones. De este modo se pretendía acceder al mercado de capitales a través de nuevos requisitos como, por ejemplo, las calificaciones crediticias.

14,4% del PIB y Murcia, un 16,8% del PIB. Así las cosas en valores absolutos Cataluña fue la Comunidad con una mayor deuda, ya que alcanzó los 50.948 millones de euros (+20,6%). A continuación se situaron Comunidad Valenciana, con 29.437 millones (+38,1%); Andalucía, con 20.544 millones (+43,5%), y Madrid, con 20.130 millones (+30,1%).

Durante la segunda quincena del mes de marzo de 2013 el Banco de España se encargó de precisar la incidencia del Fondo de Liquidez Autonómico en las cifras del conjunto de las Administraciones, señalándose que en la deuda del Estado se incluirían las emisiones de valores que éste realiza para dotar de recursos al FLA e indicándose que los préstamos concedidos por el citado Fondo se registrarían en la deuda de las Comunidades Autónomas conforme estas fuesen disponiendo de los recursos de ese Fondo. Y, en base a ello, concluyó el supervisor que en las cifras correspondientes al total del sector del conjunto de las Administraciones Públicas estas relaciones cruzadas entre el FLA y las Comunidades Autónomas se consolidaban, al igual que sucedía con la operativa Fondo de Financiación del Pago a Proveedores.

Con fecha 21 de marzo de 2013, y con motivo de la sesión celebrada del Consejo de Política Fiscal y Financiera, se acordó organizar un grupo de trabajo para establecer objetivos de déficit diferenciados en función de la situación de cada Comunidad Autónoma, modificándose así la situación anterior a resultas de la cual todas las Autonomías tenían la obligación de rebajar sus números rojos al 0,7% del PIB en 2013, lo que constituía un nivel factible para las Regiones más saneadas pero casi utópico para regiones como la Comunidad Valenciana, que cerraron 2012 con un desfase del 3,35%.[543]

El conjunto de las CC.AA. habían registrado un déficit de 1.277 millones de euros en los dos primeros meses del año, lo que suponía el 0,12% del PIB. Dicha cifra era resultado de unos ingresos de 21.421 millones de euros y unos gastos de 222.698 millones. En enero de 2013 el déficit había ascendido a 563 millones de euros, el 0,05% del PIB.

Por Comunidades Autónomas, siete Regiones registraron superávit hasta febrero de 2013, a saber: Navarra (0,51%), La Rioja (0,31%), Astu-

[543] Recuérdese a este respecto que, como se ha señalado con anterioridad, durante el ejercicio 2012 la Comunidad Valenciana, Murcia, Andalucía, Cataluña y Baleares registraron un déficit superior al 1,5% del PIB impuesto por Hacienda.

rias (0,27%), Cantabria (0,19%), Castilla-La Mancha (0,07%), País Vasco (0,03%) y Comunidad Valenciana (0,01%). El resto, registraron déficit. Las Regiones con mayores saldos negativos en sus cuentas fueron Cataluña (0,34%) y Murcia (0,34%), las únicas que superaron la media nacional. A continuación se situaron Andalucía (0,18%), Comunidad de Madrid (0,16%), Galicia (0,11%), Castilla y León (0,11%), Baleares (0,08%), Canarias (0,08%), Aragón (0,07%) y Extremadura (0,05%).

En los dos primeros meses de 2013 el Estado había registrado un déficit de 23.561 millones de euros, el 2,22%, si bien dicha cifra se moderó a 22.122 millones al tener en cuenta la capacidad de financiación de 1.439 millones de euros. En porcentaje de PIB, el déficit de la Administración Central se quedó en el 2,08%.

Ciertamente el art. 16 de la Ley Orgánica 2/2012, de 27 de abril, de Estabilidad Presupuestaria permite la fijación de un objetivo de estabilidad y deuda pública para cada autonomía una vez fijados los objetivos para el conjunto[544]. Debido a ello desde determinadas CC.AA. se defendía la posibilidad de estudiar el establecimiento de objetivos de déficit diferentes para cada una de ellas.

El déficit de las Comunidades Autónomas, en términos de Contabilidad Nacional, alcanzó los 1.235 millones de euros en el primer trimestre de 2013, lo que representaba el 0,12% del PIB[545]. Dicho resultado constituía además un 0,11% menos que en el mismo periodo del año 2012. Descontando los anticipos que el Estado entregó en dicho ejercicio a las Comunidades Autónomas, el déficit de los Gobiernos regionales se habría reducido a la mitad respecto a marzo de 2012.

---

[544] Precisa concretamente el citado precepto, encargado de regular el establecimiento de los objetivos individuales para las Comunidades Autónomas que, aprobados por el Gobierno los objetivos de estabilidad presupuestaria y de deuda pública en las condiciones establecidas en el art. 15 de la citada Ley, el Ministerio de Hacienda y Administraciones Públicas, previo informe de la Autoridad Independiente de Responsabilidad Fiscal, formulará una propuesta de objetivos de estabilidad presupuestaria y de deuda pública para cada una de las Comunidades Autónomas. Y, a partir de la mencionada propuesta el Gobierno, previo informe de Consejo de Política Fiscal y Financiera, que deberá pronunciarse en el plazo improrrogable de quince días desde la recepción de la propuesta en la Secretaría del Consejo de Política Fiscal y Financiera de las Comunidades Autónomas, fijará los objetivos de estabilidad presupuestaria y de deuda pública para cada una de ellas.

[545] Fuente: Ministerio de Hacienda y Administraciones Públicas, http://www.minhap.gob.es (consultada el 20 de abril de 2013).

Gráfico 8.

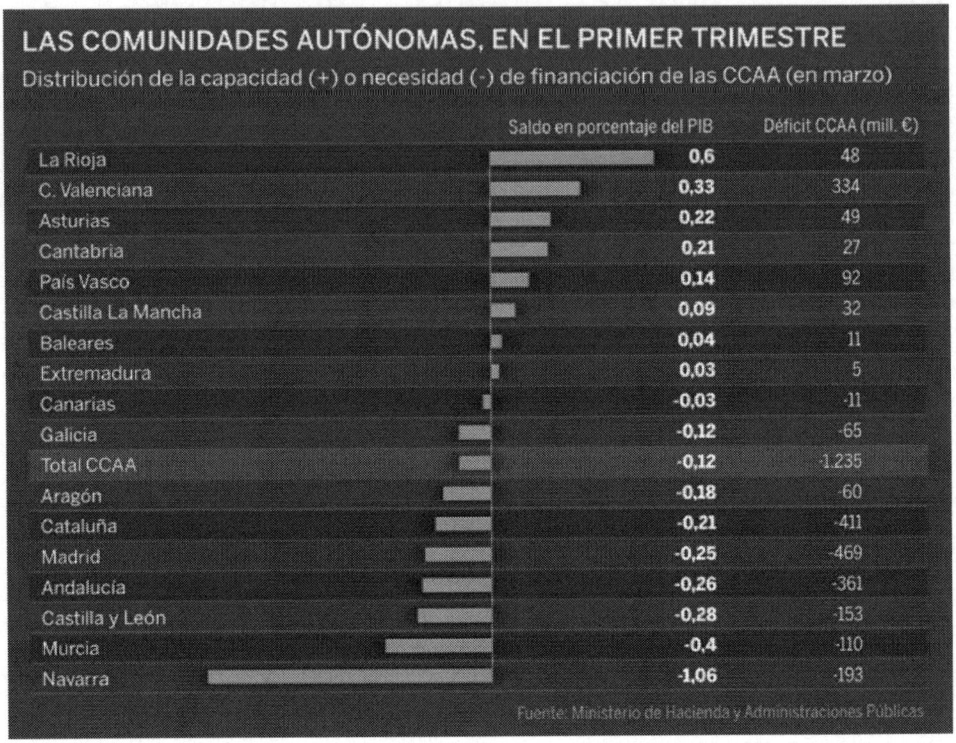

Fuente: Diario Expansión (www.expansion.com). Consultada el 22 de abril de 2013.

De acuerdo con los datos expuestos en el Gráfico anterior las Comunidades Autónomas con mejores resultados fueron: La Rioja (con un saldo positivo del 0,6%); Comunidad Valenciana (0,33%) y Asturias (0,22%). Por su parte Baleares logró un superávit del 0,04%; Cantabria del 0,21%; Castilla-La Mancha, del 0,09%; Extremadura, del 0,03%; y el País Vasco, del 0,14%.

En cambio las Regiones con peores resultados fueron Navarra (con un déficit del 1,06% del PIB); Murcia (0,4%); Castilla y León (0,28%) y Andalucía (0,26%). En términos absolutos las Comunidades con un saldo negativo más elevado fueron Madrid (con 469 millones de euros, lo que representaba un 0,25% de su PIB) y Cataluña (411 millones, un 0,21%). Por su parte la Comunidad Autónoma de Aragón registró un déficit del 0,18% del PIB; Canarias, del 0,03%; y Galicia, del 0,12%. En su conjunto el déficit público se situó en 14.896 millones de euros en el primer trimestre de 2013.

La deuda pública de las CC.AA. se situaba por aquel entonces en un total de 189.589 millones de euros, un 28,51% más que en 2012. Si dicho se comparaba con el último trimestre de 2012, el aumento fue del 2,8%. Así, alcanzaba el 18,1% de su PIB. La Región más endeudada (en relación con su economía) continuaba siendo la Comunidad Valenciana, a pesar de que vivió un ligero recorte (de tres décimas) entre enero y marzo de 2013, situándose en el 29,1% del PIB, hasta 29.037 millones de euros. Dicha Comunidad, en cambio, vivió un incremento interanual de su deuda del 35,88%. A dicha Comunidad Autónoma le seguían Castilla-La Mancha, con un 28,1% del PIB de endeudamiento (una décima menos que en el trimestre anterior, hasta 10.124 millones), y Cataluña (25,7% del PIB ó 50.945 millones, un 19,98% más que un año antes). También destacaban Islas Baleares (21,8% del PIB), Murcia (un 17,5%) y la Comunidad Foral de Navarra (17,1%). En términos absolutos presentaba igualmente cifras elevadas la Comunidad de Madrid, con un endeudamiento de 21.960 millones de euros, lo que representaba un 32,39% más. Andalucía se convirtió este trimestre en la cuarta Comunidad con mayor endeudamiento al sumar 20.608 millones de euros.

En cuanto al pasivo de las empresas públicas propiedad de las Comunidades Autónomas, éste se situó en 10.643 millones de euros a cierre del primer trimestre de 2013, lo que representaba una caída del 13,9% en comparación con un año antes (12.360 millones). Las empresas más endeudadas eran las de Cataluña, con 5.276 millones de euros, a pesar de haberla reducido en más de 1.000 millones en los últimos 12 meses. A continuación se situaron las empresas radicadas en las Comunidades Autónomas de Madrid (1.652 millones), Andalucía (704 millones), la Comunidad Valenciana (600 millones), Islas Baleares (588 millones), Castilla y León (458 millones), Aragón (345), Asturias (328 millones), Galicia (240 millones), Canarias (219 millones), País Vasco (104 millones), Navarra (60 millones), Cantabria (38 millones), Extremadura (25 millones) y Murcia (1 millón).[546]

---

[546] Fuente: Banco de España, www.bde.es (consultada el 14 de junio de 2013). Debe precisarse además que en relación con la Comunidad Autónoma de Castilla-La Mancha el Banco de España no facilitó datos ni del primer trimestre de 2013 ni del último de 2012. En todo caso se precisaba en la información facilitada que la deuda total de las Administraciones públicas (922.828 millones de euros) no se obtenía como simple suma de la deuda de los subsectores, sino que se consolidaban los activos y pasivos financieros que mantenían entre sí las distintas unidades del sector público.

Con fecha 27 de junio de 2013 el Ejecutivo central se reunía con el conjunto de las Comunidades Autónomas en el marco del Consejo de Política Fiscal y Financiera con la finalidad de tratar de cerrar el déficit para el conjunto de las Autonomías en 2013 y para el periodo 2014-2016. Inicialmente el Ejecutivo presentaría a los Ejecutivos autonómicos su propuesta de nuevo déficit para 2013, una vez que la Unión Europea había decidido flexibilizar el objetivo para el conjunto del país del 4,5% al 6,3%. De este modo las CC.AA. podrían beneficiarse de ese nuevo margen y ver ampliado su déficit, previsto para 2013 en el 0,7%, cifra que todas ellas habían aprobado y con la que estaban ejecutando sus Presupuestos, salvo Cataluña y el País Vasco, que no habían aprobado nuevas cuentas.

Inicialmente el Ejecutivo central había fijado el objetivo de déficit autonómico para 2013 en el 1,3% frente al 1,2% previsto. Una decisión adoptada después de que la Comisión Europea hubiese acordado aplazar dos años (hasta 2016) la obligación de rebajar los números rojos del conjunto de la Administración Pública por debajo del 3%. Sin embargo la Administración central rechazó compartir con las Comunidades Autónomas el mayor margen fiscal concedido por la Comisión para el período 2014-2016. Así, el umbral máximo de déficit autonómico para 2013 sería del 1%, del 0,7% en 2015 y del 0,2% para 2016. Ello significaba que sería la Administración central y la Seguridad Social quienes se beneficiarían en exclusiva de la flexibilización concedida por la Comisión Europea, que elevó el objetivo de déficit para el conjunto de la Administración Pública del 5,5% al 5,8% para 2014, del 4,1% al 4,2% para 2015 y del 2,7% al 2,8% para 2016.

Para el ejercicio 2013 las CC.AA. tendrían un límite de endeudamiento del 19,1%, que subiría al 20% en 2014. En 2015, el déficit habría de moderarse al 0,7% y la deuda escalaría al 20,5% y en 2016 el déficit bajaría al 0,2% y la deuda se moderaría al 20,3%.

El conjunto de las CC.AA. habían registrado hasta mayo de 2013 un déficit en términos de contabilidad nacional de 4.466 millones de euros, equivalente al 0,43% del PIB, en línea con el objetivo de estabilidad marcado para el conjunto del ejercicio del 1,3% del PIB[547]. Dicha cifra resultaba de unos recursos no financieros por importe de 55.911 millones de euros y unos empleos no financieros por importe de 60.377 millones de euros. En

[547] Fuente: *Diario Cinco Días,* www.cincodias.com (consultada el 15 de julio de 2013).

términos porcentuales la Comunidad Autónoma más deficitaria fue, en esta ocasión, la Región de Murcia, con un déficit del 1,03% del PIB, seguida de Galicia (0,72%), mientras que en el otro extremo se situaban las únicas Regiones con cifras positivas, a saber, Asturias (con un superávit del 0,49%) y Cantabria (con un superávit del 0,04 % del PIB).

En efecto, en términos porcentuales la Comunidad Autónoma más deficitaria fue la Región de Murcia, con un déficit del 1,03% del PIB, seguida de Galicia (0,72%). Navarra, por su parte, obtuvo un saldo negativo del 2,16%, si bien dicha cifra no era homogénea al verse afectada por el diferente calendario de ingresos y gastos de la Comunidad Foral con el resto de CC.AA. En el otro lado de la balanza se situaban, en cambio, Asturias, con un superávit del 0,49%, La Rioja, con un saldo positivo del 0,16%, y Cantabria, con un superávit del 0,04% del PIB. Estas fueron las únicas regiones con números verdes. Por su parte el déficit de la Comunidad de Madrid alcanzó el 0,51%, el de Cataluña, el 0,63%, el de Andalucía, el 0,19%, y el de Valencia, el 0,32%.

La prima de riesgo de las CC.AA. respecto al bono español a 10 años se había reducido más de la mitad en el último año. Así, por ejemplo, a dicha fecha para un bono catalán que venciese en 2023 el mercado secundario exigía un interés del 7%, 250 puntos básicos por encima del bono español. En cambio un año antes el interés requerido para la deuda catalana superaba el 13% y la prima respecto al Tesoro llegaba a alcanzar los 700 puntos. Sin lugar a dudas a esta situación habían contribuido circunstancias tales como el descenso de la prima de riesgo de la deuda soberana y la puesta en marcha del Fondo de Liquidez Autonómico, a través del cual, como ya se ha analizado, el Tesoro Público ha venido avalando la refinanciación de la deuda autonómica. Asimismo el hecho de que el Tesoro se hallase dispuesto a respaldar el pasivo autonómico contribuyó a rebajar la presión sobre todas las cuentas autonómicas, con independencia de su adhesión al FLA.[548]

---

[548] Téngase presente por ejemplo que, desde el cuarto trimestre de 2012 hasta el primero de 2013, el FLA había prestado un total de 19.884 millones de euros a las Comunidades. El 42% de este importe (8.385 millones) había beneficiado a Cataluña, seguido de la Comunidad Valenciana (4.312 millones de euros) y Andalucía (3.317 millones de euros). La evolución en el mercado secundario de los bonos autonómicos experimentó además una considerable caída a partir del mes de septiembre de 2012, cuando el Ejecutivo empezó a formalizar los préstamos del FLA. Castilla y León, Extremadura, Galicia, La Rioja, Madrid, Navarra y País Vasco fueron las únicas Comunidades que no precisaron del respaldo estatal y que lograron

En todo caso, si bien es cierto que varias CC.AA. habían podido renunciar al recurso del FLA logrando colocar sus refinanciaciones a tipos no más de cien puntos básicos por encima de la barrera del Tesoro, continuaba siendo necesaria la protección estatal para poder cubrir los pagos autonómicos en tiempo y proteger las primas de riesgo de las Comunidades Autónomas.

Por otra parte se ha de señalar que, de un tiempo a esta parte, la evolución de los gastos financieros, esto es, de la partida que se destina a pagar los intereses de la deuda pública de las CC.AA., ha sido considerable. En este sentido con fecha 13 de agosto de 2013 se conoció que las CC.AA. habrían de desembolsar 6.253 millones de euros al año para estar al día con las entidades bancarias, una cifra que prácticamente se había multiplicado por tres desde que comenzó la crisis financiera. En 2006, cuando aún no había comenzado a inflarse la burbuja de la deuda pública, los gastos financieros únicamente ascendían a 2.034 millones de euros. Así las cosas el gasto en intereses de la deuda resultó multiplicado por tres desde que comenzó la crisis, ascendiendo en 2012 a 6.253 millones de euros, lejos de los 2.034 de 2006. Ahora bien, a pesar del amplio volumen de gasto que mueven las CC.AA., dicha partida era mucho menos abultada que en el Estado, donde llegó a rozar los 40.000 millones de euros.

Con fecha 8 de noviembre de 2013 la Agencia de Calificación Crediticia *Fitch* revisó de 'negativa' a 'estable' la perspectiva de las Comunidades Autónomas de Castilla-La Mancha, Cataluña, Murcia, Comunidad Valencia, Andalucía y Canarias, si bien mantuvo su nota a un paso del bono basura, en 'BBB-'. Dicha mejora se producía apenas una semana después de que

financiarse directamente en los mercados a precios relativamente racionales después de que el Tesoro prohibiera a las Comunidades Autónomas emitir deuda con un coste superior a los 100 puntos básicos del bono español a 10 años, que cotiza en el 4,5% en el mercado secundario. En caso contrario debían acudir al FLA. En el caso específico de la Comunidad de Madrid, la citada Comunidad ya logró en el mes de abril de 2013 toda la financiación necesaria para el ejercicio 2013 cumpliendo la condición de que el coste financiero no sobrepasase los 100 puntos básicos. La caída de la prima de riesgo de España –y el consecuente descenso de los diferenciales autonómicos– posibilitó que numerosas Regiones decidiesen salir al mercado en el primer semestre de 2013. En este sentido Castilla y León a la finalización del citado semestre Castilla y León colocó casi el 80% de la financiación necesaria prevista para todo 2013 y también con un sobrecoste respecto al Tesoro por debajo de los 100 puntos básicos. Tal y como ya se ha analizado las CC.AA. de Cataluña, Andalucía, Cantabria, Comunidad Valenciana, Murcia, Canarias y Baleares tuvieron que acudir al Fondo de Liquidez Autonómico en 2013, dotado con 23.000 millones de euros. El resto de Regiones logró financiarse en los mercados y con un coste inferior a los 100 puntos básicos.

la citada Agencia confirmara el rating 'BBB' de España, dos peldaños por encima del 'bono basura', y de que revisara también al alza su perspectiva, que deja de ser 'negativa' para ser 'estable'.

Como hemos tenido ocasión de analizar a principios de 2013 la citada Agencia fijó un límite inferior para el *rating* de todas Comunidades Autónomas, un peldaño por debajo del *rating* de España, respaldando así la calificación de las Regiones cuya nota autónoma resultaba más débil de lo que su calificación pueda mostrar. En este sentido, la Agencia apuntó que las comunidades de Andalucía y Canarias, también con nota 'BBB-', no se beneficiaron de este suelo, si bien la perspectiva de su *rating* también se vio beneficiada por la mejora de la perspectiva para el mismo.[549]

De cara al ejercicio 2014 el Ejecutivo barajaba la posibilidad de acordar una ampliación del FLA para que aquellas Regiones que derivaron parte de los fondos recibidos en 2013 a pagar facturas del ejercicio 2012 pudieran saldar todas sus deudas. En esta situación se encontraban, en mayor o menor medida, las cinco Autonomías que incumplieron durante el ejercicio 2012 sus objetivos de déficit, esto es, Comunidad Valenciana, Murcia, Andalucía, Cataluña y Baleares. De todas ellas Cataluña era la que más adeudada aún a sus proveedores, 3.695 millones de euros, frente a los 3.172 millones de euros que les debía la Comunidad Valenciana o los 2.279 millones que tenía pendientes de pago Andalucía. En cualquiera de los tres casos más de la mitad de esas deudas totales las mantenían con el sector sanitario.

En el caso de Cataluña la citada Comunidad ejerció además su derecho a disponer de la ampliación del Fondo de Liquidez Autonómico de acuerdo con el paso del objetivo de déficit del 0,7 al 1,58% en 2013. Este aumento suponía una inyección de liquidez para las arcas catalanas de 1.400 millones de euros. Al amparo del acuerdo alcanzado con el Ejecutivo central el Ministerio de Hacienda acordaba compensar las facturas de 2012 que la Generalitat había pagado este año 2013 con los fondos de su tesorería y del

[549] Apenas un mes después, con fecha 12 de diciembre de 2013 la Agencia de Calificación Crediticia *Moody's* revisaría igualmente al alza la perspectiva de los *ratings* de una decena de Regiones, pasando a ser estable desde negativa, como consecuencia de la mejora operada en dicha fecha de la perspectiva de la nota de solvencia de España. En concreto, la mejora de perspectiva afectó al *rating* 'Baa2' del País Vasco y a las calificaciones 'Baa3' de las Comunidades de Madrid, Castilla León y Galicia, así como a las notas 'Ba1' de Extremadura, 'Ba2' de Andalucía, y 'Ba3' de Murcia, Castilla la Mancha y Cataluña. También, en el caso del rating 'Ba1' de la Comunidad Valenciana.

FLA y que cumpliesen las condiciones del mecanismo de pago a proveedores. Esta ampliación del FLA se haría efectiva entre finales del año 2013 y el 2014. No obstante otras CC.AA. optaron, en cambio, por acudir a los mercados en busca de una financiación más cara en lugar de acudir a los mecanismos reseñados con anterioridad, en virtud de los cuales el Estado se endeuda para concederles un préstamo que éstas habrían de devolver en 10 años, con dos de carencia y a unos intereses más bajos que los del mercado.

Por otra parte el Ejecutivo central procedió a alertar a las Comunidades Autónomas de Andalucía, Cataluña, Comunidad Valenciana y Murcia de que se estaban desviando de la ruta fijada, remitiéndose a las correspondientes Haciendas autonómicas la valoración sobre la evolución del cumplimiento de los Planes Económico-Financieros correspondientes al primer semestre de 2013. A excepción de la Comunidad Autónoma de Islas Baleares, las promesas de consolidación fiscal existentes arrojaban incertidumbre sobre su realización, al haberse producido una desviación en la aplicación de las medidas, resultando insuficientes las ejecutadas hasta la fecha, junto con la previsión de cierre derivada de ellas. Debido a ello se requirió a las Comunidades Autónomas de Andalucía, Comunidad Valenciana, Cataluña y Murcia para que justificasen dicha desviación, aplicando las medidas previstas o, en su caso, incluyendo otras nuevas que garantizasen el cumplimiento.

En el caso concreto de las Comunidades de Andalucía y Cataluña, dichas Regiones se hallaban más cerca del cumplimiento, a pesar de lo cual se les exigió un acuerdo de no disponibilidad presupuestaria para concretar las medidas computadas en el Presupuesto. En el caso concreto de Cataluña, Hacienda detectaba que la prórroga presupuestaria podía haber abandonado los ajustes en el último tramo. Por su parte los recortes de Andalucía se fundamentaban en la promesa de una inejecución de gasto a finales del ejercicio. Más complicada se presentaba en cambio la situación de las Comunidades Autónomas de Murcia y Valencia.

Finalmente, con fecha 12 de diciembre de 2013 la Comisión Delegada del Gobierno para Asuntos Económicos aprobó repartir antes de que finalizase el ejercicio 2013 entre las Comunidades Autónomas inscritas al Fondo de Liquidez Autonómico 2.879 millones de euros procedentes del excedente de 2013 de dicho mecanismo. En el presente caso se trataba de cuantías adicionales a las que estas Comunidades habían venido recibiendo ya a lo largo del ejercicio. De esos 2.879 millones de euros Cataluña era la Comunidad que más recibía, en concreto, un total de 873 millones de euros. A continuación se encontraba Andalucía con 562 millones de euros, seguida de cerca por la Comunidad Valenciana, que recibirá 561. Por su parte Baleares recibiría 232 millones de euros, Murcia 160, Asturias 157 millones, Cantabria 136, Castilla-La Mancha 121 millones y Canarias un total de 73 millones de euros.

Dicho acuerdo adoptado por la Comisión Delegada del Gobierno para Asuntos Económicos se haría efectivo con fecha 3 de enero de 2014, procediendo el FLA a abonar, con cargo al ejercicio 2013, hasta un total de 6.525 millones de euros a 41.503 proveedores con 357.106 facturas atrasadas de las Comunidades Autónomas. Las Regiones que más dinero recibieron fueron Andalucía (1.661 millones), Comunidad Valenciana (1.124 millones) y Cataluña (1.892 millones). El resto de Comunidades que habían solicitado el dinero del FLA fueron Asturias (196 millones), Canarias (305 millones), Cantabria (142 millones), Castilla-La Mancha (352 millones), Islas Baleares (531 millones) y Murcia (318 millones).

En relación con el ejercicio 2014 se preveía que el FLA quedase dotado para el citado ejercicio con un total de 23.000 millones de euros para vencimientos y necesidades de financiación de las nueve Comunidades Autónomas ya adheridas a este mecanismo de financiación, habiendo satisfecho el conjunto de las Regiones que acudieron al FLA unos intereses medios por los préstamos concedidos del 5,18% en 2012 y del 3,91% en 2013.

Por otra parte aquellas CC.AA. que incumplieron su objetivo de déficit en 2013 (Comunidad Valenciana, Castilla-La Mancha, Aragón, Cataluña y Navarra) dispusieron de un mes para presentar el plan económico-financiero con el que sanear sus cuentas. No obstante las medidas de ajuste de aumento de ingresos y de reducción de gasto habrían de plantearse en 2014 y 2015, permitiendo en el año en curso y el siguiente el cumplimiento de los objetivos o de la regla de gasto.

7.D. La aprobación de la Ley Orgánica 9/2013, de 20 de diciembre, de control de la deuda comercial en el sector público

Como es sabido la salvaguarda de la estabilidad presupuestaria constituye un instrumento imprescindible para lograr la consolidación fiscal que, en su día, permitió a España acceder a la Unión Económica y Monetaria y que fue posteriormente recogida en distintas leyes. En este mismo sentido el Pacto de Estabilidad y Crecimiento tiene como finalidad prevenir la aparición de un déficit presupuestario excesivo en la Zona Euro, dando así confianza en la estabilidad económica y garantizando una convergencia sostenida de las economías de los Estados miembros.

A tal efecto ya en su día la reforma del art. 135 de la Constitución contribuyó a garantizar el principio de estabilidad presupuestaria, vinculando a todas las Administraciones Públicas en su consecución, así como la sostenibilidad económica y social de nuestro país, a la vez que reforzó el compromiso de España con la Unión Europea. En desarrollo del citado precepto constitucional fue objeto de aprobación la Ley Orgánica 2/2012, de 27 de abril, de Estabilidad Presupuestaria y Sostenibilidad Financiera, que ha supuso un hito fundamental, ya que vino a reforzar el principio de estabilidad presupuestaria para que tuviese un valor verdaderamente estructural para la economía, incorporando la sostenibilidad financiera como principio rector de la actuación económico-financiera de todas las Administraciones Públicas, tanto del Estado como de las Comunidades Autónomas, Corporaciones Locales y Seguridad Social.

Con carácter general los principios de estabilidad presupuestaria y sostenibilidad financiera del Sector público constituyen dos pilares fundamentales del crecimiento económico y bienestar social. La sostenibilidad financiera, entendida como capacidad de asumir compromisos de gastos presentes y futuros, encuentra su principal obstáculo en el descontrol de la deuda. El aumento descontrolado de la deuda del Sector público lastra el crecimiento económico, al comprometer recursos futuros, hipotecando ingresos venideros.

En este sentido a través de la aprobación de la Ley Orgánica 2/2012, de 27 de abril, se abordó el control del endeudamiento, limitando el volumen de la deuda pública. Ahora bien el endeudamiento del Sector público no solo se refleja en el volumen de su deuda financiera, sino también en su deuda comercial. En este sentido limitar el control del endeudamiento a la deuda pública financiera no conduce sino a obviar una de las expresiones más relevantes del endeudamiento, como es la deuda comercial. La sostenibilidad financiera no es sólo el control de la deuda pública financiera, sino también es el control de la deuda comercial.

Pues bien a través de la aprobación de la Ley Orgánica 9/2013, de 20 de diciembre, de Control de la Deuda Comercial en el Sector Público, mediante la cual se articuló la trasposición parcial de la Directiva 2011/85/UE del Consejo, de 8 de noviembre de 2011, sobre los requisitos aplicables a los marcos presupuestarios de los Estados miembros, se persigue ampliar el concepto de deuda pública con la finalidad de mejorar la protección de todos los acreedores. Con carácter general la principal novedad introducida por la presente Ley se concreta en la introducción de un periodo medio de pago como expresión del volumen de la deuda comercial, de manera que todas las Administraciones Públicas, en aplicación del principio de transparencia, deban hacer público su periodo medio de pago, avanzándose en su reducción mediante un sistema estructural, progresivo y automático de medidas.

De cara a lograr la consecución de dicho objetivo fue objeto de modificación la Ley Orgánica 2/2012, de 27 de abril, al objeto de ampliar el concepto del principio de sostenibilidad financiera, que ahora también incluye el control de la deuda comercial, lo que evita poner en riesgo en el medio plazo la estabilidad presupuestaria y la sostenibilidad de las finanzas públicas. A tal efecto se creó la obligación de las Administraciones Públicas de hacer público su período medio de pago a proveedores, generándose una herramienta de seguimiento de la deuda comercial, de fácil comprensión, que ha de permitir seguir su evolución. Internamente las Administraciones deberán incluir en sus planes de tesorería información relativa al pago a proveedores, de manera que la gestión financiera se alinee con la protección de los proveedores.[550]

[550] Concretamente se incluyó un nuevo apartado 6 en el art. 13 de la Ley Orgánica 2/2012, de conformidad con el cual las Administraciones Públicas deberán publicar su periodo medio de pago a proveedores y disponer de un plan de tesorería que incluirá, al menos, información relativa a la previsión de pago a proveedores de forma que se garantice el cumplimiento del plazo máximo que fija la normativa sobre morosidad. Las Administraciones Públicas velarán por la adecuación de su ritmo de asunción de compromisos de gasto a la ejecución del plan de tesorería. Cuando el período medio de pago de una Administración Pública, de acuerdo con los datos publicados, superara el plazo máximo previsto en la normativa sobre morosidad, la Administración habría de incluir, en la actualización de su plan de tesorería inmediatamente posterior a la mencionada publicación, y como parte de dicho plan, lo siguiente: de una parte, el importe de los recursos que fuese a dedicar mensualmente al pago a proveedores para poder reducir su periodo medio de pago hasta el plazo máximo que fija la normativa sobre morosidad; y, de otra, el compromiso de adoptar las medidas cuantificadas de reducción de gastos, incremento de ingresos u otras medidas de gestión de cobros y pagos, que le permita generar la tesorería necesaria para la reducción de su periodo medio de pago a proveedores hasta el

Por lo que interesa al objeto de nuestro estudio, las Comunidades Autónomas, la Ley Orgánica 9/2013 contempla la adopción de nuevas medidas preventivas, correctivas y coercitivas destinadas a garantizar el cobro por los proveedores, y que el Ministerio de Hacienda y Administraciones Públicas aplicará, como son: la cuantificación en el plan de tesorería de medidas de reducción de gasto o aumento de ingresos que deban adoptarse para reducir el período medio de pago a proveedores; la determinación del importe de sus recursos que deba destinarse al pago de proveedores; o la posibilidad de retener los recursos de los regímenes de financiación aplicables para que el Ministerio de Hacienda y Administraciones Públicas pague directamente a los proveedores.

En el caso concreto de las CC.AA. el Ministerio de Hacienda y Administraciones Públicas ha de efectuar un seguimiento del cumplimiento de los periodos medio de pago a proveedores de las Comunidades Autónomas. Así, cuando el periodo medio de pago a los proveedores de la Comunidad Autónoma supere en más de 30 días el plazo máximo de la normativa de morosidad durante dos meses consecutivos a contar desde la actualización de su plan de tesorería previsto al efecto, el Ministerio de Hacienda formulará una comunicación de alerta indicándose el importe que deberá dedicar

plazo máximo que fija la normativa sobre morosidad. Asimismo fueron objeto de modificación a este respecto los apartados tres, cuatro y cinco del art. 17 de la Ley Orgánica 2/2012, pasando a señalarse que antes del 15 de abril de cada año, el Ministro de Hacienda y Administraciones Públicas elevará al Gobierno un primer informe sobre el grado de cumplimiento de los objetivos de estabilidad presupuestaria y de deuda pública y de la regla de gasto del ejercicio inmediato anterior, así como de la evolución real de la economía y las desviaciones respecto de la previsión inicial contenida en el informe al que se refiere el art. 15.5 de la Ley. Dicho informe se elaboraría sobre la base de la información remitida a las autoridades europeas en aplicación del Procedimiento de Déficit Excesivo. De cara a valorar el cumplimiento se tendría en cuenta un margen razonable que pudiera cubrir las variaciones respecto del informe contemplado en el apartado siguiente derivadas del calendario de disponibilidad de los datos. Por otra parte antes del 1 de octubre de cada año el Ministro de Hacienda y Administraciones Públicas elevaría al Gobierno un segundo informe sobre el grado de cumplimiento de los objetivos de estabilidad presupuestaria y de deuda pública y de la regla de gasto del ejercicio inmediato anterior, así como de la evolución real de la economía y las desviaciones respecto de la previsión inicial contenida en el informe al que se refiere el art. 15.5 de la Ley Orgánica. De cara a la elaboración de dicho informe se tendría en cuenta la información remitida a las autoridades europeas en aplicación del Procedimiento de Déficit Excesivo, así como la información actualizada remitida por las Comunidades Autónomas al Ministerio de Hacienda y Administraciones Públicas. Dicho informe incluiría también una previsión sobre el grado de cumplimiento en el ejercicio corriente, coherente con la información que se remita a la Comisión Europea de acuerdo con la normativa europea.

mensualmente al pago a proveedores y las medidas cuantificadas de reducción de gastos, incremento de ingresos u otras medidas de gestión de cobros y pagos, que deberá adoptar de forma que le permita generar la tesorería necesaria para la reducción de su periodo medio de pago a proveedores. La Comunidad Autónoma de que se trate deberá incluir todo ello en su plan de tesorería en el mes siguiente a dicha comunicación de alerta. Una vez que el Ministerio de Hacienda realice dicha comunicación de alerta sus efectos se mantendrán hasta que la Comunidad Autónoma cumpla el plazo máximo de pago previsto en la normativa de morosidad.

Otra de las modificaciones introducida en la Ley Orgánica 2/2012, de 27 de abril, fue aquella a través de la cual se persigue mejorar el automatismo en el seguimiento y control del cumplimiento de los objetivos de estabilidad presupuestaria y de deuda pública y la regla de gasto, siendo objeto de trasposición parcial, como ya se ha indicado, la Directiva 2011/85/UE del Consejo, de 8 de noviembre de 2011, sobre los requisitos aplicables a los marcos presupuestarios de los Estados miembros, e incorporándose también modificaciones sobre el principio de responsabilidad y la responsabilidad por incumplimiento de normas de Derecho de la Unión Europea o de tratados y convenios internacionales de los que España sea parte.

Así las cosas, y por lo que respecta a las medidas automáticas de corrección previstas, el art. 20 de la Ley Orgánica pasó a disponer que en el supuesto en que el Gobierno, de acuerdo con los informes a que se refiere el art. 17 de la Ley, constatase que existe incumplimiento del objetivo de estabilidad presupuestaria, de deuda pública o de la regla de gasto, todas las operaciones de endeudamiento de la Comunidad Autónoma incumplidora precisarán de autorización del Estado en tanto persista el citado incumplimiento. Esta autorización podrá realizarse de forma gradual por tramos y será preceptiva hasta que el Ministerio de Hacienda constate que ha cumplido con los objetivos de estabilidad presupuestaria, de deuda pública y regla de gasto. Una vez que el plan económico-financiero presentado por la Comunidad Autónoma a resultas del incumplimiento del objetivo de estabilidad presupuestaria, del objetivo de deuda pública o de la regla de gasto hubiera sido considerado idóneo por el Consejo de Política Fiscal y Financiera, las operaciones de crédito a corto plazo que no sean consideradas financiación exterior no precisarán de autorización del Estado. En todo caso las Leyes de Presupuestos Generales del Estado establecerán los criterios que deban servir de base para la emisión del informe regulado que, en todo caso, deberá tener en cuenta el grado de ejecución de las medidas que deben ser aplicadas por la Comunidad Autónoma para corregir la situación de incumplimiento.

En el hipotético caso de que el periodo medio de pago a los proveedores de la Comunidad Autónoma superase en más de 30 días el plazo máximo de la normativa de morosidad durante dos meses consecutivos a contar desde la actualización de su plan de tesorería, el Ministerio de Hacienda lo comunicará a la Comunidad Autónoma indicando que partir de ese momento todas aquellas modificaciones presupuestarias que conlleven un aumento neto del gasto no financiero de la Comunidad y que, de acuerdo con la normativa autonómica vigente, no se financien con cargo al fondo de contingencia o con baja en otros créditos, requerirán la adopción un acuerdo de no disponibilidad de igual cuantía, del que se informará al Ministerio de Hacienda con indicación del crédito afectado, la medida de gasto que lo sustenta y la modificación presupuestaria origen de la misma. Asimismo se ha de indicar que todas sus operaciones de endeudamiento a largo plazo precisarán de autorización del Estado, la cual podrá realizarse de forma gradual por tramos. Por último se indicará que la Comunidad Autónoma deberá incluir en la actualización de su plan de tesorería inmediatamente posterior nuevas medidas para cumplir con el plazo máximo de pago previsto en la normativa de morosidad.

Y si, una vez aplicadas este conjunto de medidas, el periodo medio de pago a los proveedores de la Comunidad Autónoma superase en más de 30 días el plazo máximo de la normativa de morosidad durante dos meses consecutivos a contar desde la actualización de su plan de tesorería, el Ministerio de Hacienda iniciará el procedimiento de retención de los importes a satisfacer por los recursos de los regímenes de financiación para pagar directamente a los proveedores. Para ello se recabará de la Comunidad Autónoma la información necesaria para cuantificar y determinar la parte de la deuda comercial que se vaya a pagar con cargo a los mencionados recursos y se comunicará al Consejo de Política Fiscal y Financiera para su conocimiento. En todo caso estas medidas se mantendrán hasta que la Comunidad Autónoma cumpla con el plazo máximo de pago previsto en la normativa de morosidad durante seis meses consecutivos.[551]

---

[551] De este modo, y de acuerdo con la nueva redacción otorgada al apartado primero del art. 21 de la Ley Orgánica 2/2012, en caso de incumplimiento del objetivo de estabilidad presupuestaria,

En relación con la instrumentación del llamado principio de transparencia, y a la luz de la reforma introducida en el art. 27 de la Ley Orgánica 2/2012, los Presupuestos de cada Administración Pública se acompañarán de la información precisa para relacionar el saldo resultante de los ingresos y gastos del Presupuesto con la capacidad o necesidad de financiación calculada conforme a las normas del Sistema Europeo de Cuentas Nacionales y Regionales. De este modo, y por lo que a las CC.AA. se refiere, antes del 1 de octubre de cada año los Entes Regionales remitirán al Ministerio de Hacienda información sobre las líneas fundamentales que contendrán sus Presupuestos, a efectos de dar cumplimiento a los requerimientos de la normativa europea. El Ministerio de Hacienda podrá recabar de las Comunidades Autónomas la información necesaria para garantizar el cumplimiento de las previsiones de esta Ley, así como para atender cualquier otro requerimiento de información exigido por la normativa comunitaria.

---

del objetivo de deuda pública o de la regla de gasto, la Administración incumplidora formulará un plan económico-financiero que permita en el año en curso y el siguiente el cumplimiento de los objetivos o de la regla de gasto, con el contenido y alcance previstos en dicho precepto. Por lo que respecta a la adopción de medidas coercitivas pasó a establecer el art. 25 de la citada Ley Orgánica que en caso de falta de presentación, de falta de aprobación o de incumplimiento del plan económico-financiero o del plan de reequilibrio, o cuando el periodo medio de pago a los proveedores de la Comunidad Autónoma supere en más de 30 días el plazo máximo de la normativa de morosidad durante dos meses consecutivos a contar desde la comunicación prevista en el art. 20.6 de la citada Ley, la Administración Pública responsable deberá aprobar, en el plazo de 15 días desde que se produzca el incumplimiento, la no disponibilidad de créditos y efectuar la correspondiente retención de créditos, que garantice el cumplimiento del objetivo establecido. Dicho acuerdo debe detallar las medidas de reducción de gasto correspondientes e identificar el crédito presupuestario afectado, no pudiendo ser revocado durante el ejercicio presupuestario en el que se apruebe o hasta la adopción de medidas que garanticen el cumplimiento del objetivo establecido, ni dar lugar a un incremento del gasto registrado en cuentas auxiliares. A tal efecto dicha información será objeto de un seguimiento específico. Asimismo, cuando resulte necesario para dar cumplimiento a los compromisos de consolidación fiscal con la Unión Europea, las competencias normativas que se atribuyan a las Comunidades Autónomas en relación con los tributos cedidos pasarán a ser ejercidas por el Estado. En segundo término la Administración Pública responsable deberá constituir, cuando se solicite por el Ministerio de Hacienda, un depósito con intereses en el Banco de España equivalente al 0,2 % de su PIB nominal. Dicho depósito será cancelado en el momento en que se apliquen las medidas que garanticen el cumplimiento de los objetivos. Y si, en el plazo de 3 meses a contar desde la constitución del depósito, no se hubiera presentado o aprobado el plan, o no se hubieran aplicado las medidas, el depósito no devengará intereses. Por último si, transcurrido un nuevo plazo de 3 meses, persistiera el incumplimiento, podrá acordar que el depósito se convertirá en multa coercitiva.

Dicha información suministrada contendrá, como mínimo, los siguientes documentos en función del periodo considerado: información de los proyectos de Presupuestos iniciales o de los estados financieros iniciales, con indicación de las líneas fundamentales que se prevean en dichos documentos; Presupuesto general o en su caso estados financieros iniciales, y cuentas anuales de las Comunidades Autónomas; Liquidaciones mensuales de ingresos y gastos de las Comunidades Autónomas; con carácter no periódico, detalle de todas las Corporaciones dependientes de las Comunidades Autónomas y Corporaciones Locales incluidas en el ámbito de aplicación de la Ley; y cualquier otra información necesaria para calcular la ejecución presupuestaria en términos de contabilidad nacional.

La concreción, procedimiento y plazo de remisión de la información a suministrar por las Comunidades Autónomas, así como la documentación que sea objeto de publicación para conocimiento general, serán objeto de desarrollo por Orden del Ministro de Hacienda previo informe del Consejo de Política Fiscal y Financiera de las Comunidades Autónomas. Por su parte el Ministerio de Hacienda, con la finalidad de otorgar cumplimiento al principio de transparencia y a las obligaciones de publicidad derivadas de las disposiciones de la Ley, podrá publicar información económico-financiera de las Administraciones Públicas con el alcance, metodología y periodicidad que se determine conforme a los acuerdos y normas nacionales y las disposiciones comunitarias. Las Administraciones Públicas y todas sus entidades y organismos vinculados o dependientes harán público su periodo medio de pago a los proveedores en los términos que se establezcan por Orden del Ministro de Hacienda. El eventual incumplimiento de las obligaciones de transparencia y de suministro de información, tanto en lo referido a los plazos establecidos, el correcto contenido e idoneidad de los datos o el modo de envío derivadas de las disposiciones de la Ley podrá llevar aparejada la imposición de las medidas previstas en el art. 20 de la Ley Orgánica 2/2012.

En el hipotético caso de que la liquidación presupuestaria se sitúe en superávit, y al amparo de la nueva redacción otorgada al art. 32 de la Ley Orgánica 2/2012, éste se destinará a reducir el nivel de endeudamiento neto, siempre con el límite del volumen de endeudamiento si éste fuera inferior al importe del superávit a destinar a la reducción de deuda. A tal efecto se ha de entender por superávit la capacidad de financiación según el sistema europeo de cuentas y por endeudamiento la deuda pública a efectos del procedimiento de déficit excesivo tal y como se define en la normativa europea.

Téngase presente por otra parte que la Ley Orgánica 9/2013 incorpora varios nuevos apartados en la Disposición Adicional Primera de la Ley Orgánica 2/2012, de conformidad con los cuales a partir de la aplicación de las medidas previstas en su art. 20.5 el Ministerio de Hacienda podrá proponer a la Comunidad Autónoma su acceso a los mecanismos adicionales de financiación vigentes. Si, transcurrido un mes a contar desde la propuesta formulada por el Ministerio de Hacienda, la Comunidad Autónoma no manifestara de manera justificada su rechazo, se entenderá automáticamente incluida en el mecanismo adicional de financiación propuesto. El citado Ente Regional sólo podrá justificar su rechazo si acredita que puede obtener la liquidez y a un precio menor del que le proporciona el mecanismo propuesto por el Estado. Aquellas operaciones de crédito que las Comunidades Autónomas concierten con cargo a los mecanismos adicionales de financiación cuyas condiciones financieras hayan sido previamente aprobadas por la Comisión Delegada del Gobierno para Asuntos Económicos y cuyo plazo no sea superior a diez años quedarán exceptuadas de la autorización preceptiva del Consejo de Ministros, y no les resultarán de aplicación las restricciones previstas en el apartado dos del art. 14 de la LOFCA y en la Disposición Transitoria Tercera de la Ley Orgánica 2/2012. Con carácter excepcional dichas limitaciones de plazo podrán no ser de aplicación a las referidas operaciones de crédito cuando así lo aprecie el Consejo de Ministros en las autorizaciones de dichas operaciones. En todo caso el importe del gasto realizado de acuerdo con lo anteriormente señalado no se considerará como gasto computable a efectos de la aplicación de la regla de gasto definida en el art 12 de la Ley.

Para finalizar, se ha de precisar que la Ley Orgánica 9/2013, de 20 de diciembre, de Control de la Deuda Comercial en el Sector Público, modificó la Ley Orgánica 8/1980, de 22 de septiembre, estableciendo un nuevo límite, más flexible, a las retenciones o deducciones mensuales que puede realizar el Estado de los recursos del sistema de financiación, en el caso de incumplimiento del período medio de pago a proveedores establecido. A tal efecto se incorporó un nuevo apartado 3 en la Disposición Adicional Octava de la LOFCA, relativa a la deducción o retención de los recursos del sistema de financiación de las Comunidades Autónomas y Ciudades con Estatuto de Autonomía, señalándose que la deducción o retención que haga el Estado de los importes satisfechos por todos los recursos de los regímenes de financiación para satisfacer las obligaciones de pago que las Comunidades tengan con sus proveedores, en los supuestos previstos en el art. 20 de la Ley Orgánica 2/2012 (y que comprenderá los costes asociados a su gestión) no podrá exceder de la diferencia entre el importe previsto en el art. 18.4 de la mencionada Ley Orgánica y el importe que la Comunidad Autónoma haya dedicado al pago a proveedores para poder reducir su periodo medio de pago.

8. EL INICIO DEL REPUNTE DE LA CRISIS DE DEUDA PÚBLICA AUTONÓMICA EN 2014

8.A. Alcance de las emisiones de deuda pública acometidas por las CC.AA. en 2014

Con carácter general, mientras que en 2007, antes del estallido de la crisis financiera, las CC.AA. destinaban 2.300 millones de euros a costear su deuda, en 2014 esta partida supondría un total de 8.777 millones de euros, lo que representaba la cifra más elevada de la historia. Así se desprendía del Informe publicado con fecha 3 de enero de 2014 por el Ministerio de Hacienda sobre los Presupuestos autonómicos.

En términos agregados el conjunto de las partidas presupuestarias registraban un descenso, salvo el Capítulo de gastos financieros, que aumentaba un 8% respecto al Presupuesto de 2013. Téngase presente a este respecto que la crisis financiera provocó una caída sin precedentes de los ingresos autonómicos –muy ligados al ciclo inmobiliario–, lo que generó un elevado déficit que las Comunidades cubrieron a través de créditos. Así las cosas la deuda autonómica ascendía a 196.957 millones en el tercer trimestre de 2013, lo que representaba el 19,3% del PIB. Además de la financiación del déficit público, el plan de pago a proveedores también contribuyó a incrementar el nivel de pasivo autonómico y, en consecuencia, la partida destinada a pagar intereses.

En sentido contrario, las medidas de austeridad impulsadas para reducir el déficit público se centraban especialmente en el Capítulo presupuestario destinado a la inversión pública. Esta partida presupuestaria caería en 2014 un 11,9% hasta los 5.765 millones de euros. Hay que remontarse al año 1991 para encontrar un nivel más bajo de inversión pública en las Comunidades Autónomas. Ya en 2008, cuando las Autonomías todavía no habían calibrado la magnitud de la crisis que se iniciaba, se destinaron un total de 16.272 millones a inversión. Ello suponía que para 2014 se habría producido en este capítulo presupuestario un recorte del 64,5% en seis años.

El conjunto de las CC.AA. (a excepción de Navarra) preveía en 2014 un total de 135.967 millones de euros, lo que representaba un 1,77% menos que en 2013. Sin embargo, este descenso estaba influenciado por el hecho de que Cataluña y País Vasco no aprobaron en 2013 sus Presupuestos y prorrogaron los vigentes en 2012. Ello provocó que el ajuste en términos agregados fuese mayor al real. Las Comunidades Autónomas de Aragón, Asturias, Baleares, Canarias, Cantabria, Extremadura, Madrid, Murcia, La Rioja y Comunidad Valenciana incrementaron su presupuesto de gasto en 2014 respecto al año anterior.

En el ámbito de los ingresos las CC.AA. preveían recaudar un total de 124.378 millones de euros, lo que representaba un 0,81% menos que lo presupuestado en 2013. En este ámbito destacaba el incremento de los ingresos derivados del Impuesto sobre Sucesiones y del Impuesto sobre el Patrimonio. Las Autonomías confiaban en que el ISD aportase en 2014 un total de 2.614 millones, un 15,46% más. Por el IP esperaban ingresar 1.021 millones de euros, un 53,62% más.[552]

---

[552] Concretamente se preveía que el Impuesto de Patrimonio recaudase hasta un 54% más, y el ISD otro 15% más. Con carácter general para el conjunto de las CC.AA. el IP se ha convertido en un ingreso presupuestario extraordinario y no en un adelanto de liquidez, ya que en la última sesión correspondiente al ejercicio 2013 del CPFF celebrada el 18 de diciembre de 2013 se acordó que el Ejecutivo no descontase lo ingresado de las transferencias realizadas. Las Comunidades preveían recaudar un 54% más en 2014, hasta alcanzar los 1.021 millones de euros. De este modo los contribuyentes aportarían 360 millones más a las arcas regionales. Ello afectaría especialmente a Cataluña, que casi lo duplicaría (un 90% más, hasta los 458 millones de euros), e Islas Baleares (el doble, hasta 49 millones de euros). Solo se reduciría en Extremadura y Aragón. Por su parte el ISD también sufriría un considerable auge recaudatorio, en este caso del 15,5%, hasta 2.614 millones de euros. Cataluña se situaba también a la cabeza en presión fiscal, al prever elevar la recaudación un 68% hasta 331 millones de euros. Le seguía de cerca Galicia, aumentando un 60%, 173 millones más. Solo Cantabria, Castilla y León y, de nuevo, Extremadura, planeaban aligerar la recaudación, acudiendo en cambio a las posibilidades de explotación existentes en el ámbito de los tributos cedidos al objeto de tratar de equilibrar las partidas de ingresos.

En definitiva, cabía aludir a un importante crecimiento de la cantidad que en el 2014 las CC.AA. debían destinar al pago de deuda pública, tanto en pago de los intereses como las amortizaciones de los pasivos financieros. En total se destinarían 30.579 millones de euros a estos conceptos, lo que implicaba un considerable incremento del 44% respecto al ejercicio 2013. Entre las Regiones más afectadas por la espiral de la deuda se encontraba, en primer lugar, Cataluña, cuyas obligaciones financieras se duplicaban, creciendo un 114% hasta un total de 7.876 millones de euros. Galicia, con un incremento del 86%, y País Vasco, con un ascenso del 84%, completaban la lista de las más perjudicadas por la evolución financiera de las Comunidades. Solo había una Región que vería reducida sus partidas para la deuda pública, siendo ésta la Comunidad Autónoma de Andalucía, que pagaría un 10,5% menos. La variación de la Región de Murcia era prácticamente nula, con un aumento del 2% sobre 2013. El ajuste afectaría además a las partidas de gasto, pero también explotaría las de ingresos: los mayores ajustes se buscarían, como se ha señalado con anterioridad, por el lado de la recaudación fiscal.[553]

Con fecha 24 de enero de 2014 la Agencia de calificación crediticia *Fitch* confirmó los *ratings* 'BBB' con perspectiva 'negativa' de la Comunidad de Madrid y 'BBB-' con perspectiva 'estable' de Cataluña y Castilla-La Mancha. En el caso de las Comunidades Autónomas de Cataluña y Castilla La-Mancha *Fitch* explicó que su *rating* respondía a su criterio de que la nota de las Regiones españolas no podía ser más de un escalón inferior al del soberano (en el caso de España 'BBB' con perspectiva 'estable'), dado el apoyo que el Gobierno central prestaría a las Autonomías en caso de necesidad, el cual quedaría fundamentado en una serie de factores destinados a mejorar la liquidez y reducen la probabilidad de quiebra de la Región. Entre ellos citó la Agencia la Ley de Estabilidad Presupuestaria, la prioridad absoluta al servicio de la deuda recogida en el art. 135 de la Constitución y la existencia del Fondo de Liquidez Autonómico.

Tanto para Cataluña como para Castilla La-Mancha la Agencia consideró que sus métricas crediticias resultaban más débiles de lo que indicaba su *rating*, por lo que sin este apoyo estaría situado en la categoría denominada de 'bono basura' debido a su déficit por cuenta corriente desde 2008 y, en el caso de la Comunidad castellano-manchega, a su elevada carga de deuda.

[553] En efecto, la recaudación por los Impuestos sobre el Patrimonio y sobre Sucesiones y Donaciones se preveía incrementar un 54% y un 15%, respectivamente.

Fitch asumía en ambos casos que el mecanismo de liquidez del Gobierno central se prolongaría más allá de 2014 en el supuesto de que las condiciones de financiación continuaran siendo complicadas. Asimismo confiaba en que, pese a las tensiones políticas en Cataluña entre los Gobiernos central y regional, el Ejecutivo estatal continuara apoyando a la Comunidad Autónoma en caso de que así lo necesitase.

Por lo que respecta a la Comunidad de Madrid destacó la Agencia que su *rating* 'BBB' reflejaba su "prosperidad económica" respecto a los datos nacionales y los esfuerzos realizados por recortar sus grandes gastos, si bien preveía que su comportamiento fiscal continuara siendo débil en 2014 incrementándose su deuda ligeramente en 2013-2015. La perspectiva 'negativa' de la nota de la Comunidad de Madrid obedecía además a que la citada Comunidad registraría un déficit por cuenta corriente en 2014, cuando *Fitch* esperaba superávit, motivo por el cual podría incluso llegar a rebajar dicha nota si también cerrase en negativo en 2015, así como si la deuda subiese más de lo previsto o si recortase el *rating* de España.

Precisamente dicha Comunidad Autónoma regresó con fecha 28 de enero de 2014 (y tras un período de inactividad superior a doce meses) a los mercados de deuda con el objetivo de lanzar una emisión de bonos a cinco años a un precio que podía rondar los 50 puntos básicos por encima de la deuda soberana española. Los planes de la Comunidad de Madrid pasaban por colocar al menos 500 millones de euros en los bonos lanzados al mercado, con vencimiento en abril del año 2019. El precio incluiría una prima de 50 puntos básicos por encima el bono soberano español a cinco años, próximo en aquel entonces al 2,3%. El interés, por tanto, rondaría el 2,8%.

Finalmente en dicha emisión sindicada la Comunidad de Madrid logró colocar un total de 1.400 millones de euros, lo que representaba la mayor emisión sindicada de una Comunidad Autónoma. La demanda existente multiplicó por más de dos el importe final adjudicado, con 3.000 millones de euros y un elevado interés de inversores de fuera. El volumen colocado casi triplicaba el objetivo inicial de la citada Región, que pasaba por emitir al menos 500 millones de euros en los bonos lanzados al mercado, con vencimiento en abril del año 2019. El precio fue también ligeramente inferior al barajado en un principio, con una prima de 49 puntos básicos (frente a los 50 estimados) por encima el bono soberano español a cinco años, próximo en aquel momento al 2,3%.

¿Cuál fue el déficit desagregado por Comunidades Autónomas correspondiente hasta el mes de noviembre de 2013?[554] El conjunto de las CC.AA. registraron un déficit en términos de contabilidad nacional de 12.901 millones de euros, lo que representaba el 1,26% del PIB, muy cerca del límite del 1,3% fijado para todo el ejercicio 2013. Las Comunidades con los déficits más altos fueron Murcia (2,30%), Navarra (2,19%)[555], Comunidad Valenciana (2,01%), Cataluña (1,96%) y Aragón (-1,58%). Por su parte País Vasco fue la única Comunidad con superávit (0,16%) hasta noviembre de 2013.

Siete Comunidades incumplían con el déficit a la carta autorizado por el Ministerio de Hacienda en 2013. En efecto, durante el mes de noviembre siete Regiones incumplieron el déficit a la carta: Cataluña (1,96% frente al 1,58%), Madrid (1,11% frente al 1,07%), Valencia (2,01% frente al 1,60%), Murcia (2,30% vs. 1,59%), Aragón (1,58% vs. 1,30%), Navarra (2,19% vs. 1,20%) y Galicia (1,22% vs. 1,20%).

Dichos datos (relativos a la evolución de las cuentas públicas de las CC.AA. hasta el tercer trimestre de 2013), puestos de manifiesto en un Informe facilitado por el Ministerio de Hacienda relevaban además que la Comunidad Autónoma de Cataluña no lograría los ingresos previstos por el capítulo de enajenación de inversiones reales (venta de bienes), habiéndose presupuestado una mayor partida de ingresos por enajenación de inversiones que no se materializaban[556]. Una situación similar se planteaba en las Comunidades de Andalucía[557], Valencia[558] y Murcia[559].

---

554 Fuente: *Diario Expansión,* www.expansion.com (consultada el 28 de enero de 2014).

555 No obstante, y tal y como especificó el Ministerio de Hacienda en su Informe, el dato correspondiente a la Comunidad Foral de Navarra no resultaba homogéneo al verse afectado por el diferente calendario de ingresos y gastos de la Comunidad Foral respecto del resto de CCAA.

556 La Comunidad Autónoma de Cataluña presentaba en el mes de noviembre de 2013 un déficit del 1,96% frente al objetivo del 1,58% fijado, a pesar de haber aplicado fuertes medidas de ajuste y continuas subidas impositivas que, sin embargo, se mostraban insuficientes para evitar el incumplimiento del umbral de déficit público marcado por Hacienda.

557 En el caso concreto de esta Comunidad sus números rojos durante los primeros once meses de 2013 ascendieron al 1,13% cuando su umbral máximo de déficit fue fijado en el 1,58%.

558 En el caso concreto de la Comunidad Autónoma valenciana su desfase se situaba durante el mes de noviembre de 2013 en el 2,01%, cuatro décimas por encima de su objetivo (1,6%).

559 A fecha de noviembre de 2013 la citada Comunidad Autónoma presentaba unos números rojos del 2,3% de su PIB, una cifra muy superior a su límite (1,59%).

De cualquier manera en el hipotético supuesto de que las CC.AA. hubieran cumplido en 2013 su objetivo de cerrar con un déficit del 1,3% –posibilidad improbable–, deberían seguir aplicando medidas de ajuste para el ejercicio 2014, en relación con el cual se fijó desde el Ejecutivo central el reto de rebajar los números rojos hasta el 1% del PIB.

En el caso específico de la Comunidad de Madrid dicha Región había cerrado el año 2013 con un 1,03% del PIB de déficit cumpliendo el objetivo que le había marcado el Gobierno central y que estaba fijado en un 1,07%, por lo que se había quedado a 0,4 décimas del objetivo fijado por el Estado. Y la deuda que se mantuviese como disponible para la venta también se contabilizaría a precios de mercado, si bien el impacto en el capital dependería de las decisiones que adoptasen los supervisores.

Al amparo de esta situación con fecha 10 de febrero de 2014 la citada Comunidad lanzó una emisión de bonos a diez años cuyo precio inicial rondaba los 60 puntos básicos sobre el bono de referencia español a diez años (próximo al 3,6%, sus cotas más bajas desde 2006), de forma que los bonos de la Comunidad de Madrid podrían rondar el 4,2% de interés. La demanda recibida posibilitó rebajar los costes hasta los 57 puntos básicos de prima, de forma que los bonos de la Comunidad de Madrid podían bajar incluso del 4,2% de interés.

Finalmente la citada emisión alcanzó un total de 1.600 millones de euros a través de una emisión pública de un bono a diez años, la mayor realizada por una Comunidad Autónoma en la historia. Dicha emisión se produjo después de que, con fecha 28 de enero de 2014, el Ejecutivo regional cerrase la colocación de bonos a cinco años por un total de 1.400 millones de euros, más de un tercio de la deuda pública autorizada por el Gobierno Central, lo que representaba un total de 3.635,9 millones. La operación se realizó con el interés más bajo de los últimos años para un bono de esas características –4,125 %– al estrechar el diferencial respecto al Tesoro hasta los 57 puntos básicos. Concretamente la citada operación se inició con un diferencial de coste con respecto al Tesoro de 65 puntos básicos. Sin embargo, debido a la demanda se rebajó a 57, lo que suponía un ahorro de casi 1,5 millones de euros.

Así las cosas la demanda de los inversores en las dos operaciones de deuda de 2014 celebradas logró suscitar una demanda conjunta de 5.400

millones de euros. El Gobierno Regional de Madrid lograba además refinanciar la mayor parte de la deuda que vencía en 2014, tras la autorización obtenida con fecha 24 de enero de 2014 por el Consejo de Ministros hasta un importe máximo de 3.635 millones de euros. Al amparo de estos buenos resultados la Consejería de Economía de la Comunidad tenía previsto además solicitar una autorización de endeudamiento por importe de otros 2.000 millones de euros adicionales para completar las necesidades de financiación para todo el ejercicio 2014[560].

En el caso específico de la Comunidad Autónoma de Castilla y León, con fecha 25 de enero de 2014 logró captar un total de 650 millones de euros a través de lo que constituía la mayor emisión de deuda pública de su historia. Las peticiones efectuadas triplicaron la cantidad original ofrecida. Y es que, si bien la previsión inicial pasaba por colocar un total de 500 millones de euros, la demanda del mercado se fue hasta los 1.449,5 millones de euros, motivo por el cual se decidió incrementar el importe en 150 millones. El tipo de interés sobre el Tesoro de la emisión alcanzó el 0,53%, el más bajo de los que habían logrado hasta dicha fecha las CC.AA. con operaciones similares.

Posteriormente a finales del mes de febrero de 2014 la Agencia de Calificación Crediticia *Moody´s* procedió a elevar el rating de todas las

[560] A esta última operación debía sumarse, además, la venta efectuada con fecha 12 de febrero de 2014 a una entidad financiera de un total de 78 millones de euros de deuda a 22 años y al 5% de interés nominal, publicada en el Boletín Oficial de la Comunidad de Madrid (BOCM) de dicha fecha. El objetivo perseguido con la realización de esta última operación no era otro que lograr una rebaja adicional en el más largo plazo, al objeto de abaratar aun más la financiación en beneficio de futuras colocaciones, que serían más baratas, obteniéndose así una mayor liquidez en el secundario en todos los plazos. Dicha operación se efectuó por debajo del límite del diferencial establecido por el Tesoro para las operaciones financieras de las CC.AA. (T+75 puntos básicos), logrando cerrarse la referida operación a 'Tesoro + 70pb', lo que equivalía al 5% de interés. A este respecto se ha de tener presente además que, de un tiempo a esta parte, el Ministerio de Economía y Competitividad ha endurecido los límites para poder salir al mercado, ya que ningún Gobierno regional que no haya solicitado ayuda al FLA podría emitir deuda con un diferencial superior a los 75 puntos básicos sobre los bonos del Tesoro Público. Con posterioridad la Comunidad de Madrid reanudaría sus emisiones de deuda con fecha 7 de julio de 2014, abriendo libros para colocar al menos 500 millones de euros a un plazo de nueve años y ofreciendo 38 puntos básicos más que la referencia del Tesoro al mismo plazo, lo que situaría el cupón final ligeramente por debajo del 3%. Previamente, con fecha 27 de junio de 2014, el Consejo de Ministros había autorizado a la citada Comunidad para formalizar préstamos a largo plazo y emitir deuda pública por un importe máximo de 1.864 millones de euros.

Comunidades Autónomas y ciudades españolas que calificaba y situó su perspectiva en 'positiva', como consecuencia de la mejora de la nota de España efectuada apenas una semana antes. Con carácter general la citada Agencia había elevado en un escalón la nota de la deuda soberana de España, que pasó de 'Baa3 a 'Baa2' con perspectiva 'positiva', al considerar que la economía española ha logrado "reequilibrarse" y pasar a un modelo de crecimiento más sostenible, así como por el amplio abanico de "reformas estructurales" acometidas en materia laboral, pensiones e impuestos y la "reestructuración" del sistema bancario.

A juicio de la Agencia *Moody's* los *ratings* de los Gobiernos regionales se veían respaldados por la "fuerte" correlación entre el riesgo crediticio soberano y el subsoberano, lo que se reflejaba en sus vínculos macroeconómicos, los factores institucionales y las condiciones de los mercados financieros. Asimismo la Agencia de Calificación crediticia subrayó la fortaleza del mecanismo de apoyo de liquidez a las Comunidades Autónomas del Gobierno central, esto es, del Fondo de Liquidez Autonómico. La decisión de *Moody's* de situar la perspectiva de todos los ratings en 'positiva' se basaba en que las mejores perspectivas económicas en el medio plazo del país supondrían que con el tiempo aumentasen los ingresos fiscales y creciesen las transferencias del Estado a las autonomías, ayudándoles a reequilibrar sus Presupuestos en el futuro.

Así, por ejemplo, *Moody's* elevó desde 'Baa2' a 'Baa1' el *rating* de País Vasco y la provincia de Vizcaya, como reflejo de sus regímenes fiscales únicos y protegidos constitucionalmente, que les permiten mantener una fortaleza crediticia suficiente para garantizar una nota superior en un escalón al de España. Con carácter adicional elevó de 'Baa3' a 'Baa2' las calificaciones de Castilla y León, Galicia y Madrid, igualándolas a la de España, debido a los vínculos macroeconómicos con el Gobierno central y su mejor comportamiento fiscal y financiero en comparación con otras autonomías, considerando que los déficits de dichas Regiones estaban bajo control y que su deuda, aunque aumentando, se situaba por debajo de la media de las Autonomías españolas.

En el caso de las Comunidades Autónomas con menor nota que España, se optó por elevar en un escalón, desde 'Ba1' a 'Baa3' la calificación de Extremadura, sacándola así de la categoría de grado de especulación, también denominada 'bono basura'. En el presente caso la Agencia justificó su decisión en una posición fiscal y de liquidez "significativamente mejorada" desde 2012, atendiendo además a su bajo nivel de deuda en comparación con sus equivalentes nacionales y su reducido riesgo sistémico. Igualmente la Agencia elevó en un escalón la nota de Andalucía (desde 'Ba2' a 'Ba1') y de Castilla-La Mancha, Cataluña y Murcia (desde 'Ba3' a 'Ba2'), y en dos escalones la de Valencia (desde 'B1' a 'Ba2'), como consecuencia de sus vínculos macroeconómicos y la evaluación y la previsión de apoyo de liquidez del Gobierno central durante los próximos dos años. Se estimaba a este respecto que el Gobierno mantendría el FLA mientras las Comunidades Autónomas continuaran enfrentándose a dificultades financieras y siguieran esforzándose para cumplir sus objetivos fiscales. Y, a pesar de que las posiciones fiscales de estas cinco Regiones continuaban siendo frágiles y su deuda podría seguir aumentando, *Moody´s* estimaba que su adhesión al FLA permitiría un mayor control de sus finanzas por parte del Gobierno central.

La Comunidad Autónoma de Extremadura trató de aprovechar a principios del mes de marzo de 2014 el abaratamiento de los costes de emisión producido acudiendo al mercado en busca de financiación y procediendo a abrir los libros de peticiones de una emisión de deuda a diez años. A resultas de dicha emisión, que alcanzó un montante global de 300 millones de euros se logró una rentabilidad del 3,87%.

Ya con anterioridad la Comunidad Autónoma de Aragón había procedido a emitir la totalidad de la deuda autorizada por el Ejecutivo para todo el 2014, que ascendía a 752 millones de euros, cerrando con éxito dos colocaciones de 125 millones de euros y de 625 millones de euros. Dichas cifras supusieron la emisión de mayor importe colocada por dicha Comunidad Autónoma en el mercado de capitales.

Por su parte la Comunidad Foral de Navarra procedió a colocar el total de los 356,8 millones de euros que el Ejecutivo central autorizó con fecha 24 de enero de 2014. Una situación similar se planteó en la Comunidad Autónoma de Galicia, que lanzó una emisión de deuda a un tipo de interés del 1,89%, el más bajo de la historia de esta Autonomía, debiendo limitarse la cantidad finalmente colocada, debido a la amplia demanda existente, a 500 millones de euros.

Finalmente también la Comunidad Autónoma de Castilla y León logró colocar sus bonos con éxito (mayoritariamente además entre los inversores extranjeros), captando un total de 650 millones de euros (de un total máximo autorizado por el ejecutivo de 682,1 millones de euros), lo que representaba la mayor emisión de deuda de su historia. El tipo de interés sobre el Tesoro de dicha colocación fue del 0,53%, el más bajo de los conseguidos este año en el ámbito regional. Los inversores extranjeros adquirieron el 57% de las obligaciones emitidas.

La Comunidad de Madrid había cumplido el objetivo de déficit fijado para 2013, al cerrar dicho ejercicio con un 1,01% de déficit respecto al Producto Interior Bruto, cumpliendo así el objetivo marcado, que era del 1,3% para el conjunto de las Comunidades Autónomas, así como con el objetivo individualizado que el Ministerio de Hacienda y Administraciones Públicas estableció para dicha Comunidad en el 1,07%. De esta manera la citada Comunidad se quedaba 0,6 décimas por debajo de dicho objetivo y 2,9 décimas por debajo del objetivo conjunto de las Comunidades Autónomas. Igualmente en dicha fecha la Comunidad Autónoma de Andalucía anunció que había logrado el objetivo de déficit que le había marcado el Gobierno central para el año 2013 (del 1,58%), ya que se situó en un 1,55%.

8.B. Inyecciones de liquidez recibidas en 2014 por las CC.AA. adheridas al FLA

Tras la presentación con fecha 3 de octubre de 2013 del Proyecto de Ley de Presupuestos Generales del Estado para 2014 se conoció que el Ejecutivo dotaría con otros 23.000 millones de euros el Fondo de Liquidez Autonómico durante el ejercicio 2014.

Desde las Administraciones Públicas se preveía que en 2013 se terminarían empleando más de 19.500 millones de euros de los 23.000 millones con que había sido dotado el citado Fondo en dicho ejercicio, que tenía la consideración de crédito ampliable. Concretamente las previsiones del Ejecutivo pasaban porque las nueve Comunidades Autónomas que se habían adherido al FLA gastasen en 2013 un total de 19.694,97 millones de euros[561]. Téngase presente que en 2012 esas mismas nueve CC.AA. consumieron

[561] Nos estamos refiriendo a las CC.AA. de Asturias, Baleares, Cantabria, Andalucía, Comunidad Valenciana, Castilla-La Mancha, Murcia y Canarias las cuales, a cambio de recibir dinero del Fondo para refinanciar su deuda y pagar facturas, se encuentran sometidas a planes de ajuste.

finalmente 16.638 millones, aunque en sólo seis meses, a diferencia de lo que ha sucedido en 2013, donde el Fondo se ha empleado a lo largo de todo el ejercicio.

Con fecha 16 de enero de 2014 la Comisión Delegada del Gobierno para Asuntos Económicos aprobó que el Fondo de Liquidez Autonómico contase con 23.000 millones de euros para cubrir las necesidades financieras de las Comunidades Autónomas adheridas en 2014. Además de cubrir las necesidades de financiación de las nueve CCAA ya adheridas, se preveía asimismo la posibilidad de cubrir las necesidades de financiación de otras Regiones, en caso de adhesión posterior. Con carácter adicional la citada Comisión Delegada del Gobierno para Asuntos Económicos acordó que el importe correspondiente al segundo tramo de la tercera fase del pago a proveedores (último de este mecanismo) se abonase a los proveedores de las Comunidades antes del 21 de febrero de 2014.

A resultas de lo anterior la Comunidad Autónoma de Cataluña solicitaría prestados en 2014 al Fondo de Liquidez Autonómico un total de 6.347 millones de euros. De dicha cantidad un total de 1.960 millones se destinarían a cubrir el déficit de la Región, ya que el techo de las Comunidades se hallaba fijado durante el 2014 en el 1% del PIB. El importe restante, 4.387 millones de euros, serviría para cubrir vencimientos de deuda.

Adviértase que dicha cantidad solicitada era aproximadamente un 41% inferior a la del ejercicio 2013 debido principalmente a que la Generalitat, que en los últimos años ha tenido que afrontar el vencimiento de buena parte de las emisiones minoristas que hizo, solo contaba en 2014 con un vencimiento de bonos a particulares de 781,54 millones a finales de abril de dicho ejercicio. Como se recordará en 2013 la Generalitat pidió prestados a cuenta del FLA unos 10.833,9 millones de euros, dado que el Ministerio de Hacienda informó a mediados de noviembre de 2013 que el Gobierno catalán había recibido a cuenta del FLA 10.050,6 millones, y a mediados de diciembre del citado ejercicio 2013 autorizó otra entrega de 783,3 millones adicionales por el aumento del déficit permitido a la Comunidad. A ello se ha de añadir además el hecho de que ya a finales del 2013 el Govern anunció que tenía el aval de Hacienda para poder solicitar al FLA unos 1.700 millones de euros más en correspondencia al aumento del déficit de 2013 del 0,7 al 1,58 % del PIB. De aquella cantidad finalmente Hacienda autorizó un total de 783,3 millones de euros.

Por su parte la Comunidad Autónoma de Andalucía solicitaría del FLA un 2014 un total de 3.383,42 millones de euros, de los cuales 1.969 millones se destinarían a vencimientos de deuda y el resto a otras necesidades como el pago a proveedores. Y la Comunidad Valenciana recibiría del Fondo para 2014 un montante total de 4.217 millones de euros. En el caso específico de esta última Comunidad sus necesidades eran las derivadas del déficit aprobado para 2014 (1%), que ascendía a 996,6 millones de euros, así como los vencimientos que había que acometer con entidades no residentes y de valores, cuyo importe alcanzaba los 969 millones de euros, y las liquidaciones negativas correspondientes a los ejercicios 2008-2009, por las que debía hacer frente a 221 millones de euros.

En el caso específico de la Comunidad Autónoma de Murcia, la adhesión formal de la citada Región al Fondo de Liquidez Autonómico en 2014 permitiría atender las necesidades financieras de la Comunidad y disponer de un importe de 668,25 millones de euros. Esta adhesión se llevó a cabo conforme a los términos que establece el Real Decreto Ley 21/2012, de 13 de julio, de medidas de liquidez de las Administraciones públicas y en el ámbito financiero, atendiendo la Región de Murcia a las condiciones financieras y fiscales contenidas en dicha norma, requisito necesario para la formalización de esta operación.

El citado Gobierno regional se comprometía al cumplimiento de la Ley de estabilidad presupuestaria, así como a conseguir el objetivo de estabilidad marcado y a que, en caso de desviación, se adopten las medidas necesarias y a presentar un plan de tesorería para justificar los desembolsos que conlleva la devolución de los préstamos del FLA.

Con fecha 13 de febrero de 2014 la Comisión Delegada del Gobierno para Asuntos Económicos autorizó las operaciones de crédito para Comunidades Autónomas adheridas al Fondo de Liquidez Autonómico en 2014, las cuales tendrían un coste menor que en anteriores ejercicios, lo que les permitiría ahorrar un total de 113,9 millones de euros más al año. Concretamente el coste para las operaciones que realizasen las Comunidades Autónomas de Andalucía, Murcia[562], Islas Baleares, Canarias, Cantabria,

[562] En el caso concreto de estas dos primeras Comunidades, con fecha 21 de febrero de 2014 la Agencia de Calificación *Fitch* procedió a elevar desde 'negativa' a 'estable' la perspectiva del rating 'BBB' de Asturias y confirmó la nota 'BBB-' con perspectiva 'estable' de Murcia. En el caso concreto de Asturias dicha revisión al alza reflejaba un mejor comportamiento operativo

Castilla-La Mancha, Cataluña, y Comunidad Valenciana con cargo al FLA de 2014 sería el de la deuda del Tesoro Público Español más un diferencial de 10 puntos básicos en lugar de 30 puntos básicos, que constituía el diferencial anterior.

De este modo el conjunto de entidades adheridas al FLA podrían ahorrar al menos 613,94 millones de euros al año con motivo del conjunto de las operaciones formalizadas en 2012, 2013 y 2014, de los cuales 113,91 corresponderían a los ahorros estimados por la citada rebaja en las operaciones de crédito de 2014.

Con fecha 12 de junio de 2014 la Comisión Delegada del Gobierno para Asuntos Económicos aprobó una ampliación del Fondo de Liquidez Autonómico de 3.000 millones de euros destinados principalmente facilitar a Cataluña y a la Comunidad Valenciana el pago de las deudas pendientes con las farmacias. Concretamente, de los 3.000 millones de euros que el Gobierno repartiría entre las Comunidades Autónomas adheridas al FLA, Cataluña recibiría un total de 912,2 millones de euros –el 30,4%– y la Comunidad Valenciana, 935,93 –el 31,2% del total–. En cuanto al resto de Comunidades, Andalucía recibiría 474,6 millones, Castilla-La Mancha 277,96 millones, Murcia 227,24 millones, Canarias 78,51 millones, Baleares 59,27 millones y Cantabria 34,28 millones de euros, destinados a poder formalizar y pagar principalmente los servicios sociales, la educación y la sanidad.

De acuerdo con dichas cantidades Cataluña constituía la Comunidad que más percibía del FLA en 2014, con un total de 7.258,9 millones de euros, seguida de la Comunidad Valenciana, con 5.150,2 millones de euros, y Andalucía, con 8.858 millones de euros. Asimismo, Castilla-La Mancha sumaba 1.531,5 millones; Murcia recibía 895,49 millones; Baleares 816,8 millones; Canarias 749,6 millones; Asturias 358,1 millones; y Cantabria 264 millones de euros.

Los referidos 3.000 millones de euros venían a sumarse además a los 17.882 millones de euros asignados ya por el Gobierno a las Comunidades adheridas al FLA 2014, lo que suponía que ya se habían repartido 20.882,98

---

tanto en 2013 como de cara al medio plazo, debido principalmente a la reducción del gasto operativo, en particular en bienes y servicios y en transferencias a empresas públicas. En dicha revisión de la calificación se tuvo en cuenta además el incremento de la deuda directa a 2.500 millones de euros en 2013, que continuaría en 2014, cuando alcanzase los 2.600 millones de euros, para después estabilizarse.

millones de los 23.000 previstos para esta partida en los Presupuestos Generales del Estado de 2014.

A principios del mes de julio de 2014 el Ministerio de Hacienda hizo público el reparto del Fondo de Liquidez Autonómico efectuado hasta el mes de junio de 2014. Con carácter general las CC.AA. de Cataluña y Andalucía copaban el 53% de los 12.217 millones de euros recibidos hasta la citada fecha por las ocho Regiones adheridas[563]. De dichas cantidades, un total de 4.760 millones de euros correspondían a Cataluña y 1.668 millones de euros a Andalucía. Por su parte la Comunidad Autónoma Valenciana obtuvo un total de 3.518 millones del citado Fondo estatal. Por su parte la cuarta Región más beneficiada fue Castilla-la Mancha, con 843 millones de euros. Le siguen Murcia, con 578 millones de euros; Baleares, con 440 millones de euros; Canarias, con 329 millones de euros; y Cantabria, con 77 millones de euros.

Del total repartido, 5.049,5 millones de euros se destinaron a los proveedores para el pago de sus facturas. Y de dicha cifra, a su vez, se abonaron 2.250 millones a contratistas de obras, suministros y servicios y 1.294 millones de euros para el pago a farmacias, entre los cuales cabía destaca la existencia de 673 millones para Cataluña y de 404 millones de euros para la Comunidad Valenciana.

Hasta el mes de agosto de 2014 Cataluña y la Comunidad Valenciana fueron las dos Comunidades Autónomas que más dinero recibieron del FLA, acumulando entre las dos casi 9.000 millones de euros de los cerca de 14.800 asignados por el Estado en ese periodo para las ocho Regiones adheridas, es decir, el 66,5% del total. Concretamente las ocho CC.AA. adheridas al FLA recibieron en el primer semestre del ejercicio 2014 un total de 14.806,55 millones de euros de los 20.524,80 asignados para 2014 (el 72% de la cifra anual)[564]. De dicha cantidad, un total de 6.533,73 millones de euros (el 44%) se destinaron directamente al pago de proveedores, mientras que el resto se usó para abonar intereses, subvenciones a la dependencia,

---

[563] Fuente: http://www.minhap.gob.es (consultada el 2 de julio de 2014).

[564] Fuente: http://www.minhap.gob.es (consultada el 22 de septiembre de 2014). Concretamente el grueso de los 14.806,55 millones de euros inyectados (el 81% del total) se repartió entre tres Comunidades: Cataluña (5.774,01), Comunidad Valenciana (4.100,44) y Andalucía (2.217,95). La siguiente Región que más dinero recibió del FLA en el primer semestre de 2014 fue Castilla-La Mancha (940,74), seguida de Murcia (656,86), Baleares (582,50), Canarias (425,15) y Cantabria (108,87).

subvenciones o transferencias a entidades locales y subvenciones o transferencias a universidades.

Así las cosas durante la primera mitad del ejercicio 2014 Cataluña y Comunidad Valenciana recibieron cada una casi el 80% de la cantidad asignada para la totalidad del ejercicio. A las Comunidades de Murcia y a Baleares se les ingresó el 73 y el 71%, respectivamente, mientras que las demás Comunidades recibieron hasta agosto de 2014 el 61% (Castilla-La Mancha), el 57% (Andalucía y Canarias) y el 41% (Cantabria) de su asignación anual.

Por otra parte el Ejecutivo central tenía previsto acometer una reestructuración de los créditos del FLA destinada a permitir que las CC.AA. se beneficiasen de la recuperación económica así como de las condiciones en las que por aquel entonces se estaba financiando el Tesoro Público, con una menor carga de intereses. Ello habría de permitir mejorar los pagos y, por ende, la propia competitividad de la economía, reduciendo las necesidades de financiación de las empresas, lo que habría de facilitar la recuperación del crecimiento y mejorar la confianza del conjunto de las Administraciones.

De cara a efectuar dicha reestructuración se planteaban dos posibles alternativas. En primer lugar, rebajar los tipos de interés aprovechando la situación existente en los mercados. Y, en segundo término, aplazar las devoluciones de las cantidades totales prestadas con la finalidad de que el dinero que cada Comunidad habría de desembolsar al Estado sirviese, con el aplazamiento, para enjugar su Presupuesto y poder cumplir durante los ejercicios 2014 y 2015 con los objetivos de déficit.

Desde nuestro punto de vista dicha medida representaba *de facto* un nuevo rescate a las Comunidades incumplidoras después de haber recurrido en 2013 al déficit asimétrico para salvar a aquellas Regiones que habían visto más mermados sus ingresos. La citada medida venía a sumarse, además, a la condonación temporal del abono de los préstamos suscritos con el Estado a través de la devolución de los anticipos entregados a las Regiones a cuenta de la financiación autonómica, calculados por encima del cómputo exacto final.

Con motivo del Consejo de Política Fiscal y Financiera celebrado el 31 de julio de 2014 se acordó reducir al 1% de los intereses del FLA de los años 2012, 2013 y 2014 entre el 1 de octubre de 2014 y el 31 de diciembre de 2015[565]. Y ello con la finalidad de alcanzar la consecución de un ahorro cercano a los 2.047,18 millones de euros[566]. Con carácter adicional se acordó ampliar un año de amortización y un año de carencia del FLA de 2012, con 2.080 millones más de liquidez para las Comunidades del Fondo de Liquidez en 2015. Y ello siempre y cuando las CC.AA. cumpliesen los períodos de plazo de pago a proveedores y se acogieran a la factura electrónica, debiendo destinar el ahorro obtenido al pago a sus proveedores, así como a reducir el pago medio de plazo y al déficit, no a financiar gasto corriente. En efecto, las CC.AA. que se acogiesen a dicha reducción de los tipos de interés debían destinar el ahorro que obtuviesen al pago de proveedores de servicios de educación, sanidad y servicios sociales, asumiendo además la obligación de adherirse a la plataforma 'Emprende en 3' que permite crear empresas en tres pasos, así como al régimen de facturación electrónica. Por lo que respecta a aquellos Entes Regionales no adscritos al FLA, se acordó el desarrollo de una política financiera de compensación.

Asimismo con motivo de la citada reunión del CPFF el Ejecutivo central acordó elevar los topes de endeudamiento en los que pueden incurrir las Comunidades Autónomas, tanto en el ejercicio 2014 como en el período 2015-2017, acordando a tal efecto la elevación del umbral de endeudamiento conjunto que podrán registrar los Gobiernos regionales e incrementando, en la mayoría de los casos, el objetivo asimétrico –individual– de cada comunidad. Concretamente, y frente al anterior límite de deuda conjunta del 20% del PIB para 2014 se acordó permitir que los Ejecutivos regionales pudieran cerrar el ejercicio 2014 con un pasivo del 21,1% del PIB, esto es, 1,1 puntos porcentuales más de los inicialmente autorizados. Dicha cifra porcentual significaba la posibilidad de que los Entes regionales pudieran

[565] Recuérdese que, inicialmente, las CC.AA. debían pagar intereses que, en algunas ocasiones, superaban el 5%. Concretamente el tipo de interés del FLA en el año 2012 era del 5,18%, en 2013 del 3,91% y en 2014 estaba situado en más del 2%.

[566] Concretamente la rebaja al 1% de los intereses del FLA beneficiaría a los Entes Regionales con los siguientes ahorros: Andalucía (369,2 millones); Asturias (31 millones); Baleares (75,2 millones); Canarias (88,87 millones); Cantabria (21,6 millones); Castilla-La Mancha (106,6 millones); Cataluña (884,2 millones); Murcia (71 millones) y Valencia (399,1 millones). En cuanto a la ampliación de un año en el plazo de amortización de la cuota del FLA de 2012, el efecto se distribuiría entre las siguientes CC.AA.: Asturias (24 millones), Andalucía (349,1 millones), Baleares (58,9 millones), Canarias (113,3 millones), Cantabria (17,1 millones), Castilla-La Mancha (129,6 millones), Cataluña (833,1 millones), Murcia (67 millones) y Valencia (478,6 millones) (Fuente: *Diario El Confidencial*, www.elconfidencial.com, consultada el 1 de agosto de 2014).

incrementar su pasivo conjunto en alrededor de 11.000 millones de euros más, dado que cada punto del PIB español equivale aproximadamente a 10.000 millones de euros.[567]

De hecho, el pasivo público conjunto de los Gobiernos regionales marcó un nuevo récord en el primer trimestre de 2014, tras crecer en 15.229 millones de euros con respecto al cierre de 2013, con lo que la deuda global se disparó hasta el 21,7% del PIB nacional.

Esta autorización otorgada por el Gobierno central a las CC.AA. para poder asumir un mayor margen de deuda contrastaba con el progresivo incremento de los porcentajes de deuda pública en el ámbito autonómico a los que ya hemos tenido ocasión de referirnos. Y es que a finales de julio de 2014 las CC.AA. debían ya un total de 221.997 millones de euros, lo que significaba 1,5 puntos porcentuales más que la deuda que acumulaban al finalizar el ejercicio 2013. En tan solo tres meses los Entes regionales habían rebasado el techo asignado para todo el año (21,1% del PIB español).[568]

En definitiva, a resultas de la citada reunión celebrada el 31 de julio de 2014 el FLA acordó una flexibilización de las condiciones financieras pactadas en virtud de la cual el ahorro que se obtuviese habría de destinarse a reducir la deuda comercial pendiente de pago a proveedores y no a incrementar el gasto. Asimismo se aprobó una rebaja de los tipos de interés del FLA de 2012, 2013 y 2014 al 1% aplicables desde el 1 de octubre de 2014 hasta el 31 de diciembre de 2015, previéndose destinar el ahorro por intereses previsto a reducir la deuda comercial con proveedores y no a incrementar gastos del ejercicio. Con carácter adicional se estableció un año más de carencia para las operaciones de crédito del FLA de 2012 y se aplazó el pago del principal de 2015, que lo empezarían a pagar en 2016. El objetivo no sería otro que aumentar la liquidez para las Comunidades afectadas, que en 2015 no tendrían que pagar 2.080 millones de euros. Por último, el plazo de amortización de la operación de crédito formalizada con

---

[567] En este sentido las CC.AA. quedaban facultadas ahora para endeudarse conjuntamente hasta el 21,5% del PIB nacional en 2015 hasta el 21,3% en 2016 (la cifra anterior era 20,3%) y hasta el 20,6% en 2017.

[568] A mayor abundamiento las CC.AA. habían asumido en apenas seis años un total de 145.735 millones de deuda nueva (14,4 puntos de PIB). Y ello debido, en parte, a las operaciones financieras del Gobierno central para respaldar a las CCAA a través del Fondo de Liquidez Autonómica y de los distintos Planes de Pago a Proveedores (Fuente: *Diario El Economista*, www.eleconomista.es, consultada el 11 de agosto de 2014).

cargo al FLA de 2012 se ampliaba un año más, hasta 2023, coincidiendo con plazo del FLA de 2013. Y ello con la finalidad de que la cuota de amortización que se aplace con la carencia adicional no incremente la cuota de amortización de 2016.

Recapitulando, durante los cinco primeros meses de 2014 el conjunto de las ocho Comunidades Autónomas adheridas al FLA recibieron un total de 2.677 millones de euros para el pago de intereses y de deuda, lo que suponía más de una tercera parte de los 7.000 millones de euros acordados para el conjunto del ejercicio 2014. El porcentaje restante del importe del Fondo prestado a las Autonomías se destinó a corregir desfases de pagos a proveedores[569].

Con carácter adicional el Ministerio de Hacienda procedió a fijar los nuevos tipos máximos a los que se podrían financiar esas Autonomías adheridas al FLA, rebajando del 1,50% al 0,75% el diferencial máximo que habrían de aplicar al tipo que se financia el Tesoro para sus operaciones de endeudamiento. Y ello con la finalidad de alcanzar un ahorro financiero motivado por la bajada del tipo de interés y del coste de la deuda que se hubiese producido.[570]

---

[569] Nuevamente Cataluña volvía a ser la Comunidad Autónoma más beneficiada, con 852 millones de euros, de los que más de la mitad (442) se utilizaron para pagar a las oficinas de farmacia. A poca distancia se situaba Andalucía, con 774 millones de euros, de los cuales un total de 527 millones de euros fueron destinados a saldar deudas ligadas a contratos de obras, suministros y servicios. En tercer lugar, con 378 millones de euros, figuraba la Comunidad Valenciana, que también tuvo que hacer frente a una importante deuda con las oficinas de farmacia por importe de 267 millones de euros. Al margen de estas tres Regiones, las otras cinco CC.AA. adheridas al FLA presentaban un patrón muy similar en la composición de los fondos recibidos de Hacienda. Así, cabe citar los casos de Castilla-La Mancha (con un volumen de 151 millones de euros) y Canarias (con un total de 150 millones de euros). En el caso específico de Andalucía, se daba además la circunstancia de que dicha Comunidad era la más morosa en el pago de los conciertos educativos, con una ayuda de 41 millones de euros (un 78% del total), en los ligados a servicios sociales (75 millones de euros, un 88% del total) y en las subvenciones o transferencias a las universidades (76 millones de euros, lo que suponía el 100%) (Fuente: *Diario Cinco Días,* www.cincodias.com, consultada el 1 de septiembre de 2014).

[570] De acuerdo con estos nuevos tipos máximos fijados a los que las CC.AA. adheridas al Fondo podrían financiarse en función de la duración del préstamo y el índice al que se referenciase tratándose de un crédito a doce meses ligado al euríbor a un año, el coste máximo de financiación sería de 0,85%, a lo que habría que sumar un diferencial de 46 puntos, con un tipo final del 1,31%. Y, en el caso de operaciones a dos años, el tipo máximo será del 0,90%,

Hasta el mes de septiembre de 2014 Cataluña había sido la Comunidad Autónoma que más inyecciones de liquidez había recibido del FLA, al obtener un total de 6.473 millones de euros para financiar los vencimientos de la deuda y el pago a proveedores de las facturas que tenía aún pendientes. De esta forma la citada Región obtuvo la liquidez necesitada ante las dificultades de acudir a los mercados para poder captar financiación. La citada cifra representaba aproximadamente el 40% del total de los 17.047 millones de euros que recibieron las ocho Comunidades adheridas al Fondo de Liquidez Autonómico.

Hasta el mes de diciembre de 2014 dichas Regiones tenían previsto obtener un total de 20.524 millones de euros a los que habría que sumar otros 3.000 más como parte de la ampliación del FLA que se acordó por el Consejo de Política Fiscal y Financiera en junio de 2014 para la atención preferente de facturas a proveedores anteriores al citado ejercicio. Y ello con el objetivo último de que estas Regiones saldasen todas las deudas de ejercicios anteriores antes de la publicación de los primeros datos sobre el periodo medio de pago de 30 días para el conjunto de las Administraciones Públicas.[571]

---

al que se le podría aplicar un diferencial de 54 puntos básicos, lo que representaría un tipo del 1,44%.

[571] En el caso concreto de Cataluña, excluyendo la parte que le correspondería de esos 3.000 millones añadidos, la citada Región había percibido hasta septiembre de 2014 el 90% del total de fondos asignados (6.473 millones de euros de un total de 7.258). El 60% de esos 6.473 millones de liquidez extra para Cataluña, casi 3.900 millones, correspondían al pago de vencimientos de las emisiones de deuda y de las liquidaciones negativas a devolver de 2008 y 2009. El resto del importe procedía del FLA destinado a proveedores así como al pago de subvenciones que debía realizar esta Comunidad y que se habían liquidado con la financiación del Estado. De acuerdo con los datos desagregados para pagar los intereses del FLA Cataluña había recibido casi 171 millones; otros 512 millones para abonar los contratos de obras y suministros; 790 millones para pagar los convenios con las farmacias y 341 más de conciertos sanitarios. En cuanto a las subvenciones, ha recibido 151 millones para pagar subvenciones a los ayuntamientos catalanes. Por su parte la Comunidad Valenciana era la segunda Región que mayor cuantía había recibido para su financiación, habiendo percibido un total de 4.556 millones de euros, de los cuales 2.723 millones (60%) correspondían a vencimientos. Más de 730 millones de euros se destinaron a pagar facturas pendientes de obras y otros 725 para convenios con farmacias y conciertos sanitarios. El resto de Regiones habían recibido hasta septiembre de 2014 las siguientes inyecciones de liquidez: Andalucía, con 2.880 millones; Castilla-La Mancha, con 1.110 millones; Región de Murcia, con 729 millones; Islas Baleares, con 640 millones; Canarias, con 498 millones; y Cantabria, con 157 millones de euros (Fuente: *Diario El Mundo,* www.elmundo.es, consultada el 14 de octubre de 2014).

Por otra parte hasta el mes de agosto de 2014 el déficit del conjunto de las Comunidades Autónomas había alcanzado los 10.792 millones de euros, lo que equivalía al 1,01% del PIB. Con dicho resultado las CC.AA. ya habían incumplido en agosto de 2014 el tope de déficit del 1% del PIB que tenían fijado para el conjunto del citado ejercicio. Concretamente hasta un total de siete Comunidades sobrepasaban el límite fiscal, a saber, Extremadura (2,22%), Murcia (1,59%), Navarra (1,43%), Castilla-La Mancha (1,42%), Andalucía (1,32%), Cataluña (1,30%) y Comunidad Valenciana (1,02%). En cambio se encontraban dentro del límite fijado para el conjunto del ejercicio las Comunidades Autónomas de Madrid (0,94%), Aragón (0,91%), Galicia (0,79%) La Rioja (0,74%) Castilla y León (0,69%) Cantabria (0,66%), País Vasco (0,46%), Canarias (0,32%), Asturias (0,29%) y Baleares (0,18%). En todo caso el conjunto de las Regiones mantenían por aquel entonces su saldo presupuestario prácticamente al mismo nivel que en el mes de julio de 2014, cuando registraron un déficit del 0,99% del PIB.[572]

8.C. Evolución de la ratio de endeudamiento de las CC.AA. en 2014

A pesar de estos éxitos alcanzados en las emisiones de deuda autonómica, los primeros datos de ejecución presupuestaria correspondientes al ejercicio 2014 no eran positivos. Así, durante el primer trimestre de 2014 las CC.AA. ingresaron un total de 28.584 millones de euros, lo que representaba un 2% menos, y gastaron 30.548 millones, un 11,18% más. Con carácter adicional los datos acumulados hasta marzo de 2014 indicaban que las CC.AA. destinaron a pagar intereses de deuda un total de 2.379 millones, lo que suponía un 50,6% más que el año anterior. Además, el capítulo de gasto corriente supuso 6.700 millones, un 43,7% más, si bien ha de precisarse que dichos incrementos respondían, en buena medida, a la existencia de un adelanto en el ritmo de reconocimiento de deuda.[573]

---

[572] Por su parte el déficit del Estado se redujo hasta el 3,11% en septiembre de 2014, habiendo acumulado en los nueve primeros meses del año un déficit de 33.052 millones de euros, equivalentes al 3,11% del PIB, lo que suponía un 9,3% menos respecto al registrado en el mismo periodo de 2013 (3,47% del PIB) (Fuente: *Diario Expansión,* www.expansion.com, consultada el 29 de octubre de 2014).

[573] En cambio, y de conformidad con los datos facilitados por el Ministerio de Hacienda y Administraciones Públicas (Fuente: *Diario Cinco Días,* www.cincodias.com, consultada el 23 de mayo de 2014), durante el primer trimestre del ejercicio tuvo lugar un retroceso de la deuda comercial de las Comunidades, la cual disminuyó un 72,3% desde enero de 2013, de

Por otro lado, y tras conocerse los *ratios* PIB de endeudamiento de las CC.AA. correspondientes al primer trimestre de 2014[574], en términos relativos, la deuda de los Entes Regionales se disparó un 16,52% y quedó situada en 221.997 millones de euros. El *ratio* de deuda sobre el PIB alcanzaba así el 21,7%, frente al 18,6% de un año antes, y por encima del trimestre precedente, cuando estaba en el 20,2%. Con carácter general las Regiones con un mayor *ratio* de deuda sobre el PIB fueron la Comunidad Valenciana (34,8%), Castilla-La Mancha (33,5%) y Cataluña (31%), mientras que el más reducido lo presentaban las Comunidades Autónomas de Madrid (13,1%), País Vasco (14,5%), Canarias (13,9%) y Asturias (15,9%). En valores absolutos Cataluña fue la Comunidad Autónoma con una mayor deuda, la cual llegó a alcanzar los 59.729 millones de euros, un 15,2% más con respecto el primer trimestre del ejercicio 2013. A continuación se situaron Comunidad Valenciana, con 33.864 millones (+16,5%); Andalucía, con 25.612 millones (+24,2%), y Madrid, con 24.054 millones (+9,5%).

A la finalización del segundo semestre de 2014 la deuda pública se elevó en un total de once Comunidades Autónomas. Cataluña, Comunidad Valenciana, Madrid y Andalucía seguían concentrando la mayor parte del endeudamiento de los gobiernos autonómicos, con el 64,9% del total. Así, la deuda de Cataluña alcanzó los 61.863 millones de euros, seguida de la Comunidad Valenciana, con 34.782 millones de euros; Andalucía, con 26.548 millones, y Madrid, con 25.018 millones de euros. A continuación figuraban Castilla-La Mancha (12.341 millones), Galicia (9.911 millones), País Vasco (9.524 millones), Castilla y León (9.393 millones), Islas Baleares (7.586 millones), Murcia (6.367 millones) y Aragón (6.131 millones). Cierran la tabla Canarias (5.462 millones), Asturias (3.402 millones), Navarra (3.366 millones), Extremadura (2.904 millones), Cantabria (2.356 millones) y La Rioja (1.306 millones). En porcentaje del PIB, la Comunidad Valenciana, cuya deuda suponía el 35,7% del PIB, Castilla-La Mancha (34,2%), Cataluña (32,1%) y Baleares (29,1%) fueron las Comunidades donde su endeudamiento era más alto en relación a su riqueza. Por el contrario, Canarias

manera que a 31 de marzo de 2014 las facturas con proveedores pendientes de pago ascendían a 6.868 millones de euros, frente a los 24.835 millones registrados en enero de 2012.

[574] Fuente: Banco de España, www.bde.es (consultada el 13 de junio de 2014).

(13,5%), Madrid (13,6%) y País Vasco (15,2%) fueron las Regiones donde su deuda pesaba menos sobre el PIB.[575]

La tasa del endeudamiento autonómico se había proyectado hasta el 15,7% interanual, hasta un total de 228.234 millones de euros. La *ratio* de deuda sobre el PIB había alcanzado el 22,3%, frente al 19,3% del ejercicio 2013, y por encima del trimestre precedente cuando estaba en el 22%. Tal y como se ha apuntado con anterioridad las Regiones con un mayor porcentaje de deuda sobre el PIB fueron la Comunidad Valenciana (34,3%), Castilla-La Mancha (33,5%) y Cataluña (31%). En términos intertrimestrales destacaba el incremento experimentado por la deuda de País Vasco, que había pasado de 9.161 millones hasta 9.524 millones de euros. En valores absolutos, Cataluña fue la Comunidad Autónoma con una mayor deuda, ya que alcanzó los 61.836 millones de euros, un 15,1% más con respecto el segundo trimestre del ejercicio 2013. A continuación se situaron la Comunidad Valenciana, con 34.782 millones (16,6%); Andalucía, con 26.548 millones (21,9%), y Madrid, con 25.018 millones (10,5%).

La deuda pública conjunta de las Comunidades Autónomas había aumentado en 2013 hasta los 206.773 millones de euros, representativos del 20,2% del PIB español, lo que representaba precisamente el tope de pasivo que les había asignado el Ministerio de Hacienda, pero para 2016. De este modo tres años antes de lo previsto los Gobiernos Regionales presentaban ya el endeudamiento total que el Consejo de Ministros estableció para el período 2014-2016. En dicha reunión el Gobierno refrendó los acuerdos del Consejo de Política Fiscal y Financiera del 31 de julio de 2013, entre ellos, unas metas de deuda para cada ejercicio (el 20% en 2014, el 20,5% en 2015 y el 20,3% en 2016) así como unos objetivos a la carta para cada Autonomía y año[576].

De este modo, al cierre del ejercicio 2013 el pasivo autonómico conjunto no sólo sobrepasó el objetivo permitido para el año (las CC.AA. subieron su deuda al 20,2%, superando por tanto el 19,1% estipulado), sino que

[575] De conformidad con los datos facilitados por el Banco de España (www.bde.es, consultada el 12 de septiembre de 2014) en un total de seis Comunidades (Asturias, Canarias, Castilla y León, Extremadura, Galicia y Navarra) el cómputo de la deuda empezó a bajar a la finalización del segundo semestre de 2014, aunque solo Canarias estaba ya por debajo de los objetivos fijados para la finalización del ejercicio.

[576] Fuente: Banco de España, www.bde.es (consultada el 23 de junio de 2014).

había ya cinco Gobiernos regionales que rebasaban el techo particular que debían presentar a finales de 2016. Este era el caso de las Comunidades Autónomas de Cataluña (2,2 puntos porcentuales de PIB más al cierre de 2013), Baleares (1,7 puntos más), Comunidad Valenciana (1,4 puntos de más), Castilla-La Mancha y Murcia (estas últimas lo superan en un punto), mientras que Aragón finalizó 2013 en el límite de su endeudamiento asignado para el siguiente bienio.[577]

Por su parte durante el primer cuatrimestre de 2014 las CC.AA. alcanzaron un déficit en términos de contabilidad nacional de 4.471 millones de euros (el 0,43% del PIB)[578]. Con carácter general los recursos no financieros de las Comunidades habían caído un 1,6 % en dicho período y los gastos no financieros habían aumentado un 2,1%, sobre todo por el crecimiento de los intereses de la deuda en un 13,3 %.

La Comunidad Autónoma que presentaba un mayor desequilibrio en sus cuentas era Extremadura, con un déficit del 1,11%, ya por encima del 1% permitido para todo el año. En términos absolutos Cataluña sumaba más de una cuarta parte del déficit global de las Comunidades Autónomas, con un total de 1.295 millones de euros, el 0,66% de su PIB. La desviación de la Comunidad de Madrid se cifraba en 909 millones de euros, el 0,49%. Castilla-La Mancha y Murcia (0,63%) y Aragón (0,60%) presentaban también desequilibrios significativos. En el extremo contrario se situaban el País Vasco, con un superávit del 0,04%, Asturias, del 0,01%, y Baleares, en equilibrio presupuestario[579].

---

[577] Cabe recordar a este respecto que a finales de 2007 el pasivo de los Entes Regionales se situaba en el 5,8% del PIB. Un año más tarde alcanzaba el 6,7%, para ascender al 8,7% en 2009. El punto de inflexión se produjo en 2012, con un repunte de 4,4 puntos –pasó del 13,6 al 18 por ciento–, y siguió en 2013, con el 20,2%. De este modo en un plazo de seis años las Regiones asumieron un total de 145.735 millones de euros en concepto de deuda nueva (14,4 puntos de PIB). Yen enero-marzo de 2014 aumentó otros 15.000 millones, con lo que el pasivo total subió al 21,7% del PIB, con 221.997 millones de euros. Ciertamente se ha de reconocer que parte de estos incrementos fueron debidos a las operaciones financieras del Gobierno para respaldar a las CCAA. Así, por ejemplo, el Estado se endeudó en unos 61.500 millones más para dotar el Fondo de Liquidez Autonómica, 39.063 millones, así como el plan de proveedores (22.418 millones para CC.AA).

[578] Fuente: http://www.minhap.gob.es (consultada el 25 de junio de 2014).

[579] Dentro del ámbito de las empresas públicas autonómicas, durante el primer trimestre de 2014 casi la mitad de la deuda que acumulaban aquéllas correspondía a la Comunidad Autónoma de Cataluña. Concretamente el sector empresarial público catalán registraba hasta marzo de 2014 un endeudamiento de 3.979 millones de euros, con respecto a los 8.721 millones de euros

Al amparo de estos datos resultaba claro que el comportamiento de las Comunidades era peor que en el primer cuatrimestre del ejercicio 2013, cuando acumulaban 2.804 millones de euros de déficit, esto es, un 0,27% del PIB. Las únicas Regiones que habían mejorado su situación eran Castilla y León, que pasó de un déficit del 0,47% a otro del 0,19 %, Murcia, que lo redujo del 0,66 al 0,63% y Navarra, que pasó del 1,48% al 0,33%. El caso más llamativo era no obstante el de Extremadura, que en 2013 sólo acumulaba un 0,06 % de déficit y que durante el primer trimestre de 2014 se había disparado al 1,11%.

Por otra parte a resultas de la reunión del CPFF celebrada el 31 de julio de 2014 el Ejecutivo central otorgó un plazo de 20 años para devolver las liquidaciones negativas de 2015, las cuales alcanzaban un importe de 2.000 millones de euros determinado por la diferencia resultante entre el dinero que recibieron las Comunidades en 2013 y la recaudación real, que fue inferior a la prevista[580].

---

de los diecisiete Ejecutivos regionales. Si bien el pasivo en dicha Comunidad Autónoma se mantenía estable, en el umbral de los 4.000 millones de euros, habiéndose reducido además en los tres últimos ejercicios, lo cierto es que las empresas dependientes de la Generalitat catalana continuaban siendo, con mucha diferencia, las más endeudadas dentro del ámbito empresarial público autonómico. Cataluña alcanzó su techo máximo de endeudamiento público empresarial al cierre de 2010, cuando disparó su pasivo hasta la cifra de 6.434 millones de euros. En tres años había aligerado sus números rojos en 2.400 millones de euros, en línea con las exigencias del Gobierno Central, por la imposición de reducir el déficit. Por su parte la Comunidad de Madrid alcanzaba un pasivo de 1.691 millones de euros a finales de marzo de 2014. Andalucía era la tercera Comunidad en cuanto a deuda de sus empresas públicas, con un total de 688 millones de euros, si bien dicha Comunidad presentaba un mejor desarrollo en la rebaja de su deuda, que había logrado recortar hasta dejarla en niveles de marzo de 2012. Por su parte la Comunidad Valenciana, con 540 millones de euros en concepto de deuda empresarial al cierre del primer trimestre de 2014, arrastraba un nivel de deuda inferior al que anotaba en el año 2000, cuando sus sociedades públicas reflejaban un agujero de 861 millones de euros. Finalmente la Comunidad Autónoma de Castilla y León cifraba la deuda de sus empresas públicas en 499 millones de euros, y la Comunidad Autónoma de Baleares declaró durante el primer trimestre de 2014 un pasivo de 448 millones de euros imputable a sus empresas públicas (Fuente: Banco de España, www.bde.es (consultada el 28 de julio de 2014).

[580] En el presente caso el efecto económico derivado de los aplazamientos de las devoluciones negativas se repartiría entre las CC.AA. de la siguiente forma: Cataluña (178,2 millones); Galicia (121,1 millones); Andalucía (342,2 millones); Asturias (43,6 millones); Cantabria (27,3 millones); La Rioja (14,1 millones); Murcia (41,7 millones); Valencia (130,3 millones); Aragón (50,5 millones); Castilla-La Mancha (73,2 millones); Canarias (80,8 millones); Extremadura (56,8 millones); Baleares (18,1 millones); Madrid (78,6 millones) y Castilla y León (105,6 millones) (Fuente: *Diario El Confidencial,* www.elconfidencial.com, consultada el 1 de agosto de 2014).

El Ejecutivo central había acordado además a finales de julio de 2014 la concesión a las CC.AA. de una décima extra de déficit para 2016, alcanzándose así una cifra conjunta de -0,3% del PIB, frente al anterior objetivo presupuestario para 2016 fijado en agosto de 2013, que era del -0,2%. Concretamente a resultas del Consejo de Ministros celebrado el 31 de julio de 2014 se acordó aprobar los nuevos objetivos de deuda de las Autonomías para 2014 y para el período 2015-2017, incrementándose en 1,5 puntos porcentuales del PIB(es decir, unos 11.000 millones de euros) el pasivo máximo que podrá registrarse entre los diecisiete Gobiernos regionales a finales de 2014 y ampliándose en un punto de PIB (alrededor de 10.000 millones de euros) la deuda respectiva para 2015 y2016. De cualquier manera el techo de déficit para el ejercicio 2017 continuaba establecido en el 0,0% del PIB, lo que obligaba a los Gobiernos regionales a realizar nuevos ajustes de cara a poder cumplir con el déficit fijado al efecto.

En definitiva, a resultas de la reunión del CPFF celebrada el 31 de julio de 2014 se acordó que las CC.AA. no tuviesen que empezar a devolver la nueva deuda con el Estado hasta dentro de cuatro años, procediéndose a rebajar las condiciones de financiación exigidas por el FLA (se fijó un interés del 1%) y ampliándose hasta 20 años el plazo para devolver las liquidaciones negativas de los años 2008 y 2009.

La deuda bruta de las Comunidades Autónomas había crecido un 16,3% en los últimos 12 meses y un 9,17% hasta el mes de julio de 2014 hasta un total de 225.740 millones de euros[581]. Y, a pesar de que la Administración central presentaba una deuda mucho mayor (de 999.909 millones contando el Estado y otras unidades) el crecimiento de esta última se había ralentizado mucho más que la de las Autonomías, alcanzando un 11,27% interanual y un 6,24% en los primeros seis meses del ejercicio 2014. La suma de ambas, junto con Ayuntamientos y Seguridad Social, superaba ya los 1,007 billones, si bien de dicha cifra había que restar los títulos en manos de las Administraciones (276,7 millones de euros) para hallar la cifra neta.

A la luz de este aumento de la deuda autonómica parecía claro que el gasto de las Administraciones autonómicas continuaba siendo muy superior al que sería sostenible en función de unos ingresos que progresivamente habían ido menguando. Y ello a pesar de los recortes acometidos por los

[581] Fuente: Banco de España, www.bde.es (consultada el 14 de agosto de 2014).

Gobiernos autonómicos con la finalidad de cumplir los objetivos de déficit establecidos por el Gobierno central. Esta insuficiencia de la reducción de gastos quedaba especialmente plasmada en el caso de aquellas Regiones que incumplieron sus objetivos de déficit en 2013, a saber, Aragón, Castilla-La Mancha, Cataluña, Murcia, Navarra y Valencia.

Por otra parte dentro de la citada cifra de deuda pública no se incluían las aportaciones del FLA las cuales, como es sabido, cuentan como deuda de la Administración central, progresivamente incrementada además al haberse reducido los intereses de los préstamos y ampliarse el plazo para su devolución. En relación con dichas aportaciones hasta el mes de octubre de 2014 el conjunto de las CC.AA. adheridas al FLA habían recibido un total de 18.078 millones de euros de la financiación prevista para dicho ejercicio, que ascendía a 23.000 millones de euros. Con carácter general el 44,7% de la cantidad total abonada a las Autonomías fue directamente al pago de proveedores, que sólo en el mes de octubre de 2014 recibieron 511 millones de euros. Por Comunidades, Cataluña recibió un total de 6.752,79 millones de euros. Le seguían la Comunidad Valenciana, con 4.644,51 millones de euros; Andalucía, con 3.400,51 millones de euros; Castilla-La Mancha, con 1.140,17 millones de euros; Región de Murcia, con 754,05 millones de euros; Islas Baleares, con 664,47 millones de euros; Canarias, con 546,21 millones de euros; y Cantabria, con 175,25 millones de euros.

A la finalización del tercer trimestre de 2014 las *ratios* de deuda pública del conjunto de las CC.AA. alcanzaban su punto máximo, superando la mayor parte de las Regiones sus cifras máximas de endeudamiento. Concretamente al cierre de dicho tercer trimestre de 2014[582] la deuda del conjunto de las Comunidades Autónomas alcanzaba la cifra record de 232.009 millones de euros, lo que equivalía a un 22% del PIB, produciéndose así un incremento del 1,6% respecto del trimestre anterior.

Las cifras totales de deuda pública por Comunidades a la finalización del tercer trimestre de 2014 se concretaban en las siguientes: Cataluña,

---

[582] Fuente: Banco de España, www.bde.es (consultada el 12 de diciembre de 2014). De acuerdo con el Informe publicado por el Banco de España en términos absolutos la deuda pública marcó récords en las Comunidades Autónomas de Andalucía, Asturias, Baleares, Canarias, Cantabria, Castilla-La Mancha, Cataluña, Extremadura, La Rioja, Madrid, Murcia y la Comunidad Valenciana. En cambio lograban reducir su deuda desde máximos las Regiones de Aragón, Galicia, Navarra y País Vasco. En este segundo grupo de Comunidades el pasivo se situaba ya por debajo de la media.

63.075 millones de euros; Comunidad Valenciana, 35.892 millones de euros; Andalucía, 27.654 millones de euros; Madrid, 25.063 millones de euros; Castilla-La Mancha 12.488 millones; Galicia, 9.816 millones; País Vasco, 9.123 millones; Castilla y León, 9.470 millones; Islas Baleares, 7.597 millones; Murcia, 6.673 millones; Aragón, 5.999 millones de euros; Canarias, 5.726 millones; Asturias, 3.425 millones; Navarra, 3.327 millones; Extremadura,2.960 millones; Cantabria, 2.393 millones; y La Rioja, 1.329 millones de euros.

Por Comunidades las Regiones con mayor *ratio* de deuda eran la Comunidad Valenciana (con una deuda del 35,8% de su PIB), Castilla-La Mancha (con un 33,7%) y Cataluña (con un 31,8%). En el caso específico de la Comunidad Valenciana la citada Región había incrementado su deuda en un punto en el tercer trimestre de 2014 y en 5,5 puntos en el último año. Por su parte Cataluña había incrementado su *ratio* de deuda en 0,6 puntos durante el tercer trimestre de 2014 y en 4 puntos en 12 meses. Por su parte las Regiones con un menor porcentaje de deuda sobre el PIB al término del tercer trimestre de 2014 eran Madrid (13,3%), Canarias (13,8%), País Vasco (14,1%)[583] y Asturias (15,5%).

En definitiva, a tenor de este conjunto de datos las CC.AA. superaban ya a la finalización del tercer trimestre de 2014 el tope de pasivo global que les había asignado el Ministerio de Hacienda para el citado ejercicio (21,1% del PIB), así como los techos de endeudamiento global dictados para los ejercicios 2015 (21,5%), 2016 (21,3%) y 2017 (20,6%), aprobados en el Consejo de Política Fiscal y Financiera del 31 de julio de 2014. Con carácter general aquellas Comunidades con un mayor nivel de pasivo eran las que habían hecho un uso más intensivo de los mecanismos de ayuda del Ejecutivo central como el FLA, al no tener acceso a los mercados o tener que abonar un coste muy elevado de cara a poder acceder a ellos.

Este incremento insostenible de la deuda pública autonómica y, en particular, de la deuda que el conjunto de las Regiones acumulaban con el Estado

---

[583] En el caso específico de esta Comunidad y de la Comunidad Foral de Navarra con fecha 13 de diciembre de 2014 la Agencia de Calificación Crediticia *Standard & Poor's* confirmó la nota de la deuda a largo plazo de ambas Regiones en "A-", situándola en perspectiva estable, dos escalones por encima de la nota de España. Y ello al estimar que ambas Comunidades se habían venido comportando "en línea con sus previsiones", dentro de un escenario de reducción gradual del déficit en línea con los objetivos oficiales marcados, destacándose a tal efecto su autonomía fiscal y su sólida gestión financiera ante posibles escenarios de estrés en España.

provocaba que, como posible alternativa, se planteara la posibilidad de que la Administración estatal acordase una eventual quita o condonación parcial de la misma la cual, sin embargo, implicaría que dicha deuda autonómica terminara siendo trasladada al déficit estatal, lo que suscitaría el inmediato rechazo de la Unión Europea.

Téngase presente a este respecto que buena parte de dicho aumento de la deuda regional correspondía a las inyecciones de liquidez del Estado a través de los fondos del Plan de Pago a Proveedores y del Fondo de Liquidez Autonómica. Y, a resultas de lo anterior, se barajaban alternativas tales como que el Estado se anotase una parte de lo que había aportado del Plan de Pago a Proveedores y al FLA liberando con ello de dicha deuda a las CC.AA. o bien cancelar deuda autonómica suscrita con inversores o entidades financieras con condiciones más caras por nueva deuda estatal más ventajosa, ampliando los plazos de pago y reduciendo los intereses.

Lo cierto es sin embargo que, en la práctica, de un tiempo a esta parte los fondos del Estado venían asumiendo parte de la deuda autonómica, efectuándose suministros de liquidez estatal destinados a que las Regiones pudieran hacer frente a los pagos más urgentes. Baste tener presente a este respecto que, al objeto de articular la puesta en marcha del Fondo de Liquidez Autonómica y del Fondo de Financiación de Pagos a Proveedores (cuya financiación conjunta a finales de diciembre de 2014 ascendía a un total de 85.000 millones de euros) el Tesoro tuvo que captar dicha financiación mediante la emisión de bonos y obligaciones del Estado, computándose en consecuencia dicha suma dentro de la deuda viva del Tesoro. Recuérdese además que, tras la reunión del CPFF del 31 de julio de 2014, el Ministerio de Hacienda redujo a las CC.AA. el interés de los préstamos concedidos a éstas[584], procediendo además a ampliar el plazo de devolución[585].

Otras posibles alternativas susceptibles de plantearse al respecto eran la emisión de deuda pública autonómica a través del Tesoro, esto es, acometer un nuevo intento de creación de los hispabonos, a los que ya hemos tenido

[584] Este tipo de interés reducido del 1% entró en vigor el 1 de octubre de 2014, hallándose vigente hasta el 31 de diciembre de 2015.

[585] Recuérdese a este respecto que, como ya se ha señalado, si bien inicialmente aquellas CC.AA. que se acogieron al FLA de 2012 debían empezar a devolver el principal a partir de 2015, dicha fecha terminó retrasándose finalmente un año, lo que implicaba que dichas Comunidades no tuviesen que abonar un total de 2.080 millones de euros en 2015, tal y como estaba previsto en un primer momento.

ocasión de referirnos en otro Epígrafe del presente Capítulo, al objeto de efectuar una emisión conjunta de la de la deuda de las Comunidades por parte del Tesoro que permitiera a éstas beneficiarse de las condiciones favorables obtenidas de un tiempo a esta parte por el instituto emisor en los mercados (si bien esta opción, como ya se ha analizado, plantearía los inconvenientes de que podría representar un agravio para aquellas Regiones que se hallasen en una mejor situación financiera o para aquellas otras que lograran financiarse a unas rentabilidades más bajas de las que consigue el propio Tesoro) o la salida de las propias CC.AA. a los mercados en búsqueda de su propia financiación, si bien con mayores requisitos de los estipulados en experiencias previas.

Finalmente el Ejecutivo abogó por articular un rescate financiero de las CC.AA. a través de un alargamiento de los plazos de amortización de la deuda del Fondo de Liquidez Autonómica y una adecuación a los tipos a la baja vigentes por aquel entonces con el objetivo último de recortar los costes financieros del pasivo en más de un 25%. De este modo se trataría de aprovechar el carácter favorable de las condiciones financieras internacionales existentes al objeto de proceder a refinanciar una parte del FLA a un coste sensiblemente inferior. Las Comunidades Autónomas, por su parte, quedarían liberadas de buena parte de los costes y obligaciones de la deuda acumulada a cambio de limitar el endeudamiento futuro, el cual quedaría restringido a aquellas emisiones que pudieran efectuar en unas condiciones equivalentes a las aplicables al Tesoro español. Concretamente la Administración estatal condonaría los intereses derivados de los distintos mecanismos de financiación implementados desde 2012[586]. Con carácter adicional se preveía la fijación de un tipo del 0%, no ya solo para la deuda acumulada, sino también para la futura, al objeto de que el conjunto de las Regiones pudiera endeudarse a través de los mecanismos del Estado sin abonar intereses y logrando alinear los préstamos con el coste del dinero del BCE, que es del 0,05%.

En todo caso parecía razonable estimar que, tratándose de aquellas Comunidades Autónomas que pudieran financiarse por sí solas y a un precio

[586] Concretamente de cara a articular la condonación de dichos intereses habría que tener presentes las siguientes partidas con diferentes tipos y vencimientos: de una parte, los intereses anuales que devengan los 63.000 millones cubiertos por el FLA; y, de otra, los trimestrales de los 45.000 millones de euros que cubre el Plan de Proveedores.

adecuado, dichas Regiones pudieran continuar lanzando sus propias emisiones, siendo en otro caso el Estado el encargado de emitir deuda por ellas al objeto de lograr la obtención de unas mejores condiciones.

Tal y como se ha precisado con anterioridad desde el Ejecutivo se propuso la mutualización de la deuda con un tipo cero para las todas las Comunidades, a saber, tanto las acogidas al FLA como para al resto. Y ello con el objetivo de tratar de bajar la carga de los tipos de interés a las Autonomías cuando financian su deuda. A resultas de dicha mutualización la deuda de las CC.AA. se convertiría en deuda del Estado, lo que posibilitaría que las condiciones de financiación del Tesoro, que son las que se aplican a las Autonomías adheridas al FLA, se aplicaran también a la deuda de las Regiones no acogidas a dicho mecanismo de financiación (las cuales, por aquel entonces, se financiaban con una diferencia de 10 puntos básicos con respecto al tipo obtenido por el Tesoro), pudiendo de este modo liberar presupuesto y evitar así un coste financiero superior. Y, en definitiva, esta mutualización posibilitaría que las CC.AA. alcanzasen un reequilibrio de sus desviaciones presupuestarias.

Una vez formulada esta nueva propuesta por parte del Ejecutivo central desde el ámbito de las distintas Comunidades Autónomas comenzaron a plantearse diferentes alternativas. Así, por ejemplo, la Comunidad de Madrid defendía la no imposición de condiciones a aquellas Regiones cumplidoras que se adhiriesen al nuevo mecanismo de financiación diseñado por el Ministerio de Hacienda así como que se garantizasen las mismas condiciones al conjunto de las CC.AA. y que aquellas Autonomías que se incorporasen a dicho instrumento pudieran decidir, año a año, mantenerse o no en él, pudiendo decidir así entre financiarse por ellas mismas en el mercado o bien adherirse al nuevo instrumento creado al efecto el cual, en opinión del Ejecutivo regional madrileño, habría de presentar un carácter estructural y no temporal, debiendo evitarse su denominación como Fondo de Liquidez Autonómico al objeto de evitar el estigma que dicha denominación podría otorgar a aquellas CC.AA. que decidiesen acudir a los mercados para captar financiación.

Desde nuestro punto de vista una de las propuestas más significativas defendida por la Comunidad de Madrid era la relativa a que desde el Ejecutivo central se autorizase a financiar a las Comunidades cumplidoras los déficits no financiados del pasado (incluyendo en todo caso el correspondiente al ejercicio 2011) al objeto de mejorar el pago a proveedores. Con carácter adicional el nuevo mecanismo que se crease al efecto habría de implicar la existencia de una mayor agilidad en el endeudamiento con la finalidad de plantear la mejor estrategia financiera en cada instante, siendo adoptadas las medidas necesarias para reducir el coste de los intereses de las Regiones en condiciones de igualdad. Sin embargo desde la Administración estatal se defendía que el Estado asumiese el coste de los intereses de la deuda de las Regiones incumplidoras a partir del año 2012.

Lo que el citado Ejecutivo regional defendía era que el Estado asumiese los intereses de las Comunidades no adheridas al FLA respecto de las operaciones de endeudamiento celebradas en 2012, 2013 y 2014, en términos semejantes a la operación propuesta para las Regiones adheridas al citado Fondo. Y, por lo que respecta a los créditos que dichas Comunidades "cumplidoras" solicitasen en 2015, 2016 y 2017, se reclamaba que el Estado cubriese mediante el otorgamiento de una subvención la diferencia entre el tipo del Tesoro y el tipo cero, ya que dichas CC.AA. continuarían endeudándose por ellas mismas en los mercados al objeto de mantener su solvencia.

En todo caso a la finalización del ejercicio 2014 la deuda del conjunto de las CC.AA. subió un 12,8% respecto a 2013 y alcanzó los 236.747 millones de euros, lo que suponía el 22,4% del PIB[587]. La *ratio* de deuda se incrementó en 2014 en todas las Comunidades, si bien en comparación con el tercer trimestre de 2014 cayó en cuatro Regiones (La Rioja, Comunidad de Madrid, Navarra y País Vasco). En términos absolutos, Cataluña, Comunidad Valenciana, Andalucía y Madrid seguían concentrando la mayor parte del endeudamiento de los Gobiernos autonómicos, con el 65,7% del total. Así, la deuda de Cataluña alcanzó los 64.476 millones de euros, seguida de la Comunidad Valenciana, con 37.376 millones de euros; Andalucía, con 29.101 millones, y Madrid, con 24.632 millones de euros. A continuación figuraban Castilla-La Mancha (12.858 millones), Galicia (9.961 millones), Castilla y León (9.359 millones), País Vasco (8.915 millones), Islas Baleares (7.774 millones), Murcia (6.838 millones) y Aragón (6.010 millones). Finalmente en el último tramo se encontraban Canarias (5.954 millones), Asturias (3.479 millones), Navarra (3.197 millones), Extremadura (3.092 millones), Cantabria (2.428 millones) y La Rioja (1.296 millones).

[587] Fuente: Banco de España, www.bde.es (consultada el 13 de marzo de 2015).

Tras la conclusión del citado ejercicio el conjunto de las CC.AA. gastó un total de 1.100 millones más que en 2013[588], ignorando así los criterios de austeridad que debían respetarse en el conjunto de los niveles administrativos y esgrimiendo para justificar dicha actuación la existencia de una escasez de ingresos derivados del modelo de financiación.

El conjunto del sector autonómico elevó las partidas de gasto en 1.102 millones de euros en 2014 respecto al mismo cierre registrado un año antes. La Comunidad Autónoma de Cataluña, cuyo presupuesto se elevó en 940 millones de euros hasta alcanzar los 29.536 millones de euros, presentó un déficit del 2,58% de su PIB (5.152 millones). La Comunidad de Madrid, que se había mantenido en ejercicios anteriores dentro de la senda de la estabilidad desde su desvío en 2011, alcanzó un desequilibrio del 1,34% de desequilibrio, elevándose las partidas de gasto de su Presupuesto en un total de 575 millones de euros. En el caso de la Comunidad Valenciana dicha elevación se concretó en un total de 251 millones adicionales. Asimismo terminaron incrementando sus fondos públicos las Comunidades de País Vasco, Extremadura, Islas Baleares, Asturias y Canarias, si bien Euskadi se mantuvo dentro del objetivo de déficit comprometido en el Consejo de Política Fiscal y Financiera.

Como contrapartida las Regiones que lograron reducir su gasto público fueron Andalucía (con una minoración de 498 millones de euros), Aragón, Castilla y León y Murcia. No obstante todas ellas incumplieron el objetivo de déficit público, sobre todo la Región de Murcia, convirtiéndose en la más incumplidora. Asimismo presentaban tasas negativas en la partida del gasto Galicia (con un déficit del 1,02% en 2014), Castilla-La Mancha, Cantabria, Navarra y La Rioja.

En resumen, la deuda de las Comunidades Autónomas alcanzó a finales de 2014 los 236.746 millones de euros (un 22,4% del PIB), lo que representaba una décima por debajo del límite establecido. Ahora bien dicha cifra no tomaba en consideración el incremento del endeudamiento derivado de los mecanismos adicionales de financiación, así como otras circunstancias que, sin afectar al cumplimiento del objetivo de déficit o de la regla de gasto, y previa conformidad del Ejecutivo, pudieran afectar a los límites de deuda y no derivasen de decisiones discrecionales de las Comunidades Autónomas.

[588] Fuente: *Diario Expansión*, www.expansion.com (consultada el 7 de abril de 2015).

Con carácter general solo las Comunidades de Aragón (0,2 % por encima del objetivo), Castilla y León (0,2 %), Cataluña (0,1 %) y La Rioja (0,3 %) se desviaron de su objetivo individualizado. El resto de Autonomías cumplió, siendo los mejores resultados obtenidos por Extremadura (un 0,7% por debajo del límite) y Canarias (con un 0,6%). Con carácter general las CC.AA. cumplieron la regla de gasto fijada para 2014 con una disminución del 0,5% respecto al año anterior. Tan solo Extremadura (5,1%), País Vasco (3,3%), Baleares (2,1%) y Cataluña (1,7 %) presentaron un incremento del gasto superior al 1,5% que tenían permitido. Un total de nueve Comunidades redujeron el gasto durante 2014 y otras cuatro lo incrementaron por debajo del 1,5 % utilizado como tasa de referencia.

De cualquier manera a lo largo del período comprendido entre principios de 2011 y de 2015 el conjunto de las CC.AA., sin excepción, han incrementado su nivel de pasivo. Lo han hecho, de media, un 70%. Del conjunto de las Regiones Murcia disparó su endeudamiento un 144%, hasta los 6.838 millones de euros (el equivalente al 25,2% de su PIB). Por su parte Andalucía lo elevó en un 103% a 29.101 millones de euros –algo más del 20% de su riqueza–. Y el pasivo de Castilla-La Mancha se situó en 12.858 millones de euros al cierre de 2014, tras haber repuntado un 95% desde 2011 (que equivale al 33,5% de su economía). Como ya se ha puesto de manifiesto a lo largo del presente trabajo Cataluña era la Autonomía que acumulaba un volumen de deuda más elevado, con 64.476 millones de euros, mientras que la Comunidad Valenciana era la que tenía un mayor nivel de pasivo en relación a su PIB (del 37,9%, con 37.376 millones de euros).

8.D. La aprobación del Real Decreto-Ley 17/2014, de 26 de diciembre, de medidas de sostenibilidad financiera de las Comunidades Autónomas y entidades locales y otras de carácter económico, como instrumento para hacer frente al excesivo endeudamiento de los entes regionales

A resultas de la reunión del CPFF celebrada el 23 de diciembre de 2014 se acordó ofrecer al conjunto de las CC.AA. un tipo de interés cero a la hora de financiarse así como condonar intereses pasados al conjunto de las Regiones acogidas desde 2012 al FLA. De este modo se articulaba un nuevo Fondo de Liquidez Autonómica para 2015 que ofrecería préstamos del Estado por un importe de 28.100 millones a un tipo 0% para aquellas Administraciones que incumplieron el objetivo de déficit en 2013, a saber, Cataluña, Comunidad Valenciana, Andalucía, Castilla-La Mancha, Baleares, Murcia, Canarias, Asturias y Cantabria.

De este modo, tratándose de aquellas Regiones que ya se hubiesen acogido al FLA el Estado aplicaría un tipo cero a los intereses de la deuda de 2012, 2013, 2014, extendiendo asimismo la aplicación del citado beneficio al Plan de Pago a Proveedores. Y, respecto de las operaciones correspondientes al ejercicio 2015 se acordaba que pudieran disfrutar igualmente de un tipo cero, susceptible de aplicarse igualmente a ejercicios posteriores.

Por otra parte se acordaba la creación de un nuevo Fondo llamado de Facilidad Financiera destinado a las Regiones "cumplidoras" (Madrid, Castilla y León, Galicia, País Vasco, Navarra, Aragón, La Rioja y Extremadura) y en virtud del cual aquellas Comunidades que se adhiriesen al mismo mantendrían el tipo de interés del 0% durante los años 2015, 2016 y 2017 para el pago de todos los vencimientos, deuda comercial y liquidaciones negativas. Con carácter general el Ministerio de Hacienda condonaba a dichas Comunidades las liquidaciones negativas del sistema de financiación durante 2015 permitiéndoles además financiar a través del nuevo Fondo de Facilidad Financiera la deuda comercial derivada de los excesos de déficits de años anteriores. Este segundo grupo de Regiones podrían por tanto financiarse a coste cero durante los ejercicios 2015, 2016 y 2017, disfrutando además de un aplazamiento de la devolución correspondiente a la liquidación de 2013 y suprimiéndose las correspondientes a los ejercicios 2008 y 2009. Ahora bien, como contrapartida, en el supuesto de que alguna de estas Comunidades acogida al nuevo Fondo de Facilidad Financiera incumpliese durante un período de seis meses los plazos de pago a sus proveedores o los objetivos de déficit establecidos quedarían automáticamente obligadas a incorporarse al FLA, debiendo presentar además un plan de reequilibrio y, en definitiva, debiendo someterse a las condiciones de control que implica la adhesión al citado Fondo.

Finalmente, se acordó la implantación del llamado FLA social, fondo dotado con una suma de hasta 1.280 millones de euros y financiado igualmente con un tipo del 0% destinado a pagar las deudas que el conjunto de las Comunidades tuviesen contraídas con los Ayuntamientos por los convenios relacionados con servicios sociales. A tal efecto se hacía necesario no obstante acometer una reforma de la LOFCA destinada a posibilitar que el Estado pudiera retener partidas presupuestarias o intervenir créditos presupuestarios en caso de que las Regiones no abonasen las deudas pendientes de pago a los municipios.

En resumen, el Estado aportaría durante 2015 un total de 38.869 millones de euros divididos en tres grandes partidas: 28.100 millones para el Fondo de Liquidez Autonómica al que se adhieren aquellas Regiones que no pueden financiarse en los mercados; 12.880 millones de euros para el nuevo Fondo de Facilidad Financiera Autonómica, creado para aquellas CC.AA. que cumplen sus objetivos de estabilidad presupuestaria y el pago a proveedores; y 1.282 millones de euros más para el denominado FLA social, dirigido a aquellas Autonomías con impagos en los contratos de servicios con sus Ayuntamientos.

Aquellas Regiones que se acogiesen al FLA no pagarían intereses en 2015 para la deuda que contraigan con el objetivo de financiar déficit, vencimientos de deuda nacional y extranjera, deuda comercial y liquidaciones negativas pendientes. Como contrapartida dichas Comunidades tendrán que cumplir los objetivos de estabilidad presupuestaria, debiendo presentar en otro caso planes de ajuste destinados a su cumplimiento.

Por su parte aquellas Comunidades que se adhirieran al Fondo de Facilidad Financiera podrían disfrutar de un tipo cero en la deuda para 2015, 2016 y 2017, quedando únicamente obligadas a remitir información trimestral sobre sus cuentas, no asumiendo en cambio ninguna obligación y no cediendo competencias. Y, por lo que respecta al FLA social, éste serviría para que las Autonomías pagasen las deudas que arrastrasen de convenios firmados con Ayuntamientos[589].

A tal efecto, y con la finalidad de continuar el esfuerzo desarrollado por el conjunto de las Administraciones Públicas de cara a cumplir con los objetivos de consolidación fiscal y lograr así la ansiada reducción del déficit público, a través de la aprobación del Real Decreto-Ley 17/2014, de 26 de diciembre, de medidas de sostenibilidad financiera de las Comunidades Autónomas y Entidades Locales y otras de carácter económico, se acometió

[589] Con carácter adicional el Ejecutivo central destinaría a los Ayuntamientos un total de 1.000 millones de euros para el pago de deuda, previéndose además la posibilidad que aquellos municipios que tuvieran sus cuentas saneadas destinasen parte de su superávit presupuestario a inversiones ligadas a la sostenibilidad.

la puesta en marcha de estos nuevos mecanismos destinados a compartir los ahorros financieros entre todas las Administraciones así como a priorizar la atención del gasto social, seguir ayudando a las Administraciones con mayores dificultades de financiación e impulsar a las que han conseguido superarlas, simplificando y reduciendo además el número de fondos creados para financiar mecanismos de apoyo a la liquidez, mejorando la eficiencia de su gestión.

Sin lugar a dudas el objetivo esencial perseguido con la creación de estos nuevos mecanismos ha sido aliviar las necesidades de financiación a las Comunidades Autónomas y Entes Locales, trasladando los ahorros financieros obtenidos y evitando que se ponga en riesgo su sostenibilidad financiera. Los nuevos Fondos se encuentran operativos desde principios de 2015.

Dentro de los nuevos mecanismos que se crearon la atención al gasto social ocupó un lugar prioritario. Téngase presente a este respecto que el hecho de contar con financiación suficiente para el gasto social supone una garantía decisiva para la adecuada prestación de servicios públicos esenciales, como son la educación, la sanidad y los servicios sociales, pilares básicos de un Estado social y democrático de Derecho. Con carácter general el gasto social constituye el instrumento de gestión más importante para coadyuvar al logro de la igualdad de oportunidades, representando por ello una prioridad en las políticas de gasto de todas las Administraciones Públicas. Debido precisamente a ello, y con el objetivo de profundizar en las garantías del gasto social, a través de la aprobación del Real Decreto-Ley 17/2014 se adoptaron un conjunto de medidas coyunturales destinadas a ayudar a las Comunidades Autónomas a cancelar su deuda pendiente a 31 de diciembre de 2014 derivada de convenios suscritos con Entidades Locales en materia de gasto social y de otras transferencias en dicha materia mediante la creación del ya citado Fondo Social, entendido como un nuevo mecanismo de apoyo a la liquidez. Con carácter adicional se establecieron un conjunto de reformas estructurales destinadas a permitir que los servicios educativos, sanitarios y relativos a los servicios sociales que prestan las Entidades Locales, como Administración más próxima al ciudadano, cuenten con la adecuada financiación.[590]

[590] Asimismo fue objeto de creación un registro electrónico de convenios que ha de permitir efectuar un seguimiento sobre qué convenios tienen suscritos y en vigor las Comunidades

El Capítulo I del Título I del Real Decreto-Ley 17/2014 reguló el ámbito subjetivo y objetivo del Fondo de Financiación a Comunidades Autónomas y del Fondo de Financiación a Entidades Locales, así como los principios rectores que informarán a los mismos para su correcto funcionamiento. Entre los principios regulados figuró el principio de prudencia financiera, para cuya gestión la Secretaría General del Tesoro y Política Financiera dispondrá de los recursos necesarios. A este respecto se estimó que la eficaz gestión de estos mecanismos requiere unas mínimas exigencias de transparencia en la información y prudencia financiera, reservándose el Estado la retención de recursos de los sistemas de financiación de las Administraciones Territoriales en caso de incumplimiento.

Por su parte el Capítulo II del citado Título I creó el Fondo de Financiación a Comunidades Autónomas y el Fondo de Financiación a Entidades Locales. Estos Fondos están estructurados en compartimentos diferenciados para adaptarse a las necesidades financieras de estas Administraciones, que tienen la consideración de mecanismo adicional de financiación en virtud de lo dispuesto en la Disposición Adicional Primera de la Ley Orgánica 2/2012, de 27 de abril. Asimismo se estableció el régimen de integración de los mecanismos ya existentes en los nuevos Fondos y se crearon compartimentos específicos con condiciones y obligaciones graduadas en virtud de las necesidades financieras que se pretendían cubrir y del grado de cumplimiento de los objetivos de estabilidad presupuestaria, deuda pública y períodos de pago a proveedores. Se reguló, asimismo, su adscripción, su gestión financiera a través del Instituto de Crédito Oficial, la forma de concertación de las operaciones de crédito, los recursos con los que se dotarán y su forma de captación.

El Título II del Real Decreto-Ley 17/2014 reguló de forma integral y ampliada los mecanismos adicionales de financiación puestos en marcha para las Comunidades Autónomas estableciendo las características y condiciones de los compartimentos Facilidad Financiera, Fondo de Liquidez

Autónomas y las Entidades Locales para poder verificar el cumplimiento de Ley 7/1985, de 2 de abril, y especialmente de su art. 57 *bis*. De este modo, produciéndose el incumplimiento de las obligaciones de pago derivadas de dichos convenios, llegado el caso, se podrán retener recursos del sistema de financiación conociendo la fuente jurídica de la que emanan las obligaciones impagadas. Con la aplicación de este procedimiento de retención queda garantizada la adecuada financiación de los servicios públicos esenciales, reforzando el compromiso con su adecuada prestación.

Autonómico y Fondo Social en los que se estructura. Adicionalmente se incluyó el compartimento Fondo en Liquidación para la Financiación de los Pagos a Proveedores, al que se adscriben las operaciones de crédito vigentes formalizadas con Comunidades Autónomas con cargo al extinto Fondo para la Financiación de los Pagos a Proveedores 2.

En el caso específico del Fondo de Facilidad Financiera fue el Capítulo I de este Título II del Real Decreto-Ley 17/2014 el encargado de establecer el régimen y las condiciones aplicables al citado compartimento, el cual se halla destinado a extender los beneficios asociados a los mecanismos a aquellas Comunidades Autónomas que cumplen los objetivos de estabilidad presupuestaria y de deuda pública y que han conseguido controlar la demora en el pago de la deuda comercial. Con ello, y como ventaja para quienes han cumplido con los objetivos, se permite que los esfuerzos presupuestarios y las reformas estructurales realizadas se acompañen de la reducción de los costes de financiación que los mecanismos suponen. La adhesión a este compartimento que no excluye a las Comunidades Autónomas que estuvieran adheridas a cualquier otro mecanismo de liquidez a la entrada en vigor del Real Decreto-Ley, no requiere la aprobación de un plan de ajuste y conlleva la aceptación de unas obligaciones de información de general aplicación.

El Fondo de Liquidez Autonómico, sucesor directo del Fondo homónimo regulado en el Real Decreto-ley 21/2012, de 13 de julio, fue objeto de regulación en el Capítulo II del Título II del Real Decreto-Ley 17/2014. Con carácter general a dicho compartimento se han de adscribir las Comunidades Autónomas adheridas al Fondo de Liquidez Autonómico operativo con anterioridad, así como las Comunidades Autónomas que incumplan el período medio de pago a proveedores en aplicación de lo dispuesto en la Disposición Adicional Primera de la Ley Orgánica 2/2012, de 27 de abril. En la Sección 1.ª del citado Capítulo II se regula su ámbito, el procedimiento de adhesión y la regulación de la concertación de las operaciones de crédito, mientras que su Sección 2.ª se refiere a las condiciones fiscales y financieras que deben cumplir las Comunidades Autónomas, así como a las normas relativas al seguimiento de los planes de ajuste asociados a este compartimento y a las actuaciones de control por parte de los diferentes órganos responsables.

El denominado Fondo Social, así como los procedimientos de retención en materia de gasto social, fueron regulados en el Capítulo III de este Título

II del Real Decreto-Ley. Concretamente en su Sección 1.ª se configura el Fondo Social como un mecanismo de apoyo a la liquidez de las Comunidades Autónomas, de carácter temporal y voluntario, y cuya dotación financiará a las Comunidades Autónomas el pago de las obligaciones pendientes con las Entidades Locales que sean vencidas, líquidas y exigibles a 31 de diciembre de 2014 y que deriven de convenios suscritos en materia de gasto social y de otras transferencias en dicha materia. Por su parte su Sección 2.ª se refiere a las obligaciones pendientes de pago a 31 de diciembre de 2014 derivadas de dichos convenios y transferencias, regulando la forma en la que se van a cancelar dichas obligaciones en el caso de las Comunidades Autónomas que no se adhieran al Fondo Social, desarrollándose además en esta Sección el procedimiento de retención o deducción de recursos previsto a tal fin en la Disposición Adicional 8.ª de la LOFCA para abonar con cargo a los recursos retenidos las citadas obligaciones. Por último su Sección 3.ª regula el procedimiento y las condiciones para la retención de los recursos de los regímenes de financiación de las Comunidades Autónomas para el pago directo por el Estado, con cargo a los recursos retenidos, en caso de producirse el incumplimiento por parte de aquéllas de las obligaciones de pago derivadas de normas autonómicas que deleguen competencias en materia de gasto social y de convenios suscritos en dicha materia, de conformidad con la cláusula de garantía prevista en el art. 57 *bis* de la Ley 7/1985, de 2 de abril[591].

El Título III del Real Decreto-Ley 17/2014 regula el Fondo de financiación a Entidades Locales, que se subdivide en tres compartimentos: Fondo de Ordenación, Fondo de Impulso Económico y Fondo en liquidación para la Financiación de los pagos a proveedores de Entidades Locales, estando la regulación de los dos primeros en los dos capítulos de los que consta dicho título.

El llamado Fondo de Ordenación fue objeto de regulación en el Capítulo I del citado Título a través de tres Secciones: la primera de ellas contiene las disposiciones generales que rigen dicho compartimento; la segunda regula la condicionalidad financiera y fiscal a la que deben dar cumplimiento las

[591] Ha de precisarse no obstante que lo regulado en esta última Sección, tal y como se señala en la Disposición Adicional Quinta del Real Decreto-Ley, será de aplicación a los procedimientos que tengan por objeto hacer efectiva dicha cláusula de garantía en el resto de materias, en tanto que no se apruebe la Orden del Ministro de Hacienda y Administraciones Públicas a la que se refiere el apartado 3 del art. 57 bis de la Ley 7/1985, de 2 de abril.

Entidades Locales que se adhieran a aquél; por último la tercera recoge las actuaciones de seguimiento y control de los compromisos que adquieran las Entidades Locales. Integran el ámbito subjetivo los municipios que se encuentran en una situación de riesgo financiero en los términos que se definen en la norma o que no pueden refinanciar las operaciones de crédito en las condiciones de prudencia financiera que se fijen. También integran aquel ámbito las Entidades Locales que incumplan de forma persistente el plazo máximo de pago establecido en la normativa de morosidad. La citada condicionalidad financiera y fiscal es objeto de distinta intensidad según los supuestos que configuran el ámbito subjetivo del compartimento Fondo de Ordenación, requiriéndose una mayor condicionalidad a los municipios en situación de riesgo financiero y menor condicionalidad a los que no puedan refinanciar sus préstamos con criterios de prudencia financiera. En todo caso se establecen normas relativas al seguimiento de los planes de ajuste y a las actuaciones de control que se podrían solicitar de la Intervención General de la Administración del Estado.

El Fondo de Impulso Económico presenta una estructura similar a la mencionada para el anterior compartimento. A tal efecto se definen los ámbitos subjetivo y objetivo, pudiendo adherirse las Entidades Locales que se encuentren en una posición financiera saneada, con cumplimiento de los objetivos y límites que establece la normativa de estabilidad presupuestaria y sostenibilidad financiera o la reguladora de las Haciendas Locales. Dicha adhesión se producirá previa solicitud de las Entidades Locales, que deberán concretar sus necesidades financieras para dar cobertura a los vencimientos del principal de los préstamos a largo plazo que hayan formalizado o formalicen, de acuerdo con criterios de prudencia financiera que se fijen, para financiar inversiones financieramente sostenibles, o para la financiación de proyectos de inversión que se consideren relevantes con arreglo al Acuerdo que, en su caso adopte la Comisión Delegada del Gobierno para Asuntos Económicos. En estos supuestos la Entidad Local adherida también suscribirá la correspondiente operación de crédito con el Estado, el cual gestionará el pago de los vencimientos de los préstamos a largo plazo.

Finalmente el Real Decreto-Ley 17/2014 reguló la creación y funcionamiento de un Registro electrónico de convenios en el que ha de recogerse información de los convenios suscritos entre Comunidades Autónomas y Entidades Locales que impliquen obligaciones financieras o compromisos de pago a cargo de las Comunidades Autónomas, de acuerdo con lo dispuesto por el art. 57 *bis* de la Ley 7/1985, siendo el interventor local el responsable para aportar esa información. Además, se prevé también cuál es el contenido mínimo que deberá incluirse en dicho registro.

9. EL INCREMENTO DEL GASTO NO FINANCIERO Y LA MINORACIÓN DEL GASTO FINANCIERO EN LOS PRESUPUESTOS DE LAS CC.AA. PARA 2015

Las cuentas presupuestarias presentadas para 2015 por el conjunto de las Comunidades Autónomas a excepción de Cataluña arrojaban una clara ausencia de recortes presupuestarios. En efecto el Presupuesto del conjunto de las Comunidades para 2015 contemplaba un incremento del gasto no financiero del 1,4% respecto al Presupuesto consolidado de 2014, lo que venía a significar la primera subida desde el ejercicio 2010. *A priori* los Presupuestos de la práctica totalidad de las Regiones preveían cumplir el objetivo de déficit público fijado para 2015 en el 0,7%.

Efectuando un análisis desagregado de dichas cuentas podía constatarse que el llamado gasto no financiero (aquel que engloba los Capítulos uno a siete de los Presupuestos, los cuales han de ser tomados en consideración de cara a fijar la cifra de déficit público) era objeto de un incremento en la práctica totalidad de las Regiones a excepción de Canarias y Cantabria, únicas Comunidades que no preveían que su gasto aumentara respecto a las cuentas de 2014[592]. En cambio los Presupuestos de la Comunidad Autónoma de Extremadura arrojaban un incremento del gasto no financiero para 2015 del 6,7% hasta un total de 5.020 millones de euros. En el caso de Baleares dicho incremento era del 5,9% y del 3,7% en los Presupuestos de la Región de Murcia[593]. Andalucía era la Región cuyo Presupuesto para 2015 arrojaba la cifra más alta, situándose en un montante global de 27.651 millones de

[592] Concretamente la Comunidad Autónoma de Canarias había presupuestado gastar un total de 5.898,7 millones de euros, un 3% menos que lo presupuestado para 2014. En el caso de Cantabria, el descenso quedaba cifrado en el 0,7%. Con carácter general las partidas destinadas a gastos de personal se incrementaban en buena parte de los Presupuestos autonómicos a excepción de los correspondientes a las Comunidades de Canarias, Aragón y Castilla-La Mancha, que preveían una caída en dicha partida.

[593] Fuente: *Diario Cinco Días,* www.cincodias.com (consultada el 25 de noviembre de 2014).

euros, un 1,2% más que el ejercicio anterior. A continuación se situaban Madrid (17.409 millones, un 1,9%más que en 2014) y la Comunidad Valenciana (13.002,9 millones, un 0,8% más).

Como contrapartida a este incremento de los gastos no financieros en las cuentas presupuestarias presentadas para 2015 se producía una minoración de la partida correspondiente a los gastos financieros, esto es, aquella partida destinada a abonar los intereses de la deuda pública, la cual quedaba reducida en un 17,6% respecto a lo presupuestado para 2014[594]. Ciertamente se trataba de un descenso considerable, el mayor desde el ejercicio 2004. Ni que decir tiene que a dicho descenso habían contribuido de manera especial factores tales como la caída de la prima de riesgo o el acceso a los mercados por parte de aquellas Comunidades Autónomas no sujetas a las exigencias del FLA, con la consiguiente financiación a tipos reducidos.

---

[594] En este punto el conjunto de las CC.AA. excepto Cataluña habían presupuestado para 2015 un total de 5.598 millones de euros en gastos financieros. Dicha cifra contrastaba con la correspondiente por ejemplo al ejercicio 2007, cuando las Regiones destinaron un total de 2.590 millones a pagar intereses, una cifra que en 2013 alcanzó los 7.273 millones de euros. Por su parte el capítulo de gastos de personal se incrementaba en 2015 un 2% hasta los 42.741 millones de euros. Para el citado ejercicio únicamente las Comunidades Autónomas de Canarias, Aragón y Castilla-La Mancha preveían una caída en el capítulo de gastos de personal. Respecto de la partida correspondiente a inversión pública los Presupuestos del conjunto de las Regiones a excepción de Cataluña arrojaban un incremento medio del 6,2%, siendo Extremadura la Comunidad que incrementaba en mayor medida su nivel inversor en este ámbito, al pasar de un montante de 343 millones de euros a 469,2 millones en 2015, lo que representaba un 46,7% más. Le seguía a continuación Murcia, con una subida del 38,4%. En el caso específico de Cataluña el Proyecto de Ley de Presupuestos para 2015 presentado al efecto elevaba un 5,6% el gasto, hasta los 21.525 millones de euros, mientras que en el lado de los ingresos se dejaban 2.500 millones de euros condicionados a la obtención de mayores transferencias del Estado, a saber: 759 millones de euros por la Disposición Adicional Tercera del Estatut, que fija la inversión del Estado en infraestructuras; un anticipo de 789 millones de euros procedentes del Fondo de Competitividad, que no se realizaban desde 2011; y un total de 635 millones de euros como compensación por el bloqueo del Impuesto sobre Depósitos bancarios. En total, los ingresos no financieros de la Generalitat alcanzarían los 21.042 millones de euros, lo que suponía un 5% más respecto al ejercicio anterior. Por su parte el gasto se situaría en 22.780 millones de euros, un 3,6% más, motivado principalmente por la recuperación de la paga extra de los empleados públicos –suprimida en 2012– y de la jornada completa de los funcionarios interinos. Por su parte el Proyecto de Ley de Presupuestos de la Comunidad Valenciana recogía peticiones a la Administración central por importe de 1.057 millones de euros relativos del Fondo de Competitividad y 201 millones de euros correspondientes al Impuesto sobre Depósitos Bancarios.

De cualquier manera los datos ofrecidos a finales del mes de noviembre de 2014 por los Presupuestos presentados por el conjunto de las Regiones a excepción de Cataluña ponían de manifiesto un abandono de la política de contención del gasto público, circunstancia esta última preocupante si se tiene en cuenta que varias Comunidades preveían incumplir ya en 2014 el objetivo de déficit cifrado en el 1%, con la consiguiente ausencia de equilibrio existente en sus finanzas[595]. Se abandonaba así la senda del esfuerzo para sanear las cuentas públicas y para lograr abaratar la financiación y reducir el endeudamiento.

Dada la citada situación con fecha 5 de diciembre de 2014 la Autoridad Independiente de Responsabilidad Fiscal (AIReF) emitió un Informe en el que reclamaba la adopción de medidas de ajuste preventivas en un total de siete Comunidades Autónomas (Extremadura[596], Cataluña[597], Valencia[598],

[595] En este sentido a la finalización del tercer trimestre de 2014 el conjunto de las CC.AA. registraron un déficit de 12.130 millones de euros, superando así el objetivo del 1% para el conjunto del ejercicio, al situarse en el 1,14% del PIB. Dicho resultado derivaba de unos gastos no financieros que aumentaron un 1,7%, con un crecimiento de los intereses del 8,8%, y de unos recursos no financieros que descendieron un 0,4% respecto al periodo enero-septiembre de 2013.

[596] Los principales riesgos de desviación del objetivo de estabilidad presupuestaria en la Comunidad extremeña venían motivados por la existencia de un presunto incremento generalizado de los ingresos que, sin embargo, no se veían respaldados. Así, por ejemplo, habiéndose contemplado inicialmente unas previsiones en el apartado de tasas y precios públicos que auguraban un aumento del 28% con una elevación por importe de 32 millones de euros, finalmente entre los meses de enero y septiembre de 2014 el porcentaje de recaudación había descendido un 39%.

[597] En el caso específico de esta Comunidad la Autoridad Independiente de Responsabilidad Fiscal, a través del correspondiente Informe elaborado al respecto, aludía a la existencia de un incumplimiento de los ingresos previstos por el Impuesto de Transmisiones Patrimoniales y Actos Jurídicos Documentados, así como por los ingresos patrimoniales y por la enajenación de inversiones reales. Inicialmente en el escenario de cierre de 2014 se recogían unos ingresos derivados básicamente de enajenación de concesiones por importe de 1.100 millones de euros. Sin embargo dicha estimación terminó siendo modificada, habiéndose reducido en 1.045 millones la previsión inicial. De este modo la recaudación por ITP quedaba reducida a 55 millones de euros.

[598] En la Comunidad Autónoma Valenciana la desviación producida venía motivada, en buena medida, por el hecho de que se esperaba recibir del Estado un total de 1.000 millones de euros del Fondo de Competitividad que, sin embargo, no figuraban en los Presupuestos Generales del Estado para 2015, lo que implicaba un riesgo de desviación del 1% del PIB regional.

Murcia[599], Castilla La Mancha[600], Andalucía[601] y Baleares[602]) respecto de las cuales se preveía que incumplieran el objeto de déficit fijado para 2014, fijado como es sabido en el 0,7% para 2015, solicitando a tal efecto al Ministerio de Hacienda la adopción de las medidas adecuadas de cara a su aplicación sin esperar al cierre del ejercicio presupuestario.

En el caso específico de las Comunidades de Cataluña, Extremadura, Valencia y Murcia el Informe de la AIReF preveía que ya en 2014 superase el 2% del PIB mientras que, por lo que respecta a las Comunidades de Castilla-La Mancha, Andalucía y Baleares, la previsión del citado organismo era que finalizasen el ejercicio 2014 con un déficit del 1,3%.

Tras la remisión del citado Informe por parte de la AIReF, y de conformidad con lo dispuesto en la Ley de Estabilidad Presupuestaria y Sostenibilidad Financiera el Ejecutivo central, a propuesta del Ministerio de Hacienda, habría de formular una advertencia a la Autonomía incumplidora. En otro caso habría de entrar a motivar las razones que aconsejasen no seguir la recomendación. Una vez que el Ejecutivo, en su caso, formulase su advertencia pública en el Consejo de Política Fiscal y Financiera la Comunidad Autónoma tendría un plazo de un mes para adoptar las medidas necesarias. En otro caso tendría lugar la activación de medidas correctivas

---

[599] En el ámbito de la Región de Murcia los principales riesgos de desviación se centraban en la cuantía prevista por la enajenación de inversiones reales. A la finalización del ejercicio 2014 estaban previstos por enajenación de inversiones reales ingresos por un importe de 163 millones de euros fundamentados en un plan de optimización de activos inmobiliarios valorado en 156 millones de euros para el último trimestre del citado ejercicio 2014.

[600] El Ejecutivo de Castilla-La Mancha había previsto una desviación del 1,4% motivada, en buena medida, por el comportamiento de los gastos, ya que esperaba un descenso del 7% en los gastos corrientes en bienes y servicios y transferencias corrientes y en septiembre de 2014 esa reducción era solo del 0,1%.

[601] Las cifras de déficit de la Comunidad andaluza se hallaban pendientes de que el Ejecutivo de dicha Comunidad culminase antes de finalizar el 2014 una operación de venta y posterior arrendamiento de un conjunto de inmuebles públicos así como de la recepción de varios fondos procedentes de la UE. En otro caso su porcentaje de déficit se situaría entre el 1,3 y el 1,4% del PIB.

[602] Respecto de la Comunidad balear el Informe de la AIReF al que se ha aludido con anterioridad preveía una desviación del 1,3%, motivada principalmente por el hecho de que dicha Comunidad contaba con fondos de un convenio de carreteras del Estado del año 2004 que no estaba presupuestado. Fuera de esta lista de Comunidades que habrían de adoptar medidas preventivas quedaba en cambio la Comunidad Autónoma de Aragón, debido a que dicha Comunidad contaba con un Plan Económico Financiero aprobado por el Consejo de Política Fiscal y Financiera.

tales como limitaciones en las operaciones de endeudamiento o la presentación de un Plan Económico Financiero (PEF). Y, en el hipotético caso de que se incumpliesen igualmente estas medidas correctivas se activarían las coercitivas, que pasarían por la no disponibilidad de crédito, la constitución de un depósito en el Banco de España por un importe del 0,2% del PIB y la adopción de medidas de cumplimiento forzoso, entre las que se incluiría la intervención de la Comunidad Autónoma.

Dentro del ámbito de la calificación de la deuda pública autonómica, a la finalización del primer trimestre del ejercicio 2015 un total de cinco Regiones (Cataluña, Comunidad Valenciana, Andalucía, Murcia y Castilla-La Mancha) contaban con un *rating* otorgado por la Agencia de Calificación de Riesgos *Moody´s* instalado en el grado especulativo o "bono basura". Este conjunto de Comunidades Autónomas, junto con Extremadura, contaban además con una nota de calificación inferior a la de España.

10. LA APLICACIÓN DEL REAL DECRETO-LEY 17/2014, DE 26 DE DICIEMBRE, EN EL ÁMBITO DE LAS DISTINTAS CC.AA.

Con fecha 26 de febrero de 2015 la Comisión Delegada del Gobierno para Asuntos Económicos acordó el primer reparto de los distintos Fondos de financiación para Comunidades Autónomas correspondientes al ejercicio 2015 por valor de 28.942 millones de euros, el 74,5% de la cifra anual. La mitad de ese total se lo repartían solo Cataluña (que recibiría 8.258 millones de euros) y la Comunidad Valenciana (que percibiría un total de 7.168 millones de euros).

Tal y como se ha analizado con anterioridad durante el ejercicio 2015 las CC.AA. recibirían financiación a través de dos Fondos, a saber, el Fondo de Liquidez, que repartiría 17.605,43 millones de euros, y el nuevo Fondo de Facilidad Financiera, que habría de distribuir otros 11.336,72 millones de euros. La principal finalidad de ambos Fondos se centra en financiar vencimientos, la anualidad de liquidaciones negativas del sistema de financiación correspondiente a los ejercicios 2008 y 2009, el objetivo de déficit del 0,7% previsto para el conjunto de los Entes Regionales en 2015 y desviaciones de déficit anteriores a 2014 con destino al pago de proveedores.

Además de Cataluña y de la Comunidad Valenciana, en 2015 se hallaban adheridas al FLA Castilla-La Mancha (que recibiría 1.025,84 millones de euros), Murcia (con una dotación de 736,93 millones de euros) y Cantabria (que habría de percibir un total de 416,08 millones de euros). Por su parte al Fondo de Facilidad Financiera (destinado a aquellas Comunidades que cumplen los objetivos de déficit y deuda, así como el periodo medio de pago a proveedores, y caracterizado por la aplicación de un tipo de interés cero) se habían acogido el resto de CC.AA. a excepción de Madrid y el País Vasco. En este sentido el reparto de 11.336 millones de euros distribuidos a finales de febrero de 2015 se concretaba en el siguiente: Andalucía recibía 2.962,84 millones de euros; Castilla y León, 2.003,63 millones; Galicia, 1.542,5 millones; Aragón, 1.193,51 millones; Baleares, 998,71 millones; Canarias, 958,14 millones; Asturias, 508,84 millones; Extremadura, 476,51 millones; Navarra, 446 millones; y La Rioja, 245 millones de euros.

Dicha asignación prevista para las Comunidades Autónomas adheridas tanto al FLA como al Fondo de Facilidad Financiera debía completarse con posteriores asignaciones hasta alcanzar los 38.869 millones de euros en 2015.

Por lo que respecta al tercer Fondo dotado al efecto, el Fondo Social, a través del mismo se pretendía facilitar la financiación de las CC.AA. al objeto de que éstas pudieran saldar sus deudas con las Entidades Locales derivadas de la celebración de convenios que no les hubiesen abonado, hallándose adheridas al mismo las Comunidades Autónomas de Aragón, Andalucía, Islas Baleares, Castilla-La Mancha, Cataluña, Extremadura, Región de Murcia y Comunidad Valenciana[603].

---

[603] Precisamente en relación con este último Fondo con fecha 29 de abril de 2015 el Ministerio de Hacienda y Administraciones Públicas abonó un total de 683,4 millones de euros a los Ayuntamientos de estas ocho Autonomías adheridas al Fondo Social del FLA con la finalidad de saldar las deudas contraídas con los Entes Locales de las citadas Comunidades en la prestación de servicios sociales, educativos y sanitarios. Cataluña recibió casi el 60% de los fondos (397,3 millones de euros), seguida de la Comunidad Valenciana, con 120 millones de euros. En efecto Cataluña, con un total de 839 Ayuntamientos, percibió cerca del 60% de los fondos, lo que representaba un total de 397,6 millones de euros. A continuación se situaba la Comunidad Valenciana, con 470 Ayuntamientos pendientes de cobrar, que recibirían 120,4 millones de euros, y Andalucía, que habría de recibir 82,7 millones para 505 un total de Ayuntamientos. Los datos del resto de Regiones eran los siguientes: Baleares (68 Ayuntamientos, 34,6 millones); Castilla-La Mancha (243 Ayuntamientos, 22,9 millones); Aragón (123 Ayuntamientos, 14,2 millones); Extremadura (398 Ayuntamientos y 9,7 millones); y Murcia (1,3 millones para un solo

Los tipos de interés de los distintos mecanismos de financiación de las Comunidades Autónomas para 2015 –Facilidad Financiera, Fondo de Liquidez Autonómico y Fondo Social– quedaron fijados en el 0,834% para los períodos en que el tipo de interés aplicable no sea del 0%. El nuevo tipo de interés se aplicaría a partir de 2016 para el FLA y el Fondo Social, y a partir de 2018 para la Facilidad Financiera. Este mismo tipo de interés será aplicable también, a partir de 2016, a los mecanismos de financiación formalizados hasta el año 2014, como sucede con el Fondo de Financiación para el Pago a Proveedores en sus tres fases, y el FLA de los años 2012, 2013 y 2014.

Determinadas Regiones decidieron no participar en ninguno de los mecanismos de financiación articulados a través del Real Decreto-Ley 17/2014. Este fue, por ejemplo, el caso de la Comunidad Autónoma del País Vasco, al estimar la citada Región que cumplía con todos los parámetros de déficit y endeudamiento, no habiendo necesitado rescate alguno y presentando sus emisiones de deuda buenos *ratings* de las agencias de calificación internacionales, incluso superiores a las del Reino de España.

Durante el ejercicio 2015 el Ejecutivo vasco tenía previsto un endeudamiento bruto de 1.291 millones de euros, de los que 579 millones serían endeudamiento neto, mientras que el resto iría a amortizaciones de deuda existente. Euskadi rechazaba así la oferta del Fondo de Facilidad al objeto de evitar la quiebra del principio de bilateralidad que rige las relaciones entre la citada Comunidad y el Estado, ya que las condiciones del Fondo implican la adhesión junto con el resto de las Comunidades Autónomas y, con carácter adicional, la aceptación de sus condiciones sin posibilidad de negociación. Recuérdese a este respecto que las condiciones para acceder al Fondo de Facilidad financiera establecen la aplicación de un conjunto de controles por parte del Ministerio de Hacienda sobre las cuentas autonómi-

ayuntamiento). En líneas generales estas cantidades debían servir para cubrir las obligaciones pendientes de pago de las Comunidades con las Entidades Locales a 31 de diciembre de 2014, derivadas de convenios suscritos en materia de gasto social. En consecuencia las citadas partidas debían destinarse por los Ayuntamientos a la prestación de servicios educativos, sanitarios y sociales competencia de las Comunidades Autónomas. Recuérdese a este respecto que aquellas CC.AA. adheridas a este mecanismo habrían de abonar un interés del 0% en 2015 y del 0,834 a partir de 2016, lo que les permitiría ahorrar 17,29 millones durante los diez años de vida de la operación. De dicha cantidad, más de cinco millones corresponderían al primer ejercicio.

cas relativos al destino del nuevo endeudamiento, el cumplimiento de una serie de controles de gasto, etc.

Asimismo la Comunidad de Madrid rechazó participar en cualquiera de estos mecanismos de financiación. Como contrapartida con fecha 18 de febrero de 2015 la citada Región lanzó una macro emisión de bonos a un plazo de diez años, con la que se preveía recaudar la suma de 3.300 millones de euros. A pesar de que, con carácter general, el principio de prudencia financiera permite a las Comunidades pagar un máximo de 30 puntos básicos sobre el Tesoro, la Comunidad de Madrid decidió acometer la emisión por debajo de dicha cota. De la citada cifra se preveía que un total de 2.928,18 millones se destinasen a amortizaciones ordinarias y 316,99 millones a amortizaciones anticipadas, por lo que la deuda formalizada por ambos importes no supondría un incremento del endeudamiento de la Comunidad Autónoma al final del ejercicio 2015. Finalmente a resultas de dicha emisión se colocaron un total de 1.400 millones de euros en bonos a diez años a un tipo de interés del 1,826%, el más bajo de su historia, con una demanda de unos 2.200 millones de euros.

Con posterioridad la citada Comunidad acometió con fecha 2 de marzo de 2015 una nueva subasta a través de la cual emitió por vez primera en su historia deuda por importe de 500 millones de euros a través de una emisión pública de un bono a 15 años, (el mayor plazo hecho nunca) a un tipo de interés del 2,08%. A resultas de la realización de esta nueva operación la citada Comunidad haría frente a los vencimientos de deuda de 2015 que ascendían a un total de 3.032 millones de euros. El coste de dicho bono previsto para 2015 era además del 0% de interés, con lo que la Comunidad de Madrid lograba financiarse en las mismas condiciones que el mecanismo de financiación arbitrado al efecto por el Ministerio de Hacienda y Administraciones Públicas[604].

Durante el período comprendido entre el 30 de marzo y el 8 de abril de 2015 las CC.AA. recibieron un total de 6.853 millones de euros con cargo

---

[604] Casi dos meses después, con fecha 28 de abril de 2015 la Comunidad de Madrid lanzaba una nueva emisión de bonos a siete años a un tipo próximo a los 20 puntos básicos sobre el equivalente al bono del Tesoro al mismo plazo (de niveles cercanos al 1%). A resultas de dicha emisión se lograron colocar un total de 500 millones en un bono a siete años al 1,189% de interés, siendo el 57% de la emisión captada por bancos y el 37% por fondos de inversión, el 70% de ellos extranjeros.

al Fondo de Financiación para 2015. De dicha suma 3.276 millones de euros correspondientes a la financiación del déficit de 2015 y de años anteriores irían directamente a los proveedores para el pago de sus facturas pendientes. Por su parte aquellos importes autorizados por la Comisión Delegada del Gobierno para la cobertura de desviaciones de déficit de ejercicios anteriores a 2014 pendientes de financiar y que no hubiesen sido utilizados para dichos pagos podrían ser propuestos por parte de las Comunidades para su pago a finales de abril, mayo o junio de 2015.

Por otra parte durante dicho período aquellas Comunidades adheridas al mecanismo de Facilidad Financiera y que en 2013 cumplieron los objetivos de estabilidad recibieron un total de 1.959,5 millones de euros, de los que sus proveedores percibieron directamente 836,5 millones de euros. Concretamente Castilla y León recibió 601,7 millones de euros; Islas Baleares, 421,7 millones; Aragón, 443,9 millones; Canarias, 254 millones; La Rioja, 89,6 millones; Extremadura, 86,5 millones; y Asturias, 62 millones de euros. En el caso específico de Galicia, con fecha 10 de abril de 2015 recibió el primer vencimiento con cargo a dicho mecanismo por importe de 568,1 millones de euros. Y lo mismo habría de suceder con Andalucía, una vez que la citada Comunidad formalizase el oportuno contrato de préstamo.

Las Comunidades adheridas al Fondo de Liquidez Autonómico de 2015 recibieron durante la primera semana del mes de abril de 2015 la suma de 4.894,4 millones de euros, de la cual sus proveedores cobrarían directamente un total de 2.439,3 millones de euros con la siguiente desagregación: Cataluña, 2.679,7 millones; la Comunidad Valenciana, 1.852,7 millones; Castilla-La Mancha, 164,8 millones; Murcia, 148,9 millones; y Cantabria, 48 millones de euros.

Cabe recordar a este respecto que, como ya se ha señalado, el tipo de interés de estos mecanismos sería del 0% para 2015, manteniendo asimismo los préstamos que las Comunidades Autónomas formalicen en 2015 con cargo a la nueva Facilidad Financiera el tipo de interés del 0% en 2016 y 2017 y asumiendo el Estado la diferencia con el tipo de financiación del Tesoro.

Así las cosas, y a la luz de estas cifras, resultaba difícil que las CC.AA. volviesen a emitir deuda mientras el Ejecutivo central mantuviese sus mecanismos de apoyo de liquidez, dado el relevante papel asumido por la Administración central en la financiación del conjunto de las Regiones a través de los distintos mecanismos de liquidez, que otorgan a éstas crédito barato a cambio de una mayor supervisión por parte del Gobierno central, posibilitando así que sus necesidades de financiación queden oportunamente cubiertas.

Una vez finalizado el primer semestre de 2015 el conjunto de las CC.AA. había recibido un total de 18.457 millones de euros del Fondo de Liquidez Autonómico y de la Facilidad Financiera, lo que representaba el 63% de los recursos asignados para 2015 (29.179 millones de euros) entre las Comunidades adheridas a los citados mecanismos. Los casi 18.500 millones de euros citados se habían alcanzado tras los pagos efectuados por el Estado a las Comunidades en el mes de junio de 2015 en el ámbito de dichos mecanismos de financiación, que ascendían a casi 3.683 millones de euros.

Casi la mitad de los recursos satisfechos durante el primer semestre de 2015 (un total de 8.575 millones de euros) se destinaron a financiar necesidades distintas a amortizaciones del principal y los intereses de la deuda. El destino de dichos Fondos fue el pago directo a proveedores y acreedores y el abono directo a las Comunidades Autónomas para financiar el objetivo de déficit y las liquidaciones negativas a través de la Facilidad Financiera. Por su parte la cuantía destinada al pago directo de vencimientos de principal e intereses de la deuda de las Comunidades Autónomas ascendía, hasta el cierre del mes de junio de 2015, a 9.883 millones de euros. Y, en cuanto a los pagos directos a terceros realizados en el mes de junio de 2015, dichos pagos sumaban un total de 664 millones de euros. De dicha cantidad se destinaron a conciertos sanitarios 123,88 millones de euros y a convenios con farmacia 127,47 millones de euros[605].

Con fecha 29 de julio de 2015 la Comunidad de Madrid anunció su adhesión formal al Fondo de Facilidad Financiera a través de la realización de una petición por importe de 1.012 millones de euros (créditos con un coste en intereses del 0%) para el citado ejercicio con la que poder financiar el exceso de déficit no financiado de 2011. A través de dicha inyección de liquidez se buscaba acelerar el pago a más de 2.000 proveedores y el

[605] Con carácter adicional durante el citado mes de junio de 2015 Andalucía fue la Región que más financiación utilizó para pagar a sus proveedores (144,6 millones de euros), seguida de la Comunidad Valenciana (141,6), Castilla y León (117,4), Cataluña (112,3), Baleares (53,7), Castilla-La Mancha (38,3), Canarias (30,1), Murcia (16,3), Cantabria (8,8) y La Rioja (737.000 euros).

abono de más de 133.000 facturas. La solicitud efectuada por el Ejecutivo de la Comunidad de Madrid posibilitaba el abono hasta 2018 de un tipo de interés del 0%, siendo la fecha de vencimiento el 31 de enero de 2025 y la amortización lineal anual con carencia de dos años comenzando en 2018 hasta 2025. En efecto el tipo de interés sería del 0% en los primeros de dos años y en el supuesto de que se tuviera que modificar subiría como máximo hasta el 0,8%. El primer periodo de devengo de intereses se iniciaría para cada disposición en la fecha de la misma y finalizaría el 31 de enero de 2016.

Ciertamente el hecho de que se aplicase un tipo de interés del 0% con dos años de carencia representaba una ventaja considerable, máxime si se tiene presente que del 'stock' total de deuda el coste medio por aquel entonces superaba el 3% y que de las principales operaciones de préstamo realizadas en la Comunidad durante el citado ejercicio el coste de la deuda había sido el 1,48%. A ello se ha de sumar además el hecho de que la adhesión efectuada al citado Fondo no implicara, a diferencia de lo que sucede en el caso del FLA, presentar un plan de ajuste ni ninguna otra medida que exigiese mayor condicionalidad fiscal.

Hasta el citado mes de julio de 2015 las CC.AA. recibieron un total de 22.110,38 millones de euros del Estado a través del Fondo de Liquidez Autonómico y de la Facilidad Financiera. Dicha cifra representaba el 73,23% de los recursos asignados hasta ahora en 2015 entre las Comunidades adheridas. De la cantidad total, que ascendía a 30.191,5 millones de euros, la cifra correspondiente al mes de julio de 2015 era de 3.632,57 millones de euros.[606]

Los datos acumulados del primer semestre de 2015 y desglosados por Comunidades Autónomas mostraban que, de las cinco Regiones adheridas al FLA en 2015, las que más dinero recibieron fueron Cataluña (con 5,27 millones de euros) y la Comunidad Valenciana (4,32 millones de euros). Por detrás, y a bastante distancia, se situaban Castilla-La Mancha (casi 400.000 euros), Murcia (más de 330.000 euros) y Cantabria (casi 200.000 euros).

El conjunto de las CC.AA. había recibido hasta el mes de julio de 2015 un total de 3.632,57 millones de euros a través del Fondo de Liquidez Autonómico y la Facilidad Financiera, satisfaciendo en total con cargo al Fondo de Financiación a las Comunidades Autónomas la cifra de 22.110,38

[606] Fuente: http://www.minhap.gob.es, consultada el 6 de agosto de 2015.

millones de euros, lo que representaba el 73,23% de los recursos asignados hasta dicha fecha en 2015 entre la Comunidades adheridas, que ascendía a 30.191,5 millones de euros.

En el caso específico de la Comunidad de Madrid se planteaba además la circunstancia de que, a pesar de haber cumplido con el objetivo de déficit correspondiente a 2013, se había incumplido con el citado objetivo correspondiente al ejercicio 2014, lo que imposibilitaba su adhesión al FFF. Así las cosas la citada Comunidad se veía abocada a solicitar su adhesión al FLA y a aceptar todas las condiciones impuestas por el Ministerio de Hacienda. También la Comunidad Autónoma de Aragón anunció su voluntad de adherirse al FLA a principios del mes de octubre de 2015 con la finalidad de cubrir las necesidades de liquidez de la Región en 2016, estimadas en 978,2 millones de euros. En esta misma línea se situaba igualmente la Comunidad de Castilla y León, que había cerrado el ejercicio 2014 con un desfase del 1,1% frente al 1% exigido por Hacienda.

Con posterioridad, con fecha 20 de noviembre de 2015 el Ejecutivo central acordó en Consejo de Ministros el reparto de los 7.889 millones de euros del remanente del FLA correspondiente a 2015 entre las distintas Comunidades adheridas a este mecanismo, imponiendo además un conjunto de elementos de control específicos y adicionales en el caso de los fondos destinados a Cataluña y "especiales obligaciones" para garantizar la transparencia y la legalidad de los pagos. Tras la citada Comunidad la segunda Región que más fondos recibiría será la Comunidad Valenciana (1.471,69 millones), seguida de la Comunidad de Madrid (834 ,07 millones) y Andalucía (614,47 millones). Tras ellas se situaban Castilla-La Mancha (421,52 millones), Murcia (419,99 millones), Aragón (280,87 millones), Extremadura (280,67 millones), Islas Baleares (163,59 millones), Cantabria (91,16 millones), Asturias (81,36 millones), Galicia (62,8 millones), Castilla y León (56,99 millones), Canarias (48,09 millones) y La Rioja (27,06 millones). Para el reparto de estos fondos se tomaron en consideración los déficits de años anteriores pendientes de financiar, efectuándose el pago directamente desde el Estado a los proveedores de dichas Comunidades autónomas con deudas pendientes. Dicho acuerdo quedó plasmado además en la Orden PRE/2454/2015, de 20 de noviembre, por la que se publica el Acuerdo de la Comisión Delegada del Gobierno para Asuntos Económicos de 20 de noviembre de 2015, sobre medidas para garantizar en la Comunidad Autónoma de Cataluña la prestación de los servicios públicos en defensa del interés general.

Precisamente por lo que respecta a Cataluña, y al amparo de lo establecido en la citada Orden, el Interventor de la Generalitat habría de emitir un certificado mensual sobre la ejecución del presupuesto autonómico, dejando constancia de que los gastos que se vayan realizando no contravienen el ordenamiento jurídico[607]. Dicho control se extendería también a los recursos ordinarios que percibe mensualmente Cataluña del sistema de financiación, fijándose unas directrices para el gasto en virtud de las cuales los recursos del FLA podrían destinarse "exclusivamente" a sanidad, educación y servicios sociales, mientras que los del sistema de financiación solo podrían dedicarse, además de a servicios públicos, a atender intereses y vencimientos de la deuda, remuneraciones, transferencias a Entidades Locales e inversiones financiadas con fondos europeos.

[607] Con carácter adicional se acordó que los funcionarios de la citada Comunidad pudieran acceder a un sistema electrónico para informar de las dificultades que tengan para cumplir con sus obligaciones en aplicación de las medidas derivadas del citado acuerdo, así como formular consultas o informar sobre las posibles dudas. Por su parte la Delegación del Gobierno en Cataluña recibirá y gestionará los informes y consultas incorporados al referido sistema electrónico, hallándose igualmente la posibilidad de informar a disposición de aquellos terceros que puedan tener dudas sobre nulidad o anulabilidad de determinados actos administrativos. A tal efecto se acordó exigir la conexión telemática de la Generalitat con el punto general de entrada de facturas creado en 2015 y en el que se registran las facturas emitidas por todos los proveedores de todas las Administraciones Públicas adheridas al FLA, al objeto de poder seguir el recorrido de esa factura hasta asegurarse realmente de que ha sido pagada con ese dinero facilitado a la Generalitat. En efecto, la Generalitat habría de conectar su registro contable directamente con el punto general de entrada de facturas electrónicas de la Administración General del Estado (FACe) para remitir, simultáneamente a su apunte en su registro contable, información de todas sus facturas, presentadas en papel o en electrónico, con independencia del punto en el que se hubiesen presentado, que constaran anotadas en dicho registro. Asimismo la Generalitat habría de informar diariamente desde el registro contable a FACe del estado de tramitación de cada factura recibida en dicho registro contable, con independencia del punto en el que se hubiesen presentado. En definitiva, al objeto de poder tener acceso al FLA Cataluña habría de enviar dos certificados del Interventor General, uno inicial y otro mensual donde el funcionario garantice que todos los actos sobre los que ha tenido constancia no contravienen la Constitución o las leyes", procediendo con posterioridad el Ministerio de Hacienda y un Comité Técnico a verificar la información recibida. Finalmente, y tras el cumplimiento por parte de la Generalitat de este conjunto de requisitos, el Consejo de Ministros del Ejecutivo celebrado el 27 de noviembre de 2015 aprobaría un primer pago por importe de 319,3 millones de euros procedente del FLA ordinario, que habría de destinarse a pagar convenios con farmacias (101,2 millones) y conciertos sanitarios (7,1 millones), cubriendo el resto vencimientos de deuda.

En cuanto a la Facilidad Financiera, las Comunidades que más se beneficiaron de enero a junio de 2015 fueron Andalucía (1,99 millones de euros), Castilla y León (1,41 millones de euros) y Galicia (1,2 millones de euros). Por su parte Aragón recibió 720.000 euros, Baleares casi 670.000, Canarias 650.000 euros, Asturias 270.000 euros, Extremadura 230.000 euros y La Rioja 140.000 euros.

La cuantía destinada al pago directo de vencimientos de principal e intereses de la deuda de las Comunidades Autónomas ascendía a la finalización del primer semestre de 2015 a 13.015,26 millones de euros. El resto, integrado por más de 9.000 millones de euros (el 40%) se dedicó a financiar necesidades distintas de las amortizaciones del principal y los intereses de la deuda, es decir, al pago directo a proveedores y acreedores o el abono a las Comunidades para financiar el objetivo de déficit y las liquidaciones negativas a través de la Facilidad Financiera[608].

De este modo a la finalización del tercer trimestre de 2015 la Comunidad Valenciana era la Región que más presencia tenía del Estado en su deuda. En total, de los más de 40.000 millones que adeudaba la citada Comunidad, más de 27.000 estaban en manos de la Administración central. Murcia, Andalucía y Castilla-La Mancha también habían recurrido con profusión a los fondos de Hacienda, de forma que al cierre del tercer trimestre de 2015 más del 60% de su deuda estaba en manos del Estado. La primera Región citada había recibido 4.800 millones de Hacienda de una deuda total de 7.500 millones de euros. En el caso de Andalucía, los fondos facilitados por el Estado suponían el 62% de todos los créditos de la Comunidad (18.706 millones de los más de 30.000 que adeudaba). Castilla-La Mancha, por su parte, debía al cierre del tercer trimestre de 2015 13.095 millones de euros, de los que 7.863 millones correspondían a Hacienda, lo que suponía el 60,05% del total. Otras cuatro Comunidades Autónomas (Baleares, Ca-

[608] A lo largo del citado período correspondiente al primer semestre de 2015 se atendieron directamente facturas de proveedores de Comunidades por importe de 6.579.532,78 euros, dedicándose más del 86% de dicha cantidad a financiar gastos de sanidad, educación y servicios sociales. El importe de las facturas abonadas a proveedores ascendía a 2.641.422,87 euros en la Comunidad Valenciana, a 1.364.062,79 euros en Cataluña, a 775.039,99 euros en Castilla y León, 490.995,83 euros en Andalucía, a 394.990,17 euros en Aragón, a 252.829,99 euros en Castilla-La Mancha, a 237.806,36 euros en Murcia, a 175.432,59 euros en Baleares, a 118.360,04 euros en Canarias, a 54.615,20 euros en Cantabria, a 51.976,96 euros en La Rioja y a 22.000 euros en Extremadura.

taluña, Cantabria y Canarias) también habían recurrido tanto a los fondos autonómicos que el Estado ya había prestado más de la mitad de su deuda. En el lado contrario, al margen de las Comunidades de régimen foral, la que menos fondos ha recibido de Hacienda había sido Madrid, a la que el Estado facilitó algo más de 1.000 millones de euros, lo que representaba poco más del 4% del total de su deuda.

Durante el mes de noviembre de 2015 el Ministerio de Hacienda autorizó el pago de un total de 220,3 millones de euros directamente a proveedores de Cataluña (112,3 millones en total), Comunidad Valenciana (58,1 millones), Castilla-La Mancha (24,4 millones), Murcia (16,3 millones), Cantabria (8,8 millones) y Madrid (193.000 euros). Hasta el citado mes de noviembre se habían atendido directamente facturas de proveedores por importe de 8.466,96 millones de euros y 683,4 millones a través del Fondo Social, por deudas pendientes de convenios en materia social de varias comunidades con ayuntamientos. El destino de esas facturas, en más de un 88%, lo constituyó la financiación de gastos de sanidad, educación y servicios sociales[609].

Finalmente con fecha 16 de diciembre de 2015 se produjo por parte del Ministerio de Hacienda el abono del remanente del Fondo de Liquidez Autonómico que quedaba todavía pendiente, el cual ascendía a 7.889 millones de euros, de los que casi el 40% irían para Cataluña (unos 3.035 millones de euros). Y ello en tanto en cuanto Cataluña había cumplido las condiciones exigidas al respecto por parte del Ejecutivo central, relativas a posibilitar la conexión telemática de la Generalitat con Punto General de Entrada de Facturas Electrónicas (FACe)[610] y a que el interventor de la Comunidad

[609] Por Comunidades, el reparto fue el siguiente: Andalucía, 490.9 millones; Aragón 394,9 millones; Comunidad Valenciana, 2.874 millones; Canarias, 118,3 millones; Cantabria, 89,9 millones; Castilla y León, 775 millones; Castilla-La Mancha, 350,6 millones; Cataluña, 1.813 millones; Extremadura, 22 millones; Islas Baleares, 175,4 millones; Madrid, 1.006,9 millones de euros; Murcia, 303 millones; y La Rioja, 51,9 millones (Fuente: web del Ministerio de Hacienda y Administraciones Públicas, consultada el 27 de noviembre de 2015).

[610] En efecto, al inicio de la segunda semana correspondiente al mes de diciembre de 2015 la Conselleria de Economía y Conocimiento de la Generalitat remitió al Ministerio de Hacienda la relación de pagos pendientes de financiar con el Fondo de Liquidez Autonómico del 2015 por valor de 3.150 millones de euros. En estos pagos se incluía el tramo ordinario del mes de diciembre y el tramo adicional aprobado el 20 de noviembre. La tipología de pagos que se incluyó fue la relativa a aquellos definidos como servicios públicos fundamentales en el ámbito social, educativo y de salud que cumplían las condiciones del Programa FLA 2015. Dentro de

emitiese un certificado mensual de la ejecución del Presupuesto, dejando constancia de que los gastos no contravienen el ordenamiento jurídico. Con carácter general en dicha fecha las CC.AA. recibieron un total de 7.043,21 millones de euros a través de los Fondos de Liquidez Autonómico y de Facilidad Financiera para cubrir pagos pendientes a proveedores de servicios públicos esenciales[611].

Recapitulando, a la finalización del ejercicio 2015 el esfuerzo del Estado para proveer de liquidez al conjunto de las Comunidades Autónomas alcanzó un total de 179.888,23 millones de euros, cifra equivalente a casi el 18% del PIB nacional y que correspondía al importe total del dinero distribuido a través de los distintos mecanismos adicionales de financiación, a saber, Fondo de Pago a Proveedores, Fondo de Liquidez Autonómica y Fondo Social.

De dicha cifra global Cataluña fue la Comunidad más beneficiada, al acaparar por sí sola un total de 52.969,79 millones de euros, lo que representaba el 30% de todas las aportaciones del Estado. Del resto de Comunidades destacaban también los 41.323,76 millones de euros recibidos por la Comunidad Valenciana y los 28.826,91 millones de euros de Andalucía, que suponían, respectivamente, el 23 y el 16,1 % del total de los fondos del Estado[612].

---

este grupo se encontraban los pagos a las farmacias (213 millones), los conciertos sanitarios (715) y sociales (36) y los proveedores en el ámbito de la salud (901); los gastos en programas sociales y educativos (186); los pagos por ayudas a la dependencia (78), convenios sociales con administraciones locales (45) y pagos de educación universitaria (182), que ascienden a un total de 2.356 millones de euros. Asimismo se incorporó el pago de las facturas de gastos corrientes (proveedores de limpieza, seguridad, suministros, informática y telecomunicaciones, entre otros) de la Generalitat y administraciones dependientes para la prestación de servicios básicos de funcionamiento, con un importe de 794 millones de euros.

[611] Concretamente en dicha fecha fueron abonadas un total de 649.696 facturas correspondientes a contratos de suministros y servicios. A pagos para la atención de conciertos sanitarios se destinaron 1.004,7 millones de euros, mientras que para las farmacias la cuantía fue de 666,43 millones y a conciertos en servicios sociales y subvenciones en materia de dependencia se destinaron un total de 248,32 millones de euros. La Región que más recursos recibió fue Cataluña, con 3.00 millones de euros para hacer frente al pago de un total de 272.046 facturas pendientes con sus proveedores. A continuación se encontraba la Comunidad Valenciana, con 1.536 millones para 112.078 facturas, seguida de Madrid (561,8 millones para 62.075 facturas), Andalucía (473,6 millones y 48.288 facturas) y Murcia (437,3 millones y 43.390 facturas) (Fuente: http://www.minhap.gob.es, consultada el 16 de diciembre de 2015).

[612] Fuente: Orden PRE/2454/2015, de 20 de noviembre, por la que se publica el Acuerdo de la Comisión Delegada del Gobierno para Asuntos Económicos de 20 de noviembre de 2015,

La cuantía total de los fondos proporcionados por el Estado alcanzó a la finalización del ejercicio 2015 la cifra de 184.983 millones de euros, de los que las Comunidades Autónomas se repartieron un total de 179.888,23 millones, siendo los 5.095,26 millones de euros restantes el dinero aportado a las Corporaciones Locales. De dicha cifra el 40,9% del importe total de estos mecanismos de financiación (75.700 millones de euros) se destinó al pago directo por parte del Estado a proveedores de las Administraciones Territoriales.

El coste del endeudamiento con los mecanismos de liquidez pasó de estar en torno al 6% en el primer Fondo de Pago a Proveedores, al 0% en 2015, previéndose además que se redujese por debajo del 1% a partir de 2016 respecto de las operaciones del Fondo de Financiación a Comunidades Autónomas formalizadas hasta 2015.

Por otra parte la mejora de la situación presupuestaria y la reducción del coste de financiación permitió al Estado subvencionar el coste de los intereses a las Administraciones territoriales como medida adiciona destinada a facilitar su proceso de consolidación fiscal. Dicha subvención de tipos de interés se elevó en el caso de las CC.AA. hasta 3.563 millones de euros en 2015.

De cara al ejercicio 2016 la Ley de Presupuestos Generales del Estado para el citado ejercicio recogía el dato de que entre 2012 y 2014 el Fondo de Liquidez Autonómico había proporcionado liquidez a las Comunidades Autónomas adheridas por un importe de 62.773, 88 millones de euros, lo que permitió cubrir sus necesidades de financiación y reducir significativamente sus costes financieros. A dicha cantidad había que sumar además la cifra de 21.000 millones de euros a que se elevó la aportación patrimonial del Estado al Fondo en los Presupuestos Generales del Estado para el ejercicio 2015.

11. LA EVOLUCIÓN DEL PORCENTAJE DE DEUDA PÚBLICA AUTONÓMICA MEDIDO EN RELACIÓN CON EL PIB DURANTE EL EJERCICIO 2015

A la finalización del primer trimestre de 2015 la deuda del conjunto de las CC.AA. representaba el 22,9% de la deuda total (240.411 millones de

sobre medidas para garantizar en la Comunidad Autónoma de Cataluña la prestación de los servicios públicos en defensa del interés general.

euros)[613]. Ciertamente se trataba de un dato significativo ya que, mientras que en 2014 el endeudamiento autonómico creció un 12%, durante el primer trimestre de 2015 se había producido un aumento del pasivo autonómico de 3.671 millones de euros.

Únicamente las CC.AA. de Canarias, Galicia, Madrid y Navarra cumplían a la finalización del primer trimestre de 2015 sus topes de deuda a la carta para dicho ejercicio fijados por el Ministerio de Hacienda. Y es que, teniendo dichas Regiones la obligación de cerrar el ejercicio 2015 con un pasivo máximo del 15, 18,2, 13,4 y 18,3% de sus respectivos PIB, a la finalización del primer trimestre de 2015 registraban el 14,5, 18, 13,2 y 18,2%, respectivamente.

Concretamente la Comunidad Autónomas más desviada respecto a su tope a la carta era la Región de Murcia, que tenía autorizado un endeudamiento máximo del 22,3% de su PIB y que a la finalización del primer trimestre de 2015 ya acumulaba una deuda del 26,4%, habiendo rebasado en 4,1 puntos porcentuales la meta impuesta por el Ministerio de Hacienda. La segunda Autonomía que más faltó a su compromiso de endeudamiento fue la Comunidad Valenciana, que tenía empeñado el 37,5% de su PIB, frente a un tope individual del 33,5% hasta finales de 2015, de manera que en sólo tres meses incumplía su techo en 4 puntos porcentuales de PIB. Baleares era la tercera Región que más se alejaba de su tope individual de pasivo público ya que, teniendo la obligación de finalizar el ejercicio 2015 debiendo, como mucho, el 26,1% de su PIB, tras la conclusión del primer trimestre de 2015 adeudaba el 29,5%, presentando un exceso de 3,4 puntos porcentuales. Por su parte la Comunidad Autónoma de Cataluña tenía un techo de deuda a la finalización del ejercicio 2015 del 30,4% del PIB y, a la finalización del primer trimestre del citado ejercicio, superaba ya dicho techo en 1,8 puntos porcentuales, presentando un porcentaje global del 32,2%. Y Castilla-La Mancha debía a la finalización del primer trimestre de 2015 el 33,7% de su PIB, a pesar de que su objetivo global se situaba en el 32,4%.

Por Comunidades Autónomas Cataluña (con 64.792 millones de euros), Comunidad Valenciana (con 37.615 millones), Andalucía (con 28.534 millones) y Madrid (con 26.413 millones) concentraban el 65,4% de toda la deuda en manos de los Gobiernos autonómicos. En las citadas Comunida-

---

613 Fuente: Banco de España, www.bde.es (consultada el 12 de junio de 2015).

des, a excepción de Andalucía, la deuda creció respecto al último trimestre de 2014. A continuación, figuraban las Comunidades de Castilla-La Mancha (12.865 millones), Galicia (9.906 millones), País Vasco (9.542 millones), Castilla y León (9.344 millones), Islas Baleares (7.984 millones) y Murcia (7.214 millones). Finalmente en un tercer escalón se situaban las Comunidades de Aragón (6.064 millones), Canarias (6.056 millones), Asturias (3.633 millones), Extremadura (3.307 millones), Navarra (3.281 millones), Cantabria (2.517 millones) y La Rioja (1.345 millones).

En porcentaje del PIB la Comunidad Valenciana, con un endeudamiento que suponía el 37,5%, encabezaba a las Regiones más endeudadas en relación a su riqueza, seguida de Castilla-La Mancha, con el 33,7%, y Cataluña, con el 32,2%[614]. En cambio, la Comunidad de Madrid (13,2% del PIB),

---

[614] En el caso concreto de la Comunidad Autónoma de Cataluña se ha de tener presente además que, a la finalización del mes de marzo de 2015 el Estado poseía ya el 50,31 % de la deuda de la Generalitat, constituyendo así su primer acreedor (Fuente: Banco de España, www.bde.es, consultada el 10 de agosto de 2015). En total, la deuda en manos del Estado sumaba 32.661 millones de euros de un total de 64.792 millones. Como contrapartida en marzo de 2012 el Estado poseía tan solo 2.020 millones de euros del pasivo de la Generalitat. La razón de ser de dicho incremento venía motivada por la circunstancia de que, ante la imposibilidad de financiarse directamente en los mercados, la Generalitat optó desde un principio por acudir al FLA, un mecanismo de liquidez por el cual el Estado emitía deuda y luego prestaba la financiación obtenida a las Comunidades adheridas. El recurso al citado Fondo y al Plan de pago a proveedores provocó que el Estado, a través del citado Fondo de Financiación a Comunidades Autónomas, terminara controlando un 50,31 % del pasivo de la Generalitat. En cuanto al resto de la deuda de la Generalitat, 12.525 millones (19,33 % del total) correspondían a préstamos, tanto a largo como a corto plazo, de instituciones financieras nacionales, mientras que otros 6.669 millones (10,29 % del total) correspondían a préstamos de instituciones financieras internacionales. Con posterioridad, el 15 de septiembre de 2015 se producía el vencimiento de una emisión de bonos colocada en 2005 a un plazo de diez años, por importe de 1.074,78 millones de euros, siendo el Tesoro el encargado de hacer frente a este pago mediante las aportaciones del Fondo de Liquidez Autonómico. Y ello teniendo presente que ya a fecha 31 de agosto la Comunidad Autónoma de Cataluña había recibido un importa global de 5.822,93 millones de euros de las arcas de la Administración central. En definitiva, Cataluña era en términos absolutos la Autonomía más endeudada, acaparando el 27% del total regional, que sumaba en España 250.237 millones de euros. En términos relativos sin embargo, se situaban por encima la Comunidad Valenciana, con un pasivo del 39,6% de su PIB (24.740 millones de euros) y Castilla-La Mancha, con el 34% (13.138 millones). A la finalización del mes de marzo de 2015 la deuda de Cataluña ascendía a un total de 64.792 millones de euros. Las principales razones de este aumento de la deuda en Cataluña se concretaban en los desequilibrios presupuestarios de los últimos años, que han hecho que el déficit de cada ejercicio se tuviera que cubrir con deuda, teniendo que recurrir al FLA y al plan de pago a proveedores.

Canarias (14,5%) y País Vasco (14,7%) eran las que menor deuda tenían respecto al PIB.

Estos nuevos máximos respondían al hecho de que el conjunto de las CC.AA. habían incrementado de forma significativa el gasto público, mientras los ingresos procedentes del Estado vía transferencias crecían a menor ritmo. Indudablemente continuaba quedando muy lejos el objetivo del 13% de deuda pública de cada Región fijado por la Ley Orgánica 2/2012 para el año 2020.

A la finalización del primer semestre de 2015 la cifra de deuda de Cataluña sumaba un total de 1.042 millones de euros, alcanzando así un volumen de 67.855 millones de euros. Por su parte la deuda de Castilla y León también fue revisada al alza. En cambio en el caso concreto de la Comunidad de Madrid su deuda se reducía en 29 millones de euros.

Los cambios operados por aquel entonces en el PIB afectaban además al ratio deuda/PIB de todas las Comunidades Autónomas, más allá de la cifra bruta. Así, por ejemplo, la Comunidad Valenciana, la más endeudada de todas, contaba con una deuda pública que ascendía al 40,3% de su PIB, la más elevada de España. Castilla-La Mancha, por su parte, presentaba un pasivo equivalente al 34,7% de su PIB, y Cataluña, la tercera, un 33,9%. En el ángulo contrario, Madrid era la Comunidad que menor ratio deuda/PIB poseía, con un 13,3%. Aún así, y después del cambio introducido por el INE, su tasa subía dos décimas, ya que antes se situaba en el 13,1%. El País Vasco, con un pasivo del 15,4% del PIB, era la segunda con menor deuda de España.

Por otra parte, a pesar de que el Ministerio de Hacienda había impuesto al conjunto de las CC.AA. unos límites de endeudamiento para 2015 situados en el equivalente al 20,5% del PIB, ya a la finalización del segundo semestre de 2015 dichos límites estaban incumpliéndose. Sólo la Comunidad de Madrid se hallaba a dicha fecha próxima a cumplir dicho tope, al situarse sólo dos décimas por encima. Igualmente Galicia y Canarias también podrían acercarse al citado límite al situarse a menos de un punto sobre el límite de deuda fijado por la Administración estatal. En cambio otras Regiones (como, por ejemplo, la Comunidad Valenciana, que registraba más de un 40% del PIB de deuda, ocho puntos por encima del techo) se hallaban muy lejos de respetar el citado tope. Por su parte Murcia estaba ya más de siete puntos por encima de lo exigido. Y Cataluña y Baleares sobrepasaban ya en unos seis puntos el límite impuesto por Hacienda.

Al término del tercer trimestre de 2015 las CC.AA. acumulaban una deuda de 252.863 millones de euros, lo que suponía un aumento del 9% en comparación con el mismo periodo del año anterior y un 1,2% en comparación con el trimestre anterior del ejercicio 2015. Cataluña (68.088 millones de euros), Comunidad Valenciana (40.262 millones), Andalucía (30.138 millones) y Madrid (27.174 millones) seguían concentrando el 65,5% de toda la deuda en manos de los Gobiernos autonómicos en el tercer trimestre de 2015. En todos estos casos la deuda creció respecto al trimestre anterior. A continuación figuraban las Comunidades de Castilla-La Mancha (13.095 millones), Galicia (10.289 millones), Castilla y León (10.501 millones), País Vasco (9.772 millones), Islas Baleares (8.080 millones) y Murcia (7.568 millones). Cerraban la lista Aragón (6.674 millones), Canarias (6.530 millones), Asturias (3.788 millones), Navarra (3.504 millones), Extremadura (3.458 millones), Cantabria (2.557 millones) y La Rioja (1.385 millones). En porcentaje del PIB, la Comunidad Valenciana, con un endeudamiento que suponía ya el 40%, seguía encabezando a las Regiones más endeudadas en relación a su riqueza, seguida de Castilla-La Mancha, con el 34,2%, y Cataluña, con el 33,6%. En cambio, la Comunidad de Madrid (13,6% del PIB), Canarias (15,5%) y País Vasco (15%) fueron las que menor deuda presentaron respecto al PIB[615].

Finalmente, y una vez concluido el cuarto trimestre de 2015, las CC.AA. alcanzaron una cifra record de deuda de 261.268 millones de euros, lo que suponía un aumento del 10,3% en comparación con el mismo periodo del año anterior (236.820 millones de euros). De este modo la *ratio* de deuda sobre el PIB alcanzó el 24,2%, frente al 22,7% de un año antes[616]. Las Regiones con una mayor *ratio* de deuda sobre el PIB fueron la Comunidad Valenciana (41,3%), Castilla-La Mancha (35,5%) y Cataluña (35,3%), mientras que los *ratios* más reducidos fueron los de Madrid (13,6%), País Vasco (14,4%) y Canarias (15,7%).

En valores absolutos, Cataluña fue la Comunidad Autónoma con un mayor volumen de deuda, que llegó a alcanzar los 72.274 millones de euros. A continuación se situaron la Comunidad Valenciana, con 41.753 millones

---

615 Fuente: Banco de España, www.bde.es (consultada el 11 de diciembre de 2015).

616 Fuente: Banco de España, www.bde.es (consultada el 15 de marzo de 2016).

de euros; Andalucía, con 31.365 millones de euros; y Madrid, con 27.646 millones de euros. Un segundo grupo fue el formado por las Comunidades de Castilla-La Mancha (13.426 millones), Castilla y León (10.557 millones), Galicia (10.375 millones), País Vasco (9.486 millones), Islas Baleares (8.306 millones) y Murcia (7.601 millones). Finalmente cerraban la lista Aragón (6.930 millones), Canarias (6.649 millones), Asturias (3.876 millones), Extremadura (3.576 millones), Navarra (3.322 millones), Cantabria (2.691 millones) y La Rioja (1.436 millones).

12. A VUELTAS CON EL CUMPLIMIENTO DE LOS OBJETIVOS DE DÉFICIT POR PARTE DE LAS CC.AA. EN EL EJERCICIO 2015

A la finalización de los cuatro primeros meses correspondientes al ejercicio 2015 el conjunto de las Regiones había logrado moderar su desfase presupuestario, bajando el porcentaje de déficit sobre el PIB de las Regiones hasta el 23,3%, con un total de 3.620 millones de euros. Sin embargo a pesar de ello en términos del PIB la *ratio* de déficit del subsector se situaba ya durante el mes de abril de 2015 en el 0,33%, lo que representaba casi la mitad del tope del 0,7% con el que debían finalizar el ejercicio, siendo las Regiones más incumplidoras Murcia (-0,73%, por encima del techo anual) y Extremadura (-0,67%). Sólo cinco Regiones tenían superávit, a saber, Asturias, Navarra, La Rioja y País Vasco.

Con posterioridad, una vez alcanzados los cinco primeros meses del ejercicio 2015 las CC.AA. lograron reducir su déficit un 14,5% interanual, hasta un total de 5.309 millones de euros. Este déficit equivalía al 0,48%, con una mejora de 0,11 puntos respecto al déficit registrado en el mismo periodo de 2014 y por debajo del límite del 0,7% marcado para el citado ejercicio 2015. No obstante un total de cuatro Comunidades sobrepasaban dicho nivel, a saber, Extremadura (0,9%), Murcia (0,87%), Navarra (0,74%) y Comunidad Valenciana (0,73%). Con carácter adicional durante el citado período el incremento de los recursos no financieros se elevaba al 2,2% interanual, mientras los empleos no financieros aumentaban un 0,6%. Concretamente, y de acuerdo con los datos desagregados existentes en los cinco primero meses de 2015 Extremadura acumulaba un déficit del 0,9% del PIB, dos décimas por encima del objetivo anual del 0,7%. También Murcia

(0,87%) Navarra (0,74%) y la Comunidad Valenciana (0,73%) superaban ya en mayo de 2015 el límite anual. Por su parte, Cataluña se situaba en el 0,66%. La media del déficit de las CCAA en este periodo era del 0,48%, a tan solo dos décimas del objetivo del año, cuando aún quedaban por transcurrir siete meses. Como contrapartida, solo dos Regiones presentaban superávit, a saber, La Rioja, con el 0,17%, y País Vasco, con el 0,12%.

A priori, de acuerdo con un Informe de la AIReF publicado el 28 de julio de 2015 resultaba deseable la fijación de objetivos diferenciados de déficit para las Comunidades Autónomas en 2016 y 2017, al objeto de que todas ellas alcanzasen el equilibrio presupuestario en 2018. Y ello en tanto en cuanto existían un total de cinco Comunidades (Baleares, Extremadura, Cataluña, Murcia y la Comunidad Valenciana) que requerían "una agenda más gradual de ajuste" que el resto. En opinión de la Autoridad Fiscal, los objetivos de estabilidad presupuestaria habrían de ser exigentes pero factibles, porque el incumplimiento recurrente de objetivos no factibles erosiona la credibilidad de las reglas fiscales.

El citado Informe de la AIReF tomaba en consideración la estimación de previsión de cierre de déficit público en 2015 para las Autonomías, así como el impacto de la recuperación en los ingresos de los próximo años y el margen de actuación de cada Autonomía sobre sus gastos e ingresos atendiendo al modelo de financiación y los servicios prestados de las comunidades y al proceso de consolidación fiscal llevado a cabo en los últimos años.

Tras efectuar estimaciones acerca de la concurrencia de este conjunto de elementos la AIReF procedió a calcular el ajuste presupuestario que tendría que realizar cada Comunidad, especialmente en 2016, concluyendo a tal efecto que, respecto de las cinco CC.AA. citadas con anterioridad el esfuerzo requerido no resultaba factible, motivo por el cual sugería la fijación de una senda más gradual de ajuste del déficit en 2016 y 2017, hasta alcanzar la estabilidad presupuestaria en 2018.

En cuanto a la regla de gasto el Informe de la AIReF defendía que habría que tomar en consideración la diferente situación de cada Comunidad. En este sentido de su estimación para 2016 a su juicio se derivaba que, por aplicación de la regla de gasto, un total de nueve Comunidades (Andalucía, Asturias, Canarias, Castilla y León, Galicia, Madrid, Navarra, País Vasco y La Rioja) alcanzarían, al menos, el equilibrio presupuestario en todo el período 2016-2018. Con carácter adicional habría que diferenciar hasta tres grupos de comunidades en función de la velocidad de ajuste al objetivo de equilibrio presupuestario fijado para 2018. En primer lugar, un grupo de Comunidades con el objetivo de equilibrio en todo el período 2016-2018 por aplicación de la regla de gasto, integrado por Andalucía, Asturias, Castilla y León, Galicia, Madrid, Navarra, País Vasco y La Rioja. Un segundo grupo de Regiones integrado por Aragón, Cantabria y Castilla-La Mancha, que necesitarían la "senda de ajuste prevista" para el período 2016-2018. Y, por último, un tercer grupo de Regiones integrado por Baleares, Extremadura, Cataluña, Murcia y la Comunidad Valenciana, que requerirían de una "senda más suave de ajuste" que la prevista para 2016 y 2017[617].

De cualquier manera la AIReF recomendaba en su Informe de julio de 2015 que en los próximos ejercicios los objetivos de estabilidad presupuestaria que se fijaran para el conjunto de las Administraciones Públicas partiesen de una análisis previo de factibilidad de cumplir con los objetivos individuales que evite la fijación de objetivos no creíbles.

A pesar de ello desde el Ministerio de Hacienda se había planteado a las CC.AA. la consecución de un límite de déficit del 0,3% del PIB para 2016, así como del 0,1% para 2017 y de déficit cero para 2018, no siendo partidario de autorizar objetivos individualizados, como hizo en 2013. Y finalmente, a resultas de la reunión del CPFF celebrada el 29 de julio de 2015, se acordó mantener que el conjunto de las Regiones redujesen su déficit al 0,3% del PIB durante el ejercicio 2016, descartando así la posi-

[617] Se ha de señalar además a este respecto que con fecha 9 de octubre de 2015 la Agencia de Calificación de Riesgos *Standard & Poor's* bajó el *rating* de Cataluña a BB- con perspectiva negativa por las mayores tensiones políticas con el Gobierno central. Y ello a pesar de que la nota de Cataluña ya estaba en bono basura (BB). Por el contrario *S&P* elevó desde 'BBB' a 'BBB+ con perspectiva 'estable' las calificaciones de las Comunidades Autónomas de Madrid, Canarias y Galicia como consecuencia de la mejora previa que había experimentado el *rating* de España. Asimismo la Agencia confirmó la calificación 'BBB' con perspectiva 'estable' de Extremadura y Aragón y mejoró de 'estable' a 'positiva' la perspectiva del rating 'BBB' de Andalucía. En el caso específico de la Comunidad catalana, con fecha 24 de octubre de 2015 la Agencia de Calificación *Moody's* procedería además a revisar a la baja la perspectiva crediticia de la Región (de positiva a estable, si bien manteniendo la calificación de Ba2, equivalente a un bono basura), al estimarse que el Gobierno regional catalán podía entrar a una fase de "flexibilización" por la ausencia de planes en favor de una consolidación fiscal y por su enfoque independentista. Dichas aspiraciones, a juicio de la citada Agencia, debilitaban la posibilidad de que pudiera haber una subida en la calidad crediticia de la Generalitat de Cataluña.

bilidad de dividir el citado margen del 0,3% entre las Regiones en función de las necesidades de cada una.

Durante el mes de noviembre de 2015 las CC.AA. registraron un déficit de 14.204 millones de euros, lo que equivalía al 1,31% del PIB frente al déficit del 1,34% registrado en noviembre de 2014. Se trataba por tanto de una cifra que casi duplicaba el límite del 0,7% fijado para el conjunto del ejercicio 2015. Los recursos no financieros aumentaron el 3,3% interanual y los gastos se incrementaron un 3,1%. Por su parte los gastos por intereses en las distintas Comunidades se redujeron el 51% durante el período comprendido entre los meses de enero y noviembre de 2015, al haberse fijado un tipo de interés del 0% para los préstamos del Fondo de Liquidez Autonómico.

A excepción de Asturias, Baleares, Canarias, Galicia y País Vasco, el resto de Comunidades incumplieron en noviembre de 2015 el consabido límite del 0,7%. Cataluña, Murcia y la Comunidad Valenciana registraron los mayores desvíos. Así, el déficit de la Generalitat alcanzó el 2,21%, si bien se ha de precisar que dicha cifra incluía un gasto extraordinario de 1.233 millones de ejercicios anteriores que Eurostat obligó a imputar al ejercicio 2015. La Región de Murcia y la Comunidad Valenciana, por su parte, registraron un déficit del 2,21% y 1,92%, respectivamente.

En conjunto hasta el mes de noviembre de 2015 las CC.AA. ingresaron un 3,3% más, pero también gastaron un 3,1% adicional. La remuneración a los funcionarios, los consumos intermedios, la inversión y las subvenciones fueron algunas de las partidas que aumentaron. En cambio, se redujo sensiblemente el gasto en intereses por las mejores condiciones ofrecidas por el Estado, destinando el conjunto de las Regiones hasta el citado período un total de 3.488 millones de euros a pagar el coste de la deuda, un 51,1% menos que el año anterior.

A fecha de noviembre de 2015 un total de nueve Comunidades Autónomas (Cataluña, Valencia, Aragón, Castilla y León, La Rioja, Navarra, Asturias, Canarias y País Vasco) no sólo no habían reducido su déficit público en 2015, sino que lo habían incrementado respecto al desfase presupuestario que exhibían en noviembre de 2014. Y dichas Regiones, a excepción de Asturias, Canarias y País Vasco, incumplían ya durante el citado mes de noviembre de 2015 el tope máximo de déficit autorizado del -0,7% del PIB.

El déficit conjunto de las diecisiete Autonomías sumaba -14.204 millones de euros en noviembre de 2015, es decir, el -1,31 por ciento del PIB, rebasando por tanto sobradamente el compromiso del -0,7%. Se trataba prácticamente del mismo desvío que en 2014 (-1,34%), lo que apuntaba a que 2015 sería un año perdido para recortar el desequilibrio regional. Especialmente significativo era el caso de Cataluña, que presentaba el mayor desvío fiscal autonómico con el -2,21 por ciento de su PIB, habiendo empeorado además en 420 millones el desfase que arrastraba en noviembre de 2014. En parte, este incremento del déficit se debía a un gasto extraordinario de 1.233 millones de euros contabilizado en septiembre de 2015, a pesar de que las inversiones que lo motivaron se realizaron en años anteriores.

Las Comunidades de Valencia y Aragón eran otras dos Regiones que en un año habían agravado su desfase fiscal. Así, la Comunidad Valenciana había incrementado su déficit en 83 millones y admitía un desvío del -1,92% del PIB. Por su parte Aragón presentaba 116 millones más de déficit que en 2014, alcanzando el -1,61% de su PIB. Castilla y León y La Rioja encajaban en noviembre de 2015 desvíos presupuestarios que rondaban el 1% de sus PIB respectivos. En el caso específico de la Comunidad castellano-leonesa, ésta había incrementado su desajuste en 130 millones de euros frente a noviembre de 2014, en tanto que La Rioja lo incrementó en 12 millones de euros. La Comunidad Foral de Navarra registró en los primeros 11 meses de 2015 un déficit 76 millones mayor que en 2014. Finalmente, Asturias, Canarias y País Vasco, que en noviembre de 2015 acreditaban un desvío mayor que el del mismo período del año precedente, cumplían no obstante el límite impuesto por Hacienda, con déficits respectivos del -0,58%, -0,31% y -0,27%.

La Comunidad de Madrid cerraba el mes de noviembre de 2015 con un saldo presupuestario de -2.249 millones de euros, representativos del -1,11% del PIB de la Región. De este modo la citada Comunidad incumplía igualmente el objetivo de consolidación fiscal trazado por el Gobierno central para todo el ejercicio. La gestión presupuestaria de dicha Región correspondiente a los once primeros meses de 2015 ofrecía además unos resultados muy similares a los del ejercicio 2014, dado que hasta el mes de noviembre de este último año Madrid registraba un desfase presupuestario de -2.436 millones de euros (el -1,24% de su PIB). Así las cosas en el año transcurrido desde entonces únicamente había logrado rebajar su déficit público en 187 millones de euros.

En resumen, hasta el mes de noviembre de 2015 un total de doce Comunidades (todas excepto Baleares, Galicia, País Vasco, Asturias y Canarias) rebasaban ya el techo de déficit para el citado ejercicio, traspasando así a 2016 el necesario ejercicio de consolidación. Y ello tratándose de un ejercicio en el que el Estado español debía lograr reducir su déficit hasta el -2,8% del PIB.

Finalmente al cierre del ejercicio 2015 el conjunto de las CC.AA. a excepción de Canarias (0,54%), Galicia (0,57%) y País Vasco (0,69%) excedieron el límite del 0,7% fijado por las instituciones comunitarias (Gráfico 9).

Gráfico 9.

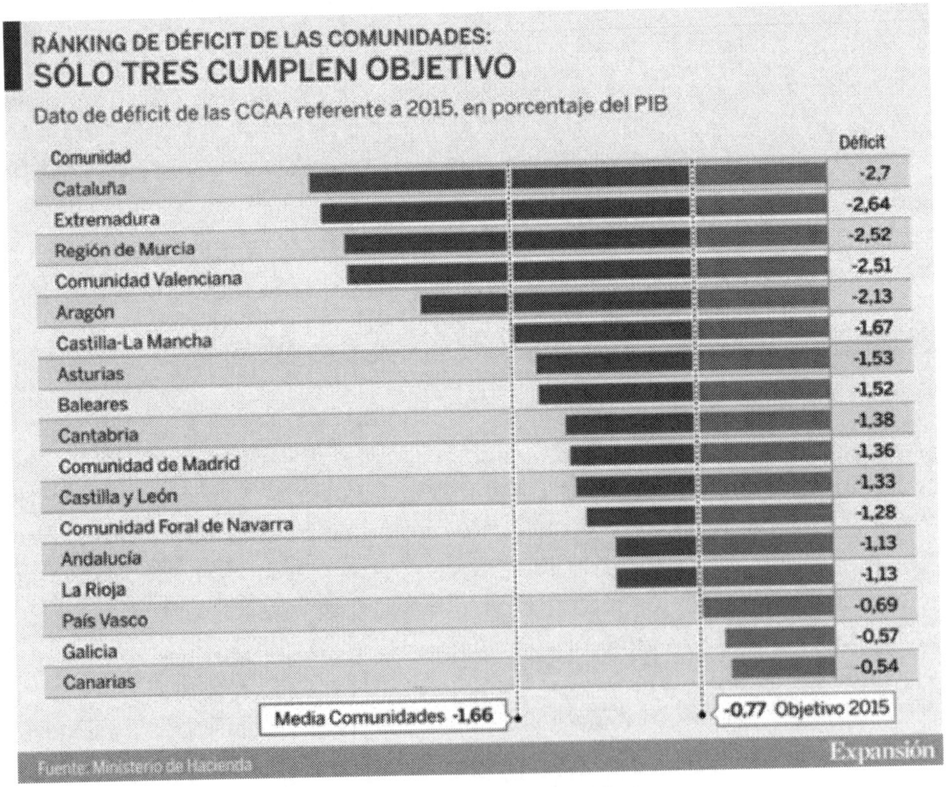

Fuente: *Diario Expansión*, www.expansiom.com, consultada el 1 de abril de 2016.

La Comunidad Autónoma de Cataluña multiplicó por cuatro el objetivo previsto, cerrando el 2015 en el 2,7%[618]. Por su parte la Comunidad de Extremadura alcanzó un déficit del 2,64%. Murcia presentó un 2,52%; la Comunidad Valenciana, un 2,51% y Aragón un 2,13%. La Comunidad Autónoma de Madrid alcanzó el 1,36%.

Desde nuestro punto de vista dicha situación fue motivada, en buena medida, por las inyecciones de liquidez a unos tipos mínimos realizadas en favor de todas aquellas Regiones que así lo solicitaron a través del FLA. Ello ha posibilitado que el compromiso de contención del déficit se relajase en exceso en muchas de las CCAA. Se hace pues necesario que desde el Ministerio de Hacienda y Administraciones Públicas se articulen el conjunto de medidas previstas al efecto en la Ley Orgánica de Estabilidad Presupuestaria y Sostenibilidad Financiera (incluyendo mecanismos de alerta temprana y normas sancionadoras) destinadas a congelar el gasto de las Regiones.

[618] Se trataba concretamente de un porcentaje similar en términos de PIB al registrado en 2014 (2,74%), pero superior al de 2012 (2,26%) y 2013 (2,13%).

BIBLIOGRAFÍA

BANCO DE ESPAÑA, *Memoria del Mercado de Deuda Pública del Banco de España 2013*, www.bde (consultada el 29 de mayo de 2014).

-Memoria del Mercado de Deuda Pública del Banco de España www.bde.es (consultada el 25 de mayo de 2015).

BARLEY, R., "Investors Bank on Greek Bonds" (www.europe.wsj.com, consultada el 19 de marzo de 2014).

-"Rebuilding Bonds With Greece's New Bailout", www.europe.wsj.com (consultada el 18 de agosto de 2015).

-Portugal no da argumentos para que cunda el pánico", www.europe.wsj.com (consultada el 9 de abril de 2013).

-"Portugal Can Go It Alone", www.europe.wsj.com (consultada el 24 de abril de 2014).

"Ireland's Economy Returns to the Core of Europe", www.europe.wsj.com (consultada el 12 de septiembre de 2014).

-"Spain, Italy Feel the Fed Fallout", www.europe.wsj.com (consultada el 21 de junio de 2013).

-"Spain's Lingering Rating Problem", www.wsj.com (consultada el 19 de agosto de 2013).

CALVO VÉRGEZ, J., "Las llamadas 'pruebas de estrés' a la Banca Europea y su proceso de recapitalización diseñado por el Eurogrupo", *Revista de Derecho Bancario y Bursátil,* núm. 127, 2012.

-"Principales rasgos configuradores de la regulación del sistema financiero acordada en Basilea III y su progresiva implantación en nuestro ordenamiento bancario", *Revista de Derecho Bancario y Bursátil,* núm. 135, 2014.

- *La recapitalización de las entidades financieras*, Dykinson, Madrid, 2013.

-"Condiciones impuestas por el Ejecutivo central a las Comunidades Autónomas para adherirse al Fondo de Liquidez Autonómico: obligaciones de información

y prohibición de determinadas operaciones financieras", *Actualidad Jurídica Aranzadi*, núm. 852, 2012,
-"La crisis financiera de las Comunidades Autónomas y la creación del Fondo de Liquidez Autonómico como mecanismo destinado a hacer frente a las dificultades de acceso a la financiación", *REALA, Revista de Estudios de la Administración Local y Autonómica*, núm. 317, 2013.
-*Aspectos jurídicos e institucionales de las políticas monetarias de los principales Bancos Centrales ante la actual crisis financiera*, Dykinson, 1ª edición, Madrid, 2015.
COMISIÓN EUROPEA, "Análisis en Profundidad de los desequilibrios económicos de España", http://ec.europa.eu (consultada el 6 de marzo de 2014).
DAVIES, P. J., "Greek Banks Aren't Sitting Too Comfortably", www.europe.wsj.com (consultada el 9 de febrero de 2015).
-"El sistema bancario europeo no se vería directamente afectado por una posible salida de Grecia", www.europe.wsj.com (consultada el 18 de junio de 2015).
-"Greek Bank Buffer Looks Pretty Thin", www.europe.wsj.com, (consultada el 14 de julio de 2015).
GROS, D., "Dinero para nada en las economías desarrolladas", *Diario El Economista,* www.eleconomista.es (consultada el 19 de abril de 2015).
MATELLÁN, A., "Las trampas del bono griego ligado al PIB", *Diario El Economista,* www.eleconomista.es (consultada el 19 de febrero de 2015).
MAUDOS, J., "La banca extranjera confía en España", *Diario Cinco Días,* www.cincodias.com (consultada el 14 de abril de 2015).
MINISTERIO DE ECONOMÍA Y COMPETITIVIDAD, *Síntesis Mensual de Indicadores Económicos, Informe Económico Financiero del Ministerio de Economía*, 2014.
MONTOYA, J., "Fulgurante arranque de año para la deuda española", *Diario Expansión,* www.expansion.com (consultada el 7 de enero de 2013).
NIXON, S., "¿Necesitará Portugal una red de seguridad una vez salga de la crisis?", *Diario Expansión* (www.expansion.com, consultada el 1 de abril de 2014).
PEAPLE, A., "Europe's Bank-Government Doom Loop Still Holds", www.europe.wsj.com (consultada el 15 de octubre de 2013).
ROIG, M., "España debe ajustar 41.200 millones para reconducir su deuda al 60% del PIB en 2030", *Diario Expansión,* www.expansion.com (consultada el 6 de marzo de 2014).
SÁNCHEZ QUIÑONES, J., "Grecia: me enfado y no respiro", *Diario Expansión,* www.expansion.com (consultada el 19 de diciembre de 2014).
-"Para mejoras la de Portugal", *Diario Expansión,* www.expansion.com (consultada el 24 de enero de 2014).
-"¿Qué descuenta la renta fija¿?", *Diario Expansión* (www.expansion.com, consultada el 25 de abril de 2014).

-"Los tipos anestesian el Presupuesto", *Diario El Confidencial,* www.elconfidencial.com (consultada el 30 de septiembre de 2014).

-"Letras en negativo", *Diario Expansión,* www.expansion.com (consultada el 17 de abril de 2015).

THOMAS, H., "Portugal: In Need of Support", www.europe.wsj.com (consultada el 4 de junio de 2013).

TORO, J. y SAÚL, J., "Beneficios de los bonos indexados a la inflación", *Diario Cinco Días,* www.cincodias.com (consultada el 11 de junio de 2014).

Made in United States
Orlando, FL
05 November 2026

90295297R10446